U0660299

【船政文化系列丛书】

船政名门

上

刘琳　史玄之　著

中国华侨出版社

·北京·

图书在版编目（CIP）数据

船政名门 . 上 / 刘琳，史玄之著 .—北京：中国华侨出版社，2023.6
ISBN 978-7-5113-8654-0

Ⅰ . ①船… Ⅱ . ①刘… ②史… Ⅲ . ①家族—史料—中国 Ⅳ . ① K820.9

中国版本图书馆 CIP 数据核字（2023）第 108604 号

船政名门（上）

著　　者：刘　琳　史玄之
责任编辑：姜　婷
经　　销：新华书店
开　　本：787 毫米 ×1092 毫米　1/16 开　印张：68　字数：1060 千字
印　　刷：三河市华润印刷有限公司
版　　次：2023 年 6 月第 1 版
印　　次：2023 年 6 月第 1 次印刷
书　　号：ISBN 978-7-5113-8654-0
定　　价：182.00 元（全二册）

中国华侨出版社　北京市朝阳区西坝河东里 77 号楼底商 5 号　邮编：100028
发 行 部：（010）64443051　　传　　真：（010）64439708
网　　址：www.oveaschin.com　　E-mail：oveaschin@sina.com

如果发现印装质量问题、影响阅读，请与印刷厂联系调换。

出版说明

1. 晚清中国船政衙门设于福州所辖的马尾，福州市因此成为中国近代军舰制造业、航空制造业、近代海军教育的发祥地和中国近代海军的摇篮，由此诞生了近千个孕育出造船专家和海军名将的海防家族。本书选取了其中 40 个与船政相关并为中国海防事业做出重要贡献的名门世家，进行深度整理评介。

2. 入传家族须符合以下四个条件：福州市及福州市所辖区县（市）籍；自晚清至今，家族从事海防事业，即当海军（含旧水师）或从事造船业延绵两代及两代以上；对中国海军和造船业发展做出过突出贡献；家族在福州享有盛誉。

3. 一个家族设一章，以家族代表人物作为各章标题。

4. 家族代表人物确定的三个条件：本家族中知名度高、影响力大、官阶相对高者。

5. 本书排列，以每个家族的重要代表人物出生年月为序，出生早列前，同年同月出生者以出生日期先者列前排序。

6. 本书各个家族籍贯认定原则：本书收录人物皆为清朝及以后出生者。清顺治三年（1646 年），侯官县与闽县分辖福州府治。1912 年，闽县、侯官县合并为闽侯府。1913 年 3 月，改闽侯府为闽侯县，福州为闽侯县县治，同时仍为福建省省会。家族代表人物出生于清朝的，即按清朝时此地归属与县名；家族代表人物出生于民国的，即按民国时此地归属与县名。清代，闽县与侯官县分治今闽侯县及福州市鼓楼区、台江区、仓山区、晋安区、马尾区全境和长乐区一部。其中，今鼓楼区、台江区、仓山区、晋安区分属闽县、侯官县，马尾区全境皆属于闽县，长乐区小部分区域属闽县。另外，辅以参考各个家族族谱中对籍贯的认同和记录。

7. 晚清所称的中国“铁甲舰”“钢甲舰”“铁甲船”没有本质区别，皆指采用从法、德引进的最新造舰技术，且用国外进口的新型板材所建造的军舰。

8. 文中所言的族谱、家谱没有本质区别，只是因为有些族谱历史上经过多次编修，有的版本称“族谱”，有的版本称“家谱”。如福州萨镇冰家族的，在已知的明隆庆元年（1567 年）版本、清康熙十五年（1676 年）版本、清嘉庆五年（1800 年）版本、清道光三年（1823 年）版本，使用的名称均为《雁门萨氏族谱》;而清宣统三年（1911 年）版本、民国二十四年（1935 年）版本，又名为《雁门萨氏家谱》。故本书中引用不同族谱的内容时，采用的是该族谱当时的书名；介绍何人何时编族谱时，采用的是所编族谱当时的名称。

目　　录

林则徐家族 …… 1
沈葆桢家族 …… 52
梁鸣谦家族 …… 129
黄炳承家族 …… 165
杨廷传家族 …… 189
陈兆翱家族 …… 217
魏瀚家族 …… 263
罗丰禄家族 …… 298
叶祖珪家族 …… 350
叶殿铄家族 …… 392
蒋超英家族 …… 403
林永升家族 …… 439
严复家族 …… 451
方伯谦家族 …… 504
蓝建枢家族 …… 529
叶琛家族 …… 541
萨镇冰家族 …… 560
陈恩焘家族 …… 616
贾凝禧家族 …… 633

刘冠雄家族 …… 660
林葆怿家族 …… 706
饶怀文家族 …… 730
谢葆璋家族 …… 743
郑祖彝家族 …… 759
黄钟瑛家族 …… 770
任兆贵家族 …… 795
王崇文家族 …… 811
林建章家族 …… 823
杜锡珪家族 …… 833
高鲁家族 …… 856
毛仲方家族 …… 884
常朝干家族 …… 901
林献炘家族 …… 916
林元铨家族 …… 927
周葆樂家族 …… 956
李世甲家族 …… 975
沈彝懋家族 …… 992
曾国晟家族 …… 1011
黄廷枢家族 …… 1046
池孟彬家族 …… 1063

主要参考文献 …… 1077

林则徐家族

林则徐（1785—1850），字元抚，又字少穆、石麟，福建省侯官县（今福州市鼓楼区）人，清朝著名政治家、思想家和诗人，曾任湖广总督、陕甘总督和云贵总督，是中国第一个明确提出要办培养坚船利炮制造者和使用者学堂的清朝大臣，并全力推动坚船利炮计划。

林则徐出生于今福州市鼓楼区中山路，故居位于鼓楼区文藻山路。家族因林则徐而孕育出一个连绵五代的船政世家。代表人物除林则徐外，还有首任船政大臣——女婿沈葆桢、黄埔水师学堂总办——嫡孙林贺峒、北洋海军名将——侄孙林泰曾、人民海军东海舰队副司令——曾侄孙林遵、人民海军潜艇专家——玄侄孙女林华卿。

沈葆桢（1820—1879），原名振宗，字幼丹，著名政治家，曾任江西九江知府、江西广信知府、江西巡抚、船政大臣、两江总督兼南洋大臣，中国近代造船、航运、海军建设事业的奠基人之一。

林贺峒（1842—1904），字访西，政府官员，曾任广东厘局提调，署广东南韶连道道员兼太平关监督、韶州知府，广东省营务处总办兼广东军装机器局总办、署高廉道道员，署雷琼道道员兼琼军统领，黄埔水师学堂总办，黄埔船局总办，黄埔雷局总办，吴淞开埠工程善后局总办，沪宁购地局总办兼苏皖闽铁路学堂总办。

林泰曾（1852—1894），字凯仕，海军名将，船政前学堂第一届毕业生，曾任“安澜”舰教习、“建威”舰大副、“镇西”舰管带、“超勇”舰管带、“超勇”舰管带兼北洋轮船营务处总办、“镇远”舰管驾、“镇远”舰管带兼北洋轮船营务处总办、北洋海军左翼总兵兼“镇远”舰管带。

林遵（1905—1979），原名林准，别名尊之，海军名将，烟台海军学校第十八届驾驶班毕业生，曾任国民政府海军海防第二舰队司令；中华人民共和国成立后曾任华东军区海军第一副司令员，中国人民解放军军事学院海军教授会主任、海军系主任，海军军事学院副院长，海军学院副院长，海军东海舰队副司令员。

林华卿（1946—　），造船专家，曾任海军 4805 厂工程师、高级工程师、副总工程师、副厂长。

家族源流

“文峰林”因林则徐而知名

林则徐家族属福州“文峰林”。

福州“文峰林”是在明末清初从今天的福建省福清市海口镇岑兜村迁入福州城内的。岑兜村林氏宗祠内的对联“九牧家声远，文峰世泽长”，点明了文峰林氏是闽中望族九牧林氏的一个分支。

九牧林氏先祖为福建晋安林氏开闽始祖林禄。林禄自晋代永嘉年间入闽开基，传十世至林茂，官隋右丞，由晋安迁居莆田北螺村。又五世而至林万宠，唐开元年间任高平太守。林万宠次子林披是九牧林开派始祖，唐天宝年间授太子詹事，赠睦州刺史，由北螺迁居澄渚乌石（今西天尾镇龙山村），生九子：苇、藻、著、荐、晔、蕴、蒙、迈、蒇，皆官居州刺史（州牧），世称“九牧林家”，九牧林由此而来。

位于左营司巷的林则徐出生地（今福州市中山路9号）

笔者在这个祠堂采访时了解到，祠堂里曾长期保存着族谱、福清与福州两边亲人来往的史料和实物。只可惜祠堂在20世纪50年代末期“大跃进”年代吃大锅饭时，改作公共食堂。当时食堂都烧柴，一次不慎引发火灾，烧掉了族谱和不少史料、文物。多亏星散海峡两岸的一些林则徐后人中还留有一些史料。现在专家对“文峰林”的考证，主要就是依据林则徐父亲林宾日于清道光六年（1826年）写的《析产阄书》，道光七年（1827年）林则徐写的《先考行状》，道光十七年（1837年）林则徐在湖广总督任上写的《闽楚同源序》《西河郡林氏族谱序》，以及“文峰林”福州支祖林榕山以来的历代墓志铭。

因为林则徐，“文峰林”为今日世人所熟识，成为福建望族。

福州“文峰林”的来龙去脉

福清市是福州市辖的一个县级市，简称“融”，雅称“玉融”，前身为福清县，置县于唐圣历二年（699年）。素有“文献名邦”之称誉。

林则徐在《闽楚同源序》《西河郡林氏族谱序》中称，湖北省黄冈县（今黄冈市黄州区）和湖南省常德县的林氏，与他同为唐贞元年间邵州刺史林蕴之后，也就是说，福州“文峰林”应为九牧林氏中第六子林蕴这一支的后裔。

林则徐在《先考行状》中写道：“府君讳宾日，字孟养，号旸谷，系出九牧林氏。先世由莆田徙居福清县之杞店，国初再徙省治，累传皆儒业。”①

福清杞店，位于今福清市海口镇。

林宾日在《析产阄书》中也写道：“余世居玉融，始祖高德公，宋进士，传十五世至榕山公，余支祖也。公生二子，长存素公，余之五代祖，墓在玉融。存素公生高祖学骏公，迁居省垣，生曾祖启寀公，墓俱在北关外飞来峰下。启寀公生北塘公。”“乾隆二十三年，祖母将祖遗田宅匀作五股，均分五男。余父系第四房，阄分稻谷三十担，住屋数间，另有书田十担，此玉融祖例也。父亦生五男，都无生业，家口浩繁。”②

由此可知，福州“文峰林”源自闽中莆田的九牧林氏。九牧林氏中林蕴这支的后代，先从莆田迁往福清面向大海的浔洋里杞店（今海口镇岑兜村），成就福清杞店“文峰林”。福清杞店“文峰林”中林榕山这一支，在清初时，由林榕山的孙子林学弢自福清徙居福州，繁衍生息，成就福州“文峰林”。

林则徐是“文峰林”福州始祖六世孙

福清杞店“文峰林”始祖是宋代进士林高德。福州“文峰林”始祖是林高德的十七世孙林学弢，他带着一家迁往省城，林则徐是林学弢的六世孙。

林则徐的父亲林宾日（1749—1827），原名天翰，字孟养，号旸谷，清嘉庆年间侯官岁贡生。林则徐 4 岁那年，林宾日参加乡试，因眼睛发病未愈，没有中举。于是，在左营司家附近罗氏私塾里教书，并带着林则徐到私塾就读，“自之无以至章句，皆口授之”。林则徐一直到 12 岁，都跟随父亲攻读经史。由于林宾日只靠教书谋生，家境非常清贫，有时甚至断炊。但他刚直不阿，里中有一个土豪想以重金贿赂林宾日，保举其子为童生，被林宾日拒绝。父亲正直的品格对林则徐产生了深远影响。林则徐在《先考行状》中回忆：“府君之教，谆谆然，循循然，不激不励，而使人自乐于向学。”③

林则徐的母亲陈帙，为闽县岁贡生陈圣灵之第五女。由于林家贫寒，陈帙婚后，除相夫教子外，还长期做纸花赚钱帮贴家用。林则徐曾回忆：“每际天寒夜永，破屋三椽，朔风怒号。一灯在壁，长幼以次列座，诵读于斯，女红于斯，肤慄手皲，恒至漏尽。此情此景，宛若昨天。”④

林宾日、陈帙夫妇一共生育 11 名子女：长子林鸣鹤（早夭）、次子林则徐、三子林霈霖及 8 个女儿。

船政家谱

第一代

福州文峰林家第一代船政人，即为林则徐。他虽然在福建船政创办之前就已逝世，但他首倡并全力推进中国自造坚船利炮计划的努力，被史家认为是福建船政的重要催生者。

林则徐：民族英雄 船政重要催生者

林则徐（1785—1850），字元抚，又字少穆、石麟，晚号俟村老人、俟村退叟、七十二峰退叟、瓶泉居士、栎社散人等，清朝著名政治家、思想家和诗人，曾任湖广总督、陕甘总督和云贵总督，两次受命钦差大臣，因其主张严禁鸦片和坚持抗英，在中国有民族英雄之誉。

·倡“坚船利炮”第一人

虽然船政是在林则徐已经故去多年后创建的，但应当承认，没有林则徐，中国就不可能在这个时期开始创办船政，开始建船厂、办船政学堂、组建船政轮船水师。被誉为“近代中国睁眼看世界第一人”的林则徐，是中国近代海军的催生者，是第一个提出要办培养坚船利炮制造者和使用者学堂的清朝大臣。

悬挂于福州林则徐祠堂内的林则徐油画像

林则徐是第一个提出要造“坚船利炮”的中国人。

早在鸦片战争时期，林则徐从在广东主持禁烟和抗英斗争中清楚地意识到，必须学习西方国家的长处以抗击外来武装侵略，形成了“师夷长技以制夷”思想，认为没有先进功能的大炮和舰船，就无法与西方强敌在海上抗衡。道光二十年秋（1840年9月），他向道光皇帝奏请，用粤海关盈余的税收来置备新型船炮。建议中这样写道：“即以船炮而言，本为防海必需之物”，从道光元年至今二十年间，粤海关已征得三千万两关税，若以其十分之一制炮造船，“则制夷已可裕如”。并且强调“制炮必求极利，造船必求极坚”。[⑤] 但他的真知灼见被昏庸的道光皇帝否决而无法实现。

· 矢志不渝推动坚船利炮计划

虽被道光皇帝否决，但是林则徐没有放弃，仍不放过任何机会重申自己的这个主张，推动坚船利炮计划。

道光二十一年（1841 年），林则徐被清廷授以四品卿衔，前往浙江沿海前线“戴罪立功”，在参与组织指挥修筑炮台等系列防御工事的同时，还与制作兵器的匠首们一起讨论如何研制新式大炮。在接到“遣戍伊犁”命令后，他仍不忘将自己搜集的新式大炮研制技术资料以及八种新式战船图样，全部交给浙江的兵器研制人员作为参考。

在西行戍边途中，林则徐始终没有忘却思考如何才能拥有坚船利炮，明确提出了筹计船炮、创建水军的设想。一路上，他不断给官场故旧去信，力陈其对于建设坚船利炮的思考。

位于福州市澳门路上的林则徐祠堂

林则徐行至河南祥符，黄河决口。王鼎以大学士出署东河河道总督，督塞河口。由于赞成林则徐禁烟抗战，王鼎上疏道光帝奏留林则徐助襄河工。皇帝准奏后，林则徐夜以继日奔走治河。百忙之中，闻知英军已驱舰北侵，对江苏和长江流域构成威胁时，他挤出时间给时任两江总督的牛鉴去信，力陈建设“船炮水军”之重要性、紧迫性。

道光二十二年（1842 年），林则徐西行路过洛阳，又给时任四川布政使、署四川总督的好友苏廷玉去信，强调建“水军”、制船炮的必要性，认为“有炮有船，水军主之，往来海中，追奔逐北，彼所能往之，我也能往”⑥，以便充分掌握战争的主动权。

同年 9 月，林则徐行至兰州，在给友人姚椿（著名散文家、诗人、画家，曾任湖北荆南书院山长）、王柏心（进士，著名学者，曾掌荆南书院）的信中，总结了鸦片战争及之后的败仗教训，痛心疾首地写道：“窃谓剿夷而不谋船炮、水军，是自取败也。沿海口岸防之已不胜防，况又入长江与内河乎？”“侧闻议军务者，皆曰不可攻其长，故不与之水战，而专于陆守。此说在前一二年犹可，今则岸兵之溃更甚于水，又安得其所短而攻之？”⑦ 此时，他已将倡导的“师夷长技以制夷”的思想主张具体化了，不仅有主张，而且有实现主张的办法，提出了如何才能“师夷长技以制夷”。虽然林则徐的这些建议没有被清政府所接纳，却在清醒的、爱国的士大夫阶层产生了深远的影响，社会的共识正在形成。

直到第二次鸦片战争的再次惨败，清政府才有了较大的震动。因而，当深受林则徐思想主张影响的左宗棠将林则徐曾提出的这些建议进一步具体化上奏时，同治皇帝很快批准，并称之“实系当今应办急务”⑧。于是，才有了清同治五年（1866 年）福建船政的创办，有了造船的船政十三厂和培养海军人才的船政学堂，有了中国第一支近代海军——船政轮船水师。因此，可以说，这些都孕育于林则徐的思想与主张。笔者早年访问中国近代史专家戴学稷时，他曾说：“虽然时间推迟了 26 年之久，而且林则徐当年也没有具体设想在福州马尾建设这座近代中国的海军基地，但是谈到福建船政的兴建，林则徐是应当提及的第一个重要人物。正因为有了他的倡议和思想影响，才有中国近代海军的摇篮——马尾船厂建立。”

第二代

林则徐的外甥兼女婿沈葆桢，是福建船政的重要开创者、中国近代海军的创建人。

沈葆桢：船政大臣 组建中国近代海军

沈葆桢（1820—1879），原名振宗，字幼丹，著名政治家，曾任江西巡抚、船政大臣、两江总督兼南洋大臣。

沈葆桢是林则徐姐姐的儿子，长大后娶林则徐次女林普晴为妻。清道光二十七年（1847年）中进士点翰林，咸丰四年（1854年）任监察御史，之后相继任九江、广信知府，参与对太平军作战。咸丰十一年（1861年）十二月，升任江西巡抚。同治三年（1864年），捕杀太平天国幼天王洪天贵福等人。不久，回福州丁忧。

同治五年（1866年），时任闽浙总督的左宗棠奏准设局造船不久，就奉命由闽浙总督调任陕甘总督，并被要求即刻赴任。左宗棠认为船厂之事，关系国家富强，不能耽搁。他一方面奏请朝廷能否让他稍留两三旬，以便把筹备工作安排妥当；另一方面积极寻找能担当大任的接管人选。就是在此时，沈葆桢被他认为是再合适不过的最佳人选。他与当时的福州将军英桂等交换意见，对方也认为沈葆桢最合适。但是，沈葆桢以正在丁忧期，礼制不能违背，再三谦辞。左宗棠为了请沈葆桢出山，曾四次登门恳请，最后只得奏请清廷："俯念事关至要，局在垂成，温谕沈葆桢勉以大义，特命总理船政，由部颁发关防，凡事涉船政，由其专奏请旨，以防牵制。其经费一切，会商将军、督抚臣随时调取，责成署藩司周开锡不得稍有延误。一切工料及延洋匠、雇华工、开艺局，责成胡光墉一手经理。"⑨清政府同意了左宗棠的建议，正式任命沈葆桢为船政大臣，"所有船政事务，即着该前抚总司其事，并准其专折奏事"，"道员胡光墉，即着交沈葆桢差遣"⑩。

沈葆桢早年就深受林则徐思想的深刻影响，忠勇能干，兢兢业业，很快就从对造船事业一点都不熟悉的门外汉成为懂行的船政管理行政首长。他苦心经营近十年，创建了中国第一支近代海军舰队，建成了中国近代海军第一个大型基地，开办了中国第一所高等军事科技学堂，创办了中国第一个制造新式舰船的工业基地，制造出了中国第一批军舰，成为船政重要奠基人，亦被称为"中国近代海军之父"。

第三代

林则徐兄弟孙辈中出了不少船政名杰，在史书上留下记载者有10位，其中三位为林则徐嫡孙。

林贺峒：南粤道台 黄埔水师学堂总办

林贺峒（1842—1904），字访西，政府官员，曾任广东厘局提调，署广东南韶连道道员兼太平关监督、韶州知府，广东省营务处总办兼广东军装机器局总办、署高廉道道员，署雷琼道道员兼琼军统领，黄埔水师学堂总办，黄埔船局总办兼黄埔雷局总办，吴淞开埠工程善后局总办，沪宁购地局总办兼苏皖闽铁路学堂总办。

林贺峒是林则徐次子林聪彝之长子，为林则徐第一个孙子。当年林则徐发配新疆，家迁之西安。离家继续往西行时，贺峒还未出生。林则徐行至甘肃崆峒山时，接家书得知自己有了孙子，甚是高兴，为自己第一个孙子取名“贺峒”，字“访西”，取西行之意。

林贺峒在林则徐孙子中，算是较早发达的。同治十二年（1873年），林贺峒中举，充官学教习。以教职用改官同知，保知府。

1922年版《闽侯县志·六九·列传五》对林贺峒有详尽介绍：

光绪七年至广东充厘局提调、省河六门缉私等差。十年，张之洞督两广，辟总文案。会法越战争告竣，保升道员。

十三年，署南韶连道兼太平关监督，于道署创设清讼局，平反甚多。煤窿工头杨亚炳殴毙客民黄光高一案，曲江知县陈塏被朦不能直。贺峒廉得其情，冤遂白，自是虐待苦工之风以息。

次年，兼摄韶州府篆，建北江书院，普及三属。时连州一带民猺多械斗，贺峒谓办法宜“分良莠，不分民猺”。亲率练勇百名下连州，漏夜饬弁拏匪首萧三喜等置诸法。凡两造互杀人口，按名对抵外，其无抵者每名缴银百两作赔，欵从宽免究。又令猺练“每朔望，谒官具‘不敢生事’及保路各结”。其讨平杀人坪、黄爪冲诸徭，怙恶者尤为其难。

厥后总全省营务处，兼制造局署高廉道。不及月调署雷琼道兼琼军统领。[11]

光绪十九年（1893年），两广总督李翰章将广东水陆师学堂一分为二，划出的水师学堂改称“黄埔水师学堂”，林贺峒任黄埔水师学堂总办。

光绪二十七年（1901年），林贺峒任广东军装机器局总办、黄埔船局总办，同时兼任黄埔雷局总办。

在这之后，林贺峒调往江苏，曾任吴淞开埠工程善后局总办等。

光绪二十八年（1902年），清政府铁路总公司与英商怡和洋行签订《沪宁铁路借款草合同》，准许英商承办沪宁铁路。林贺峒调往铁路总公司，担任沪宁购地局总办兼苏皖闽铁路学堂总办。任上，负责沪宁铁路买地、督造等事务。英商盛气凌人，处处损中国利益以肥英，林贺峒据理力争，但腐败的清政府无法为中国人撑腰，对英商低三下四，林贺峒气极郁结，一病不起。

光绪三十年（1904年），林贺峒病卒任上。病逝后，邮传部奏请优恤，赠太常寺卿衔。著有《味雪堂》。

林贺峒倾注心血所筑沪宁铁路，自上海至南京下关，全长311千米，光绪三十二年（1906年）正式开工，宣统元年（1909年）竣工通车。但该铁路的经营管理大权，直到1929年才由国民政府铁道部逐步收回。

林洄淑：汉文教习 船政学堂总稽查

林洄淑（1854—1887），字小颿，自号蝓铁，船政官员，曾任船政学堂总稽查、汉文教习。

林洄淑是林则徐长子林汝舟的独子，自幼聪明，好学有加，16岁考中秀才，为郡试冠军。光绪元年（1875年）中举人。曾任工部虞衡司员外郎。沈葆桢任两江总督时，福建巡抚丁日昌成为第二任船政大臣，沈葆桢向丁日昌举荐林洄淑。林洄淑旋入船政，任船政学堂总稽查。后来，积资保候选知府。据清《船司空雅集录》介绍，林洄淑还做过船政学堂汉文教习。

林洄淑此生很是不幸。他幼年丧父，成年后又将祖父珍藏的大量古籍及书稿毁于一旦。作为长房唯一后人，林则徐收藏的主要古籍与文稿皆传于林洄淑。

他在船政学堂工作时，将之带往马尾。马江海战时，林洄淑居所被法军一发炮弹击中，珍宝皆毁，但也有一说是溃兵焚掠。光绪十三年（1887年），林洄淑进京考进士，进了考室没多久猝死，但考试没结束，贡院大门不能打开，幸考室有一专为考生送水的小洞，尸体由此小洞拖出来。

对此，1922年版《闽侯县志》有这样的记录：

洄淑方博观趋译诸载，藉深知世界大势列强政治本原，目观中兴之余粉饰升平，外患浸至仕途芜杂，既再踬公车，数上书，当路无所遇，恒忽忽不乐。

辛巳丁内艰心疾暴作，逾年始愈，顾厌城市，营别墅于马限山巅，有楼曰蝓海，可眺虎门，自为诗落之。妻陈氏通文史，首先次韵，一时和者百十人，名莲潭唱和，集朋好过从留饮，则醉卧岩石上，夕露如珠未已。

甲申战争起，马江兵舰顷刻告僭，洄淑始去别墅，诣彭田张星使佩纶行营，请下令严缉散勇，回顾所居已火光烛天，则溃兵焚掠，非毁于敌弹也。是役也，先世文物移实别墅者荡然矣。[12]

林毓良：一笔好文 船政学堂文案

林毓良（？—？），船政官员，曾任船政学堂文案、汉文教习。

林毓良是林则徐三子林拱枢之长子，曾致力举业，但屡试不第，凭着一手好文章，进入船政工作，边谋生边应试，曾任船政学堂文案、汉文教习。

沈葆桢对林毓良十分看好，有一事可以佐证：林拱枢因在北京做官无法照顾在福州的家人，并为长子林毓良没能考上功名而担忧，沈葆桢去信劝慰说："忧能伤人"[13]，须"宽心处之"[14]，"京官二三十年，家中一切安好，子弟亦读书有成，儿女亲事自有前定"[15]，认定林毓良"自是佳子弟，耐守支持此数十年，其功不可没也"[16]。在沈葆桢的不断鼓励和教导下，林毓良在福建船政工作认真负责，颇为得心应手。

林泰曾：北洋海军名将 海战殉国

林泰曾（1852—1894），字凯仕，海军名将，船政后学堂第一届驾驶班毕业生，曾任“安澜”舰教习、“建威”舰大副、“镇西”舰管带、“超勇”舰管带、“超勇”舰管带兼北洋轮船营务处总办、“镇远”舰管驾、“镇远”舰管带兼北洋轮船营务处总办、北洋海军左翼总兵兼“镇远”舰管带。

·船政学堂首届毕业生 赴台驱日

林泰曾是林则徐胞弟林霈霖之长子林龙言第四子。自幼父母双亡，由寡嫂养大。同治五年（1866年）十一月，林泰曾得知沈葆桢在马尾办船政学堂，不收学费且有津贴，心驰神往。但嫂嫂坚持让他走科举正途。林泰曾据理力争，坚持要报考船政学堂，加上家境不裕，嫂嫂终于点头允诺，林泰曾最后成为船政后学堂首届驾驶班学生。

青年林泰曾

同治十年（1871年）五月，林泰曾结束堂课，派登“建威”号练习舰实习，随舰先后巡历北洋各口、香港及新加坡、槟榔屿、小吕宋各埠。

同治十二年十二月三十日（1874年2月16日），林泰曾充任“安澜”舰枪械教习，擢守备，加都司衔。

同治十三年三月二十二日（1874年5月7日），日本派兵登陆台湾琅峤（今恒春半岛），侵占我领土，修建军营，并建立都督府，准备长期占据台湾。林泰曾随沈葆桢赴台驱逐占领台湾恒春半岛的日本侵略者，奉派赴台湾后山测量港道，同年年底调充“建威”舰大副。

·中国海军首批留学生 登英舰实习

光绪元年（1875年）秋，沈葆桢派福建船政洋监督日意格赴欧洲采购船用器械，并随带后学堂毕业生刘步蟾、林泰曾及3名前学堂毕业生出洋游历学习。

翌年初，林泰曾进入英国高士堡（今译戈斯波特）海军军官学校深造，并计划随后上英国军舰实习。不久，国内召回日意格，林泰曾等只得中断学习，随同回国，调赴台湾，会办翻译事务。

是年冬，中国正式派遣第一批学生出洋学习海军，林泰曾亦在其中。

光绪三年二月十七日（1877 年 3 月 31 日），林泰曾等第一批赴欧洲留学的船政毕业生，从马尾登“济安”轮出发，经香港换乘外轮赴欧。抵达英国后，因离开学尚有一段时间，经驻英公使郭嵩焘与英国外交大臣协商，林泰曾和同学们一起前往英国海军基地参观考察。因林泰曾没有通过英国皇家海军学院的入学考试，直接进入英国地中海舰队学习，先后在“孛来克柏林”（H. M. S. Black Prince，即“黑太子”号）、“潘尼洛布”（H. M. S. Penelope，即“佩内洛珀”号）、“阿其力”（H. M. S. Achilles，即“阿基里斯”号）及“威灵顿”（H. M. S. Wellington）等舰实习，巡历了大西洋、地中海等处，学习战法、备战、布雷、枪炮等战术与技术。署留学生洋监督斯恭塞格称赞林泰曾：“知水师兵船紧要关键，足与西洋水师管驾官相等”，堪以重任，“不但能管驾大小兵船，更能测绘海图、防守港口、布置水雷”[17]，是最为出色的学生。

·北洋海军舰长 甲午海战牺牲

光绪五年（1879 年）冬天，林泰曾与刘步蟾先期学成归国，他们俩一起将留学心得写成《西洋兵船炮台操法大略》的条陈，呈李鸿章。在此条陈上，他俩提出“最上乘之策，非拥铁甲等船自成数军决胜海上，不足臻以战为守之妙”，疾呼加强中国海军力量，对外来侵略采取积极防御方针。是年底，李鸿章、沈葆桢会同闽浙总督何璟联衔奏保，以林泰曾“沉毅朴诚”“学有实得”[18]，荐升游击，留闽省尽先补用，并赏戴花翎。

光绪六年（1880 年），林泰曾调赴北洋海军，担任“镇西”舰管带（舰长）。年底，林泰曾与邓世昌、蓝建枢等一起，奉命随北洋海军提督丁汝昌，赴英国接收“超勇”“扬威”两艘巡洋舰。翌年七月，林泰曾充“超勇”舰管带，驾舰回国。因接舰有功，赏赐“果勇巴图鲁”勇名，免补游击，以参将补用。

光绪八年（1882 年）夏，朝鲜发生“壬午军乱”，清政府派水陆两军赴朝，以防日本趁机扩大事态。林泰曾率“超勇”舰随同前往，驻守仁川，使日军未敢轻举妄动。事后，经李鸿章奏请，清廷以林泰曾援护朝鲜有功，着免补参将，以副将尽先补用。

光绪十年（1884 年）七月，马江海战爆发，“超勇”“扬威”两舰奉命南下援救台湾。行至上海，朝鲜发生“甲申事变”，林泰曾等奉命率舰北返，迅速开赴朝鲜马山浦，平定朝鲜政变，并防御日本侵袭。翌年，兼办北洋轮船营务处。

光绪六年（1880 年），北洋大臣李鸿章通过中国驻德国公使李凤苞向德国坦特伯雷度的伏尔铿造船厂订造“定远”“镇远”两艘铁甲舰，该级舰设计时集中了当时世界上最先进的铁甲舰——英国“英弗来息白”号和德国“萨克森”号二舰的优点，为当时世界最先进的铁甲舰，北洋大臣李鸿章亲自为二舰命名。“定远”“镇远”二舰本应于光绪十年（1884 年）交付中国，但当时正值中法开战，德国因中立而延缓交舰，直到次年中法议和后才准备将两舰交付中国。

光绪十一年（1885 年）四月二十九日，李鸿章为新购的“定远”“镇远”舰配备官兵，刘步蟾任“定远”舰管驾，林泰曾任“镇远”舰管驾，奉派赴德国接舰。九月，林泰曾与刘步蟾驾两舰抵达天津大沽，随即林泰曾被任命为“镇远”舰管带，擢升参将，旋升副将，继续兼办北洋轮船营务处。

光绪十三年（1887 年），林泰曾以“深通西学，性学忠谨”[19]获得保荐，奉旨交军机处存记。

光绪十四年（1888 年）四月，林泰曾奉召赴天津，会同周馥、罗丰禄等议订《北洋海军章程》。十一月十五日，北洋海军正式组建成军。李鸿章奏保林泰曾“心智坚定，器识深闳”，“由学堂出身，久在西洋随队操习，委带战舰巡海已阅七八年，资荣甚深”，“堪胜北洋海军左翼总兵之任”[20]。清廷准奏，遂实授林泰曾北洋海军左翼总兵兼“镇远”舰管带。次年加提督衔。

光绪二十年（1894 年），林泰曾在甲午海战中牺牲。

林泰曾胞弟、林龙言第五子林孝侯，也曾长期在船政学堂教书。

林朝曦：海军教官 鱼雷枪炮学校学监

林朝曦（? — ?），海军军官，清朝时曾任烟台海军学堂教官；民国时曾任南京海军雷电学校教官、南京海军鱼雷枪炮学校学监。

林朝曦是林则徐从弟的孙子，居于今福州市鼓楼区七星井。少年时期，北上考入江南水师学堂第二届鱼雷班。毕业后，曾在南洋水师任职。光绪二十九年（1903 年），清政府创办烟台海军学堂，林朝曦赴任教官。

清朝被推翻后，烟台海军学堂易名“烟台海军学校”，林朝曦继续在校执教。

1913年后，海军舰队已开始配备有新式鱼雷，并在军舰上陆续装配无线电台，但缺少专业人才。海军部于1915年10月15日在当年江南水师学堂旧址举办南京海军雷电学校，学校设鱼雷班和无线电班。鱼雷班是调舰队初级军官和烟台海军学校毕业生入校轮训鱼雷课程；无线电班是招高中毕业生入校学习，毕业后到各舰船任正副电官。林朝曦为鱼雷专业毕业的科班人才，南下入校任教，教授鱼雷施放课程。

1917年11月，随着烟台海军枪炮所并入南京海军雷电学校，学校正式改称“海军鱼雷枪炮学校”，学校分设鱼雷、枪炮两个班，轮训已在舰上服务而未受过鱼雷、枪炮专业训练的军官，每期半年，林朝曦继续在校任教，后升为学监。

第四代

林则徐家族的船政族谱发展到第四代，海军名杰辈出，可以说是中国海军重新崛起并不断发展壮大的各个重要时期的有功之臣，其中最有代表性的当数林则徐侄曾孙林遵将军，还有一位是海军出身的著名外交家林轼垣。

林黼祯：船政学堂教习　宁死不事日

林黼祯（1872—1942），字肖蚙，政府官员，曾任船政学堂教习、江苏嘉定县知事、商务印书馆编辑。

林黼祯是林则徐长子林汝舟孙子、林洄溆次子。幼起苦心举业，为廪膳生出身，即政府供给膳食的生员。他博览群书，经年攻读经史，以工诗能文闻于时。

林黼祯仕途不顺，转入船政学堂教国文。光绪二十五年（1899年），日本政府邀请中国高级别官方代表团赴日考察军事，林黼祯作为船政提调沈翊清的随员，赴日本考察陆军学堂，清朝第一次对日本的军事教育做了全面考察，为后来陆军学堂建设提供了宝贵的经验。

林黼祯对船政学堂文化建设有重要贡献，曾与当时的船政前学堂学生柯鸿年等组建诗社，力倡在学习先进科学技术的同时，学习中华文化。进入民国后，林黼祯客居苏州。

1920 年 4 月至 1921 年 6 月，林黼祯曾任上海嘉定县知事。他一身傲骨，厌恶官场腐败之风，后辞去公职，靠着为商务印书馆编辑、校对文稿和给有钱人家做私塾先生为生。

至抗战期间，苏州沦陷后，日伪知其为林则徐嫡曾孙，试图以重金拉他为日伪服务。林黼祯虽此时生活十分困难，但断然拒绝，表示宁死不事日伪。他靠为人写贺寿辞、喜联、春联赚钱，1942 年在贫病交加中去世。

林轼垣：海军出身 著名外交家

林轼垣（？—？），外交官，曾任中国驻新西兰领事、中国驻加拿大温哥华领事。

林轼垣是林则徐三子林拱枢长孙，幼承庭学师训，立志复兴中华。少年时期考入天津水师学堂，在校期间展露出极高的语言天赋和长于协调各种关系的能力。本欲以海军为业，但国家急需外交人才，遂转入外交部门。

民国时期，林轼垣曾任中国驻英使馆随员，后曾任中国驻新西兰领事、驻加拿大温哥华领事。

民国北京政府时期，军阀混战，民不聊生，林轼垣再也无意官场。未届致仕之年，就退出政坛，与胞弟林步随合资兴办民族实业，但由于帝国主义经济侵略，经营维艰，再加上书生不善经商，企业破产，家道中落。

随着日军节节入侵，林轼垣先避往福州，再迁往上海，居于租界，生活甚是困难。

南京汪伪政府的“外交部长”梁鸿志知道林轼垣的外交经历，也知林则徐及林则徐家族的影响力，以高官厚禄企图拉他进入汪伪政府，林轼垣虽贫寒但仍严词拒绝。日伪见利诱不成，便施以威逼，林轼垣威武不屈，斩钉截铁答之：“林文忠公的子孙不当汉奸。”

林南琛：江南造船所秘书 保厂立功

林南琛（1895—1999），海军军官，曾任海军江南造船所英文翻译、所长秘书。

林南琛是林则徐胞弟林霈霖曾孙、林孝恒次子。从小不但受到父亲悉心教导，还师从名儒，苦学经史子集，能文工诗。后来，进入海军界担任文官，主要在海军机关和江南造船所做文案工作，1935年6月，任海军江南造船所英文秘书课翻译。

林南琛与曾长期担任海军江南造船所所长的马德骥将军是至交，深得其信任，曾长期担任他的秘书。上海解放前夕，林南琛为保护江南造船所做出了贡献。

1949年4月，中国人民解放军突破长江天险，解放南京。紧接着，迅速以钳形之势包围了上海。国民党海军总司令桂永清亲自坐镇江南造船所，要求把江南造船所三分之一的重要机器设备搬到台湾。4月25日，桂永清向马德骥下令立即搬迁江南造船所，并要求派造船骨干速到台湾基隆准备设立江南造船所分厂。

中国共产党和国民党反动派展开了针锋相对的护厂斗争。因林南琛与中共中央社会部潜伏在上海的密战精英林亨元有交情，早已接受了中国共产党的政治主张，并表示愿意为中国共产党工作，与中国共产党上海地下党组织建立了秘密联系。于是，中国人民解放军第三野战军派遣林亨元、孙克骥找到林南琛和暂代所务的江南造船所副所长林惠平、江南造船所造船课课长王荣瑸，传达中共指示，要他们团结工程技术人员，在江南造船所的护厂斗争中发挥作用。

此时，正直的马德骥所长既对共产党在江南造船所领导的“反疏散”“反搬迁”“反破坏”斗争理解和默认又难抗上级之命，称病休假，将所务交给了林惠平，还让林南琛全力配合林惠平工作。

林南琛配合林惠平等有意拖延时间，以军舰未修好、技术力量抽不出、没法迁厂等理由来应对海军部的催搬。于是，桂永清立即命令招收临时工来加快迁厂，又调来大批荷枪实弹的海军陆战队官兵督搬。在中共党组织的领导下，工人们将报废的旧机床油漆一下充作新机床，装入箱内，再将已经报废的扳头、锉刀等工具除去锈迹，涂上油，包上蜡纸，也装入箱内，封好箱子后贴上封条并写上“贵重机器”“小心轻放”等字，大张旗鼓地运往台湾，真正的精密机床根本没有上船，早就被工人们拆散，藏在隐蔽的地方。

林南琛还配合王荣瑸等，遵照中共党组织的指示，把废旧造船图纸充作重要图纸，运往台湾，把有重要价值的26000多张图纸以及部分图书和全套英美造船年鉴等，转移到江南造船所前总工程师、英国人毛根遗孀等外国侨民家中。中华人民共和国成立后，这些重要技术资料都完整地交给了人民政府，为建设新中国海军和发展造船事业立了功。另外，林南琛还参与劝说许多工程技术人员留在上海，为新中国造船事业服务。

林南琛不但学问甚好，还写得一笔好字，曾为上海有名的外白渡桥题字。

林遵：海军少将 国共两党器重

林遵（1905—1979），原名林准，别名尊之，海军名将，曾任国民政府海军海防第二舰队司令；中华人民共和国成立后曾任华东军区海军第一副司令员，中国人民解放军军事学院海军教授会主任、海军系主任，海军军事学院副院长，海军学院副院长，海军东海舰队副司令员。

林遵是林则徐从弟曾孙、林朝曦长子。童年时期，先在私塾师从名儒，后进入福州有名的西城小学堂，毕业后考入格致中学。1922年，父亲林朝曦调任海军鱼雷枪炮学校学监，林遵随父亲转学至南京有名的金陵中学就读。

1924年，林遵考入父亲曾执教过的烟台海军学校学习航海驾驶，学习刻苦，成绩始终名列前茅。毕业后，于1929年赴英国格林尼茨皇家海军学院攻读，后再入波斯麦斯海军专科学校进修。

1934年，林遵毕业回国，出任位于福州的海军学校学生队大队长。

1935年6月，林遵任海军学校教官兼航海队队长。8月，任海军部副官室副官。

1936年12月，林遵调任“自强”炮舰上尉副舰长。

1937年4月，林遵被派为赴英祝贺英皇加冕典礼特使团海军武官。5月，奉命赴德国接收订购的潜艇和潜艇母舰，并任国民政府驻德海军联络官。

抗战全面爆发后，林遵再三请求回国参战。1939 年，率领在德国留学的海军军官辗转多国，回到烽火中的祖国。

1940 年 1 月，海军长江中游布雷游击队成立，林遵被任命为第五中队少校中队长兼第九分队分队长。1941 年初秋，海军长江中游布雷游击队改编为海军第二布雷总队，作战编组设总队部一、大队七、中队十四、移动电台七，林遵任海军第二布雷总队第五大队少校大队长兼第九中队中队长，率部浴血奋战，屡建战功。

1942 年，林遵调任海军总司令部参谋，之后派任国民政府参谋总长办公室海军参谋。

抗日战争胜利后，林遵于 1945 年 9 月出任驻美海军上校副武官。

1946 年 2 月 8 日，林遵调任美国赠让的“太康”“太平”“永泰”“永兴”“永胜”“永顺”“永定”“永宁”八舰指挥官，率美国第一批赠让舰回国。林遵率八舰回国不久，政府于同年 9 月 13 日组建收复西沙、南沙群岛的舰队，由“太平”“永兴”“中业”“中建”四舰组成，命名为“前进舰队”。林遵被任命为海军前进舰队上校总指挥，率前进舰队进驻西沙、南沙群岛，收复南海诸岛。

1947 年 5 月，林遵转任海军总司令部上校附员。6 月，任新成立的海军点验委员会主任。

1948 年 1 月，林遵任海军海防第二舰队少将司令。1949 年 1 月，兼任海防第二舰队指挥区总指挥。

林遵因反对内战和对国民党政府的不满，决定跟着中国共产党走，与中国共产党在上海的地下组织建立了秘密联系。在中共党组织的领导下，林遵靠着大智大勇，精心谋划，于 1949 年 4 月 23 日率海防第二舰队所属的 25 艘舰艇 1271 名官兵，在南京芭斗山起义，加速了解放战争的胜利进程。

林遵起义后，出任中国人民解放军第一支海军部队——华东军区海军第一副司令员，中国人民解放军海军的诞生日，即与林遵率国民党海防第二舰队起义日是同一天。

1951 年 1 月 15 日，中国人民解放军军事学院成立，刘伯承任院长，林遵任海军教授委员会主任。

1952 年 5 月 16 日，军事学院海军系成立，林遵任系主任。

1955 年 9 月 27 日，中华人民共和国首次授衔，林遵获授海军少将，成为共和国开国将军。

1957年10月8日，海军系扩建为海军军事学院，林遵任副院长。1960年10月1日，海军军事学院改称为海军学院，林遵任副院长。

1975年，林遵被任命为海军东海舰队副司令员。

1977年8月，林遵光荣加入了中国共产党，并担任东海舰队党委委员。

林遵是第一届全国政协委员、第一至第五届全国人大代表、第一至第三届国防委员会委员。曾获一级解放勋章。

受到国共两党同敬重的林遵将军

1979年7月16日，林遵因鼻咽癌病逝上海。按照他的遗嘱，骨灰撒入东海。

林遵是名儒将，不抽烟、不喝酒、不打麻将，只喜欢看书、打桥牌，尤其对古诗、古典名著研究颇深。1972年，林遵觉得鼻子不太舒服，二女儿林华明陪他去医院看病。一查就被告知得了鼻咽癌，女儿腿软到迈不动步子，林遵却无所谓，回家的路上就若无其事地去逛书店。

林遵一家多海军。林遵的妹妹也嫁给了海军军官。抗日战争胜利后，林遵的弟弟林庠从上海交通大学毕业，赴中国台湾工作。在林遵率舰队起义后，蒋介石将在中国台湾做技术工作的林庠逮捕并枪毙。林遵的太太胡素珍是四川人，她原在南京金陵女子大学生物系学习，因当时很少有女子学体育，所以后来校长吴宜芳（中华人民共和国成立后任江苏省副省长）建议胡素珍改学体育。胡素珍在海军学院幼儿园当了一辈子的主任，直到退休。

林宝藩：英雄次子 民国海军部科员

林宝藩（？—？），海军军官，曾任海军部科员。

林宝藩是林则徐胞弟林霈霖曾孙、林泰曾次子。林泰曾有两子，长子林椿藩，二品荫生。次子林宝藩，本是林泰曾兄弟的儿子，后过继给林泰曾，及长，继承父亲遗志投身海军，但未有突出建树，一直在民国海军部做科员。

第五代

林家第五代船政精英主要出自海军科技界，其中突出代表者为著名潜艇制造专家林华卿。

林华卿：潜艇专家 科研成果甚丰

林华卿（1946— ），造船专家，曾任海军 4805 厂工程师、高级工程师、副总工程师、副厂长。

林华卿是林则徐从弟孙子林朝曦长孙女、林遵长女。1946 年出生时，因为抗战刚刚胜利，林朝曦非常兴奋，为自己的大孙女取名“华庆”，庆祝中华民族的伟大胜利。后来因为内战爆发，老人觉得天下还未太平，现在就庆祝还早了些，就改为“庆”的近音字“卿”。

林华卿自小学业优良，1964 年考入东南大学的前身——南京工学院，1968 年毕业，分配到国家电力建设工程公司第一工程处，天南地北建电厂，后调入海军 4805 厂当工程师，曾任高级工程师、副总工程师、副厂长。

2003 年夏天，笔者到上海海军凉城干休所采访居此的林华卿，在干休所门口等林华卿下班时，就听警卫战士说起林华卿的故事，那位一身戎装的小伙子一脸崇敬，“人家是将门虎子，高祖爷爷是民族英雄林则徐，父亲是抗日战争功臣，自己是海军科技战线大专家，我们海军上海基地宣传队曾经专门编了一个短剧，介绍林华卿与她的英雄家族。”

林华卿是中国潜艇专家。她与同事们一起，先后攻克了某型战舰的消摆装置、某型潜艇的主发动机等 10 多项维修难题；取得了为装备自控、遥测系统使用的元件盒测试台等数十项科研成果。

1995 年 11 月，海军 4805 厂决定派林华卿带 6 名科技骨干赴国外学习新装备维修技术。临行前一晚，林华卿不慎跌了一跤，致第九根肋骨骨折。在医院进行简单治疗后，单位劝她推迟行期，她坚决不允，按原计划登上了去国外的航班。在国外学习期间，她付出比常人多几倍的努力，用半年的进修时间完成了本专业需要 4 年时间学习的全部内容。回国后,投入紧张的技术资料整理工作。又仅用半年时间，她和同事们一起整理出 100 万字的技术资料，为新型装备的研制打下技术基础。

林华卿运用她精湛的技术，解决了难度极大的修理新型潜艇“消声瓦”破裂等问题。在建造大型消磁船时，她担任消磁、电力推进系统的技术总负责人。经过反复比较、论证，精心设计，高质量地完成了所负责的任务，使得这艘当时国内最先进的大型消磁船成功驶向远海大洋。

因为是著名的潜艇专家，加上父亲和家族有许多亲朋好友在美国定居，不断有人代表各个公司以高薪聘请林华卿赴美工作。又因为林华卿是父亲任驻美海军副武官时在美国华盛顿出生的，按美国的法律，只要赴美即可获得永久居留权。但她一次次谢绝了这些好意。有一次，一位说客甚是不解地问：“是不是待遇不够高？您有哪些具体要求，先提出来，我们再去与这些公司商量。”林华卿摇摇头，笑着说：“我家到我已经连续五代都在为祖国富国强兵奔波了，我赶上了好时期，我唯恐自己为祖国工作的时间不够多，哪也不想去。”

林华卿在接受笔者采访时，为笔者题词留言

林华卿一直是海军科研战线的模范，因为科研成果甚丰，曾被授予“全国劳动模范”“全国五一奖章”“全国三八红旗手”“全国先进女职工”“海军企业劳动模范”等众多荣誉称号，还当选中共十五大代表，并多次受到党和国家领导人的亲切接见。她全身心投入潜艇研究，一直未婚。

坐在林华卿家客厅宽大的沙发上，笔者看到一幅她与时任中共中央总书记江泽民的合影，问起来何时拍的，林华卿说是在中国共产党第十五次全国代表大会上，总书记到上海代表团来，一见到她就问："又出了什么成果？"

说到这里，林华卿笑着说："我差一点没做这一行。"我们问起原因，她说起了自己差点成为游泳运动员的往事。

“小时候，我很害怕游泳，不愿意下水，但父亲说哪有海军的女儿不会游泳的？当时父亲在海军学院工作，学院里有一个游泳池。我 7 岁那年，父亲把我和大妹妹华明带到游泳池边，啥也没说，突然将我们扔进池中，自己往后退……见我们快沉下去了，他才把我俩拎上来。而后，再突然扔进池中……我和大妹妹就是这样学会游泳的，而且游出了名气。我们姐妹俩曾代表海军学院队参加全国海军运动会，海军队看上了我俩，想调我们做专业运动员，但父亲坚决不肯，他让我们姐妹多读书，以知识报国。”

正是林遵的执着，为新中国潜艇事业贡献了一位杰出的工程技术专家。

林华建：18 岁入伍 海军 411 医院医生

林华建（1953— ），海军军医，曾任海军 413 医院护士、海军 411 医院医生。

林华建，林则徐从弟孙子林朝曦三孙女、林遵三女。由于她出生在新中国转入大规模经济建设的第一年，也是我国发展国民经济第一个五年计划实施的第一年，所以取名“华建”，取中华民族进入大建设时期之意。

林华建未满 18 岁即投身海军，在海军卫生部门当护理员，后来到条件更艰苦的舟山群岛工作，在岛上海军 413 医院当护士。因表现优异，被选拔进入海军军医学校深造。毕业后，进入上海海军 411 医院当医生，成为一位极受水兵喜爱的白衣天使，多次立功受奖。

林植津：海军炮台台长 变节投敌

林植津（1899—1972），海军军官，曾任海军总司令部副官、海军部副官室副官、海军海道测量局课员、“甘露”舰副舰长、海军巴万区第四总台第八台台长、海军巴万区第二总台第四台台长。抗日战争最艰难时投敌，令家族蒙羞。

林植津是林泰曾后人。林泰曾是林则徐胞弟林霈霖长子林龙言的第四子，其娶陈氏为妻，两人生有独子林幼凯及两女。林幼凯娶郑氏为妻，无子，以其嫡堂兄（即林泰曾第三兄林肇曾之第三子）林莼的次子林植津为嗣子，是为林泰曾的独孙。

林植津娶福州名门千金陈逸如（1897—1970）为妻，生二子、五女。

林植津以海军烈士子弟身份，顺利进入了烟台海军学校。1917 年，毕业于烟台海军学校第十一届驾驶班。之后，相继在海军部和多艘军舰上任职。1927 年 3 月 14 日，南京国民政府成立海军最高领导机关——海军总司令部，隶属于国民革命军总司令部（后改隶军事委员会），杨树庄任总司令，林植津任杨树庄副官。

1929 年 6 月 1 日，国民政府海军部正式成立。1931 年 10 月 31 日，林植津任海军部副官室副官。1932 年 1 月，曾往海军海道测量局学习测量。1932 年 5 月 19 日，任海军海道测量局课员。1935 年 10 月 18 日，任“甘露”测量舰少校副舰长。

1937 年 7 月，抗日战争全面爆发，林植津随部参战。

武汉失守后的 1939 年 3 月，海军部根据国民政府军事委员会的统一部署，设立川江炮台，隶属第一舰队司令部。同年 7 月，林植津任巴万区第四总台第八台台长。10 月，在所任炮台改为巴万区第二总台第四台后，继续担任台长。

在抗日战争最艰难时刻，林植津抗战必胜信心动摇。

日本侵占中国的华北和华中后，曾先后在北平和南京扶植了“中华民国临时政府”和“中华民国维新政府”两个汉奸傀儡政权。1939 年 4 月，汪精卫集团投敌。日本扶持汪逆筹组伪中央政权。在日本操纵下，汪精卫将原来的两个汉奸政府合并，于 1940 年 3 月 30 日在南京成立伪国民政府，随之汪伪政府海军部成立。

对抗战胜利信心不足的林植津，逃离抗敌岗位，变节投敌，做了汪伪政府海军部军衡司第一科科长，令家族蒙羞。

笔者曾多次访问过福州辛亥革命纪念馆首任馆长李厚威先生。中华人民共和国成立后，李厚威先生父亲、辛亥革命及抗日志士李昇浩（1893—1982）与林植津常有来往，两家住得很近，当时李家住在文儒坊陈承裘故居里，林植津则住在附近的通湖路西侧二桥亭后。李昇浩是中国国民党革命委员会（简称“民革”）老资格党员，是当时民革南街支部的支部委员。民革南街支部就设在李家，林植津则是民革联系的社会人士，每周来开一次会。也因此，李厚威与林植津时有见面。在他印象中，林植津相貌英俊，日常西装革履，风度翩翩。

在采访中笔者了解到，抗战胜利后，林植津成了无业游民，一直靠儿女资助生活，夫人与儿女都不与他同处。李厚威介绍说，林植津的夫人随次子林锦还长期生活在四川成都，而长子林济南则早卒。林植津孤身一人在榕，1972 年的身后事，是由其外甥处理的。当时，林植津的衣袋里还珍藏着其夫人两年前去世时的电报，足见夫妻感情之深。这让笔者想起福州另一位当了汉奸的海军军官许建廷，抗战胜利后他的夫人与儿女坚决不与之来往，其孤老终死。

林锦还生有二子：长子林皓，生于 1964 年；次子林彤，生于 1972 年。

林庆文：延续门风 江南造船厂工程师

林庆文（？—？），造船专家，曾任江南造船厂工程师、高级工程师。

林庆文是林则徐胞弟林霈霖玄孙林南琛之子。他延续家族船政门风，长期在江南造船厂工作，曾任技术员、工程师、高级工程师，后居于北京。

2012 年，林庆文偕兄弟姐妹林开文、林绣文、林衡文共同捐资，支持陕西蒲城建立林则徐纪念馆，绵延林则徐与王鼎家族之谊。

曾任清朝户部尚书、河南巡抚、直隶总督、军机大臣的王鼎，是陕西蒲城人，与林则徐有着生死之交。两人曾多次共事。道光八年（1828 年），林则徐回乡为父守制三年，王鼎族弟王仲山此时正任侯官县知县，二人因王鼎关系也成为好友,林则徐曾亲为王仲山父亲撰写了《王实田封翁寿序》。道光十七年（1837年），王鼎七十大寿时，道光帝御书赐“靖共笃祜”大寿匾，林则徐作诗四首相赠。林则徐严禁鸦片被流放伊犁，王鼎多方周旋，全力营救。林则徐西行路上，正值河南祥符黄河决口，74岁高龄的王鼎以大学士出署东河河道总督，负责督塞河口。为保林则徐，王鼎上疏道光皇帝奏留林则徐襄助河口。治水期间，两人雨宿风餐，并肩作战。治河竣工后，王鼎又奏请任林则徐为河督。此时，英国侵略者再次北犯，道光皇帝怕得罪人，仍坚持将林则徐发配新疆。王鼎后来再次上谏皇帝，死保并力荐林则徐，并请求道光皇帝处置穆彰阿、琦善，但是道光皇帝并不采纳他的建议，还不让他上朝议事。王鼎在廷谏、哭谏均失败后，决心“以尸谏回天听”。道光二十二年四月三十日（1842年6月8日）深夜，王鼎怀揣“条约不可轻许，恶例不可轻开，穆不可任，林不可弃也”[21]的遗疏，自缢于圆明园。道光二十六年（1846年）七月，林则徐接旨到任陕西巡抚。同年十一月,道光帝批准林则徐休假三个月,他经富平专程来到蒲城县为王鼎守心丧。一到蒲城，先去王鼎家致祭，此行林则徐住在王仲山家。

蒲城的林则徐纪念馆即建在林则徐当年住过的王仲山家。林庆文不但助建纪念馆，还来此凭吊王鼎，追忆林王两家的肝胆相照。林庆文兄弟姐妹后来还多次带后人来蒲城，与王家人相聚。

家族传奇

林则徐家族的海军姻缘

林则徐家族与不少船政名门望族结为姻亲，其中还创下了中国海军家族联姻最高纪录：林家与首任船政大臣沈葆桢家族五代联姻。

与沈葆桢家族连续五代联姻

沈葆桢曾孙沈来秋教授，20世纪60年代曾与来访者谈及林沈两家的五代联姻，他把此次谈话的草稿记在日记里，他的小女儿、华中师范大学教授沈骏后来将之整理,收入《莺唤轩剩稿选》中。笔者为此又采访了林沈两家的不少后人，得到了许多新的资料。

·第一代联姻

林沈两家第一代联姻，是在林则徐这一代。

林则徐少年时期与沈葆桢的大伯父沈廷槐，同受业于老师郑光策门下。沈廷槐比林则徐大 4 岁，年龄相近，两家住得又很近，家境也差不多，两人很快成了好朋友。光绪三十年（1904 年），林则徐、沈廷槐同中举人。但后来两人境遇完全不同，林则徐因屡试屡中而飞黄腾达，沈廷槐则多次北上会试无功而返，但这并未影响两人少年时结下的深厚友情。林则徐任江苏巡抚时，沈廷槐入幕，为其佐理文书。后来，林则徐任湖广总督，沈廷槐也随之前往湖北。两年后，因母亲叶太夫人去世，沈廷槐自鄂回闽丁忧。后来，沈廷槐改就教职，任福建将乐县学教谕终身。林则徐与沈廷槐两人虽长期远隔千山万水，但函札往还无间，林则徐还经常有家事托老友料理。

沈廷槐大弟沈廷枫，小他六岁。从小好学，文章不错。有一回，林则徐看了他写的文章后，称赞说："仁义之人，其言蔼如也。"[22]于是，把妹妹林惠芳许给沈廷枫。这是林沈两家第一次做亲家。沈廷枫即沈葆桢的父亲，他一辈子教书育人，不是在坊间巷里设馆授徒，就是应聘到外地教学。

·第二代联姻

林沈两家第二代联姻，是在林则徐女儿这一代。

二十年后，沈廷枫的长子沈葆桢娶了林则徐的二女儿林普晴。林则徐与沈葆桢两人由舅甥而成翁婿。林则徐对此门亲事非常满意，在金安清撰写的《林文忠公传》中有这样的话："公女适同邑沈中丞葆桢，公之甥也，少英隽介，公课之严。"[23]

林普晴与沈葆桢自小青梅竹马。沈葆桢在《先室林夫人事略》中这样写道："……六七岁时，侍诸姑坐，诸姑方纵谈戚党间群弟子优劣，戏之言：儿孰贤？对言：以儿所见，无逾沈氏兄者矣！"[24]

· 第三代联姻

林沈两家第三代联姻，是在林则徐孙女这一代。

沈葆桢第七个儿子沈琬庆娶了林则徐二子林聪彝的第五女林步荀（1863—1936）。林步荀自幼聪明好学，遍读经史子集。她才华横溢，擅长诗赋、绘画和书法，颇有须眉之气。她与沈琬庆的婚姻虽是父母包办的，但他们自幼相识，也算志同道合。他们接受了新思想，光绪二十八年（1902 年）把儿子沈纲送到日本留学。光绪三十一年（1905 年），林步荀也留学日本，此时她已 42 岁了，仍壮心不已，孜孜不倦探求真理，就读于日本女子师范学校。随后，她在东京加入同盟会。归国后，林步荀在一些女校任教，致力于女子教育。林步荀长于诗，有《卧云仙馆诗集》存世。

沈琬庆曾任兵部武库司行走、广东试用知府、江苏候补道等。光绪三十一年（1905 年），由广东沈凤楼、湖南张通典、杨金龙等人在南京发起组织女学，以科巷湖南公产荫余善堂为校舍，定名“旅宁第一女学堂”，设初、高两等小学及师范班，两江总督端方视察后评价甚高，于是官方给款九百元，更名为官立粹敏第一女学，后其中师范部分与私立江南女子公学合并，改归省立，易名“宁垣属女子师范学堂”，迁校于大全福巷，沈琬庆与曾北锟曾任旅宁第一女学堂经理。后沈琬庆曾任天津大沽船坞总管，组织造船、修船。

· 第四代联姻

林沈两家第四代联姻，发生在林则徐曾孙女这一代。

林则徐第三子林拱枢的第二子林安波，与沈葆桢第四子沈瑜庆同在外省工作多年，既是表兄弟，又很投缘，过从甚密，诗酒往还无虚日，于是结成儿女亲家。光绪二十二年（1896 年），沈瑜庆长子沈成鹄娶林安波长女林锦嘉为妻。

沈成鹄（1878—？），字彦侯，英国伦敦大学政治科毕业生。清朝时曾任出使考察英国宪政大臣一等书记官、邮传部交通研究所评议员、参议厅法律参订员、外务部英文股股员。1912 年，任北京政府外交部佥事。1913 年 8 月，任驻缅甸仰光领事。1914 年 5 月，去职回国，任外交部通商司帮办，后任上海特区地方法院书记官长。

· 第五代联姻

林沈两家第五代联姻，发生在林则徐玄孙这一代。

沈葆桢次子沈滨竹的孙女沈应元嫁给了林则徐次子林聪彝曾孙林翔。在此之前，全是林家向沈家输出女儿，这是沈家第一次嫁女于林家。

林翔（1881—1935），字璧予，法学博士，曾任国民政府军政厅军法处处长、监察院监察委员、最高法院院长、考试院铨叙部部长等职。

与萨镇冰家族两代联姻

林则徐家族与中国著名海军世家——福州萨镇冰家族两代联姻。

· 第一代联姻

萨镇冰，清末民初中国海军领导人之一。其族姑嫁沈葆桢之孙。

居住在福州东牙巷的萨承钰是萨镇冰族叔，三品知府衔，入海军界晚于萨镇冰。其在海军界的主要贡献是测绘中国沿海炮台图，著《南北洋炮台图说》。萨承钰族中姐妹配沈葆桢之孙。

· 第二代联姻

萨承钰幼女萨嘉玙，后来又嫁给了沈葆桢曾孙沈觐笏。沈觐笏在海军界服务多年，曾任军舰轮机副长，可惜英年早逝。

林泰曾甲午海战壮烈殉国

日本侵华　甲午海战爆发

研究林泰曾等中国将领，曾是日本海军侵华战争的重要准备工作。

19 世纪 60 年代末，日本开始明治维新，采行的外交策略是：对欧美屈从，却想从中国、朝鲜求得补偿。为取得经济上的利益，日本参谋本部于光绪十三年

（1887年）制定了《征清国策》，计划5年内完成对华战备，除拨皇室内库款30万日元作为海防补助费外，还发动全国富豪为海军捐款。光绪十四年（1888年）至十六年（1890年），日本购买和自造了当时世界上航速最快的“吉野”“千代田”“秋津洲”等军舰。到光绪二十年（1894年）上半年，日本海军已拥有军舰28艘、鱼雷快艇24艘，总排水量高达59100吨，居世界海军第11位。在准备对华作战时，他们也完成了对林泰曾等一批中国海军将领的研究。加上林泰曾先后两次随北洋海军出访日本，给日本海军界留下了深刻的印象，评价甚高。

在日本准备侵华战争时，中国海军拥有81艘军舰，总排水量达77300吨，居世界海军第8位，总体上较日本海军占有35%的有形优势。但中国海军分北洋、南洋、福建、广东四支，中央虽设有海军衙门，但仅负责建军经费的出纳，对战备与指挥不负责任，仍分置各省总督管辖，各自为战，并无统一的指挥系统。而日本则成立大本营，统一指挥海陆军作战。

日本在完成侵华战争准备后，便开始伺机挑衅中国。光绪二十年正月初十（1894年2月15日），朝鲜东学党起义，朝鲜向清政府紧急求援。清政府先派出“靖远”舰援朝，但朝军屡战屡败，乞求中国继续增援。李鸿章奉旨派直隶提督叶志超、北洋海军提督丁汝昌率海、陆军驰赴仁川援助。时已返国述职的日本公使亦乘军舰返朝，日本政府又派遣数批军队登陆朝鲜，还派出十余艘战舰于仁川外海排成阵势，刻意挑衅，并胁迫朝鲜王向中国谢绝称藩，辞退中国驻朝人员及胁助剿乱的中国军队。朝鲜王拒绝，形势益趋紧张，清廷则希望列强调停，以致贻误战机。同年六月二十一日（1894年7月23日），日本扶植朝鲜国王组成傀儡政权，两日后宣布废除同中国的一切条

壮年时期的林泰曾

约，授权日军驱逐中国军队。至此，清廷处于被动挨打地位，日方又多方逼战，大战终于爆发。

光绪二十年六月二十二日（1894 年 7 月 24 日），“威远”舰由朝鲜仁川回牙山，报称汉城朝倭已开战，倭大队兵船明日即来。“济远”舰遂饬水手帮助陆兵驳运马匹米石上岸，并令“威远”舰先赴大同江取齐。

六月二十三日（1894 年 7 月 25 日）晨 4 时，“济远”“广乙”两舰鱼贯出口，准备御敌。7 时 25 分，日本旗舰先发号炮一声，3 艘日舰立即同时开炮攻击我舰。这是日本海军不宣而战，首先发炮，突然袭击，甲午战争随即爆发。因为仗发生在朝鲜西海岸中部的丰岛附近海域，史称“丰岛海战”，亦称“牙山海战”。

歼敌良策未被采用

光绪二十年七月初一（1894 年 8 月 1 日），中日双方同时正式宣战。此后，日本联合舰队欲从海上应援陆军，以完成进击平壤，并“踞朝鲜口岸，使中国不能运兵渡海”[25]。针对日军的作战计划，林泰曾主张“举全舰队扼制仁川港”[26]，与日本联合舰队“一决胜负于海上”[27]。北洋海军提督丁汝昌亦觉此主意不错，表示同意，但李鸿章不允，其言“北洋千里全资屏障，实未敢轻于一掷”[28]，致使终未能实施这一主张。

大东沟海战立功获赏勇号

光绪二十年八月十八日（1894 年 9 月 17 日），丁汝昌率北洋舰队护送援朝陆军至大东沟后正准备返航，日本 12 艘军舰向我北洋舰队袭来。北洋舰队以“定远”“致远”“济远”“广甲”四舰为左翼，以“镇远”“来远”“经远”“靖远”“超勇”“扬威”六舰为右翼。林泰曾指挥“镇远”舰，与“定远”舰密切配合猛攻敌舰，多次重创敌舰。

战斗进行得异常激烈。战至下午 3 时，“超勇”“扬威”两舰焚毁，“致远”“经远”沉没，“广甲”“济远”两舰又先后驶离作战海域。这时，日本舰队集中了 5 艘军舰包围了“定远”与“镇远”两艘铁甲舰，形势非常险恶。林泰曾临危不乱，沉着地指挥战舰，采用灵活多变的射击，掩护“定远”舰，使友舰免遭歼灭。“镇远”舰多次被日舰击中，舰上着火，且火势越来越旺，在林泰曾的指挥下，没有一人跳海逃生，而是全力扑灭大火，继续射击敌舰。3时多，“镇远”舰炮击日军旗舰“松岛”号，引爆了“松岛”弹药库，使日旗舰失去战斗力，其余日舰也有伤亡。正是“镇远”与“定远”的英勇作战，到下午5时40分左右，迫使日舰先后退出战场。这一点，在“镇远”舰上的美国人马奇芬看得很清楚，他认为论军舰的防御力，清军的两铁甲舰乃战斗力之冠。战后记功，朝廷赏林泰曾“霍春助巴图鲁”勇号。

战舰撞伤 服毒自尽

光绪二十年十一月十七日（1894年11月14日），林泰曾率舰随北洋舰队返回威海卫军港，进港时正值落潮，“镇远”舰因避雷标而误触暗礁，底板被撞开个10米多的大口子，进水甚急。林泰曾沉着指挥官兵采取措施，堵住漏水，使战舰最后安全驶进港内。对心爱战舰的受伤，林泰曾极为痛惜，一向严于律己的他，觉得是自己的失职，难以原谅自己。特别是看到虽已采取紧急抢救措施，但由于当时旅顺船坞已被日军占领，而威海军港内无法对“镇远”舰进行修理，实际上，“镇远”舰已不堪出海作战，想到战局方棘时损伤巨舰，极为忧愤，于战舰被撞两天后的卯时服毒，辰时身亡，时年42岁。

林遵夺得抗日布雷战第一仗胜利

抗日战争期间，海军实施布雷战的建议是林遵等提出的。为此，笔者在2003年8月赴南京，专门采访了与林遵一起回国参加海军抗日布雷队的欧阳晋老先生。

率留学生回国抗战

1917年10月24日，欧阳晋出生于今福州市马尾区琅岐岛云龙村东岐自然村一个贫苦农民家庭，自幼好学，志向远大。曾在东岐国民小学读书，成绩优异。

1931年，年仅14岁的欧阳晋考入位于福州马尾的海军学校第六届航海班，品学兼优。1936年底，被派往“通济”练习舰实习。

1937年初，欧阳晋与9位同学一起赴德国学习潜艇。同年5月，林遵也到德国接舰，因同是福州人，又为师生，与欧阳晋来往甚密。他们在德国得知日本开始全面侵华，心急如焚，请缨回国参战。按原定计划，他们将继续转往英国学习，但林遵和欧阳晋等表示：与其在外国做亡国奴，不如回来为抗战而死。当时林遵很清楚，日本海军远比中国海军强大，且有空军支持，中国海军要做好持久抗战的准备。在等待海军部下达归国参战令的日子里，林遵与欧阳晋等抓紧时间商量如何在最困难时候坚持抗战，海军战舰打完了，如何能有效地继续在水中阻击日寇。海军用水雷炸日舰开展游击战，就是这时想出的思路。接到回国命令后，林遵带着欧阳晋等在德国学习的中国海军留学生，踏上了归国征程。他们由越南海防上岸，取道河内，过友谊关，到贵阳，再赴重庆，林遵向中国海军部汇报制订的海军布雷游击计划。

1939年，日寇已占领南京、芜湖、安庆、九江、武汉、岳阳等地，长江已成为日寇华东华中战场的一条主要水上交通线。为了打击这条交通线，中国海军采纳了林遵和曾国晟（福州人，曾任国民党海军第六署少将署长、中国人民解放军华东军区海军后勤部副司令兼技术部部长）等提出的在长江敌后广泛开展布雷游击战的建议，于1940年1月组建海军长江中游布雷游击队。林遵被任命为第五中队少校中队长兼第九分队分队长，欧阳晋在第九分队任布雷官。

布雷战首役告捷

1940年1月20日，在林遵领导下，布雷战取得了第一场胜利。

当时林遵所率的布雷队驻扎在皖南贵池，通过侦察选定在长江江面上一个叫“两河口”的地方布雷，因为这里距日寇舰船夜间临时停泊点池洲上游约3里，在这里布放的漂雷，随江水漂流而下，在池洲让日舰触雷的可能性就会增大。

贵池百姓对海军抗日水雷战很支持。有一位当地商人主动出面，以准备夜间运货物为名，雇了可供布放漂雷的三艘船。林遵还为所有参战者购置了一套与当地群众相似的服装，让大家换装行动。出发前，考虑到在敌占区没法开伙做饭，也不能上街吃饭，林遵就让福州籍的士兵赶制了福州光饼。福州光饼是当年抗倭名将戚继光督部在福州沿海一带抗击倭寇时特制的干粮，有点类似北方的火烧，微咸，含碱，不易发霉，中间有个小洞，士兵用绳子穿上一串光饼，斜挎在肩上，征战路上，饿了就啃几口。后来，这种光饼成为福州民间面点。林遵让士兵赶制光饼做外出布雷干粮，也希望以此来鼓励士气，他要求大家学习戚继光在福州英勇击倭精神。

那天夜里，寒风凛冽，冬雨刺骨。林遵率领布雷官欧阳晋、王国贵（福州籍）等和30多名布雷兵，从贵池梅村出发。出发前，先派出少数布雷队官兵到秘密储藏漂雷处，带着80多名当地群众，将15具漂雷运到指定地点，与林遵率领的部队会合。而后，在夜色掩护下，向敌占区进发，绕过密布的敌伪据点和岗哨，穿过敌人的警戒线，再横越敌人经常出没的殷贵公路区，深入敌占区，越过秋浦河，再沿着田间小路走了近40里，才到达两河口岸边，布雷队官兵以最快速度给漂雷装上引爆的硫酸电液瓶和溶化塞，然后抬到预先准备的3艘船上，让船划进航道，按预定方案排成一列，依次把雷布入江中。此时已到了20日凌晨4时，布雷队员迅速沿原路撤回……

布雷后第二天，即从敌占区传来捷报：在两河口布下的漂雷在池洲附近江面，炸沉了敌汽艇一艘，炸死敌人13人，伤敌5人。第三天，又收到在贵池至大通间的江面击沉敌运输舰一艘的捷报。这是海军开展长江布雷游击战后首次取得战果。参加行动的所有官兵各被授予一枚海陆空军奖章，以资鼓励。

在1940年1月20日之后，海军抗日布雷战全面打响，布雷队连续炸沉敌舰，这使敌人胆战心惊。笔者访问欧阳晋时，曾听他介绍，当时，敌海军大佐、舰长森氏曾悲哀地说："海军在中国作战，如遇陆、空军尚能预先写就遗书后应战，唯独一遇到水雷即行爆炸，就立即与舰同归于尽，欲写一遗嘱的短瞬时间亦不可得。"[29]于是，日军开始派重兵疯狂扫荡布雷队，而布雷队靠着大智大勇，一次又一次击退敌人的扫荡，继续开展水雷战。

海军长江布雷队在皖南、赣北的布雷游击战自1940年1月开始，到1945年8月日本投降，战果极丰。据不完全统计，1940年1月至1944年1月，在新四军和当地百姓的支持下，就击沉、击伤敌舰船101艘，其中大型军舰13艘、运输船35艘，不但歼灭了日寇有生力量，还牵制了敌人相当一部分海军兵力，阻挡了敌人利用长江水道对我实施海陆空联合进攻的企图。

日寇悬赏十万大洋“要林遵的头”

1941 年初秋，海军长江中游布雷游击队改编为海军第二布雷总队，林遵任海军第二布雷总队第五大队少校大队长兼第九中队中队长，继续率领布雷队在皖南开展布雷，屡炸敌舰，令日寇恨之入骨，曾悬赏十万大洋要他的头。

1941 年 9 月，日寇发动第二次湘北大会战，长江上军运格外频繁。我方为策应湘北大会战，林遵和兄弟大队的大队长一起组成联合布雷队，进行强制布雷。9 月 28 日下午，联合布雷队冒着敌人密集的炮火，渡过秋浦河出击布雷。

布雷归来路上，枪声更密，最先赶到渡口的布雷官张敬荣等人已找不到任何渡船，见天已破晓，只好泅水过河。当后续部队中的第五大队布雷官朱星庄泅水到南岸时，天已转亮，被敌人发现，敌人从两侧包抄过来，开枪猛烈射击，朱星庄不顾安危，一边还击，一边向正在河中泅渡或在北岸尚未下水的战友大声疾呼：“南岸有鬼子，你们不要过来。”朱星庄身中数弹，倒下后又顽强地站起来，用最后的力气大声叮嘱战友：“别过来，有鬼子！”敌人转向河中扫射，又有多名布雷队员血染秋浦河。江中的幸存者立即转向下游泅渡；到达秋浦河北岸的布雷队官兵，则迅速北撤。

这时天已大亮，北岸日军一面用机枪向渡口扫射，一面从左右两翼向北撤的布雷队包抄，多名队员在与日军激战中壮烈牺牲。在日军不断增派兵力于两岸进行包围搜索中，分别有 15 名布雷队官兵落入敌手。林遵当时也在北岸，他和在北岸的战友们一起迅速撤往附近的小村庄。

林遵在大雾掩护下，刚跑进一个小村子，就遇上一位 60 多岁的老农，老农见他浑身精湿仍很坚定，又看到后面纷至沓来的日本鬼子，就猜到他是我们中国海军布雷队的。老农说：“我知道你们是打鬼子的。鬼子刚抓走你们一个人，如果你相信我，就来我家躲一躲吧。”

老农疾步将林遵领到自家，把屋里柴草搬开，露出一块石板，他搬开石板，指着石板下面一个不大的洞，说：“我在这下面挖了一个藏粮洞，里面躲一个人还可以，你快下去躲吧！”林遵急问：“那你怎么办？”老农将他往下一推：“我们要保住你们这些能杀鬼子的人。”此时，日军开始挨家挨户搜捕，老农盖好石板，又在石板上堆上柴草，就坐到灶台下，往灶里塞了一把柴草点着，还有意在柴草上洒了点水，使小屋里顿时浓烟滚滚，刺鼻呛人。

一会儿鬼子和伪军搜查到老农家，一脚踢开大门，屋内的浓烟呛得他们连连咳嗽，敌人见只有一个枯瘦的老头，低着头在做饭，家徒四壁，无处可藏人，骂了几句就走了。

当天下午，老农出去观察，发现鬼子还在搜捕。第二天再出去侦察，发现敌人在秋浦河南北两岸增加了许多岗哨，不断有日本兵巡逻，就回来对林遵说：“你现在不能走，安心在我这里再躲几天。”林遵个子不高，操外地口音，敌人贴出布告，悬赏捉拿布雷员，还特别提到如果能抓到一个小个子操外乡口音的人，可给十万大洋。老农回来对林遵说：“别说他们给十万，就是给一百万大洋、一千万大洋，我也不会把你交出去。你放心在我这里住。”

情势很紧张，老农日日出去侦察，一直到7天后敌人全部撤走岗哨，老农设法搞到船只，才送林遵安全渡过秋浦河……听林遵大女儿林华卿说，林遵后来多次去找过这位老人，但都没有找到，解放后还专程去了几趟，还是没有找到。晚年林遵在知道自己得了不治之症后，对女儿说：“我原来准备退休后到安徽当年帮助我们布雷的那些村庄再去看看，那位老人家肯定不在了，但不知道他是否还有后人在。看来我这一辈子难有机会了，你们以后一定要替我去找找他们。”

林华卿说，不止一次听父亲讲过，他的布雷队里有二十多名官兵就是在老乡的舍命相救下，成功脱险。因为布雷队官兵多是福建人，有的老乡家里穷得揭不开锅，依然外出借点米，为这些南方来的布雷队员蒸干饭，当布雷队员致谢时，老乡们都说：“我们知道你们是炸鬼子的。”

林遵在后来的布雷作战中，多次负伤。林华卿说：“我父亲在布雷队时，左小腿中过一弹，所以小腿上一直留着一个小坑。负伤后，也是在老乡家自己拔出子弹，简单包扎了一下，就立即出发，赶到另一截河段布雷。由于长期战斗在布雷的第一线，经常要涉过江河、蹚过沼泽地，所以父亲的伤拖了好长一段时间才好。”

林遵领导第二舰队起义惊险万分

林遵反对内战，渴望光明，想起义已不是一天两天的事。2003年8月，笔者在采访林华卿时，她曾说起了这样几件事：

“大妹妹生于1948年中秋，母亲要父亲给大妹起名字。母亲后来告诉我，当时父亲转头望着窗外，许久才回过头来，又得女儿的欣喜已从脸上找不到了，他叹了一口气，道：‘何时这乱世才能结束呀？何时才能有光明呀？我看就叫华明吧！’

“1948年岁末，虽然当时大妹还很小，母亲产后的身体也很虚弱，医生都说不宜长途奔波。但是，当时父亲还是坚持要把我们母女三人送回福州老家。走前，父亲反复叮嘱母亲，说：‘到福州后，谁叫你走，你都不要跟着走，除非我来接你。’后来，确实有一批又一批人来到爷爷家，叫妈妈带着我们先到台湾，有的还说‘房子我们已经给你找好了，你们先走，林将军随后就走’。但母亲坚持说：‘我要等到丈夫来接我才走。’后来，我们才知道父亲早在1948年就做好了绝不跟蒋介石再走下去的准备，把我们转移到福州，就是怕蒋介石先把我们弄到台湾做人质，再逼父亲继续跟着他们走。”

为了解林遵率第二舰队起义一事，在2003年8月，笔者曾专程辗转大连、南京、上海，采访了当年跟随林遵起义的吴建安、欧阳晋、戴熙愉等第二舰队起义亲历者。

第二舰队的起义过程并非一帆风顺。海军总司令桂永清一直阴谋控制林遵，特别是在“重庆”舰起义以后，他对林遵更不放心。第一，不让林遵有直接调动舰艇的权力，林遵的一切行动都要通过桂永清本人及他把持的海军总司令部。第二，桂永清不让林遵有安定、自由的时刻，不停地给林遵下任务，使林遵的行动完全置于他的严密监控之下。第三，桂永清为了架空林遵，还将驻扎在南京统归第二舰队指挥的19艘军舰和炮艇分成两个编队，指定另外两人负责。与之同时，桂永清往第二舰队派了大量特务，严密监视林遵。

林遵自从与中共地下党建立联系后，也在竭力摆脱和对付桂永清的控制。首先，他设法把过去与自己共过事、信得过的人，或与桂永清有矛盾且愿意跟自己工作的人，陆续调到身边当助手。他的福州老乡、老部下欧阳晋和戴熙愉就是此时调来第二舰队司令部当参谋的，专门负责与中共上海地下党联系。林遵还利用一切机会到舰艇上去，与官兵座谈，解决士兵的福利问题，进一步团结更多官兵，使他们到时支持起义。同时，还利用各种机会，了解海军在各个驻地的兵力和设防情况，而且分别向自己熟识的军官打招呼，转移大家忠于国民党的情感，他还刻意把自己信得过的舰长留在长江，把从陆军派来的党务军官放走，以减少起义的阻力。为了迷惑桂永清及其亲信、耳目，林遵故意让周围一些人散布自己如何反动、顽固，如何死跟国民党走，等等，以掩护起义准备工作的顺利进行。

1949年4月21日，人民解放军突破长江天险后，桂永清命林遵立即到南京的海军总司令部报到。桂永清见到林遵后，对林遵说他已将舰艇都集中在长江草鞋峡至笆斗山一带，要林遵率领一起下驶，并对林遵封官许愿，说："只要你一人能带一艘军舰到达上海，我马上保荐你任海军中将副总司令，并授你青天白日勋章。"[30]听到这里，林遵为避免桂永清等人的怀疑，有意给桂永清制造自己胆小的假象，说自己资历不够，带不了这么多舰，要求总司令或参谋长亲自率领。桂永清和时任参谋长的周宪章怕死，都不同意。林遵又要求海军部作战署正、副署长与自己同行，请他们来领军，但他俩也不愿意。拖了一个多小时后，见天快亮了，怕解放军冲入南京，几位当时蒋介石扶起来的海军部领导，立即坐上小车窜往上海。桂永清见封官许愿没有拉住林遵，就改以威胁，其临走前，还让人交给戴熙愉一封给林遵的信，信上说："江阴炮台已易手，已命空军轰炸江阴要塞，并派空军掩护你们下驶。你们务必于23日夜间驶离此地，以免空军发生误会。"[31]林遵一看，就知道桂永清是以飞机轰炸相威胁，逼他南下。此时，林遵决心已定，并直觉起义的时机已经到了。

此时已是23日清晨。林遵一到笆斗山，就立刻召开舰长、艇队长会议。当时舰长、艇队长分成三派：一派主张留下起义，跟着共产党建设新中国；一派想撤逃，跟着国民党跑；还有一些人主张到公海打游击。在这种场合下，林遵机警地说："如果将舰队带下去，跟国民党走，我本人既有荣誉又有奖赏。但从形势看，下去确实困难，我本人决心为大家着想，尊重大家的意见，大家说留就留，大家说走就走。"林遵最后决定用不记名投票方式进行表决，按照多数人的意见行动。结果16名舰长，8票赞成留下起义，2票反对，6票空白。林遵当即宣布："根据多数舰长的意见，舰队决定留下不走。但如果有个别舰长非走不可，我们也不阻拦。"他立即要一位舰长负责起草与解放军联系的信稿。此信内容是：驻南京"海军全体官兵，鉴于频年内战，人民不胜倒悬之苦……我部愿意放弃战争，进行局部和谈……"[32]

当天晚上，在有7艘军舰逃跑后，舰队中的"惠安"舰上有些反动军官煽动部分不明真相的水兵闹事，威胁林遵下令开船到上海。林遵大义凛然，坚决表示：就是牺牲了自己的性命也不能开船。他说："我率舰队留下不走，也不是为了个人，而是为舰队，为了国家。我们已经把军舰交给了解放军，你们愿留就留，愿回家就回家，我不强求你们留下，你们也不应强求我开船。"在舰上进步官兵的一起努力下，骚乱很快平息。

这天深夜，林遵派人与解放军联系。24 日收到解放军来信。25 日上午，林遵带"联光"舰舰长和参谋戴熙愉进入解放后的南京，见到了解放军第三野战军三十五军军政首长。三十五军领导向他转达了中共中央、毛泽东主席对第二舰队起义官兵的欢迎和慰问。毛主席指示：我们要的是建设海军的人才，当然军舰也很重要，要尽可能保存，但保存不住也不要紧，我们将来一定会有的。[33]毛主席的话，让林遵觉得非常温暖，他曾对几名老部下说："这话充分体现了中共中央和毛主席对起义官兵的关怀和信任。"

林遵知道国民党不会甘心将第二舰队和大量有经验、懂技术的海军官兵交给共产党，会不顾一切进行破坏。因此，在第二舰队起义后，为了能暂时迷惑敌人，防止或延迟敌机轰炸，林遵指示各舰仍继续与国民党海军总部保持无线电联系，同时要求解放军暂时不要发布第二舰队起义消息。过了 3 天，国民党海军总部已判明第二舰队确已起义，便欲置林遵和第二舰队于死地。26 日早上，林遵下令各舰除炮位人员外，一律下舰疏散隐蔽。刚过 9 时，3 架美制轰炸机飞临锚地上空盘旋。各舰发出战斗警报，正准备抗击，但敌机只在高空盘旋两圈后飞离。林遵清楚，这是桂永清在用武力做最后胁迫。果然，当天下午桂永清又给林遵来电，称："限你们在 26 日子夜通过江阴下驶，届时有空军掩护，幸勿延误。"[34]林遵立即和各舰长商定，翌日驶进南京港，三分之二舰上人员离舰，各舰伪装疏泊。第二天一大早，各舰主桅杆上升起红旗，驶离笆斗山来到南京下关码头。9 时 30 分前，各舰离舰人员携带轻武器和贵重仪器等下舰。接着，各舰由留舰人员驶出疏泊。4 月 28 日上午 9 时 45 分，国民党军派出美制轰炸机 6 架，对停泊在各点的第二舰队起义舰艇进行狂轰滥炸，各舰都组织火力奋勇反击……

蒋介石对林遵率第二舰队起义大为光火，连声爆骂。当时福州还未解放，蒋介石下令福州军警逮捕林遵家人。幸好林遵早有叮嘱，家人躲往亲戚家。福州是林遵的老家，有众多亲戚家可隐蔽，正是靠着亲戚的仗义相助，林遵在福州的家人才没有受到伤害。

林遵率队收复西沙、南沙群岛

抗日战争胜利后，林遵率队收复了西沙群岛和南沙群岛。2003 年 8 月，笔者在上海海军 411 医院高干病房里，专门采访了当时随林遵前往收复南海诸岛的戴熙愉老人。

戴老也是福州人，老家在福州三坊七巷水流湾，后来又搬到东街口“清华轩”茶叶店旁边。像许多福州男儿一样，戴熙愉也是少年时期考入位于福州马尾的海军学校，是第十届航海班的高才生。毕业后投身抗战，在重庆长江巫山神女峰下的海军第三总台当见习官，后被选拔赴美国接舰。接完舰后，即在“永兴”舰上当航海官。后调“太康”舰当枪炮官,得知“太康”舰要赴东北打内战，戴熙愉不愿去，就找到林遵，林遵将其安排到“太平”舰上当航海官。戴熙愉就是在此任上随林遵前去收复西沙和南沙群岛的。

南海诸岛，在我国通称南海，西方则称之为南中国海。南海中有许多岛屿滩礁，统称南海诸岛，依位置不同，分东沙、西沙、中沙和南沙四大群岛，是我国南海的 4 个前哨，也是南部海防的屏障。

南海诸岛自古就是中国的领土，这早已被世界上许多国家和国际舆论所承认。1933 年 7 月，法国殖民主义者强占南沙群岛中的 9 个岛，我国虽一次又一次提出强烈抗议，但法国殖民主义者仍强占不走。抗战全面爆发后，法国殖民主义者得寸进尺，将魔爪伸向了西沙群岛，将其并入当时的法国殖民地安南（今越南）。在日寇占领海南岛后，西沙、南沙群岛又相继落入其手中。

1946 年 1 月，根据“战时租借法案”，中国海军的 70 名军官、近千名水兵，赴美国接收 8 艘军舰。时任中国驻美使馆上校海军副武官的林遵，调任这个接舰舰队的指挥官，率领“太”字号、“永”字号共 8 艘军舰横渡太平洋远航回国。

刚回国，林遵就又接到新的命令。原来，二战后，法国殖民者重新回到越南，继续觊觎中国南海诸岛。1946 年 7 月，中国政府决定组织“前进舰队”协同内政部、广东省政府进驻南沙、西沙群岛。林遵被任命为前进舰队指挥官，奉命率舰队收回南沙、西沙群岛。

前进舰队由“太平”号驱逐舰、“永兴”号扫雷舰、“中业”号登陆舰、“中建”号登陆舰组成。由于对南海的气象、水文条件还没有完全掌握，林遵受命后立即展开准备工作，收集和调查南海气象和水文情况，制定航线图，增设通讯设备，还按照计划购置了一批适应珊瑚礁航行的渔用木船，雇请了数十名熟悉西沙和南沙群岛的渔工。林遵认真向当地的渔老大请教在南海航行的经验，得到了他们用于南沙捕捞作业至为珍贵的《更路簿》，并以此为参考，再一次验证和修改了预先拟订的航线和航行计划。

民国中央政府接收南沙群岛专门委员会于1946年10月23日乘“太平”舰从南京出发。图中前排中为舰队指挥官林遵，后排右一为“太平”舰舰长麦士尧，后排右二便装无帽者为内政部接收专门委员郑资约

1946年11月27日，去往西沙群岛的“永兴”舰与“中建”舰启程出发，28日到达西沙群岛最大的岛——林岛。“永兴”舰围绕该岛巡视一周，未发现异常情况，在向该岛上空发射警示炮后，派出先遣部队乘小艇涉水登岛。之后数日，驻岛人员和施工人员将“中建”舰运载的电台设施、生活物资和预先制作好的岛名碑全部运上岛，在岛上举行了收复仪式，并竖立了岛名碑。

南沙群岛航程远，风浪大。1946年11月27日，去往南沙群岛的舰队第一次出航，遇到大风大浪，中途折返。第二次出航，又是大风大浪，再次中途折返。林遵和水兵心急如焚，决定改变航线，避开风浪，尽快进驻南沙。

同年12月9日，林遵率“太平”“中业”两舰从榆林港出发。12日，抵达南沙群岛中最大的岛——黄山马峙岛。黄山马峙礁盘边缘隆起，岛上灌木丛生，郁郁葱葱，海鸟云集，更有椰树耸立。林遵下令在礁盘外面抛锚，派遣陆战分队、水兵分队涉礁登岛。

登陆分队上岛以后，发回信号，林遵便带领官兵和广东省政府人员一起登岛。岛的西南侧，有一座日本侵略者修的纪念碑，十分刺目。

林遵义愤填膺，一挥手，高声说："立即摧毁。"在林遵主持下，岛上重新竖起中国主权碑石，以海军隆重礼仪，升旗鸣炮，向全世界郑重宣告：南沙群岛正式回到中国怀抱！为纪念这次历史性的航行，以"太平"舰名为黄山马峙岛重新命名，南沙群岛上从此有了太平岛。林遵还立下了"南疆屏障"石碑以纪念这一历史时刻，展示了我国保卫领土、领海的决心。

12 月 15 日起，林遵率领"太平""中业"两舰，巡视了南海诸岛，以"中业"舰名重新给铁峙岛命名。西沙群岛上最大的岛是林岛，为纪念"永兴"舰进驻这里收复西沙群岛，此岛改名为"永兴岛"。每日，林遵率队警惕地守卫着祖国的西沙、南沙群岛。水兵们在岛上找到了不少古建筑、清朝墓碑和古瓷器。岛上的古瓷器，后来考古工作者考证为南宋时期瓷器。时隔 63 年后，戴熙愉还记得南海群岛的美丽景观，记得岛上有很多木瓜树，小鸟极多，有中国的小庙。

1946 年 12 月 25 日，林遵率前进舰队凯旋广州。1947 年元旦，前进舰队在"太平"舰举行中国收复南海诸岛新闻发布会。在军舰后甲板上，中外记者云集采访，各方人士赶来致意。林遵站在甲板中央，向记者和来宾介绍了进驻南沙、西沙群岛的经过，并宣布海军已经完成西沙、南沙群岛的防御部署，设立了气象台和无线电通讯台；广东省政府已委任了专员，对南沙群岛和西沙群岛实施有效的行政管理。中国收复南海诸岛，郑重地向全世界重申了中国拥有南海诸岛主权，捍卫了领土主权完整。报纸、电台对此广为传播，鼓舞了举国上下保卫南海诸岛的热情。

"则徐军团"——八路军中的林公后人们

抗战爆发，素有爱国传统的林则徐后人们纷纷奔赴前线，有的投笔从戎参加国民党抗日军队，也有的参加中国共产党领导的八路军、新四军上前线浴血拼杀。

林纪焘晚年接受笔者访问

为了解林则徐家族故事，笔者多次到福建师范大学采访林纪焘教授。

林纪焘老师是林则徐五世孙，为林则徐次子林聪彝第五子林燕愉的孙子。1944 年初，世界反法西斯战争进入黎明之前的最后时刻，中国远征军为支援驻缅甸英国军队抗日，为保卫滇缅公路及我国西南大后方，需要一批精通英语的翻译。正在福建协和大学外语系读书的林纪焘报名投军，经过层层选拔，他从全校 30 多位参加考试的学生中脱颖而出，赴昆明译员训练班学习，在全班 300 多名来自全国各地的青年译才中，他再次成为佼佼者。随即，他参军入伍，奉命驰赴印缅战场。他冒着生命危险抵达缅甸战区，被分配到战地总联络官处工作，协助处理中国部队的给养和军需用品供应，之后又被派往医院系统工作。他工作的地方，原始森林遮天蔽日，瘴气笼罩，虫蛇出没，蚊子肆虐，蚂蟥成群，成为疾病的传染源，还有猛兽偷袭，更有日军敢死队狙击手，远征军战士稍不留神，就挨了他们的暗枪。林纪焘毫不畏惧，常常通宵达旦工作，屡屡出色完成任务。他在密支那工作一年，官至少校。

林则徐六世孙林征祁，本是清华大学高才生，抗战全面爆发后投笔从戎，与敌血战。

林征祁（1917—1990），字涵静，1934 年考入清华大学经济系，学习成绩十分突出。抗日战争全面爆发后，他中断学业，进入中央陆军军官学校第十五期班学习。1939 年毕业后，先后任连长、参谋。抗战胜利后，转行做新闻工作，后随单位迁往中国台湾。曾任“中央通讯社”副社长、社长,《香港时报》董事长，台湾中国国民党党史委员会副主任。

但更多的林家子弟还是投奔新四军和八路军，其中投奔八路军的较多，仅从京津一带大学参加八路军的就有一批，有人称之为“八路军中的则徐军团”。

林心贤：从太行山抗日英雄到新中国电力事业奠基人

林心贤

林心贤（1916—1967），林则徐次子林聪彝曾孙，林恩溥长子。林恩溥（1893—1933），日本东京帝国大学土木工程系毕业。1924年任福建省建设厅技正兼福州工务局局长，主持拓宽、改建鼓楼至万寿桥主干道（今八一七路），还在台江兴建6座码头等，为福州做了不少事。

1916年10月，林心贤生于日本东京。1933年考入天津北洋大学土木工程系，很快成为抗日救亡学生运动领袖，被推举为学校纠察队队长、学联代表，曾因散发抗日传单被捕入狱。后赴山西加入抗日总动员委员会办的游击干部培训班，毕业后到五台山地区工作。1938年1月加入中国共产党，成为林则徐家族第一位坚信马列的共产党员。先后任中共代县县委组织部部长、宣传部部长，冀中“五一大扫荡”期间兼任中共崞县县委书记，后任分区组织部部长。抗日战争时期，他一直在条件艰苦的游击区领导当地抗日斗争，成绩卓著。

1945年8月23日，中国共产党领导的武装力量从日军手中夺取了第一座省会城市——察哈尔省省会张家口。8月25日，林心贤受晋察冀边区选派，任下花园发电厂厂长，成为我党我军第一个发电厂的第一任厂长。1947年11月12日，石家庄市解放，林心贤作为军代表接管石家庄电力公司，任经理。1949年，他负责接管北平石景山发电厂，任厂长，为北平的和平解放与新首都的建设贡献了力量，并顶住了“不尊重苏联专家，个人英雄主义”的压力，组织修复了6号发电机，为京津唐地区电力的稳定付出了艰苦努力。

中华人民共和国成立后，林心贤长期在电力战线工作，为新中国电力事业重要奠基人之一。自1951年起，林心贤历任华北电管局副局长、全国电力建设总局副局长、电力部电力设计总院院长兼党委书记。其间，负责组建了全国电力修建局、全国电力建设公司等，主持了当时全国几乎所有新建大型火力发电厂的设计与施工、安装工作。

林心贤始终不忘初心，保持共产党人大公无私的高洁品格。20世纪50年代工资改革时，组织上给林心贤补发了一面袋钱，他只拿出一点点为自己和妻子各做了一件大衣，剩余的全部缴了党费。在国家三年困难时期，为节省粮食，他把家里每顿饭的所用之粮都自己用秤称出，不许超食，尽量少食，所余粮食和粮票都赠给身边的困难群众。在评定技术工资级别和组织上拟将他的行政级别晋升一级时，他两次都就低不就高，把机会让给他人。

1958年，林心贤被周恩来总理选派到中国科学院，受命负责组建电工研究所，先后任中国科学院长春机电研究所第一副所长兼党委书记、电工研究所所长兼党委书记。从该所正式成立到1967年逝世，林心贤一直担任所长兼党委书记。在他的主持下，研究所先后完成了“三峡工程中电力电工有关科研任务”、脉冲放电风洞、强脉冲电感储能电源等一系列国防任务，从单一的电力发展服务扩大到为国防建设及发展电工新技术三方面，并成为中国科学院国防口的重要成员。1960年，林心贤受到了国家主席刘少奇的接见，刘少奇主席对他的工作给予了充分肯定与鼓励。1967年，林心贤在“文革”中蒙冤逝世。1978年，中共中央为他平反昭雪。

李良：从抗日密战英雄到国安专才

李良（1917—1969），原名林曾同，林则徐三子林拱枢曾孙，林步随长子。林步随（1872—？），字季武，号寄坞，光绪二十九年（1903年）登进士，散馆授检讨，清朝时曾被派往美国任留学生总监督。民国北京政府时期曾任国务院秘书长、铨叙局副局长、币制局副总裁、税务专科学校校长等职。北伐战争以后弃官从商走实业救国之路，把积蓄的十余万银圆全部投资办了实业。但在军阀混战、政治动荡的年代不断地被劫受骗，最后穷困潦倒，在北平当寓公。

李良

1917年，李良生于北京。1931年“九一八”事变时，他正读中学，曾冒着随时被捕的危险，带领同学们上街游行，宣传抗日。16岁时，考入燕京大学外文系，专攻英、德、法三语。1938年毕业，在德通社任翻译。1940年，他的弟弟凌青（林墨卿）、妹妹傅秀（林锦双）和林子东等相继加入中共地下抗日组织，他家成为地下党秘密联络点，曾为地下党保存过电讯器材，并掩护进步学生奔赴抗日根据地。

1945年，李良参加中共华北局城市工作部，冒着生命危险，利用家族人脉资源和自己的特殊身份，掩护、解救了大量中共高级干部，还多次获得敌人重要情报。

1946年，李良再次深入敌人内部，巧妙地获取了美国战略情报局“援蒋反共白皮书”这一绝密文件，上面详细记载着美国政府给国民党政府的军事援助和经济援助的具体数字，为中共跟美蒋展开斗争提供了极为有力的重要证据。1947年，李良光荣加入了中国共产党。1948年，他以大智大勇冲破敌人的重重封锁，秘密护送从香港回到大陆的郭沫若、茅盾等20多位著名爱国文化人士，到解放区共商建国大计。

中华人民共和国成立后，李良调入天津市公安局，先后任侦察组组长、副科长。2019年9月19日《人民日报》在第16版刊文介绍李良事迹，其中有这样的介绍：“1950年国庆节前夕，潜伏在北京的敌特企图在国庆节当天上午10时整，制造一起谋害党和国家领导人的重大事件。危急关头，李良及时获取情报，破获了这一重大案件。”[35]这个真实事件后来被拍成了故事片《国庆十点钟》，成为红色经典影片之一。此后，李良还参与侦破了多起敌特颠覆案件。

之后，李良出任中央公安学校（今中国人民公安大学前身）副主任，还曾在天津一所著名大学先后当过外文系副教授、教研室主任和系副主任等。无论身在何处何岗，他有一个角色始终未变：共和国安全卫士。[36]

1965年初，由于国际斗争的需要，李良奉派赴国外执行重要而危险的秘密任务。1968年3月回国汇报工作，被江青反革命集团以莫须有的罪名，关进牢房，百般折磨，但他决不泄露国家机密，也决不诬陷周恩来总理。1969年，李良在狱中绝食而死。1977年12月31日，天津市人民政府追认他为革命烈士。1978年7月18日，公安部发出通知，称他为全国公安战线的英雄，号召全国公安干警向他学习。

共和国首任公安部部长罗瑞卿大将高度评价李良："李良同志称得起公安战线上一名英雄！他在毛主席的路线指引下，同党内外、国内外的阶级敌人都作了宁死不屈的斗争。"[37]

林兴：从解放军侦察员到大学教授

林兴（1919—1993），林则徐三子林拱枢曾孙，林步随次子。1919年生于北京，曾就读于辅仁大学。1945年在北京的一家银行工作时，他的妹妹傅秀从解放区到北京，他便随妹妹秘密出京，参加了解放军，任侦察员，战争年代一次次出生入死，多次出色完成了任务。

中华人民共和国成立后，林兴在外交部工作，后调往安徽大学任教，成了一名出色的教授，还当过校工会主席。

凌青：从延安翻译到著名外交家

凌青（1923—2010），原名林墨卿，林则徐三子林拱枢曾孙，林步随三子。1923年生于北京，18岁考入燕京大学经济系，在校时即投身革命，1941年加入中国共产党。1942年，日本特务侦破了中共地下党活动，掌握了名单并开始抓人，党组织及时通知他转移。他到晋察冀根据地后，为不影响北京家人的安全，便改名凌青。7月到中共中央晋察冀分局组织部工作，12月任晋察冀军区政治部敌工部干事。

1944年夏天，凌青调到延安。不久，就到中央军委总部王家坪附近山上的外国语学校英文系学习。次年1月，凌青结束了在延安外国语学校英文系的学习，到中国共产党最早的外事机构之一——中央军委外事组工作，先后担任科员、联络组组长。1946年前后，凌青担任过毛泽东、周

中华人民共和国第一对大使夫妇——凌青与夫人张联

恩来、刘少奇、朱德等中央领导的英文翻译。

1947年5月1日，中共中央外事组在山西临县三交镇成立，叶剑英任主任，下设3个处，分别是研究处、编译处和新闻处，凌青任研究处第一科科长。

1949年11月8日，中华人民共和国外交部成立，凌青任美澳司第一科（美国科）科长，成为外交部最早分管美国事务的外交官。1951年春，凌青第一次作为新中国外交官出国是到柏林，出席世界和平理事会，这也是他第一次参加国际会议。

抗美援朝中，凌青作为中国人民志愿军停战谈判代表团中的一员，随时任外交部副部长李克农团长赴朝，先后任李克农秘书、机要办公室主任等职。

在这之后，凌青曾任外交部美澳司副专员，中国驻罗马尼亚大使馆一等秘书、研究室主任兼首席馆员，中国驻印度尼西亚大使馆一等秘书、研究室主任，外交部国际司司长、欧美司司长、国际条法司司长，中国驻委内瑞拉大使。

20世纪70年代初，凌青参与了使中美关系解冻的“乒乓外交”。中国方面具体实施这一外交任务的正是凌青。在美国代表团乘坐的飞机降落在北京机场前，凌青亲自到机场巡行检查，当他看到悬挂在机场醒目处的一条“全世界人民团结起来，打败美国侵略者及其一切走狗”的巨幅标语时，觉得不利于中美外交破冰，果断下令：“取下！出了问题由我负责。”[38]在极“左”思潮猖獗的年代，这是需要很大勇气与魄力的。

1980年后，凌青出任中国常驻联合国首席代表（特命全权大使），并四次任联合国安理会主席。1985年，凌青代表中国政府与英国常驻联合国首席代表一起，向联合国递交了英国须于1997年将香港主权交还中国的《中英联合声明》正式文本。林则徐生前收复香港的遗愿，百余年后由其玄孙履行这一重大法律手续，既是国之幸运，也是林则徐家族之幸运。

1986年后，凌青先后担任中国对外友好协会副会长、福建省政协副主席、全国政协外事委副主任。

2010年9月10日，凌青在北京逝世。

凌青与夫人还联手创造了一项中国第一：中华人民共和国第一对大使夫妇。

凌青夫人张联，1930年出生于吉林九台县（今长春市九台区），曾任外交部驻满洲里办事处翻译、中国驻委内瑞拉大使馆二等秘书、中国常驻联合国代表团一等秘书、外交部亚洲司三处副处长、外交部亚州司四处副处长、外交部亚洲司副司长、中国驻斯里兰卡大使兼驻马尔代夫大使。

傅秀：从晋察冀小学校长到中央党校教师

傅秀（1921—2001），原名林锦双，林则徐三子林拱枢曾孙女，林步随女儿。1921年10月生于北京，1935年冬开始参加抗日活动。考上燕京大学后，参加了北平（1928年，北京改称北平）中共地下党活动，组织读书会，从事抗日救亡工作，她在南河沿的家成了地下党的重要交通站。1941年，光荣加入了中国共产党。因日寇追捕，傅秀撤到晋察冀抗日根据地，参加了八路军。傅秀是晋察冀军区荣臻小学（后来的八一小学）的第一任校长。

中华人民共和国成立后，傅秀曾任中共北京医院总支部书记、中央党校历史教研室讲师、国家地质部政治部政策研究室主任。2001年病逝。

林子东：从新四军女记者到八闽社科领导

林子东（1921—　），原名林玉偶，林则徐三子林拱枢曾孙女，林步随次女。1921年10月生于北京，与傅秀为双胞胎姐妹，因大伯林轼垣无子女，父母做主将林子东过继给大伯。从童年开始，林子东跟着塾师研读儒家经典。1935年冬，她随林轼垣回福州，考进福州三山中学高中。1938年，林子东再随林轼垣迁至上海市租界。同年9月，林子东进入上海法租界的华东女子中学。1940年9月，林子东从华东女子中学毕业，进入上海沪江大学。1941年暑假，由于姐姐傅秀和弟弟凌青都在燕京大学读书，林子东又北上考进燕京大学历史系二年级。后来，再回上海读书。

目睹日军铁蹄踏破越来越多的国土，21岁的林子东决心弃学抗日。1942年，她瞒着父母，在大姐林圣观的掩护和帮助下，化装成农村妇女，逃出上海，到苏南参加了新四军。

林子东参加新四军后，先分配在苏中行署编审室，从事教材编写工作。不久，由于根据地发展的需要，一批青年干部被转移到苏中一分区，林子东在一分区的高邮县先从事民运工作，后再到县政府工作。1943年9月，她被调到苏中一地委办的《前哨报》工作，同年加入了中国共产党。1944年，林子东自

《前哨报》调往苏中区党委的《苏中报》。1945年抗日战争结束至1946年国共和谈期间，她在《新华日报》(华中版)工作。解放战争全面爆发，林子东随军做宣传工作，战斗在最前线，曾将船开到近海，利用电报机发送新闻。

2009年6月，林子东在福州林则徐祠堂高祖父铜像前

中华人民共和国成立后，林子东曾任厦门人民广播电台台长、福建人民出版社副社长兼总编辑、福建省社会科学院副院长、福建省社科联副主席，系全国政协第七届委员。

注释：

① 林则徐的《先考行状》，复制品收藏于福州林则徐纪念馆。

②③④ 出自林则徐的《析产阄书》，道光六年十一月初三日立，林则徐弟林霈霖收执原件，旧藏林则徐玄孙林家溱家，手稿今藏福州林则徐纪念馆。

⑤ 中山大学历史系中国近代现代史教研组、研究室．林则徐集：奏稿[M]. 北京：中华书局,1965：885.

⑥ 杨国桢．林则徐书简[M]. 福州：福建人民出版社，1985：186.

⑦ 杨国桢．林则徐书简[M]. 福州：福建人民出版社，1985：193.

⑧ 郑剑顺．福建船政局史事纪要编年[M]. 厦门：厦门大学出版社，1993：2.

⑨ 左宗棠全集：奏稿三[M]. 长沙：岳麓书社，1989：133.

⑩ 左宗棠全集：奏稿三[M]. 长沙：岳麓书社，1989：137.

⑪ 陈衍．闽侯县志[M]. 民国二十二年刊本影印本．台北：成文出版社，1966：259-260.

⑫ 陈衍 . 闽侯县志 [M]. 民国二十二年刊本影印本 . 台北 : 成文出版社，1966 : 306.

⑬⑭⑮⑯ 沈葆桢 . 沈文肃公牍 [M]. 福州 : 福建人民出版社，2008 : 527.

⑰ 钟叔河 . 走向世界丛书 : 第 1 辑第 8 册 [M]. 长沙 : 岳麓书社，1985 : 205.

⑱⑲ 池仲祐 . 甲申、甲午海战阵亡死难群公事略 [M]// 张侠，杨志本，罗澍伟，王苏波，张利民 . 清末海军史料 . 北京 : 海洋出版社，1982 : 373.

⑳ 李鸿章 . 海军衙门奏新设海军提镇照章遴员恳请简放折 [M]// 张侠，杨志本，罗澍伟，王苏波，张利民 . 清末海军史料 . 北京 : 海洋出版社，1982 : 558.

㉑ 余青峰 . 一种情怀　两种乡愁 [N]. 光明日报，2016-9-26(15).

㉒ 沈来秋 . 莺唤轩剩稿选 [M]. 福州 : 沈氏家族印本，1999 : 19.

㉓ 金安清 . 林文忠公传 [M]// 沈来秋 . 莺唤轩剩稿选 . 福州 : 沈氏家族印本，1999 : 20.

㉔ 沈葆桢 . 先室林夫人事略 [M]// 沈来秋 . 莺唤轩剩稿选 . 福州 : 沈氏家族印本，1999 : 20.

㉕ 吴大澂 . 为邀旨北上并陈破敌方略折 [M]// 戚其章 . 中国近代史资料丛刊续编 · 中日战争 (一) . 北京 : 中华书局，1989 : 134.

㉖㉗ 川崎三郎 . 日清战史 : 第七编第三章 [M]. 日本 : 博文馆，1897 : 19-20.

㉘ 李鸿章全集 : 第 3 册 [M]. 海口 : 海南出版社，1997 年 : 854.

㉙㉚㉛㉜㉝㉞ 刘琳，史玄之 . 福州海军世家 [M]. 福州 : 海风出版社，2003 : 167-176.

㉟㊱㊲㊳ 刘琳 . 福清古厝里的红色传奇 [M]. 福州 : 中共福清市委宣传部编印，2021 : 261-266.

沈葆桢家族

沈葆桢（1820—1879），原名振宗，字幼丹，福建省侯官县（今福州市鼓楼区）人，清朝著名政治家，曾任江西九江府知府、江西广信府知府、江西广饶九南道道员、江西吉赣南宁道道员、江西巡抚、船政大臣、两江总督兼南洋大臣。中国近代军舰制造、军事高等教育、海军建设重要奠基人之一。

沈葆桢故居位于今福州市鼓楼区宫巷。沈家自沈葆桢始，五代皆出船政英才，且创下祖孙皆任船政大臣之盛举。家族代表人物，除沈葆桢外，还有沈葆桢孙子沈翊清和沈希南。

沈翊清（1861—1908），字丹曾，号澄园，政府官员，曾任船政总稽查、署船政会办大臣、四川矿务商务会办大臣、船政会办大臣、陆军部练兵处行走。

沈希南（1876—1915），原名颋清，字嬉男，海军军官，清朝时曾任两广督辕营务处翻译，广东水师兵船管带兼广东番禺县行政委员，天津盐务稽核所会办，福建船政局工务长；民国时曾任海军福州船政局副局长、代局长、局长、参事长、工务长，海军部技正室技正。

家族源流

沈家是周文王第十子之后

沈姓源出姬姓，为黄帝之后裔。

沈葆桢属周文王之后。沈葆桢家族始祖是周文王姬昌嫡传第十子、周武王

位于福州宫巷的沈葆桢故居

姬发胞弟姬载，因其是周文王姬昌最小的儿子，故又称季载。二哥周武王时，年尚幼，未封。周成王时，因成王年幼，四哥周公旦摄政，姬载已长大，助成王周公平“三监之乱”，有道德懿行，封聃国国君，享侯爵，因才能出众留镐京任司空，管理农林、水利、土木建设、舆地和监察等，位居三公，食邑仍为聃国（沈国），又称聃季载。姬载子孙被封于沈国，初为侯国，周厉王时被贬为子国，所以后来称“沈子国”。沈子国故城位于今河南省驻马店市平舆县，沈子国自公元前1043年受封建国，中间数经战乱，历尽沧桑，风雨飘摇，履途崎岖，却一直维持到公元前506年，共有537年的历史。

鲁定公四年（公元前506年），沈国国君沈子嘉在位时，为蔡所灭。季载的后代为不忘亡国之痛，便以国为姓，称为沈姓。季载从此成了沈姓的得姓始祖。

因沈氏很长一段时间谱牒罔存，难以寻找到更完整更详细的代际传承。秦末有季载后代沈逞，朝廷征之为丞相，他坚决不就。汉初，沈逞曾孙沈保，获封竹邑侯。

竹邑侯之子沈遵，汉代为齐王太傅，后来迁徙定居在九江寿春，即今天安徽寿县。东汉初年，竹邑侯之后人沈戎，任九江从事，因说降“巨贼”尹良有功，被光武帝封为海昏侯，其坚决不受，举家迁往会稽乌程余不乡，即今天的浙江省德清县。

三国东吴乌程侯宝鼎元年（266年），分吴、丹阳两郡置吴兴郡，治乌程。“吴兴”名取“吴国兴盛”之义。隋仁寿二年（602年），置州治，以滨太湖而名湖州，湖州之名从此始。吴兴郡，为湖州立郡之始。沈戎后代在江南繁衍发展，遂成望族。也因此沈姓后人多以“吴兴”为堂号，以便认祖归宗。

沈葆桢先世迁闽之路

《武林沈氏迁闽本支家谱续谱·闽侯沈氏翊清公支下家谱》载："吾家原籍河南仓基，自宋南渡，先祖由汴迁浙江湖州祝墩村。"[①]

依据《武林沈氏迁闽本支家谱》中之《武林沈氏迁闽本支溯源图谱》介绍，沈葆桢家族由汴迁浙的始祖为沈绅。沈绅"字子书，宋宝元元年（1038年）进士，官至敷文阁学士，赠少师，谥文肃，南渡，迁居浙江湖州竹墩村"[②]。也就是说，沈绅原籍河南仓基，宋建炎年间随宋高宗赵构迁入浙江。因为沈绅家族与东汉初迁入会稽乌程的沈戎是同宗，所以宫巷沈葆桢家族也自称"吴兴沈氏"。沈葆桢曾孙沈觐宜教授就写过《吴兴沈氏溯源考》，其中也直说他们是周文王第十子聃叔季传下来的子孙。

在《武林沈氏迁闽本支家谱》中有载，沈绅的后代沈天祥于明末清初移居杭州，历四世至子常公携子锡九公游幕于闽，从此就定居福州。据沈葆桢曾孙沈觐宸考证，迁来福州定居的时间约在雍正十二年（1734年），因为直接从杭州迁来，杭州古代别称"武林"，所以宫巷沈葆桢家族又称"武林沈氏"。

沈葆桢是"武林沈"入闽始祖玄孙

沈子常携第三子沈锡九馆于闽，从此定居福州。沈锡九生三子：沈大铨、沈大镛、沈大铭。沈大铨又生四子：长子沈廷槐，嘉庆甲子科（1804年）举人，将乐县教谕，与林则徐是同学，在林则徐任江苏巡抚及湖广总督时，曾入幕；次子沈廷枫，即沈葆桢之父；三子沈廷杰，早逝；四子沈廷本，早逝。沈大镛无子，沈大铨将次子沈廷枫嗣之。

入闽"武林沈"最初三代皆以游幕为生，主要是当钱粮师爷。因都较为清廉，所以沈家一直比较清贫。一直到第五世沈葆桢之后才成为福州的名门望族，宫巷沈家大宅即是在沈葆桢时代所购。

第一代

沈葆桢家族第一位船政人，即沈葆桢。他为首任船政大臣，为船政教育、造船业发展和新式水师建设做出巨大贡献。

沈葆桢：一代名臣 船政奠基人

沈葆桢（1820—1879），原名振宗，字幼丹，福建省福州市人，清朝著名政治家，曾任江西九江知府、江西广信府知府、江西广饶九南道道员、江西吉赣南宁道道员、江西巡抚、船政大臣、两江总督兼南洋大臣。中国近代军舰制造、军事高等教育、海军建设重要奠基人之一，有“中国近代海军之父”之称。

· 翰林出身 江西巡抚

沈葆桢的母亲林惠芳，是林则徐的六妹。作为林则徐的外甥，后来又成为林则徐女婿的沈葆桢，早年就深受林则徐经世致用、公忠体国思想的深刻影响，这为他成为一代中兴名臣奠定了基础。

清道光十六年（1836 年），16 岁的沈葆桢考中秀才。道光二十年（1840 年），沈葆桢和老师林昌彝同榜中举。此时，第一次鸦片战争爆发，不久，担任两广总督的舅舅林则徐被朝廷革职查办。沈葆桢 11 岁时与林则徐次女、表妹林普晴订婚，两人也是在这一年完婚。

道光二十七年（1847 年），沈葆桢登进士，选庶吉士，授编修，升监察御史。

咸丰四年（1854 年），沈葆桢补江南道监察御史，一年后调贵州道监察御史。

咸丰五年（1855 年）十二月，沈葆桢出任江西九江府知府。

咸丰六年（1856 年），朝廷任命沈葆桢为杭州府知府，但沈葆桢以祖上曾在杭州居住，杭州亲戚过多为由推辞，不久改任江西广信府知府。此时，太平军已两次进攻江西，占领了江西八府50多县，赣省只剩南昌、饶州、广信、赣州、南安五郡，情形危急。同年八月，太平军战将杨辅清率万余精兵进攻江西五郡，连克泸溪（今资溪）、贵溪、弋阳，逼近广信城。当时，沈葆桢正陪同工部右侍郎廉兆伦外出征办粮饷。广信城里清军闻弋阳失守，纷纷遁逃。城里只剩知县、参将、千总和沈葆桢夫人林普晴。危急关头，林普晴向父亲老部下、福州老乡、浙江玉山镇提督饶廷选求援。第二天沈葆桢赶回广信，不久饶廷选率援兵赶到，两人合议后，以攻其不备、袭扰辎重的战术，激战太平军，七战七捷，打退了杨辅清部的疯狂进攻。

咸丰七年（1857年），沈葆桢积功升任江西广饶九南道道台。同年三月，太平军悍将石达开攻打广信，沈葆桢、饶廷选率军严守，激战数日后，石达开败走浙江。

咸丰九年（1859年），沈葆桢以父母多病为由，请求回乡探亲。

咸丰十年（1860年），沈葆桢获授吉赣南宁道道员，沈葆桢以父母年老而婉辞，遂被留在福州办团练。

咸丰十一年（1861年），曾国藩请沈葆桢驰赴安庆大营，委以重用。同年十二月，在曾国藩力荐之下，沈葆桢出任江西巡抚。任上，重用湘军大将王德标、席宝田等，血战太平军。

清同治三年（1864年）九月，沈葆桢督兵捕获太平天国幼天王洪天贵福和洪仁玕、洪仁政等。随后，同治帝下谕旨，沈葆桢获赏一等轻车都尉世职，并赏给头品顶戴。次年，沈母去世，沈葆桢离官回榕丁忧。

· 创办船政 组建海军

同治五年（1866年），闽浙总督左宗棠在广东歼灭太平军余部，返回福建。左宗棠在“借师助剿”中进一步认识到西洋炮舰的威力，开始酝酿设厂造船。沈葆桢与左宗棠在福州会面，沈葆桢认定无海军不足以立国，向左宗棠提出设厂自造洋式船的主张。

同年夏（1866年6月25日），闽浙总督左宗棠奏请在福建设局制造轮船。六月初三，清廷批准在福州马尾设立福建船政局。七月初十，马尾当地农民担心土地被购后生计困难，对船政征地建厂办学持反对态度，聚众包围来马尾购地的官员。沈葆桢闻讯，立即赶到马尾向民众做解释和说服工作，但遭到群众围攻，足踝被砖石所击。同年八月十七日（1866 年 9 月 25 日），谕令左宗棠调任陕甘总督，同年深秋（1866 年 10 月 30 日），左宗棠奏请江西巡抚沈葆桢为总理船政大臣。同年冬（1866 年 12 月 3 日），谕令沈葆桢接管船政。沈葆桢到任后，按左宗棠所定计划，在马尾征购土地，建设工厂、船坞、学堂和宿舍，开始了全面船政建设。左宗棠原拟建 5 家工厂和 1 所学堂，用地 200 余亩。沈葆桢殚精竭虑，全力发展，在他主政期间，工厂增至 13 所，学堂增至 4 所，用地扩大为 600 亩。

福建船政是洋务运动的产物，曾受到国内保守势力的强烈反对，沈葆桢一次又一次据理力争，才使船政终于维持下来并不断推进。外国势力对中国创办船政也百般阻挠，沈葆桢为船政生存与发展，与外国势力斗智斗勇。当法国驻福州领事公然干涉中国船政事务时，沈葆桢严正指出："船政为中国工程，中国有大臣主之。若法国领事官可以任意把持，则是法国船政，非中国船政也！"[③]要求总理衙门出面交涉，从而维护了中国的主权和尊严。

原立于马尾造船厂的沈葆桢铜像

沈葆桢总理船政八年，以自己的远见卓识和聪明智慧，为中国军舰制造业和海军的创立、发展立下了不可磨灭的功勋。

沈葆桢实践了林则徐、魏源"师夷长技以制夷"的主张，成功地将西方先进造船技术"拿过来"为我所用，由仿造到自造，由木壳到铁甲，并继续向钢壳发展，先后造出了 15 艘以蒸汽机为动力的各式兵轮商船，所达到的技术水平已超过当时的日本、接近世界先进水平，结束了中国几千年来水运只有帆船的历史。

位于马尾的晚清船政学堂与造船厂一角

沈葆桢注意正规化培养高素质人才，首开中国近代高等军事教育和高等工科教育之先河。他建议："废无用之武科以励必需之算学，导之先路，十数年后人才蒸蒸日上，无求于西人矣。"④为更好地培养人才，他在左宗棠所筹办的求是堂艺局（船政学堂前身）基础上，完善学校制度，分为前学堂和后学堂，前学堂学习轮船制造，除学习法文外，还学习与之有关的科技课程。后学堂学习轮船驾驶，除学习英文外，也学习与之有关的科技专业及航海课程，稍后又增添轮机专业。同治六年末（1867 年 12 月），沈葆桢设立船政绘事院，亦称"画院"或"画馆"，船政洋监督日意格称之为"设计专业"，专门培养工业设计人才，承接船身、船机、锅炉绘图。同治七年初（1868 年 2 月），沈葆桢再设船政艺圃，类似今天半工半读的技术学校，专门培养技术工人，统招 15 岁至 18 岁天资不错的少年为艺徒和学徒，白天入厂学手艺，晚上上课。

沈葆桢首开中国引进西方优秀管理和专业技术人才之风。聘用法国人日意格为福建船政洋监督，又重金聘用 52 名外国教师、工程师及技术工人，来厂指导中国工人及教授中国学生，使得福建船政成为当时洋务企业聘用洋员人数最多的一家工厂。中国工人和学生，通过艺徒班和前后学堂专门课程的学习，到同治十二年（1873 年），便掌握了轮船制造和驾驶的技术，洋员也于当年十月按约离厂。

沈葆桢首开中国公派成年人留学海外历史。沈葆桢认为中国要自强军事以御敌，雇用外国教习来中国执教并非最好之策。早在同治十一年（1872 年）四月初一，当时船政学堂的教习还未撤离，沈葆桢就计划等到洋教习雇佣合约期满后，“选通晓制造驾驶之艺童，辅以年少技优之工匠，移洋人薪水之经费，以中国已成之技求外国益精之学，移诸平地为山者又事半功倍矣”[⑤]。到了同治十二年（1873 年）十月，船政洋匠合同期满，沈葆桢上奏朝廷：“臣窃以为，欲日起而有功，在循序而渐进；将窥其精微之奥，宜置之庄岳之间。”[⑥]奏请选送一些天资颖异、学有根底者出国深造，得到批准。船政选拔了 13 名船政学堂毕业生赴英国留学，选拔了 16 名船政学堂毕业生赴法国留学，其中学习制造的 14 名、学习法律的 2 名，又选拔了 9 名船政艺徒赴法留学，光绪三年二月十七日（1877 年 3 月 31 日），乘“济安”轮自马尾启程，于香港改乘外轮西行，先抵法国，再往英国。这批留学生学成归来，皆成为中国近代科技、海军、外交、中西文化交流的主力干才。

沈葆桢在引进先进技术和外国优秀人才的同时，还坚持独立自主、权操在我的原则。坚持船政是中国官办企业，既非洋资，亦非合资，主权在我，与英法政府无关，也不属英法驻华领馆管辖事务之内。所聘洋员系以个人身份受雇于船政，应在船政大臣及各级管理人员的管辖下工作，以签订合同的形式法定雇主与雇员的关系，规定双方的权利与义务。雇员应按合同切实认真完成自己分内的任务，不许干预分外他事，船政付给完成任务的洋员以高额薪银。对不称职、不能按规定完成任务与越位干预他事、不听管理或打骂中国官绅员工者，予以解雇、开除。沈葆桢主办船政期间，按合同条款开除、解雇了一批洋员，对英法领事馆、税务司等多起企图越权干预我船政之事，坚决予以抵制，使得船政领导权始终掌握在中国大臣手中，没有发生一起丧权辱国之事。

沈葆桢建立起中国第一支近代海军舰队——福建船政轮船水师，初步改变了当时中国有海无防的被动局面。沈葆桢认为船政所造各舰虽归船政大臣调遣指挥，但船政大臣“则职守所羁，无从历风涛以兼顾”[⑦]，又认为“轮船号数渐多，不能不分布各口，平日各不相同，号令参差”[⑧]。至同治九年（1870 年）八月，福建船政已制成“万年清”“湄云”“福星”“伏波”四艘军舰，加上从外国买来的“靖海”“华福宝”“长胜”等舰，沈葆桢经奏准将这七艘军舰编练成队，称为“船政轮船水师”，八月二十五日，清政府任命福建水师提督李成谋出任“轮船统领”，即这支新式海军舰队第一任司令。这时船政是中央机构，不属福建地方政府，且随后所制各舰分驻沿海各省，远离福建，这支舰队又订有《轮船训练章程十二条》及《营规三十二条》，初步建立了舰队的训练制度。可以说这是中国第一支近代海军舰队的雏形。

沈葆桢创办了南洋海军。光绪元年（1875 年）夏天，沈葆桢被任命为两江总督兼南洋大臣，与直隶总督兼北洋大臣李鸿章分掌中国南、北洋海防。当时南、北洋海军全年共有经费 400 万两白银，沈葆桢从中国海军全局考虑，以 400 万两分建两军过于分散，于是将三年南洋海防经费全部拨给北洋海军。光绪四年（1878 年），沈葆桢在极端困难条件下，利用江南制造局和福建船政制造的小吨位兵船，逐步建立了南洋水师。

· 率领舰队 赴台驱日

沈葆桢率领中国第一支近代海军舰队，跨海赴台，成功驱逐占领台湾恒春半岛的外国侵略者。

同治十三年（1874 年）春，日本陆军中将西乡从道率官兵 3600 多人，乘兵轮入侵我宝岛台湾，清廷任命船政大臣沈葆桢为钦差办理台湾等处海防兼理各国事务大臣。沈葆桢亲自带领舰队赴台，持照会前去与日军中将西乡从道交涉，揭露日本侵台的险恶用心，指出处理杀害琉球人的台湾少数民族是中国的内政，不容日本干涉。同时，坚决表示“中国版图尺寸不敢以与人”[9]，并通过系列军备措施，遏制日本侵略者的野心，迫使侵台日军退出我国领土台湾。

沈葆桢正是在赴台驱日中意识到只有加强台湾的政权建设、防务建设和开垦台湾东部，才能保住台湾永存中国版图。沈葆桢提出了系列极具远见的建议，着力开发和建设台湾，开启了台湾近代化进程。

· 上奏遗疏 建造铁舰

沈葆桢至死都在为发展和壮大船政操心。光绪五年冬（1879 年 11 月），沈葆桢走到了生命的尽头。弥留之际，他把第四子沈瑜庆叫到病床旁，用尽最后的力气交代后事，并命草拟“遗疏”，他以赤诚的爱国之心提出：“铁甲船不可不办，倭人万不可轻视。倘船械未备，稍涉好大喜功之见，谓其国空虚已甚，机有可乘，兵势一交，必成不可收拾之势。”[10]甲午战争的结果完全证明了沈葆桢的远见。沈葆桢逝世后，清政府追赠太子太保，谥“文肃”。

第二代

沈葆桢家族能成为中国极负盛名的船政世家，与沈葆桢兴办船政后思想发生了很大变化有关。在他那个时代，一般封建士大夫都是要求子弟走科举之路，但沈葆桢则要求子弟“经史外，世务不可不知”[11]，并指出：“防海新论、布法战纪，是用世之学。”[12]他对后代也不刻意要求他们致力科举，曾言：“我所望于汝者，读书立品……无谓征逐，无谓之惊疑，无谓之命翼，无谓之悲愤。”[13]也正是因此，他的子侄辈出了不少杰出海军人才。其中，对中国海军贡献最大的当数沈葆桢四子沈瑜庆。

沈瑜庆：干练良吏 江南水师学堂创办者

沈瑜庆（1858—1918），字志雨，号爱苍，又号涛园，政府官员，曾任江南水师学堂会办、江南水师学堂总办、两江总筹防局营务处总办、宜昌加抽川盐厘局总办、两江总督府总文案兼筹防局营务处总办、上海吴淞清丈工程局总办、淮扬兵备道、护理漕运总督、护理漕运总督兼代淮安关监督、湖南按察使、顺天府府尹、山西按察使、广东按察使、江西布政使、护理江西巡抚、云南布政使、河南布政使、贵州巡抚。

· 举荐丁公 推进船政

沈瑜庆是沈葆桢第四子。童稚时，对他教导最多的是他的母亲林普晴。10岁时，林普晴口授《资治通鉴》，教其点阅。沈瑜庆喜欢读《左传》等史书，尤爱南北朝时诗人庚信、唐朝诗人杜甫和宋朝诗人苏轼的诗词，特别喜欢研析曾国藩、胡林翼等人的奏议、文牍，留心当地掌故，对国势政事有较深了解。

沈瑜庆

沈瑜庆对中国海军第一大贡献是积极推荐

丁日昌，促成沈葆桢在北调出任两江总督时，丁日昌继任船政大臣，使船政得以继续推进。

同治十三年（1874 年），日本派兵强行登陆台湾琅峤（今恒春半岛），意图占领台湾。沈葆桢以钦差大臣身份，奉命率福建船政轮船水师赴台驱敌，别时曾命诸子每旬写信，报告学习情况，沈瑜庆多次在信中谈到当前中兴诸功臣不知外国情况，不懂处理对外事务，唯兵部侍郎郭嵩焘、江苏巡抚丁日昌等较为通达，却被朝廷清议所排挤，不得重用。沈葆桢内心甚是赞同此说。于是，在光绪元年（1875 年）奉命总督两江时，举荐丁日昌接替自己，出任船政大臣。丁日昌在船政大臣任上，锐意进取，船政得以大发展，果然没让沈葆桢失望。

· 创办学堂 培养海军

沈瑜庆对中国海军的第二大贡献是参与创办了江南水师学堂，为中国海军培养了大量优秀人才。

光绪十六年（1890 年），沈瑜庆因李鸿章举荐，出任江南水师学堂首任会办，第二年出任江南水师学堂总办。

江南水师学堂，又称“南洋水师学堂”“江宁水师学堂”，光绪十六年创立，校址在南京下关仪凤门内，主要为南洋水师培养和输送人才。

作为创办者，沈瑜庆采船政学堂之长并有所创新。江南水师学堂专业分驾驶、管轮两科，每科又分头、二、三班。课程分堂课、船课。学生入学后进入三班，专门学习英语等基础知识，升入头班后方才教授专业知识，包括天文、海道、御风、布阵、修造、轮机、演放水雷等。每隔若干年，由提督率学生乘练船下外洋实习，途中对学生进行考核，分记等第。全程学习共 6—7 年，毕业生择优送至英国或日本留学。

江南水师学堂造就人才颇多。至 1911 年江南水师学堂驾驶班共毕业 7 届学生，管轮班有 6 届毕业生，鱼雷班（由南洋海军雷电学堂并入）有 5 届毕业生。毕业生中走出了众多海军名将，如民国时期的海军总长林建章、海军总长兼代国务总理杜锡珪、海军部部长陈绍宽及海军部常务次长陈季良等一批海军英才，还有广州起义总指挥赵声等志士仁人。另外，周树人（鲁迅）、周作人兄弟也曾在江南水师学堂就读，鲁迅于光绪二十四年（1898 年）考入管轮班。

· 甲午海战 输送军需

沈瑜庆对中国海军的第三大贡献是在督署两江总筹防局营务处时，殚精竭虑，为甲午战争输送军需、调配军队。

沈瑜庆在办宜昌加抽川盐厘局时，由于经常往来武汉，深为湖广总督张之洞所赏识。光绪二十年（1894 年），张之洞出任两江总督时，请沈瑜庆任督署总文案兼总筹防局营务处总办。是年，日本挑起中日之战，前方吃紧，两江为全国运输中枢，南北征调军队及饷械，文书往来繁忙，沈瑜庆均办理得有条不紊。

· 保留将种 重建海军

沈瑜庆对中国海军的第四大贡献是他在甲午海战之后保护了一批被革职的北洋海军将军，为中国海军再度崛起留住了种子。

北洋海军在甲午战争中惨败，沈瑜庆悲痛万分，牺牲的诸将多是他父亲一手培养出来的中国第一批掌握近代海军知识的名杰。甲午战争后，清政府下令撤销海军衙门，取消北洋海军的编制，所有海军将领一并革职，听候查办。沈瑜庆得知幸存下来的诸将多被革职后，不顾风险，直言为他们解释开脱，并竭尽全力做妥善安排，为重建海军保存力量。当北洋海军残存将领萨镇冰等前来投靠时，沈瑜庆在张之洞的支持下，委任萨镇冰为吴淞总炮台官，委任沈寿堃为镇江总炮台官，委任曹嘉祥为江阴总炮台官，其他人亦做了妥善安置。后来，这些海军将军果真都成了中国海军再度崛起的中流砥柱，曹嘉祥还成为中国近代警察制度创始人。清政府为重建海军，起用大批甲午海战后被革职罢黜的前北洋海军官兵作为重建海军的骨干，其中任命原“靖远”舰管带叶祖珪为新建北洋水师的统领，原“康济”舰管带萨镇冰为帮统，他们担起了领导重新振兴中国海军的重任。

· 历官多地 善办洋务

光绪二十二年（1896 年），张之洞委任沈瑜庆办皖岸盐务督销局，驻大通。同年，刘坤一接督两江，以沈瑜庆为皖北盐务督销局总办，驻正阳关。

沈瑜庆长女沈鹊应（1877—1900），字孟雅，是“戊戌六君子”之一林旭的妻子。林旭于戊戌变法失败英勇就义后，沈鹊应服毒自尽。林旭就义后，沈瑜庆含泪写下《大沽舟中闻友人谈都下近事》一诗痛悼女婿，其中有句曰："千钧系一发，狂澜欲转柁。濯濯少年锐，侧眼立颐朵。变故骨肉间，钩党方屠戮。士气既不伸，国势日以蹙。"[14]

光绪二十五年（1899 年），刘坤一委沈瑜庆办上海吴淞清丈工程局。翌年，义和团兴起，八国联军入侵北京。沈瑜庆与盛宣怀考虑到"东南半壁华、洋杂处，万一有变"，则"全局不堪设想"，因此"宜与洋人定约，租界、内地，各担责任"[15]，以确保东南安定。两人遂致电联络湖广总督张之洞，沈瑜庆赶到南京见两江总督刘坤一，面陈看法，促成"东南互保条约"的签订。沈瑜庆还作为刘坤一的代表，在上海与各国领事签约。

光绪二十七年（1901 年）秋，沈瑜庆任淮扬兵备道。是年乞假回闽，营生圹于福州北门外义井村，葬林旭夫妇于侧，题碣曰："千秋晚翠（林旭号）孤忠草，一卷崦楼（沈鹊应词集名）绝妙词。"[16]又曰："北望京华，累臣涕泪；南归邱首，词女倡随。"[17]在淮扬兵备道任上，沈瑜庆办学堂、兴市政，设农事试验场，修马路以达板浦。

光绪二十八年（1902 年），沈瑜庆护理漕运总督。翌年，兼代淮安关监督。时有英、德浪人，打着外商的旗号，包庇内地奸商，带私货闯关。沈瑜庆不畏洋人之威，据约拘其人货，交领事依例惩办。同年，沈瑜庆升任湖南按察使，未上任，改顺天府府尹。任上，沈瑜庆奏请修京城马路，请设测绘学堂，请厘定度量衡制度，都得旨允行。

光绪三十一年（1905 年），沈瑜庆因得罪权臣袁世凯，被调任山西按察使。旋移广东按察使。

光绪三十二年（1906 年），沈瑜庆升任江西布政使。时两江总督端方以赈务为名，欲提江西布政司库银及关粮库款以济私，均被沈瑜庆依律拒绝。赣州有百姓聚众杀教士、毁教堂，总督欲派兵往剿，沈瑜庆与江西巡抚上疏奏止，妥善处理该事件。后新任江西按察使瑞澂为媚洋人，欲将此事交在沪的外国领事处理，被沈瑜庆阻止，避免赣州百姓遭到不测。同年十二月，沈瑜庆护理江西巡抚。任上颇有作为：积极扩充江西方言学堂，培养外语人才；改建罪犯习艺所，在改造罪犯的同时授以他们谋生的技能；设立调查局，以备宪政馆编制统计之用。是年，沈瑜庆寄信回榕，倡议重修西湖宛在堂，以举祀明以来诗人，并捐千金为倡。

光绪三十四年（1908 年）八月，江西新巡抚冯汝骙上任，沈瑜庆回任布政使。

冯汝骙欲提库款办贡品，沈瑜庆坚决不肯。于是，端方、冯汝骙、瑞澂联合起来，勾结言官中伤沈瑜庆，沈瑜庆被罢职。

宣统元年（1909年）冬，朝廷重新起用沈瑜庆，任命其为云南布政使。宣统三年（1911年），调任河南布政使，未及上任，即升贵州巡抚。上任后，沈瑜庆以贵州孤悬边鄙，远断声援，计划修建黔渝铁路，事未成而武昌起义爆发。针对武昌起义，沈瑜庆遂电请严惩武昌失守官员。之前的四川“保路运动”爆发，沈瑜庆也曾拟派兵援川。但两事均不成。

中华民国成立后，沈瑜庆引疾去官，交出政权，到上海当寓公，与清朝遗老瞿鸿禨、樊增祥、沈曾植等结诗社名“超社”，日以饮酒吟诗为乐。

1915年，1月沈瑜庆回闽扫墓，3月致祭西湖宛在堂。此后，受聘为福建通志局总纂修，局设沈葆桢专祠内，实际事务都由副总纂修陈衍负责，沈瑜庆依旧在上海养老。

1918年10月6日，沈瑜庆卒于上海虹口沈家湾寓所，著有《涛园集》传世。

沈璿庆：海军部秘书　丹青好手

沈璿庆（1861—1932），字东禄，海军军官，曾任海军部秘书。

沈璿庆是沈葆桢第五子，长期服务于海军，曾在船政衙门做过文案、秘书。

1916年7月9日，沈璿庆任海军部总务厅秘书处秘书。1926年2月2日，因年已65岁正式退休，离开海军部。

1920年，海军总司令蓝建枢督同海军福州船政局局长、海军轮机中将陈兆锵募修昭忠祠，报请民国政府将甲午海战死难将士栗主入祀马江昭忠祠，并在马限山东麓昭忠祠旁建英烈陵园。时任海军部秘书的沈璿庆慷慨相助，善名刻在《重建马江昭忠祠捐款碑》上，现保存在马江昭忠祠内。

沈璿庆多才多艺，是位丹青好手，精篆隶，工山水、花卉。

沈琬庆：励精图治　总办大沽船坞

沈琬庆（1869—1926），海军军官，清朝时曾任兵部武库司行走、广东试用知府、江苏候补道、北洋海军大沽船坞总办；民国时曾任天津大沽船坞管理长、海军部大沽造船所所长。

沈琬庆是沈葆桢如夫人吴氏所生，沈葆桢去世时，他才10岁。母亲悉心教导，兄长们也多方关照，使之得以全面成长。后来，进入海军造船部门工作，学有所专。

光绪六年（1880年），李鸿章为北洋海军维修和保养战舰之便，奏请在天津大沽口建设船坞。清廷准奏后，李鸿章立即筹建，罗丰禄为首任总办。光绪末年，沈琬庆曾任总办。

大沽船坞是继福建船政、上海江南船坞后中国第三所近代造船所，也是中国北方最早的船舶修建厂和重要的军火基地。光绪十一年（1885年），大沽船坞有了打铁厂、锅炉厂、铸铁厂、模件厂，而且建立了甲、乙、丙、丁、戊、己六个船坞，这时的大沽船坞不仅修船，而且可以自己造船。光绪十七年（1891年），大沽船坞除修船造船外还开始制造枪炮、水雷等，实际上又成了一座军火工厂。光绪二十六年（1900年），八国联军入侵大沽口，大沽船坞被俄国霸占，正在坞中维修的四艘鱼雷艇也被列强掠走，沙俄对船坞进行了大规模的掠夺和破坏。后经过清政府多次交涉，光绪二十八年（1902年），沙俄才将大沽船坞交还中国。沈琬庆是在沙俄将大沽船坞交还中国后，出任船坞总办的。任上，他励精图治，想方设法恢复船坞修船能力，为重建海军出力。

1912年，沈琬庆出任大沽船坞管理长。1913年后，大沽船坞划归北京政府海军部，改名为海军部大沽造船所，沈琬庆曾任所长。

第三代

沈葆桢孙辈出的船政精英最多，其中尤以长子沈玮庆数子最为突出。沈葆桢临终仍念念不忘的“中国要造钢甲舰”一事，正是在他的长孙沈翊清手上完成的。

沈翊清：经世之才 沈家第二位船政大臣

沈翊清（1861—1908），字丹曾，号澄园，政府官员，曾任船政总稽查、船政提调、署船政会办大臣、四川矿务商务会办大臣、船政会办大臣、陆军部练兵处行走。

在中国历史上，祖孙都当过船政大臣的，只有沈葆桢家族。继沈葆桢之后，沈家出的第二位船政大臣即是沈翊清。

沈翊清是沈玮庆长子、沈葆桢长孙。沈翊清一生绝大部分工作都与船政有关，任上兢兢业业，完成了许多沈葆桢未竟的船政遗愿，为船政贡献颇多。

沈翊清从事船政与船政大臣黎兆棠有关。光绪七年（1881 年），应当时船政大臣黎兆棠之邀，沈翊清进入船政工作。工作两年后，赴京承袭一等轻车都尉世职。光绪十年（1884 年），张佩纶出任会办福建海疆事宜并兼署船政大臣，张佩纶锐意整顿船政，委任沈翊清为船政总稽查，旋授职同知。同年八月底，福建水师和马尾船厂在中法战争中遭毁灭性打击。九月初五，张佩纶上呈筹办船政事宜奏折中，记有“适沈葆桢之孙世袭一等轻车都尉沈翊清在局当差，家学渊源，不染习俗。酌令总司稽查，以复沈葆桢之旧规，以免微臣之疏失”[18]。九月十一日、二十七日，清廷先后追究战败责任，将何如璋、张佩纶革职查办，沈翊清自此开始担负船政实际管理责任。

光绪十一年十二月十日（1886 年 1 月 7 日），船政大臣裴荫森奏《会同考核船政员绅分别应裁应留及应备咨取各衔名折》，称沈翊清“渊源家学，品粹才优，督课工程，坚任劳怨，应留用，月支薪水五十两”[19]。

光绪十三年初冬（1887 年 10 月），由沈翊清主持，在船政新厂东侧修筑新船坞。

光绪十五年（1889 年），沈翊清考中举人。

沈翊清在任上，坚定执行沈葆桢既定的派船政学生留洋方针，连续选送三届留学生出国深造。光绪十六年（1890 年），沈翊清以办理三届留学生出国期满，成绩优异，保以知府尽先选用，并加三品衔。他在任上，念念不忘祖父至死欲建铁甲船以御敌的愿望，想方设法督建铁甲船。光绪十九年（1893 年），沈翊清就是因督造铁甲船告成，保升道员，加二品衔。沈翊清任上，还参与组织建设中国第一个国际水准的船坞——青洲石制船坞。光绪二十二年（1896年），沈翊清因督造马尾青洲石制船坞完成，得以奉旨送京引见。

根据史载，朝廷几次要任命沈翊清赴外省工作，但都因船政难离他而搁浅。

光绪二十四年（1898年）闰三月，光绪皇帝在北京颐和园接见了沈翊清，并详细询问了青洲石制船坞建造情况，对沈翊清嘉许甚多，当即下诏派四川，但第二天又奉旨军机处存记。四月，沈翊清回闽。

光绪二十四年夏（1898年6月），光绪帝接受变法主张，颁发上谕，令举荐通达时务的人才，实行新政。八月下旬，曾任福建学政的王锡蕃将在福建发现的优秀人才周莲、沈翊清、严复、林旭4人举荐于朝廷，4人均被朝廷任用，其中林旭被授予四品卿衔，任军机章京，与谭嗣同、杨锐、刘光第同参新政，时称“军机四卿”。沈翊清又奉旨到京，正预备召见，闽浙总督边宝泉就以船政紧要为由，奏请让沈翊清回闽任船政提调。

光绪二十五年（1899年），沈翊清奉命率团赴日本，考察军事学习课程、船舰枪炮通信机械制造、现代陆军海军后勤保障等。

光绪二十七年（1901年）二月十七日，沈翊清升署福建船政会办大臣。五月，福建将军景星兼摄船政。景星上奏清廷：船政关系重大，请将沈翊清擢为船政总办，专理船厂。

光绪二十八年（1902年），沈翊清奉命会办四川矿务商务大臣，加四品卿衔，准专折奏事。福州将军景星以船政关系重大，奏请留闽省用，擢为船政会办大臣。在船政会办大臣任内，沈翊清锐意改革，疏请揽造商船、兵舰，以补船政财力不足，亦为船舰制造积累经验和培养人才。因兼管船政大臣的将军崇善昏庸保守，沈翊清的执着改革受到掣肘，并常因之发生龃龉，致发展方略难以实施。

在这里，我们不能不记一件事：同治十三年（1874年），日军将领西乡从道率领日本侵略军占领台湾恒春半岛，沈葆桢率部赴台驱敌。在台备战抗日期间，他迫切地感到中国必须快速拥有铁甲舰，遗折就有建铁甲舰这一条。沈翊清光绪二十五年（1899年）日本之行，西乡从道当时还健在，两人见面。据沈葆桢四子沈瑜庆年谱中记载：“大侄翊清在船政提调任内奉蜀督奏派日本观秋操，时西乡从道尚在，谈前事，西乡从道曰：‘日本海军之粗有成绩，不敢忘令祖之赠言，中国办事者不能竟令祖之志，尤为可惜。’归以告公，叔侄二人相对扼腕。”[20]沈翊清后来在遗折中一再强调经营海军与倭人不可轻视之语。

光绪二十九年（1903年）十二月，沈翊清调任陆军部练兵处行走。

光绪三十三年（1907年）六月，陆军部奏保以丞参记名。同年，他还与时任广东水师提督的萨镇冰一起，会商制定《海军章程》，提出关于军港、海军大学、海军官制、海军处组织等说帖。其中船政的说帖较多且十分翔实：（1）大员专职管理；（2）除大钢舰外，其余应由华厂负责自制；（3）经费由闽海关月解二万两；（4）聘请技术人员；（5）整顿制造、绘事、驾驶、管轮、艺圃五学堂，确定经费，力求扩充；（6）编译各种教科书；（7）多派学生出国留学；（8）扩充船坞，中外船只均可进坞请修；（9）考察工匠及机器，添购新机器；（10）修护厂炮台，设礼台于罗星塔以酬答外轮放贺炮用。

沈翊清

同年七月，沈翊清奉命考察直隶、山东、山西、陕西、河南、湖北、江苏、江西八省陆军事务。事毕返京，积劳成疾。

光绪三十四年（1908年）四月初五，沈翊清病逝。

同年十二月初四，闽浙总督松寿上奏，称：沈翊清“在工供差二十余年，任劳任怨，厂事赖以藉持。当光绪二十年间办理船坞，厥公最著，其建筑之精良，形势之利便，迄今令西人考察其地者推为世界第二大军港。在工监造兵商各舰不下数十艘，各省筹防赖以固围。他如兴学育材，筹措宏远，成效昭然，在人耳目。甲午庚子北方有事，该员于视工之余，犹能督队设防，镇抚大局，以巩省垣门户，一时人心赖之。安堵及此，立功桑梓，济美箕裘，固不独在工人员同情爱戴，即阖省绅民亦未尝不交口称赞也”[21]。

沈翊清病逝后，清廷赠内阁学士，赐祭葬，荫一子以知县用，特旨国史馆立传，奉旨准附祀其祖沈葆桢原籍船政专祠。

沈翊清著有《东游日记》一卷、《船政奏议》一卷、《八省日记》若干卷、《诗文集》若干卷。

沈觐清：理政有方 船政艺圃当校长

沈觐清（1863—1938），初名照藜，字纪男，政府官员，曾任船政文案、闽浙督署文案、闽海关铜币局总文案、船政艺圃监督、山东聊城县知县、山东博平县知县、山东蒙阴县知县、署山东莒州知州。

沈觐清是沈玮庆次子、沈葆桢孙，荫生出身，倾力举业。壮年时，进入福建船政局工作，曾任文案。后来，又进入闽浙督署任文案，之后转任闽海关铜币局总文案。据《武林沈氏迁闽本支家谱续谱·闽侯沈氏翊清公支下家谱》介绍，沈觐清为花翎同知衔。

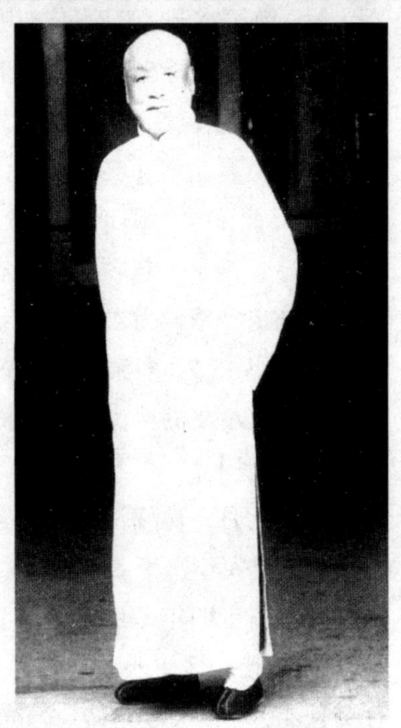

曾任船政艺圃监督的沈觐清

沈觐清如祖父沈葆桢一样，为官清廉，没有土地和其他财产，一生节俭却十分重视子女的教育，倾自己的财力培养七个儿子大学毕业。

沈觐清的人品极受人尊敬，连他的婶婶，也就是林则徐的孙女林步荀（沈葆桢第七子沈玮庆夫人）也经常称赞他。在他60岁时，林步荀写了一首五言排律《寿纪男侄六十》的诗赠给他。诗云："……九天降下一仙真，南极老人寿者身。温良恭俭冠群从，任怨任劳为世用。不因荣华动寸衷，一视同仁忧患共。生长通侯阀阅家，屏除奢侈避豪华。青鞋布袜喜徒步，爱寻野老话桑麻。俭德难邀薄俗晓，生平才调亦表表。簪花妙手步欧阳，翰墨传家早克绍。德足润身天所眷，芝兰玉树尽英彦……"㉒

沈觐清长于诗词书画，是著名的书法家。光绪十年（1884年），江西巡抚潘霨向清廷要求将林普晴附祀在沈葆桢的专祠内，后获准。沈葆桢的儿子们为了纪念母亲林普晴，决定立石碑将她为广信解围求援的血书雕刻出来。这在沈家是一件很严肃、很隆重的事。他们认为沈觐清的字写得最好，命他缮写后由石匠雕刻。现在沈家的后代大多保存有沈瀫清手书的《林夫人乞援血书稿》原件的照片。在翰墨传家家风和沈瀫清的影响和指导下，他的子侄多有诗词、书法、绘画方面的爱好和特长，如沈觐冕等，而沈剑知则是其中的出类拔萃者。

沈瀫清著述颇多，至今仍被频频引用的有两部书。一部是《船工纪事》，内容包括船政创设、招募洋员及招考生徒、财务收支、员绅工作分工、考勤制度、规划等，成为研究 19 世纪末期中国船政不可多得的原始记载。还有一部是《蒙阴县志》，宣统二年（1910 年），沈瀫清出任山东蒙阴县知县，见邑志自康熙二十四年（1685 年）县令刘德芳纂修后，距当时 225 年未有续修。即搜寻民间抄本，见抄本残缺不全，字迹鱼豕莫辨，乃与邑中绅儒谋之修举。于是搜辑佚文，网罗近事，遂成新志。《蒙阴县志》于宣统三年（1911 年）正式刻印完成。

沈颐清：造舰出身 书画大家

沈颐清（1873—1927），字虎男，政府官员，清朝时曾任江苏候补知府；民国时曾任广东潮阳县知事、广东盐运使。

沈颐清是沈玮庆第四子，沈葆桢孙。据陈衍所著《闽侯县志》载："沈颐清，字蟜男，侯官人。船政前学堂毕业生，留学外国 9 年，专习制造钢甲兵舰，官船政局长。"[23]然而，曾经长期在福州船政局工作的韩玉衡，中华人民共和国成立后，在人民海军司令部研究会工作，收集、写就了大量船政史稿，他的《福建船政历任主持人员表》却未收入沈颐清名。福州市文史专家曾意丹认为，陈衍显然将沈玮庆五子沈颋清误认为沈玮庆第四子沈颐清。据沈家后人介绍，沈颐清学过造舰，民国后曾任广东盐运使。

不过，在历史和今人眼里，沈颐清始终是书画大家，他的艺术才华掩盖了他对船政的贡献。《武林沈氏迁闽本支家谱续谱 · 闽侯沈氏翊清公支下家谱》有载：沈颐清"歌曲、技击，无所不精。小篆宗绎山，笔致劲瘦如续。行、楷摹褚遂良、颜真卿绝肖。尤长绘兰，清芬拂拂，从腕底生"[24]。

沈希南：船政掌门人 孙中山盛赞

沈希南（1876—1915），原名颋清，字蟫男，海军军官，曾任两广督辕营务处翻译，广东水师兵船管带、广东番禺县行政委员，天津盐务稽核所会办，福建船政局工务长；民国时曾任海军福州船政局副局长、代局长、局长、参事长，海军部技正室技正，海军福州船政局工务长。

沈希南是沈玮庆第五子、沈葆桢孙，船政后学堂第十四届驾驶班毕业生。不知是否巧合，船政的第一艘军舰在沈葆桢手上诞生，船政在清朝所制造的最后一艘军舰在沈葆桢的孙子沈希南手上完成。

· 留英专家 造出中国第一艘水上飞艇

光绪二十三年（1897 年）五月初三，沈希南以翻译身份随留学生监督吴德章，带领施恩孚、丁平澜、郑守钦、黄德椿、林福贞、魏子京等留学法国。到欧洲后沈希南入英国留学，学习造舰技术。

光绪二十六年（1900 年），因留学经费无着落，尚未完成学业的沈希南等提前结束学业，回到祖国。次年，出任两广督辕营务处洋文翻译官。

光绪二十八年（1902 年），沈希南调任广东水师兵船管带，同时担任广东番禺县行政委员。次年，奉派赴美国留学，获得制船桥梁工程师文凭。回国后出任天津盐务稽核所会办。

光绪三十一年（1905 年），沈希南回到故乡，担任福建船政局工务长。沈希南担任工务长期间，正值晚清风雨飘摇之时。但沈希南依然怀抱爱国赤忱，对工作倾注了满腔热情，带领船厂工程技术人员和广大工人，克服各种困难，埋首研究、制造新船。光绪三十一年十月四日（1905 年 10 月 30 日），船政史上最先进的商船——“江船”号下水，船长 87 米，排水量 2160 吨，新式省煤立机，三缸功率 5000 马力，航速 15 节，全部钢肋钢壳。这是清船政制造的第 40 号船，也是最后一艘船。

沈希南在工务长任上还创造了一项中国第一：光绪三十二年十二月（1907 年 1 月），沈希南带着员工，根据法国图纸制造出折叠式水上飞艇，以厚篷布为船底，船舷、船艏、船艉皆用薄木片，轻如一叶，可坐一人。能折叠收展，改变形状，体积较小，重量轻，手提背负，开合自如。这是中国第一艘折叠式水上飞艇。因为当时尚没有大的战争迹象，所以没有批量生产。

· 海军船政局长 复兴船政

1912 年，船政划归海军部管理，改为福州船政局，任命林颖启为局长，沈希南为副局长，规定船政经费每月 3 万元，从福建省财政厅上缴中央的国税项下拨用。林颖启得知船政经费奇缺，而坚决不赴任，不久就辞职，由沈希南代理局长。

中华民国第一任临时大总统孙中山对沈希南这位出身船政世家，本人又为船政专家的船政局局长寄予厚望。1912 年 4 月 18 日，孙中山乘“泰顺”号轮船由上海出发前往福州。4 月 20 日晨，孙中山乘坐的“泰顺”轮驶抵闽江口。福建都督孙道仁派陈恩焘将军为代表，到闽江口恭候迎接轮船过长门。海军长门炮台礼台上悬挂国旗和万国旗，等“泰顺”轮驶来，施放礼炮 21 响，兵士着礼服行举枪礼。11 时，“泰顺”轮停靠马尾，孙道仁和沈希南等及船政局员工已在马尾罗星塔下等候，孙中山在船上接见了各级官员之后，换乘甲板船到南台。4 月 21 日午后，孙中山由沈希南等陪同，在船政局员工的欢呼声中视察了轮机、锅炉、电灯等厂，接着做了演讲。他说：“文（按：孙中山本名孙文）以解职旋粤，便道过闽，既感闽政府暨社会诸君子欢宴迎送矣。到马江船政局，又荷船政局长沈希南君尽礼欢迎，邀观制造轮机、铁胁、锅炉等厂十余所，乃知从前船政缔造之艰、经营之善，成船不少，足为海军根基。惜乎甲申、甲午两次挫败，兵船毁失殆尽。而满清政府既不能整顿于前，复不能补救于后，一蹶不振，日趋腐败。今幸民国光复，以此任属之沈君。沈君在欧美习学制造有年，办理必能称职。且当时此局，系沈君令祖文肃所创设。从此沈君绳其祖武，勉力进行，兴船政以扩海军，使民国海军与列强齐驱并驾，在世界称为一等强国，则文所厚望于沈君也。”[25] 至夜，主客尽欢而散，齐送孙中山一行登上“泰顺”轮，候潮起开驶。22 日清晨，启轮赴粤。

1912 年春，沈希南出任海军福州船政局局长。因海军学堂招了 180 名新生，月需费用 1.4 万元，电请海军部总长刘冠雄及时拨付。刘冠雄复电“协济为难”。沈希南因此灰心，电请辞职。8 月 12 日，沈希南出任船政局参事长。

1913 年 1 月 1 日，沈希南获得“三等文虎勋章”。同年 5 月 16 日，出任海军部技正室技正。7 月 6 日，获授海军造船大监衔。

1914 年 1 月 1 日，海军福州船政局参事长改称工务长，沈希南任工务长。同年 5 月 25 日，沈希南获“四等文虎勋章”。9 月 20 日，沈希南获“七等嘉禾勋章”。

1915 年 9 月 13 日，沈希南病逝。

沈成式：工科进士 海军技士

沈成式（1889—1955），字昆三，海军军官、建筑专家，曾任海军部技正室技士、海军部军法司科员、交通部铁路技术委员会会员、海军部军法司科员兼北京大学土木工程科讲师、北京市政府工程处副处长、北京电车公司总务处处长、颐中烟草股份有限公司董事、颐中运输烟草股份有限公司董事、国民政府经济部特派员。

沈成式是沈瑜庆第三子、沈葆桢孙，从小到大一路就读于名校，清末赴英国留学，为英国剑桥大学圣凯瑟琳学院毕业生。

光绪三十一年（1905年），实行了1000多年的科举制度被清政府废除。然而，科举思想余绪却远未根除，清廷又创造了一种科名奖励制度，鼓励国人赴欧美学习西学。具体的做法是对留学生进行考试，依据成绩给予进士、举人、拔贡等出身，名目包括工科进士、文科进士、格致科举人，甚至还有牙（医）科举人。光绪三十一年，清政府举行了第一次归国留学生考试，十四人考中，分别按考试成绩授予进士、举人等出身，分配了翰林院检讨、内阁中书、知县等官职。至清朝覆灭，清学部先后举办了7届归国留学毕业生奖励科名出身考试，共授予1399名进士、举人出身。沈成式参加了第7次归国留学毕业生奖励科名出身考试，成绩优异，获授工科进士。沈成式考得工科进士没多久，还未等到入仕，清朝已倒。

中华民国成立后，沈成式进入海军部。

1912年9月28日，沈成式到海军部技正室，任技士，做造舰技术工作。

1914年，沈成式调任海军部军法司科员。

1917年9月8日，沈成式调往交通部交通研究会。同年12月20日，派充交通部铁路技术委员会委员。次年5月31日，派充交通部运输会议议员。

1919年3月17日，沈成式派任交通部第七次中日联运会议秘书。之后，再进入海军部，同时兼任北京大学土木工程科讲师。后相继任北京市政府工程处副处长、北京电车公司总务处处长，在京工作至1923年。后到上海，先后服务于英美烟草公司及大英烟草公司。大英烟草公司后改名为颐中烟草股份有限公司及颐中运输烟草股份有限公司，沈成式调任董事。抗战胜利后，沈成式以国民政府经济部特派员身份回上海接收颐中烟草公司，仍为该公司高级职员。

1948 年，沈成式出走香港，1955 年在香港去世。

沈叔玉：苦学制舰 工科进士成金融大家

沈叔玉（1884— ？），名成轼，字叔玉，以字行，铁路专家、金融家，清朝时曾任奥地利芜康机图厂副工程师、邮传部铁路局委员、沪宁铁路学习车务总管、沪枫铁路帮总管、沪杭甬铁路车务副总管；民国时曾任交通部参事、沪宁沪杭甬铁路管理局局长、中华懋业银行上海分行副行长、中华懋业银行天津分行行长、交通部邮政储金汇业局会办、财政部关务署署长、国家邮政储金汇业总局局长、国华银行董事；中华人民共和国成立后曾任公私合营太平保险公司私方董事。

沈叔玉是沈葆桢三子沈璘庆的第三子、沈葆桢孙。少年时期考入船政后学堂，学习驾驶，肄业后远赴英国留学，当时本意学习造舰，进入英国芬斯浦治（音译）工科大学，学习机械制造。后进入伦敦大学经济科铁路管理专科深造，毕业后先进入英国大西部铁路实习。结束实习后，来到奥地利工作，进入奥地利芜康机图厂当副工程师。在欧洲，沈叔玉与英国美女琥珀诗枇相识、相知、相爱，随即结婚。

光绪三十一年（1905 年），清政府为鼓励国人赴海外学习西方先进科学技术，创造了科名奖励制度，对留学生进行考试，依据成绩给予进士、举人、拔贡等出身，名目包括工科进士、文科进士、格致科举人等。沈叔玉闻知，束装回国，在科名奖励考试中，获授工科进士。

沈叔玉随即进入邮传部工作，出任铁路局委员。之后，长期在铁路部门服务，相继担任沪宁铁路学习车务总管、沪枫铁路帮总管、沪杭甬铁路车务副总管。

民国初年，沈叔玉依旧在铁路部门工作，曾任中日联运委员会技术委员会法规委员会委员、交通部参事、沪宁沪杭甬铁路管理局局长。

1919 年 12 月 11 日，随着中美合办的中华懋业银行成立，沈叔玉转入银行业工作。中华懋业银行总行设在北京，在商业重镇上海设立分行，沈叔玉任副行长。1920 年 8 月 10 日，中华懋业银行天津分行成立，沈叔玉出任行长。在他主持下，中华懋业银行天津分行除经营商业银行业务外，还获准发行兑换券。

由中华懋业银行起步，沈叔玉成长为著名的银行家、保险家，参与开创了中国金融史上三项第一。

一是参与创办了中国邮政银行的前身——交通部邮政储金汇业局。1930 年 3 月 15 日，交通部邮政储金汇业局创立，总局设在上海。沈叔玉成为首任会办。根据 1930 年 3 月 5 日《申报》报道，交通部仿照各国成法，设立邮政储金汇业总局，扩充储金及汇业事务。该局开办在即，业已组织就绪，共分五处，全体重要职员并已经交部分别委定，总办刘书蕃兼代，会办为沈叔玉。

二是参与创立中国货物倾销审查委员会。1933 年初，沈叔玉被任命为财政部关务署署长。中国近代海关大权长期操于外国人之手，外籍税务司不断与我海关监督争夺管理海关权力，反仆为主，俨然成了中国海关的主人，直至 20 世纪 30 年代，外籍税务司依旧紧把权力。任上，沈叔玉为真正收回中国海关主权，不断努力，直至 1935 年 2 月。1929—1933 年世界经济危机席卷了所有的资本主义国家。资本主义国家为了转嫁经济危机，对殖民地半殖民地国家采取商品倾销。中国作为一个半殖民地大国，自然成了资本主义国家的商品倾销地。在列强的经济压迫下，中国新兴工业的生存越来越困难。时任国家关务署署长的沈叔玉，奉命组建货物倾销审查委员会并兼任主席，参与领导全国反倾销工作。

三是参与创立国家邮政储金汇业总局。1935 年 7 月，全国邮政总局与交通部邮政储金汇业局合并，改称为“邮政储金汇业总局”，沈叔玉出任局长。

沈叔玉还曾担任国华银行董事。国华银行创办于 1927 年，1946 年调整资本，沈叔玉任董事。1989 年在香港的国华银行接受中国银行投资，2001 年 10 月改组成为中银香港的一部分，对外不再使用国华商业银行的名义，而统一改用中国银行（香港）有限公司的称谓。

中华人民共和国成立后，沈叔玉积极参与保险行业建设。1951 年，来自上海和天津自愿参加合并的 28 家私营保险公司组成了两个集团，分别为太平保险公司和新丰保险公司。同年 11 月 1 日，公私合营太平保险公司正式开业，周作民、丁雪农、沈叔玉等 11 人出任私方董事。后事不详。

沈敏清：名舰二副 溘然而逝

沈敏清（1893—1922），字季良，海军军官，曾任“海容”舰二副。

沈敏清是沈葆桢三子沈璘庆第四子、沈葆桢孙。宣统三年（1911 年）十一月毕业于烟台海军学堂第七届驾驶班。毕业后登舰服务。曾任“海容”舰二副。29 岁不幸早逝，令人扼腕叹息。

沈赞清：清朝知府 民国海军部秘书

沈赞清(1868—1943)，初名淮琛，字雁潭，晚字演公，政府官员、陆军军官、海军军官，清朝时曾任广西抚标文案、广西学务处总办；民国时曾任广东督军署参议、广东德庆县知事兼广东封川县知事、财政部京汉铁路特派员、广东印花税务处处长、财政部印花印刷所所长、海军部秘书、参谋本部秘书主任、参谋本部秘书主任代理部务、广州护法军政府秘书、国民革命军第二军总司令顾问、黄埔军校秘书。

沈赞清是沈玮庆第三子、沈葆桢孙。幼治经史子集，诗、文、字、画俱佳，弱冠游粤，入两广总督幕府 17 年，由同知历保至花翎广东知府。后调广西，担任广西抚标文案，任上曾督办广西抚州中学堂，甚为得力，也因此被清廷派往日本考察学务，归国后出任广西学务处监督，督办广西全省新学，曾先后参与创办了大学堂、高等师范学堂、法政学堂等，还督办了桂林地区的平乐郡中学堂、平乐府小学堂、蒙泉小学堂、蚕业学堂、女子两等小学堂等一批新式学堂。因办学有功，三次获得保举奖叙，并获授布政使衔浔州税关监督。

民国后，沈赞清出任广东督军署参议。之后，曾任署德庆县知事兼封川县知事、东莞县知事、财政部驻京汉铁路特派员、财政部广东印花税处处长、广东道尹、海军部秘书、参谋本部秘书主任代理部务、财政部印花印刷所所长。历任多岗，皆有政声，先后获得“四等嘉禾勋章”“三等嘉禾勋章”“二等嘉禾勋章”“三等文虎勋章”。

1917 年 7 月，张勋复辟被粉碎，段祺瑞以“再造民国”元勋为由再次出任国务总理，掌握北京政府实权。段祺瑞一方面拒绝恢复被解散的国会和《中华民国临时约法》，制造了安福国会；另一方面积极推行“武力统一”政策，力主对南方用兵。孙中山南下护法，在广州建立护法军政府，同年 9 月就任陆海军大元帅，出师讨伐段祺瑞，沈赞清任大元帅府秘书。

1924年，国民革命运动蓬勃兴起。沈赞清曾任广东省省长秘书兼筹饷局秘书，还曾任国民革命军第二军总司令顾问、黄埔军校秘书。

沈赞清是民国有名的诗文大家、书画名流。诗宗宋人，喜为隽语，能古文辞。书学钱沣，运笔圆润劲拔，气度绝凡，有独到之处。所作山水画，清逸中颇蕴书卷气，有《涛园春霭图》，大青绿，堂皇富丽，得之北宗。著有《瘿楼集》。

沈秉焯：军舰二副 海军学校任教官

沈秉焯（1875—1947），字仲英，海军军官，清朝时曾任北洋海军“复济”舰三副、二副；民国时曾任福州海军学校教官、副操练官、航海副教官，海军总司令部候补员。

沈秉焯是沈葆桢胞弟沈辉宗长子沈懋谦的次子。光绪二十一年（1895年）九月，毕业于天津水师学堂第五届驾驶班。毕业后，曾在江西铜矿短期工作，重建北洋海军后，曾任“复济”练习舰三副、二副。

“复济”舰前身，即是甲午海战后唯一幸存的北洋水师军舰“康济”号，光绪二十二年（1896年），清廷重建北洋海军，该船改名“复济”。

清朝被推翻后，沈秉焯大部分时间在福州海军学校任教，早期主要教数学、物理，兼教英语。在教学之余，创作完成《球面三角形》(又称《弧三角》)，由商务印书馆出版，成为国内航海专用书，也作为海军学校教材。

在福州海军学校，沈秉焯更多时间教的是主课——航海。1931年后，沈秉焯曾任副操练官、少校航海副教官。1938年，任海军司令部少校候补员。由于教学水平高，且诲人不倦，深受学生欢迎。后事不详。

沈秉锴：工科举人 船政船厂做技师

沈秉锴（1879—1931），字叔凯，政府官员，清朝时曾任邮传部路政司行走；民国时曾任署福建霞浦县知事、古田县知事、永泰县知事、连江县知事。

沈秉锴是沈葆桢胞弟沈辉宗长子沈懋谦的第三子，为沈秉焯胞弟。少年时期，沈秉锴以优异成绩考入船政学堂，专攻军舰轮机。光绪二十九年（1903 年）一月，以优异成绩毕业于船政后学堂第八届管轮班。毕业后，曾服务于船政造船厂，当技师。后留学日本大阪，攻读工科。宣统元年（1909 年），回国参加科名奖励考试，获工科举人。之后，进入邮传部，任路政司行走。

1912 年后，沈秉锴曾任署福建霞浦县知事、福建古田县知事、福建永泰县知事、福建连江县知事等。

沈义实：设计军舰 任职船政绘事院

沈义实（1878—1904），造船技术人员，曾任船政绘事院绘图员。

沈义实是沈良达次子，沈良达为沈葆桢伯父沈廷槐长子沈尔昌的第二子。少年时期考入船政绘事院，专攻船舶设计，他聪明伶俐，学习用功至深，成绩不错。毕业后，留在船政绘事院做军舰设计，绘图功夫不断进步，常常深入工厂向工人讲解施工图。

光绪三十年（1904 年），沈义实病逝。

沈礼乾：艺圃毕业 船政造船任多岗

沈礼乾（1879—1914），造船技术人员，曾任船政船厂技术员、匠首。

光绪五年（1879 年），沈礼乾生于福州，为沈良达的第三子，是沈义实胞弟。少年时期考入船政艺圃，学习法文和造船，学习十分刻苦。毕业后，在船政船厂做技术工作，曾任技术员、匠首。毕业后，不但自己继续钻研，技术不断提升，带学徒也十分尽心。

1914 年，沈礼乾逝世。

沈仁涛：名舰大副 随舰出征战日寇

沈仁涛（1894—？），字陶欢，海军军官，曾任“海容”舰三副，“江贞”舰大副、枪炮正、枪炮官。

沈仁涛为沈世焕第三子，沈世焕是沈葆桢伯父沈廷槐次子沈尔绥的第二子。与家族中许多男儿一样，他从小就以考入海军学堂为人生第一个理想。少年时期，投考黄埔水师学堂，学习努力，成绩不俗。1913年冬，毕业于黄埔水师学堂第十四届驾驶班。

沈仁涛毕业后登舰服务，在多艘名舰任职。曾任“海容”舰三副、“江贞”舰大副。1934年，沈仁涛任“江贞”舰枪炮正。

1938年1月1日，沈仁涛任“江贞”舰枪炮官，军衔二等上尉。

抗日战争爆发后，沈仁涛随舰参战，战至1938年10月战舰殉国。后事不详。

沈毓炳：轮机专家 造船官抗战当空军

沈毓炳（1902—1970），海军军官、空军军官，曾任海军江南造船所技术员、材料课课员，中央航空委员会第八飞机修理厂装配课课长，空军第三供应处督察官；中华人民共和国成立后曾任中国人民解放军空军第八航空学校教员、长春汽车技术学校机械科教师。

沈毓炳是沈良迈长子，沈良迈是沈葆桢伯父沈廷槐长子沈尔昌的第三子。

沈毓炳

沈毓炳是中国第一所培养飞机和潜艇制造人才学校——海军飞潜学校的学生。1925年春毕业后，分配到海军江南造船所当技术员。他在工作中坚持钻研技术，业务能力不断提升，成为发动机方面的专才。1933年，沈毓炳曾任海军江南造船所材料课课员。

抗日战争全面爆发后，沈毓炳参与将江南造船所重要原材料、设备内迁和藏于上海当地，历尽艰辛。当时，江南造船所的飞机制造处奉命从上海撤至湖南衡阳，又迁湖北宜昌。沈毓炳驰往宜昌，进入飞机制造处抢修战机。1938年11月，沈毓炳又随飞机制造处迁至四川万县。几经周转，江南造船所飞机制造处最后安身成都，归属中央航空委员会，改编为第八飞机修理厂。在一年多的搬迁中，沈毓炳和同事们仍坚持生产，共修理飞机79架，装配飞机69架。随即，沈毓炳任第八飞机修理厂装配课课长。尽管工厂常遭日机空袭，但他和战友冒着生命危险，坚持生产，加班加点，维修战机，装配新机，为打击侵略者做出了努力。

1946 年秋，沈毓炳调到西安，任空军第三供应处督察官，负责组建飞机修理部门，官至空军上校。任职期间，曾兼职西北工学院航空系，教授发动机课程。

1950 年 2 月，沈毓炳参加了中国人民解放军空军，奉调位于沈阳的人民空军第八航空学校，这是我军第一所专门培养航空地勤人员的学校，沈毓炳任训练部教员。在校期间表现优秀，1954 年荣立个人二等功。

1954 年岁末，沈毓炳转业到中国第一所专门为汽车工业培养人才的学校——长春汽车技术学校（今名“长春汽车工业高等专科学校”），出任机械科教师。1965 年 11 月，沈毓炳退休回到上海。1970 年 1 月 7 日病逝。

第四代

从目前已经掌握的史料来看，在沈葆桢曾孙这一代，有一批成为中国海军精英，为中国海军教育、科技、军工、文化、作战等做出过贡献，其中，成绩最突出的为沈覲宸、沈覲宜、沈覲冕等。

沈覲平：直隶知州 船政局里当秘书

沈覲平（1879—1925），字丹元，号半泉，政府官员、海军军官，清朝时曾任直隶州知州；民国时曾任海军福州船政局秘书。

沈覲平是沈翊清长子、沈葆桢长曾孙，光绪二十九年（1903 年）优贡，朝考一等以知县用。曾任直隶知县、知州，承袭一等轻车都尉。

进入民国后，沈覲平曾长期担任海军福州船政局秘书，先后获得“四等文虎勋章”“五等文虎勋章”各一次，“三等嘉禾勋章”“四等嘉禾勋章”各一次。

沈覲平是福建著名藏书家，长于目录学，平素以研究目录学自娱。著有《半泉随笔》《半泉联语》。曾随父亲赴日考察军事。夫人陈璱如，出身福州螺州陈氏望族，为陈宝璐之女，系末代帝师陈宝琛侄女。

沈觐宸：监察御史 海军首位航空署长

沈觐宸（1881—1962），字荀玉，号肩红，晚号卷阿，政府官员、海军军官，清朝时曾任监察御史；民国时曾任海军部技正、航空署航运厅厅长、福州海军制造学校校长兼总教官、南苑航空学校校长，航空署机械厅厅长、航空署总务厅厅长、海军部航空署署长，福州海军学校校长，海军部技正兼编纂处处长。

沈觐宸是沈翊清次子、沈葆桢曾孙。光绪二十三年（1897年），沈觐宸考入船政前学堂第六届制造班。光绪二十九年（1903年），参加恩科会试，中举人。次年，进京应廷试，授内阁中书舍人，充任侍读。光绪三十一年（1905年），列入船政毕业生名录，被海军事务处派往英国留学。光绪三十二年（1906年），获授内阁中书，后任监察御史。

清朝被推翻后，因为在船政学堂学习轮船制造，打下了数学、物理、机械等工科基础，沈觐宸赴欧洲学习飞机制造，这使他除对海军教育、军舰制造颇有贡献外，对中国航空事业发展也厥功甚伟，是中国海军第一任航空署署长，开辟了我国国内第一条民航航线。

晚年沈觐宸（前排中）与儿辈、孙辈合影

沈觐宸嫡孙沈吕宁曾这样介绍自己的祖父：

祖父生于光绪七年（1881年），夏历二月十二花朝日，卒于1962年夏历正月十五元宵日，祖父16岁（1897年）时考入船政前学堂，学习造船，18岁（1899年）与祖母孙徽结婚，22岁（1903年）中举，24岁（1905年）入京廷试，授内阁中书舍人，升任侍读，25岁（1906年），列入船政毕业生名录。26岁（1907年）任监察御史，次年（1908年）父丧，回籍丁忧。

辛亥革命（1911年）后，法国五家兵工厂联合聘祖父为驻华代表，他对法国侵略中国不满，毅然拒不接受聘书。1913年，祖父自费留法，不久改为官费留学生，入高等飞机制造学校学习飞机制造工程。次年欧战，祖父转入瑞士洛桑飞机专门学校读书，获飞机工程师学位。转入法国哈乞开（Hotchkiss，今译霍奇基思）炮厂实习。1918年欧战结束，驻英公使施肇基电邀祖父赴英任中国公使馆二等秘书兼巴黎和会中国代表团秘书，祖父在英留职一年，于1919年回国，时年37岁。在北京海军部任技正，聘为航空署航运厅厅长，开辟我国由北京至北戴河的第一条民航航线。

1919年五四运动，马尾海军制造学校学生以学校腐败、学校制度黑暗为由，发动学潮，罢课，并用电报向海军部揭发校长劣迹，船政局局长陈兆锵派人与学生谈判未果，这年夏天，海军部派司长曾宗巩来马尾处理，改组学校，并撤换校长、学监、总教官等级负责人。马尾海军制造学校1919年应届八期学生甲乙丙三班入学160人，毕业时仅剩36人，因各种原因退学者达124人。同时海军部派祖父代理校长，不久升任校长兼总教官，教授飞机制造、内燃机制造等课程。1922年2月卸职调北京海军部，任南苑航空学校校长，代理航空督办，历任机械厅厅长、总务厅厅长等职。

1927年国民政府定都南京，祖父调南京海军部任航空署长，同年马尾制造、飞潜两校并入福州海军学校，改名为具有大学程度的马尾海军学校，调祖父任改组后第一任校长，至1930年1月卸职，调南京海军部任少将技正，兼编纂处处长，主编《海军杂志》，著有《海军大事记》《海军编年史》等，1931年10月任海军全军校阅委员。1932年请假返闽，协助叔父沈瓛清编纂《武林沈氏迁闽本支家谱》，原以油印出版，20世纪80年代后在中国台湾重新用铅字排印，有精装本和平装本两种版本。1933年11月，祖父返回南京继续担任海军部技正。1937年淞沪战争，祖父时年56岁办理退休，全家迁入上海租界。在抗战时期，祖父坚决抵制汪伪组织引诱，从不阅读汪伪报刊书籍，我亲眼所见祖父对强行送来的《新申报》，当送报人的面，丢入后门阴沟中，并高声申斥要他下次不要送来。1944 年，祖母孙徽因肾炎病逝。抗战胜利后，全家将祖母灵柩迁回福州安葬。祖父于 1947 年曾到台湾一游，平时居住在上海、福州及南京等地。

1953 年祖父年 72 岁，被任为福建省政协常委、福建省文史馆研究员，至此常住福州宫巷老宅，政协委员一职直任至祖父 1962 年去世。1953 年我在浙江大学读书，祖父初次返闽开会，火车经过杭州，曾在杭州车站上投信给我，信中表露出回省开会的兴奋心情，祖父在历届政协会上发言，《福建日报》上均有登载，祖父都有寄给我阅读。祖父在发言中号召在台海军学生回归祖国参加建设，谆谆告诫他的学生们不要脱离祖国。他有次和我说，中华人民共和国已经成立这么多年，为什么联合国还不承认我们，真没有道理。

我的生日仅与祖父差数日，而我的二女儿与祖父同日生，祖父非常高兴，取名为“符”，他说我本来希望你与我同日生，虽没有实现，但你的女儿和我同日生，还了我的心愿。

祖父家居生活简朴，虽然不是船员出身，还是完全按海军船上要求，例如所有用品都严格放在指定位置，脸盆茶杯用完都擦干放好，说在船上四周到处都是水，而所有器械、工具、生活用品要求都是干的。祖父平时喜爱读书、写作，空余时间常做数学习题消遣，习题包括几何、三角及微积分等，祖父写得一笔精美的宋徽宗瘦金体，但他从未为人题字。中华人民共和国成立后为响应科学普及号召，曾编写《材料强弱学》（材料力学）工人读本，要求实用性，初中文化程度即可学习使用。祖父喜爱《红楼梦》，写过大量有关论文，我们小时都看见记在硬面练习本中，但今已不存。我幼时祖父曾教过《战国策》等读本，至今受益不浅。

祖父只看纪录电影，不看故事片，喜爱参观各类展览会。中华人民共和国成立后，苏联及东欧各国展览会很多，大多由我陪伴前往参观，凭政协委员证可以在门口领票，有次在罗马尼亚展览会上有架小型飞机展出，他很感兴趣，用法语与展览会代表讨论很久。祖父喜爱西餐，经常光顾上海淮海中路东湖路口的天鹅阁法式餐馆，尤对葡国鸡面极感兴趣，此餐馆现已不存了。大家都说祖父用西餐中规中矩，完全符合外国标准礼仪。

祖父 1962 年去世，享年 81 岁，时逢困难时期，记得去世后第二日，上海市政协派专人送来上海政协文化俱乐部的照顾就餐券，真是莫大的遗憾，如早一日送来，祖父是何等的高兴。祖父遗骸葬于上海虹桥万国公墓。[26]

沈吕宁对祖父在外交界的作为记录过少。1926 年，沈觐宸出任中国驻丹麦全权公使。1929 年 10 月 1 日，出任中国驻越南西贡领事。

沈觐宸还著有《红楼梦考证》《福建船政编年史》等。

沈觐扆：造舰教习 转任外交官

沈觐扆（1882—1945），字篑基，海军军官、外交官，清朝时曾任船政学堂帮办教习、中国驻比利时使馆译员、海军部军学司调查科科员、海军部军学司编译科科员，京师大学堂法文教员；民国时曾任外交部佥事、代理秘书，中国驻法使馆一等秘书，中国驻意大利使馆一等秘书、一等秘书兼署代办，中国驻越南西贡领事。抗战时投敌，任汪伪政府外交部次长。

沈觐扆是沈翊清第四子、沈葆桢曾孙，优廪贡生出身。廪贡生就是有廪禄的秀才，府县每年岁考一等生才有这个资格。优廪贡生指的是一郡中的优等秀才。少年时期，沈觐扆与二哥沈觐宸同时考入船政前学堂第六届制造班。光绪三十一年（1905 年）十二月毕业，成绩在全班 25 名毕业生中列第四名，二哥沈觐宸列第五名。

沈觐扆毕业后，在船政前学堂任帮办教习。不久赴欧洲留学，获比利时布鲁塞尔大学经济学硕士。学习期间，曾任清政府考察各国政治大臣随员、驻比利时使馆随员。

沈觐扆学成归国，进入海军部服务，一直在海军机关工作。宣统二年十一月初四（1910 年 12 月 5 日），任海军部军学司调查科科员。

宣统三年（1911 年），沈觐扆转任海军部军学司编译科科员。同年，获清廷赏赐进士。在海军部工作期间，还曾兼任京师大学堂法文教员。

《民国人物大辞典》在“沈觐扆”条目下有这样的介绍：“民国成立后，任北京政府外交部佥事，驻英国公使馆书记官，外交部代理秘书，驻法国公使馆一等秘书。1929 年 1 月，任意大利公使馆一等秘书兼署代办使事；同年，任公立福建学院教授。1935 年 8 月，代理驻西贡领事。1936 年 1 月，任驻西贡领事。

1937 年 7 月去职。抗日战争爆发后，任汪伪政府外交部公使在部办事。1945 年 1 月，任汪伪政府外交部次长；同月，特派为汪伪撤废各国在华治外法权委员会委员。”㉗

沈覲宣：度支部主事 海军部秘书

沈覲宣（1884—？），字孟韩，政府官员、海军军官，清朝时曾任度支部莞榷司主事；民国时曾任海军部秘书，国务院铨叙局主事、佥事、叙官科科长、典试科科长。

沈覲宣是沈瀚清长子、沈葆桢曾孙，依托于深厚家学，沈覲宣从小开始博览群书、苦治经史。少年时期考入船政后学堂，学习航海驾驶，表现出极高的语言天赋，后进入北京译学馆就读。毕业后，进入清度支部莞榷司工作，曾任主事。

民国后，沈覲宣进入海军部当秘书。后来，进入北京政府国务院铨叙局，曾任主事、佥事、叙官科科长、典试科科长。因工作积极，曾先后获得“三等宝光嘉禾勋章”“二等大绶嘉禾勋章”“二等文虎勋章”。

沈覲宜：留德博士 海军首个科研所创办者

沈覲宜（1895—1969），字来秋，机械制造与经济学专家、教授，曾任福州海军制造学校教官，海军福州船政局技士、制机主任、军需主任，福建省财政管理委员会委员、厦门大学教授、福建学院教授、同济大学教授、同济大学教授兼教务长、云南大学教授兼经济系主任、华中大学教授兼经济系主任；中华人民共和国成立后曾任福州大学教授、福建农学院教授。

· 留德博士 海军制机主任

沈覲宜是沈瀚清第三子、沈葆桢曾孙。1916年，沈覲宜毕业于上海同济大学，为同济大学第一届工科毕业生。毕业后进入海军界，任福州海军制造学校教官。1917 年，沈覲宜考取公费留学，后因中德断交，未能成行。他先后在北京参加了普通文官考试和高等文官考试。在高等文官考试通过后，被分配到外交部通商司工作。北京之行，让沈觐宜更进一步感受到了科技强军的紧迫性。他很快辞职，仍然回到海军福州船政局工作，被任命为工程师和造舰少监，参加了“海鸿”“海鹄”两艘炮艇的制造工程。

1920年，沈觐宜公费赴德国留学。1924年，获法兰克福大学社会科学博士学位。学成归国，沈觐宜回到海军界，先后担任了海军福州船政局制机主任、军需主任。

· 创海军首个研究所 办海军首份学术期刊

沈觐宜对于中国海军的最重要贡献：一是联合留学归来海军技术专家，发起成立了海军制造研究社，这是中国海军第一个科技研究所，也是中国最早一批学术研究团体中的一个；二是创办了中国海军第一份学术刊物《制造》。

1924年，沈觐宜从德国留学回到海军福州船政局，当时在船政局留学归来的精英颇多，如研制成功中国第一架飞机的船政局飞机工程处主任巴玉藻、副主任王助和曾贻经等，沈觐宜很快与他们成为知己，几个人都早有成立制造学术研究团体，以推动制造工业发展和加强国力的想法，在当时海军福州船政局局长陈兆锵中将的领导下，一起发起成立海军制造研究社，定下了“团结精神，研究学术，力谋促进海军制造为宗旨”的成立方针。

沈觐宜（右二）与陈秀莹（左二）结婚照，时任海军部副官的陈绍宽（后为民国海军部部长、海军总司令）担任男傧相（右三）

但是，海军制造研究社的成立并非一帆风顺。在海军福州船政局内，风言风语颇多，有的人对研究社的宗旨表示怀疑，嘲笑他们爱多事、爱出风头，是沽名钓誉。沈觐宜和巴玉藻等人顶住压力不为所动，海军制造研究社才得以成立。

1927年5月1日，海军制造研究社在马尾海军联欢社来复轩召开成立大会，沈觐宜被选为执行委员，负责主编该社唯一的学术刊物——《制造》和组织学术报告会。

海军制造研究社成立后，社员们积极进行研究，他们开展对飞机、舰艇以及其他工业的调查、研究和撰写论文。研究社每月召开两次研究会，在会上宣读论文和开展学术讨论。沈觐宜、巴玉藻、王助等一批当时科技界新锐，都参加了研究会的各项活动。《制造》杂志向全国和海外发行，影响甚大。此外，研究社还进行了一项非常有意义的工作，即审定科学应用名词，以规范科技界翻译的标准。随着影响力不断扩大，制造研究社不仅仅是海军福州船政局的工程技术人员和福州海军学校、福州海军制造学校师生的学术研究团体，而且成为一个全国性的学术研究团体，吸收了江南造船所等各大造船厂的工程技术人员和科技界的专家学者。当时，全国的学术团体只有 18 个，其中中外人士合办的 5 个，中国人独力办的仅有 13 个。制造研究社是中国最早一批学术研究团体中的一个，更是中国最早专门研究舰船、飞机制造和其他工业的学术研究团体，在中国 20 世纪二三十年代的影响颇大。

《船政文化研究》（第三辑）这样总结沈觐宜在制造研究社创立和发展中的作用："（一）他是主要的发起者、组织者、章程的起草者。（二）他提出研究社进行科学研究的指导思想和方法。他认为研究的范围不能局限在海军制造上而要扩大，即以研究海军制造为中心，还要研究相关的其他科学。主张以科学的方法进行研究，反对脱离实际空谈学理。倡导用白话文写论文，摒弃八股文风。他的这些主张为社员所赞同和遵守。（三）他和巴玉藻合编《制造》杂志，但在第一卷第一期出版发行后，巴玉藻即赴欧洲考察各国的航空事业，直到 1929 年才回国而且不久便逝世。因此，从第二期开始就是沈觐宜一个人主编这份杂志的。根据陈兆锵之子陈大磬回忆说：《制造》杂志封面的刊名'制造'二字是沈来秋题写的。"[28]

离开海军界后，沈觐宜曾任福建省财政管理委员会委员、厦门大学教授、福建学院教授、同济大学教授、商务印书馆福州分馆经理、商务印书馆驻香港代表、全国经济委员会专员。之后，相继担任国民政府军政部兵工署兵工研究委员会委员、同济大学教授兼教务长、欧亚航空公司顾问、云南大学教授兼经济系主任、华中大学教授兼经济系主任。中华人民共和国成立后，曾任福州大学教授、福建农学院教授等职。

沈觐冕：工科举人 海军总司令公署书记官长

沈觐冕（1887—1942），字冠生，号观心，海军军官、政府官员，清朝时曾任礼部司主事；民国时曾任海军总司令公署书记官处书记官长、国民革命军海军总司令部秘书处处长、福建实业厅第一科科长、福建盐运使。

沈觐冕是沈翊清第五子、沈葆桢曾孙，优贡生出身，后考入京师大学堂，光绪三十三年（1907年）毕业。毕业后参加科名奖励考试，获授工科举人，随后进入礼部工作，任司务主事。

清朝被推翻后，沈觐冕回到家乡工作，曾任福建省实业厅第一科科长、福建省政府秘书，后进入海军部工作。1917年春，海军部在上海设立海军临时司令部。同年8月15日，临时总司令部裁撤。1918年7月23日，在南京下关设立海军总司令公署。1926年7月13日，沈觐冕任北京政府海军总司令公署书记官处书记官长。

1927年3月14日，沈觐冕随部易帜归附国民革命军。同年春，南京国民政府成立海军最高领导机关——国民革命军海军总司令部。1928年8月27日，沈觐冕任国民革命军海军总司令部秘书处处长。

1929年，南京国民政府海军部成立。据《武林沈氏迁闽本支家谱序》介绍，沈觐冕曾任海军部上校秘书兼文书科科长。

离开海军部后，沈觐冕转往盐务部门工作，曾任厦门盐运副使、福建盐运使。在任福建盐运使期间，亲身经历了1933年由李济深、陈铭枢、蒋光鼐、蔡廷锴等人在福州发动的“福建事变”。

沈觐冕还曾执教家乡多所学校。曾任福建官立中等工业学堂教师、福建法政专门学校附属中学教师、福州青年会书院教师、福建陆军小学校教师。

沈觐冕工书，擅长草书，书学褚遂良，笔墨沉着，线条流畅；印宗西泠派赵次闲，刀法纯熟，章法精妙。画作山水饶清逸气，极喜为诗，时有佳句。“水色碧消春后雪，柳芽黄淡雨余天。”颇受大儒陈衍赞赏。有《观心室诗》存世。

沈觐冕是末代帝师陈宝琛之弟陈宝璐的女婿，陈宝璐长女璱如，嫁给了沈觐冕的大哥沈觐平；次女秀贞、三女锦贞皆适沈觐冕。1919年，陈秀贞病逝，沈觐冕再娶她胞妹陈锦贞。据说，沈觐冕用墨十分考究，非要夫人磨墨才写。

沈珂：兵科举人 海军陆战队团长

沈珂（1888—1950），字觐恩，字露湛，号尺珂，陆军军官，海军军官，清朝时曾任福建陆军武备学堂步兵科教练官，陆军第十镇步兵队第四十标第三营管带，福建督练公所参谋处帮办、代理总办；民国时曾任福建都督府军务司科长、次长，福建都督府军法课课长、副官长，福建镇守使公署军法课课长，陆军第十一混成旅步兵第一团团长，福宁防务总指挥，闽赣联军第二军第二支队支队长、第四军第一支队司令，海军陆战队第一独立团团长，海军总司令部驻闽行营参谋长，福建全省水上公安局局长，财政部关务署总务科科长。

沈珂是沈翊清第六子、沈葆桢曾孙。自小一心向武，及长，考入福建陆军武备学堂。毕业后，东渡日本，进入日本陆军士官学校，为步兵第六期毕业生，与后来的山西王阎锡山为同班同学。清宣统元年（1909年），沈珂学成归国，参加科名考试，考中兵科举人，获授协军校。协军校为清末新陆军次等官阶之一，秩视把总，阶正七品。

沈珂回到家乡后，相继出任福建陆军讲武堂步兵科教练官、陆军第十镇步兵队第四十标第三营管带，之后奉派福建督练公署。督练公署主要任务是编练新军、裁汰旧营，沈珂先后任帮办、代理总办。

宣统三年九月十九日（1911年11月9日），福建革命党人在福州起义，当晚宣告福州光复。九月二十三日，在清总督署大堂举行福建军政府成立典礼，福建同盟会授予参加起义的清新军第十镇统制孙道仁以“中华军政府闽都督之印”。1912年7月12日，袁世凯正式任命孙道仁为福建都督。都督府设参谋长、军政秘书长、高等顾问、参事等幕僚，主要办事机构为军务司，沈珂先后任军务司科长、次长。在这之后，相继出任福建都督府军法课课长、副官长，福建镇守使公署军法课课长，陆军第十一混成旅步兵第一团上校团长，福宁防务总指挥，闽赣联军第二军第二支队支队长、第四军第一支队少将司令。

1927年，沈珂开始了他的海军生涯。11月，福建陆军第十一混成旅改编成海军陆战队两个独立团，沈珂任步兵第一团团长。3月14日，海军总司令杨树庄率领海军官兵归附国民革命军，电令各舰易帜。北伐军遂与海军合作，攻下南京。4 月 18 日，蒋介石在南京成立国民政府，杨树庄任国民政府委员、海军总司令兼福建省政府主席、军事委员会常务委员、海军特别党部主任委员。杨树庄设总司令行营于福州，控制福州、厦门、莆田、仙游和福宁沿海各县，沈珂任海军总司令部驻闽行营参谋长。

之后，沈珂曾任福建全省水上公安局局长、福建省政府各县保卫团督促委员会专任委员。

沈剑知：海军校官 文物鉴定大师

沈剑知（1901—1975），名觐安，以字行，晚号茧翁，海军军官，文物鉴定家，书画家，曾任“华甲”舰轮机副，海军部参谋、秘书、军械司检验科科员、军械司修造科代理科长、秘书办公室科员、副官；中华人民共和国成立后曾任人民解放军华东军区海军后勤部军官、上海博物馆文物鉴定师。

· 科班毕业 军械专家

沈剑知是沈鸈清第五子、沈葆桢曾孙。1921 年 11 月，毕业于船政后学堂第十三届管轮班。

1922 年，沈剑知出任海军“华甲”运输舰轮机副。次年，任海军部参谋。

1928 年 10 月 8 日，沈剑知被授予海军上尉军衔。次年 6 月 1 日，任海军部部长陈绍宽秘书。

1930 年 8 月 27 日，沈剑知奉海军部之命，协同欧阳昆往福建检验弹药。次年 6 月 3 日，充任海军部军械司检验科少校科员。7 月 22 日，晋升海军二等少校。8 月 21 日，调任海军部军械司检验科科员。

1932 年，沈剑知调任海军部军械司修造科技士。8 月 27 日，海军向日本订造的“宁海”舰回国，沈剑知充任点收“宁海”舰车械军火委员。

1933 年 2 月 1 日，沈剑知任海军部军械司检验科科员。8 月 11 日，被叙为海军一等少校。

1934 年 5 月 29 日，沈剑知仍任海军部军械司少校科员，改授轮机少校衔。9 月 27 日，补授中校技正。次年 12 月 6 日，沈剑知赴杭州防空研究班学习。

1936年5月13日，沈剑知暂代海军部军械司修造科科长一职。12月30日，调任海军部军械司检验科中校科员。

1937年4月20日，沈剑知在海军部秘书办公室任中校科员。10月13日，调任海军部中校副官。

篆刻名家陈巨来的《安持人物琐忆》在介绍沈剑知时，曾记沈剑知抗战前任江南造船所上校军官。

中华人民共和国成立后，沈剑知参加人民海军，曾在中国人民解放军华东军区海军后勤部工作。1952年，因身体原因从部队转业，分配到上海博物馆工作。

· 书画名家 文物鉴定大师

沈剑知是著名的书法家、画家、诗人、收藏家和文物鉴定大师。他精于书画，书风清峻端和、秀雅绝俗，酷似董其昌书法，他为董书题跋，其精彩处几可乱真。其山水亦师董其昌，上追宋元，他在传统经典作品临摹中悟传师古之秘窍，参透原旨，力近神髓，独得董其昌之秘籍神韵。福州画院曾举办“三百年福州名贤书画观摩展”，展出明清以来300年福州名贤书画50余件，沈剑知的书画也列在其中。

沈剑知的侄女沈骏曾著文介绍自己的叔叔，她在接受笔者采访时将此文提供给笔者：

沈剑知自幼就受父母的熏陶，见识很广，他对祖上以及许多世家珍藏的名画、书法作品都曾进行仔细研究。他勤于学习与临摹，十二三岁就表现出非凡的绘画、书法、诗词方面的天赋。但这仅仅作为他个人的爱好。他像沈家许多前辈和同辈兄弟一样，选择为保卫中国海疆而从军的道路。

沈剑知（后中）

大约在20世纪30年代初，沈剑知初任海军部的秘书时，为部长陈绍宽起草一份文稿。陈绍宽审阅后指出其中有一字用得不恰当，他听后也不辩解，随即拿来《康熙字典》往陈绍宽的办公桌上一放，转身而去。陈绍宽翻开《康熙字典》，在夹书的纸条的页码上看到对这个字的解释，从此不敢再怀疑他的文字功夫，以避免自己陷入尴尬的局面。

沈剑知是著名诗人、书画家。早在青年时代他就才气过人，可谓“锋芒毕露”。当时福州常办折枝诗会，一些诗人、学者、名流聚集一堂，当场写诗填词，并且将这些作品评出“状元”“榜眼”“探花”，也就是评出第一、二、三名，然后颁给奖品。这些奖品是每位与会者带来的，多是日常用品，例如丝绸、麻棉衣料、毛巾、茶具、灯具、花瓶、扇面、文房四宝、玩具等。沈剑知的诗词多次在聚会上夺魁，他获得的奖品常常自己拿不了，放在箩筐里请脚夫挑回宫巷沈家。

沈剑知禀性骄傲，人们即使拿着丰厚的润笔费求他的字画都很不易。有文章说：“有请之写条幅者，彼展纸抚摩一过云：纸太劣，恐有损我之佳笔。”拒绝不书，让人下不来台。笔者相信这是真实的情况。据笔者的姐姐沈苏说，早在20世纪30年代，南京有不少人请她帮忙向他求画、求字，看在她的面子上沈剑知才作画、书写。不过他对家里的同辈或晚辈则有求必应，连女眷请他画绣花的花样也来者不拒。笔者的母亲陈任君（陈秀莹）早年绣的枕套、桌布等都是请他画花样，母亲要他按她的要求画，指着画面说，在这里添一朵花，那里加一片叶子。他似乎有点不耐烦：“是你画？还是我画？”最终还是满足我母亲的要求。他还具体帮助母亲在刺绣时配颜色和色彩的深浅，使绣品或高雅或华丽，很受赞赏。当时母亲常拿自己的绣品和毛线织品送交义卖会，是与会者争购的义卖品。义卖所得的善款用作赈灾和救济孤儿院。

抗战爆发后，在沦陷区的上海，他没有工作，赋闲在家，经济上没有收入。当时他和他的父亲沈轂清及一位寡嫂刘桂卿住在一起，并得到他们的资助。有的文章误以这位嫂嫂是民国海军总长刘冠雄之女，其实她是刘冠雄的哥哥、海军造舰大监刘敦禧之女。但沈剑知认为靠他们不是长久之计，于是走上了职业书画家和鉴定家的道路，以卖字画和鉴定文物及教授学生为生。他在20世纪二三十年代就是中国著名的书画家、诗人和文物鉴定大家。1949年，上海文物管理委员会聘请沈剑知为“特约顾问”。1952年上海博物馆成立后他在该馆任职，从事书画文物鉴定工作，大量的国宝级珍品被他识别，避免流失到国外，他成为国家文物的保护者。与此同时，他还负责培养年轻的书画鉴定人员。

直到“文革”开始前的十几年里，沈剑知虽仍住在上海北四川路的永安里的一套三层楼里，但生活安定，工作顺利，心情愉快，经济状况也很不错。他的外甥朱庄曾讲过，他给人鉴定字画的酬金很高，有一次鉴定过一幅苏东坡的字画真迹，得酬金1200元，“文革”前这几乎是个天文数字了。

沈觐清一家合影，图中央坐着的是沈觐清夫妇

沈剑知曾被认为是上海的“十大狂人”之一，自视甚高，傲气十足，但与当代的书画家如刘海粟、陈定山等人的关系还很融洽。他曾题刘海粟《莫厘缥缈图卷》：“洞庭东山，《史记正义》谓之莫厘山。赵吴兴图为小帧，纯师董北苑，不愧名迹。王烟客临本，余亦见之，重规叠矩，转无深味。今海粟先生用黄一峰法展成长卷，盖不欲落吴兴窠臼耳。此与东坡《黄鹤楼》诗以有崔颢上头之题避之，而作七言长古，同具绝识，非余辈所知也。莫厘缥缈为吴山十六景之一，余游躅未至，不欲捃摭故实，虚构成篇，仅为署捡，并就画论画，书其所见，未审方家以为如何。”题刘海粟《泼墨荷花》：“睥睨青藤抗白阳，狂放故态尚飞扬。玻璃十顷风生纸，无数藕花吹墨香。海翁泼墨写荷，豪气不减当年，秋炎定为退避三舍，此亦一剂清凉散也。”

沈剑知在上海博物馆工作期间，按自己一套独特的育人之法，培养了负有盛名的书画鉴赏家钟银兰等。

1975年，沈剑知病逝于上海虹口四川北路寓所。著有诗集《茧窝残稿》《黄山诗拾》《世说新语校笺》等。

沈觐芴：海军轮机中尉 英年早逝

沈觐芴（1900—1927），字竹勿，海军军官，曾任“江利”舰轮机副、“华甲”舰轮机副、海军总司令公署候补员、海军航空署技士。

沈觐芴是沈翊清第八子、沈葆桢曾孙。少年时考入船政学堂，1921年毕业于船政后学堂第十三届管轮班，专攻轮机，曾任海军轮机中尉、“江利”舰候补轮机副长、“华甲”运输舰轮机副、海军总司令部候补员等。英年早逝，影响了他在海军界的作为。

据沈家人介绍，沈觐芴还曾任海军电台总台见习官、海军航空署技士、盐务署编译处译员、盐务署总务处科员。

沈觐赓：飞潜学校毕业生 海军二等造械官

沈觐赓（1904—？），字歌屏，海军军官，曾任海军福州船政局见习官、海军江南造船所材料课课员、海军厦门造船所工务员。

沈觐赓是沈玮庆幼子沈永清的第三子、沈葆桢曾孙。从小立志投身海军，少年时期考入中国第一所航空学校——福州海军飞潜学校。

从福州海军飞潜学校毕业后，沈觐赓曾任海军福州船政局见习官、江南造船所材料课课员、海军厦门造船所工务员。军衔为二等造械官。

沈琳：通讯专家 海军电台总台长

沈琳（1895—？），字植庵，海军军官，曾任“应瑞”舰电信副军士长、海军部军械司电务科科员、海军部电台总台长、海军水鱼雷营教官、海军总司令部无线电总台第二区台台长。

沈琳祖父是沈葆桢大弟沈琦次子沈诶濂，沈诶濂长子沈怀清是沈琳父亲。良好的家境，使沈琳自幼受到极好的学校教育。自今福州第一中学前身——福建高等学校毕业后，考入交通部所办的交通传习所无线电速成班。毕业后，进入海军界工作，曾任“应瑞”舰电信副军士长。

1930年2月25日，沈琳以海军中校之衔出任海军部舰政司电务科科员。

1934年，沈琳转任海军部无线电台总台台长。

1936年，沈琳任海军水鱼雷营教官。

1938年1月，沈琳任海军总司令少校附额职员。1943年，沈琳任海军总司令部中校附额职员。

抗日战争胜利，沈琳继续在海军服务。1946年5月11日，任海军总司令部无线电总台第二区台中校台长。第二区台设在台湾高雄左营海军基地，沈琳跨海赴台任职。后事不详。

沈有璂：海军舰长 东沙气象站首位站长

沈有璂（1903—？），字彦一，海军军官，曾任“海筹”舰候补副、“豫章”舰副舰长、“瑞霖”舰舰长、海军东沙观象台台长、海岸巡防处设备课课长。

沈有璂祖父是沈葆桢大弟沈琦次子沈诒濂，沈诒濂长子沈怀清是沈有璂父亲，沈琳为沈有璂胞兄。沈有璂在少年时期考入福州海军学校，成绩优异，学习中展现出了对天文气象和各种绘图的浓厚兴趣，经常利用课余时间向老师请教。

在1921年7月前，中国的海道测量业务一向为外国人把持，海军和商船民用的本国海区的海图都是外国人绘制，上面标的也全是外文。为了夺回这项主权，1921年7月，海军部经与总统府、国务院、外交部、税务司商议，决定设立海道测量局。海道测量局成立后，着手培养各类海道测量人才，组建海军测量队和巡防队，配备专门的测量舰。为培养海军测绘人才，海军部开设海道测量局测绘训练班，从各个海军学校调选了一批航海专业成绩优异的学生进行培训，沈有璂就是其中一位。经过次次严格考试，沈有璂与57名同学一起毕业，成为中国海军自己培养的第一批海道测量人才。

毕业后，沈有璂服务于多舰，曾任“海筹”舰候补副、“豫章”舰副舰长。

沈有璂是中国海军自己培养的第一代优秀气象专家，对中国海军保卫东沙群岛做出过贡献。

东沙群岛古称“落漈”“南澳气”，又称“大东沙”。因位于万山群岛之东，故称为“东沙”。东沙群岛是南海诸岛中最早被开发的，早在一千多年前的晋代即已为中国人所认识并撰入书中。晋代裴渊《广州记》云：“珊瑚洲在（东莞）县南五百里。昔人于海中捕鱼，得珊瑚。”[29]文献中所说的“珊瑚洲”，即指东沙岛。早在秦朝时期，东沙群岛就被纳入秦版图。历代皆因东沙岛面积小且地处偏隅，而未予以常驻开发，仅供船家休憩之用。自明朝起开始有中国人开发和经营东沙群岛。清雍正十一年（1730 年）时，东沙群岛已被正式纳入中国版图，由广东省惠州府陆丰县管辖。中国南部的渔民更是早就经年往来捕鱼作业不辍。

光绪二十七年（1901 年）夏，住在台湾基隆的日商西泽吉次在海上遇台风漂至东沙群岛的月牙岛，发现岛上覆盖厚实的鸟粪层。西泽在逃返台湾的同时也携回鸟粪样品化验，证明是优质磷肥，也是上等的农用肥料。在日本海军的支持下，西泽氏遂首度窃占东沙岛，并率劳工百余人赴月牙岛大肆开挖鸟粪，不但在岛上毁中国先民之房舍、栈桥，更捣毁渔民奉祀妈祖的天后庙，还在岛上插杆升上太阳旗，修建防御工事和各种移民设施，意图长期占有，并擅自将之更名为“西泽岛”，东沙群岛所在的珊瑚环礁也改名为“西泽礁”。

宣统元年（1909 年），清政府先是派出“飞鹰”舰协同一艘海关巡逻艇前往东沙岛取证，并顺道巡视了西沙群岛。随后，清政府又派出“广海”舰进逼东沙岛。当时，中国国内正掀起新一轮的抵制日货行动，中日在东北之间的对抗也日益加剧，在此情况下，为了避免与清廷南北对峙、两线“作战”，加上大清帝国重建海军后军力迅速发展，日本人最终决定放弃已经侵占到手的东沙岛。

同年初冬（1909 年 11 月 19 日），广东候补知府蔡康在“广海”舰的护卫下登上东沙岛，在日本人无奈降下岛上的国旗后，黄龙旗在东沙岛上升起。随后，“广海”舰又鸣放了 21 响军炮，象征东沙岛再次回归祖国怀抱。

没过几年，东洋人又卷土重来。1917 年，日本高雄海产商会会长石丸庄助又雇劳工百余人乘渔轮登岛，盗采鸟粪及海人草，东沙岛再度易手日本，直到中国海军于 1925 年进驻将其驱离，日本人对东沙岛的非法霸占才告平息。中国海军驱离日本占领者，并兴建双层气象大楼、无线电台及淡水制造厂房，更重修东洋人捣毁的天后庙，东沙群岛再度重返中国怀抱。

1926 年 3 月 19 日，海军东沙观象台（气象站）及电台竣工，加入中国海军东南沿海的气象预报及舰岸通联以确保航行安全。7 月 26 日举行开台典礼，该台设立后，东沙岛定为军事区域，划为海军部海岸巡防处管辖。为防止东洋人登岛盗采磷矿、骚扰中国作业渔民，中国海军派舰保护。

1927 年 2 月，海军部海岸巡防处添购远洋舰 1 艘，定名为“瑞霖”，以沈有璂为舰长，拨归东沙观象台遣用。1933 年 9 月 7 日，沈有璂任东沙观象台中校台长。他对观象台建设很用心，每年海军无线电报警传习所和观象养成所毕业生分到东沙群岛，他都亲自带训学生。在他服务东沙岛期间，东沙群岛不曾被任何外来势力所染指，中国渔民在附近海面作业也不曾受到任何侵扰。每遇台风，中国渔民遇险，沈有璂总是派舰全力救援，很受渔民爱戴。特别是台湾渔民受到日本占领者的奴役，不少人将东沙群岛当成家，这也使得东沙群岛天后宫的香火很旺。

沈有璂自己也在这过程中，通过不断钻研，成为在亚洲有一定影响的气象专家。1930 年 4 月 28 日，远东气象会议在香港召开，沈有璂与上海徐家汇观象台台长劳积勋、青岛观象台台长蒋丙然等一起出席了大会。

在担任东沙观象台中校台长之前，沈有璂还曾任海军海岸巡防处设备课少校课员。1935 年 3 月，任海岸巡防处设备课中校课长。

1937 年 7 月抗日战争全面爆发后，日军重兵侵占上海和沿海各地，东沙观象台与各报警台接连沦于敌手，海岸巡防处奉命裁撤，巡防队参加抗战。

1938 年，沈有璂转任海军总司令部中校候补员。后事不详。

沈鼎新：法政学生 海军水鱼雷营书记官

沈鼎新（1903—？），字怀宽，海军军官，曾任海军水鱼雷营书记官。

沈鼎新是沈葆桢胞弟沈辉宗的曾孙、沈秉焯长子。自幼好学，及长，考入福建私立政法学堂，该学堂是在 1911 年 2 月从官立法政学堂分出设立的，由于省谘议局副议长刘崇佑和谘议局书记长兼官立法政学堂教务长林长民与官立法政学堂监督郑锡光意见不合，引起一场新旧派的激烈斗争，后分出而另设的，是当时闽省唯一的私立司法专门高等学堂，为全国最早成立的私立高等法政学堂之一。

沈鼎新毕业后进入海军，曾长期在海军水鱼雷营做书记官。后事不详。

沈聿新：舰战布雷战炮台战 仗仗奋勇

沈聿新（1909—1975），字迟智，海军军官，曾任“永健”舰枪炮副、“海筹”舰军需副、“大同”舰航海长、“自强”舰航海长、“勇胜”舰副舰长、“楚有”舰枪炮长、江西瑞昌县海军布雷队队长、海军浔鄂区（洞庭湖）布雷游击队第二队队长、海军布雷总队第二大队大队长兼第三中队中队长、海军宜万区第一总台第二分台台长。

沈聿新是沈秉焯次子，沈鼎新胞弟。1927年冬天，沈聿新以优异成绩毕业于福州海军学校第一届航海班。凭着出色的驾驶技术和带兵能力，转任多舰多岗，不断获得提升。曾任“永健”舰枪炮副，“海筹”舰军需副，“大同”舰航海副、航海长，“自强”舰航海副、航海长，“勇胜”舰副舰长。

1935年，沈聿新出任“崇宁”炮艇副艇长。之后，以上尉军衔转任“楚有”舰枪炮官。抗日战争全面爆发后，随舰参加对日作战。在江阴海空战中，他与战友们一起血战日军从海上、空中的攻击，战至军舰被侵略者炸沉，泅水获生。

失去战舰后，沈聿新没有被血战所吓倒。他立即归队，随部参加了武汉保卫战中的田家镇战役。

在武汉会战一系列作战中，最为艰难和惨烈的就是田家镇要塞战役。在此次战役中，中国军队在力量绝对占劣势的情况下，坚持作战长达1个多月，不但杀伤了大量日军，也为武汉地区的大转移争取了宝贵的时间。

武汉会战的长江防御大体分为三个区域，最外层的防线是从安庆到马当外围，中层是马当、湖口、九江三个要塞群，最后则是田家镇要塞和葛店要塞。田家镇要塞和葛店要塞是武汉最后的保护，其中以田家镇最为重要，一旦田家镇失守，武汉守军就危在旦夕。

中国海军较之日本海军本就比较单薄，江阴海空战又损失了中国海军主力战舰，也因此在田家镇之战时，面对强大的日本海军，中国海军当时只有三大武器：利用军舰布雷，利用鱼雷艇偷袭，利用炮台击敌。

沈聿新临危受命，奉调江西省瑞昌县任海军布雷队队长，在长江江面上布设漂雷，阻击日军沿水路进犯武汉。

沈聿新带领战友，和海军兄弟布雷队一起，加班加点布雷。湖口至九江江段是中国海军重要布雷区之一。到1938年6月底，在湖口已布水雷900枚，在九江布雷760枚。该年6月、7月，日军的驱逐舰“雁”号及布雷艇“鸥”号触雷沉没。日本海军被迫投入大批舰艇和人员从事扫雷作业。到7月25日止，在安庆至九江之间，日军共扫除水雷590枚。长江中的大量水雷使日本海军难以发挥其舰艇的优势。日本海军驱逐舰“鹭”号在武穴被漂雷炸毁舰艏，炮舰“嵯峨”号也在九江上游触雷，舰身中部受到重创。10月22日，从三江口上驶的2艘敌舰也被中国布雷队在鄂城、叶家洲所布放的漂雷击沉。中国海军的水雷战，对迟滞日本海军舰艇向武汉的进攻起了一定的作用。

1940年4月，海军总司令部组建了海军浔鄂区布雷游击队，沈聿新以海军少校军衔，出任第二队首任队长。

1941年9月，海军总司令部重组海军布雷部队，组建了海军布雷总队，沈聿新出任第二大队少校大队长兼第三中队中队长。

在布雷前线，沈聿新率部布雷战敌，数度身处险境，以大智大勇化险为夷。

1944年，沈聿新调往秭归炮台，即海军宜万区第一总台第二分台，担任台长。继续战斗在对日前线，阻击侵略者沿水路进犯陪都重庆。

抗战胜利前夕，沈聿新退役，到亲戚主持的大来公司帮忙，奉派福建北部的建瓯县（今建瓯市）管理森林。不久，公司收归国有，人员互调，沈聿新被调到贵州省贵阳市工作。退休返回福州老家途中，不慎坠车，幸施救及时保住性命，但健康状况大不如前，后来又染上肺疾。1975年夏天，沈聿新病逝。

沈棣先：技术专家 服务修船、海运四十载

沈棣先（1921—？），修船专家，曾任中国台湾省渔业善后物资管理处渔船修造厂工务课课长，中国台湾省中渔公司渔船修造厂厂长，香港金山轮船公司驻埠工程师、船队襄理、高级船务监督，亚联船务（香港）有限公司总经理。

沈棣先是沈葆桢胞弟沈辉宗的曾孙，为沈秉焯第四子、沈鼎新和沈聿新胞弟。沈棣先先后就读于闽侯县立化民小学、福建省立福州中学。初中毕业后，

考入福建省立高级工业职业学校机械科。因日军轰炸福州，沈棣先随校迁至福建北部的沙县。他克服各种困难努力学习，成绩优异，1940 年毕业。同年考入厦门大学机电工程系，因家庭和个人原因申请停学一年。当时厦门大学也因日寇侵闽迁至福建西部的长汀县，1941 年沈棣先历尽艰辛西进入学，1945 年毕业，获厦门大学理学士学位。毕业后，进入福建南平福电铁工厂当工程员，不久改就福建省立高级工业职业学校教职。

1948 年初，沈棣先渡海来到台湾省，进入基隆港务局，任技术员，派在基隆港务局旗下的修理工厂任职，相继主管模具、铸造、冷作、焊接等车间。之后，升任帮工程司（相当于“助理工程师”），主办给水船制造，后来还调到基隆港务局船机课等单位工作，成为修船方面的技术能手。

1953 年，沈棣先进入台湾省渔业善后物资管理处，以副技术师专业职称任渔船修造厂工务课课长。1955 年 7 月，渔业善后物资管理处改名为“中国渔业股份有限公司”（简称“中渔公司”），沈棣先职务不变。1957 年夏天派赴美国进修，一年后深造归来，晋升技术师，仍任工务课课长原职，主持制定 600 吨远洋渔轮造船规范书，之后前往日本监造新船。1963 年夏天，任渔船修造厂厂长，一年后修造厂关门，沈棣先改任船舶课课长。1965 年秋天，中渔公司解散，沈棣先进入友华航业有限公司任工程师。一年后，因公司解散而再次失业。不久，转入台湾省航业股份有限公司任工程师，参加 12000 吨货轮图样审查及现场监造工作。一边参与监造新船，一边兼任台湾地区私立海事专科学校（今台北海洋技术学院）副教授，业余时间不断钻研造船技术，还考得造船技师执照。

1971 年初，沈棣先进入船王董浩云旗下的香港金山轮船公司工作。当时，金山轮船公司购买的世界著名邮船“伊丽莎白一世”号抵港整修，沈棣先奉派担任甲板部监修工作。在香港金山轮船公司，因业务能力不断提升且工作积极，沈棣先从驻埠工程师先后迁升船队襄理、高级船务监督等职。

1981 年初，香港金山轮船公司与德国一家公司合作，在香港成立亚联船务（香港）有限公司，沈棣先出任联合总经理，他经营有方，公司持续壮大，到他 1983 年夏天任满时，亚联船务公司辖有集装箱轮船及散装货轮各 4 艘，共 30 万吨。调返金山轮船公司后，沈棣先任集装箱船队（又称“货柜船队”）高级船务监督。

1986 年初，沈棣先退休。退休后，继续为中国海运事业出力，著有《船用柴油机》一书。

沈棣先夫人沈兆也曾长期在海运部门工作。1927年沈兆生于北京，毕业于福州助产学校，后到台湾省工作，曾任台湾省基隆港务局护士、基隆海员医院护士、台北妇产科医院护士、台湾省卫生处技士、台北航空检疫所技术等职。

第五代

沈葆桢玄孙辈依旧出了不少优秀海军官兵，其中不少在抗日战场上浴血杀敌，屡立战功。玄孙中以学习造舰出身的外交家沈祖同最为知名；玄孙女婿中以曾任“宁海”舰枪炮长、湖口炮台第一副台长、海军布雷队第三分队长的林溁，在艰苦岁月中修舰造机的制舰专家陈长钧等为代表；连玄孙女沈苏都走出家门，到每天都有生命危险的海军布雷队，当了一名不穿军装的布雷兵。

沈祖同：谙习造船 东北力助张少帅

沈祖同（1902—1971），字子异，军官、政府官员，曾任法国克虏伯兵工厂见习工程师、东三省兵工厂技师、东北军政督办公署交涉处处长、外交部特派辽宁交涉署欧美科科长、东三省交涉总署秘书，东北边防军司令长官公署秘书，国民政府陆海空军副司令行营参事兼总务处副处长、外交科科长，北平“绥靖”公署总务处副处长、处长兼包宁铁路工程局总务处处长，豫鄂皖三省“剿匪”总司令部高级秘书，军事委员会委员长武昌行营高级秘书，军事委员会北平分会外事组组长，中央信托局副局长，中央银行驻闽台办事处主任、中央银行驻台北代表。

沈祖同是沈觐扆长子，少年时期考入福州海军制造学校，专攻法语与机械制造，学习成绩不俗，特别展现出了语言天赋。后赴欧洲留学，毕业于法国杜卢斯大学化学专业，获化学工程师执照。转赴德国，进入克虏伯兵工厂任见习工程师。

1926年，沈祖同学成归国，来到当时全国最大的兵工厂——东三省兵工厂当技师，由此与张学良相识并受到器重，开启了长期追随张学良的日子。

因为熟习国际形势和会多国外语，沈祖同很快就从东三省兵工厂调往东北军政督办公署工作，历任交涉处秘书、科长、副处长、处长，还曾任外交部特派辽宁交涉署欧美科科长，东三省交涉总署秘书，东北边防军司令长官公署秘书，国民政府陆海空军副司令行营参事兼总务处副处长。

1931 年 11 月 16 日，张学良任北平绥靖公署主任，沈祖同任北平绥靖公署总务处副处长兼外交科科长。张学良此时还负责修建包头至宁夏及其延长线的铁路——包宁铁路，为此已升任北平绥靖公署总务处处长的沈祖同，同时兼任包宁铁路工程局总务处处长。

1932 年 8 月 20 日，张学良就任刚刚成立的军事委员会北平分会代理委员长。沈祖同出任军事委员会北平分会外事组组长。

1933 年 3 月 11 日，作为蒋介石不抵抗政策替罪羊的张学良向全国通电下野。随即他忍受了非人的痛苦，终于戒除了多年以来吸食毒品的陋习，以健康之身赴欧洲诸国考察政治、军事，准备日后为抗日救国贡献力量。沈祖同作为张学良的翻译，偕夫人刘兰业全程陪同考察。刘兰业出身福州名门，父亲刘崇佑在清朝曾任福建省谘议局副议长，倾向民主革命，投入反清运动。宣统三年（1911 年）二月，与林徽因之父林长民联合创办私立福建法政学堂和福建政法专门学校附中，并任董事长。该校是当时全国最大的 3 所私立法政大学之一。12 月 18 日，蒋介石电召张学良回国。沈祖同夫妇陪同张学良一行，于 1934 年 1 月 8 日，由欧洲返回上海。3 月 1 日，就任豫鄂皖三省“剿匪总司令部”副总司令并代总司令，总部设武昌。沈祖同担任总司令部高级秘书。

1935 年 3 月 1 日，张学良就任军事委员会委员长武昌行营主任。沈祖同任国民政府军事委员会委员长武昌行营高级秘书。

西安事变爆发后，随着张学良被囚，沈祖同转入他处工作。

1937 年后，沈祖同先后任职外交部、财政部、中央银行等。其间，曾任财政部驻越南海防专员，后任驻印度专员，主管战时物资通过驼峰及中印公路之采购、调配、转运。

沈祖同姐姐沈燕的次子陈明光在接受笔者访问时曾说：“我舅舅沈祖同早年留学法、德，曾任东北三省交涉总署秘书，深知日本的侵略野心，抗战期间，任财政部驻越南海防专员。1942 年，日本切断中国的国际交通线滇缅公路，英、美的援华物资只能空运，从印度到中国昆明的空中运输必须飞越喜马拉雅山，被称为“驼峰航线”，他义无反顾地赴任驻印度专员，主管战时物资的采购和通过驼峰航线及中印公路调配转运。他和同事们克服各种困难，把抗日战争中最急需的物资，源源不断地运回国内。”

抗战胜利后，沈祖同出任中央信托局副局长、中央银行驻闽台办事处主任、中央银行驻台北代表。任上，沈祖同负责点存蒋介石下令运往台湾的黄金白银。

20世纪50年代，沈祖同离开中国台湾，赴港经商。沈祖同从年轻时开始，就四处寻找沈葆桢的诗稿墨宝。经数十年努力，至1940年终于辑录到沈葆桢亲笔所作的16首七言绝句和43首折枝诗手稿，并装裱成一册，请沈觐冕作序并题诗作手稿集名《先文肃公墨迹》。后来，这本诗作手稿集又由沈觐冕收藏，其去世时将此宝物传给了女儿沈师光。后由沈师光复制一份捐赠给位于马尾的中国船政文化博物馆。

家族传奇

沈葆桢家族的船政姻缘

从沈葆桢开始，与沈家联姻者多为船政世家，其中与一些船政家族的联姻绵延了数代，在沈家姻亲中出了不少为中国海军创建、发展、壮大屡立奇功者。

妹夫吴仲翔：参与创办三所水师学堂

吴仲翔（1829—1899），沈葆桢四妹夫，也是沈葆桢的儿女亲家，沈葆桢的第五子沈璿庆娶了吴仲翔女儿，沈吴两家两代联姻。

吴仲翔，字维允，福建侯官人，咸丰三年（1853年）亚元，曾任福建兴化府学训导、福建南平县学训导及福建莆田县学训导。同治六年（1867年），由沈葆桢调赴福建船政办理文案，参与创办船政学堂和造船厂。

同治十三年（1874 年），沈葆桢奉旨巡台时，吴仲翔任船政提调。第二年，先后奉旨赏加三品衔、二品衔。光绪五年（1879 年），船政大臣吴赞诚请假，所有船政事务交由吴仲翔暂行代办。

光绪七年（1881 年），直隶总督李鸿章奏准，吴仲翔出任天津水师学堂总办，一直到光绪十年（1884 年）初冬请假回闽修墓，才离开天津，任上为天津水师学堂发展与壮大贡献良多。回到福州后，经署理船政大臣裴荫森奏准，第二次担任船政提调。

光绪十三年（1887 年），应两广总督张之洞邀请，吴仲翔被张之洞任命为广东水陆师学堂总办。

光绪十七年（1891 年），吴仲翔获补广东肇阳罗道，叠署广东按察使。光绪二十五年（1899 年），病故于广东官邸。

吴仲翔是沈葆桢主持福建船政和办理台湾防务时最为倚重的左膀右臂，而且得到以后多任船政大臣的器重。光绪元年（1875 年）八月丁日昌接任船政大臣时，曾上奏言："所幸该厂规模，皆由沈葆桢以不计成败利钝之赤忱，创此绝无仅有之事业。船政提调吴仲翔一腔血诚，不避嫌怨，前为沈葆桢所倚信，现更为局中必不可少之人。"[30]光绪二年（1876 年），吴赞诚接任船政，也称赞吴仲翔："在工最久，考工最熟""才大心细，识远思精，留心海防，通晓洋务"[31]。光绪六年（1880 年），新任船政大臣黎兆棠也上奏朝廷："查船政开办十有余年，规模已具，提调吴仲翔忠诚精核、经理周详，局中幸有此人，诸事均能就绪。"[32]以吴仲翔堪胜海道缺，给咨送部，听候带领引见。

吴仲翔还得到李鸿章、张之洞等其他洋务派领军人物的赏识，甚至出现几位大臣争抢吴仲翔的情形。光绪六年（1880 年）李鸿章奏准天津设立水师学堂，原奏准吴赞诚任总办，后因为吴赞诚生病返原籍就诊，于是李鸿章再奏请吴仲翔派充总办练船事宜。光绪七年（1881 年）四月二十三日李鸿章奏："查有二品衔分发补用道吴仲翔，久充福建船政提调，条理精密，任事勤能，熟谙制造及驾驶学堂事宜，昨经船政大臣黎兆棠奏明给咨赴部引见，道出天津，臣稔知其于兵船规制谙练已深，拟暂留津差遣，派令总办水师学堂练船事宜，以资臂助。"[33]张之洞赞扬吴仲翔"船政始规，皆其创办。嗣经北洋大臣李鸿章调赴天津，委办水师学堂，亦著成效"[34]。吴仲翔正是受到这些洋务领袖的赏识，所以又被调去总办广州水陆师学堂。

曾孙娶了航空工业首创者千金

沈葆桢的曾孙沈觐宜娶了中国海军轮机中将、海军福州船政局局长陈兆锵的长女陈秀莹。陈兆锵将军为中国航空工业重要奠基人。

陈秀莹14岁那年曾受父母之托办过一件事：那年，陈兆锵的五弟陈兆琛在山东做官时丧妻再婚，娶山东曹州知府高令哲之女为继室，要举办隆重的婚礼、婚宴。按当时的礼节，男女双方家人都必须参加。但陈兆锵忙于公务无法抽身，自己的其他弟兄都已过世，就决定派自己的长女前往。当时沈葆桢的第二个孙子沈巘清也在山东做官，且与陈兆琛邻居，他和夫人对陈秀莹的品貌、修养、才学及在婚礼上的举止、谈吐都非常满意，希望她能做自己的三儿媳，就积极托人向陈家提亲。陈兆锵通过调查并征求女儿意见后就定下了这门亲事。刚开始时，正在同济大学读书的沈巘清三儿子沈觐宜不愿意接受父母的包办婚姻，沈觐宜从小就在山东德国人办的学堂读书，接受西方教育，所以对包办婚姻特别反感。但见过陈秀莹的照片，特别是知道她会说英文，会弹钢琴，还在上海中西女塾就读，且也出身海军世家后，欣然同意。由于未来婆婆曾请未来媳妇到家里吃过一碗粉干，这段姻缘还被称为“粉干缘”。

沈觐宜与陈秀莹的大女儿沈苏，后来也嫁给了海军军人林溁。林溁，是黄花岗七十二烈士之一林尹民的侄儿，林溁祖父与陈兆锵夫人林淑珍、林尹民父亲是亲兄弟姐妹。林溁从烟台海军学校毕业后，曾在多艘军舰上任职，官至副舰长。抗战中与日军激战江阴，负伤后不等痊愈即赴海军布雷队，在敌后与日寇展开布雷游击战，任布雷队第三分队队长。全面

沈葆桢、陈兆锵家族部分后人于沈葆桢故居合影

抗战爆发后的8年里，林溁一直战斗在前方。后赴中国台湾，曾任当地“三军大学”海军副教育长，台湾当局授之“海军少将”。

沈家姻亲船政世家多

半野轩吴家——沈家与半野轩吴家两代联姻。半野轩位于今福州市鼓楼区北大路，吴家在此经营多代，使之成为福州最具规模的花园大宅，有湖有假山有园林，当代最著名的吴家成员要数围棋棋圣吴清源。沈葆桢的四妹嫁给了吴清源二伯祖吴仲翔，吴仲翔的一个女儿嫁给了沈葆桢的第五个儿子沈璿庆。吴仲翔的弟弟吴叔章也是船政人士，咸丰九年（1859年）举人，曾任福建船政局支应处委员。吴叔章也有一个女儿嫁入了沈家。吴家自吴仲翔兄弟之后，连续多代都有不少人从事船政。

1918年，部分半野轩吴家人合影于半野轩锄非堂前

文儒坊陈家——沈葆桢的曾孙沈觐寿娶了民国海军上将陈季良的侄女。陈家世居福州三坊七巷中的文儒坊，也是林则徐母亲的娘家。陈季良，光绪十五年（1889年）生于福州，光绪三十一年（1905年）以优异成绩毕业于江南水师学堂第四届驾驶班。辛亥革命时，陈季良在“海容”舰当枪炮大副，随舰赴武汉，受革命党人影响，与鱼雷大副饶涵昌等联合发动起义，驾舰到九江接受革命党

人领导。1917 年俄国十月革命成功后，将黑龙江航权归还给中国。于是北京政府派出 4 艘军舰组成吉黑江防舰队。当时，陈季良为舰队中“江亨”舰的舰长，奉命为舰队领队官。行至庙街时，暗助苏联红军打击日本侵略者。日本通过国际军事法庭，威胁段祺瑞的北洋政府，北洋政府开庭审理陈季良，将其削职为民，而且永不叙用。回乡没多久，他就以字代名，用字“季良”代替原名“世英”，从此以陈季良行世。他在众多海军同乡的帮助下，继续在海军界服务，先后出任“楚观”舰舰长、“海容”舰舰长、海军第一舰队司令兼闽厦海军警备司令、海军部常务次长兼第一舰队司令等。抗战中，时任海军部常务次长兼海军第一舰队司令的陈季良率队参加了著名的江阴海空战，与将士们一起浴血奋战，身负重伤。笔者采访陈季良侄孙陈建威时，他介绍说 :“我叔公在那次战斗中还负了重伤，当时有个观战的德国顾问，大力称赞陈季良英勇无畏的精神。”1945 年 4 月，陈季良因积劳成疾，加上旧伤复发去世。陈家三代海军。

琴江黄家——沈葆桢嫡孙娶了黄中极的玄孙女、黄恩浩的女儿。黄家自清朝乾隆年间起居于今福州市长乐区航城街道琴江满族自治村，琴江满族自治村为清三江口水师旗营驻地。黄中极曾任三江口水师旗营佐领，其家族七代海军，出了黄怀仁、黄禹门、黄恩禄、黄瑄等水师精英。黄家也出过不少清朝行政高官，如知府等。黄家最后一位海军名杰，是后来成为中国海商法奠基人的黄廷枢。

秀冶里黄家——黄炳承孙女嫁给沈葆桢侄曾孙。黄家长居今福州市鼓楼区秀冶里。黄炳承是船政学堂第一位既会说中文又会说英文还会说福州方言的英文老师。黄家四代海军，曾出过民国海军参谋长、舰长、艇队轮机长、海军电台台长、造船厂厂长等多位杰出海军人才，并走出多位将军。

螺洲陈家——陈兆锵的女儿陈秀莹嫁给了沈葆桢曾孙沈觐宜。陈兆锵是中国第一批两位海军轮机中将中的一位，他曾任海军上海造船所所长、海军福州船政局局长。其堂兄陈兆翱是中国第一代船用轮机专家。陈家三代海军。沈燕是沈葆桢曾孙沈觐宸的女儿。沈觐宸曾任福州海军学校校长、海军部航空署长等职。沈燕丈夫陈长钧（1904—1974），毕业于中国第一所培养飞机制造人才的学校——福州海军飞潜学校，毕业后进入江南造船所当工程师，不久晋升海军少校。20 世纪 30 年代，奉派英国留学，专攻柴油机技术。抗战初期，在湖北武昌任国民政府中央航空委员会第八修理厂发动机课课长，后随厂内迁西南。抗战期间，陈长钧先是在后方兵工厂负责维修飞机，许多战机经他“妙手回春”

再次升空作战。后来，他又在闽北福建最大的铁工厂任厂长和总工程师，在极其艰苦的情况下生产各种机床，为抗战的武器制造提供设备。

宫巷刘家——沈葆桢曾孙沈觐宾娶了民国海军造舰大监刘敦禧之女刘桂卿。刘敦禧是民国海军总长刘冠雄的胞兄，与沈家共居于三坊七巷中的宫巷，家族满门海军，其中名气最大的即为刘冠雄兄弟四人：大哥刘敦禧，中国第一批海军留学生，曾任海军福州船政局副局长兼工程长，海军造舰大监；二哥刘敦本，曾任海军艺术学校校长，海军造舰总监；三哥刘冠南，曾任海军江南造船所所长，海军中将；小弟刘冠雄，在民国北京政府时期，曾连续出任内阁的海军总长，还曾代理过交通总长。刘冠雄是中国航空业的奠基人之一，担任海军总长期间创办了中国第一个培养飞机制造和飞行人员的学校——海军飞潜学校，创办了中国第一个飞机制造厂——海军飞机工程处，研发成功中国第一架飞机。在甲午海战中，刘冠雄与哥哥刘冠南同时参战，共同建功。在后来的与八国联军作战和抗日战争中，刘家人浴血奋战，再立新功。在沈觐宾英年早逝后，刘桂卿生活无着，沈觐宾五弟沈剑知（沈觐安）数十年如一日照拂这位嫂嫂。

沈葆桢与中国高等教育四项第一

创办中国近代首所高校

厦门大学博士生导师潘懋元在《东南学术》刊物上载文指出：船政学堂是中国近代第一所高等学校。在此之前，有人认为创办于同治元年（1862 年）的京师同文馆，是中国近代第一所高等学校；也有人认为创办于光绪二十一年（1895 年）的天津中西学堂是中国近代第一所高等学校；还有人认为创办于光绪二十四年（1898 年）的京师大学堂，是第一所近代大学。而潘教授认为：中国近代第一所高等学校应是船政学堂。理由是——

创办时间：同治元年（1862 年）创办的京师同文馆，是一所培养翻译的外国语学校，沿用旧例，只是增加了一门外语，但程度也只相当于小学。同治五年十一月初五（1866 年 12 月 11 日），总理各国事务的奕䜣奏请增设天文算学馆，正式招生考试时间为同治六年五月二十日（1867 年 6 月 21 日）；而闽浙总督左宗棠奏请在马尾创办船政局内设学堂是同治五年五月十三日（1866 年 6 月 25 日），六月初三（1866 年 7 月 14 日）朝廷准奏，十一月十七日（1866 年 12 月 23 日）求是堂艺局（船政学堂原名）对外招生，十二月初一（1867 年 1 月 6 日）开学。天津中西学堂和京师大学堂创办时间明显晚于船政学堂。

设置专业：京师同文馆的天文算学馆不分专业，只是可以依据学生实际情况，侧重修习某些课程；年纪稍长的，还允许免修外语。船政学堂则分前学堂和后学堂，前学堂修法语，设轮船制造专业；后学堂修英语，设驾驶、管轮两个专业。后来前学堂增设绘事院（船舶设计专业），又附设一个培训技术工人的艺圃。这才符合近代高等教育分系科、培训专门人才的特点。

课程体系：京师同文馆的天文算学馆不分专业，而船政学堂各个专业都有比较完整的课程体系（教学计划），各专业公共科目有：外语（法文或英文）、算术、平面几何，是每个专业的共同必修课程。各专业还设专业基础课程和专业课程。如制造专业着重学习微积分、物理、机械原理和工厂实习。

左宗棠在福建船政启动之初，就奉调西北了。沈葆桢出任第一任船政大臣，对船政学堂的创立和发展起到极其重要的作用。

创立中国厂校一体办学体制

福建船政同时创办铁厂、船厂、学堂，既不是厂办学校，也不是校办工厂，更不是厂校联合或合作。而是规划统筹，经费不分，监督既管学堂又管工厂，教习既是教师又是工程师、实习指导老师；学生既要承担生产任务，又要完成学习课程。潘懋元教授认为，这种厂校一体的办学体制，比现时所提倡推行的产学研联合体或“合作教育”，可能更能体现教育与生产劳动紧密结合。

创立中西合办大学新模式

沈葆桢引进西方先进的教学理念。船政学堂的课程体系和办学模式，最初的设计者就是法国人日意格。同时，还引进西方教学管理人员和教师，并建立了相应的管理制度，规定了外方人员的薪俸、奖金、惩治处理等办法，清政府还授给洋监督日意格以提督衔、一品衔，并给予赏穿黄马褂等种种特殊赏赐。在招生中，采用英法海军学校的规章制度，参用中国的考试方法，入学前要通过三重考试，严格挑选；教学则采取“教师包教，学生包学”的办法，提高学生的学习质量和效率。

沈葆桢认为，中国人因学习“四书”“五经”，不重视器艺（科学技术）的学习和应用，成为国家积贫积弱原因之一。他主张学习外国的先进技术，但又怕外国的生活方式腐朽中国学生，所以，沈葆桢提出：“今日之事，以中国之心思通外国之技巧可也，以外国之习气变中国之性情不可也。”[35]所以规定每日常课外，“令读圣谕广训、孝经，兼习论策，以明义理”[36]。这比只学习道德文章，而忘器艺，无疑是大大前进了一步。沈葆桢对学生要求严格，经常考其勤惰，分别升降。对成绩好的学生既有饭食，赠家费（助学金），又有奖学金；成绩差的轻则戒责，重者斥出。宽进严出，保证质量。

创立中国大学毕业生留学海外机制

沈葆桢开创了中国军人公派留学制度、中国大学毕业生公派留学制度、中国成年人公派留学制度。沈葆桢提出：“欲日起而有功，在循序而渐进；将窥其精微之奥，宜置之庄岳之间。前学堂，习法国语言文字者也，当选其学生之天资颖异、学有根柢者，仍赴法国，深究其造船之方及其推陈出新之理；后学堂，习英国语言文字者也，当选其学生之天资颖异、学有根柢者，仍赴英国，深究其驶船之方及其练兵制胜之理。”[37]他亲自制定了船政学堂毕业生留学深造制度，并对留学生提出了明确要求：“既宜另延学堂教习课读，以培根柢；又宜赴厂习艺，以明理法，俾可兼程并进，得收速成效。”[38]“凡所学习之艺，均须极新极巧。”[39]但又不限于与已有的专业对口，如有愿学矿务、化学及交涉公法等专业，也可根据其能力，分别安排。这些要求，使得许多船政留学生在本专业之外，其他专业也获得了极深造诣，像学习造船的魏瀚，留学期间还获得了法学博士学位。许多按今天眼光看是学习理科的留学生，后来成为文化大师、翻译大师、思想家、外交家，他们将国外思想、文化、文艺新著、名著翻译成中文，将中国的优秀名著译成外文传播到海外。

沈葆桢参与开创的中国高等教育四项第一，对中国近代国防、科技、经济、文化、教育的发展起到了重要作用。

沈葆桢赴台成功驱日

同治十三年（1874 年）三月，日本政府以前一年发生的台湾土著居民劫掠日本商人和同治十年（1871 年）当地土著人曾杀死琉球漂民两件事，悍然出兵 3600 多人侵入台湾，在琅峤社寮（今中国台湾恒春半岛，具体在屏东县车城乡射寮村）登陆，准备长久占据。三月二十九日（1874 年 5 月 14 日），清廷下令：此事交由沈葆桢办理，以巡阅为名前往台湾察看，不动声色，相机办理。四月十四日（1874 年 5 月 29 日），清政府任命船政大臣沈葆桢为“钦差办理台湾等处海防兼理各国事务大臣”，可以节制福建及沿海各省兵轮，迅速赴台巡视。

沈葆桢领旨后，立即上疏朝廷，提出驱日保台四条建议：联外交、储利器、储人才、通消息。他主张一方面借助国际舆论逼迫日军退兵，同时做好战备以为后盾。他在给闽浙总督李鹤年的信中说：“日本若得志于生番，必席胜势，以凌百姓，图据其地，遂开衅端；若挫于生番必借口百姓通番，捕风捉影，横生枝节，衅端也不得不开。”[40]因此，他主张“如胁我以非理，立即奋勇拒敌，不以开衅罪之……”[41]

同年五月初四，沈葆桢率福建船政轮船水师及淮勇 7000 人从福州马尾动身赴台。抵台后，在调查了解了台湾军事防务与民情后，沈葆桢决定采取“以战止战”的政治谈判与军事威慑、岛内设防与请兵大陆、固结民心与开山抚番“三结合”的斗争策略，有勇有谋、有理有节地开展驱日保台的军事与外交斗争。

在外交斗争中，沈葆桢揭露日本吞并台湾的野心，严正声明：“中国版图尺寸不敢以与人。”[42]他也清醒地意识到，日本侵略军不会轻易退兵，所以必须同时以军事实力迫其退出台湾。他一方面整顿台湾防务，另一方面请兵大陆，有效地整合各地原有驻军，提高防御作战能力。同时还扩编部队，“添招劲勇，着力训练，多筹子药煤炭，以备不虞”[43]。还从内地调来楚勇一个营守基隆，调武毅铭字军三十营布防台湾，使清军在台总兵力达到万余人，大大超过日本在台的兵力。在水路上，沈葆桢一方面催促朝廷购买铁甲舰，另一方面以福建船政制造的“扬武”“飞云”“安澜”“伏波”“靖远”“振威”等舰常驻澎湖，并亲自指挥进行军事演习；又以“福星”舰驻台北，加强台湾北部海防；还有多艘运输轮南来北往，运送部队、军火和饷械，以充分展示中国抗击日本侵略的决心，给日本以强大的军事威慑。

与之同时，沈葆桢通过各种途径，团结台湾各族人民，同力抗敌。他在写给管带福靖左营游击王开俊的信中提出：“日下最要者，曰结人心，良民固须保护，即有为倭人利诱者且勿苛求，我军亦借伊可探倭人动静。曰通番情，近敌之地，生番能不两属，然非本心，宜谅之。曰审地利，虽极扼要之地，内山必有小径。倭破牡丹社即土人道之翻山而下。偶有倭人到营，不妨以礼相待，勿遽声色相加，彼亦无从生衅。”㊹ 另外，沈葆桢还站在历史的高度，提出开山抚番，以杜绝外患，从根本上巩固台湾海防。

沈葆桢外交、军事双手齐备的斗争策略，使得日本侵略军不敢轻举妄动，加上日军营内暴发瘟疫，损兵折将，最后只得放弃武力，谈判讲和。同治十三年（1874 年）九月，中日双方签订《北京专条》。同年年底，日本侵略军全部退出台湾。

沈葆桢：台湾近代化之父

台湾之近代化，始于沈葆桢赴台驱日。

沈葆桢以钦差办理台湾等处海防兼理各国事务大臣的身份，两次受命赴台。第一次是同治十三年五月初四（1874 年 6 月 17 日）至十二月二十四日（1875 年 1 月 30 日），第二次是光绪元年二月十三日（1875 年 3 月 20 日）至七月二十二日（1875 年 8 月 22 日）。他总计在台湾时间有一年又半个月。

同治十三年五月初一（1874 年 6 月 14 日），沈葆桢率福建船政轮船水师自马尾出征，五月初四抵达台湾，在成功驱逐了占领台湾恒春半岛的日本侵略者后，开启了为使台湾永立中华版图的一系列改革与创新，为保卫和建设台湾做出了巨大贡献。

19 世纪中期，台湾之开发仅限于前山——台湾西部平原，后山——台湾东部土著民族居住之地则一直未开发。因此，同治十三年（1874 年）日本侵台，有一个非常冠冕堂皇的理由——“台湾后山不隶中国版图，乃无主之地”。㊺ 沈葆桢以自己的远见与卓识，清楚地认识到：只有加强台湾建设，才能真正巩固中国东南沿海海防。随之，沈葆桢开始实施了卓有成效的台湾新政。

移驻巡抚 改革旧制

沈葆桢成功驱日之后，提出系列善后计划，第一个就是提出移巡抚驻台湾。他认为，“欲固地险，在得民心。欲得民心，先修吏治。而整顿吏治营政之权，操于督、抚”[46]。于同治十三年（1874 年）岁末上奏朝廷，请求仿江苏巡抚分驻苏州之例，移福建巡抚驻台，专门负责台务。如此，则事权归一，政事不致稽延，台湾道、镇文武官员不敢不各修其职力，巡抚对台湾文武各员之考课、黜陟与任免亦不致受粉饰欺蒙，是非分明，易起振作之效。但因朝廷不少大臣反对，只好采取折中办法，于光绪元年（1875 年）十月，依福建巡抚王凯泰所奏，闽抚每年冬春二季驻台，夏秋二季仍驻福州，为后来台湾建省奠定了基础。

增设郡县 政辖全台

在沈葆桢推行台湾新政之前，台湾原设有一府（台湾府——府治在今台南）、四县（台湾、凤山、嘉义、彰化）、两厅（淡水、噶玛兰）。沈葆桢考虑到实施善后计划，必须调整台湾的行政区划，以利台湾今后发展。光绪元年（1875 年）年底，清廷准奏，下诏于艋舺设台北府，附府添设淡水县；噶玛兰厅改为宜兰县；原淡水厅所在地竹堑，改设新竹县；三县总辖于台北府。另外，改噶玛兰通判为台北府分防通判，移驻鸡笼（今基隆）。从此，台北成台湾又一政治重心，与台湾府并峙南北；且由于地当要冲，经济繁荣，重要性与日俱增。中法战争之后，台北正式取代台南，成为台湾的政治中心。因此，沈葆桢调整行政区，有力促进了台湾北部地区的近代化。同治十三年（1874 年）年底，沈葆桢上奏朝廷，在琅峤建城置县，定名为“恒春县”。

沈葆桢又上奏朝廷，将南路同知移驻卑南（今台东），北路同知改为中路，移驻水沙连（今埔里），并各加“抚民”字样，于民番皆大有裨益。光绪元年（1875 年）年底，清廷亦准奏。至此，台湾地区所设郡县已能统辖全境。

开山抚番 开发东部

台湾地势除西部平原外，山地占全岛的三分之二，更有原始森林覆盖全岛大部，造成岛内南北东西交通受阻，给岛内经济文化交流造成极大障碍。沈葆桢强烈地感受到，打开横贯东西并与南北相连的通道，进入亘古以来不通人迹的大山深处，应为经营台湾之第一要务。

沈葆桢向清廷奏请“开山抚番”：“夫务开山而不先抚番，则开山无从下手；欲抚番而不先开山，则抚番仍属空谈。”[47]他认为，开山抚番必须相辅相成，同时并进。故在日军撤退后，沈葆桢集中精力全面推进开山抚番。

沈葆桢的开山方法比较全面，包括14项内容：（1）屯兵卫；（2）刊林木；（3）焚草莱；（4）通水道；（5）定壤则；（6）招垦户；（7）给牛种；（8）立村堡；（9）设隘碉；（10）致工商；（11）设官吏；（12）建城郭；（13）设邮驿；（14）置廨署。“抚番”的方法有11项：（1）选土目；（2）查番户；（3）定番业；（4）通语言；（5）禁仇杀；（6）教耕稼；（7）修道途；（8）给茶盐；（9）易冠服；（10）设番学；（11）变风俗。沈葆桢的“开山抚番”政策是积极的，其目的就是促进台湾全境内地化，使台湾在政治、经济、社会与文化各方面都与大陆各省完全相同。

沈葆桢全力推进“开山抚番”新政，他用军队开辟通往后山道路，在北、中、南三路分头施工：南路，由海防同知袁闻柝领军，督兵3营，分为2支，累计开山修路389里。北路，由台湾道夏献纶和曾任福建陆路提督、署福建水师提督的罗大春负责，督兵13营，劈山造路205里。中路，由曾任福建南澳镇总兵的吴光亮主持，打通山前山后的路线，辟路265里。总之，沈葆桢统一指挥，前后共计开路859里，各路规格为平路宽1丈，山蹊阔6尺，沿途筑碉堡，安营哨，安抚良番，征服凶番。从此，前山至后山有了简单的公路。

开路不易，抚番也遇艰难险阻。沈葆桢采用灵活策略，变单一抚慰为剿抚并用，并命令淮军统领唐定奎专司其事。唐定奎兵分三路，募乡勇千余开路，历时4个月，将番乱平定，并为各番社制定7条公约：遵薙发、编户口、交凶犯、禁仇杀、立总目、垦番地、设番塾。同时，任命龟纹社酋野艾为总头目，带领当地番民发展生产和维护社会安定。从此南部大定。

北路由千总吴金标率部沿花莲港而南，先后招抚木瓜社等29社，共17719人。之后，以宣武左、右两军，分设东澳、大南澳、得其黎、新城、加里宛、花莲城等处，以备不虞。

解禁招垦 发展经济

开山抚番之后，必须招垦。为此，沈葆桢上奏朝廷，请求台湾开禁，提出："今欲开山不先垦，则虽通而仍塞；欲招垦而不先开禁，则民裹足而不前。""请将一切旧禁，尽与开豁。"[48]

光绪元年（1875 年）正月，清廷谕内阁："福建台湾全岛自隶版图以来，因后山各番社俗异，曾禁内地民人渡台及私入番地，以杜滋生事端。现经沈葆桢等将后山地面设法开辟，旷土亟须招垦；一切规制，自宜因时变通。所有从前不准内地民人渡台各例禁，着悉与开除。其贩买铁、竹两项，并着一律弛禁，以广招徕。"[49]很快，在厦门、汕头、香港设招垦局，招募闽粤百姓免费乘船来台移垦，同时由官方供给口粮及耕牛、农具与种子，做有组织、有计划之拓垦。移垦之地，多是以沈葆桢所开辟的三条道路两侧，路到哪里就开发到哪里。

开山抚番、解禁招垦政策，为台湾社会经济的发展扫除了障碍，打开了台湾通向近代化的道路，为台湾各民族的融合和维护祖国领土完整都发挥了极其重要的作用。

改革营伍 创新防务

直到同治十三年（1874 年）船政大臣沈葆桢督师赴台驱日时，台湾一直实行"班兵制"，即驻台制兵系由福建绿营各镇协抽调更戍，三年为期。但因来台班兵不少是冒名顶替，甚至有换班不换人之弊，兵员素质较差，沈葆桢深知班兵难堪重任，认定必须革除台湾营伍积弊，方为根本大计。

沈葆桢对台湾营伍的改革主要有：酌撤分汛，汰弱留强，合队合营，整军肃纪。他于光绪元年七月（1875 年 8 月）奏请仿淮楚军营制而归并台地营伍，十七营军队皆归巡抚统辖。台湾镇总兵撤去"挂印"字样，并归巡抚节制。

沈葆桢非常重视提升台湾军队装备水平。他在赴台之时，即派人赶赴欧洲购买铁甲船、水雷、洋炮、洋枪等西洋新式武器，装备驻台清军。聘请外国工程师，在安平南面仿西洋新法设计、修筑安平炮台，这是我国最早用混凝土所建新式炮台，安平炮台就是保存至今的亿载金城；在屏东东港建造东港炮台；在高雄

沈葆桢所建的亿载金城

的鼓山和旗后山建造打狗港炮台。他还在修筑的新炮台内，安放新式大炮。与之同时，沈葆桢还着力建设城郭和县治，他大修乾隆时期大学士福康安倡建的台南府城，使之更加坚固，还修建了恒春城，并支持建设台北府城。

作为船政大臣，沈葆桢分拨船政所辖的马尾造船厂新造的轮船供台澎所用。他还建议将福建船政所造15艘舰船用于加强台湾和福建的海防。其中，“扬武”“飞云”“安澜”“靖远”“振威”“伏波”6艘兵舰常驻澎湖，“福星”舰驻台北，“万年清”舰驻厦门，“济安”舰驻福州，战时互相接济。

沈葆桢派出船政委员张斯桂，带领船政学生绘制台湾地图。船政学堂第一届毕业生魏瀚、郑清濂、林庆升、郑诚、陈兆翱、林日章等到台湾测量台东旗后各海口地形、海面形势和绘制台湾府城并安平海口图，为清军军事行动提供第一手资料，也建功台湾省海岸版图的界定。他在给朝廷的报告中说：“船政委员张斯桂随臣驻台，曾派往南北各路番社，全台地形颇为熟悉。因令其督率船政艺生等，按道里考察山川，略照西法测量远近，分别向背，内极番寮，外周海口，区分界画，旁注地名，凡数阅月而全图成。复将南北中路各番族状貌风俗，以及出产花果，详细分图凡三十又六幅，每幅俱缀说其旁，誊写甫毕。臣适赴江南新任，故携至上海装裱，今年竣工。即派张斯桂恭赍至总理各国事务衙门代进。”[50]这是船政人才为巩固海防和开发宝岛做出的又一重要贡献。

开矿兴工 保国利权

台湾的基隆（鸡笼）拥有优质煤矿资源，基隆与福州马尾距离仅约150海里。

同治七年（1868 年），沈葆桢就派船政煤铁监工赴台湾，调查台湾煤的储藏和开采情况。

台南市延平郡王祠内的沈葆桢铜像

福建船政的发展，对基隆煤产的需求量不断加大。为了促进基隆煤矿的发展，沈葆桢奏请为基隆煤矿减税和广开台湾煤矿。同治十三年（1874 年）十二月，沈葆桢率福建船政轮船水师回抵马尾，第一件事就是为减少船政倚赖洋煤（因“洋煤太贵”），向清廷上《台煤减税片》，奏请广开台煤，并鼓励民间开办煤窑采煤，促进台煤生产，提升台煤在市场上与外国煤炭的竞争力。沈葆桢还奏请台湾基隆煤矿由“民办”改为“官办”，采用西式采法以提升产量。

沈葆桢坚持矿权操之在我的方针，不许为洋人所操纵。他在给福建巡抚王凯泰的信中写道：“煤矿之利不容不开，利可分诸人，权不可不操诸于我。”[51] 他把创办船政的经验运用到台湾去，自己购办机器，自己培训人才，以保障国家利权。

沈葆桢赴台驱日时，为解决战时军需问题，设军装局、火药局等，从马尾船政抽调枪炮制造技术人员赴台主持，火药局还承担一些简单的枪械修理任务。从此，福建船政培养的技术人才开始流向台湾，为台湾工业发展奠定基础。

沈葆桢还提出铺设台湾与大陆海底电缆的建议。清廷很快批准：“所请设电线通消息，亦着沈葆桢等迅速办理。”[52] 沈葆桢立刻会同上海的丹麦大北公司议明价格，因该公司开出高价，此事一度搁浅，后由沈葆桢的继任者完成。

开设义学 教化土著

沈葆桢为抚番开设番塾义学，用中华传统文化开启土著心智，教化土著，以保障台湾的长治久安和国家统一。所以，在开山同时，“于枋寮地方，先建番塾一区，令各社均送番童三数人学语言文字，以达其性，习拜跪礼让，以柔其气。各番无不帖（贴）服”[53]。土著从此走向文明。

接着，沈葆桢又在刺桐脚、蚊蟑埔等 10 个规模较大的番社，办起番塾。之后，路修至何处，番塾就办到哪里。光绪元年（1875 年），仅在埔里诸社就设番塾 26 所。番塾越办越多，所教内容也越来越多，有教学童读书、认字、写字、算术、唱歌、跳舞的。接着，恒春知县周有基依其方针，又在虎头山、四重溪等 14 处办起规模较大的、专收当地番民的义学，依旧不收学费，学生还可以获得生活费。如四重溪、射麻里等 8 处的义学就规定，每位就学者，每人每月给钱五百文，作为笔纸及膏伙费用。光绪元年（1875 年），沈葆桢与时任福建巡抚的王凯泰一起，领衔编写教化土著的教材《训番俚言》，分发到台湾各地作为番塾、义学课本。史载，沈葆桢在各番社建立番塾，很受土著的欢迎。入学的孩童，有的不愿归家，后竟随同内撤的清军内渡北上。

建祠昭忠 树立榜样

沈葆桢在台湾通过建祠，确立郑成功的地位，祭祀为保卫台湾而壮烈牺牲的英烈，对台湾百姓进行爱国主义教育。

沈葆桢赴台后发现，在台汉人不敢公开祭祀郑成功，但都私祭国姓爷。于是上奏朝廷：“合无仰恳天恩，准予追谥；并于台郡敕建专祠，俾台民知忠义之大可为，虽胜国亦华衮之所必及。于励风俗、正人心之道，或有裨于万一。”[54]沈葆桢要求朝廷给郑成功赐谥、建祠，列入国家祭典，追谥郑成功为“忠节”，准在台湾建“忠节祠”等请求，都得到清廷批准。清廷准奏后，沈葆桢于台湾府城建立纪念郑成功专祠——忠节祠，今人们习惯称之“延平郡王祠”，沈葆桢亲自书写楹联，其中“开万古得未曾有之奇，洪荒留此山川，作遗民世界；极一生无可如何之遇，缺憾还诸天地，是创格完人”[55]一联，至今还有不少台湾人能脱口诵出。延平郡王祠采用福州式建筑，匠首与木材皆来自福州，运输由船政承担。

船政名媛的烽火爱情

红地毯·沈葆桢玄孙女嫁给了林觉民侄儿

2004 年 2 月细密春雨里，笔者一次又一次走进福州宫巷沈葆桢故居。每一次都能看到 90 岁的沈苏大姐抱着一床黄色的细毛毯，起初以为是这个春天太冷，老太太抱着毛毯御寒。直到有一回，我们悄悄推开老人卧室的门，见老人捧着毛毯，不住地用右脸蹭着，脸上荡漾起了幸福的红晕……我们才意识到这毛毯可能与老人珍重一生的爱有关。

沈苏，1915 年生，是典型的大家闺秀。父亲沈覲宜，是沈葆桢的曾孙，德国法兰克福大学经济学博士，后长期担任同济大学、厦门大学、云南大学、华中大学等校的经济学教授，曾发起创办了中国海军第一个科学研究机构——海军制造研究社，出任中国海军第一份工科学术杂志《制造》主编。母亲陈秀莹，是曾任海军上海造船所所长、海军福州船政局局长陈兆锵中将的长女。沈苏，是典型的中国传统美女，又识文断字。还在少女时代，上门提亲的人就踏破了门槛。

沈苏（左三）与林湙（左四）结婚照，左一、左二、右一为沈苏妹妹，前排为沈苏最小的妹妹沈骏

沈苏外婆林淑贞，出身于福州名门望族，黄花岗七十二烈士中的林觉民、林尹民即是她的侄辈。林老太太信奉亲上加亲，让自己的小儿子陈大武娶了林尹民的胞妹林正民，又将林尹民的侄儿林溁介绍给了沈苏。

林溁，1908 年生，其祖父与林淑贞是兄妹。1928 年，从烟台海军学校航海科毕业后赴英国皇家海军学院深造。林溁就利用 1933 年 8 月学成回国休假期间，牵着沈苏的手步入红地毯。结婚仅半个月，林溁假满，赴南京就任“通济”舰三副。

黄毛毯·沈苏送伤未痊愈丈夫再上前线

1935 年 1 月，林溁与沈苏两人的第一个爱情结晶瓜熟蒂落。当时林溁在中国最大的军舰“宁海”舰当三副，所以给这个儿子起名“林宁”。他们第二个孩子也是男孩。沈苏怀孕时，林溁在马尾海军练营任副营长。1936 年 9 月，沈苏临产住进医院时，林溁接到让其出任“应瑞”舰副舰长的命令，因当时日寇铁蹄步步进逼，林溁被要求立即赴任。上任前，他从马尾赶到福州鼓楼，林溁望着刚出生的二儿子，对妻子说:“我就要上‘应瑞’舰了，就给他起名叫林瑞吧！”

日寇铁蹄踏碎了沈苏一心想做贤妻良母的美梦。前方的战事越来越紧。沈苏不顾公公婆婆的劝阻，坚持要到南京去，要与丈夫在一起。她说：“我要让我的丈夫每打一仗归来，都能看到他妻子不畏外侮的笑容。”她将两个儿子放在福州，只身一人到南京去。“七七”事变后，南京形势危急，林溁劝妻子回榕。沈苏坚定地说：“不！我要在南京等着你每一次胜利归来。”

“八一三”淞沪抗战前夕，林溁调任“宁海”舰枪炮长。作为主力战舰，“宁海”舰将驶往长江要塞最前列御敌。那天，丈夫要走了，出生于海军世家的沈苏深知此仗险恶，她做了最坏的准备，轻轻地说：“你放心去吧！如果你一去不回，我会把我们两个儿子带大，再送他来打日本仔，给你报仇，我还会代你为爹妈养老送终的。”

林溁带着妻子的温情与重托，随舰参加了江阴海空战。江阴海空战，被认为是世界海战史上最惨烈的一仗。没有空军支持的中国海军，在敌机狂轰滥炸下，一面与敌机作战，一面与敌舰血拼。仅 9 月 22 日就有 85 架敌机专门对着“宁海”舰狂轰滥炸，作为枪炮长的林溁，指挥“宁海”舰高射炮猛烈还击，在击中 2 架敌机后，舰身虽进水，但官兵们仍誓死力拼，又击中敌机 3 架；敌弹将“宁海”舰炸成百孔千疮，但“宁海”舰官兵还在拼足力与敌血战，接着又击落敌机 4 架。见被击中 150 弹的“宁海”舰还有还击之力，敌机又超低俯冲，往“宁海”舰驾驶台扔下一串炸弹，舰长被弹片炸伤腿部，林溁头部被炸弹削去一片，血流如注……此时，舰已被炸搁浅，舰艏炮已全部被炸坏，林溁冒着敌人密集轰炸冲向舰艉炮，他发现舰艉炮也被打坏了，这才带着最后一批战士下水撤离。当时，他头部血流不止，却找不到可以包扎伤口的纱布，林溁只好带上自己的两床薄毛毯，包住头，泅水过江……就在其因流血过多昏迷下沉之时，幸好被附近渔民划着舢板救起……

丈夫负伤回到南京，沈苏细心照顾夫君。不等伤痊愈，杀敌心切的林溁想归队参战。沈苏还是那句话 :“你放心去吧！家里有我。”临别前，林溁做好了死别的准备，他将参加江阴海空战带出的那两床黄毛毯，拿了一床给沈苏 :“留着做纪念吧！上面有我的血，如果我回不来了，儿子长大后，你就把这毛毯交给儿子，告诉他们爸爸是打日本仔死的，所以没有养他们。”随后，林溁出任海军湖口炮台第一台副台长，参加了湖口战役。

棕皮箱·布雷队里编外女兵

1938 年春天，沈苏随父母撤往重庆，在那里她生下了大女儿林小苏。而林溁在湖口战役结束后，于 1939 年 6 月出任海军布雷队第三分队队长，在湘鄂一带布雷。1940 年 1 月，渴望上前线的沈苏辗转到了湘阴。当时兵荒马乱，没有一班公共汽车是定时定点的。有时，她抱着女儿小苏走好几千米的路，遇到有车停下来，她就上前问 : 有到湖南前线去的车吗？她记得有一位驾驶员听说她要上前线，百思不得其解地问 :“人家是往后方跑，你一个女人还带着孩子怎么往前线跑？”沈苏说 :“我也想打鬼子！”在寻找布雷队路上，她带着的一个结婚时陪嫁的棕色小皮箱被小偷盗走，幸好还有一些钱缝在布里，绑在腰间没被窃去。

历尽千辛万苦，沈苏终于找到丈夫的布雷队，实现了与丈夫并肩打鬼子的心愿。在布雷队，沈苏帮着丈夫做好队里官兵的思想工作。大小姐出身的她，帮着官兵缝补浆洗，一些苦出身的士兵，家里缺钱，她知道后就悄悄将自己的钱寄到他们的老家，让士兵安心打日本鬼子。布雷队当时都住在山间，离不开老百姓的支持和掩护，沈苏还充当了布雷队的“亲善大使”，将自己一些料子不错的衣服送给当地农妇，还常让母亲从重庆寄些糖果、饼干、药品，她再送给当地的农家。当地人都亲热地称她“林好太太”。在布雷队期间，沈苏的母亲给大女儿寄过不少钱，还寄过 3 个装满东西的棕色皮箱，让女儿用来鼓舞布雷队杀敌士气。因为与当地农民关系很好，每次出发布雷，农民不但将自己的衣服借给队员化装以执行任务，还冒着生命危险，帮着布雷队扛雷、划船。

布雷队生活很艰苦，沈苏常常自己出钱，到好远的集市去买些荤菜，给布雷队队员们改善伙食。

有一回，敌人围剿，布雷队分数队突围，她带着女儿与几位战士一起转移，走了一天一夜，都没遇到一家店铺开门，战士们饿得走不动了。从未求过人的沈苏，做起了讨饭营生。走到一个小镇，她敲开临街的一户人家的门，掏出 25 元钱：“用这钱，能买你几碗饭吗？”那家男主人说：“只能买两碗。”沈苏又掏出 25 元：“能再买一碗吗？”那家男主人说：“我的米也被日本人抢去不少，只剩下一点了，只能给你两碗。”这两碗饭，沈苏自己只吃了一口，又给女儿喂了几口，其他全部捧给了战士：“你们要杀敌，要吃饱。”

某个冬日，布雷队紧急转移，长时间行军，晚上在一个没有顶盖的平板车上休息，北风凛冽，还下起了小雪，非常冷，几位战士睡着了。沈苏怕战士们冻坏了，捡了几个麻袋片给战士们挡寒。战士们发现后，又将麻袋片盖到了她女儿小苏身上。

沈苏当年跟着丈夫在衡阳、长沙、湘阴、常德等湘鄂水系布雷。战时，制造水雷很难，布雷队惜雷如命，一般是涨水时才布雷。没有涨水而布雷，怕水雷被日寇发现引爆。所以，常常要派人潜入江中，摸到水雷处，关掉电瓶，起出水雷，留作以后再用。因此，布雷时要测水深，起雷时也要测水深。沈苏当时常协助丈夫测量水深、画布雷图。女儿小苏当时说得最溜的话，就是“水三尺深、水二尺深”，因为她每天从爸爸妈妈嘴里听到最多的话就是这些。

金钻戒·上养公婆下教四子

抗战胜利后，林溁到位于青岛的海军军官学校教书。对内战深恶痛绝的林溁在一次次辞呈未获批准后，就请病假回福州。就在福州解放前几天，学校又来急电催他回去负责航海系搬迁。走前，他对妻子说：“学校要迁往台湾，我帮着把学校安顿好就回来。”

没想到这一别，相爱的夫妻再未见面。

林溁走时，4 个儿女都还未成年，最小的女儿小苹才 3 岁，而林溁父母都已年过六十，整个家庭重担落在了刚满 34 岁的沈苏身上。为了养家，沈苏什么累活、脏活都做过。在福州建设三八路工地上，她拉过板车，瘦小的身体一车竟能拉得动五百多斤重的砖土；挖晋安河工地上，她单薄的双肩一次竟能挑起 100 多斤重的河泥……沈苏参加修建了福州近十条公路，还做了 30 多年居委会主任。她说：“我想为社会多做事，我也想多赚钱养活一家老小。”

为了给四个儿女筹措学费，沈苏先卖掉了自己保存的衣料、毛线，再卖掉了所有值钱的衣服。公公得了胃癌，为给公公看病，沈苏将结婚时娘家陪嫁的 6 个大皮箱一个一个卖掉。1958 年公公去世，她用自己的裘皮大衣为公公换了一副上等棺材。1964 年，婆婆又得了乳腺癌，为给婆婆治病，她先将自己的金项链卖给了银行，又卖掉了耳环，最后卖的是自己陪嫁的钻戒。那天，来买钻戒的人到了，她到里屋去拿钻戒，但捧着钻戒却怎么也迈不动脚步……卖钻戒得来的 300 元钱，让婆婆的生命延续了一年。沈苏将 4 个孩子都培养成国家干部。

银手表·海峡两岸苦相思

林溁刚到中国台湾时，通过在香港跑商船的同学中转，两人还能通信。在台湾，有一次林溁上街，看到一款小巧的女式银表非常精致，立刻对同行说：我太太很白又秀气，这表戴在我太太手腕上一定非常合适。虽价格极高，但他立即购下。后来，林溁在信中一直以说表来寄托思念。采访中，林瑞告诉笔者：“爸爸在好几封信中都说，我又给表加油了，你快来吧，不然表都要生锈了。”

林溁无时无刻不在思念妻子。他赴台后先在海军军官学校任教，后一直在台湾地区“三军大学”教书，很快升任少将主任教官及海军副教育长。当时，当地有很多丈夫在内战中战死的寡妇，几乎三天两头都有人给林溁介绍对象，林溁不允，说：“我要等我的苏啊！她是天下最好的女人。”一直到年老体弱时，才找了个老太太来照顾自己生活。

沈苏一直在苦苦思念丈夫。她将值点钱的东西都卖了，唯剩下一个小小的戒指没卖，这是结婚时林溁送给她的，上面刻着“林溁”二字。20 世纪 80 年代

95岁的沈苏

中后期，台湾地区开放老兵回大陆探亲，家里人很快从其他老兵嘴里知道林滐已再娶，但谁也不敢告诉沈苏。

沈苏还是知道了。那天晚上，她木木地将戒指摘下，背着身子交给儿子："这是你们父亲的，你们留着，想爸爸时就拿出来看看吧！"第二天早上，儿女们发现母亲的头发突然间白了许多……

这么多年来，有时人们讲起林滐，都怪他对父母和妻儿没有尽到责任，但每一次向来说话轻声细语的沈苏总是坚决地打断这样的议论。她不止一次地对儿女们说："你们的父亲实际上过得很苦，他在离开我们的每一天，心里都在流血。因为对这个家的爱已融进了他的生命。"后来，林滐的老友们证实，在对与妻团聚彻底失望之后，林滐开始信基督教，以此来寄托自己对妻子的深爱。1990年，林滐病逝。不久，林滐后来在台湾的老伴给沈苏寄来了一个硕大的金戒指，戒面嵌上了林滐的照片，说"这是林滐此生最后一愿"。[56]

真正相爱的人，永远相知。

注释：

① 沈吕宁，林师光．武林沈氏迁闽本支家谱续谱·闽侯沈氏翊清公支下家谱[M]．北京：沈氏家族印制，2019：1.

② 沈觐清，沈珂，沈觐宸，等．武林沈氏迁闽本支家谱[M]．福州：沈氏家族刻印，1933：3.

③ 台湾银行经济研究室编印．台湾海防档·福州船厂（上）[M]．台北：中华书局，1961：214.

④⑤ 沈葆桢．同治十一年四月初一折[M]// 中国史学会．洋务运动（五）．上海：

上海人民出版社，1961：116-117.

⑥㊲ 沈葆桢．同治十二年十月十八日船工将竣，谨筹善后事宜折[M]// 朱华．沈葆桢文集．福州：福州市社科院，福州市社科联，中共福州市马尾区委宣传部，福州市船政文化研究会，2008：204.

⑦⑧ 沈葆桢．请派轮船统领，以资训练折[M]// 张作兴．船政文化研究——船政奏议汇编点校辑．福州：海潮摄影艺术出版社，2006：54.

⑨ 王元稚．甲戌公牍抄存[M]// 台湾文献丛刊·第39种．台北：台湾银行经济研究室，1952：73.

⑩ 沈瑜庆．涛园集[M]. 福州：福建人民出版社，2010：129.

⑪⑫⑬ 曾意丹，徐鹤苹．福州世家[M]. 福州：福建人民出版社，2002：187-188.

⑭ 沈瑜庆．涛园集[M]. 福州：福建人民出版社，2010：34.

⑮ 沈瑜庆．涛园集[M]. 福州：福建人民出版社，2010：162.

⑯⑰ 沈瑜庆．涛园集[M]. 福州：福建人民出版社，2010：164.

⑱ 张佩纶．筹办船政事宜折[M]// 张作兴．船政文化研究——船政奏议汇编点校辑．福州：海潮摄影艺术出版社，2006：262.

⑲裴荫森．会同考核船政员绅分别应裁应留及应备咨取各衔名折[M]// 张作兴．船政文化研究——船政奏议汇编点校辑．福州：海潮摄影艺术出版社，2006：301.

⑳ 沈瑜庆．涛园集[M]. 福州：福建人民出版社，2010：157.

㉑ 松寿．大员沈翊清视工年久，功绩最多，工次员绅签请附祀专祠，并恳天恩宣付国史馆立传折[M]// 张作兴．船政文化研究——船政奏议汇编点校辑．福州：海潮摄影艺术出版社，2006：547-548.

㉒ 1999年4月笔者访问沈觐清孙女沈苏记录稿。

㉓ 陈衍．闽侯县志（民国二十二年刊本）[M]// 福建省闽侯县志（民国二十二年刊本影印）．台北：成文出版社，2006：547-548.

㉔ 沈吕宁，林师光．武林沈氏迁闽本支家谱续谱·闽侯沈氏翊清公支下家谱[M]. 北京：沈氏家族印制，2019：9.

㉕ 孙中山全集（第二卷）[M]. 北京：中华书局，1982：394.

㉖ 2003年12月，沈吕宁在福州接受笔者访问时提供的介绍祖父文章。

㉗ 徐友春．民国人物大辞典（上）[M]. 石家庄：河北人民出版社，2007:760.

㉘ 沈骏，沈织．沈来秋（觐宜）教授生平事略[M]// 张作兴．船政文化研究（第三辑）．福州：海潮摄影艺术出版社，2006：291.

㉙ 韩振华．我国南海诸岛史料汇编[M]．北京：东方出版社，1988：1-2.

㉚ 丁日昌．莅工任事，叩谢天恩折[M]// 张作兴．船政文化研究——船政奏议汇编点校辑．福州：海潮摄影艺术出版社，2006：112.

㉛ 吴赞诚．提调吴道留心海防，通晓洋务，请交军机处存记片[M]// 张作兴．船政文化研究——船政奏议汇编点校辑．福州：海潮摄影艺术出版社，2006：163-164.

㉜ 黎兆棠．假满赴闽，恭报到工任事日期折[M]// 张作兴．船政文化研究——船政奏议汇编点校辑．福州：海潮摄影艺术出版社，2006：176.

㉝ 李鸿章．吴仲翔办理学堂片[M]// 张侠，杨志本，罗澍伟，王苏波，张利民．清末海军史料．北京：海洋出版社，1982：392.

㉞ 张之洞．张文襄公全集（第一卷·卷21）[M]．北京：中国书店，1990：27.

㉟㊱ 沈葆桢．沈文肃公政书（第二册）[M]．北京：朝华出版社，2017：716.

㊳㊴ 李鸿章，沈葆桢．奏闽厂学生出洋学习折[M]// 张侠，杨志本，罗澍伟，王苏波，张利民．清末海军史料．北京：海洋出版社，1982：381.

㊵㊶ 沈葆桢．致李子和制军[M]// 沈葆桢．沈文肃公牍．福州：福建人民出版社，2008：1.

㊷ 王元稚．甲戌公牍抄存[M]// 台湾文献丛刊·第39种．台北：台湾银行经济研究室，1952：8.

㊸ 宝鋆．筹办夷务始末（同治朝）（第十册）[M]．北京：中华书局，2008：3775.

㊹ 沈葆桢．致王玉山游戎[M]// 沈葆桢．沈文肃公牍．福州：福建人民出版社，2008：32.

㊺ 卢美松．沈葆桢研究[M]．福州：海风出版社，2000：240.

㊻㊼ 沈葆桢．请移驻巡抚折[M]// 朱华．沈葆桢文集．福州：福州市社科院，福州市社科联，中共福州市马尾区委宣传部，福州市船政文化研究会，2008：214-215.

㊽ 沈葆桢．台地后山请开旧禁折[M]// 朱华．沈葆桢文集．福州：福州市社科院，福州市社科联，中共福州市马尾区委宣传部，福州市船政文化研究会，2008：220.

㊾ 清德宗实录（卷三）[M]．北京：中华书局，1987：4-5.

㊿ 沈葆桢．送呈台湾全图并各番族形状风俗折[M]// 沈文肃公政书续编．无页码．

51 刘琳．福建戍台名将列传（下）[M]．福州：福建美术出版社，2010：575.

52 奕䜣．光绪元年正月二十三日折[M]// 中国史学会．洋务运动（六）．上海：

上海人民出版社，1961：325.

⑤3 沈葆桢 . 番社就抚布置情形折 [M]// 朱华 . 沈葆桢文集 . 福州：福州市社科院，福州市社科联，中共福州市马尾区委宣传部，福州市船政文化研究会，2008：243.

⑤4 沈葆桢 . 请建明延平王祠折 [M]// 朱华 . 沈葆桢文集 . 福州：福州市社科院，福州市社科联，中共福州市马尾区委宣传部，福州市船政文化研究会，2008：224.

⑤5 梁守金 . 梁氏族谱（第一卷）[M]. 福州：福州永盛梁氏族谱编纂理事会，2003：75.

⑤6 刘琳，史玄之 . 船政新发现 [M]. 福州：福建省音像出版社，2006：13-17.

梁鸣谦家族

梁鸣谦（1826—1877），字礼堂，号庆璋，福建省闽县（今福州市仓山区）人，政府官员，曾任吏部考功司主事、军机处稽勋司行走，是沈葆桢兴办船政重要助手、中国近代西洋机器汉语定名先驱，对福建船政的创办与发展做出重要贡献。

梁鸣谦家族世居今福州市仓山区城门镇梁厝村，六代皆出船政人才，在中国船政史、海防史上占有重要一席。颇为令人感动的是，在马江海战中，这个家族两代40人参战，39人壮烈牺牲。家族代表人物除梁鸣谦外，还有海军名将梁序昭。

梁序昭（1904—1978），原姓何，嗣舅氏，字肖榦，海军名将，烟台海军学校第十七届驾驶班毕业生，曾任"湖鹏"艇艇长，"义胜"艇艇长，"峨嵋"舰舰长，练习舰队司令，海防第一舰队代理司令，海军第二军区司令，海军第四军区司令，中国驻美国大使馆海军武官，台湾地区海上防务部门舰队副指挥官、第五署署长、舰艇训练司令部司令、两栖作战部队司令、副领导人、领导人，台湾地区防务部门副领导人。台湾当局授予其"海军上将"军衔。

家族源流

源出黄帝裔孙

梁氏源出轩辕黄帝裔孙伯益。伯益（公元前？—公元约前1973年），又名伯翳，他是大业的长子、蟜极曾孙、黄帝的六世孙。帝舜立，命九官，以伯益为虞，掌山泽，畜鸟兽，封赐费地，故又称大费。因协助禹治水有功，加上居于瀛水之滨，受舜赐姓嬴，并将姚姓之女许配他为妻。帝舜禅位于禹后，伯益被任命为执政官，总理朝政。伯益后来继续成为夏启的卿士，地位只在夏启一人之下，直到夏启六年时病死，享年一百多岁，时夏王朝给予其隆重的祭祀。司马迁《史记·秦本纪》云："大费（伯益）生子二人：一曰大廉，实鸟俗氏；二曰若木，实费氏。"①

伯益死后，夏朝君主没有忘记伯益之功，让大廉继承伯益的职位，其儿子就用他的名为姓，封地于秦，大廉就是廉姓的始祖；伯益次子若木被封于徐国，为徐氏始祖。

伯益的后裔有个叫非子的，本居犬丘，非常善于养马。周孝王便让他负责养马，结果马养得非常好。周孝王就封秦邑给他，被称为秦嬴。《史记·秦本纪》记载："孝王曰：'昔伯益为舜主畜，畜多息，故有土，赐姓嬴；今其后世亦为朕息马，朕其分土为附庸。'邑之秦，使复续嬴氏之祀，号曰秦嬴。"②

秦嬴生子曰秦侯，秦侯生子名公伯，公伯生子叫秦仲。秦仲是周宣王大夫，奉命征讨西戎，不幸被西戎所杀。秦仲的5个儿子率兵继续攻打西戎，他们同心协力，奋勇拼杀，打败西戎，收复失地。公元前770年，周平王因秦仲之功，封秦仲小儿子秦康于夏阳之梁山（故城在今陕西韩城市南二十里），建立了梁国，称梁康伯。梁康伯以后的君主称梁伯。

梁伯十分喜欢建造华丽的宫殿，大兴土木，百姓苦不堪言，外逃他乡。后来秦穆公灭了梁国，改称梁地为少梁。亡国后的梁国子孙，外逃他乡，但他们始终不忘祖国，以自己祖国——梁国的国名为姓，梁姓自此始。

入闽梁姓为"安定梁"之后

公元前641年，秦穆公灭梁后，梁氏裔孙中的一支迁往扶风（今陕西扶风县）居住，皆以梁为氏。梁氏始祖梁庆的二十三世孙梁诸的第三子梁谈，在西汉宣帝、元帝、成帝、哀帝、平帝五个朝代都任西域司马。平帝末，王莽篡位，梁谈自河东（今陕西扶风县）迁安定（今陕西省延安市子长市），并尊先父梁诸为安定一世祖。史称“安定梁”。未徙居安定者，子孙均为扶风人。

“安定梁”入闽始祖为梁遐。西晋末年，晋室内乱，“安定梁”十三世孙梁芳举族随晋王室渡江，定居钱塘（今杭州）及广东河浦。梁芳嫡孙梁遐，字怀恭，号永固，谥“庆安”，东晋安帝时为左仆射大将军。东晋元兴二年（403 年）桓玄篡位，元兴三年（404 年）梁遐避乱于福州，成了闽、粤梁氏的始祖。

梁遐后裔又北迁河南光州固始县。“安定梁”二十七世梁选及后裔除部分为京官外，多是到处为官，宦闽者有之，宦粤者也有之，或就近迁居。但他们原籍皆为河南光州固始县十一都东嵌乡江禄里垅山溪后堚堡。

唐天宝十四载（755 年），“安定梁”子弟梁文仲率子梁进章、梁直辉由河南固始垅山溪后堚堡入闽，居于南安县（今泉州市南安市）象运乡。

唐僖宗年间（873—888），“安定梁”第三十五世梁颀生三子：溥、济、浓，迁徙广东顺德。梁济，字富郎，仕后周，为丞相，随母迁福建惠安县祥符里黄淡村，成为惠安派梁氏始祖。其子梁政，官后唐廷州马步军都校，定居泉州晋江东郭莺歌里，成为晋江派梁氏始祖。梁政生四子，分迁三地：长子文惠迁漳州府；四子文有，字周幹，留居泉州；三子文通，字周翰，先后迁河南固始、郑州管城。

梁周翰（929—1009），字元褒，为“安定梁”三十八世，后周太祖广顺二年（952 年）进士，曾任北宋工部侍郎。

梁周翰第七子名梁宗，字有本，才思俊逸，能文工诗。初授永兴县主簿，宋天禧三年（1019 年），改任闽县主簿，秩满不归，遂定居福州。梁宗，即为梁厝村梁氏入闽始祖。

初居鼓岭再迁永泰

梁宗退休后，归隐大山深处的鼓岭茶洋，即今福州市晋安区鼓岭梁厝村。梁宗带着族人垦荒种茶、制茶，茶洋因此而得名。又因梁家人在此开枝散叶，繁衍成村落，后来有了梁厝村。

有一说，如今鼓岭最著名二景——柳杉王与宋代方形石井，皆为梁家人所植所凿。宋井是否为梁家人的心血之作目前尚未有史料证明，但柳杉王深受梁家人呵护则有记载，《梁氏族谱》有录：鼓岭梁厝村“东至乃坑，西南至坷坪，北至外礤古防风林，是在宋天禧年间始祖有本公来岭时种植。林中有成为远近闻名的柳杉王”③。

福州著名诗人、书法家、盐商魏杰（1796—1876），曾作《梁厝洋》一诗，记录鼓岭梁家人田园生活，诗中写道：“受惯林泉乐，家家尽姓梁。村中惟十室，岭上第三村。墅有鸡豚硕，山多松竹香。主人容卜筑，我欲隐高冈。”④

梁宗独子梁昌尧，又单传梁伯重，皆居鼓岭茶洋，亦耕亦读。

北宋熙宁五年（1072年），梁伯重率家族自鼓岭迁居永福县石壁（今永泰县葛岭镇赤壁村）。梁伯重生六子，传至五世衍分15房，梁氏有18位进士外迁仕官。留居永泰石壁中的一支，于南宋绍兴三十年（1160年），移迁永福十九都（今永泰县白云乡）。

“永盛梁”因地得名

福州“安定梁”五世梁汝嘉（主要生活在南宋前期），字维则，号两槐，幼承庭训师授，精研经史子集，以开课授徒为生。梁汝嘉是宋理学大家朱熹挚友，常与朱熹切磋学问。南宋隆兴元年（1163年）的一天，他们两人结伴到鼓岭茶洋岭梁氏祖居地游览。站在鼓岭山头俯瞰时，发现闽江南麓南台岛东头，有一座极似展翅欲飞燕子的小山。两人看得入迷，觉得这是块风水宝地。梁汝嘉择日来到这片形似燕子的绿水青山之间，感此山川秀丽，清水环抱，遂选择为讲学之所，与胞弟梁汝熹一起，举族自永福迁居于此，开枝散叶，日渐茂盛，因居永盛南里，“永盛梁”由此得名。

村中的永盛梁氏祠堂内，有一副柱联，概括了“永盛梁”的渊源和迁徙此地的经历：“史馆词曹光州千古；茶洋石壁永里一祠。”这副对联的意思是，祖宗原是光州的馆阁名臣，从光州固始迁来后，先居鼓岭茶洋，北宋熙宁五年（1072年）三世祖梁伯重从鼓岭茶洋迁永泰石壁，南宋隆兴元年（1163年）五世祖梁汝嘉与其胞弟梁汝熹，从石壁迁居永盛燕山。

朱熹赞梁厝福地 亲题堂号

永盛梁氏祠堂的前身，即是永盛梁氏始祖梁汝嘉的讲学之所。梁汝嘉为名儒，好友朱熹曾亲书“贻燕堂”赠之，“贻燕堂”也就成为永盛梁的堂号。

朱熹与梁家的交情，始自梁汝嘉的堂兄梁汝昌，他与朱熹同科进士，且志同道合，常一起探讨理学。也因梁汝昌，朱熹与梁汝嘉兄弟交情颇深。

相传朱熹曾夸奖梁汝嘉择永盛南里而居，称燕山为福地：“乱世无扰，混战无犯，民食无愁，官逼无忧，此乃安逸之福地也。”⑤并预言：“繁衍后裔必有衣冠名邑，科第绵延。”⑥

永盛梁氏的发展，果真印证了朱熹的预言。根据永盛梁氏族谱记载，永盛梁氏在宋代已科第兴隆，成了名门望族，四世至七世裔孙 47 人中，高中进士者达 20 人。元初则衰落。后又略有复兴，清初仍不是太景气，直至清中叶以来，又有二支发展成为名门世家。一是留在本乡的梁鸣谦家族，一是迁居长乐江田的梁元龙、梁元凤兄弟，其后裔在清初又迁省城，在乾隆、嘉庆时形成望族，以梁章钜为代表。

朱熹细勘仓山梁厝山水之后，郑重相语：“福地出贵人，贵人而散居。”⑦“族人集居之灶不及千，口不及半万，穷不及砵，富不及匡。富贵外迁，集居于村者平淡于世。”⑧

永盛梁氏宗祠

梁厝村人代代恪守朱熹叮嘱，勇敢奔向四方拼搏，无论是耕海于天下，还是垦植于荒漠，皆有所成就。繁衍成村之后，为记住根在仓山梁厝，奔波四方谋生的永盛梁氏子弟，若繁衍成村皆以“梁厝”为村名。

船政家谱

第一代

永盛梁氏海军世家缘结福建船政，这一切与梁鸣谦有关。

细数梁厝村梁氏海军世家谱，这个船政名门的形成，应归功于在族中辈分稍低的梁鸣谦。他虽不是梁家第一代船政人，却是永盛梁氏中第一位船政名杰。福建船政始办，梁鸣谦即开始辅佐第一任船政大臣沈葆桢。为此，他的叔伯兄弟纷纷追随他投身船政，一些年龄比他小但辈分比他高的梁厝人，也成为水兵。从此，开启了梁家绵延五代的海军门风。

梁家第一代海军出在永盛梁氏第二十八世。2005 年 7 月，笔者在采访《梁氏族谱》编纂者之一梁幼新先生时，他介绍说：梁家在这一代共有 40 多位子弟在福建船政工作。一是因为梁鸣谦介绍；二是因为梁厝与马尾近，隔江即到；三是因为梁家子弟居于闽江边，人人都有一副好水性；四是因为梁厝村地少人多，在船政工作是一条好出路。梁家第一代船政人多是在各个军舰上当水手、炮勇，还有一些在船政造船厂当造船工匠。

中国第一支近代海军舰队——船政轮船水师，是同治九年（1870 年）八月在马尾诞生的。沈葆桢一面造舰，一面组建舰队。当陆续造出“万年清”“湄云”“福星”等舰时，沈葆桢认为船政所造各舰，虽归船政大臣调遣指挥，但船政大臣“则职守所羁，无从历风涛以兼顾”[⑨]，又认为“轮船与数渐多，不能不分布各口，平日各不相闻，号令参差”[⑩]。因此，他奏请派熟悉海疆、忠勇素著的大员一人“以为统领”[⑪]。同月二十五日（9 月 20 日），清政府任命福建水师提督李成谋作为“轮船统领”。这支舰队又订有《轮船训练章程十二条》及《营规三十二条》，初步建立了舰队的训练制度，组建了中国第一支近代海军舰队，李成谋即是这支新式海军舰队的第一任司令。

梁幼新很自豪，说：“中国近代第一支海军舰队，组建时就有我梁家子弟！”

在永盛梁氏第一代海军中，最著名的要数在马江海战中壮烈殉国的梁亨承和梁琛了。

梁琛：“济安”管炮 马江海战壮烈殉国

梁琛（？—1884），海军军官，曾任“济安”舰管炮。

“济安”舰，是一艘三等炮舰，为福建船政局自己制造的，参加制造的就有不少梁家兄弟。清政府花了16.3万两白银将其制成。同治十一年（1872年）十二月四日下水，同治十二年（1873年）八月六日试航。

光绪十年（1884年），马江海战打响后，“济安”与“飞云”两舰驰援“振威”舰。两舰左冲右突，勇不可当。时任“济安”舰管炮的梁琛，沉着指挥战舰开动左右两舰的大炮，向法舰开火。督带两舰的参将高腾云，知道小舰敌不过法国大舰，就下令开足马力以船艏猛冲敌舰腰部。法舰最怕这一招，猛攻我二舰，“济安”舰中弹起火，梁琛仍拼尽全力，寻找角度，向法舰开炮，战至壮烈殉国。

梁亨承：“扬武”水勇 抗击外侮以身报国

梁亨承（？—1884），海军水兵，曾任“扬武”舰水兵。

“扬武”舰为福建船政局所造。同治十一年（1872年）三月十六日下水，同年十一月七日试航，是同治十三年（1874年）前福建船政所造军舰中排水量最大的一艘，配备了惠特沃思前六角膛炮9门、英国后膛炮2门。

作为福建船政轮船水师旗舰的“扬武”舰，在1884年的马江海战中，自然而然成为法军攻击的主要目标。法军46号鱼雷艇突然向“扬武”舰发射鱼雷，击中“扬武”舰左舷中部。“扬武”舰受了致命损伤，船猝然急速下沉，但我官兵置个人生死于度外，没有人撤离战舰，而是先用开花炮击中法46号鱼雷艇，又用尾炮向法国旗舰“伏乐他”连发3炮，打死敌人5名。战斗中，梁亨承壮烈牺牲。

第二代

与不少海军世家一样，梁家第二代海军中就有不少或毕业或肄业于船政学堂，其中最著名的是船政学堂毕业生、“扬武”舰帮带梁梓芳。

梁梓芳：“扬武”帮带　血战法寇捐躯马江

梁梓芳（？—1884），海军军官，曾任“飞云”舰管驾、“振威”舰管带、“扬武”舰副管驾。

梁梓芳，一说是广东人，《梁氏族谱》载其为福州市仓山区梁厝村人。船政后学堂第一届驾驶班毕业生，与后来成为中国海军栋梁之材的严复、罗丰禄、叶祖珪、刘步蟾、方伯谦等是同班同学，若不是马江海战中壮烈牺牲，以梁梓芳的品学及勇略，也当成为中国海军领军人物。

梁梓芳自船政学堂毕业后，一直在各艘军舰上服务。光绪三年（1877年）二月，任福建船政轮船水师“振威”舰管带。同年五月，任“飞云”舰管驾。

光绪六年（1880年），梁梓芳调往福建船政轮船水师的旗舰“扬武”舰，任副管驾，都司衔。马江海战打响后，梁梓芳表现得非常英勇。

· 沉着指挥　重创敌舰

光绪十年夏（1884年8月23日）下午1时56分40秒，正当落潮，中国舰艏主炮朝向上游。就在这时，法全舰队开火进攻中国舰队。

“伏尔他”舰以左舷火炮攻击“扬武”舰和“福星”舰，法46号鱼雷艇快速向“扬武”舰发射鱼雷，击中“扬武”舰左舷中部，“扬武”舰中弹突沉，身负重伤的梁梓芳，沉着指挥战舰，砍断锚碇，用尾炮与舷炮还击法舰，有一炮击中法国46号鱼雷艇，还有数炮击中“伏尔他”舰。但非常遗憾的是，梁梓芳和战友们艰难射向敌舰的炮弹有些竟不会爆炸，后经法国人检查，弹中有炭无药，也正是如此，不能重伤敌人旗舰。在管带张成临阵脱逃后，梁梓芳担当起指挥重任。在他指挥下，留学归来的“扬武”舰枪炮教官容尚谦、杨兆楠、黄季良，用舰艉炮猛攻敌人“伏尔他”舰，击毙敌领舰员汤马斯上校。这时，“扬武”舰舰艉又中一鱼雷，锅炉炸裂，舰内水深数尺。法舰队司令孤拔又令向“扬武”舰再补上几炮，“扬武”舰舰身倾斜下沉……就在这时，梁梓芳还指挥杨兆楠赶快用尾炮瞄准“伏尔他”，连发 3 炮，击毙 4 人，击伤多人。

· 牺牲前拼尽全力升起军旗

“扬武”舰即将沉没之际，梁梓芳已身负重伤，血流如注，但仍坚持战斗，幸存的官兵要扶他跳水撤离，梁梓芳摇摇头，拼尽最后力气，令信号兵将一面军旗升至主桅顶上，以此显示中国人绝不屈服强虏之精神。随后，梁梓芳在军旗下与舰共沉马江。

对此，税务司英国人赫德说道：“真正的荣誉应当属于战败的人们。他们奋战到底，并且和焚烧着满被枪弹洞穿的船舰一起沉没。”⑫

梁芳宝：船政肄业 造船技师服务海军

梁芳宝（？—？），海军军官，曾任船政造船厂工程师。

梁芳宝小时曾读私塾，后进新式学堂，对数理化甚感兴趣。因为自幼志向即是考入船政学堂当海军，为此发愤苦读，少年时期如愿以偿，进入船政学堂学习，肄业后进入船政造船厂，长期担任造船工程师，参与制造多艘战舰。后事不详。

第三代

梁氏船政世家谱上第三代，是永盛梁氏第三十世。在这一代，梁家多位子弟考入船政学堂，学成毕业的即有 3 位，并且一起参加了马江海战，二死一伤。在这一代，梁家出的英雄最多。

梁祖勋："振威"大副 马江海战英勇杀敌

梁祖勋（？—1884），海军军官，曾任"扬武"舰见习官、"振威"舰大副。

光绪元年（1875 年），梁祖勋考入船政后学堂第四届驾驶班，与民国海军总长刘冠雄是同班同学。光绪三年（1877 年）完成校课，登舰练习。光绪五年（1879 年），梁祖勋完成舰课，再入校学习高等课程。

光绪六年（1880 年），梁祖勋毕业，登"扬武"舰任见习官。光绪七年（1881 年），梁祖勋被授予千总衔，加六品军功。光绪八年（1882 年）九月，任"振威"舰大副。

"振威"舰，是一艘三等炮舰，为福建船政局所造的一艘较小的战舰。同治十一年（1872 年）十一月十一日下水，同治十二年（1873 年）六月七日试航，排水 572 吨，马力 350 匹，航速 9 海里 / 时，长 53.1 米，宽 8.3 米，编制为 80 人，战时增员至 88 人，配备了法国前膛炮 1 门，英国法华士后膛炮 4 门。

梁祖勋牺牲时，即是"振威"舰大副。

光绪十年七月初三（1884 年 8 月 23 日），马江海战打响，福建船政轮船水师奋勇还击入侵法寇。战至下午 14 时 25 分，法舰炮火炸毁埋在坞底下的地雷，证实船厂确有布雷。此时，罗星塔前江面波浪翻腾，法舰艇一面追歼清军杆雷船，一面不断向岸上民房发射子弹，以致战后数十年，罗星塔边数座旧民房还可见柱上弹痕。

梁祖勋故居一角

罗星塔下游靠泊营前海关附近的是我

水师第二梯队“振威”“飞云”“济安”等舰，我3艘军舰同时砍碇应战，钉住法舰“德斯丹”“杜盖土路因”“维拉”。“振威”舰管带许寿山听到炮声，登瞭望台高呼:“准备战斗！”随后马上下令：瞄准“德斯丹”，开炮！紧接着，“振威”舰向敌舰喷出一枚枚愤怒的炮弹。3艘法舰见状，集中炮火轰击“振威”舰。

数分钟后，“振威”舰满身伤痕，状如蜂窝，即将下沉。许寿山下令快速冲向敌“德斯丹”舰，要与敌同归于尽。梁祖勋身负重伤，被炸翻在地，但他从血泊中顽强地站起来，高声喊道：“死也要撞翻敌舰！决不能白死！”他的高呼，振奋了士气。梁祖勋协助管带许寿山驾船向敌“德斯丹”舰冲去。就在这时，三艘法舰各以左侧舷炮射击我“振威”“飞云”“济安”等舰。敌“维拉”舰为救援“德斯丹”舰，发炮击中“振威”舰舰身。“振威”舰的舰艄、舰艉都着了火，此时冷不防又中一枚鱼雷……管带许寿山负伤，但他仍和梁祖勋一起，冒死奋战。梁祖勋与许寿山在与全舰官兵随舰沉没前，还指挥舰炮向敌舰射出了最后一炮，击中了敌舰，打伤法舰长和两名士兵。

对此，在现场观战的美国军官罗蚩、高文在《马尾江观战记》中写道：“使福建水陆诸将，皆忠勇沉毅如‘振威’舰长，覆军之祸，何至此极哉！”[13]

梁祖全：“济远”管轮 甲午海战功不可没

梁祖全（？—？），海军军官，曾任“济远”舰总管轮。

梁祖全是梁祖勋堂弟，为船政后学堂管轮班第二届毕业生。毕业后，奉命服务于北洋海防。

“北洋”是指直隶、山东、奉天三省。光绪元年（1875年），李鸿章受命督办北洋海防，经近十年努力。光绪十四年十一月十五日（1888年12月17日），北洋海军正式组建成军。北洋海军的编制分为船制和官制两个方面。船制分为战船、守船、练船、运船，列编舰艇25艘，官兵4000余名。北洋海军成军之初的编制，全军分为中军、左翼、右翼和后军4队。梁祖全长期在中军“济远”舰服务。

·赴德监造战舰获晋升

根据《光绪十一年十月十八日直隶总督李鸿章片》记载：当年，中国在德国伏尔铿厂订造“定远”“镇远”铁甲船二艘，“济远”钢甲快船一艘，梁祖全跟随北洋海军游击刘步蟾（福州人）到德国督造三舰。“驻洋三载有余，于制造驾驶各理法认真研究，颇有心得。此次帮同德弁驾驶来华，远涉风涛数万里，俱臻平稳，实属不避艰险，奋勉异常。查光绪七年英厂订购‘超勇’‘扬威’二船驾驶回华，其在事出力人员，奏蒙奖叙在案。此次帮带铁舰回华，事同一律。”[14]“往返重洋，究心船学，材艺既堪造就，劳绩实迈寻常，自援照成案，择优拟奖，开列清单，恭呈御览。”[15]“谨将出洋帮同驾驶铁舰来华尤为出力之员弁，酌拟奖励，开列清单，恭呈御览……六品军功留闽尽先外委梁祖全、六品军功林履中，均请以千总补用，并赏戴蓝翎。”[16]

清廷奏准，梁祖全晋升千总，获赏戴蓝翎。

·甲午海战有功却被革职

到甲午海战爆发时，梁祖全正任北洋海军中军左营都司、“济远”舰总管轮。

光绪二十年夏（1894年7月25日），“济远”舰护送陆军赴朝鲜返航，在丰岛海域，遭到日军“吉野”“浪速”“秋津洲”三舰的突然袭击。当时，日舰三艘，共11106吨，炮48门；中方军舰二艘，共3300吨，炮11门。在同行的“广乙”舰受伤退避后，梁祖全协助管带方伯谦以弱敌强，以一敌三，击伤了敌“浪速”舰。又用诈敌之计，重创日本联合舰队第一游击队旗舰“吉野”号，战到日舰退避为止。

同年秋（1894年9月17日），中日海军激战黄海大东沟。由于我旗舰“定远”的主桅信号旗杆被炮火折断，无法升旗指挥，提督及总兵都没有采取应急补救，舰队阵形被冲乱，“致远”“经远”“济远”3艘军舰被敌先锋队划出阵外，当“致远”“经远”2艘军舰被击沉后，日先锋队“吉野”“高千穗”“秋津洲”“浪速”四艘军舰继续攻击“济远”舰，梁祖全协助方伯谦左避右避，在躲避日舰袭击的同时，向敌舰还击。当时，“济远”舰既无法归队又失去主力舰的指挥与支援，只得西驶，且战且走，与敌周旋至敌旗舰调回先锋队为止。“济远”舰因船械损坏、炮毁和人员伤亡，失去再战能力，才继续西驶返回旅顺港。

甲午海战中，梁祖全作战有功，但战后还是与北洋海军其他幸存者一样，被革职还乡。后事不详。

梁祖同："济安"炮弁 炮击法寇献身马江

梁祖同（？—1884），海军士兵，曾任"济安"舰副炮弁、炮弁、正炮弁。

梁祖同是梁祖勋大弟，青年时期投身福建船政轮船水师，长期在舰上做炮手，水性好，发炮技术也不错，曾任副炮弁、炮弁、正炮弁。马江海战爆发前，紧急调往"济安"舰当炮手，与叔公梁琛在同一艘战舰并肩战斗。

马江海战打响后，停泊在下游的"济安"舰奉命出战。在砍碇未断时，就遭法舰炮击，中弹起火。当第一轮炮弹袭来时，梁祖同被炸负伤，仍带伤瞄准敌舰频频发炮，战至殉国。

梁功珪："飞云"升火 英名永留昭忠祠

梁功珪（？—1884），海军士兵，曾任"飞云"舰升火。

梁功珪是梁祖勋堂弟，青年时期从军，长期在福建船政轮船水师服务，成长为配合军舰管轮工作的技术兵。

马江海战爆发时，梁功珪任福建船政轮船水师"飞云"舰升火。

"飞云"舰是一艘三等炮舰，为福建船政局所造。同治十一年（1872年）四月二十八日下水，同年九月七日试航，排水量1258吨，马力580匹，航速10海里/时，长度66.6米，宽度10.2米，编制104人，战时增员166人，配备了1门阿姆斯特朗前膛炮，4门法华士后膛炮，2门英国前膛炮，是福建船政在同治十三年（1874年）前所造的一艘较大军舰。

马江海战中，梁功珪随舰出战。负伤后，坚持不离舰，与敌战斗到生命的最后一刻。马尾昭忠祠里留下了梁功珪的英名，每年清明都有人到昭忠祠内的马江烈士墓前凭吊英雄。

梁祖群：马江海战 梁家男儿唯一参战幸存者

梁祖群（？—？），海军军官，曾任"琛航"舰管轮、"海镜"舰管轮、福州电灯厂工程师。

梁祖群是梁祖勋胞弟，永盛梁家40人参加马江海战，唯他一人生还。

2005年7月，笔者在访问《梁氏族谱》编纂者梁幼新时，他介绍说："马江海战中梁家子弟共有40人参加战斗，39人殉国，其中15人属在编人员，牺牲后名字列入昭忠祠，24人因为是顶替了军舰上的空缺临时前去的，牺牲后连名字都没有留下，活着回来的只有梁祖群。"

随后，笔者专门求证船政研究专家陈道章，他说："当年，马江局势紧张，一些军舰上原来的兵员或探亲未归或因其他原因无法参战，就赶紧在马尾周边征召了一些水性好的青壮年。参战梁家子弟出现既未归又未进入昭忠祠的情况，是完全有可能的。"

梁祖群自船政后学堂第二届管轮班毕业后，一直在福建船政水师各舰做管轮官，马江海战时为"琛航"舰管轮。

马江海战前，梁祖群所在的"琛航"舰与"永保"舰一起，停泊在马尾船政造船厂前的铁水坪前。战斗打响后，梁祖群英勇无畏，法军弹片削去了他大腿的一片肉，他仍坚持战斗。"琛航"舰和"永保"舰共有300多名官兵，梁祖群和战友们一样为国忘身，虽然两艘船仅有一门炮，难以给予敌人狠狠打击，大家决定开足马力冲向敌舰，想把敌舰拦腰冲断，与敌同归于尽。但法舰炮火猛烈，未到中途，"琛航"舰已被击中引起焚烧，迅速下沉，梁祖群坠入江中，以常人难以想象的毅力，带伤横渡闽江。

一上岸，梁祖群就看到哭成泪人的母亲，急忙问："哥哥们回来了吗？"母亲摇了摇头，流着泪说："看来他们都为国尽忠了！"母亲拥着梁祖群，"你能回来就好，这样我们还可以生多多的孙子，跟他法国仔打。"母亲抹净泪，扶着受伤的儿子回到了家，杀鸡宰鹅，为儿子庆功。

落潮后，这位坚强的母亲摇着小船，带着竹扒，去马江沙滩上寻找牺牲儿子的遗体……江水裹着泥沙将中国牺牲官兵的遗体冲到了岸上。梁母先在马江边的沙滩上使劲扒，扒开浅沙，里面有中国军人断臂残腿。母亲熟悉儿子，但连儿子的一截断臂都没有寻到。梁母不甘心，又摇着小船到马江对面的琴江边，继续寻找儿子的遗骸……

梁祖群后转北洋水师服务，曾任"海镜"舰管轮。"海镜"舰由福建船政局所造，为炮舰。早期在福建船政轮船水师服役，同治十三年（1874年），沈葆桢赴台驱日后，"海镜"舰调至招商局，充作客船使用，用于来往台湾海峡的运输。北洋海军正式成军后，"海镜"舰被调至北洋海军服役。但是"海镜"舰和"敏捷"舰、"利运"舰、"湄云"舰等，属于旅顺船坞管理。甲午战争爆发时，"海镜"舰正位于辽宁旅顺，被日军俘虏。

甲午海战战败，梁祖群与所有幸存的海军官兵一起被革职还乡。后在福州一些工厂任工程师。《闽县乡土志》在叙述林则徐曾孙林炳章办电灯厂时，有这样的记录："光绪三十二年，在籍编修林炳章请开设，聘梁祖群、陈同甸为工程师，并招收艺徒，以资传仿。"⑰

梁鸣谦：咸丰进士 辅佐沈公成就船政

梁鸣谦（1826—1877），字礼堂，号庆璋，政府官员，曾任吏部考功司主事、军机处稽勋司行走，为船政大臣、两江总督沈葆桢重要助手。

· 为孝母放弃京官好前程

梁鸣谦自幼学习刻苦，品学俱佳，被荐闽县附生，道光二十六年（1846年）丙午科第三十六名举人，咸丰九年（1859年）己未科第一百四十一名进士。钦受吏部考功司主事，以四品衔，原官充军机处稽勋司行走。在京城前景看好。

梁鸣谦

梁鸣谦是个孝子，因为母老多病，他为孝母宁愿放弃大好前程，回归故里，奉伺孀母。

· 力助沈公兴办船政

同治五年（1866年），闽浙总督左宗棠为强国强军，奏请朝廷创办福建船政，选定马尾作址，获准。左宗棠立即着手筹办，机械设备购自外国，技术力量依靠洋人。筹办期间，左宗棠奉命赴西北平乱，沈葆桢从左宗棠手中接过船政重担后，就请梁鸣谦做自己的幕僚。

在《梁氏族谱》中有这样记载：梁鸣谦在船政创办之初，就积极建议沈葆桢办船政不能全靠洋人，还需自力更生。“梁鸣谦见事属创兴，百事繁兴，回望洋人居太上皇地位之权威，有感后患。鸣谦力倡奋发自力，摆脱洋人。但外购机械设备性能虽有案明载，奈洋文不通，无法一时行之。鸣谦只得亲自组织有识之士，不辞劳苦，朝夕深入机械车间，附和洋匠，解剖机械，逐一见习，记录在案，再一一合拢安装。”[18]也正是因此，梁鸣谦被称为“中国近代西洋机器汉语定名的先驱”。[19]

· 跨海赴台驱逐日寇

同治十三年（1874 年），日寇出兵占领了台湾琅峤，建都督府，欲长期占据。台湾告急，清廷急命船政大臣沈葆桢为钦差大臣，带兵巡台，调理各国事务，整顿海防，沈葆桢携梁鸣谦赴台。

梁鸣谦巡台功在何处？主要有三点：参与提出巡台驱日主张，被沈葆桢采纳，成功驱日；积极支持为郑成功建祠祀奉，以团结台湾民心；驱日之后，梁鸣谦参与提出的“对台政制疏陈十二便”，为台湾近代化奠定了基础。

《梁氏祖谱》中有这样记载——

鸣谦巡台，提出了巡台主张，强调以“民族为重、国土为要、民心为安、处事为稳”为宗旨，以“选将练兵，严防警备，扩张声势，威胁利诱，扼制日军”为策略。进而建议：“大兵未至，兵力悬殊，干戈一动，台地战场，胜败莫测，万物必失，败者损兵辱国，胜者得不偿失，动武不宜，议和为善，行者急办，事不宜迟。”此议沈钦差采纳，授命鸣谦速办……避免了一场战争，为国分忧，为台民排除灾难。

鸣谦提出对台湾政制疏陈十二便，具体是：改制台湾道，令福建巡抚驻台湾，兼理学政，建三府，立十县，调清兵，筑碉堡，增炮台于要塞，对内屯兵镇压高山族滋事叛乱之顽民，对外防御外来入侵之敌，牢守孤悬海外之国土，此议朝廷得准允行。

由于沈钦差、梁鸣谦以郑成功盖棺论断，应予谥祠于台祀之，以感台民忠义之气……沈钦差命鸣谦拟本章奏帝……幸得穆宗同治帝谕旨准于谥郑成功祠于台南。建祠中沈钦差委鸣谦拟题祠楹联句，并挥笔亲书予联云：开万古得未曾有之奇，洪荒留此山川，作遗民世界；极一生无可如何之遇，缺憾还诸天地，是创格完人。

光绪元年（1875 年），梁鸣谦随沈葆桢返闽，以抚台功，加二品衔，以候补道任用。不久，沈葆桢任两江总督，仍随任，事无大小，悉以咨商，倚为左右手。翌年八月回闽，主讲福州鳌峰书院，后卒于闽山巷府第。

梁鸣谦善诗文，诗似王渔洋，文似归有光，又喜为折枝吟。著有《静养堂诗文集》八卷、《笔记》二卷、《词存》一卷。⑳

梁益谦：光绪举人 船政帆缆管理委员

梁益谦（？—？），政府官员，曾任福建船政帆缆厂管理委员、福建长泰县教谕。

梁益谦为梁鸣谦胞弟。幼承庭学，矢志举业，光绪十五年（1889 年）举人。

自船政创办之初，梁益谦就与兄梁鸣谦一起服务船政，曾任船政帆缆厂管理委员。帆缆厂，是船政十三厂之一，主要是为舰船生产帆和缆绳。梁益谦出任此职后，先是虚心向帆缆师傅学习，总结生产经验，后来自己刻苦钻研，很快就成为帆缆研究、生产、管理方面的行家。

梁益谦在中举后，获授长泰县教谕，主政一方教育工作。

梁济谦：同治经魁 先事船政后任知县

梁济谦（？—？），政府官员，曾任福建船政局文案、陕西省知县。

梁鸣谦、梁益谦胞弟。《梁氏族谱》为梁济谦立传，内载：

梁鸣谦同母季弟，从小深受庭训，忠诚老实，为人规矩，喜欲攻读，但时家道清贫，无能进书斋，经常受母命，送衣送点心供鸣谦斋门。老师见济谦聪明伶俐，规矩非凡，登门劝其母请济谦上斋门。孀母哀叹："家境清贫，勉强鸣谦，哪能顾周全？"老师听其言，施怜悯，意免薪金，赠书本，入斋门。孀母见老师之慷慨，感激之至，表示容后答谢。从此梁济谦立志攻读，老师专心致教。后来，老师见济谦涉笔成章，有博学能文之才，荐为闽县附生，续攻书史，直上青云，于清朝穆宗同治元年（1862年）壬戌科第四名举人（经魁）。济谦衣锦还乡，饮水思源，亲自携眷登门谢师，感老师大恩大德，情深之至。不久，梁济谦任船政事，而后授命陕西候补县令也，仍携眷上任，而后繁衍后裔均久居西北。梁济谦长期在陕西担任知县，体恤民情，深受百姓赞扬。[21]

梁济谦，是创办福建船政的第一批元老，曾任福建船政局文案，一直在此工作到进陕西做知县为止。

第四代

国民党陆军成军近百年，被称作“小诸葛”的，仅有桂系白崇禧；在国民党海军历史上，有“海军小诸葛”之称的，也只有曾任台湾地区海上防务部门领导人的梁序昭上将，其即为永盛梁氏第四代海军的代表人物。

梁序昭：海上诸葛 捍卫南沙主权

梁序昭（1904—1978），原姓何，嗣舅氏，字肖榦，海军名将，曾任“湖鹏”艇艇长，“义胜”艇艇长，“峨嵋”舰舰长，练习舰队司令，海防第一舰队代理司令，海军第二军区（青岛）司令，海军第四军区（黄埔）司令，中国驻美国大使馆海军武官，台湾地区海上防务部门舰队副指挥官、第五署署长、舰艇训练司令部司令、两栖作战部队司令、副领导人、领导人，台湾地区防务部门副领导人。

·受到蒋介石快速提拔

光绪三十年（1904年）十月十六日，梁序昭生于一个开明绅士之家，父亲梁榦青思想进步，是老同盟会会员。

梁序昭自幼受到完整小学教育。1917年，梁序昭考入福州海军制造学校，学习造船，研修德文。1920年，因烟台海军学校生员缺额较多，梁序昭奉派烟台海军学校，改修航海。1925 年 4 月，梁序昭毕业，奉派舰艇实习。

1927 年，梁序昭因表现优异，调任海军鱼雷游击艇队司令部少尉副官。

1929 年 6 月，梁序昭在经过海道测量专业培训后，任海道测量局少尉测量员。次年初，梁序昭调回海军鱼雷游击艇队司令部，任中尉副官。同年 9 月 24 日，晋升海军上尉。

1931 年 1 月 13 日，梁序昭调任“通济”舰枪炮正。

1933 年 2 月，梁序昭调任海军部上尉副官。同年 12 月 19 日，又回“通济”舰，任航海正，叙为一等上尉。

1934 年 8 月 23 日，梁序昭任“楚同”舰副舰长。次年，任“中山”舰副舰长。

1936 年 10 月 19 日，梁序昭调任海军第二舰队司令部少校正副官。次年 5 月，调任“湖鹏”鱼雷艇少校艇长，率部参加对日作战，表现英勇。

1938 年 1 月，为因应战时需要，海军部改编为海军总司令部，梁序昭出任“义胜”炮艇艇长。

1939 年初，梁序昭调往海军总司令部，任中校副官。同年 4 月 12 日，出任海军驻桂林办事处首任主任。

1942 年，海军总司令部接收了法国滞留在川江上的江河炮舰“柏年”号，改名“法库”，梁序昭任舰长。次年 1 月，调任海军总司令部中校副官。

1944 年 12 月 15 日，作为国民政府赴美海军参战受训总队领队，率队赴美接受为期一年的接舰训练。

1946 年 1 月初，美国海军将赠让的“太康”“太平”“永泰”“永兴”“永胜”“永顺”“永定”“永宁”等 8 艘军舰移交中国。2 月，梁序昭出任“太康”舰上校舰长，率舰于 7 月 21 日驶抵南京。

1947 年 8 月，梁序昭出任“峨嵋”舰舰长。同年 10 月，出任刚组建的练习舰队上校司令。12 月，代理海防第一舰队司令。

1948 年 7 月 19 日，梁序昭出任海军第二军区（青岛）司令。同年 8 月 23 日，晋升海军少将。

1949 年 7 月 11 日，梁序昭调任海军第四军区（榆林）司令部少将司令。同年 9 月 21 日，任中国驻美国大使馆海军正武官。

梁序昭赴美就任不久，中华人民共和国成立。1949 年 10 月，退守中国台湾的国民党政府，任命梁序昭为台湾地区海上防务部门舰队副指挥官。12 月 1 日，梁序昭又被任命为主管编组训练的第五署少将署长。

盛年梁序昭

1951年5月1日，梁序昭任台湾地区海上防务部门舰艇训练司令部司令。

1953年6月30日，梁序昭出任台湾地区海上防务部门两栖作战部队司令兼海上防务部门副领导人。同年7月出任台湾地区海上防务部门领导人，台湾当局授之“海军中将”军衔。

1957年7月1日，台湾当局授予梁序昭二级“海军上将”军衔。同年，梁序昭当选国民党中央委员。

1959年1月31日，梁序昭任台湾地区防务部门副领导人。

1960年11月1日，梁序昭任台湾地区防务部门“政务次长”。

1964年4月1日，梁序昭任台湾地区“驻韩国代表”。

1969年，梁序昭任国民党中央评议委员。

1978年2月7日，梁序昭病逝台北。

对于梁序昭赴台后官运一度亨通，外界分析原因颇多。第一，梁序昭有战功，人称“海上小诸葛”，抗战中表现优异。第二，蒋介石对闽系军官素不友善，当年突然撤了海军总司令、福州人陈绍宽的职，并开始大量清洗国民党海军中的福州人，后来以闽系军官为主的“重庆”舰等一系列战舰和第二舰队先后起义参加人民解放军。蒋介石撤退至台湾后，闽系海军军官四散，梁序昭是在台闽系海军的代表，因此，蒋介石以提升梁序昭为手段，试图安抚闽系海军残余军官。第三，梁序昭对指挥登陆舰队颇为娴熟，20世纪50年代中期，台湾当局海军与中国人民解放军海军展开岛屿争夺，登陆舰队的作用很大，用梁序昭作海上防务部门领导人，符合战略意图。第四，梁序昭素与美国友善，蒋介石提升梁序昭，颇类似当初以孙立人担任陆上防务部门负责人的用意。

当然，当时台湾地区也盛传：中共对台广播中频频发布评论，说梁序昭不是“黄埔系”出身，当不了海上防务部门负责人。据说蒋介石闻知此事，赌气委梁序昭以该职。

不过，应当承认国民党方面提升梁序昭当台湾地区海上防务部门领导人，还是很讨美国方面欢喜的。在他任职期间，美国人亦以“洛阳”“汉阳”两艘台湾当局渴望已久的军舰作为贺礼。数艘台湾当局“阳”字级军舰在20世纪50年代并不轻易出动的，除少数几次岸轰任务与平时的演习护航巡逻外，从未真正接战过，可见台湾方面对“阳”字级舰的爱护。

·率部血战日寇

梁序昭在抗战中表现英勇。

1937年8月16日至9月25日，侵华日军出动海军、空军主力，一举摧毁了在江阴封锁线后列阵的中国海军第一舰队主力战舰“宁海”“平海”等。但中国海军在疏散部分舰艇后，仍保留一部分力量继续在封锁线附近巡战。

10月2日，梁序昭任艇长的“湖鹏”艇，正在江面巡逻，突遭日本海军航空队飞机轰炸。尽管“湖鹏”艇火力贫弱，但梁序昭还是指挥官兵们进行英勇还击，以步枪和机枪对空猛烈射击，日军俯冲扫射相应，鱼雷艇有数人伤亡。有人问：“要不要弃舰先撤？”

“不！只要舰还没有完全沉没，只要我们还有一颗子弹，就要与敌人战斗到底！”梁序昭斩钉截铁地回应。

敌机的扫射也越来越猛，敌弹将“湖鹏”艇炸出了几个大口，江水从缺口突突地往外冒，梁序昭从机枪手手中夺来枪，端起机枪就向敌人射击，逼得敌机一时不敢再俯冲袭击，争取到点滴时间修补舰艇被炸出来的缺口……

敌机又来了！一轮比一轮更猛烈的袭击致使“湖鹏”艇百孔千疮，加上舰体单薄且历年来修补不断，此时多处开口，进水无法控制，在江阴附近的目鱼沙持续下沉……

此时，梁序昭才下令让幸存的官兵带着能搬得动的枪炮撤离，上岸后加入海军炮队继续与日作战。

梁序昭后来出任海军驻桂林办事处主任，为海军制雷厂提供了大量原材料。抗战后期的1944年，梁序昭率队赴美国海军训练团训练。1953年，他再赴美国，接受两栖作战训练。这两次赴美训练，也使其得到美国方面的赏识。

梁训颖：海军上校 军舰制造材料专家

梁训颖（1890—？），海军造舰专家。曾任福州海军飞潜学校教官、海军马尾飞机工程处工程师、海军江南造船所飞机制造处工程师、海军江南造船所材料课上校课长、海军江南造船所材料库库长。

梁训颖是马江海战烈士梁祖勋的次子，本是梁祖勋兄弟的儿子，后由家中长辈做主，过继给梁祖勋。因父亲为马江海战烈士，获得清政府优恤和照顾，一路入名校读书。他从福州著名的格致书院毕业后，即作为烈士子弟参加海军。

1915 年 4 月 13 日，海军部从各舰队、各机关选出梁训颖和李世甲、陈宏泰等人，赴美国留学。梁训颖进入美国伊立诺大学机械科学系，专攻材料学。

梁训颖在美学习一年后，由于袁世凯策划称帝，引起国内政局动荡，护国战争爆发，海军留美经费断绝，无法继续学习，于 1916 年 10 月回国。

1917 年 2 月，马尾增设福州海军飞潜学校，梁训颖出任教官。

1918 年 1 月，海军飞机工程处在马尾正式成立，梁训颖任工程师。

1919 年 12 月 7 日，梁训颖被授予海军一等造舰官。

1925 年 6 月 17 日，梁训颖被授予海军造舰少监。

1931 年 1 月，马尾海军飞机工程处正式并入海军江南造船所，梁训颖任海军江南造船所飞机制造处工程师。1935 年，任海军江南造船所材料课上校课长。

1945 年 9 月，梁训颖任海军江南造船所材料库库长。

1949 年 5 月，上海解放后，梁训颖留在江南造船厂工作。

梁孝龄：行政人才 长期服务船政

梁孝龄（？—？），造船管理人才，清朝时曾任船政帆缆厂、轮机厂管理人员；民国时曾任海军福州造船所管理人员。

梁孝龄少年时期受到较好教育，后进入福建船政局，一直服务于船政，成长为管理人员。他长于协调各种关系，擅长调动工人的生产积极性，参与制定了一些生产管理制度，曾在船政十三厂中的帆缆厂、轮机厂及海军福州造船所当过管理人员。

梁训信：船政传人 曾任马尾造船厂厂长

梁训信（1940— ），造船管理专家。曾任马尾造船厂修船部主管、副厂长、厂长，福建船舶工业公司副总经理。

梁训信自幼向学，积极上进。及长进入马尾造船厂做事。他勤奋工作，刻苦钻研修船业务，技术能力不断提升。

中华人民共和国成立后，马尾造船厂百废待兴。1954 年福建省政府着手恢复整顿马尾造船厂，挖净船坞淤积泥沙，冲刷坞底，重建小型军工船厂。1958 年福建省下游船舶修造厂与马尾造船厂合并，马尾造船厂进一步扩大。

1963 年，梁训信出任马尾造船厂修船部主管，前三年共修船 73 艘，第四年一年就修船 29 艘。不久，梁训信出任马尾造船厂副厂长，在厂长和他的领导下，马尾造船厂不断发展壮大。

改革开放之后，梁训信出任马尾造船厂厂长。1991 年，梁训信代表马尾造船厂与德国签订合同，为之制造多用途集装箱船。他采用灵活的经营管理方针，按时高质量完成造德国船的生产任务，使马尾造船厂保持了良好的经济效益，年创汇 2000 多万美元。在他的努力下，这座百年老厂的技术水平和生产能力不断得到大幅度提升，国外订单如雨后春笋般飞来，重新跃升为国内外知名造船企业。后来，梁训信出任福建船舶工业公司副总经理，主管全省造船工作。梁训信还是全国造船学术委员会委员、中国造船工程学会经营管理组成员。

梁孝照：诗文俱佳 船政文案管理委员

梁孝照（？—？），船政管理人才，曾任清朝福建船政局文案处管理委员。

梁孝照自小在名师指导下，研读经史子集，有很高的文学修养，写得一手好文章。后进入福建船政局做文案，曾任文案处管理委员，福建船政局许多向上的报告和向下的通知，皆出自他的笔下，他还参与制定了不少管理章程。后事不详。

梁仲昭：苦学航海 业精于勤升任舰长

梁仲昭（？—？），海军军官，曾任军舰航海长、枪炮长、副舰长、舰长。

梁仲昭自幼习新学，在接受完整的新式小学教育后，因为从小的理想就是当海军，为此没有升中学，而是考入海军学校。在校发愤读书，品学兼优。毕业后，登舰服务，积功累升，曾任航海长、枪炮长、副舰长、舰长。

第五代

永盛梁家第五代船政人，既有海军官兵，亦有造船工匠，仅毕业于船政学堂的就有两位，皆为管轮专业的高才生。

梁敬埏：科班出身 “永丰”名舰轮机长

梁敬埏（？—？），海军军官，曾任“永丰”舰轮机长。

梁敬埏少年时代考入船政后学堂第六届管轮班，专习轮机，通过严格考试，成为管轮专业同届八名毕业生之一。毕业后，在多舰当过见习管轮、管轮。

清朝被推翻后，梁敬埏继续在海军服务。1913 年 1 月 31 日，晋升轮机少校。同年，任“永丰”炮舰轮机长。“永丰”舰以它特有的历史而成为一代名舰：1915—1916 年，“永丰”舰响应孙中山先生的号召，参加了护国讨袁运动，首创义举，随后它又经历过“护法运动”“东征平叛”“孙中山蒙难”。1925 年 3 月 12 日，孙中山与世长辞。4 月 16 日，广州革命政府为了纪念孙中山，由广东省省长胡汉民下令，将“永丰”舰命名为“中山”舰。梁敬埏后事不详。

梁敬槎：轮机好手 多舰担任轮机官

梁敬槎（？—？），海军军官，曾任“同安”舰轮机副、“永绩”舰轮机长。

梁敬槎从小立志当海军，少年时期考入船政后学堂第九届管轮班。学习非常刻苦，无论校课、舰课成绩皆优异。船政学堂考核极严，淘汰率高，梁敬槎这一届学生到光绪三十一年（1905年）十二月毕业时仅剩5人，他的成绩居第三名。

据《梁氏族谱》编纂委员会主编梁守金介绍，梁敬槎毕业后登舰服务，清朝时当过军舰上的三管轮、二管轮。民国后当过轮机副、轮机长。1915年，曾任“同安”舰轮机副。之后，曾任“永绩”舰轮机长。后事不详。

第六代

永盛梁家第六代船政人，最著名者是中国科学院院士梁守槃，他是中国第一任海防导弹武器系统的总设计师，被誉为“中国海防导弹之父”。

梁守槃：“飞鱼”之父 中国海防导弹奠基人

梁守槃（1916—2009），中国著名导弹总体和发动机技术专家，中国导弹与航天技术的重要开拓者之一，中国科学院院士，国际宇航科学院院士。

·满怀抗日情 立志学军工

梁守槃是梁鸣谦曾孙、梁孝熊孙子、梁敬錞长子，他自幼生活在北京，父母延请名师到府，教授蒙学经典和新式小学的教科书。1927年考入北京四存中学，此校为今日北京第八中学前身之一。之后，相继就读于天津南开中学、北京师大附中、上海沪江大学附中和上海光华大学附中。

梁守枀是带着对日本侵略者的满腔仇恨完成高中学业的。1931 年“九一八”事变，日军占领了东三省；1932 年“一·二八”淞沪抗战，日军在上海杀烧劫掠；1933 年的长城会战，日军的铁蹄踏到了华北。“一·二八”淞沪抗战，十九路军用长枪、机枪和手榴弹，靠着官兵斗志和野战经验，和装备有飞机、军舰、大炮、坦克的日军血战了 33 天，这让他痛心疾首地感受到中国的落后、中国军事工业的落后，立志学习军事工业。1933 年 6 月，梁守枀高中毕业，决心钻研军事工程技术，考取清华大学机械系航空组。

1937 年初夏，梁守枀以优异成绩自清华大学毕业，获工学学士学位，进入位于江西南昌的航空机械学校高级机械班学习。

1933 年 10 月，国民政府成立航空机械学校筹备委员会。1936 年 3 月 16 日，航空机械学校在江西南昌正式成立，培养飞行人员和飞机维修的技术人员，钱昌祚任校长。1937 年“七七”事变后，抗日战争全面爆发，航空机械学校迁至四川成都。1938 年 4 月，蒋介石兼任该校校长，王士倬任教育长，航空机械学校改制为“空军机械学校”。

正是在航空机械学校学习期间，梁守枀得知当时最先进的武器多来自美国，且美国又提出中国抗战所需的武器装备要“现款自运”，更使他感到建立中国自己的军事工业的迫切性。

· 留学归来 参建中国第一家航空发动机厂

1938 年 8 月，梁守枀赴美国麻省理工学院攻读航空工程，以不到一年的时间获硕士学位。毕业时，导师建议他继续读博士，不少科研单位和企业也向他伸出橄榄枝，但想到祖国正在战火之中，自己必须与国家共患难同甘苦，他不顾老师、同学的苦劝，毅然决定回国。

1940 年 2 月，梁守枀舍弃了舒适和安乐，放弃在美继续深造和工作的机会，回到战火中的祖国。

1940 年 2 月至 1942 年 8 月，梁守枀在昆明西南联合大学航空系和机械系，相继担任讲师、副教授。

为抗击日寇侵略、建立中国强大的空军，在这之后，梁守枀转往贵州省毕节市大方县城以南 14 千米处的羊场镇，参与创建中国第一家航空发动机制造厂（当时对外名称为“云发贸易公司”）。

航空发动机制造厂的厂址选定羊场坝乌鸦洞，洞长约900米，高约30米，洞内有一个长80米、宽50米的空旷场地，可作为主要车间场所。航空发动机制造厂的主要附属设施有：火电站、铸造厂、螺旋桨厂等。初拟建在离乌鸦洞2千米的清虚洞内，该洞高约60米，洞顶有天窗，洞内有小河，是附属设施的理想场地。此后，一系列的筹备和厂房修建工作随即开始进行。

从1940年11月到1942年12月，经过两年的努力，在一片荒凉的羊场坝，盖起了办公楼、车间、宿舍，航空发动机制造厂的整个基建工程得以竣工，生活区、生产区占地面积约2平方千米，生产发动机的主要厂房建在乌鸦洞内，为三层木质结构建筑，底层为器材库，二层为机工课（包括机械加工、工具制造、热处理、电镀等车间）并设有五金库，第三层为装配课、成品库、工具库等，总面积为5000平方米。

1942年8月至1945年8月，梁守槃任贵州航空发动机制造厂技士、设计课课长，参与设计、试制、生产航空发动机。1945年上半年，第一台航空发动机试制成功，接着转入批量生产。到1946年底，厂里完成整体装配的发动机32台，其中编号为34639和34640的两台发动机，安装在C47-A273号运输机上作动力源，接受自昆明直飞南京的试运转，技术性能良好，空中飞行几小时后，在南京安全降落。这架飞机的发动机现存美国军事博物馆内。

1945年8月日本投降后，梁守槃到浙江大学航空系任教授。1949年6月任该系主任。

· 航空教育家 哈军工参军

作为中国著名的航空教育家，在浙江解放前夕，梁守槃不顾国民党当局的威逼利诱，拒不赴台，留下来参加新中国建设。

1952年9月，梁守槃奉调到哈尔滨军事工程学院空军工程系，先后担任教授、教授会（教研室）主任。1956年5月，参加中国人民解放军，被授予上校军衔，继续在哈尔滨军事工程学院空军工程系执教，同年9月调赴北京。

在"园丁"岗位上，梁守槃精心育才，还在繁重的教学工作中，撰写了十余部讲义和其他论著，不仅为当时有关专业的教师、学生提供了教材和参考书，而且对从事有关专业的其他科技工作者，都有参考价值。他的学生，有不少成为中国航空、航天事业的栋梁之材。

·导弹之父 催生中国“飞鱼”腾空

1956年9月至1965年，梁守槃先后担任国防部第五研究院研究室主任、设计部主任、研究所所长、分院副院长;1965年，任第七机械工业部研究院副院长、七机部总工程师；1982年，任航天工业部科技委副主任兼第三研究院科技委主任；1988年，任航空航天工业部高级技术顾问；1993年后，任航天工业总公司高级技术顾问。

20世纪50年代末期，中国开始仿制从苏联引进的P–2液体近程弹道导弹。梁守槃被任命为总体设计部主任，主持这一导弹仿制的总体技术工作，通过按引进的P–2导弹的战术技术指标进行导弹设计，将设计计算的结果与引进的P–2导弹的数据进行比较，验证我们的理论分析、设计、计算是否正确，对有差别的地方进行分析研究，找出原因，有针对性地进行设计改进。这样的“反设计”，独立自主地培养了我们自己的科技队伍，为自力更生研制新型导弹奠定了基础。

在研制过程中，梁守槃遇到了一连串技术困难，个个都极为关键，但他毫不退缩，克服了各种困难，攻克了一个又一个技术难题。当时的苏联专家声称中国生产的液氧不能用于液体火箭发动机的氧化剂，他默默地进行分析计算，用事实证明中国生产的液氧可以把导弹送上天。

在梁守槃和战友们的共同努力下，1960年9月，他们用中国生产的液氧为氧化剂，成功地发射了苏制的P–2导弹。后于1960年11月5日，中国仿制的第一枚液体近程弹道导弹发射成功，从而揭开了中国导弹事业的序幕。

梁守槃在担任发动机过程研究所所长期间，苏联专家认为用偏二甲肼作燃烧剂虽然可获得较高的比冲，但有剧毒，而且毒性是积累性的。他与军事医学科学院合作，在朱鲲教授的主持下，经过反复的分析研究和试验，终于得出科学的结论：偏二甲肼及其燃气虽有毒，但可以通过人体自身的代谢将毒性物质排出，因此是非积累性的中毒，并找到了解毒的特效药，从而闯开了偏二甲肼不能作为液体火箭发动机燃烧剂的“禁区”。之后，梁守槃又带领大家，研究出用偏二甲肼与煤油混合，代替需用20千克粮食才能提炼1千克的混胺–02的办法，以此作为中、小型液体火箭发动机的燃烧剂，为国家节省了大量的粮食，其意义是十分重大的。

为研制更大推力的发动机，梁守槃创造性地提出可以不设计新的大型离心泵，而用几个离心式涡轮泵并联的设想。此设想一提出，就遭到了苏联专家反对，认为离心式涡轮泵不能并联。但梁守槃发愤攻关，持续研究，通过反复实验，证实这一技术方案设想是完全可行的，从而为大型液体火箭发动机涡轮泵系统的设计提供了一个新的技术途径。

贮存液体火箭发动机燃烧剂硝酸和氧化剂过氧化氢的容器，从国外引进的资料中记载，为满足耐高压、耐腐蚀的要求，要采用不锈钢材料，但当时国内不能生产，而国外又禁运，成为亟待解决的难题。在困难面前，梁守槃没有退却。他根据篮球双层结构的原理，提出了试制双层金属容器的设想，里层采用耐腐蚀性好的合金铝，外层用强度高、耐高压的钢材，成功地试制出高压容器。梁守槃带领大家闯过了航天事业初创时期一系列技术难关。

梁守槃长期担任海防导弹研究院副院长，分管技术工作，他提出了一系列关于这类导弹的发展规划，并主持和组织研制成功亚音速、超声速、小型固体三个系列岸对舰、舰对舰、空对舰多种海防导弹，有的导弹还多次参加国际防务展览，受到了好评。特别是在被人们称为“中国飞鱼”的 C801 超声速固体反舰导弹的研制中，他不仅带领科技人员解决了多项技术关键，还排除了飞行试验中出现的故障，终于研制成功了这一超声速导弹武器系统，获得国家科技进步奖特等奖。

在从事导弹研制的实践中，梁守槃以渊博和深厚的基础理论知识、敏捷的思维和丰富的实践经验，始终掌握着先进的技术方向与技术途径，带领科技人员攻克了多项技术关键难题，参与决策多种导弹的技术方案及其他重大技术问题，领导和参加了多种导弹的设计、试制、试验、生产和飞行试验，研制成功多种导弹，满足了部队装备的急需，使中国的国防力量得到了实质性的增强。

梁守槃（梁厝村村委会提供）

现在，中国

海防导弹已在独立自主的研制道路上迈出了不断向前的坚实步伐，所研制成功的导弹的战术技术指标可以与工业发达国家同类导弹相媲美，这与梁守槃所付出的劳动与心血是分不开的。

作为中国导弹与航天技术的重要开拓者之一，梁守槃不仅具有对导弹研制试验中的重大技术问题进行决策的能力，还具备对航天科技工业发展方向、发展战略、发展规划和技术途径等的方案制订和组织实施能力。早在1964年，他在当时国防部第五研究院三分院的干部大会上，作了《关于技术工作中的几个问题》的报告，阐述了技术工作中存在的认识问题及解决这些问题的意见和建议，引起了很大的反响。时任副总理的聂荣臻元帅看了这篇报告后，亲自做了批示："梁守槃同志的这篇讲话很好，提出了一些很现实、很具体、很生动的问题……对我们科学技术工作的发展有重要的意义……很值得提倡。"㉒他提出的科技人员的"三严"（严格、严密、严肃）作风的培养问题、设计中的继承性与先进性的关系问题、保证技术指挥线畅通问题等，直到今天都具有重要的现实意义。

梁守槃多次提出关于航天科技工业管理体制和机构设置方面的建议，如注意总结导弹型号研制工作的经验教训等，他的这些建议与意见，大多数都被领导接受或采纳，在促进航天科技工业发展中发挥了积极作用。

20世纪80年代中期，梁守槃作为航天工业部科技委的副主任，曾分管航天科技工业2000年发展战略的制定工作，他勇于创新，并以严肃认真和积极负责的态度组织并高质量完成了这一任务。

梁守槃十分重视研究航天科技工业的经济效益问题，较早地提出了导弹型号研制工作要搞经济核算和经济承包责任制，极力反对包盈不包亏的假承包，为导弹工业努力探索增强经济实力的道路。

· 屡获大奖 中科院院士

梁守槃科研成果十分突出：1964年，荣获国家科委一、三等奖各一项；1980年，当选为中国科学院学部委员（院士）；1984年，荣立航天工业部一等功；1985年，当选为国际宇航科学院（IAA）院士；1988年，被美国国际空间大学创办者协会聘任为初始会员；1989年，荣获航空航天部（1988年航空工业部与航天工业部合并成立航空航天工业部）劳动模范称号；1990年，被批准为首批享受政府特殊津贴的专家；1990年，作为项目的主要完成人之一，获一项国家级科技进步奖特等奖；1992 年，被批准为航空航天部有突出贡献的老专家；1994 年，获求是科技基金会“杰出科学家奖”。

1961 年 7 月，梁守槃加入了中国共产党。他曾当选为第三、第四、第五届全国人民代表大会代表，中国人民政治协商会议第三、第六、第七届全国委员会委员，中国共产党第十二次全国代表大会代表。

梁守槃还是多个全国性学术团体的领导人。1956 年，当选为中国力学学会常务理事；1964—1984 年，一直担任中国航空学会副理事长；1978 年，当选为中国工程热物理学会副理事长；1993 年，当选为中国工程热物理学会理事长；1979 年，当选为中国宇航学会第一届理事会副理事长；1986 年，当选为中国宇航学会第二届理事会常务理事；1993 年，当选为中国宇航学会第三届理事会名誉理事长。

梁守槃一生著述甚多。先后出版《发动机动力学》《内燃机》《气轮机》《飞机发动机设计》《热力学》等，发表了《星型发动机气阀的振动》《涨圈外形的研究》《喷气发动机理论》《叶轮机中的气流速度分布》《复式减振支架的分析》《用最小二乘法计算加速度》《大气折射对光测弹道高度的影响》《产品研制中的几个问题》《海防导弹的发展、回顾与展望（1949—1989）》等一批重要论文。

2009 年 9 月 5 日，因病医治无效，梁守槃在北京逝世。

梁守章：飞潜精英 首代舰载机飞行员

梁守章（？—？），福州海军飞潜学校（海军航空处）第二届毕业生，中国第一代舰载机飞行员。

1918 年，海军飞潜学校在福州创办，这是我国第一个培养制造飞机和潜艇专业人才的学校。创办后，将海军艺术学校英文甲、乙两班学生 50 人编为飞潜学校甲、乙两班。后又招了 50 名编为丙班，梁守章即是丙班中一员。

梁守章不但聪慧过人，而且身体素质甚好，进入航空班。他胆大心细，勤学苦练，成绩不错。他们班招生时有 50 人，通过严格考试，不断淘汰，到 1931 年毕业时只有 9 人领到毕业证，梁守章学习成绩列第六名。海军飞潜学校航空班，亦称海军航空处，因此在海军航空处第二届毕业生名册上有梁守章的大名。

作为中国自己培育出的第一代舰载飞机飞行员，梁守章既能驾驶飞机，又能维修战机，对飞机构造、机器性能尤为感兴趣，后致力于对飞机故障排除的研究，转往国民党空军，长期做机械师。后事不详。

梁方栋：抗战老兵 人民海军任轮机长

梁方栋（？—？），轮机专才，曾任国民革命军陆军第五军机械师、中央兵工厂机械师；中华人民共和国成立后曾任人民海军 3839 部队军舰轮机长、福建水产厅“闽水冷一号”船轮机长。

梁方栋，与梁家许多男儿一样，将进海军学校和当海军当作最大梦想。少年时期，考入福州海军学校轮机班，学习十分刻苦。

抗战军兴，梁方栋到陆军第五军缅甸抗日前线当机械师，专修坦克。从印缅战场回来后，到中央兵工厂当机械师。

中华人民共和国成立后，梁方栋在人民海军 3839 部队任军舰轮机长，重新回到了他在福州海军学校所学的老本行。后转业至福州，为福建省水产厅“闽水冷一号”轮船首任轮机长。

家族传奇

梁序昭：中共烟台地下党创始人之一

1924 年 12 月，梁序昭在山东烟台光荣加入了中国共产党。当时，他是烟台海军学校学生。他的入党，与高他一届的烟台海军学校同学郭寿生（福州人）有关系。

在海军学校参加马克思研究会

1916 年，郭寿生从福州考入烟台海军学校。1920 年，郭寿生与同届同学李之龙（中共早期党员。中华民国第一届国民政府于1925年7月1日在广州成立，李之龙曾任海军局局长兼“中山”舰舰长，海军中将，1928年被蒋介石杀害）秘密组织读书会，传阅进步书刊《新青年》《资本论》等，梁序昭入校后，很快就成为读书会成员。

1921年下半年，驻上海的中共中央即派邓中夏、王荷波等来烟台，发展郭寿生为社会主义青年团（中国共产主义青年团前身）团员，并指定郭寿生为负责人，继续在烟台海军学校内秘密开展活动，发展团的组织。中共中央之所以会派人来烟台海军学校发展党组织，与王荷波有关系，王荷波是福州人，做过水手，与闽籍海军官兵有较多联系。他后来从事地下工作时，几次都是乘坐闽籍海军人员掌管的军舰脱离险境。

郭寿生成为社会主义青年团团员后，按中共中央规定的地址、代号，直接与党中央联系。他在烟台海军学校成立马克思主义研究会，创办《新海军》月刊，宣传革命，梁序昭成为马克思主义研究会骨干。[23]

烟台第一个共青团支部创建成员

1922年初，郭寿生去海军南京鱼雷枪炮学校学习，继续从事团的活动，并在王荷波等津浦铁路工运领导人的领导下，积极参加津浦铁路工人运动，时常夜间过江，在浦镇的草棚里和工人们一起开会。

1923年，郭寿生在南京由王荷波、恽代英等介绍加入中国共产党，并担任南京市团的书记。同年，郭寿生回到烟台海军学校继续学习，在中共中央北方局直接领导下开展党团工作。当年冬，他发展曾万里、梁序昭等十余名同学入团，组建中国社会主义青年团烟台支部。据悉，这是烟台第一个团支部，梁序昭也因此成为烟台第一个共青团支部创建者之一。[24]

参与创办中共外围组织“新海军社”

梁序昭与郭寿生、曾万里3人，还在烟台海军学校内秘密组织新海军社，把该社作为中共外围组织，积极发展社员，并在上海、南京、福州马尾等地舰艇和海军学校建立支社和分社，制定新海军社章程，把组织扩大到整个海军中。

笔者手中有一张照片，是梁、郭、曾三人从事国民革命工作时合影，中为郭寿生，左为梁序昭，右为曾万里。[25]

参与创建烟台第一个中共党小组

梁序昭于1924年12月加入中国共产党，参与创建了烟台第一个中国共产党小组，表现积极。

1925年，梁序昭从烟台海军学校毕业后，分发到舰艇上实习。1927年2月22日，随舰参加了由中共中央军委和中共上海区委领导的上海工人第二次武装起义，炮轰由津浦路南下援沪的北洋军阀部队。

中华人民共和国成立之后，先后公开了郭寿生、曾万里等少数烟台海军学校早期中共党员的身份，梁序昭等其他人则多未公开，有专家认为，这主要是因为梁序昭等人都在中国台湾，且在国民党军中身居高位，为保护他们，所以未公开。而曾万里在抗战胜利前殉职，郭寿生等没有随同蒋介石到台湾，而是留在大陆参加人民海军建设，所以公开了他们的身份。[26]

梁序昭担任台湾地区海上防务部门领导人时间并不长，有人分析认为，其任职期间，“太平”舰、“洞庭”舰先后被我人民海军击沉，又丢了一江山岛，其是否为共军人员的旧话又被重提，因而下台。至于是否如此，尚未发现直接史料可确凿证明。[27]

梁序昭：南沙群岛立起孙中山塑像

梁序昭在台湾地区海上防务部门主要领导人任上，做了一件值得中国人永远铭记的事。

1956年5月底，菲律宾以本国人克洛马发现了南沙群岛，宣布对中国南沙群岛拥有主权。听到这个消息，蒋介石气愤不已，连夜命令梁序昭，不惜代价出舰派兵进驻南沙。

接到命令，梁序昭连夜组织舰队，亲自动员：“排除万难，以最快速度千里赴南沙，誓死保卫中国主权与领土，不能让他国再染指中国一寸土地。”[28]

6月2日上午，台湾当局海军副参谋长姚汝钰少将率两艘军舰和一支装备先进的陆战队，向南沙群岛进发，经历四天航程，于5日傍晚驶达南沙群岛中最大的太平岛，穷一夜工夫，在暗礁横生近海处，探测锚地，实行停泊，于次日清晨7时许，陆战队官兵分乘橡皮艇，实行滩头登陆。行遍全岛，未发现菲律宾人踪迹。

登陆之后，姚汝钰率领官兵，在岛上举行隆重的升旗仪式，宣示中国主权。

梁序昭下令，在太平岛上修建营房，构筑工事。还特别命令，在岛的中央立起一座两岸人民都十分敬重的孙中山的塑像。

在这次航行中，除了登陆太平岛、南威岛、西约岛三岛之外，还在这个群礁林立的南沙岛群穿梭巡弋，前后巡视过27个其他小岛。岛上渺无人烟，亦未见菲律宾人踪迹。

两舰回航时，还带回了淡水和泥土，准备加以化验研究，作为将来开发南沙的参考，并在南沙外海搜集了很多有关该地区地质、地形、流向、海象、航线、气象、水文上的各种资料，对发展该区的航业有很大的贡献。

不久，台湾地区军机在南沙上空巡视中发现，太平岛上唯一建筑的屋顶上又出现“自由邦”的英文名称。梁序昭立即调派军舰于6月29日前往南沙群岛，除完成升旗、清除外国文字等任务外，还在一些岛礁上开展设立航标设施等工作。

1956年9月，梁序昭派舰第三次巡弋南沙。10月2日，他们发现一艘船只在双子礁附近抛锚，立即登船检查。这是一艘菲律宾海事学校的训练船，船长是托马斯·克洛马的弟弟费拉蒙·克洛马，船员共有17人。梁序昭得到报告后，立即指示：没收船上的武器，抄录船员名单及其在菲律宾的住址及家属情况，最后对他们进行警告，不得再有侵犯中国南沙主权的行为，否则将予以扣留。费拉蒙·克洛马承认了菲方的非法行为，并在证明书和保证书上签字。

梁序昭组织海军三次对南沙群岛的侦巡，打击了克洛马等人损害中国主权的嚣张气焰。

注释：

① 司马迁．史记·本传[M]．金源，译．西安：三秦出版社，2008：98.

② 司马迁．史记·本传[M]．金源，译．西安：三秦出版社，2008：99.

③⑤⑥⑦⑧ 梁守金．梁氏族谱（第一卷）[M]．福州：福州永盛梁氏族谱编纂理

事会，2003：135-138.

④ 魏键．大鼓山·涌泉寺[M]. 福州：海风出版社，2011：376.

⑨⑩⑪ 沈葆桢．请派轮船统领，以资训练折[M]// 张作兴．船政文化研究——船政奏议汇编点校辑．福州：海潮摄影艺术出版社，2006：54.

⑫ 中国近代经济史资料丛刊编辑委员会．中国海关与中法战争[M]. 北京：中华书局，1983：170-171.

⑬ 陈道章．中法马江海战日志[M]. 福州：中共福州市委宣传部，福州市社科院，福州市社科联，2004：127.

⑭⑮⑯ 李鸿章全集（3）[M]. 海口：海南出版社，1999：1642.

⑰ 郑祖庚．闽县乡土志[M]. 福州：海风出版社，2001：259.

⑱⑳㉑ 梁守金．梁氏族谱（第一卷）[M]. 福州：福州永盛梁氏族谱编纂理事会，2003：71-75.

⑲ 刘琳．福建在台历代名人列传[M]. 福州：海峡书局，2012：586.

㉒ 刘琳，史玄之．仓山梁厝历史文化概览[M]. 福州：海峡文艺出版社，2019：125-126.

㉓㉔㉕㉖㉗ 刘琳，史玄之．仓山梁厝历史文化概览[M]. 福州：海峡文艺出版社，2019：96-98.

㉘ 2005年7月笔者访问原台湾地区海上防务部门副领导人郑本基记录。

黄炳承家族

黄炳承（1842—1918），字绍本，福建省闽县（今福州市鼓楼区）人，海军军官，清朝时曾任船政学堂教习；民国时曾任海军部翻译。

黄炳承在船政学堂从教后，在今福州市鼓楼区秀冶里营建黄家大院，由此走出了一个颇具传奇色彩的船政名门，四代名杰，代表人物除黄炳承外，还有他的次子黄裳治。

黄裳治（1859—1927），原名裳吉，字庥民，谱名孝淑，海军军官，船政后学堂第四届驾驶班毕业生，清朝时曾任"镇中"舰管带、天津水师学堂教习、江南水师学堂庶务长兼教务长；辛亥革命时期任南京临时海军司令部参谋长；民国时曾任南京临时政府海军总司令部参谋长、军械处处长，北京政府海军部副官科视员，海军部总司令处一等参谋、军械长，海军部视察。

家族源流

黄姓因国得姓

黄姓相传系黄帝之孙颛顼高阳氏苗裔、伯益之后。伯益佐舜调训鸟兽有功，舜赐姓"嬴"。佐禹治水有功，得封国在今河南省光州的光山、固始、商城、息四县的"黄"国，原承赐"嬴"姓的子孙遂改以国名"黄"为姓，这就是黄姓得姓肇始。公元前648年，黄国被楚国所灭。这一支黄氏，后成了黄氏族人的主要来源，史称"黄氏正宗"。

秀冶里黄氏入闽始祖是黄敦

黄敦，河南固始县人。唐景福二年（893 年），黄敦跟随王审知领导的一支农民起义军，从河南固始县出发，一路南下，进占福州。王审知建立闽国后，黄敦隐居闽清七都的凤栖山。结庐躬耕，因其庐轮廓貌似伏虎，遂自号“虎丘居士”，生有六子：黄宗、黄礼、黄凝、黄勃、黄启、黄余，世称“六叶”。

虎丘黄氏立祠在北宋大中祥符三年（1010 年）。当年虎丘三世裔孙黄彦荣率族在闽清七都的凤栖山兴建始祖黄敦之墓祠，后奏请北宋朝廷敕额名为“护国积善院”，历元、明、清数朝，兴盛一时，后遭火焚。20 世纪 40 年代初为纪念入闽始祖黄敦，在墘上里选址重建虎丘黄氏祠堂，平整土地时，挖到一光滑巨石，色淡黄，所处位置恰在后厅的正中心点，与大厅合砖共向，直线巧合，众称之“龙珠”。因黄敦生六子，六叶传芳，故供奉始祖的祠堂俗称“六叶祠”。

秀冶里黄炳承家族即属虎丘黄氏的一支。

船政家谱

第一代

秀冶里黄家第一代船政人，多为船政造船工匠和水兵，代表人物即是船政学堂第一代中国籍英语教习黄炳承，他为船政学堂发展做出了努力。

黄炳承：英文教习 执教船政学堂

黄炳承（1842—1918），字绍本，海军军官，清朝时曾任船政后学堂教习；民国时曾任海军部翻译，是船政学堂第一位懂英语、汉语普通话和福州方言的教师，福州第一位在海军高等学堂教授英语的本地人。

美丽的秀冶里

黄炳承是东街秀冶里黄家第一位海军，身世凄苦。他的母亲姓彭，是位孤儿，在孤儿院里长大，后嫁入黄家做妾，生有黄炳承一子。在丈夫死后，彭氏和黄炳承被正房夫人赶出家门，四处流浪。

清咸丰三年（1853年），美国美部会在台江保福山建立教堂，并在教堂内创办了一所女子学堂——福州美部会妇女学校（后来的福州文山女中，现在的福州第八中学），这是美国教会在中国继开办宁波女中之后创办的第二所女子中学，也是教会在福州最早设立的女子学校。由女传教士唐师姑主持校政。

自保福山有了教堂后，彭氏在好心人的帮助下，在教堂外摆了个小书摊，帮着教堂卖《马太福音》。彭氏去世后，黄炳承靠给人放羊为生。放羊时，他常常趁着羊吃草时，伏在教室的窗台上听老师讲课。一位老师发现了常常瞪着大眼睛在窗外听课的黄炳承。有一回，老师刻意问了这孩子几个英语单词，没想到黄炳承脱口而出，老师觉得他很聪明，就向教堂请示能否收他进来免费读书。

后来教堂收养了黄炳承，让他在教堂里做勤杂工，业余时间同意他到格致书院去听听课。因为肯学，也因为长年累月地与传教士生活在一起，黄炳承渐渐地能说一口流利的英语，还能用英语作文，成为福州市第一个能同时掌握汉语普通话和福州方言、英语的人，在当地很有名气。

清同治五年（1866年），船政学堂开办后，后学堂聘请了英籍老师，但英籍老师不会中文，没法与学生交流，也没法上课。特别是录取的学生有的只会福州方言，急需既懂英语又懂官话（汉语普通话）还懂福州方言的教师。而这三者黄炳承皆具备。于是，船政学堂就聘请黄炳承做船政后学堂的教习。

黄炳承因为出身苦，从小就受父亲正房及其所生子女的欺侮、耻笑，所以提了三个“扬眉吐气”的要求：一是每月工资80银圆，二是用县太爷轿子抬到县衙门后再到学堂教书，三是放三响礼炮。

在船政学堂，黄炳承尽心尽力教书，常常放弃休息时间帮学生补习英语。

后来，黄炳承还专门为中国第一批到英国留学的船政学生突击强化英语口语，刘步蟾、方伯谦等第一批留英学生还曾向他行过“三叩九拜”拜师礼。以致后来，萨镇冰碰到黄炳承一直叫“先生”。

黄炳承有钱后，在秀冶里买了地，盖了七间排三进的大宅院，有花厅，还有一个大花园，非常气派。

清朝时，黄炳承还当过李鸿章的英文翻译。民国后，他曾到海军部做英文翻译工作。1918年，黄炳承病逝于上海。棺木用军舰运回福州，福州当地政府和海军界分别举行了公祭，百姓还自发在沿路搭起了祭棚，举行了隆重的街祭。

第二代

因为黄炳承长期在船政学堂当教习，其学生多为后来非常有名的海军将领，同时在教书过程中他也意识到，国家未来的发展离不开一支强大的海军，意识到读船政学堂，进可保家卫国，退可靠一技之长养家糊口。黄炳承生有5个儿子，活了4个，都读过海军学校，都当过海军。其中，最出色的为次子黄裳治。

黄裳治：辛亥易帜 危难之时出任参谋长

黄裳治（1859—1927），原名裳吉，字麻民，谱名孝淑，海军军官，清朝时曾任“镇中”舰管带、天津水师学堂教习、江南水师学堂庶务长兼教务长；辛亥革命时期任南京临时海军司令部参谋长；民国时曾任南京临时政府海军总司令部参谋长、军械处处长，北京政府海军部副官科视员，海军部总司令处一等参谋、军械长，海军部视察、海军编史监修。

黄裳治是黄炳承次子，从小在父亲课读下攻读英语，口语甚佳。父亲去船政学堂教书后，家境日裕，为黄裳治兄弟延请塾师教授经史子集，这为黄裳治打下很好的中西文化底子。

清光绪元年（1875 年），黄裳治以优异成绩考入船政后学堂第四届驾驶班，专攻航海。光绪三年（1877 年）完成堂课，登上“扬武”舰读舰课，主要学习枪炮、驾驶等。次年，舰课毕业，再进船政后学堂攻读高等课程。

光绪六年（1880 年），黄裳治以优异成绩毕业于船政后学堂第四届驾驶班，在全班 26 名毕业生中成绩列第三名。毕业后，奉派登“扬武”舰任职。

黄裳治属品学兼优干才，做事认真，工作积极，表现出色，毕业后进步甚快。光绪八年（1882 年），升任“镇中”炮舰管带。

光绪十年（1884 年）四月，黄裳治被调往天津水师学堂担任教习。

光绪十二年春（1886 年 4 月），黄裳治被选中作为中国海军第三批赴英留学生，因赶不及回闽，所以未成行，被留任天津水师学堂教习，旋以直隶知州补用。

光绪二十六年（1900 年），八国联军侵略中国，天津水师学堂被迫解散，黄裳治南下出任江南水师学堂庶务长兼教务长。任上，黄裳治兢兢业业，诸事皆周全，于光绪末年以直隶州知州江苏补用知县升用。宣统三年（1911 年），因黄裳治一人兼二职且并未加薪，再加上表现优异，“毕业学生送部考验”[①]均“成绩相符”[②]，两江总督张人骏向朝廷呈给黄裳治等“在事出力各员请奖折”[③]：“庶务长兼教务长升用直隶州知州江苏补用知县黄裳治，拟请候补直隶州知州后以知府补用。”[④]朝廷很快批准，黄裳治以知府补用。

宣统三年八月十九日（1911 年 10 月 10 日），武昌起义爆发，驻守上海的海军舰艇纷纷易帜起义，但因无统一领导机构，粮饷无保障，海军推举黄裳治、毛仲方、饶怀文为驻上海海军代表，赴武昌与革命政府接洽，筹措易帜后海军粮饷，为起义的海军解决后顾之忧，

宣统三年十月十七日（1911 年 12 月 7 日），各地海军起义代表在上海集会，商讨建立统一的海军指挥机构。代表们公推原清朝巡洋舰队统领程壁光为海军总司令，黄钟瑛为副总司令，黄裳治为参谋长，毛仲方为参谋次长。当时，程壁光率“海圻”舰赴英未归，黄钟瑛也未到职，暂由参谋长黄裳治代行职权。临时海军司令部设在上海高昌庙。

黄裳治走马上任之时，正是海军易帜后百废待兴之际，黄裳治夜以继日筹

划整顿海军，支援待光复地区。

中华民国南京临时政府成立后，在上海高昌庙设立中华民国南京临时政府海军总司令部。1912 年 1 月 5 日，黄裳治任中华民国南京临时政府海军总司令部参谋长。2 月 3 日，任中华民国南京临时政府海军部军械处处长。

1912 年 2 月 13 日，孙中山通电辞去中华民国临时大总统，海军部随中华民国临时政府迁往北京后，袁世凯对海军人事进行了调整，任命刘冠雄为海军部总长。1912 年 3 月 30 日，南京临时政府海军部也宣布裁撤。5 月 1 日，黄裳治充署北京政府海军部副官科视员。

1913 年 1 月 7 日，黄裳治署海军部总司令处一等参谋。同年 4 月 1 日调任海军部总司令处军械长，7 月 16 日授海军上校军衔。12 月 5 日回任海军部总司令处一等参谋。次年 5 月 23 日，黄裳治晋授海军少将军衔。

1916 年 2 月 1 日，黄裳治调任海军部少将视察。曾随时任海军总司令的李鼎新等通电反对北京政府，加入护国军。次年，任海军编史监修。

黄裳治多次获勋。1917 年 10 月 9 日，获授“四等文虎勋章”。1918 年 1 月 7 日，获授“五等嘉禾勋章”。1920 年元旦，获授“四等嘉禾勋章”。1921 年 1 月 7 日，获授“三等文虎勋章”。

1927 年 7 月，黄裳治病逝。黄裳治是名儒将，能诗工文。1913 年 5 月，由南洋劝业会研究会编辑出版的《南洋劝业会报告书》中，就有黄裳治、饶怀文、林继文、王良英、饶秉钧、唐伯忻合写的论文《海军研究会意见书》。

黄孝滨：海军教习 上海海关任关长

黄孝滨（？—1918），海军军官、海关官员，清朝时曾任威海水师水堂教习；民国时曾任上海海关关长。

黄孝滨是黄炳承三子，儿时随塾师学习蒙学经典，曾进入新式学堂学习，少年时期考入船政后学堂，学习驾驶。肄业后，赴英留学。留学归来，进入北洋海军，曾任威海水师学堂教习。

威海水师学堂，又称“刘公岛水师学堂”，是继天津水师学堂之后在北洋建立的又一所培养海军军官的学校。

黄孝滨任教习未久，威海水师学堂即因甲午海战爆发，随着威海的陷落而停办，北洋海军所有官兵被革职。黄孝滨留在威海，找了份与洋人打交道的工作。

光绪二十四年（1898 年）五月十三日，英国强租威海卫。因熟悉英国，又精通英语，黄孝滨进入威海海关工作。民国后，曾奉调四川成都海关。之后，又调往上海海关，曾任上海海关关长。

黄孝滨的大哥黄孝铭也当过海军，民国时期曾在上海高昌庙海军总司令部做事，后来一直生活在上海。黄孝滨的弟弟黄孝元，也曾考入船政学堂，当过海军，后转行做铁路工作，与曾任上海市市长、国民政府行政院副院长兼外交部部长的吴铁城是儿女亲家。

第三代

黄炳承孙辈多数曾经服务于海军，有数位为海军学校高才生。

黄承鼎：陆军出身 海军部里任参谋

黄承鼎（？—？），陆军军官，海军军官，曾任海军总司令部参谋。

黄承鼎是黄炳承长子黄孝铭的大儿子，长于上海，在黄埔江畔接受了完整基础教育，高中毕业后投身军旅。

1914 年 12 月，黄承鼎曾在海军陆战队第二营当副官，驻守上海高昌庙海军总司令部。后长期在海军陆战队从军，历任多岗。

1927 年 3 月，闽系海军归附国民革命军，参加北伐。1928 年东北易帜后，海军形式上实现了统一。同年 12 月 1 日，国民政府在行政院军政部之下设立海军署。1929 年 4 月，国民政府明令将海军署扩充为海军部，海军部成立警卫营，负责驻沪海军主要机关的守卫工作，黄承鼎任职于此。

任上，黄承鼎随部参加对日作战。1937 年 9 月，江南造船所、上海海军司令部、海军军械处、海军警卫营营房、吴淞海岸巡防处等地，均遭到日本海军航空兵的猛烈轰炸，损失惨重。随着淞沪南线的崩溃，浦东川沙、南汇的陷落，以及苏州河南岸中国军队主力的全线西撤，上海市区的南市成为抗击日军的最后一个城市堡垒。海军警卫营以高昌庙为警戒线与敌血战。当时黄浦江、高昌庙一带江面已被日海军舰艇控制，十六铺至董家渡一带之南市繁华地区遭日军狂轰滥炸，成为一片火海废墟。11 月 11 日，敌军猛攻高昌庙中国海军驻沪机关，海军警卫营进行了英勇的抗击。高昌庙失陷后，海军各机关被占领，海军警卫营与陆军第 55 师官兵坚守到最后才奉命突围而出。随之，淞沪会战结束。

抗战胜利后，黄承鼎于 1947 年 5 月 13 日任海军总司令部参谋，陆军中校军衔。次年 3 月，海军总司令部在办公室下设参谋组，黄承鼎任参谋组中校参谋。

黄恭威：第二舰队轮机长 抗战尽忠

黄恭威（？—1940），海军军官，曾任“江贞”舰轮机副，“应瑞”舰轮机官、轮机长，第二舰队轮机长。

黄恭威是黄孝铭次子，自幼生活在上海，少年时期考入江南水师学堂，学习成绩优异。宣统元年（1909 年）十二月，毕业于江南水师学堂第五届管轮班，同班同学中有不少后来在中国军舰制造方面建有殊功，如马德骥等。在这里，他与同班同学萨师同成为至交，萨师同是“中山”舰舰长萨师俊的哥哥，因此他与萨师俊也成为好友。

1912 年 1 月，黄恭威出任“江贞”炮舰轮机副，任上继续钻研业务，精进轮机技术。他还督兵训练，精心保养轮机。

1916 年 6 月，黄恭威调任“应瑞”舰中尉轮机官，继续保持好学传统，轮机技术及所保养的机器均受到好评。

1926 年 1 月 11 日，黄恭威升任“应瑞”舰轮机长，军衔上尉。同年 2 月 1 日，晋升轮机少校。次年 3 月，闽系海军归附国民革命军，黄恭威依旧担任“应瑞”舰少校轮机长。

1930 年 5 月 13 日，黄恭威升任第二舰队中校轮机长，负责全舰队轮机工作。

1938 年 1 月，海军部为因应抗战全面爆发，改编为海军总司令部，黄恭威依旧担任第二舰队轮机长，军衔为一等轮机中校。任上，督部参加了江阴海空战、武汉保卫战等重要对日作战。

黄恭威不但自己与日军血战，还参与宣传抗日英雄事迹，动员更多青年从军卫国。在好友“中山”舰舰长萨师俊牺牲后，他曾一次次宣传萨师俊血战日军事迹。

淞沪战役期间，萨师俊送义子萨支源（萨师俊婚后无出，其兄萨师同以子嗣之）投考空军学校，有人问他为何不让义子暂避战火，他慨然说：“我不能以私情误国事，倘此时人人存贪生怕死之心，抗战前途，安有胜利之望！”黄恭威闻知，向公众大发感慨：“萨师俊忠勇之气概，固足为家庭表率，尤可为军人模范也！”黄恭威多次公开宣传萨师俊的事迹，对动员更多青年参军杀敌发挥了积极作用。

1940年6月12日，黄恭威被日寇飞机炸死。

黄景湘：通讯专家 抗战屡建奇功

黄景湘（1909—1980），海军军官，曾任“永健”舰正电官、海军马尾要港司令部电台台长、盟军海军通讯设备顾问、海军无线电台第十五分台台长、海军无线电台第十七支台台长；中华人民共和国成立后，曾任上海宇宙电器工业社工程师、山东淄博矿务局工程师。

黄炳承三子黄孝滨生有二子一女，黄景湘为其长子。黄孝滨早在1918年即去世，二哥黄裳治对弟弟留下的儿女多有照顾。1924年，黄景湘在上海读完初中后，刚好海军部筹建海岸巡防处，并在处内附设无线电报警传习所，培养无线电人才。黄裳治通过旧部关系，为黄景湘争取到考试机会，使之顺利考入，成为无线电报警传习所第一届学生，并于1925年初夏顺利毕业，成绩列16名毕业生中的第六名。

自海岸巡防处无线电报警传习所毕业后，黄景湘留在海岸巡防处电台工作，其间曾在沈家门无线电报警台工作过。

1929年6月1日，中华民国国民政府在南京为孙中山先生举行奉安大典，黄景湘任仪仗队队员。仪仗所用佩剑被黄家一直精心保存至20世纪50年代中期。

1931年，黄景湘奉派“永健”舰任正电官，曾随舰长期驻守上海。

1937年7月，抗战全面打响。黄景湘随舰参加对日作战。“永健”炮舰是抗战全面爆发时国民党海军在上海留下的唯一战舰，当时中国海军将“普安”运输舰沉于董家渡水道，防止日军大型舰艇接近江南造船厂，而将“永健”炮舰泊于海军江南造船所前，阻击日军轻型舰艇进犯。

1937 年 8 月 13 日，中国军队抗击日军进攻上海的淞沪会战打响，这是抗日战争中第一场重要战役，也是全面抗战爆发之初规模最大、战斗最惨烈的战役，前后历时 3 个月，日军投入 9 个师团和 2 个旅团 30 多万人，宣布死伤 4 万多人；中国军队投入 75 个师和 9 个旅 75 万多人，我方统计死伤 30 万人。中国军民浴血苦战，粉碎了日本“三个月灭亡中国”的狂妄计划，同时为从上海等地迁出大批厂矿机器及战略物资争取了时间，为坚持长期抗战起了重大作用。

1937 年 8 月淞沪抗战打响后，黄景湘和同是无线电通讯专才的弟弟黄景根一起，奉命执行一项特殊任务：8 月 14 日，在上海国际饭店 24 楼租一间房，安了一个望远镜和小型发报机，助力打击日本军舰。兄弟俩通过瞭望和拦截、破译日舰情报，测定日舰位置，再通过密电报告前方人员。但因日本旗舰在不停地走动，没有打中旗舰“出云”号，但重创了其他军舰。

在淞沪抗战中，“永健”舰冒着日军飞机的狂轰滥炸，与敌血战到最后。原为正电官的黄景湘，先以手枪射击低空盘旋的日机，手枪子弹打完后，又接过牺牲战友的步枪继续射击。8 月 25 日，“永健”炮舰被日军轰炸机击中。

1939 年，黄景湘调往福州老家，担任海军马尾要港司令部电台台长，军衔二等电信佐。次年，黄景湘夫人林桂辉带着儿女逃出敌占区，辗转来到马尾，一家下榻于马尾海军联欢社附近的海军军官官邸。

自 1937 年秋开始，日本空军开始对闽江口进行狂轰滥炸。黄景湘到任后，随海军马尾要港中将司令李世甲，与马尾驻军一起拼力抗击，拒敌于闽江口之外。

黄景湘

1941 年 4 月 18 日，日军在 30 多架飞机的掩护下，发起了对闽江口的强攻，李世甲率部与敌血战到 4 月 21 日，闽江口诸岛因为官兵全部战死而陷落，连江长门要塞因弹尽粮绝被包围，官兵不得不奉命突围。李世甲率剩余官兵突围至福州西北处的群山，黄景湘随部一边拒敌一边往闽侯大湖方向撤离。

太平洋战争爆发后，中、美、英三方合作建立盟军福州情报站，黄景湘被任命为盟军海军通讯设备顾问，奉命秘密组建情报站，收集、破译、传送情报，为盟军最后取得第二次世界大战的胜利做出了贡献。

抗战胜利后，黄景湘回到海军马尾要港工作。1946 年 11 月 1 日，黄景湘任海军无线电台十七支台上尉台长。

1947 年 5 月 11 日，黄景湘出任海军无线电台十五分台上尉台长。

1948 年 3 月 26 日，黄景湘任海军无线台十五分台（马尾分台）台长，军衔一等电信佐。后随部起义。

中华人民共和国成立后，黄景湘先后在上海宇宙电器工业社和山东淄博矿务局任工程师，退休后回到福州。1980 年 4 月 30 日病逝家乡。

黄景根：海军电官 心电图仪著名专家

黄景根（？—1979），海军军官，曾任海军舰艇副电官、正电官，上海宇宙电器工业社工程师、总工程师；中华人民共和国成立后，曾任上海宇宙医用电子仪器厂总工程师。

黄景根是黄景湘胞弟。从小生活在上海，在沪上读完初中后，因对无线电极感兴趣，考入南京海军雷电学校无线电专业，在校期间即展示出对电子、通讯的研究能力。1928 年 8 月，毕业于南京海军雷电学校第五届无线电班，在全班 33 名毕业生中，成绩位列第十。

黄景根毕业后，曾在多舰任过副电官、正电官，也曾在海军岸防部队当过通讯官。1937 年 8 月淞沪会战期间，黄景根受命与哥哥一起参与中国海军雷击日本军舰行动。

抗日战争胜利之后，黄景根退役，进入上海宇宙电器工业社，曾任工程师、总工程师。

中华人民共和国成立后，黄景根长期在上海宇宙医用电子仪器厂担任总工程师，成为新中国著名的心电图仪器制造专家，科研成果颇丰，填补了国内多项空白。

黄景根还有两位堂哥也是海军：黄炳承次子黄裳治生有两子：长子黄振环，学习管轮出身，曾在海军多艘军舰上当过轮机官、轮机长，抗日战争中殉难于重庆的一次日军大轰炸中。次子黄佑环，学习造舰出身，曾留学英国八年，专攻舰艇设计与制造。学成归国，曾任职海军江南造船所。

黄炳承大孙女、黄孝铭女儿黄承懿嫁给了海军通讯专才。黄承懿毕业于上海圣玛利亚女校，曾任上海《申报》记者。其夫名陈震，曾任“永权”舰副电官、正电官。

黄家不少姻亲是海军世家出身。黄景湘夫人林桂辉的祖父林绍虎为清朝官员，辛亥革命后，在上海城隍庙附近开绸缎庄，绸缎庄最盛时占地9亩。著名海军将领林葆怿、林葆纶，为林桂辉堂伯。

第四代

黄炳承曾孙辈仍有成为海军军官和造船精英者，他们延续着东街秀冶里黄家船政门风，其中以曾孙黄肇权最为著名。

黄肇权：抗战投军 舍生忘死布雷炸敌

黄肇权（？—？），海军军官，曾任“中权”舰航海官、“太昭”舰舰长、“正安”舰舰长。

黄肇权是黄炳孙曾孙、黄孝铭孙子，少年时期考入位于马尾的海军学校第六届轮机班。

1937年7月全面抗战爆发后，马尾被日军反复轰炸，黄肇权随校迁徙数千里，一直坚持学习。学校搬到贵州铜梓后，为适应战争实际情况和培育人才需要，对学员班次做出了一些调整，1940年8月黄肇权奉命改学航海。根据相关史籍记载：1940年8月，轮6班黄肇权等18名学员，依部令改为航海班（航10班），改习航海科目。1941年冬毕业后，参加了海军抗日布雷战和炮台战。

抗战末期，黄肇权通过严格考试，被选中赴美接舰。

1947年4月25日，黄肇权任“中权”大型坦克登陆舰航海官。

黄肇权在随部赴中国台湾后，曾任“太昭”舰舰长、“正安”舰代舰长。

台湾地区海上防务部门副领导人徐学海，曾与黄肇权共一舰服务过，他在福州接受笔者采访时说：黄肇权是海军学校第10届航海班中在当地发展较好者之一，官至“海军少将”。

20世纪50年代初期，当时驻守在浙东大陈岛的台湾地区海上防务部门所辖的“正安”舰，管理差、军心涣散，舰长正在请调不管事，副舰长已离职，“‘先天不足，后天失调’，舰上作息紊乱，军纪废弛，官兵终日无所事事”⑤。黄肇权被紧急任命代理“正安”舰舰长。他上任后，建章立制，整肃军纪，“正安”舰军心稍聚。

黄裳治次子黄振环的大儿子，也曾在台湾地区海上防务部门服役，曾被台湾当局授予“海军中校”。

黄炳承的孙子、孙女、曾孙，以拥有高级技术职称的专业人才为最多，他们中有大学教授、博士生导师，有医院的名医、主任医生，有企业的高级工程师。

家族传奇

担任盟军情报官 屡建功勋

1941年接令创设盟军情报站

1941年12月7日，日本偷袭珍珠港，英美对日宣战，德意对美宣战，太平洋战争爆发。以林森为主席的中国政府发布文告，正式对日宣战，同时昭告全世界：中日之间“所有条约、协同、合同，一律废止”。中国正式成为全世界反法西斯战争的东方主战场。

正在谷口至闽清一带保卫闽北通道的黄景湘，接到新的命令：在福州建立盟军福州情报站，为盟军拦截、破译情报，传送给烟台山间的英国领事馆、美国领事馆。

据林桂辉介绍，选定黄景湘来组建盟军情报站并任站长，主要原因是黄景湘的英语水平极佳，能流利地与外国同行讨论专业理论问题，加上是通讯专才，而且数学与古文素养很高，对破译工作有过专门研究。又有运用电波战助力打击日军军舰的经历。

槐荫里 3 号

因此，当盟军准备在福州设立情报站时，海军部首先想到了黄景湘。

1941 年 12 月底，黄景湘被任命为盟军海军通讯设备顾问，负责秘密建立盟军情报站。他认为，英国领事馆、美国领事馆位于烟台山间，情报站应设于其周边最好，且烟台山领事馆、洋行密集，电台较多，相对便于掩护。英国领事馆同意了他的建议，并很快为他在距英国领事馆不远处选定了英国人的一座建筑——槐荫里 3 号。黄景湘很快在这周边找了一个居家处——烟台山聚和路 28 号杨庐，主人是一位正直的爱国绅士。

日军密码用过中国宋词

在槐荫里情报站启动不久，一位美国专家远道来福州加入情报站。

当时，槐荫里情报站的主要任务是拦截在菲律宾至台湾海峡航行的日本军舰、邮轮发出的电报，并进行破译，破译后的情报被分别送往英国领事馆、美国领事馆。

后来也成为新中国著名通讯专家的黄景湘次子黄肇明，在接受笔者视频采访时笑着说：“我生于 1937 年，那时很小，不太懂事。但我记得因为妈妈常带着我到英国领事馆、美国领事馆，我就问妈妈‘你干吗老去这些地方’，妈妈总是骗我说‘去拿钱，这样就可以买好东西吃了’。”

烟台山聚和路28号杨庐

据林桂辉介绍，黄景湘的中国古典文学底子很好，尤喜宋词，对收录各种集子中的每一首宋词都能脱书吟诵。他对宋词的喜好与研究，曾经帮助他破译情报，因为有一段时间，日军以宋词作为情报的密码。

烟台山情报站曾经险象环生

烟台山间，本就住着不少以浪人身份出现的日本间谍。据统计，到福州第一次沦陷时，居于福州市内的日籍浪人就达1.5万，占福州总人口的二十分之一。这些浪人装扮成商人、公司代表、教师、学者、小贩，他们均负有“政治责任”，其实就是日本侵略军的鹰犬。福州沦陷时，他们经常出没于烟台山间美国领事馆、英国领事馆一带，与日军和汉奸一起，四处捕杀抗日义士。情报站创办时，日军虽被赶走，但还有部分日本官兵以浪人身份活动于烟台山，暗杀积极的抗日分子。这使得黄景湘与林桂辉的工作极其危险，他们随时都有生命危险。

102岁的林桂辉与儿子黄肇增和儿媳

1944年10月4日至1945年5月18日，福州第二次沦陷。其间，有一次林桂辉送情报归来，突然发现槐荫里 3 号四周比往常多了一些形迹可疑的人，警觉的她立即报告黄景湘。当夜，两人马上行动，将电台转移到南台岛与台江之间的中洲岛。每次送情报，林桂辉除了打扮成各式各样的妇女外，还不断变换行进路线，一次次化险为夷。为了不引起特务的注意，林桂辉常常带着儿子去送情报。时隔数十年后，黄景湘的儿子还能准确地将笔者带到当年槐荫里秘密电台所在地。虽然这里现已成为福州市仓山区广播站。[⑥]

至于破译了哪些情报、这些情报对太平洋战争发挥了哪些作用，随着黄景湘于 1980 年病逝，已不得而知。林桂辉只记得，好几次黄景湘夜半归来，兴奋异常，对林桂辉说："刚才，我和美国人庆祝了一下。"

美国战友曾来榕寻找"金童玉女"

抗战胜利后，黄景湘先后担任海军马尾要港司令部电台台长、海军无线电台第十五分台台长、海军无线电台第十七支台台长等，后随部起义。中华人民共和国成立后，转业至上海宇宙电器工业社任工程师。20 世纪 50 年代，作为支持内地建设的技术骨干，调往山东淄博矿务局任工程师，在极"左"年代，曾受到一些不公正待遇。年迈后，他回到福州。

20 世纪 70 年代初，中美关系艰难破冰。曾经在烟台山并肩战斗的美国战友专程来榕，寻找黄景湘与林桂辉。那人到过槐荫里 3 号，也一路询问，辗转来到聚和路，但当时还在"文革"时期，黄景湘和林桂辉不敢与之相认，害怕会成为"里通外国"的证据，为家里招来没顶之灾。

百岁林桂辉眼不花耳不聋

2012 年初，笔者相隔 10 年后再次与林桂辉相见，没想到一见面，她立即认出了笔者，并说："我知道，你十年前到过我家。"老人的皮肤依旧细润如玉，眼不花，耳不聋，声音清脆悦耳。

林桂辉与黄景湘生有四男一女，后来都成为科教战线的高级专业人才，个个事业有成，孙辈拿到博士学位的也不少。

林桂辉的晚年生活很幸福，儿女都很孝顺，她与小儿子黄肇增住在一起。

那天上午，笔者推门而进，寒风趁隙而入，她贤淑的儿媳妇立即将她的围巾围紧。采访中，她的儿子一直在轻轻为她捶腿。她一辈子从没有领过国家一分钱工资，但她从不后悔当年为国家出生入死。她说："每个中国人，在国家危亡之时，都会勇敢地去战斗，不怕牺牲。"

抗日英雄研发中国首架心电图仪

2013 年 8 月 13 日，笔者曾经在《福州晚报》刊发了一篇福州人抗战中打击日本旗舰"出云"号的长篇通讯，中国著名物理化学家、复旦大学教授费伦，通过文中所报道的抗日志士黄景湘的儿子，发来了同时参与打击侵华日军旗舰的志士黄景根的组照。这位 82 岁的老教授说："希望今天的中国人记住那些英勇抗日的人。"

黄景根是费伦教授父亲的老友，这组照片珍藏于费父的影集，费父曾向家人说过的黄家哥儿俩用无线电技术参与打击侵华日军"出云"舰的故事，则珍藏于老教授的心中。

费伦父亲也是潘汉年麾下密战干将

费伦，1931 年生，1955 年毕业于复旦大学化学系，历任复旦大学物理化学实验室主任、化学系副主任、复旦大学分析测试中心主任。费伦长期从事分子结构分析测试仪器和单晶硅等半导体材料的研制，研究"激光晶轴定向""低温霍尔系数测补偿度"等新的测试方法，开展以核磁共振为主要研究手段的分子结构测定，并研究有无机大分子材料、有机高分子等。曾主编"分析科学现代方法学"丛书、《物理化学实验》（上、下册），发表的论文有《31P 核磁共振研究完整脏器细胞内的 pH 值》等，是一位精于分子物理学的化学家，享受国务院特殊津贴。为国家攀登计划课题《经络研究》中"经络与穴位功能的细胞分子生物学研究"子课题的负责人。

在战争年代，费伦父亲虽然长期以爱国民主人士身份活跃于上海滩，但其真实身份是中国共产党秘密战线卓越领导人潘汉年麾下的得力干将，与黄景湘、黄景根的妹妹黄景荷、妹夫刘人寿一起，共同坚守在腥风血雨中的上海情报战线。20世纪50年代，费伦父亲与刘人寿、黄景荷一起，受潘汉年案牵连，蒙冤数十年。

费伦从小听父亲说打“出云”舰故事

费伦父亲与黄景根是上海南洋模范中学的同学，且为至交好友。后来又与黄景荷是战友。黄景湘、黄景根哥儿俩用无线电助力打击侵华日军“出云”舰一事，费伦父亲前前后后都清楚，从小就常与费伦说起。特别是上海解放后黄景根一直在沪工作，与费家来往颇多，父亲提起此事的频率也高，费伦的印象就特别深刻。加上费伦在上海南洋模范中学读书时，又与后来成为黄景湘女婿的许浩是同学，对黄家哥儿俩打日本军舰的事就知道得更多了。

2013年8月，得知《福州晚报》在13日刊出的福州人打击日本旗舰“出云”号的报道中，有介绍黄景湘、黄景根哥儿俩的事，费伦立刻通过《福州晚报》电子版，细细阅读此文。见上面没有刊出黄景根的照片，恰好当天从西安返回上海的费伦，立刻找出父亲传给他的珍贵影集，从上面找出了三张黄景根的老照片，发往福州，赠送笔者。

黄景根主持研制中国首架心电图仪

费伦发往福州的三幅照片，第一幅是黄景根与夫人摄于1940年5月的结婚照，费父特意标出“黄景根夫妇结婚之喜”；第二幅是黄景根与夫人、儿女的合影，照片上方费父题下“绿叶成荫子满枝”；第三幅是黄景根工作照。

抗日战争结束后，坚决反对内战的黄景根退役，进入上海宇宙电器工业社，先后任工程师、总工程师。上海解放前夕，他坚持留沪参加新中国建设。1950年，在黄景根的主持下，上海宇宙电器工业社开始研制生物电诊疗仪器，先后研制成功紫外线灯、电疗机。1958年，上海宇宙电器工业社更名为上海宇宙医用电子仪器厂，黄景根继续担任总工程师，研制成功409型心电图机，这是中国第一台真正意义上的心电图仪，我国生物电诊疗技术的发展迈出了重要一步。20世纪50年代末至60年代，黄景根应用晶体管发展心电图技术，并开发脑电技术。1959年，

1940 年 5 月 11 日黄景根结婚照

黄景根借鉴超声工业探伤仪的原理，研制成功 CS-1 型超声 A 型诊断仪，但当时只能看波测距，尚不能显示图像。紧接着，他主持研制成功八道脑电图机、心电向量图机和生物电放大器，填补了国内在这方面的空白。1969 年，他在“文革”极其困难情况下，主持研制成功晶体管和电子管结合的新型心电图机。当年，他还率技术人员进行科研攻关，研制成功 7311 超声 A 型诊断仪，缩小了仪器体积。

同年，在黄景根主持下，该厂借鉴雷达技术，应用二维图像显示，研制成功具有 ABP 扫描方式的 7321 超声显像仪，能示波测距，显示图像，但体积大。

“文革”结束后，上海宇宙医用电子仪器厂更名上海医疗电子仪器厂，黄景根继续在此服务。

1979 年，黄景根病逝于上海。

黄家从黄景根开始，科研传家，黄景根儿女后来都成长为我国优秀专家，分别在中国科学院上海生化所与中国科学院昆明研究所工作。黄景根的孙子、孙媳，皆为美国麻省理工学院博士，孙子现为美国优秀工程材料专家。黄景根外孙是美国耶鲁大学博士、生化专家，外孙媳妇是美国哥伦比亚大学博士、著名医学家。

《永不消逝的电波》的原型人物

电影、电视剧《永不消逝的电波》中李侠夫妇的原型之一——刘人寿、黄景荷是秀冶里黄家人，黄景荷是黄炳承的孙女、黄景湘和黄景根的妹妹，刘人寿是黄景荷的丈夫。

潘汉年亲自选“李侠”

刘人寿，祖籍重庆，1920年3月20日出生于上海市。1937年“卢沟桥事变”后，还在读中学的刘人寿投身抗日救亡活动。

黄景荷，曾名黄承珍，1921年6月出生于福州市，1936年初在上海务本女子中学读高中时，参加妇女抗日救国会。

1937年12月，刘人寿和黄景荷结伴由上海去延安，进入陕北公学学习。1938年初，他俩同时加入中国共产党。黄景荷入党不久分配到位于延安枣园的中共中央社会部工作。刘人寿于1938年3月转到中央党校学习，同年11月调到中央社会部从事情报工作，对外以《新华日报》华北分馆通讯处记者名义活动，受潘汉年领导。

1939年2月，组织上决定派刘人寿和黄景荷到上海做情报工作。行前，潘汉年专门找他们谈话，交代了在敌占区长期潜伏的方针和组织纪律。当时刘人寿19岁，黄景荷18岁。潘汉年说：“为工作方便，你们以伴侣相称。”潘汉年知道他们在重庆有不少亲友，要他们先到重庆住些日子，学点技艺，以便在敌占区找份职业。

2003年夏天，刘人寿与黄景荷接受笔者访问

刘人寿与黄景荷于1939年初春去重庆，停留了几个月，于当年8月经昆明和越南海防到香港六国饭店，向潘汉年报到。潘汉年称赞他们途中找机会学技艺，有助开展工作，并决定让黄景荷先去上海，进中学读书，取得文凭，便于谋生立足。

当时，抗日战争进

入相持阶段，中共中央为及时掌握局势动向，加强情报工作，1939 年 9 月任命潘汉年为中央社会部副部长，负责组建华南情报局，统管香港、澳门、上海和南洋的情报网络，要求潘汉年充分利用各种关系，设法打入日伪机构，获取核心机密。

1939 年 9 月下旬，潘汉年带刘人寿自香港到上海。由此，黄景荷和刘人寿夫妇活跃在敌我友多种政治力量和各路情报人员角逐的舞台上。

国民党军舰培养了“李侠”

做地下工作需要电台，黄景荷立刻想到在“民权”舰上当正电官的堂姐夫陈震。了解到“民权”舰驻泊重庆，刚好刘人寿的母亲也逃难到重庆，于是，1939 年初春，黄景荷以探望堂姐夫、刘人寿以看望母亲的名义离开延安前往重庆。

黄景荷一到重庆，就去找陈震，她对堂姐夫说，自己的丈夫失业多年，找不到工作，又没专长，想让堂姐夫教丈夫学习报务工作，以后考报务员执照。当时舰上官兵基本是福州人，重庆海军部各级官员也多是福州人，其中就有好多黄家亲朋，大家都默许了刘人寿在舰上学习报务。

刘人寿到国民党军舰上学报务，是潘汉年同意的。学成后，潘汉年还寄来 100 元港币，让黄景荷夫妇到香港。黄景荷夫妇通过黄家的海军关系，安全到了香港。1939 年 9 月下旬，又是通过黄家的海军关系，刘人寿与潘汉年一起乘船回沪。刘人寿是潘汉年直接领导下的电台负责人，黄景荷负责破译情报和送情报，潘汉年的许多重要情报是由黄景荷送出的，黄景荷破译密码的技术还是潘汉年手把手教的。

潘汉年迅速组建上海和香港情报工作班子，其主要成员大多是第一次国内革命战争时期在中央机关工作过的和大后方来的经验丰富的老同志，以及从延安选派来的同志，形成组织严密、触角广泛的情报网络。潘汉年派刘人寿管理上海潘部与延安党中央、重庆南方局以及香港八路军办事处廖承志的电台通联工作，黄景荷负责上海潘部内部交通工作。采访中，黄景荷对笔者说 :“他（刘人寿）是我们这个系统的外务交通相，我是内部跑腿。”刘人寿笑着指指黄景荷，解释说 :“她可不是一般的跑腿，她是帮助潘汉年联系我们这个工作班子的主要成员，及时联络，遇到重要情况能迅速作出反应 ; 她除了要给译电员、电台报务员以及地下交通站传送文件，还要负责潘汉年与在沪的中共江苏省委、中共中央上海局负责人刘晓以及吴克坚情报系统的联络工作。”谈到自己在上海的秘战岁月，刘人寿说：“十年里，我先后以汪伪保安司令部军法处办的《先导》杂志助理编辑和美国新闻处图片社记者等社会职业为掩护，联系、主持和管理过六部电台、两条地下交通线，主持过潘汉年部在沪机构。”

打入日伪情报机构内部

抗战期间，潘汉年通过中共资深情报精英袁殊牵线，假意与日伪合作，将中共情报人员打入当时日本驻沪领事岩井英一的情报机构——岩井公馆，其中就有经香港返沪的刘人寿。

岩井公馆专门搜集中国的战略情报。刘人寿进入岩井公馆后，在顶楼掌管一部电台，他每天抄收延安新华社电讯，选择部分内容交给日本人。

“皖南事变”爆发，国民党封锁消息。刘人寿从电台中抄收到中共中央军委重组新四军军部的决定，通过日本人在上海的报纸捅了出去。其间，他还把收集到的德军即将进攻苏联的情报和日本袭击美国太平洋海军舰队基地——珍珠港等重大情报及时发给中共中央情报部。后来，潘汉年考虑到刘人寿的安全问题，将其从岩井公馆撤出。刘人寿开始在上海组建秘密电台。

日本宪兵无时无刻不在寻找上海地下电台。刘人寿平时发报时都要把门窗加厚密闭，以防电键声和灯光外泄。有时发报的波长不当，会引起电灯闪光。1942 年夏，刘人寿的电台位置被日本宪兵侦测发现，但没有测定出具体位置，日本宪兵几次进屋检查，所幸机器藏在夹壁里没被找出。刘人寿的这段经历也被写进了在央视热播的电视连续剧《永不消逝的电波》里。

国民党哥哥掩护共产党妹妹

后来，刘人寿、黄景荷在上海负责一个地下电台，向延安和后来的西柏坡传送了大量情报。1948 年 12 月 26 日，中共地下党的李白（电影、电视连续剧《永不消逝的电波》中李侠原型之一）电台被破坏，党组织通过内线知道黄景荷夫妇非常危险，通知他们立即撤离。

当时情况十分危急，特务密布，黄景荷找到二哥黄景根，请他帮忙找船去香港。黄景根虽然知道妹妹是从延安回来的中共党员，在为中共做情报工作，但还是决定冒险掩护妹妹和妹夫安全撤出上海。

长期做通讯工作的人心极细，黄景根认为妹妹和妹夫必须分开行动，于是通过关系找到一艘多是福州人任职的海军运输船，此船刚好要开往香港，黄景根就让刘人寿坐此船，再通过关系买了去香港的机票，亲自送黄景荷上飞机。

上海一解放，刘人寿先是任中共中央华东局统战部党派处副处长，著名民主人士沙千里当时任处长。1950 年，刘人寿出任中共上海市委统战部副部长。黄景荷先是任上海市公安局人事科科长，后任上海市公安局政治部领导。夫妇俩后来因潘汉年案牵连蒙冤数十年，直至改革开放后才平反。

"李侠"夫妇为笔者题词

2003 年 8 月，笔者专门赴上海访问黄景荷夫妇。虽然距离上海解放前夕哥哥送自己紧急撤离那一天已经过去半个多世纪了，黄景荷还能清楚地记得那一幕："哥哥送我到机场，我让哥哥赶快回去，哥哥说：'我一定要看你上了飞机，看了飞机飞起来后，我才能放心。'" ⑦

笔者是第一个采访黄景荷夫妇的大众媒体记者。那天，正在生病的黄景荷特意下床去泡了一大杯橘子水，还搁了几勺蜜，说："快喝点，解解暑。"采访结束后，黄景荷和刘人寿在笔者的采访本上题词留念。

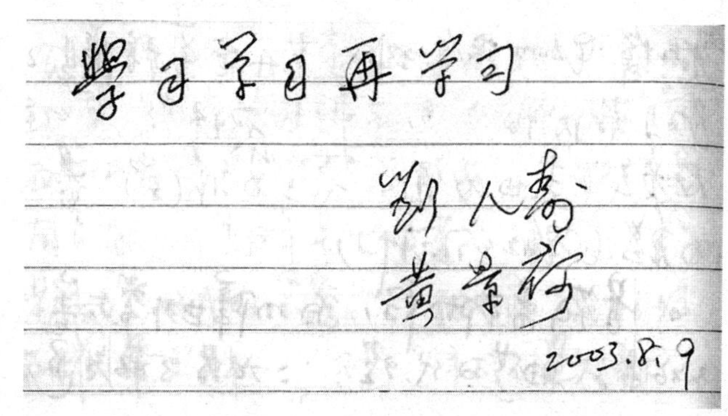

2003 年夏天，笔者赴上海采访刘人寿、黄景荷夫妇，采访结束后两人为笔者题词

2003 年岁末，笔者所著的包括介绍黄家及黄景荷夫妇故事的《福州海军世家》一书正式出版，笔者寄给远在上海的黄景荷夫妇。接到书当天，他们就打来电话，刘人寿说："谢谢你们《福州晚报》将许多即将

被湮没的历史挖掘出来，留给后人。”

注释：

①②③④ 张人骏．奏南洋海军学堂在事出力各员请奖折[M]//张侠，杨志本，罗澍伟，王苏波，张利民．清末海军史料．北京：海洋出版社，1982：428-429.

⑤ 徐学海．1943—1984海军典故纵横谈（上册）[M]. 台北：徐学海印，2011：94.

⑥⑦ 刘琳，史玄之．福州海军世家[M]. 福州：海风出版社，2003：237—241.

杨廷传家族

杨廷传（1843—1895），字惺远，福建省侯官县（今福州市台江区）人，政府官员，曾任江南道监察御史、甘肃甘州知府、船政提调、船政总办。

杨家由杨廷传首开家族海军之风，自此连绵五代，以杨廷传和杨廷传侄孙、民国海军总长杨树庄最为著名。

杨树庄（1882—1934），字幼京，海军名将，黄埔水师学堂第八届驾驶班毕业生，清朝时曾任“湖鹏”艇管带；民国时曾任“通济”舰舰长、“应瑞”舰舰长、练习舰队司令兼闽江要塞司令、海军闽厦警备司令、海军副总司令、海军总司令、海军总司令兼福建省政府主席、海军部部长。海军上将。

家族源流

杨氏先祖源自晋国

周朝初年，周武王姬发去世，年幼的成王姬诵继位。因有“桐叶封王”之金口玉言，故封其弟叔虞于唐（今山西翼城西）。以唐为氏，又为唐叔虞。叔虞长子燮父后为周朝晋国侯。又传十代，至晋武公，武公之长子诡诸继位为晋献公，武公次子伯侨则被分封于“杨”（国名，在今山西洪洞县范村东），称“杨侯”。其子孙以国为姓，故后世尊伯侨为杨氏之受姓始祖，史称“杨氏正宗”。

春秋史籍中有记载，杨国为周朝时的一个诸侯国，后被晋国所灭。幸存的杨氏被迫向西播迁。首先迁入冯翊（今陕西大荔一带），后又有迁至山西霍州，之后繁衍至今河南境内。在春秋战国之时已有杨氏后裔迁江汉（今湖北潜江一带），后因楚国势力不断加强，迫使他们又向东南迁至江西。与此同时，又有分支自山西迁往江苏、安徽。这样，杨姓便散布于长江中下游的广大地区。

闽学鼻祖杨时之后

杨氏南迁史，与杨廷传家族族谱记载相吻合：杨家祖籍山西，后迁至陕西，再迁河南，之后迁今福建省将乐县，又迁到今福建省连城县，再迁至侯官县，即今福州市仓山区建新镇淮安村一带，最后迁至福州市区。

据连城县芷溪《杨氏族谱》等族谱资料，杨廷传家族源出闽学鼻祖杨时。

杨时（1053—1135），字中立，号龟山，祖籍弘农华阴（今陕西省华阴市东），南剑西镛州龙池团（今福建省三明市将乐县城北龙池村）人，北宋哲学家、文学家、政治家。熙宁九年（1076年）进士。历官浏阳、余杭、萧山知县，荆州府学教授、工部侍郎，后以龙图阁直学士专事著述讲学。

杨时一生精研理学，特别是他“倡道东南”，对闽中理学的兴起，建有筚路蓝缕之功，被后人尊为“闽学鼻祖”，他的著述颇多，主要的都收集在《杨龟山先生文集》中。他的哲学思想继承了“二程”（宋代理学大师程颢和程颐）的思想体系，被后人称为“程氏正宗”。杨时还用《华严宗》《易经》的内容来阐述他的哲学思想，并用孔孟的《大学》《中庸》《孟子》中“格物致知”“诚”“形色”“天性”等概念来丰富、扩充自己的思想。对“理一分殊”“明镜”等学说有新的创见，还在自然观上，吸收了张载（宋代思想家、教育家、理学创始人之一）“气”的唯物主义学说。他的哲学思想对后来的罗从彦、李侗、朱熹等人产生了深刻的影响，也对我国的古代哲学，特别是思辨哲学方面产生过深远的影响。他的哲学思想流传到国外，在韩国、日本的影响很大。

南宋宝庆年间（1225—1227），杨时第四子杨适的第五世裔孙杨衍孙之母亲黄氏携子避乱，从将乐县北郊龙池迁居到白莲镇龙栖山小沛庄。元初，杨时的第七世裔孙杨太一郎自将乐县迁居连城县表席里南坑，是为连城杨氏开基祖。杨太一郎次子杨九二郎、三子杨九三郎，母丧后因住房火灾被毁，迁居该县杨家坊。明永乐十一年（1413 年），杨九二郎六世裔孙杨仕荣迁居连城县芷溪，为芷溪杨氏肇基始祖。

清康熙五十九年（1720 年），杨仕荣第九代裔孙杨有略（1694—？）一家三口，自连城芷溪草坪乡到侯官二十四都，卖笔谋生，成福州开基始祖。清雍正二年（1724 年），杨有略的妻子罗氏病逝，杨有略独自带着才 8 岁的儿子杨兰起，艰辛度日。因杨有略常至各书院、塾馆卖笔，并经常为师生免费修笔，获得一家私塾允许其子杨兰起免费入馆读书机会。杨兰起，字遥馨，号素轩，发愤攻读，中举出仕，曾任宁远县知县、陕西延榆绥兵备道、江宁布政使。杨兰起出仕不久，其父杨有略便迁到侯官县长汀里，即今福州市台江区宁化街道。杨兰起生有六子，杨廷传即为其之后。

书香门第 进士连绵

肇基福州的连城芷溪杨氏家族，自杨兰起开始科举频捷。

杨廷传伯祖父杨簧，乾隆四十一年（1776 年）出生，卒于道光后期。原名杨笙，字履春，号竹圃，与杨庆琛同为嘉庆二十五年（1820 年）进士，曾任刑部浙江司主事，陕西延榆绥兵备道、江苏苏松分巡粮道、江苏常太分巡粮道、湖南按察使、江宁布政使、署江苏巡抚、护理两江总督。杨簧博学方正，有文名，且习兵略，著有《竹圃诗文集》。杨簧与林则徐同乡、同学、同朝为官，来往甚密。

杨廷传伯祖父杨庆琛（1783—1867），原名际春，字廷元，号雪椒，晚号绛雪老人，为冰心母亲杨福慈的祖父。杨庆琛自幼聪明好学，13 岁入福州鳌峰书院，受业于名儒郑光策，与林则徐、廖鸿荃、梁章钜等同学。清嘉庆九年（1804 年）中举人。二十五年（1820 年）中进士，派往刑部所属各衙署学习，遂任主稿。清道光九年（1829 年）至二十二年（1842 年），历任刑部河南司主事、陕西司员外郎、山东司郎中、广东司郎中，安徽宁池太广道、湖南按察使、山东布政使等。二十三年（1843 年），召入京，改光禄寺卿。二十四年（1844 年）辞归。杨庆琛一生为官清廉，政绩显著。清同治三年（1864 年），他重宴鹿鸣，奉旨加二品衔。六年（1867 年），病卒于家中，享年 85 岁。杨庆琛任刑部山东主事时，审理过许多重大疑难案件。杨庆琛是著名诗人、书法家，著有《绛雪山房诗钞》等。

杨廷传祖父杨长春，一名钟，举人，曾任福建泉州府学教授、延平府学教授。

杨廷传叔祖父杨镛，进士，曾任福建福州府学教授，还曾相继担任鳌峰书院、凤池书院、麓山书院监院。

杨廷传伯父杨维屏，晚号湘秋居士，冰心母亲杨福慈的父亲。道光十五年（1835 年）举人，历任甘肃隆德县知县、甘肃中卫县知县、河北束鹿县（今辛集市）知县。工诗文，有《云悦山房偶存稿》6 卷存世。

杨廷传父亲杨维城，清咸丰元年（1851 年）恩科举人，曾任福建仙游县教谕，广西永宁州知州。

杨廷传叔叔杨维培，同治六年（1867 年）举人，清光绪六年（1880 年）进士，历任广东新安县知县、广东大埔县知县、广东番禺县知县、广州知府。

杨廷传叔叔杨维章，咸丰五年（1855 年）举人，曾任台湾淡水县教谕，任上兴文重教。

杨廷传叔叔杨维宝，又名颂岩，能诗工文，曾在河北、山东多地任道台和知府的幕僚，后回福州开办学堂，曾任《闽报》主笔。杨福慈 14 岁时，父母相继去世，即跟着杨维宝生活，由他抚养成长。

杨廷传叔叔杨和鸣，进士，翰林院庶吉士，咸丰元年（1851 年）秋八月丁巳（初三），福州文庙失火，次日，杨和鸣与郭柏荫、林藩、王书云、陈崇砥等名士，各出十千文钱搭盖雨棚用以遮蔽孔子神像，之后，与郭柏荫一起组织重修孔庙。

杨廷传的亲家是名儒陈宝琛，在杨廷传逝世后，陈宝琛亲自撰写了墓志铭，由曾任内阁中书谢章铤亲自篆刻。墓志铭上写道："君姓杨氏，讳廷传，惺远其字也。先世自连城迁会垣，遂籍侯官。曾祖，国学生，讳发滨。祖，延平教授，讳钟。父，广西永宁知州，改仙游教谕，讳维城，孝友能文。"①

船政家谱

第一代

杨廷传家族第一代海军中，有两位进士，分别是杨廷传、杨廷纶，这在福州著名海军世家中并不多见。

杨廷传：船政总办 铸造船政之魂

杨廷传（1843—1895），字惺远，政府官员，曾任户部江南司主事、江南道监察御史、甘肃甘州知府、船政提调、船政总办。

· 理财高手 操办光绪大婚

杨廷传从小立有大志，勤治举业。同治三年（1864 年）中举，同治七年（1868 年）登进士，曾任户部江南司主事，因功升员外郎、郎中，后转任江南道监察御史，分管江南（今江苏、江西、安徽三省）监察，后来又出任甘肃甘州知府。

杨廷传办事果敢，处事周密，最大特点是长于理财，所以光绪帝大婚，其被抽去参与具体操办。因为参与操办光绪帝大婚典礼，令光绪帝及慈禧甚为满意，以此功加盐运使衔。

· 船政总办 致力传承船政精神

杨廷传属性情中人，不喜与人虚与委蛇，过不惯官场生活，就以母老请求乞养为由，定居江苏仪征。闽浙总督卞宝第闻他的才名，将他推荐给当时的船政大臣裴荫森。

杨廷传

光绪十四年（1888 年），裴荫森以杨廷传为船政提调。船政提调属于船政高层领导，分管船政财务等。

光绪十六年（1890 年），闽浙总督卞宝第兼管船政，仍任杨廷传为船政提调，授职福建候补道员。

光绪十七年夏（1891 年 7 月 23 日），为纪念船政缔造者左宗棠、沈葆桢，也为了弘扬左沈二公开拓进取的精神，对船政学生进行船政精神教育，杨廷传奏请建左、沈二公祠。但当时慈禧太后把造船经费挪作建颐和园及为自己祝寿用，船政经费捉襟见肘，无钱建祠。于是，杨廷传提出“自筹经费，建立合祠”。同年8月9日，朝廷批准了杨廷传的奏折。随后，杨廷传出面到处劝募，得银千余两。第二年春天动工兴建，马尾附近乡民、船厂工人自动参加义务劳动，节约了不少建筑费用，光绪十八年初夏（1892年6月）建成“左沈二公祠”。每年通过祭祀活动，对船政学堂学生和造船厂工程技术专才、工人，开展以弘扬左沈二公精忠报国、积极创新、勇于进取精神为主旨的教育。

· 筹措经费 船政转亏为盈

杨廷传上任前，船政造船经费极缺，但在杨廷传这位理财高手的运作下，经费日丰，在很短的时间里制成了“广乙”钢甲壳鱼雷舰、“广庚”铁胁鱼雷舰、“广丙”钢胁鱼雷舰、“广丁”（福靖）钢壳猎舰。

杨廷传筹资所造四舰，有二舰参加了甲午海战。“广乙”舰在光绪二十年夏（1894年7月25日）爆发的丰岛海战中，遭日本联合舰队的第一游击队重创，在朝鲜十八岛附近搁浅，为免资敌，而燃火自焚自毁，成为甲午战争中损失的第一艘中国战舰。“广丙”舰在黄海海战中属于第二批进入战场的军舰，“广丙”舰先与福建船政同门兄弟“平远”舰结为一队，在鸭绿江口担负登陆场警戒任务，黄海海战爆发后，“广丙”“平远”舰与2艘炮舰、4艘鱼雷艇一起赶往主战场增援。“广丙”舰与“平远”舰进入战场后，即将攻击目标锁定日本舰队旗舰“松岛”号，“广丙”舰一度突击到距离“松岛”舰仅数百米处，准备发射鱼雷，但因无法抵御日本军舰舷侧速射炮的密集炮火，而被迫暂时退却，最终坚持至海战结束而随舰队返回旅顺，后参加了威海保卫战。甲午海战后，“广丁”（福靖）舰与南洋各舰奉命支援北方海防，于光绪二十四年夏（1898年7月）在旅顺港因风暴而沉没，官兵除3人幸存外全部殉难。

在杨廷传的努力下，福建船政局经济状况甚好，出资修了青洲石船坞，提升了马尾厂造船能力。

在杨廷传主持福建船政局财务工作期间，福建船政局经济库存盈余十余万。也正因此，光绪十八年（1892年），新任闽浙总督谭钟麟上奏朝廷，请以杨廷传“总办船政”一职，地位仅次于船政大臣。

光绪十九年（1893年）八月二十日，杨廷传升任船政总办。不久，称病告退。

杨廷传为官清廉，家无余财，退休之后以典当衣服首饰、变卖书画文物度日。

光绪二十年十二月（1895年1月），杨廷传病逝，葬于福州大龙山。

杨廷纶：闽都名士 船政考工所管理者

杨廷纶（？—？），政府官员，曾任翰林院编修、船政考工所管理委员、福建官立法政学堂副监督。

杨廷纶是杨廷传堂弟。自幼聪慧有加，发愤苦读，科举有成，光绪二十九年（1903年）登进士，任翰林院编修。之后，对西学发生兴趣，勤学不倦。后服务于船政，曾任船政考工所管理委员。杨廷纶还是成立于光绪三十三年（1907年）的福建官立法政学堂首任副监督（副校长），监督为进士郑锡光。

杨廷纶是福州当地名士。光绪三十一年（1905年），杨廷纶曾与林则徐曾孙林炳章等倡办福州去毒社，并为第二任社长，成为著名抗毒斗士。在短短的一年时间内，福州数百所烟馆被查封，数千名烟民摆脱毒瘾，数万斤鸦片被扣押。次年6月3日，为扩大禁毒宣传影响，去毒社举行盛大游行，会员们高举林则徐画像，高呼禁毒口号，向仓山海关埕进发，沿途群众深受教育，欢呼不止，出现“万人空巷，途为之塞”的空前盛况。游行队伍抵达海关埕，将缴获的毒品、烟具尽数投入事先置好的铁锅中焚毁，震动全国。

杨廷纲：海军少将 曾是孙中山侍从武官

杨廷纲（1890—1973），字幼康，海军名将，清朝时曾任“飞鹰”舰见习官；民国时曾任“飞鹰”舰航海副，海军陆战队统带部第一营营附、第八营营长，海军陆战队第一混成旅第一团三营营长、第一团团附兼第三营营长、第七营营长，海军陆战大队第二支队参谋长，海军陆战队第一混成旅第二团参谋长，海军闽厦警备司令部参谋长，海军总司令部高级参谋，军政部海军署高级参谋、军事参议院参议；中华人民共和国成立后曾任人民解放军海军司令部研究委员会委员、福建文史馆馆员。

杨廷纲为杨廷传族弟，少年时期北上投考烟台海军学校第六届驾驶班，学

杨廷纲

习成绩优异。1911 年 6 月从烟台海军学校第六届驾驶班毕业后，派任“飞鹰”炮舰任见习官。1912 年 1 月，升任“飞鹰”炮舰航海副，后升任中尉航海副。

1917 年 7 月张勋复辟被粉碎后，段祺瑞以“再造民国”元勋再次出任国务总理，掌握北京政府实权。段祺瑞一方面拒绝恢复被解散的国会和《中华民国临时约法》，制造了安福国会；一方面积极推行“武力统一”政策，力主对南方用兵。孙中山因此南下护法，在广州成立护法军政府。形成南北政府对峙的局面。

坚持铁血共和的杨廷纲，和一批海军官兵一起，驾舰投奔孙中山。1917 年 9 月，被调任孙中山广州护法军政府上尉侍从武官，负责保卫孙中山。

1922 年 9 月，杨廷纲升任海军陆战队统带部第一营上尉营附。次年 5 月，任海军陆战队统带部第八营少校营长。6 月 2 日统带部改编为海军陆战队第一混成旅，任第一团第三营少校营长。10 月 9 日升任第一团中校团附兼第三营营长。

1924 年 4 月 25 日，杨廷纲调任海军陆战队第一混成旅第七营中校营长。

1925 年 10 月，海军陆战队第一混成旅整编为海军陆战大队，杨廷纲改任第二支队中校参谋长。次年 1 月，海军陆战大队改称海军陆战队第一混成旅第二团，杨廷纲任第二团中校参谋长。11 月所部改编为国民革命军闽厦海军司令部，杨廷纲升任上校参谋长。

1927 年 3 月，杨廷纲调升海军总司令部少将高级参谋。

1928 年 12 月，杨廷纲调任军政部海军署少将高级参谋。

1929 年 3 月，杨廷纲辞职赋闲后，定居福州。

1937 年 7 月抗战全面爆发，杨廷纲北上，参加抗战。

1942 年 11 月 26 日，杨廷纲出任军事参议院少将参议。

1946 年 7 月 31 日，杨廷纲叙任陆军少将，并退为备役。

1947 年 3 月 14 日，杨廷纲改叙海军少将，仍予退为备役，回榕休养。

1949 年夏，杨廷纲不顾国民党当局威逼利诱，坚决不去台湾。

中华人民共和国成立后，杨廷纲北上，参加新中国人民海军建设。

1950 年 11 月，杨廷纲出任人民解放军海军司令部研究委员会委员。

1953 年 1 月，杨廷纲被聘为福建省文史馆馆员。

1973 年，杨廷纲在福州病逝。

第二代

杨廷传子侄辈投身海军颇多。其中以杨廷传族侄杨济成、杨庆贞，侄儿杨建洛，次子杨景祁 4 人最为著名。军衔最高者为杨庆贞，官至中将；杨建洛，甲午驱寇，血洒疆场，光耀千秋；杨济成，海军造舰专家，曾任福州海军制造学校总教官；杨景祁，精通国学，为烟台海军学校首席国文教习。

杨济成：造舰专家 海军制造学校总教官

杨济成（1850—？），字镜蓉，海军军官，清朝时曾任船政船厂监工、船政前学堂教习；民国时曾任福州海军制造学校教官、总教官，福州海军学校教官。

杨济成是杨廷传族侄。同治五年（1866 年）四月，杨济成考入船政前学堂第一届制造班，专攻造舰。他学习十分刻苦，法文和专业技术课成绩优异。

同治十一年（1872 年）十二月，杨济成毕业后，进入船政船厂当监工，负责指导工人造船。他工作认真，将学到的知识运用于工作实践，表现优异。

同治十二年（1873 年），洋匠合同期满，杨济成顶替遗缺。任上，参与制造“艺新”舰。

“艺新”号是一艘炮舰，开建于光绪元年（1875 年），为船政学堂学生吴德章、汪乔年等首次自行设计建造的舰船。光绪二年夏（1876 年 7 月 10 日）完工成军，造价 5100 两白银。木质船身无装甲，长 36.21 米，宽 5.18 米；舱深 3.99 米，吃水 2.44 米；排水量 245 吨；马力 200 匹，航速 9 节；乘员 88 人，装备 5 门炮。

杨济成尽心尽力，颇受好评。

光绪九年（1883 年）十月，杨济成调往船政前学堂，任制造专业教习。

光绪十二年（1886 年）三月，杨济成作为中国海军第三届留学生，赴欧深造。他进入法国法学部律例大书院，学习万国公法、法语等。虽然学习造船出身的杨济成跨界学习国际法成绩一般，但对所学功课亦“莫不详求博览，理法兼精”，“亦学业较邃，创获实多”[②]。

光绪十七年（1891 年）五月，杨济成留学结束，回到船政前学堂任教习。

光绪二十四年（1898 年），杨济成奉命赴闽南多地勘矿。

中华民国成立后，船政前学堂改为福州海军制造学校，杨济成任该校教官。

1917 年 2 月 1 日，杨济成被授予海军造舰中监军衔。

1923 年 2 月 24 日，杨济成任福州海军制造学校总教官，授予代将军衔。同年 7 月，福州海军制造学校增设化学班，专门培养弹药检验人员，杨济成兼任化学班教官。

1926 年，福州海军学校、福州海军制造学校、福州海军飞潜学校合并，统称福州海军学校，杨济成任造舰教官，被授予造舰大监军衔。

1928 年 6 月 8 日，南京国民政府授予杨济成海军中校军衔。

1942 年 1 月 1 日，杨济成因年迈体弱，转为海军中校候补员。之后生活工作情况不详。

杨建洛：甲午海战 壮烈殉国

杨建洛（？—1894），字仲京，海军军官，曾任北洋海军中军左营千总，“济远”舰三副、二副。

杨建洛是杨廷传侄儿，也是冰心母亲杨福慈的侄儿。受家族影响，杨建洛从小立志投身海军护卫海疆。光绪九年（1883 年），北上考入天津水师学第二届驾驶班。

杨建洛学习成绩优异。光绪十三年（1887 年），天津道台吕耀斗、天津水师学堂会办罗丰禄、前福建布政使沈保靖等三员组成考核组，对毕业学员进行大考，同时邀请英国海军军官马图林、法国海军军官马罗勒，法官海军大副贲璧尼勒及随员达祃参观考试。正教习严复、副教习麦赖斯主持了考试。李鸿章亲临水师学堂视察。经过严格考核，天津水师学堂第二届驾驶班只有20名学生通过毕业考试，杨建洛便是其中一名。由于他考列一等，按《北洋海军章程》规定："如列一等，保以千总候补；其次等，仍为候补把总加'尽先'字样。俱随时由北洋大臣咨部给奖，不归三年校阅保举之案分派各兵船差遣练习，遇缺升补。"③

自天津水师学堂毕业后，杨建洛被分配到北洋海军，即被保以千总，任中军左营千总。光绪十九年（1893年）春，李鸿章的《奏为序补北洋海军守备等缺片》中提到："所遗中军左营千总充'济远'船舢板三副事员缺。请以现署是缺尽先拔补千总杨建洛补授。"④随即，杨建洛升任"济远"舰舢板三副。不久，又升任该舰鱼雷二副。

光绪二十年八月十八日（1894年9月17日）中午11时前后，中日两国的海军主力在黄海大东沟遭遇，展开了一场空前惨烈的大海战。

清末民初海军史研究专家池仲祐所撰的《甲午战事记》中记载："十八日午初，遥见西南黑烟丛起，知是日船。即令各舰起锚迎敌，列两翼阵式而前。定、镇两舰在前为领队之首。各舰以次分列左右。日本舰'吉野''松岛''桥立''严岛''秋津洲''浪速''扶桑''高千穗''赤城''比睿''清田'，及别有商船改制者曰'西京丸'计十二艘，以双鱼贯阵迎头而来。相距渐近，互相开炮轰击，'济远'以中弹甚多，炮身不能旋转，舰艏大炮，以发子弹过多，炮盘熔坏；通语管（当时战舰的内部传令系统）均被击破；二副杨建洛、学生王宗墀死之，水勇等死者七人，伤者十余人，不堪再战，先回旅顺。"⑤

冰心晚年曾打算撰写一部纪实性的长篇之作，书名叫《甲午战争》。她曾在创作提纲上写道：

提起中日甲午战争（1894年），我的心头就热血潮涌。因为我父谢葆璋先生对我愤激愤地□□□□□□□，他以□□军舰的枪炮二副的身体（份）参加了那次战争。他说那时日本舰队挂着英国旗从远处驶来，到了跟前才挂上日本国旗，让我们长炮毫无准备之下，仓促应战。在他身边的同事（我母亲的侄子杨建洛）被炮弹□□腹部倒下了，肠子都沾在烟筒上。停战后，父亲才从烟筒上把烤干的肝肠撕下来塞到他的胸腔里的。⑥

但冰心老人的回忆有误：她父亲谢葆璋是"来远"舰的二副，而她表兄杨建洛是"济远"舰上的鱼雷二副。不过，她父亲所说的杨建洛壮烈牺牲的情况是真实可信的。

杨庆贞：辛亥建功 官至中将

杨庆贞（1886— ？），号镜汀，海军名将，清朝时曾任"通济"舰二副、"海容"舰二副、"海琛"舰大副；民国时曾任"肇和"舰副舰长、"江鲲"舰舰长、"建康"舰舰长、"楚谦"舰舰长、"通济"舰舰长、海军部军务司司长、海军部军衡司司长、海军部总务司司长、海军总司令部参谋处处长兼海军作战训练研究室研究员、海军总司令部参谋处处长兼舰械处处长、军政部海军参事。

杨庆贞是杨廷传族侄、杨建洛族弟，江南水师学堂第五届驾驶班毕业生。

光绪三十二年（1906 年），杨庆贞出任"通济"练习舰驾驶二副。

光绪三十三年（1907 年），杨庆贞调任"海容"巡洋舰驾驶二副。

光绪三十四年（1908 年），杨庆贞调任"海圻"巡洋舰驾驶二副。

宣统元年（1909 年），杨庆贞升任"海琛"巡洋舰驾驶大副。

宣统三年八月十九日（1911 年 10 月 10 日），武昌起义爆发，杨庆贞积极策动官兵起来推翻清朝封建统治，动员官兵响应革命，同年九月二十三日（1911 年 11 月 13 日）代理"海琛"舰帮带。

1912 年 6 月 1 日，杨庆贞调任"肇和"巡洋舰少校副舰长。同年 12 月 3 日，升任"江鲲"浅水炮舰舰长。次年 1 月 18 日，获授海军少校。

1914 年 1 月，杨庆贞代理"同安"驱逐舰舰长兼"江鲲"浅水炮舰舰长。同年 5 月 25 日晋升海军中校，同时免去代理之职。10 月 25 日回任"肇和"巡洋舰副舰长。

1916 年 1 月 4 日，杨庆贞任"建中"舰舰长。7 月 24 日获授"五等文虎勋章"。

1918 年 4 月 14 日，杨庆贞获授"四等文虎勋章"。

1921 年 10 月 22 日，杨庆贞获授"四等嘉禾章"。同年 10 月 28 日任"建康"炮舰舰长。次年 6 月 27 日，任"楚谦"炮舰舰长。1925 年 12 月 4 日，晋升海军上校。

1927 年 3 月 12 日，杨庆贞随部参加国民革命军，任长江上游海军总指挥，7 月 7 日调任"通济"练习舰舰长。

1929 年 4 月 12 日，杨庆贞任海军部军务司少将司长。

1930 年 2 月 24 日，杨庆贞兼任海军部军衡司少将司长。

1934 年 2 月 3 日，杨庆贞调任总务司少将司长。

1935 年 7 月 17 日，杨庆贞兼任军衡司司长。次年 11 月 12 日，获授四等云麾勋章。1937 年 8 月，辞去兼职。

自 1937 年 7 月抗日战争全面爆发到同年年底，海军在抗战中损失甚重。1938 年 1 月 1 日，军事委员会决定裁撤海军部，业务归并海军总司令部办理，海军部部长陈绍宽改任海军总司令，海军部于 1 月 31 日撤销。

杨庆贞在任海军总司令部参谋处少将处长的同时，还兼海军作战训练研究室研究员。1939 年 2 月，兼代舰械处处长。1941 年 10 月，辞去代理之职。1942 年 9 月，因病辞职。1945 年 12 月 10 日，获颁“忠勤勋章”。1946 年 2 月 21 日，派任军政部海军处中将参事，同年 5 月 5 日获颁“抗战胜利勋章”。

内战爆发后，杨庆贞坚决反对内战，申请退役，于 1947 年 2 月 18 日退役。

杨景祁：精通汉英　海军学校首席国文教官

杨景祁（？—？），字小宋，又名筱宗，名儒，清朝时曾任重庆忠州中学堂教师；民国时曾任烟台海军学校首席国文教师。

杨景祁是杨廷传次子，幼承庭训师诲，致力举业，曾中举人。杨景祁在苦读中学之时，兼习西学，精通英文，是当时为数不多的英文水平甚高的国学名师，以人品文品在福州颇有名气。内阁学士、末代帝师陈宝琛，就是感其品学俱佳，将自己的宝贝女儿嫁给了杨景祁。

杨景祁

晚清末年，杨景祁被重庆忠州（今忠县）中学堂重金聘为教师。光绪三十年（1904 年），忠州和丰都、垫江、梁山（今梁平）三县集资合办忠州中学堂。校址在忠州北城三牌坊，次年落成。光绪三十二年（1906 年）春，忠州进士何荣楠担任忠州中学堂第一任堂长（又称监督），各县按出资多寡分配学生名额，忠州籍 80 名，丰都、垫江、梁山三县各 40 名。遵照清政府于光绪三十年颁布的《奏定学堂章程》，中学堂修业 5 年（15~19 岁），招收高等小学堂毕业生。毕业考试仿照科举形式，并按等级给予科举出身资格。学制为五年。当时忠州中学堂名师众多，但以杨景祁名声最大。据校史载：当时，福建人杨景祁兄弟叔侄三人，分别担任英文、算术、理化教师，号为“三杨”，最有名。

民国后，新到任的烟台海军学校校长郑祖彝将军发现有些学生对中华文化学习不重视，决定增设国文课，让学生能很好学习中华文化、继承民族优良传统。经呈准海军总部后，在烟台海军学校中增设国文一科，特聘杨景祁为首席教师。

对此，《海军史略》中曾有这样的记载：“聘国学优良之杨筱宗、刘其琛、蒋彝等为国文教员，以杨筱宗为首席教员，月薪九十元，其余二员月薪各七十元。国文课本采用古文《左传》，并以《孙子兵法》为讲解附课。”⑦

杨景祁的课极受学生欢迎，他将精忠报国、气节等思想教育融合于文化教育中。每到星期日，杨景祁也不休息，从各名臣言行中录选出嘉言懿行，对学生进行讲解。多少年后，他的学生忆起这位老师，还颇为动情，直称：他给我们思想上的帮助，让我们受益终身。

第三代

杨廷传家族第三代海军人员较第二代更多。杨廷传的两位嫡孙杨远孙与杨希颜、侄儿杨树庄与杨树滋，杨济成的两个儿子杨则铁与杨则德、侄儿杨际泰与杨际舜和族侄杨元墀、杨铣元、杨起，都成为海军学校科班毕业的海军军官，涌现出了不少英雄兄弟。其中以建功辛亥革命，并结束南北海军分裂的南京国民政府首任海军部部长杨树庄名气最大，以杨廷传在抗日战场上殊死拼杀战至殉国的嫡孙杨希颜最为英勇；造舰学术成就以曾任江南造船所总工程师、中国船舶工业总公司第九设计院副院长的杨元墀最是出色。

杨树庄：力挽狂澜 升任海军一把手

杨树庄（1882—1934），字幼京，海军名将，清朝时曾任“湖鹰”艇管带；民国时曾任“永翔”舰舰长、“楚观”舰舰长、“通济”舰舰长、“应瑞”舰舰长、海军练习舰队司令兼闽江要塞司令、海军闽厦警备司令部司令、海军副总司令，国民政府委员兼海军总司令、福建省政府主席、军事委员会常务委员、国民党海军特别党部主任委员，海军部部长。

·承父志投身海军

杨树庄

杨树庄步入海军行列与他的叔父有关。杨树庄父亲叫杨仁铿，与杨建洛是同胞兄弟。因为杨建洛无后，在杨建洛牺牲后，由家中长辈做主，将杨树庄过继给叔叔杨建洛为儿子。因杨建洛字“仲京”，杨树庄为继承杨建洛遗志，立字“幼京”。

嗣父死后，家道中落，日子越过越艰难。国仇家恨，使杨树庄立志从军。光绪二十四年（1898 年），杨树庄以遗属身份获得照顾，进入广东黄埔水师学堂第八届驾驶班。

杨树庄投身海军，与他幼年时一次落水也有关。他小的时侯，非常调皮，东跑西颠。福州当年又多内河多池塘，有一次他在玩耍中，失足摔入河中，幸好被人救起，才拾回一条命。于是，发愤学习游泳。在学游泳中，对当水兵产生了浓厚兴趣，立志加入海军。少小离家，投身广东黄埔水师学堂。他勤学苦读，于光绪二十九年（1903 年）毕业于黄埔水师学堂第八届驾驶班，与后来的海军名将林献炘、林国赓、毛钟才、毛仲方同班，毕业后，登舰服务，不断获升。

·率舰起义 辛亥革命立功

辛亥革命时，杨树庄任“湖鹰”鱼雷快艇管带。

1911 年 10 月，武昌起义爆发，清廷震惊，电令时任海军统制的萨镇冰率舰星夜驰援。10 月 17 日，杨树庄奉萨镇冰令，率“湖鹰”艇星夜赶赴汉口江面汇集，并奉命切断起义部队水上交通。10 月 28 日，杨树庄再奉令，带着“湖鹰”艇，协同“海琛”等六舰向青山南岸开炮轰击。11 月 1 日配合清廷夺取汉阳。杨树庄亲眼看见了清军纵火焚烧汉阳，市民死伤无数，心中更加倾向革命。随后在接到命令炮击武昌汉口时故意不瞄准目标。11 月 11 日，萨镇冰以“年老有病需到上海医治”为由离舰，“海琛”等 3 艘巡洋舰下驶九江易帜起义。杨树庄率“湖鹰”艇也随之易帜响应，巡护江面，使清兵不得渡过，为辛亥革命建立了功勋。

· 十年时光 中校升至中将

1913 年，杨树庄获授中校，再升上校，历任“永翔”舰舰长、“楚观”舰舰长。

1917 年，杨树庄转任“通济”舰舰长。

1920 年，杨树庄出任“应瑞”舰舰长。翌年，晋升少将衔。

1923 年 1 月，杨树庄升任练习舰队司令兼闽江要塞司令。次年 5 月，以功晋升海军中将。不久，任海军闽厦警备司令。8 月，江浙战争起，杨树庄奉命率闽厦海军众舰和陆战队参加淞沪浏河战役，大获全胜。9 月，北京政府晋升杨树庄为海军副总司令、海军中将，封授胜威将军，允许开府。10 月，第二次奉直战争以奉系军阀胜而结束，段祺瑞上台，杨树庄出任海军总司令。

· 归附南京 升任海军部长

1927 年 3 月 14 日，杨树庄率领海军官兵归附国民革命军，电令各舰易帜。北伐军遂与海军合作，攻下南京。蒋介石在南京成立国民政府，杨树庄任国民政府委员、海军总司令兼福建省政府主席、军事委员会常务委员、海军特别党部主任委员。杨树庄设总司令行营于福州，控制福州、厦门、莆田、仙游和福宁沿海各县。

1929 年 4 月，海军部成立，杨树庄任海军部上将部长。

· 病逝上海 海军降半旗三天

因倦怠加上后来对佛门颇感兴趣，杨树庄成为鼓山涌泉寺的常客，进而对政治日生厌倦，1930 年在沪请辞福建省主席。但未获准，遂赴普陀休养。1932 年 1 月，杨树庄终以多病，难胜繁务辞去海军部部长一职，由陈绍宽继任，自

海军部部长杨树庄

此杨树庄专任福建省政府主席，同时改任海军部高等顾问。2月，国民政府以蒋光鼐替代了杨树庄，组成新的福建省政府。此后，杨树庄转任国民政府委员，闲居上海，静心养病。12月，专任国民政府委员。

1933年，十九路军发动“福建事变”，杨树庄任审核福建党务委员。

1933年11月31日，杨树庄参加了杜锡珪葬礼后，即感到浑身不舒服。1934年1月旧疾复发，于当月10日在上海去世。年仅52岁。

杨树庄与冯玉祥将军感情深厚。杨树庄去世时，冯玉祥正隐居泰山。杨树庄灵柩由军舰运回福州，国民政府在榕举行公祭典礼时，冯玉祥寄挽联抒心中悲痛：“天上将星沉，虎帐龙帏齐惨淡！人间霖雨歇，闽疆泰岱总悲哀！”杨树庄葬于福州鼓山。国民政府在其病逝后通令全国海军下半旗志哀三日，并下褒扬令，称其“十六年北伐之役，首率海军，响应义师，促成统一，嗣任海军部长，又主政闽省，宽猛得中，抚循著绩”。[8]

杨树庄信仰佛教，素食念经，为鼓山涌泉寺一大施主。杨树庄极爱书，藏有大量珍贵书籍，其书斋名“耕心”，珍贵书籍后多捐赠乌山图书馆。乌山图书馆即今福建省图书馆前身。

杨远孙：“中山”舰电信官 十九路军电台台长

杨远孙（？—？），海军军官，曾任“永丰”舰副电官、海军马尾要港司令部通讯官、十九路军电台台长。

杨景祁生有两子，杨远孙为长子，他与弟弟先后投身海军。杨远孙学无线电出身，曾任“永丰”舰副电官，还曾在海军马尾要港司令部当过通讯官。

杨远孙

“九一八”事变后，因愤于蒋介石不抵抗主义，杨远孙辞官在家。

1931年“九一八”事变后，国民党将领李济深、陈铭枢、蒋光鼐、蔡廷锴等人由于他们的抗日要求和行动得不到蒋介石政府的支持，与蒋介石的矛盾日益激化。次年1月28日，淞沪抗战爆发，十九路军作为参战主力，与日军浴血拼杀，触犯了南京政府的对日不抵抗政策。在《淞沪停战协定》签订的第二天，蒋介石对“违令”抗日的十九路军进行“整肃”，令之入闽“剿共”。年底，蒋介石改组福建省政府，任命十九路军总指挥蒋光鼐为省主席、军长蔡廷锴为驻闽绥靖公署主任兼十九路军总指挥。

1933年6月1日《塘沽协定》签字后第二天，蒋光鼐、蔡廷锴在福州发表通电，反对蒋介石对日妥协、出卖华北。接着又在中国共产党抗日主张的影响下和“剿共”军事失败的刺激下，放弃了抗日与“剿共”并行的方针，十九路军代表陈公培和红军代表彭德怀在南平王台签订停战协定，并于10月26日派代表至江西瑞金与中国工农红军签订《反日反蒋的初步协定》，为“福建事变”的发动创造了有利条件。

同年11月20日，李济深等在福州召开中国人民临时代表大会，发表《人民权利宣言》。“福建事变”爆发。

同年11月22日，中华共和国人民革命政府在福州正式宣布成立。

满怀对日仇恨，杨远孙再披征衣，参加了“福建事变”，出任十九路军电台台长，冒着生命危险，为新生的抗日政府服务。

面对“福建事变”，蒋介石自任讨逆军总司令，出动海陆空部队围剿十九路军，其中仅陆军就出动了5路共19个师。情形非常危险，有些朋友劝杨远孙赶紧脱离十九路军，找个地方躲起来，但杨远孙说：“中国人抗击侵略中国的外寇，何罪之有？”毅然积极工作，直至“福建事变”失败，他才在朋友的帮助下，潜往乡间以避风险。之后，生活情况不详。

杨希颜：英雄舰长 抗日捐躯

杨希颜（？—1943），海军军官，曾任“永健”舰副舰长、“逸仙”舰副舰长、江阴巫山炮台台长、海军湖口炮队副队长、海军长江中游布雷游击队第一中队少校中队长兼第一中队第一分队队长、海军长江中游布雷游击队副总队长、海军第二布雷总队副总队长。

·“永健”舰长 淞沪杀寇战舰殉国

杨希颜是杨景祁的次子，父亲课子有方，使之不但能文工诗，且自小壮怀激烈，立志以岳飞为楷模，仗剑杀敌，效命疆场。少年时期，他以优异成绩考入烟台海军学校，专攻驾驶。自1920年夏天从烟台海军学校第十二届驾驶班毕业后，即登舰巡海护国。

怀揣精忠报国理想的杨希颜，表现突出，深受上司和兵士好评，不断获得提升。至全面抗战爆发前，已是“永健”舰一等上尉副舰长。

“永健”舰，是中国海军第一艘被日军空袭击沉的军舰。“永健”舰是与著名的“中山”舰同级的炮舰。该舰成军于1911年，所以在装备上仍属于未考虑空袭的传统型式。抗战全面爆发后，“永健”舰担任江南造船厂江面防守任务。

杨希颜

1937年8月，日军以海航轰炸机大举轰炸了中国海军在上海的各机关，包括淞沪巡防处、高昌庙江南造船厂、飞机制造处等，杨希颜督舰作战。面对日机轰炸，“永健”舰官兵同仇敌忾，以高射炮、高射机枪等奋勇还击，但终因设备落后，于8月21日被炸毁沉没。

在淞沪抗战打响前，杨希颜指示舰上正电官黄景湘等通过拦截电波，破译情报，为我军服务。当时，侵入中国海岸的日本“神威”号水上飞机母舰，8月10日派出飞机侦察上海、杭州方面中国军队动向，结果在杭州上空和中国空军学校正在进行飞行练习的训练飞机遭遇。中国空军教练机当即中止训练，开始尾随“神威”舰的水上飞机。双方空中纠缠良久，因此时中日在上海尚未开战，故不了了之。此后，日军发现位于长江口外、舟山嵊泗县境内的花鸟岛上的花鸟山灯塔的中国守军也向上级通报了发现“神威”舰的情况。根据日本防卫厅整理的《中国方面海军作战》第一部中第338页记载，当时竟有中国海军的炮舰靠近监视日本“神威”舰。于是，日军命令“神威”舰离开中国海岸，避免暴露战术企图。而这炮舰即“永健”舰。

在淞沪抗战爆发后第一时间，杨希颜与舰长邓则勋商量好后，督率官兵，将停靠在上海的日本6艘商船捉来，全部弄沉，填塞在黄浦江上，建立起黄浦江封锁线。

· 急调“逸仙” 督舰再拼日寇

在“永健”舰壮烈殉国后，杨希颜火线急调，驰赴横陈江阴阻塞线上的“逸仙”舰，担任副舰长。刘传标的《中国近代海军职官表》标出他烽火中除任“逸仙”舰副舰长外，还曾任“逸仙”舰舰长。

“逸仙”舰，是我国自行建造的一艘轻型巡洋舰，实际相当于护卫舰或者称为炮舰，1931年由江南造船厂建造完成，排水量1560吨，装备有150毫米前主炮一门和140毫米后主炮一门，以及76毫米高平两用炮塔四座，战斗力在抗战前的中国海军中仅次于“宁海”“平海”两艘巡洋舰，排名第三。

全面抗战爆发后，中国海军火速构建了江阴阻塞线，以第一舰队“平海”“宁海”“逸仙”等主力舰队，扼守最前线，旗舰为“平海”舰，舰队司令陈季良驻“平海”舰办公。

据国民党海军总司令部编的《海军战史》记载，1937年“九月下旬，敌感淞沪战事难得手，欲以海军声援，犯我首都，以张其势”[9]。“是月二十二日，敌以大编队机群，向江阴空袭，包围我之舰队，弹下如雨。各舰集中火力，沉着应战，相持六小时，敌机被我击落五架，不支遁去。”[10]翌日，“敌机七十二架，蔽空而来”[11]，我各舰“兵员虽陷苦战，然犹精神百倍，前仆后继，伤亡枕籍。时有特许观战之外籍顾问均叹为观止，谓第一次欧战四年中，未有如此恶战者。无何，以炮弹垂罄……敌机俯冲数十次”[12]。我海军再击落敌机4架。在“平海”“宁海”两舰相继被炸下沉后，“海军守卫阻塞线之任务，并不因此而放弃，司令陈季良移驻‘逸仙’舰继续指挥作战。是月二十五日，敌机三度狂炸‘逸仙’舰，均低飞投弹，我高射炮失效用，舰艄十五生（150毫米口径）炮击落敌机二架。我舰亦伤重，沉”[13]。

“逸仙”舰被炸沉没后，杨希颜带伤泅水获生。没有顾得上疗伤，再赴新任。

· 炮台台长 江阴战至最后撤离

自“逸仙”舰、“建康”舰、“楚有”舰等相继与侵略者血战至下沉之后，“海军对保卫江阴阻塞线之策略，乃加变更，决计拆卸舰炮安装长江两岸，用以邀击敌舰。择江阴之巫山、六助港、萧山、长山、黄山五要区为要塞阵地；并划镇江为长江二道防御线”[14]。

“逸仙”舰战沉后，杨希颜立即奉命出任巫山炮台台长。炮台位于江阴要塞后方，安装了由“海”字各舰拆下的四门舰炮。

杨希颜冒着敌机密集轰炸，带领官兵抢建炮台。据《海军战史》记载：为在长江上构筑拱卫首都防御线，“各舰队随即不断从事拆炮、卸运、安装各工作。又因加强阻塞，往返驰航，引起敌人注意，日派飞机搜索，肆意狂炸，我从事工作各舰艇，复多损失”[15]。巫山炮台是最先开始建造的，“惟是时迭据报告敌舰有进窥阻塞线之消息。海军当局认为巫山炮位，无论如何必须安装，阻塞线方无受胁之虞”[16]。杨希颜带着官兵加班加点安装大炮，“经昼夜赶工，共装舰炮四尊，口径俱为12公分，编组炮队一队，配备官兵七十七员名，以陈秉清为队长，饬以全力死守”[17]。杨希颜与陈秉清一起，带领官兵，坚守炮台，迎战来敌。“敌舰知我在江阴有所准备，未敢贸然闯进，遥向两岸炮击，探我炮位虚实。我为隐藏计，未予还击。”[18]是年“十月三十日，敌舰五艘驶入和尚港，有登陆企图，巫山炮队，突起炮击，沉其二艘，余三艘遁去”[19]。

为保卫江阴阻塞线，阻截日军进犯南京，面对力量数百倍于己的敌人空军、海军与陆军的联合进攻，在上级下达撤退令后，杨希颜和战友们仍坚持再战。“十二月一日，敌陆军进抵江阴城，巫山下发现敌便衣队，炮队奉江阴总部命令撤退，但虑敌舰掩进，乘机破坏阻塞线，依旧支持未退。当晚，果有敌舰进窥，发炮击之，敌负伤遁。翌日，要塞后路绝；是晚准备毁炮，俟我方部队退尽后，始着手破坏，安全后撤。”[20]12月2日，江阴要塞失守。12月13日，侵华日军开始了惨绝人寰的南京大屠杀。

· 组建炮队 湖口再度血战日军

自巫山炮台撤下后，杨希颜再次临危受命，出任海军湖口炮队副队长。

阻击日军从水路南下，御守江西，关键在湖口、九江二地，一地不守则江西省会南昌危在旦夕。湖口、九江二地皆为长江要区，海军划湖口为长江二道防御线，共拨舰炮六尊，建立湖口炮台，杨希颜奉命再筑炮台，他择太平山、竹岐山为阵地，夜以继日筑台安炮。炮台建成后，海军立即编组湖口炮队，共有官兵140名，一等中校邱世忠被任命为队长，一等上尉杨希颜被任命为副队长。海军总司令部还派出海军陆战队炮兵连协同守卫。

1938 年 6 月，敌进犯马当，海军开始在湖口布雷。敌派机侦察得知后，不断派出飞机轰炸，杨希颜与队长邱世忠一起，指挥炮队迎击，掩护海军“威宁”艇布雷。

同年“七月四日，敌陆军乘攫取马当之余焰继犯湖口。友军抵御失利，陆续后撤。担任指挥作战之我陆军总台长赵黼丞，行踪突告不明。旋敌军迫近炮台，但江面终无敌舰发现。炮台所装舰炮因系固定炮座，不能转向内地截击敌之陆军；且敌急速前进，其先头部队已经越入我各炮射程之内，早失要塞作战意义，情形遂异常严重”[21]。在杨希颜等的指挥下，我海军官兵临危不惧，决心与来敌血战。杨希颜带领特务兵据守山头，力争据点，与敌展开山地战。敌持续推进，湖口炮队海军官兵与敌激战。敌众我寡，实力对比悬殊，但炮队官兵无一人退缩，炮兵江爱春战死，山头无法扼守，受伤官兵不断增多。“其时，海军陆战队炮兵连亦陷重围，炮台与之联络断绝，各炮位又多毁于敌机，无法再战”[22]，杨希颜和战友们忍痛于当晚上拆卸大炮，突破重围。随着他们的突围，湖口失陷，杨希颜和战友们再次成为防守之地最后一支撤离的部队。

· 坚持布雷 积劳累伤壮烈殉国

武汉失守后，日军有了控制长江的机会，以为可借长江水运之利，进可以沿江西犯，进攻荆川；退可用水路补给后勤，亦可固守一隅。“我海军击破敌人此种企图，在长江各段实施水上游击，发挥敌后攻势，以截断敌水上交通为目的，袭击其舰艇及运输船只为手段，作无定时无定地之钻隙踏虚布雷。”[23]

1940 年 1 月，海军成立了长江中游布雷游击队，设总队部，下设 5 个中队，后又再增一个中队，在湖口至芜湖段布雷。杨希颜被任命为第一中队少校中队长兼第一中队第一分队分队长。他英勇无畏，指挥布雷屡炸日舰。同年10月18日，积功升任长江中游布雷游击队副总队长。

1941年9月1日，长江中游布雷游击队扩编为海军第二布雷总队，杨希颜出任副总队长。他每战身先士卒，始终率部战斗在最前线，出生入死，布放水雷，先后炸毁日军大小舰船近百艘。

在带领部队布雷时，杨希颜数次遇到日军合围，多亏新四军奋勇相助，才一次又一次逃出虎口。

在艰苦卓绝的布雷战中，杨希颜积劳成疾，加上自抗战全面爆发后，他一直在与敌激战，小伤不断，都没有得到很好治疗，积劳积伤，身体每况愈下，但他依然没有下火线。腊月里，长江风似刀水似剑，杨希颜高烧近40摄氏度，但还多次带着部属深夜蹚过江河布雷，终于重疾难起。1943年被辗转送到福建南平省立医院抢救，但终因医治无效，病故闽北山城。因为战时信息难通，海军部在很长一段时间里不知杨希颜牺牲消息。

1945年春，在海军常务次长陈季良病故后，海军第二舰队司令曾以鼎接任陈季良之职，海军部发表了由杨希颜接替曾以鼎出任海军第二舰队司令的委任状。任命到了南平省立医院，才知这位抗日英雄两年前就已殉国。

杨元墀：造舰专家 江南造船厂总工

杨元墀（1902— ？），造舰专家，曾任福州海军飞潜学校教官，海军江南造船所稽查员、轮机制机员、锅炉厂工务员、制机课课员，海军总司令部候补员，海军水雷制造处股员，海军赴美造舰服务团团员，海军南京浦口工厂生产处工程师，海军江南造船所第二工场工程师；中华人民共和国成立后曾任江南造船所总工程师、江南造船厂总工程师、中国船舶工业总公司第九设计院副院长。

杨元墀是杨廷传族侄孙，杨济成族侄。杨元墀自幼渴望像先辈一样为国捍疆，发愤苦学。1916年考入福州海军艺术学校英文乙班。1918年，杨元墀转入福州海军飞潜学校乙班，专攻潜艇制造。

1924 年 1 月，杨元墀完成堂课后到福州船政局见习造舰。8 月 12 日毕业。

自福州海军飞潜学校毕业后，杨元墀因学业优良，被留学任教，担任格致（物理）课少尉教官。

1925 年 11 月 18 日，海军江南造船所急需技术人才，杨元墀北上至沪，调往海军江南造船所。1926 年，杨元墀任江南造船所稽查员。

1929 年 8 月 31 日，杨元墀与王荣瑸、陈熏、周亨甫、马德树一起，远赴英国深造，进入固敏工厂，学习内燃机、涡轮机及水管锅炉制造与维修。1931 年 5 月 15 日，远在英国废寝忘食学习的杨元墀，被授予海军一等造舰官职务。

1932 年 8 月 31 日，杨元墀等留学期满，回国后担任江南造船所轮机制机员。1934 年，任江南造船所锅炉厂工务员。1937 年 4 月，任江南造船所制机课课员。

抗战爆发，杨元墀投身抗战，不惧生死。1937 年 7 月“卢沟桥事变”爆发，中国进入全面抗战时期。8 月 13 日，日本侵略军进犯上海，江南造船所再次成为兵家必争之地。当天，日军飞机轰炸了海军江南造船所，所部总办公厅被炸塌一角，全所被迫停工。杨元墀参与了自制水雷和构筑阻塞线。

上海沦陷前，为保存力量，江南造船所避开白天日机轰炸，连续几个夜晚搬运精密机床、发电机、冷风机、电动机、钢板等贵重设备和五金材料，至租界内的永嘉路中国中学隐藏；造船所还把所内平时使用的“江定”“江南”“新江南”等拖轮寄存到相邻的中法合营求新船厂。所长马德骥希望借此留住江南造船所的血脉，先维持住主要职员的生活，等战争结束后再重整旗鼓，恢复生产。杨元墀参与抢运造船所重要物资。

1938 年 1 月 1 日，杨元墀任海军总司令部候补员。1939 年，任海军水雷制造处股员。

1944 年 4 月 29 日，海军赴美造舰服务团成立。10 月，杨元墀作为服务团团员，远赴美国，进入康奈尔大学，专攻舰艇内燃机。同时，进入纽约海军造船厂研习，主攻舰体制造。

1946 年 7 月 1 日，海军南京浦口工厂创立。学成归国的杨元墀调任生产处少校工程师。

1948 年 3 月 26 日，杨元墀调回海军江南造船所第二工场，任中校工程师。

1949 年初，杨元墀与中国共产党上海地下组织有了较多联系，认同中国共产党政治主张。上海解放前夕，杨元墀协助中共上海地下组织开展“反疏散、反搬运、反破坏”的护厂斗争，他还动员部分技术骨干拒赴台湾，留下来参加新中国建设。随后，他随江南造船所代所长林惠平等一起投奔共产党。

1949 年 5 月 27 日，上海解放。当天，杨元墀即与林惠平一起，组织力量修复被破坏的“江南”号拖轮，开到浦东接应解放军。接着又修复两艘拖轮，让职工随船驾驶，参加解放崇明岛之战。

6 月 2 日，解放崇明岛的战斗胜利结束。杨元墀立即投入紧张的复厂工作。当时，江南造船厂许多厂房遭到国民党军队的严重破坏，许多设备被毁，一些车间几乎成了废墟。杨元墀夜以继日，指挥工人、技术人员抢修厂房、设备。由于机器设备零部件奇缺，杨元墀还因地制宜，加工、制作替代品。

在林惠平的带领下，杨元墀和王荣瑸等一起，将他们冒着杀头危险保护下来的江南造船所重要器材、精密仪器、工具和图纸资料交给人民政府，为恢复生产，特别是为解放舟山群岛等东南沿海岛屿发挥了重要作用。

中华人民共和国成立后，杨元墀先后任江南造船所总工程师、江南造船厂总工程师、中国船舶工业总公司第九设计院副院长等职。曾当选上海市第二、第三、第四届政协委员。

第四代

杨廷传家族第四代依旧出了不少海军，最著名的还数杨树庄大女婿陈祖湘。

陈祖湘：督部抗日 三次参加长沙会战

陈祖湘（1908— ？），海军军官，曾任“永绩”舰枪炮正、海军特务队队长、海军监护队队长、海军练营第二营（马尾）教官兼驻榕办主任。

1929 年，陈祖湘毕业于福州海军学校第二届航海班，毕业后登舰服务。

1931 年 12 月 16 日，陈祖湘任“江贞”舰中尉航海副。

1932 年 2 月 1 日，陈祖湘调任“江元”舰中尉航海副。

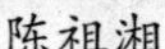
陈祖湘　　陈祖政

1937年2月1日，陈祖湘调任“定安”舰航海正。同年7月，全面抗战爆发后，陈祖湘一直战斗在前线，直至抗战胜利。

1938年5月1日，陈祖湘出任“永绩”炮舰枪炮正。同年调入长江中游布雷游击队，任上尉布雷官，在前线布雷杀敌。

1939年6月1日，陈祖湘任海军特务队队长，驻守岳州。任上，督队参加第一次、第二次和第三次长沙会战。其间，于1941年晋升海军少校。

抗战胜利后，陈祖湘继续在海军服务。1945年8月，海军成立监护队，陈祖湘调任监护队少校队长。

1948年5月，陈祖湘调任海军练营第二营（马尾）教官兼驻榕办主任。之后，情况不详。

陈祖湘哥哥陈祖政也是海军。陈祖政于1925年从烟台海军学校第十七届航海班毕业。曾任“应瑞”舰上尉枪炮正、海军第二舰队上尉副官等职。

第五代

杨廷传家族的船政缘，绵延了五世，第五代仍有海军精英活跃于海峡两岸。

杨才灏：轮机英才　人民海军烈士

杨才灏（？—1950），海军军官，曾任“永胜”舰轮机员、“永嘉”舰轮机官、“永康”舰代理轮机长；中华人民共和国成立后曾任人民海军“沽河”舰轮机长。

杨才灏是杨廷传族玄孙。抗日烽火中，杨才灏中断学业，毅然投军，考入位于福州的海军学校第六届轮机班，随校辗转多地学习。抗日战争胜利后，学校迁往青岛，易名为“海军军官学校”，也因此杨才灏既是海军学校第六届轮机班毕业生，亦是海军军官学校第一届轮机班毕业生。杨才灏在校期间学习刻苦，成绩优异，在全班 20 名毕业生中位列前三甲。

杨才灏毕业后登舰服务。1947 年 2 月 20 日，任“永胜”扫雷舰少尉轮机员。

1948 年春，杨才灏任“永嘉”扫雷舰轮机官。之后，曾代理过“永康”舰轮机长，晋升中尉军衔。

1949 年春，杨才灏参加起义，加入中国人民解放军华东军区海军。他积极要求进步，很快成为中国共产主义青年团团员，并被任命为“沽河”登陆舰轮机长。“沽河”舰原为在香港购入的“益丰”轮，加入华东军区海军后获得舷号“304”，后改为“394”。

1950 年 12 月，杨才灏在吴淞口执行试航任务时，因内燃机发生爆炸而英勇牺牲。

杨才尧：多舰舰长 台湾当局授之中将

杨才尧（1933— ），海军军官，曾任台湾地区海上防务部门第二军区参谋长、第三军区司令、舰队训练指挥部指挥官。

杨才尧是杨廷传的族玄孙，1933 年 10 月 9 日生于福州。后随家人迁居中国台湾。高中毕业后考入台湾地区海军军官学校，成绩突出，为同届高才生。1958 年毕业后，进入台湾地区海上防务部门服务，其间，曾进入台湾地区战争学院第 65 期班和海军指挥学院第 61 期班深造，以优异成绩毕业。

杨才尧曾任台湾地区海上防务部门“清江”舰舰长、“万寿”舰舰长、“德阳”舰舰长、第二军区参谋长、驱逐第一舰队第 246 战队队长。

1987 年 1 月，台湾当局授予杨才尧“海军少将”军衔。之后，曾任台湾地区海上防务部门驱逐第二舰队队长、第三军区司令。

1989 年，杨才尧出任台湾地区防务部门金门防卫部副司令。

1990 年 12 月，杨才尧调任台湾地区海上防务部门舰队训练指挥部指挥官。

1992年，台湾当局授予杨才尧“海军中将”军衔。

注释：

① 杨廷传曾孙、杨希颜次子杨望松保存的杨廷传墓志铭拓片。

② 裴荫森.三届出洋学生学成并襄办肄业各员出力，分别奖励折[M]//张作兴.船政文化研究——船政奏议汇编点校辑.福州：海潮摄影出版社，2006：403.

③ 北洋海军章程[M]//张侠，杨志本，罗澍伟，王苏波，张利民.清末海军史料.北京：海洋出版社，1982：482.

④ 李鸿章.奏为序补北洋海军守备等缺片[M]//张侠，杨志本，罗澍伟，王苏波，张利民.清末海军史料.北京：海洋出版社，1982：575.

⑤ 池仲祐.甲午战事记[M]//张侠，杨志本，罗澍伟，王苏波，张利民.清末海军史料.北京：海洋出版社，1982：320.

⑥ 长城.神秘手稿背后的冰心遗愿[N].中老年时报，2013-13-29(7).

⑦ 许秉贤.海军史略[M]//杨志本.中华民国海军史料.北京：海洋出版社，1986：921.

⑧ 刘琳，史玄之.福州海军世家[M].福州：海风出版社，2003：270.

⑨⑩⑪⑫⑬⑭⑮⑯⑰⑱⑲⑳㉑㉒㉓ 南京国民政府海军总司令部.海军战史[M]//杨志本.中华民国海军史料.北京：海洋出版社，1986：312-325.

陈兆翱家族

陈兆翱（1850—1896），字敬鸿，号鹤亭，福建省闽县（今福州市仓山区）人，著名造船专家，船政前学堂第一届毕业生，曾任船政学堂教习、船政工程处总司制机。中国近代轮机制造业重要奠基人、中国近代军舰制造业重要奠基人。

陈兆翱家族为福州市仓山区螺洲镇店前村第一名门“螺江陈”，家族船政历史正是起于陈兆翱，自此五代皆出船政名杰，成长为中国历史上最著名的船政家族之一。家族代表人物除陈兆翱外，还有陈兆锵。

陈兆锵（1862—1953），字敬尔，号铿臣，著名造船专家、海军教育家，船政后学堂第二届管轮班毕业生，清朝时曾任“定远”舰三管轮、二管轮、总管轮，“飞鹰”舰大管轮，“海天”舰机关总长，海军处第一司轮机科科长，筹办海军事务处第二司司长，江南船坞总办；民国时曾任海军江南造船所所长、海军福州船政局局长。海军轮机中将。

家族源流

陈姓源于舜帝

陈姓，是中华民族最古老的氏族之一。黄帝时期，陈丰（锋）氏是黄帝氏族的一个重要分支部落，传说黄帝的孙媳妇和曾孙媳妇均姓陈，在原始母系社会，通过婚姻血缘关系，形成了炎黄氏族部落大联盟的基础。大约在五千年前，陈丰氏部落随黄帝族从陕西宝鸡陈阪（陈丰氏部落初居地）东迁，定居河南宛丘，即《山海经·大荒南经》称之“陈州之山”，给后来陈姓留下一个“徽记”。

据《史记·五帝本纪》及《史记·陈杞世家》记载：黄帝九世孙虞舜，以孝闻世，四岳推举，继尧为帝。在当天子之前，尧帝将两个女儿娥皇、女英嫁给他，让他们居于妫汭，其后代子孙以此为姓，姓妫。舜做了尧帝的女婿后，逐步成为炎黄和东夷部落大联盟的首领，两个部落的图腾合并，给中华民族留下了相传至今的龙凤图腾。舜帝代理天子政务11年，登上帝位39年，禅位于禹。禹封舜帝之子商均于虞（今河南虞城县北）。自舜帝诞生之年（约公元前2240年）至妫满封陈受姓的前一年（约公元前1047年），共传34世，历时约1153年。谓“虞舜世系”。

约公元前11世纪，周武王灭商后，为感舜德，于公元前1046年封舜帝三十四世孙妫满（阏父之子）于陈丰氏部落的故址建立陈国（今河南东部、安徽西部一带），建都宛丘（今河南淮阳）。奉守舜帝祭祀，以备三恪。后来其子孙以国为姓，即陈姓。妫满公去世，谥号“胡公”。其长子申公陈犀继位；申公去世，其弟相公臬羊继位。相公去世，国人立申公之子陈突为国君，是为孝公。孝公去世，其子陈圉继位，是为慎公。

来自“颍川世系”

陈国传至湣公（《左传》作闵公）陈越，于公元前478年为楚所并，共传20世26君，历时568年。

陈胡公十一世孙厉公跃，生子完，为避祸，于公元前672年奔齐国，改田姓，名敬仲，史称田敬仲完，任齐国工正，其子孙世代为大夫、卿相。至敬仲完十世孙田和为相时，代姜姓而建田氏齐国，称太公。后至齐王建，于公元前221年被秦始皇所并，共传16世，历451年，谓“田齐世系”。

秦灭齐时，齐王田建有三子，长子田升、次子田桓均改王氏；三子田轸，曾以“画蛇添足”的寓言故事，劝楚将从齐退兵。后迁颍川，恢复陈姓，仍名轸。陈轸之子陈婴，秦时任东阳令史；其孙陈余为秦末义军领袖之一，为成安君。当时显贵世族以世居之郡名来标明家族身份的称号，故为颍川郡。后至陈源生三子，长子陈寔为保祖宗的神主，迁入远祖地兼祧陈翔之祖庙，成为陈姓族系中的关键人物。

陈寔（104—187），字仲躬（《后汉书》误作仲弓），东汉时人，曾入太学就读，汉桓帝（147—167）时为太丘长。因党锢之祸自请入囚，遇赦后，三公每缺必召之，陈寔不受而退隐故里。平心率物，乡人有争讼，则求判正。大家都说：宁为刑罚所加，勿为陈君所短。陈寔因义释夜窃者，而出“梁上君子”之典故。曾携子孙访荀淑，同游许昌西湖，感德星聚奎，汉灵帝遂在许昌西湖敕建“德星亭”。陈寔83岁卒，追封为颍川侯，谥号“文范先生”。陈寔的6个儿子都很贤德，尤其是长子纪（元方）、四子谌（季方），与陈寔合称“三君”，作为封建道德的典范而“图像百城”。陈纪的玄孙匡，于西晋建兴四年（316年）渡江南迁，定居曲阿（江苏丹阳）新丰湖，自公元前206年陈轸封为颍川侯，至陈匡迁曲阿，共传16世，历时522年，谓“颍川世系”。

先祖于西晋入闽

清代大儒、福州人郭柏苍《竹间十日话》卷三记载：道光二十年（1840年）仲春，举人何则贤与友人高峻、高东光、江启元、卢庆昌，在侯官西关外葛岐山坑南乡，听说乡民得到一方墓志。以此为线索，找到了唐朝散大夫、使持节韶州诸军事、守韶州刺吏、上柱国昌言陈公说墓。并将此已破坏的墓报官，重新鸠工整治。[①] 在《朝散大夫使持节韶州诸军事守韶州刺史上柱国陈府君墓志铭并序》中清楚地记录：“府君讳说，字昌言，其先颍川人，太丘宰仲躬之后也。晋末避乱于闽，因而家焉……皇考㥣，大理评事，赠兵部郎中；皇妣彭城刘氏，赠彭城郡君……亲舅全正，鸿（胪）少卿；次全交，前《开元礼》，见任河南清县主簿；内弟知新，三礼登科，见任陕州司马。”[②] 由此可见，颍川陈寔的后裔，在西晋末就迁入福州，贞石证史，确凿无疑。

晋末避乱，是因西晋末的“八王之乱”与“永嘉之乱”。

西晋初大封皇族同姓子弟为王，握有军政实权。晋武帝死，惠帝继位，不久就引发了八王争夺政权的战争，严重破坏了生产。这就是“八王之乱”。

由于“八王之乱”，政局愈加动荡，社会大乱，百姓民不聊生。匈奴首领刘渊趁各族人民起义之机，起兵离石（今属山西辖地），立国号汉。永嘉四年（310年），刘渊死，太子刘和继位。大单于刘聪杀死哥哥，夺得皇位。次年，刘聪派石勒率军于苦县宁平城（今河省南鹿邑东）歼灭晋军十余万。同年，又派刘曜率兵攻破洛阳，俘晋怀帝，杀王公士民3万余人，并纵兵大肆烧杀劫掠，史称这一黑暗时期为“永嘉之乱”，为避乱，大量衣冠士族南迁。陈说的墓志也证实了永嘉之乱时期，北方士族大量南迁，史称“衣冠南渡”，福建是他们重要的目的地。入福建的主要有八族：陈、林、黄、郑、詹、邱、何、胡。

另据莆田的陈氏谱牒记载，颍川陈寔的十六世裔孙陈润在永嘉二年（308），南渡入闽，居福州乌石山。

源自长乐鹤上陈店

陈润在福州开枝散叶，后代中的一支辗转迁往长乐鹤上陈店。据《帝胄陈姓渊流考·螺江陈氏源流》及《螺江陈氏族谱》载：由新宁（今福州市长乐区）迁来螺洲，吾陈分支于长乐陈店，所居门里巷皆称店前，以志其自陈店来。

至于何时自长乐迁至螺洲，陈宝璐是清朝帝师陈宝琛之弟，《陈宝璐传》记：先世是明永乐年间自长乐徙居闽县。而现存族谱则说系明洪武年间（1368—1398）自长乐迁螺洲。现存的族谱，系陈宝琛遵先公之托所重修的。据陈宝琛所作的《三修族谱序》载：当时，陈宝琛正赋

位于福州市仓山区螺洲镇的螺江陈氏宗祠

闲林下，为修族谱，他深入玉溪、井门、陈店诸乡，谒宗祠，稽谱牒，证实螺洲陈氏始祖徵仕公为长乐陈店所出。徵仕公即陈巨源，其曾获赠徵仕郎，后人称“徵仕公”。明洪武年间，陈巨源从长乐肇迁螺洲。

“螺江陈”名人辈出

螺洲陈氏家族出现过不少名人，其中最著名的有：陈若霖，进士，清乾隆、道光年间，历任云南、广东、河南、浙江巡抚，湖广、四川总督，工部尚书，刑部尚书兼管顺天府尹；陈景亮，陈若霖次子，进士，历任兵部郎中、陕西督粮道、山西盐运使（旋署按察使）、云南布政使；陈承裘，陈景亮长子，进士，以刑部主事用，在浙江司任行走，其6个儿子皆登科甲；陈宝琛，陈承裘长子，进士，曾任顺天乡试同考官，甘肃乡试同考官，武英殿协修、纂修、总纂，国史馆协修、纂修，还曾任过内阁学士兼礼部侍郎，当过末代皇帝溥仪的老师。

正是因为名人辈出，繁衍成螺江陈氏世家，且蜚声海内外。

船政家谱

船政学堂开启了螺洲陈家船政门风，孕育出五代名杰，在中国近现代史上留下精彩一页。

第一代

螺江陈氏家族与船政结缘，起于陈兆翱，他是陈家第一位海军、第一位船政学堂毕业生，既是螺江陈氏船政名门的奠基者，也是螺江科技世家的奠基人。

螺江陈氏家族成为中国历史上著名的船政名门与科技家族，与陈兆翱独特设奖措施密不可分：陈兆翱鼓励螺洲族人报考船政学堂以强国，他设定了专门的家族奖励措施："凡螺洲本宗子弟报考船政学堂为上策，考上者有奖"；本族子弟，到船政学堂读书，第一次所需银两，悉由他来提供；每年春节，有族中少儿登门拜年，他均给予大额压岁钱，并叮嘱专款专用，用于读书备考船政学堂。

陈兆翱：技惊法国 中国近代轮机制造业奠基人

陈兆翱（1850—1896），字敬鸿，号鹤亭，造船专家，海军军官，曾任船政学堂教习、船政工程处总司制机。

·海军首批留法学生 李鸿章大赞

陈兆翱生于清道光三十年（1850年）三月二十二日，自幼好学上进，清同治五年（1866年）岁末，考入船政前学堂第一届制造班，专攻军舰制造，其中对轮机的构造有着超高的研究兴趣和独到的见解。同治十一年（1872年）十二月毕业，留在船政工作。一方面执教于船政前学堂，主讲轮机；一方面在船政船厂，参与制造军舰。

同治十三年（1874年），陈兆翱和魏瀚、郑清廉、林庆升、郑诚、林日章、刘步蟾、林泰曾、严复等奉派台湾，测量台东后山各海口地形和海面形势。之后绘制了一幅比例为万分之一的《台湾府城并安平海口图》，图右边上用中文写着"光绪纪元船政学生魏瀚郑清濂林庆异（昇）郑诚陈兆翱林日章全测绘"。为台湾所见第一张以现代测量技术测绘之地图，非常珍贵，是台湾府城（今台南）重要文献。

光绪元年（1875年）秋天，船政派洋监督日意格赴欧洲，采买挖土机船、轮船铁胁、新式轮机等设备与造舰材料。船政大臣沈葆桢令其选派船政前学堂和后学堂优秀毕业生随其出国学习，陈兆翱与魏瀚、陈季同、刘步蟾、林泰曾等5人被选中随日意格赴欧洲学习考察。

光绪三年（1877年），船政选派第一届留学生，先期赴欧洲的陈兆翱亦被列入留学生之列，进入法国削浦官学（瑟堡造船工程学校），学习造舰和轮机制造。陈兆翱在法国学习成绩甚是出色，"按月考课，屡列上等"[③]，在学习制造船械的9位学生中，"除梁炳年病故外，考试以陈兆翱、魏瀚为最出色"[④]。陈兆翱还奉命前往比利时和德国多家大工厂考察、研究造船制机，且能活学活用，参会变通，“该学生等均能实力讲求，研究理法”[5]。到留学期满时，陈兆翱的理论水平和实操能力皆十分突出，“可与法国水师制造监工并驾齐驱”[6]。李鸿章多次在给朝廷的奏折中对陈兆翱评价甚高：学习“制造者能放手造作新式船机及应需之物……如魏瀚、陈兆翱……颇为优异”[7]，“制造学生出色者，则有魏瀚、陈兆翱等……经臣等量材器使……在船政差遣及派往外洋为铁甲船监工”[8]。

· 两项科研成果 饮誉法国

留学期间，陈兆翱研制成功新式锅炉和抽水机，水平之高震惊法国工业制造界，其中抽水机项目填补当时世界技术空白，获得以“陈兆翱”名字命名的殊荣，陈兆翱成为中国近代为世界科技做出重要贡献的发明家之一。随后创造性地改进了轮船车叶，提升了轮船速度，外国人竞相效仿，大加赞赏。

《闽侯县志》载：陈兆翱“悉得法人制机之秘，在法时曾创新式锅炉，法人奇之”[9]。《闽县乡土志》载：陈兆翱“尝创抽水机器，为西人所宗，即以陈兆翱名其器。轮船车叶，兆翱化平为侧，外洋竞效之，盖巧思远驾白种人云”[10]。

· 学成回国 连造9舰

光绪五年（1879年）十月，陈兆翱学成回国。十一月初八，直隶总督李鸿章等奏请奖励优秀留学生，陈兆翱榜上有名，授予官职。李鸿章在奏折中称：“陈兆翱思力精锐，均于驶船、制船窾窍。外洋内港施用异宜，确能发其所以然之妙，洵为学有心得，堪备驱策。”[11] 他提议朝廷破格奖励，“制造学生尽先都司陈兆翱……请以游击留于闽省尽先补用，并请赏戴花翎”[12]。过了五日，船政船厂将办公所改为工程处，陈兆翱出任船政工程处总司制机，即轮机制造总工程师，专门负责舰船轮机设计与监造。任上，不断改进工艺流程，在引进西方先进技术并因地制宜运用方面成绩突出。很快，赏戴花翎。

光绪六年（1880年），直隶总督李鸿章通过中国驻德国公使李凤苞向德订造“定远”“镇远”二舰。这两舰融合了当时世界上最先进的铁甲舰英国“英弗来息白”号和德国“萨克森”号二舰的优点。

光绪七年（1881年）正月二十二日，为保证造舰质量，陈兆翱奉命与刘步蟾、魏瀚、郑清濂赴德监造。不久，升游击，赏戴花翎。

光绪九年（1883 年），船政自行建造第一艘巡洋舰“开济”号。陈兆翱参与制舰，并主持发动机制造。“开济”舰图纸购自法国地中海船厂，而工料费用则由魏瀚、陈兆翱估算，较为低廉。

马江海战，让苦心经营多年的福建船政轮船水师毁于一旦，为报马江海战战败之仇，陈兆翱与魏瀚等一起向政府提出自制双机钢甲钢胁舰，“闽省若有此等钢甲兵船三数号，炮船、快船得所护卫，胆壮则气扬，法船断不敢轻率启衅”[13]，并表示“确有把握，如果虚糜公费”，愿意承担罪责[14]。

光绪十一年（1885 年），朝廷批准了船政试造钢甲军舰，陈兆翱与李寿田等负责监造船机。

光绪十二年（1886 年）二月，魏瀚出洋选购钢甲舰料件，九月初回华，钢甲钢胁舰即行开工，陈兆翱主持的轮机制模亦立即开铸。

光绪十二年春（1886 年 4 月），中国向德国购买的鱼雷快艇“福龙”号，由德国人驾驶到闽，陈兆翱奉派登艇勘察并验收。这在当时是一项十分新颖的技术，其他轮机人员是难以胜任的。

光绪十三年（1887 年）四月九日，船政为制造船舶有功人员请奖，陈兆翱以副将尽先补用。同年十二月十七日（1888 年 1 月 29 日），仿照德国钢甲舰设计，由魏瀚等监造船体，陈兆翱等监造船机的中国第一艘钢甲巡洋舰“龙威”号下水，全船载重 2100 吨。

“龙威”舰有颇多创新，“洋人负其殊，能颇为矜秘。此番闽厂仿造，该监造等绝无师授，竟能独运精思，汇集新法，绘算图式，累黍无差，其苦心孤诣，直凑单微，即外国师匠入厂游观，莫不诧为奇能，动色相告。傥能廓充厂地，宽筹经费，多制数艘，以备海上缓急之用，匪特可固各口之藩篱，亦可隐慑强

中年陈兆翱

邻之心志”[15]。

陈兆翱与魏瀚等是历尽艰辛独立自主造出“龙威”舰的。这一点，从船政大臣裴荫森呈给朝廷的《钢甲船安上龙骨，请俟船成照异常劳绩奖励折》中可以得知:“不用一洋员洋匠，脱手自造，按图以成范，课实以求精，是可知其确有把握，而不愧奇才异能之选矣。”[16]裴荫森曾多次前往制舰现场，他在给朝廷的请奖折中说，曾“亲见该监造等思虑周详，缔造艰苦，实非寻常劳绩可比”[17]，他请求“按照异常劳绩择尤奖励，以资激劝”[18]。

之后，船政大臣裴荫森又为“镜清”舰经南洋水师验收，而再次为陈兆翱等请奖，赞扬他和同事们，殚勤劳瘁，“栉沐风雨，宣力积年”[19]，“运以颖异之心思，持以精专之诣力，故能神明规矩，屹然成防海之巨观”[20]。“亲见该学生等索隐钩深、困心衡虑，或一图而屡易其稿，或一器而屡改其模，或于独悟而戛戛生新，或于会商而心心相印，寒暑无间，寝馈胥忘，历四五年如一日。夫海上争衡，全凭利舰，而船非自制终苦良窳莫辨、缓急难资。闽厂设立学堂，学制造者先后奚啻数百人，而心领神会、曲鬯旁通，亦仅此数人无愧瑰奇之选。学者如牛毛，成者如麟角”[21]，“不能不资以鼓舞”[22]。朝廷准奏后，陈兆翱授以副将衔，留闽尽先补用。

光绪十四年（1888 年）九月初十，“龙威”舰由闽开行，一路北上，十四日抵沪，北洋海军提督丁汝昌到船勘验，评价甚高。此舰加入北洋海军，易名“平远”。十二月二十四日，船政大臣裴荫森上奏，称：工程处制造船身学生魏瀚、郑清廉、吴德章，制造轮机学生陈兆翱、李寿田、杨廉臣等六员，自出洋艺成回华，先后派出工程处制造，以代洋员之任，历制“开济”“横海”“镜清”“寰泰”“广甲”“龙威”等船，创中华未有之奇，以副朝廷培植之意。

光绪十八年（1892 年），闽浙总督谭钟麟奏报试造钢甲船有功人员，具体有：魏瀚、郑清廉、吴德章监造船身，陈兆翱、李寿田、杨廉臣监造船机，其稽查厂务催趱工则沈翊清专其责，赴津沪交收，许贞干总其成。

船政大臣裴荫森对陈兆翱参与研制成功的新舰评价甚高：此等快船“轮机之灵快，已有逾于原定之数。该学生等于制造之学研虑殚精，不特创中华未有之奇能，抑且骎骎乎驾泰西而上之”[23]。论及“寰泰”等新建六舰，裴荫森说：“其规模之宏敞，机器之精良，行驶之迅速，迥非常式旧制之兵轮可比。视外国所谓次等铁甲者已有过无不及之。”[24]

光绪十九年（1893年）四月十九日，前船政大臣裴荫森因“平远”钢甲舰制成，请旨照“异常劳绩”奖励制舰有功人员，上报了58名有功人员，海军衙门咨文认为人数太多，必须加以限制。时任闽浙总督的谭钟麟请旨将“异常劳绩”削减至8人，即沈翊清、许贞干、魏瀚、郑清濂、吴德章、陈兆翱、李寿田、杨廉臣，其余改为“寻常劳绩”。

自光绪十三年（1887年）开始，船政先后建造的“广甲”“广乙”“广庚”“福靖”“通济”“福安”等9艘舰艇，均由陈兆翱总管轮机方面的设计与制造。

陈兆翱不断积功获升，晋升至正二品衔的总兵，被公认为是中国近代轮机制造奠基人、中国第一代优秀造舰专家之一。

光绪二十一年十二月十七日（1896年1月31日），陈兆翱积劳成疾，病逝于福州，葬于福州北峰寿山乡飞云峡。

光绪二十五年（1899年），清廷诰授陈兆翱为从一品衔的“振威将军”。

陈兆锵：血战洗礼 中国海军第一批轮机中将

陈兆锵（1862—1953），字敬尔，号铿臣，造船专家，海军教育家，清朝时曾任“定远”舰三管轮、二管轮、总管轮，“飞鹰”舰大管轮，“海天”舰机关总长，海军处第一司轮机科科长，筹办海军事务处第二司司长，江南船坞总办；民国时曾任海军江南造船所所长、海军福州船政局局长。

· 考入船政学堂 主攻轮机

陈兆锵是陈兆翱堂弟，亦为轮机专家。

陈兆锵先祖这一支没出过多少显赫的名人，他的曾祖父曾任直隶州同知，他的祖父因乡试屡挫，愤而经商，在福州城内与马尾开杂货铺，经营染料、杂货。他的父亲曾任布政司理问，是个从六品的小官。他的母亲出生于官宦人家，外公曾任过山东惠民县县丞。陈兆锵的父亲一直身体不太好，去世得早，由于家境并不像同族一些家庭那样好，作为长子的陈兆锵很早就担负起养家糊口的担子。

陈兆锵6岁时被送入螺洲陈氏“明伦堂”接受启蒙教育。14岁时面临两种选择：一种是继续走科举之路，学而优则仕；另一种就是进入船政学堂，接受新式经世教育。最后，陈兆锵选择了进入船政学堂接受新式教育。

壮年陈兆锵

陈兆锵选择进入船政学堂有4个原因。一是对旧式教育极端不满，非常渴望接受新式教育。二是福州船政学堂在福州当地很有影响，读船政学堂在当时青少年中是件很时尚的事。三是家庭长辈的支持，陈兆锵的祖父长年在外经商，接触到西方思潮，对中国的贫弱与西方的富强有所思考，每次返家，必带回当时教会翻译出版的传播西方文明的书籍。父亲受祖父影响，对新式学堂有好感，认为孩子学习技术有一技之长，对今后安身立命都有好处。四是族亲的影响，陈兆锵的堂兄陈兆翱是船政学堂第一届制造班学生，陈兆翱回家时必介绍了解到的西方科技与进步，介绍学习科技知识的重要性，因此对族中兄弟影响很大，这也是陈兆锵走上海军之路的主要原因之一。

光绪元年（1875年），陈兆锵考进船政后学堂第二届管轮班，学习成绩优异。

光绪五年（1879年）闰三月二十二日，陈兆锵以考列优等保荐千总，充任福建船政局监工。次年夏，陈兆锵堂课结束，派往“永保”“琛航”等舰见习。

光绪八年（1882年）秋，陈兆锵毕业于船政学堂第二届管轮班。

光绪九年（1883年）初，陈兆锵被派往“扬武”练习舰担任轮机练习生，随舰近海与远洋航行，历经南洋群岛和日本多地。

·“定远”管轮 血战甲午

光绪十年（1884年），陈兆锵舰上见习期满，任职北洋海军，被派往当时中国最新最大战舰之一的“定远”号，担任机管，后任三管轮。

光绪十六年（1890年），陈兆锵升署“定远”舰二管轮，后实任。

光绪十七年（1891年），陈兆锵随北洋海军提督丁汝昌访问日本。

光绪十八年（1892年）二月，陈兆锵升署北洋海军右翼中营守备，仍任“定远”舰二管轮。

光绪十九年（1893年）十一月二十五日，陈兆锵因熟悉机务，忠于职守，升署北洋海军右翼中营游击，充任“定远”舰总管轮。

光绪二十年（1894年）八月十八日，中日甲午战争黄海海战打响，“定远”舰为北洋海军提督丁汝昌的旗舰，陈兆锵随舰参战。“定远”舰在爱国海军名将刘步蟾管带指挥下，全体官兵英勇作战，先后重创包括敌旗舰“松岛”在内的数艘日舰。在敌舰逃离之后，与我“镇远”舰一起掩护舰队安全撤到指定区域。“定远”舰在此役中战功卓著，作为该舰机电保障部门最高指挥官——总管轮的陈兆锵，沉着调度，指挥有力，功不可没。

光绪二十一年正月初一（1895年1月26日），日军开始大举攻击威海卫，陈兆锵随“定远”舰再度出战，官兵们奋力拼杀。陈兆锵所在的“定远”舰于正月初十晚被敌鱼雷击中。正月十五日，“定远”舰沉没殉国，管带刘步蟾服毒自杀，陈兆锵落水获救。正月二十三日，北洋海军全军覆没。同年四月四日，陈兆锵等幸存的北洋海军官兵被革职返乡。十一月，清廷拟复建北洋海军，陈兆锵奉召回北洋供职。

· 响应辛亥革命 负责造舰百余艘

光绪二十二年（1896年），陈兆锵因甲午海战表现突出，被选派赴英国学习新式舰船制造。三年后学成回国，充任“飞鹰”舰大管轮。

光绪二十五年（1899年），陈兆锵任“海天”舰机关总长。

光绪三十三年（1907年）六月二十三日，清政府在陆军部设立海军处，陈兆锵任海军处第一司轮机科科长。

宣统元年（1909年）五月二十八日，陈兆锵出任筹办海军事务处第二司司长。六月十二日，调江南船坞总办。

清宣统三年八月十九日（1910年10月10日），武昌起义爆发。海军不少官兵同情革命，密谋易帜，陈兆锵参与江南船坞易帜，转向革命。

1912年，根据海军总长刘冠雄的咨请，江南船坞划归海军部直接管辖，并派陈兆锵等办理接管上海船坞事宜。12月30日，获授海军轮机少将。

1913年2月20日，江南船坞正式归海军部管辖，易名“海军江南造船所”，陈兆锵出任少将所长。同年8月20日，晋升海军轮机中将，成为中国第一批两位轮机中将中的一位。

上任后，陈兆锵采取系列改革举措，江南造船所得以发展。在任三年，在他的呕心沥血之下，江南造船所共造成大小各类舰船138艘，超过了1905年至

1911 年 6 年所造的 104 艘。

1914 年 5 月 25 日，陈兆锵获二等文虎勋章。

· 复兴船政功臣 修“红旗渠”惠民

1915 年 9 月 25 日，陈兆锵调任海军福州船政局中将局长，上任之时，船政积弊甚深、百废待兴，他殚精竭虑，在任期间福州船政得到全面复兴。

陈兆锵积功多次获奖。1916 年 10 月 9 日，获“三等嘉禾勋章”。1918 年 1 月 7 日，获“四等宝光嘉禾勋章”。1919 年 10 月 14 日，获“二等嘉禾勋章”。1920 年 1 月 1 日，获“三等宝光嘉禾勋章”。1921 年 10 月，因福州船政局试制水上飞机成功，总统徐世昌特授陈兆锵勋五位，即男爵。

1922 年，陈兆锵在福州马尾创办电灯厂，实现海军福州船政局由蒸汽动力向电机动力的转变，使海军各机关及附近居民首度实现电照明，结束了马尾地区油灯照明时代。同年，他首倡并带头捐款重修马尾昭忠祠，将之改为“甲申、甲午两役合祀”之祠，并亲题“蒋山青处”四字，镌刻于昭忠祠后山崖巨石上，以示甲申、甲午海战的英烈们将世代为人们景仰，是当地守护神。

1925 年，陈兆锵再度出任海军江南造船所中将所长。当时的江南造船所还为洋人把持，陈兆锵果断调入大量中国技术人员，但腐败的政府当局不支持他的行动。1926 年，陈兆锵愤而辞职回乡。

回到福州后，陈兆锵热衷于家乡公益事业。曾拿出自己的赡养费，并通过关系向海军江南造船所借款 20 余万元，一并投入海军福州船政局兴修的莲柄港灌溉工程，使得长乐 60 万亩稻田受益。此工程是凿开花岗岩坚石穿山而辟建，后被称为长乐的“红旗渠”。

尤其值得称道的是，1927 年蒋介石发动“四一二”反革命政变，大肆捕杀共产党人和爱国人士，陈兆锵冒着风险设法营救。1947 年，福州学生举行反内战大游行，一些进步学生被开除，陈兆锵利用自己的威望，说服校方让学生复学。1947 年，还参与营救被捕的中共党员。

1941 年 4 月，福州第一次沦陷，日寇要陈兆锵出任伪维持会会长，陈兆锵不惧威逼利诱，断然拒绝。抗战胜利后，国民政府海军部颁给陈兆锵“凛然可风”银盾，表彰其高尚的民族气节和爱国精神。1949 年福州解放前夕，陈兆锵坚持留在福州迎接解放。

1953 年 2 月 1 日，陈兆锵以 91 岁高龄谢世。

2004 年，陈兆锵后人前往福建省长乐市（现福州市长乐区），参观陈兆锵将军当年所修的莲柄港灌溉工程，在莲柄港纪念石前留影

· 海军教育家 治校有方

陈兆锵接管海军江南造船所时，管理和技术大权全部操纵在外国人手里，总工程师、会计师、设计师全是外国人。因大权在握，外国人专横跋扈，对中国技术人员和工人非常凶狠。陈兆锵认为：长期仰仗外国技术人员终非根本之计。他提出罗致人才、培训人才全套计划，但未被海军部批准。于是，陈兆锵决定让船厂走修建军舰兼营修理本国商船并举之路以增加收入，将盈利用来培养本国技术人才。他派遣工程技术人员出国学习，开设艺徒培训班，以半工半读方式免费培养各级造船技术人才。与此同时，陈兆锵还请来一些机械、电机方面的学校老师，让他们进造船所实习，“期于日后可接洋工师之手”[25]。

1915 年 9 月，陈兆锵接任海军福州船政局中将局长，竭尽全力复兴船政教育。一上任，即决定恢复久未招生的船政艺圃。1915 年正式招收了初中程度的学生 120 名入学，分别编入英文班、法文班。同时，整顿福州海军制造学校和海军学校。福州海军制造学校前身即船政学堂前学堂，福州海军学校前身即是当年的船政后学堂，1913 年 10 月分别改为现名。1916 年，陈兆锵奉命督办福州海军制造学校和福州海军学校。1917 年，福州海军学校招考第一届轮机班，从报考的 500 名考生中筛选出 100 名，又经入学甄别考试淘汰三分之一，保证了考生的质量。陈兆锵不但精选学生，而且严格考试，从不徇私情。如福州海军学校有学生是海军福州船政局高官的孩子，但他们中有些人出现考试作弊，陈兆锵照样严肃处理。保证了这两所学校的教学质量。

1935 年，见后来改成福州海军艺术学校的“艺圃”被裁撤，陈兆锵就与其他海军宿将共同商议，在原校址上创办新校，改称“私立勤工工业职业学校”，并亲自出任董事会董事长。

· 造船领导人 沪闽两地建功

陈兆锵在海军江南造船所任所长期间，曾为招商局制造“江华”轮，被当时造船界誉为长江各轮之冠。又为天津海河疏竣公司制造“通凌”“没凌”等号破冰船，在技术上解决了外国造船界对于破冰船尚未能解决的技术。为川江公司承造“蜀亨”轮，攻克了川江浅水轮等一系列技术难题，为独立自主发展我国造船事业做出了积极贡献。

1914 年，第一次世界大战爆发，帝国主义列强“均垂涎本所，借共同军事计划，谋租甚力”[26]。陈兆锵极有远见，识破了列强插手中国军工业的“阳谋”，他找到了当时的海军总长刘冠雄，力陈不可，“其议始寝”[27]，使列强阴谋未得逞。

1915 年 9 月，陈兆锵走马上任海军福州船政局局长时，留给他的是一个破烂摊子。自光绪三十三年（1907 年）马尾造船厂停造轮船以来，各厂厂房破败，机器残缺，经费奇绌，技术骨干大量流失，工人情绪低落。他的前几任局长有的一看这烂摊子，就觉得难有良策，无从下手，相继请辞。而陈兆锵不畏艰难，以对国家、民族极端负责的精神，艰苦创业，着力全面复兴福建船政的造船业务。陈兆锵注意选贤任能，任用早期留法学生和富有经验的技术人员，充实各车间，继续造船。1917 年和 1918 年分别建造了“海鸿”“海鹄”两艘炮艇及若干拖船。

· 创中国四项第一 奠基航空工业

陈兆锵在福州船政局局长任上，创办了中国第一个航空学校、第一个飞机制造厂，造出了中国第一架水上飞机、第一个水上飞机浮台，使福州马尾成为中国航空业首创之地。

第一次世界大战，使陈兆锵和许多海军将领清醒地意识到潜艇和飞机将在未来战争中起到至关重要的作用，十分认同举办飞机、潜艇学校的动议。

1917 年 2 月，中国第一所培养飞机和潜艇制造、维修、驾驶人才的学校——

海军飞潜学校，在马尾海军福州船政局内创办。陈兆锵兼任该校校长，他以满腔热情投入筹备、招生、延聘老师、设计课程、组织编写教材各项工作中去。

陈兆锵主持创办的福州海军飞潜学校旧址

他极为重视使用学有专长的人才，使得从美国留学回来的巴玉藻、王助、王孝丰等留学生都在此得到了很好的发挥。作为一名海军中将，他从军事上考虑，提出了飞潜学校学生要同时进行严格军事训练的主张。1923 年 7 月，飞潜学校第一届学生正式毕业，后来又连续培训毕业了多期。这所学校，独立自主培养出了中国第一批飞行员、飞机机械师、飞机制造工程师、飞机场站人员。因为这些学生素质高，后来为中国航空业与造船业发展做出了重要的贡献。

陈兆锵创办了我国第一家飞机制造厂——海军马尾飞机工程处，独立自主制造了中国最早的飞机。

在当时社会动荡、政治腐败的恶劣环境中，陈兆锵想方设法筹款支持飞机研制、试飞工作，还提倡尽可能采用国产原料，以免日后被外国人卡脖子，克服了许多难以想象的困难。1919 年 8 月，中国第一架水上飞机在马尾飞机工程处试制成功。该机机身采用国产榆木，100 马力、双桴双翼。从 1919 年至 1931 年 1 月，在马尾制造了 13 架飞机。

陈家还有六杰：投身海军亦文亦武

除陈兆翱、陈兆锵兄弟，螺洲陈家在这一代，还有六位兄弟皆为船政才子。

陈仪（？—？），字敬捷，青年时期投身福建水师，苦练驾舟之技，缉盗、战敌皆勇敢，不断积功获升。曾任把总、千总，后曾任“飞霆”舰正管轮。

陈济苍（？—？），字敬典，国学生，保叙五品军功，海军造舰少监。

陈兆麟（？—？），陈兆锵胞弟，船政后学堂驾驶班第四届毕业生，与后来出任过海军总长的刘冠雄是同班同学，可惜尚未婚配即早逝。

在这 3 人之外，族中还有多人都是早期各海校的优秀毕业生，如陈兆芳、陈兆兰等。陈兆锵另一位胞弟陈兆琛，也曾做过军舰书记官。

第二代

螺江陈氏船政家族第二代，也出了不少优秀海军人才，其中以从事海军教育、军舰制造者最为出色，陈大咸与陈藻藩是其中代表。

陈大咸：枪械专家 海军艺术学校校长

陈大咸（1890—？），又名石英，字泽官，号次闳，海军军官，清朝时曾任烟台海军学堂教习；民国时曾任福州海军艺术学校教官、福州海军艺术学校校长、海军部军械司兵器科科长、海军部军械处检验课课长。

陈大咸是陈兆锵胞弟陈兆琛长子，少年时期投身海军。光绪三十一年（1905年），毕业于烟台海军学堂第一届驾驶班，随即派赴“通济”练习舰见习。

宣统元年（1909 年）四月，陈大咸担任烟台海军学堂教习。

1913 年 10 月 12 日，海军福州船政艺圃改为福州海军艺术学校，陈大咸担任教官。

1919 年 5 月 19 日，陈大咸被授予二等造舰官。

1920 年 1 月 1 日，陈大咸被授予一等造舰官。

1922 年 7 月 1 日，陈大咸出任福州海军艺术学校校长。

1925 年 3 月 20 日，陈大咸充任海军造械少监。

陈大成为海军制造研究社成立做出贡献。1927 年 4 月 10 日，海军制造研究社举行第一次筹备讨论会，会议公推福州船政局局长陈兆锵担任临时主席，并推举陈大咸、王助、沈觐宜等 7 人为海军制造研究社章程起草委员。5 月 1 日，海军制造研究社在马尾海军联欢社来复轩召开成立大会。大会用不计名投票方式选出 13 名执行委员并组成执行委员会。陈大咸任交际委员。交际委员的职责是代表本社对外接洽重要事务。于必要时得用本社名义，募集基金，或特别捐款等等。次年 12 月 14 日，陈大咸被授予海军造械中监。

1930 年 2 月 16 日，陈大咸任海军部中校技正。2 月 25 日，陈大咸任海军部军械司兵器科科长。次年 1 月 26 日，陈大咸任海军部上校技正。

1932 年 2 月 21 日，陈大咸调任海军军械处检验课上校课员。8 月 27 日，海军部向日本订造的“宁海”舰回国，陈大咸、沈觐安（沈剑知）充任点收“宁海”舰车械军火委员，负责车械军火点收。次年 2 月 1 日，陈大咸任海军部军械处检验课上校课长。

1937 年 5 月 28 日，陈大咸任海军部军械司兵器科上校科长。

1937 年 7 月 7 日，抗战全面爆发。陈大咸随部投身抗战。

1938 年 1 月 1 日，为因应战时需要，海军部改制为海军总司令部，陈大咸出任海军总司令部上校候补员，被派往海军修械所办事。

1939 年 12 月，当时海军学校已迁往贵州桐梓县，航海专业学生在修业完毕后，要调往重庆木洞镇学习枪炮，陈大咸又奉命担任学生管理工作，并亲自授课。

陈大咸著有《欧战中之军用毒气》《中国桐油业之研究》等。

陈大龄：造舰少监 培育造船人才有功

陈大龄（1891—1980），字泽兆，号亦煊，又号肖鹤，海军军官，曾任福州海军制造学校副教官、正教官；中华人民共和国成立后曾任福建机电学校教师。

陈大龄是陈兆翱长子，生于光绪十七年（1891 年）八月九日，父亲病逝时才 3 岁多。他与父亲一样聪慧过人，好学上进。少年时期考入船政前学堂第七届制造班，学习十分刻苦。

光绪三十四年（1908 年）冬，陈大龄以优异成绩毕业，到福建船政局服务，当过船政轮机厂监工，后到船政后学堂任教。

1919年，陈大龄任福州海军制造学校制造副教官，爱生如子，执教尽力，升任正教官。

陈大龄多次获勋。1916年1月3日，获得“五等文虎勋章”。1917年1月1日，获得“五等嘉禾勋章”。1918年1月7日，获得“四等嘉禾勋章”。

1919年3月22日，陈大龄升为一等造舰官。

1920年8月17日，陈大龄被授予海军造舰少监。

1927年5月，陈大龄作为71位发起人之一，参与发起成立海军制造研究社，踊跃参加各项学术活动。当时，陈大龄上养母亲，下养子女，生活负担很重，但他为研究社建设图书馆带头捐款。因特别擅长几何三角函数，大家尊称“数学博亦煊师”。

中华人民共和国成立后，陈大龄执教福建机电学校，深受学生爱戴。

陈大武：练营教官 海军训练团机务课课长

陈大武（？—？），海军军官，曾任中央海军训练团机务课课长。

陈大武是陈兆锵次子，少年时期投身海军，曾任马尾海军练营教官，靠办事认真，勤于教导，得到学生认同。随部参加了抗战，表现英勇。

抗战胜利后，陈大武参与创办中央海军训练团。

抗战胜利时，海军百废待兴，急需人才。特别是抗战期间中国海军战舰大多殉国，海军官兵和海军学校学生缺乏在军舰上训练。1945年10月22日，海军总司令陈绍宽飞抵青岛视察，视察结束后作出指示：青岛为华北最佳港口，亦为最良好之海军基地，应使之成为海军之训练基地，或设立海军训练机关，或设立海军教育基地。而此时美国为了维持在西太平洋的权益和地位，派遣第七舰队的军舰进泊青岛海面，并以援华赠舰的名义派出海军顾问团进驻青岛。美国派第七舰队总司令巴贝与陈绍宽商定，自训练人才着手，帮助中国培训海军人员。陈大武奉调青岛，参与组织中央海军训练团，出任机务课课长，主要负责军舰轮机人才的培养。

1945年12月22日，中央海军训练团正式成立，首批参加培训官兵共236人，即日起开始正式训练。

中央海军训练团设在青岛海阳路（后将正门移至莱阳路），由蒋介石亲自管辖，一切经费开支都由国民政府直接拨付。海军训练团的装备，除部分从日本接收外，其他的通讯仪器、雷达、机械等均由美国第七舰队提供。美国海军顾问制订了快速训练中国海军的方案，采取了“一对一”的训练方法，即美国舰长教中国舰长，轮机长教轮机长，士兵教士兵。训练内容分陆训和舰训两部分，先在陆上学习必要的专业知识，然后让受训官兵登上美国舰艇实际练习驾驶、停靠等操作方法，尽快掌握操纵技术。舰艇常在中国海域和内河航行，并进行登陆演习，最后经过一次独立远航考核结业。这种速成方法虽然能满足时间的要求，但训练以技术课目为主，战术课目特别是合成战术课目没有进行，在很大程度上影响了国民党海军的作战能力。陈大武极为敬业，受到美国教官和学员的好评。至 1947 年 1 月，训练团共训练了中国海军军官 300 余名、士兵 3000 余名，美国海军顾问团完成使命后陆续撤离了青岛。

陈大武因反对内战，回到福州。

陈藻藩：轮机少将　海军制造学校校长

陈藻藩（1888—1957），又名式藩，字砚香，造船专家，曾任海军福州船政局监工兼福州海军制造学校教官，福州海军飞潜学校教官，福州海军制造学校总教官、校长，海军江南造船所工务处处长兼总务处处长、副所长；中华人民共和国成立后曾任华东军区海军研究委员会委员、海军司令部顾问。

陈藻藩是陈兆翱侄儿。光绪十四年（1888 年）五月初三，生于螺洲古镇。及长，考入烟台海军学堂第四届驾驶班。

宣统元年（1909 年）九月初三，筹办海军大臣载洵、海军提督萨镇冰等乘船赴欧洲考察各国海军，陈藻藩等 23 人奉派随同前往，赴英国学习海军及制造船炮技术。

宣统二年（1910 年），陈藻藩自烟台海军学堂毕业。同年，烟台海军学堂教务长李景曦任留学生监督，陈藻藩和曾贻经、王助、王孝丰、冯滔等随同前往英国深造，陈藻藩进入英国亚豪司庄大学造船科学习。

壮年陈藻藩

1912年1月1日，中华民国成立，远在英国留学的陈藻藩期待能早日回国，建设共和中国。3月归来，出任福州船政局差遣员。

1914年，陈藻藩出任海军福州船政局监工兼福州海军制造学校教官。

1917年12月，陈藻藩出任福州海军飞潜学校船体制造专业教官。次年,7月22日，被授予海军造舰少监。10月19日，被授予“五等文虎勋章”。

1921年10月1日，陈藻藩晋升海军造舰中监。

1922年3月，陈藻藩暂代福州海军制造学校校长。

1924年3月24日，陈藻藩调任福州海军制造学校总教官。

1925年2月24日，陈藻藩任福州海军制造学校校长。4月23日，民国北京政府明令授予陈藻藩海军造舰大监。

1926年3月29日，陈藻藩调往上海，署江南造船所副所长。

1927年3月16日，归附北伐军的闽系海军接收江南造船所，改名海军江南造船所，陈藻藩被任命为国民革命军海军江南造船所副所长。

陈藻藩思想进步。大革命时期，中国共产党在海军中的外围组织——新海军社移往上海高昌庙公开办公，并派出王荣瑸等到江南造船所组织职工工会筹备委员会。

1927年4月12日，蒋介石发动“四一二”反革命政变，海军奉命“清党”，王荣瑸等人遭到追捕。无处躲藏的王荣瑸来到陈藻藩家中，请求他帮忙。陈藻藩不惧风险，打电话给海军总司令杨树庄，为王荣瑸担保，使杨树庄撤回了对王荣瑸的逮捕令。在这之后，陈藻藩还先后担任海军江南造船所工务处处长兼总务处处长。

1937年7月，抗战全面爆发，海军江南造船所内迁。海军部因战时所需，缩编为海军总司令部。陈藻藩充任海军总司令部上校候补员。

1937年7月开始，日军疯狂轰炸海军江南造船所。在建的舰船25艘被毁，两座船坞和栈房、打铜厂、打铁厂等受到严重损坏，木模、木制轮机模型等损失殆尽；部分机器设备搬迁至内地。日军占领上海后，侵占了该造船所。1938年1月，江南造船所由日本海军管理，改称“朝日工作部江南工场”；3月，由日本海军委托三菱重工业株式会社负责经营，并将上海三家民营船厂的机器设备拆迁到江南造船所，改名为“三菱重工业株式会社江南造船所”，设有海军第一工作部驻所监督、控制。之后，将上海兵工厂及三北、鸿昌、合兴三家私营船厂并入，组成第一、第二、第三造船所。

抗战胜利后的1945年8月18日，陈藻藩任海军接收江南造船所专员，参与负责接收江南造船所。9月13日，陈藻藩会同海军总司令部上海办事处处长林献炘，接管江南造船所。9月16日，陈藻藩出任战后海军江南造船所副所长。

抗战胜利后，因遭到美国剩余船只在中国的大量廉价倾销，使中国的造船业受到严重打击，江南造船所的造船业务从此一蹶不振。1946年7月16日，陈藻藩等16人呼吁国民政府振兴国内造船工业，他们联合署名在上海《新闻报》的《读者之声》专栏内，发表《造船业危机——只见外国船笑，哪管造船人哭！》一文，呼吁支持中国人自己造船、造军舰。

1947年8月1日，陈藻藩晋升海军少将。

1948年3月21日，因其长子、中共高级干部陈长光被国民党当局逮捕秘密枪决，陈藻藩愤而辞职，闲居福州。

1949年8月初，国民党当局多次派人登门，逼迫陈藻藩赴台，被严词拒绝。8月17日福州解放，陈藻藩随即参加革命，投身人民海军建设。9月下旬，出任中国人民解放军华东海军司令部研究委员会委员。

1950年，陈藻藩任中国人民解放军海军司令部顾问，为新中国海军建设出谋划策，提供了大量建议，特别是对海军修舰、制舰贡献颇多。

1957年，陈藻藩病逝于福州。

陈藻藩夫人林怀民，是黄花岗七十二烈士林觉民堂妹、林尹民胞妹。

陈藻藩还是位围棋高手。他自幼好棋，早年受棋界名流林诒书指导，青年时期钻研日本棋法，20世纪20年代已达到国内一流水平。1942年日本棋手濑越宪作一行访华时，曾代表日本棋院授予参与对弈的陈藻藩三段段位（当时日本承认我国最高水平棋手为四段）。民国时期，陈藻藩与顾水如、刘棣怀、魏海鸿并称为上海“四大棋家”。陈藻藩胞兄陈修崇亦有弈名，20世纪50年代初为上海名手之一。

陈大贤：留英校官 第二舰队正副官

陈大贤（1904— ？），海军军官，曾任“江贞”舰枪炮副、副舰长、第二舰队正副官。

陈大贤

陈大贤是陈兆锵侄儿，少年有志从军，为此认真读书，备考海校，终在少年时期如愿考上烟台海军学校。进校后，多次重走甲午海战战地，以此砥砺自己悬梁刺股发愤苦读。

1929 年 7 月，时任“江贞”炮舰中尉枪炮副的陈大贤，被选拔赴英国留学。

1932 年，学成归国，派赴“应瑞”练习舰，先后担任上尉教练官、上尉鱼雷长。

1935 年，陈大贤任“江贞”炮舰副舰长。

1937 年，陈大贤转任海军第二舰队正副官。

1939 年，陈大贤晋升海军少校。后事不详。

陈兆翱家族在这一代还出过不少海军军官，如曾任马尾海军练营教官的陈大安、曾任海军总司令部军衡司科员的陈大莹等。

第三代

螺江陈氏船政家族第三代，出得最多的是海军技术专家，其中多位深受国共两党敬重。

陈长钧：制舰高手 赴台重建海军造船业

陈长钧（1904—1974），又名纯珂，海军军官，曾任海军江南造船所工务员、飞机制造处发动机课课长，中央航空委员会第八飞机修理厂造机正、生产处主任，福建企业公司机械主任工程师、铁工厂厂长兼总工程师，海军台湾马公造船所所长兼总工程师，海军台湾马公造船所所长、总工程师兼海军台澎军区整建委员会工程技术组组长、海军台澎军区整建委员会接收菲律宾美舰委员会主任；中华人民共和国成立后曾任福建机器厂副总工程师、福建三明重型机器厂主任工程师、福建漳州龙溪机器厂主任工程师、福建省机电设备成套局高级工程师。

·相识王介山 造船所内投身革命

陈长钧是陈兆锵侄孙。光绪三十年（1904年）十一月二十八日，生于福州城内朱紫坊，父亲陈大榕为福州洪山桥附近盐馆的小职员。

1915年6月，陈长钧考入福建省立第一中学读初中。1918年，考入福州海军飞潜学校丙班。半年后，转入该校轮机制造专业。

1925年6月，陈长钧毕业于福州海军飞潜学校第三届制机班。11月，陈长钧等20名飞潜学校同学，奉命赴海军江南造船所实习。陈长钧被分配到电机课任见习课员，经同学林轰介绍去上海中法求新造船厂造机部兼任图算员。

当时正是大革命时期，陈长钧认识了中共早期领导人王荷波弟弟、中共地下党员王介山等人，并在他们影响下接受了中国共产党政治主张，他与同学王荣瑸、王卫一起，参加了中国共产党领导的海军进步青年组织——新海军社，为新海军社的刊物《灯塔》撰稿。

1927年3月18日，新海军社移往高昌庙公开办公，陈长钧、林轰、王荣瑸、王卫等被派往海军江南造船所组织职工会，任筹备委员。

1927年4月12日，蒋介石发动反革命政变，海军总司令杨树庄奉命在海军中“清党”。当天上午9时，杨树庄派兵包围了新海军社办公室，抓捕正在社内的陈长钧、陈嘉谟等人，将他们押到位于上海高昌庙的海军总司令部。关了一个多月，林轰也被押来，他们4人被押上“新济”号轮船，直接送到马尾，拘押在马尾海军要港司令部旁的三间平房内。10月，因王卫病重保外就医，杨树庄指示把陈长钧、陈嘉谟、林轰等3人也以“保外就医”之名释放。陈长钧获释后一度失业，好在海军中多福州老乡，且不少人有进步倾向，帮助他重返海军界。

· 留学欧洲两国 江南造船所新秀

1928 年 12 月 5 日，福州人陈绍宽出任海军第二舰队司令兼国民政府军政部海军署署长。陈长钧应召到海军马尾造船所供职。

1929 年，陈长钧任海军总司令部差遣员，因久病停薪。

1930 年 5 月 8 日，陈长钧病愈，充任海军马尾造船所图算员。同年，海军福州造船所下辖的飞机工程处迁往上海，易名“海军江南造船所飞机制造处”。

1932 年，陈长钧调往上海，担任海军江南造船所造机员。

1933 年 1 月 1 日，陈长钧调任海军江南造船所造机课图算员，负责绘制新船机器图样。12 月，陈长钧转为海军部候补员。

1934 年初，陈长钧奉命赴英国学习内燃机、涡轮机及水管锅炉等工程设计制造技术，其间他对柴油机技术有颇多学习和研究。

1936 年 9 月 20 日，陈长钧在英国完成学习任务。据《中国海军大事编年》一书介绍，海军部令其转赴意大利工厂实习后回国。10 月 30 日，陈长钧学成归国，充任海军江南造船所飞机制造处发动机股少校股长。

1937 年 4 月 19 日，陈长钧出任海军江南造船所工务室少校代理工务员。5 月 1 日，正式担任工务员，参与有关船舰设计，督修海军舰艇及商船。

· 抗战军兴 西南修飞机

1937 年 7 月，抗战全面爆发，驻沪日军于 8 月 13 日进犯闸北和虹口，淞沪会战打响。海军江南造船所奉命内迁。为发展中国战时工业，陈长钧奉命押运江南造船所一批机器、器材到武汉。他历经艰辛，排除万难，辗转多地，成功避开日军轰炸和敌特破坏，将机器和器材运到目的地，移交有关单位。后来，随着战事紧张，又转运西南，这批宝贵的机器，在战时工业发展中发挥了重要作用。

1937 年 10 月 8 日，时任海军部部长的陈绍宽将军，亲自批示让陈长钧评估一件民众提案——当时有民众感到日本海军强大，建议当局制造小型潜水艇以攻击日寇，并附上设计图。陈长钧经多方论证，于 11 天后认真及时做出“难实际应用”的结论（原件存台北市档案管理局）。

“八一三”淞沪抗战爆发后，海军江南造船所飞机制造处奉命从上海迁湖南衡阳，再往湖北宜昌。陈长钧转往宜昌，进入飞机制造处，先后担任发动机课

青年陈长钧与夫人、儿子

股长、课长等职。当时，宜昌是进入四川的战略要地，敌机常来轰炸，海军江南造船所飞机制造处也遭到日机空袭，但坚持生产，主要是修理美国和苏联飞机的发动机。1938年1月21日，日机空袭宜昌，海军江南造船所飞机制造处木工股股长陈立庠、组长林珊惠被炸身亡。11月，陈长钧随飞机制造处又迁往四川万县，在主任曾贻经带领下，几经周折，最后安身成都，归属中央航空委员会，改编为第八飞机修理厂，陈长钧任造机正。在一年多的辗转搬迁中，海军江南造船所飞机制造处仍坚持生产，共修理飞机79架，装配飞机69架。

在成都第八飞机修理厂，陈长钧组织技术人员和工人，排除万难抢修飞机。在他的精心维修下，许多战机经他"妙手回春"，再次升空作战。他还抓紧时间，培养战机维修人员。

1941年美国派志愿队来华，由W. D. 鄱莱和C. L. 陈纳德招募人员，组成美国志愿大队，人们习惯称之为"飞虎队"（美国正式参战后的1942年7月，改为美国空军第14航空队）。陈长钧升任第八修理厂生产处主任，负责维修飞机，专修美、苏飞机发动机。

1942年1月，陈长钧奉命转到福建南平，任福建企业公司机械主任工程师，后又任福建企业公司铁工厂厂长兼总工程师，在艰苦的条件下，为抗战制造武器提供设备。

·台湾光复　赴台重建海军造船所

抗战胜利后，陈长钧随海军马尾要港司令李世甲赴台湾，前往澎湖接受日军投降，之后出任位于台湾澎湖的海军马公造船所所长，授海军造械中校。

1946 年 1 月 30 日，陈长钧任海军马公造船所所长兼总工程师，主持重建海军马公造船所所长。

1948 年 3 月 26 日，陈长钧任海军马公造船所上校所长兼海军台澎军区整建委员会工程技术组组长、海军台澎军区整建委员会接收菲律宾美舰委员会主任，成为光复后海军重建台湾造舰修舰基地的重要技术领导人。

在台湾，陈长钧主持接收、修理台澎地区日军遗留下来的潜艇、运输船、交通船，为光复后台湾海军建设和造船业发展做出贡献。

1949 年初，因海军内部疯狂打击闽系海军，陈长钧辞掉海军马公造船所所长兼总工程师之职，回到福州，迎接中华人民共和国的成立。

· 机械制造专家 享誉八闽

中华人民共和国成立后，人民海军本想邀陈长钧携一家北上，参加人民海军建设。但主管工业的福建省副省长梁灵光知他是工业技术专家，力请他留在闽省，参加福建重工业建设。

1949 年 10 月，陈长钧进入福建省实业厅企业处工作。

1951 年，陈长钧调入福建省最大的国营企业——福建机器厂，担任副总工程师，此厂当年主要生产国内急需的系列柴油机。

1953 年，陈长钧主持筹建福建机器厂帮洲分厂，生产的柴油机不仅供应国内，也运往发展中国家。

1956 年，陈长钧当选为福建省政协委员。

1959 年，为支援三明重工业基地建设，陈长钧调任福建三明重型机器厂主任工程师。

1962 年，陈长钧调任福建漳州龙溪机器厂主任工程师。

1964 年，陈长钧退休前调回福州，出任福建省机电设备成套局高级工程师。多年来，陈长钧一直是享誉全省的机械制造技术权威。

1974 年 12 月，陈长钧病逝福州。其夫人沈燕为沈葆桢玄孙女，岳父沈覲宸曾任福州海军学校校长、海军部航空署署长。

陈庆甲：归国抗日 服务海军半世纪

陈庆甲（1914—2010），海军军官，曾任海军总司令部水雷制造所工务课工务股股长、中国驻印度孟买海军少校副武官、国民政府参谋本部十六科科长、中国驻英海军副武官、台湾地区防务部门第二厅科长、台湾地区海上防务部门情报署署长、台湾地区海上防务部门第三战区司令、台湾地区金门防卫司令部副指挥官、台湾地区海上防务部门副参谋长。

陈庆甲是清朝乾隆、道光年间一代名臣陈若霖长子陈景福后人，因是父亲60岁时所生而得名“庆甲”，为陈兆锵侄孙。

陈庆甲

1914年1月25日，陈庆甲生于螺洲。1925年，考入福州海军学校第三届航海班。1931年7月28日，陈庆甲结束堂课，奉派上“应瑞”舰见习。

1932年1月20日，日军入侵上海，“一·二八”淞沪抗战打响，陈庆甲随“应瑞”舰，驰赴江苏南通担任警戒。6月15日，陈庆甲完成舰课。8月24日毕业，三天后派赴南京海军水鱼雷营学习水雷、鱼雷。

1933年2月5日，陈庆甲奉派登“通济”舰。5月10日，陈庆甲完成在南京海军水鱼雷营学习任务，11月充任少尉见习生，登“应瑞”任候补员。次年4月，派往意大利海军学校学习快艇技术。学习期间，叙为中尉军衔。

1938年4月，陈庆甲完成在意大利学习任务，转赴德国实习潜艇技术。

1939年7月，陈庆甲毅然回国投身抗战，辗转至湖南，出任海军总司令部水雷制造所工务课工务股上尉股长。

1940年，陈庆甲调任水雷制造所派驻海军第一布雷总队上尉联络员。1942年7月，调任中国驻印度孟买海军少校副武官。1944年1月1日，英国蒙巴顿将军在印度新德里组建东南亚盟军统帅部，中国政府派遣陆军少将冯衍、海军上校曾万里为中国政府驻东南亚盟军正副联络官。4月14日下午4时许，陈庆甲陪同冯衍和曾万里考察孟买船坞。刚下车，一辆停泊在船坞内装满火药的货船突然起火，船体随即爆炸，陈庆甲与曾万里受伤，当夜曾万里伤重去世。

1946 年 12 月 1 日，陈庆甲调任国民政府参谋本部十六科海军中校科长。次年 6 月 21 日，调任中国驻英公使馆，先后担任海军中校副武官、上校武官。

陈庆甲赴中国台湾后，出任台湾地区防务部门第二厅上校科长。

1952 年，陈庆甲出任台湾地区海上防务部门情报署署长，被台湾当局授予“海军少将”军衔。

1960 年，陈庆甲调任台湾地区海上防务部门第三战区司令。

1965 年，陈庆甲出任台湾地区金门防卫司令部副指挥官。

1967 年，陈庆甲升为台湾地区海上防务部门副参谋长，被台湾当局授予“海军中将”军衔。

2010 年 4 月，陈庆甲病逝于台北荣民总医院。

陈长光：海校高才生 中共福建省委宣传部部长

陈长光（1920—1948），谱名长洸，参加革命后改名“陈光”，海军学生，中共高官，曾任中共福建省委宣传部部长、中共闽东武工队政委。

陈长光是陈藻藩长子，陈兆翱侄孙，革命烈士。

读中学时的陈长光

1934 年，陈长光以优异成绩考入地处福州马尾的海军学校第八届航海班。

1937 年 7 月，“卢沟桥事变”爆发，日军反复轰炸马尾海军要港，位于马尾的海军学校迁入福州鼓山大山之中的涌泉寺内，上课就在僧堂，学生就住僧房。陈长光再三请求上前线杀敌，一直未获批准。与之同时，他投身福州抗日宣传，成为马尾、鼓山一带的抗日宣传骨干。

因反对蒋介石的“不抵抗主义”，陈长光与其他 9 位同学一起，发出“到延安找毛主席，跟着他打鬼子去”的誓言，愤然退学，一路跋山涉水到延安，进入抗日军政大学，并光荣加入了中国共产党。

陈长光从延安抗日军政大学毕业后，因为家族在国民党军界有深厚人脉，中共中央派他到福建做地下工作，组织队伍打击日寇。曾任中共福建省委宣传部部长、闽东武工队政委。

1948 年岁末，陈长光带领武工队在永泰打游击时不幸被捕，萨镇冰、陈兆锵等海军名宿奔波营救，但国民党当局还是下了秘密枪决令，陈长光壮烈牺牲。

陈长栋：测量高手 共和国首批海测园丁

陈长栋（？—？），海道测量专家，曾任海道测量局海务课课长、“甘露”测量舰测量官、海军巴万（渝万）区第四总台副总台长、海军海道测量局推算科科长；中华人民共和国成立后曾任华东军区海军海道测量训练班教官。

陈长栋是陈兆锵侄孙，少年时期投入海军。1920 年 6 月，毕业于烟台海军学校第十二届驾驶班。

毕业后，陈长栋登舰服务。1921 年 7 月，海军海道测量局成立，陈长栋被调入海道测量局训练班，接受海道测量技术教育，是中国独立自主培养的第一批海道测量人才。在海道测量局训练班，陈长栋掌握了基线丈量、三角观测、造标和六分仪测绘岸线等技术，并学习了单角导线测深定位等方法，成为中国第一支海道测量队中的一员，通过不断努力，逐渐成长为海道测量专家。

1930 年 4 月 21 日，陈长栋出任海军海道测量局推算课课长，同时兼代海务课课长。之后，以海军一等上尉军衔，任“甘露”测量舰测量正。不久，专任海军海道测量局海务课课长，晋升海军少校，技术职称为一等测量佐。

1937 年“八一三”淞沪抗战爆发，海军海道测量局陷于上海，陈长栋转任“甘露”测量舰测量官，随舰参加对日作战。

武汉失守后，海军于 1939 年 3 月，沿川江设立系列炮台，以阻击日军西进。同年 10 月，陈长栋被任命为海军巴万（渝万）区第四总台中校副总台长，督部戍守，与友军一起，一次又一次粉碎了日军沿水路进犯重庆的计划。

抗战胜利后，陈长栋参与重建海军海道测量局。1946 年 4 月 1 日，任海军海道测量局推算科中校科长。

上海解放前夕，陈长栋不顾国民党海军总司令部的威逼利诱，坚决不去台湾，留下来参加新中国建设。

1949 年 5 月 26 日，上海市军管会海军接管部气象测量接管处接管国民党海军海道测量局后，请回了陈长栋等海军海道测量人才。

为了改变中华人民共和国成立初期海道测量人才奇缺的现状，以适应作战训练与航运等保障任务的急需，1949 年 12 月，华东军区海军司令部决定在上海枫林桥开办海道测量训练班，陈长栋成为中华人民共和国成立后第一批海道测量教师，不久升任课程长。训练班连办六期，培养了大批海道测量人才。

陈长卿：驾舰高手 身兼海道测量专家

陈长卿（1894— ？），字纯孙，海道测量专家，曾任海军海道测量局绘图员、课员，“青天”舰副舰长，海军海道测量局制图课中校课长；中华人民共和国成立后曾任华东军区海军海道测量训练班教官。

陈长卿是陈兆锵侄孙，少年时期北上投军，考入烟台海军学校，专攻航海，学习努力，成绩优异。

陈长卿

1917 年，陈长卿毕业于烟台海军学校第十一届航海班。毕业后，上舰服务，成为驾舰高手。后经过系统培训，调入海军海道测量局。

1927 年 7 月 24 日，陈长卿任海军海道测量局绘图员。

1930 年，陈长卿以一等上尉军衔，任“青天”测量舰副舰长。

1935 年 10 月 8 日，陈长卿任海军海道测量局课员。

1937 年 8 月，随着上海战事紧张，海军海道测量局解散，陈长卿调入海军部。紧接着，随部西迁。

1938 年，陈长卿任海军部少校候补员。

1945 年 8 月，日本投降，抗战胜利。海军重建海道测量局，陈长卿成为重建骨干，他倾心尽力，招贤纳才，多方奔走，为重建海道测量局立功。

1946 年 6 月 1 日，陈长卿任海军海道测量局制图课中校课长。

1949 年，陈长卿晋升海军上校军衔。

上海解放前夕，陈长卿不顾国民党当局威逼利诱，留在上海迎接解放。

1949 年 12 月，华东军区海军举办中华人民共和国最早的海道测量教育，敦请陈长卿出山，担任教师。他倾尽所有，精心授课，培养了新中国第一批海道测量人才，为解放东南沿海诸岛提供了紧缺的海道测量人才。陈长卿后事不详。

陈长熇：中校课长 海军潮汐研究专家

陈长熇（？—？），海道测量专家，曾任“庆云”舰副舰长、海军海道测量局潮汐（汛）课课长。

陈长熇是陈兆锵侄孙，是听着家族守卫海疆故事长大的螺江陈氏子弟，自刚懂事开始就备战报考海军学校，并为之努力学习，终以优异成绩进入海军学校攻读。

陈长熇

1917 年，陈长熇毕业于烟台海军学校第十一届航海班，在完成校课、舰课后，以优异成绩毕业。毕业后上舰服务，不久奉命赴上海，接受海道测量专业培训。他奋发努力，勤学苦练，对潮汐与航海关系研究甚深，逐渐成长为专家。曾任“庆云”测量舰上尉副舰长。

1937 年 7 月，抗战军兴，陈长熇随舰参加对日血战，表现英勇。

1938 年，陈长熇任海军部上尉候补员。

1945 年 8 月抗战胜利后，陈长熇参与重建海军海道测量局。

1947 年 4 月 9 日，陈长熇任海军海道测量局潮汐（汛）课中校课长。后事不详。

陈昕：“重庆”舰轮机长 人民海军高参

陈昕（1913—1992），海军军官，曾任海军水雷制造厂车务股股长、重庆海军工厂电机股股长、上海海军工厂运输股股长、“重庆”舰轮机长；随舰起义后曾任人民海军安东海军学校实习工场主任；中华人民共和国成立后曾任海军学校蒸汽系主任、海军学校机械分校蒸汽系主任、海军司令部研究委员会研究员。

陈昕是陈兆翱嫡孙，与祖父一样，也成长为轮机专家。他从小受家族影响，自幼立志当海军，向往能考入福州海军学校，为此刻苦学习，成绩一直很好，对数学特别有兴趣，这也为他后来成为一名出色的轮机专家打下了基础。

陈昕

1923年，陈昕考入福州海军艺术学校学习，因学习成绩优异，转入福州海军学校读书，专攻轮机。1932年，毕业于海军学校第三届轮机班。同年11月被选派赴英国留学，曾在英国轻巡洋舰担任见习轮机长。

1937年，陈昕归国后，先后任职于“平海”舰、上海江南造船所。“八一三”淞沪抗战爆发，陈昕夜以继日参与组织江南造船所内迁。

1938年9月，陈昕出任位于湖南辰溪的海军水雷制造厂车务股股长。其间，为完成抵御日本海军西进而封锁长江的任务，与全厂同人一起，夜以继日生产和运输水雷。

1944年10月，陈昕出任重庆海军工厂电机股股长，负责制造、修配布雷运输船艇所需电机等，用自己所学专长为抗战服务。

抗日战争胜利后，陈昕任上海海军工厂运输股股长。1946年9月，英国援赠“重庆”舰给中国，陈昕奉派赴英接舰，之后出任“重庆”舰轮机长。1948年8月，随“重庆”号回国。

在英国学习期间，曾有外籍学员看不起中国，嘲笑中国人是“东亚病夫”“长辫子尾巴”。陈昕听后非常气愤，认为此言侮辱中国人的尊严，强烈要求对方道歉。但那人自恃人高马大，比陈昕强壮，非但不道歉，还向陈昕挑衅，结果被陈昕一把掀进水里。英国海军学校校规要求学生不能斗殴，批评陈昕违反校规。陈昕义正词严：“他侮辱我个人则罢，但是绝对不允许侮辱我的国家。我是一名军人，今后若再发生这样的事，我是见一次打一次。”学校领导敬重陈昕的爱国

时任人民海军司令部研究委员会研究员的陈昕

精神，只对挑衅的外籍学员做出处罚。此事令中国同学精神振奋。

1949年2月，中共策划“重庆”舰起义。舰上几位同事在值班时，找陈昕秘密商议起义之事，出于不愿意打内战和对祖国未来强盛的期盼，陈昕支持起义行动。

陈昕起义后，担任人民海军安东海军学校实习工场主任。1949年11月经毛泽东主席亲自批准，中华人民共和国第一所正规海军高等学府——中国人民解放军海军学校成立，陈昕出任该校蒸汽系主任。

1950年12月，海军学校扩编了指挥分校和机械分校，陈昕任机械分校蒸汽系主任。之后，曾任大连海军学校蒸汽系主任、海军机械学校蒸汽系主任。

1961年7月，陈昕调往北京，出任海军司令部研究委员会研究员。

1964年2月，陈昕转业到福州大学教研处工作。回闽后，曾任福建省政协第四届、第五届委员。

1992年5月31日，陈昕病逝于福州。

陈薰：烽火御敌　海军装备技术专家

陈薰（1903—1992），造船专家，曾任海军江南造船所图算员、造械员、工务员，江西车船制造厂经理；中华人民共和国成立后曾任人民海军修造部总工程师、人民海军4805工厂总工程师。

陈薰是陈兆锵侄孙，自小聪慧过人，学业优良，特别喜欢数学与绘图。

1925年，陈薰毕业于福州海军飞潜学校第三届机器制造专业，后入海军江南造船所工作，曾任图算员。

1929年，陈薰赴英留学。学成归国，回到海军江南造船所工作。

1934年，陈薰任海军江南造船所轮机课造械员，参与维修军舰。

1935年11月，陈薰升任海军江南造船所轮机厂工务室工务员。

陈薰

1937年7月，抗战全面爆发。抗战初期，日军进犯上海，陈薰冒着枪林弹雨，出入位于上海高昌庙的海军基地抢运大批战略物资将之运往南京，常常夜以继日、废寝忘食，有些转运江阴前线。之后，又将上海海军工厂的战略物资、重要人才运送至武汉。在武汉保卫战打响后，又着手参与将海军工厂设备等西迁。

江西省政府主席熊式辉为发展江西经济兴办工业，四处罗致出国留学回来的科技精英。在他的力邀之下，1940年前后，陈薰在江西车船制造厂当经理。他在极其艰难的情况下，组织生产蒸汽机拖船等为抗战服务，为包括上高战役在内的长沙保卫战和抗日布雷战发挥了重要作用。

中华人民共和国成立后，陈薰先后任人民海军修造部总工程师、海军4805工厂首任总工程师。为国家一级工程师，海军装备技术专家。

陈薰退休后，依旧为海军修船造船出谋划策。1992年，病逝于上海。

在这一代，陈兆翱船政家族还出了一些海军校官，如1947年6月1日任海军海道测量局海事课少校课员的陈长溁。

第四代

螺江陈兆翱船政家谱上的第四代，以水兵、技师最多，代表人物是造船专家陈箴。

陈箴：海校教官 轮机专家

陈箴（？—？），海军军官，轮机专家，曾任人民海军舰艇学校教员、人民海军黄河部队轮机组组长、大连造船厂修船分厂轮机室主任。

陈箴

陈箴是陈兆翱侄曾孙，少年时期就立志考海军学校，但海军学校于全面抗战爆发后从福州撤出，辗转西进，一直到抗战胜利后也再未迁回福州。这也使得陈箴初中毕业后只能投考海军前辈举办的福建省立林森高级航空机械商船职业学校。

1949年，陈箴毕业于福建省立林森高级航空机械商船职业学校轮机科。同年，北上参加人民海军，历任海军干部训练队教员，青岛人民海军舰艇学校教员，人民海军黄河部队教员、干事及轮机组组长。为人民海军初建时期培养人才做出贡献。

1957年，陈箴转业到大连造船厂，从事船舶监造与维修工作，先后任大连造船厂修船分厂轮机室主任等职。

第五代

陈兆翱家族的船政缘延续五代，第五代代表人物是陈澍与其二哥陈檠。

陈檠：留日归来 海军无线电台主任

陈檠（？—1979），字体乾，海军军官，曾任海军无线电台主任。

陈檠父亲陈选斋（1870—1943），字达三，清末举人，一生不曾为官，只钟情于悬壶济世，是福州一位颇具名气的中医。一次不幸被晾衣竹竿击残，晚年瘫痪在床，仍坚持课孙。陈选斋生三子一女。长子陈烜（1890—1962），字体同，又名心竹，曾留学日本，为早稻田大学法律系高才生。毕业回国后，远赴东北，曾任沈阳、营口法院推事，黑龙江省高等法院推事，后业律师，久居齐齐哈尔、营口等地。晚年告老返乡，病故于福州。

陈檠为陈选斋次子，一路名校，学业优异。后赴日本攻读通讯专业，归国后服务于海军，曾任海军无线电台主任。抗战时，与弟弟一起御敌卫国。

陈澍：海校“状元”少校舰长

陈澍（1908— ？），字体验，又字心蓟，海军军官，曾任“江鲲”舰副舰长、青岛警备司令部党政处主任。

陈澍为陈檠胞弟，生于光绪三十四年（1908 年）六月十八日。1915 年秋，考入福州海军制造学校，入制造专业丁班，专攻造船。1920 年 11 月，陈澍等 23 名学员奉派调往烟台海军学校，列为烟台海军学校第十七届航海班。

1925 年 4 月，陈澍以第一名成绩毕业于烟台海军学校第十七届航海班，之后派往“永绩”舰见习，表现优异，于此年充任海军候补员。之后，升任舰艇枪炮副。

1932 年 1 月 17 日，陈澍升任“海筹”舰上尉枪炮正。

1935 年，陈澍出任“江鲲”炮舰副舰长，后与舰长一起率舰投身抗战。

1937 年，陈澍随第二舰队参加江阴海空战，表现英勇。

1938 年 1 月，陈澍转为海军总司令部上尉候补员，派赴海军马尾要港司令部任职。

抗战爆发后，为有利于抗战，国民政府对四川的主要河流水道进行了整治，制造了大量船只，发展川江航运业务，急需大量有经验的船长。陈澍后来西去重庆，任川江运输船船长。

1945 年 8 月日本投降，陈澍任少校舰长。次年，赴美接收美赠军舰。

1946 年 11 月，陈澍任海军补给库少校代理库长。

1947 年，陈澍调任青岛警备司令部党政处主任。后事不详。

陈体贞：海校毕业 长期服务海军机关

陈体贞（？—？），海军军官，曾任海军厦门要港司令部轮机课课员、海军总司令部运输科科员、海军总司令部上尉候补员。

陈体贞是陈兆翱同族玄孙辈。他少年时期北上烟台，考入烟台海军学校。入校后，他学习努力，曾多次到当年甲午海战战场，凭吊前辈，誓雪甲午耻。为此，他克服许多困难，闯过一次次严格考试，终于 1924 年冬天毕业于烟台海军学校第十六届驾驶班。

毕业后，陈体贞曾在军舰上工作，因为工作细心、业务熟悉和长于协调关系，曾长期在海军机关工作。

1936 年，陈体贞任海军厦门要港司令部轮机课课员。

1937 年，陈体贞任海军总司令部运输科上尉科员。

1942 年，陈体贞任海军总司令部上尉候补员。后事不详。

家族传奇

将军棋手：中日围棋赛上创奇局

翻开中国围棋史，陈藻藩赫赫有名。

20 世纪二三十年代后期，中国围棋中心在上海。普通人家在茶楼对决博弈，名流们在自己华屋中举办棋会，邀请同好，其中最著名的莫过于张澹如家的棋会。在中国围棋史中有这样的记载：

张门棋客中有一位陈藻藩。字砚香，福州人。清朝马江船政学堂轮机系毕业，任上海江南造船所副所长多年，工诗善画，每以名流自诩，公共场合不轻易露面，但他偶尔参加其他私人棋会，有时在海军联欢社邀友手谈。

海军少将陈藻藩

其棋艺参合中日新旧之法，谙悉棋理，虽不常下棋，一时诸名手无以胜之。有时有人慕名登门邀请，他必先问："你还约何人同席？我不喜欢着饶子棋，很乏兴趣。"当告以有顾水如、刘棣怀、王子晏、魏海鸿诸名手在场，则大悦，许以必到。他曾与日本著名棋手濑越宪作授二子一局，未终局，采用模仿棋之着法，在授子局中颇为罕见。[28]

在20世纪二三十年代，陈藻藩与刘棣怀、顾水如、魏海鸿并称棋界四家。曾参加过多次中日围棋大战。1930年7月至8月，日本小杉丁（当时四段）、筱原正美（当时四段）等来上海、苏州访问，与陈藻藩、魏海鸿、刘棣怀等中国一流棋手弈于上海张澹如宅。中国围棋史对此有记载："日本四段棋手轻取中国棋手的时代，已经一去不复返了。这次在上海出场的中国棋手比过去充实、齐整。棋艺水平与20年前的国手相比，约提高了二子。"[29]后来，在另一次中日围棋大战中，陈藻藩等中国名手再与日本高手对决，双方鏖战近6小时，仅有二局结束。在日本棋手与陈藻藩对局中，陈藻藩竟利用两个相对空角，一连走了近30步的"模仿棋"，成为让子棋中的"奇局"。当时，中国围棋选手中，最高的只有日本棋院授予的四段，陈藻藩被日本棋院授予三段。

国民党海校高才生演绎红色忠诚

从国民党海校转学延安抗大

陈长光，投身革命后易名"陈光"，他与父亲一样，小小年纪即颇通琴棋书画，加上英俊潇洒，学业优良，成了海军学校有名的才子。

如果没有抗战爆发，陈长光可能会与父亲一样，成为海军的技术权威。但日寇的铁蹄踏碎了他的梦想。"七七"事变后，日寇连续轰炸马尾海军基地、船厂与学校，海军学校只好迁入鼓山涌泉寺。陈长光一次次请缨上前线，但都被拒绝，他对蒋介石的"不抵抗主义"由不解到愤慨。他与同学们商量，与其跟着蒋介石让日寇在自己头上狂轰滥炸，不如到延安跟着毛主席打鬼子。

海军自陈绍宽出任部长后，奉行的是英国海军治军思想：军人不干预政治。因此，当时海军学校对学生军事技术上要求极严格，但政治思想上比较宽松，陈长光和同学们能很方便地看到进步书刊。那天，陈长光就是从邹韬奋办的《抗战三日刊》上看到延安抗大招生消息。他和几位同学决定退学北上延安。但战事一起，此时要求退学须军法从事。他们就利用学校“一次考试不及格就必须退学”的规定，考试时故意三道题只做一道题，成功申请到“不及格”的考分和“退学”的处理。

退学决定下来，教官不解，问陈长光：你学习一贯很好，为啥这次没考好？

陈长光答：“日本鬼子都快占了半个中国了，我们这些军人哪里还有心思坐在课堂里。”他和 9 位同学一起决定学习红军长征，从马尾步行一路宣传抗日到延安。吃了数不清的苦，走了将近一年才走到宝塔山下，进入抗日军政大学。

国民党少将之子突失踪

陈长光出身豪门，自小过着锦衣玉食的日子。早在 20 世纪 20 年代，住在上海的陈家就用上了电冰箱，家里还有小轿车，上学放学都有车接。

1937 年初冬的一天，时任海军江南造船所副所长的陈藻藩，突然收到儿子陈长光的一封信。信中除了表示渴望上前线杀鬼子外，就是向父亲要 80 块银圆。这让陈藻藩有些奇怪，因为陈长光自从进入海军学校后从未向家里要过钱。

陈藻藩想打电话问个究竟，但想到儿子自打进了海校后很节俭，也就不再作声，让管家迅速寄钱。

这是陈藻藩收到儿子的最后一封信，从此儿子音讯全无。他向海军学校要人，海军学校说陈长光与几位同学早就退学了。陈藻藩发动整个家族一起寻找陈长光，但还是未见人影。

一直到 1939 年，家里突然来了一个人，带来了一张纸条，署名陈长光。他让父亲帮他买一支派克笔，交给来者。全家人这才知道陈长光还活着。但问来者陈长光现在在哪儿，对方摇摇头，说：“陈光不让我们告诉你，请原谅。”陈藻藩心里明白了几分，因为他记起当年蒋介石曾为海军学校有一批学员到延安参加八路军而震怒，他猜想这批海军学校学生当中有自己的儿子陈长光。

这之后，再未有陈长光消息，家里人只是从那个不速之客口中知道，陈长光现在的名字叫“陈光”。至于后来还有哪些化名，陈家人就不知道了。

中共福建省委领导藏在国民党中将家

1947 年的一天，位于马尾的福建省立林森高级航空机械商船职业学校校长陈钟新来到福州法海路陈兆锵居所，对他说："南京来电，说最近有一位中共官员会到马尾学校来活动，要我们严加防范。"当时，陈家人没有觉出陈钟新来说这些有什么其他意思，因为福建省立林森高级航空机械商船学校是陈兆锵与萨镇冰这些海军名宿联合社会名流创办的，陈钟新常来汇报学校情况。

第二天晚上，陈长光突然敲响法海路陈兆锵家的大门，开门就说："我找六姨林正民。"林正民是陈兆锵小儿子陈大武的夫人，既是陈长光的堂婶，也是陈长光母亲的妹妹，母亲行二，林正民行六，她们都是黄花岗起义烈士林觉民的堂妹、林尹民胞妹。此时，陈大武正在青岛中央海军训练团当课长，林正民没有随同前往，住在公公家。林正民上来一看，果真是自己二姐朝思暮想的大儿子，她立刻打电话给在上海的二姐："你的长光还活着，现在就在我身边。"电话那边的二姐颤抖着声音说："这是真的？我们立刻回去。"

当时，从上海到福州的船票最快也只能订到三天后的，加上从沪至闽的航程要好几天。在那十多天时间里，陈长光基本是天黑时离开陈家，第二天一早天未亮才潜回陈家。陈藻藩到的前一天，林正民还嘱咐陈长光："你爹明天上午就到了，你们父子十年没见面了吧？明天早上你一定要早点回来。"哪里想到，第二天早上陈长光没有回来，第三天、第四天早上也没有回来，陈藻藩在福州住了半个多月，也未见到儿子。

陈长光母亲林怀民

陈长光再一次失踪。

一直到后来陈长光被捕、牺牲，陈钟新才道出了一件事：一次他到南平办事，在回来的船上遇到陈长光。陈长光打扮成乞丐，夹着一把破伞，蹲在船上的厕所边上。他们互相认出，陈钟新正要开口叫他，陈长光立刻摆摆手，暗示他不要叫。陈钟新对陈长光的身份立刻有几分明白了。其实，那天他到陈兆锵家，就是南京方面告诉他有一位叫“陈光”的中共要员与海军有关系，可能要到马尾海军基地活动，他立刻想到这“陈光”可能就是“陈长光”，想暗示一下陈老将军。

可见，当时作为中共福建省委宣传部部长、武工队政委的陈光，在国民党的“共党花名册”上还是挺显赫的。来福州开展地下工作，住在国民党海军中将家里无疑是最安全的，虽然陈兆锵将军住的法海路离当时的福州警察局不远。

沈葆桢玄孙女沈织，是陈兆锵外孙女、陈长光表妹，笔者与之相识十余年，从 1938 年到 1949 年，她都与外公，也就是陈长光的伯祖父陈兆锵住在一起。2006 年 12 月 25 日，笔者设宴，让陈长光两位当年一起从海军学校退学赴延安的同学赖坚、何进与陈长光的亲人们相会。沈织回忆起了解放战争时期与表哥相会的日子：

“表哥经常出其不意地到法海路的外公家。表哥穿一身学生装，将牙刷插在胸前口袋里，提一个小手提箱。好几次是突然半夜跳墙进来。外公当时大概已经知道表哥是共产党员，从不多问，但提供了很多方便。有一次很晚了，表哥敲门进来，一进门就掩上，对外公说：后面有人跟我。外公点点头，镇静地出门，外面的人才离去。外公是海军中将，在福州威望很高，所以表哥来福州从不住自己家，都是住在我外公这里。”

一批国民党将军营救中共要员

陈长光是在一次与国民党地方部队作战中，腿部负伤掉队，与一位姓蔡的战友同时在永泰山间被捕。被捕后，他没有暴露自己的身份，说自己是乞丐，但狡猾的敌人又问：那你腿上如何会有枪伤?

陈家第一个接到陈长光被捕消息的是林正民。她立即筹措银两，携重金赶赴永泰，买通看押人，得以与陈长光相见。当看到自己的亲外甥戴着重重的脚镣手铐，行动非常艰难时，林正民泪流满面。陈长光笑着安慰她：“没事，我的腿也不是第一次负伤的。”林正民要离去时，陈长光悄声说：“六姨，我们这里几个狱友身体非常虚弱，如果你下次还能来看我，带点有营养的东西来，我们要活下去，我们还要战斗！”

因为是中共福建地下党的重要人物，陈光长从永泰县被押往福州，关在乌塔下的国民党保安司令部监狱里。转来的当天，林正民就炖好上排汤，还煎了一条黄花鱼，送到狱中，她想看着陈长光吃下。但是陈长光说："这里有几个狱友病得厉害，我想留给他们吃。"分别时，他趁看守不注意，小声对林正民说："六姨，我想了解外面的消息，你下次来能否送一些最近的报纸来。"

但林正民头一次送报纸来，就被看守挡回去了。后来，林正民每次去探监，无论是去送肉包，还是送炸好的鱼、肉，都用厚厚的报纸包裹着，这样看守没话说，陈长光和他的狱友们也能及时看到报纸。当时，最常给陈长光送饭的，就是林正民、林正民女儿的奶妈和陈长光堂妹陈盛琛。陈盛琛记得，因为要给狱中不少战友吃，每次去送饭，母亲都做不少，量够七八个人吃的。

陈长光的亲人们展开了紧张的营救工作。作为中国第一批海军轮机中将中的一位，陈兆锵曾长期担任海军江南造船所所长和海军福州船政局局长，在当时的福建极有声望。为营救陈长光，他找到了甲午海战中与自己并肩作战的萨镇冰上将，一起上下奔走。两位海军元老来到乌塔下的监狱，当看到双腿皆负重伤的陈长光还戴着沉重的脚镣，每走一步都极其艰难时，二老立即找到当局抗议，说这是虐待政治犯，有悖国际惯例。慑于两位海军名宿的威望，国民党当局除却了陈长光的脚镣与手铐，却不肯释放他。两位老人又找到时任海军马尾要港司令的李世甲中将，请他出面请求国民党福建当局放了陈长光。

腐败的国民党当局，开口就让李世甲告诉陈家人送 10 根金条来。陈藻藩得知后，立刻从上海寄来了 10 根金条。当局又提出：只要陈长光能写一个"退党保证书"，保证自己退出中国共产党，今后再也不参加共产党活动，可以马上释放陈长光。陈长光坚决不允，说："我入党那天就立下誓言，一生

陈长光妹妹陈芷秀赠送给笔者的她与父母的合影，旁边的字为陈藻藩亲题

跟着共产党走！”

在陈长光拒绝写“退党保证书”后，就有消息传出将被“处理”。采访中，陈盛琛说：那天我去监狱送饭，光哥低声说：“与我一起被抓来的那位姓蔡的战友已被押走了。”看到哥哥脸上的凝重与悲伤，陈盛琛明白了“押走”的意思。临走前，陈长光叮嘱她：“告诉我爸爸要快点。”

壮烈牺牲 遗骨至今难寻

接到消息，陈藻藩在上海四处奔走营救。他与沪上海军诸将一起，找到了路过上海的当时福建省主席刘建绪，联合要求刘建绪放了陈长光，还拉着刘建绪一起登上了回榕的轮船。但是，等陈藻藩赶到乌塔下监狱时，已人去牢空。

陈藻藩问：“我儿子到哪儿去了？”

看守长说：“他失踪了，我们也不知道他去哪儿了。”

“我家里人昨天还在这里见过他，你们重兵把守，他怎么会失踪呢？”陈藻藩望着层层重兵把守的牢房，实在不解。

看守长嬉皮笑脸：“你儿子越狱了。”

陈藻藩心里立刻有了不祥之感。他不死心，让家人在监狱四周打问，天浓黑时才有几位住在周边的老人趁着夜色告诉陈家人：“今天一大早就有几个人被解出去了，听说是处理了。”

生不见人，死不见尸，陈家人还在寻找。当时，陈长光的弟弟陈长辉在国民党的一个气象测候所当所长，与毛人凤相熟，花重金托动毛人凤帮忙找哥哥，此时已是陈藻藩赴监狱找儿子未果一个月后。那天，他带着毛人凤写的信直冲国民党福州保安司令部，问：“我哥哥到底在哪里？”当局最后只好讲实话：“他被处理了。”陈长辉再问:“他的尸体埋在哪里？”对方说:“已被处理一个多月了，尸体早已腐烂了，也不知后来扔到哪去了！”

陈长光的牺牲，使陈家人愈加认清了国民党政府的腐败。在上海读书的弟弟陈长征，在校期间就参加了中共地下党外围学生组织，后又参加了南下服务团，回到福州工作。陈藻藩也参加了中华人民共和国人民海军。

陈藻藩在海军研究会工作时，郑重地向当时的人民海军司令萧劲光提出：我儿子从延安抗大毕业后，听说到了中共福建省委工作，他到底做过什么，是如何牺牲的，我希望党能够告诉我。

不久，民政部和中共福建省委派人来到陈家，郑重地代表组织对陈藻藩夫妇说："你儿子为人民的解放事业流尽了最后一滴血，他是人民的英雄！"并向陈藻藩颁发了陈长光的烈士证和陈家"革命烈属"证明。烈士证现在还保留在南京陈长光的妹妹陈芷秀的儿女手上。陈藻藩在福州朱紫坊的住所大门上，一直挂着"革命烈属"的牌匾。陈藻藩 1954 年因肝癌病故后，党继续给陈长光母亲林怀民发抚恤金，直到老人去世。

中国共产党没有忘记这位忠贞的战士。㉚

注释：

① 郭柏苍．竹间十日话 [M]．福州：海风出版社，2001：37-38.

② 陆心源．唐文拾遗 [M]// 全唐文（影印嘉庆本）．上海：中华书局，1983：10701-10702.

③⑤⑪⑫ 李鸿章．光绪五年十一月初八折 [M]// 中国史学会．洋务运动（五）．上海：上海人民出版社，1961：236-237.

④⑥ 薛福成．出使英法义比四国日记 [M]// 中国史学会．洋务运动（八）．上海：上海人民出版社，1961：306.

⑦ 李鸿章．奏出洋肄业在事各员请奖折 [M]// 张侠，杨志本，罗澍伟，王苏波，张利民．清末海军史料．北京：海洋出版社，1982：390.

⑧ 李鸿章．奏续选学生出洋折 [M]// 张侠，杨志本，罗澍伟，王苏波，张利民．清末海军史料．北京：海洋出版社，1982：392.

⑨ 陈衍．闽侯县志（民国二十二年刊本影印本）[M]．台北：成文出版社，1966：395.

⑩ 郑祖庚．闽县乡土志 [M]．福州：海风出版社，2001：143.

⑬⑭ 裴荫森．恳准拨款试造钢甲兵船折 [M]// 张作兴．船政文化研究——船政奏议汇编点校辑．福州：海潮摄影艺术出版社，2006：272.

⑮⑯⑰⑱ 裴荫森．钢甲船安上龙骨，请俟船成照异常劳绩奖励折 [M]// 张作兴．船政文化研究——船政奏议汇编点校辑．福州：海潮摄影艺术出版社，2006：333-334.

⑲㉒ 裴荫森．“镜清”快船业经南洋验收，所有在事出力员绅尊旨择尤请奖折[M]// 张作兴．船政文化研究——船政奏议汇编点校辑．福州：海潮摄影艺术出版社，2006：341.

⑳㉑ 裴荫森．总司制造各学生请照异常劳绩奖励片[M]// 张作兴．船政文化研究——船政奏议汇编点校辑．福州：海潮摄影艺术出版社，2006：342.

㉓ 裴荫森．“寰泰”快船试洋并陈厂务情形折[M]// 张作兴．船政文化研究——船政奏议汇编点校辑．福州：海潮摄影艺术出版社，2006：357.

㉔ 裴荫森．遵议复奏核减快船保案文职员数折[M]// 张作兴．船政文化研究——船政奏议汇编点校辑．福州：海潮摄影艺术出版社，2006：358.

㉕ 刘琳，史玄之．福州海军世家[M]. 福州：海风出版社，2003：98.

㉖㉗ 刘琳，史玄之．福州海军世家[M]. 福州：海风出版社，2003：99.

㉘㉙ 刘琳．鼓楼朱紫坊陈家：传奇父子的别样风流[N]. 福州晚报，2007-1-15（14）.

㉚ 刘琳．陈长光生命的最后日子[N]. 福州晚报，2007-2-24（24）.

魏瀚家族

魏瀚（1850—1929），字植夫，号季渚，福建省闽县（今福州市晋安区）人，著名造舰专家、海军教育家，船政前学堂第一届毕业生，清朝时曾任船政工程处监工兼总司制造、船政前学堂教习，汉阳机器厂总办兼湖广总督督署翻译，船政会办大臣，广东黄埔水师学堂总办兼广东水雷局总办、广东鱼雷局总办、黄埔船局总办、黄埔水师鱼雷学堂总办，广东水师工业学堂总办，广九铁路总理，筹办海军处顾问官，海军部造舰总监；民国时曾任海军福州船政局局长、汉粤川铁路参赞、海军造舰总监、驻英海军留学生监督、海军部顾问。

魏瀚祖籍今福建省福清市东瀚镇后瀛村，生于今福州市晋安区岳峰镇东门村，自他和二哥开始，四代皆出船政英才，繁衍出中国历史上最为著名的船政家族之一。

家族源流

唐代名臣魏征之后

魏姓出自周文王第十五子姬高，武王灭商后封弟弟姬高于毕地。公元前 661 年，姬高裔孙毕万助晋灭耿、霍、魏三国有功，晋献公将魏地赐封给毕万。毕万死后，毕万子孙以其封地为氏，称魏氏。笔者与魏瀚嫡孙、深圳大学原校长魏佑海相识 20 余年，他告知家族堂号“钜鹿”，源自祖上曾长期居住的邢州钜鹿。

笔者辗转寻到魏瀚出资、魏瀚堂弟魏祖培编纂的《钜鹿魏氏支谱》，从中了解到：永嘉末年，“钜鹿魏”三世魏咏从钜鹿迁至润州上元县小郊村，在此住了200多年。魏咏玄孙的四子魏褐飞，在梁朝时，被封作镇国将军。魏詠子孙从梁朝开始，在陈朝、隋朝，出了不少高官。其中魏褐飞玄孙魏长贤的长子魏征，在唐太宗时代成为一代名相。

魏征云孙的长子魏看，在唐代天佑年间，弃上元县，同亲兄弟十余房一起迁来福建。《福州姓氏志》载：唐天祐元年（904年），为避兵戈之灾，魏看率族人由润州上元县小郊村南下入闽，居玉融（今福清市）。魏看居玉融（今福清市）后，魏看之子魏先、魏良、魏弼等移迁玉融清远里渔溪荒山花园内。后来，魏先又转迁玉融平南里六十都罂山，魏良则转迁玉融化北里下都楼厦（刘下村）。魏看共有四子，分别是魏先、魏良、魏弼、魏辅，他们的后裔共同尊魏看为魏姓入闽始迁祖。“宋绍定二年（1229年），魏看七世孙魏郁由玉融平南里六十都罂山分迁文林兆宅，三世孙魏谱所生的五子分迁文林、高堦、西坊、白墓、岭前等地。”① 魏看第十六世孙魏仕骐迁往瀛州（今福清市东瀚镇后瀛，现名后营村），在此繁衍至十一世，名人辈出，魏家也成盛名远播的“东瀚魏”。

魏仕骐第十二世孙魏体明自东瀚镇迁往福清城关宦街。魏体明曾孙魏伯荃、魏伯蕁迁至福州南台岛，又迁福州水部德政桥附近。魏瀚曾祖父魏清侯即是魏伯荃玄孙。

魏体明（1523—1591），字用晦，号瀛江。明嘉靖四十四年（1565年）登进士，是年任江苏吴山县知县，任上勤政为民，兴利除弊，深受百姓爱戴。离任时，百姓绘《吴山图》相赠。明代大散文家归有光为此曾作《吴山图记》，此文清代收录于《古文观止》，当代收入高中语文课本，文中对魏体明评价甚高：

余同年友魏君用晦为吴县，未及三年，以高第召入为给事中。君之为县有惠爱，百姓扳留之不能得，而君亦不忍于其民。由是好事者绘吴山图以为赠。

夫令之于民诚重矣。令诚贤也，其地之山川草木，亦被其泽而有荣也；令诚不贤也，其地之山川草木，亦被其殃而有辱也。君于吴之山川，盖增重矣。异时吾民将择胜于岩峦之间，尸祝于浮屠、老子之宫也固宜。而君则亦既去矣，何复惓惓于此山哉？

昔苏子瞻称韩魏公去黄州四十余年，而思之不忘，至以为思黄州诗，子瞻为黄人刻之于石。然后知贤者于其所至，不独使其人之不忍忘而已，亦不能自忘于其人也。

君今去县已三年矣。一日与余同在内庭，出示此图，展玩太息，因命余记之，噫！君之于吾吴有情如此，如之何而使吾民能忘之也？②

离开吴县后，魏体明曾任刑部给事中、兵部给事中、工部给事中、九江知府、云南按察使、云南右布政使、四川左布政使。

“魏百万”后人成了海军世家

魏清侯祖父魏来聘中过举人，做过山东阳谷县知县，但到魏清侯这一代，已没落成赤贫。魏清侯少年失怙，与祖母相依为命多年，家中经常断炊，有时一日仅食粉条一碗。粉条即福州粉干，以米磨成细粉，和水制成条状。在魏清侯经营福州粉条年代，每碗粉条二文钱，当时，每文钱中有个小洞，二文钱数与状俱与眼镜相同或相似，因此，魏清侯被后人称作“眼镜公”。魏清侯极孝顺、懂事，因此有亲戚借钱数串，让魏清侯做小生意。魏清侯为人精明，且做事讲信用，生意做得顺风顺水，后来在福州最繁华的东街口开了一家金铺，继而又开了多家绸缎号，人称“魏百万”。

“魏百万”生七子三女，魏瀚是其第五位儿子魏耕礼的孙子。

魏瀚生于东门村

魏耕礼，邑庠生，本欲通过科举博取功名，后来家境每况愈下，改儒经商，并移居福州东门附近做生意。

魏瀚祖父魏耕礼以做生意为生，但到魏瀚出生时，家道早已中落，十分贫寒。魏瀚父亲魏大韶，直到清同治元年（1862 年）才中举人，但一直没有仕宦经历，所以家境长期不佳，只能筹点碎银送儿子进塾馆读书。魏瀚天资聪颖，学业甚好，但常因缴不起学费而辍学。船政学堂招收免学费生的消息传来，魏瀚一家欢天喜地，魏瀚和二哥魏材随即报名参加考试。

船政家谱

第一代

魏家第一代出了9位船政名杰，多为造船专才，其中成就最大者即魏瀚。

魏瀚：首位留法博士 第一代造舰专家

魏瀚（1850—1929），字植夫，号季渚，著名制舰专家、船政教育家、船政管理专家，清朝时曾任船政工程处监工兼总司制机，船政前学堂教习，汉阳机器厂总办兼湖广总督官署翻译，会办船政大臣，黄埔造船所及所属学校、石井兵工厂总办，广东水雷局总办兼鱼雷局总办、黄埔船局总办、黄埔水师学堂总办、黄埔水师鱼雷学堂总办，广东水师工业学堂总办，邮政部丞参上行走，广九铁路总理；民国时曾任海军福州船政局局长、汉粤川铁路参赞、海军造舰总监、海军留学生监督、海军部顾问。

·船政学堂首届毕业生

清道光三十年（1850年），魏瀚生于福州。同治五年（1866年）冬，清政府在福州开办船政，岁末船政学堂开始招生，魏瀚以优异成绩考入船政学堂的前学堂，专攻造船，成为船政学堂第一届学生。

同治十一年（1872年）十二月，魏瀚以船政前学堂第一届学生中第一名的优异成绩毕业，留在福建船政做技术工作。

同治十二年十月十八日（1873年12月7日），第一任船政大臣沈葆桢，以他的远见卓识，上疏清廷，提出船政“前学堂，习法国语言文字者也，当选其学生之天资颖异、学有根柢者，仍赴法国，深究其造船之方及其推陈出新之理；后学堂，习英国语言文字者也，当选其学生之天资颖异、学有根柢者，仍赴英国，深究其驶船之方及其练兵制胜之理”[③]。朝廷很快批准了选送船政前后学堂优秀毕业生出国留学。

同治十三年（1874 年），魏瀚与陈兆翱、郑清廉等，奉船政大臣沈葆桢之命赴台湾，测量台东后山各海口地形和海面形势。光绪元年（1875 年）秋天，福建船政局洋监督日意格返回法国采购，沈葆桢即命魏瀚、林泰曾、陈季同、陈兆翱、刘步蟾等船政学堂首届优秀毕业生，随同赴欧洲考察，以增加见识。因此，魏瀚在成为中国第一批海军高等学堂毕业生的同时，也成为中国第一批赴海外考察的海军军官。

· 中国海军首批留学生之一

光绪三年二月十七日（1877 年 3 月 31 日），福建船政局正式选派留学生远赴英法留学。刘步蟾、严复等 12 名船政后学堂驾驶班毕业生赴英学习驾驶，随队翻译罗丰禄赴英学习气象、化学、物理；魏瀚等 14 名船政前学堂制造班毕业生赴法学习造船，魏瀚同班同学陈季同和随员马建忠等 2 人赴法学习法律，郭瑞珪等 9 名船政艺徒也赴法留学。魏瀚因此也成为中国第一批留学海外的海军军官之一。

留欧期间，魏瀚除进入法国削浦官学（瑟堡造船工程学校）学习外，还分赴法国的马赛、蜡逊（今译拉塞讷）两厂考察造船。随后，又赴比利时及德国多家大型工厂学习、考察。在削浦官学读书期间，魏瀚学习成绩十分优异。这一点，可以从李鸿章数次向朝廷推荐船政学堂留洋学习制造学生时，都将魏瀚放在第一位中看出。如光绪七年（1881 年）正月十九日，李鸿章在《奏出洋肄业在事各员请奖折》中向朝廷推荐："其制造如魏瀚、陈兆翱、郑清濂、林怡游……颇为优异。"④"实与诸官学卒业洋员无所轩轾……能放手造作新式船机及应需之物"⑤。再如同年十月十一日，李鸿章在《奏续选学生出洋折》中向朝廷报告："制造学生出色者，则有魏瀚、陈兆翱等。"⑥魏瀚孙子魏佑海，是中国著名航空专家，在深圳大学校长任上，曾赴法国开展学术活动，在法国博物馆找到了祖父在削浦官学学习时校方的学习记录，法方复制一份赠之，其转送笔者，笔者托人翻译，阅之发现其中对魏瀚多是赞誉之词。

· 首位获外国法学博士的中国人

魏瀚在法国留学期间，除本专业学习成绩极为优异外，还抓紧一切时间兼学他项，并同样成为佼佼者。

魏瀚深知法律是国家强盛、文明的保证，他倾注了极大精力攻读法律，并以优异成绩和出色的法律服务，被聘为法国皇家律师公会助理员，“在法国时兼习法律，得法学博士学位”[7]。他也因此成为第一位获外国法学博士学位的中国人。

·福建船政首位华籍总工程师

光绪五年（1879 年）闰三月二十二日，魏瀚、陈兆翱等学成归国。十一月八日，直隶总督李鸿章奏请奖励优异留学生魏瀚、陈兆翱等，破格授予官职。十一月十三日，船政船厂将办公所改为工程处，魏瀚担任船政工程处监工兼总司制机，即轮机制造总工程师，专门负责舰船轮机设计与制造，不久授游击，赏戴花翎。

任上，魏瀚组织研制了中国第一艘巡洋舰“开济”号。此船图纸购自法国地中海船厂，由魏瀚、陈兆翱等人按图测估，并指导福州船政技工制造。从开始研制的光绪六年九月十八日（1880 年 10 月 21 日），再到成功下水的光绪八年十二月初三（1883 年 1 月 11 日），前后只用两年两个多月就制造成功。

光绪六年（1880 年）十二月九日，直隶总督李鸿章通过中国驻德国公使李凤苞向德国伏尔锵船厂订造“定远”“镇远”“济远”3 艘铁甲舰，魏瀚奉命远赴德国监造。

光绪九年（1883 年）十月，魏瀚在总司制机的同时，兼任福建船政前学堂管轮教习。

中法马江之战后，魏瀚和他的同事们，吸取马江之役福建水师覆灭教训，建议尽快研制铁甲船。魏瀚和同时留洋的陈兆翱等同学一起在建议中提出：“闽省如有此等钢甲兵船三数号，炮船、快船得所卫护，胆壮则气扬，法船则不敢轻率启衅。”[8]魏瀚和同学们的建议，得到了左宗棠等的全力支持。左宗棠等在奏折中写道：“该学生等籍隶福省，均无希图名利之心，只以马江死事诸人，非其亲故，即属乡邻，以报仇雪恨之心，寄于监作考工之事。”[9]

光绪十三年十二月十七日（1888 年 1 月 29 日），在魏瀚等人的主持下，中国自己制造的第一艘钢甲舰——“龙威”舰正式下水。船政大臣曾称：“此番闽厂仿造，该监造等绝无师授，竟能独运精思，汇集新法，绘算图式，累黍无差，其苦心孤诣，直凑单微，即外国师匠入厂游观，莫不诧为奇能，动色相告。”[10]

在魏瀚任船政总司制机期间，除曾主持研制了“开济”舰、“龙威”（后易名“平远”）舰外，还先后研制成功了“横海”“镜清”“寰泰”“广甲”“广庚”“广乙”“广丙”“福靖”“通济”“福安”等舰，“均能精益求精，创中华未有之奇”[11]。

· 斗智斗勇 坚守福建船政主权

光绪二十二年（1896年），福建船政聘法国人杜业尔为船政监督，制造新式军舰。光绪二十五年（1899年），魏瀚因对杜业尔遇事专擅不满，被迫离厂，为湖广总督张之洞所招致，后还做过汉阳机器厂总办兼湖广总督督署翻译，主持过河南许州临颍路段的施工。

光绪二十九年（1903年），当时船政大臣崇善昏庸无知，福建船政大权掌握在法国人杜业尔手里，连按规定让到期的法国技术人员离去都做不到。万般无奈之下，清政府只好再次起用魏瀚，赐四品卿衔会办船政大臣。

光绪二十九年（1903年）夏天，魏瀚上任，这位精通国际知识及外交法律手段的“海归”，通过种种努力，终于维护了船政主权，迫使杜业尔撤回法国，并着手振兴船政。魏瀚主张沿江海建设海军，多建造鱼雷快艇。但昏庸的船政大臣崇善并不采纳他的建设，只热衷于利用船政局铸造铜圆，还找各种借口告魏瀚的状，致使魏瀚受到清政府革去道员衔的处分。

· 中国海军造舰总监

光绪三十年（1904年）六月，湖广总督岑春煊礼聘魏瀚到广东工作，担任黄埔造船所并所属学校及石井兵工厂总办。之后，先后主管广东水雷局、鱼雷局、黄埔船局，还曾任黄埔水师学堂总办、黄埔水师鱼雷学堂总办、广东水师工业学堂总办，记名海关道二品顶戴。

清末重臣岑春煊对魏瀚极为欣赏，对他的品行、能力和专业技术都十分看重，认为他中西学兼通，对造船、筑建铁路都得心应手。光绪三十三年（1907年）三月，岑春煊刚上任邮政部尚书，即奏请清廷任用魏瀚为邮政部丞参上行走。五月十三日，魏瀚出任广九铁路总理。

清宣统元年（1909年）夏，魏瀚调任清廷筹办海军处顾问官。

宣统二年（1910年）十一月三日，清廷将筹办海军处改为海军部。魏瀚被任命为海军部造舰总监，但并未到任，而是回到广州。

民国成立后的1912年，对魏瀚甚为赏识的原湖广总督、邮政部尚书岑春煊成为福建镇抚使，他和福建都督孙道仁一起，礼请魏瀚出任海军福州船政局局长。

青年魏瀚

10月25日，北京政府临时大总统袁世凯发布命令，正式任命魏瀚担任海军福州船政局局长。

1913年3月16日，魏瀚出任汉粤川铁路参赞。

1915年春，魏瀚带领福州海军学校优秀学生赴美学习飞机、潜艇制造。5月2日，北京政府大总统明令，任命魏瀚为海军造舰总监。5月20日，魏瀚获授“二等嘉禾勋章”。9月29日，海军部驻英海军留学生监督、海军少将施作霖因病请假，驻英海军留学生监督由魏瀚暂行代理。12月17日，魏瀚结束英国工作，回到国内，出任北京政府海军部顾问。这是魏瀚人生最后一份公职。

1922年，魏瀚正式退休。当时，他的次子、四子正在河南省安阳县六河沟（今属河北省邯郸市磁县）办新式煤矿，魏瀚自京南下来到六河沟，协助儿子经营煤矿。

1929年5月20日，魏瀚病故于六河沟煤矿，享年79岁。萨镇冰等海军名宿联名为其撰写生平纪略，给予高度评价，赞扬其为中国近代造船业先驱。

魏瀚去世那一年，魏佑海刚一岁。魏佑海听家中父辈讲，爷爷至死都在为没有看到一个强大的国防，没有为国家造出更多的飞机、军舰而难过，他感到飞机在未来战争中必将发挥重要作用，希望飞机、军舰能一起保卫祖国的领海，所以给孙子取名“机孙”、取字“佑海”，“孙”为其孙辈的辈分。魏佑海说他自己之所以选择了学习飞机制造，也是为了实现爷爷未竟之愿。

魏材：造舰专家 船政学堂教习

魏材（？—？），字丙夫，制舰专家，曾任船政前学堂协教习、教习。

魏瀚兄弟四人，其行三，除大哥外，三兄弟皆是海军。

《钜鹿魏氏支谱》中对魏瀚有这样记载："品学纯粹，心情纯厚，族中子弟多蒙提拔。"[12]正是因为魏瀚极重亲情，打下了魏家成为中国著名海军家族的基础。在魏瀚这一辈，共有9位魏家兄弟成为这个海军家族的第一代海军，其中毕业船政系列学堂的有6位。

魏材为魏瀚二哥，幼进私塾，好学有加，立志科甲连捷，但家境贫寒，只能放弃学业。

魏材与大弟魏瀚一起考入船政前学堂第一届制造班，专攻军舰制造，学业优良。学成之后，留在船政学堂工作。同治十二年（1873年），被任命为船政前学堂协教习。之后，升任教习，专授制舰，他爱生如子，深受好评。后事不详。

魏炘：立功南粤 黄埔船坞提调

魏炘（？—？），字翊夫，号申叔，船政管理专家，曾任江苏试用知县、驻新加坡外交官、黄埔船坞提调。

魏炘为魏瀚胞弟，本专注于举业，苦读经史子集，后受魏材、魏瀚两位哥哥影响，对西学产生浓厚兴趣，转攻西学，亦有所成就，学会了英语，法语也粗通一二，对新式工厂管理颇为熟悉。清末曾任江苏试用知县、中国驻新加坡领事馆外交官。驻外期满，进入海军黄埔船坞，担任提调。在黄埔船坞提调任上运筹资金，参与制造和维修了不少军舰。后事不详。

魏英：军营文胆 北洋海军秘书主任

魏英（？—？），字泽夫，号慈培，海军军官，曾任北洋海军文案、文书、秘书主任。

魏瀚堂兄弟中出了6位海军精英，其中有1位堂兄、5位堂弟。

魏英是魏瀚堂哥，自幼攻读儒业，研习经史子集，能文工诗，后坚持自学西学，对海内外海军建设颇为了解。

魏英在青年时期进入北洋海军，先任文案，再升文书，后出任秘书主任，参与起草了北洋海军规章制度，北洋海军上呈报告多出自他的笔下，是北洋海军重要的笔杆子。民国后，具体工作生活情况不详。

魏德夫：兵舰管轮 船政船厂监工

魏德夫（？—？），海军军官，曾任南洋兵舰三管轮、船政船厂监工。

魏德夫是魏瀚堂弟。魏德夫有兄弟5人，其行四，与三哥魏英和弟弟魏丰皆投身海军。

魏德夫属练生出身，青年时期入伍来到福建船政轮船水师，学习管轮。他边干边学，勤练好问，抓紧时间刻苦钻研轮机使用与维修技能，技术不断精进，深受管带、帮带好评。

根据民国22年（1933年）版《钜鹿魏氏支谱》介绍，魏德夫曾任南洋水师兵舰三副，后调任船政船厂，在船政十三厂多个工厂当过监工。民国后，曾在海军福州船政局和海军福州造船所做技术工作，参与制造了近10艘军舰。后事不详。

魏暹：留学法国 造舰专家

魏暹（1853—？），字敏夫，号幼如，造舰专家，曾任江苏候补知县、船政轮机厂监工。

魏暹是魏瀚堂弟，他紧随堂兄魏材、魏瀚投身海军，比魏材、魏瀚迟一年考入船政前学堂第二届制造班，与魏瀚一样学习制造军舰。

在船政前学堂，魏暹学习非常刻苦，成绩优异，受到法国教习高度评价。

光绪四年（1878年），魏暹以全届学生第三名的优异成绩毕业。

光绪七年（1881年）十月，魏暹与8名船政前后学堂学生一起，赴欧洲留学，魏暹来到法国，专攻制舰。在法国，魏暹依旧发愤学习。法国气候不比福州，魏暹一时难以适应，常常生病，但他仍然废寝忘食，刻苦攻读，积劳成疾。法国医生认为法国气候极不适合魏暹生活，劝说他为身体健康计，必须尽快回国，但怀揣报国理想的魏暹高低不肯，坚决要求留下。后进入法国阿克工艺学院，学习轮机制造，成绩突出。

光绪十一年（1885 年）三月，魏暹自法国阿克工艺学院毕业，之后奉派到美国多地考察造船厂和枪炮制造工厂。

光绪十二年（1886 年）六月，魏暹留学归来。归国后，魏暹曾任江苏候补知县，后进入船政十三厂，曾任船政十三厂中的轮机厂等多厂监工，精通造船各个环节，是位优秀的军舰制造专家。后事不详。

魏应骐：绘事院高才生 设计名家

魏应骐（1869— ？），字藻夫，军舰设计师，曾任船政绘事院绘图员、设计师，平汉陇海铁路工务监工。

魏应骐是魏瀚堂弟，幼进私塾研读蒙学经典，后进入新式学堂，对数学、物理颇感兴趣。少年时期考入船政绘事院。

船政绘事院，是中国最早的工业设计所，位于福州马尾，是船政前学堂附设的学校，创办于同治六年（1867 年），举办之初由法国人主持，负责设计轮船、绘制图纸。福建船政启动制造军舰，造船工程全面展开后，由洋员主持的绘事院工作量激增，图纸的绘制和现场放样需要大批人手。船政即招收一批聪颖少年作为洋员帮手，称为艺徒，实行师傅带徒弟的方式，培养中国自己的造船设计人才。艺徒们工作勤奋且好学，他们必须掌握外语，学会识别图纸，所以他们也要读法文，学习绘图。在边干边学中，年轻人进步很快。后来，每年船政绘事院都开招学生，魏应骐通过严格考试，进入绘事院。

魏应骐勤奋好学，又刻苦钻研，成长为一位出色的军舰设计专家，参与设计了 10 余艘战舰，还参与制造、维修了 10 余艘军舰。

魏应骐后来转往铁路部门工作，曾任平汉陇海铁路工务监工。

魏祖培：名舰二副 船政学堂教习

魏祖培（1875— ？），字葆夫，海军军官，曾任奉天将军署翻译，“通济”舰三副、二副，船政后学堂教习。

魏祖培是魏瀚堂弟，少年时期考入船政后学堂第十二届驾驶班，专攻航海。在校期间，学习异常刻苦，门门功课优异，毕业时成绩为该届毕业生第三名。

魏祖培毕业后，登舰服务，曾任“通济”舰三副、二副，后进入船政后学堂担任教习，主讲航海。他有理论又有实践经验，讲课深入浅出，深受学生欢迎，是一位优秀教师。

民国22年（1933年）版《钜鹿魏氏支谱》在介绍魏祖培时，还介绍他曾在海关服务过，在任军舰二副、三副时曾兼任舰上教练官。

魏丰：军舰设计专家 修造多舰

魏丰（？—？），字颖夫，号艺谋，军舰设计师，清朝时曾任船政绘事院绘图员、设计师；民国时曾任海军部军需司科员、海军部军需司稽核科科长、海军署科员、海军部经理处科员、海军部军需司总务科科员、海军工厂监工。

魏丰是魏瀚堂弟，生于福州，自幼好学上进，动手能力颇强，后考入船政绘事院，学习军舰设计。魏丰熟练掌握军舰各个环节设计，其中对轮机设计有较深研究，是同届十分优秀的学生。

魏丰毕业后，曾在船政绘事院从事军舰设计工作，所绘制的图纸获得法国老师高度评价。他还经常拿着图纸到造船厂指导工人具体制造，参与制造与维修了多艘军舰。

1912年，魏丰调海军部工作，任北京政府海军部军需司科员。

1919年10月14日，魏丰积功获授“六等文虎勋章”。

1921年3月15日，魏丰以自己的专业成就，获授造舰少监技术军衔。

1925年5月19日，魏丰升任海军部军需司稽核科科长。同年8月23日，晋升造舰中监技术军衔。

1927年4月18日，国民政府成立并定都南京。1928年12月1日，国民政府在行政院军政部之下设立海军署，任命陈绍宽为署长。该署下置总务处和军衡、军务、舰械、教育、海政五司。魏丰南下，担任海军署科员。

1929年，南京国民政府将海军署扩建为国民政府海军部，魏丰在海军部当科员。次年2月25日，魏丰任海军部经理处总务科中校科员。后海军部经理处改为军需司，魏丰任军需司总务科中校科员。

1934 年 2 月 20 日，魏丰因病辞职。

1938 年 1 月 1 日，魏丰任海军工厂监工。后事不详。

第二代

魏家船政族谱上的第二代队伍颇为庞大，出了 17 位英才，其中有 1 位海军上将、1 位海军中将、2 位海军少将。

魏子京：造舰精英 民国著名外交官

魏子京（？—1965），著名外交官，清朝时曾任海军翻译、广东交涉使司翻译科科长；民国时曾任外交部特派云南交涉员，驻澳大利亚总领事，驻秘鲁一等秘书代办使事、总领事，驻秘鲁全权公使。

魏瀚生有 8 个儿子。第一个儿子魏子京即被其送往海军，子承父业。

光绪二十二年（1896 年）十二月，自船政前学堂第四届制造班毕业的魏子京，被选中作为清政府选派的第四批出洋留学生。

光绪二十三年（1897 年）五月三日，魏子京赴法国，进入法国船机学院学习，第二年又进入法国铁路桥官院学习。

光绪二十六年（1900 年）七月，因留学经费不足，魏子京和同期赴欧留学的同学一起，提前回国。归国后，魏子京由于英文、法文甚佳，加上处事机敏，擅于周旋，且长相英俊倜傥，曾在海军界做过翻译官。

光绪二十七年（1901 年），清政府正式设立外务部，部分沿海省也设立了外务部门，魏子京转入外交界工作。

宣统三年（1911 年），广东交涉使司成立，魏子京担任翻译科科长。同年九月十八日，魏子京随父亲离粤返闽，居于福州。

1915 年，民国北京政府任命魏子京为外交部特派云南交涉员，负责主持云南对外交涉工作。云南是我国较多与外国接壤的省份之一，共与三个国家接壤，临沧与缅甸接壤，西双版纳与老挝接壤，红河与越南接壤。任上，魏子京展示了他的外交才华。

1917 年夏天，魏子京开始了他驻外时节的岁月。8 月 23 日，出任中华民国驻澳大利亚第五任总领事。抵任后，为争取当地华侨利益奔走。当时，澳大利亚奉行“白澳至上”的种族歧视政策，华侨华人许多权益受到侵害，魏子京多方努力，连续向澳大利亚内阁提交备忘录，要求放宽对华人移民的限制，促使澳大利亚在 1920 年 8 月同意修改《移民限制法》中关于留学、经商和旅游的条款，新条款规定，此后赴澳的中国学生，不仅不受年龄和留学人数的限制，而且在学业完成后可以在澳经商；经营中澳海运贸易的中国商人领有中国护照的，可以偕妻子及 18 周岁以下子女来澳，同来同归；想赴澳大利亚旅游的中国公民，只要持有中国护照并经英国驻华领馆证明，准其赴澳旅游，以一年为限。

在任上，只要华侨利益受损，魏子京总是主动站出来维护，想方设法提升华侨华人在澳大利亚地位。只是弱国无外交，积贫积弱的祖国无法成为海外华侨华人的强大后盾，让魏子京心有余而力难及。尽管如此，他的工作还是受到国内外的高度评价。

1928 年 4 月，魏子京卸职澳大利亚总领事。同年夏天，国民党元老、中央研究院院长蔡元培致信外交部部长王正廷，信中说：“澳洲总领事魏子京，有特别才干，适合于在澳办事，易人以后，或恐于华商不便。”[13] 国外舆论也对他离任甚为惋惜，好评甚多，其中有评论认为魏子京是“一个伟大的外交家和运动员，在澳大利亚颇受欢迎”[14]。

1929 年 1 月，魏子京出任中国驻秘鲁使馆一等秘书兼代办使事，并兼理总领事事务。魏子京赴任时，正值中秘两国废旧约立新约关键时期，长期商定未果。早在 1925 年 1 月 19 日，中国驻秘鲁使馆将我外交部核定的《中秘友好通商航海条约》新约十八款及《移民专约》八款草案送达秘鲁外交部，但迟迟议而未决。

1929 年 7 月 5 日，外交部任命魏子京为签订条约的全权代表，魏子京开始了艰苦的谈判。

1930 年春，在魏子京的多方努力下，双方意见基本达成一致，本可以立即签约，但因外交部部长王正廷又临时电令魏子京，提出在新约中加入“两国工人可以相互自由入境”一条，秘鲁对此不接受，谈判一度陷入僵局。随后，秘鲁发生排华事件，不仅严格限制华侨华人入秘，而且对在秘的华侨华人进行限制，离秘返乡和经商的秘鲁华侨华人不准重返秘鲁，这使大批回国探亲、经商的华侨华人无法回到秘鲁，引起中秘之间的反复谈判、交涉。

1930年9月6日，魏子京升任驻秘鲁代办。

1931年3月7日，魏子京升任驻秘鲁全权公使。

1932年2月22日，魏子京在仔细研究之后，利用自己丰富的外交经验，针对秘鲁排华政策，提出归侨返回秘鲁的四项办法。秘鲁外交部复文同意，但每月仅限20人入境。由于这一办法对中国侨商往返秘鲁限制太大，引起中国侨民的强烈不满，直到1934年8月之后，归侨回秘的情况才有所好转。

魏子京在任上积极为秘鲁华侨华人服务的举措，受到了华侨华人的好评。《时事月报》评价说："实于驻秘中国使馆历史中放一异彩，且留我旅秘华侨以一深刻之印象。"[15]

1931年"九一八"事变后，日本帝国主义者侵占中国东北地区。1932年3月，在日本军队的撺掇下，末代皇帝溥仪从天津秘密潜逃至东北，在长春成立了傀儡政权——伪满洲国。

魏瀚部分儿女合影，后排右一为魏子京

在伪满政权建立后，日本筹划各国承认伪满政权。外交部指示驻各国使领馆，立即与驻在国政府进行磋商，全力敦促其“有严重表示，能警告日本政府、勿贸然承认最好”。

魏子京接令后，立即行动，与秘鲁就伪满政权之事进行反复磋商，晓以公理大义，向秘鲁政府揭露伪满政权的性质和日本的侵华野心，力促其同情中国，遵守国联决议，拒绝承认傀儡政权。魏子京的多方努力，终于换来了秘鲁“不承认伪满政权”的承诺。

1934 年 1 月 1 日，魏子京卸去驻秘鲁全权公使一职，移居加拿大。

1965 年，魏子京病逝加拿大。

魏瀚为儿子们做了符合自己理想的人生设计。他认为要发展造船业和飞机制造业，需要大量钢铁与煤，不能全部仰仗进口，否则易被外国人卡脖子。于是，他将次子魏子肫、四子魏子龙，送往英国学习探矿、采矿和矿业管理，魏子肫回国后一直在北方开矿，后任开滦煤矿主管。魏子龙则一直在山东、河南办煤矿。在那个兵荒马乱的年代，这些执意要走实业救国之路的民族资本家做得非常艰难，魏子龙后遇绑票，倾资投入的煤矿倒闭。三子魏子良，也是留学生，后一直做外交工作。五子、六子早夭。七子魏子潜在上海英美烟草公司做事。八子魏子泌一直身体不好。

魏子铿：南下护法 任职大元帅府海军局

魏子铿（？—？），海军军官，曾任广州护法军政府海陆军大元帅府（大本营）第三局（海军局）三等局员。

魏子铿是魏瀚侄儿，民国海军名将魏子浩二哥。童年开始在塾师指导下苦读“四书五经”，勤习作诗作文，写得一手好文章。他腹有诗书，做事认真，曾在海军机关、舰艇做过司书、书记官等秘书性质的文官。

1917 年，北洋政府段祺瑞拒绝恢复被袁世凯废除的《中华民国临时约法》。7 月，孙中山毅然率领部分海军及国会议员南下护法，在广州召开非常国会，以广东为根据地，联合云、贵、川、陕、桂、湘、鄂、闽等 8 省，组建了护法军政府，以对抗北洋政府的军阀独裁统治。孙中山任海陆军大元帅，为此成立护法军政府海陆军大元帅府（大本营），组建了大本营第三局，即海军局。闻知家族中多人跟随孙中山铁血共和，魏子铿也南下广州，参加护法运动。

1917 年 11 月，魏子铿任广州护法军政府海陆军大元帅府第三局三等局员。

魏子荣：候补知县 民国曾任海军艇长

魏子荣（？—？），谱名子渫，海军军官，清朝时曾任海军三副；民国时后曾任海军艇长。

魏子荣是魏瀚侄儿、民国初年海军名将魏子浩三哥。魏子荣原攻举业，后转读新学，受家族影响，遂立志从军。少年时期，以优异成绩考入船政后学堂，学习十分努力，抓紧分秒时间学习，成绩始终名列前茅。

光绪二十八年（1902 年），魏子荣毕业于船政后学堂第十六届驾驶班，学业列该届毕业生的第四名。

毕业后，魏子荣进入海军界工作，清朝时曾授广西候补知县，亦曾任海军舰艇枪炮三副、驾驶三副。民国后，曾任海军艇长。于军旅届龄退休。

魏怀：海军轮机官 国府文官长

魏怀（1881—？），字子杞，海军军官、政府官员，清朝时曾任南洋水师轮机官；民国时曾任福建省教育司司长、国民政府立法院立法委员、国民政府文官处文官长、国民政府委员、国民政府顾问。

魏怀是魏瀚侄儿，魏怀幼进塾馆，少年时期考入船政学堂，光绪二十九年（1903 年），毕业于船政后学堂第八届管轮班，曾在多艘名舰上担任轮机官，因精明强干，受上下好评。

魏怀国文底子深厚，写得一手好文章，且擅于协调，后转入政界。

魏怀墨宝

1912年12月31日，魏怀任福建省教育司司长，不久去职。

1930年12月，魏怀任国民政府立法院立法委员。

魏怀深受国民政府主席林森赏识，这一方面是因为他忠诚能干，另一方面是因为他的两个堂妹夫毛钟才与毛仲方，都是林森至交。他俩早年跟随林森投身反清革命，同为同盟会骨干。笔者手上有多幅照片皆为林森与毛家兄弟在反清革命时合影。

从1932年1月3日至1945年1月18日，在林森、蒋介石先后两任国民政府主席任内，魏怀一直担任国民政府文官处文官长，深得信任。

1945年1月16日，魏怀任国民政府委员。1947年4月18日，魏怀被免国民政府委员职，改聘为国民政府顾问，一直任至1948年5月。任上，曾为众多闽籍海军官兵帮过忙，卒年不详。

魏子浩：海军少将 护法有功

魏子浩（1877— ？），字汉遗，海军名将，清朝时曾任“海容”舰二副、大副，海军部参谋，海军统制部副官；民国时曾任“楚有”舰舰长，海军部军衡司典礼科科长，“永丰”舰舰长，广州护法军政府大元帅府海军参军兼“永丰”舰舰长，广州护法军政府军事委员会委员、海军部军务司司长兼“海琛”舰舰长，广州护法军政府海军部军务司司长兼“永丰”舰舰长，北京政府漳州海军总指挥部副官长、国民革命军海军上校候补员、国民政府海军总司令部上校候补员。

魏子浩是魏瀚侄儿。光绪二十六年（1900年），考入船政后学堂第十七届驾驶班。光绪三十年（1904年），奉派上“通济”舰见习。光绪三十一年（1905年）冬，毕业于船政后学堂第十七届驾驶班。

光绪三十二年（1906年），魏子浩登“海容”舰，任见习三副。

光绪三十四年（1908年），魏子浩任“海容”舰驾驶二副。

宣统元年（1909年），魏子浩任“海容”舰大副。

宣统二年（1910年），清廷改筹办海军事务处为海军部，魏子浩调任海军部参谋。次年初，魏子浩调任海军统制部副官。

1912年9月8日，魏子浩任海军第二舰队“楚有”炮舰舰长。

1913年1月17日，魏子浩升海军中校。8月20日，晋升海军上校。在北洋军阀镇压孙中山领导的“二次革命”期间，魏子浩因海军参战，一度辞职离舰。

1914年6月4日，魏子浩获授“四等文虎勋章”。

1915年5月24日，魏子浩任海军部军衡司典礼科科长，同年，魏子浩奉北京政府海军部派遣，前往美国学习飞艇、潜艇等技术。

1916年10月，魏子浩学成归国，任海军部中校科员。

1917年元旦，魏子浩获授“三等文虎勋章”。4月25日，魏子浩接掌“永丰”舰，为“永丰”舰第三任舰长，“永丰”舰即后来赫赫有名的“中山”舰。7月22日，在北京政府海军总司令程璧光和第一舰队司令林葆怿的带领下，魏子浩率“永丰”舰与其他4艘军舰自上海龙华启程，南下广州参加孙中山领导的护法斗争。9月24日，魏子浩出任孙中山大元帅府海军参军兼“永丰”舰舰长。

1918年5月20日，魏子浩任广州护法军政府军事委员会委员、海军部军务司司长兼“海琛”巡洋舰舰长。10月8日，广州护法军政府任命魏子浩为海军部军务司司长，兼“永丰”舰舰长。孙中山受桂系军阀排挤而离穗赴沪后，粤军奉孙中山之命自福建回师讨伐桂军，魏子浩则主张护法舰队助桂攻粤。魏子浩是护法舰队中闽籍军官的骨干，而舰队是在闽籍军官的控制下，因此他的主张实际就是舰队中高层军官的主张。但是，他们的企图遭到舰队大多数粤籍军官的坚决抵制。

1919年4月10日，魏子浩被广州护法军政府授为海军少将。同年7月7日，获授“二等文虎勋章”。

1920年1月17日，澳门政府因填海造地越界，与广东方面发生冲突，广州军政府派魏子浩率“永丰”舰前往九洲岛洋面，监视占据澳门的葡萄牙人，令之立即停止填海造地。5月1日，广州护法军政府海军部总长、闽人林葆怿为排除助桂反粤的内部障碍，以“调部另用”为由，免去舰队中的粤籍主要将领程耀垣的“海琛”巡洋舰舰长职务，遗缺由已升至海军少将的魏子浩接任。同年8月16日给予“二等嘉禾勋章”。此后，魏子浩即开始暗中与北京政府海军将领联系，接洽投北事宜，甚至长时间离职进行策划。

1921年1月，魏子浩率舰驻泊广州黄埔，运动驻泊此处的几艘大舰离粤北上。1月9日，广州护法军政府侦知魏子浩计划，即训令海军部将其免职，拿办治罪。

1922年4月27日，非闽籍海军官兵发起夺舰行动，一举夺得“海圻”“海琛”“肇和”3艘主力战舰，并制服其余七舰，林永谟、毛仲方、魏子浩等舰长被捕。5月20日，魏子浩等被逐出广东，后转赴香港。

1923年秋，北京政府海军总司令杨树庄为扩张海军势力，率舰攻打厦门，并派海军陆战队萨君泰、邱振武两营，由海军少将林永谟任总指挥，魏子浩任参谋，督兵南下。

1924年4月，海军夺取厦门后，再取金门岛，派了县长，分驻了一些陆战队官兵。同年秋天，为了延伸据点，开拓饷源，再派海军夺取东山岛。10月28日，海军部在福建东山设立漳州海军总指挥部，魏子浩任副官长。

1926年11月，魏子浩随驻闽海军归附国民革命军。

1927年4月18日，国民政府成立，定都南京。

1928年8月2日，魏子浩任国民革命军海军上校候补员。

1938年1月1日，国民政府海军部为因应抗战需要，改制为海军总司令部，魏子浩列名海军总司令部上校候补员。

1946年8月9日，魏子浩列名海军总司令部上校。

魏子钰：后勤行家 陆战队军需长

魏子钰（？—？），又名则章，曾任驻闽海军陆战队军需长、海军陆战队第一混成旅军需长。

魏子钰是魏瀚侄儿。他在完成小学、中学教育后，长期在驻闽海军中做后勤工作。魏子钰长于理财，与商界关系良好，筹饷颇有手段。

1922年10月，福建军阀李厚基部溃败，驻闽海军随后派遣舰艇赴闽增援，同时委派第二舰队司令部副官杨砥中为陆战队统带，率1个营及原驻北京、上海护厂的陆战队3个连南下，会同驻闽舰队和在马尾护厂的陈扬琛、朱雨田2个连，进驻马尾和长门要塞，在马尾成立警备司令部，统一指挥驻闽舰队和海军陆战队，陆战队统带部随即宣告正式成立，魏子钰任驻闽海军陆战队统带部首任军需长。任上，他长袖善舞，四处筹饷，支持海军陆战队招兵买马，为海军陆战队发展与扩大做出了努力。

驻闽海军陆战队扩兵迅速，由第一、第二营及独立营、工兵连，扩编为步兵8个营，机枪、山炮各1个营，工兵、辎重各1个连，于1923年6月2日成立海军陆战队第一混成旅。1924年3月，再扩编了特别步兵团、机枪营、手枪营、火炮营。魏子钰于同年4月25日任海军陆战队第一混成旅军需长。后事不详。

魏子渊：交涉科长 参与粉碎日军出兵福州阴谋

魏子渊（？—？），海军军官，政府官员，清朝时曾任广东水师见习三副；民国时曾任海军第二舰队航海官、外交部特派福建交涉员、福建省政府交涉署科长。

魏子渊是魏瀚侄儿、魏炘儿子。受家族影响，从小立志投身海军，少年时期南下广东，考入黄埔水师学堂。他一心向学，成绩优异。光绪三十三年（1907年），毕业于广东黄埔水师学堂第十届驾驶班，英语水平极高，尤长于口语，且为人机智，长于协调各种关系。

魏子渊从黄埔水师学堂毕业后，先服务于广东水师，当过见习三副。民国后调任海军第二舰队，在多艘军舰上担任过航海官。后转往外交界，曾任民国外交部特派福建交涉员、福建省交涉署科长。

魏子渊在外交部福建交涉署科长任上，曾参与成功粉碎日本在闽制造福州版“九一八”事变、出兵占领福建省会福州的阴谋。

1931年9月，日本关东军在中国东北发动“九一八”事变。次年10月，日本驻台湾军部也想在福州制造一起大案，炮制借口，出兵福建，南北呼应，侵吞全中国。于是收买台湾浪人李炉已，趁福州庆祝“双十节”国庆大游行时，制造“袭击日本驻福州领事馆”事件，作为出兵福州借口。李炉已筹备了一番，因时间紧来不及下手。日本军方驻台湾司令部再次指示李炉已，在福州杀死几个日本侨民或纵火焚烧日本驻福州总领事馆，再或焚烧几处日本在福州的机构。杀人的对象可以是日本领事、领事馆的书记官，也可以杀几个日本警官或台湾总督府驻福建的官员，但一定要有点身份与地位，事件闹得越大越好，驻在台湾的日本军方就可以中国军警治安力量薄弱为借口，出兵福州和厦门。

李炉已接受任务后，纠集日本浪人，进行周密策划，因久未成事，日本军部恼怒怪罪，李炉已于1932年1月3日，带人杀死福州仓山日侨小学教谕夫妇。

福州军警还在现场破案，日本领事馆就打电话给福建省政府领导，声称：今晚7时日本小学教谕水户先生和他的妻子水户美子在家操作，被华人用利刃杀死。水户美子怀孕8个月，幼婴同时死于母腹。一夜之间，杀死3命，不可不谓一起凶杀巨案。当经飞报台湾总督府，得复已派驱逐舰队一分队，兼程前来，严重交涉。顷间又得舰队司令电告，驱逐舰两艘明日上午10时进口，停泊马江。时间如此紧迫，如能在舰队来到之前，先将此案处理完毕，则大事可化为小事。今为节约时间起见，请免去外交习例，拟请阁下先来领事馆，以便同往检验尸体，检验毕后，即行讨论处理办法。语气充满威胁。

福建省省长方声涛令省府委员林知渊会同日本领事佐藤赶赴现场，时任福建省交涉署科长的魏子渊随之前往。在现场，日本领事又告知：台北及舰队来电，认为此事件被视作华方排日的开端。同时通报：两舰明晨8时战备入港，通告国人（指日本侨民）力持镇定，静待政府交涉结果。事态发展越来越严重。林知渊和魏子渊坚持认为凶手没有到案，不能说明是华人所为，中国政府不予承认。

在林知渊和魏子渊坚持下，日本驻福州领事软下来，要求：只要贵国认作不幸的事情，花费一笔小款，使生者死者都得以安心，这件事便过去了。林知渊和魏子渊商量好，答应以捐赠的形式，给水户遗族通用国币2万元，以表示抚恤之意。佐藤竟然点头。之后，又在日侨小学举行追悼会。会后再也没有人提起水户的事了。

几天后，林知渊很偶然听上海朋友谢万发说，水户事件是李炉已干的。谢万发应林知渊要求，牵线约林知渊和李炉已餐叙，林知渊刻意灌醉李炉已，装作无意地问起水户被杀一事。李炉已说："这次事件假使只是凭领事馆这一班人的主张，我们是决不罢休的。后来因种种关系，我们才让了一步。你要明白，这是军部（指日本台湾军部）既定的国策，那班书生哪会理解？"林知渊笑着说："你也太狠心了，吓他一下就算了，何必杀死人，并且据说还是3条人命！"李炉已继续说："本不打算杀死人，因水户叫喊还要抵抗，就把他刺死了。他的妻子如果不阻着通路，也就没事。她偏不这样，因而牺牲了。"还说："这是时代的牺牲者，不是这样，新时代不会到来。"

林知渊得到这一情报，立即向方声涛汇报，要点有四条：第一，刺死水户夫妇的正凶是台湾浪人李炉已；第二，指使李炉已杀人的是日本台湾军部，日本陆军中的少壮派军人想借水户事件进兵福州、厦门；第三，日本台湾总督府及驻台湾海军舰队不同意事态扩大；第四，水户事件的内幕，在日本和台湾已成为公开秘密，独有我们木然无闻。

方声涛立即请省交涉署魏子渊科长偕同林知渊会晤日本领事，要求协助逮捕李炉已归案讯办。魏子渊运用国际法条规，义正词严表明中国政府态度，新任日本领事宇佐美说："今日早晨由陆军武官处通知将李炉已解往台北，本馆就办了。"据说上午 8 时，领事馆派警押解李炉已登日轮回台。

后来才知道，正如林知渊对方声涛汇报时所分析的那样：水户事件发生后，日本军政各方面对处置此事产生矛盾，行动极不协调，特别是此事由陆军挑起，海军认为陆军抢了头功，因此事事不配合，甚至极力反对。所以拖了下来。

魏子梓：造船监工 船政绘事院科班出身

魏子梓（？—？），造船工程师，曾任船政绘事院绘图员、设计师，船政船厂工程师、监工，陇海铁路绘图院工程师。

魏子梓是魏瀚侄儿、魏暹长子，从新式小学毕业后，考入船政绘事院，学习法语和轮船设计。由于勤学苦练，设计、制图能力不断提升。

从船政绘事院毕业后，魏子梓在船政绘事院当绘图员、设计师，后长期在船政十三厂做技术工作，当过工程师，还做过监工，参与制造并维修了不少军舰。

由于铁路极需要人才，魏子梓调往陇海铁路绘图院，参与设计铁路及配套设施。之后，生活、工作情况不详。

魏子璋：能文能武 福州海军学校多面手

魏子璋（？—？），字秉章，海军军官，曾任福州海军学校司书、军需员、庶务官。

魏子璋是魏瀚侄儿、魏英长子，幼秉庭训，学诗学礼。童年时期考入新式学堂，在完成小学和中学学业后，进入福州海军学校供职。

1933 年，魏子璋任位于福州马尾的海军学校司书，掌文书工作。

1937年，魏子璋调任位于海军学校军需员。次年，升任庶务官。魏子璋是个多面手，做事十分勤勉，颇为尽责。后事不详。

魏子元：轮机专家 曾任多舰轮机官

魏子元（？—？），海军军官，曾任“楚泰”舰轮机副、“江元”舰轮机长。

魏子元是魏瀚侄儿，开蒙于塾馆，好学有加，打下很好文化基础，后进入新式学堂。小学毕业后考入船政后学堂第十二届管轮班。

在学校里，魏子元发愤学习，刻苦钻研，于1920年毕业。毕业后，魏子元登舰服务，历任多舰轮机官。曾任“楚泰”炮舰轮机副、“江元”舰轮机长。在舰上任职轮机官期间，他抓紧时间教授轮机兵士维修、保养轮机知识，所任职的军舰轮机保养水平较高。他勤奋钻研轮机业务，成为轮机方面专家。后事不详。

魏子烺：造船专才 沪闽两地制舰

魏子烺（？—？），造舰专家，曾任海军福州船政局技术员、工程师，海军江南造船所工程师。

魏子烺是魏瀚侄儿、魏英次子、魏子璋胞弟，他自幼受到良好的家庭与学校教育，从新式小学毕业后，考入船政前学堂第八届制造班，专攻军舰设计与制造。

1921年，魏子烺以全班第五名的优异成绩毕业。毕业后，相继在海军福州船政局、海军江南造船所工作，先后当过技术员、工程师等，参与制造了多艘军舰。1925年2月9日，魏子烺曾获授海军二等造械官。后事不详。

魏子惠：书生投军 炮舰上任书记官

魏子惠（？—？），海军军官，曾任“建中”舰书记官。

魏子惠是魏瀚侄儿，开蒙于塾馆，系统学习于新式学堂，打下扎实文化基础，尤长于为文。后投身于海军，曾在海军机关做过司书，处理来往公文。后来，登舰做书记官。1916 年 1 月 4 日，任“建中”炮舰书记官。任上，除做好本职工作外，曾辅导兵士学习文化。

魏瀚还有两位族侄，也是海军军官。魏子伍，抗日战争全面爆发前，曾任海军陆战队第二独立旅司药。魏子钦，在 20 世纪 30 年代，曾任海军海岸巡防队所辖的“长风”巡艇司书。

魏瀚三个女婿皆为海军将军

魏瀚这一辈子特别得意的事，是亲自为三个女儿挑了三个后来皆成为海军名将的女婿。

光绪三十年（1904 年），魏瀚出任黄埔水师学堂总办。这位始终不忘建设强大中国海防的老海军，希望自己的女婿也能是海军，他开始从自己得意门生中挑选女婿。

黄埔学师学堂第八届驾驶班有两位祖籍福建闽清县下祝乡杉村的亲兄弟，哥哥叫毛钟才（1881—1936），弟弟叫毛仲方（1882—1936），两人学业皆是上乘，且足智多谋，被魏瀚一眼看上。他将二女儿嫁给了毛钟才，将三女儿嫁给了毛仲方。事后，人人都说魏瀚好眼力，因为这对佳婿在海军界名声越来越响。二女婿毛钟才，官至海军中将，曾任吉黑江防舰队司令。三女婿毛仲方曾任沪军都督府海军部部长、广州护法军政府海军司令部参谋长及广州护法军政府海陆军大元帅府（大本营）第三局（海军局）局长、国民政府参军处典礼局局长，为海军上将。

魏瀚有个哥哥早逝，女儿魏淑嫔由魏瀚带大，视同己出。他为这个女儿也挑选了一位黄埔水师学堂高才生。这位高才生叫陈景芗，官至海军总司令部总务处少将处长。中华人民共和国成立后，出任中国人民解放军海军司令部研究委员会委员，为新中国海军的创建与发展做出了贡献。1969 年在福州病逝。

第三代

魏瀚的孙子、侄孙、外孙，继续承继家族船政之风，既出海军英雄，也出空军英雄。

魏堉孙（？—？），魏瀚侄孙，中学毕业后投身海军，1937年前，任福州海军学校司书。1937年调任海军陆战队军官研究班司书，海军准尉。

魏佑孙（？—？），魏瀚侄孙，抗战爆发后毅然中断学业，参加海军。1945年8月，任海军舰队指挥部经理组组员。海军上尉。

魏佑海（1927— ），原名机孙，字佑海，以字行，魏瀚嫡孙，毕业于清华大学航空系，专门研究飞机发动机技术。毕业后，曾任人民解放军空军司令部训练部训练参谋、北京航空学院教授、北京航空学院发动机研究室主任、广东五邑大学副校长、深圳大学校长，为中国著名航空发动机专家，曾参加抗美援朝作战并立功。

陈宗孟（1922—2005），字慕轲，魏瀚侄外孙、陈景芗之子，曾任海军抗日布雷队布雷官，“重庆”舰鱼雷官、航海官。中华人民共和国成立后，曾任安东海军学校航海教研室主任兼水中兵器教研室主任、人民海军快艇学校航海教研室主任兼水中兵器教研室主任、第三海军学校指挥系主任、志愿军海军指挥部鱼雷快艇业务长、人民海军司令部研究委员会研究员、唐山东矿区城建局副局长、唐山市园林局局长兼唐山市人大常务委员、政协常务委员。在解放战争后期，陈宗孟参与策动“重庆”舰起义，为新中国海军的创立与发展做出贡献，特别是为人民海军鱼雷快艇部队建立做出重要贡献。

毛龙（1915—1982），魏瀚外孙、毛仲方次子，曾任美国中国空军高级飞行班教官、美国中国供应中心人事管理主管、香港美国照南公司经理、美国新美公司台湾分公司经理。抗日战争全面爆发后，已获美国芝加哥大学硕士学位的毛龙，放弃继续升学的计划，参加美国空军，学习飞行，希望学成归国杀敌。学成之时，奉命出任美国中国空军高级飞行训练班教官，参与培养中国空军飞行员。

第四代

魏瀚孙辈有相当部分转入外交、矿业和铁路领域，但魏家的海军缘还是绵延到了曾孙辈。

魏瀚的曾外孙、毛仲方的长孙毛观海，即是一位毕业于美国海军学院的美国海军工程技术专才。

1936 年，毛仲方病逝，毛仲方长子毛腾霄承担起养家重任。1949 年秋，毛腾霄与母亲带着一家人先到香港小住，后定居美国，毛观海是毛腾霄长子。

毛观海在美国读完高中后，毅然报考了美国海军学院。毕业后，虽然因高度近视，无法在大海上驾驶军舰，但仍在海军做技术服务工作，成为一名出色的海军技术人才。退役后，他仍不愿离开大海，选择从事海事保险工作，成为美国著名的海事保险专家和海事保险商。20 世纪 60 年代末至 70 年代初，他曾多次肩负特殊使命，辗转乘机到北京，为中美两国打破坚冰做出了贡献。

家族传奇

魏罗两家两代联姻留浪漫

罗丰禄，晚清著名船政专家、船政教育家、外交家、翻译家，魏瀚的至交好友。魏瀚与罗丰禄极有缘，两人同时考入刚开办的船政学堂，一个进入学习制造军舰的前学堂，一个进入学驾驶军舰的后学堂，同时成为船政学堂首届毕业生。毕业时，魏瀚是船政前学堂第一名，罗丰禄是船政后学堂第一名。毕业后，两人同因学业优良，留校任教。中国选拔第一批优秀海军出国留学，两人同时入选，一个去了法国，另一个去了英国。加上罗丰禄的五哥罗臻禄又是魏瀚同班同学，又同时

魏淑姞（前排中）嫁给罗忠诒（后排左二）

赴法国留学，因此魏瀚与罗丰禄的友情极深，与罗臻禄也是好友。

两人友情深，就想着结成亲家。魏瀚先是把自己的亲妹妹魏琼恣嫁给了罗丰禄。光绪二十七年（1901 年），魏琼恣病故，魏瀚再将自己的另一个妹妹嫁给了罗丰禄。罗丰禄与魏琼恣生了四子。魏瀚亲上作亲：又将自己五女儿魏淑媖嫁给了罗丰禄的长子罗忠诚。罗忠诚，英国剑桥大学毕业，曾任中国驻伦敦副领事。魏瀚再让自己四女儿魏淑姑嫁给了罗丰禄次子罗忠诒。罗忠诒，英国剑桥大学毕业，经济学硕士，也曾是清朝法政科进士，翰林院编修。1926 年出任中国驻丹麦公使，1934 年派任国联第 15 届大会代表。魏瀚不但将两个妹妹和两个女儿嫁进罗家，还让自己的长子魏子京娶了罗丰禄的小女儿罗叔白。

魏瀚并将自己侄女魏淑嫌嫁给罗丰禄三哥罗谦禄的长子罗忠衔。

魏瀚与五项中国第一

提起中国造船史，不能不提起魏瀚。提起中国海军史，也不能不提起魏瀚。魏瀚创造了五项中国第一。

魏瀚是第一位获得法学博士学位的中国人，也是第一位获得外国博士学位的中国人。其在法国留学学习造船的同时，兼修法律，获得法国法律博士学位。

魏瀚参与制造了中国第一艘巡洋舰。光绪六年九月十八日（1880 年 10 月 21 日）开始试制，两年后，光绪八年十二月初三（1883 年 1 月 11 日）下水，被命名为“开济”号。

魏瀚参与制造了中国第一艘钢甲舰。光绪十三年十二月十七日（1888 年 1 月 29 日），中国自制的第一艘钢甲舰“龙威”号下水。舰长 58.09 米，宽 12.19 米，排水量 2100 吨，时速 14 节。舰上配有探照灯 2 具、鱼雷发射器 2 部。大炮用当时最先进的德国克虏伯旋转式后膛炮。钢炮有：船头炮口径 260 毫米 1 门，左右耳台炮 120 毫米各 1 门，船后炮 120 毫米 1 门，霍奇基斯机关枪 4 门。“龙威”舰编入北洋海军后，改名为“平远”，是北洋海军八大“远”字号军舰之一。甲午海战中，与日本交手，屡受巨弹袭击，毫无损失，较之从国外买来的“定远”“镇远”“靖远”“致远”“来远”等舰，质量一点也不逊色。此舰由魏瀚等人监造船身。

取得法国法学博士时的魏瀚

魏瀚参与设计、制造出了中国第一艘钢甲鱼雷舰。“广乙”舰是中国生产的第一艘钢甲鱼雷舰，光绪十五年七月二十一日（1889 年 8 月 28 日）下水，是由魏瀚等人设计监造的。

魏瀚参与设计、制造出了中国第一艘猎雷舰。此舰被命名为“建威”号，于光绪二十四年三月十七（1898 年 4 月 7 日）正式动工，十二月十八日（1899 年 1 月 29 日）下水。这是一艘集测雷与排雷于一体的军舰。按《船政厂建造鱼雷快舰说明书》中所言：此种船式，本船内可装放鱼雷，且速力极大，可捉获鱼雷艇。此舰后给广东水师使用，对巩固广东海防起到了很好的作用。

魏瀚家族与日本首相的百年交集

2012 年 11 月 30 日，当时正在参与组织举办第三届海峡两岸船政文化研讨会的笔者，邀请魏瀚的嫡孙魏佑海再次来榕出席会议。步履已有几分艰难的深圳大学老校长魏佑海，在夫人的陪伴下再度来榕参会。当年 85 岁的魏佑海，与罗丰禄孙子罗孝遵、罗孝逵一起，成为如今船政学堂第一届毕业生后裔中辈分最高的嫡传后人。

1927 年，魏佑海生于北京。他的父亲魏子龙是中国第一批“海归”民族矿业资本家，因少小赴欧留学，说英语、法语比汉语流利得多。他的母亲黄慧端，是闽都大儒何振岱的学生，国学造诣深厚，能文工诗，画得一手好画，因才貌双全，被称为“南街第一女”。

2012 年 11 月，魏佑海来福州，给笔者带来了一组照片，讲述了家族与两任日本首相的故事。说到最后，这位老人闪着泪光说：“我很自豪，随着国家的强盛，百年家耻得以一雪，如果祖父与姑祖父泉下有知，当能一舒紧皱了百多年的愁眉。”

大东沟旁的祖孙经历

大东沟，是一条受海潮冲刷形成的大潮沟，位于辽宁省丹东市东港市，南临黄海，东依鸭绿江，和朝鲜隔江相望，与日本一衣带水。这是一条极具国际影响力的河流，魏佑海家的家耻家恨从这里开始。

·1894 年：魏瀚所造军舰毁于甲午海战

魏瀚留学归来，任船政制舰技术部门领导人。任上，他主持研制了中国第一艘巡洋舰——“开济”号、第一艘钢甲舰——“龙威”号、第一艘钢甲鱼雷舰——“广乙”号、第一艘猎雷舰——“建威”号。

光绪二十年八月十六日（1894 年 9 月 15 日），北洋海军主力——军舰 10 艘、附属舰 8 艘，在丁汝昌率领下到达大连湾，护送 4000 余名援军到朝鲜，八月十八日（1894 年 9 月 17 日）返航时在大东沟遭遇日军攻击，战斗由此爆发。这是甲午战争中继丰岛海战后的第二次海战，也是中日海军的一次主力决战。北洋海军官兵浴血奋战，但终告失败。

消息传到福州，魏瀚悲痛万分。这一仗，将他多年的心血几乎毁灭殆尽。

魏瀚在福州船政主持研制的中国第一艘铁甲舰——“龙威”号，加入北洋海军后改名为“平远”号，在甲午战争大东沟海战中，“平远”舰表现神勇，两弹击中日本“松岛”舰，后又在威海保卫战中再显神威。但随着北洋海军全军覆没，“平远”舰被日军俘获，编入日本海军。

魏瀚主持研制的中国第一艘钢甲舰——“广乙”号，在甲午战争丰岛海战中，遭到日本联合舰队第一游击队的重创，后在朝鲜十八岛附近搁浅，为了不被敌方利用，遂自焚自毁。

魏瀚主持研制的鱼雷快舰——“广丙”号，在甲午战争中被日军俘获，成为日军战舰，光绪二十一年（1895 年）日军以此进攻澎湖时沉没。

魏瀚主持研制的巡洋舰——“广甲”号，在甲午战争海战中被日舰击沉。

北洋海军旗舰——“定远”号，是魏瀚在德国亲自监造的，为当时世界海军中罕见的大型铁甲舰，号称“第一铁舰”，它于光绪九年冬（1883 年 11 月 28 日）下水。为建这艘舰船，清政府花了整整 170 万两白银。在大东沟中日海军主力对决战中，“定远”舰表现神勇，中弹159发仍能继续战斗。光绪二十一年正月十六（1895年2月10日），满载炎黄子孙强国梦的“定远”舰，沉没在阴云笼罩的威海湾。至此，战力位居亚洲第一、世界第四（一说第九）的北洋海军宣告全军覆没。

更让魏瀚痛心疾首的是，他的同学刘步蟾、林泰曾、邓世昌、方伯谦等一批海军精英，殉国于甲午海战。

魏佑海说：“懂事起，我就记住了一句话，叫作‘雪甲午耻’。长大后，我懂得这不但是家耻，更是国耻。没有一个强大的祖国，国耻未除，家耻难雪。”

· 1950年：魏佑海成为抗美援朝空军英雄

魏佑海，原名“机孙”，这是他爷爷魏瀚起的。原来，魏佑海出生后，父亲请祖父起个名字，祖父脱口而出:“叫‘飞机’的‘机’吧！”按照家族序次行实，魏佑海这一辈的名字最后一个字是“孙”字，于是取名为“机孙”。

魏佑海读小学时，堂兄“珪孙”与他同校，结果他们常常因为名字而被同学取笑，“你家是开动物园的吧？你看鸡的孙子、龟的孙子都是你家的。”魏佑海因此多次闹着要改名。后来，长辈将他的字“佑海”作名，取“护佑海疆”之意。

1915年，魏瀚率中国海军考察团，赴欧洲考察飞机、潜艇制造，目睹了飞机在战争中的巨大作用。作为中国第一代杰出造舰专家，他是中国最早一批提出要发展空军、发展中国航空工业的有识之士之一。考察尚未结束，他就给时任北京政府海军总长的刘冠雄写信，督促其早日创设空军，这才有了后来在马尾创办的中国第一个飞机制造厂——海军飞机工程处，第一个培养飞机、潜艇制造人才的学校——海军飞潜学校，也才有了中国第一批飞机在闽江口起飞。他深知，没有强大的空军，没有飞机，甲午海战的悲剧将再度发生。其实，这也是老人为孙子取名“机孙”的初衷。

抗美援朝时期的魏佑海

魏佑海长大后，先以优异成绩考入北

京大学机械系，他认为学机械既能参加造军舰，又能参加造飞机。但他始终不能忘怀祖父希望他学习制造飞机的重托，在北京大学机械系读了两年后，再以出色成绩考入清华大学航空系，苦读 4 年，专攻飞机发动机技术。

魏佑海从清华大学毕业时，正值新中国创建空军。中国空军司令刘亚楼派人到清华大学航空系挑选德才兼备的尖子，魏佑海与 6 位同学一起被选中。他成为新中国空军司令部训练部训练参谋。此时，朝鲜战争爆发，战火烧到了鸭绿江畔，中朝联合空军司令部在大东沟成立，魏佑海从北京驰赴丹东，在大东沟训练参战的战斗机人员。他实现了祖父所期待的："学习飞机制造，服务于捍卫祖国领空的空军"。

魏佑海说，他比祖父幸运。"祖父一生都没有亲眼看到一场抗击外侮血战的胜利，而自己成为这场保家卫国血战的胜利者；祖父在大东沟感受到的是'落后就要挨打'，而自己在大东沟感受到的是，站起来的中国人不再畏惧强敌。"

两位日本首相与魏家的联系

魏佑海姑祖父罗丰禄（1850—1903），是船政学堂第一届毕业生、中国海军第一批留学生、晚清著名船政专家、船政教育家、外交家、翻译家。因为英语、德语皆佳，在英国留学期间，他兼任驻德国公使馆翻译、驻英国公使馆翻译。学成归国后，懂得五国语言的罗丰禄成了北洋大臣李鸿章的外交顾问和翻译。后来，他任过天津大沽船坞总办、天津水师学堂会办等职，并和北洋海军名将、船政学堂第一届毕业生刘步蟾、林泰曾等人参与制定《北洋海军章程》。

在中国近代史上，罗丰禄是以外交才干著称的，他流利的外语、雍容的仪态、雄辩的口才和机敏的应变，令外国使者叹服。

·1894 年：罗丰禄的老友伊藤博文策动甲午战争

伊藤博文（1840—1909），是日本近代政治家、日本第一个内阁首相、第一个枢密院议长、第一个贵族院院长、首任韩国统监。他曾 4 次组阁，任期长达 7 年，任内发动了中日甲午战争，使日本登上了东亚头号强国的地位。

同治二年（1863 年），伊藤博文赴英国学习海军，他的英语太差，补习大半年也没有太大起色，便于同治三年（1864 年）匆匆回国。后来，他多次赴英国考察，遂与在英国学习、工作的罗丰禄相识。他仰慕罗丰禄过人的语言天赋，并十分佩服罗丰禄的外交能力，两人关系不错。伊藤博文曾将一个精致的象牙碗和一本袖珍英语词典送给罗丰禄。

魏瀚与罗丰禄既是船政学堂同学，又是中国海军第一届留学生，两人关系甚好。后来，魏瀚的两个妹妹先后嫁给了罗丰禄，此后又将自己的两个女儿嫁给罗丰禄的两个儿子。改革开放后，时任深圳大学校长的魏佑海到美国进行学术访问时，曾拜访家在纽约的表哥、罗丰禄长孙、哥伦比亚大学教授罗孝超，见到了伊藤博文赠送给罗丰禄的象牙碗和袖珍英语词典。

· 1895 年：罗丰禄随李鸿章签订《马关条约》

正是因为罗丰禄与伊藤博文这点旧关系，光绪二十一年二月初八（1895 年 3 月 4 日），光绪皇帝正式发出全权证书，宣布李鸿章为头等全权大臣，予以署名画押之全权，罗丰禄也被同时任命为赴日谈判政治参赞，随李鸿章赴日议和。

光绪二十一年二月十八日（1895 年 3 月 14 日），李鸿章作为全权大臣赴日本议和，罗丰禄也一同前往日本马关。三月二十三日（1895 年 4 月 17 日），李鸿章代表清政府签下丧权辱国《马关条约》。时至今日，大家难以想象罗丰禄当时的悲怆心情。甲午海战，牺牲了他的同学、学生，将他的挚友、大舅子、亲家魏瀚苦心所造之舰毁于一旦，自己还要强忍悲痛，赔着笑脸向日本人求和、割地、赔款。自此之后，罗丰禄的脸上再也没有舒心的笑容。积郁成疾，身体每况愈下。

光绪二十二年（1896 年），罗丰禄出任驻英国大使兼驻意大利、比利时大使。光绪二十七年冬（1901 年 11 月），罗丰禄被任命为驻俄大使，受命与沙俄交涉归还东三省。奉旨还未成行，罗丰禄即得鼻癌，于光绪二十九年（1903 年）病逝。

· 1991 年：魏佑海向日本首相颁聘书

1952 年 5 月，根据周恩来总理要办专门的航空高等学府的指示及中央军委作出的决定，中央教育部又制订出全国高等学校院系调整计划。同年 6 月中央重工业部、中央教育部决定，并经国家财经委员会批准及中央军委同意，正式筹建北京航空学院。同年 10 月 25 日，由当时的清华大学、天津大学、厦门大学、四川大学等 8 所院校的航空系合并，组建成立了新中国第一所航空航天科技大学——北京航空学院（今北京航空航天大学），学校汇集了沈元、屠守锷、王俊奎、林士谔、陆士嘉、伍荣林等一批高水平学者。

1954 年，魏佑海确定转业到地方。当时，魏佑海的恩师、福州人沈元任职北京航空学院副院长，他将魏佑海引荐到北京航空学院任教。改革开放后，魏佑海从北京航空学院发动机研究室主任岗位，调任广东五邑大学副校长，后来任深圳大学校长。

1991 年 8 月，日本首相海部俊树访问中国。此次中国之行，他接受了由魏佑海签发的深圳大学名誉教授聘书。

海部俊树与深圳大学颇有缘分。1985 年，他作为日本文部大臣时，专门到深圳大学参观访问。1989 年，时任深圳大学校长的魏佑海去日本访问，曾专门到首相府拜会海部俊树，海部俊树表示愿意成为深圳大学的教授。海部俊树 1991 年访华时，实现了这个愿望。当年，深圳大学授予海部俊树名誉教授的仪式安排在钓鱼台国宾馆 16 号楼。魏佑海说，那天他与海部俊树相谈甚欢。

魏佑海懂得八国语言，能自如地用日语与海部俊树交谈。海部俊树笑着对魏佑海说："我们的名字中都有一个'海'字，日中两国就隔着一片海。"

接受笔者访问时，魏佑海还说："当时海部俊树站在我面前，先弯下腰深深地鞠一躬，再伸出双手，恭恭敬敬地接过聘书后说：'非常荣幸能成为贵校的名誉教授，我一定竭尽全力。'那一刻，我感受到强大祖国给予我的自信，没有祖国的强盛，个人再怎么聪明能干，也得不到外国人足够的尊重。"

魏佑海（前左）在北京钓鱼台国宾馆向海部俊树（前右）颁授深圳大学名誉教授聘书

海部俊树很尽职，出任深圳大学名誉教授后，曾经四次到深圳。1994 年 5 月 5 日，在深圳市政府举行的授予海部俊树"深圳荣誉市民"称号仪式上，时任深圳市市长的厉有为将金光闪闪、刻有三角梅的证章交给了海部俊树，他成为首个获得“深圳荣誉市民”称号的外国人。

当时，海部俊树非常激动，他幽默地说：“5 月 5 日是日本的男孩节，能在这一吉祥的节日里接受这一吉祥的荣誉，我非常荣幸。”他表示，今后要为深圳的发展及日中友好关系，为共同开拓美好的明天，尽力做应该做的工作。

海部俊树与魏佑海成了朋友。魏佑海曾送给海部俊树夫人一件中国旗袍。1992 年，海部俊树儿子大婚，他特意拍了一帧全家福寄给魏佑海，上面写着：“我很高兴地告诉您，我家里增加了一个新成员——儿媳妇。”⑯

注释：

① 张天禄．福州姓氏志[M]. 福州：海潮摄影艺术出版社，2005：499.

② 吴楚材，吴调侯．白话译注古文观止[M]. 刘世南，唐满先，译注．南昌：江西人民出版社，1981：897-898.

③沈葆桢．同治十二年十月十八日船工将竣，谨筹善后事宜折[M]// 朱华．沈葆桢文集．福州：福州市社科院，福州市社科联，中共福州市马尾区委宣传部，福州市船政文化研究会，2008：204.

④⑤ 李鸿章．奏出洋肄业在事各员请奖折[M]// 张侠，杨志本，罗澍伟，王苏波，张利民．清末海军史料．北京：海洋出版社，1982：390.

⑥ 李鸿章．奏续选学生出洋折[M]// 张侠，杨志本，罗澍伟，王苏波，张利民．清末海军史料．北京：海洋出版社，1982：392.

⑦ 林萱治．福州马尾港图志[M]. 福州：福建省地图出版社，1984：251.

⑧⑨ 裴荫森，左宗棠．恳准拨款试造钢甲兵船折[M]// 张作兴．船政文化研究——船政奏议汇编点校辑．福州：海潮摄影艺术出版社，2006：272.

⑩ 裴荫森．钢甲船上龙骨，请侯船成照异常劳绩奖励折[M]// 张作兴．船政文化研究——船政奏议汇编点校辑．福州：海潮摄影艺术出版社，2006：333.

⑪ 裴荫森．光绪十三年十二月二十四日片[M]// 中国史学会．洋务运动（五）．上海：上海人民出版社，2000：381.

⑫ 钜鹿魏氏支谱[M]. 福州：魏氏家族编印，1933：35.

⑬⑭⑮ 关培风．魏子京：海军世家走出的外交官[J]. 世界知识，2011（19）：57-58.

⑯ 刘琳．福州家族与两任日本首相的故事[N]. 福州晚报，2012-12-19（24）.

罗丰禄家族

罗丰禄（1850—1903），小名汾，字稷臣，福建省闽县（今福州市鼓楼区）人，著名外交家、船政教育家，曾任“扬威”舰教习，“福星”舰教习，船政后学堂教习，驻德国公使馆翻译兼驻英国公使馆翻译，北洋大臣外交顾问兼翻译，天津大沽船坞总办，北洋海军营务处道员，天津水师学堂会办，北洋海军营务处总办，驻英公使兼驻意大利、比利时公使，驻俄公使。

罗丰禄家族世居今福州市鼓楼区文儒坊、南营，七代皆出船政英才，先后有百多人成为海军军官和著名的造船专家，代表人物即是罗丰禄。

家族源流

罗家认伏羲为远祖

罗姓的先人相传是夏、商或更早时代芈姓部落的分支，与荆楚同祖。他们认伏羲及其后的黄帝为远祖。伏羲，生卒不详，风姓，燧人氏之子，又写作宓羲、庖牺、包牺、伏戏，亦称牺皇、皇羲、太昊，《史记》中称伏牺，又称青帝，是五天帝之一，生于成纪，所处时代约为旧石器时代中晚期。伏羲是古代传说中的中华民族人文始祖，是中国古籍中记载的最早的王，是中国医药鼻祖之一。相传伏羲人首蛇身，与女娲兄妹相婚，生儿育女，他根据天地万物的变化，发明创造了占卜八卦，创造文字，结束了“结绳记事”的历史。他又结绳为网，用来捕鸟打猎，并教会了人们渔猎的方法，发明了瑟，创作了曲子。伏羲称王111年以后去世，留下了大量关于伏羲的神话传说。

罗氏先人最早居于河南罗山（今罗山县），这里有大小罗山和罗河，得名自然与罗姓先民有关。这里的大、小罗山及附近的大别山正好是候鸟南北迁徙的中间停栖之地，因而罗姓先人就以罗网捕鸟为食。罗字第一释义就是捕鸟的网。

祝融四子为罗家直系先祖

罗氏认伏羲、黄帝为远祖。黄帝次子昌意，昌意生乾荒，乾荒生颛顼，颛顼生称公，称公生卷章，卷章生重黎和吴回，皆任祝融之职。祝融即火正，就是管理火的官，因而又号祝融氏。吴回生陆终，陆终生六子。陆终四子求言、六子季连。求言便是罗氏直系先祖。但也有一说：季连是罗氏直系先祖。

到了商代，自殷高宗武丁起历代君王不断发兵，大肆征伐属于夏朝的残余势力——荆楚部族。而罗氏部落与荆楚相邻，一说同为夏朝残余势力一部，也被攻伐，被逼迁至今甘肃正宁县东20里的罗山定居。后来，周人兴兵攻商，罗部落的首领积极参与，周武王灭商。周朝建国之初，为了笼络民心，曾敕封一批王室子弟及异姓功臣为诸侯。周武王年间，祝融氏后裔匡正，征战有功，受封为诸侯国之一，建都宜城，是为罗国，成为周王朝的属国。到西周中叶，罗子国开始受西周攻击，遂又与荆楚人一起向南方回迁。一度迁至湖北的宜城西20里的罗川城（属襄阳）。之后，楚国强大了也攻罗子国。公元前690年，罗子国被楚武王所灭。亡国后的罗子国民众，以罗为姓氏。他们亡国后，被强行南迁，最后迁至湖南长沙汨罗一带。因而罗氏又有一支以长沙为郡望，称为“长沙罗”。

因在南昌遍植樟树而有“豫章罗”

秦朝时，匡正后裔罗君用任武陵令，在督运盐铁时溺死于洞庭湖。罗君用之子名罗珠，在汉朝当官，官至大司农。汉惠帝时，奉命驻守九江郡，此前颍阴侯灌婴在今南昌建一座城堡，未竟其功，罗珠继续完成，并环城种豫章树（樟树）。所以，罗珠的后人以豫章为郡望。这就是“豫章罗”的源起。

“豫章罗”于唐代入闽

从罗珠算起，“豫章罗”的第三十世有罗邵节、罗邵筠兄弟。中唐时，罗邵节迁至福建建州（今福建省南平市）鱼鳞阁。罗邵筠的长子罗周文，于唐元和十五年（820 年）因授沙县县尉，而落籍福建沙县，成沙县罗姓始祖。

罗周文的第十二世孙罗从彦，是闽学发展的关键人物。罗从彦（1072—1135），字仲素，号豫章先生，他上接程颢、程颐、杨时，下传李侗、朱熹，是闽学的奠基人之一。他从当时社会现实的需要出发去理解、接受和消化洛学，并针对当时吏治腐败的严重状况，着重强调了在上位者进行道德修养和严于律己教育的重要性与必要性。他反对民族压迫，积极主张抗金，大力提倡名节忠义和廉洁清正等道德风尚，表现了较强的民族精神。

罗邵节的次子罗文源之孙罗太郎从建州迁福建宁化，再迁福建连城。罗太郎也就成为连城“豫章罗”的始祖。

南营罗家自康熙年间抵榕

2017 年新编《豫章罗氏新梅公福州南营族谱续修》记：“福州南营、文儒坊罗家，福州官宦世家也。始迁祖新梅公，汀州府人士……上世来自江西吉安吉水，明之望族。据‘一门九进士，祖孙四举人’罗绋的女婿、著名诗人杨万里在《罗氏万卷楼记》中的结论：‘其在于晋，君章（罗含，字君章）以文鸣降；及五季，则有江东公（罗隐，号江东）；今庐陵（吉安吉水的古称）之罗，其后也。’福州南营、文儒坊罗家为晋之罗含、唐之罗隐之后。”①

南营罗家福州始祖是罗新梅。罗新梅（1671—1749），原籍福建省汀州府，约于清康熙二十年（1681 年）前后迁入省城福州，住水部门外码头。罗新梅生有三子：长子德雄、次子德胜、三子德华。

传至罗新梅曾孙罗必达、罗必魁后，迁居城内文儒坊，后不断繁衍，于是罗丰禄祖父罗必达开始营宅于南营。

罗家以尚武起家，代代皆出英雄儿女。船政学堂创办后，居于南营的罗丰禄成为船政学堂第一届学生、中国海军第一批留学生、天津水师学堂会办，家族中因此涌现出不少优秀海军官兵，成为福州名门望族，故人们习惯以“南营罗家”来称呼罗新梅家族。

船政家谱

罗丰禄家族是中国从旧水师发展到现代海军的见证者和催生者。清乾隆年间即出过水师英雄，海军缘绵延200余年。

第一代

罗新梅（1671—1732），娶郑氏，生德雄、德胜、德华三子，罗家第一代水师兄弟即为罗德雄的一对双胞胎儿子、罗德胜次子和女婿。

罗雷官：跨海战“台独”壮烈牺牲

罗雷官（1758—1787），水师士兵，曾任福建闽安水师协士兵。

罗雷官为罗新梅孙、罗德雄长子。自幼立志从军护国，17岁投入福建闽安水师协。入伍后，苦练杀敌本领，表现积极。

清乾隆四十九年三月（1784年4月），福建漳州人严烟渡台传播和组织天地会。彰化县林爽文、刘升、陈泮、王芬等，淡水厅（今新竹市）的王作、林小文等，诸罗县（今嘉义市）的杨光勋、黄钟、张烈、叶省、蔡福等，凤山县（今高雄市）

的庄大田、庄大韭等纷纷加入，在他们鼓动下入会者越来越多。很快，林爽文和庄大田分别成为北路、南路天地会领袖。

乾隆五十一年六月（1786年7月），署诸罗县知县董启埏捕获张烈。张烈在押解中途逃跑并潜往大里杙（原属彰化县，今台中县大里市），投靠林爽文。同年八月（1786年9月），林爽文在大里杙邀请伙伴，再次歃血焚表拜盟约誓。同年十一月十六日（1787年1月4日），台湾镇总兵柴大纪调镇标中营游击耿世文统带300名官兵开赴彰化，并传檄北路协副将赫生额前往大里杙剿捕。十一月二十二日（1787年1月10日），台湾道永福又令台湾知府孙景燧赴彰化佐理，赫生额、耿世文和彰化知县俞峻驻扎大敦（今台中市西屯区）。林爽文等紧急转移到粪箕湖（今台中市雾峰区）内山，三天后天地会集结200余人于茄荖山（位于今南投县草屯镇），准备竖旗举兵。据许毓良《清代台湾军事与社会》中所述：十一月二十七日（1787年1月15日）夜，林爽文、刘升等又集众千余人，准备夜袭大墩营，大家推举林爽文领军，林不允，就由刘升率众夜袭，斩杀赫、耿、俞三人及官兵数百人。二十九日（1787年1月17日）天地会组织力量，以三四千人攻破彰化县城，再斩孙景燧、北路理番同知长庚、彰化知县刘亨基（台防同知卸任后署）、北路中军都司王武宗。之后，林爽文自命“盟主大元帅”，率这支队伍先取诸罗县城，再取淡水厅治，打出旗号“顺天”。南攻府城时，改元“顺天”。② 十二月七日（1787年1月25日），林爽文率部进攻府城台南，官军与之激战。南部的庄大田也起事响应林爽文，发兵攻打凤山县城。紧接着，八芝兰（今台北市士林区）、新庄（今新北市新庄区）、摆接庄（今新北市板桥区）等多地都有人竖旗起事，攻打官军。③

闽浙总督常青闻警，调集水陆大军渡台平乱，急令闽安水师协副将徐鼎士率兵一千驰台。罗雷官来不及告别家人，即随部从闽江口出发东渡。

乾隆五十二年正月二十四日（1787年3月13日），罗雷官随部甫抵八里坌（今新北市八里区），即接报淡水方面有战事，他与战友们一起，立即由关渡门水道赴艋舺（今台北市万华区），守卫南至新庄北至猫里锡口（今台北市松山区）一线。同年六月八日（1787年7月22日），徐鼎士率部奉命转赴大甲（今台中市大甲区），罗雷官和战友们驻扎于大甲溪北，参与建设台湾中部平乱大本营，官兵一边防守一边还铸炮200余座。④ 林爽文部大将何有志等屡次来犯，罗雷官与战友们一次次殊死拼杀。在一次与夜袭之敌激战中，罗雷官壮烈牺牲。

罗志高：保卫台湾　战至殉国

罗志高（1758—1787），小名来官，水师士兵，曾任福建闽安水师协士兵。

罗志高为罗新梅孙、罗德雄次子。与罗雷官为双胞胎兄弟，罗雷官早出生几分钟为兄，其为弟。

罗志高继承了家族尚武之风，自小练拳习武，17 岁时与哥哥一起投军来到闽安水师协。乾隆五十一年（1786 年），台湾林爽文起事，庄大田等响应，全台俱乱。罗志高随闽安水师协赴台平乱。

罗志高抵台后，每战奋勇。乾隆五十二年十月六日（1787 年 11 月 15 日），罗志高和战友们分三路西进大肚（今台中市大肚区），与东路友军合攻大肚敌巢。十二日（1787 年 11 月 21 日），发起总攻，罗志高一如既往，冲锋在前。在他和战友们并肩作战中，敌巢被攻破，何有志败走。激战中，罗志高伤重不治，殉职沙场。⑤

罗德雄因两个儿子为国献身，无后。

罗志刚：水师副将　台湾平乱

罗志刚（1751—1820），小名顺官，水师名将，曾任福建闽安水师协士兵、外委把总，福建台湾镇镇右营把总，福建闽安水师协千总、守备、都司、左营游击、参将，闽浙总督督标中营副将。

罗志刚是罗新梅孙、罗德胜独子，他少小习武，及长投军，在闽安水师协当兵。乾隆五十一年（1786 年）赴台参加平定林爽文起事，英勇无畏，建功沙场，积功升任外委把总、把总。

外委把总是清朝绿营中在正式名额之外所任命的把总，其职权与把总相同，但品秩、俸饷略低，只正九品，相当于今天副连长级。后再积功升任福建台湾镇镇标右营把总，即连长。

康熙完成统一台湾大业后，采用“班兵制”戍卫台湾。台湾南北也因有了班兵的戍守，安全得以保障，所以促进了台湾的开发，历史上曾有“兵安其伍，民安其业”的记载。

罗志刚戍守两岸，不断建功，先后获升千总、守备、都司，曾率部班兵台湾。

罗志刚赴台轮值期间，除匪安民，屡击海盗，先后积功升为闽安水师协左营游击、参将，后官至闽浙总督督标中营副将。

林玉振：台湾水师镇把总 献身宝岛

林玉振（？—1795），水师军官，曾任福建闽安水师协士兵、外委把总。

林玉振是罗新梅孙女婿、罗德胜独女夫君，他 18 岁投军，是闽安水师十分出色的水兵。

乾隆五十一年（1786 年），林玉振随闽安水师协赴台平定林爽文起事，作战勇敢，立有战功，积功升外委把总。

乾隆五十七年（1792 年），原籍福建同安的台湾天地会首领陈周全，前往老家同安起事，事败之后，连同残余兵力返回台湾。同年，陈周全偕同陈光爱等天地会人员攻击凤山县署，再败后则逃离凤山，藏匿于彰化。乾隆六十年（1795 年）二月，因为林爽文起事刚平定，彰化一带米价十分昂贵。同年三月，陈周全集合 3000 余人趁机起事。三月一日，主要成员为天地会会员的该武装部队攻占鹿港，杀死驻守鹿港的清朝官员。之后，陈周全围攻八卦山及彰化城，并很快攻下彰化。接着，攻打斗六门（今云林斗六）。

正轮值戍台的林玉振，率部参战，在斗六门之战中身先士卒，战至壮烈牺牲。

因长期戍守台湾，林玉振与夫人一直没有孩子，直到夫人过了 31 岁生日后才怀有身孕，林玉振殉国时孩子尚未出生。数月后，他夫人才诞下遗腹女，取名瑞凤。林玉振夫人矢志不再嫁，独自带大女儿。

第二代

罗新梅生有三子，长子这一房因仅有的两个儿子赴台平乱双双牺牲而绝后。在罗家第二代海军中，又有一房因独子保卫台湾殉国而绝后。

罗阿捷：追击海盗 血洒台湾海峡

罗阿捷（？—1806），水师士兵，曾任福建海坛水师镇士兵。

罗阿捷是罗新梅三子罗德华之孙、罗志荣独子。

罗阿捷濡染家风，幼承庭训，立志从军，未及成年即入伍来到福建海坛水师镇当兵。他水上善驾战舟，陆地长于搏战。

清嘉庆年间，大海盗蔡牵率武装海盗集团在浙闽起事，并作乱台湾。嘉庆十一年（1806年）十月，福建海坛水师镇总兵孙大刚奉命督舟师追剿蔡牵，罗阿捷随部参战，在今福建马祖岛海疆，与蔡牵部接战。他与战友们一起生擒蔡牵侄儿、蔡牵武装海盗集团核心人物蔡天来等，给予该海盗集团以沉重打击。罗阿捷在此役牺牲。

罗阿捷死时尚未娶亲，且为家中独子，罗志荣这一房因此绝后。

罗必达：闽浙督标都司 戍台牺牲

罗必达（1784—1833），字质甫，号剑门，水师军官，曾任福建巡抚抚标左营经制外委、右营把总、中营千总，福建台湾北路中营左哨千总，福建台湾水师镇中营守备，福建漳州镇中营守备，署漳州城守营都司，署福州城守协右营都司，署福建陆路提督督标中营都司，漳州城守营都司。

罗必达是罗新梅孙罗志刚长子、罗丰禄祖父。他19岁投军，进入福建巡抚抚标左营。26岁任经制外委，带兵往福建福宁府三沙防堵横行台湾海峡的大海盗蔡牵帮伙，捕获多名海盗，获得记功，历升抚标右营把总、抚标中营千总、福建台湾北路中营左哨千总，台湾水师镇中营守备、漳州镇中营守备。

在这之后，罗必达积功再升，并经历多岗。自清道光八年（1828年）起，历署漳州城守营都司、署福州城守协右营都司、署督标中营都司。

道光十二年（1832年），夏天大旱加上台湾嘉义县知县邵用之治事无方，作为农民领袖的张丙（？—1833，台湾台南店仔口人）在同年十月起事，占领台南县大部分县市与云林斗六门一带，建国号为“天运”，自立为开国大元帅，其间并聚集数万名的兵力，强攻盐水港，此役造成台湾知府吕志恒、副将周承恩、把总朱国珍等人死亡。

罗必达奉命率部，随福建陆路提督马济胜，由厦门渡台平乱，连战获胜，得报张部攻打竹堑城，复随马济胜自嘉义起程赶往南路，搜击起乱帮伙，作战三次均告捷。罗必达积功，马济胜第三次保奏，奉旨赏戴蓝翎，升漳州城守营都司。

罗必达尚未跨过台湾海峡赴漳州新任，又接到命令再赴凤山搜剿张丙帮伙余犯，连日征战，劳顿致疾，抱病继续翻山越岭作战，最后病昏在山间，抬回凤山县军营。

道光十三年（1833 年）三月十一日，罗必达因病重难医，终告不治，牺牲于凤山县军营。史载："兵部行查立功等第，督部堂覆以必达十次打仗，功列头等，嗣部议，荫一子七品监生。"⑥

道光五年（1825 年），罗必达出资购买闽县南营 20 号房屋，举家自水部迁居于此。

罗必魁：建昌营游击 鸦片战争殉国

罗必魁（1792—1842），号杏园，水师军官，曾任福建巡抚抚标左营外委把总、把总、千总，署福建抚标右营守备、右营守备，江西南赣镇后营都司、署江西建昌营游击兼南赣镇后营都司。

罗必魁是罗新梅孙罗志刚次子、罗丰禄之叔祖，17 岁入伍，进入福建巡抚抚标左营从军。累功由抚标外委历升署抚标右营守备，后升本营守备。

道光十二年（1832 年）十月，台湾张丙起事，扰乱一方，罗必魁奉命赴台平乱。十月二十五日，随部起程赴厦配渡，十一月十二日抵台，立即随福建陆路提督马济胜驰往南路平乱。他英勇无畏，十二月初四、初五、初七等日在南路三滴沟（今楠梓）、阿公店（今冈山）地方与起事部队激战，击散起事队伍，击伤头目柯神庇，活捉 4 名头目，并获马匹、炮位、火药、鸟枪等，史载：屡败贼众。寻击伤贼目柯姓，夺获马匹、炮位、火药、器械无算，贼大溃，南北道路已通。罗必魁连日转战，二十四日复回府城御守，二十八日复往南路平乱。

与罗必达兄弟同往台湾平定张丙作乱的还有罗必达的亲家邹登凤和姻兄马

玉元、表兄周青元。

罗必魁在完成任务后，于道光十三年（1833 年）正月初七踏上回程，二月初七回闽，回任抚标右营守备。

罗必魁在道光十三年，出资购得文儒坊一大宅，举家自水部外迁此。

道光十九年（1839 年），罗必魁升江西南赣镇标后营都司。二十年（1840 年），署建昌营游击。

道光二十二年（1842 年），英国侵略军发动了侵华扬子江战役。攻陷吴淞炮台后，于六月溯流而上，直逼镇江。罗必魁奉命赴浙防堵。镇江保卫战，是第一次鸦片战争最惨烈的一次战役。侵略军来势汹汹，兵力强大，拥有大小船舰 76 艘，上载海陆军士兵 1.2 万多人、炮 725 门。驻守镇江的清军则仅有旗兵 1583 名，后临时从外地调集汉兵 2700 名驻守西南郊，战斗极其惨烈，罗必魁正是在镇江保卫战中壮烈牺牲。史载：二十二年，英夷犯浙江内洋，必魁奉檄赴浙防堵。二十二年，英夷由浙江犯江苏镇江府，罗必魁由浙赴援，在镇江西门外与贼接仗，身受重伤，旋卒，享年五十岁。事闻，赐恤如例，赏云骑尉世职。子绍勋袭。

在两江总督耆英奏折中对罗必魁牺牲有这样记载：“署江西建昌营游击兼南赣镇标后营都司罗必魁，于道光二十二年六月十四日，在镇江燕海山打仗，被夷匪自山梁上掷下巨石打伤，旋于限内身故。”⑦

第三代

在罗家第三代海军中，再出戍台勇士，堂兄弟联手跨海赴台，剿匪锄盗，再立新功。

罗绍宗：弃举业投军 护卫台湾

罗绍宗（1812—1876），字次仲，号恩齐，军官，曾任福建巡抚抚标右营把总、左营千总。

罗必达生有两子，长子罗绍祖14岁夭折。罗绍宗为次子，生于嘉庆十七年（1812年），少小聪颖，7岁能背诵“五经”，脱口能作七律五绝，他自幼曾随父居于台湾军营，父亲一心想让他通过科举博取功名，为之请塾师课读；而他却立志当水军，保卫海疆。时任福建台湾水师镇总兵的武隆阿十分欣赏他的聪颖与志向远大，常教以兵书。罗绍宗幼年体弱，常常咳血，为实现从军入伍之心，他刻苦锻炼，强身健体。

道光七年（1827年），罗绍宗不顾老师苦劝，毅然弃举业，习骑射，在抚标左营入伍。张丙起事，父亲督兵赴台血战，儿子也在台与起事部队搏击。

在这之后，罗绍宗曾任福建巡抚衙门武巡捕，福建巡抚抚标右营把总、左营千总。

罗绍光：激战英寇 固台海防

罗绍光（1829—1875），字缵侯，水师士兵，曾任福建海坛水师镇士兵。

罗绍光是罗必魁三子，儿时开蒙于塾馆，十分好学，后进书院苦读，专心致志于举业。但受家族好武传统影响，特别是父亲在与英国侵略者作战中英勇牺牲，从武之心愈加强烈。未及18岁即弃文从武，投身福建海坛水师镇，曾随部班兵台湾。道光二十九年（1849年）春夏之交，英国残余鸦片贩子勾结台湾不法分子，屡次骚扰台湾海防，正戍守台湾的罗绍光随部出击，激战英寇，解救被俘民船，缴获敌船。

第四代

罗必达长子未成年就去世，次子罗绍宗娶了当时福州巨富“蒋半街”的女儿，蒋女虽长得非常漂亮，但是无法生育。后罗绍宗娶了夫人带来的4个陪嫁丫鬟中的陈姑娘，陈姑娘虽是4个丫头中长得最一般的一个，但易孕，连生了9个男孩。

同治五年（1866年）岁末，当时还名“求是堂艺局”的船政学堂在福州招生，罗家次子、五子与七子一同去报考，成绩优异，三人皆被录取，由此成就南营罗氏海军世家的一段辉煌，也成就了中国近代史上不少特殊纪录。

罗雍禄：造船学生　成纺织技术能手

罗雍禄（1840—1932），字和仲，船政前学堂第一届学生。

罗雍禄是罗绍宗次子、罗丰禄二哥。

同治五年（1866年）岁末，罗雍禄以优异成绩考入船政前学堂，成为首届学生，专攻造船。他学习非常刻苦，常常废寝忘食，而船体设计课成绩尤好。

由于学习过于用功，罗雍禄后因病辍学。回家后，他利用自己熟悉外语的优势，学习外国先进的养蚕和纺织技术，以纺织为业。他还无私地向公众传授有关技术，带着大家致富。

因为学过专业船体设计，加上心灵手巧，罗雍禄还做家具设计，设计的家具也极受欢迎。

晚年罗雍禄

罗臻禄：杰出矿冶学家 优秀外交家

罗臻禄（1846—1904），字醒尘，又字青亭，造舰专家、矿业专家、外交官，曾任船政前学堂教习，船政设计师、监工，北洋海军营务处法文翻译，海军旅顺船坞帮办，广东矿务委员，山东矿务督办，驻俄、德、奥、荷公使馆参赞。

罗臻禄是罗绍宗五子、罗丰禄五哥。同治五年（1866年）岁末，罗臻禄以优异成绩考入船政学堂前学堂，与二哥同为船政学堂第一届制造班学生，专攻造船。从船政前学堂制造班毕业后，因学业优异留校任教。此时，他的七弟罗

福州南营古韵悠悠

丰禄从船政后学堂第一届驾驶班毕业，也因成绩突出留校任教。

罗氏兄弟，不但成为当时船政学堂第一届毕业生中为数不多的一对兄弟同学，还是船政学堂难得的一对兄弟教习，更是中国第一批海军留学生中两对兄弟同学中的一对。

同治十三年（1874年），船政大臣沈葆桢奉命督率福建船政轮船水师赴台驱日。在成功赶走日本侵略者之后，立即着手进一步的开发，实施了开禁、开府、开路、开矿四大措施。其间，得知苗栗县出磺坑有一口3米深的油井，日采石油数十斤。沈葆桢建议收归国有，由官方开采。光绪二年（1876年），沈葆桢派罗臻禄、池贞铨、林日章、林庆升、张金生等船政学堂学生赴台湾，推进台湾基隆煤矿和苗栗油矿建设，参与筹建油井。后来，苗栗后龙溪钻出了第一口油井，成为中国石油工业史上第一口机械钻井，也因此成为中国近代石油工业开端的标志。由于它是中国第一个用近代化机械开采石油的油井，故被命名为“出磺坑第一号油井”，俗称“苗一井”。

光绪二年（1876年），罗臻禄与吴德章、汪乔年、游学诗一起，设计制造“泰安”炮舰。据《豫章罗氏新梅公福州南营族谱续修》记载，罗臻禄还“曾参与‘镇渡’‘扬武’‘飞云’‘靖远’‘振威’‘济安’‘永保’‘海镜’‘琛航’‘大雅’‘元凯’等舰船制造。他作为中国第一代优秀的军舰制造业领导人，还参与督造了‘艺新’‘登瀛洲’‘泰安’等军舰”[⑧]。

光绪三年（1877年），罗臻禄、罗丰禄兄弟与严复、魏瀚等，经选拔成为中国海军第一批留学生，赴欧洲留学。罗臻禄留法期间，先入汕答佃（今译圣艾蒂安）矿务学堂学习，后又进入巴黎国立高等矿务学院学习，专攻选矿、建矿厂和炼铁炼钢等。他学习刻苦，常常挑灯夜战，成绩优异。学习期满，进行毕业大考，成绩“林庆升为最，池贞铨次之，张金生、罗臻禄、林日章又次之”。但李鸿章在向朝廷推荐船政学堂首批留洋学生时，将罗臻禄列为学习矿冶者第一名，“开采熔炼如罗臻禄、林庆升……颇为优异”[⑨]。

光绪六年初春（1880 年 3 月），罗臻禄毕业回国后，继续留在船政工作，主要从事轮船设计与监造。曾与同班同学魏瀚等人一起自行设计建成了“艺新”轮。随后，罗臻禄参加了开滦煤矿勘探工作。

光绪八年（1882 年），罗臻禄充任北洋海军营务处法文翻译、候选中书。同年，罗臻禄奉派赴澎湖与法国代表谈判。

光绪九年（1883 年），罗臻禄充任海军旅顺船坞帮办，参与主持修建中国北方第一座近代船舶修造厂，当时这座船厂由中、德、法三国参与设计和建造。

光绪十年（1884 年），因中法战争爆发，旅顺船坞停办，罗臻禄被两广总督张之洞聘为广东矿务委员。

老年罗臻禄

张之洞甚为赏识罗臻禄。为修建芦汉铁路（即京汉铁路），张之洞调任湖广总督后，又将罗臻禄调至湖北兴办近代企业。因为动用部币办起来的湖北铁政局（今武钢前身）需要大量煤炭，张之洞派人在鄂、湘、赣、皖、川等沿江各省勘察矿源，并对粤、晋、陕、豫等省的矿产进行了调查。作为主要技术骨干之一，罗臻禄参加了这次中国历史上第一次大规模矿产资源调查工作。

光绪二十年（1894 年），罗臻禄任山东矿务督办，继续从事矿务工作，后来还到俄罗斯等地找矿。另外，据罗家人介绍，罗臻禄曾任清布政使衔分省候补道，从二品，出使俄、德、奥、荷等国，任参赞。

光绪三十年（1904 年），罗臻禄因病逝世。有《西行课记》存世。

罗丰禄：海军教育家 杰出外交家

罗丰禄（1850—1903），小名汾，字稷臣，著名外交家、船政教育家，曾任“扬威”舰教习，“福星”舰教习，船政后学堂教习，驻德国公使馆翻译兼驻英国公使馆翻译，北洋大臣外交顾问兼翻译，天津大沽船坞总办，天津大沽船坞总办兼天津水师学堂教习，北洋海军营务处道员，天津水师学堂会办，北洋海军营务处总办，驻英公使兼驻意大利、比利时公使，驻俄公使。

罗丰禄是罗绍宗第七子，道光三十年（1850 年）九月十七日，罗丰禄生于福州南营，兄弟 9 人，行七。同治五年（1866 年）岁末，罗丰禄与二哥、五哥同时考入福建船政学堂，二哥、五哥进船政前学堂攻读制造军舰，罗丰禄则进了船政后学堂学习驾驶。

· 留英期间 兼任使馆翻译

罗丰禄在船政学堂学习极好，每次考试都得第一名。深受船政大臣沈葆桢所赏识，被认为是不可多得之才。

同治十二年（1873 年）十二月，罗丰禄以大考第一名成绩毕业于船政后学堂第一届驾驶班。毕业后派往“建威”舰见习，之后曾任“扬威”“福星”两舰教习。

同治十三年（1874 年），罗丰禄充任船政后学堂教习，荐保千总。

留学时期的罗丰禄

光绪三年初春（1877 年 3 月），罗丰禄以候选主事、翻译身份，与刘步蟾、叶祖珪、严复等一起赴英留学。罗丰禄进入伦敦琴士官学（King's College，即是今日赫赫有名的伦敦国王学院），师从著名化学家蒲陆山

（C.L.Bloxam）教授。蒲陆山是中国近代较早译介的《化学鉴原续编》和《化学鉴原补编》的作者。在蒲陆山教导下，罗丰禄系统学习化学，并学习相关的数学、物理，“成为近代第一批留欧学生中唯一一位专修化学的留学生”[10]，罗丰禄治学严谨，学习刻苦，努力融会贯通中西学，“以格致哲学为体，政治交涉为用”[11]。

在英国留学期间，罗丰禄兼任翻译、文案，协助华洋监督工作。光绪四年（1878 年）四月二十六日，罗丰禄兼任清廷驻德国公使馆翻译、驻英国公使馆翻译，边学习边从事外交翻译工作。在清廷驻德国公使郭嵩焘离任后，罗丰禄担任出使德国大臣李凤苞的随员，兼管肄业局事宜。

· 李鸿章臂膀 北洋水师功臣

光绪六年（1880 年）三月，罗丰禄学习期满回国。能操五国语言的他，成为北洋大臣李鸿章的外交顾问兼翻译。李鸿章的外事活动，罗丰禄大都在场翻译及参与谋划，并时常随同出国公干。他流利的外语、雄辩的口才和机敏的应变，曾令外国使者叹服。同年四月，任天津大沽船坞总办，在大沽海神庙选购民地建造船坞，并回福州及上海等地招募工匠等 200 余人，使大沽船坞遂成规模，建成北洋海军修造舰船基地雏形。

光绪七年初春（1881 年 2 月），经李鸿章奏请，罗丰禄由候选主事升同知。同年九月，罗丰禄被李鸿章奏请朝廷，“以直隶州知州不论双单月分发省分补用，赏加四品衔”[12]。

光绪八年（1882 年），罗丰禄兼天津水师学堂教习。

光绪九年深春（1883 年 5 月），罗丰禄调任北洋海军营务处道员。次年春，罗丰禄参与天津水师学堂第一届驾驶班毕业会考。

光绪十一年（1885 年），罗丰禄升任天津水师学堂会办。

光绪十四年（1888 年）春，罗丰禄奉命协同北洋海军提督丁汝昌及林泰曾、刘步蟾等起草《北洋海军章程》，此为中国近代第一部海军章程，为中国近代海军正规化建设奠定基础。

光绪十五年（1889 年），广东水陆学堂改为水师学堂。七月，罗丰禄奉命驰赴广东，协助整改广东水师学堂。

光绪十六年（1890 年）三月，李鸿章奏请赏加罗丰禄二品顶戴，理由是通晓外国律例，外语甚佳，每遇洋务诸事，认真襄办，不遗余力。

光绪十七年（1891 年）九月，罗丰禄被李鸿章奏保加三级。

光绪十九年（1893 年）二月初三，李鸿章又为罗丰禄请奖。二月初五，清廷就批准罗丰禄等人，以海关道记名简放。

光绪二十年五月二十六日（1894 年 6 月 29 日），李鸿章派罗丰禄和盛宣怀前往沙俄驻华使馆，与沙俄驻华公使喀西尼商谈，想请俄国出面协调中、朝、日关系事宜。同年六月二十日（1894 年 7 月 22 日），李鸿章派罗丰禄密访日本驻天津领事荒川已次，并决定派罗丰禄作为他的秘密特使前往东京，与伊藤博文内阁总理大臣商谈朝鲜事宜。正准备东渡之际，日本舰队偷袭中国军舰，罗丰禄奉命取消赴日计划。

由此可见，罗丰禄是李鸿章重要外交助手。

·杰出外交家　力挽晚清危局

甲午战争爆发时，罗丰禄为北洋海军营务处总办。

甲午战争后，清政府被迫签订丧权辱国的中日《马关条约》，民族危机深重，国事维艰。为力挽危局，清廷开展弱国外交，期望谋求“以夷制夷”。罗丰禄直接受过西方教育，又曾驻国外从事外交工作，深谙各国情势，又通晓多国语言，被李鸿章倚为干城，参加了晚清一系列重大的外交活动。

光绪二十一年（1895 年）二月十八日，清廷派李鸿章为全权大臣，与日本商定和约，罗丰禄以头等参赞随行。

光绪二十二年（1896 年）二月十四日，罗丰禄以翻译身份随李鸿章赴俄国参加沙皇尼古拉二世的加冕典礼，并参加中俄《御敌互相援助条约》（即《中俄密约》）的谈判。苏联编的《外交史》第二卷中文版第 415 页有这样一段话：“如果日本进犯中国、朝鲜或者俄国在东亚的领土，缔约国每一方应以当时所拥有的全部陆海军援助另一方。缔约国任何一方在未取得对方同意时，不得缔结和约。”[13] 这个密约的签订，有效地遏制了日本亡我中华的企图。随后，罗丰禄又随代表团出访德、荷、比、法、英、美等国。此行中，罗丰禄积极施展纵横捭阖的外交才干，并以翻译准确、得体、敏捷而得到各国领导人的赞赏。在德国，罗丰禄还参加了李鸿章与该国前首相俾斯麦的会见。这位有名的日耳曼“铁血首相”还送给罗丰禄一帧亲笔签名的照片，这张照片由罗家后人一直珍藏至“文革”才被毁掉。在英国，女王维多利亚亲自赐赠爵位，称之“罗稷臣丰禄爵士”。

在美国，罗丰禄还与美国著名作家马克·吐温交结为挚友，马克·吐温将自己所著的数部书赠送给罗丰禄。当时清政府虽奉行联俄制日外交策略，但李鸿章认为须防前门堵狼后门进虎，要做好联英制日的外交准备。于是推荐与英国渊源深厚的记名海关道罗丰禄使英。

光绪二十二年冬（1896 年 11 月 23 日），罗丰禄以二品顶戴记名海关道加四品京卿衔，出任驻英公使兼驻意大利、比利时公使，到任后升为三品京堂衔。在任五年，罗丰禄积极寻求改变中国外交形象，协助安排留学生事宜及为各省引进技术，购买设备。船政学堂出身的他，还特别关心国家的海军建设和工业建设，多次协助天津水师学堂邀请高水平的英、俄等国家的海军军官，来水师学堂做教习。

长期做外交工作的罗丰禄，清醒地意识到中国要强盛，就必须走工业化之路。当时，中国的经济非常落后，经李鸿章等数十年倡导，社会刚刚认同工业化，并掀起了中国历史上民族资本的第一次投资设厂高潮，亟须直接引进西方先进的科学技术和机器设备。各省纷纷委托驻外使臣订购外洋机器，以资兴办工厂。罗丰禄在海外全力为此奔忙，为订购机器，他深入各个工厂，了解机器性能，比较机器质量。他英语流利，交际能力极强。罗丰禄在访问英国伯明翰造币有限公司时，该公司专门为他特制了银、铜、铅质纪念章，即“罗丰禄纪念章”，赠送给他留念。目前国内已经发现铅质的纪念章，直径 3.9 厘米，厚 0.25 厘米，刻有罗丰禄头像，着中国官服，半侧面，人像圆周为英文“中国大臣·罗丰禄”，背面所书英文是“罗丰禄先生”及“中国大臣阁下至伯明翰造币有限公司访问”“作纪念”等字样。

光绪二十六年（1900 年），沙皇俄国在参加八国联军进攻京津的同时，出兵占领中国东北，并赖着不撤，全国群情激愤，人民强烈反对，而日本、英国等国因在华利益受损，也一起向清廷施加压力，清廷进退两难，既要维持与沙皇俄国共同制日的同盟关系，又要运用外交手段迫使俄军撤出东北全境，还想借助西方力量迫使沙皇俄国撤兵。于是，危难之中，这项艰巨任务又交给了从一品顶戴太仆寺卿罗丰禄，急令之驰赴罗马辩论，罗丰禄极忠诚、敬业，到罗马后“旬日事以寝”“往还无虚日，英人终将范，皆其关说之力”[14]。

在此时期，罗丰禄已成为李鸿章与世界各国联系的重要助手之一，进入中国外交界核心圈。光绪二十六年十二月二十七日（1901 年 2 月 15 日），清廷命

罗丰禄任驻英国大使时的留影

罗丰禄等向驻在国呈递国书，请求赔款数目酌减。

光绪二十七年（1901年）七月十六日，清廷调正在英国的罗丰禄为驻俄公使，授一品顶戴，命其向沙皇俄国交涉归还东北事宜。当时，俄人“思展远东权利，侦知罗丰禄假英抑俄，心憾之”[15]。俄遂拒绝罗丰禄就任。面对错综复杂的国内外环境，罗丰禄积极做好赴任的各种准备。

光绪二十八年四月十九日（1902年5月26日），罗丰禄鼻疾虽经手术，但病情日重，已“右耳重听，右目失明……鼻之右孔仍垂浓血”[16]。

当天，罗丰禄与家人一行踏上归国之旅。同年六月初九，罗丰禄回到上海，各界百姓自发迎接。七月二十六日，罗丰禄因病未能入京复命，被迫乘船回福建省城福州。其间，“朝命犹敦促病痊来京，悬外务部侍郎之缺以待之，而疾以日剧”[17]。

光绪二十九年五月十二日（1903年6月7日），罗丰禄在福州溘然长逝。清廷诰授其荣禄大夫。罗丰禄墓原位于福州北门崎山，今移至福州三山人文纪念园。

罗丰禄译有《海外名贤事略》《贝斯福游华笔记》若干卷。

笔者与罗丰禄的孙子罗孝逵相识甚久，多次做了专题采访。听罗孝逵说，罗丰禄病逝后，他的夫人在福州烟台山领事馆区购下了一幢当时福州最大、最时髦的花园别墅，进一步营建，称“罗园”。

罗丰禄病逝后，留下大量书籍以及大批外交日记，罗家人为之在罗园建起了“罗丰禄书楼”，但20世纪50年代初由于各种原因全部被毁，唯精心保存一幅中俄边界地图，罗家后人在中华人民共和国成立后，将此捐献给当时的中央人民政府政务院。

罗熙禄：天津水师学堂教习 英年冤死

罗熙禄（1853—1900），字梦祖，海军军官，曾任天津水师学堂教习。

罗熙禄是罗绍宗第八子、罗丰禄之弟，生于清咸丰三年（1853年）十一月二十一日。光绪元年（1875年）春，考入船政后学堂第四期驾驶班。

光绪三年（1877年），罗熙禄完成堂课，上“扬武”舰见习。

光绪五年（1879年），罗熙禄舰课结束，又入船政后学堂学习高等课程。

光绪六年（1880年），罗熙禄以优异成绩毕业，进入天津水师学堂任英文教习。执教期间，深受学生爱戴。

罗熙禄酷爱读书，在北洋海军中长期坚持业余学习，同时还通过相熟的外国人，购买最新版的航海等与海军建设相关的图书，还托人购买介绍国际形势和各国军力的图书，并提供给天津水师学堂学生免费学习。

光绪二十六年（1900年），罗熙禄刚刚完成一项特殊任务，据《1900年西方人的叙述》载：1900年，美国矿业工程师查尔斯·戴维斯·詹姆森，深入中国内地勘探矿藏，罗熙禄奉命担任其官方秘书，完成任务后，他自河南返回天津水师学堂，路过廊坊，遇到义和团。

外国人被义和团称为“大毛子”，一律杀无赦，中国教徒则被称为“二毛子”，其他通洋学、懂洋语，乃至用洋货者被称为“三毛子”至“十毛子”不等，轻则被殴辱抢劫、重则被杀。据时人记载，曾有学生6人仓皇避乱，因身边带铅笔一支、洋纸一张，途遇义和团被搜出，乱刀齐下皆死非命。甚至有一家人因有一盒火柴，八口同戮。

因带有托人新购的洋书两箱，其中有不少是介绍日本国情和军力的图书，罗熙禄认为这些书对北洋海军建设很重要，不忍割爱，被义和团发现，竟遭腰斩身亡。

日本人佐原笃介所写的《拳匪纪事》对此事有记载：“当团匪（义和团）起时，痛恨洋物，犯者必杀无赦。若纸烟，若小眼镜，甚至洋伞、洋袜，用者辄置极刑。曾有学生六人，仓皇避乱，因身边随带铅笔一支，洋纸一张，途遇团匪搜出，乱刀并下，皆死非命。罗谡臣星使之弟熙禄，自河南赴津省视家属，有洋书两箱，不忍割爱，途次被匪系于树下，过者辄斫，匪刀极钝，宛转不死，仰天大号，顾以为乐。”[18] 后来，罗熙禄归葬于福州市北门外。

罗容禄：专攻枪炮 少校舰长

罗容禄（1870—1938），字鼎祺，号硕伍，后以“鼎祺”行世，海军军官，清朝时曾任“通济”舰枪炮教官，“海容”舰枪炮三副、二副；民国时曾任烟台海军练营营附、烟台海军练营营附兼烟台海军枪炮练习所佐理官、闽江口海军要塞炮舰舰长、海军总司令部候补员。

罗容禄是罗绍光第四子、罗丰禄堂弟，生于清同治九年（1870 年），自幼立志当海军，后入船政，为船政船生出身。

光绪二十三年（1897 年），罗容禄任“通济”舰枪炮教官。

光绪二十五年（1899 年），罗容禄任“海容”舰枪炮三副。光绪三十二年（1906 年），任“海容”舰枪炮二副。宣统三年（1911 年），武昌起义爆发后，罗容禄随“海容”舰参加易帜。

1912 年 1 月，罗容禄出任“海容”舰枪炮二副。7 月 21 日，任烟台海军练营营附。12 月 30 日，被授予海军上尉军衔。1915 年 10 月 5 日，罗容禄兼任烟台海军枪炮练习所佐理官，被授予海军少校军衔。

1917 年 11 月 22 日，罗容禄调任闽江口海军要塞炮舰少校舰长。

1925 年 11 月 18 日，罗容禄被北京政府授予海军中校军衔。

1927 年国民政府定都南京，次年海军署成立，罗容禄被授予海军少校军衔。

1938 年 1 月 1 日，罗容禄转为海军总司令部少校候补员。同年 7 月 25 日，罗容禄病逝。

第五代

就读于船政学堂的罗丰禄兄弟，是中国旧海军走向近代海军的见证人和催生者之一。在罗丰禄子侄辈，出了不少或行船成国，或执教于海军学堂，或进入船厂造船的英才，光大了罗家船政门风。

罗忠尧：海军出身 星洲领事

罗忠尧（1863—1909），字叔羹，海军军官、外交官，曾任“福胜”舰大副、驻英使馆三等参赞、署驻新加坡总领事、驻新加坡代理总领事。

罗忠尧是罗绍宗长子、罗丰禄长兄罗天禄的第三子，罗丰禄侄儿。

罗天禄好书画，同时还是裱画高手，曾在福州津泰路开过裱画店，生意兴隆，后来因五弟臻禄和七弟丰禄当官，天禄担心继续开店有失官家身份，就关了店作寓公。其生四子成活三子。第三子罗忠尧投身海军。

光绪二年（1876年），罗忠尧考入船政后学堂第七届驾驶班，成绩突出。

光绪九年（1883年），罗忠尧毕业，派赴“扬武”舰见习。完成见习后获五品军功，出任“福胜”舰大副。次年七月三日，马江海战爆发，罗忠尧随舰参战。

光绪十二年（1886年）三月三日，罗忠尧作为海军第三届留学生，赴欧洲深造。抵达英国后，经陈季同推荐，进入格林尼茨皇家海军学院学习。两年后，又到英国遇尼外耳公司及金士哥利书士院（伦敦国王学院法学部）学习一年，“张秉珪、罗忠尧学习腊丁文字及英刑司各种律例、海军捕盗等项公法，皆深知旨要”⑲。

光绪十五年（1889年），罗忠尧自英国回到中国。

光绪二十一年（1895年），罗忠尧担任清政府驻英三等参赞。在驻英参赞任上，罗忠尧成为罗家继罗丰禄之后，第二个与《马关条约》有关的人。

根据《马关条约》的规定，中国应赔偿日本军费库平银2亿两，最后一次赔款即是由罗忠尧交付的，光绪二十四年春（1898年5月7日），他与中国驻英使馆参赞马格里到英国国家银行，将只应交付之款交日本驻英使馆书记官山座圆次郎收讫。至此，所赔军费库平银全部付清。罗忠尧满怀悲愤代表国家交付赔款，他将此视为人生大辱，心中一直十分沉重，曾多次对子侄悲叹道：但愿华夏有朝一日能雪奇耻。罗忠尧英年早逝，受此事积郁成疾有关。

光绪二十三年（1897年），罗忠尧署清政府驻新加坡总领事、布政使衔候补道。

光绪二十五年（1899年）四月，罗忠尧出任驻新加坡代理总领事。

光绪二十七年（1901年）九月二日，光绪帝以出洋期满下旨赏代理新加坡总领事官、前驻英参赞罗忠尧从一品封典。十二月，罗忠尧期满回国。

光绪二十八年（1902 年）四月，因罗忠尧在代理新加坡总领事期间，动员南洋华侨捐款为国赈灾有功，清廷为之赏戴花翎。

光绪三十一年（1905 年），罗忠尧主持福建矿务总局工作。

宣统元年（1909 年），罗忠尧病逝。

罗忠铭：海归教习 天津水师学堂育人

罗忠铭（1863—1911），字季新，海军军官、政府官员，曾任天津水师学堂教习，山东登州府洋务局翻译、荣成县知县、登州府同知、洋务局总办。

罗忠铭是罗丰禄长兄罗天禄第四子、罗丰禄侄儿，光绪八年（1882 年），罗忠铭考入船政后学堂第九届驾驶班，学业优异。

光绪十一年（1885 年）十二月十日，清廷同意从天津水师学堂和船政学堂中选拔优秀学生赴英国留学，罗忠铭被选中，于光绪十二年（1886 年）三月三日，进入英国格林尼茨皇家海军学院深造，主修枪炮及驾驶铁甲船等。

光绪十三年（1887 年）五月，罗忠铭等自英国格林尼茨皇家海军学院毕业，随即奉派英国海角舰队见习。后由于英国海军规定的限制，罗忠铭改登属于英国北美舰队的“伯洛尔芬”舰实习。次年五月，罗忠铭与留英同学一起，学成归国。

罗忠铭与孩子

光绪十六年（1890 年）十一月，罗忠铭任天津水师学堂英文教习，授千总衔。

光绪十九年（1893 年），罗忠铭晋升守备衔。执教天津水师学堂时，兢兢业业，爱生如子，深受好评。

光绪二十四年（1898 年），罗忠铭任山东登州府洋务局翻译。

光绪二十八年（1902 年），经英国驻威海卫租界行政长官骆克哈特的要求，清廷任命罗忠铭为山东荣成县知县。

光绪二十九年（1903 年），罗忠铭任山东登州府同知。

光绪三十二年（1906 年），罗忠铭任山东洋务局总办。

宣统三年（1911 年）正月十一日，罗忠铭病逝。

罗忠海：海军司长 曾是驻外使节

罗忠海（1867—1955），原名忠清，后改名忠海，字仲清、伯苏、之彦，曾以“之彦”之名行，海军军官、外交官，清朝时曾任驻英使馆翻译兼文案、海军处科员、驻德公使馆翻译、海军部代理司长；民国时曾任海军第一舰队司令处参谋、海军部军法司法学科科长、海军部军法司审检科科长、海军部军法司代理司长、海军总司令部军法处处长、海军部军法处处长。

罗忠海是罗丰禄二哥罗雍禄长子、罗丰禄侄儿。罗雍禄，与罗臻禄、罗丰禄同时成为船政学堂第一届学生，后因病辍学，在家植桑养蚕纺织，同时潜心进行家具设计制造，收入颇丰，是罗丰禄 9 位亲兄弟中寿命最长者，享年 92 岁。其生三子，养大成人生子的有二人，皆为海军。

光绪九年（1883 年），罗忠海考入船政后学堂第十届驾驶班，成绩甚好。

光绪十二年（1886 年），罗忠海毕业之后，随罗丰禄出使英国。

光绪二十年（1894 年），清廷为加强台湾防务，派罗忠海与杨则哲、林鉴殷等九人赴台湾测绘海图，修建海防工程。

光绪三十二年（1906 年），罗忠海担任出使德国大臣荫昌的英文翻译。十一月十五日，荫昌因母逝辞官回国料理后事，杨晟接任驻德国大臣，罗忠海担任杨晟的翻译。十一月二十四日，罗忠海回国。

晚年的罗忠海

光绪三十三年（1907 年）六月二十三日，罗忠海担任清政府海军处科员，主要负责涉外情报工作。

宣统元年（1909 年）春，荫昌再次出任驻德国公使，罗忠海随之赴德国，仍旧做翻译工作。次年二月初八，荫昌署理陆军部尚书，罗忠海入其幕。

宣统三年（1911年），罗忠海任清政府海军部代理司长。同年，辛亥革命爆发，清朝统治被推翻，罗忠海依旧在海军界服务。

1913年8月11日，罗忠海被中华民国北京政府授予海军中校军衔。11月21日，罗忠海被任命为海军第一舰队司令处参谋。

1914年10月3日，罗忠海任海军部军法司法学科中校科长。

1916年6月16日，罗忠海获授“四等文虎勋章”。11月7日，调任海军部军法司审检科科长。三年后，晋升海军上校军衔。

1923年2月，罗忠海授“四等嘉禾勋章”。三年后，任海军部军法司代理司长。

1927年，国民政府成立，定都南京。次年8月27日，罗忠海出任国民政府海军总司令部军法处处长。

1929年8月1日，罗忠海任海军部上校候补员。后任海军部军法处处长。

1938年1月1日，罗忠海任海军总司令部上校候补员。

1955年12月13日，罗忠海病逝。

罗忠钦：海军上校副官 随部北伐

罗忠钦（1873—1927），字子敬，一字璟，海军军官，曾任海军部上校副官。

罗忠钦是罗丰禄二哥罗雍禄次子、罗丰禄侄儿，他从小立志从军，少年时考入天津水师学堂第四届驾驶班，学习成绩优异。光绪二十八年冬（1892年11月）毕业后，曾在上海海关、邮政部门工作，也曾在山东济南当过教师。

罗忠钦（前排右一）与家人

光绪二十一年深春（1895 年 5 月），罗忠钦奉清政府之命，率队到德国接收向伏尔铿船厂订购的“飞鹰”舰。“飞鹰”于光绪二十一年夏（1895 年 7 月）下水试航，10 月罗忠钦驾舰启程，于年底到达中国，将战舰交给广东水师。后长期在海军工作，曾任海军部上校副官，随部北伐。北伐成功后回到福建，在漳厦铁路工作。

罗忠霖："定远"舰见习官 甲午海战牺牲

罗忠霖（1873—1894），字雨苍，海军军官，曾任“定远”舰见习官。

罗忠霖是罗丰禄四哥罗锡禄长子、罗丰禄侄儿。罗丰禄四哥罗锡禄，在福州靠从事各货币兑换业为生，育有五子，其中有 3 位参加了海军，出了 1 名烈士、2 名海军少将司长。

罗忠霖自幼尚武，渴望驾舰保卫祖国海疆，少年时考入天津水师学堂第四届驾驶班，因学业优异，被选拔赴英国留学。

光绪二十年（1894 年），罗忠霖以第一名成绩从英国格林尼茨皇家海军学院毕业回国，并在福州家中完婚。适逢东北战云密布，日本不断挑衅中国，中日海战一触即发。罗忠霖闻知，毅然挥手告别新婚仅一个月的妻子，赴津门报到。他以见习军官的身份，被派到北洋海军“定远”舰上服役。

中日甲午海战打响，罗忠霖不惧生死，勇敢作战。在爬上桅杆观察敌情时，不幸桅杆被日本舰炮击中折断，壮烈牺牲，年仅 21 岁。

罗忠霖牺牲后，家里人一直对他新婚的妻子隐瞒实情。他的侄孙罗文前在《我所知的南营罗家二三事》中对此有记："我的八公罗忠霖、九公罗忠钦都毕业于天津水师学堂第四届驾驶班。八公业务好，甲午海战时上了前线，不幸阵亡。全家人都不忍心将此噩耗告诉新婚不久已怀有身孕的八婶婆。直到分娩后满月的那一天，全部缟衣素服捧进房间，原先喜气洋洋的新房瞬间裱白，披麻戴孝，丧夫的巨大悲痛压倒了初为人母的短暂喜悦。后来遗腹女不幸夭折，我的这位八婶婆终日以泪洗面。家里所有的喜事好事，她都不露面，但凡丧事都派她作代表，因为她哭得最凄惨。"[20]

罗序和：海军"铁柜" 少将司长

罗序和（1878—1953），原名忠猷，字仪程，海军军官，清朝时曾任天津水师学堂教习、军谘府第四厅第一科科员；民国时曾任参谋本部第六局第三科科员、海军部军需司军储科科长、海军总司令公署军需课课长、海军部军需司军储科科长、海军总司令部军需处处长、国民革命军编遣委员会海军编遣处经理处会计课课长、海军部经理处处长、海军部军需司司长、海军总司令部军需处处长、海军司令部顾问。海军少将。

罗序和是罗锡禄次子、罗丰禄侄儿，少年时期考入天津水师学堂第六届驾驶班，光绪二十四年秋（1898年10月）毕业，后至英国格林尼茨皇家海军学院进修海军工程学，学成归国后曾任天津水师学堂教习。光绪三十二年（1906年）九月，清政府改革官制，将原来的练兵处并入陆军部，其军令司改为军咨处，附于陆军部。罗序和在军咨处当科员。

罗序和

宣统元年（1909年），清朝末期效仿德国，军咨处奉旨独立，脱离陆军部，名称不变，作为独立的军令部门，地位相当于辅佐摄政王载沣统率全国武装力量的"总参谋部"。毓朗被任命为军咨处管理大臣。罗序和继续任军咨处科员。

宣统二年（1910年），清朝改制，撤销军机处，成立责任内阁，但不再管理军事事务，转由军咨处负责，军咨处直接向皇帝负责。次年四月，清政府成立"皇族内阁"后，将军咨处改为军咨府。罗序和任军咨府第四厅第一科科员。

1912年5月29日，罗序和出任民国北京政府参谋本部第六局第三科科员。次年7月16日，罗序和获授海军少校。

1917年11月29日，罗序和调任海军部军需司军储科科长。

1918年10月7日，罗序和调任海军总司令公署军需课课长，两天后又获授"五等文虎勋章"。同年12月，回任海军部军需司军储科科长。

1919 年 5 月 15 日，罗序和晋升海军中校。次年 1 月 8 日，获授“四等文虎勋章”。

1923 年 5 月 25 日，罗序和获“二等文虎勋章”。次年 4 月 2 日，晋升海军上校。

海军易帜后，罗序和投身国民革命。1928 年 8 月 27 日，任国民革命军海军总司令部军需处处长。

1929 年 11 月 6 日，罗序和出任国民革命军编遣委员会海军编遣处经理处会计课课长。次年 2 月 24 日，任海军部经理处少将处长。

1935 年 12 月 23 日，罗序和任海军部军需司少将司长。次年 11 月 12 日，获授四等云麾勋章。

罗序和长期负责海军后勤工作。为支持陈绍宽整顿和扩建海军，罗序和改革海军军需支销办法，精打细算，不徇私情，严格把关，顶住歪风邪气，不惜一点一滴地节约，被誉为“铁柜”。靠着廉洁和节约，1929 年至 1937 年，海军置备新舰艇 18 艘，改造大小舰艇 11 艘。1938 年 1 月 1 日，海军部缩编成海军总司令部，8 个司裁并为 4 个处，罗序和出任少将军需处处长，继续主持海军后勤工作，在极其艰苦的情况下坚持抗战。

1943 年，罗序和以 66 岁高龄辞去军需处处长职务，转任海军司令部顾问。

1945 年 12 月，罗序和正式退役。1953 年病逝。

罗忠耀：海军干才　英年早逝

罗忠耀（1880—1916），字楚同，号则钧，海军军官，清朝时曾任海军部军制司考核科科长；民国时曾任海军部军衡司考核科科长。

罗忠耀是罗锡禄三子、罗丰禄侄儿，好学上进，少年时考入天津水师学堂第六届驾驶班，学习成绩优异，光绪二十四年秋（1898 年 10 月）毕业。

毕业后，罗忠耀服务于海军，大部分时间在机关工作。

清宣统二年十一月初三（1910 年 12 月 4 日），清廷筹办海军事务处改为海军部，授载洵为海军大臣，统领海军部。次日（1910 年 12 月 5），罗忠耀任海军部军制司考核科首任科长。

1912 年 11 月 19 日，罗忠耀任民国北京政府海军部军衡司考核科科长。

《豫章福州罗氏族谱》记：罗忠耀“曾任海军部司长，在出差福州时因病服错药中毒身亡”[21]。

罗忠寅：驻德译员 海军少校

罗忠寅（1883—1968），字宾谷，海军军官，清朝时曾任驻德公使馆译员；民国时曾任国民革命军海军总司令部军需处科员、国民革命军编遣委员会海军编遣处经理处会计课课员、海军部经理处会计科科员、海军部军需司会计科科员。

罗忠寅是罗丰禄五哥罗臻禄的独子、罗丰禄侄儿，原致力于举业，后改读西学，在父亲督导下熟练掌握英语、法语，光绪二十五年（1899 年）在英国留学，次年归国。光绪三十年（1904 年），在山东协办洋务。根据《豫章福州罗氏族谱》所记载，罗忠寅“1904—1905 年在山东烟台保工总局、潍县土税局当译员，1905—1906 年在江楚译元书局当译员”[22]。

光绪三十二年（1906 年），罗忠寅在中国驻德公使馆做事，主要做文员和译员工作。《豫章福州罗氏族谱》《豫章罗氏新梅公福州南营族谱续修》都介绍，罗忠寅还曾任中国驻英国、意大利、比利时三国参赞。

宣统元年（1909 年），罗忠寅重新走进学堂，进入福建法政学堂宪政科学习。次年，到福建洋务局工作。

1919 年，罗忠寅进入海军界工作。次年，任海军部军需司中尉科员。

罗忠寅

1928 年，罗忠寅任国民革命军海军总司令部军需处上尉科员。

1929 年，罗忠寅任国民革命军编遣委员会海军编遣处经理处会计课课员。

1930 年 2 月 24 日，罗忠寅任海军部经理处会计科少校科员。后经理处改为军需司，罗忠寅任军需司会计科少校科员，直至 1935 年。

据《豫章福州罗氏族谱》记载，罗忠寅“1943—1945 年先后在财政部和福州火柴公司工作”[23]。

罗忠祎：烟台海军学校国文教习 英年早逝

罗忠祎（1892—1917），海军军官，曾任烟台海军学校国文教习。

罗忠祎

罗忠祎是罗丰禄大弟罗熙禄之子、罗丰禄侄儿。罗丰禄大弟罗熙禄，是船政后学堂驾驶班第二届毕业生，在校时学习刻苦，常常废寝忘食，成绩名列前茅。罗熙禄生有二子，但只养大了罗忠祎一人。

罗忠祎自幼饱读诗书，国学功底深厚，本欲通过科举博取功名，后清政府废科举，罗忠祎改进新式学堂，及长，执教于烟台海军学校，主讲国文、国史。担任教习期间，经常向学生讲述海军精忠报国史实，鼓励学生勇猛杀敌以保家卫国。1917年，不幸去世。

罗忠泳：制舰干才 铁路专家

罗忠泳（1883—1927），字仲泳，船舶设计师，曾任船政绘事院绘图员、设计员，船政船厂工程师。

罗忠泳是罗丰禄堂弟罗崇禄次子、罗丰禄堂侄。罗忠泳父亲是罗必魁次子罗绍勋的独子罗崇禄。罗崇禄生有三子，其中两个儿子都是海军学校毕业。

罗忠泳少年时期考入福建船政学堂绘事院，发愤学习，成绩突出。毕业后曾在船政绘事院、船政船厂工作，当过设计员、绘图员、工程师。后进入京奉铁路，主要做技术工作。

京奉铁路是中国清朝末年修建的一条铁路。作为技术专家，罗忠泳出任京奉铁路工务段段长。1912年中华民国成立后，京奉铁路改称北宁铁路，由交通部管辖。罗忠泳继续在北宁铁路工作。

罗忠敏：海校学监 要港港务课长

罗忠敏（1884—1962），字从勉，海军军官，曾任福州海军制造学校学监，海军第一舰队副官，"海筹"舰航海长、航海大副，海军部副官、海军马尾要港司令部港务课课员、课长。

罗忠敏是罗丰禄堂弟罗崇禄三子、罗丰禄堂侄，少年时期就立志从军，刻苦学习文化。光绪三十二年（1906 年），罗忠敏考入船政后学堂第二十届驾驶班。毕业前夕爆发辛亥革命，学校因兵乱而散。

1912 年 3 月，船政前学堂改称"福州海军制造学校"，罗忠敏任英文教官。

1913 年 10 月，罗忠敏就任福州海军制造学校学监。

1915 年 10 月 22 日，罗忠敏调任海军第一舰队上尉副官。

1919 年 1 月 4 日，罗忠敏获授"七等文虎勋章"。

1921 年 2 月 22 日，罗忠敏任"海筹"舰上尉航海长。

1923 年 4 月 8 日，"海筹"舰舰长许建廷、"永筹"舰舰长蒋斌等拥戴原海军第一舰队司令林建章为海军领袖，宣告海军沪队独立。4 月 10 日，罗忠敏任海军领袖处独立舰队"海筹"舰航海大副。

1924 年 11 月 24 日，罗忠敏任海军部副官。

1927 年，国民政府成立并定都南京。1929 年 6 月，国民政府设立海军部。1930 年 5 月 6 日，罗忠敏任海军部副官室副官，被授予一等少校军衔。

1932 年 4 月 1 日，罗忠敏调任海军马尾要港司令部港务课课员。罗忠敏后官至课长，海军中校军衔。1962 年，罗忠敏病逝。

罗忠炳：兄弟三人 尽力海防

罗忠炳（1880—1945），字仲吕，海军军官，曾供职海军。

罗忠炳是罗丰禄堂弟罗诸禄长子、罗丰禄堂侄。罗诸禄是罗绍光长子，咸丰五年（1855 年）生，生有五子，其中养大 4 人，有 3 人皆为天津水师学堂毕业生。

罗忠炳自小随塾师读“四书五经”，少年时期北上，考入天津水师学堂，学习努力，成绩不错。自天津水师学堂毕业后，曾在海军供职，后因英文、数学甚好，加上熟悉欧美法律，转任天津洋行高级职员。

罗忠文（1884—1937），罗忠炳胞弟，天津水师学堂毕业，后转往外交界，民国时曾任驻苏联领事馆领事。

罗诸禄四儿子也是天津水师学堂毕业生，在一次海战中牺牲。

罗忠铨：海军陆战队连长 抗战建功

罗忠铨（1915—1975），海军军官，曾任海军陆战队独立第二旅排长、连长。

罗忠铨是罗丰禄堂弟罗幼瓒之子、罗丰禄堂侄，幼承庭学，及长，考入海军陆战队讲武堂。海军陆战队讲武堂，设于福州马尾，是中国近代史上第一所海军陆战队学校，主要培养海军陆战队军官。罗忠铨为海军陆战队讲武堂第二期毕业生，毕业后进入海军陆战队独立第二旅。

抗日战争中，时任海军陆战队独立第二旅中尉连长的罗忠铨，随部参加了闽江口保卫战和第一次、第二次福州光复之战，表现英勇。

中华人民共和国成立后，罗忠铨在福州市第一医院工作，一生未娶。

第六代

罗丰禄兄弟的孙辈，多接受过高等教育，不少为欧美名校留学生，有些成长为我国著名科学家、教育家。投身海防事业的，也以技术专家为多。其中较为出名的有罗孝珪、罗孝武、罗孝倜。

罗孝珪：戍守东海南海 历经舰战炮台战

罗孝珪（1911—2008），海军军官，曾任海军坎门报警台台员，海军东沙观象台电信官，“宁海”舰副电官，“江犀”舰电信官，海军特务队镇海要塞区电信官，湘桂铁路工程师，湖北建设厅工程师，交通部电信局工程师、科长、技正；中华人民共和国成立后曾任邮电部无线电总局工程师、长途通讯总局工程师、基建总局工程师、西安电信工程公司工程师兼技术翻译。

罗孝珪是罗丰禄二哥罗雍禄孙子、罗忠钦次子、罗丰禄侄孙，自小一心献身海军，为此学习刻苦，数理化成绩优异，后考入福州海军艺术学校。

1929 年，罗孝珪毕业于福州海军艺术学校甲班。之后，进入南京海军水鱼雷营，攻读通讯兼修天文气象，一如既往，发愤苦读。

1932 年，罗孝珪毕业于南京海军水鱼雷营附设无线电班。作为第一届毕业生的他，被选入海军海岸巡防处，担任坎门报警台少尉台员。

1934 年，罗孝珪进入中央研究院气象研究所，专门攻读海洋气象学，学成之后派任海军东沙观象台电信官。

抗战爆发时，罗孝珪任“宁海”舰副电官，随舰参加了江阴海空战。

江阴海空战中，“宁海”舰连续激战。1937 年 9 月 22 日，一天之内敌第 12 航空队对“宁海”“平海”等舰进行连续五批的轮番轰炸，“平海”舰殉国。次日，日军集中火力攻击“宁海”舰。“宁海”舰航行到八圩港口时，舰艏、瞭望台、左右舷多处中弹，江水漫过甲板，淹没了舰艉。坚决不当逃兵的罗孝珪一直坚持战斗，直到舰船下沉时，他才从舰船被炸的破口处钻出，泅水上岸。

罗孝珪生还后，他本可以凭借自己的通讯专长，回老家找一份没有生命危险的工作，当时福州尚未沦陷。但是，罗孝珪没有离开前线，转往“江犀”号炮舰任中尉电信官，继续血战侵略者。

1938 年 2 月，罗孝珪调往海军（岳州）特务队任电信官，不久派往镇海要塞区，戍守东海海防要地。镇海地处浙东沿海、甬江入海口，招宝、金鸡两山雄踞南北两岸，是东海海防重镇。海军在此设有镇海要塞区，辖有海军镇海炮台总台，除有大小炮台群外，还有弹药库、观测所、探照灯台、修械所等，并有掩护镇海炮台的一个陆军团。抗日战争全面爆发前夕，海军在原有的宏远炮台、威远炮台群外，另在青峙钳口门炮台山上建新炮台，即镇远 1 号至 4 号炮台。

随着我国沿海港口不断沦陷，至 1938 年底唯宁波仍存，大量抗战物资运至镇海口，转输宁波，再运入内地。日军企图切断宁波至镇海这条中国对外联络线，镇海成为日军进攻重点。

在镇海要塞区，罗孝珪数次利用出色的通讯专长，拦截敌人的电波，破译情报，为前线部队提供服务。他还与战友们一起，取得了数次作战胜利。

1938年9月22日，日本派巡洋舰1艘、炮舰数艘来犯，向镇海炮台发炮百余发，我炮台官兵英勇还击，击伤巡洋舰和炮舰，击沉小艇数艘。

1939年10月，罗孝珪驰往修建湘桂铁路。湘桂线启于衡阳，原计划经桂林—柳州—来宾—南宁—镇南关。该路衡阳—桂林段于1937年10月11开工，1938年9月28日衡阳—桂林段全线通车，时间不到一年，开创了旧中国筑铁路的最快纪录。罗孝珪赴任后，主要参与修建湘桂线的桂柳段，该路段1939年12月16日通车。杜聿明第五军机械化部队正是因为此路段的开通，得以用火车运载，火速增援前线，攻克昆仑关。湘桂铁路全线开通后，罗孝珪留在湘桂铁路当电信工程师，为安全运行服务。

抗战胜利后，罗孝珪进入湖北建设厅当工程师。之后，调交通部电信局，先后担任工程师、科长、技正。

中华人民共和国成立后，作为通讯专家的罗孝珪，一直在国家电信部门做技术工作，曾任邮电部无线电总局工程师、长途通讯总局工程师、基建总局工程师、西安电信工程公司工程师兼技术翻译。

2008年，罗孝珪病逝。

1948年罗孝珪与夫人阙华意于南京玄武湖

罗孝武：轮机专家 海军上校

罗孝武（1915—2014），海军军官，曾任海军江南造船所图算员、副工程师、工程师，海军水雷工厂工程师，海军水雷制造所工程师。

罗孝武

罗孝武是罗丰禄二哥罗雍禄孙子、罗忠钦三子、罗丰禄侄孙。

1936 年，罗孝武从位于福州马尾的海军学校轮机班毕业，进入海军江南造船所工作，曾任海军江南造船所图算员、副工程师、工程师。

1937 年 7 月，抗日战争全面爆发后，罗孝武以自己特殊形式，与敌作战。8 月 13 日，日本侵略军进犯上海，海军江南造船所再次成为兵家必争之地。当天，日本飞机轰炸了海军江南造船所，所部总办公厅被炸塌一角，全所被迫停工。第二天，罗孝武就和江南造船所职工一起，配合海军官兵，在十六铺宁绍码头一带连续凿沉了十余艘军民船舶，并敷设由江南造船所制造的水雷。其中，有触角的几十颗，用于南市南码头，横江布雷；还有一些“小颗水雷”，被布置在黄浦江分支，如张华浜、蕴藻浜，用以阻拦日军深入上海市区。三天内，罗孝武参与上海军民在黄浦江内以沉船和水雷构筑防线，用三天构筑三道防线，阻止日军乘舰溯江上犯，粉碎了日军速战速决、一个月占领上海的企图。

上海沦陷前，罗孝武参与秘藏江南造船所重要设备。当时，为保存力量，江南造船所避开白天日机轰炸，连续几个夜晚搬运精密机床、发电机、冷风机、电动机、钢板等贵重设备和五金材料，至租界内的永嘉路中国中学隐藏；造船所还把所内平时使用的三艘较大拖轮“江定”“江南”“新江南”号寄存到相邻的中法合营求新船厂。所长马德骥当时希望借此留住江南的血脉，先维持住主要职员的生活，等战争结束后再重整旗鼓，恢复生产。

后来，罗孝武又参与江南造船所搬迁内地。他和同事们一起在上海沦陷前，紧急将器材迁往内地，先到武汉，后又迁到湖南辰溪，在此设厂造水雷，曾任海军水雷制造所工程师。

1949 年，罗孝武随军赴中国台湾。在台湾地区海上防务部门，罗孝武历任多岗，台湾当局曾授予他“海军上校”军衔。

罗孝武从台湾海军退役后，在台湾商船担任轮机长，成为轮机专家。

1987年10月15日，台湾当局宣布开放台湾居民到大陆探亲。10月16日，经国务院批准，国务院办公厅公布了《关于台湾同胞来祖国大陆探亲旅游接待办法的通知》。自此之后，罗孝武频繁往来于两岸，探亲访友，与老海军故旧联谊，还一次次带罗家在台后人来福州寻根认祖，并在福州购房以便常居。

罗孝侗：名舰电务官 通讯专家

罗孝侗（1888—1955），字诚之，海军军官，曾任“通济”舰正电官，海军总司令部舰械处轮电科科员、轮机科科员，海军汉口工厂工务股技正。

罗孝侗是罗丰禄六哥罗康禄孙子、罗忠榕次子，从小志向从伍，青少年时期投身海军，是海军无线电传习所第一届毕业生。毕业后，在多舰服务过。

1933年，罗孝侗出任海军部舰政司电务科少校科员。

1935年，罗孝侗担任一代名舰“通济”练习舰正电官。

1937年7月7日，抗日战争全面爆发，为构筑江阴阻塞线，“通济”舰卸下枪炮，装上石块，自沉于江阴江面，以阻挡日军进犯南京。

1938年1月，罗孝侗调任海军总司令部舰械处轮电科少校科员。后轮电科改为轮机科，罗孝侗继续担任轮机科少校科员。

1947年5月，罗孝侗任海军汉口工厂工务股工程师，三等技正。罗孝侗后来成为颇有名气的通讯专家。

罗孝侗与夫人高钰

第七代

罗丰禄兄弟的曾孙辈从事航海、造船者依旧大有人在，使罗家船政门风延续至第七代。

罗家英：不让须眉 罗家首位女造船专家

罗家英（1941— ），造船专家，曾任国防部第七研究院711研究所技术员、工程师、高级工程师。

罗家英是罗丰禄三哥罗谦禄曾孙女、罗丰禄侄曾孙女，自幼聪颖过人，好学上进，考入上海交通大学，因学业优异，毕业后先进入国防科委总字902部队，随即进入国防部第七研究院711研究所，专攻舰船发动机研发。

国防部第七研究院现易名“中国舰船研究院”，是专门从事舰船研究、设计、开发的科学技术研究机构，罗家英为研究所高级工程师，参与了不少船舶发动机研究，出了不少研究成果。

罗展前：轮机专家 驾船远航

罗展前（1946—2000），轮机专才，曾任台湾地区长荣海运公司轮机长。

罗展前是罗丰禄二哥罗雍禄曾孙、罗孝武次子、罗丰禄侄曾孙。

1949年，罗展前随父母迁居中国台湾，父亲当时在海军服役，全家居于高雄。受家族影响，罗展前高中毕业后考入台湾海洋学院轮机系，后长期在长荣海运公司担任轮机长。

罗绍前：远洋轮船长 海运行经理

罗绍前（1952— ），航海专家，曾任台湾地区船运公司大副、船长，台湾地区长荣海运公司经理。

罗绍前是罗丰禄三哥罗雍禄曾孙、罗孝武三子、罗丰禄侄曾孙，是罗展前的弟弟，自小向往大海，长大后与哥哥一样，在高中毕业后选择报考台湾海洋学院，毕业后当过大副、船长，后长期担任长荣海运公司经理。

家族传奇

罗家与萨家、魏家两代联姻

由于罗丰禄兄弟读船政学堂，与魏瀚、萨镇冰感情深厚，因此与魏家、萨家几代结为姻亲。

罗丰禄先娶了魏瀚的妹妹魏琼恣（1855—1899），与之生有五子三女，两人情深意笃。魏琼恣病逝英国后，罗丰禄用英国棺木将其运回福州。当时，按照福州风俗，人在外乡死了不能进家门，只能在祠堂。罗家在福州没有祠堂，这意味着魏琼恣不能入屋，罗丰禄就先用钱买下了南营故居旁边一处宅院作为罗家祠堂，这才让魏琼恣能够入屋。之后，罗丰禄又娶了魏瀚另一个妹妹魏氏（1872—1933）作继室。

罗丰禄第一位夫人魏琼恣

罗家与魏家两代联姻。罗丰禄长子罗忠诚娶了魏瀚的五女儿魏淑媖（1894—1958）；罗丰禄次子罗忠诒娶了魏瀚的四女儿魏淑姞（1892—1953）。罗丰禄小女儿罗叔白则嫁给了魏瀚的长子魏子京。魏子京1913年从船政前学堂第四届制造班毕业，曾作为清政府选派的第四批船政留学生，赴法国、比利时学习，英文、法文甚佳，在赴比利时学习时还充当翻译。后转入外交界，一直做外交官，曾任驻澳大利亚公使，退休前的最后一个职务是驻秘鲁公使，后移居加拿大。

罗丰禄第二位夫人魏氏

罗家与萨家也是亲家。罗丰禄二哥罗雍禄的二女儿罗忠如嫁给了萨镇冰的侄儿萨福乾。两人育有四子，其中3人皆为海军。长子萨师同，光绪十八年（1892年）生，1941年逝世。烟台海军学校毕业，曾任中国海军第一舰队轮机长、马尾海军司令部中校课长。次子萨师俊，光绪二十一年（1895年）生，1938年逝世。烟台海军学校毕业，曾任民国海军部副官、参谋，“江贞”舰副舰长，“建安”舰副舰长，后相继担任“公胜”“顺得”“威胜”“楚泰”四舰舰长。1934年，调任“中山”舰舰长。抗战中，萨师俊率“中山”舰屡屡出色完成任务，后在武汉保卫战中壮烈牺牲。三子萨本炘，光绪二十三年（1897年）生，1966年逝世。福州海军学校毕业，留学英国格拉斯哥大学，曾任海军马尾造船所工务长、海军江南造船所工务处处长、武汉江汉船舶机械公司总工程师；中华人民共和国成立后曾任武昌造船厂副厂长兼总工程师、第一机械工业部船舶产品设计院总工程师、国防科工委第七设计院副院长兼总工程师。

萨本炘与罗仲连夫妇

罗家与萨家同样是两代联姻。罗忠如与萨福乾的长子萨师同，娶了罗丰禄二哥罗雍禄的长孙女罗伯荪，罗伯荪病逝后，又续娶了罗伯荪胞妹罗伯申。罗伯荪与萨师同所生的长子萨支源，从福州海军学校毕业后，先后进入沪江大学、西南联大学习。后来进入中国航空公司工作，在香港参加了“两航起义”，毅然回来参加新中国航空建设。之后，曾在云南昆明任数学、英语教师。罗忠如与萨福乾的三子萨本炘，娶了罗雍禄另一位孙女罗仲连。

罗家女婿建功海疆百年

在罗丰禄家族持续百年的数代女婿中，也出了不少对捍卫祖国海疆饶有功绩者，其中以王仁棠、郭日修最为著名。

王仁棠：巡视西沙 宣示主权

王仁棠（？—？），海军军官，清朝时曾任“宝璧”舰管带、广东虎门炮台帮统、试用通判；民国时曾任海军部军务司军事科科长。

王仁棠是罗丰禄堂弟罗诸禄长女罗玖的丈夫，为天津水师学堂第四届驾驶班毕业生。

宣统元年（1909年），广东水师提督李准从水师中选出“伏波”“琛航”“广金”三舰组成舰队，前往西沙群岛巡视，前后总计23天。作为李准得力助手的王仁棠以参赞身份，随带测绘委员、测绘学生等，协助李准督带舰队前往西沙。

李准所率舰队最先到达西沙群岛中面积最大的林岛，即现在的永兴岛，在岛上鸣炮，升大清黄龙旗，并刻石立碑，上书“广东水师提督李准巡阅至此”，昭告世界：此乃中国神圣不可侵犯的领土。船队接着穿梭在西沙15个岛屿之间，逐个登临，认真调查，仔细巡视，逐个命名。为岛屿命名时，将乘坐的军舰、随船所带物件，以及两广总督张人骏、李准本人及随船人员的籍贯和姓名都用上了。如张人骏为河北丰润人，因此有了一个“丰润岛”，李准出生于四川邻水，就有了一个“邻水岛”，还有了以“伏波”舰命名的伏波岛，因“琛航”舰命名的琛航岛，以“广金”舰命名的广金岛，掘地得淡水命名的甘泉岛。其中，琛航岛、广金岛、甘泉岛、珊瑚岛之名沿用至今。

王仁棠随李准的此次西沙之行，意义重大。1921 年 8 月 22 日，法国内阁总理兼外长白里安在西沙群岛问题上承认 :“由于中国政府自 1909 年已确立自己的主权，我们现在对这些岛屿提出要求是不可能的。”

王仁棠还协助李准等，首次以官方身份测绘了海图。对各个岛礁开展实地测量，共绘得海图 27 幅之多，呈于海陆军部及军机处存案。朝廷也因此于当年颁布《外务部测绘领海荒岛之计划》，并决定随时饬派军舰巡视，以免损失海权。此行所成的《广东水师国防要塞图说》，成为证明中国对东沙、西沙等南海诸岛拥有无可辩驳主权的重要文献。

民国后，王仁棠继续服务于海军，曾长期在北京政府海军部工作，1925 年 10 月 25 日，曾任海军部军务司军事科科长。1926 年 2 月 6 日，获授海军中校军衔。国民政府定都南京后，于 1929 年成立海军部。王仁棠曾任候补员。

郭日修：海军教育家 船舶结构学领军者

郭日修（1924—2021），海军教育家，曾任清华大学助教，大连海军学校讲师，第二海军学校讲师、教研室主任、舰船工程系主任，海军工程大学舰船工程系主任、研究员、教授。

郭日修是罗丰禄小弟罗君禄的长子罗忠忱的五女婿，罗丰禄侄孙女罗榕英的丈夫。

1924 年 7 月 18 日，郭日修生于江西省南昌市，后考入唐山交通大学土木工程系，成为日后岳父、中国土木工程大师罗忠忱的高徒，1946 年毕业，留校任助教。后来，经中正大学（现南昌大学）工学院院长兼土木工程系教授蔡方荫的推荐，郭日修到清华大学土木工程系当助教，同时继续学习深造，并开展对固体力学的研究。

中华人民共和国成立后的一天，清华大学土木工程系的公告栏里贴出了一张招聘教师的公告 : 中国人民解放军海军学校（大连）招聘教师。郭日修与夫人商量后，离开安稳的水木清华校园，来到位于大连的海军学校。郭日修从讲半门课开始，到创建中国船舶结构力学学科，再到培养了第一位中国海军自己的博士。郭日修曾任大连海军学校讲师，第二海军学校讲师、教研室主任、舰船工程系主任，海军工程大学舰船工程系主任、研究员、教授、博士生导师，是中国船舶结构学科领军人物。

郭日修是中国造船学会力学委员会创始人，获得不少科研与教学奖，曾获中国人民解放军科技进步二等奖1项、三等奖2项，还曾获全国高校造船专业教材一等奖、海军优秀教学成果一等奖等，并获得国家教委“从事高校科技工作40年成绩显著”荣誉证书，92岁高龄时依旧在带研究生，是获得国务院特殊津贴的著名专家，还是全国人大代表。

郭日修与罗榕英的长子郭光，自武汉水运工程学院船舶系研究生毕业后，曾长期供职于轮船公司。郭日修与罗榕英女儿郭珍，华中理工大学毕业，曾任武汉海军工程大学华海计算机学校工程师。郭珍丈夫高敬东，武汉海军工程大学毕业，曾任武汉海军工程大学教育保障处处长。

朱国辉，罗丰禄小弟罗君禄的孙女罗榕辉的二女婿，大连海军工程学院毕业，曾任海军东海舰队某驱逐舰机电长。

郭日修

罗家连续四代出外交官

罗丰禄家族因为四代皆出著名的外交官，还成为中国著名的外交世家。罗家成为外交世家也是自罗丰禄开始，且与船政有关。

罗家出了六国大使五国领事

因为进入船政学堂，而船政学堂采行双语教育，罗丰禄能说一口流利的英语。因为留学海外，罗丰禄的外交才干很早就显露出来。早在光绪三年（1877年）

罗丰禄

在英国留学时，罗丰禄就在学习之余，到驻英使馆兼做翻译。回国后即在李鸿章手下做事，起初是做翻译，很快就得到李鸿章的赏识，李鸿章所有重要的外交活动，都是由罗丰禄当翻译的。李鸿章长于雄辩，且说话频率极快，要把他的话迅速、准确、生动地翻译成英语，是件要求极高的事。罗丰禄就是以对李鸿章的话翻译快速、准确、生动而著称，与后来和他并列“晚清四大外交家”之一的伍廷芳，被人称为“合肥相国”手下的两名英语大将（李鸿章是安徽合肥人）。

罗丰禄因他出色的译才和对中西文化的了解，加上他极强的应变能力，越来越受到李鸿章倚重。罗丰禄随李鸿章参加俄国尼古拉二世加冕典礼后，前往英国访问。李鸿章和随从们在伦敦白金汉宫受到了英国女王维多利亚的热烈欢迎。此时，罗丰禄忽然冒昧地向李鸿章建议：“为什么不在这个场合赠女王陛下以杜甫诗句？”李鸿章立即问：“你到底要出什么好主意？你看杜甫的哪些诗句最合适？”罗丰禄脱口而出：“西望瑶池降王母，东来紫气满函关。”李鸿章一听甚是高兴，立即将此句诗送给英国女王，罗丰禄又准确地将此诗句译成英文，翻译给维多利亚女王听。女王听了非常高兴，同时对正确得体的译文印象很深，曾亲自赐赠给罗丰禄爵士爵位，称之“罗稷臣丰禄爵士”。

罗家人当过中国驻 6 个国家的大使。罗丰禄先后出任过中国驻英国、意大利、比利时、俄国大使。罗丰禄的二儿子罗忠诒（1886—1963），早年赴英国留学，入剑桥大学，获经济硕士学位。清法政科进士，翰林院编修。曾任广西抚署交涉科参事、外交部机要科科员、北京交通传习所（北京交通大学前身）校长、北京大总统府秘书、驻英使馆一等秘书、出席国联特别大会代表、出席国际经济专家委员会代表、出席国际军缩大会全权代表。1920 年，罗忠诒任北京政府外交部参事。同年 12 月，任驻秘鲁公使馆一等秘书并代办使事兼总领事。

丹麦女皇（右三）与罗忠诒（右二）夫妇合影

1924年，任国务院秘书。1926年，任驻丹麦公使。1931年7月，回国民政府外交部任职。1934年派任国联第十五届大会代表。1936年，任外交部事务办事。1956年9月，任上海市文史馆馆员。1963年因病逝世。罗丰禄女婿魏子京曾任中国驻秘鲁公使。

罗家人当过中国驻5个国家的领事。罗忠尧——罗丰禄大哥罗天禄次子，曾任中国驻新加坡代理总领事。罗忠国——罗丰禄四哥罗锡禄的五子，光绪十二年（1886年）生，1971年病逝。清末译学馆毕业，曾任中国驻古巴副领事。罗忠诚——罗丰禄大儿子，英国剑桥大学毕业，曾任中国驻伦敦副领事、福建交涉署交涉员、福建省政府外交科科长。魏子京——罗丰禄的女婿，曾任中国驻澳大利亚总领事。罗忠文——罗丰禄侄儿，天津水师学堂毕业，曾任驻苏联领事馆领事。罗忠诚儿子罗孝建，后来出任中国驻英国利物浦总领事。

罗家人做过中国驻7个国家的参赞。罗臻禄——罗丰禄五哥，曾任清布政使衔，分省候补道，从二品，出使俄国、德国、奥地利和荷兰，皆是出任大使馆参赞。罗忠寅——罗丰禄侄儿、罗臻禄长子，1899年至1900年留学英国，曾任分省候补知府，出使英国、意大利、比利时，分别任这三国赞参，还曾在驻德国使馆工作过。

罗家人在外交部门工作的还有很多。罗忠彤——罗丰禄大哥罗天禄的长子，曾任中国驻英国钦差大臣馆一等秘书。罗孝超——罗丰禄孙子，燕京大学毕业并获硕士学位，后再获哈佛大学硕士学位。抗战期间，罗孝超在外交部工作。曾镕甫——罗丰禄侄女婿，京师大学堂首届毕业生，曾任民国北京政府外交部次长。罗忠在——罗丰禄侄孙，天津英语专科学院毕业，曾在民国北京政府外交部工作。罗忠海——罗丰禄二哥罗雍禄的长子，曾在英国钦差大臣馆工作。

罗家出了位毛泽东称“后羿”的外交官

罗家第四代外交官中，出过一位毛泽东称“后羿”的女外交官——罗旭。罗旭是罗丰禄大哥罗天禄的次子罗忠尧的孙女。1952年，罗旭考入北京大学外语系，后进入外交部工作，她能熟练地使用英语、法语做同声直译，长期作为党和国家领导人外事活动的高级译员。

罗旭

1959年，毛泽东主席会见柬埔寨的西哈努克亲王，就是由罗旭担任翻译。1972年5月，索马里最高革命委员会主席西亚德访华，非洲国家驻华使团在北京饭店庆祝“非洲日”，邀西亚德参加，中国总理周恩来应邀出席，罗旭担任译员。当时西亚德不会说法语，非洲驻华使团长、几内亚大使则不懂英语，由于罗旭谙熟英、法两国语言，所以她用流利的双语同时做翻译，令在场所有的人都非常满意。

1972年，罗旭与王海容、唐闻生一起去毛泽东主席那里，参加接待某非洲国家元首的工作。会见外宾前，毛主席含笑说道：你们这些人的名字好厉害，唐闻生是闻生不闻死，罗旭和后羿一样，会射下九个太阳。

1972年至1975年，罗旭曾多次出席各种重大国际会议。1972年，随外交部部长乔冠华出席第二十七届联大会议。第二年春天，又随外交部部长姬鹏飞赴巴黎参加关于越南问题的国际会议，这次重要会议最终促使十年越南战争结束。1974年春，罗旭作为副代表，随邓小平参加了第六届特别“联大”会议。第二年秋天，罗旭再次以副代表身份出席第三十届“联大”会议。1988年，罗旭任中国常驻联合国代表团参赞，而后又出任外交部西欧司参赞。

罗旭的丈夫赵稷华，也是老资格外交官，曾任中英联络小组中方首席代表、中国常驻联合国代表团参赞。

与英国王室的百年情仇

笔者与罗丰禄最小的孙子——罗孝逵相识十多年，通过不断访问他和收集、分析史料，完成了对罗家与英国皇室百年交织的考证。

罗丰禄（前排右三）陪同李鸿章出访英国

油画记录历史一刻

2012年岁末，长居美国的罗家一位亲戚，给笔者看了他新近在英国收集到的一幅油画。油画上，维多利亚女王满面笑容，与中国使者罗丰禄亲切交谈。他让笔者帮助考证此画的历史背景。

罗丰禄留学英国期间，因为曾兼任中国驻英、德两国使馆的翻译，开始在英国社交舞台上亮相。学成归国后，罗丰禄很快成为李鸿章的外交助手。在李鸿章所有重要外交场合上，罗丰禄都是首席翻译。李鸿章说话语速快，要把他的连珠妙语迅速地译成精当的英语，实属不易。罗丰禄精通英汉双语，翻译又精准又生动，深受李鸿章器重。

光绪二十二年（1896 年），罗丰禄以李鸿章助手兼翻译身份，随中国外交代表团赴俄、德、荷、比、法、英、美等国。那幅至今依旧色彩鲜艳的罗丰禄与维多利亚女王的油画像，就画于他此次访问英国时。

当罗丰禄随着李鸿章走近维多利亚女王时，他的脸上努力挤出微笑，但心里一阵阵剧痛，正是眼前这位漂亮而高贵的女人，点燃了外国列强侵略中国的第一把战火——他的叔祖就牺牲在鸦片战争的镇江保卫战中。

赐爵“罗稷臣丰禄爵士”

作为职业外交家，肩负使命的罗丰禄还是压抑住满腔的仇恨，使劲逢迎着这位执意发动第一次鸦片战争的女人。在维多利亚与随从礼貌的掌声中，罗丰禄向李鸿章进言:“为什么不在这个场合赠女王陛下以杜甫诗句？”李鸿章问:“你到底要出什么好主意？你看杜甫的诗句哪些最合适？”罗丰禄脱口而出：“西望瑶池降王母，东南紫气满函关。”李鸿章一听，立即答应：“此句甚好！”罗丰禄随即就将此诗句极传神地译成英文，翻译给女王听。维多利亚女王极喜欢“王母”一词，笑得灿烂如花，当下说：“我要赐给你爵士爵位！”于是，这位来自福州的外交官成了英国的“罗稷臣丰禄爵士”。

头像被做成英国火花

光绪二十二年冬（1896 年 11 月 23 日），罗丰禄又接到出使英国之命，以二品顶戴赏四品京卿衔，任出使英国、意大利、比利时大臣。罗丰禄到任后即被升为三品京卿衔。在任五年间，与维多利亚女王多有交往。

光绪二十五年十二月（1900 年 1 月），罗丰禄访问英国伯明翰造币有限公司时，该公司专门为他特制了银、铜、铅质纪念章，即“罗丰禄纪念章”作为留念。目前已发现的铅质“罗丰禄纪念章”，直径 3.9 厘米、厚 0.25 厘米，正面刻有罗丰禄头像，着长衫，戴瓜皮帽，半侧面，人像圆周刻有英文“中国大臣·罗丰禄”，背面所书英文是“罗丰禄先生”及“中国大臣阁下至伯明翰造币有限公司访问”“作纪念”等字样。他在访问英国锅炉厂时，该厂赠送锅炉状座钟一台，钟上还装备有温度计。此座钟现世界独一无二，保存在罗孝逵家中。

火花，指的是火柴盒上的画片。由于罗丰禄在英国上流社会有一定的影响力，英国火柴公司以罗丰禄头像作为火柴盒正面的画片。这些火花至今依旧有不少在英国的收藏家手里。

罗丰禄孙子才华倾倒英国王室成员

罗孝建（1913—1995），罗丰禄次孙。他的风度、才华以及对中华文化的激情传播，感动了不少英国王室人员。

· BBC 第一位中国播音员

罗孝建父亲罗忠诚毕业于英国剑桥大学，曾出任中国驻英国伦敦副总领事，这使罗孝建童年时间在伦敦住过多年。少年时期回福州读书，从英华中学毕业后，考入燕京大学外文系，1936 年毕业。同年，赴英国留学，获得英国剑桥大学硕士学位，从此落籍英伦。

第二次世界大战期间，罗孝建成为英国 BBC 广播电台有史以来第一位中国播音员，他用自己激昂的声音鼓励战时的英国人，勇敢地与法西斯侵略者血战，并向英国人介绍英勇的中国兵民血战日本侵略者的事迹，呼吁英国人支持中国的抗日战争。随后，他出任中国驻利物浦总领事，照顾那些为盟军服务的中国海员。战后，罗孝建用英文撰写《中国海员大西洋漂流记》一书，褒扬参加二战的中国英雄。

罗孝建（左一）在福州罗园

·第一位饮誉世界网坛的中国男选手

20世纪30年代，罗孝建就曾在世界大满贯赛事之一——温布尔登网球赛和戴维斯杯网球赛上，横扫欧洲高手。

罗孝建自幼喜爱打网球。20世纪30年代初期，正在燕京大学就读的罗孝建就赢得华北网球锦标赛的双打冠军，后又代表中国队参加了戴维斯杯及温布尔登网球赛，击败了欧洲的几位高手，轰动了全英。20世纪80年代后，罗孝建又连续五年取得全英网球老年冠军。

1934年，罗孝建（后排左四）比赛后留影

罗孝建卸任中国驻利物浦总领事后，当过新闻记者，当过作家，当过艺术商人，当过大学教授，还曾在伦敦开设美术出版公司，其间一直身兼英国网球教练。

·第一个在英宣传华夏美食的中国人

罗孝建自小家境优渥，尝遍中国美食，尤喜闽菜。1954年，罗孝建凭着从小尝遍中国美食的记忆，开始在英国电视台介绍中国美食，使多个电视台收视率猛升，也使英国主流社会接受并喜爱上中国餐。7年间他曾指导17000多位英国人品尝中国菜。40多家英国大报刊载过他关于中国烹饪艺术的文章。1983年，他曾连续一个多月在电视上教英国主妇怎样做中国菜。从此，他成了全英家喻户晓的明星。罗孝建还先后撰写了40多部介绍中国美食、中国菜烹饪艺术的专著。听罗孝逵说："当时，孝建哥哥经常让他留在福州的胞弟孝达寄中国菜谱。"罗孝建所写的《中餐烹饪百科全书》等，全球销量过百万册。

罗孝建娶了一位美丽的英国姑娘，名安妮，两人育有二子二女。他们的长女莲英用英文给父亲写的简传，题目就叫《出使西方的文化使节》，其中最后一段是这样写的："我父亲生来就要为公众服务，最后他则以一名出使西方的文化使节而告终。他几乎单枪匹马地向英国人民介绍中国的美食，英国人民热爱他、尊敬他，他也热爱英国人民，人们称他为'中英绅士'。"[24]

· 在白金汉宫旁开中餐馆

20 世纪 50 年代中期，罗孝建在距离白金汉宫 500 米的贵族区——艾布里大街开设了一家当时全英规模最大、档次最高的中餐馆，取"思念故土中华"之意，为餐馆起名"忆华楼"。至于为何要开在白金汉宫旁，据说是因王室成员对中餐有了兴趣，周边的上流阶层也极喜爱中餐，而且当时中餐在英国是高消费，每客每次至少需要 20 英镑。

忆华楼，主要经营中国鲁菜、川菜、闽菜和淮扬菜，香酥鸭、素炒蟹粉、芙蓉鸡、鱼肉虾盅等是忆华楼的招牌菜，罗孝建还推出闽菜代表作"佛跳墙"。或许伊丽莎白女王曾尝过忆华楼的"佛跳墙"，要不然 1986 年 10 月女王来访，邓小平设午宴款待她时上了"佛跳墙"，工作人员介绍此菜来历时，女王的脸上呈现出的是"我早就知道"的得意，点头说："那我们就更要多吃一些了！"最常到忆华楼来的是英国前首相希思，他与罗孝建往来甚密。忆华楼的名声很大，约旦国王和王子先后访英，也都闻风而至。

罗孝建由于对中华文化传播做出突出贡献，曾获"英国名作家奖"。1995 年 6 月，罗孝建病逝英伦，他的混血儿子罗前龙接掌了他的忆华楼。罗孝建的两儿两女都会说一口流利的中国话，都以传承中华文化为使命，他的女儿莲英专门到北京学习中医针灸。

罗孝建与安妮的结婚照

香港回归 罗天禄曾孙女婿送英王子退返

罗天禄曾孙女、罗丰禄曾侄孙女罗旭与丈夫赵稷华，同是新中国优秀外交官。赵稷华，1935年生于北京，1958年毕业于北京外国语学院英文系，进入外交部工作，先后历任外交部美大司副处长、国际问题研究所一室主任、中国常驻联合国代表团公使衔参赞、外交部港澳事务办公室主任、中英联合联络小组中方首席代表、外交部驻香港公署副特派员。

1994年，赵稷华与罗旭同赴香港，开始为香港回归工作。赵稷华任中英联合联络组中方首席代表，为香港顺利回归与英方代表斗智斗勇，努力为国家争取尊严与利益。先头部队驻港问题、防务交接仪式、香港政权交接仪式等一系列重大问题，都是赵稷华作为中方首席代表在最后阶段与英方会谈的重点。香港政权交接仪式，就是由赵稷华和英方首席代表戴维斯分别代表两国政府签署的。

在香港回归祖国仪式之前，世界上尚无任何一个国家或地区举办过类似的交接仪式。于是，一切只能由我方设计策划。在具体安排中，最关键的是要完成中央交给筹备小组的一个重之又重的任务：确保中国国旗必须在7月1日的0时0分0秒准时升起，让香港的主权准时回归祖国。

英国把香港这只“金鸡”归还给中国，本就不情愿，如果再让中国在全世界的注目下风光地接手香港，英国方面心里就更酸楚了。因此，在交接仪式的具体安排上，英方设置了众多障碍，与他们的谈判进行得非常艰难。赵稷华与英方代表戴维斯就此进行了大约10次正式谈判。一开始英方说，英中关于香港回归的协议上，只说1997年7月1日香港回归祖国，并没有规定几分几秒的具体什么时间。而中方则据理力争，说7月1日就是从0时0分0秒开始的。当时，中方代表人人心里都憋着一口气，他们说：要把被别人占领150多年的领土收回，寸土不让，分秒必争。

赵稷华丰富的外交经验和极高的谈判技巧，终于迫使英方让步。1997年6月30日23时40分至7月1日0时20分，中英两国政府香港政权交接仪式在香港会议展览中心举行，香港终于回归祖国。

交接仪式结束后，赵稷华等人将前来参加交接仪式的查尔斯王子一行送到码头，送走了香港曾经的主人。那一天，悲情的查尔斯在日记里留下了“这是帝国的末日”[25]的记录。

相比于罗丰禄，赵稷华是幸运的，因为他的外交生涯开始于中国站起来之时，成熟于中国日益强大之日。

注释：

①⑥⑦⑧⑫⑳㉑ 罗孝逵．豫章罗氏新梅公宗系福州南营族谱续修［M］．福州：豫章罗氏新梅公福州南营罗氏宗亲，2017：1-126.

②③ 许毓良．清代台湾军事与社会［M］．北京：九州出版社，2008：232—236.

④⑤ 刘琳．福建在台历代名人列传［M］．福州：海峡书局，2012：360—361.

⑨ 李鸿章．奏出洋肄业在事各员请奖折［M］// 张侠，杨志本，罗澍伟，王苏波，张利民．清末海军史料．北京：海洋出版社，1982：390.

⑩ 张培富．中国近代留学活动的历史走向与化学留学生［J］．山西大学学报（哲学社会科学版），2008，31(2)：10.

⑪⑭⑮⑰ 郑祖庚．闽县乡土志［M］．福州：海风出版社，2001：143.

⑬ B．П．波将金．外交史：第 2 卷［M］．史源，译．刘丕坤，校．北京：生活·读书·新知三联书店，1979：415.

⑯ 罗孝遵，罗孝逞，罗孝逵．使才罗丰禄［M］．福州：豫章福州南营罗氏族谱编委会，2019：76.

⑱ 佐原笃介．拳匪纪事［M］// 中国史学会．义和团（一）．上海：上海人民出版社，1957：289.

⑲ 裴荫森．三届出洋学生学成并襄办肄业各员出力，分别奖励折［M］// 张作兴．船政文化研究——船政奏议汇编点校辑．福州：海潮摄影艺术出版社，2006：403.

㉒㉓ 罗孝逵．豫章福州罗氏族谱［M］．福州：豫章罗氏新梅公福州南营罗氏宗亲，1998：49.

㉔ 刘琳．罗园主人百年悲喜见证中国外交崛起［N］．福州晚报，2013-1-17(17).

㉕ 佚名．这是帝国的末日——香港回归时查尔斯日记原文曝光［J］．晚霞，2007(1 下)：34.

叶祖珪家族

叶祖珪（1852—1905），字桐侯，福建省侯官县（今福州市鼓楼区）人，海军名将，船政后学堂第一届驾驶班毕业生，曾任“镇边”舰管带、北洋海军中军右营副将兼“靖远”舰管带、北洋海军统领、温州镇总兵、广东水师提督，总理南北洋海军统领、总理南北洋海军统领兼上海船坞督办。

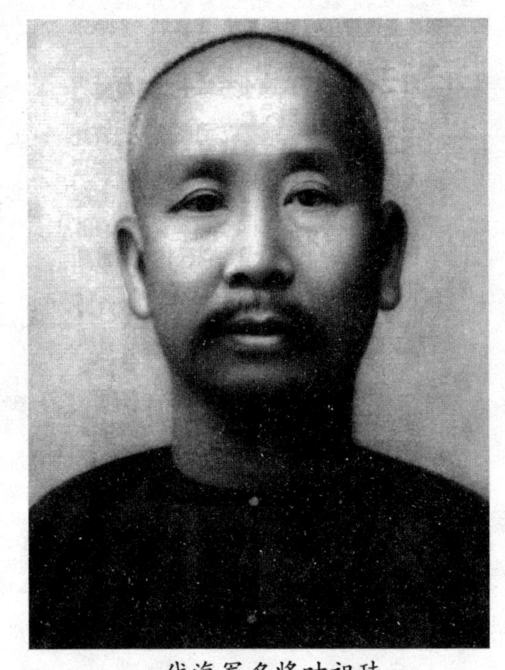

一代海军名将叶祖珪

叶祖珪家族世居今福州市鼓楼区雅亮里，三代海军，代代皆出海军英才，代表人物是晚清一代海军名将叶祖珪、为新中国人民海军创立做出贡献的叶可钰。

叶可钰（1898—1980），字幼韵，号哲如，海军名将，烟台海军学校第十七届驾驶班毕业生，曾任“平海”舰副舰长、海军马当炮台台长、海军长江中游布雷游击队副总队长、海军长江游击布雷队队长、海军川江漂雷总队总队长、海军练营营长、海军练营第二营（马尾）营长、中共中央社会部福州工作站成员；中华人民共和国成立后曾任人民解放军华东军区海军研究会研究员、人民解放军华东军区海军第七舰队副司令、人民解放军海军舟山基地副司令、交通部船舶登记局局长助理、福建省航管局副局长。

家族源流

叶姓源自黄帝

西汉史学家司马迁的《史记》对叶公子高的祖源，即有关楚世家的世系，有这样记载：黄帝（改姬姓）→昌意→颛顼→称→卷章→吴回→陆终→季连（为芈姓之始，楚其后）→附沮→冗熊（开始以熊为姓，后失考，以周王族衍发代数旁证，约传七八代）→鬻熊（系周文王老师）→熊丽→熊狂→熊绎（事周成王，始封于楚，姓芈氏）→熊艾→熊黮→熊杨→熊渠→熊延→熊勇，后传弟熊严→熊伯霜，后传弟熊季徇→熊咢→熊仪（谥"若敖"）→熊坎（谥"霄敖"）→熊眴（谥"蚡冒"），后传弟熊通（楚武王）→熊赀（楚文王）→熊艰（庄敖），后传弟熊恽（楚成王）→熊高（商臣、楚穆王）→熊侣（楚庄王）→芈子囊（号公子贞，楚令尹）→沈宜谷（公元前559年，因吴楚战争，曲折入吴，避嫌改芈姓为沈姓）→沈尹戌→沈诸梁。

沈诸梁也就是成语"叶公好龙"里的叶公。成语里的"叶公"是个十足的庸人，而历史上的叶公很有点本事。叶公，字子高，是春秋末期楚国著名的政治家、军事家、思想家和古水利专家，也是我国古代倡导法治理念最早者之一。因为叶邑之主，楚国县一级的行政长官称为公，故史称沈诸梁为叶公。鲁哀公十六年（公元前479年），楚国内部发生了白公胜之乱，杀死了令尹、司马，劫持惠王欲自立。叶公率叶地之兵，平定了叛乱，兼任楚国令尹、司马二职，随后整肃楚国朝政，荐贤让位，还归叶邑。在叶邑（今河南叶县），叶公带领民众开山修渠，修筑了2座水库，使当地数十万亩的农田得到了灌溉，也使百姓安居乐业。叶姓发源地在河南省叶邑（今叶县旧县乡）。

叶公后裔以叶为姓，故此叶公成为叶氏得姓始祖。

南阳富沙叶氏入闽始祖为叶灏

在福建最著名的数支叶氏中，以建州的南阳富沙叶氏这一支最为著名。

之所以冠之于“南阳”，是因叶氏得姓于叶邑，而叶邑在古代秦、汉时期属南阳郡，加上沈诸梁叶公易沈为叶姓后，叶氏渐次发展为南阳望族，故以“南阳”为堂号。

据侯官县宋代进士叶仪凤及其子叶珪（漳浦县丞）考证，叶氏最早入闽时间在“永嘉之乱”时，具体在西晋永嘉二年（308 年），入闽始祖失考。

南阳富沙叶氏这一支的始祖是叶灏。叶灏于唐武德四年（621 年）任建州刺史，次年举家由金陵（今南京）定居建安（今建瓯市）。

之所以在“南阳”之后冠于“富沙”，是为了铭记这一支叶氏入闽始祖。富沙即指古建瓯县城。得名源于唐代建安县西平政门外有一驿馆名“富沙”，宋代时迁入西南临江门内。五代时，闽王王审知之子、闽国第五任皇帝王延曦封曾任建州刺史的其弟王延政为富沙王。

南阳富沙叶氏自闽侯迁至福州

叶仪凤及其子叶珪考证：唐武德四年（621 年），叶灏奉旨入闽任建州刺史；翌年，携夫人和儿子叶忠、叶烈，由金陵（今南京市）迁入建安（今建瓯市）定居，被尊为建瓯富沙叶氏始祖。至唐末（约 890 年），其后裔叶四翁（名佚，行四，子叶任官拜大中大夫），由富沙迁侯官甘州。

2003 年至 2008 年，笔者多次专程采访过叶祖珪在福州的唯一一位嫡孙叶芳骐。叶芳骐在中华人民共和国成立前夕考上当时的福建学院，福建学院后与厦门大学合并，叶芳骐因此毕业于厦门大学，退休前是闽江学院的前身——福州师专党委委员、教务处处长。退休后，他致力研究祖父叶祖珪。在撰写《叶祖珪年谱》时，他曾对自己的祖先何时迁入福州城做了调查，证明自己的先世确实是河南叶县人，西晋永嘉二年（308年）中原动乱时，不少世家大族南迁。唐末，南阳富沙叶氏十六世南迁侯官县，先至侯官县甘州（今福建省闽侯县甘蔗街道），再迁侯官县荆溪乡白石头（今福建省闽侯县荆溪镇港头村白头自然村江岸沙洲），建有宗祠，号“俭德堂”。“不久祖韶庚一支移居闽县（今福州市城区）”[①]。

这支自侯官县荆溪乡白石头迁进闽县的叶家人裔孙，辗转居于雅亮里。随着叶祖珪在海军中稳步提升，雅亮里叶家渐成福州名门望族。叶祖珪升至管带后，月俸丰厚，曾捐款修祠。

当地人至今以叶将军为荣

笔者之一生于杨桥路林觉民冰心故居内，曾长期居于雅亮里对面的省府路，院子后门开在虎节路上，小时读的幼儿园即在雅亮里。2003年3月，依凭记忆去寻找这条小巷，却再也找不到雅亮里了。在周边的杨桥路、达明路、虎节路、省府路问了不少住户，其中一位老太太看笔者东问西问挺着急的样子，就问：“你找雅亮里干吗？我就生在那里。”我说是想去看看叶祖珪故居还有没有留下什么。老太太笑着说：“早说是找叶祖珪家，我们早就告诉你了。叶将军的房子拆了，拆得啥都没有留下，可惜呀！”我问：“这里人为什么还记得叶祖珪？”老太太说：“打日本仔有功呀！”听这位老人说，过去叶将军的房子很大，很气派。叶祖珪就出生在雅亮里。不过，当时叶家的房子很小，其父当私塾老师，所得仅够糊口。一直到光绪十年（1884年）叶祖珪的俸禄步入高薪阶层，他出钱在祖宅附近又购进了一些土地，将祖宅扩建成一个三进大宅院，每一进都有天井、大厅、正房、偏厦，大宅院左边、右边还各有一个花厅，有假山、亭台和不少奇花异草，叶祖珪亲自撰写的数对楹联，如“行仁义事，存忠孝心”和“少有清闲抱弦怀古，随其时地修己观人”等，刻成数对木刻柱联，挂在一进大厅里。叶祖珪是个很有责任感的男人，将祖宅扩建成大宅院后，把兄弟们都接来同住。

雅亮里叶祖珪故居已于20世纪80年代中期被拆毁，故居没了，但人们对叶祖珪的敬仰并没有随着叶家的祖屋被拆而在福州消失。当地不少老住户对叶家在中国近现代海军史上出了许多猛将，还能说出一二。

第一代

叶祖珪与二哥叶伯鋆同时考入船政学堂，开启了家族与船政的百年缘。

叶伯鋆：军舰管带 创办泉山学堂

叶伯鋆（1851—？），字鹤舫，海军军官，曾任署“登瀛洲”舰管带、“南琛”舰管带、“列”字鱼雷艇管带。

晚清福州有位颇有名气的私塾老师，名叶汝钦。他生有9个儿女，叶伯鋆即是其次子。叶汝钦虽收入不多，叶家生活也不宽裕，但对诸子读书要求颇高，督课甚严。也正是因此，同治五年（1866年）十一月，当时还叫“求是堂艺局”的船政学堂招生时，叶伯鋆与弟弟叶祖珪同时考入船政学堂第一届驾驶班。

父亲的亲自课读，为叶伯鋆打下了较好的文化基础，也培养了他良好的学习习惯。同治十年（1871年）五月，叶伯鋆以优异成绩完成了船政后学堂第一期驾驶班的堂课，之后与同学刘步蟾、严复、林泰曾、林永升、方伯谦等登上“建威”舰见习，远航南北各洋。

光绪元年（1875年），叶伯鋆等被派上“扬武”舰练习驾驶，在航行于新加坡、小吕宋、槟榔屿、朝鲜、日本之间，强化课堂所学知识，提升实操能力。因成绩优秀，叶伯鋆被船政大臣奏保尽先补用。

光绪三年（1877年），叶伯鋆因品学兼优被选拔成为中国海军第一批留学生，于次年二月十七日从马尾启程，三月二十八日到达英国，随即开始强化学习化学、力学、物理等基础课程。八月，奉派英国西印度舰队，登上“伯洛尔芬”号铁甲舰实训，曾随舰赴百慕大实习。

光绪五年（1879年），叶伯鋆因学习成绩优秀，受到“伯洛尔芬”舰舰长的高度评价，实习结束时获得优异凭证。同年十一月，叶伯鋆转学陆军炮兵战术，补习枪炮攻守战术。

光绪六年（1880年）三月，叶伯鋆学成归国，出任署“登瀛洲”号炮舰管带，曾率舰救护在海上遭到台风袭击的商船，营救了30多人。

光绪七年（1881年）九月，叶伯鋆升补守备，加都司衔，实任“登瀛洲”管带。

光绪八年六月九日（1882年7月23日），朝鲜王朝京军武卫营和壮御营的士兵因为一年多未领到军饷以及对由日本人训练的新式军队别技军的反感，聚众哗变。大量汉城（今首尔）市民加入起义队伍。起义兵民焚毁日本公使馆，杀死几个民愤极大的大臣和一些日本人，并且攻入王宫，推翻了闵妃外戚集团的统治，推戴兴宣大院君李昰应上台执政，因当年是壬午年，此次事件又称“壬午兵变”“壬午军乱”“壬午事变”。暴动发生后，日本趁机出兵朝鲜。七月七日，清政府派舰协同陆军赴朝，叶伯鋆奉命率“登瀛洲”舰随同前往，驻守仁川，使日军未敢轻举妄动。事后，清廷以叶伯鋆援护朝鲜有功，保升都司，赏戴花翎。

光绪十八年（1892年），叶伯鋆调任南洋水师“南琛”舰管带。

光绪二十年（1894年），两江总督刘坤一通过驻德公使许景澄向德国伏尔铿船厂订购“辰”字、“宿”字两艘鱼雷艇，叶伯鋆奉派赴德国监造。次年冬，叶伯鋆出任“列”字鱼雷艇管带，督带其回国。

光绪二十四年（1898年），叶伯鋆调任炮台管带官。

光绪二十九年（1904年），叶伯鋆与福州乡绅施景琛、林玉铭和叶可梁等，创办泉山学堂，民国后改为女子职业学校。后事不详。

叶祖珪：海军名将　总理南北洋水师

叶祖珪（1852—1905），字桐侯，海军名将，曾任“镇边”舰管带、北洋海军中军右营副将兼“靖远”舰管带、北洋海军统领、温州镇总兵、广东水师提督、总理南北洋海军统领、总理北洋海军统领兼上海船坞督办。

· 考船政学堂　三考皆列甲等

咸丰二年（1852年），叶祖珪生于福州城内雅亮里。叶祖珪兄弟姐妹九人，其行三，幼年端重有大志[②]。

叶祖珪幼承庭学，好学上进。少时看到周边的百姓生之艰难和国家不断受到外侮侵略，萌起了越来越强烈的振兴国家之念，读书非常勤奋，一心想通过科举进仕之路，报国为民。但因清末国力急退，人民生活越来越艰难，当私塾老师的父亲抚养不起9个儿女，无法供聪明异常的叶祖珪继续读书，叶祖珪只好忍痛放弃了科举之途。清同治五年（1866年）年底，刚刚创办的求是堂艺局（船政学堂前身），在离雅亮里极近的东街正谊书院招收学生，由于求是堂艺局可以免费提供膳食，而且不需要学费，学习优异还有奖励，这些是叶祖珪坚定报考船政学堂的初始原因。叶祖珪天资聪颖，三考皆列甲等，被录取到求是堂艺局。

·学业优良 远航考察南北洋海道

同治五年十二月初一（1867年1月6日），求是堂艺局先在福州于山定光寺（俗称白塔寺）开始上课。同年5月马尾校舍建好后，求是堂艺局搬到了马尾，不久改称“船政学堂”，分“船政前学堂”和“船政后学堂”。叶祖珪成为船政后学堂第一届学生，专攻航海驾驶。

与叶祖珪同班的学生不少是后来名震中华的优秀人才，如严复、邓世昌、方伯谦、何心川、林泰曾、邱宝仁、林永升等。叶祖珪在船政后学堂学习了英语、天文、地理、测算、驾驶等科目。

同治十年（1871年）五月，叶祖珪完成堂课，在和同学们离校启程参加航海见习前夕，曾联名写信向船政后学堂英国教习嘉乐尔告别，表示了坚定的爱国之心：“生等愿尽所能为国效劳……我们和你分别，虽觉难过，但我们为政府服务之心甚切，是以不能不把个人的意愿放在次要的地位，我们的爱国之心将不减少。”③叶祖珪登上练习舰出海见习，考察南北洋海道险要。

同治十二年（1873年），叶祖珪首次出国远航见习。南至新加坡、槟榔屿各口岸，北至日本而返。

·赴台驱日 成功逼迫侵略者退兵

同治十三年春（1874年5月），日本悍然出兵3600多人侵入台湾，登陆今恒春半岛，并在龟山（今车城）等地盖营房，建立“都督府”，准备长久占据。当年三月二十九日（1874年5月14日），清廷谕令船政大臣沈葆桢：“带领轮船兵弁，以巡阅为名，前往台湾生番一带察看，不动声色，相机筹办。”④确认日军已在台登陆后，清廷于同年四月十四日（1874年5月29日）任命沈葆桢为“钦差办理台湾等处海防兼理各国事务大臣”[5]，指示："所有福建镇、道等官均归节制，江苏、广东等沿海各口轮船准其调遣，俾得与日本及各国按约辩论。”[6]沈葆桢领旨后立即向朝廷提出驱日保台四条建议：联外交，储利器，储人才，通消息。他主张借助国际舆论逼迫日军退兵，同时做好战备以为后盾："如胁我非理，立即奋勇拒敌，不以开衅罪之……”[7]

同治十三年五月四日（1874 年 6 月 17 日），沈葆桢率福建船政轮船水师官兵乘船至台湾府城（今台南）。叶祖珪随舰前往驱日。沈葆桢率部在详细调查了解台湾军事防务与民情之后，决定采取“以战止战”的政治谈判与军事威慑、岛内设防与请兵大陆、固结民心与开山抚番“三结合”的斗争策略，开展驱日保台的军事与外交斗争，誓言“中国版图尺寸不敢以与人”[8]。在他的领导下，闽台军民团结一心共同对敌，终使日本侵略者于当年年底撤出台湾。

叶祖珪还随舰勘察台湾诸港口，参与绘制台湾府地图。

· 首批留学生 考进皇家海军学院

光绪元年（1875 年），船政学堂以“扬武”兵船为练舰，叶祖珪又上了“扬武”练舰，练习出国远洋驾驶，航行于朝鲜、日本及南洋诸岛。

光绪二年（1876 年），清政府选拔第一批海军留学生，赴欧洲当时海军强国英国培训，叶祖珪与严复、刘步蟾、方伯谦、林永升等 13 人因才具优异，被选为第一批赴英国深造的海军留洋生。其中，叶祖珪与严复、刘步蟾等 12 人学习驾驶等，罗丰禄攻读化学。

光绪三年（1877 年）春天，叶祖珪与同学远渡重洋到英国。三月二十八日，叶祖珪等到达到英国伦敦，先进英国海军基地参观考察。当时要进英国格林尼茨皇家海军学院，必须再次进行考试，只有叶祖珪、严复、方伯谦、萨镇冰、林永升、何心川等 6 人考中。叶祖珪和 5 位同学进入海军学院后，发愤努力，刻苦学习，到了废寝忘食地步，学业优异。他和同学们“深知自强之计，舍此无可他求，怀奋发有为，期于穷求洋人秘奥，冀备国家将来驱策”[9]。

光绪四年（1878 年）夏天，叶祖珪应邀赴泰晤士河口参观首次访英的日本“清辉”兵舰，并参加招待茶会。他还到纽卡斯尔参观军港设施，并赴朴茨茅斯港考察、学习。

实习时，叶祖珪进入英国“布来克珀林”号（“黑太子”号）兵船实习，紧接着又上“英芬昔索耳”号（“常胜”号）兵船学习，与英国王子同班练习，航行于地中海、大西洋、美洲、非洲、印度洋，掌握了海上进攻与防守之战略战术，同年岁末获准再上英国旗舰“波自毛斯”号见习。后由专门教师讲授电气、枪法、水雷各法。卒业评语是：“于行军布阵及一切战法。无不谙练。”[10]当时洋监督评价叶祖珪时，用了“勤敏颖悟，历练甚精，堪胜管驾官之任”[11]。英国王子也非常敬佩这位同学品行，在叶祖珪行将回国之际，王子脱下戴在手指上的蓝色宝石外镶嵌金刚钻的戒指，赠送给这位中国同学，以表思慕、惜别之情。

光绪六年（1880 年）三月，叶祖珪留学期满回国，经北洋大臣李鸿章奏保，以守备衔留闽补用。

· 北洋海军虎将　治舰全军之冠

光绪七年（1881 年），在英国订造的“镇中”“镇边”两艘炮舰驶抵大沽口中，学成归国不久的叶祖珪以都司衔守备充任“镇边”舰管带。任上，他全力传授西洋先进军事科学技术之外，还对部下进行爱国、报国、保国教育。《清史列传》说他“陈述圣谕及忠烈各传以相劝勉，风纪肃然”[12]，其所带之部军纪严明，战术精湛，连督操极严的北洋海军总教习英国人琅威理在观看了他训练官兵后，也评价甚高，誉之为“全军之冠”[13]。

光绪八年（1882 年），朝鲜爆发“壬午军乱”，叶祖珪督舰“随天津镇总兵丁汝昌往援，驻防”[14]。“数定其乱，师还。直隶总督李鸿章上其功，诏以都司衔留原省补用，并赏戴花翎。”[15]

光绪十年（1884 年）中法战争爆发，时任“镇边”炮舰管带的叶祖珪率舰镇守天津北塘，“严防法军北窜数月，军民安堵”。[16]《闽侯县志》对此有载：“甲申法越之役，直隶总督李鸿章檄以镇边炮船镇北塘。”[17]同年秋天，叶祖珪出资修葺雅亮里祖屋，并在大厅悬挂上“行仁义事，存忠孝心”“少有清闲抱弦怀古，随其时地修己观人”等数对木刻柱联。

以往，清廷向外国订购船舰，多雇用洋人驾驶回国，但每次要花很多钱，费很多时间，还常受洋人刁难，这使得有些新舰还受到不少不必要的损坏。因为叶祖珪航海技术和带兵本事甚高，光绪十三年（1887 年）叶祖珪被选赴英国督造和接带在阿斯特朗船厂订造的“致远”“经远”“靖远”“来远”等四舰。叶祖珪充“靖远”新式快舰管驾，亲自主舵驾“靖远”舰驶离英国朴茨茅斯港返国。光绪十四年（1888 年）春，叶祖珪率“靖远”舰，与“致远”“经远”“来远”驶抵厦门后，因北洋封冻，暂在厦门操练。第二年春，四舰抵天津。

叶祖珪等率舰远涉二万里重洋，排除万难，如期回国，打破了中国近代海军事事仰赖洋人的旧习。因为这次接舰成功，李鸿章奏请对叶祖珪以游击留原省补用，叶祖珪被赏以“捷勇巴图鲁”荣誉称号。

· 赴台平乱 招抚台湾土著

光绪十四年六月二十五日（1888 年 8 月 2 日），以花东纵谷大庄（今花莲县富里乡）为中心的一片平地人与少数民族村庄，因不满清朝课税严苛，遂联合举事，并联络吕家望部落共同举事，围困卑南厅治 17 日，并围攻卑南清军大营，众多百姓因此蒙难。驻台清军不能平息，李鸿章以台湾巡抚刘铭传告警，电北洋海军提督丁汝昌派舰援台。八月十四日（1888 年 9 月 19 日），叶祖珪率“靖远”舰随丁汝昌驰至卑南参战。八月十六日（1888 年 9 月 21 日）帮助台湾驻军攻破吕家望社，平定乱事，之后参与招抚少数民族。

《清史列传》对此有详记：叶祖珪“奉檄往援。既至台，察番众负固山峦，藤树蒙密，兵不易入，乃率士卒尽斧之，竭十余昼夜之力，始得以测镜窥其巢。于是以火器环攻，而虚其一面，生番穷蹙皆遁去。祖珪令熟番能通番、汉语者，论以朝廷威德，生番卒就抚。事闻，诏以参将尽先补用，并加副将衔”[18]。

· 再获勇号 连升两级

光绪十五年（1889 年）初，北洋海军新设中军右营副将一职，由叶祖珪升署，并正式委率“靖远”舰。同年春，率“靖远”舰去朝鲜各口岸，并至海参崴一带操巡。

光绪十六年（1890 年）夏，叶祖珪率“靖远”舰由海参崴返回朝鲜元山，途中暴风骤雨突至，“靖远”舰被狂风巨浪涌入山侧，斜掠而过，仅舰艄小伤，用船丁补上，安然返航。

光绪十七年（1891 年）初春，俄国皇太子来华游历抵香港，叶祖珪率“靖远”舰护航，经福州至上海。之后参加大阅兵。当年北洋海军舰艇在大连港外举行大阅兵，其中一项是施放鱼雷攻打目标，叶祖珪率领的“靖远”舰施放鱼雷均能命中破的，考虑到他筹办海军得力，升署总兵，并赏“讷钦巴图鲁”高级荣誉称号。

光绪十八年（1892 年），当人们纷纷祝贺叶祖珪连得大用时，叶祖珪“外瞻时局，内顾军备”[19]，却深感重任在身时局艰难，每于巡洋间隙回乡省亲，与家人谈论国事时总是忧心如焚，“未尝不慷慨泣数行下也”[20]。是年，在福州北郊置桑园亩许，供家人种桑养蚕。

光绪二十年（1894年）初，朝鲜爆发东学党起义，清政府应朝鲜政府之邀出兵协助平定，李鸿章遣调“靖远”“来远”前往仁川。同年，叶祖珪从夺取制海权出发，经多方观察，“知日本叵测”[21]，获悉日本不仅有觊觎我国的迹象，且侵略战争有一触即发之势，不但当即“上书千余言，痛陈利害”[22]，而且主动请战，“请先发制之”[23]，但“当轴沮之”[24]。

· 甲午被革　旋起用连升两级

光绪二十年（1894年）六月二十三日，日本海军在丰岛海面突然袭击中国军舰，甲午战争爆发。

甲午海战中，叶祖珪率“靖远”舰参战，表现沉着，指挥若定。但甲午海战后，英勇作战的叶祖珪被当作替罪羊，惨被革职。

革职后不久，一方面因为光绪帝为了挽救清朝危局，主张变法，拒绝变法的慈禧太后也深感时局不稳，所以在大学士王文韶奏“海军失事各员皆出万死一生，非他偾军者比”[25]，力请起用北洋海军幸存战将。光绪二十五年（1899年），“大学士荣禄以祖珪才可用，密言于上，请弃瑕录用。上召见，垂询甚悉，开复原官，加提督衔，统领南北洋海军”[26]。

光绪二十八年（1902年），叶祖珪又奉旨被授浙江温州镇总兵。光绪三十年（1904年），又提升为广东水师提督，总理南北洋海军事务。光绪三十一年（1905年），又兼任上海船坞（江南造船所前身）首任督办。

光绪三十一年（1905年）六月，叶祖珪从南京沿江南下巡视炮台及水雷营地时，因劳累过度，中暑又染伤寒，后频频咳血，虽然随从再三劝其速回上海治病，但他仍坚持完成此行所有任务后才返回上海，错过了最佳治疗时间，同月二十七日病逝于上海，当地《申报》对此做过专门报道。病逝后，朝廷诰授“振威将军”。叶祖珪遗体后以军舰运回福州故里，停柩三年，钦赐祭葬于福州西门梅亭群鹿山阳。墓园经过20世纪80年代的整修，至今保存尚好。墓旁竖有镌刻光绪帝悼词的巨型龙石碑。

光绪三十三年十月二十一日（1907年11月26日），叶祖珪入土安葬之时，光绪帝派头品顶戴、陆军部尚书衔闽浙总督松寿代其主祭，可谓哀荣备至。

叶家随着叶祖珪成长为一代海军名将而步入福州名门望族，也使得叶家从此与海军结下了不解之缘。

叶祖璧：轮机专家 驰骋海疆四十载

叶祖璧（1853—1922），字贡侯，海军军官，清朝时曾任“登瀛洲”舰三管轮、“南瑞”舰三管轮、“海天”舰二管轮、“海琛”舰二管轮、“建威”舰正管轮、“建安”舰正管轮；民国时曾任“建安”舰轮机长、副舰长。

叶祖璧是叶祖珪胞弟，少时考入船政后学堂，之后登舰服务，驰骋海疆。

光绪六年（1880年），叶祖璧派登“登瀛洲”舰练习。两年后，充任该舰三管轮。

光绪十四年（1888年），叶祖璧调任“南瑞”舰三管轮。

光绪二十六年（1900年），叶祖璧调任“海天”舰二管轮。次年，再调往“海琛”舰，出任二管轮。

光绪二十九年（1903年），叶祖璧出任“建威”舰正管轮。

光绪三十三年（1907年），叶祖璧调任“建安”舰正管轮。

1912年1月1日，中华民国南京临时政府成立，叶祖璧被任命为“建安”舰轮机长。次年。被授予轮机少校军衔。叶祖璧长期在军舰上服务，驰骋海疆，兢兢业业，民国时获连续授勋，先后获得“五等文虎勋章”“二等银色奖章”。

1917年11月22日，叶祖璧被任命为“建安”炮舰副舰长。此时，他已64岁，仍老当益壮，守卫海疆。

1922年10月31日，叶祖璧病逝。

第二代

雅亮里叶家第二代船政人，有匠首、技师、工人、水兵和海军军官，其中以叶可钰最为著名。

叶可松：业精于勤 海道测量专家

叶可松（1893—？），字寿南，海道测量专家，曾任“庆云”测量舰舰长、“景星”测量舰舰长、海军海道测量局潮汐课课长、海军海道测量局潮汛科科长、海军抗日布雷队队长；中华人民共和国成立后曾任交通部工程师、交通部长江轮船公司船长。

叶祖珪有子6人，分别名堪恩、堃恩、可松、可钲、可植、可熙。依《清史列传》记，“堪恩、堃恩俱官通判”[27]。叶可松是叶祖珪子侄辈中第一位当海军者，本致举业，后承父业，少年时期投身海军，1915年毕业于烟台海军学校第九届驾驶专业，之后进入海军部军需司任科员。因学业成绩优良，被选入海军海道测量局测绘班培训，成为中国海军自己培养的第一代测绘军官。曾任海道测量局绘图员，军衔三等军需。1925年10月，民国北京政府派时任海军海道测量员叶可松和陈志、梁同怡、陈绍弓4人前往日本参观水道部，研究学习制绘、测量技术，次年1月回国。叶可松学成归国，继续服务于海军海道测量局。

1930年5月23日，叶可松任“庆云”测量舰舰长。之后，曾任“景星”测量舰舰长。

1933年，叶可松任海道测量局潮汐课课长。后来，潮汐课改为潮汛课，叶可松继续担任课长。

抗日战争中，叶可松率部测量航道，为布雷队开路。1938年1月1日，海军部改编为海军总司令部，叶可松任中校候补员。之后，派往海军布雷前线。曾任海军抗日布雷队队长，投身艰苦卓绝的海军布雷战，表现英勇。抗日战争胜利后，获中国抗战胜利章。

1945年，蒋介石发动内战，叶可松悲愤难忍，后毅然起义。中华人民共和国成立后在国家交通部从事技术工作。在长江航运最需船长时，交通部高薪聘请他出任长江轮船公司船长，刚到任时月工资180元，后来长江水上运输失事很多，而叶可松开的船却从未发生任何事故，一查才知道他是留日的专家，马上提拔重用他，工资从180元提升到320元，相当于一级教授，是当时技术级别最高的技术职务工资。卒年不详。

叶可钰：国民党舰长 共产党舰队副司令

叶可钰（1898—1980），字幼韵，号哲如，海军名将，曾任“威胜”舰枪炮副、“咸宁”舰监造员、“咸宁”舰航海副、“辰”字艇副艇长、“宁海”舰监造官、南京海军鱼雷营副营长、“列”字艇艇长、练习舰队正副官、“湖準”艇代理艇长、海军练营代理副营长、“平海”舰监造官、海军练营副营长、“平海”舰副舰长、马当炮台台长、海军长江阻塞组组长、海军湖口布雷队第一分队分队长、海军练营营长、海军鄱阳湖布雷队队长、海军瓯江布雷队队长、浙赣区海军布雷队队长、浙江省封江办事处主任、海军水雷所办事员、海军布雷队第一分队队长、海军第二布雷队第一分队队长、第三战区封锁委员会委员兼海军长江中游布雷总队副总队长、海军长江中游布雷总队副总队长兼第三战区封锁委员会委员和浙江省封江办事处主任、海军长江中游布雷游击队副总队长、海军长江游击布雷队队长、海军川江漂雷总队总队长、海军总司令部法制委员会委员兼国防部物资委员会海军组委员、中共中央社会部福州工作站成员；中华人民共和国成立后曾任人民解放军华东军区海军研究会研究员、人民解放军华东军区海军第七舰队副司令、人民解放军海军舟山基地副司令、交通部船舶登记局局长助理、福建省航管局副局长。

· 表现优异 两度留日

叶可钰是叶祖珪弟弟叶祖铿次子、叶祖珪侄儿。叶祖铿因长子夭折，只养大了叶可钰一个儿子，但仍义无反顾地将独子送到海军。

1915 年 4 月，叶可钰考入福州海军制造学校，学习造舰。1920 年 11 月，叶可钰等 23 人奉派烟台海军学校改习航海，列为烟台海军学校第十七届驾驶班。1922 年 11 月 1 日，登“应瑞”练习舰，见习航海。1924 年 1 月 1 日，叶可钰奉派进入南京海军鱼雷枪炮学校进修兵器与战术。同年 11 月，再次登上“应瑞”练习舰，见习枪炮。1925 年 6 月 30 日，叶可钰毕业于烟台海校第十七届驾驶班。

1925 年 8 月 1 日，叶可钰充派“靖安”舰少尉候补副。次年，5 月 1 日任“威胜”舰枪炮副，12 月 1 日被派任江南造船所“咸宁”舰监造员。

1927年3月，海军总司令杨树庄率领海军易帜，归附国民革命军，叶可钰随“辰”字鱼雷艇参加西征舰队，转战湘赣各地江面。次年1月26日，叶可钰调任“咸宁”舰航海副。

1929年9月8日，叶可钰因表现优异，被选拔留学，赴日本进入横须贺海军学校学习水雷、鱼雷等海军专业技能。10月3日，被任命为“辰”字鱼雷艇中尉副艇长。留日期间，叶可钰参加东京中国留日学生联合会，并成为骨干。

叶可钰从烟台海军学校毕业时留影

· 在日监造军舰 与日方斗智斗勇

1931年5月12日，叶可钰出任新舰监造官，在日本参与监造“宁海”巡洋舰。他注意学习，为自力更生造舰、修舰做准备。当时，根据合同，日方应提供该舰的全部图纸给中方。但在建造该舰过程中，早已做着侵华准备的日方，有意扣压一些关键性的图纸与数据。叶可钰据理力争，日方仍坚决不给。叶可钰靠着自己超强的记忆力与学习过造舰、航海的优势，与同事们一起分工记下重要的参数。后来，中国海军依此作参考，设计、制成了“平海”舰。

1932年8月25日，叶可钰获授海军上尉衔。9月22日，叶可钰、曾国暹、何希琨、姚玙等4人毕业于日本海军学校。10月5日，叶可钰升任南京海军水鱼雷营副营长，叙为二等上尉。12月31日，叙为一等上尉。

· 多岗历练 连续晋升

1934年8月，叶可钰出任“列”字雷艇艇长。10月，调任练习舰队正副官。11月，积功获授“陆海空军乙种乙等奖章”。

1935年4月，叶可钰调任“湖凖”炮艇代理艇长。同月20日，回任练习舰队司令部一等上尉正副官，28日又调任“永绩”舰代理副舰长。同年7月31日，调任海军练营代理副营长。8月16日，因有在日本监造“宁海”巡洋舰的经验，叶可钰被调往位于上海的海军江南造船所，担任“平海”舰船体监造官。9月17日，叶可钰调任位于马尾的海军练营副营长，叙为海军二等少校。次年4月1日，叶可钰督驾“平海”舰，前往日本播磨船厂安装舰炮等武器装备。

1937年3月27日，叶可钰任“平海”舰一等少校副舰长，参加“平海”舰配员安排。

·血战日军 布雷建功

1937年7月7日抗战全面爆发后，海军构筑江阴封锁线，叶可钰与舰长高宪申一起，督率“平海”舰，与“宁海”“应瑞”“逸仙”等4艘战舰一起，驻守最前线，随即参加了著名的江阴海空战。

9月22日，在舰长受伤的情况下，叶可钰代理舰长，继续指挥战舰与日军血战。据中国《海军大事记》记载：“‘平海’受击最烈，副长叶可钰率领刘馥、汪炳炎、曾光荣、张国华、郑春香等据炮位，继续抗战，相持甚久，炮弹垂罄，该舰员兵用机枪协助御敌，击落敌机四架。”㉘

在战舰沉没的最后一刻，叶可钰才撤离战舰，随即奉命将舰上幸存官兵组织起来，成立了海军布雷队，继续以水雷为武器，抗击日军。

1937年10月1日，马当炮台建立，叶可钰出任台长。不久，他又接到新任务，驰往武汉，担任长江阻塞组组长。12月1日，叶可钰出任海军湖口布雷队第一分队分队长，冒死率领海军官兵实施布雷战，给予日军沉重打击。

1938年1月1日，叶可钰任海军总司令部少校候补员，并担任海军练营营长。同日，叶可钰因作战勇敢，获记大功一次。1月13日，叶可钰出任鄱阳湖布雷队队长，其间成功指挥九江敌后阻塞布雷战一次、田家镇敌前封锁布雷战一次、南昌吴城一带游击布雷战四次。2月1日，海军瓯江布雷队成立，叶可钰任队长。4月1日，叶可钰转任浙赣区海军布雷队队长，在浙东负责构筑水雷封锁线，以阻挡日军。6月，叶可钰调任“江鲲”炮舰舰长。11月，再调任浙江省封江办事处主任，封江办事处主要运用水雷封锁江河沿海，以阻击日军沿水路南下。在此任上，叶可钰指挥富春江布雷战两次。

1939年1月1日，叶可钰因布设沿江水雷及浙省流域水雷卓有成绩，获国民政府军事委员会颁发的“华胄荣誉奖章”。4月12日，海军新舰监造处内所设的水雷处改制为海军水雷所，叶可钰为办事员、一等海军少校。5月初，叶可钰任海军布雷队第一分队少校分队长。5月，日寇在瓯江、鳌江各口外布放水雷，企图封锁我水上交通线，叶可钰率队实施扫雷，先后在瓯江、鳌江清除敌雷数十枚，维护了航路安全。6月25日，海军布雷队重新整编，叶可钰任第二布雷队第一分队少校队长。11月1日，叶可钰调任第三战区封锁委员会委员、海军长江中游布雷总队少校副总队长。11月12日，叶可钰因率领海军布雷队第一分队先后在瓯江、富春江排雷，国民政府军事委员会以叶可钰抗战著绩，再次颁发给“华胄荣誉奖章”，并记功一次。12月16日，叶可钰兼任第三战区长官司令部封锁委员及浙江封江办事处主任，参加太平县（今温岭市）战役，封锁长江。

叶可钰与率部在瓯江实施抗日扫雷战时与起获的日军所布水雷合影

1940年1月，海军长江中游布雷总队改编扩充为海军长江中游布雷游击队，增加人员，并在水雷制造所培训布雷队员，刘德浦任总队长，叶可钰、何传泳任副总队长。4月12日，叶可钰奉派到江西上饶任海军长江游击布雷队队长，率领官兵先后炸毁了10多艘日军舰艇，给予日军沉重打击。10月10日，叶可钰获“甲种二等干城奖章”。同年底，叶可钰调至四川巴东地区，任川江漂雷总队总队长。

1941年8月24日，占领福州等地之日军准备后撤，海军马尾要港司令兼海军陆战队独立第二旅旅长李世甲将军奉命率部收复福州马尾、连江长门等地。海军总司令部下令恢复重建海军练营。11月3日，叶可钰调任海军练营中校营长。

1944年9月28日，日军第二次侵犯福州。10月1日，叶可钰奉命率领海军练营官兵后撤至福建古田县，在大山深处坚持办学。

1945 年 8 月 15 日，日军投降。叶可钰率海军练营迁回马尾。12 月 31 日，叶可钰晋升海军练营上校营长。次年 9 月 1 日，叶可钰任海军练营第二营（马尾）上校营长。

1947 年 1 月，叶可钰兼任海军总司令部法制委员会委员、国防部物资委员会海军组委员。此时，蒋介石排除异己，用陆军出身的亲信桂永清替代正直的海军总司令陈绍宽上将。桂永清上台后，疯狂打击闽系海军。

· 秘战英雄　忠诚履职

1947 年 1 月，叶可钰辞去海军练营第二营（马尾）营长之职。8 月 3 日，调任海军总司令部上校附员。

辞去实职后，叶可钰与方莹少将、曾国晟少将一起，在上海四马路福州旅社，成立了海军秘密进步社团——仁社，从事反蒋工作。

1948 年初，叶可钰开始接受中国共产党领导，为党工作。后受中国共产党的指派，带着中国共产党的电台，冒着生命危险回到福州，负责将中国老资格情报专家谢筱迺从红色潜伏者、国民党福州绥靖公署副主任吴石中将手中取到的情报，用家中的电台，先后传给西柏坡、香山中共中央最高层，他还策动 600 名海军精英坚决不去中国台湾，留下来参加中华人民共和国的海军建设。

1949 年 9 月 4 日，叶可钰加入中国共产党。之后，相继担任人民解放军华东军区海军研究会研究员、华东军区海军第七舰队副司令、海军舟山基地副司令、海军舟山基地副司令兼第七舰队副司令。

1955 年 8 月，叶可钰以上校军衔转业，先后担任交通部船舶登记局局长助理、福建省航管局副局长，为福建省政协委员。

叶可慰：海军陆战队副营长　抗日建功

叶可慰（？—？），一作可蔚，海军军官，曾任海军陆战队第一独立旅第二团副官、第一营营长。

叶可慰是叶祖珪侄儿，自幼受到良好教育，及长，投身海军，累功获升。1936 年 2 月 27 日，任海军陆战队第一独立旅第二团副官，军衔上尉。至抗战全面爆发时，任海军陆战队第一旅第二团第一营副营长。

1937 年 7 月 7 日，“卢沟桥事变”爆发，中国进入全面抗战时期。9 月，日军在浙江杭州湾金山卫登陆，杭州陷落。叶可慰率部随队驻守在浔阳、湖口一带，扼要防堵。12 月，南京战况吃紧，叶可慰再率部先将荻港至九江沿江的航行标志一律毁涂，并将马当航道封闭。

1938 年 1 月，叶可慰率部随队驻防马当，掩护江阴封锁线及戒备日军登陆。

马当位于赣北最东面的彭泽县江边，与江中小孤山遥相对峙。江面狭窄，水流湍急，形势险要，是一夫当关，万夫莫开的江防要塞。抗战初期，当局为阻敌西进，确保九江、武汉安全，在江心横贯一条拦河坝式的阻塞线。两岸山峰险要处设有炮台、碉堡、战壕等工事，水面布设三道水雷防线。

1938 年 2 月，叶可慰又奉令率部赴江西彭泽布防，紧接着湖口防务吃紧，叶可慰又率队随部赶往湖口担任警备，充任当地陆军之协防部队，守护武昌纸坊起至白石渡的 700 千米防务。

1938 年春，因日军连续轰炸粤汉铁路，叶可慰又奉命率队随部开赴鄂湘，接替陆军第 197 师，担任粤汉铁路护路工作，叶可慰很好地完成了任务。

1939 年，因湘西盗匪肆虐严重，叶可慰又率营随第二团、第三团移防湘西，维护作为战时生命线的湘黔公路安全及打击湘西土匪。叶可慰出生入死，保证了他们营所承担任务的出色完成。

1939 年 9 月中旬到 1942 年 1 月中旬，日军曾连续三次大规模进攻长沙，叶可慰所部依旧承担清敌特、惩土匪、保证我军通行公路安全的任务，他率部与敌拼杀，常常夜以继日护路，战绩出色，抗战胜利后获“抗战胜利勋章”。后事不详。

叶可炜：海军电信官 获抗战胜利章

叶可炜（？—？），海军军官，曾任海军陆战队第一独立旅第二团无线电第三台电信官。

叶可炜是叶祖珪侄儿，自幼受到良好新式教育，尤其喜爱物理、数学，及长，投身海军，专攻通讯。一直在海军电台工作。1932 年 9 月 11 日，任海军陆战队第一独立旅第二团无线电第三台电信官。随部参加了抗日战争，后获“抗战胜利勋章”。后事不详。

叶可箴：造舰制雷 经年服务累功获升

叶可箴（？—？），海军军官，曾任海军江南造船所统计课成本股差遣员、海军马尾造船所水雷处监造官、海军江南造船所总务室会计课课员。

叶可箴是叶祖珪侄儿，少年时期学习西学，进入新式学堂，在完成小学、中学教育后，进入海军造船机构服务。1933年，曾任江南造船所统计课成本股差遣员，此时，他的侄儿叶芳哲任统计课课长。

1937年8月，第二次淞沪抗战打响。叶可箴参与将江南造船所重要技术图纸、设备紧急转移至安全地方。在江南造船所部分人员西迁后，不愿留在上海为日军服务的叶可箴，南归家乡，1938年出任海军马尾造船所水雷处上尉监造官。

抗战胜利后，叶可箴回到海军江南造船所工作，1945年9月16日被任命为海军江南造船所总务室会计课少校课员。后事不详。

叶可梁：海军留学监督 七任驻外领事

叶可梁（1879—1972），字肖鹤，外交家、海军军官，清朝时曾任翰林院编修、《北京日报》主笔；民国时曾任京师大学堂农科大学监督（后改为北京大学校农科大学学长）、外交部佥事、驻美国大使馆二等书记官、驻英海军留学生监督、驻加拿大温哥华总领事、驻美国旧金山总领事、外交部编纂处编纂、驻爪哇总领事、驻菲律宾总领事、驻美国芝加哥总领事、驻美国纽约总领事。

叶可梁是叶祖珪侄儿，也是船政后学堂第一届驾驶班毕业、海军教育家何心川的女婿，著名教育家、思想家严复的外甥女婿。他的婚姻即是由叶祖珪和严复联手促成的。在北洋海军覆灭后，叶祖珪被革职待罪天津。光绪二十四年（1898年），叶祖珪奉命率领“海筹”“海琛”等舰回闽进行整修，临行前严复托叶祖珪在福建招收30名15岁左右的优秀子弟来天津水师学堂学习。叶祖珪回津后于次年三月开复原官，并加提督衔。就在这段时间中，经严复和叶祖珪联手撮合，叶可梁和严复外甥女何纫兰结为夫妻。叶可梁中学毕业于福州鹤龄英华书院，结婚后到上海圣约翰大学学习，毕业后赴美国康奈尔大学专攻农学，又入密歇根大学深造，获硕士学位。

虽然光绪三十一年（1905年）科举制度已被废除，但科举思想余绪远未根除，清政府又创造了一种科名奖励制度，鼓励国人赴欧美学习西学。具体做法是对留学生进行考试，依据成绩给予进士、举人、拔贡等出身，考得功名者可分配做官。宣统元年（1909年），叶可梁学成归国。次年参加科名奖励考试，考得一等四名，获授进士，进入翰林院任编修。同年，被聘为《北京日报》主笔。

1912年2月，严复任京师大学堂总监督时，拟加强农科建设，要在郊区拓宽农事试验场千亩，招聘教员20名，并要求用英语传授新农学。严复首先想到的就是学有专长、年轻有为的叶可梁，聘请他担任京师大学堂农科大学监督。1912年5月，京师大学堂改为北京大学校，严复是首任校长，叶可梁是首任农科大学学长。1912年7月至8月，他以北京大学校农科大学学长身份参加了全国临时教育会议。1913年1月，卸任北京大学校教职。

1914年，叶可梁任外交部佥事。同年5月25日，获“三等文虎勋章”。次年，出任中国驻美国使馆二等书记官。

1917年8月，叶可梁任中国驻英海军留学生监督。任上，全力为海军在英留学生服务。

1919年1月，叶可梁出任中国驻加拿大温哥华总领事。

1921年2月，叶可梁被派署中国驻美国旧金山总领事。次年12月正式出任中国驻美国旧金山总领事，1926年回国。

青年叶可梁

1927年，叶可梁出任国民政府外交部编纂处编纂。11月，被派署中国驻爪哇总领事，未到任。12月被派署驻菲律宾总领事，次年10月回国。

1930年，叶可梁任中国驻美国芝加哥总领事。

1932年11月，叶可梁被派署中国驻美国纽约总领事。

1934年6月，叶可梁再次出任中国驻美国纽约总领事。次年 2 月回国。

叶家在这一代还出了两位海军：叶可元（1893—？），字梦祥，陆军出身的海军军官，1914 年开始，任海军陆战队教练官。在 1922 年 3 月公布的海军职员录上，他仍是海军陆战队教练官。叶可笋，20 世纪 30 年代在海军部服务。1934 年前，曾任南京国民政府海军部总务司交际科司书，准尉军衔。

第三代

雅亮里叶家第三代船政人，以海军造舰专家叶芳哲最为知名。

叶芳哲：海军造舰专家 执教飞潜学校

叶芳哲（？—？），海军军官，曾任海军飞潜学校潜艇船体制造教官、海军马尾造船所制船主任、海军厦门造船所总办、海军马尾造船所工务长、海军江南造船所统计课主任、武汉大学工学院教授、海军赴美造舰服务团秘书、海军工厂总务室主任、海军江南造船所总务室主任。

叶芳哲是叶祖珪侄孙，自小矢志向学，少年时期投身海军，考入烟台海军学校，宵衣旰食，勤学苦练，光绪三十一年（1905 年）以优异成绩毕业，服务于海军。

1912 年，著名华侨领袖、爱国实业家叶清池（1846—1927），与厦门华侨集资 20 万元，在帆礁创办厦门船坞，由叶芳哲出任督办，英商德记洋行大班担任总办。船坞占地面积 160 亩，船坞长 340 英尺，可供制造、修理 300 吨以下船只。

1917 年，福州海军飞潜学校创立，这是中国最早设立的一所培养飞机、潜艇制造专业人才的学校，学校设立飞机制造、潜艇制造和轮机制造 3 个专业，叶芳哲任海军飞潜学校潜艇船体制造教官。

1918 年，叶芳哲出任海军福州船政局制船主任。

1924 年，叶芳哲出任海军厦门造船所总办，任上一干就是六年。

1930 年 4 月，海军福州船政局易名“海军马尾造船所”，叶芳哲任工务长。

1932 年 10 月，叶芳哲北调，出任海军江南造船所统计课主任。

抗日战争全面爆发后，海军部缩编为海军总司令部。叶芳哲随海军总司令部撤往重庆。抗日战争期间，武汉大学西迁四川乐山。叶芳哲在百忙之中兼任武汉大学工学院教授，坚持于战时培养国家急需的工科人才。

1944年，中国海军抽调新老造船专家，组成了赴美造船服务团，到美国海军工厂研习新式舰船和武器装备修造技术，叶芳哲任海军赴美造舰服务团秘书。

1946年，叶芳哲自美归来，出任海军工厂总务室主任。

1948年3月，叶芳哲任海军江南造船所总务室主任，军衔上校。后事不详。

叶克昌：海军人事专家　官至少将

叶克昌（1910— ？），字宪武，海军军官，曾任海军总司令部科员、副官，军政部海军处人事组组员、舰队指挥部人事处科员、海军总司令部人事处科员、海军总司令部第一署第三科科员、台湾地区海上防务部门人事任免调配处处长。

叶克昌是叶祖珪侄孙，1925年考入福州海军学校第三届航海班。1932年6月15日，叶克昌堂课结束。8月，派赴南京水鱼雷营学习水雷、鱼雷。次年，叶克昌完成学业后，相继担任海军少尉候补员、少尉航海副、中尉枪炮副等职。

1938年1月1日，叶克昌调任海军总司令部，担任上尉科员。

1945年8月22日，叶克昌任海军总司令部上尉副官。9月，转任军政部海军处人事组上尉组员，自此开始从事海军人事工作。次年3月，叶克昌任海军舰队指挥部人事处三科上尉科员，12月任海军总司令部人事处三科上尉科员。

1947年12月，叶克昌任海军总司令部第一署第三科上尉科员。

1949年初，叶克昌晋升海军少校。同年，随部迁往中国台湾。

1952年初，叶克昌晋升海军中校，之后先是升任台湾地区海上防务部人事任免调配处上校处长，后获授“海军少将”军衔。后事不详。

程帽贤：名舰舰长　渝万要塞炮台台长

程帽贤（？—？），海军军官，曾任海军部副官、“建康”舰舰长、“联鲸”

舰舰长、“永绥”舰舰长、“楚泰”舰舰长、海军（木洞镇）特务队队长、海军渝万区第三总台总台长、“英山”舰舰长、“美原”舰舰长。

程嵋贤

程嵋贤是叶祖珪的孙女婿，叶祖珪孙女叶绍华嫁给了这位在海军界颇有名气的福州人。

程嵋贤是烟台海军学校第十七届驾驶班高才生。1925年毕业后，因品学兼优，被选拔进入海军部，担任海军部总长杜锡珪副官。1926年6月，杜锡珪以海军总长代理国务总理，成立杜锡珪临时内阁，同时摄行大总统职权，程嵋贤继续服务于杜锡珪。同年10月，杜锡珪辞去国务总理职务。1927年6月，杜锡珪卸任海军部总长一职。1929年10月，国民政府特派杜锡珪为考察欧、美、日海军专员，先后赴日本、美国、英国、法国、德国、意大利等国考察，程嵋贤作为副官一路陪同。

1930年7月18日，程嵋贤任海军鱼雷游击队参谋。同年11月11日，调任“建康”舰舰长。

1932年，程嵋贤出任练习舰队中校参谋。6月4日，任“联鲸”舰舰长。9月24日，任“永绥”舰舰长。

1936年1月17日，程嵋贤调往“楚泰”舰，先任代舰长。不久实任，军衔为二等中校。

抗战全面爆发后，海军部改编为海军总司令部。时任海军总司令的陈绍宽催促海军马尾要港司令部加快在闽江口构筑阻塞线，以防范日军溯闽江进攻福建省城福州。时任“楚泰”舰舰长的程嵋贤，正督舰在福建巡防，海军总司令部决定留“楚泰”舰在闽，加强闽江防务，归海军马尾要港司令部指挥。“楚泰”舰防务十分繁重，同时成为侵华日军重要攻击目标。

1939年6月，日军空袭闽江，停泊在江中的“楚泰”舰被炸成重伤，只好拖入上游乌龙江，在螺洲附近的内河港汊里进行伪装，以防被击沉，“楚泰”舰的所有火炮均拆卸上岸用于构筑临时炮台。在战舰遭重创、难以捍疆后，程嵋贤没有选择归隐故里，连回家挥别家人都怕耽搁时间，历尽艰辛，赶往当时已迁至重庆的海军总司令部。1939 年 6 月，程嵋贤调任海军（木洞镇）特务队队长。

武汉保卫战后期，海军总司令部先在宜昌实施阻塞战并组成川江要塞两个总台，后以万县为中心，改设宜万、渝万两区要塞，最后凭借三峡天险，沿江布雷，夹岸炮垒，令日军不敢沿江入川，用此拱卫战时陪都重庆。1939 年 9 月，程嵋贤出任海军渝万区要塞第三总台总台长。海军渝万区要塞下辖第三、第四 2 个总台，两个总台下又辖万流、青山洞、巫山、奉节、三阳 5 个炮台，安装大炮 47 门。程嵋贤在此领导官兵施放水雷、日夜值守，粉碎了日军一次又一次从江上进犯重庆的企图。

1942 年 3 月，中国海军总司令部接收了英国滞留川江的一艘江河炮舰，更名“英山”，程嵋贤成为“英山”炮舰首任舰长。

1946 年 3 月 16 日，程嵋贤任“美原”炮舰中校舰长。

程嵋贤后来去了中国台湾，又迁往国外定居。

家族传奇

叶祖珪：北洋海军功臣

提起北洋海军，不能不提叶祖珪，叶祖珪几乎参与了北洋海军创建、发展、壮大、全军覆灭、再次创办的全过程，并在其中起了重要作用。

留学归来 参与创建北洋水师

清政府开始筹办北洋海军是在同治十三年（1874 年），当时的战船多在江南沿海，而拱卫京城的北方极少布有战船，清廷认为南北洋面过宽，界连数省，必需分阶段督办，以专责成。于是，派李鸿章督办北洋海防。

第二年，李鸿章着手组建北洋海军。在这位精干淮人的组织下，北洋海军很快拥有了“超勇”“镇边”“建威”等14艘战舰。李鸿章从船政学堂要来了一批优秀毕业生，还将首批留学英国的12名归国留学生中的9人招到了北洋海军，叶祖珪就是其中一位，他自光绪七年（1881年）归国不久就被调入北洋海军，持续为建设一支强大南北洋海军而奉献，直到殉职。

叶祖珪

叶祖珪被调入北洋海军不久，就升任“镇边”舰管带。在此任上，他表现出过人的带兵才能。当时，在北洋海军担任总教习的英国人琅威理于考察北洋水师各舰后，称赞叶祖珪所带的“镇边”炮舰军纪严明，为“全军之冠”。

赴英监造战舰 亲自驾驶归国

光绪十一年（1885年），海军衙门成立。光绪十四年（1888年），中国第一个海军管理规定《北洋海军章程》颁布，北洋海军正式组建成军。当时北洋海军多向外国订购战舰，但都需雇洋人驾驭回国，不但花费极多，而且外国雇员常常寻找各种理由刁难，借此多要钱。于是，清政府在向英国订造了“靖远”等新式战舰后，于光绪十三年（1887年）指派叶祖珪等赴英国接领在阿姆斯特朗船厂订造的“靖远”等新式巡洋舰。笔者在叶芳骐家，看到了其珍藏的一张祖父此次接船时在英国拍的照片，照片上的叶祖珪英气逼人，双目炯炯有神，虽然穿着便服，但一眼望去，就知是一位训练有素的军人。

回国途中，叶祖珪亲自主舵驾驶“靖远”巡洋舰。“靖远”舰属当时最先进的巡洋舰。《清史列传》第六十三卷对叶祖珪此次奉命接舰有这样的记载：“命祖珪往英接带，涉重洋二万余里，驾驶娴熟，如期返国。”[29]此次接舰，开创了中国海军史上的又一个第一，打破事事仰赖洋人的旧习。光绪十六年（1890年），北洋海军新设中军右营副将，以叶祖珪升署，并正式任命为“靖远”舰管带。

在“靖远”舰管带任上，每一次北洋海军有重要任务，多由叶祖珪承担。

光绪十七年初春（1891 年 3 月），俄国皇太子来华游历，叶祖珪率“靖远”舰护航；当年 5 月，李鸿章等校阅海军，叶祖珪率“靖远”舰进行射击、施放鱼雷等操练，全部能击中目标；同年 6 月，应日本邀请，叶祖珪率“靖远”舰访问日本。因筹办海军得力，叶祖珪升任总兵并赏“讷钦巴图鲁”荣誉称号。

甲午海战真英雄

· 上书千言 力主先发制人

叶祖珪是北洋海军极富战略远见的将领。光绪二十年（1894 年），他通过多方观察、研究，认定日本觊觎中国之心日甚，侵略战争一触即发，这位爱国将领心中万分焦急。

据《清史列传》记载，叶祖珪从夺取制海权出发，上书千言，力主先发制人，还主动请战。但当时腐败的清政府，正忙于筹办慈禧六十岁大寿，李鸿章又一味避战妥协，幻想靠英国、沙俄等帝国主义列强从中调解，所以选择消极保船避战之策，放弃夺取制海权战略，为日后北洋海军的全军覆没埋下了祸根。叶祖珪提出的主动出击建议，当时自然被否决。

· 血战黄海 代旗舰指挥战斗

光绪二十年六月二十三日（1894 年 7 月 25 日），日舰突然在朝鲜牙山湾丰岛西南海域炮轰北洋海军战舰，清廷被迫于七月初一（1894 年 8 月 1 日）对日宣战，甲午中日战争爆发。

八月十七日（1894 年 9 月 16 日），北洋海军提督丁汝昌率舰队护送运兵船抵大东沟，次日上午返航时遭日本舰队袭击，黄海大战爆发。黄海大战又称“大东沟海战”，是双方主力决战，当时日寇扬言要聚歼北洋海军舰队于黄海。

北洋海军投入黄海大战的兵舰有 12 艘，指挥作战的是李鸿章的亲信、淮军出身的北洋海军提督丁汝昌。丁汝昌有骨气，忠于职守，但只熟悉陆上作战，缺乏海上作战的经验。他坐镇“定远”旗舰，临阵指挥时随机应变不足，出战前也没有指定紧急状况时的代理旗舰，以致后来因其受伤致诸舰无首战力受损。

北洋海军有 12 艘战舰参战，其中 11 艘的管带都为船政学堂毕业，其中最重要的几艘战舰的管带皆与叶祖珪一样，是留学英国归来的精英。在他们的率领下，北洋海军官兵浴血奋战。没有想到的是，战斗进行到最关键时，旗舰的信旗装置被敌炮轰毁，使舰队难以统一指挥，诸舰被迫自行协作各自为战。叶祖珪率领的"靖远"舰与邱宝仁率领的"来远"舰相互依持，血战日舰，舰体受重创，死伤多人，舱面前后三次起火。日军见状甚为兴奋，以为大胜在即，大将伊东祐亨迫不及待地向天皇报捷，但在叶祖珪的指挥下，"靖远"舰官兵一边忍受着烈火的灼烤，一边抗敌。火越烧越大，为了扑灭大火，堵塞船漏，牵制敌人，"靖远"与"来远"舰决定战略转移，冲出包围圈，驶向大东沟西南的大鹿岛附近，背靠海滩，占据有利地形，一面抢修一面引诱敌舰"吉野"等 4 艘尾随而来，"靖远"以舰艏重炮猛轰敌舰，敌舰怕搁浅又担心炮轰，始终不敢逼近。这样，"靖远"舰不仅赢得了救火和抢修时间，又牵制敌舰机动力量，减轻了敌舰对北洋舰队的压力。

战斗到下午 5 时左右，"靖远""来远"舰抢修初毕，立即带伤归队，与"定远""镇远"会合。叶祖珪得知旗舰仍无法升旗指挥，形势甚是危急，当即发令升旗，由"靖远"舰代旗舰指挥战斗，升起令旗后，分散的诸舰立即集合，军威重振。据史书记载，"是时我军各船冲击星散，督船并不升旗收队，幸'靖远'管带从旁升旗收队，于是'平远''广南''来远'始随之。而港内'镇南''镇中'二炮船，并二雷艇亦至，军始集。倭船旋夺去"[30]。此时，已近黄昏，据《清代通史》记载，"暮色苍茫，日舰惧我'靖远'诸舰均折回归队，合鱼雷之乘也，解而南去"[31]，我舰尾追十余海里，敌舰航速较快，不久即已远遁，我舰队方才撤回。此役，粉碎了敌人聚歼清舰于黄海中的狂妄计划，迫使日舰队先退出战场。

黄海大战后，北洋舰队避入了旅顺港休整。时日海军与陆军集结，准备再次向威海卫南帮炮台发起进攻。丁汝昌率舰队匆匆返回威海卫布防，这时，清廷派直隶候补道徐建寅去查验北洋海军实情，并从中考核北洋海军主要官员 17 人，认为仅有叶祖珪、萨镇冰等 4 人可用。

· 再战威海卫 战舰折戟

光绪二十年十二月二十五日（1895 年 1 月 20 日），日军又大举进犯威海卫。北洋海军广大爱国官兵升火擦炮，准备近海迎战，当地百姓也给予全面支持。敌军知道公然正面进攻刘公岛及港内中国舰队并非易事，长于偷袭的日军，以海军掩护陆军从荣城湾登陆，从陆上绕道抄袭威海卫后路，占领南岸炮台，与海军夹击我舰。

实际上叶祖珪早就建议，将南岸三炮台留炮于黄岛，免得日军以我三炮台攻击我海军，但丁汝昌没有接受这一建议。敌人上岸后，果然以三炮台攻我海军。按《清末海军史料》记载："敌军果以三台炮轰我军"，时"我陆军先期已退，唯'靖远'并两炮舰及雷艇，驶近南帮迎击"[32]，当发现敌军时，"祖珪在龙庙嘴下，急发炮陨其队数十人"[33]。继之，他设法协助运卸北山嘴、黄泥沟、祭祀台 3 个炮台共 10 门的平射炮，将之运往黄岛，以免资敌。他的努力甚有成效，敌占领北山嘴等北岸三个炮台后，无炮可用，减轻了我舰队背后受敌威胁。但终因威海区炮台指挥官严重失职，使我军越来越陷入被动局面，"定远"舰被炮击搁浅后，水师提督丁汝昌到叶祖珪指挥的"靖远"舰上督战，在外援断绝局势险恶的情况下，坚持指挥舰队作战，以炮火支援刘公岛守军。

战至光绪二十一年正月十二日（1895 年 2 月 6 日）上午 8 时，"靖远"舰被敌炮弹击中，巨弹从左舷穿过右舷，丁汝昌与"靖远"舰管带叶祖珪得知舰体受重创，"特起锚愈益接近鹿角嘴台，盖欲肉搏该台"[34]，准备战斗直至牺牲。

没有想到，当"靖远"舰距该台 5000 米时，被日军占领的赵北嘴炮台二十八生（280 毫米口径）特大炮击沉。"丁提督正在船上督战，船沉之时，丁提督与副将叶祖珪坚意与船俱沉，乃被在船水手拥上小轮船"[35]，抢夺上岸。当时，日军围攻诱降，提督丁汝昌拒降，服毒自杀，以身殉国。威海营务处提调牛昶昞与洋员密谋伪托丁提督名义向敌投降。

正月二十三日，日舰队开进威海港，至此威海卫北洋海军基地完全陷落。叶祖珪与萨镇冰等 13 位生还的水师管驾官，乘"康济"舰返回烟台。

清史对叶祖珪在甲午海战中的表现评价甚高："（光绪）二十年（1894 年），中日以朝鲜之乱，故有违言。祖珪知日本叵测，请先发制之，上书千余言，痛陈利害，当轴沮之。已而'济远''高升'两船果被狙击，祖珪愤甚，大东沟之役，思有以报之，独驾'靖远'苦战，敌舰被击有沉者，日人始稍引去。然自是奉令守威海，不得踰越一步矣。及威海被袭，水陆军皆溃，'靖远'犹力战十五昼夜，至力尽援绝"[36]。

威海战败，北洋舰队全军覆没，这是清廷腐败和妥协路线带来的结果，腐败的清政府却归罪于英勇作战的一线水师官兵，将北洋海军官兵 3000 余人全部遣散回乡。叶祖珪被待罪天津，奉旨褫职。

为重振海军鞠躬尽瘁

甲午海战，成了中国几代海军永远的痛。

光绪二十五年三月（1899 年 4 月），慈禧太后召见叶祖珪及萨镇冰，免除叶祖珪革职处分，赏加提督衔，任命为北洋海军统领，萨镇冰为帮统。光绪皇帝谕："饬该统领等，选择朴实勇敢熟习驾驶之员，督同认真操练，以为整顿海军始基。"㊲

叶祖珪（二排右三）与战友们

此时，甲午战败不久，百废待兴，北洋海军仅剩"康济"一艘军舰。叶祖珪一到任，就以舰队实力一时难于全面恢复，而先从组训海军官兵入手，亲自撰写了《旗灯通语》两册，绘制了《要隘地理图说》一卷，印发下属学习。叶祖珪还亲自带旧舰前往马尾的船政造船基地修复。他从整顿沿海炮台入手，到沿海视察，并与各地官员商讨相应的措施，以调动更多力量，加强海防建设。在他的努力下，重建后的北洋海军很快拥有了 7 艘军舰、4 艘鱼雷艇。叶祖珪还着手制订海军人才培养计划，筹办新的海军学堂。

光绪二十七年（1901 年），义和团运动失败后，腐败无能的清政府再次签订了丧权辱国条约——《辛丑条约》。为了讨好列强，议和大臣准备自行解除仅存的微弱海防力量，要将"海天""海圻""海容""海筹""海琛"5 艘当时威力最强的大型军舰，退还英、德两国。叶祖珪据理力争，坚决不同意，终于保留住中国海军的命脉。同年 11 月，直隶总督派叶祖珪向俄国交涉要回被其占用的大沽船坞。叶祖珪与俄方斗智斗勇，终于要回了被外国人占用的大沽船坞。

光绪二十九年（1903 年），为了加快培养海军人才，叶祖珪又让萨镇冰筹办海军学堂，很快成立了烟台海军学堂，由烟台海军练营管带谢葆璋兼理堂务。

光绪三十年（1904 年），叶祖珪被提升为广东水师提督。但直隶总督兼北洋大臣袁世凯六月奏请挽留，言："查北洋海防重要，交涉纷繁，现值邻氛未靖，防守中立，关紧尤巨，悉赖该提督维持因应，深资得力，未便遽易生手。"㊳因此叶祖珪暂时留在天津奔忙。同年十二月，署两江总督兼南洋大臣周馥奏请叶祖珪前来统领南洋海军："查有现统北洋海军广东水师提督叶祖珪，本船政学堂出身，心精力果，资劳最深，拟将南洋兵舰归并该提督统领。凡选派驾驶、管轮各官，修复练船，操练学生、水勇，皆归其一手调度，南北洋兵舰官弁，均准互相调用。现有兵舰，虽不足一军之数，而统率巡防，须略仿一军两镇之制。即南洋水师学堂，上海船坞，兵舰饷械支应一切事宜，有与海军相关者，并准该提督考核。"㊴于是，叶祖珪奉旨从天津移驻上海，总理南北洋海军。

当时上海船坞（江南造船所前身）因管理不善，年亏损 20 多万两白银。叶祖珪兼任上海船坞督办后，大胆改革经营体制，改为商办企业，规定凡南北洋军舰到招商局各船，下至差遣小轮均归修理，很快扭亏为盈。

叶祖珪（后排左一）与严复（前排）、萨镇冰（后排右一）结下终身友谊

当时南北洋舰艇不多，且"管驾者又多不谙方略"㊵。叶祖珪又开始加强水师学堂建设，着手制定培养海军专门人才的水师学堂规章制度。按《清史列传》所言："一切事宜条理井然，规模宏整，故论南北两军联络之功，率以祖珪为最。"㊶

因劳累过度，叶祖珪英年早逝，使当时力主维新的光绪皇帝甚为悲痛，钦赐祭葬，还亲笔写

了祭文，并派人到墓前代他主祭。如今这块御祭碑就保留在福州梅亭叶墓前。墓园内青松挺立，一进门就能看到福州市郊区（1996 年 1 月更名为晋安区）人民政府立的叶祖珪墓为区级文物保护单位的石碑，光绪帝的御祭碑为雕琢双龙戏珠的大型石碑，立在墓园醒目处，上镌刻钦赐祭文："皇帝谕祭军营病故前任广东水师提督、总理南北洋海军事务叶祖珪之灵曰：鞠躬尽瘁，臣子之芳踪；赐恤报劳，国家之盛典。尔叶祖珪性行纯良，才能称职，方冀遐龄，忽闻长逝，朕用悼焉，特颁祭葬，以慰幽魂。呜呼！宠锡黄垆，庶沐匪躬之报；名垂青史，聿昭不朽之荣。尔如有知，尚克歆飨。"[42]（祭文标点为作者所加）墓园的一侧，还刻有"上谕遣官致祭，光绪三十二年五月初七日奉"[43]，这是叶祖珪下葬那天，光绪皇帝派头品顶戴、陆军部尚书衔闽浙总督松寿代表他来主祭时代读的祭文。

叶祖珪的英年早逝，令海军元老痛心不已。叶祖珪孙子叶芳骐在接受笔者采访时说："萨镇冰在福州期间，多居住在朱紫坊萨家大院和后来的冶山仁寿堂。因为我姑姑嫁给了萨镇冰的侄儿，所以我们兄弟几个常上萨家玩。那天，当他得知我兄弟是叶祖珪后代时，就把我们紧紧搂在怀里，连声叹惜：'桐侯（叶祖珪字）兄英年早逝，不然我俩还会长年共事切磋啊！'以后，他一直把我们兄弟当作自己的弟侄后辈看待，很关心我们的成长。"

叶祖珪逼退意大利强占三门湾

甲午战争后，西方列强掀起瓜分中国的狂潮，意大利于光绪二十五年初（1899 年 2 月）向清政府提出了强行租借浙江三门湾用作海军基地的无理要求，叶祖珪足智多谋，参与斡旋，并成功粉碎意大利强占三门湾的企图。此事以中国取得外交胜利、成功守护领土告终。叶祖珪在这次事件中发挥了重要的作用。

强索三门湾　意大利狮子大开口

光绪二十五年初（1899 年 2 月），意大利通过公使马迪讷向清政府总理衙门提出强行租借浙江省三门湾为海军基地，并要求准其修筑一条从三门湾通往鄱阳湖的铁路，浙江省南部三分之二为其势力范围，浙江省不得租赁给其他国家。

马迪讷声称意大利是欧洲六大国之一，中国既然已经许权利于五国，应以同等权利许于意大利。三门湾及入湾处的三个小岛，面积与德国在山东租借的胶州一样大，其权限利益参照旅顺、大连湾办理。

三门湾位于浙江省东部三门县沿海，南北长约40千米，东西宽约60千米，海陆方圆约2400平方千米。形势险要，湾口海域开阔，水深5~10米，万吨巨轮可直驶湾中，具有重要的军事价值和经济价值。意大利急欲通过殖民扩张转嫁国内政治、经济和社会危机，意在将中国作为意大利往东方殖民扩张的窗口。浙江是中国最著名丝绸之乡之一，丝织技术领先世界，而意大利工业以丝织业为主，米兰是丝织业的中心。若能以三门湾为据点，既可以学到先进的丝织技术，又可以为其今后商业扩张打下基础。

清总理衙门对意大利的强权外交和野蛮侵略行径表示强烈抗议，严词拒绝。

意大利以“炮舰外交”恐吓清政府，意在逼清廷就犯。光绪二十五年初（1899年2月），派出一支由3艘大型军舰组成的小舰队，在浙江三门湾狮子口海面横冲直撞，进行勘测、窥伺。意大利政府给马迪讷发来电报，指令他向清政府递交最后通牒，否则兵戎相见。“意大利遂派军舰六艘来华恫吓，迫伸前议，并递到哀的美敦书。情势严重，清政府极形恐慌。”[44]同年深春（1899年5月），意大利新任驻华公使萨尔瓦葛带了4艘军舰同行，到达上海，企图让清军不战而退。

叶祖珪率舰抗击意大利舰队

叶祖珪和“海天”号巡洋舰管带刘冠雄商议后，陈请朝廷坚决拒绝意大利的无理要求，主张率北洋舰队南下备战。叶祖珪陈请内容主要有三点：一是意大利综合国力弱小；二是意大利海军力量弱小；三是我海军有一定力量，尚堪一战。他以详尽数据细细分析北洋舰队实力超过意大利远东舰队，还有沿海上百座岸防炮台配合。同时，他也指出意大利舰队劳师远袭，后勤难继。

叶祖珪的坚定决心和远见卓识，说服了朝廷许多大臣。光绪二十五年秋（1899年10月），北洋舰队统领叶祖珪率舰南下，决心如果意大利舰队入侵，予以痛击。舰队官兵士气高昂，“海天”舰管带刘冠雄表示：“义（意）人远涉重洋，主客异势，劳逸殊形，况我有‘海天’‘海容’‘海筹’‘海琛’等舰，尚堪一战。”[45]

叶祖珪坚决反对意大利强占三门湾，他立即将刘冠雄的建议呈报上级，清政府听从了海军将领的意见，没有对意大利示弱，“统领韪之，陈于政府，立将哀的美敦书掷还”㊻。

光绪二十五年十一月十六日（1899 年 12 月 18 日），两江总督刘坤一在南京乘军舰出发，巡阅各炮台。抵达上海后，与江苏巡抚鹿传霖及叶祖珪见面，商讨防守和训练计划，检阅了北洋舰队。

与之同时，清廷命令浙江巡抚刘树堂：如果意军登陆强占，立即歼灭。刘树堂奉旨后，增兵布防，严阵以待。刘树堂还制定了切实可行的诱敌深入、制敌于陆的应对策略。

在三门湾游弋的意大利军舰，见清海陆双防严密，不敢轻举妄动。

意大利宣布放弃侵略计划

面对厉兵秣马的北洋舰队以及岸防炮台，意大利终于服软。向清政府宣布放弃对三门湾的强行租借要求，表示意大利无意在中国建立军事基地。

意大利欲强行租借三门湾事件折腾了一年，最终受挫。特别值得一提的是，同时也粉碎了奥匈、荷兰、比利时等二流列强原准备在意大利强占三门湾得手之后参与瓜分中国的计划，此后中国再也没有被迫“租借”领土。

叶可钰：潜伏英雄 中共高级情报官

抗战布雷时与新四军同志成为挚友

叶可钰是个传奇人物。

光绪二十五年（1899 年），叶可钰生于福州雅亮里。从烟台海军学校毕业后，以精明能干、待人温和、善于协调关系而著称，治军有方，广受好评。

抗战时，叶可钰出任当时中国海军最大且最现代化的军舰之一——“平海”舰副舰长。江阴血战中，在舰长受伤的情况下，叶可钰沉着指挥战舰，与敌 70 架飞机血战，击落数架敌机。

在战舰殉国后，叶可钰曾出任多支海军布雷队领导人，在与新四军并肩作战中，与新四军建立了深厚感情，他还将自己所管辖的一支布雷游击队拨归新四军，由陈毅指挥。

新四军引荐 赴重庆见周恩来

正是在与新四军并肩打击日本侵略者中，叶可钰从开始认同中国共产党人，到认同中国共产党主张，再到坚信中国共产党能带领中国人民走向繁荣昌盛，中共也很信任这位抗日英雄。

1940 年 9 月，叶可钰在上饶布雷时，奉命到重庆海军总司令部开会，新四军上饶办事处主任胡金魁（中华人民共和国成立后曾任中共湖北省委统战部部长）曾拿出自己的名片，让他到重庆找八路军办事处总务处处长邱南章（解放后曾任志愿军后勤部油料部部长、北京军区后勤部第六分部部长），让邱南章为其引见当时在重庆的周恩来。

1999 年 4 月、2003 年 4 月，笔者多次到叶家采访，曾采访过叶可钰的夫人黄静秀和小儿子叶延华。2003 年 4 月，笔者在叶家看到一张有 63 年历史的名片，正是胡金魁当年给叶可钰的名片。它比现在名片尺寸长些、窄些，格式大致相仿，正面印着胡金魁的地址、联系方式，还用钢笔写着邱南章的地址："重庆花龙桥红岩嘴 13 号办事处邱南章先生"；背面是几行钢笔小字："兹有我亲友、叶参谋可钰公赴渝有往弟处一玩，请介绍给首长一谈，此致邱南章。九月三十日"[47]。

叶家儿子说，因周恩来工作很忙，父亲没有见到周恩来，却与八路军重庆办事处多位同志有过深谈，党让他继续留在海军，说这样能发挥更大的作用。

海军练营营长成立反蒋仁社

1946 年初，国民党发动内战。同年 9 月，叶可钰被任命为海军练营第二营（马尾）营长。次年 1 月，坚决反对内战的叶可钰愤然辞职，国民党当局批复"辞职照准，离军缓议"[48]，后又要调他到台湾任职。但叶可钰非但不去，还在上海四马路福州旅社与同样向往光明的海军同人一起，成立了海军界"反蒋倒桂"社团——仁社。此处的"桂"，指的是在抗战胜利后接替陈绍宽出任海军总司令的蒋介石亲信桂永清。

奉命回榕 参与组建中央社会部福州站

1948年初，叶可钰开始接受中共中央指派，在国民党海军中秘密从事策反和情报工作。

淮海战役后，国民党情知大势已去，便开始逼迫大批新老海军去台湾。与之同时，中共中央也全力争取更多的国民党海军精英弃暗投明。

1949年初，中共中央社会部决定在福州设立工作站，中共秘密战线精英谢筱廼奉派到福州建立工作站，叶可钰即为工作站8位重要骨干之一，工作站任务主要是获取国民党军、政、警、宪、特重要情报，为解放福建服务。因为福州是中国近代海军的摇篮，国民党海军中高层将领和中下层官兵多为福州人，所以叶可钰回福州还有一项任务，即做国民党海军统战工作。

1949年4月，谢筱廼到福州前，中共中央社会部上海工作站骨干林亨元向他介绍了在抗日战争时就与中共密切来往的叶可钰。他们商量之后，将携带红色电台的任务交给了叶可钰。

同年4月，谢筱廼化名吴寿康，由上海取道香港，秘密潜入榕城，中共中央社会部福州工作站随即成立。

家中设中共电台 直通中共中央

1949年4月，叶可钰带着党中央特批的一部电台，利用自己的关系，乘坐国民党“楚观”舰，自上海回到福州，参与组建中共中央社会部福州工作站。

中共中央社会部福州工作站内，除了谢筱廼、叶可钰外，还有时任福建省参议会议长丁超伍的儿子丁日初，他是中共中央华东局地下党员。丁日初1948年夏天奉命回到福州，他的公开身份为福建合作金库经理，主要任务是搞策反、建电台。工作站里还有“国大代表”、大商人蔡训忠，他的公开身份是福州渔会会长，实是老资格秘战英才。周伯苍是资深潜伏英雄，曾长期在国民党军队做策反和统战工作，他也成为中共中央社会部福州工作站骨干。

中共中央社会部福州工作站的秘密电台，就设在叶可钰位于鼓西路孙老营巷的家中。孙老营巷2号叶宅，进门是天井，之后是一座民国早期的砖木结构两层楼，楼下厅堂、厢房，楼上卧室、阳台，院子左侧是花园。叶可钰回榕后，

孙老营巷2号 叶可钰家

谢筱廼按在上海时约定的时间，准时到孙老营巷找到叶宅，见大门两侧贴有双方在上海时约定的红色楹联，知道叶可钰已到家且宅内无异常情况。进入叶宅查看秘密电台安放的位置后，谢筱廼通过公用电话，以暗语向上级报告自己和叶可钰以及电台均安全抵达福州的情况。

同月，中共中央社会部直接为福州工作站配备了资深发报员姜平（解放后曾任中央保密委员会主任、中央保密局局长）、译电员叶贤友。二人取道香港，在叶可钰安全抵榕三天后，也来到福州。在姜平、叶贤友抵达福州后，架设在叶可钰家的秘密电台，在晚间约定时间经过调频、测试，与中共中央社会部取得联系。

孙老营巷很短，只住了4户人家，彼此都很熟悉。叶可钰家有一座二层小楼，站在楼上，推开窗子，就能看到是否有生人进巷。红色电台的发报室，设在叶家厕所旁，是一间堆放杂物的小屋。小屋不但离正门较远，旁边还有一个小门通往隔壁人家的院子。发报时，叶可钰夫人黄静秀或儿子叶克航就会在二层小楼上放风，若发现生人进巷，便及时通知，发报人有足够时间通过小屋旁的小门脱身。

红色电台设立后，每到傍晚要吃晚饭时，打扮成富商的谢筱廼，就来到孙老营，到叶家吃晚饭。因谢筱廼是江苏扬州人，如果家中刚好有其他客人在，叶可钰就向人家介绍这是在上海认识的富商来福州做生意。谢筱廼每天将从密战英雄、国民党福州绥靖公署中将副主任吴石处拿到的情报，带到叶家。天全黑时，打扮成生意人的发报员姜平也叩开叶家的门，将谢筱廼搞到的情报发往中共中央，而后接受党的最新指示。㊾

策动四百海军精英 留下建设新海军

叶可钰就是这样及时收到党的指示，并根据党的指示，开始利用自己在海军中的影响和关系，进行策反工作。他设法与到福州的国民党海军军官见面，挨个儿做工作，动员他们留下来；对家在福州的军官，通过其家属劝他们不要跟着蒋介石跑。他还争取了先期回榕的国民党海军总司令部第六署上校副署长陈书麟、海军总司令部军需处少将处长陈景芗、青岛海军学校上校教育长何希锟等协助策反。过了不久，上海海军基地司令方莹也自请辞职，回榕协助叶可钰说服更多的海军精英不去台湾。

人民海军舟山基地副司令叶可钰

听叶可钰夫人黄静秀说，当时丈夫和方莹他们常利用聚餐、跳舞、打扑克等形式，联谊在榕海军。一方面叶可钰利用海军派系间的矛盾，说服一批海军精英不去台；另一方面揭露国民党的腐败和不得人心，坚定一批海军精英不去台湾之心；同时，及时将共产党胜利的喜讯和林遵、邓兆祥等起义人员被重用的消息传达给在闽海军人员。

叶可钰一回福州，根据党的指示，频频登门劝说萨镇冰、陈绍宽二老不要随撤台湾。解放前夕，蒋介石多次叫陈诚出面电请萨镇冰、陈绍宽去台湾，都遭到拒绝。萨老回电称自己“年事已高，步履多艰”，陈老回电说自己“农事正忙”。逼急了，陈绍宽还扔下句：“若逼我去台，定从机上跃下，葬身闽海波涛！”

仅仅几个月，经过叶可钰等人努力，400多名在闽国民党海军官兵不顾国民党当局的威逼利诱，或是躲往乡下，或是躲在城中亲戚家，坚决留下来等待解放。除此之外，叶可钰还策划动员了国民党“太和”舰、“焦山”艇和海军第一测量队起义。据说，蒋介石闻知叶可钰将一大批海军精英留给共产党海军后，气得暴跳如雷，连声叫骂：“早该毙了这个‘赤化分子’！”[50]

中华人民共和国成立后，叶可钰加入人民海军，曾任人民海军第七舰队副司令和舟山基地副司令，率部参加解放舟山群岛和一江山岛海战。20世纪50年代中期转业至交通部工作，后调至福建航管局任副局长。1980年去世。

叶家三兄弟投笔从军抗战

3位名校高才生一起当兵

“七七”事变爆发时，叶可钰的3个儿子都在学校读书。大儿子叶延燊是南京金陵大学农业机械系四年级学生。二儿子叶克航、三儿子叶克强是一对双胞胎，都在金陵大学附属中学读高二。三兄弟学业极为优异，老师们都觉得以他们的聪慧当成为科学家。

侵略者打到了家门口，国恨家仇，令这三兄弟同时投笔从戎。当时，敌强我弱的态势，任何一个人都明白从军抗战意味着什么。有老师好心劝这哥儿仨留一个下来，以免叶家无后。但哥儿仨谁也不肯。

2005年7月7日，笔者专程采访了从中国台湾归来探望弟弟的叶延燊，他回忆起当初那一幕时依然记忆犹新：我们都珍惜生命，但我们知道国难当头不慷慨赴死，那就不是中国男儿！那就枉为中国人！我们从小接受的是做人要宁为玉碎不为瓦全的气节教育。我们兄弟仨分手时，没有说“再见”，因为我们都做好了牺牲的准备，只是互相紧紧拥抱。别时，我们不约而同地再一次回首，挥挥拳头，喊了一声：“我们中国一定会胜！”

当叶可钰知道三个儿子的选择时，对战友说了句：“我很自豪，有这样三位儿子。但愿他们在战场上不会给我们中国人丢脸！”

大哥当空军 随飞虎队征战南北

叶延燊因为能说一口流利的英语，且懂机械维修。参军后，被派往正在与中国人民并肩作战的美国克莱尔·李·陈纳德身边工作。

陈纳德将军先是参加了淞沪会战、南京保卫战、武汉保卫战，与中国和苏联空军司令官共同指挥战斗，后在湖南芷江组建了航空学校。1941年8月1日，中国空军美国航空志愿队成立，陈纳德担任上校队长。1942 年 7 月 4 日，美国航空志愿队改编为美国驻华空军特遣队，陈纳德担任准将司令。1943 年 3 月 10 日，美驻华空军特遣队改编为美国陆军第 14 航空队，陈纳德提任少将司令。同年 7 月 25 日，陈纳德应聘为中国空军参谋长。1943 年 10 月中美空军混合联队组成并投入战斗，陈纳德任指挥。陈纳德于 1945 年 8 月 8 日离开中国。

抗战期间，叶延燊一直在为陈纳德将军及其所率的空军队伍服务，曾先后出任独山空军所副主任、芷江空军第四所副主任。因勇敢、机智及服务优良，获美国空军颁发的优异服务勋章。后获“抗战胜利勋章”。

二哥当坦克兵 远赴印缅激战

叶克航入伍后，进入中央陆军军官学校（黄埔军校）第十七期学习。因文化程度高，专攻当时对中国来说算最新型武器的战车（坦克），毕业后出任坦克连排长。随部参加了一系列与日寇血战，因作战勇敢且思维灵活，被提升为连长。1942 年 3 月，随部进入缅甸与日军作战。

缅甸是中国近邻。日寇占领越南后，中国经周边国家通往出海口岸的道路只有从云南到缅甸仰光最后一条通道。当时，缅甸是英殖民地，英国因在欧战中失败，本土在德国空军不断空袭下岌岌可危，无力救援海外殖民地，遂与中国商定在缅甸共同对日作战。1942 年 3 月 8 日，日军攻占仰光，切断了中国通往海际的最后一条陆上交通线。英军急请中国入缅参战，新组建的中国远征军第 1 路第 5、第 6、第 66 军奉命紧急入缅，时任中国远征军第 6 军新编第 30 师战车第二营连长的叶克航随部出征。中国军人浴血作战，顽强精神令日寇胆寒。与中国军人顽强抗击日军相反，担任西线作战任务的英军却不堪一击。4 月上旬，日军第 33 师团先后突破英军防线，攻占了仁安羌油田，将英军 7000 余人包围于仁安羌以北地区。在英军的求援下，中国远征军派出第 6 军之新编第 30 师前往仁安羌，叶克航随战车连冲在最前面，参与救出了英军第 1 师 7000 余人和被俘的英国传教士、记者、军人等共 500 余人。叶克航也因此获英军统帅蒙巴顿将军奖赏，获英国二战勋章。

而英军被解围后却弃中国军队于不顾，单独撤往印度，致使中国远征军第 5 军、第 6 军新编 30 师被日军包围，后历尽艰险才突出日军合围。

1944年初，叶克航随30师进入印度，编入新1军作战序列。1944年5月1日，中国远征军驻印各部队合编为新编第1军、第6军，孙立人、廖耀湘分别担任军长。叶克航随中国驻印军参加了艰苦卓绝的胡康河谷战斗、孟拱河战斗、密支那攻坚战、八莫进攻战等一系列作战，歼灭了日军第18师团主力，于1945年1月27日晨在畹町附近的缅北芒友地区与中国远征军胜利会师，结束了中国驻印军的光荣使命。叶克航后获“抗战胜利勋章”。

小弟当炮兵 坚守宁夏御敌

叶克强入伍后，也进入中央陆军军官学校第十七期学习炮兵。毕业后分配守护宁夏，由副排长、排长，升任连长，为阻止日寇入侵立了功。抗战胜利后也获“抗战胜利勋章”。

1937年7月叶家三兄弟投军抗日后，彼此皆不知生死，也不知父亲是否还在世。抗战胜利后，叶延燊回到上海。一次到上海车站送人，车站人挤人，听到附近有人说话，觉得声音很熟悉，循着人声挤过人群，原来说话的人是父亲，父子两人相拥庆贺胜利。叶延燊问父亲：“是否有弟弟的消息？”父亲说正托人打听。说到这里，父亲眼里有泪光闪过，他说：“但愿我的儿子都能看到日本人投降这一天。”[51]

注释：

①②⑩⑪⑯ 叶芳骐．叶祖珪年谱[M]．香港：雅亮里叶氏宗亲，1993：1-3.

③ 叶芳骐．近代爱国将领叶祖珪事略[M]//中国人民政治协商会议福建省委员会文史资料研究委员会．福建文史资料：第八辑．福州：福建人民出版社，1984：202.

④ 宝鋆．筹办夷务始末（同治朝）：卷93[M]．台北：文海出版社，1971：8543.

⑤⑥ 宝鋆．筹办夷务始末（同治朝）：卷93[M]．台北：文海出版社，1971：8562-8563.

⑦ 沈葆桢．致李子和制军[M]//沈文肃公牍．福州：福建人民出版社，2008:1.

⑧王元稚．台湾文献丛刊第39种·甲戌公牍钞存[M]．台北：台湾银行经济研究室，1959：73.

⑨ 容闳．西学东渐记[M]//中国史学会．洋务运动（二）．上海：上海人民出版社，

1961：199.

⑫⑬⑭⑮⑱㉙ 清史列传（第十六册）[M]. 北京：中华书局，1987：4999.

⑰ 闽侯县志（民国二十二年刊本影印本）[M]. 台北：成文出版社，1966：251.

⑲⑳㉕ 郑锡光，皇清诰授振威将军广东水师提督钦赐祭葬国史有传桐侯叶公墓志铭，福建省图书馆藏。

㉑㉒㉓㉔㉖㉗㉟㊱ 清史列传（第十六册）[M]. 北京：中华书局，1987：5000.

㉘ 南京国民政府海军部．海军部大事记（1912—1941）[M]// 杨志本．中华民国海军史料．北京：海洋出版社，1986：1126.

㉚ 近代中国史料丛刊第四辑·中日战争史料 [M]. 台北：文海出版社，1987：1171.

㉛ 萧一山．清代通史（三）[M]. 台北商务印书馆．台北：商务印书馆，1963：1212.

㉜ 池仲祐．甲午战事纪 [M]// 张侠，杨志本，罗澍伟，王苏波，张利民．清末海军史料．北京：海洋出版社，1982：325.

㉝ 沈云龙．近代中国史料丛刊续编（第十八辑）[M]. 台北：文海出版社，1975：22.

㉞ 孙克复，关捷．甲午中日海战史 [M]. 哈尔滨：黑龙江人民出版社，1981：207.

㊲ 大清德宗景皇帝实录（六）卷 440[M]. 台北：新文丰出版公司，1978：10.

㊳ 袁世凯．奏叶祖珪请留直差遣片 [M]// 张侠，杨志本，罗澍伟，王苏波，张利民．清末海军史料．北京：海洋出版社，1982：587.

㊴㊵ 周馥．奏南北洋海军联合派员统率折 [M]// 张侠，杨志本，罗澍伟，王苏波，张利民．清末海军史料．北京：海洋出版社，1982：90-91.

㊶ 清史列传（第十六册）[M]. 北京：中华书局，1987：5001.

㊷㊸ 光绪皇帝谕祭碑文，光绪皇帝谕祭碑现立于福州市群麓山叶祖珪墓园内。

㊹㊺㊻ 陈绍宽．海军史实几则 [M]// 张侠，杨志本，罗澍伟，王苏波，张利民．清末海军史料．北京：海洋出版社，1982：851.

㊼㊽㊾㊿ 刘琳，史玄之．福州海军世家 [M]. 福州：海风出版社，2003：58-62.

(51) 刘琳，史玄之．船政新发现 [M]. 福州：福建省音像出版社，2006：57-65.

叶殿铄家族

叶殿铄（1852—1907），原名在和，字仲波，福建省闽县（今福州市晋安区）人，著名造舰专家，曾任船政船厂监工。

叶殿铄家族自南宋开始，居于今福州市晋安区鼓山镇后屿村，家族三代皆出船政名杰，代表人物即叶殿铄。

家族源流

“姬、芈、沈”为叶氏“三连根”

叶姓源自芈姓沈氏。春秋末期，楚庄王的曾孙沈尹戌，楚平王时为左司马，食采于沈鹿，得姓沈氏。其子沈诸梁，字子高，又受封于叶邑（今河南省叶县），世称叶公。叶公子孙以邑为氏，得姓叶。又据《史记·楚世家》载，楚之先祖出自帝颛顼高阳氏。颛顼曾孙重黎、吴回。吴回有子陆终；陆终第六子季连，芈姓，是楚人嫡系祖先。帝颛顼乃黄帝之孙，故芈姓又源于黄帝姬姓。因而“姬、芈、沈”乃叶氏之“三连根”。

叶殿铄家族先祖唐代入闽

叶殿铄为叶灏之后。唐武德四年（621 年），叶灏奉旨入闽任建州（今福建省建瓯市一带）第一任刺史。翌年（622年），接夫人同弟叶濒携忠、烈二子定居建州之建安。在当时城外（今管葡路）古富沙地之沙滩上简易搭盖而栖。因而叶灏被尊为建瓯富沙叶氏始祖。

唐末（约890年），叶灏后裔叶四翁（名佚，行四，子叶任官拜大中大夫）由建安富沙迁侯官甘州（今福建省闽侯县荆溪镇港头村白石头江岸沙洲）。

南宋肇基鼓山后屿

南宋绍兴三十年（1160年），叶四翁后裔叶定老，由侯官白石头迁居闽县松山岐西境坊（今福州市晋安区鼓山镇后屿村）。叶四翁在此开枝散叶，繁衍生息，至今传三十余世。

自叶定老之后，侯官白石头富沙叶氏不断有人迁到鼓山后屿附近。明嘉靖三十一年（1552年），富沙叶氏后裔叶生亮、叶文显由侯官白石头迁闽县山宅境（今鼓山镇上岐村），至今传19世。明天启七年（1627年），叶仕本、叶德明由侯官白石头迁居闽县宏山玉井境（今鼓山横屿村），至今传15世。南宋嘉泰二年（1202年），居于侯官白石头龙南的叶公明迁至闽江对岸十四都长岸湖头。清嘉庆十年（1805年），叶公明后裔叶廷禧、叶廷凤、叶廷兰、叶廷灼、叶廷亮五兄弟自长岸湖头迁至闽县秀坂（今鼓山镇秀坂村），至今传十一世。

南宋至清居于侯官白石头的富沙叶氏不断迁往今鼓山镇一带，使鼓山镇成为福州城区富沙叶氏重要聚集区。

船政家谱

第一代

鼓山后屿村与马尾隔鼓山相邻，马尾创办船政学堂消息传来，叶殿铄家人闻知后，即鼓励叶殿铄前去报考。受限于文化程度，他只能进入船政艺圃学习造船。不过，也由此繁衍出一个连绵三代的船政名门。

叶殿铄：留洋归来 船政船厂监工

叶殿铄（1852—1907），原名在和，字仲波，著名造舰专家，曾任船政船厂监工。

清咸丰二年（1852 年），叶殿铄生于闽县松山岐西境坊（今福州市晋安区鼓山镇后屿村）。同治七年（1868 年）正月，叶殿铄考入福建船政创办的船政艺圃，他学习刻苦，成绩保持优异。正是因为品学兼优，被选拔赴欧洲留学。

光绪三年（1877 年）二月十七日，叶殿铄和他的 8 名艺圃同学，与船政学堂驾驶班和制造班优秀毕业生严复、刘步蟾、萨镇冰、魏瀚、陈兆翱等 26 名同学一起，成为清政府首批派出留洋的海军军官。船政艺圃选拔的 9 位优秀艺徒，分两批前往法国。第一批于同年春天抵法，开始留学生活；叶殿铄和 4 位同学属第二批，于同年秋天到达法国。之后，叶殿铄进入布雷斯特海军士官学堂，学习制造铁甲、炼铁、炼钢、化验五金等技艺。

叶殿铄在完成第一阶段学习后，于光绪四年（1878 年）十一月，进入法国监工学堂，学习鱼雷和雷艇制造技术。之后，他又与陈可会、张启正一起，被选赴德国研修鱼雷制造，成为中国最早研习近代鱼雷技术的先驱。

光绪六年（1880 年），叶殿铄等 9 名船政艺圃艺徒学成归国，任船政船厂监工。

光绪七年（1881 年），始建于明崇祯年间（1628—1664）的闽江口长门炮台群，要增建礼台，用以酬答各国军舰礼仪。同时，为加强闽江口防守力量，决定在礼台上加装 9 门德国克虏伯大炮。叶殿铄奉命作为长门礼台建设总指挥，负责建设长门礼台，他精心设计，严把施工关，使礼台质量上佳。

光绪十一年（1885 年）十一月十二日，魏瀚、郑清廉等设计的中国第一艘双机钢甲舰“龙威”号开工。叶殿铄参加了“龙威”舰制造。舰成，升为都司。

随后，叶殿铄又参与了“广甲”“平远”“广庚”等 10 余艘舰船的制造。光绪十九年（1893 年），叶殿铄造船有功，升为游击，赏戴蓝翎。叶殿铄还参与罗星塔石船坞建设，成为极富实践经验的著名造舰专家。

光绪二十四年(1898年),叶殿铄参加制造船政第一艘新式鱼雷快舰——“建威”舰。次年,叶殿铄又参加制造船政第二艘新式快艇——“建安”舰。

光绪三十三年(1907年)十月十二日,叶殿铄积劳成疾,壮年而逝。清政府追授予“威德将军”称号。

第二代

叶殿铄生有五子一女。长子叶天庚、次子叶宝琦和侄儿叶宜彬少年时期,先后考入船政学堂,相继成长为优秀海军军官。

叶天庚:资深轮机长 抗战制雷杀敌

叶天庚(1887—1960),字肖坡,海军军官,曾任“通济”舰轮机长、“德胜”舰轮机长、“威胜”舰轮机长、海军部舰政司机务科科员、海军水雷制造所课员、海军工厂管理委员会委员。

叶天庚为叶殿铄长子。光绪三十三年(1907年)七月,毕业于船政后学堂第十届管轮班。一毕业,就到“应瑞”巡洋舰做见习轮机官,之后在海军做了整整40年轮机官。

1912年1月1日,中华民国南京临时政府成立,叶天庚被任命为“海筹”巡洋舰轮机副,被授予海军中尉军衔。

1917年11月22日,叶天庚出任“通济”练习舰上尉轮机长,他刻苦自励,坚持钻研使用、保养、维修技术,技术能力不断提升。次年10月19日,获授“五等文虎勋章”。

1919年5月15日,时任“通济”练习舰轮机长的叶天庚,晋升海军轮机少校。积功于次年1月1日,获授“四等文虎勋章”。

1925年7月22日,叶天庚调任第二舰队炮舰少校轮机长。

1929年7月17日,叶天庚调任“德胜”炮舰少校轮机长。

1931年1月26日，叶天庚调署“威胜”炮舰轮机长。三年后，正式出任“威胜”炮舰轮机长。

1935年5月25日，叶天庚改任国民政府海军部舰政司机务科少校科员。

抗战全面爆发后，叶天庚随海军部撤往重庆。1938年1月1日，海军部为因应战时需要，改组为海军总司令部，叶天庚任海军总司令部少校候补员。次年1月初，转任海军总司令部少校科员。

在江阴海空战、南京保卫战和武汉保卫战中，中国海军主力战舰大多战至殉国，水中布雷游击战成为海军重要击敌手段，为此需要研发和大量制造水雷。1940年2月，叶天庚调往海军水雷制造所，参与研制能对日舰轮机给予高杀伤力的多种型号固定水雷和漂雷。同年11月，海军水雷制造所改称海军工厂，叶天庚任海军工厂管理委员会委员。

1945年9月16日，海军工厂管理委员会主任曾国晟兼任上海海军工厂厂长，奉命接收长江沿岸城市和青岛等地日伪海军资产。叶天庚随曾国晟参与接收日伪海军资产。

1947年，叶天庚充任海军总司令部轮机少校，1948年晋升为海军轮机中校。

1960年3月，叶天庚病逝。

叶宝琦：海校教习　海军警卫部队掌门人

叶宝琦（1889—1959），又名天禹，字向陵，海军军官，清朝时曾任船政学堂教习；民国时曾任福州海军学校教官、海军练营教官兼卫队长、海军总司令部警卫营营长、海军部警卫营第三连连长、海军部警卫营营长兼第三连连长、海军部警卫营营长兼海军江南造船所水巡队队长、海军总司令部警备队营长。

叶宝琦是叶殿铄次子。光绪三十四年（1908年）十一月，毕业于船政后学堂第十九届驾驶班。

宣统元年（1909年）夏天，叶宝琦因品学兼优，被选拔赴英留学，进入英国格林尼茨（格林尼治）皇家海军学院学习。

宣统三年（1911年），叶宝琦学成归国，任船政后学堂教习。

叶宝琦

1912年5月，船政后学堂易名“福州海军学校”，叶宝琦执教于此，继续担任教官。

1916年，叶宝琦任海军练营教官兼卫队长。

1926年7月1日，广州国民政府发表《北伐宣言》。7月9日，国民革命军正式出师北伐。北伐军势如破竹，节节胜利，闽系海军将领审时度势，决定脱离北京政府，相机倒戈。

1927年3月14日，北京政府海军总司令杨树庄正式率领各舰队司令及全体官兵公开发出通电，宣告归附国民革命军，参加国民革命。3月14日，海军最高领导机关——海军总司令部正式成立，隶属于国民革命军总司令部，后改隶军事委员会。4月18日，国民政府正式成立。8月2日，叶宝琦任海军总司令部警卫营营长。

1928年12月5日，国民政府军政部设立海军署。1929年4月12日，国民政府明令设立海军部。6月1日，海军部正式成立，设立仅半年时间的海军署同时撤销。1930年2月25日，海军总司令部警卫营改为海军部警卫营，叶宝琦任海军部警卫营第三连中校连长。

1931年1月，叶宝琦升任海军部警卫营营长兼第三连中校连长，军衔依旧为海军中校，执掌海军部及宁沪两地海军重要机构守卫工作。

1936年12月1日，叶宝琦兼任海军江南造船所水巡队中校队长。

1937年“八一三”淞沪抗战打响后，叶宝琦率海军在沪警卫部队和海军江南造船所水巡队官兵参与构筑阻塞线，阻敌登陆。11月5日，日本陆军第十军在第四舰队掩护下，于金山卫登陆。从侧翼包抄国民政府的上海守军，迫使中国军队从上海撤退。海军在撤退时，用水雷将苏州河一带桥梁和梵王渡铁桥炸毁，以阻日军之追击。11月11日，日军进攻海军高昌庙机关，在叶宝琦指挥下海军警卫部队奉命死守，与敌激战，陷入重围。奋力突围而出，损失惨重。叶宝琦遭敌机轰炸负伤，双耳失聪。11月12日，叶宝琦率幸存的海军官兵，撤往重庆。

1945年8月21日，海军总司令部警备队在上海成立，叶宝琦任中校营长。

上海解放前夕，叶宝琦拒绝赴台，积极动员在沪海军精英留下来参加新中国建设，还参与保卫在沪海军舰船和海军江南造船所，直至最后参加海军起义。

上海解放后，发布的第一号命令即为接管海军江南造船所，陈毅等专程慰问老海军军官，叶宝琦也在被慰问者之列。

叶宝琦一直担任上海市的区政协特邀委员，直至1959年2月10日病逝。

叶宝琦长期在上海海军机构服务，十分关心旅沪乡亲。工余时间，积极参加福建旅沪同乡会和三山会馆建设，被推为福建旅沪同乡会常务理事，负责旅沪同乡会总务等工作，并参与创办八闽子弟学校，收留船厂码头孤儿。

叶宜彬：轮机好手 辛亥易帜护法争先

叶宜彬（1885—1947），字天衍，海军军官，清朝时曾任“南琛”舰二管轮；民国时曾任“永丰”舰轮机官、“建康”舰轮机副、“海琛”舰轮机副、“永琛”舰轮机副、“建威”舰轮机长。

叶宜彬是叶殿铄的侄儿。光绪三十一年（1905年）十二月，从船政后学堂第九届管轮班毕业后，登“通济”练习舰任见习官。

宣统三年（1911年）六月，叶宜彬任“南琛”舰二管轮。同年八月十九日（1911年10月10日），武昌起义爆发，本就对清朝封建统治不满的叶宜彬，随舰起义。

1912年1月1日，中华民国南京临时政府成立。临时大总统孙中山决定继续革命，一路北伐。海军部部长黄钟瑛立即筹组北伐舰队。11日，临时大总统孙中山亲自担任北伐指挥官，由“海容”“海筹”“海琛”“南琛”“通济”等舰组成的北伐舰队，从上海出发，踏上北伐之路。叶宜彬随“南琛”舰驰赴烟台，参与光复多地。12月11日，叶宜彬任“永丰”舰轮机官，被授予轮机中尉军衔。

1915年2月，叶宜彬调任“建康”舰轮机副，晋升轮机上尉衔。

1916年12月，叶宜彬调任“海琛”舰轮机副，晋升轮机少校衔。因工作积极，叶宜彬先后获得“四等文虎勋章”“五等嘉禾勋章”。

叶宜彬是民国初年一些重大历史事件的见证者和参与者。

1917年7月初，张勋拥清废帝溥仪复辟，孙中山极为愤怒，在上海宣布护法讨逆，并准备在南方组织武力讨伐。7月10日，孙中山偕廖仲恺、朱执信、何香凝、章太炎等人乘“应瑞”舰从上海南下，先至汕头。再由驻守汕头的“海琛”舰护送到广州，时任“海琛”舰轮机副的叶宜彬，一路服务。

孙中山尚未到达广州，复辟丑剧即告结束，而重新掌握北京政府大权的段祺瑞却在宪法研究会的鼓噪下，顽固地拒绝恢复《临时约法》和召集国会。在这种情况下，孙中山便将斗争矛头直指以段祺瑞为代表的北洋军阀。17 日，孙中山抵达广州，当晚发表演说，明确提出护法的宗旨是打倒假共和，建设新共和，并呼吁各界奋起为护法而斗争。

孙中山的护法号召，首先得到海军的积极响应。7 月 21 日，北京政府海军部总长程璧光发表拥护护法的宣言，宣告海军独立，随后率海军第一舰队开赴广东。叶宜彬随“海琛”舰参加护法运动。

1920 年 1 月 5 日，叶宜彬被广州护法军政府加授海军中校军衔。1922 年 4 月 26 日晚上，非闽籍海军官兵发动“夺船运动”，叶宜彬等 1000 多名闽籍官兵被逮捕，之后被驱逐回闽。叶宜彬重回北京政府海军部。

1923 年，叶宜彬任“永健”舰轮机副。

1925 年 7 月 20 日，叶宜彬任“建威”舰轮机长。8 月 23 日，被北京政府授予海军轮机少校军衔。

1927 年 4 月 14 日，叶宜彬任“建威”舰轮机正，晋升海军轮机中校衔。

1947 年 1 月 18 日，叶宜彬逝世。

第三代

叶殿铄和叶宝琦先后留学欧洲，这让他们进一步感受到科技的力量与学习科技的前景，这也使叶殿铄孙辈成为技术专才的较多，但还是有多位孙子继承家族海军传统，从军卫海。

叶必湘：造船技师 上海护厂历艰辛

叶必湘（？—？），海军军官，曾任海军江南造船所绘图司事、图算员。

叶必湘是叶宝琦之子，从小受到完整教育，学成之后长期在海军江南造船所做技术工作，曾任绘图司事、图算员。

1937 年 8 月，“八一三”淞沪抗战打响。叶必湘参与将工厂重要资料、仪器紧急转移西进。他还夜以继日加班转运工厂内的重要设备至租界和上海的外企厂内。后来，还与海军江南造船所水巡队一起，英勇抗击入侵之敌。

叶必沄：海军军需官 淞沪抗战上前线

叶必沄（？—？），又名秉洪，海军军官，曾任海军部警卫营军需官。

叶必沄是叶宝琦之子，在完成小学、初中教育后进入海军界。抗战全面爆发时，叶必沄是海军部警卫营军需官，参与警卫海军上海机构。

1937 年 7 月抗战全面爆发后，叶必沄随部参战。“八一三”淞沪抗战中，做军需官的叶必沄除为部队筹措食品、弹药等外，还拿起枪来与日军作战。11 月，日军向中国军队在上海最后一块阵地发起攻击。叶必沄与战友们一起以高昌庙为警戒线，与军警联合作战。当时与他并肩作战的还有他的父亲叶宝琦。他与海军警卫部队幸存的战友一起，奉命与陆军第 55 师官兵坚守到最后。11 日午夜，随着叶必沄和战友们奉命突围而出，宣告了淞沪会战的结束。后事不详。

家族传奇

叶宝琦与两次淞沪抗战

1932 年 1 月“一·二八”淞沪抗战爆发时，叶宝琦正任海军部警卫营营长兼第三连连长。2 月 1 日，日本人利用商船为掩护，闯进我高昌庙江防警戒线，企图冲入高昌庙海军机构。叶宝琦果断下令哨兵开枪自卫，打死日军船长福田。日军以此为借口，不断向中国海军提出无理要求，借机向中国海军挑衅，要求中方惩治凶手、道歉、赔偿等。中国海军认为国民政府和蒋介石态度暧昧，只得妥协退让。陈季良和李世甲向驻上海的日本海军武官北岗大佐探询妥协，答应日军要求。上海各界不能容忍海军的行为，掀起了谴责海军的风潮。因民众抗日爱国情绪高涨，叶宝琦未受实质性处罚。

1937 年 8 月 13 日，第二次淞沪抗战打响，我军英勇抗击。至 9 月中旬，侵入中国的日本军舰增至 120 艘，包括航空母舰 4 艘，战斗空前激烈。江阴海空战后，上海海军除警卫营外，几乎损失殆尽。江南造船所、上海海军司令部、海军军械处、海军警卫营营房、吴淞海岸巡防处等地，均遭到日本海军航空兵的猛烈轰炸，损失惨重。叶宝琦不惧生死，率部英勇抵抗。

11 月 7 日，日军开始强渡苏州河，守军未能阻挡敌之攻势，日军从中山桥、北新泾、刘家宅、吴家库以及屈家桥、姚家渡等处渡过苏州河，兵锋直指虹桥地区。至此，上海市区的南市成为我军最后一块阵地，由上海市警察局局长兼淞沪警备副司令蔡劲军负责指挥防守南市。防守南市的部队是刚从浦东转移来的第 55 师 165 旅、上海市警察总队、海军部警卫队等部。随着淞沪南线的崩溃，浦东川沙、南汇的陷落，以及苏州河南岸中国军队主力的全线西撤，上海市区的南市成为抗击日军的最后一个城市堡垒。

南市位于上海东南角，当时，黄浦江一带江面已被日军控制，苏州河南岸的中国军队已接近崩溃，实际上南市已无力再守。但国民政府从政治与外交需要考虑，下令死守南市。“八一三”淞沪抗战以来，日军已先后 19 次轰炸过南市，自 11 月 7 日起南市又连续遭到日军无差别轰炸，高昌庙、南码头、外马路、制造局路、日晖港一带火光冲天，浓烟蔽日。11 月 8 日，苏州河南岸中国军队放弃丰田纱厂、周家桥阵地，退至光华大学以西。朱家桥一线的守军也开始南撤。9 日，日军再次轰炸南市，江南造船厂附近中弹 20 余枚，伯特利医院几乎被炸毁，火车南站成为一片废墟。日军开始合围南市，重点是从西侧包抄，主力从苏州河南岸进攻日晖港、南市一线；另一路日军由黄浦江登陆，在东面做牵制性进攻。9 日上午，日军在火炮掩护下，以步兵 300 余人、坦克 5 辆，向守军阵地发起攻击，我五十五师前哨部队将敌人击退。日军随即增派了部队以加强攻击。当晚，日军未能攻破日晖港。第二天，日军再次出动飞机 30 余架轰炸南市，浦东沿江日军火炮及黄浦江上的日舰也向南市猛轰，弹如雨下，日军步兵在烟幕弹掩护下开始进攻平阴桥、康卫桥阵地，守军无法抵抗敌人的进攻，被迫撤至二线。日军在坦克掩护下，沿龙华路、斜土路、斜徐路强渡日晖港，向南市发起最后之猛攻。

11月11日，敌军猛攻高昌庙中国海军驻沪机关，海军司令部警卫营进行了英勇的抗击。叶宝琦率部死守阵地，陷入日本海军陆战队重重包围，我部伤亡惨重，官兵大部牺牲。高昌庙失陷后，海军各机构被占领，警卫营与陆军第五十五师官兵坚守到最后才奉命突围而出。我第55师165旅旅长张彬殉国，叶宝琦遭敌机轰炸负伤，双耳失聪。11日午夜，南市抗战终止，亦宣告了淞沪会战的结束。

蒋超英家族

蒋超英（1852—1912），字锡彤，福建省长乐县（今福州市长乐区）人，海军名将、海军教育家，船政后学堂第一届驾驶班毕业生，清朝时曾任“镇东”艇管带，“澄庆”舰管带兼总教官，江南水师学堂总教习兼提调，江南水师学堂总教习、提调兼“寰泰”舰管带及正教习，江南水师学堂总办，江南水师学堂监督、南洋海军学堂监督；民国时曾任北京政府海军部视察。海军上校。

蒋超英出身于福州名门望族——长乐区古槐镇屿头村蒋家。自蒋超英起，屿头蒋家连绵成一个五代船政名杰的大宅门。这个大宅门与许多船政世家有所不同的是，五代海军，四代出将。代表人物除蒋超英外，还有民国北京政府海军总司令蒋拯。

蒋拯（1865—1931），字印秋，海军名将，天津水师学堂第二届驾驶班毕业生，曾任烟台海军学校校长、海军部军衡司司长兼海军行营参议、海军马江临时警备戒严司令官、海军马江临时警备戒严司令官兼海军驻沪特派员、练习舰队司令、第一舰队代理司令、海军总司令兼第一舰队司令。海军上将。

家族源流

屿头蒋家为周公之后

福州市长乐区古槐镇屿头村蒋家，为周公姬旦三子姬伯龄裔孙。据史书记载，周成王八年（公元前 1035 年），周公姬旦因摄政有功，他的儿子皆被封为诸侯。周公的第三子姬伯龄受封汉阳蒋地（今河南省淮滨县期思镇），建立蒋国，后来子孙以蒋为姓，姬伯龄因此也就成为蒋姓始祖。

福州蒋氏有 6 个衍派，分别是蒋高衍派、蒋陆衍派、蒋进衍派、蒋吉衍派、蒋旺衍派、蒋绍衍派。满门船政名杰的长乐屿头蒋家，属于蒋吉后人。

屿头蒋家自安徽凤阳来

唐末，姬伯龄居于安徽寿州的一支后人，随王审知入闽。后来，其中一子回寿州守祖陵。到蒋吉这一代时，蒋吉入闽。蒋吉原居凤阳府八角井，宋宁宗时期（1195—1224）任宣义郎，嘉定年间（1208—1224）择长乐三溪莲池，肇基构建大院安家。二世祖蒋嘉袭宣义郎之后，三世祖蒋应、四世祖蒋祯相继袭宣义郎。宋亡后成庶民，家道衰落，于元朝至元年间（1264—1294）迁居于距莲池约 5 千米的长乐屿头狮头林。

先人随朱元璋征战立功

长乐屿头蒋家有善武传统，出了不少武将。五世祖蒋孔昭，生二子，长子名汝俊，次子叫汝文。

屿头蒋氏宗祠

朱元璋（1328—1398），25 岁时参加郭子兴领导的红巾军起义，反抗元朝。元至正十六年（1356 年）攻占集庆路，将其改为应天府。至正十八年（1358 年），蒋汝俊跟随朱元璋征战，以军功获授昭信校尉，后奉旨镇守连江安庆里长门口。蒋汝文，43岁时从戎南京应天卫，47岁时调中都留守司凤阳右卫，负责守卫朱元璋祖墓，升至总旗。明永乐十二年（1414年）以81岁高龄告老还乡，87岁辞世。

蒋汝俊儿子蒋闰，继续镇守连江长门。蒋闰兄弟蒋清，明洪武年间（1368—1398）也回凤阳祖籍，又继娶了一位凤阳吴姑娘。蒋闰另一兄弟蒋建，留守屿头，形成长房。蒋闰兄弟蒋极，先在屿头娶亲，并生一子蒋意。蒋极后也从军，在南京再娶一位凤阳姑娘，卒于凤阳。蒋意长居屿头，形成中房。蒋闰兄弟蒋复，曾授浙江永嘉县儒学训导、常山县儒学训导，其生二子，留守屿头，形成尾房。

在明朝洪武年间，屿头蒋家有不少人回南京或凤阳，主要原因有两个：一是凤阳本为老家，明朝又是帝乡；二是跟随朱元璋征战立有军功，深得朱元璋信任，所以北上回老家谋一份好前程。

船政家谱

第一代

长乐屿头蒋家的第一代海军，是与中国近代海军一起诞生的，其中最著名的即是福建船政学堂第一届毕业生、中国海军第一批留学生蒋超英。

蒋超英：竭股肱之力 办江南水师学堂

蒋超英（1852—1912），字锡彤，海军名将、海军教育家，清朝时曾任船政后学堂教习，“扬武”舰管驾，“镇东”艇管带，“澄庆”舰管带兼总教官，江南水师学堂总教习兼提调，江南水师学堂总教习、提调兼“寰泰”舰管带及正教习，江南水师学堂总办，江南水师学堂监督，南洋海军学堂监督；民国时曾任北京政府海军部视察。

· 船政学堂第一届毕业生

清同治五年十一月（1866 年 12 月），福建船政学堂开招第一批学生，家境不裕的蒋超英毅然报名，经过考试进入船政后学堂学习驾驶。

同治十年（1871 年）五月完成堂课，蒋超英被派往“建威”练习舰上舰课。舰课期间，蒋超英就表现出极高的专业水平。

同治十二年（1873 年）二月，蒋超英与 18 位同学一起上“建威”练习舰实习，南至厦门、香港、新加坡、槟榔屿，北上渤海湾、辽东等地，途中测量日度、星度，操练驾驶。实习结束后，船政大臣沈葆桢称赞说：“精于算法量天尺之子者，则闽童刘步蟾、林泰曾、蒋超英为之冠。”[①] 蒋超英毕业后留在船政后学堂任教。

清光绪元年（1875 年），蒋超英被授予千总衔，派往“扬武”舰见习，不久即充任福建船政轮船水师兵船大副。

· 中国海军第一批留学生

青年蒋超英

光绪二年（1876 年）冬，中国近代海军选派第一批留学生，蒋超英因表现优良被选中。次年二月十七日，蒋超英等留学海军精英启程赴欧，三月底抵英国。

当时，蒋超英和同学们最大的梦想，就是能进入世界闻名的英国格林尼茨皇家海军学院继续深造。但是，英国方面对来自中国的学生提出了严格的名额限制和英语水平要求，第一批的 12 人中仅有严复、叶祖珪、方伯谦、林永升、何心川、萨镇冰等 6 人通过入学考试，顺利进校学习。蒋超英则于八月被派到英国地中海舰队的“狄芬士”（防御）号铁甲舰实习，并随舰前往马耳他巡防演练。

光绪五年（1879 年），蒋超英在英国完成留学舰课后，又由英国水师炮队教习苏萃教授炮位、军火诸学，由美国水雷教官马格斐教授水雷电气诸学。

蒋超英学习成绩非常优秀，在中方监督李凤苞的报告中称：以造诣而论，则以刘步蟾、林泰曾、严宗光、蒋超英四人为最出色，认为可任水师管驾之官。李鸿章在为海军第一批留学生向朝廷请奖的奏折中称蒋超英等“实与诸官学卒业洋员无所轩轾……能管驾铁甲兵船，调度布阵，加之历练，应不可藉洋人……驾驶如刘步蟾、林泰曾、蒋超英、方伯谦、萨镇冰颇为优异”[②]。李鸿章重要幕僚薛福成在《出使英法义比四国日记》中记：洋监督向驻英公使曾纪泽报告“水师管驾学生十二人，以刘步蟾、林泰曾、严宗光、蒋超英最为出色，萨镇冰、方伯谦、何心川、叶祖珪次之，林永升、林颖启、江懋祉、黄建勋又次之。”[③]

· 中国海军第一支舰队旗舰管驾

光绪六年（1880 年）初，蒋超英学成归来，回到福建船政轮船水师，授游击衔，充任福建船政轮船水师旗舰——“扬武”木壳舰管驾。

光绪八年（1882 年），蒋超英调任“镇东”炮艇管带。

光绪九年四月十四日（1883 年 5 月 20 日），蒋超英出任南洋水师“澄庆”练舰管带兼总教官。

在“澄庆”练舰管带任上，蒋超英人生遭到第一次重创。

光绪十年（1884 年），左宗棠奏请派南北洋水师军舰驰援台湾，共同抗击法国侵略者。蒋超英督驾的“澄庆”练舰随“开济”“南琛”“南瑞”“驭远”等舰奉旨东渡援台。蒋超英等督舰疾速驰往，行至浙江洋面，时遇大雾，得知法国远东舰队在这一带洋面上活动，南洋水师提督吴安康自认为敌我力量悬殊，寡不敌众，于是令赴援台湾等各舰避入浙江镇海湾，蒋超英所率的“澄庆”舰为练习舰，航速较慢，与金荣督驾的同样航速较慢的“驭远”舰一起，遭法国舰队追击，只得避入浙江石浦湾。

光绪十一年（1885 年）正月初一，法国舰队开始攻击石浦湾，敌强我弱，差距悬殊，蒋超英率“澄庆”舰与“驭远”舰并肩与敌血战，在法军占绝对优势的攻击之下，我两舰均被法军水雷击沉，蒋超英落入海中，幸被救起。同月，清廷下旨将蒋超英革职，发往军台（边疆的邮驿）效力。

光绪十三年（1887 年），蒋超英官复原职，仍留南洋水师任管带，并授花翎参将，留闽尽先补用游击衔。

· 江南水师学堂创办者、领导人

光绪十六年（1890 年），南洋海军在南京仪凤门内设江南水师学堂，仿天津水师学堂成规，修业年限为驾驶科堂课 5 年，舰课 2 年；管轮科堂课 6 年，舰课、厂课各半年。首任总办桂嵩庆，蒋超英以花翎参将衔任提调，主持江南水师学堂校舍建设。当时，该校学生定额 120 名，驾驶、管轮各 60 名。同年秋天，在蒋超英等共同努力下，江南水师学堂校舍落成。

光绪十八年（1892 年），江南水师学堂在南京草峡附设鱼雷营，鱼雷成为驾驶学生必修课。光绪三十一年（1905 年）南北洋海军统一，学堂直隶海军总理，由总理南北洋海军、广东水师提督叶祖珪为督办，蒋超英任总办。同年 4 月改总办为监督，仍以蒋超英连任。宣统元年（1909 年），江南水师学堂归北京筹办海军事务处管辖，学堂改称南洋海军学堂，监督仍为蒋超英。辛亥革命后学堂停办。

可以说，蒋超英是江南水师学堂创办者和长期领导人。他的学生中出过不少海军名将，如林建章、杜锡珪、周兆瑞、陈绍宽、陈季良等。其中，出了民国三任海军总司令，分别是林建章、杜锡珪、陈绍宽。

1912 年 9 月 7 日，蒋超英被任命为海军部视察。未及上任，即于 1912 年 9 月 29 日，病故于福州，终年 60 岁。

在民国海军资料中，笔者找到了 1912 年 10 月《海军部为蒋超英病故请恤呈文》，从文中可以看出蒋超英对中国海军成长与中国社会进步做出的独特贡献：

据蒋元庆呈称，亲父海军部视察蒋超英……该视察系由福州船政学生出身，游学外洋，独能深造有得，回华后历供舰政各差，均皆克尽厥职，无负所学。而生平精力尤萃于南洋海军学堂一差，始充教习，继监督，前后历十八九年之久，平日悉心教授，无隐无遗，在堂学生亦如子弟之亲其父兄，心悦诚服。故堂中人才辈出。去年光复之役，出力各员以南洋海军学堂出身者居其多数，此其教泽及人彰明较著者也。今该堂各生均获效力民国……④

正如海军部呈给中华民国大总统所言，辛亥革命中海军功臣，相当部分毕业于江南水师学堂的，如林建章、吴振南、杜锡珪、饶涵昌、陈季良、朱天森等。

1912年11月13日，“经大总统批准，俯念该故员资格最深，劳绩最著，准予从优照海军少将例给恤”。⑤

第二代

蒋超英子侄辈投身船政者越来越多。屿头蒋家第二代船政精英中，最著名的要数蒋超英的侄儿蒋拯，其官至民国海军总司令。

蒋拯：甲午英雄 民国任海军总司令

蒋拯（1865—1931），字印秋，海军名将，曾任烟台海军学校校长、海军部军衡司司长兼海军行营参议、海军马江临时警备戒严司令官、海军马江临时警备戒严司令官兼海军驻沪特派员、练习船队司令、第一舰队代理司令、海军总司令兼第一舰队司令。海军上将。

·甲午血战 蒙冤被革赴新疆

蒋拯是蒋超英族侄。蒋拯父亲蒋诰曾任新疆疏勒直隶州知州、迪化府知府、署阿克苏兵备道兼营办通商事务、署新疆按察使。蒋诰生有六子，蒋拯居三，上有两兄下有三弟。

晚年蒋拯

蒋拯幼年入私塾，聪慧过人。光绪十三年秋（1887年10月），毕业于天津水师学堂第二届驾驶班。

光绪十四年（1888年），邓世昌、林永升、叶祖珪、邱宝仁4人从英国、德国接回“致远”“靖远”“经远”“来远”四舰到天津大沽口，蒋拯奉派为候补员。

光绪十九年春（1893年4月），蒋拯充北洋海军右翼中营五品军功千总、署“定远”舰三副。翌年，中日甲午战争爆发，蒋拯随军参战，协助管带英勇奋战，战争以北洋海军失败而告终，生还官兵全被罢遣。蒋拯被解职后，长年在新疆做官的父亲为他疏通关系，谋得一职，任职新疆英吉沙尔直隶厅。在新疆英吉沙尔直隶厅，蒋拯克服各种困难，尽心履职。

· 辛亥立功 累迁海军总司令

清政府重建海军后，福州籍海军将领叶祖珪、萨镇冰执掌海军实际大权，蒋拯被重新召回海军，先后任教练官、二副、大副、帮带等职。

辛亥革命中，蒋拯旗帜鲜明，立有大功，深受当局器重。1912 年 7 月 12 日，出任烟台海军学校上校校长。

1913 年 5 月，蒋拯调任海军部军衡司司长，6 月升任海军少将兼海军行营参议。同年，蒋拯随海军总长刘冠雄回闽裁兵。10 月，蒋拯兼任海军马江临时警备戒严司令官，12 月刘冠雄兼任福建都督。在这一时期，蒋拯还曾任北京政府陆军部军衡司司长。

1917 年 7 月，海军第一舰队司令林葆怿与海军总司令程璧光率舰队南下护法。8 月，蒋拯兼任海军驻沪特派员，负责欧战期间国内外军事情报的收集与传递，设指挥部于江南造船所。9 月蒋拯继曾兆麟之后升任海军练习舰队司令。

1919 年 8 月，北京政府任命蒋拯代理第一舰队司令。

1921 年 8 月 12 日，海军总司令蓝建枢因北京政府积欠粮饷数月，官兵闹饷而辞职，蒋拯升署海军总司令兼第一舰队司令。同年 9 月 27 日，实授海军总司令。由于当时海军军饷无保障，蒋拯积极推行向福建地方扩张政策，先后利用直皖战争空隙和粤军许崇智率部入闽之机，驱逐福建督军李厚基出闽，占据了长乐、连江、福清、平潭、莆田、仙游等各县，割据地方，截留地方财政，扶助海军事业发展。蒋拯以收复闽南有功，授勋晋位。次年，获授“咸威将军”，晋衔上将。1925 年 7 月 3 日，蒋拯出任民国北京政府总统府参议院参政。

蒋拯退休后回到福州，居于北后街。1931 年 8 月 16 日，蒋拯病逝，终年 66 岁。蒋拯去世后，福建省各界在福州召开隆重的追悼会。蒋拯葬于福州五凤山，后移西门梅亭山。2006 年，蒋家后人将蒋拯墓迁回老家屿头村。

蒋元庆：服务造船 江南船坞任管库

蒋元庆（？—？），海军军官，曾任海军江南船坞管库。

蒋元庆为蒋超英之子，原修儒业，后习新学。及长，服务海军。光绪三十一年（1905年）三月，江南制造总局与船坞分立，独立出来的船坞改归海军管辖，易名“江南船坞”。同年夏天，船坞以及海军有关的轮船、机器、锅炉、木工、铸铁等厂和房屋、码头等，均划归江南船坞。蒋元庆任海军江南船坞管库。任上，勤奋工作，服务造船。从光绪三十一年至宣统三年（1905—1911），江南船坞共制造大小船只136艘、修船524艘，蒋元庆为之做出了努力。

1912年3月，蒋元庆在海军江南造船所服务。后事不详。

蒋元勋：航海出身 海军练习舰队军需长

蒋元勋（？—？），海军军官，曾任“通济”舰航海官、海军练习舰队军需长。

蒋元勋是蒋拯族弟，少年时期考入蒋超英任总办的江南水师学堂第二届驾驶班，学习十分努力，通过历次考试，于光绪二十五年（1899年）毕业，曾在多舰任航海三副、枪炮副等。

清朝被推翻后，蒋元勋继续在海军服务。曾任“通济”舰航海官等多职。1913年7月16日，获授海军少校军衔。后曾任海军练习舰队军需长，之后曾长期在海军部做校官。后事不详。

蒋元恭：成绩优异 江南水师学堂尖子

蒋元恭（？—？），海军军官，曾任海军中尉。

蒋元恭是蒋拯族弟，他与蒋元勋一起，于光绪二十五年（1899年）毕业于江南水师学堂第二届驾驶班，学习成绩优异，列15名毕业生的第二名。

1913年7月，蒋元恭任海军中尉。后在海军界服务多年。

蒋元铨：航海“园丁” 抗战期间殉职讲台

蒋元铨（？—？），航海教师，曾任福建省马江私立勤工初级机械科职业学校教师。

蒋元铨是蒋拯族弟，少年时期考入船政后学堂第二届驾驶班，为肄业生。当时有多艘军舰要他，但父母不同意他到军舰上工作。蒋元铨因家住福州东街锦巷，平时经常到锦巷七仙君庙听林觉民、蒋岱梁、蒋筠等同盟会会员的反清宣传，并与他们成了好朋友。因为英语甚佳，林觉民通过警界朋友，保荐蒋元铨到福州仓山领事馆区当巡捕。

1935 年 8 月，福建省教育厅批准福州海军艺术学校（原船政艺圃）改为福建省马江私立勤工初级机械科职校，专门培养航海和造船人才，蒋元铨业余时间曾在此校教课。

1938 年，福建省马江私立勤工初级机械科职业学校，因抗战内迁到位于闽北山区的尤溪县，在该县水南朱子祠堂里继续开课。蒋元铨不顾年迈体弱，辞掉巡捕工作，随校撤往尤溪。家里也有人劝他说："你年过五十，整天病歪歪的，如何能走到尤溪？"蒋元铨摇着头，说："看到日本人在我家门口耀武扬威，我气死得更快。上不了前线了，我去培养航海人才，补充海军力量。心里也能好受些。"

蒋元铨以极大的毅力步行走到了尤溪，一直坚持在尤溪水南朱子祠教书，1941 年 5 月在讲台上中风，后病逝异乡。

蒋元福：资深艇长 抗日血战闽江

蒋元福（1888— ？），字硕甫，海军军官，曾任"楚同"舰副舰长、"义胜"艇艇长、"楚有"舰副舰长、"湖鹏"艇艇长、"抚宁"艇艇长、海军闽口巡防队队长、海军特务队第四分队分队长。

蒋元福是蒋超英侄儿、蒋元铨胞弟，少年时期考入江南水师学堂，成绩优异，于宣统二年（1910 年）毕业于江南水师学堂第七届驾驶班。

蒋元福毕业后，登舰服务，历航海、枪炮等多个岗位，表现突出，稳步提升。1927 年 4 月 14 日，任"楚同"炮舰副舰长。同年 10 月 14 日，任"义胜"炮艇艇长。次年，转任"楚有"炮舰副舰长。

1930 年，蒋元福任"湖鹏"鱼雷艇艇长。

1933 年 6 月，蒋元福任"抚宁"炮艇艇长。任上，督艇参加对日作战。

蒋元福

1937年8月，海军部决定“为阻遏敌舰冲进计，第一步将全国水道所有舰路标志，如灯标、灯桩、灯、灯塔及测量标等，酌定必要地点依次破除”⑥。9月，海军部再下急令：“闽江航行标志，饬由马尾要港司令部，于9月18日前，自芭蕉尾起至马尾止，一律撤除。并由该司令部征用商轮‘靖安’等6艘，警艇2艘，码头浮船2只，帆船50艘，装载沙石执行封闭工作，于是月2日开始实施，限期40日完成，派‘抚宁’‘正宁’‘肃宁’为监视艇。”⑦蒋元福督舰参与破除航行标志和构筑闽江口阻塞线，出色完成各项任务。

1938年5月13日，日本海军舰艇窜到福建闽江口的梅花等地海面袭扰。在海军马尾要港司令兼海军陆战队第二独立旅旅长李世甲的指挥下，蒋元福率艇与友军一起加强戒备，从5月23日起在闽江航道布设水雷，并督舰日夜巡逻。5月31日18时，日本海军3架飞机从海上入侵，沿闽江扑向马尾。当日机途经亭头江面时，发现中国海军的“抚宁”号炮艇正在巡逻，遂投弹轰炸。蒋元福立即指挥官兵以艇炮、机枪与敌机激战。敌强我弱，“抚宁”艇锅炉被敌2颗炸弹击中，伤势严重，于20时沉没。艇员9人阵亡，8人负伤。6月1日，驻守闽江口的另外两艘炮艇，也在与数十架日机血战中殉国。随即，“抚宁”“肃宁”“正宁”三炮艇幸存官兵，“经马尾要港司令部组成闽口巡防队，以蒋元福为队长”⑧。

1938年12月19日，海军（木洞镇）特务队成立，蒋元福任第四分队分队长。继续战斗在闽江口，海军特务队主要任务有两项：一是负责江阴海空战、南京保卫战、武汉保卫战后海军部队流散人员的收容、安置工作，将有战斗力的官兵陆续补充到海军各舰艇和岸防、陆战部队中，继续参加对日作战；二是侦察敌情，收集、研究情报，惩治汉奸，打击日军。1941年4月，蒋元福率部参加了闽江口保卫战，血战入侵之敌。之后，又参加了两次光复福州之战，积功升任中校。

1946年，蒋元福因反对内战，以海军中校退役。后事不详。

蒋元基：海校才子　南下广东铁血护法

蒋元基（？—？），海军军官，曾任“肇和”舰航海副。

蒋元基是蒋拯族弟，幼有大志，喜谈兵。1911年，蒋元基毕业于烟台海军学堂第六届驾驶班。1913年5月，蒋元基任海军部海军少尉。

1915年，蒋元基任“肇和舰”航海副。1917年7月，以孙中山为首的资产阶级革命党人为维护《临时约法》、恢复国会，联合西南军阀共同进行了反对北洋军阀独裁统治的斗争。同年11月，蒋元基随舰南下广东，参加孙中山领导的护法运动，铁血共和。后事不详。

有3个很好的例证能说明蒋家第二代海军之多：在1913年5月民国临时大总统补授海军校尉各官衔的一份授衔令上，就有蒋元基、蒋元福兄弟俩；在7月的一份授衔令上，就有蒋元勋、蒋元恭兄弟俩；江南水师堂第二届驾驶班毕业生一共只有15名，蒋家兄弟就有2名，一位是总成绩排在第二名的蒋元恭，另一位是排在第六名的蒋元勋。

蒋元俊：海军军官　抗日战争误入歧途

蒋元俊（？—？），海军军官，曾任“海筹”舰枪炮副、“华安”舰副舰长、“甘露”舰副舰长。

蒋元俊是蒋拯的族弟，与家族中的不少兄弟一样，以当海军、做舰长为人生理想。1913年7月，蒋元俊毕业于烟台海军学校第八届驾驶班，与他同时毕业的蒋瑜是他的子侄辈，成绩比他好。毕业后，长期在海军界服务。1923年4月初，蒋元俊任“海筹”舰枪炮副。1930年5月13日，蒋元俊任“华安”运输舰副舰长。1931年6月，“华安”舰第一次停役，蒋元俊随即调任“甘露”测量舰副舰长。同年7月22日，被授予海军一等少校军衔。1935年10月18日，蒋元俊调海军部经理处会计科，任少校科员。1938年，蒋元俊任海军总司令部少校候补员。

但与兄弟蒋元福等不同，抗战中蒋元俊参加了伪海军联谊社，后来虽没有直接在汪精卫海军部任职，但总归是人生一大污点。后事不详。

第三代

屿头蒋家第三代船政人，多继续驰骋海疆，目前能从各种史料上查到的就有 23 人。其中，以蒋菁最具传奇色彩。

蒋英：镇守要港 厦门司令部副官长

蒋英（1893—1958），字克庄，海军军官，曾任海军厦门要港司令部副官处处长、海军厦门要港司令部副官长、福州海军学校教官。

蒋英是蒋拯大弟蒋而赓长子、蒋菁长兄，他与族叔蒋元基是同班同学，1911 年毕业于烟台海军学堂第六届驾驶班。

蒋英

1912 年，北京政府海军部拨“通济”巡洋舰为南京海军军官学校的练习舰。1913 年，原清政府向英国订造的“肇和”“应瑞”两艘巡洋舰出厂到华，海军部就把此二舰编为练船，加上原有的“通济”舰，合编为练习舰队，练船正式改称练习舰。1918 年 11 月 7 日，蒋英被任命为练习舰队副官。

1924 年 6 月，厦门海军警备司令部设立，林国赓任少将司令，蒋英任副官处处长。次年 6 月，闽江海军警备司令部、厦门海军警备司令部合并为闽厦海军警备司令部，林国赓任少将参谋长，蒋英出任闽厦海军警备司令部副官长。

1929 年，蒋英调任海军厦门要港司令部副官处中校处长，后升任海军厦门要港司令部上校副官长，抗战中参加了厦门保卫战。

1937 年 7 月抗战全面爆发，蒋英参与制订厦门御敌计划，督兵修工事，并制订紧急练兵计划。

1938年5月10日，厦门保卫战打响。当天，在日机轰炸和日舰炮击下，我厦门海军香山、霞边炮台被毁，蒋英赴炮台督战，虽官兵英勇，但敌强我弱，五通、何厝、江头炮台相继失守。11日，日军由黄厝登陆，先后围攻白石、胡里山、盘石炮台，蒋英在前线与官兵同战，众炮台终因寡不敌众，相继失守。至5月13日弹药库被炸，无法再战，炮台守军突围撤退，厦门陷落。突围后的蒋英，出任海军学校教官。任上，蒋英协助校领导，将福州海军学校辗转迁到贵州桐梓。1942年，蒋英调任海军总司令部上校候补员。

抗战胜利后，蒋英回厦门海军要港司令部任职。2002年，笔者在屿头村蒋氏宗祠采访蒋家一些老人时，他们介绍说蒋英曾任海军少将。2009年1月出版的《蒋氏族谱》也记载蒋英曾任海军少将。

中华人民共和国成立前夕，蒋英拒赴中国台湾。1951年，蒋英与妻子林珍带着小孙女蒋锦回到福州。蒋英儿子名蒋铭钰，中华人民共和国成立初期，蒋铭钰带儿子蒋鸿笙去香港，后在香港中国银行工作。蒋鸿笙在港读完大学，到澳大利亚当医生，一家旅居澳大利亚。1957年，蒋锦随回福州探亲的母亲陈宇一移居香港。1958年，蒋英病逝于福州。

蒋兆庄：抗战功臣 黎明之前率艇起义

蒋兆庄（1908—？），海军军官，曾任“海筹”舰航海副、“楚观”舰航海副、“宁海”舰鱼雷副、“宁海”舰枪炮官、练习舰队司令部副官、“应瑞”舰鱼雷官、“永绩”舰副舰长、海军宜巴区炮台第二总台第三台台长、“青山”测量舰舰长；中华人民共和国成立后曾任华东军区海军司令部海道测量局工程师。

蒋兆庄是蒋而赓次子。1923年2月，蒋兆庄考入福州海军学校第一届航海班。1927年12月毕业。

1929年9月1日，海军部选定蒋兆庄等一批优秀青年军官赴英国留学。10月22日，蒋兆庄启程赴英。抵英后，先登英国海军军舰见习，后进入英国格林尼茨皇家海军学院学习。次年，蒋兆庄转入英国海军大学通信学院学习，后进入英国海军大学国防研究院深造。完成学校学习后，蒋兆庄登英国战列舰实习，直接参加英国海军地中海舰队的巡航和战斗演习，得到许多宝贵的实践经验。1931年7月23日，还在英国留学的蒋兆庄被授予海军少尉军衔。

1933年8月30日，蒋兆庄留学归来。9月25日，充任“海筹”舰航海副。

1934年8月23日，蒋兆庄调任“楚观”炮舰航海副。次年，5月18日任“宁海”舰二等中尉鱼雷副，8月23日转为一等中尉军需员。

1936年1月14日，蒋兆庄充署“宁海”舰二等上尉枪炮正。4月20日，任“宁海”舰二等上尉枪炮官。5月26日，调任练习舰队司令部二等上尉副官。11月13日，任练习舰队“应瑞”舰一等上尉鱼雷官。1937年4月22日，蒋兆庄奉派进入位于南京的海军水鱼雷营第二期军官训练班受训。

抗战全面爆发后，蒋兆庄调任“永绩”舰副舰长，叙海军一等上尉。与舰长曾冠瀛一起，督舰参加武汉保卫战。1938年12月12日，“永绩”舰被日机轰炸重伤，搁浅湖北新堤。战舰殉国后，蒋兆庄继续参加对日作战。1939年3月15日，海军总司令部下令编组川江要塞炮台，蒋兆庄任宜巴区炮台第二总台第三台台长。1939年10月，海军建立巴万（渝万）区第三总台，阻击日军沿水路进犯重庆。蒋兆庄任第三总台下辖的第七台台长。任上，率部参加石牌保卫战，之后长期率领官兵以布雷等形式阻击日舰溯江进攻重庆。他经常一接到命令就带着官兵，趁着夜色去布雷。队员们穿上农民的衣服，头戴农夫斗笠，有时还在斗笠上插满树枝以更好隐蔽，先将水雷从营地运往江边，泅水推着漂雷至江心，日舰若敢侵犯即会触雷而炸。蒋兆庄以布雷形式，督兵保卫重庆。

1945年12月28日，蒋兆庄奉派青岛中央海军训练团受训。

1946年初，国民党海军重建海道测量队，蒋兆庄任“青山”测量舰舰长。

1949年1月，海军海道测量局把设备、图书资料等搬运到台湾，并要求所有官兵撤出大陆。蒋兆庄拒绝赴台。3月，蒋兆庄与同学林祖煊一起，发动“青山”测量舰起义，参加人民海军。6月1日，蒋兆庄参加华东军区海军司令部海道测量局工作，任职工程师，为新中国人民海军建设做出贡献。

蒋菁：回国抗日 战斗在海军布雷队

蒋菁（1916—1979），谱名衮庄，曾用名静江，海军军官、航海教育专家，曾任海军长江中游布雷游击队第一中队布雷官，海军第二布雷总队第一大队布雷官，九江海军扫雷总队队员兼九江海军医院院长，上海海军舰队指挥部人事组组员，青岛中央海军训练团深造班航海教官，青岛海军学校航海教官、航海课课长；中华人民共和国成立后曾任厦门大学航海系副主任，福建集美航海专科学校副教授，大连海运学院驾驶系副主任、代主任、航海系主任。

·长兄保荐 进入福州海校

蒋菁是蒋而赓四子。1916年3月8日，蒋菁生于福州市，生时家境尚可。1924年1月，被父亲送入私塾读书。13岁那年考入福州海军艺术学校。蒋菁在自传中曾这样写道：

“中国近代海军多半是闽人，因为福建人多地少，除了盐业没有什么主要工业作为经济支柱，所以出路除了出洋，就是从军。我家里许多兄弟亲戚也多是在海军中。我父亲受家族的影响，对海军也特别感兴趣，想把我们弟兄都能培养进入海军。1929年2月我刚到13岁，在父亲的鼓励下就投考了福州海军艺术学校，并从此开始了在正规学校的少年时期学习生活。”⑨

福州海军艺术学校源自船政学堂时期的船政艺圃，当时相当于福州海军学校的预备科，学业优良者升入福州海军学校，学业不理想的，就成为马尾造船厂技师型人才。1930年以前，福州海军学校的学生多是由福州海军艺术学校高班生转过来的。蒋菁在自传中写道：“这个学校的课程进度等和一般中学不同，所读的算术、代数、几何等一律用英文本。由于在海军学校读书可免交膳食衣服费用，且毕业后薪水很高，职业又有保障，不像当时在政府机关工作，主管官一换，底下的职员也被换掉。父亲把我送到这所学校读书，就是希望我能够转到海军学校去读书。”⑩

蒋菁

1930年后，福州海军学校改为全国招生，每年各省经过报名、考试，选拔出前5名送到南京，参加福州海军学校统一入学考试。同时，中国海军也规定，海军中校以上军官（文官除外），其终身准予保送2名嫡系亲属到南京直接参加海军学校招生考试。蒋菁同父异母的长兄蒋英，在20世纪20年代末已成为海军中校。

所以，1931 年 3 月，蒋菁就是因为大哥的保荐，有资格不必参加省考，到南京直接投考海军学校。次年 4 月，蒋菁通过了体格检查和文化考试，6 月进入福州海军学校读书，成为第六届航海班学生。校课结束时，校课成绩在同届学生中位列第十名。1936 年 7 月，赴“通济”舰见习，舰课成绩同样优异。1937 年 1 月 26 日，蒋菁毕业，任少尉航海员和见习官。

· 学业优异 选赴德国深造

1937 年 4 月，中国海军部要选派一批优秀青年海军军官到德国留学，条件是学业成绩必须在福州海军学校读书时名列全年级前十名。蒋菁以校课舰课综合成绩第九名的成绩入选。6 月抵达柏林先补习德文，9 月底进入德国佛兰斯堡航海学校（今译费伦斯堡—米尔维克海军学校）学习，并先后在德国海军第七兵营接受训练和到德国商船学校的校船“德意志”号上实习。1938 年 7 月，蒋菁进入德国基尔鱼雷厂学习鱼雷和水雷，到德国莱茵兵工厂学习枪炮，后来又进入柏林军官班学习海军战术等课程。

· 中断留学 回国布雷杀敌

蒋菁与欧阳晋等 9 位同学一起在德国学习时，遇上正在德国接艇的海军少校林遵。他们在德国得知日本开始全面侵华，按原来计划他们将在结束德国的学习后，转往英国留学。但蒋菁等都表示：与其在海外做亡国奴，不如回来为抗战而死。得知中国海军众多战舰已在与日血战中殉国，他们就商议了回国打游击的具体计划，决定回来开展海军布雷战，没有战舰了，可以用水中布雷阻击日舰。于是，在林遵的带领下，蒋菁和同学们商定回国抗战启程时间。

1939 年 5 月，蒋菁毅然结束留学，回国抗日。当时中国沿海多已沦陷，所以蒋菁回国之路艰难异常，先离开德国，而后乘车经比利时、瑞士、巴黎到意大利，再乘邮船至新加坡，换乘法国船到越南海防，由海防再辗转回国内。

一踏上祖国的土地，没有来得及回老家看望父母、妻子，蒋菁就和同学们立即换乘海军卡车到贵阳，直接分配到常德水雷制造所，随即被派到长沙布雷队。

1939 年 11 月，海军总司令部筹建海军长江中游布雷游击队，隶属于第三战区，次年初正式成立，蒋菁又被派往海军长江中游布雷游击队第一中队，坚持在皖南参加布雷游击战。根据蒋菁自传上记载：“在皖南布雷游击队的两年抗战生涯中，我直接参与在日军敌后布雷就约有十余次，历尽艰辛，遭受了不少挫折与牺牲，但看到布雷已阻梗并延缓了日军企图利用长江水道对我实施海空联合进攻的进度，显现出牵制日军一部分海军兵力的战果，心中还是很有成就感的。”

· 布雷被捕 不幸落入狼窝

1941 年初秋，海军长江中游布雷游击队第一中队改编为海军第二布雷总队第一大队，蒋菁仍在队中任布雷官。

1941 年 9 月，为配合长沙会战，阻断日军在长江的接济交通线，海军部下令第一和第五布雷大队联合在安徽省贵池强行布雷。

1941 年 9 月 28 日下午，蒋菁和联合布雷队战友们突破敌人层层火力封锁，渡过秋浦河，出击布雷。子夜，成功布雷后，蒋菁和队员们迅速往回撤。就在这时，日寇调集重兵围击布雷队员。当我布雷队员在安徽贵池蛇形窑附近强渡秋浦河时，天已破晓，数百倍于布雷队员的敌兵密集地围了上来，蒋菁不幸被俘。与他同时被俘的还有参加布雷任务的布雷队员及掩护布雷的陆军官兵、群众二三百人。蒋菁被俘后，重庆国民政府表彰布雷游击队有功人员，蒋菁、施典泰等获得奖章。

日军痛恨中国海军布雷队，抓到后立即枪毙。蒋菁灵机一动，谎称自己是看护兵，因而未被识破，在当地抗日百姓掩护下，得以保存性命，但被关进安庆集中营，做过伙夫、看护等。

1943 年 5 月，蒋菁被日军监视队用武力押送到日占区安庆市东亚医院做助理医生。2008 年 10 月，笔者在采访蒋菁长子蒋铭辉时，他还提到了这样一个细节：“父亲被俘后，所幸身份未暴露。虽经多方营救出部分人员，但父亲不在其中，母亲和姥姥在家中天天以泪洗面，乞求苍天保佑，直到 1945 年抗战胜利后父亲获释，全家才得以团聚。”

· 抗战胜利 青岛海校执教

1945 年 9 月，蒋菁回南京海军部报到，被暂时派往副官处工作。过了几天，九江海军扫雷总队总队长张日章来南京，知蒋菁对水雷熟悉，就向海军部请求让蒋菁到九江海军扫雷总队工作，任九江海军扫雷总队上尉队员，同时兼任九江海军医院院长。

1946 年 3 月，蒋菁正式卸任九江海军扫雷总队上尉队员兼九江海军医院院长职务。同年 6 月，在老学长、此时已升任上海舰队指挥部参谋长的魏济民的帮助下，蒋菁调到上海海军舰队指挥部人事组做组员。魏济民升任海军副参谋长后，蒋菁也于同年 11 月 1 日调到青岛中央海军训练团深造班任少校航海教官。蒋菁在自传里写到了这一段："青岛海军训练团的任务，是训练海军军官赴美接受美国赠送的登陆舰。当时海校第十一届学生毕业，这班学生派到青岛继续学习，称为深造班。"[11] 12 月，上海海军官校迁青岛，与青岛中央海军训练团合并，蒋菁任该校教官。1947 年，魏济民任青岛海军学校校长时，蒋菁在青岛海军学校得到重用，先后在该校任少校航海教官和中校航海课课长。

· 宁愿失业 不愿跟国民党走

1949 年 7 月，在得知青岛海军学校将撤往台湾的消息后，蒋菁不愿再跟着国民党走，请假回到福州，在福州安民巷 29 号家帮工。但很快入不敷出，蒋菁就与亲戚合资在鼓楼区法海路开了一家小京果店。航海专家出身的蒋菁，在商场上远不如在海上得心应手，京果店很快就倒闭了，家里生活更加困难，蒋菁只好利用自己英语、物理、数学皆佳的优势，四处为人家孩子补课。

笔者在采访台湾地区防务部门"三军大学"海军教育长林溁夫人沈苏时，她曾笑着说："当时，我的两个儿子英语、数学有不懂的地方，都是去问蒋菁。"

· 再上讲台 新中国航海教育家

正当蒋菁一家生活陷入困境时，福州海军学校老同学刘荣霖伸出援手，他向厦门大学举荐了蒋菁。1950 年 10 月，蒋菁出任厦门大学航海系副主任、副教授。

1952 年 8 月，因院系调整，厦门大学航海系与集美水产专科学校合并，成立了福建集美航海专科学校，蒋菁任该校副教授。次年 11 月，国内大学院系再调整，福建集美航海专科学校与他校合并为大连海运学院（大连海事大学前身），蒋菁出任该院驾驶系副主任、副教授，举家北迁。1957 年 2 月任航海（驾驶）系代主任，1960 年 10 月任航海系系主任，1964 年 10 月因冠心病、糖尿病辞去航海系系主任职务。1976 年退休后返聘，继续在大连海运学院工作。

1979 年 3 月 17 日，蒋菁病卒于大连凌水桥家中，享年 63 岁。

2008 年 10 月初，笔者在采访蒋铭辉时，他介绍了许多父亲生前认真工作的细节："1966 年前父亲在大连海运学院担任航海系系主任时，行政业务和教学任务都很繁重，备课只能放在每天晚上，他经常备课到深夜，第二天早上收拾房间时我总要倒掉满满一烟灰缸的烟头。20 世纪 60 年代初，父亲又主动承担了船舶流体力学专业课的教学任务，这在国内是全新的课程，没有教材。父亲更是白天在学院忙于行政和教学工作，下班回家赶紧吃几口饭，放下筷子就立即赶拟教材稿和进行备课。有很长一段时间，几乎没空同子女说过话，只有在下班回家一进门弟妹迎上去时，父亲会很疼爱地挨个儿抱一抱、亲一亲，就算是打招呼了。弟妹们也都很懂事听话，父亲在家中备课从不去影响，他们在另外的小间屋内玩耍时也都屏声静气。"

晚年蒋菁

蒋菁全身心地为新中国培养航海人才，废寝忘食——是他那个时期最真实的写照，以至 1962 年因工作过于劳累，讲课时突发心脏病，昏倒在讲台上。

· 首任主委 农工党大连创始人

蒋菁长期担任农工党大连市领导人。1954 年 1 月，蒋菁在大连参加中国农工民主党，为农工党大连市地方组织的创始人之一。1959 年开始任农工党大连市支部主任委员。1959 年 4 月至 1979 年 3 月，蒋菁连续担任了政协大连市第二至第五届委员会常委。

蒋铭辉在接受笔者采访时说："父亲有很多次都把大连市农工党组织的活动，利用星期日的休息时间安排在自己的家中进行，他们当时人数不多，但活动时都非常认真，积极参加，没有迟到早退的情况，而且讨论时发言热烈。每次要来家中开展民主党派活动时，父亲都同母亲和我把家里仅有的两间住屋中作为活动用的那间大屋子，腾挪收拾出尽量大的空间，父母还叮嘱我带领弟妹不要大声喧哗，以免影响活动。”

“文化大革命”期间，学校停课，教员“下放”农村，大连海运学院考虑蒋菁身体极差，连走路都困难，就让他留校工作。他没有请一天的假，始终坚持让儿女用自行车载送他上下班，直至1979年去世。在这期间，他为国家翻译了大量德文、英文资料。在接受李约瑟书稿航海篇的翻译任务时，工作量非常大，为了加快进度，每天他念翻译出的中文译文，由在家的子女协助他进行笔录。

蒋观庄：少年从戎 惨遭日军轰炸身亡

蒋观庄（？—？），谱名勉庄，海军学校学生。

蒋观庄是蒋而赓五子，自幼立志当海军，少年时期考入位于福州马尾的海军学校第九届航海班，学业优良。1933年11月，“福建事变”爆发，蒋介石调兵镇压，十九路军撤出福州时，在马尾遗弃了一枚小炸弹，蒋观庄去排弹时被炸掉了一只手。

抗战时，日寇一次次轰炸马尾海军基地，蒋观庄在一次日军轰炸中遇难。

蒋松庄：轮机行家 抗战修舰制雷

蒋松庄（？—？），海军军官，曾任“顺胜”艇轮机长、海军工厂材料股股长、海军第一工厂工务课材料股股长、海军总司令部第六（技术）署第三（舰械）处第五（枪炮）科代理科长。

蒋松庄是蒋拯二哥蒋而廉长子，少年立志，矢志向学，好读古书。1917年2月考入福州海军学校第二届轮机班，这个班曾编为船政后学堂第十三届管轮班。在校期间，蒋松庄在努力学习专业的同时，仍研读了不少经典古文。1921年12月，蒋松庄毕业，24名毕业生中他的成绩排第四名，后来成为颇有名气的海军轮机专家。

1934年，蒋松庄出任“顺胜”炮艇轮机长，军衔轮机中尉。1938年1月1

日，晋升一等轮机中尉。在战舰殉国后，蒋松庄曾任海军炮台第五台台长。之后，蒋松庄在海军总司令部工作，其间曾被派往位于湖南辰溪的海军水雷制造所，研发和督造水雷。1945 年 1 月 1 日，任位于重庆的海军工厂材料股少校股长。

抗战胜利后，蒋松庄任海军第一工厂工务课材料股少校股长。1948 年 3 月 1 日，蒋松庄任海军总司令部第六（技术）署第三（舰械）处第五（枪炮）科代理科长，军衔少校。

蒋松庄也是佛学研究专家，与西安大兴善寺方丈、佛教徒战地救护队总队长心道法师是好友，在重庆海军部任职时，曾在工作之余协助心道法师在佛教教徒中宣传抗日，并亲自为《心道法师日记摘录》一书作序。中华人民共和国成立之前，蒋松庄随部撤往中国台湾。

蒋贞庄：保障后勤 海军部中校军需官

蒋贞庄（？—？），又名濬源，一作浚源，海军军官，曾任海军部经理处会计科科员、海军部军需司会计科科员、海军总司令部军需处会计科科员。

蒋贞庄是蒋拯长兄蒋而康次子。受到完整的新式小学、中学教育，投身海军。以办事干练见长，后曾长期在海军部机关工作。1930 年 2 月 25 日，任海军部经理处会计科少校科员。在 1936 年 9 月公布的《海军部职员录》上，蒋贞庄任海军部军需司会计科中校科员。[12]

抗日战争全面爆发后，蒋贞庄随海军部西迁。1938 年 1 月 1 日，海军部改组为海军总司令部，军需司改编为军需处，蒋贞庄在海军总司令部军需处服务。在 1943 年 3 月公布的《海军总司令部职员录》中，蒋贞庄为军需处少校科员[13]。但蒋贞庄亲人回忆说，抗战期间蒋贞庄是中校军衔。

蒋安庄：与兄同事 海军部任少校科员

蒋安庄（1881—？），又名蒋鎏，海军部军学司编译科科员、海军部秘书处庶务科代理科长。

蒋安庄是蒋而康三子，自幼受到良好家庭教育，他曾形容小时母亲长于“不教之教”，父亲习惯于“画荻教子”，自己是“春风中座”，喻受到良好教育。在完成小学、中学教育后，蒋安庄进入海军界工作。

自1917年起，蒋安庄长期在海军部机关工作。1917年，任海军部军学司科员。1926年，蒋安庄短暂代理过海军部秘书处庶务科代理科长。不久回任军学司编译科科员。1936年晋升中校，继续在军学司编译科当科员。后事不详。

蒋彬：上校科长 抗战戍守巴万炮台

蒋彬（1888—1968），原名蒋斌，字禄庄，海军军官，曾任海军部军械司设备科科长、军学司士兵科科长，海军巴万区炮台第三总台总台长。

蒋彬是蒋而康第五子。清末，蒋彬初在船政学堂学习。中华民国成立后，先后任海军炮舰航海副、上尉副艇长、少校副舰长、中校舰长。任中校舰长时，他的族侄蒋斌任“永绩”舰上校舰长，两人同名同姓。为此，蒋禄庄向海军部申请改名“蒋彬”，用于区别。蒋彬后调海军部机关工作。

1925年1月20日，蒋彬被授予海军上校军衔。1930年2月24日，出任海军部军械司设备科上校科长。1932年6月20日，调任海军部军学司士兵科上校科长。

1936年12月，蒋斌参加“西安事变”，1937年2月2日凌晨被乱兵刺死。1937年4月20日，蒋彬又改回原名“蒋斌”。

随着抗日战争全面爆发，海军部改组为海军总司令部。1938年1月1日，蒋彬任海军总司令上校候补员。1939年3月15日，海军巴万（渝万）区炮台第三总台建立，蒋彬任上校总台长，在极其困难的情况下，督兵布雷，曾多次粉碎日军通过水路进犯重庆的计划。10月，蒋彬调任贵阳水雷制造所候补员。

抗日战争胜利后，蒋彬回上海定居。1968年2月28日，病逝上海。

蒋哲庄：陆战队电务官 抗日戍守闽江

蒋哲庄（？—？），又名少广，海军军官，曾任海军陆战队第二独立旅副电官、海军马尾要港司令部通讯官。

蒋哲庄是蒋拯大弟蒋而广长子，少时好学有加，读完中学，因对电信极感兴趣，进入通讯部门学习。学成之后，参军入伍，1934 年进入海军陆战队第二独立旅做通讯工作，曾任副电官。

抗日战争期间，蒋哲庄随队参加了闽江口保卫战，浴血拼杀三日，为福州城里百姓撤往山区争取更多时间。之后，参加了福州的两次光复之战。抗日战争胜利后，在海军马尾要港司令部当通讯官。后事不详。

蒋质庄：驾驶战舰 航海军官技术精良

蒋质庄（？—？），海军军官，曾任海军总司令部副官。

蒋质庄是蒋而广次子，受家族影响，从小志向即是当海军，为考上海军学校努力学习，打下坚实基础，顺利考上烟台海军学校。

1920 年，蒋质庄毕业于烟台海军学校第十二届驾驶班，后长期在各舰服务，成为一名出色的海军航海官，还曾任海军总司令部副官。后事不详。

蒋铣：勤学苦练 终成海军轮机专家

蒋铣（1903—？），海军军官，曾任“诚胜”艇轮机长、“崇宁”艇轮机长、海军总司令部第四（支应）署第二（料件补给）处科员、海军总司令部第四（支应）署第二（供应）处科员。

蒋铣是蒋拯侄儿，听着马江海战、甲午海战的故事长大。1918 年，蒋铣考入福州海军飞潜学校，后转入福州海军学校第三届轮机班，该班曾编入船政学堂第十四届管轮班。入校后，蒋铣学习成绩始终名列前茅。1924 年冬天毕业时，在全班 29 名毕业生中，蒋铣的成绩高居第三名。毕业后，蒋铣长期在海军各舰艇任轮机官。1934 年，任“诚胜”炮艇轮机长。任上，随舰参加抗日战争。

在 1937 年 10 月“诚胜”艇沉于山东寿光羊口镇黄河口附近后，蒋铣于 1938 年 1 月 1 日出任“崇宁”炮艇轮机长，一等轮机中尉军衔。任上，随舰参加了武汉保卫战，在田家镇与日军血战经日。

“武汉三镇，襟带江汉，绾毂南北，昔称九省通衢，乃全国交通枢纽。国军退出南京后，成为我军事政治之中心区，在整个战略与政略上，有坚决保卫之价值。海军划田家镇为武汉之前卫，以葛店作最后防线，各以舰炮构成要塞阵地。”⑭中国军队划田家镇、半壁山间，蕲春、岚头矶间，黄石港、石灰窑间，黄岗、鄂城间，为四大主要雷区。“海军布雷工作朝夜无间。以田家镇为布雷舰艇根据地。”⑮蒋铣与“崇宁”艇战友一起，加班加点在田家镇布雷。“敌图破坏我之布雷计划，迭派飞机狂炸。二十七年七月二、三两日，‘崇宁’布雷艇在田家镇被敌机连炸四次，该艇运用巧妙战术，曾三次击退敌机，最后一次，以被投烧夷弹甚多，艇体着火，挽救无效，乃沉。”⑯艇长叶水源受伤，牺牲和重伤、轻伤者十余人。据蒋家人介绍，身为轮机长的蒋铣也在田家镇布雷时受伤。

1947 年 5 月 13 日，蒋铣任海军总司令部第四（支应）署第二（料件补给）处上尉科员。后事不详。

蒋俨：参加抗战 任职海军总司令部

蒋俨（？—？），海军军官，曾任海军第二舰队航海官、海军总司令候补员。

蒋俨是蒋拯侄儿，少年时期北上，进入烟台海军学校，学习异常刻苦，曾多次至当年甲午血战处凭吊先辈，立志雪甲午耻。

蒋俨自烟台海军学校第十三届驾驶班毕业后，任职海军第二舰队，当过航海官。抗战中，随舰参加了江阴海空战，后任海军总司令部少校候补员。后事不详。

蒋瑨：航海军官 福州海校首届毕业

蒋瑨（？—？），一作蒋缙，海军军官，曾任“湖鹗”艇副艇长。

蒋瑨是蒋拯侄儿，从小志在从军，为此积极准备报考船政学堂，习文健身。辛亥革命后，船政后学堂易名福州海军学校。1923 年 2 月，蒋瑨考入福州海军学校第一届航海班，学习努力。1927 年 12 月，以优异成绩毕业。

毕业后，蒋瑨登舰服务，曾在多舰担任航海官。1932 年，曾任“湖鹗”炮艇中尉副艇长。后事不详。

蒋亨湜：名舰舰长 舰战炮台战阻日西进

蒋亨湜（？—？），海军军官，曾任"正宁"艇艇长、"逸仙"舰副舰长、海军劳动服务团副团长、"逸仙"舰舰长、"江犀"舰舰长、巴万（渝万）区第三总台第五台台长、巴万（渝万）区第三总台第一台台长。

蒋亨湜是蒋超英孙、蒋元庆次子，继承祖父遗志，立志建设海军，后考入烟台海军学校。1921年，蒋亨湜作为烟台海军学校第十二届驾驶班毕业生，自吴淞海军学校毕业。吴淞海军学校创办于1915年，是由当时两所不同的海事类学校整合而成，一所是设在上海宝山吴淞的"交通部吴淞商船学校"，另一所就是由"江南水师学堂"演变而来的"南京海军军官学校"。吴淞海军学校为海军高级学校，生源主要为经过烟台海军学校三年普通科学习的毕业生，在此学习两年的专业课，学习合格毕业后到海军任职。蒋亨湜最后两年的海校生活是在吴淞海军学校度过的。

蒋亨湜毕业后，长期在海军界服务，在多艘军舰任过航海官、枪炮官。

蒋亨湜带兵有方，爱兵敬兵，后升任"正宁"炮艇上尉艇长。

1935年7月，蒋亨湜任"逸仙"舰副舰长。次年，1月任海军劳动服务团副团长，6月升任"逸仙"舰少校舰长，12月转任"江犀"炮舰少校舰长。

1938年1月1日，蒋亨湜继续担任"江犀"炮舰舰长，军衔晋升为二等少校。

1939年，蒋亨湜转任海军总司令部少校候补员。3月，海军设立川江炮台，拱卫陪都重庆。7月，蒋亨湜派任巴万（渝万）区第三总台所辖的第五台台长。此时，第三总台总台长是蒋家兄弟蒋彬。当时，在川江沿线炮台，蒋家共有三位兄弟督兵戍守，除蒋亨湜、蒋彬外，还有蒋兆庄。同年10月，第三总台第五台改为第一台，蒋亨湜继续任台长。不久，又任"江犀"舰舰长，驻守巴东，督舰参加"平善坝之战"。

1941年2月，日军计划以宜沙兵力由江北大举西犯。"三月五日，敌分三路挺进，势颇猖獗。宜昌之敌频渡南岸。我川江漂雷队开始活动……共放漂雷三十具。横渡之敌遭受打击，势亦遂挫。十日，敌占平善坝，我陆军续后退……

我要塞各台因沿江正面防务紧要，镇静扼守。平善坝距石牌已近，敌因不能得海军之联络协胁，不敢继续推进，十一日乃将平善坝放弃，急急向宜昌退去。是役，敌又徒劳无功，故敌之恨我海军深入骨髓，遂复不断以飞机炸我各台。我掩蔽得力，敌又毫无所获。八月二十四日，我驻在巴东附近台子湾之‘江鲲’‘江犀’两舰，有敌机多架掠该舰上空而过，当被该两舰猛烈炮击，敌亦频投炸弹，接战颇久，各因要害受伤下沉。”⑰

1942 年 3 月，中国海军接收英国滞留川江的一艘江河炮舰，改名“英德”，蒋亨湜任中校舰长。后事不详。

蒋亨森：战舰殉国 炮队队长勇战日寇

蒋亨森（？—？），字彦青，海军军官，曾任海军太湖区炮队小队长、海军洞庭湖区炮队枪炮员。

蒋亨森出身名门，是船政学堂第一届毕业生、江南水师学堂总办蒋超英亲孙子。

蒋亨森

蒋亨森少年时期投考福州海军学校，学习自觉、刻苦，常为学习而放弃休息时间，成绩一直不错。

1932 年，蒋亨森毕业于位于福州马尾的海军学校第四届航海班，后长期在海军界服务。抗战初期，任舰艇枪炮官。

1937 年 10 月，在战舰殉国后，蒋亨森与战友们一起扛着从战舰上拆卸下来的舰炮，参加了太湖炮队，任小队长，协同陆军，与进攻南京的日军血战。

1938 年 10 月，蒋亨森出任海军洞庭湖区炮队中尉枪炮员，与战友们一起参加了长沙保卫战。后事不详。

蒋弼庄：造舰专家 抗战时投靠汪伪

蒋弼庄（？—？），造舰专家，曾任海军福州船政局工程师、海军马尾造船所工程师。抗战中变节投敌，曾任汪伪政府海军部副官长。

蒋弼庄是蒋拯长子。1913 年考入船政前学堂第八届制造班，船政前学堂后更名为海军制造学校。1921 年夏天毕业，留在海军福州船政局当工程师。

入职不久，蒋弼庄申请赴法留学。1923 年 11 月，海军福州船政局呈请海军部批准蒋弼庄自费到法国留学，海军部很快批准。蒋弼庄完成在法国的学习后，又赴德国学习电工。学成归来，继续留在船政局工作。后来，海军福州船政局易名为海军马尾造船所，蒋弼庄继续在此做技术工作。

抗日战争中，蒋弼庄投伪，参加了伪海军联谊会，并在汪精卫成立的伪海军部内出任副官长，为赫赫有名的屿头蒋氏海军世家抹上极不光彩的一笔。蒋家人说：在甲午海战中曾浴血奋战的蒋拯，九泉之下若知道自己长子国难当头认敌为友，一定气愤难抑，会跳出来狠揍儿子一顿。

第四代

蒋家第四代海军军官中载入史册的并不多，其中以爱国将军蒋斌最为知名。

蒋斌：少帅助手 力挺“西安事变”

蒋斌（1890—1937），曾任“海容”舰三副、副舰长，“永绩”舰舰长，东北军营长、交通旅长，东北电政监督，军事委员会北平分会交通委员长，福建省电政管理局局长，东北军交通处处长兼陕西省电信管理局局长、西北抗日联军军事委员会交通委员会主任。

· 临阵策易帜 助武昌起义

蒋斌是蒋超英族曾孙、蒋拯族孙。光绪十六年（1890 年），蒋斌生于长乐屿头村。光绪三十四年（1908 年）毕业于烟台海军学堂第二届驾驶班，派任“海容”舰三副。

宣统三年（1911 年）九月，武昌起义爆发，清政府派重兵围击。当时中国最大的军舰“海圻”舰正在国外访问，蒋斌任枪炮三副的“海容”舰，成了国

蒋斌

内最大的一艘军舰。此舰上的官兵，若不是蒋斌的同学，就多是蒋斌的福建老乡，很团结。蒋斌暗中与同学老乡串联，谈清廷的腐败，谈大好河山被外寇侵占，了解到众心皆向革命后，蒋斌与“海容”舰驾驶大副饶涵昌、枪炮大副陈世英（陈季良）、枪炮三副郑畴刚等人联合商议起义。他组织同舰弟兄并联络“海琛”舰官兵，毅然驾驶战舰离驻地武汉，宣告起义，抵达革命军控制的九江。

此举，有利促成清朝海军13艘舰艇于九江起义，对辛亥革命的成功，厥功至伟。不久，“海容”舰即驶回汉口，泊在阳逻、湛家矶江面，截击沿京汉线南下的清军援兵车。同年底，“海容”“海琛”“南琛”等舰组成北伐舰队，由上海北上烟台。

·掌“永绩”军舰 组独立沪队

1917年初，蒋斌升任“海容”舰少校副舰长。6月，海军部总长程璧光、第一舰队司令林葆怿在上海响应孙中山护法号召，准备率海军南下广东。时桂系军阀岑春煊虽也赞成护法，但与孙中山同床异梦，也竭力拉拢海军，以扩充自己实力，他准备搭乘“海容”舰南下。蒋斌得知后即把情况告知林建章。11月12日，蒋斌升任“建康”舰舰长。

1921年10月28日，蒋斌署“永绩”舰舰长，次年6月29日，实任该舰舰长。“永绩”舰，属第一舰队司令林建章管辖。1923年4月，皖系军阀拥林建章为海军领袖，在上海设立海军领袖处，蒋斌和许建廷分率“永绩”“海筹”两舰脱离民国北京政府海军总司令杜锡珪，投向林建章，与另两舰共组“独立沪队”，反对武力统一中国。

· 进保定军校 学陆军通讯

海军内部纷争不已，使蒋斌痛下决心脱离海军。1923年，他考入保定陆军军官学校交通通讯科学习。翌年毕业，进入东北军，曾任东北军营长、交通旅旅长、东北电政监督等职。

1928年，蒋斌负责从苏联手中收回中东铁路主权。次年，负责收回东北电信主权。1932年，国民政府军事委员会北平分会成立，蒋斌任交通委员长。

· 成少帅心腹 握邮电大权

“九一八”事变后，张学良下野。蒋斌借口祭祖，回到福建，被蔡廷锴等任命为福建省电政管理局局长。次年，张学良任鄂豫皖“剿共”副总司令，蒋斌任交通监督。

1933年，蒋斌任东北军交通处处长兼陕西省电信管理局局长。

1935年，蒋斌晋升陆军中将。

· 挺“西安事变” 遭残酷杀害

1936年12月，张学良、杨虎城发动“西安事变”，逼蒋介石抗日，蒋斌积极支持，电请中共派代表团前来西安协商解决事变。

“西安事变”和平解决后，张学良被扣押在南京，由王以哲将军代理主持东北军工作，蒋斌站在王以哲一边。

1937年2月2日，少壮派军官刺杀王以哲，蒋斌同时遇害。蒋斌生前系陆军中将军衔，死后追赠为陆军上将。

第五代

蒋家海军族谱到了第五代，在海峡两岸都出了不少优秀海军官兵，其中最著名的就是蒋斌的儿子蒋桐，官至人民海军少将。

蒋斌是几代单传的独子，自小读书刻苦，学业优秀，聪慧过人，胸有大志，为人善良，特别能吃苦。少时他在长乐屿头乡间读书，启蒙教师是一位石姓乡绅，从蒋斌所作的文章中看出他的抱负，十分赏识。于是，就将女儿石钟奇许配给他。到了婚嫁时，虽然蒋家依然贫寒，但石老先生执意让女儿带着厚实的嫁妆嫁往蒋家，结婚时蒋斌穿的长衫和马褂还是借的。

蒋斌牺牲后，石钟奇将一对儿女抚养成人，蒋斌遇害时穿的军衣，她一直珍藏着，直到“文化大革命”中被抄走。蒋斌留下的不少墨宝都被她细心保存，临终前移交给儿子。

蒋斌儿子蒋桐，女儿蒋凤岗，都生有二男二女。长孙蒋锟一家定居加拿大，次孙蒋桢一家定居香港，其余均在北京定居。孙女蒋铭，后来一直从事海运工作。

蒋桐继承了蒋家传统，依旧当海军。2005 年 10 月 15 日香港《明报》在报道蒋斌次孙蒋桢见义勇为时，这样介绍过蒋桐：“在殷伯遇袭当日路过、挺身而出阻止暴行的蒋桢，昨日出庭做证，帮助殷伯讨回公道，他对能够伸张正义感到十分乐意，认为此举能向同胞展现香港精神。自言生于军人世家、与解放军关系密切的他更说，原本获邀到内地出席观看‘神六’升空，但最终为了出庭而放弃了……任职贸易公司董事长的蒋桢透露，家族三代均从军，祖父蒋斌为国军上将，曾跟随国父孙中山先生北伐，其后加入东北军，在名将张学良麾下效力；其父蒋桐曾为解放军海军少将。他自幼从戎，退休前官至军方高层，其后退休与妻女移居香港，目前从事贸易工作。”

家族传奇

日军集中营里的壮美爱情

长江上，布雷炸日舰被俘

笔者在采访老海军欧阳晋、王国贵、庄家滨和沈葆桢玄孙女、台湾地区防务部门“三军大学”海军教育长林溁夫人沈苏时，了解到这样一段故事：

1941 年 9 月 28 日，海军第二布雷总队第一大队和第五大队组成联合布雷队，从安徽贵池县出发，渡过秋浦河，前往沦陷区布雷。参加此次布雷的海军官兵共有80余人，负责掩护的还有陆军的两个连。完成布雷任务后，如期于9月29日从沦陷区回到驻地的布雷队官兵，仅布雷官张敬荣和士兵10余人。10月7日，第五大队大队长林遵等20多人陆续脱险归来，布雷队员、掩护布雷队的陆军和支援的群众共二三百人被俘。

敌营里，与日寇沉着周旋

被俘的我海陆军官兵，有的着陆军服装，有的为老百姓装扮，全部被日寇用铁丝反手捆缚在日军各据点的铁丝网上。这中间就有蒋菁。

日寇对中国海军布雷队恨之入骨，说是遇上中国海军水雷，连写遗书的机会都没有了，因此抓到布雷队员，最经常用的处死方法就是用两块木板夹着布雷队员活活锯死。所以，布雷队员每一次出发布雷都有生命危险，每次出击都借来安徽当地群众的衣服，化装成老百姓。

日寇知道被捉的这些人当中有不少是海军布雷队员，但又找不到一个穿海军服的。9月29日上午，就有3名身着陆军军服的陆军官兵，被日寇疑为海军布雷队员，押至百米之外枪杀了。

9月30日清晨，蒋菁和被俘的战友、群众一起被押至乌沙夹码头，由汽船送往安庆的一个大祠堂，安庆沦陷后这里成了日寇的集中营。当时，营里已有被俘的中国官兵千余人。蒋菁和战友们被关进集中营，每人发了一个袋包，拆开作为草垫。集中营无门无窗，加上此时已是深秋，北风刮来极冷。被俘的我军官兵，多两人一起，一个草垫铺地，一个草垫作被盖身。蒋菁和第五大队布雷官王国贵（福州人，福州美且有食品厂厂长的女婿），既是福州海军学校同学，又是留德同学，两人都穿着便衣，结伙同睡。在集中营一日三餐吃的都是用发霉苞米做成的饼或稀粥。

日寇结束对秋浦河地区的扫荡后，就开始对关押者进行审讯。

在审讯前，集中营里许多老难友对蒋菁和他的战友们说："几个月来中国海军布雷队在长江里炸沉了不少日军舰船，日寇对布雷队恨之入骨，查出谁是布雷队员，立即拖出去枪毙。你们如果是，就应设法不暴露身份，否则准死无疑。"在提审前，蒋菁和布雷队员们已经互相发誓：坚决不承认自己是布雷队员，也决不出卖战友。

蒋菁是在布雷归来泅水渡过秋浦河后，被包围的日军捉住的。在泅水过河时，手枪失落河中，一上岸即被捕，而枪套还别在腰带上，所以只得假称自己是陆军后勤部卫生兵。蒋菁人长得很白净，看上去像书生，所以扮个卫生兵还是有几分像，在一位当地女子的仗义相救下，才未被立即枪毙。

第一大队大队长程法侃（福州人），虽然身着便衣，但在被捕时已有人说他是布雷队队长，是指挥布雷的。所以，审讯时他面无惧色，刻意大声说："我是布雷队队长，我很高兴，我的队员都脱险了。"他的这一番话，起到了保护被俘布雷队员的作用。一个月后，程法侃被押送至南京上交日军海军部。被俘期间，程法侃威武不屈，没有叛变。抗战胜利后，程法侃出任"民权"舰舰长兼练习舰队参谋长。1949 年 11 月 30 日，程法侃率舰起义，后任人民海军"五四"舰舰长。

危难中，助战友冲出魔窟

第五大队布雷员潘显铿和翁振堂都是福州人，因为始终没有暴露身份，坚持说自己是安徽东至县农民，在蒋菁等的游说下，潘显铿与翁振堂被允许回原籍。他俩先乘客轮到东至，在群众的帮助下，避开敌人岗哨，越过敌人警戒线，很快就安全返回贵池县梅村中国海军第二布雷总队第五大队队部。到这时，林遵等才知道我布雷队员被俘的情况。但是，他们等了好几天，还未见到王国贵等 9 人归来，因此就命令欧阳晋（福州琅岐人，蒋菁福州海军学校同班同学，也是留德同学，中华人民共和国成立后，官至人民海军副军职军官）、陈心华（福州人，中华人民共和国成立后长期在福州二中任教）两人分别设法探明情况，并进行营救。

本来，王国贵等人早就安全归队，他们被捕后都说自己是"贵池梅村人"。所以，也很快从安庆日军集中营中放出来。出来后，他们由安庆乘客轮到贵池县乌沙夹登岸。不幸的是，上岸后即遭到日本哨兵盘查，走在最前面的是同时被放出的 3 名群众，日兵看过证件，即挥手放行。接着，海军布雷队王国贵、倪毓水等受查，也放行了。当查到第八、第九人时，刚好二鬼子、日寇翻译桂福田过来了。桂福田是台湾人，懂得福建话，听王国贵等人的口音即知是福州人，又知海军多是闽人，立刻怀疑他们是海军布雷队队员。于是，他立即对日哨兵呱呱地讲了一通，日哨兵马上将已放行的人全部再捉回来并派了一些伪军，用一艘木船将王国贵等9名布雷队员和3名群众押往池口。在船上，王国贵曾用福州话与另外8名布雷队员商量，准备劫船逃回江北贵池驻地。但就在准备行动时，有一队日本宪兵坐船前来接应，敌数艘汽艇也一直在周边巡逻，使得劫船计划落空。

王国贵等被押往贵池县日本宪兵队受审。虽人人都被严刑拷打，但没有一人暴露身份，也没有一人供出他人。

得知王国贵等布雷队官兵刚出了安庆日军集中营，又进了贵池日本宪兵队。林遵立即派出欧阳晋，前往侦察、营救。

欧阳晋潜入贵池县城郊一位姓陈的乡长家，这位陈乡长，“白皮红心”，名义是伪乡长，但是实际是国民政府委派的。陈乡长为人机灵，与城里维持会会长和伪警察大队大队长曹炳荣都有来往。后来，在陈乡长、曹炳荣大队长的运作下，欧阳晋与王国贵等多次取得联系，共商越狱计划。

最终，利用日本宪兵队换防之机，在陈乡长、曹大队长等的帮助下，王国贵等9人成功越狱，安全地回到了贵池梅村。稍事休整，即投入了新的战斗。

赴死时，女护士挺身相救

在庄家滨和沈苏那儿，笔者还听到了这样一段关于蒋菁逃出虎穴的故事：

蒋菁被捕时，因为身上别着枪套，没法继续化装成群众。审讯中，因为平时对医学还有些爱好，看过不少这方面的书，灵机一动，就说自己本是学医的，被抓壮丁捉到部队做医务工作。日军不相信，仍怀疑他是布雷队员。就在日军要将蒋菁押到外面枪毙时，安庆当地一位女护士冲上前去，对日军说：“他是我丈夫。”女护士是当地大户的女儿，看蒋菁长得英俊潇洒，仰慕英雄，不忍看到他年纪轻轻就没命了，挺身相救。

后来，又是在这位女护士家族的策动下，蒋菁得以走出日军集中营，被日军武装押送到安庆市东亚医院做助理医师。蒋菁时刻渴望着重上前线杀敌，多次利用与女护士同在一个医院工作的机会，请求女护士帮忙，设法冲出敌营。女护士出了一个主意，让蒋菁到她家做女婿，而后伺机归队。这是当时唯一能逃出日军魔掌的办法，蒋菁为女护士的仗义而感动，到她家做了女婿。

新婚之夜，女护士对蒋菁说：“我知道你不是医生，也能猜出你是做什么的。

你放心，有机会我会帮你逃出这里，结婚就是帮你逃出这里的第一步。”

女护士没有食言，与蒋菁结婚后，一直寻机送蒋菁逃出虎口。

胜利后，女英豪大义还夫

蒋菁早在留学德国之前就已结婚，娶了一位美丽的福州姑娘。抗战胜利后，蒋菁到青岛海军学校当老师，蒋菁夫人也北上青岛。当时，沈苏的丈夫林溁也是青岛海军学校的老师，沈苏也随军到青岛，她与蒋夫人常常来往。

有一天，沈苏看到蒋菁在安徽贵池娶的那位老婆带着女儿找到青岛。直到那时，蒋菁才知女护士为自己生了个女儿。那女子，也是个深明大义的人，听蒋菁说了前前后后的事后，立即带着女儿要离开青岛。

蒋菁夫人曾力劝女护士留下来同住，女护士摇摇头，说：“当年与他结婚，我只是想救下这位中国海军军官。看到你们过得很幸福，我心安了。”

蒋菁夫人还想留下蒋菁与女护士生的女儿，好让女护士重新开始新的婚姻生活，女护士说：“这是蒋菁给我留下的最好记忆，是上天给我的礼物，有这，此生足矣。”带着女儿，她悄悄地走了，再也没来找过蒋家人。

在采访蒋菁长子蒋铭辉时，笔者向其求证此事。他说：“是有这么回事。我们住在青岛时，那位女护士带着我的那位同父异母的姐姐一起来，爸爸劝她改嫁，她坚决不肯，后来爸爸出钱送她到正规护士学校学习。那位同父异母的姐姐，现在在厦门。”⑱

蒋菁和夫人曾淑如

注释：

① 沈葆桢．续陈轮船工程，并练船经历南北洋各情形折[M]// 朱华．沈葆桢文集．福州：福州市社科院，福州市社科联，中共马尾区委宣传部，福州市船政文化研

究会，2008：203.

② 李鸿章．出洋肄业在事各员请奖折[M]// 张侠，杨志本，罗澍伟，王苏波，张利民．清末海军史料．北京：海洋出版社，1982：388.

③ 薛福成．出使英法义比四国记[M]// 中国史学会．洋务洋动（八）．上海：上海人民出版社，1961：306.

④⑤ 海军部为蒋超英病故请恤呈文[M]// 杨志本．中华民国海军史料，北京：海洋出版社，1986：673-674.

⑥⑦⑧ 南京国民政府海军部．海军大事记(1912—1941)[M]// 杨志本．中华民国海军史料，北京：海洋出版社，1986：1125-1135.

⑨⑩⑪ 蒋铭辉赠送的父亲蒋菁自传手稿复印件。

⑫ 海军部职员录[M]// 杨志本．中华民国海军史料，北京：海洋出版社，1986：827.

⑬ 海军总司令部职员录[M]// 杨志本．中华民国海军史料，北京：海洋出版社，1986：833.

⑭⑮⑯⑰ 南京国民政府海军总司令部．海军战史[M]// 杨志本．中华民国海军史料，北京：海洋出版社，1986：325-356.

⑱ 刘琳．中国长乐海军世家[M]. 福州：海潮摄影艺术出版社，2009：67-72.

林永升家族

林永升（1853—1894），又名翼生，字钟卿，一字仲卿，福建省侯官县（今福州市鼓楼区）人，海军名将，船政后学堂第一届驾驶班毕业生，曾任“康济”舰管带、“经远”舰管带、北洋海军左翼左营副将兼“经远”舰管带。

林家世居福州外九彩巷7号。因船政学堂兴办于福州马尾，使这个书香门第走出了一代又一代中华英烈，成为四代海军的将士家族。1941年4月21日，福州第一次沦陷。在汉奸的带领下，日寇急汹汹地杀到福州外九彩巷7号，投入9颗炸弹，炸毁了这座古宅，幸家中妇孺已先期逃难。日寇会有此举的原因是从甲午海战到眼下的抗日战争，这座古宅走出的三代儿女都在前线与日军厮杀，誓不投降，血战到底。外九彩巷7号船政名门，代表人物即林永升。

家族源流

源出黄帝　系承比干

外九彩巷林家与天下林姓一样，皆源出黄帝、系承比干、姓从坚公。

比干原是商朝王室成员，在商纣王时担任少师之职，以忠正敢言知名。纣王昏庸无道，他多次进言匡谏，后来因此获罪，被剖心而死。夫人陈氏为躲避官兵追杀，逃难于长林石室，生子名坚，因生于林，被周武王赐以林姓，史称林坚，被林姓人尊为受姓始祖。

入闽始祖是唐末林硕德

林硕德（860—926），字邦定，号天复，河南光州固始人。素有智谋勇略，为乡里所推崇。唐中和元年（881 年），林硕德率众投奔王绪领导的寿州（今安徽寿县一带）农民起义军。当王绪起义军进入光州后，节度使秦宗权封王绪为光州刺史，王潮为军正，王审知为都监，林硕德为监丞。

唐光启元年（885 年），为避开已降服于黄巢的秦宗权勒索债赋，王绪统率 5000 多名义军和一部分光州、寿州的吏民，渡江南下，经江西九江、南昌，进入闽地。义军队伍里就有能攻善战的林硕德。

林硕德随部攻克了长汀、漳州，队伍不断扩大。队伍至南安时，因军粮不继，军心涣散。加之王绪生性猜忌，在滥杀刘成全、李逢益、陈浩等数名干将后，又想杀害王潮、王审邽、王审知三兄弟及其老母董氏。危急时刻，林硕德接受王潮兄弟的恳请，策划“竹林兵变”，带壮士数十人，活捉了王绪，并将其关在牢中，不久王绪自尽。于是王潮被推举为主将，统率全军。

“竹林兵变”后，林硕德成为王潮的得力部将，与王审知一起率精兵夺取泉州、攻下福州。唐乾宁元年（894 年）四月，林硕德奉命率兵独趋邵武，八月中秋定泰宁，军声大振，传檄四方，远近州县纷纷响应，相继归顺，从此闽疆统一。林硕德也因军功卓著被王审知封为威武军军判。乾宁四年（897 年），王潮去世，王审知继任威武军节度使，后加平章事，封为琅琊郡王。林硕德则又被封为威武军都统使。后梁开平三年（909 年），朝廷授王审知中书令、福州大都督府长史，又封为闽王。随即，林硕德被封为开闽都统使。

外九彩巷林家属“六桥林”一支

今闽侯县上街镇，即为六桥林氏诞生之地。

东汉建安元年（196 年），冶县改名侯官。南朝时，从侯官分出的原丰与侯官合并为东部侯官。隋开皇九年（589 年）改东部侯官为原丰县，不久更名为闽县。武周长安二年（702年），再置侯官县，县衙搬到现在的闽侯县上街镇。

后梁乾化元年（911年），始祖林硕德致仕，食邑古侯官县治，定居闽王王审知赐建的大屿头山三进封第，今称“上街六桥林祖厝”，见玉浦江环绕，始建郑屿、合潮、温阳、玉浦、山后、玉丘等六座木桥以渡，使道路四通八达，遂称“六桥林氏”，以区别其他林氏。后唐同光四年（926年）十一月十八日，林硕德逝世，享年67岁。

至明初，上街六桥林氏十五世祖颐山（1415—1497）生七男，及长，各自成家立业，于明成化十九年（1483年）分成七家，始发上街六桥林氏七房，子孙主要聚居上街、新峰，古代统称上街，因此，自古上街被称为六桥林氏发祥地。

外九彩巷林家即出自上街六桥林氏。

船政家谱

福州船政世家颇多，但像外九彩巷林家第一代就出了两位名将的并不多。

第一代

因为船政学堂的创办，林家与海军、留学、科技发生了交集，与中国近代史上一系列重大事件有了关系。林家船政族谱中第一代即出了两位海军名将。

林永升：“经远”舰长 甲午海战牺牲

林永升（1853—1894），又名翼生，字仲卿，一字钟卿，海军名将，甲午海战烈士，曾任“扬武”舰驾驶正教习、“镇中”舰管带、“康济”舰管带、“经远”舰管带、北洋海军左翼左营副将兼“经远”舰管带。

·首届船政学堂高才生 留学英国

林永升是林家第一位海军。

林永升

林永升的祖上做过官、经过商，但到林永升出生时家道已中落。林永升放弃科举之路，报考不需要学费且管饭宿还能领点津贴的船政学堂，其中很大部分原因，是由于家境不宽裕。

清咸丰三年（1853年），林永生生于福州。自幼苦读圣贤书，立有雄心壮志，渴望报效国家。同治五年十二月初一（1867年1月6日），进入船政后学堂第一届驾驶班学习。

同治十年（1871年）五月，林永升与严复、刘步蟾、林泰曾、邓世昌等完成堂课，登“建威”舰实习，遍历北洋牛庄、天津、大连湾、烟台、威海等处。

同治十二年（1873年），林永升随舰赴新加坡、吕宋、槟榔屿各海口练习。

同治十三年（1874年）五月，林永升被赏五品顶戴。

光绪元年（1875年）四月，船政将“扬武”舰改为练船，聘洋教习带驾驶学生上船练习。林永升担任“扬武”舰驾驶正教习，以千总留闽尽先补用。六月十三日奉旨奖补千总衔。次年冬，林永升因品学兼优被选中出洋留学。

光绪三年（1877年），林永升作为中国海军第一批留学生赴英国留学。在英国，经过严格考试，他与方伯谦、萨镇冰、叶祖珪、严复、何心川一起，“经总教习好士德验试，评定甲乙，送入格林尼茨官学，均习驾驶理法”①。在格林尼茨皇家海军学院，林永升系统学习战阵、兵法，好学有加，克服百难，成绩不俗，“在校屡列优等”②。

光绪五年（1879年）初，林永升在完成格林尼茨皇家海军学院堂课后，派登英国地中海舰队的“马那杜”铁甲舰实习。他随舰巡历地中海、大西洋、印度洋等洋面，虚心学习，在大海中练习驾舰、指挥等战术与技术，“均能与泰西将士日夕讲求”③，“行军布阵及一切战守之法无不谙练”④。

·北洋水师总兵　“经远”舰管带

光绪五年（1879年）四月，林永升留学期满回国。次年正月初八，保升守备，加都司衔，留闽补用。二月，北洋大臣李鸿章调林永升赴北洋海军工作。七月，林永升出任“镇中”炮舰管带。十一月初五，林永升等随北洋海防督操、记名提督丁汝昌，赴英国接带清政府订造的“超勇”“扬威”两舰。

光绪七年（1881年）七月，“超勇”“扬威”两舰在英国纽卡斯尔港举行升旗仪式，驻英公使曾纪泽亲自升旗，两舰出港开行。林泰曾任“超勇”舰管带，林永升协助其驾驶回国。

光绪八年（1882年）初，林永升调任“康济”舰管带，补用都司衔。同年夏天，朝鲜发生“壬午兵变”，林永升奉命率“康济”舰援朝，驻守仁川，粉碎了日本对朝鲜进行军事干涉并意成立亲日政权的企图。回国后实授都司衔并赏戴花翎。

光绪十一年（1885年）十月初一，林永升授都司仍留原省补用。

光绪十三年（1887年）三月，林永升奉命赴英国、德国接带“经远”等舰。

光绪十四年（1888年）初，林永升出任“经远”舰管带，督驾“经远”舰归国。四月三十日，荐保游击留原省尽先补用，并被授予“捷勇巴图鲁”勇号。

光绪十四年十一月十五日（1888年12月17日），北洋海军正式成立，林永升升署左翼左营副将，兼任“经远”舰管带。

光绪十七年（1891年）九月初九，李鸿章赴威海检阅北洋海军，以林永升襄办海军有功，升保副将补缺，补缺后升用总兵，并赏加“奇穆钦巴图鲁”勇号。次年四月初三，林永升被实授左翼左营副将，仍委带“经远”舰。

·《甲午风云》中的林大人

光绪二十年（1894年）七月初一，中日政府同时向对方宣战。甲午战争正式爆发。清廷令北洋海军提督丁汝昌护送援兵入朝。八月十六日，清政府再次增调兵力赴朝作战。林永升预感两国海军必有一战，主动“先期督历士卒，昕夕操练，讲究职守之术。以大义晓谕部下员弁、士兵，闻者咸为感动”⑤。

中年林永升

电影《甲午风云》在塑造邓世昌高大形象的同时，也打造了一位英勇抗日的林大人形象，这位林大人就是林永升。

《甲午风云》中的黄海海战是光绪二十年八月

十八日（1894年9月17日）打响的。那天，北洋舰队正在用午膳，发现敌舰猝临，立即下令备战。临战前，林永升下令尽去舰上舢板木梯，以防兵士退缩避匿，并将龙旗高悬于桅顶，以示誓死奋战，与舰共存亡。

林永升率“经远”舰与兄弟舰一起，连续击敌。在北洋海军提督丁汝昌负伤后，林永升仍率“经远”舰与林泰曾所率的“定远”等舰，冒死奋战。在邓世昌率“致远”舰壮烈殉国后，林永升强忍着满腔悲痛，下令冲击。当时，他见远处有一日舰已受伤，于是下令鼓轮追击，想击沉敌舰。进击中，“经远”舰猝为敌舰环攻，情形万分危急，他视死如归，仍鼓轮冲击日舰。夹击“经远”舰的众敌舰向“经远”投去密集炮弹，并发射鱼雷，“经远”舰船身破裂，林永升中弹，“破脑而亡”⑥，时年42岁。全舰270人当中，除16人遇救生还外，其余均壮烈殉国。

林永升殉国后，九月初七北洋大臣奏请：林永升“争先猛进，死事最烈”⑦。九月初九，清廷颁旨照提督例优恤，追赠太子少保，世袭骑都尉兼一等云骑尉。

1918年，中国海军所撰的《死难群公事略》中，对林永升有这样的记述：“公性和易，与人接，惟恐伤其意，遇文学之士，退然意下，延誉不容口。待士卒有恩，未尝于众前指斥辱人，故其部曲感之逾深，咸乐为之死也。是役临阵之勇，奋不顾身，以公与邓壮节公为最。故二公俱赠少保。”⑧

林永谟：辛亥建功 南下护法续谱新篇

林永谟（1876—1936），字籁亚，海军名将，清朝时曾任“海琛”舰帮带、管带；民国时曾任“肇和”舰舰长、“海圻”舰舰长、护法军政府第一舰队司令兼海军总司令、护法军政府海军部次长兼海军总司令、福建漳州海军总指挥部总指挥、国民革命军总司令参事处处长、海军部参事。

·留欧归来 担任名舰帮带

光绪三年（1877年），林永谟生于福州，是林永升堂弟。光绪二十四年（1898年）毕业于天津水师学堂第六届驾驶班。因学业优异，林永谟被选赴欧洲留学。归国后任职“海琛”舰。1911年武昌起义爆发前，任“海琛”舰帮带。

林永谟

·掉转炮口　参加武昌起义

武昌起义爆发时，林永谟任“海琛”舰帮带。而他在任上，为辛亥革命立了大功。

1911年10月10日，武昌起义爆发。清政府派了陆军大臣荫昌统率大军南下清剿起义军，海军统领萨镇冰也奉命率主力战舰兼程前来援鄂。11月，清朝陆军与海军一度收复汉口。此际，当时海军实力最强的“海容”“海琛”两舰也相继赶到阳逻江面。一时，清海军掌左右大局之势。

就在这时，清陆军在汉口焚火延烧五天五夜，生灵涂炭。这让泊在江上的海军各舰官兵义愤填膺，对清政府腐败本就失望至极的海军官兵，军心趋归起义军。林永谟与诸舰上的福州老乡一起商量起义，但当时“海容”“海琛”两舰的管带都是满人，大家都担心不易说服他们反清。于是，林永谟主动提出，自己去说服“海琛”舰管带荣续参与起义。他与其他诸舰的几位老乡一起，细析局势，晓之以理，终于说动荣续同意参与起义。“海琛”舰挂起了白旗，掉转船头，向九江驶去。起义后，荣续离舰。林永谟升为“海琛”舰管带，率舰参与了与清军的作战。

当时，起义海军将舰队开到青山附近江面上停泊，很快就制订出了炮打清军计划：第一步是炮打二道桥和三道桥，阻断清军的铁道联络；第二步，用海军大炮作掩护，组织起义陆军乘船攻占二道桥。有一天早上，天边刚刚吐出了鱼肚白，岸上的一营起义军坐船至离二道桥不远处登陆。由于不少士兵是刚刚入伍的，登陆后秩序不好。天亮后，清军从二道桥附近的炮位开炮射击，起义军虽然以一部分民房为掩护，但仍受到清军炮弹的阻击，伤亡颇大。林永谟与战友们一起向清军阵营开炮，把清军的火力压住。还有一次，黎元洪派人告诉起义海军，说清军攻打甚猛，企图越渡汉水，攻占汉阳，要求起义海军能驾舰驶至汉水入江口外，炮击清军，阻其渡过汉水。林永谟于是率“海琛”舰驰往汉水入江之处，勇猛攻击，截断汉口清军的归路。

当时，京汉铁路仍不断地运兵南下增援，又闻陆军方面也换了段祺瑞来指挥镇压武昌起义。林永谟率“海琛”舰，立即与“海容”舰一起重回汉口，协助起义军攻打清军。此时，已届隆冬，江水水位下降得很厉害，而“海琛”与“海容”舰都是大舰，吃水很深，无法靠近汉口，只好泊在阳逻、谌家矶一带江面上，炮击京汉铁路，以截击从京汉线南下的清军运兵火车。

紧接着，林永谟率舰参加了海军北伐队，由上海北上，光复沿海多地。

1912 年 1 月 1 日，林永谟署“海琛”舰舰长，海军上校军衔。随后正式出任舰长。1914 年，林永谟获授海军少将军衔。

·冒险南下 追随孙中山护法

林永谟在“肇和”舰舰长任上，还做了一件青史留名的大事。

《中华民国临时约法》(简称《临时约法》)，是辛亥革命后所制定的具有资产阶级共和国宪法性质的文件，于 1912 年 3 月 11 日由南京临时政府大总统孙中山公布，共七章五十六条。后来，被袁世凯废除。

1917 年张勋复辟失败后，直系军阀首领冯国璋占据了大总统职位，皖系首脑段祺瑞乘机恢复了国务总理的地位。段祺瑞仍拒绝恢复《临时约法》和国会，想要召集临时参议院，代行国会立法权。孙中山是《中华民国临时约法》和国会制度的坚决拥护者，他以民主主义者的立场，反对北京政府的伪共和，提出了“护法”的号召，发起了护法运动。海军部总长程璧光、海军第一舰队司令林葆怿在上海发表《海军护法宣言》，率第一舰队南下护法。

当时，林永谟在练习舰队任“肇和”舰舰长，舰泊厦门。北京政府在劝诱无效的情况下，采取了一系列威迫手段，拦截南下护法海军。就在此时，林永谟毅然发表声明，拥护《海军护法宣言》，宣布脱离北京政府，冒险随舰南下护法。他的举动，给南下护法海军以强有力的支持。

林永谟率舰参加护法，受到护法省份军政各界的欢迎与支持，军政府政务会议随即任命他为军政府海军部参事，参与海军部重要事务。

1918 年，林永谟任“海圻”巡洋舰舰长。

·护法有功 出任海军总司令

在孙中山发动的护法运动中，林永谟表现坚定支持，1920 年被孙中山任命为护法军政府第一舰队司令兼海军总司令。

1920 年 11 月 18 日，上海《民国日报》曾刊发了消息《林永谟就舰队司令职》，林永谟在就职电中表示：海军护法南来，抱拨乱反正之心，尽救国之义，愿为国家兴亡竭力服务。

据《民国日报》报道，受电人依次为孙中山、唐绍仪、林森、褚辅成、唐继尧、伍廷芳、陈炯明。

1921年5月，孙中山任命林永谟为中华民国广州军政府海军部次长，兼任海军总司令，被授予海军中将军衔。1924年至1928年间一度回闽，任福建漳州海军总指挥部总指挥。1927年，任国民革命军总司令部参事处处长。1929年，南京国民政府海军部成立后，林永谟任海军部中将参事。

· 抗战军兴　抱病培养海军人才

1931年9月，“九一八”事变爆发。作为一名老军人，林永谟清醒地意识到，这是日本即将发动全面侵华战争的信号。他焦心如焚，连续夜难入眠，血压直线升高。但是，当时他自己浑然不知，照样在南京、上海两地参与海军的建设与人才培训工作。

自“九一八”事变后，随着日军铁蹄步步进逼，林永谟始终郁郁寡欢，身体也每况愈下。1936年12月，他多日茶饭不思。几位老友素知他最好作诗，25日就邀他作折枝诗，想让他轻松些。折枝诗，是福州流行的一种文人诗会。每一次，数位文人聚一堂，信手拈一字作题，每人在规定时间里作诗一首，最后请人评出最佳者。朋友本想让他轻松一点、开心一点，但作诗中，他又说起日寇侵华，战舰被毁，越说越气，突发脑出血，与世长辞。但也有一说，说他是打麻将时中风而死，“林永谟在南京与友人作竹林戏时，脑出血突发，猝然逝世于麻将桌旁”。[9] 12月31日，在上海万国殡仪馆举行隆重追悼会，当时社会名

林永谟

流送来不少挽联。他的后人至今记得其中的一副：“负笈西欧同学才华跨诘嗣，棺符南海将军威望播殊方”。这副挽联，是曾任国民政府司法部部长、行政院秘书长、行政院副院长的魏道明亲手题写并送来致哀的。

台湾的孙中山纪念馆，曾挂着林永谟的大幅照片，这是对这位老海军为中华民族海军事业鞠躬尽瘁的一种肯定。

第二代

林永升、林永谟兄弟的子侄辈，有不少投身船政，出了多位海军精英，其中最著名的是海军海道测量专家林镨。

林镨：抗日雪耻 收复南海测量西沙

林镨（？—？），字元璋，海军军官，曾任“青天”舰测量正、海军湖口炮队队员、海军前进舰队测量队队长、海军西沙群岛测量队队长。

·测量专家 血战日本侵略者

林镨是林永升、林永谟的侄儿，自懂事起，就将雪甲午耻作为人生理想。少年时期投身海军，由此走上保卫祖国海疆之路。后来，海军海道测量局举办测绘训练班，从各舰上抽出了一部分优秀军官参加培训，林镨也被选入。学成后到“青天”测量舰当测量官，1935年曾任测量正，二等上尉军衔。

1937年7月，抗战全面爆发，林镨随舰参加对日作战。8月11日，林镨随“青天”舰，与“甘露”“皦日”“绥宁”“威宁”等舰艇一起，奉命破坏了长江南通下游的航路标志，令敌舰失去方向，不易活动。

同年10月，林镨所在的“青天”测量舰奉令驰援正在江阴血战的海军第一舰队，开泊目鱼沙。10月2日，敌机来袭4次。“青天”测量舰上没有高射炮，敌机超低空飞行轰炸，林镨可以清楚地看到敌机飞行员狂妄狞笑的脸。看到在自己的国土上，侵略者如此狂妄，林镨的心在流血……他和战友们不顾生死，端起冲锋枪向敌人袭击，一次又一次打退了敌机。后来，敌机飞至机枪射程之外，像下雨般往下扔炸弹，“青天”舰前桅折毁，中舱舱面全焚，弹药舱也被殃及，林锵和战友们冒着敌人炮火，拼力灭火，但终因火势过猛，无法扑灭，“青天”舰壮烈殉国。林锵被炸至江中，泅水获生。

抗战中，林锵始终没有离开前线。在“青天”测量舰殉国后，又出任海军湖口炮队上尉队员，与敌血战湖口。随后，戍守巴万炮台，阻击日军沿长江进犯重庆。

·光复南海 测量西沙

南沙、西沙群岛自古以来就是我国的神圣领土，在这以前先后被法国、日本侵占数十年。日本投降后，根据《波茨坦公告》和1945年9月2日日本签署的《无条件投降书》的有关条款，作为“二战”战胜国的中国，派遣海军舰队与行政官员前往接收。以收回西沙、南沙诸岛、礁、滩并行使主权。

1946年10月上旬，负责收复西沙、南沙诸岛主权的前进舰队在上海高昌庙海军基地成立。中国海军派出原驻美大使馆海军副武官林遵，任前进舰队指挥官。林锵即是“前进”舰队其中一员。

之后，林锵出任海军西沙群岛测量队少校队长。任上，排除万难，到西沙群岛测量海域，为制定南海九段线奠定了基础，为保卫祖国海疆做出贡献。

第三代

林永升、林永谟兄弟的第三代，继续有人承继海军家风。林永升孙子林启璋即为海军，史载：林永升有“子二，长大鑫二品荫生，袭世职；次毓东，均不幸早卒。孙，启璋，供职海军行营”[10]。但在林家这一代海军中，以林其桢、林其榕最为著名。

林其榕

林永谟侄孙林其桢，自小开始学习英文，大学时期专攻英语，毕业后进入海军界从事专业翻译。或许因为家族影响，林其桢对科技英语和海军军事英语甚为精通，无论是口译还是笔译都十分精到，颇受好评，曾任台湾当局海军中校翻译官。

林其榕，林永谟侄孙，曾任海军陆战队独立第二旅第四团电信员，随部参加抗战，表现英勇。

第四代

林家第四代海军以林永谟的曾孙林郁为代表。林郁毕业于中国人民解放军信息工程学院，长期在厦门海防部队做技术工作。他刻苦钻研技术，业务精湛，多次立功受奖。

注释：

① 吴赞诚．出洋学生分派练习片[M]// 张作兴．船政文化研究——船政奏议汇编点校辑．福州：海潮摄影艺术出版社，2006：140.

②⑤⑥⑧ 池仲祐．甲申、甲午海战海军阵亡死难群公事略[M]// 张侠，杨志本，罗澍伟，王苏波，张利民．清末海军史料．北京：海洋出版社，1982：356-357.

③④ 黎兆棠．出洋限满，生徒学成并华洋各员襄办肄业事宜出力，分别请奖折[M]// 张作兴．船政文化研究——船政奏议汇编点校辑．福州：海潮摄影艺术出版社，2006：181.

⑦ 李鸿章．请优恤大东沟海军阵亡各员折[M]// 中国史学会．中日战争（三）．上海：新知识出版社，1956：136.

⑨ 汤锐祥．孙中山与海军护法研究[M]．北京：学苑出版说，2006：270.

⑩ 陈衍．闽侯县志：民国二十二年刊本影印[M]．台北：成文出版社，1966：365.

严复家族

严复（1854—1921），乳名体干，初名传初，改名宗光，字又陵，后名复，字几道，福建侯官县（今福州市仓山区）人，近代启蒙思想家、教育家、翻译家，船政后学堂第一届毕业生，清朝时曾任船政学堂教习，天津水师学堂总教习、会办、总办，京师大学堂译书局总办，安庆高等学堂监督，复旦公学监督，新政顾问官，宪政编查馆二等咨议官，资政院议员，海军部一等参谋官，海军协都统衔一等参谋官；民国时曾任京师大学堂总监督兼文科学长、北京大学校校长、海军编译处总纂、约法会议议员、参政院参政及宪法起草委员会委员、海军部一等参谋官，为中国近代向西方国家寻找真理的先进中国人。

严复家族世居今福州市仓山区盖山镇阳岐村，因中国第一代海军教育家、中国近代伟大思想家严复，阳岐严家四代皆出海军名将，五代皆出船政名杰。代表人物即严复。

家族源流

阳岐严氏楚庄王之后

阳岐严氏出自芈姓，为黄帝轩辕氏之后。黄帝孙颛顼，颛顼玄孙陆终，陆终第六子季连的二十二代孙熊绎被封于楚，是为楚王。

楚庄王姓芈名旅，又名侣，生于公元前634年。公元前613年，其父穆王卒，他继位为楚庄王。楚庄王即位的最初三年，日夜嬉乐，不问政事，还令国人“有敢谏者死无赦”。贤臣伍举进谏，说:“有鸟在于阜，三年不蜚、不鸣，是何鸟也。”庄王不听。伍举退。大夫苏从再谏：“愿杀身以明君焉。”于是，庄王罢乐听政，任用贤臣。前期用伍举、苏从，后任孙叔敖和沈尹筮为相，国人大悦，奋发图强，是岁伐庸，六年伐宋，八年伐陆浑之戎，九年灭若敖氏，十三年灭舒，十六年灭陈，十七年春围郑、三月克之，十八年大胜晋军，十九年围宋。一跃成为五霸之君。楚庄王在位二十三年，于公元前591年病卒，由其子熊审继位，是为楚共王，熊审以王父谥号“庄”为姓，由此后代子孙相继以“庄”为姓。此是庄姓之源，楚庄王是庄姓鼻祖。阳屿严氏即楚庄王裔孙。

东汉中元二年（58年），东汉光武帝刘秀崩，汉明帝刘庄即位。东汉名士庄光为了避汉明帝刘庄讳，只好把庄姓改掉，名为严光。由此，庄姓之人均为严姓。后来，汉明帝崩，已改严姓的人们，部分恢复了庄姓，有的仍姓严，因此社会上有“庄严共存”之说。

阳岐严氏入闽始祖是严怀英

严复家族的入闽始祖是严怀英。

严怀英，号仲杰，河南固姓人，唐末随王审知入闽，战功卓著，被授朝议大夫，并赐“大夫第”。后来，严怀英见阳岐山多灵石，水无浊流，风景、风水俱佳，遂卜居于此。阳岐村，因此成为福建严姓的发祥之地。阳岐严姓宗祠有一古碑，上有“闽之有严，阳岐始也”之语。据《福州姓氏志》载：严怀英“生二子，长子严安，承袭父职为朝请大夫，居侯官县阳岐。次子严乐，授右卫将军职，守兴化”[①]。本是名门世族的阳岐严家，代有显人，至明永乐年间（1403—1424）更甚。

严怀英十二世孙严友竹（1373—1450），字烜，号熙叔，明永乐十三年（1415年）进士。永乐十五年（1417年），简授为言官，曾先后巡按浙江、江西等省，帝见其正，恩遇隆重，故传有“清廉三佳宴，公直四分巡”佳话。正统二年（1437

年），告老归里，在家乡兴庠掌教，卒葬阳岐犄角山。据《阳岐严氏宗系略记》记载：严友竹登进士时才21岁，因为不入权门、不阿显者，虽精明强干、公正廉洁，一直难获重用，15年后才简授言官。任上，指谪奸邪，条陈利弊，以正直敢言闻名于世。每次皇帝接见，都获得赐宴、赐衣等重赏，恩遇隆重。64岁告老还乡后，办教育，育人才，友兄弟，训子侄，整风纪，深受乡人敬重，阳岐村严姓族人皆公之后。

阳岐严氏宗祠

严复即严怀英二十七世孙。

“阳岐严”原无命名的行序，至十八世孙严涵碧制定命名的行序：“君锡夫汝，尚其秉恭，传家以孝，为国维忠。”严复谱名传初，他后来又续订了十六字作为家族命名行序，具体为：“孙曾彦圣，奕世景从，当仁执义，安延祖宗。”

船政家谱

严复家族的船政之缘，起自严复。阳岐严氏成为船政世家，可以说与严复通过船政得以富贵双至所起的示范作用有直接关系，另外，严复在海军界的巨大影响力和人脉资源，也对阳岐严氏船政家风绵延起到极大的推动作用。

第一代

严复是“传”字辈，目前可考的是，阳岐严家在“传”字辈约有40余人成为中国海军一员，但以普通水兵为多，也有一些水兵后来成为颇有名气的军官，如严传澜，本是普通的水兵，后来因表现优异，升为长江南北岸总炮台台长。但严家第一代船政人中最有名的还是海军科班出身的六位兄弟：严复、严观澜、严观衎、严寿华、严传经、严智。

严复：海军“教父” 近代重要思想家教育家

严复（1854—1921），乳名体干，初名传初，改名宗光，字又陵，后名复，字几道，晚号野老人，近代启蒙思想家、教育家、翻译家，清朝时曾任船政学堂教习，天津水师学堂总教习、会办、总办，京师大学堂译书局总办，安庆高等学堂监督，复旦公学监督，天津新政顾问官，宪政编查馆二等咨议官，度支部清理财政处咨议官，福建省顾问官，学部审订名词馆总纂，资政院议员，海军部一等参谋官，海军协都统衔一等参谋官；民国时曾任京师大学堂总监督兼文科学长、北京大学校校长、海军编译处总纂、总统府外交法律顾问、约法会议议员、参政院参政及宪法起草委员会委员、海军部一等参谋官。

· 生于中医世家　以第一名成绩考入船政学堂

清咸丰三年十二月初十（1854 年 1 月 8 日），严复出生于福州一个中医世家，谱名传初，入船政学堂时改名宗光，字又陵。登仕籍后改名复，字几道。

严复曾祖父严焕然，清嘉庆年间举人，曾任福建松溪县县学训导。祖父严秉符医术颇高，方圆百里甚有名气。父亲严振兴医名更甚，且声名从乡间播至省垣福州城内，在距祖居阳岐 20 余里外的福州城里的台江苍霞洲开设医馆，人称“严半仙”。改革开放后，福州市政府在苍霞的街头公园立一严复雕像，苍霞老妪还会指着严复像说：“这是严半仙崽。”可见当年严父医名之盛。

严复

“严半仙”非常重视儿子的教育。严复年幼时，“严半仙”亲自开蒙。严复 7 岁时，又将严复送入私塾就读。严复 9 岁时，又被父亲送回阳岐老家随胞叔严厚甫秀才学习。不久，父亲又让严复回城内拜宿儒黄宗彝为师。同治四年（1865 年），黄宗彝病逝，严复又从其子黄孟侑续学。如果严父当年能长寿些，严复势将沿着这条路继续走下去，有人说，冲他的才华，保不准能中个状元。

同治五年（1866 年），对严家来说集大悲大喜于一身。春暖花开时，严复与王氏大婚。刚进夏天，福州就暴发霍乱，"严半仙"夜以继日抢救病人，治好病人无数，自己却染病不治。家中顶梁柱一倒，日子艰难起来，只能靠严母和严复新婚的妻子做女红维持生计，严复自然也无法再跟师傅读书了，他们一家人回到阳岐乡间。

似乎老天永远垂青爱读书的智者。这一年，中兴名臣左宗棠、沈葆桢在福州马尾创办船政，开设不收学费还有赏银的船政学堂，严复大喜过望，前往报考。考试的题目是《大孝终身慕父母论》，正在咀嚼丧父之痛的严复，写来自是情深意切文采盎然，严复以第一名成绩被录取，开始了他的海军生涯，也开始了他在中国近代书写历史的日子。

· 学业优异　赴台驱日建功

同治八年（1869 年），船政自制的轮船"万年青"号下水，法国领事巴士栋和造船厂法国籍监工达士博都强烈要求由法国人引港出航，沈葆桢认为此事有辱国体、有伤国家尊严，便驳回了法国人的无理要求，命令严复、邓世昌、刘步蟾等几位学习成绩拔尖的学生研究闽江口地理位置和海图，以便引港出航，终于试航成功。

同治九年（1870 年），船政自造"福星"号轮船下水，船政学堂便将此船暂编为练习船，严复奉派上船操练。次年五月，严复以最优等的成绩完成堂课，被派登"建威"练舰实习，"历浙江、上海、烟台、天津，至牛庄始折"②。

同治十二年（1873 年），严复再登"建威"舰进行航海实习，"先厦门，次香港，次新加坡，次槟榔屿"③，游历多地。

同治十三年（1874 年）春天，日本侵略军在台湾恒春半岛登陆，沈葆桢率福建船政轮船水师赴台驱逐日寇。严复奉命随"扬武"舰前往台湾，沿海岸线测量台东各港口，并调查当时军事情形，"计月余日而竣事"④。后来，沈葆桢在台湾"开山抚番"，增加军事部署，也有严复一功。

· 留英屡列优等 回国执教母校

青年严复

光绪二年（1876年）正月初十，严复再随“扬武”舰由烟台前往日本访问。曾任教练船总教习的英国皇家海军上校德勒塞对严复极为欣赏，称赞其为“非常机敏的军官和导航员”⑤。

当年冬天，中国海军首次派出留学生赴英、法深造，严复等被选中。学驾驶的到英国去，学造舰的到法国去。

光绪三年（1877年）三月，严复抵达英国。七月十三日，严复等参加了英国格林尼茨皇家海军学院的入学考试，顺利过关。

光绪四年（1878年）七月，因严复期末考试成绩优异，驻英公使郭嵩焘向英国提出让严复继续留校学习要求，英国同意严复仍留在格林尼茨皇家海军学院深造一年。格林尼茨皇家海军学院要求甚严，但严复过人的天资加上学习刻苦，“考课屡列优等”⑥。经过重点培训后，严复又上船实习。十二月初六，罗丰禄、陈敬如给郭嵩焘信中，在评论留洋学生时强调：“以严宗光、李寿田、罗臻禄为上选。”⑦洋监督斯恭塞格认为在学习驾驶的12名学生中“以刘步蟾、林泰曾、严宗光、蒋超英为最出色……严宗光于管驾官应知学问外，更能探本溯源，以为传授生徒之资，足胜水师学堂教习之任”⑧。

光绪五年（1879年）六月，因母校——福建船政学堂急需海军专业教习，船政大臣吴赞诚便奏请调严复回船政学堂当教习，理由是严复先后在抱士穆德（朴茨茅斯）海军学校和格林尼茨皇家海军学院进行系统学习，成绩优异，又赴法国游历，“五年六月，吴赞诚以工次教习需才调回，充当教习”⑨。七月下旬，严复回到母校任教习，教书水平为闽人称颂，名臣陈宝琛认为严复“器识闳通，天资高朗”⑩，极力推荐给李鸿章。

· 天津水师学堂功臣 桃李满军

光绪六年（1880年）七月十四日，李鸿章奏请在天津机器局择地建设水师学堂，培养海军人才，并调船政大臣吴赞诚主持筹办，同时任命严复为天津水师学堂总教习。自此，严复在天津水师学堂从事海军教育达 20 年之久。

光绪十三年（1887 年），严复又受李鸿章委派，与英国海军学院联系，请求推荐教习人选，制定练船的章程，并组织对学生的考核。

光绪十五年（1889 年），严复再赴京应顺天府乡试，结果还是名落孙山，这是严复第三次参加科举考试。之后，严复报捐“同知”，海军保捐免选同知，以知府选用。[11]同知为正五品，知府为从四品。严复升为天津水师学堂会办。

光绪十六年（1890 年），严复升为天津水师学堂总办（校长），加叙海军副将。

在严复的主持下，天津水师学堂的课程设置不仅超过了以前由洋教习主持的船政学堂，甚至超过了欧洲的同类海军学校。但严复因为看到了清廷的腐败，痛在心头，也因此“极喜议论时事，酒酣耳热，一座尽倾，快意当前，不能自制，尤好讥评当路有气力人，以标风概，闻者吐舌，名亦随之”。[12]他经常“往来于京津之间，朝之硕臣及铮铮以国士自期许者，咸折节争集先生之庐”。[13]

为能更好服务国家，改变职微言轻之状，严复曾四次参加乡试均败北。

· 兴学办报 成一代思想家

光绪二十三年（1987 年）十月初一，严复与王修植、夏曾佑等人在天津租界创办《国闻报》，该报还附有旬刊《国闻汇编》，收入中外有保存价值的文章。

光绪二十六年（1900 年）五月，天津水师学堂毁于八国联军之手，学生星散，严复避居上海，从此脱离了海军教育界。

今天的中国人民解放军天津交通指挥学院的前身，即天津水师学堂。这所部队指挥学院的师生在校园里立起了严复铜像，以铭记百多年前严复在天津为中国军事教育做出的突出贡献。每年严复诞辰日和《天演论》出版日，严复的铜像前总是摆满了鲜花。

离开军界后，严复着力翻译、著述，并在当时有名的报纸上发表了大量政论文章，宣扬西方科学技术和自由平等学说，介绍达尔文进化论和斯宾塞社会学原理，批判韩愈的“君权神授”论，提倡鼓民力、开民智、新民德，阐述维新变法、救亡图存的主张。

光绪二十七年（1901 年）三月，严复应开平矿务局督办张翼之聘，赴天津主持开平矿务局事务。次年，京师大学堂编译书局聘严复为译书局总办。

光绪三十年（1904 年），严复赴英国，协助开平矿务局督办张翼办理收回开平矿务局事。次年（1905年），孙中山由美洲到达英国，特意去拜访严复，二人就中国政治改革等问题进行了长时间的会谈。

1904—1905年，严复第二次去英国时留影，照片下端为其英文签名

光绪三十二年（1906年），应安徽巡抚恩铭之聘，严复出任安庆高等学堂监督，对校务进行改革与创新。同年冬天，严复出任复旦公学监督。

光绪三十四年（1908年），严复赴天津充任新政顾问官。

宣统元年（1909年），清政府赐严复文科进士出身，先后任命严复为宪政编查馆二等谘议官、度支部清理财政处谘议官及福建省顾问官。严复被清廷学部聘为审订名词馆总纂，负责各类图书出版的审核。

宣统二年（1910年），严复被委任为清政府资政院议员。十一月初三，严复被清政府简授海军部一等参谋官。

宣统三年（1911年）三月，严复被特授为海军协都统衔。

1912年1月1日，中华民国成立。2月25日，严复出任京师大学堂总监督兼文科学长。5月3日京师大学堂改名为北京大学校（今北京大学），严复为首任校长，10月7日辞职。11月6日，严复任海军编译处总纂。

1913年初，严复被袁世凯任命为总统府外交法律顾问。

1914年3月初，严复被举为约法会议议员。6月，出任北京政府参政院参政及宪法起草委员会委员，并任海军部一等参谋官。

1915年8月，严复被杨度列为筹安会发起人。对此，严复虽无可奈何，但他拒绝参加筹安会的任何活动，也拒绝为袁世凯称帝撰文劝进。

1916年6月，袁世凯病逝。筹安会诸人受到通缉，严复避居天津。1918年12月回福州老家。次年，5月到上海养病，8月又回福州，10月到北京。居京沪期间，曾在上海红十字医院和北京协和医院住院。1920年10月又回到福州，居于郎官巷。

1921 年 10 月 27 日，严复在福州城内郎官巷寓所逝世。

严复著有《严侯官文集》《严几道文钞》《瘉壄堂诗集》等，译著有《天演论》《原富》《群学肄言》《群已权界论》《名学》《社会通诠》《法意》《名学浅说》等。

严观澜："镜清"舰管轮 珍藏丰富严复文稿

严观澜（？—？），谱名传安，海军军官，曾任"镜清"舰三管轮。

严观澜是严复二伯父严恭诒（字成谋）的次子、严复的堂弟。严恭诒长子严观涛，即那位在光绪七年（1881 年）护送严复在闽招收的天津水师学堂学生北上的知县，因严观涛在家族中排行老大，严复称之为"大哥"。严观澜在家族同辈中排行老四，严复与他感情深厚，写信都称其为"四弟"，现存世的严复书信中有不少就是与这位"四弟"的通信。严观澜长期在海军服务，曾在"镜清"舰当三管轮。

严观澜孙子严群为严复大量文稿能够传世做出过突出贡献。新中国成立后，严群在杭州大学当教授。王栻在《严复集》的编后记中，对严群有这样介绍：严群先生是严复的侄孙，生平最注重收藏严复文字。十多年来，他陆续整理并先后寄来了抄稿近一百篇，包括论文、诗词、书札、专著及翻译各个方面，一部分是未曾看到过的新材料，史料价值非常高。

严群去世后，他的儿子严名也从父亲手上接过接力棒，继续收集整理严复的书信与译文。严名原是上海第二医科大学教授，退休后赴美，2003 年开始定居上海。2005 年和 2006 年，他连续发现了 8 份严复未刊书稿。新发现的这 8 篇严复文稿是：1890 年致观澜四弟书、1900 年致孝明老棣书、1909 年写给甥女何纫兰信、1909 年给何纫兰短笺、1911 年给族侄严瑜家书、1913 年给甥女何纫兰信、1920 年给长子的信、译作《美国教会麦美德女士书吴芝瑛事略》。

严观衍：中西兼学 "镜清"舰书记官

严观衍（？—？），谱名传庆，海军军官，曾任"镜清"舰书记官。

严观衍是严复堂弟，严观涛、严观澜胞弟，家族排行第五，严复称其“五弟”。严观衍自幼受到良好教育，中西兼习，关心时事，善于思考，十分认同严复对国家与民族的探讨，常与之交换对救亡图存的看法，在至今发现的严复书信中就有一些是与严观衍探讨时局的，如光绪二十三年七月二十六日（1897年8月23日），严复在给严观衍的信中说：“《天演论》索观者有数处，副本被人久留不还，其原稿经吴莲池（指吴汝纶，因其曾任保定著名的莲池书院山长，造就人才众多，故以此称）圈点者正取修饰增案，事毕拟即付梓。颇有人说其书于新学有大益也。中国甚属岌岌，过此何必兵战，只甲午兵费一端已足蕆事。洋债皆金，而金日贵无贱时，二万万即七万万可也。哀此穷黎，何以堪此！前此尚谓有能者出，庶几有鸠，今则谓虽有圣者，无救灭亡也。中国不治之疾尚是在学问上，民智既下，所以不足自立于物竞之际。”⑭“前者《时务报》有《辟韩》一篇，闻张广雅（张之洞）尚书见之大怒，其后自作《驳论》一篇，令屠墨君出名也，《时务报》已照来谕交代矣。拉杂奉复，余俟晤乃露。”⑮依托于严复及家族影响力，严观衍曾长期在海军工作，主要做文案、书记官之类的秘书性质工作，曾任南洋水师“镜清”舰书记官。后事不详。

严传澜：炮台台长 戍守长江南北两岸

严传澜（1875—1919），又名孔团，小名团团，海军军官，曾任长江南北岸炮台总台长。

严传澜

严传澜是严复族弟，与严复感情甚好，严复回阳岐，曾住在严传澜家。严传澜聪慧好学且工作负责，由普通的炮手一步步升到清朝长江南北岸总炮台台长。

1919年8月，严传澜病逝，严复在上海闻讯后，在给三儿严琥的信中说：“此人早逝，令人悼惜万分，不但吾辈家乡之事，托渠出力者极多，此后不知谁托，而宗族乡党之中，求其笃练勤干如团叔者，殆难再得。吾父子去年蒙渠助力，情谊甚深，思之令人耿耿耳。”[16]

严传澜病逝时，军方已欠饷多月，死后应领薪俸抚恤金，家人都支领不到，时严传澜儿子严家理仅 8 岁，严夫人曾润玉被债主汹汹索债，甚至告上法院，无法应付，曾几次企图自杀，正在危难时候，严复在 1920 年 10 月回闽，见到严家理，得知寡母孤儿处境之苦，老泪横流，当即写信叫儿子严琥面投当时福建督军李厚基，请其查明情况并发放应领薪俸抚恤金。李厚基是由时任海军部总长刘冠雄提拔的，而刘冠雄则是严复在船政学堂任职时学生，对严复非常敬重，李厚基接到信后，立即派遣专人将积欠的薪俸和抚恤金送交给严传澜夫人，使之还清了债务。

严复父子对严传澜一家多有帮助。严复在闽期间，关心严家理的学习，在严复逝世前的一年中，曾两次过问严家理的课业，还亲自教严家理读王安石的《孟尝君传》和王勃的《滕王阁序》，并面允严家理要带他到北京，负责他的生活，和严复的小儿子严玷一起读书。严复 1921 年 10 月在福州病逝后，其子严璩在 1922 年按严复遗命，将时年 11 岁的严家理接到北京大阮府胡同家中读书，并负责其全部生活。后来，严家理 1932 年考入北京大学，于 1936 年毕业。严家理在北京大学学习期间，时任北京大学文学院院长的胡适曾对严家理说：“以几道先生在近代学术文化上的贡献，绝非清代遗老如陈宝琛辈所能窥测想象，伯玉以墓志铭之作，委诸陈老先生，殊不可解。”[17]严家理言：言外之意，似乎为严复作墓志铭，非他莫属。1936 年严家理从北京大学毕业后回到福建，先后在福建省银行和福建省政府任职，1945 年去了台湾，在 1948 年又回到福州，1950 年在福建学院任讲师，1952 年全国高校院系调整时，到厦门大学任经济系教授。

严文炳：轮机上校 北京大学数学教授

严文炳（1868—1920），字彬亭，海军军官，清朝时曾任天津水师学堂教习、海军部军制司轮机科科员；民国时曾任海军部军学司雷学科科长、海军部军需司设备科科长、海军部福州行营办事员、北京大学教授。

严文炳是严复的族弟，少年时期北上，考入天津水师学堂，在校期间成绩一直名列前茅。光绪十五年（1889 年），严文炳以优异成绩从天津水师学堂第二届管轮班毕业。因成绩优异，留校任教。严文炳爱生如子，教书认真负责，德艺双馨，深受学生爱戴，被公认为名师。

光绪二十六年（1900年），天津水师学堂被八国联军所毁后，严文炳调往他岗，后曾在海军部工作。

宣统二年（1910年）十一月，严文炳任海军部军制司轮机科科员。

1912年9月8日，严文炳任海军部军学司雷学科科长。同年11月，任海军部军需司设备科科长。次年，严文炳任海军部福州行营办事员。

1914年5月25日，严文炳获授海军轮机中校。五年后，晋升海军轮机上校。

严文炳曾任北京大学教授，主讲高等数学。1920年，严文炳病逝北京。

严传升：国文名师 执教烟台海军学堂

严传升（？—？），海军军官，曾任烟台水师学堂教习。

严传升是严复族弟，严传升自幼好学有加，及长，遍读经史子集，能文工诗，以文闻名，后开馆授徒，深获学生好评。

严家与冰心家族因严复结谊。当年，严复在天津参与筹办水师学堂，因在北方难以招生，即回福州招收学生，冰心之父谢葆璋因此走进天津水师学堂，成为该校的第一届驾驶班学生，谢家也因此逐渐结成一个庞大的海军家族。谢葆璋后署理海军部次长。当年护送谢葆璋等离闽北上读书的即是严复堂兄严观涛。光绪十一年初秋（1885年9月），严复回闽参加第一次科举考试，就住在福州光禄坊道南祠谢葆璋之父谢銮恩家中。

谢葆璋就任烟台海军学堂监督后，专门躬请严传升北上，担任烟台海军学堂国文教师。严传升在烟台海军学堂，不但精心教授国文，孜孜不倦，还教授国史，运用大量史实，对学生进行精忠报国教育。

严寿华：历掌六舰 海军要港参谋长

严寿华（1892—1977），谱名传有，海军军官，清朝时曾任“海容”舰煤饷大副；民国时曾任“海容”舰军需长、“海容”舰鱼雷长、“海容”舰副舰长、“建中”舰舰长、“建康”舰舰长、“楚观”舰舰长、“永绩”舰舰长、“永绥”舰舰长、“通济”舰舰长、海军马尾要港司令部参谋长、海军接收台澎区上校参谋兼海军接收基隆军港日本海军专员、海军台澎要港司令部基隆办事处处长、海军总司令部接舰处处长。

严寿华是严复族弟，严传升胞弟，是严家第一代海军中的又一位杰出人物。

光绪十八年（1892年），严寿华出生于阳岐，他走上船政之路是受严复影响的，也与严复有直接关系。

说起来，其间还有一段与冰心家族有关系的故事。

严复是冰心祖父的好朋友。严复担任天津水师学堂总教习时，奉命回乡招收学生，受老友之托，经过考核，录取了冰心父亲谢葆璋，后来天津有急事要严复立即赶回，临走时他就托自己的大哥，将谢葆璋等被录取的新生护送到天津。后来，烟台成立了海军学堂，谢葆璋就任学堂监督。回榕省亲时，鼓励当时还是幼童的严寿华投身海军，保家卫国。严寿华13岁那年，随哥哥严传升赴烟台，由哥哥亲自指导他备考烟台海军学堂。考入烟台海军学堂后，严寿华学业非常突出，深得谢葆璋器重，后来这位海军少将亲自做媒，将自己的内侄女杨建中介绍给严寿华，因此严寿华也就成了著名女作家冰心的表姐夫。

严寿华自海军学校毕业后，长期在军舰上服务。

宣统三年（1911年）初，严寿华任“海容”舰煤饷大副。次年，转任军需长。

青年严寿华

1915年，严寿华转任“海容”舰鱼雷长。

1917年11月22日，严寿华任“海容”舰少校副舰长。

1920年9月，严寿华代理“建中”舰舰长，军衔少校。次年10月2日实任。

1922年6月27日，严寿华调任“建康”舰舰长。

1926年7月13日，严寿华调往“楚

观”舰，任中校舰长。

1929年8月17日，严寿华任“永绩”舰舰长。

1930年5月13日，严寿华又调往“永绥”舰，担任舰长。

1932年9月24日，严寿华调离“永绥”舰，复任“永绩”舰舰长。

1937年3月20日，严寿华出任“通济”舰中校舰长。9月，再次复任“永绥”舰舰长。次年，派往军事委员会第一部任职办事。

1940年，严寿华南调，任海军马尾要港司令部参谋长，参与闽江口保卫战和福州的两次光复之战。

1945年8月15日，严寿华在福州马尾迎来了日本投降。同年11月，严寿华被任命为海军接收台澎区上校参谋兼海军接收基隆军港日本海军专员。他率部跨海赴台，见证了因甲午海战失败被日本强占半个世纪的台湾回归祖国的胜利一刻。他奉命接收基隆军港，遣返日本战俘，点收舰船，被任命为海军台澎要港司令部基隆办事处处长，参与建设基隆海军基地。

1947年，严寿华调任海军总司令部接舰处处长。

1949年，严寿华因对蒋介石发起内战深恶痛绝，以患高血压病为由请假回福州治疗。福州解放前夕，严寿华坚持留在家乡，参加新福州建设，后进入福州二中担任英文、数学教师，成为福州市为数不多的既是英语名师又是数学教学权威的园丁，深受一代又一代学生敬重。

严寿华长期担任福州市政协委员，1977年12月18日，以85岁高龄谢世。

严寿华对家乡公益事业十分热情。1919年1月17日，严复应乡人请求，倡议重修阳岐尚书祖庙，慷慨捐资2000元，并带动福建督军李厚基捐款。严复还组建了由56人组成的董事会，严复为发起人，严姓董事有18人，其中就有严寿华，严寿华不但捐款，还为建成阳岐尚书祖庙办了一些实事。

严寿华的儿子严家骧（1921—1951）是革命烈士。严家骧为北京大学高才生，读书期间投身革命。1950年参加抗美援朝，担任志愿军营教导员，率部浴血奋战。1951年2月13日，在战斗中壮烈牺牲。1993年，北京大学建立革命烈士纪念碑，严家骧英名亦列其中。

严寿华可以说是中国著名集邮家。在20世纪30年代他所藏邮品之丰厚在全国也名列前茅。

严传经：英雄艇长 为国葬身鱼腹

严传经（1895—1938），字子政，海军军官，曾任“定安”舰舰长、“楚同”舰副舰长、第一舰队司令部正副官、“义宁”艇艇长。

严传经

严传经是严复的堂弟，受严复影响，从小以读海校当海军护海疆为人生理想。宣统三年（1911年）夏，严传经考入船政后学堂驾驶班学习航海。1915年，转入烟台海军学校第十二届驾驶班。1918年，再到吴淞海军学校学习。1920年6月，毕业于烟台海军学校第十二届驾驶班。走出学校大门，登“定安”舰见习。

1926年8月10日，严传经被授予上尉军衔。三年后，任“定安”舰代理舰长。

1931年1月21日，严传经调署“楚同”炮舰副舰长。5月16日，实任“楚同”炮舰副舰长。

1933年，严传经叙为一等上尉。次年，任第一舰队司令部正副官。

1935年11月23日，严传经调任“义宁”炮艇艇长。

抗战中严家有多位海军子弟为国捐躯，严传经即是第一位严家抗日烈士。

“卢沟桥事变”后，严传经被紧急调赴长江江防司令部，率“义宁”炮艇，负责在鄱阳湖一带布雷。1938年6月25日，日军飞机前来轰炸，严传经指挥战士用艇炮、机枪与敌人飞机激战，敌人从他的军装上知其是艇长，超低俯冲，瞄准他射出一串子弹，严传经壮烈牺牲，尸沉水底，年仅43岁。战斗结束后，战友们一遍遍打捞寻找严传经的遗体，但始终无着。严传经实现了自己“海军以为国葬身鱼腹为荣”的战前誓言。海军部按照军人抚恤条例，从优给恤二十年，国防部颂状褒扬，并追令晋升海军少校官阶以慰忠魂。

严传经夫人孙毓仙，出身名门，坚强的她独自一人将三个儿子拉扯大。2006年春节，105岁的孙毓仙与儿子、孙子、曾孙欢聚一堂，举杯守岁。孙儿、曾孙围在她的膝下，又听她说起他们已非常熟悉的严传经老爷爷的故事，一位孙儿有点遗憾地打断了奶奶的深情叙说："奶奶，我们最难过的是，至今没有看到过爷爷的照片。"

这句话，让孙毓仙老泪纵横，她想起了抗日烽火里的那段往事……

1941 年 4 月 21 日，福州沦陷。日寇铁蹄下的福州城，暗无天日，此类消息天天传来。孙毓仙为保护家人平安，不但将严传经所有照片统统毁之一尽，还通知亲人将严传经的照片烧掉。抗战胜利后，孙毓仙想方设法寻找夫君的照片，但始终没有找到。严传经牺牲时，他的孩子还不大，一年又一年，儿子们已经回忆不起父亲的模样了。孙儿出生了，曾孙出生了，他们都无法知道家中老祖严传经的形象。孙毓仙曾经对好友说："我与他相爱至深，早就相许'生不同时死同穴'，他葬身鱼腹，能与他的照片相守百年也是不幸中的万幸。唉，天下有谁像我这样苦命，六十多年连想见丈夫照片一眼都难如愿！"随着年龄的增大，孙毓仙对夫君的思念也日甚一日，苦痛与遗憾与日俱增。

似乎苍天知道孙毓仙的苦痛。2006 年 4 月，严寿华次子严家骙从所定居的奥地利维也纳回国，参加母校——厦门大学校庆。校庆结束后，这位前外交官又去往河南郑州，探望幼弟严家骥，并在他家中发现一张七十年前在福州照的家乡部分亲戚集体合影。严家骙立即翻拍一张寄给福州的侄孙严孝先。严孝先也在照片上，拍照时他已 18 岁，所以他一眼就认出了这中间有严传经一家四口。他立即打电话给刚好从中国台湾来福州探亲的严传经长子严家煌，严家煌听说后立即赶到严孝先家。严家煌虽然已想不起父亲的模样了，但当他捧起照片一看，还是一眼就认出了父亲，他激动得连声说："这就是我爸爸！"小时爸爸对他们哥儿仨的疼爱立刻全部被激活！"这就是我爸爸！是我爸爸呀！"他激动得泪流满面。他将父亲的照片单独洗下来，与这张老照片一起，复制了许多套，他要带给母亲，带给兄弟，带给父亲从未谋面过的孙子、曾孙们。

母亲捧起这张照片时，手不住地抖，泪不住地流，她想起了拍照片的那一天：那是 1937 年元旦，严传经的炮艇刚好停泊在海军马尾造船所检修，他上岸回到仓山家中。那天，严寿华、严步韩好几家人都来严传经家问候新年，几位姐妹也带着一家人赶来凑热闹，记不清是谁提议，难得有这么多亲戚能够相聚，不如去照张相留念吧！于是，一大家子好几十口人，浩浩荡荡地开到仓山照相馆，留下了这张照片。这张照片原来珍藏在阳岐乡间，有回严家骥回乡，在大哥家看到这照片扔在一堆废旧书报内，就拾起带走了，一直珍藏到今天。

2006年夏天，105岁的孙毓仙怀抱着寻觅了半个多世纪的丈夫照片，含笑告别人世。她走得很安详。

第二代

严家第二代船政人才，在谱系上是“家”字辈，出的海军最多，约有百名，但以水兵为主，其中较为著名的有严伯勋、严培南、严家理、严家驺、严又彬，人称“严家海军五骏”。

严伯勋：海军校官 原是刺袁英雄

严伯勋（1880—1933），谱名家鹄，字鼎元，又名岐峰、元鼎，海军军官，曾任海军部军法司科员、军法司典狱科科长。

· 同盟会元老 加入暗杀部

1912年1月16日，北京东安门大街发生了惊天一幕：袁世凯卫士被炸死，袁世凯被炸得抱头鼠窜，亡命而逃。3位暗杀者被捕，不久英勇就义，唯有一义士成功脱离险境。这位义士，就是天津水师学堂培养出来的中国同盟会暗杀部骨干——严伯勋，人称“暗杀大王”。

严伯勋是严复的侄儿，少年时期随严复到天津水师学堂上学。光绪二十六年（1900年）天津水师学堂毁于八国联军之手时尚未毕业，同年六月，随严复离开天津，避地上海。同盟会成立后，严伯勋十分认同同盟会主张，反清革命思想愈发坚定，随即参加了孙中山先生领导的同盟会，开始从事地下革命工作。

清末，革命党人就把暗杀作为推翻清朝腐败统治的一个重要手段。从1900年至1911年的12年间，革命党人舍生忘死，前仆后继，完成了一次又一次壮烈的刺杀。比较著名的有：史坚如刺两广总督德寿、万福华刺广西巡抚王之春、王汉刺铁良、吴樾刺五大臣、徐锡麟刺安徽巡抚恩铭、汪精卫刺摄政王载沣、温生才刺广州将军孚琦、林冠慈刺广东水师提督李准、李沛基刺广州将军凤山、彭家珍刺良弼等。

频繁的刺杀活动令清廷高官闻风丧胆，以广州为例，刺客横刀以待，来一个杀一个，来两个杀一双，致使总督、将军、提督无不战战兢兢，夜不能寐，许多人连官都不敢再做了。就是在这种情形下，严伯勋参与策划、执行了北京闹市区刺杀袁世凯大行动。

1911 年 10 月 10 日，武昌起义爆发。为镇压武昌起义，清廷被迫请于 1908 年被“开缺回籍养疴”的袁世凯复出，并授予内阁总理大臣之要职。复出的袁世凯率部攻克汉口后，回京组阁，并立即部署暗杀吴禄贞，捕杀王金铭、施从云，镇压革命党人，帮助清廷苟延残喘。这令同盟会的同志们非常气愤，决定在同盟会京津分会设暗杀部，锄杀袁世凯。海军出身的严伯勋即是暗杀队骨干成员，他们集合于北京十三陵、门头沟荒山制作炸弹，并练习投掷炸弹。

1911 年 11 月 13 日，袁世凯率领大批卫队进京，他的内阁政府就设在石大人胡同迎宾馆。袁世凯本人先是住在王府井大街锡拉胡同私宅，后听说革命党人要杀害自己住在河南彰德府老宅里的家眷，便赶紧派人把家眷接来北京，一同住进石大人胡同迎宾馆。这段时间，袁世凯每天早上乘马车经东安门大街到东华门，去进宫上朝。

·“暗杀大王” 京城刺袁

严伯勋数次潜入京城内，观察、记录袁世凯的行动路线、卫队配备、藏身地点，并与时任暗杀部部长的彭家珍一起，制订了详尽的暗杀计划。

与春秋战国时代那些刺客不同的是，荆轲、聂政、专诸、要离、豫让等人，虽然英勇壮烈，终究是人家的“养士”。如荆轲作为一个卫国人，凭什么要为燕国刺秦呢？显然是为了报答太子丹的知遇之恩罢了。但清末的革命党人不同，他们对刺杀的态度是严肃而虔诚的，是为了民主共和的理想，而非为了个人恩怨。严伯勋虽然在海军界有极好的人脉基础，海军部的高官，多数不是他亲戚，就是他乡亲，或者是他伯父严复的学生、弟子，要在海军界飞黄腾达，对严伯勋而言并不是太难的事，但是为了建立一个民主共和的富强祖国，他抛却个人荣华富贵，也将个人生死置之度外。1912 年 1 月 16 日出发前，他给家人写信诀别，抱定此去无回的坚定信念。

那天早上，严伯勋与 3 位暗杀部战友一起进入北京城，他们在王府井至东华门设伏卡三道。严伯勋埋伏在东华门外，战友黄芝萌、张先培在丁字街口设伏，战友杨禹昌隐蔽于东安市场。快到中午时，袁世凯下朝后乘双套马车回府，车行至东华门外三义茶叶店前，隐身于店内的严伯勋沉着快速走出，掷弹于袁世凯马车下，但是因为炸弹稍缓，而车速又甚疾，因此爆炸震波只是将袁世凯掀翻在地，而警卫营营长袁金镖当场被炸死，另有10余个警卫被炸成重伤，双套马车中的右骖虽被炸伤但仍能跑动，车夫刘二驱车狂奔。严伯勋非常沉着，见状，再退入茶叶店，将怀中手枪插入茶桶，从容逸去。他的战友黄芝萌、张先培闻爆炸声，于是开窗手持炸弹站立等候，被随之赶来的军警捕去。杨禹昌闻声持弹奔出，亦暴露被捕。

车夫刘二将魂飞魄散的袁世凯送回石大人胡同迎宾馆。袁世凯下车后，还故作镇定地哈哈大笑说：“今天有人跟我开玩笑。”这时受伤的右骖和一杜姓受伤随从，因流血过多而死去。袁世凯后来当了大总统时，提升车夫刘二为总统府司御校尉。

袁世凯被炸的第二天，又有人向迎宾馆投掷炸弹，未炸到人，只是将袁世凯的办公室玻璃震裂，吓得袁世凯搬入地下室办公。也是从这时开始袁世凯再不敢进宫上朝，而是派外务大臣胡惟德作为代表。

此次遇刺后，狡猾的袁世凯一方面立即致意京津同盟会，说是要投效革命；另一方面下令杀害了黄芝萌、张先培、杨禹昌三人。严伯勋则在众多海军老乡的帮助下，连夜潜出北京城，避居天津，后再潜往南京。[18]

严伯勋和三位战友刺杀袁世凯虽未成功，但直接影响了京师局势，震慑了清廷君臣，摧毁了他们的心理防线，最终谁都不敢出来主持危局，而宁愿到青岛、天津求田问舍，作富家翁。1912年2月12日，见大势已去的清朝隆裕太后携6岁的溥仪在乾清宫颁发了退位诏书。

· 民国功臣不居功

因此，可以说，严伯勋刺袁，为推翻帝制、建立民国贡献巨大，算得上民国大功臣。

辛亥革命成功后，因为袁世凯当总统，严伯勋隐秘不宣，组织上亦为他保守秘密。后来，依托于严复在海军界的关系，严伯勋以字“鼎元”作名，以原名“伯勋”作别号，任职于海军部。但他在参与革命活动时（如参加彭家珍追悼会)，即会另用别名，如“岐峰”“元鼎”等名字。在公职活动时，他依旧用“严鼎元”或“严伯勋”。在海军部分别于1920年7月、1922年3月公布的《海军部职员录》，“严鼎元”是名，“伯勋”是别号。

严伯勋极具爱国情怀。1914年8月23日，日本向德国宣战，日军随后向山东展开了军事进攻，9月2日在龙口登陆，强夺了胶济铁路后，又向青岛发动总攻，并于11月7日攻陷这座黄海之滨名城。日军随后在山东占领区实行军管，开始了殖民统治。严伯勋与海军界同人一起发起成立了“中华国民救亡团”，表示“一息尚存，万不容外人欺侮”。⑲ 在一份散发甚广的“中华国民救亡团”传单上，就有严伯勋的签名。

直到1916年6月袁世凯病逝，海军部一些同人才知道当年刺杀袁世凯、逼隆裕太后带溥仪颁退位诏书的大英雄严岐峰、严元鼎，就是严鼎元。

1916年，严伯勋正式出任海军部军法司科员。次年，获授海军少校军衔。

1922年10月21日，严伯勋晋升海军中校军衔。

1925年5月24日，严伯勋升任海军部军法司典狱科科长。

严伯勋与严复关系一直很好。1918年11月，严复回闽为三子严琥举办婚礼，严伯勋陪同严复返闽，在坐火车到浦口过江检查时，因在严复的签押箱中被士兵查出带有手枪一把，于是大起麻烦，连人带枪被士兵扣留，后经严伯勋到南京城里找到一位同盟会友人、海军名将林国赓作保，才被放行。回到老家阳岐，严复住在祖居老屋，三子严琥则在“大夫第”后座严传慎家，与严伯勋同住。

1927年国民党北伐成功，定都南京，严伯勋到国民政府司法行政部工作，1933年病逝于南京石头城下，灵柩由海军部派军舰护送回乡，安葬于老家阳岐山下，享年53岁。

严伯勋婚姻是父母包办的，娶的是家乡一位不识字、不会说普通话的农村姑娘。结婚后，两人生了一女。严伯勋外出做事，从不带家眷，也不太回家，这位夫人一人在家乡过着孤灯独影的日子，这也使得严伯勋终身只有一女。袁世凯死后，严伯勋在北京政府海军部工作，娶了一位非常漂亮的陈姓姑娘，有文化、知书达理，整个家族都非常喜欢她。我们采访严孝先时，听他说：严家当时是一个大家族都住在北京，人人都说这个陈姑娘很好，可惜她在1927年就病逝了。她不是福州人，生前也没有回过福州，但她死后，她的照片长期与严伯勋的照片并排挂在严家阳岐的厅堂里，严伯勋的原配夫人也没有意见。严伯勋的哥哥严家鸿的儿子严步随过继给严伯勋为子。严伯勋的原配夫人于1956年病逝。

严家驺：水师教习 美国数学界新星

严家驺（1884—1934），字伯鋆，海军军官、大学教授、政府官员，曾任安徽省高等学堂教授兼数学系主任、唐山工业专门学校数学系教授兼主任、晋北盐务总局局长、山西盐务管理局局长、福建盐务管理局局长。

严家驺

· 数学天才 成水师学堂数学王

严家驺是严复族侄、严复族兄严传慎长子，后来当过多所大学的数学系主任，人称“数学王”。

“数学王”的数学天分，是在培养海军军官的水师学堂里发掘的。作为中国海军学院鼻祖的船政学堂，是中国第一个开设数学课的学校。不但如此，首任船政大臣沈葆桢从同治九年（1870年）至光绪元年（1875年），连续三次上奏朝廷，要求在科举制中特设算学科，他清楚地意识到近代科技与数学密不可分。这使得水师学堂对数学的学习看得非常重。或许就是因为水师学堂浓浓的崇尚数学之风，催生了“数学王”，当然严复是“红娘”。

阳岐严家有个传统，任何人都要倾其所能照顾兄弟，像前文说到那位“暗杀大王”严伯勋，自己生活并不宽裕，只有一子一女，但侄儿侄女们读大学和出国留学经费都是他慷慨资助的，以致身后未留下一间房一分地，租住的公寓家徒四壁。严复也一样，资助了不少侄儿侄女成就学业。严家驺当年就是因投奔在天津水师学堂当总办的严复而进入海军界的。光绪二十一年（1895年），11岁的严家驺到了天津，住进了严复家，严复亲自为他补习文化。光绪二十三年（1897年），严家驺考入天津水师学堂驾驶班。

海军驾驶需要用到数学，因此安排了不少数学课。才上了没多久，老师就发现，严家驺数学天分极高，不但次次考试皆第一，而且能自己设计习题，他出的数学题常常把老师都难倒了。读书期间，严家驺曾为低年级学生讲授数学，数学才华倾倒了不少学生，名气颇大，“数学王”的封号就是此时传出的。之后，曾到船政学堂短暂教过书。在他之后，水师学堂又出了位“数学王”叫林振峰，开创了独特的数学计算法，因林振峰是位于马尾的船政学堂毕业，后来又长期在船政学堂任教，人们将他新创的数学方法称作“马尾算”。结束在船政学堂执教后，严家驺又到一所中学当数学老师。

·美国数学新星 毅然返国报效

宣统元年（1909年），中国选拔了第一批47人，作为庚子赔款留美学生。在这47人中，绝大多数学生学习农、工、商、矿各科，只有严家驺和胡刚复两人学习数理。在严家驺决定继续攻读数学时，好些同学劝他三思，说：学工科、商科、矿科都能赚大钱，学理科只能做贫寒的教书先生。严家驺很坚定，别人怎么说他都不动心。与他同学数理的胡刚复，后来成为中国科学院院士。

严家驺先进了美国伊利诺伊大学，很快在数学上崭露头角。获学士学位后，再进入哈佛大学攻读数学硕士。在美国期间，他撰写了一些数学论文，刊载于美国重点数学杂志；同时，他还出版了数学著作，成了美国数学界一颗冉冉上升的新星。就在美国名牌大学请他出任数学教师的聘书飞到严家驺面前时，他选择了归国。导师劝他三思，说：在美国你很快就能成为大科学家，中国这么落后，你回去了就等于浪费了你的才华，等于你数学生命的提前结束。严家驺也很痛苦，犹豫过，这里不但有他的事业，也有他灿烂如花的爱情，美国的一位教授的女儿看上了这位来自东方的数学天才，导师也以为爱能扯住这位中国小伙儿归去的步伐。

但是，严家驺回来了。先进入安徽高等学堂任教授兼数学系主任，后到唐山工业专门学校当数学系主任、教授。之后，转往盐务界工作，先后任晋北盐务总局局长、山西盐务管理局局长、福建盐务管理局局长，并长期担任福州阳岐小学名誉校长。

严家人看来有数学天分，出的数学教授颇多，比较有名的除了严家驺外，还有曾任北京大学数学系教授的严培南、曾任河海大学校长的严恺院士。或许因为数学好，严家出的盐务官员也非常多，随手一点就有十几位。比如，严复的长子严璩担任过长芦盐运使、全国盐务署署长、盐务稽核总所总办；严复的侄儿严伯敬，也曾任广东省盐务管理局秘书、福丰盐务查验关关长、福建莲河盐场管理处处长。

严培南：北大名师 原是海军学堂高才生

严培南（？—？），字君潜，海军军官、大学教授，清朝时曾任通艺学堂常驻教习、北京五城学堂分教习；民国时曾任京师大学堂教授、北京大学教授。

严培南是严复的族侄，生于老家阳岐。严培南成为北京大学名师，与严复有关。他生于阳岐，自小曾在阳岐的塾馆读书，学习很好，但家贫，很快失学。有一年，严复回乡省亲，看到严培南非常机灵，出了几道题来考他，没想到小培南脱口即答，严复极喜，见他家穷，读不起书，恐误了孩子的前程，故带他到天津读书。到了天津后，严复将小培南送进天津新式学堂。放学后，严复亲自在家教读，使得严培南后来以优异成绩考入天津水师学堂。

严培南天分高，学习又勤奋，成绩优异。光绪二十一年（1895 年），毕业于天津水师学堂第五届驾驶班，随即登舰服务。之后，经严复推荐到通艺学堂任常驻教习。光绪二十八年（1902 年），任北京五城学堂分教习。后来，京师大学堂急需数学与英语教师，严培南因这双科皆佳，同时被聘为数学与英语教授。1912 年，严复任北京大学校第一任校长时，聘严培南为北京大学校数学系教授。

严培南和夫人在北京生了 5 个孩子，但先后都夭折了。1912 年又生了一女，名倚云。严复的长子严璩，年近四十依然没有子女，严复遂提议将严倚云过继给严璩，就这样严倚云成了严复的长孙女。

严倚云之后，严培南夫妇又生有女儿严以安。严以安抗战前在《北平时报》当记者，又名严灵，笔名星子，抗战时曾在香港《大公报》以及大后方的报刊工作。之后，严培南夫妇又生了女儿严以宁和儿子严以诚。

严培南曾与严璩合作口译，由林琴南（林纾）笔录，出版了《伊索寓言》。

严家礼：电台台长 船舶电机专家

严家礼（？—？），海军军官，船舶电机专家，曾任海军电台台长、海军江南造船所工程师、武昌造船厂工程师。

严家礼是严复侄儿，自小志向远大，发愤苦读，立志从军保家卫国。少年时期，在完成小学教育后投身海军，后长期在军舰上担任电务官、电台台长，技术精湛。蒋介石发动内战，严家礼愤而申请离职，坚决不在军舰上工作，后进入海军江南造船所当工程师。他勤于钻研，对船舶电机系统很有研究心得。后来又调到武汉的武昌造船厂，担任电机工程师，成长为船舶电机领域专家。

严又彬：英雄舰长 血战江阴烽火育才

严又彬（1899—1965），海军军官，曾任“建康”舰副舰长、海军（岳州）特务队军官、海军总司令部附员。

严又彬是严复侄儿、严文炳长子，少年时期投身海军，1921年春毕业于烟台海军学校第十三届驾驶班。随即登舰服务，历任航海副、枪炮副、航海官、副艇长、艇长。1934年，出任“建康”舰副舰长。

1937年7月，抗战全面打响。严又彬与舰长一起，率舰随第一舰队参加江阴海空战。作为海军的主力战舰，“建康”舰与“平海”“宁海”“应瑞”“逸仙”等舰一起，扼守最前线。

江阴海空战自1937年8月16日打响，至1937年12月2日江阴防线失守，前后共历时108天，是抗日战争中罕见的陆海空三栖立体作战，也是抗战期间一次大型海军战役。此战，阻遏了日军沿长江快速进犯的企图，粉碎了日军3个月灭亡中国的美梦，保护了长江下游军政机关、工矿企业向四川大后方的安全转移，为以空间换取时间之持久抗战的最后胜利做出了卓越贡献，战略意义非常重大。

江阴海空战极其惨烈。我海军官兵浴血奋战，“江阴守卫月余，敌舰未曾一窥，惟敌机则颇肆虐。但在我各舰高射炮射角，构成整个江阴阻塞线防空网，使敌机不论由任何方向侵入，均难逃我高射炮威力范围”[20]。“八月二十二日，‘宁海’舰击落敌机一架”[21]。“江阴阻塞线横锁中流，我舰队全力披坚执锐，以相防守”[22]。

1937年9月22日后，日军出动数百架次飞机猛炸布防江阴江面的我海军舰队，严又彬舍生忘死，浴血抗敌。

日军轰炸一日猛过一日，9月“22日，敌以大编队机群，向江阴空袭，包围我之舰队，弹下如雨，各舰集中火力，沉着应战，相持6小时，敌机被我击落5架”[23]。第二天，“敌机72架，蔽空而来”[24]，集中轰炸“我国海军中最优强之军舰”[25]，“投重量炸弹无算”[26]，我官兵“前赴后继，伤亡枕籍”[27]，但不惧生死，“又击落敌机4架，中伤逃遁数亦不少”[28]。

在“宁海”“平海”两舰被炸后，舰队旗舰改由吨位稍小的“逸仙”舰担任。“第一舰队司令陈季良移驻‘逸仙’舰指挥。二十五日上午九时，该舰在江阴附近，敌机十六架，更番猛扑，掷弹二十余枚”[29]。面对强敌，我海军官兵沉着应战，坚守江阴阻塞线。敌机“三度狂炸‘逸仙’舰，均低飞投弹。我高射炮失效用，舰首十五生炮击落敌机两架。我舰亦伤重”[30]。

“逸仙”舰开创了用大口径炮轰击敌机并命中的先例。“该舰亦被敌弹炸断机舱之左旋转抽机柱，舵舱、行李舱登时进水，舰身向左斜倾。……该舰驶泊目鱼沙，敌机仍踵至掷弹卒被炸沉。”[31]在25日的防空战斗中，“逸仙”舰共阵亡14人，8人负伤。

在“逸仙”舰被敌机攻击时，海军指挥部派“建康”等舰驰援。“建康”舰为我国当时唯一驱逐舰，副舰长严又彬与舰长一起，奉命督舰前往增援，途遇十二架敌机来袭，严又彬与舰长指挥还击，但因为舰上配置的火力弱，仍不足以阻止敌机的攻击，相持至龙梢港口，左舷被炸，前段进水，分成两个机群的敌机继续向“建康”舰掷弹，“舰长齐粹英、副长严又彬指挥炮击，各受重伤”[32]，舰上其他官兵牺牲9人，受伤28人，舰体多处进水，严又彬带伤指挥抢修，但终无法塞堵，战舰快速下沉。身负重伤的严又彬忍着剧痛，在战舰即将沉没之时组织官兵带着伤员撤离。

虽身受重伤，但严又彬不等痊愈，即归队参战。1938年，任海军（岳州）特务队上尉，不久派驻海军练营，负责对练营学生进行战前训练。

1943年，严又彬任海军总司令部上尉候补员，之后还曾任上尉附员。

严又彬胞弟严铁生（1902—1982），曾任铁道部第四设计院总工程师、全国人大代表、全国政协委员；严又彬胞弟严恺（1912—2006），是中国著名水利和海岸工程专家、中国科学院院士、中国工程院院士。

第三代

严家第三代投身海军的依旧很多，其中以四杰最为著名，他们中有的建功于北伐战争，有的在抗日血战中获勋。

严以庄：北伐军兴 督舰参加北伐西征

严以庄（1889—1928），字子敬，海军军官，曾任“应瑞”舰航海副、副舰长，“豫章”舰舰长。

严以庄是严复侄孙，生于阳岐老家。宣统元年（1909年），毕业于烟台海军学校第三届驾驶班，随即登舰服务。靠着踏实肯干，稳步提升。

1915年，严以庄任“应瑞”舰航海副。

1924年4月9日，严以庄升任“应瑞”舰副舰长。

1926年1月19日，严以庄任“豫章”舰舰长。任上，率舰易帜，投身国民革命，督舰参加北伐。1927年5月中旬，与北洋军阀所部激战长江通州（今江苏南通）一带，“当我军与江北敌军奋战之际，乌衣（位于安徽滁州）之敌于五月十七日又以白俄兵之铁甲车向我反攻，‘楚谦’以大炮猛击，历时甚久，敌卒受挫，争向山坳溃窜”[33]。18日早上7时，“敌舰来袭淞口，困扰后方防务，且有某国飞机三架代为侦察。经我淞口炮台连发重炮轰击，‘海容’‘海筹’‘应瑞’‘豫章’‘建康’各舰，奉令兼程驰援，敌被击退，各舰遂向南口跟追，敌舰狼狈北遁”[34]。在“豫章”舰等国民革命军所率的海军各舰及陆军联合作战之下，至5月25日，“由皖到沪之长江水道完全为我革命海军控制”[35]。同年6月，上海各界于17日、18日、19日连续三天举行庆祝北伐迭获胜利活动，“豫章”舰作为北伐有功之舰，奉命派出8名代表参加庆祝大会。之后，严以庄又奉命督舰参加西征。

今天，走在榕树环绕的阳岐村，听村中老人说，严以庄给乡亲留下最深印象的倒不是他当过舰长，因为阳岐严家的舰长出得可多了，主要是严以庄为人豪爽，最喜扶危济困，谁家有困难，只要一开口，他从来是立即掏钱相帮，与众亲戚关系非常好。可惜年仅 39 岁就不幸病逝，留下 4 个女儿。

严智：炮台台长 布雷总队长

严智（1894— ？），字子威，海军军官，曾任“永绥”舰副舰长、“楚观”舰副舰长、练习舰队司令部正副官、海军湖口炮台第二台台长、海军长江中游布雷游击队第二中队中队长兼第三分队队长、海军第四布雷总队总队长兼第一大队大队长、海军总司令部副官。

严智是严复侄孙，从小胸怀从军卫国理想，宣统三年（1911 年）夏，严智考入船政后学堂驾驶班。1915 年，转入烟台海军学校第十二届驾驶班。1918 年，转入吴淞海军学校学习。1920 年 6 月，毕业于烟台海军学校第十二届驾驶班。

1929 年 8 月 6 日，严智出任海军闽厦要塞司令部少尉参谋。

1930 年 8 月 2 日，严智调任“楚有”舰中尉枪炮正。

1931 年 2 月 6 日，严智充任鱼雷游击队司令处副官。3 月 27 日，任“永绥”舰副舰长。5 月 14 日，回任鱼雷游击队司令处副官。

1932 年 7 月 8 日，严智担任“应瑞”舰枪炮正。

1935 年 4 月 16 日，严智充任“楚观”舰一等上尉副舰长。

1937 年 3 月 15 日，严智调任海军练习舰队司令部正副官。7 月，随着“卢沟桥事变”爆发，进入全面抗战时期，严智走上前线，与日军血战。

经过惨烈的淞沪抗战、江阴海空战、南京保卫战后，到 1938 年初，中国海军仅存舰艇 34 艘，吨位仅为 16000 余吨，还抵不上日本的一艘重巡洋舰。元旦，国民政府下令撤销海军部，成立海军战时总司令部，统领 34 艘舰艇及经血战而生还之官兵，抗击日军。海军充分利用淞沪抗战和江阴阻塞线区抗战赢得的时间，沿南京以上长江中游继续构筑阻塞线区，并将战损舰艇上尚能用的舰炮拆卸，部署于长江中游一线两岸之海军要塞，加强岸炮火力，战略目标是：沿江抗御，保卫武汉。

1938 年 1 月，在对赣东北的马当构建阻塞线后，“海军即划湖口为长江二道防御线，共拨舰炮六尊，择太平山、竹鸡山为阵地，编组炮队一队”[36]，湖口炮队有海军官兵140名，以海军一等中校邱世忠为队长，下设两个分队，严智任第一分队副分队长，一等上尉军衔。海军总司令部“调海军陆战队炮兵连一连协同守卫。一面勘择港道划成雷区，先后布雷九百余具”[37]，“防务至为严密”[38]。之后，严智升任湖口炮台第二分台上尉分台长。

严智上任后，身先士卒，督兵建设炮台、安装炮位、训练士兵，同时参与组织布雷。1938年6月，日军不断派出飞机轰炸正在建设的湖口阻塞线。7月4日，日军在飞机的掩护下，从陆地进攻湖口。“友军抵御失利，陆续后撤。担任指挥作战之我陆军总台长赵黼丞，行踪突告不明。旋敌军迫近炮台，但江面终无敌舰发现。炮台所装舰炮因系固定炮座，不能转向内地截击敌之陆军；且敌急速前进，其先头部队已经越入我各炮射程之内，早失要塞作战意义，情形遂异常严重。”[39]严智率领官兵与登陆日军展开山地战、肉搏战。“我海军炮队，乃以特务兵据守山头，为争据点，与敌展开山地战，嗣敌源源推进，敌我众寡悬殊，……山头无法扼守。其时，海军陆战队炮兵连亦陷重围，炮台与之联络断绝，各炮位又多毁于敌机，无法再战。”[40]严智遂带领战友于当晚拆卸炮闩突围退出，湖口遂失。

1939年11月，海军筹建长江中游布雷游击队。次年1月成立，严智出任第二中队少校中队长兼第三分队队长。4月21日，获得“陆海空军甲种一等奖章”。11月，海军第四布雷总队成立，严智任少校总队长兼第一大队大队长。

1943年2月，严智调任海军总司令部中校副官。后事不详。

严以瀛：投身海军　专事军需

严以瀛（？—？），字步洲，海军军官，曾任海军部军需司科员。

严以瀛是严复侄孙。自幼读新式学堂，完成了小学、初中、高中教育，后投身海军，专攻军需，长期在海军部军需司工作，为资深军需官。

1914年，严以瀛任海军部军需司科员。1919年，晋升一等军需官军衔。

1924年6月26日，严以瀛晋升军需少监军衔。后事不详。

严以德：海军干才 转任盐务

严以德（？—？），字步溪，海军军官。

严以瀛是严复侄孙，少年时期考入烟台海军学校。毕业后长期在海军工作。因为严家在盐务部门人脉深厚，转入盐务部门工作，曾在北京、天津、江西、陕西等省盐务部门做事，做过多个县、市的盐务“一把手”。

严以德的儿子严孝章（1921—1986），著名军事建筑工程专家，毕业于复旦大学土木工程系，抗战时投笔从戎，参加远征军，转战印缅战区。解放战争时期，奉命主持修建国民党军长春城防工事。之后奉命赴中国台湾，先后主持修建台湾与澎湖的环岛防御体系、荣民总医院、各地的荣民之家、台湾东西横贯公路工程等。严以德的女儿严孝津做过台湾地区著名政治人物孙运璿的秘书，女婿姚兆元曾是台湾地区空中防务部门副领导人。

第四代

严复家族第四代出的海军不多，最为著名的是中国人民解放军海军南海舰队政治部副主任、少将陈伻，他是严复的曾侄外孙。2013年，笔者曾邀请他参加海峡两岸船政文化研讨会，并代表船政名杰后裔在会上发言，在这之后他多次应邀出席在福州举行的福建船政纪念活动，为此也有更多机会采访这位与先辈一样戍卫中国海疆的将军。

陈伻：严复曾侄外孙 南海舰队将军

陈伻（1954— ），海军政工专家，曾任海军指挥学院讲师、副教授、政工教研室主任，南海舰队第十一快艇支队政治部主任，南海舰队西沙水警区政委，海军工程大学副政委，海军第五批护航编队政委，南海舰队政治部副主任。

见过严复照片的人，在第一次见到陈俨时，都会情不自禁地感叹："你长得真像严复。"而且他的经历与严复也最为相像，为人民海军著名的博士将军、教授将军、学者将军。

· 陈父是中共王牌军副政委

陈俨的父亲名叫陈一鸣，山东文登人，1940 年加入中国共产党，曾任职于山东胶东军区、解放军第九纵队、解放军第 27 军。抗战时，陈一鸣随部屡战日寇，曾参与山东根据地抗日大反攻战。解放战争中，在孟良崮战役、济南战役、淮海战役、渡江战役、上海战役中屡建战功。在解放上海当夜，有一幕曾令宋庆龄十分感动，打下上海的 27 军上自军长下至马夫全部露宿街头，秋毫无犯，这中间就有陈俨父亲。朝鲜战争爆发后，第 27 军随第 9 兵团于 1950 年 10 月入朝作战，时任军政治部组织处处长的陈一鸣，随部参战。

陈一鸣随部投入了艰苦卓绝的长津湖之战，参与全歼美军"北极熊团"，荣获朝鲜民主主义人民共和国解放勋章。陈一鸣后历任 27 军政治部副主任、主任、副政委，1987 年病逝。

陈俨母亲名叫严以英，是严复的侄孙女，家中满门海军。1950 年，毕业于福州幼儿师范学校的严以英，参军入伍，后一直在解放军第 27 军从事教育工作。

陈俨父亲那边的亲人，多是抗日战争时期投身革命的老八路。母亲那边的海军亲戚，先后参加了马江海战、甲午海战、抗日战争等一系列反侵略战争，在每一场抗击外侮的海上血战中，都有陈俨母亲或远或近的亲戚血洒海疆。

· 与先祖严复一样曾执教海军院校

1954 年，陈俨生于江苏无锡。他几乎是听着父母家族战斗故事长大的，这使他从小到大的理想就是当兵保家卫国。1969 年，他进入军营，先后在陆军野战部队任班长、排长、连指导员、师宣传科干事。

1977 年，全国恢复高考，陈俨以优异成绩考入河北大学经济系政治经济学专业。毕业后，他重新回到野战军，历任师宣传科副科长、团政治处主任等职。1987 年，陈俨参加对越自卫反击战中的老山作战，一如家族中先辈，为捍卫国家领土完整和百姓安居乐业出生入死。

严复从船政学堂毕业后，当过船政学堂老师，参与创办过天津水师学堂，并长期担任该学堂领导人，为中国海军培养了众多优秀人才。

陈俨从南疆作战归来，奉命走入中国海军最高学府——海军指挥学院，拿起教鞭，与先祖一样，为中国海军培养人才。

在海军指挥学院，陈俨从事经济学和军事经济学教学，先后任讲师、副教授、政工教研室主任。陈俨的课深受学生欢迎。

陈俨兴趣广泛，除了研究军事经济学、军队政工学外，业余时间爱写小说、散文，摄影技术也十分了得，是闻名遐迩的军中摄影家，摄影作品曾被《中国国家地理》杂志选用刊登。

· 中国第一位国防经济学博士

1996 年 9 月，陈俨考入解放军最高学府——国防大学研究生院，攻读博士学位。他学术成果颇丰，曾获全军军事经济研究中心优秀成果一等奖，全国“孙冶芳经济学奖”提名奖。

1999 年 7 月，陈俨以优异成绩通过博士论文答辩，成为我国第一位国防经济学专业博士。我国国防经济学理论，也正是由陈俨和他的老师及同学奠基的。

当所有人认为怀揣国防大学博士学位的陈俨，会选择继续在高校从教时，陈俨却选择到一线海军基层部队去、到海防最前线去。他说：“我可以继续留在学院里当教授，那样生活条件是相对优越的，还可以照顾老婆孩子，但我觉得边防海岛部队更需要我、更锻炼我，更需要高学历高素质人才。所以，我下决心给海军首长写了自荐信，要求安排我到海军的基层部队去工作。其实，这种选择真挺难的，要放弃许多东西。”

人民海军少将陈俨（前右）

陈俨是孝子，

留在南京海军指挥学院，可以照顾年迈且身患癌症的老母；他是好丈夫，妻子多病，都市的医疗条件比海岛要好得多……他喜欢教学，又渴望亲自守护多事的南海，这一点与当时在天津水师学堂执教时的严复有点相似。

·守卫西沙群岛整整九年

西沙群岛似乎总与船政有缘。

1946 年 7 月，林则徐曾侄孙林遵率领着包括不少福州海军学校毕业生在内的海军前进舰队，驶向南海。前进舰队由“太平”“永兴”“中业”“中建”四舰组成。11 月 29 日，“永兴”“中建”两舰驶抵西沙群岛最大的岛——林岛。此后，林遵再率领“太平”舰、“中业”舰向南沙群岛驶去。林遵在南海黄山马峙岛上，重新竖起中国主权碑石，并主持了海军隆重升旗礼仪，向全世界郑重宣告：西沙、南沙群岛正式回到中国怀抱！林遵以“太平”舰名，将黄山马峙岛命名为“太平岛”；以“中业”舰名，将铁峙岛命名为“中业岛”；以“永兴”舰名，将西沙群岛上最大的岛——林岛命名为“永兴岛”。

1999 年，陈伻南下。他先是驻防南海川岛，出任南海舰队第 11 快艇支队政治部主任。

2003 年，陈伻调往西沙群岛，出任南海舰队西沙水警区政委。在先辈曾经收复的这一片片被大海环绕的国土上，因为有了他，官兵的快乐多了，对艰苦工作的热爱多了。

在西沙群岛，海军官兵最爱听陈伻上的政治课。他上的政治课，能让人感动得落泪，能让人热血沸腾，能让人感到守护西沙是自己一生的光荣。他的课好，不仅因为他是博士，还因为他始终坚持每晚拿出 3 小时读书学习，倾力备课。他曾为上好一堂形势教育课，收集了 15 万字资料，写了 3 万多字教案。陈伻的手机里储存有许多基层官兵的手机号码，他们有心事都爱与陈伻聊聊，因为人们总能从他那里得到力量。

·中国海军第五批护航编队政委

在守护西沙群岛紧张的日子里，陈伻从来没有放弃对中国海军建设相关重要课题的学术研究。他曾被国防大学聘为硕士生导师，还被解放军南京政治学院聘为兼职教授，还担任过解放军广州兵种指挥学院兼职教授。2008 年，陈伻调任武汉海军工程大学副政委。

2009 年，陈俨再返南海，升任海军南海舰队政治部副主任，同年 7 月晋升少将军衔。2010 年，陈俨以南海舰队政治部副主任之职，兼任中国海军第五批护航编队政委。

中国海军第五批护航编队，由南海舰队“广州”号导弹驱逐舰、“巢湖”号导弹护卫舰、“微山湖”号综合补给舰以及两架舰载直升机和部分特战队员组成。陈俨曾与编队指挥员一起率部从三亚军港起航，赴亚丁湾、索马里海域执行护航任务。第五批护航编队成功为 588 艘商船保驾护航，铺就了亚丁湾的平安大道。

也许又是一种历史的巧合，中国海军第五批护航编队行驶的航线，600 多年前七下西洋的郑和船队曾经驶过，那个船队里就曾有陈俨母亲的福州老乡们。130 多年前严复与他的船政学堂同学留学英国时走的也是这条航线。

第五代

严复家族第五代海军，最出名的是玄外孙陈夜。

陈夜：护航编队军官 服务海军工程大学

陈夜（1982— ），海军军官，曾任中国海军第十批护航编队军官、海军工程大学教导员。

陈夜是陈俨将军的独子，也是海军优秀年轻军官。他从华中科技大学毕业后，又考入同校硕士班攻读。之后，投笔从戎，进入海军，也曾作为中国海军第十批护航编队的海军军官，护航亚丁湾。

2011 年 11 月 2 日，陈夜随中国海军第十批护航编队从广东湛江军港解缆起航，奔赴亚丁湾、索马里海域接替第九批护航编队执行护航任务。他为保障各国船只和人员安全做出了重要贡献，赢得了国内外广泛赞誉。在中国海军历史上，父子两代皆为护航编队军官的并不多见。

陈夜后出任海军工程大学教导员，与先祖严复一样，为中国海军培养优秀人才。

貌美才女 严家辈出

提到严家，不能不提严家那些貌美如花且多才多艺的女子。家族历代多有名媛，成为这个船政世家的一大特色。其实，这是因为船政人多数有留洋经历，即使未出洋也由留洋老师所教，较早接受了男女平等思想。因此多让家中女儿到新式学堂读书，出外闯荡。曾任船政大臣的中国第一代造船专家魏瀚就不让自己的6个女儿裹脚，并送女儿外出读书。当家中长者担心魏瀚之女日后难嫁好人家时，魏瀚哈哈大笑，说："这个老皇历快过时了！"他的这些大脚女儿，后来多嫁给了海军名将和外交官，有胆有识，既成就了丈夫的事业，也培育出优秀的下一代，这也是不少船政家族成为科教世家、院士之家的原因之一。

何纫兰："大小姐"本是诗文高手

严家第一代名媛，当数严复妹妹的独生女何纫兰。何纫兰的父亲是严复船政学堂的同班同学何心川。因为母亲早逝，何纫兰在严复身边长大，与舅舅感情极深。

·严复称"吾儿"的美女

何纫兰（1879—1979），又名蕙孃。何纫兰很小时，母亲就病逝，因为继母不喜欢她，光绪九年（1883年），严复将她带到身边抚养。在数十年之后，严复犹噙泪告诉纫兰"每念汝母，不觉泪垂"[41]，兄妹感情至深。"吾年日老，姊妹所出只汝一人"[42]，"故于汝身更加怜爱，较之子女有过无逊"[43]。他经常亲昵地直呼或直书纫兰为"吾儿"，在写信给夫人时，则称何纫兰为"大小姐"，可见在严复心中，是把何纫兰视为亲生骨肉，一直既当爹又当妈地抚养着何纫兰。

何纫兰长得极美，严复曾赞美她天下女子中容表如何纫兰一样美丽者不多。

何纫兰体弱时常闹病，弄得严复寝食不安，魂梦为劳。谓她"十病九痛，舅又出门多时，不能时常照应”[44]而深感内疚。有时因了解不到纫兰病况，十分着急并以此为苦。甚至写信追问夫人“大小姐病后精神何若？能多叙固佳，即不能，亦须数行早复也。千万千万！”[45]又细致交代：“大小姐想已入学，不知体气堪否用功。”[46]“望汝做些牛肉鸡汤之类，稍加将养，想汝看我面上，必能做到也。”[47]至情至性，十分感人。细心的严复还写信叮嘱纫兰病后“若四肢无力，一时不必外出，但风日暄暖，即在后面晒台先行走动，彼处有椅，要坐就坐，似较便也”[48]。若遇天气骤冷，严复急修函嘱她“寒深，惟加衣强饭，肝风勿令再来为要”。严复还为何纫兰开出保健药方：“惟体气之事，不宜仅恃医药，恃医药者，医药将有时而穷。惟此后谨于起居饮食之间，期之以渐，勿谓害少而为之，害不积不足以伤生；勿谓益少而不为，益不集无由以致健；勿嗜爽口之食，必节必精；勿从目前之欲，而贻来日之病。卫生之道，如是而已。”[49]这些，使得何纫兰以多病之躯得享百岁高龄。

·严复一手打造出的才女

何纫兰在福州有“榕城才女”之称，这些与严复的栽培有关。

比如，写字，何纫兰原喜用钢笔，严复就一次次规劝，他在给何纫兰的信中写道：“汝作字好用钢笔，懒耳，此习宜改。”[50]又告诉她“吾拟于琉璃厂觅字帖一二种与儿为临池之资”[51]。不久就给何纫兰“送去《赵雪松兰亭十三跋》及《文待诏千字文》两种”[52]，并要她“勤习之。久后自有进步也”[53]。又教她“凡学书，须知五成功夫存于笔墨”[54]，指出用笔要讲究，“小楷用紫毫，或用狼毫水笔亦可”[55]；“至于大字，则必用羊毫，开透用之”[56]；“墨最好是新磨的”[57]。其次，他又传授执笔之法：“大要不出指实掌虚四字”[58]。再讲运笔，“用笔无他谬巧，只要不与笔毫为难，写字时锋在画中，毫铺纸上”[59]。最后讲字的结构，谓“结体最繁，然看多写多自然契合，不可急急”[60]，“密处可不通风，宽时可以走马，言布画也”[61]。

何纫兰的一手锦绣文章，也有严复教导之功。刚开始，何纫兰常向舅舅抱怨写诗作文不易，严复就教她：“不必恨，若一意但求作书写信，纵成，亦未必即为上乘。惟立意为诗文，诗文成，则书信不待学而自能。”[62]又说“但学此有道：须多看多读古书”[63]，指出要多读“唐宋八大家”文章，“因其中神理脉络较之秦汉之文易于寻解故也”[64]。甚至具体推荐精读书目，“为今之计，只可看两部书：

一《史记》、一《古文辞类纂》”[65]。谈到读诗，严复写信向她传授："先看苏诗，兼叩弹集，以此二者皆易寻解。"[66]"不宜专就侧艳纤丽诸诗讨生活，果尔，必成一肉麻通品！"[67]"吾近看苏诗，喜其词达文妙，儿若通此，文字一日千里可以操券"[68]，并谓"当不日回沪，能为吾儿一讲解耳"[69]。

为了有例证为何纫兰解诗，严复特为她写下《咏雪四绝为兰甥作》，以便具体指导。如写出"北风着意剪鹅毛，地籁先惊众窍号……"[70]他解释："作诗，句法须一气相生。如此首起句，既说'北风着意'，乃有第二句'地籁''众窍'等语，所以足'北风'之意。"[71]严复就是这样手把手地细致讲解诱导，启发外甥女纫兰掌握写诗要领。

1908年严复与外甥女何纫兰

严复经常鼓励何纫兰大胆动笔，练习写诗。光绪三十二年（1906年），严复以自己生日将到，要求她尝试着写首诗作为给自己的生日礼物，以抓住机会锻炼何纫兰。

何纫兰的婚姻大事，也由严复一手促成，嫁给了严复的同班同学、南北洋海军统领叶祖珪的侄儿叶可梁。

严倚云：多活六十四年翻译天才

严倚云（1912—1991），字寿诚，本是严复侄儿严培南的女儿。严培南夫妇婚后连生五子皆夭折，一直到三十大几了，才有了严倚云，严倚云之后又连生二子一女，皆存活。严复的长子严璩，年近四十仍膝下无子，严复提议将严倚云过继给严璩，严倚云就这样成了严复的孙女。

严倚云到了严璩家，3岁那年遇到了一次意外：有回下楼不慎摔倒，从楼梯上滚下来摔伤了脊椎，不得不到医院抢救，在胸部打上厚厚的石膏夹板，这严重影响了她的发育，致使她留下了终身残疾，个子很矮小。她还小时，一位医生见她体弱多病，曾对严家人说：这孩子最多活到15岁。

但是，这位被医生预言只能活到15岁的小个子女人，不但活到了79岁，还成为享誉中美的语言天才。

· 美国华文教育杰出代表

严倚云中学就读于北京圣心女中，开始学习英语和法语，1932 年通过法国政府考试，获法语合格文凭。1934 年考入北京大学教育系，毕业后她到西南联大任助教、讲师，也曾在中法大学兼教法语，还在翻译人员训练班教英语。抗战胜利后，任北京大学教育系讲师，1947 年赴美，一面教书，一面进修，1956 年获康奈尔大学语言学博士，先后任教于南加州大学亚洲学系教授、华盛顿大学亚洲语言文学系教授，成为美国华文教育的杰出代表人物。她除了在课堂上教授中国语言学、中文教学法，还开设了中国文学、中国哲学、中国历史等课程，除课堂教学外，也在电视台主持中文教学节目。在美国，她全力传播中华文化，常为学习中文的学生组织周末晚会、露营活动、话剧表演。还在华盛顿大学开过一门不计学分的课——“中国烹饪之传统”，曾手把手地教学生包饺子。

严倚云对美国汉语教学做出了很大的贡献，培养了大批能说中国话、会用汉语作文、通晓中国文化的外籍人才，曾被列入《美国学者名人录》《美国妇女名人录》《美国教育家名人录》，并曾当选全美外国语荣誉学会第二副主席、世界教育荣誉学会分会主席。1991 年 10 月 30 日，美国《世界日报》在显著的版面刊登了严倚云病逝消息，主标题是“严倚云博士仙逝”[72]，副标题为“出生北京书香家，远至西方传文化”[73]。1999 年 3 月 21 日《世界日报》又发表了贺家宝先生的一篇文章 :《严氏祖孙同为中西文化搭桥——记严复和他的孙女严倚云》。[74]

严停云（中）与严倚云（左）、严倬云在上海海格路家门前合影

· 严倚云与胡适“先恨又爱”

说到严倚云，不能不说中国文化的一位大人物。他叫胡适，严倚云与他有一个先恨又爱的故事。

恨的故事与严倚云赴美留学有关系。1947 年，中国旅美矿物学家李国钦在北京大学设立资助 3 名助教、讲师赴美留学的奖学金。在选拔考试中，严倚云得了第一名，但结果是 3 名男性被选中，严倚云只列为候补第一名。她愤然了，写了一封长达 7000 字的抗议书，递交给当时的北京大学校长胡适。她向校方争辩的理由是：选拔考试分数最高，在北大四年的学业成绩也是最好，论在校服务年限，她已九年，参选者没有超过她的。她指出，3 名入选者全为男性，莫非重男轻女？但因录取名单已公布，校方最后只好采取了补救办法：如果北京大学再有出国留学机会，严倚云可以不经考试，优先录取。当时北平的《新民报》曾报道了此事。

在 7000 字抗议书之后不久，有一天，严倚云突然接到一个从美国打来的电报，邀请她到纽约州的一家师范学院教书。原来抗战期间，她在西南联大任教时遇到一位来访的美国女教授。金发碧眼的美国女老师，听这个小个子中国女人说得一口纯正的英语，并见她教学生时的细心，就对严倚云说：“有机会请你去美国教书好吗？”就这样，严倚云来到美国，她走时，《新民报》又刊出《严倚云赴美》的消息。

虽然 7000 字抗议书闹得北平满城皆知，但胡适一点也不恼，始终没有忘记严倚云。20 世纪 50 年代，中国台湾仍与美国有外交关系，胡适就任“驻美大使”。在美期间，胡适见严倚云已到不惑之年仍单身一人，就做月下老，将留美天体物理学家高叔哿介绍给了严倚云。高叔哿也是福州人，出身海军世家，父亲高梦旦，曾任商务印书馆编译所所长，是胡适的好友。胡适，成全了严倚云的美满人生，严倚云习惯把高叔哿称为“我的另一半”。

严倚云在翻译上，很好地继承了严复“达、信、雅”的衣钵，也与爷爷一样，成为中西文化交流的桥梁。20 世纪 80 年代，她与丈夫一起，拿出自己多年积蓄下来的 43.7 万美元，在华盛顿大学设立了“严复翻译奖”“严复奖学金基金”，奖励对中国文化有研究成果和浓厚兴趣的学生，以求自己百年之后能继续激励他人促进中西文化交流，成为以严复名义设立大奖和奖学金第一人。

严倬云："汪辜会谈"上的女主角

· 名扬海峡两岸的辜夫人

比起严倚云、严停云，严倬云的名气更大些，这多半是因为她有一个既富又贵的夫君——辜振甫。陪伴夫君参加"汪辜会谈"，用自己灿烂的笑容，为战云密布的海峡牵来一缕和谐的风，这更使她的知名度跨过了海峡，成为祖国大陆妇孺皆知的人。

当年在圣约翰大学读书时，严倬云就极有名气，她见多识广，爽朗大方，又聪明能干，学业极好，加上家世显赫，追求者如云，但她一个也看不上。

1947 年，严倬云大舅去世，她随母亲赴台奔丧。在台湾期间，她有一个舅舅因为早就看好辜振甫，多次向她提起，但起初严倬云根本没当回事，心想这是根本不可能的事。在她的印象中，台湾男人受的是日本教育，一定非常粗鲁，说不定动不动还会打老婆。所以，她坚决反对舅舅的安排。可这位舅舅极有韧劲，不死心，反复劝说，严倬云被逼得没有办法，终于答应见一面。第一次约会安排在台北火车站旁的铁路西餐厅。令人没想到的是，严倬云竟对辜振甫一见钟情。辜振甫举止儒雅，谈吐斯文，一点也没有富家子弟做派。接下来，辜振甫仅靠两招就完全俘获了美人心。一次是带严倬云去看画展，他对书画的独到见解，更使他显得风流倜傥，优雅万方。还有一次，是他带严倬云到画家杨三郎家里去赏兰花。对于兰花，辜振甫不凡的品位甚至让严倬云产生相逢恨晚的感觉。1948 年，他们步上了婚姻的红地毯。

· 台湾妇女界领袖

很早就有星相大师，说严倬云有"旺夫运"。她嫁入辜家后，辜家事业先是转危为安，后越来越旺，直至如日中天，辜振甫也成为横跨政商两界的领袖，长期担任国民党中常委。是否冥冥之中真有"旺夫运"存在尚不好说，但有一点可以肯定，严倬云的家世背景、社会关系和个人能力对辜振甫的事业成功是起到重要作用的。因辜振甫是在坐牢期间与严倬云舅舅林熊祥结成好友的，因此台湾史家在评说辜严联姻时，有这样的介绍：塞翁失马，焉知非福。一段牢狱经历，辜振甫与林熊祥成为患难之交，出狱后不久，林熊祥将自己的外甥女严倬云介绍给辜振甫，从此建立了林、辜、严的姻亲关系。

严倬云不仅是相夫教子的能手，还是著名社会活动家，曾长期担任台湾地区的“妇联会”主任，是台湾地区妇女界领袖。她还活跃于慈善事业，捐巨资在中国台湾建立亚洲最大的听障中心，帮助了大批听觉障碍的孩子恢复听力。2000年开始又逐年累计捐款数亿新台币，协助各学校充实设备，并奖励莘莘学子。

严停云：风华绝代女作家

· 笃信佛，与姑姑同笔名

如果说严倚云是以才华留世的话，笔名“华严”的严停云，则以才貌双全被定格在中国文学界，用时下流行说法，当属“一等美女作家”。

严复的文学才华，倒没有受“传男不传女”的羁绊，似乎更多地传给了女儿们，因为定格在文学史上的严家文人，更多的是女儿们。严复的第二个女儿严璆，就是那位以《郎官巷里的童年》而为今天福州人所熟悉的女作家，笔名就叫“华严”。不过，她在文学上的名气比起侄女来说还是逊色不少。

姑侄俩笔名都取自佛典《华严经》。这与严家笃信佛教有关。晚年严停云曾回忆自己从小受到的佛教影响，说自己出生在佛教家庭，位于福州郎官巷的家中大厅正中央，高供着金碧辉煌的释迦牟尼佛像。她还多次谈到崇尚佛理的祖父和父亲对她的影响，在《哀悼我的父亲》一文中，她这样写：“父亲教我念佛，又对我说佛理，指引我消除烦恼的途径。”[75]“我似解非解，渐渐地，我感悟到那是我探索寻求的声音。”[76]

阅读严停云的作品，能感受到浓郁的佛教气息。2006年6月20日，广东省社会科学院哲学与文化研究所在广州举办“华严文学创作学术研讨会”，这是两岸第一次举办全面性讨论华严作品的学术会议，广东省文学艺术界联合会主席刘斯奋在研讨会开幕式上说：“华严的小说文化笔韵丰厚，儒家哲学的滋润使得作品迥异于时下的一般作品，加上佛家思想的智慧提升，其作品蕴含着丰富的思想，使阅读者能获得心灵滋润。”[77]

· 以《智慧的灯》一炮走红

严停云，1926年3月28日生于福州郎官巷，在郎官巷东巷口对过的花巷进

严倬云

德小学读书，毕业后在福州进德女中读完初中。1941 年随家到上海，就读于南洋模范中学高中，后进圣约翰大学化学系，再转至中文系，1947 年毕业。同年为接回奔丧的母亲而赴台湾，由于内战形势紧张，滞留台湾。一直到祖国大陆改革开放后，方再回大陆。

严倬云提笔写作有偶然性。她在为自己《智慧的灯》在大陆出版所作的序中谈到了这一点："这之前，我从没想到自己有朝一日会走上写作的路。开始执笔应是 1958 年的事，四个儿女最小的三岁，我这做母亲的终于在照顾家庭和孩子之余，有了可供自己拣拾着来用的点点滴滴的时间。"[78]

那一年严倬云执笔开写的就是令她一举成名的长篇小说《智慧的灯》，此书于 1961 年出版。此后她笔耕不辍，并不断求新求变，先后出版小说近 20 种，其中《蒂蒂日记》为日记体，《镜湖月》为书信体，《神仙眷属》、《不是冤家》及《兄和弟》又开风气之先，全篇以对话进行。她的作品文字清丽，富有哲理，如《玻璃屋里的人》《花开花落》《七色桥》《明月几时圆》等多种。一直到 2006 年，年满 80 岁的她，还一口气写了 4 部短篇小说。由于其文学成就，1981 年获世界艺术文化学院荣誉文学博士学位。

严倬云多才多艺。她的许多小说，被改编成电视连续剧，深受中国台湾、中国香港和海外华人欢迎。这些电视连续剧中的不少插曲，都是严倬云自己唱的，像《七色桥》插曲《渔歌》、《花开花落》里的《燕子》、《燕双飞》中的《红豆词》等。

严倬云还曾任台湾文艺基金管理委员会委员兼评审委员、文建会文艺委员会委员、中山学术基金会审议委员等职。

严家海军亲家多

严复家族，与海军界名人及名人之后结为儿女亲家的不少，其中以何家、吕家、叶家最为著名。

何严联姻：严复将妹妹嫁给同窗

严复早年丧父，与慈母贤妹相依为命。他在题《篝灯纺织图》中这样回忆自己的童年："我生十四龄，阿父即见背。家贫有质卷，赙钱不光债。陟冈则无兄，同谷歌有妹。慈母于此时，十指作耕耒。"[79]贫穷的家境，更加深兄妹相依的手足情谊。

严复妹妹的婚事是严复包办的，他将妹妹嫁给了同窗好友何心川。何心川（1853—1926），福州人，与严复同年考上船政学堂，后以优异成绩毕业，赴舰上任职。光绪三年（1877 年），何心川被选拔赴英国留学。在英期间，以优异成绩考入英国格林尼茨皇家海军学院。何心川官运不佳，光绪二十九年（1903 年），他好不容易才升至南洋水师"寰泰"舰管带兼正教习。遇上张之洞亲临"寰泰"舰，校阅在该舰实习的水师学堂学生成绩。舰上见习的学生在演习放火炮时，张之洞发现他们手法生疏草率，放炮不响，后只能做做放炮手势，没有真正放炮。见习生演习船撞之时避船时，只能空比手法，船身根本不运动。见状，张之洞震怒，随即奏请将何心川即行革职，并宣布此批学生不准毕业，以儆效尤。进入民国后，何心川曾任北京政府海军部视察、"镜清"舰上校舰长、"肇和"舰总教官，1914 年被授予海军少将军衔。

不过，这已是后话。严复妹妹出嫁没几年就病逝了，当时才满 20 岁。她去世后，留下女儿何纫兰，由严复接养，严复对其之爱甚过亲生女。数十年之后，严复犹噙泪告纫兰"每念汝母，不觉泪垂"[80]，兄妹感情至深。"吾年日老，姊妹所出只汝一人"[81]，"故于汝身更加怜爱，较之子女有过无逊"。[82]他经常亲昵地直呼或直书纫兰为"吾儿"，在写信给夫人时，则称何纫兰为"大小姐"，可见在严复心中，是把她视为亲生骨肉的。

叶严联姻：严复甥女嫁给同窗之侄

与母亲一样，严复外甥女何纫兰的婚姻，也是严复做的大媒，有所不同的是，此次是严复与自己的同窗好友叶祖珪将军联手当红娘的。何纫兰嫁给了叶祖珪的侄儿叶可梁。严复爱屋及乌，对叶可梁关怀备至，提携有加。

叶可梁自幼师从宿儒何振岱研读古文。从福州鹤龄英华书院毕业后，考入上海圣约翰大学继续学习。光绪三十二年（1906年）赴美深造，先在康奈尔大学选读农艺，再到密歇根大学进修地理并获硕士学位，并在美国实地考察农业。

宣统三年（1911年），叶可梁回国，又应当时管辖全国教育行政机构的学部招考，列一等第四名，授予“进士”。严复喜极，即函贺纫兰：“甥婿学成归里又得功名，如谚所谓‘衣锦返乡’，年少令人健羡，晤时代舅道意。”[83]叶可梁的外文造诣深，又熟识国际形势，旋被任命为外交部参事。

1912年，严复出任京师大学堂总监督兼文科学长，之后又成为北京大学校首任校长，其间欲重组加强农科建设，拟招生200名，招聘教员12名，并主张以英语传授新农学。严复竭力说服当道，让叶可梁出任农科学长。叶可梁尽心筹划，终使农科粗具规模。

严复离任，叶可梁又被外交部召回。

1960年，经当时南京市领导彭冲的推荐，叶可梁以无党派专家身份出任南京市政协委员。年近古稀的他，积极参政议政，用农学、地学的知识，为南京的环保规划出谋献策。他建议开拓水源，建立排水泄污系统，清理秦淮河道，植树遮阳蓄水等设想，得到政府重视并加以实施。为了拓宽沟渠，他无偿献出自置住地的产权，自愿挤居陋室。今日，南京城绿树成荫，道通畅且少水患，叶可梁功不可没。

严吕联姻：海军公所会办之女嫁严复长子

严复长子严璩娶了海军公所会办吕增祥次女。吕增祥，字秋樵，江苏阳湖人，后以道台的官阶调为天津水师学堂总办，此时严复为天津水师学堂会办兼正教习，即副校长兼教育长。正是两人搭档时，吕增祥看上了严

严璩与吕韫清

璩，主动提亲，成就了严吕联姻。

严复与吕增祥是至交。笔者在采访严复侄曾孙严孝潜时了解到，前些年在上海发现吕增祥致严复的信，信写于光绪二十六年（1900 年）闰八月七日。当时，庚子变起，大沽炮台失守，天津水师学堂被毁，津垣危在旦夕，严复等仓皇离津南下，躲避战火。一路颠沛，苦不堪言，抵达上海后，严复留下，这时他已两手空空，无法度日，曾向大妹夫何心川借一百元，充生活费。战乱中，吕增祥原本不知严复下落，后来李鸿章由粤督调为直隶总督，北上与八国联军议和，途经上海时，住在粤人刘学询（即豪富杭州西湖“刘庄”主人）宅中，李鸿章在沪期间，曾与严复会晤。吕增祥从李鸿章处得知，严复已在上海，平安无恙。赶忙写信问候，他在信中写道：“几道亲家：天津变起，五月杪李皓斋避地保定，道紫竹林已成战场，公及昭扆（伍光建，吕之大女婿）两家均失陷；闻之惊悸欲绝。寻辗转来七书探问，一不得答，魂魄丧乱，梦寐为之不宁。昨见合肥（指李鸿章）暨随员诸君，为言公及昭扆两家并在上海，无恙；心神始定，惟恨不即合并，共诉数月来感时恨别之怀，仍觉胸中柴棘未消耳。”[84]可见两人情谊之深。

严复在《与五子玷书》中说：“……吾与开州（吕增祥）生死至交，不然不为此言也。”[85]严孝潜说，严复来天津水师学堂后，于李鸿章幕中，始与吕增祥相识。吕增祥系光绪五年（1879 年）举人，能诗文，精书法，居津时，严复常与之商榷文字，为诗酒之会。可见两人感情笃深。严吕联姻算是亲上做亲。

吕增祥去世时，其子吕彦直（1894—1929）未满 8 岁，严复十分疼爱他。在严复安排下，吕彦直随二姐吕韫清、二姐夫严璩一起在南京生活。1902 年严璩出任清驻法国使馆参赞，随带时年 15 岁的吕彦直，使之在巴黎读书。回国后，吕彦直进入北京五城学堂读书，严复对他格外关怀。

1910 年 10 月，严复以名词馆总纂身份定居北京，吕彦直常来严家住，与严复次女严璆成了好朋友。1913 年，吕彦直考取公派留学生，赴美国康奈尔大学攻读，获建筑学士学位。1921 年回国，与好友黄檀甫在上海合办真裕公司，从事建筑设计业务。此时，严璆也出落成大姑娘，一直陪父亲生活。严复关心女儿的婚事，曾通过亲友向吕彦直提亲，但没有得到肯定的答复。

严复去世后，严璆赴意大利罗马求学，皈依天主教。留学期间，她与吕彦直鸿雁传书，逐步确立恋爱关系。1925 年 3 月，孙中山在北京病逝。国民政府决定在南京紫金山麓选址建陵，向海内外公布《陵墓建筑悬奖征求图案条例》，吕彦直的设计获得首奖，不但采用了他的设计方案，还聘他为中山陵建设总建筑师。因忙于中山陵建设，吕彦直与严璆婚事一直未办。1928 年初，当中山陵工程接近完工时，吕彦直被确诊为肝癌。他首先写信将不幸的消息告诉严璆，请她另作打算，千万不要贻误青春。然后集中精力完成《首都南京规划设计草案》和《广东中山纪念堂设计方案》。

吕彦直

1929 年 3 月 18 日，吕彦直病逝。严璆收到一批吕彦直转给她的珍贵手稿、照片以及往来信件。她之后到北京西郊一座天主教堂中做了修女，终身未嫁。

罗严联姻：严家二女嫁入罗丰禄家族

由于严复的原因，严家两个女儿嫁入了满门海军的罗丰禄家族。

罗丰禄是严复在船政后学堂同班同学，后同时赴英国留学。罗丰禄留学归来，主要在外交界发展，成为李鸿章的主要助手，官至太仆寺卿、从一品顶戴，曾出使英国、意大利、比利时三国，在接到出使俄国大臣之命令时，突患癌症病逝。清廷诰授罗丰禄为荣禄大夫。

严家有两位女儿嫁入罗家。一个嫁给了罗丰禄哥哥罗锡禄的儿子罗忠耀。罗忠耀，字楚同，毕业于严复执掌的天津水师学堂，为天津水师学堂驾驶班第六届毕业生。毕业后，长期在各舰服务，最后一个职务是海军部司长。嫁给他的严家女儿是严惠谊，也叫严梦卿，是严复的侄女。这位年轻的海军司长，1916 年出差福州时因病服错药中毒身亡，年仅 36 岁。而此时，严惠谊年仅 33 岁。抗战中，上海沦陷，严璩没来得及离沪，日伪逼其出任汪伪政府财政部部长，严璩就曾躲入这位同曾祖父的妹子家。

严复四弟严观澜的大女儿，嫁给了罗丰禄哥哥罗雍禄的儿子罗忠钦。罗雍禄，船政前学堂第一届学生，后因病辍学，在家植桑养蚕纺织。此公手甚巧，且在船政前学堂接受过设计、制图训练，非常擅长设计、制作家具，靠此逐渐发达，先后购得锦巷、朱紫坊等房产。其子罗忠钦也是严复的学生，毕业于天津水师学堂第四届驾驶班。曾在上海海关、邮政工作，后到山东大学的前身——山东大学堂任教。清政府曾派他率队到德国接收在伏尔铿造舰厂订购的“飞鹰”猎舰，回国将此舰交给南洋水师。罗忠钦后来在北京政府海军部任上校副官。

因这层原因，严复三子严叔夏执教福建师大时，长期居于罗家仓山罗园。

严萨联姻：严复曾侄孙娶了萨镇冰曾侄孙女

严复侄孙、严伯勋儿子严步随娶了萨镇冰的曾侄孙女萨孟瑛。严步随毕业于西安一所大学兽医系，毕业后长期做兽医，曾在解放军军马队当兽医，为解放闽南做过贡献。萨孟瑛，一直在福州上游造船厂做会计。严复与萨镇冰感情很好，当严步随在福州没居所时，萨镇冰让严步随夫妇带着严伯勋原配夫人长住在朱紫坊的萨家大院，现在萨家大院仍有房产。2007 年 6 月，我们还专程前去采访萨孟瑛，可惜她已经有点老年失智了。

严璩：宁愿饿死也不当汉奸的财政总长

摄政王重用 清末腾达

严复仕途远不及同批留洋的同学，如叶祖珪、萨镇冰、罗丰禄、魏瀚等人，甚至不如自己的长子严璩。

严璩，字伯玉，同治十三年（1874 年）生于福州。他不但官当得比父亲大，而且仕途早达，宣统元年（1909 年）就是二品卿衔大员了。受到“特恩”回福建任“财政正监理官”时，还不到 35 岁。在此之前，他就早已得到四品京卿和道员的官阶，做过广东省电政监督。当孙宝琦任清廷驻法国公使时，他做过大使馆参赞，还被清政府派去越南视察，就地和法国殖民者办理交涉，著有《越南视察报告》小册子，于回国后公布。清廷任官，“回避本籍”的限制很严，加上监理官又算是钦差大员，可与总督分庭抗礼，因此严璩以福建人任福建财政正监理官，不能不说是重用。据说，这是因为摄政王对他厚爱有加，破格提拔。

但把严璩的官场得意全归结为摄政王之功，也有失公允，严复还是为长子成长尽了大力。

原来，当年清政府曾空出了一个驻英大使的悬缺，李鸿章已内定由严复出任。李鸿章这个人有个习惯，即在他决定派任某人以要职时，总要此人搬进他的官邸小住一段时间，一方面再作考察，另一方面也借此让对方领会李鸿章的属望和意图。严复得到李鸿章面谕迁进李氏官邸后，即知自己有出使之命。不料这消息被罗丰禄得知，罗丰禄与严复既是同学又同时留洋，他便到李鸿章处，一个劲儿地夸赞严复办天津水师学堂成绩极大，说："中堂不想建立海军则已，要建立一支像样的近代海军，非严某培养不出人才来。"最后，李鸿章召见严复，吩咐他仍回学校，全心办学。接着，却发表了罗丰禄任驻英公使的命令。严复有点无可奈何，只好转了个念头，趁此机会为儿子严璩前途谋一条出路——他要罗丰禄将严璩带往英国，在使馆里做个随员，一面去剑桥和伦敦其他大学选修课程。罗丰禄点头同意，严璩英国上任。

也正是因此，在庚子之后，清廷对外交涉日繁，懂洋务的人较前更被重视，严璩才得到重用。

代理北洋政府财政总长

严璩应当感谢父亲当年以自己牺牲换儿子赴英之机。因为民国后，严璩就是靠着在英国游学时积累起来的财政和洋务专长，以财政和洋务专家的资格，维持亨通官运，一直在财政和盐务部门担任要职，曾任长芦盐运使、财政部参事、财政部公债司司长。严复病逝后，严璩曾三任北京政府财政部次长、全国盐务署署长兼盐务稽核总所总办等职。苏联十月革命胜利后，帝俄在华经营的华俄道胜银行办理结束，严璩出任华俄道胜清理处督办。

1924年，许世英组阁，财政极端困难。当时财政大权操在帝国主义者手中，他们夺了中国盐税、关税两大财源，指定作为偿还外债之用。盐务部门海关由洋人的监察控制。当时中国财政有两个"太上皇"，一个是盐务稽核所洋总办——英国人丁恩，另一个是海关总税务司——英国人安格联。许世英说通当时的海军总长、福州人杜锡珪，让他以同乡之谊找严璩出任财政部总长，严璩不愿仰洋人鼻息，坚辞不就，后因众意难辞，只得答应以次长代理总长。他到职之后，与洋人斗智斗勇，把关税、盐税还外债赔款后所剩之款为抵押，发行了当年春节国库券800万元。

靠假履历出任国民政府财政部次长

严璩与国民党没有深厚关系，与国民党的联系仅是在北京政府里与一些国民党人相识。北伐后期，蒋介石一统天下已显端倪，有一天严璩突然收到王宠惠电报，电文仅十个字：新居将成，余屋尚多，速归。

王宠惠，老同盟会员，1912年1月中华民国成立后，曾任南京临时政府外交部总长，北京政府司法部总长、大理院院长、教育部总长等。1927年后，依序出任国民政府司法部部长、司法院院长、外交部部长、国防最高委员会秘书长等。还曾任海牙常设国际法庭正法官多年，1945年出席联合国成立大会，参与制定《联合国宪章》。王宠惠与严璩素来交好，严大公子立刻读懂了老友的电报。他本无意再出仕，但因当时耽于赌博，受到赌棍吴承淇的欺弄，财产输得一干二净，甚至连其与父亲合购的位于北京大阮府胡同房屋的一部分房产，都被抵还欠吴承淇的赌债。生活无着，严璩不得不去南京向国民政府谋一份差事以维持生计。

抵达南京后，老友王宠惠很是帮忙，他和张继都是国民党中央委员会委员，与严璩都是至交，两人联手为严璩伪造了“参加国民革命工作十年以上”的证明，取得简任资格。1929年孙科担任国民政府行政院院长期间，严璩担任了为期18天的国民政府财政部次长。后来，又通过严伯勋的运作，取得国民党一些中央委员的支持，做了约两年的司法行政部总务司司长。1933年以后即完全失业，寄居上海。

严璩与女儿严系云

宁死不做汉奸

严璩在上海的日子过得很艰难。上海的房租极贵，囊中羞涩的严璩只租了一间不足10平方米的小屋，生活主要依赖沈葆桢之孙、当时担任英美烟草公司高管的沈昆三接济。沈昆三，字成式，父亲沈瑜庆曾任清贵州巡抚。

上海沦陷后，接济中断，严璩无力撤往内地，滞留上海，被日寇盯上，一群汉奸打算拥他出来做伪财政部部长。他们刻意接近严璩，先是装出一份崇敬无比的样子，来看望严璩。而后，又想从经济上拉拢严璩。他们借口有个朋友到内地去，留下一幢花园洋房，愿意借给严璩住。严璩不知是计，就搬进洋房。接着汉奸与日寇轮番来动员严璩出任伪财政部部长，严璩不从。日寇见利诱不成，就以死相逼。怕日伪上门找麻烦，严璩只好每到白天即躲到同曾祖父的妹妹严梦卿家中，以打纸牌度日。严梦卿是罗丰禄的侄儿媳妇。梦卿问："你为何躲在这里？"严璩道："日寇逼我当汉奸，我虽无法上前线杀敌，但我宁死也决不卖国，这是做人最后的底线。"

此时严璩年近七十，又有极严重的哮喘病，身体每况愈下。日寇见严璩风烛残年又宁死不肯就范，就在一个寒风呼啸的冬日，将严璩赶出洋房。饥寒交迫，严璩卖尽家中值点钱的东西，也只租到了一个亭子间的楼下——二房东的洗澡间，他的床板就放在二房东的澡盆上。入夜，二房东洗澡时，就将严璩赶到大街上。几番折腾，老人已奄奄一息。[86]

1942 年冬天，严璩在悲凉中走完了自己的一生。临死前，曾写一首《七律·梅花》给堂弟严家理，诗云："为人为己皆虚愿，负友负亲宁始期；海上波深龙斗急，中山雪雁悔归迟；文章信美知何用，独对梅花有所思。"[87]

严侨：潜入台湾的中共地下党员

当我们走进严复家族，同时也体验到一种越来越强烈的感觉，严家虽是文人之家，但侠士之风更浓。严复的孙子严侨，谱名严以侨，为严复三子严叔夏长子，1920 年出生于福州，毕业于福建协和大学，中华人民共和国成立前加入中国共产党。1950 年初，因中国共产党台湾地下组织被破坏，严侨受党指派，带着妻儿，从厦门乘一小船前往中国台湾，参与修复被破坏的中共台湾地下党组织。1953 年被捕，关进"火烧岛"，1961 年被保释出来，"或许是托严复之孙等原因之福，总算判得比别人轻……"[87] 1974 年病逝，终年 55 岁。中国台湾著名人士李敖先生，曾写有《严复长孙——严侨在台湾》一文，刊登在《中华英烈》上。文中写道：

严侨

在台中一中，令我印象最深的一位，是个身材瘦高、两眼又大又有神的老师。他能教数学、生物，英文日文又极好。并且，更引起我兴趣的，因他有一位显赫的祖父。这位祖父，不是别人，就是致力西方新思想输入、使中国人思想西方化的第一功臣——严复。

严侨那时31岁，在学校，以洒脱、多才、口才好、喜欢喝酒和一点点狂气闻名。他是1950年8月来的，虽比别人稍晚却很快使大家对他感兴趣，他有一股魔力似的迷人气质，令人一见他就对他有好奇、佩服的印象。

…………

我升高中二年级后，数学改由黄钟老师来教……严侨虽不再教我，我们之间的交情，却与日俱深。

黄钟老师不久就住院了。一天，严侨正好去探望，碰到我，我告诉他医生说黄老师恐怕已没希望，严侨颇多感触。那时已是晚上，严侨要回家，约我同行。在路上，他低声而神秘地告诉我："你不要回头看，我感觉到好像有人跟踪我，是蓝色的。"国民党特务源出蓝衣社，他指蓝色，当然是指国特。我顿时若有所悟。隔天黄钟死了，严侨再去医院，感触更多。当天晚上我送他回家，他约我进家去坐。在昏暗的灯光下，他劣酒下肚，终于告诉我，他是"那边来的"——原来，他是共产党！……

一天晚上，严侨又喝醉了酒，他突然哭起来，并且哭得很沉痛。在感情稍微平静以后，他对我做了最重要的一段谈话：

"我不相信国民党会把中国救活。他们不论怎样改造，也是无可救药，他们的根儿烂了。十多年来，我把自己投入一个新运动，我和一些青年人冒险、吃苦，为了给国家带来一个新远景，所以我做了共产党。我志愿偷渡过来，为我的信仰做那最难做的一部分……虽然这样，我还是想回大陆去，那里虽然不满意，可是总有'新'的气味，有朝气。对国民党我是始终看不起的，它不配我去自首！……"

由于他有那样的背景、那样的偷渡经验，我相信他说的，我答应了跟他走。我当时梦想我会参加一个重建中国的大运动。可是梦想毕竟是梦想，半夜里五个大汉惊破了他的梦和我的梦——他被捕了。这是1953年的事。那时严侨33岁，我才18岁。

严侨被捕时我还不知情。

第二天的中午，我爸爸从一中回来，说到一中传出严侨被捕的事。我听了，十分感伤。我的感伤不重要，重要的是如何照顾严师母和那三个小孩。那时，1950年出生的大女儿严方才3岁，儿子严正尚小，小女儿严琼还在怀里吃奶。

…………

几年以后，一天老同学胡家伦在台大告诉我："你记得严侨吗？他死了，死在火烧岛。"（我们那时都叫"火烧岛"，不叫"绿岛"。）胡家伦的父亲是国民党中央社的老人，与叶明勋他们熟，他的消息应属可信，我听了，十分难过。

1961年10月10日我写信给胡适，对他在一件事上的帮助表示感谢。同时信中细述了自己的一些身世。其中也包括我跟严侨的关系，和在严侨被捕、死去后，我如何受胡适自由主义的影响。信写得很长，有五千字。听说胡适收到信后，深受感动。他拿给几个人看，其中真巧，竟有严侨的小妹严停云和她的丈夫、国民党中央社台湾分社主任叶明勋。从这对夫妇口中，得知一个惊人的大消息——严侨并没有死，不但在世，而且已经出狱了！

11月1日，胡适托人当面交给我一封信，信的全文是：

李敖先生：

有个好消息报告你。

严停云女士和她的丈夫叶明勋先生昨天来看我。他们说，严以侨已经恢复自由了，现在台北私立育英中学教书。他喝酒太多，身体颇受影响。

我盼望这个消息可以给你一点安慰。

胡适　五十．十．廿九（1961年10月29日）夜

透过华严，我得到严侨的地址，立刻跑去看他。他住在新生北路的陋巷里，住的是一幢老旧日本式平房。我走近玄关的时候，他喊我的名字，跑过来，抱住我，流出了眼泪，一切都有了改变，除了他炯炯有神的眼神和手中的酒瓶外，真的一切都有了改变。七年隔世，他真老了，脸上的皱纹，头上的白发，没有任何一点能证明那是42岁的壮年。……

我总觉得严氏一门，正是中国现代史上最好的家传资料。

……严老师英灵不泯，必将在太平有象之日，魂归故国，以为重泉之告，上一代的爱国者永生，他们虽为消灭反动政权而牺牲了自己。但是，震旦不再沉陆，中国毕竟站起来了。[88]

2003年10月，中华人民共和国民政部追认严侨为革命烈士。

注释：

① 张天禄．福州姓氏志[M]．福州：海潮摄影艺术出版社，2005：600.

②③ 沈葆桢．沈文肃公政书（第二册）[M]．北京：朝华出版社，2017：828.

④ 罗耀九．严复年谱新编[M]．厦门：鹭江出版社，2004：32.

⑤ 霍玉．严复：津门廿载成大家[N]．团结报，2016-1-21(6).

⑥⑨ 吴赞诚．出洋限满，生徒学成并华、洋各员襄办肄业事宜出力，分别请奖折[M]// 张作兴．船政文化研究——船政奏议汇编点校辑．福州：海潮摄影艺术出版社，2006：272.

⑦ 郭嵩焘日记（3）[M]．长沙：湖南人民出版社，1982：721-722.

⑧⑩ 孙应祥．严复年谱[M]．福州：福建人民出版社，2003：44.

⑪ 罗耀九．严复年谱新编[M]．厦门：鹭江出版社，2004：72.

⑫ 王蘧常．严几道年谱[M]．上海：商务印书馆，1936：9.

⑬ 王蘧常．严几道年谱[M]．上海：商务印书馆，1936：8.

⑭⑮ 王栻．严复集（第三册）[M]．北京：中华书局，1986：733.

⑯ 笔者访问严家理之子、中共福建省委党校教授严以振时面告。

⑰ 严家理．严复先生及其家庭[M]// 严复与家乡．福州：中国人民政治协商会议福州市郊区委员会文史资料工作委员会，1989：43-44.

⑱ 刘琳，史玄之．严复家族走出的侠客[N]．福州晚报，2007-6-11（24）.

⑲ 中国社会科学院近代史料研究所，中国第二历史档案馆．五四爱国运动档案资料[M]．北京：中国社会科学出版社，1980：82.

⑳㉑㉒㉓㉔㉕㉖㉗㉘㉚㉜ 南京国民政府海军总司令部．海军战史[M]// 杨志本．中华民国海军史料．北京：海洋出版社，1986：312-314.

㉙㉛ 南京国民政府海军部．海军大事记[M]// 杨志本．中华民国海军史料．北京：海洋出版社，1986：1127.

㉝㉞㉟ 南京国民政府海军部．海军大事记[M]// 杨志本．中华民国海军史料．北

京：海洋出版社，1986：1062.

㊱㊲㊳㊴㊵ 南京国民政府海军总司令部．海军战史[M]// 杨志本．中华民国海军史料．北京：海洋出版社，1986：322-323.

㊶㊿51525354555657585960616869⑧⓪ 王栻．严复集（第三册）[M]．北京：中华书局，1986：829-832.

㊷㊸㊹㊽㊾818283 王栻．严复集（第三册）[M]．北京：中华书局，1986：840-844.

㊺ 王栻．严复集（第三册）[M]．北京：中华书局，1986：749.

㊻㊼ 王栻．严复集（第三册）[M]．北京：中华书局，1986：734.

626364656667 孙应祥，皮后锋．严复集补编[M]．福州：福建人民出版社，2004：287.

7071 严名．《咏雪四绝为兰甥作》及其解说[M]// 贾长华．严复与天津．天津：百花文艺出版社，2008：152.

727374 严培庸，严孝潜．严复的长孙女严倚云[M]// 贾长华．严复与天津．天津：百花文艺出版社，2008：191-194.

7576 华严．哀悼我的父亲[M]// 华严．华严短文集．台北：跃升文化事业有限公司，2004：83-94.

77 刘斯奋．华严文学创作学术研讨会开幕致辞[M]// 钟晓毅．霭霭停云——华严文学创作学术研讨会论文集．广州：花城出版社，2007：8.

78 华严．《智慧的灯》序[M]// 钟晓毅．霭霭停云——华严文学创作学术研讨会论文集．广州：花城出版社，2007：273.

79 王栻．严复集（第二册）[M]．北京：中华书局，1986：388.

84 吕增祥致严复书[M]// 贾长华．严复与天津．天津：百花文艺出版社，2008：173.

85 王栻．严复集（第三册）[M]．北京：中华书局，1986：814.

86 刘琳，史玄之．严复家族走出的侠客[N]．福州晚报，2007-6-11（24）.

87 严家理．严复先生及其家庭[M]// 严复与家乡．福州：中国人民政治协商会议福州市郊区委员会文史资料工作委员会，1989：47.

88 李敖．严复长孙——严侨在台湾[M]// 严复与家乡．福州：中国人民政治协商会议福州市郊区委员会文史资料工作委员会，1989：120-124.

方伯谦家族

方伯谦（1854—1894），字益堂，祖居福建省侯官县（今福建省闽侯县上街镇），出生于福建省闽县（今福州市鼓楼区），海军名将，船政后学堂第一届毕业生，曾任“扬武”舰管带、船政后学堂正教习、“镇西”舰管带、“镇北”舰管带、“威远”舰管带、“济远”舰管带、北洋海军中军左营副将兼“济远”舰管带、北洋海军右翼前营副将兼“济远”舰管带。

方家自方伯谦购进今福州市鼓楼区朱紫坊方家大院后，世居于此，绵延三代海军，且代代皆出海军名将，代表人物即方伯谦。

家族源流

方姓源出炎帝与黄帝

炎帝神农氏的后代方雷氏和黄帝的后代姬方叔被方姓后代尊为肇姓始祖。

方氏肇姓主要有两说。

一为方姓源出炎帝九世孙说。神农氏（炎帝）的第八世孙榆罔，是神农氏时代末期帝王。榆罔主政期间，政务废弛，蚩尤部落作乱，诸侯拥戴归附黄帝。榆罔的儿子名雷，女儿名女节，又称“方雷氏”，为黄帝的次妃。雷因辅佐黄帝在阪泉、涿鹿（今河北一带）平定蚩尤，战功卓著，黄帝将方山（今河南禹州一带）封给雷，建立方国，成为黄帝时代重要的诸侯国。方雷的子孙以国为姓，后又分为单姓方姓、雷姓。

一为方姓源于姬姓说。姬姓的得姓始祖为华夏民族的人文初祖——黄帝，黄帝因长居姬水，以姬为姓。周朝自武王传到第九代夷王（公元前 885 年—公元前 878 年在位），溺于戏嬉，不理朝纲，周王室开始衰败，各路诸侯抗命。夷王子厉王（公元前 877 年—公元前 842 年在位）暴虐无道，周王室摇摇欲坠；厉王子宣王即位后，励精图治，使周王室又强大起来，史称“周室中兴”。周宣王时，有元老大臣，姓姬，名寰，字方叔，与宣王同宗，受命北伐猃狁，南征荆楚，巩固和扩大周王室的版图，成为西周重臣。宣王赐方叔的子孙以方为姓，遂成方姓。

自方雷受封方山得姓以后，最初是在河南境内繁衍发展，并有部分人迁居到山西和山东，其中东迁到山东半岛的方姓人与当地的东夷人结合，大量接受东夷文化，并在那里建立了方国。在夏商时期，方国已颇为强大，史称为“方夷”。据史书记载：自商王武丁至帝辛时的方国，经常侵扰商朝的边境和属国，因此，商朝对方国的讨伐也从未停止过，却全都无功而返，方国最后降服于周朝。

方姓南迁之祖是方纮

周宣王执政时期，方雷六十三世孙方叔先后奉命征伐淮夷，击退北方少数民族猃狁的侵扰，又率兵车三千讨伐不听号令的楚国，建立了赫赫功勋，使衰落的西周王朝出现了中兴的曙光。周宣王为了表彰方叔的功劳，赐方叔食邑于洛邑（今河南省洛阳市）。这也是所有方家人都认同的自方叔以后，以字为氏，望出河南。

方叔生有六子，分别是廷珍、廷玺、廷佑、廷宝、廷琳、廷圭，其后各有传承，方氏家族的繁衍世系自此有了详细的记述，方叔也就成了方姓的分宗之祖。方廷佑后裔中的二十六世孙方纮的后代一脉，也是方姓人口最多的一支。

西汉平帝元始五年（5 年），当时摄政的外戚王莽已渐露不臣之心。河南太守方纮对此深感忧虑，在面对挟天子以令诸侯的王莽征召时，无奈的方纮只得挂冠而去，携家由河南迁徙到今浙江省淳安县千岛湖一带。关于方纮南迁地有多种说法，如《福州姓氏志》就认为，方纮“弃官迁到江南歙州（今安徽歙县）

东乡［一说迁丹阳（今宣州）］”。[①]

对方纮南迁时间也有多种说法，除有“公元5年说”外，还有“公元9年说”，认为方姓先祖长期生活在河南一带。公元9年，王莽篡权，西汉灭亡，天下大乱。时任司马的汝南府尹方纮，为避战乱，迁到江南。方纮为方氏南迁之祖。

方纮后人于唐末入闽

方纮后人方廷范是唐大顺年间（890—891）的进士，历任主管福建长溪、古田、长乐三县的官员。因正逢唐朝末年，中原战乱不断，无法回归故里，便选择莆田的刺桐巷居住下来，并把刺桐巷改名为方巷，这一支方氏名人辈出，有“六桂联芳”和“金紫六桂”之称。

方廷范五世孙方慎，宋景德二年（1005年）登进士，任侯官县令，从莆田迁侯官县桂枝乡聚英坊（今福州市鼓楼区三坊七巷中的宫巷），是为侯官方氏始祖。

明嘉靖年间（1522—1566），方廷范第十七世孙方百里（吕长）由侯官光禄坊迁南港（今闽侯县南通镇瓜山一带）方庄。方伯谦祖上又由方庄迁今闽侯县上街镇庄南村庄前自然村。

方伯谦重建朱紫坊方家大院

方伯谦先辈从闽侯县上街镇庄南村庄前自然村搬入福州。住过白塔寺后的太平街，咸丰三年十二月十六日（1854年1月14日），方伯谦即生于太平街，为家中四男三女之长，方家后搬入观巷。光绪十一年（1885年）方伯谦升任“济远”舰管带时，每月俸禄已有3000两白银，从木柴商人刘寿作手中买下了朱紫坊这块地，重新营建大宅后，举家迁居于此。

朱紫坊，原称“三桥巷”，后来因为北宋年间朱敏功兄弟四人居此，其中三人中进士，四弟朱敏修也官拜福建南安县知县，因满门朱光紫气，邻里觉得脸上有光，于是三桥巷改名“朱紫坊”。方伯谦故居就是清代在被烧毁的朱敏功四

方伯谦故居

兄弟宅院基础上修建的。

笔者与方伯谦嗣孙方镛一家相熟甚久，并一同在方家建立了中国第一个海军家族博物馆，为此方镛将朱紫坊方家大院的大门钥匙交给笔者一把。这也使笔者对方家了解甚多。

记得1999年，笔者第一次到方家，72周岁的方镛带着笔者穿过了大门、礼门、一进天井、一进大厅、二进天井，来到二进大厅，方镛老人指着右侧的几间大屋说："这里就是方伯谦的起居室，屋里的家具都是他当年用过的。"这是一间宽大的长方形卧室，精雕细刻楠木门窗、嵌着白色大理石台面的紫檀木写字台、雕花的西式大铁床、精致的四斗橱、依然鲜亮的放衣架和书架，无一不告诉人们百年前的故居主人是一位生活品位极高的人。这些历尽百多年风霜的老家具，今天看来依旧很时髦，方家人一直在用。听笔者用"时髦"二字夸这些百多年前的老家具，方伯谦的孙子笑了："我祖父是中国海军第一代的留学生嘛！"

船政家谱

第一代

朱紫坊方家成为海军世家，全拜船政学堂所赐。方家第一代海军杰出代表方伯谦即是船政学堂第一届毕业生。

方伯谦：北洋水师功臣 甲午海战留谜

方伯谦（1854—1894），字益堂，海军名将，曾任福建船政轮船水师“伏波”舰正教习、船政学堂正教习、“扬武”舰教习、“镇西”舰管带、“镇北”舰管带、“威远”舰管带、“济远”舰管带、北洋海军中军左营副将兼“济远”舰管带、北洋海军右翼前营副将兼“济远”舰管带。

·船政学堂首届毕业生 赴台驱日

北洋水师副将方伯谦

清咸丰三年十二月十六日（1854年1月14日），方伯谦生于福州太平街。6岁入私塾读书，学习非常刻苦。方父是一位私塾教师，方伯谦8岁时随父在福州水部琉球馆就读。同治五年（1866年）岁末，考入福建船政学堂，进入船政后学堂第一届驾驶班学习。同治十年（1871年）五月完成堂课后，登“建威”舰见习，往北航行至营口。同治十二年（1873）再登“建威”舰见习，曾航行至东南亚多国。练习远航归来，获五品军功，充福建船政轮船水师“伏波”舰正教习。

同治十三年（1874年），日本出兵占领台湾恒春半岛，沈葆桢率福建船政轮船水师赴台驱逐日寇，方伯谦随部赴台，在成功驱逐日军之后，参与开山抚番、整顿军队，在台湾水师镇教练精兵，表现突出。

光绪元年（1875年），方伯谦调入“扬武”舰，以千总留闽尽先补用。旋在台湾剿抚案内经沈葆桢奏保，擢守备，留闽尽先补用。

·首批海军留学生 执教母校

光绪二年（1876年）冬，船政选派第一批留学生赴欧洲学习，方伯谦因表现优异入选。三年（1877年）启程赴英，留学英国格林尼茨皇家海军学院，学习驾驶理法。五年（1879 年）堂课结束，奉派上军舰实习，先登英国东印度舰队旗舰“恩延甫”号（H.M.S.Emryafus），后应方伯谦自己要求，改登“士班德”号（H.M.S.Spartan），留学生洋监督斯恭塞格称其为“水师中聪明谙练之员”②。

光绪六年（1880 年）三月，方伯谦留学期满回国。充任船政后学堂正教习，旋调任“扬武”舰教习，擢都司，仍留闽省尽先补用，并加参将衔。

光绪七年（1881 年）六月，北洋海军向英国订造的“镇西”炮舰回国，方伯谦调入北洋海军，担任“镇西”炮舰管带。

光绪八年（1882 年）正月二十三日，方伯谦调任海军“镇北”炮舰管带。

光绪十年（1884 年），方伯谦调任北洋海军“威远”练习船管带。

· 北洋海军成军功臣 累功屡升

光绪十年（1884 年），中法战争爆发。方伯谦在战前上奏条陈，为御敌献策。同年，他受命率“威远”舰留守旅顺，方伯谦请于险要处修筑炮台，奏准后亲自监造。炮台建成，以“威远”舰舰名命名。威远炮台质量甚高，且仅用数千两银子即成，嘉赞颇多。这是中国第一座由中国人自己设计、修筑的近代海防炮台。

光绪十年，朝鲜发生“甲申政变”，丁汝昌率舰队赴朝，方伯谦督“威远”舰随行，驻朝鲜马山浦。

光绪十一年（1885 年）九月十九日，方伯谦调任新购巡洋舰“济远”号管带，旋因援护朝鲜有功，经直隶总督、北洋大臣李鸿章奏保，升补游击，赏戴花翎。

光绪十四年（1888 年）十一月十五日，北洋海军舰队正式组建成军，方伯谦积功免补游击，以参将尽先补用。同时，与林泰曾一起赴天津，会同周馥、罗丰禄等议订我国第一部海军章程《北洋海军章程》。翌年初，李鸿章奏保方伯谦升署北洋海军中军左营副将，仍充“济远”舰管带。

光绪十七年（1891 年）五月，李鸿章第一次到威海检阅海军事竣，以方伯谦办海军出力甚多，奏请赏给“捷勇巴图鲁”勇名。次年初，方伯谦充署北洋海军中军左营副将三年期满，实授北洋海军中军左营副将。

· 甲午战后被杀 留待解之谜

方伯谦是北洋海军中唯一参加过甲午海战丰岛和大东沟两场血战的将领。

光绪二十年（1894 年），朝鲜爆发东学党起义，朝鲜政府请求清政府派兵帮助平定。是月下旬，丁汝昌派“济远”“超勇”二舰护送叶志超、聂士成所部赴牙山，以方伯谦为队长。当时，朝鲜牙山、仁川等处，日本军舰及运兵船往来不绝，其所运之兵马、枪炮、弹药、水雷、旱雷、电线、浮桥等不可胜数。

方伯谦见状，敏锐地感觉到日本在挑衅中国，因而展开仔细研究。五月初八，方伯谦在完成护航任务后督驾二舰返回威海，立即上书李鸿章，提出御敌五策，其中与海战有关的有两策。一是“谓海军战舰，合则力厚，分则势单，未决裂时，宜速召聚一处，遇有变局以便调遣。若以数船分驻仁川、牙山，港道分歧，三面倭兵可到，若倭以浮雷顺流而下，必遭暗算。且我聚各船于威海、旅顺，有事则全队出北洋巡弋，若遇倭船，便于邀击。至收泊之处，依于炮台，以固北洋门户，边疆自不至为所扰”[③]，力主将北洋水师化零为整，以基地为依托。二是“谓当速筹添战舰，倭之敢轻我中国者，以我海军战舰无多，且皆旧式，不及其新式快船、快炮之利。倘我添行速率之船多艘，并各船上多添快炮，则彼自闻而震慑”[④]。方伯谦刚呈上御敌五策，日本就挑起了战争。

丁汝昌根据李鸿章的命令，立即又派“济远”“广乙”等舰护送运兵船至牙山，以增援叶志超、聂士成部，以方伯谦为队长。六月二十二日晚，方伯谦获悉日本舰队将于第二日开到，遂令不堪作战的“威远”舰先行返航。六月二十三日凌晨，“济远”“广乙”完成护航任务，从牙山起碇返航。上午7时，行至丰岛附近海面，发现日本“吉野”“秋津洲”“浪速”3艘军舰。7时15分，方伯谦下令全舰官兵进入战斗岗位，准备迎敌。7时45分，日舰“吉野”突然向中国军舰开炮，挑起了丰岛海战。在实力极为悬殊的情况下，“济远”“广乙”二舰沉着作战，多次击中日舰。激战中，“广乙”船舵被击毁，伤亡惨重，力不能支，首先撤退。随后方伯谦见敌我力量悬殊，下令转舵向西北方向驶避。运兵船“高升”号和运输舰“操江”号误入战场，日舰“浪速”转舵拦截我“高升”号，日舰“秋津洲”号回航追逐我“操江”号，日舰“吉野”号继续尾追“济远”舰，逼近至2500米处发炮猛击。“济远”舰水手王国成、李仕茂等使用150毫米尾炮，向“吉野”舰连发4炮，命中3炮，“吉野”舰顿时火起，船头低俯，不敢前进，于中午12时43分转舵撤退，“济远”舰得以撤出战场。此次海战，中国军舰“广乙”号搁浅自焚；运兵船“高升”号被击沉，船上千余名中国官兵殉难；运输舰“操江”号被日舰掳走。

“济远”舰回到威海后，丁汝昌向“济远”舰管带方伯谦及舰上官兵详细询问作战情形。并于六月二十八日向李鸿章报称：方伯谦“查却敌保船，全恃此炮，水手李仕茂、王国成为功魁，余帮放送药送弹之人亦称奋勇。昌已传令为李、王赏一千两，余众共一千两，告谕全军，以为鼓励”⑤。

七月十一日清廷颁谕，以“管带‘济远’之方伯谦，于牙山接仗时鏖战甚久，炮伤敌船，尚属得力，着李鸿章传旨嘉奖”⑥。

在紧接着展开的黄海海战中，方伯谦因率“济远”舰撤出阵外，报称“济远”舰“船头裂漏水，炮均不能施放，驶回修理，余船仍在交战”⑦。相隔近4小时，舰队方返回。当清廷御旨抓捕方伯谦的电报传到旅顺北洋海军提督丁汝昌手中时，方伯谦还在忠诚不渝地执行营救“广甲”舰任务。“济远”舰从大连湾返航抵达旅顺港，刚刚靠上码头，丁汝昌即派亲兵抓走了方伯谦，方伯谦成了北洋海军副将中前所未有的囚犯。

八月二十四日，军机处电寄李鸿章谕旨：“本月十八日开战时，自‘致远’冲锋击沉后，‘济远’管带副将方伯谦首先逃走，致将船伍牵乱，实属临阵退缩，着即行正法。”⑧翌日凌晨5时，方伯谦在旅顺黄金山下大船坞西面的刑场上被斩首。

按照清律，要处斩方伯谦副将，应公开审讯与申辩判决，循例于秋后处斩。杀方伯谦既是皇命，理应公诸于官兵士卒以示儆戒，在午时三刻斩首正法，但淮人丁汝昌受命于同是老乡的李鸿章，迫不及待地要在凌晨避开广大官兵而秘密处决方伯谦。八月二十五日，他带亲兵悄悄进入囚室，将方伯谦衣服剥光，亲自拔出倭刀将方伯谦斩首于黄金山麓……这时，军中官兵正在酣睡之际，号炮一声传遍旅顺港，“济远”舰士卒奔至山麓“伏尸痛哭，号啕跌躅，声闻数里，见者无不泪下”⑨。

· 方家人百年间执着申冤

第一次去方家采访那天，当方伯谦的孙子方镛拿出大量文史资料，向笔者说起爷爷的冤死时，虽然百多年过去了，老人依然泪流满面：“冤啊，我家几代人没有停止过申冤！”

在方家二进大厅、在当年方伯谦卧室、在方家厨房，都挂着方伯谦的照片，剑眉底下一双大眼非常有神，英气勃勃。笔者问：“这是画的还是拍的？”方镛说：“原来祖父有一张这样的照片，可能祖父死后奶奶葛夫人时常含泪手抚祖父相片，泪水滴落上去，使得照片有些模糊，后来我拿到街上画相铺，找人依样画了一张，之后又拍成照片。”

方伯谦第一位夫人姓许，是父母帮着找的。同治五年（1866 年），方伯谦刚 14 岁，父亲就为他定了亲。姑娘是西乡（今闽侯县上街镇）进士许贞干的胞妹。光绪元年夏（1875 年 6 月），方伯谦请假回榕完婚，当时方家还住在观巷。婚后夫妻两人感情很好。蜜月中，方伯谦常带着夫人四处踏青，男的俊朗潇洒，女的娇柔万千。据说两人走在路上，常有人侧目注视：哟，这一对男女长得真好。光绪三年初冬（1877 年 11 月），许氏养下了大女儿仙琪。光绪九年（1883 年），她又生下了男孩焘儿。光绪十五年夏（1889 年 7 月）在生下小女儿仙璋后病重，不久因血崩猝亡。光绪十六年冬天（1890 年 11 月），方伯谦在上海续娶了杭州知府的千金小姐为妻，这就是后来深得海军同人敬重的葛夫人。

葛夫人非常美丽，据说当时还有一位闽籍海军将领对她也情有独钟，但她还是看上了才貌过人的方伯谦。方伯谦在旅顺黄金山罹难后，葛夫人在威海刘公岛北洋海军闽籍官兵及眷属的协助下，穿了一件绣有一百个“冤”字的长袍，千里迢迢赴京告御状，此事辗转传到慈禧太后那里，她自然知道方伯谦之死是怎么回事，而且也有感于葛夫人对夫君的情深意笃，没有治葛夫人的罪，说了句“不是把头还给她了吗，还来喊什么冤？”慈禧让人用羊毫写了长联“诰封”，赐给葛夫人。不久，葛夫人带着 10 岁的儿子和方伯谦二弟方仲恒一起将方伯谦的灵柩运回福州安葬。方伯谦与葛夫人没有生育，与前妻许氏的亲生儿子焘儿只活了 1 岁零 8 个月就死了，后来再无儿子。10 岁的儿子，是方伯谦二弟方仲恒将自己的长子过继给方伯谦的，他就是方镛的父亲。

笔者常至方伯谦故居，与其孙方镛聊天

方镛指着二进的大厅告诉笔者，当时灵台就摆在这个大厅里。从大门到最后一进，都挂满了白灯笼，说着方镛从里屋拿出一张照片说："这是当年灵堂的照片。"方镛还告诉笔者："诰封"原来就藏在家里，"十年动乱"中丢失。好在有太多知道内情的人和方家人一起鸣冤。老人拿出一本珍贵的线装书《冤海述闻》，系方伯谦被"正法"后不久，即刊行的为方伯谦鸣冤的著述，原作收藏在北京的中国人民革命军事博物馆，方家珍藏的是清代抄本。海军学院研究员王彦认为：此文述甲午海战甚详，必为海战中人，其为方伯谦鸣冤，无论如何亦可算海战的原始资料。笔者细看《冤海述闻》，中有："方君既枉死，将士解体，国家经营海军二十余年，坚船利炮，一旦半以资敌，为统帅者修私隙，锻冤狱，上下相蒙，以快仇敌，虽气运之使然，亦必有职其咎者矣。报怨而杀曲端，临危而思道济，古今同慨，悲夫！"[10]

在方伯谦遇难后，他的战友将《冤海述闻》送回福州方家作留念。民国海军很早就为方伯谦平了反，并在上海海军联欢社展出他丰岛之战英勇杀敌时留下的血衣。方伯谦的侄儿方莹、方均都是以烈士亲属的身份，被推荐进入海军。

20 世纪 80 年代前后，由于新史料的发现和研究的深入，诸多史学研究者依据新发现的史料，肯定了方伯谦在近代海军建设上的功绩，以及在丰岛和大东沟海战中的作为，认为清廷处死他是桩冤案，称他是爱国将领。1991 年史学界、海军界在福州召开"中日甲午海战中方伯谦问题研讨会"，也认定方伯谦是冤死。1994 年甲午海战一百周年之际，在北京、山东的讨论会上，大多数史家认为方伯谦之死是历史上一大冤案，清廷强加给他的罪名是"莫须有"的。

家乡政府对百年前冤死的子弟也非常关注，将方伯谦故居列入文物保护单位。原华东军区海军司令、后曾任国防部部长的张爱萍上将，尊重史实并因方家三代十人服役于近、现代海军，在辛亥革命、抗日战争、解放战争和近、现代海军建设方面有过贡献，特题赠"方伯谦故居"和"海军世家"两匾。

方仲恒："海筹"舰书记官 投身辛亥起义

方仲恒（1858—1924），海军军官，曾任烟台海军练营文书、"海筹"舰书记官。

方仲恒是方伯谦二弟，光绪二十八年（1902 年）举人。在考中科举功名之前，即进入海军，曾任烟台海军练营文书，考得功名后继续服务于海军。

光绪二十四年（1898 年），清朝购入“海筹”等军舰，方仲恒即被选派出任“海筹”舰书记官。因对中医中药甚感兴趣，方仲恒一直坚持自学中医，研读医书，常为体质较差的舰上官兵开药调理，训练中也常充当军医角色。

辛亥革命中，方仲恒随舰长黄钟瑛在长江起义，后在民国海军任职。退役后在家乡行医济世，颇有名气。他知医不悬壶，凡就诊者不受酬，活人甚众。方仲恒生五子一女。

除方伯谦、方仲恒之外，方家在这一代还有多位进入海军，多为普通水兵和造舰技术工人。

第二代

方伯谦家族船政家谱第二代船政人中，出了五 5 位名杰。方伯谦 3 个弟弟都有儿子成了海军军官。其中方伯谦二弟方仲恒有 3 个儿子当了海军。

方椿：“江元”书记官 抗日血战殉国

方椿（1882—1945），海军军官，曾任“江元”舰书记官、海军布雷队布雷官。

方椿

方椿是方仲恒二子，方莹将军胞兄，自幼好学有加，后考入法国人在福州创办的法语学校——扬光学堂。方椿学习非常努力，成绩很好。毕业后参加海军，一直在舰艇服役，曾任海军“江元”舰书记官。

抗战军兴，方椿随舰参战。1938 年，在武汉保卫战中，方椿所在的战舰殉国。当时，已满 56 岁的他抱着“军人在抵御外侮中尽忠是最好死法”的信念，坚持在海军布雷队担任布雷官，参与江中布雷炸舰。

布雷工作既艰险，生活条件又极其恶劣，曾多次被日军包围，避入深山，数日不得开伙，只能生吃稻米、地瓜、野菜，夜里露宿荒山野岭。也经常在布雷归来时，遇到敌人包围，一路拼杀突围。方椿不顾年长体弱，坚持在长江沿岸出生入死开展布雷战。后积劳成疾，于 1945 年殉国。

方沅：雪甲午耻 助苏联红军攻打日军

方沅（1883—1959），海军军官，曾任“利捷”舰书记官、海军马尾要港司令部军需课课员、“江亨”舰书记官。

方沅是方伯谦弟弟方叔侗儿子。家学深厚，传承好学上进家风，小学、中学皆是名校高才生，高中毕业后以优异成绩考入北京大学，毕业后进入海军界服务。因办事果敢、能文工书，且长于协调关系，在海军界多做机关工作。

1918 年冬，前往收回黑龙江航权的中国海军 4 艘炮舰，因冰封被困于俄境庙街。方沅时任 4 艘炮舰之一的“利捷”舰书记官。当时，日军派兵攻打苏联红军，被苏联红军一路反击退至庙街的日本领事馆。方沅支持当时同去的“江亨”舰舰长陈世英（后易名陈季良），帮助苏联红军攻打日军。

方沅还曾任“江亨”炮舰书记官。抗日战争全面爆发前，出任海军马尾要港司令部军需课少校课员，随部参加了闽江口保卫战，官至海军少校。

方莹：海军名杰 国共先后授予海军少将

方莹（1889—1965），字琇若，海军名将，曾任“普安”舰航海官、“海鹄”艇代理艇长、“应瑞”舰副舰长、“定安”舰副舰长、“楚有”舰舰长、“自强”舰舰长、“宁海”舰代理舰长、上海海军引水传习所所长，海军黄鄂区要塞第一台台长兼布雷队队长、海军川江要塞第一总台总台长、海军宜万区要塞第一总台总台长、第一舰队司令、第一舰队司令兼代第二舰队司令、第二舰队司令、上海海军要港司令、海军第一基地司令；中华人民共和国成立后曾任人民解放军海军第六舰队副司令、华东军区海军干部训练班副主任、华东军区海军航海业务长、海军联合学校专科主任、海军研究委员会副主任。海军少将。

· 名儒为师 连读名校

方莹是方伯谦弟弟方仲恒之子，在家中五兄弟中行三。

方莹从闽县高等小学毕业后，光绪末年就读于北京闽学堂，校长为御史、福建莆田人江春霖，伦理讲习为大文豪林琴南（林纾）。在名师督教下，方莹学业突进。北京闽学堂甫办三年，后因经费短绌而停办。方莹即转入上海南洋中学。

方伯谦与萨镇冰是船政学堂同学，又同为福州人，两人感情甚好，在方伯谦冤死之后，萨镇冰对方家一直颇为关照。1913 年萨镇冰任交通部吴淞商船学校校长时，将方莹作为海军烈士后人，推荐入该校高等班学习。学校教学设施与管理均与海军学校相同，教授均为沪上名师，航海学等聘两名英国老师执教，考入者甚众，但最后毕业者仅方莹等 6 人。方莹毕业后，派入“保民”练习舰见习，航行于沿海南北口岸，测量风涛沙线，记录天文气象，也练习驾舰。见习刚过数月，萨镇冰即三番五次推荐方莹，不久方莹即被任命为“保民”练习舰二副。

后来，交通部因办学经费不足，吴淞商船学校练舰被裁撤，学校划归海军部，易名“吴淞海军学校”，海军部派福州人郑祖彝为校长，并选派烟台海军学校第九届至第十三届航海班学生到校，吴淞海军学校增授部分与驾驶、轮机等相关的高等学校专科课程。

1915 年，方莹登上“肇和”练习舰见习，一年后转入吴淞海军学校学员班。

1917 年，方莹又进入南京海军鱼雷枪炮学校。次年秋天毕业后，上“海筹”舰，为航海候补员。

青年方莹

· 海校毕业 环球航海实训

1920 年 4 月，方莹派往“华丙”商船做远洋航海实习。“华丙”商船由爱国华侨商人租用，专航行香港、上海、澳大利亚、南美洲各港口，载客运货。在“华丙”商船上，方莹曾至马尼拉、山打根、达尔文、大堡礁、库克敦、开恩兹、布里斯班、悉尼、墨尔本、横滨、檀香山、巴拿马、利马等亚、澳、美三大洲重要港口，特别是行遍了智利沿海各港口，积累了丰富的航海经验。

· 积功累升 中国第一大舰舰长

1922 年，方莹随“华丙”商船回国，出任“建威”舰枪炮官。次年升为“普安”运输舰上尉航海官。

1924 年 1 月，方莹调往“海鹄”炮艇，代理上尉艇长，7 月再调任“应瑞”练习舰上尉航海长。

1927 年 1 月，方莹升任“应瑞”舰少校副舰长，8 月代理“定安”运输舰中校副舰长，数月后即实授是职。四年后，升任“楚有”舰中校舰长。

1934 年，方莹获授“陆海空军甲种一等奖章”,2 月调任“自强”舰中校舰长。次年，方莹升海军上校，代理中国当时最大的两艘军舰之一——“宁海”舰舰长。

· 办引水传习所 育急缺人才

1936 年 1 月，方莹调任上海海军引水传习所上校所长，专门训练全国引水人员。首先分期训练长江中段汉宜湘线的引水人员，考试及格者达 300 余人，为中国培养了一批极宝贵引水人才，大大提升了长江航行安全度，为中国收回航权提供了人才支撑。1937 年 8 月，“八一三”淞沪战役打响，加上战时经费紧张，上海海军引水传习所被迫停办。

· 炮台总台长 抗战建奇功

1938 年 1 月，方莹奉命绕道去汉口，任海军黄鄂区要塞第一台台长兼布雷队队长。1939 年任海军川江要塞第一总台上校总台长，后调任海军宜万区要塞第一总台总台长。

为了更好地消灭敌人和保存战斗力，方莹还发明了人造“雾锁峡江”。西陵峡位于第一炮台附近。入口处，江面狭窄，水流湍急，江中有一礁石，叫“石牌珠”。方莹很快发现，船行此段，要随时观察水流的方向和导航目标的变化，稍有不慎，就会触礁沉没。根据这一特点，方莹采纳了部属的建议：人工在江面上施放烟幕，必能阻止敌舰上驶。于是，他首先想方设法从陆军搞来一些烟幕罐。但烟幕罐不能漂浮且燃烧时间短，不利于形成“雾锁峡江”。于是，方莹就让木匠制作一批三角形的盒子，作为浮体，每个盒里放三个串联的烟幕罐，投入江中随水漂流。此种方法，顺利解决了烟幕罐燃放时间短和不能漂浮的问题，人工造成了“雾锁峡江”。方莹在出任第一总台台长的同时，还兼任此段海军布雷队队长，他精心设计，指挥雷封航道。雾锁峡江、雷封航道、炮轰敌舰，使方莹的石牌炮台成了三峡上的中流砥柱。据了解，他在建台之初，就给石牌起了一个邮政代号：“石砥柱”。

敌人虽常来空袭石牌炮台，但炮台没有受损。而敌人又知道中国军队肯定在此咽喉要地设有炮台，但又找不到在哪里，特别是曾被航道中漂雷所炸，每回来又都是“雾锁峡江”，所以始终未敢贸然上来。方莹苦守炮台6年，直到抗战胜利，使敌人始终不敢从水路轻易上犯川江。

抗战期间，方莹因作战勇敢，先后获授“甲种一等光华奖章”“甲种一等干城奖章”“六等云麾勋章”，记大功两次。

· 舰队司令 沪上受降官

1944年春，海军部政务次长兼第一舰队司令陈季良在驻地四川万县去世，方莹奉令升调第一舰队少将司令，当年3月27日接任视事。

1945年，方莹任海军第一舰队司令兼代第二舰队司令，同年12月28日任海军第二舰队司令。方莹先是奉令作为受降官，接收汉口日本海军，而后又调任上海海军要港司令部上校司令，再次作为受降官，负责接收日本降舰数十艘和日本赔偿军舰2批16艘。

1946年，方莹晋升海军少将。同年11月，海军上海要港司令部改为“海军第一基地司令部”，方莹出任海军少将司令。

· 人民海军功臣 开国少将

蒋介石发动内战，方莹甚是痛心，他反对内战，再三请求退役。

1948年5月17日，方莹除役回乡，在福州组织反蒋活动。他还利用自己和家族在海军界的影响，动员海军精英拒赴台湾，留下来参加新中国海军建设。次年8月17日福州解放，方莹在福州参与创立“在闽海军人员联谊会”并任总干事。

中华人民共和国成立后，方莹参加人民解放军海军。1950年任解放军海军第六舰队副司令。1951年奉调为华东军区海军干部轮训班副主任，后相继出任华东军区海军司令部航海业务长和海军联合学校专科主任。之后，任人民解放军海军司令部研究委员会副主任。1955年，被中共中央军委授予海军少将军衔。1963年，方莹退休回榕，任福建省政府参事、福建省政协委员。

方均：气象专家 建功东沙西沙

方均（1897—1976），海军军官，曾任"通济"舰航海副、"联鲸"舰航海官、"榕南"舰副舰长、厦门海军警备司令部副官、上海海军海道测量局测量员、海岸巡防处课员、海军南京水鱼雷营教官、海军东沙岛观象台台长、海军第二布雷队安徽歙县办事处主任、海军第二布雷队浙江金华办事处主任、海军西沙气象台台长、福建武夷山测候所主任。

·优秀舰长 转学气象测候

方均是方伯谦弟弟方季煌之子，由萨镇冰等海军元老保送进入烟台海军学校第十二届驾驶班，在烟台海军学校学习三年完成普通科专业后，转入吴淞海军学校攻读专业课。

吴淞海军学校创办于1915年，由当时两所不同的海事类学校整合而成，一所是交通部吴淞商船学校，另一所是南京海军军官学校。吴淞海军学校为海军高级学校，生源主要为经过烟台海军学校三年普通科学习的毕业生，在此学习两年的专业课，学习合格毕业后到海军任职。方均最后两年的海校生活是在吴淞海军学校度过的。

方均从烟台海军学校毕业后，登舰服务，曾任"通济"舰海副、"联鲸"舰航海官、"榕南"舰副舰长、厦门海军警备司令部副官，后进入海军海道测量局学习海道测量，之后出任海道测量员。因在海军学校学习期间曾系统学习过气象专业，调任海军海岸巡防处气象员。之后，还曾短暂担任过海军南京水鱼雷营教官。

·戍守南海 两任东沙观象台台长

1923年，英国人以东沙岛位于南海要冲，气象变化复杂为由，要求在该岛设立无线电测候台。因事关领土主权，海军部断然拒绝英国人请求，决定自行筹建观象台。1924年海岸巡防处成立后，立即派人去东沙勘察。1924—1926年，海军部在海岸巡防处之下，先后组建吴淞观测所，沈家门、坎门、嵊山、厦门无线电报警台和东沙岛观象台，其中东沙岛观象台规模最大。1925 年 9 月，东沙岛观象台导航灯塔首先完工。1926 年，台站、营房相继建成，紧接着气象仪器、无线电台装设完毕，4 月 1 日开始观测气象，7 月 28 日开始定时广播远东气象概况。遇有台风，便发出特别警报。随后，东沙岛划为军事区域，由海军部管辖。方均出任台长。任上，他不断钻研业务，探索东沙岛天气预报、气候分析和气象服务的工作特点，积累了不少经验，很好地完成了各项任务。

海军东沙岛观象台主要任务为执行探空作业，并将汇集之各项气象资料，提供给中央气象台，作为天气分析及预报之用，此一气象台为附近百余里唯一的气象台，具有相当程度的重要性。

继海军东沙观象台台长之后，方均出任海岸巡防处巡缉课课员。

1934 年 7 月，方均奉派徐家汇天文台学习观测高空气候。高空气象观测，是天气预报、气候分析和气象服务的基础数据，是科学研究和国际交换的重要气象资料。方均十分珍惜学习机会，刻苦攻读，以长于钻研而深得老师肯定。

1935 年 5 月 4 日，方均再次出任海军东沙观象台少校台长。任上，着力探索建立东沙岛常规高空气象探测规范。

方均在两次担任东沙岛观象台台长时，除尽职完成工作外，还着意进行文化调查，寻找能证明东沙岛自古就是中国领土的文物。他还亲自带人从西沙群岛珊瑚礁下潜水，捞到中国自汉代到清代的 136 枚古代铜钱，和与礁石黏在一起的古铜钱 8 块，依此表明汉代已有中国渔民上岛，这足以证明以中文名字命名的东沙、西沙、南沙诸岛礁群自古就是中国的领土。当年因此还拍过电影纪录片。

· 抗日布雷　坚持战斗在对日前线

1936 年 10 月 25 日，方均回任海岸巡防处巡缉课少校课员。

1937 年 7 月抗日战争全面爆发后，日军重兵侵占上海和沿海各地，东沙观象台与各报警台接连沦于敌手，海岸巡防处奉命裁撤。次年 1 月，海军部改组为“海军总司令部”，方均任少校候补员，随即被派往海军第二布雷队。

抗战期间，方均出任海军第二布雷队安徽歙县办事处主任、浙江金华办事处主任，负责布雷队后勤补给工作。他一次次冒着生命危险筹措和运输粮草、弹药，为海军开展抗日布雷战立下战功。

· 年逾五旬 奉命出征西沙

1946年，方均任海军海道测量局总务课少校课员。次年，再奉新命赴南海。

1937年7月全面抗战爆发后，日本帝国政府下令吞并西沙和南沙群岛，将之附属于被日军强占的台湾高雄管辖。太平洋战争爆发后，日本海军曾将南沙群岛的最大岛——太平岛作为潜艇基地，发动对菲律宾、荷属东印度和马来亚的侵略。鉴于日本对中国领土的侵占，1943年12月1日中、美、英三国签署的《开罗宣言》规定："三国之宗旨……在使日本所窃取于中国之领土，例如满洲、台湾、澎湖群岛等，归还中华民国。"[11] 1945年7月26日中、美、英三国促令日本投降的《波茨坦公告》又规定："开罗宣言之条件必将实施，而日本之主权必将限于本州、北海道、九州、四国及吾人所决定其他小岛之内。"[12]这两个国际条约的规定，成了抗日战争胜利后中国政府收复西沙、南沙群岛的法律依据。

方家部分海军名杰照片

然而，日本战败投降后的南海，留下了一个势力真空。刚从美国殖民下独立的菲律宾，见日本战败投降后的南海出现势力真空，图谋将南沙群岛划入其版图。据 1946 年 8 月 4 日上海《大公报》一篇题为《西南群岛是我们的》的文章报道，1946 年 7 月 23 日，菲律宾外交部长季里诺（Quirino）发表声明称：中国已因西南群岛之所有权与菲律宾发生争议，该群岛在巴拉望岛以西 200 海里，菲律宾拟将其合并于国防范围之内。

1945 年 10 月 25 日中国政府收复台湾后，决定立即派海军收复西沙、南沙群岛。

1946 年初冬，中国海军组建了前进舰队，林遵任指挥官，率领“永兴”“中建”“中基”“太平”“中业”等舰，前往进驻接收，并将西沙、南沙各群岛划归广东省管辖。在永兴岛上竖立起高 12 英尺的“固我南疆”的石碑，并在岛上建立电台，正式进行气象预报，为航行南海的各国船只服务，同时通过此服务再一次宣示中国对西沙、南沙群岛的主权和管辖权。

1947 年 2 月，西沙气象台正式建立。年满 50 岁的方均因为有两次担任东沙观象台台长的经历，再次披挂上阵，离开设于繁华上海的海军海道测量局机关，赴南海就任西沙气象台少校台长。不久，海军西沙岛管理处成立，西沙气象台隶于之下。任上，方均克服各种困难建章立制，为西沙群岛气象观测与预报做了许多基础性工作，他还亲自带训官兵，传授观象测候技术。

中华人民共和国成立前夕，方均在方莹影响下，退役回闽，任武夷山测候所主任，直至 1952 年。

之后，方均退休回到福州。1976 年病逝。

方鉴：海军通讯专家 抗战西南筑路

方鉴（1899—1988），海军军官，曾任海军海岸巡防处电台电信官、海军陆战队第一独立旅通讯所无线电官、“江贞”舰电信官、海军陆战队第一独立旅通讯所所长。

方鉴是方伯谦弟弟方仲恒之子，方莹将军胞弟。方鉴自小受到完整的新式教育，成绩优异。1925 年，方鉴从福州格致书院毕业后，考入上海技术专门学校，专攻通讯，毕业后投身海军，进入海军海岸巡防处任电台电信官。

在这之后，方鉴还相继担任了海军陆战队第一独立旅通讯所无线电官、海军“江贞”舰电信官、海军陆战队第一独立旅通讯所所长。

抗战期间，方鉴随部参战，转战数省，屡立战功，之后在西南保卫交通线。为开辟西南大通道，方鉴调入交通部，曾任交通部滇缅、黔桂公路工务段工程师。

抗战胜利后，方鉴回闽，任福建省立高级航空机械商船学校教师。

中华人民共和国成立后，方鉴进入福建革命大学学习，毕业后相继担任过福建省立高级航空机械商船学校、福州格致中学教师。

第三代

方伯谦家族船政家谱上第三代船政人中，最具代表性的有10位，多参加了抗日战争，其中有3位尤为突出。

方振：抗日布雷官 任多舰舰长

方振（1921— ？），海军军官，曾任海军布雷队布雷官、上海海军接船处参谋、“太和”舰副舰长、“峨嵋”舰副舰长、“永胜”舰舰长、金山轮船公司船长、东方海外轮船公司香港驻埠总经理。

方振是方伯谦二弟方仲恒之孙、方椿之子。少年时期考入位于福州马尾的海军学校。1937年7月，全面抗战爆发，日军频繁轰炸包括海军学校在内的马尾海军基地，方振随校迁入福州鼓山涌泉寺，在艰苦的条件下坚持学习，其间参加在鼓山地区的抗日宣传工作。后随校迁往湖南，再迁贵州铜梓，在数千里长途迁徙中坚持学习。1943年，方振毕业于海军学校第9届航海班。

抗战期间，方振担任布雷队布雷官，在敌后开展艰苦卓绝的抗日布雷游击战，方振冒着生命危险，一次次和战友们出击布雷，炸毁了不少敌舰和小汽艇。

抗战胜利后，方振任上海海军接船处参谋，参与培训接舰士兵，组建赴美接舰队。1946 年，奉命赴美接舰。于同年 5 月 1 日出任“太和”舰中尉副舰长。

1949 年，方振随舰赴中国台湾。之后曾任“峨嵋”舰副舰长、“永胜”舰舰长。

方振在以海军上校军衔退役后，经当年海军学校同学介绍，到董建华父亲董浩云的金山轮船公司当船长。1969 年，金山轮船公司改名为东方海外轮船公司，主要经营地中海、中东航线。方振任东方海外轮船公司香港驻埠总经理，深受董浩云器重。董浩云 1982 年去世后，董建华接任，方振继续在董建华领导下工作。1997 年，香港回归，董建华当选香港特别行政区首任行政长官，董建华双胞胎弟弟董建成接棒，方振仍在此服务，直至退休。

方祥年：海军造船专家 衔至中校

方祥年（1924— ），海军军官，曾任海军湖口水中武器厂技术员、工程师，台湾地区海上防务部门舰政署参谋、台湾地区海军第三造船厂工程师。

方祥年是方伯谦弟弟方叔侗之孙、方熸之子。1935 年，方祥年考入福建省马江私立勤工初级机械科职业学校，修习高级船工图算专业。方祥年在校学习非常刻苦。抗战全面爆发后，日军频频轰炸福州，方祥年随学校一路撤至闽北山区，在极其艰难的情况下坚持学习，学业优良。毕业后，他选择投身海军。

1946 年，方祥年进入海军湖口水中武器厂，先后担任技术员、工程师。1949 年随军赴中国台湾，相继出任台湾地区海上防务部门舰政署少校参谋，海军第三造船厂少校工程师、中校工程师。

方永年：抗战投笔当海军 血守炮台

方永年（1926— ），海军军官，曾任海军宜万要塞区第一总台炮官、台湾地区海上防务部门计划官。

方永年是方伯谦弟弟方叔侗之孙、方熸之子。幼承庭学，少年时期考入福州格致中学。1937 年 7 月全面抗战爆发，方永年在学校投入抗日宣传，并数次要求当兵上前线杀敌。1941 年 4 月，闽江口保卫战打响，方永年随福州格致中学内迁永泰山区。方永年经常利用课余时间进行街头抗日演出，动员青壮年投军杀敌。

1941年底，在抗日战争最艰苦之时，15岁的方永年愤于日寇暴行而投笔从戎。他报名参军时，不少老师和同学都劝他过两年长大一点再去参军打日本侵略者，但方永年说："方家人宁愿战死，也不愿苟且偷生。"他走时，方家所有的老人没有一人劝他，只送给了他一句话："怕死你就别姓方。"方永年服役于海军宜万要塞区炮台，与战友们一起，在长江布雷阻击日军进犯重庆。

抗战胜利后，方永年服务于海军炮舰，任炮官。后随军赴中国台湾，曾任台湾地区海上防务部门计划官，军衔至海军中校，退役后，方永年经商。

家族传奇

抗战中方家人陆海空三线击敌

方伯谦有兄弟4人，方伯谦无子，弟弟将自己的儿子过继给哥哥。抗战中，方伯谦三个弟弟的儿子都在前线。

方沅，方伯谦弟弟方叔侗之子，抗战时正任海军马尾要港司令部军需课少校课员，随部参加了闽江口保卫战。

方椿，方伯谦弟弟方仲恒之子。抗战时，先在军舰上服务。1938年，已56岁的他，抱着"军人在抵御外侮中尽忠是最好死法"信念，坚持在海军布雷队当布雷官，在长江一带开展敌后布雷战，后积劳成疾，于1945年殉国。

方莹，方椿胞弟，少将。抗战时期，先任黄鄂区要塞第一台台长，在此任上参加了武汉会战，后任战时陪都重庆水上第一门户——海军川江要塞第一总台（海军宜万区要塞第一总台）总台长，粉碎了敌人一次又一次沿水路进攻重庆。

方鉴，方莹胞弟。抗战期间，方鉴担任海军陆战队第一独立旅通讯所所长，随部奉调出省，血战江南。之后，又调往西南，保卫西南交通线。后来，转任交通部滇缅、黔桂公路工务段工程师，为建设西南滇缅大通道做出贡献。

方均，方伯谦弟弟方季煌之子。抗战时，在海军第二布雷队开展敌后布雷战，先后出任海军布雷队安徽歙县办事处主任和浙江金华办事处主任等职。

方振，方椿之子。抗战时在海军布雷队任布雷官，在敌后开展布雷战。

方永年，方叔侗孙子。愤于日军暴行而投笔从戎，曾任海军川江要塞第一总台炮官，与战友们一起坚守炮台，粉碎了日军一次次沿江进犯重庆的企图。

方子绳，方莹族侄。自福州海军学校第七届航海班毕业后，立即投入抗战，后进入海军抗日布雷队，参加了长沙保卫战，多次立功受奖。

方一虹，方莹儿子。抗战时任空军飞行员，参与保卫重庆和轰炸日军阵地。

王伯骧（1898—1978），方莹女婿，西北军名将，参加了长城抗战。“七七”事变后，他奉孙连仲令，以第30师少将参谋长的身份代理师长职务，率部支援卢沟桥抗战，在良乡、房山、琉璃河、涿州一带与日军激战月余。后又以27师少将副师长之职，奉令率27师驰援娘子关大战，向日军发起猛烈反击。之后，王伯骧参加了武汉会战、徐州会战、鄂西会战等一系列大战。

参加过长城抗战、武汉会战、徐州会战、鄂西会战等抗日血战的王伯骧

在台儿庄大战中，王伯骧表现英勇。当时，第二集团军总司令孙连仲将军率部扼守正面阵地，与敌血战，大获全胜。作为孙连仲手下悍将的第27师少将副师长王伯骧，激战日军。1938年3月23日，日军摧毁了我外围阵地。自27日起，双方在台儿庄内展开拉锯战。日军突破了我军防线，我军就组织敢死队炸坦克，与敌肉搏，再抢回阵地，战况空前惨烈。29日，我31师对台儿庄内日军实行反攻，王伯骧所在的27师则对台儿庄北面之日军实施反击，我30师断敌后路，并给予重创。敌大批援军再次赶到，企图包抄台儿庄，被27师击退。4月1日，27师800余人攀寨墙突入台儿庄东北角，与敌肉搏，占领了东北隅及东门以北几座碉堡。2日夜，31师组成敢死队突入台儿庄西北角夜袭，夺回了西北角。但由于日军坂本支队加入战斗，第二集团

军又伤亡7000多人，因而陷入苦战。小小台儿庄的里里外外，双方伤亡皆逾万人，尸积如山，血流成河。火力占极大优势的日军步步推进，我方不断地组成敢死队出击，但每次数百名敢死队员都回不了几名。此时，台儿庄三分之二已为日军所占。每到午夜，我军将军和剩下来的士兵，包括炊事兵、卫生兵就组成敢死队，分组杀入敌阵。部分官兵已无子弹，手持大刀向敌砍杀。敌军血战近10日后精疲力尽，乱作一团。中国军人敢死队一举夺回为敌所占的台儿庄市街的四分之三，毙敌无数。敌军只好退守北门，与我军激战通宵。黎明时，我方援军赶到。剩余的日军受到内外夹击，仓皇出逃，我军大获全胜。

王伯骏，王伯骧大弟，河南大学医学院首届毕业生，后留学日本九州医科大学，与郭沫若是同窗好友，成长为著名外科医生。郭沫若还是王伯骏证婚人。抗战期间，王伯骏先在四川宜宾第一重伤医院专司抢救前线将士，后专门在第六战区做巡回手术，长期辗转桂、豫、湘、鄂、川、康（民国时西康省）、冀等地巡回做手术，后任孙连仲私人医生，同少将支薪。1946年，任河北省立医院院长。

王伯骅，王伯骧小弟。抗战初期，任孙连仲部第31师91旅183团副团长兼二营营长，为抗日名将池峰城手下悍将，参加过著名的台儿庄战役。后任第335师少将师长，在中国台湾退役，1995年9月27日去世。

笔者根据史料，列出抗日战争史上100场最惨烈的海、陆、空战，每一场都有方家亲人在浴血奋战。⑬

注释：

① 张天禄．福州姓氏志[M]．福州：海潮摄影艺术出版社，2005：539.

② 孙应祥．严复年谱[M]．福州：福建人民出版社，2003：44.

③④⑩ 冤海述闻[M]//中国史学会．中日战争（六）．上海：上海人民出版社，1957：94-95.

⑤ 丁汝昌．丁提督来电[M]// 中国史学会．中日战争(四)．上海:新知识出版社，1956：267.

⑥ 陈贞寿，谢必震，黄国盛．方伯谦传略[M]//黄国盛，林伟功．中日甲午海战中方伯谦问题研讨集．北京：知识出版社，1993：7.

⑦ 龚照玙．旅顺龚照玙效卯急电[M]// 中国史学会．中日战争（三）．上海：新知识出版社，1956：128.

⑧ 孙克复．方伯谦被杀案考析[M]// 黄国盛，林伟功．中日甲午海战中方伯谦问题研讨集．北京：知识出版社，1993：30.

⑨ 林庆元．关于“方伯谦冤案”[M]// 黄国盛，林伟功．中日甲午海战中方伯谦问题研讨集．北京：知识出版社，1993：58.

⑪ 世界知识出版社编．国际条约集（1934—1944）[M]. 北京:世界知识出版社，1961：407.

⑫ 世界知识出版社编．国际条约集（1945—1947）[M]. 北京:世界知识出版社，1959：78.

⑬ 刘琳．建功抗日百场大战的一家人[N]. 福州晚报，2005-8-23（27）.

蓝建枢家族

蓝建枢（1855—1929），字季北、季伯，福建省闽县（今福州市鼓楼区）人，海军名将，船政学堂后学堂第三届驾驶班毕业生，清朝时曾任“超勇”舰帮带大副、“镇远”舰大副、“镇西”艇管带、“镇中”艇管带、烟台水师学堂正教习、“通济”舰管带、海军部参赞厅二等参谋官、海军部参赞厅一等参谋官；民国时曾任海军总司令部高级副官兼海军舰队左司令、海军第一舰队司令、海军部参谋处处长、海军部参事厅参事、海军编史监修、海军总司令。海军中将。

蓝建枢故居位于福州三坊七巷，完整保存至今。蓝家，因蓝建枢而三代海军，成为榕城颇有名气的海军世家。

家族源流

蓝姓主要起源有三

目前一般认为，蓝姓的主要起源有三。

一为出自芈姓。春秋后期，楚国有个大夫叫亹，因任蓝县（在今湖北省荆门县东）县尹，又称蓝尹亹。蓝尹亹的后代子孙以“蓝”为姓。

一为出自嬴姓。蓝氏为伯益之后。周显王二年（公元前367年），秦子向受命为蓝（即蓝田，今陕西省蓝田县）君，他的后代遂以封邑地名为姓，称蓝姓。

一为出自姜姓。《蓝氏族谱》记载，蓝姓的受姓始祖是昌奇公，昌奇公被炎帝赐姓为蓝。昌奇公为炎帝裔孙。

传说姜姓部落的首领由于懂得用火而得到王位，所以称为炎帝。从神农起，姜姓部落共有九代炎帝，神农生帝魁，魁生帝承，承生帝明，明生帝直，直生帝厘，厘生帝哀，哀生帝克，克生帝榆罔，传位530年。昌奇即为榆罔之子。

吉庇巷蓝建枢故居

吉庇巷蓝家认昌奇公为得姓始祖

笔者多次访问蓝建枢后人，言及远祖，他们皆认蓝昌奇为得姓始祖。

蓝昌奇为榆罔之子。榆罔立都伊川（今河南洛阳市南）。一日，位于河南姬水（今河南新郑）的有熊国国君前来祝贺，进贡秀蓝一株，长势勃然昌盛，十分灵奇。这秀蓝就是蓼蓝，亦称“蓝”，花为红色，穗壮花序，叶供药用，又可作染料。在有熊国国君来进贡秀蓝之时，恰逢榆罔夫人降生一子，高兴至极，遂以贡蓝赠儿为姓，命名昌奇，从此有了蓝姓。蓝昌奇成为蓝氏的始祖。

蓝家后人的讲述，与江南多地蓝氏族谱记载一致。

“汝南堂”亦源自蓝昌奇

蓝昌奇自幼聪明过人，长大以后分封于汝南，号“火旺公”。遂以此地名为郡望。迨后，子孙蕃衍至豫、雍、青、徐、荆、益、冀、幽等各州地，再传全国多地。今天下蓝姓，凡奉“汝南堂”者，皆蓝昌奇裔孙。

蓝氏受姓在黄帝受姓之前。古代天子因生赐姓封爵，实自蓝姓开始。蓝氏是中国最古老的姓氏之一。据《蓝氏总谱》记述，始于汝南的这支蓝姓，由于在夏之前的各代都有人位居高官，裔孙们保存的资料较丰富。所以，蓝氏族谱有相对较完整的世系记录。

吉庇巷蓝家入闽始祖为蓝吉甫

笔者在采访蓝建枢后人时得知，蓝家认蓝吉甫为入闽始祖。

唐武周天授元年（690年），蓝昌奇第108世裔孙蓝明德，宦游金陵，自北豫迁江宁（今江苏南京市），居朱紫坊，为江南开基一世祖。宋理宗宝庆元年（1225年）蓝明德第十五世裔孙蓝吉甫，遭金人之乱，弃建康府句容县（今江苏省句容县）南下，途中与父母兄弟失散，只身流落到福建福清五福乡开基创业。

蓝吉甫娶福清姑娘林七娘为妻，生了3个儿子：长子常新，次子常美，三子常秀。今天，在福清市一都镇东关寨旁有一个蓝吉甫后裔聚集村。

南宋淳祐六年（1246年），25岁的蓝常新离开福清徙居福建建宁县崇善坊，重开基业。妻子李氏，福清人，生了5个儿子，长子万一郎嗣后离开建宁，肇居福建汀州宁化石壁，成了汀州蓝氏开基始祖。蓝吉甫的子孙，后来分布于福建汀州、漳州多地，后又分出广东大埔、梅州、兴宁、五华、潮州等支派。

蓝家是戍台名将世家

据蓝建枢后人介绍，蓝家自闽南迁来，与漳浦蓝氏同宗，清代漳浦蓝氏满门戍台志士。

蓝理（1648—1719），福建省漳浦县人，清朝名将，康熙十五年（1676年）授建宁游击，康熙十八年（1679年）升灌口营参将。康熙二十二年（1683年）

福建水师提督、靖海将军施琅见其英勇，奏请任命他为右营游击，领前队先锋，率舟师征剿台湾郑氏军队。蓝理在统一台湾之战中建立殊功，为表彰其功，康熙先后两次为蓝理题写御书榜文：“所向无敌”和“勇壮简易”，赐蓝理花翎、冠服。康熙御书的榜文，镌刻在漳州蓝理牌楼上，今仍存。蓝理后曾任宣化镇总兵、浙江定海镇总兵、天津镇总兵、福建陆路提督。蓝理之弟蓝瑶在统一台湾之战中建功加封左都督，四弟蓝瑷累官福建金门镇总兵，五弟蓝珠为参将。

蓝廷珍（1663—1729），字荆璞，福建省漳浦县人，清朝名将，曾任福建澎湖水师协副将、南澳镇总兵。康熙六十年（1721年）上书自荐，率兵出师台湾，征战朱一贵起事。平台后，蓝廷珍奉命继续留台，署理提督职务，前后三年之久。在这段时间里，蓝廷珍对台湾的治理和开拓，提出了一系列很有远见的建议和措施，对台湾的经济、社会发展产生了深远的影响，表现了他在事关中国领土问题上的政治眼光和从政能力，从而确定了他在台湾历史上的地位。其子蓝日宠，官铜山营参将。孙蓝元枚，曾任台湾镇总兵、江南提督。

蓝鼎元（1680—1733），字玉霖，号鹿洲，福建省漳浦县人，清代知名学者和官员，曾任广东普宁县知县兼代潮阳县知县、广州府知府，有“筹台宗匠”之称。康熙六十年，蓝鼎元随蓝廷珍出师入台，平台后又在台湾住了一年多。他出入军府，筹划军机，最早提出了对台湾进行综合治理、促进台湾走向文治社会的具体措施，即十九事：信赏罚，惩讼师，除草窃，治客民，禁恶俗，儆吏胥，革规例，崇节俭，正婚嫁，兴学校，修武备，严守御，教树畜，宽租赋，行垦田，复官庄，恤澎民，抚土番，招生番。这些策略，一直是后来台湾官员的治台依据。

船政家谱

第一代

蓝家第一代海军，多为水兵，成就最大的是官至中国海军总司令的蓝建枢。

蓝建枢：澄威将军 民国海军总司令

蓝建枢（1854—1929），字季北，一说字伯，海军名将，清朝时曾任“超勇”舰大副、“镇远”舰大副、“镇西”舰管带、“镇中”舰管带、烟台海军学堂驾驶正教习、“通济”舰管带、海军部参赞厅二等参谋官、海军部参赞厅一等参谋官；民国时曾任海军部高级副官、海军总司令部高级副官兼海军舰队左司令、海军第一舰队司令、海军部参谋处处长、海军部参事厅参事、海军部编史监修、海军总司令。

·船政学堂高才生 试航东南亚

海军总司令蓝建枢

蓝家到蓝建枢父亲这一代，已成城市赤贫，无钱送孩子读书。蓝建枢小时极顽皮，几乎天天惹祸。马尾开办船政学堂，不收学费，毕业了还能有工作。因此蓝建枢父亲执意将蓝建枢送去报考船政学堂，其对亲戚们说：不管是否能把蓝仔培养成才，最起码能管住他不惹祸。

同治十年（1871 年），蓝建枢考入船政后学堂，为第三期驾驶班学生。令父亲没有想到的是，蓝建枢对学习航海非常感兴趣，加上天资聪颖，颇得教官喜爱。

光绪元年（1875 年）堂课结业，蓝建枢奉派“扬武”舰实习，随舰航行新加坡、小吕宋、槟榔屿等地，再航行至日本后返回。在被称为海军摇篮的船政学堂，蓝建枢后于萨镇冰一届，而高于曾任海军总司令的刘冠雄、李鼎新一届，在清末民初海军界中辈分相当高。

·调北洋水师 任“镇中”舰管带

结束船政学堂学习后，蓝建枢调入北洋海军。光绪六年（1880 年）十一月初五，参加北洋海军督操、记名提督丁汝昌督带的接舰部队，从天津西沽乘坐招商局“丰顺”号轮船，赴英国接带“超勇”“扬威”舰。

抵达英国后，蓝建枢任“超勇”舰帮带大副，协助管带林泰曾驾驶“超勇”舰，闯过惊涛骇浪，回到祖国。光绪七年（1881年），蓝建枢任“镇远”舰大副。

光绪十三年（1887年）三月，蓝建枢升任“镇西”舰管带，赏蓝翎五品顶戴，补用千总。

光绪十五年（1889年）正月二十一日，直隶总督兼北洋大臣李鸿章为北洋海军拣员补署官缺，请准以蓝建枢升署后军右营都司。三年后实授，调任“镇中”舰管带。

· 甲午海战 蓝建枢表现英勇被革职

光绪二十年（1894年）七月初一，中日政府同时向对方宣战。北洋海军提督奉命率舰护送援兵入朝。八月十七日，蓝建枢率“镇中”号炮船随海军大队护送兵船至鸭绿江口大东沟，并奉命与“镇西”号炮船以及4艘鱼雷艇进入江口，掩护运兵船登陆。翌日，北洋海军主力在鸭绿江口外的黄海海面与日本联合舰队激战，“镇中”舰奉命没有参战。

黄海海战之后，北洋海军奉李鸿章“避战保船”之令，避往威海卫，蓝建枢率“镇中”舰驻泊威海卫。

光绪二十一年（1895年）正月初五，日本进攻威海卫基地，蓝建枢率“镇中”舰参加防御作战。他毫不畏惧，沉着指挥全舰与日军血战，战舰数次中弹，仍坚持射击。但终寡不敌众，北洋海军全军覆没，“镇中”等10艘军舰被日军俘获，蓝建枢随北洋海军幸存官兵退至烟台。署直隶总督王文韶参奏失职官员，以蓝建枢船舰被俘人没死为由，请暂行革职，听候查办。旋奉谕旨，着将蓝建枢等一并革职，留营效力。

· 重振海军 竭尽全力

光绪二十九年（1903年）二月二十五日，经直隶总督兼北洋大臣袁世凯保奏，以蓝建枢开复原官，仍留山东原省补用，参与重建海军，派充烟台海军学堂，任驾驶正教习。次年九月，蓝建枢赴任“通济”练习舰管带。

宣统三年（1911年）二月初九，蓝建枢调任海军部参赞厅二等参谋官。同年九月二十六日，蓝建枢升任海军部参赞厅一等参谋官。

· 海军总司令 倡南北海军统一

中华民国成立后，蓝建枢于1912年3月1日任北京政府海军部高级副官。4月6日，蓝建枢任海军总司令部高级副官兼海军左司令。11月6日，被授予海军少将军衔。12月1日，海军左司令改称第一舰队司令，蓝建枢续任。

1913年3月20日，国会开会前夕，国民党代理理事长宋教仁被杀。4月，袁世凯又非法签订善后大借款，准备发动内战，消灭南方革命力量。孙中山看清袁世凯的反动面目，从日本回国，力主武装讨袁。

1913年7月，在袁世凯的步步紧逼下，被免职的李烈钧在孙中山指示下，从上海回到江西，在九江湖口召集旧部成立讨袁军总司令部，正式宣布江西独立，并发表通电讨袁，“二次革命”随即爆发。李烈钧在九江湖口宣布讨袁后，袁世凯急命海军部次长汤芗铭率舰驰赴江西九江镇压革命。此时，同盟会元老陈其美被推举为上海讨袁军总司令，率部攻打江南制造局。蓝建枢奉命率第一舰队驻上海为后援，协助上海江南制造局总办、上海镇守使郑汝成镇压“二次革命”，击败上海陈其美讨袁军。同年，7月12日，获授“三等文虎勋章”。7月18日，调任海军部参谋处少将处长。

1914年2月1日，蓝建枢调任海军部参事厅参事。

1917年7月22日，蓝建枢调任海军编史监修，审定《海军大事记》。

1918年2月22日，蓝建枢被授予海军中将军衔。3月28日，任海军总司令。4月2日，又获“二等大绶嘉禾勋章”。

1919年1月4日，蓝建枢获得“二等文虎勋章”。10月14日，再获“二等宝光嘉禾勋章”。

1920年10月，与护法舰队司令林葆怿等联合致电北京政府和广州军政府，宣布“南北海军统一”。这一年，蓝建枢发起重修马尾海军昭忠祠。

1921年7月，北京政府封蓝建枢为“澄威将军”。同年8月12日，其因北京政府积欠海军粮饷数月，自请辞去海军总司令一职。

蓝建枢退休后回到福州。1929年，蓝建枢病逝于吉庇巷故居。

第二代

由于蓝建枢的鼓励和示范作用，子侄辈投身海军、学造船的为数不少，其中较出名的有 4 位。

蓝道墀：科班出身 海军通讯专才

蓝道墀（？—1944），海军军官，曾任海军宁波电台台长。

蓝建枢有 3 个儿子，长子、次子从事他业，唯三子蓝道墀投身海军。蓝道墀自幼中西兼学，从小学到高中一直是班上尖子生，特别兴趣物理。这兴趣使他与海军结缘。

1913 年后，海军舰队已配有新式鱼雷，并在军舰上陆续装配无线电台，但缺少使用人才，海军部于 1915 年 10 月 15 日在南京海军军官学校旧址设海军雷电学校，调舰上初级军官和烟台海军学校毕业生入校轮训，专门学习鱼雷课程。另设无线电班，招考高中毕业生入学。高中毕业的蓝道墀成为海军雷电学校无线电班第三届学生，于 1917 年毕业。

蓝道墀毕业后，曾在多舰当过通讯官，后长期服务于上海海军基地电台，曾任海军宁波电台台长。1944 年岁末，病逝于福州。

蓝寅：海军中校 长期服务海军机关

蓝寅（？—？），字韵笙，海军军官，曾任海军部总务厅副官处副官、海军总司令部候补员。

蓝寅是蓝建枢侄儿，从小受到良好教育，后服务海军。由于长于协调，曾长期在海军部做副官。1916 年 7 月 21 日，任海军部总务厅副官处副官。

1919 年 12 月 17 日，蓝寅获授海军少校。

1924 年 9 月 23 日，蓝寅晋升海军中校。

1938年1月，蓝寅任海军部中校候补员。后事不详。

蓝道生：机关干才 海军部多司任职

蓝道生（？—？），海军军官，曾任海军部军需司科员、军学司科员。

蓝道生是蓝建枢侄儿，从小好学，成绩优异，后进入海军界工作。依托于蓝建枢的关系，蓝道生调入海军部机关。1916年，任海军部军需司科员。

1919年12月7日，蓝道生晋升海军少校。据蓝建枢后人回忆，蓝道生后来曾调任军学司科员。后事不详。

蓝钦彝：军需少监 海军资深后勤官

蓝钦彝（？—？），海军军官，曾任海军部军需司科员。

蓝钦彝是蓝建枢侄儿，自小苦读经史，清政府废除科举后，进入新式学校读书，清朝末年服务于海军。

民国后，蓝钦彝继续在海军工作。1912年5月1日，任北京政府海军部接收南京临时政府海军部专员。9月8日，蓝钦彝任海军部军需司会计科科员。之后，长期任军需司科员。

1922年3月16日，蓝钦彝获授军需少监军衔。后事不详。

第三代

由于家族两代服务于海军界，视野不断拓宽，吉庇路蓝家子弟后多学习科学技术，这也使蓝家第三代海军，以技术专家为多。其中，相对最知名的是蓝琼。

蓝琼：造船人才 设计战舰监造新艇

蓝琼（？—？），又名帮铖，一作邦铖，海军军官，曾任海军江南造船所绘图司事、海军新舰监造办公处监造员、海军江南造船所工程师；中华人民共和国成立后任江南造船厂工程师。

蓝琼是蓝建枢侄孙，曾就读于福州海军艺术学校，学习造舰。毕业后，赴海军江南造船所造船课担任绘图司事。绘图司事，即船舶设计员。他用心钻研业务，专业水平不断提升。之后，调任海军新舰监造办公处，担任监造员，参与多艘军舰的监造。

抗日战争胜利后，蓝琼曾任海军江南造船所工程师。

上海解放前夕，蓝琼坚持不去台湾，曾参与护厂斗争。

上海解放后，蓝琼继续在江南造船厂当工程师，参与研制、改装了一批炮舰，为解放东南沿海岛屿做出了贡献。后事不详。

蓝岐西：文采翩翩 海军学校“大秘”

蓝岐西（？— ？），又名帮忠，一作邦忠，海军军官，曾任福州海军学校书记员、书记官、秘书课课长。

蓝岐西是蓝建枢的侄孙，从小受到完整教育，博学多才，文笔甚佳，加上做事周全，待人接物面面俱到，参加海军后一直做文秘工作。

民国后，船政前学堂易名“福州海军制造学校”，船政后学堂易名“福州海军学校”。1926 年 5 月，福州海军制造学校、福州海军飞潜学校与福州海军学校合并，改称“马尾海军学校”。1930 年 3 月 20 日根据海军部公布的《海军学校规则》，校名定为“海军学校”。不久，蓝岐西以上尉军衔，出任海军学校书记员。由于工作积极，升任书记官。海军学校设立秘书课后，蓝岐西出任秘书课课长。

1937 年 7 月，抗战全面爆发，日军疯狂轰炸马尾，海军学校必须迁移，时任秘书课课长的蓝岐西参与为校寻找新址工作，不辞辛苦。在学校决定暂迁鼓山涌泉寺后，他奉命多次与寺方协调，安排校舍、教室等。之后，又为海军学校西迁做了许多工作。

但在抗日战争最艰难之时，蓝岐西动摇了抗战必胜的信心，没有随校西迁。1940 年 3 月，汪伪政府海军部成立，蓝岐西被人拉去，当了汪伪政府海军部舰政司第二科科员。他的投敌，令家族蒙羞。后事不详。

蓝建枢还有一位侄孙，名蓝邦训，学通讯出身，1938 年 1 月 1 日任“楚有”舰电信员，随舰参加对日作战。

家族传奇

蓝建枢之孙是抗日英雄

采访蓝建枢孙女蓝碧芬时，提起福州两次被日寇占领，老人一次又一次红了眼圈。蓝碧芬父亲蓝道墀在 1944 年福州第二次沦陷时，得了伤寒，既无法到医院治疗，又买不到药，胡乱吃了家里不知何时留下的一些药品，引起脑溢血，因而过世。

蓝道墀独子蓝元正，在 1941 年福州第一次沦陷时死于突起的鼠疫。近年有消息说，福州第一次沦陷时暴发的鼠疫，是日寇在榕实验细菌武器引起的。

蓝建枢长孙蓝启明是中共地下党员，1940 年受党指派发动百姓起来抗日，后被捕，壮烈牺牲。蓝建枢的夫人也在沦陷时于贫饿交加中过世。当时蓝家生活无着，只好卖掉吉庇巷的宅院。战乱期间，卖这个只有一进宅院所得，还不够买一个月的粮食。蓝家人从此靠吃糠维生。蓝建枢夫人年长体弱，一次吃地瓜叶煮糠时，其中一些糠没有碾碎，蓝老太太吃了卡住喉咙，竟因此不治。

蓝建枢是超级闽剧迷

蓝建枢之所以没有给家人留下更多的钱，其中有一个重要原因，就是其将自己多年积蓄共 18 万元光洋，捐给海军部，建设海军俱乐部——上海海军联欢社，还自己花钱从福州请了闽剧班子，到上海为闽籍海军官兵演出。

福州民间有一句俚语叫“阳半”，指的是戏迷。蓝建枢就是一个大阳半，他特别痴迷于有“福建梅兰芳”之称的闽剧泰斗郑奕奏，还参与组织了“海军扛奏团”。“扛”指“扛台”，意思是捧场。蓝建枢曾对人说过：“郑奕奏的戏如果没看过，那死了也对不起阎罗王！”来看郑奕奏的戏，他每次的赏银都特别丰厚，一个红包，至少100块光洋，在当时等于一个名角的月薪。

郑奕奏剧中扮相

有一回戏班到马尾演出，海军将领们点了《黛玉葬花》，只见郑奕奏扮演林黛玉，肩扛一把道具小锄头，手提一只花篮，出台亮相……精彩的演出博得了阵阵掌声。演出结束后，海军将领们来到后台祝贺演出成功。这时，蓝建枢风趣地说：“那把葬花的锄头太俗气了，换把金的就好了。”说罢，当场捐款，请人打了一把金锄头。从此，郑奕奏再演出《黛玉葬花》时，那把葬花的锄头，金光闪闪，满台生辉，不但美化了道具，还提升了身价。郑奕奏的“金锄头”，一时成了轰动福州的逸闻。

【船政文化系列丛书】

船政名门

下

刘琳　史玄之　著

中国華僑出版社

·北京·

图书在版编目（CIP）数据

船政名门．下 / 刘琳，史玄之著．—北京：中国华侨出版社，2023.6
ISBN 978-7-5113-8654-0

Ⅰ．①船… Ⅱ．①刘… ②史… Ⅲ．①家族—史料—中国 Ⅳ．① K820.9

中国版本图书馆 CIP 数据核字（2023）第 108467 号

船政名门（下）

著　　者：刘　琳　史玄之
责任编辑：姜　婷
经　　销：新华书店
开　　本：787 毫米 ×1092 毫米　1/16 开　印张：68　字数：1060 千字
印　　刷：三河市华润印刷有限公司
版　　次：2023 年 6 月第 1 版
印　　次：2023 年 6 月第 1 次印刷
书　　号：ISBN 978-7-5113-8654-0
定　　价：182.00 元（全二册）

中国华侨出版社　北京市朝阳区西坝河东里 77 号楼底商 5 号　邮编：100028
发 行 部：（010）64443051　　传　　真：（010）64439708
网　　址：www.oveaschin.com　　E-mail：oveaschin@sina.com

如果发现印装质量问题、影响阅读，请与印刷厂联系调换。

叶琛家族

叶琛（1857—1884），字志毓，号可堂，福建省侯官县（今福州市鼓楼区）人，海军军官，船政后学堂第二届驾驶班毕业生，曾任船政学堂教习，“福胜”舰管驾、管带。

叶琛家族世居福州西湖之滨的卧湖桥，三代海军，以马江海战烈士、福建船政轮船水师“福胜”舰管带叶琛和台湾地区海上防务部门领导人叶昌桐为代表。

叶昌桐（1928— ），海军军官，海军学校第十三届航海班（青岛中央海军军官学校三十八年班）毕业生，曾任台湾地区海上防务部门副参谋长，台湾地区防务部门计划参谋次长室常务次长、“副参谋总长”兼“中山科学研究院”院长，台湾地区海上防务部门领导人兼台湾“中山科学研究院”院长、台湾地区“三军大学”校长。台湾当局授予其“海军上将”。

家族源流

卧湖桥叶氏为颛顼之后

叶姓出自芈姓沈氏，为帝颛顼的后代。据史书记载，帝颛顼的后裔陆终有六子，幼子名季连，赐姓芈。季连的后裔曾做过周文王的老师，被周成王追封在荆山（今湖北省西部）一带，立国为荆，定都丹阳（今湖北秭归），后迁都子郢（今湖北江陵），改国号为楚。

春秋时期，楚庄王芈旅（熊侣）的曾孙尹戌，在楚平王熊弃疾执政时期（公元前 528 年—公元前 516 年）任沈县（今安徽临泉）令尹，又称沈尹戌，一作沈尹戍，后出任楚国左司马。沈尹戌为人正直，疾恶如仇，深得楚国人民的敬重，他的后代中有人以沈为姓氏者。楚昭王芈轸（熊壬）十八年（公元前 498 年），沈尹戌在率军与吴国军队作战时英勇战死，楚昭王遂封沈尹戌的儿子沈诸梁于叶邑（今河南叶县旧城）。沈诸梁曾大力平定白公胜叛乱以助楚惠王复位，为楚国立下大功，被分封到南阳（今河南南阳、湖北襄阳一带），赐爵为公，世人尊为“叶公”。

叶公，即千古成语“叶公好龙”中的叶公，字子高，他精明能干，才能出众，被任命为楚国北边要邑叶邑的行政长官，因楚国国君称王，而把县尹通称为“公”，故称“叶公”。叶公曾在叶邑大力兴修水利，使当地的生存、生产环境有了较大的改善。他在平定白公胜之乱后，身兼要职而不恋权位，急流勇退并归隐终老于叶邑。因叶公的字号为“子高”，后人多称其为叶子高，其后裔以先祖封邑为姓氏，“叶”姓由此而来，世代相传至今，叶邑由此成为叶氏祖地，叶公则被叶氏族人尊奉为得姓始祖。

卧湖桥入闽始祖叶灏

卧湖桥俭德堂叶氏之祖叶灏，唐朝武德四年（621 年）奉命入闽担任建州刺史，由金陵（今南京）迁入建安（时建州治所，今福建省建瓯市）。

叶灏（581—631），字商辅。隋开皇元年（581 年）四月十七日生于金陵（今南京），其父为叶公沈诸梁第 40 代孙叶荣。唐武德四年，叶灏遭奸人谗言被贬谪，奉旨入闽任建州第一任刺史，居建安，在古富沙地上建屋而栖。从此，叶灏成为福建富沙叶氏始祖，也是入闽较早的福建叶氏始祖之一。

福州肇基始祖是叶其财

根据卧湖桥叶氏清光绪十九年（1893 年）的《立分产字》和光绪三十一年

（1905 年）卧湖桥叶氏族谱记载：叶其财携其子叶祖艺、孙叶万森苦心经商，先自富沙迁至福清，再从福清迁至闽县仙岐（今闽侯县南通镇新岐村），又从仙岐村迁福州市台江，后从台江迁至鼓楼。

19 世纪 20 年代，叶其财后裔迁至福州市卧湖桥，堂号：俭德堂，祖训：清廉俭朴、爱国献身、尊宗敬祖、敦亲睦族、拼搏进取。

曾任台湾地区海上防务部门负责人的叶昌桐将军在《叶昌桐上将访问纪录·卧湖桥的老家》中有详尽的记录：

我的祖先源自两千多年前，楚国河南的南阳府叶县，原来是姓沈，先祖在战场为国捐躯，被封于叶县，后来以封地为姓，改姓叶。宋代以后迁居福建，最后定居福州，堂号"俭德堂"，依据祖规叶家人过世，墓碑上通常都会刻上"南阳"字样，以示对先祖的追念，亦有不忘本之意。2006 年 11 月，我首次率儿女回福州家乡扫墓会亲，约有 200 位乡亲闻风参加，我的目的无非是希望在我还能走动前，让子女们了解家乡的状况，以免日后连根都失掉了。

我是民国十七年农历八月二日（1928 年 9 月 15 日），出生于福州的卧湖桥，卧湖桥前有溪流。老家就在溪流边，是个五进的大住宅，最后一进有间两层楼的阁楼，供有神位，平时闲人禁止上去。记忆中住处每年必淹水，高度约半层楼高，通常只要淹水时，阁楼就变成大家避难之处。

……先祖曾经是小康的米商……到了曾祖父后，因经商失败，家道逐渐中落……①

船政家谱

第一代

叶家成为福州名门望族，应归功于船政学堂的创办。因为有了船政学堂，叶家有了第一代海军。

叶琛：福建水师舰长 马江海战捐躯

叶琛（1857—1884），字志毓，号可堂，海军军官，曾任船政学堂教习，“福胜”舰管驾、管带。

同治八年（1869 年），叶琛考入船政后学堂第二届驾驶班。同治十一年（1872 年），叶琛以第二名成绩完成堂课，登“扬武”舰见习。光绪元年（1875 年），叶琛完成舰课，成绩依旧优异。同年，担任船政学堂教习。

光绪四年（1878 年），叶琛出任“福胜”舰管驾。后再升任管带。

光绪十年（1884 年）七月，马江海战爆发，时任福建水师“福胜”舰管带的叶琛，率部参战。七月初三（1884 年 8 月 23 日）下午 1 时 56 分，法国侵略军将领孤拔指挥泊在罗星塔前方的 11 艘法国舰艇，突然向泊于罗星塔之上的清军舰队猛烈开火。清军舰队缺乏临战准备，又值退潮，各舰皆以船艉对着法舰船艏，无法进行有力回击。一开始，法旗舰“伏尔他”号及其近旁的两艘鱼雷艇，首先集中火力攻击清军旗舰“扬武”号，“扬武”舰未及起锚，以尾炮还击，一炮打中“伏尔他”舰的船桥，毙其引水员 1 人、水手 5 人，孤拔仅以身免。但“扬武”舰随即被鱼雷击中，船身开始倾斜下沉，泊在“扬武”舰旁的“福星”舰管带陈英见状，急令砍碇赴救“扬武”舰。敌弹纷集，有人请将兵船驶向上游避炮，陈英怒曰：“欲我遁耶？！”[②]一面激励弁勇：“男儿食禄，宜以死报，今日之事，有进无退。”[③]立即鼓轮冲入敌阵，发左、右炮向法舰攻击。无奈船小炮小，力不相敌，陈英很快被敌弹击中，殒于望台。三副王连继之开炮，亦壮烈牺牲。官兵死伤枕藉，犹奋力

马江海战烈士墓

死战，最后药舱起火，全体官兵以身殉国。当陈英督“福星”舰冲入敌阵之时，吕翰、叶琛、林森林即率“福胜”“建胜”两舰继进。“建胜”一炮击中“伏尔他”舰船艄，但只造成微伤，法舰集中火力还击，林森林中弹阵亡，船也旋即沉没。吕翰在“建胜”舰上与敌作战，亦随船殉难。当时“福胜”舰船尾部受弹起火，管带叶琛仍沉着屹立瞭望台指挥作战，敌人一炮打来，子弹打穿叶琛的脸颊，一块弹片削去他喉部一片肉，他从甲板上忍痛爬起来，艰难地指挥已经起火的炮艇向法国舰船射击。又一发炮弹打来，射中叶琛的胸部，叶琛终于倒下，以身殉国，船身也迅速下沉。据清末民初著名海军史专家池仲祐的《甲申战事纪》载："管带叶琛指挥御敌，弹穿其颊，蹶而复起，督勇装炮，飞弹又集其胁而亡，船亦旋没。"④战后，清廷给予叶琛褒奖，世袭云骑尉。

叶志涵：福建水师炮首 马江海战牺牲

叶志涵（？—1884），海军士兵，曾任“福胜”舰炮首。

叶志涵是叶琛堂弟，少年时期投身福建水师，刻苦自励，积功累迁至福建船政轮船水师“福胜”舰炮首。他精通舰炮操作，尤长于目测。平日里细心维护舰炮，训练炮手。

马江海战打响，叶志涵与堂哥叶琛同舰参战。他不畏生死，与敌血战至最后一刻，几次身负重伤，又顽强地从血泊中站起，最后与战舰同时沉于闽江。

叶世璋：北洋水师候补员 甲午海战殉国

叶世璋（？—1894），又名世章，海军军官，曾任“定远”舰候补员。

叶世璋是叶琛堂弟。光绪十三年（1887 年）十月，叶世璋毕业于天津水师学堂第二届驾驶班。毕业后分配到北洋海军旗舰“定远”号上当候补员。

光绪二十年（1894 年），叶世璋随舰参加了甲午海战的大东沟海战。在火炮技术尚不发达的年代，一般采用三发试射、修正定位的方法。北洋海军舰队利用重炮射程远的特点，先发制人，力争战场主动。接战 5 分钟后，日旗舰“松岛”

号320毫米口径炮塔被“定远”舰150毫米口径舰炮击中，两名日军炮手负伤。接着，“定远”舰又连中“松岛”舰，北洋海军舰队其他各舰也以主炮猛轰日本联合舰队6舰。日本舰队集中火力攻打北洋海军舰队旗舰“定远”舰，日舰摧毁了“定远”舰的旗号桅杆，破坏了北洋海军舰队旗舰与其他军舰的联络手段，使我各舰行动不能一致。战至15时5分，“定远”舰中弹，舰腹起火，叶世璋受重伤。“致远”舰为了保护旗舰，在旗舰前方迎敌，以致被日舰围攻。“定远”舰得以顺利灭火，而“致远”舰受到重创。……17时45分，所剩的日本联合舰队本队5艘战舰撤退，北洋海军舰队6艘军舰追击一阵，就退回旅顺港，激战5个多小时，黄海海战——海战史上铁甲舰队的首次决战就这样悲壮地宣告结束。

黄海海战后，北洋海军退守威海卫军港。在后来威海保卫战中，“定远”舰不幸被日军鱼雷艇偷袭，损伤惨重，叶世璋带伤参加了此战，并战至生命最后一刻。叶世璋牺牲后，清廷给予褒奖，世袭恩骑尉。

第二代

卧湖桥叶家海军第二代，出了多位海军军官和水兵，其中一些参加了后来的抗日战争。

叶永杞：学习飞行 海军首批飞行员

叶永杞（1896—1952），海军军官，曾任海军厦门航空处航空队飞行员。

叶永杞是叶琛侄儿，家境甚好，自幼师从名儒苦读，后转入新式学堂学习，成绩一直十分优异。宣统元年（1909年），叶永杞以优异成绩考入福建高等学堂，学业依旧名列前茅。1914年，叶永杞考入马尾银行工作。虽收入不错，但受精忠报国家风影响，毅然报考福州海军飞潜学校学习飞行，成为第一届学生。后因身体原因休学，身体稍好后，辗转多地学习飞行。学成之后，叶永杞进入海军厦门航空处航空队当飞行员。

后来，叶永杞仍因健康欠佳，转业地方工作。1952 年 11 月 16 日病逝。叶永杞极富语言天赋，能熟练掌握英语、法语、日语等多国语言。

第三代

卧湖桥叶家海军第三代，虽然有多位子弟依旧当水兵和造船工匠，但也有多位子弟考入海军学校，其中最著名的是毕业于海军学校的台湾地区海上防务部门领导人叶昌桐。

叶昌桐：抗战投军 执掌台湾地区海上防务部门

叶昌桐（1928— ），海军军官，海军学校第十三届驾驶班（青岛中央海军军官学校三十八年班）毕业生，曾任台湾地区海上防务部门副参谋长，台湾地区防务部门计划参谋次长室常务次长、“副参谋总长”兼“中山科学研究院”院长，台湾地区海上防务部门领导人兼“中山科学研究院”院长、台湾地区“三军大学”校长。

· 名医之子 抗战烽火中投军

叶昌桐的父亲叶萱是叶琛堂弟。叶昌桐生于名医之家，父亲留法学习西医，德术蜚声，被军医界尊为耆宿。曾任福州陆军医院医师、黄埔军校武汉分校少校军医、陆军八十师医院外科主任。1940 年，因积劳成疾病逝。

叶昌桐读初中时留影

叶昌桐在《叶昌桐上将访问纪录 · 望子成龙的军医父亲》里，曾深情地回忆了父亲：

我的父亲单名萱，字永洛，“永”是家谱辈序，民国前十四年（1897 年）7 月 19 日出生，民国三年（1914 年）考入法国人创办的圣教医院（福建协和医院前身）研习医学。民国六年（1917 年）四月，因欧洲战场需要大量医护人员，他的法国老师要求他们去欧洲，于是一行 5 人，跟随老师到了法国巴黎的诺耶露劳工医院，担任临床医生，一面继续学习医术，一面照顾战场病患。

民国九年（1920 年）四月，家父医学院毕业，从法国经由西伯利亚铁路回国。民国十年（1921 年）三月，因同学的父亲在李厚基督军府工作，透过他的协助，安排于福州陆军医院担任医师。民国十六年（1927 年），父亲 30 岁时结婚，在卧湖桥住处设立"福民医院"，因穷人赊欠太多，周转不灵而关闭。尔后父亲转至武昌的陆军医院，从事军医的工作，民国二十九年（1940 年）七月二十日，在我 12 岁那年，父亲辞世，得年 43 岁。⑤

1941 年 4 月福州沦陷前，叶昌桐母亲带着叶昌桐、叶昌澄兄弟俩逃难至闽北南平。

对此，叶昌桐在《叶昌桐上将访问纪录·慈母的光辉》中有详尽记录：

12 岁时父亲过世，当时对日抗战已迈入第三年，福州遭受日本飞机不断地轰炸，日本军舰就停泊在闽江口，老百姓看得心惊胆寒。当时我就了解到国家海防的重要性，也感叹为何我国海军战力薄弱，致使日本军舰那么容易长驱直入。

不久，福州被日本人占领，为了避难，我们举家往内陆迁移至南平，并就读当地美以美教会办的流芳小学。⑥

在抗日战争最艰难之时，叶昌桐毅然中断学业，北上投考海军学校。他在《叶昌桐上将访问纪录·教会学校》里，曾介绍了自己投军的原因：

民国三十一年（1942 年）底，学期结束（初中），刚好福建省马尾海校招生，那时学校的童子军教官，极力地游说同学投考军校，不管是陆、海、空军都行，我经过再三的思考，终于决定报名马尾海校，主要是：一、家庭经济状况实在不好；二、对南平初中的不满；三、大环境下国力太弱，被日本人欺侮，感受到日本海军的压力，海军学校招生

叶昌桐在海军学校时留影

对我来说是个机会，何况海军在福州给人的印象很好。⑦

渴望抗日杀敌的叶昌桐于1943年考入原位于福州的海军学校第十三届航海班，当时海军学校已迁往贵州桐梓县。1943年，叶昌桐告别母亲和弟弟，西去读书。1945年10月，叶昌桐和同学一起，迁重庆继续读书。1946年5月，又从重庆迁至南京下关，在海军鱼雷营旧址上课。接着在海军训导队集训3个月后，分赴各舰训练。1947年5月，叶昌桐等编入青岛中央海军军官学校三十八年班。1948年11月，叶昌桐随校迁厦门。1949年春随校撤往台湾，同年11月22日在中国台湾获准毕业，并登舰见习。

· 深获重用 累功不断提升

叶昌桐深得蒋介石、蒋经国父子青睐。1952年，叶昌桐任蒋介石侍从官。1972年5月26日，任台湾地区行政机构负责人秘书室秘书、随从参谋，协助时任台湾地区行政机构负责人的蒋经国处理对外军务事宜，深获蒋经国信任与器重。1977年4月1日，出任台湾地区领导人办公室副局长。

因表现优异，叶昌桐在台湾地区海军部队不断获得提拔。他曾任台湾地区海上防务部门“维源”“中明”“太康”“南阳”等舰舰长，海军军官学校总教官，舰队司令部参谋长，驱巡部队副指挥官，驱逐舰队舰队长。

1977年，叶昌桐升任台湾地区海上防务部门副参谋长。

1978年，叶昌桐任台湾地区防务部门计划参谋次长室常务次长。同年7月，当选中国国民党第十三届中央委员。

1981年，叶昌桐任台湾地区防务部门“副参谋总长”兼“中山科学研究院”院长。4年后，晋升“海军上将”。

1988年6月1日，叶昌桐调任台湾地区海上防务部门领导人兼台湾“中山科学研究院”院长。

1992年5月，叶昌桐任台湾地区“三军大学”校长。

1977年元月，叶昌桐留影

叶昌骏：无线电官 任职“甘露”测量舰

叶昌骏（？—？），海军军官，曾任“甘露”测量舰副电官、正电官。

叶昌骏是叶琛侄孙、叶昌桐堂兄，与家族多位同辈兄弟一样，读初中时就投身海军。1934 年冬天，叶昌骏毕业于海军水鱼雷营第二届附设无线电班。毕业后，登舰做通讯官，曾任“甘露”舰副电官、正电官。随部参加了对日作战。

1941 年 9 月 3 日，“甘露”舰正驻泊巴中，遇上敌机轰炸，虽英勇还击，但一番血战之后，战舰殉国。

叶昌桐在《叶昌桐上将访问纪录·初次接触海军》中，曾回忆了儿时与堂兄的相见：

叶昌桐读小学时，父亲正任黄埔军校武汉分校少校军医，他曾从福州转学至湖北武昌省立第七小学读书。1936 年，父亲因病回福州，当时叶昌桐的伯父在九江做法官，回福州途中，叶昌桐被父亲顺道送到九江大伯父处读书。后来，大伯父奉调回闽，叶昌桐在随伯父回闽途中，经过上海稍作停留，刚好“甘露”舰驻泊上海，叶昌骏带他参观自己服务的战舰。晚年叶昌桐曾对此回忆道：“那是一艘两千吨的测量舰，这是我首次接触海军，在船上待了一夜，晚上睡的是舰上的吊铺，用帆布做的，空间很窄，吊铺会晃动，蛮好玩的。‘甘露’军舰吨位不大，舰上官兵又都是讲福州话，感觉上海军就像是自家人。”⑧

家族传奇

叶萱：从烟台山间走出的福州“白求恩”

专习西医外科 渐成名医

抗日战争时期，加拿大医生白求恩，不远万里来到中国救无数抗日军民，最后献出了自己宝贵的生命。因毛泽东主席《纪念白求恩》，白求恩成了“毫不利己，专门利人”的代名词。

叶萱，字永洛，1897年7月19日生于今福州鼓楼区卧湖桥溪流旁的叶家大院。叶家曾是福州富商，叶家大院共有五进，最后一进为两层小楼。叶萱出生时，叶家家道中落。当时福州鼠疫横行，死了很多人。叶萱从小就从长辈口里得知鼠疫的可怕，因此立志习医救人。他1914年考入圣教医院（今福建医科大学附属协和医院的前身），专习外科，深受一位法籍老师器重，渐成名医。

第一次世界大战 福州人赴欧参战

民国北京政府为征调劳工到第一次世界大战西线战场参战，曾在天津成立了一家惠民公司，笔者专程赶赴天津采访。在浩瀚的史料中，终于找到了第一次世界大战中福州人赴欧洲参战的史料。

第一次世界大战初期，属于协约国的英国、法国、俄国频频失利，人员伤亡严重。很快，协约国在兵源和后勤保障上出现了严重危机。前线不断告急，英国、法国、俄国遂将目光投向了中国，并立即派人来华寻求支援。

大规模的招募活动随即在包括福州在内的东南沿海地区，以及直隶（河北）、天津、山东、辽宁、吉林、河南、安徽、湖北等地展开。招募人数由协约国提出，中国各地给予配合。通过招募，大量华工奔赴欧洲战场。特别是1917年8月14日中国对德国、奥地利宣战后，赴欧洲参战的华工更多了。

据了解，赶赴英国、法国参战的华工近15万人，除部分人被安排在军工企业外，多数被编为华工军团送往前线，配合英法军队从事战地作业。他们不仅只能轮班站着睡觉，还面临食物不足的难题。有的华工甚至7天7夜粒米未进，全靠挖野菜、吃萝卜度日。

在第一次世界大战期间，在敌机轰炸中遇难和在作战中阵亡的华工不计其数。在1917年法国皮卡第的一场战斗中，英国士兵全部负伤，负责挖战壕的华工就拿着劳动工具冲入阵地与德军搏斗。援军赶到时，大部分华工已战死。

组建医疗队 不远万里赴法国

1916年起华工赴法国参战，受伤者众多，加上英法两国的伤员也很多，医生不够用，特别是同时精通法语、汉语的外科医生。

一天，在榕法国医生古雅各对叶萱说："我的祖国正在打仗，中国人前去支援，受伤的人很多，不少人因来不及救治而死亡，我很难过。"叶萱说："我们组织一支医疗队去法国如何？"古雅各说："很危险，还要到前线抢救伤员，你不怕吗？"叶萱摇摇头说："人的生命是最宝贵的，我去！"

叶萱的话让古雅各很感动。因为古雅各知道，叶萱的堂叔叶琛是福建水师"福胜"舰的舰长，在 1884 年的中法马江海战中，"福胜"舰被法军炮弹击中，叶琛殒命马江，彼此难免还有国仇家恨的芥蒂存在。很快，叶萱、陈崇明等 5 位福州外科医生组成了一支医疗队，在古雅各的带领下奔赴法国。

当年，华工到英法等国的路线主要有两条：一条是向西南穿过印度洋，绕道南非的好望角，沿非洲西海岸上行，穿过直布罗陀海峡进入地中海，然后到法国；另一条是经香港、新加坡、印度、苏伊士运河，抵达法国马赛港。1916 年 5 月 14 日，德国发现中国向协约国派遣劳工，于是在新加坡、非洲好望角、苏伊士运河、地中海等地部署军舰拦阻。1917 年 2 月 24 日，输送华工的法国"亚瑟"号轮船，在地中海被德国军舰发射的鱼雷击中，船上的 543 名华工遇难。

无奈之下，叶萱和其他医生只能舍近求远，经日本海，横穿太平洋，抵达加拿大维多利亚，然后换乘火车从西向东穿越加拿大，再乘轮船横穿大西洋到达英国，最后坐船横渡英吉利海峡抵达法国巴黎。

在前线救死扶伤 深受法国政府好评

抵达巴黎当天，叶萱就赶到诺耶露劳工医院救治伤员。

因为法语好，叶萱还参加了前线急救队，穿过枪林弹雨到战壕里抢救伤员。他还冒着炮火在前线为伤员做手术。叶萱在法国前线服务了一年半，经常夜以继日地救治伤员，没有领取一分钱的补贴。

叶萱高尚的医德和精湛的医术深受法国人民和华工的好评。第一次世界大战结束后，法国政府对叶萱给予极高评价，并给他一笔丰厚的奖金。

翻译法国新版《外科学》

第一次世界大战结束后，叶萱留在法国的医学院，学习外科技术。学习期间，他利用课余时间翻译了法国最新出版的《外科学》。

在法国医学院，叶萱学习成绩极佳，被称为“聪明而又勤奋的中国人”。1920 年 4 月从法国医学院毕业后，叶萱谢绝了巴黎多家医院的热情邀请。他说：“我的祖国医疗水平还很落后，我必须回去为中国人服务。”

创设慈善医院 人称“菩萨医生”

1920 年 10 月，叶萱回到福州。

看到不少乡亲无钱接受西医治疗，叶萱就在卧湖桥叶家大院创设了福州福民医院，取“造福民众”之意，自任院长和主治医生。

叶萱以救死扶伤为己任，穷人来看病，通常只收一半的医药费。遇到极度贫困的患者，叶萱不但不收一分钱，还拿出一些钱贴补对方。福州福民医院成了当时福州百姓心中的慈善医院，叶萱也被人称为“菩萨医生”。

叶萱仁心仁术，名气越来越大。周边地区无钱医治的农民病了，常被抬到福州福民医院，因为他们知道叶萱绝不会不管。

因来看病的穷人太多，且大多无法支付医药费，法国政府给叶萱的奖金很快耗尽，有时不得不靠典当叶夫人的陪嫁来维持医院的正常运营。

曾任黄埔军校武汉分校军医

1927 年，黄埔军校武汉分校成立。叶萱得知这个消息后，关掉了福州福民医院，出任黄埔军校武汉分校的少校军医。

叶萱担任军医时留影

在武汉，叶萱废寝忘食地救治病人，深受武汉兵民的欢迎。但他的第三个儿子却因他的投军而早夭。据叶昌桐回忆：“我们原本兄弟三人，老二叫叶昌澄，老三叫叶昌斌。当年父亲去武昌工作时，叶昌斌年幼，还未出麻疹。父亲临行前告诉母亲，如发现叶昌斌出疹，立刻送到父亲在福州的同学处救治。可是当叶昌斌出疹时，我的四姑妈不同意送医院，坚持要依据传统方法在家处理。母亲无法违抗，只好顺从。由于当时没有自来水，叶昌斌饮用了带有细菌的井水，受感染病逝。”

1936年，因长期加班加点做手术，叶萱得了极严重的颈椎病，不得不回到福州，到西门陈崇明医院当医生。

抗战中再次从军 积劳成疾病逝军中

“卢沟桥事变”后，叶萱抱病再次投军，到国民革命军陆军第八十师医院当外科主任，准备随军开赴前线。

当时，有人劝叶萱为身体与家庭考虑，安心在陈崇明医院工作，但叶萱说：“我参加过第一次世界大战，有战地工作的经验，可以在极艰苦的野外做手术。我的祖国正在被外国人侵略，我们的军人正在用生命抵抗外敌，我要到前线去，我要去救我们勇敢的战士！”

1940年，叶萱积劳成疾，在军中病逝。当时，叶昌桐12岁、叶昌澄10岁。叶萱现葬于福州三山陵园。

1943年，15岁的叶昌桐考入当时已迁往内地的福州海军学校。⑨

金门炮战——两岸亲兄弟捍卫“一中”之战

1958年“八二三炮战”打响，时任台湾地区海上防务部门舰长的叶昌桐与中国人民解放军驻厦门三十一军直属高炮营防化指导员叶昌澄，这对亲兄弟隔着窄窄的厦金海峡炮轰对方，让含辛茹苦、独自艰难养大他们的老母亲天天以泪洗面，日日请求菩萨保佑，希望两岸的炮弹都长眼睛，别打着自己的儿子。

厦门市将军祠路50号303室是叶昌澄的家。客厅墙上，高挂着哥哥叶昌桐为他题写的一幅书法作品。客厅的小茶几上摞着好几本影集，都是兄弟俩的合影。有叶昌澄1993年赴中国台湾与分别了51年的哥哥相聚的照片，也有哥哥叶昌桐2000年重返大陆时兄弟热情相拥的照片。爽朗的叶昌澄笑着说：“这里就是没有我和哥哥分别在厦金两地互相炮击的照片。不过，今天我们哥儿俩都清楚，这实际上是我们当年在共同粉碎外国势力企图分裂中国的阴谋，是一场两岸兄弟捍卫一个中国之战。”

磨心山上回忆当年炮战

厦门云顶岩与对面的大、小金门岛及其附属岛屿隔海相望。1958 年金门炮战时，云顶岩曾是解放军炮击金门时的前线指挥部所在地。其东南侧的次高峰叫磨心山，当时是解放军三十一军直属高炮营指挥所所在地。今天这里已被辟为山地公园，市民可以自由自在地登山运动、旅游休闲。

2008 年是金门炮战 50 周年。8 月 23 日下午，笔者搀扶着 78 岁的叶昌澄登上了磨心山顶峰。站在当年指挥所前的一块巨石上，叶昌澄手指前方的小金门岛时，左腕上手表的指针正好指向 5 时 30 分。他看了看手表说：“50 年前的这个时候，震撼世界的炮击金门战役就是在眼前这一带到晋江围头一线沿海拉开序幕。当时我是高炮营的防化指导员，就在磨心山上的这个指挥所里。炮击开始前半小时，我从瞭望孔向金门望去，只见晴空万里，波平浪静，海天一色，偏西的阳光正好由大陆方向直射大小金门岛，对我方的炮击十分有利。相反，对岸守军处于逆光，妨碍了他们瞄准射击。而且炮击时正逢周末，蒋军在吃晚饭，松散无备。”

叶昌澄介绍说：“炮击金门的指挥网络很不一般，毛主席在北戴河做决定，金门炮战指挥、时任福建省委第一书记的名将叶飞把决定从北戴河传到北京总参作战部，总参作战部部长王尚荣直接向厦门云顶岩前线指挥部下达最后命令。预定 17 时 30 分炮击，到底打不打，福建前线官兵就等北京王尚荣的一句话了。17 点 20 分，王尚荣突然来电：主席的命令到了，17 点 30 分准时炮击。”[10]

叶昌澄回忆说：第一阵炮击分为三波，第一波代号“台风”，持续了 15 分钟，发射了 24000 发炮弹，目标是大金门北太武山金门防卫司令部，料罗湾，小金门、大担、二担守军阵地和营房等。暂停 5 分钟，让海风吹散硝烟，观察炮击战果，炮管稍微冷却。接着是第二波代号“暴雨”的炮击，持续了 5 分钟，5000 多发炮弹，主要压制金门守军的反击。第三波仍是短促急袭，6 个远程炮兵营发射了 2600 多发炮弹，都准确地落在金门防卫部队驻地。

“第一波炮击停下后，我从前沿指挥所的瞭望孔向金门方向望去，只见炮火硝烟已把金门岛完全笼罩，情形十分糟糕。后来知道，当时金门防卫司令部正在‘翠谷’厅举行宴会，炮弹突如其来，而且像长了眼睛一样直奔‘翠谷’，金门防卫副司令官赵家骧等 3 名将领身负重伤，不治身亡，参谋长刘明奎亦负伤，司令官胡琏命大，早出来 10 秒钟也就‘报销’了。20 分钟后，金门蒋军炮兵开始还击，发射炮弹 2000 余发，但很快就被我方压制。大规模的炮击持续了一个多小时，仅第一阵炮击就毙伤金门守军中将以下官兵 600 余人，击毙美军顾问 2 名，击伤海军‘台生’号坦克登陆舰改装的货轮，摧毁了岛上大批军用设施，并严重破坏了其通讯系统。第一阶段的炮击持续了 44 天，炮战规模之大、时间之长、炮火之猛，均为中国人民解放军建军史上罕见的。”50 年后，叶昌澄对当年炮击金门时的情形依然记忆犹新。

两岸最高领导亲自指挥

1950 年，朝鲜战争爆发后美国武力介入台湾海峡。1954 年 12 月，美台订立《共同防御条约》，使原本属于中国内政的问题复杂化。在美国的纵容下，蒋介石借助日趋复杂的国际形势，向金门、马祖派驻了十万军队，摆出了反攻大陆的姿态。为此，毛泽东从国际战略的高度研判台海局势，决定炮击金门、马祖等沿海岛屿，迫使蒋军从这些岛屿撤走。8 月 20 日，毛泽东决定：立即集中力量，对金门国民党军队实施突然猛烈打击（不打马祖），把它封锁起来。次日，毛泽东在北戴河召开会议，做出 8 月 23 日 17 时 30 分炮击金门的决定。[11]

其实，毛泽东决定炮击金门从一开始就没有攻占金门、台湾的打算，而是想摸摸美国人的底牌。炮击两天后，毛泽东在中央政治局会议上说：“看来美国人很怕我们不仅要登陆金门、马祖，而且准备解放台湾。我们向金门打炮的目的，不是侦察蒋军的防御，而是侦察和考验美国人的决心。”在摸到了美国人底牌后，中国政府于 9 月 4 日宣布：中国领海宽度为 12 海里。“一切外国飞机和军用船只，未经中华人民共和国政府的许可，不得进入中国的领海和领空。”[12]

9月8日，金门炮战进入第二阶段。特点是打打停停，停停打打，单打双停。由于金门战事吃紧，美军支援的 8 英寸炮及更重型的火炮接连进驻金门，并请求美军舰护航。当 10 艘美舰护卫着蒋舰驶抵金门料罗湾港时，解放军的大炮严格按照毛泽东的部署“只打蒋舰，不打美舰”，一举击沉击伤蒋舰“美乐”“美珍”号。吓得美舰掉头跑出了12海里以外的外海泊锚观望，气得蒋军大骂美军是混蛋。毛泽东此时已摸清了美国人的底牌，原来美国人是纸老虎，一打起来就跑了。⑬

据说，当蒋介石看到炮击金门的战报时，连声说：“好！好！好！”原来，美国人企图迫蒋退出金、马，“划峡而治”，实现“一中一台”，继而托管台湾，制造“两个中国”，彻底把台湾从中国分离出去。而蒋介石不干，在他的心里始终存有正统的国家统一观，坚守一个中国原则不放。他曾说：“无金门即无台湾，有台湾便有大陆。”所以，毛泽东下令解放军炮击金门后，尽管蒋军受到重大损失，而蒋介石却有了拒绝从金、马撤军的借口。⑭

炮击金门，解放军对金门守军实施了3次大打、83次中小打和上千次零星炮击，使金门守军陷入严重困境，也使支持台湾当局的美国进退维谷。20万美军、7艘航空母舰及数十艘舰艇陷入其中，打不得也退不得。两岸的中国人，用智慧甚至是用鲜血和生命，以炮战的方式，彼此默契地共同捍卫了一个中国不可分割。

炮战中的兄弟情与慈母心

采访叶昌澄时，他曾经笑着向笔者讲述了这样一个故事：“2000年4月，昌桐哥哥与11位台湾退役将军组团访问大陆，来到了他们当年在金门一次次眺望过的厦门。曾任金门防卫副司令的黄心强笑着问我：‘你这个福州人怎么跑到厦门来了？’我也笑着告诉他：‘我来追哥哥，但没追上，他跑到了台湾。’黄心强玩笑道：‘当年要不是你哥哥跑得快，早就被你消灭了！’”

叶昌澄对笔者说：“其实在炮击金门时我并不知道哥哥也在金门参战，只知道哥哥随海军学校撤到了中国台湾。”

1943年，叶昌桐考入海军学校，母亲和弟弟叶昌澄专程赶来送行。兄弟在建溪河畔含泪分手时，叶昌澄想起古诗《送荆轲》，就作诗一首送别哥哥：“风萧萧兮剑津寒，吾兄一去兮八年还。”65年后，笔者访问叶昌澄那天，老先生还记得这首诗的前两句。“剑津”是南平的别称，而海军学校学员要8年4个月才能毕业。所以，叶昌澄满心盼着8年后兄弟相会。

哪里想到，剑津一别，兄弟俩再相会时竟是50年后的1993年。当叶昌澄赴台探亲在桃园机场见到哥哥时，兄弟俩紧紧相拥，泪流满面。1958 年“八二三炮战”时，叶昌桐是台湾军中少有通晓舰、炮的精英，奉命负责向金门运送 8 英寸及更重型大炮并教授火炮使用。兄弟相见后谈及几十年间的思念之苦，这才知道：原来他们兄弟曾在金门炮战中隔着海峡以炮火相见。

叶母求两岸炮弹长眼睛

金门炮战打响了，最揪心、最难过的是叶家兄弟的母亲。老母亲知道大儿子在台湾当海军，小儿子在厦门的解放军炮兵部队参战。她既担心大儿子把小儿子打了，又担心小儿子把大儿子炸了，日日提心吊胆，夜里常常被噩梦吓醒。而老人的这种担忧还不敢对别人讲，怕有人知道自己的儿子在海峡对岸当海军。所以，只能在夜深人静时，独自在卧室里朝南跪下双手合十，请求天公保佑两岸的炮弹都长眼睛，不要伤到自己的儿子。

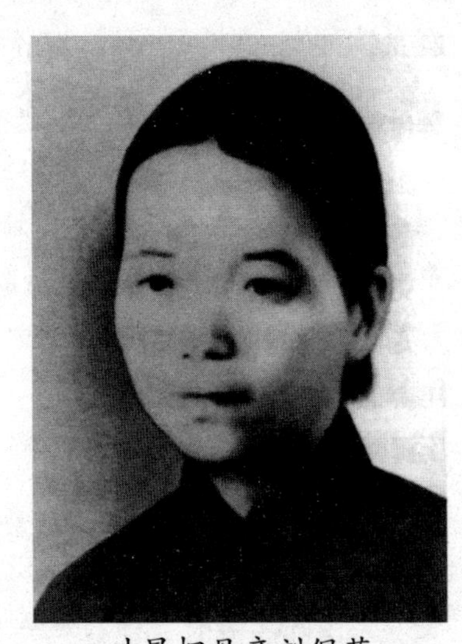

叶昌桐母亲刘佩英

叶昌澄告诉笔者，他太太在鼓浪屿工作，家也安在鼓浪屿，他动员母亲离开老家福州来厦门同住。起初老人就是不肯，最后还是叶昌澄的一句话说动了母亲的心：“这里离台湾最近，离哥哥最近。”

1970 年冬，母亲因中风口齿不清，但病危之际仍喊着“桐，桐”。叶昌桐在海军学校读书时寄回的写有“叶昌桐”的褥套，母亲视若珍宝，从不离身，这褥套伴着她走完了人生最后的旅程，可老人到死都没有得到大儿子的一点音讯。临终前，母亲留给叶昌澄的最后叮嘱是：“把我埋到离你哥哥最近的地方。”遵母遗嘱，他把母亲安葬到鼓浪屿突出部的一片密密相思树林里，面向金门、台湾，他知道母亲到了天堂也会想着在中国台湾的大儿子。直到得知大哥将携家眷来闽祭祖时，才将母亲的灵骨迁回福州与父亲合葬。

叶昌澄感慨地说：“2006 年 11 月 10 日，昌桐哥与嫂子赵蓉一起，偕儿孙一行 10 人回到阔别 60 年的故乡福州，我们一起到三山陵园扫墓祭祖。如果九泉下的老母亲知道我们生活在海峡两岸的兄弟已经相会，知道昌桐哥哥带家人回来看她，一定会含笑九泉的。”⑮

注释：

① 邓克雄，林海清．叶昌桐上将访问纪录[M]. 台北：“国防部”史政编译室，2010：11.

②③④ 池仲祐．甲申战事记[M]// 张侠，杨志本，罗澍伟，王苏波，张利民．清末海军史料．北京：海洋出版社，1982：303-304.

⑤ 邓克雄，林海清．叶昌桐上将访问纪录[M]. 台北：“国防部”史政编译室，2010：14.

⑥⑧ 邓克雄，林海清．叶昌桐上将访问纪录[M]. 台北：“国防部”史政编译室，2010：16-18.

⑦ 邓克雄，林海清．叶昌桐上将访问纪录[M]. 台北：“国防部”史政编译室，2010：22.

⑨ 刘琳．烟台山走出的福州“白求恩”[N]. 福州晚报，2012-12-27（9）.

⑩⑪⑫⑬⑭⑮ 刘琳，凌波．金门炮战与一对亲兄弟的故事[N]. 福州晚报，2010-10-26（4）.

萨镇冰家族

萨镇冰（1859—1952），字鼎铭，福建省侯官县（今福州市鼓楼区）人，海军名将，船政后学堂第二届驾驶班毕业生，清朝时曾任“康济”舰管带、吴淞炮台总台官、自强军帮统、“通济”舰管带、“海容”舰管带、北洋海军帮统兼“海圻”舰管带、广东水师南澳镇总兵、广东水师提督、总理南北洋海军统领兼海军江南船坞督办、筹办海军副大臣、海军提督、海军提督兼查勘军港大臣、海军统制部统制、海军正都统衔副都统；民国时曾任交通部吴淞商船学校校长、闽粤巡阅使、海军临时司令、海疆巡阅使、海军部总长、海军部总长兼代理国务总理、福建省省长；中华人民共和国成立后曾任全国政协委员、中央人民政府人民革命军事委员会委员、中央人民政府华侨事务委员会委员、福建省人民政府委员。海军上将。

萨镇冰家族曾长期居于福州南街锦巷一带，后散居多地，福州目前保存的萨氏家族旧居有福州市鼓楼区朱紫坊萨氏故居、冶山仁寿堂。萨家六代海军，代表人物即萨镇冰。

家族源流

萨姓始祖是西域萨拉布哈

朱紫坊萨氏源于宋元之际西域西突厥葛罗禄部落的答失蛮氏家族。公元 12

世纪，蒙古族崛起于我国北方，逐步统一大漠南北广大地区，并且最终灭金平宋，建立起庞大的元帝国。色目人因被征服，遂成为蒙古贵族的臣民。他们在为元朝效力的过程中建立功勋，还因常有人与帝室联姻而具有较高的社会地位。

萨氏先世属色目人的一个支系，其原住地域已失考，或称繁衍于和林（今属蒙古国）一带。萨氏色目人的始祖萨拉布哈（一作思兰不花），协助元世祖忽必烈征战打天下，因“累若佐命勋伐，受知于元世祖，命仗节钺”[①]，在朝地位颇高。其子傲拉齐（一作阿鲁赤）也是以武功起家，忠诚英勇，能征善战，累著勋劳，于元至治年间（1321—1323）奉命镇守晋北大同路至代州一带，史载：“留镇云、代”[②]（今河北省北部及山西北部地区）。

元朝词人萨都剌是萨姓受姓始祖

朱紫坊萨氏家族属著名的雁门萨氏。

萨氏受姓始祖是元代著名诗人、书法家、画家萨都剌。

萨都剌（约 1272—1355），出生于父亲镇守的晋北雁门（今山西代县），为萨拉布哈长孙、傲拉齐长子，因祖父、父亲屡立战功，加上自己才华出众，被元朝赐姓萨，成为雁门萨氏受姓始祖。

萨都剌精通汉文诗词书法，在赐姓后取汉名天锡，号直斋，他酷爱文学，善绘画，精书法，正如元至正年间（1341—1368）翰林国史院学士、路国公张翥所言：“词令推为雄伯，而宪府叹为宗工。至其纂组锦绣，吐纳珠玑，才华鹄峙，文采鸾飞，富五车而屈宋之奥，高八斗而窥班马之微”[③]，“为元一代词人之冠”[④]。但因当时几十年未开科举，难以步入仕途。为生计而长年奔波经商。元大德十年（1306 年），萨都剌怅然弃商而归，投入文学创作。元泰定四年（1327 年），萨都剌登进士。天历元年（1328 年）七月，以将仕郎资历，任京口录事司达鲁花赤。至顺二年（1331 年）七月，调任江南诸道行御史台掾史。元统二年（1334 年）八月，调任燕南河北道肃政廉访司照磨。至元元年（1335 年）冬，奉诏来福州就任福建闽海道肃政廉访司知事。至元三年（1337 年）八月，他再迁燕南河北道肃政廉访司经历，升入从七品。至正三年（1343 年）擢任江浙等处行中书省郎中，后迁江南诸都行御史台侍御史。次年，又迁淮西江北道肃政廉访司经历。

萨都剌一生留下了将近800首诗词，其中诗780余首、词14首。著作有《雁门集》14卷、《萨天锡诗集》10卷、《集外诗》1卷、《萨天锡逸诗》（日本刻本）及《西湖十景词》，另有《武夷诗集序》文1篇。他还精于绘画，留有《严陵钓台图》和《梅雀》等画，现珍藏于北京故宫博物院。

福建肇基始祖是萨都剌二弟之子

雁门萨氏入闽，最早可追溯到萨都剌。他于元惠宗至元元年（1335年）冬奉诏任福建闽海道肃政廉访司知事，在闽任职一年半后携家眷离闽。

萨都剌兄弟3人，他居长；二弟萨野芝，汉名天与，曾任江西建昌路总管，居江西（未入闽）；三弟剌忽丁，元至正七年（1347年）举人，卜居江西南昌，为萨氏“南昌之祖”。萨天与之子萨仲礼，字守仁，元统元年（1333年）登进士，授福建行中书省检校。他入闽任职后即在福州定居下来，生前居于福州通贤坊（今福州南街锦巷），去世后葬于福州西湖边的大梦山，遂成雁门萨氏肇基福建始祖。

居闽萨氏入乡随俗

福州萨氏至萨镇冰出生时已完全汉化。这源于萨氏来闽后入乡随俗，且代代均娶汉女为妻，所以带来家族习俗的变革。如萨仲礼夫人名林厚，继夫人沙氏；萨仲礼子萨琅，夫人林氏；萨琅子萨琦，夫人刘氏。三代以上，积渐变异风俗，也因此《福建通志》人物列传载：萨琦“一变其色目之俗，丧葬皆用文公家礼，士论韪之”[⑤]。大约从15世纪中叶开始，福州萨姓人家的全部生活习俗基本采用汉俗。

据谱牒记载，入闽萨氏自二世至七世均仅一人传嗣，所以人丁不旺。八世以下，人口繁衍渐多。《雁门萨氏族谱》序载：“至愧隐公九世而下，子孙蕃衍，其丽数倍于前。”[⑥]自十世起，福州萨氏分为五大支系，此后子孙繁衍更甚。光绪年间所修《闽县乡土志》和《侯官乡土志》已将萨姓列为福州巨室，为三十大姓之一。萨氏人口主要在福州市区分布，20世纪40年代以后，部分族人迁居省外或国外。1986年统计，萨姓人口约有30%已迁往外地。

船政家谱

萨家船政门风因船政学堂而形成，但萨家驰骋海疆的历史可以追溯至清代乾道年间的萨作屏。

第一代

福州萨氏家族拥有戍守海疆传统，早在萨镇冰祖父这一辈即有人从事海防事业，为福建旧式水师中一员。

萨作屏：福建水师战将 戍守闽台

萨作屏（1789—1844），字聿维，号锦峰，水师军官，曾任福建水师千总、署福建水师守备、福建水师守备、护理福建水师游击。

萨作屏是萨朴斋五子、萨镇冰叔祖。乾隆五十四年（1789年），萨作屏出生于福州。他自小尚武，渴望仗剑护国，发愤苦读兵书，精练骑射，成为武邑庠生，即武秀才。萨作屏后来成为福建水师一员，长期戍守闽台两地。清朝嘉庆年间，海盗作乱台湾海峡，并不断袭扰宝岛，萨作屏屡屡随部击盗，积功不断获升，由千总升署福建水师守备，再护理福建水师游击。

萨作屏即民国海军第一舰队轮机长萨君谦、海军“甘雨”艇艇长萨福基、海军陆战队参谋长萨君豫中将兄弟的曾祖父。

第二代

虽然萨镇冰是萨家进入中国近代海军第一人，但其族叔萨承钰晚于他也进入近代海军系统，不但做过天津水师学堂教习，还借鉴西式地图制作方法，成为绘制了中国第一套海防地图的专家。

萨承钰：水师教习 绘制海防百图

萨承钰（1849—1908），字怀锷，号又恒，晚号廉退，政府官员、海军军官，曾任天津水师学堂教习、海防营务处委员、署山东邹平县知县、署山东邱县知县、署山东峄县知县、署山东平度州知州、山东省武城县知县。

· 知县出身的水师学堂教习

萨承钰的祖父萨春光曾任候选同知，父亲萨克忠为监生，师从曾任安徽巡抚的书画家沈秉成，是其入室弟子。萨承钰 3 岁时父亲即去世，祖父对他爱惜有加，亲为课读，使他受到了良好的教育。

光绪元年（1875 年），萨承钰应乙亥恩科乡试中举，此后屡试春官不利，为谋生计，于光绪六年（1880 年）通过考试充补镶红旗觉罗学教习。觉罗学，是清代专门教授皇族子弟的官办学堂。光绪九年（1883 年），萨承钰在镶红旗觉罗学任教 3 年期满，此时在天津水师学堂担任国文教习的福州长乐名儒郑筹高中进士，被授以内阁中书，教习一职出现空缺，萨承钰于是致信天津水师学堂总办、福州人吴仲翔，请求接任这个职位。吴仲翔也对萨承钰的学识十分欣赏，很快萨承钰走马上任，成为天津水师学堂教习。

对萨承钰步入海军界还有一说：萨承钰在觉罗学汉语教习任期满后，调任山东武城县知县。在赴任途中，经过天津，与李鸿章相见，两人相谈甚欢，被李鸿章半路截人，留在天津水师学堂当国文教习。

这一说在萨承钰墓志铭中有清楚记载。翻译《茶花女》的林纾，在其所撰的《清诰授通议大夫知府衔山东武城县知县萨君墓志铭》上介绍，萨承钰中举后，“寻充觉罗官学教习。俸满以知县用。过天津谒合肥李文忠公。文忠进与语，伟君能。留充水师学堂教习”⑦。

· 测量绘制中国海防百图

萨承钰在天津水师学堂国文教习任上，尽心教学，爱生如子，深受好评。后母亲病逝，回榕丁忧，期满分发山东。山东巡抚张曜知其精明能干，招为幕僚，主要协助从事治河工作。

张曜正是在任山东巡抚帮办海军时，认为要加强海防就必须对中国海岸线做一次完整调查，标出现有炮台和可建要塞、军港之地。

萨承钰是在山东候补知县任上完成此项任务的。

光绪十五年（1889 年）十月，萨承钰接此任务，立即赴上海，由此乘船前往台湾。这次考察历时一年，行程遍布台湾、广东、福建、江苏、浙江、山东、奉天、直隶等八省，这样全面的考察在近代海防史上尚属首次。考察中，萨承钰历尽艰辛，据萨承钰在《上山东巡抚张曜南北洋各炮台情形书》中记：“钰亲历各海洋，援笔捧砚相与从事者一载已周，虽在洪涛巨浪中，所有各口岸炮台无不逐一丈量，登载明白，未敢遗漏。兹裱成十二册恭呈崇览。”⑧萨承钰不仅对所见的每座炮台一一绘图，还对各炮台的建筑式样做了详尽的文字说明。回到山东后，他用两个月左右将考察资料整理成了 12 册图说，共计绘图 100 余幅，解说 10 余万言，并附短文概括说明了全国沿海炮台布置的总体格局，于光绪十六年（1890 年）岁末进呈给张曜。张曜接到报告，认真阅罢，评价甚高：“见得到，说得出，洒洒数千言，将南北洋形势了如指掌，朗若列眉，是谙熟于防务者。吏才得此，洵堪嘉尚。图十二册拟进呈御览。

萨承钰调查、绘制、著述的《南北洋炮台图说》

禀留存。”[⑨] 据了解，这是中国第一套沿海炮台图，仔细描绘、记载了各炮台的位置、威力、作用、质量。同时，也是第一套完整的海防图。

光绪十七年春（1891年4月28日），张曜札委萨承钰为海防营务处委员。“照得该令海防情形极为熟悉，应派为营务处委员，以资得力。除分行外，合行札饬。札到，该令即便遵照毋违。查该令时有差委出省，应由善后局月发马银24两。”[⑩]

林纾所撰的《清诰授通议大夫知府衔山东武城县知县萨君墓志铭》对此有完整记录：萨承钰“丁母李太夫人忧，归。丙戌服阕，分发山东。钱塘张勤果公方为东抚……奇君强济，谓可剸决繁剧，遂属以河务。君在事懋勉，勤果称之曰能。时边防议起，幕府将营筑即墨炮台，檄君徧历南北洋口岸诸炮台，图其阨塞襟要可备敌者以献。君周历南北，成图数百帧，为说十余万言，勤果拊其背曰：若才足以筹边矣。立檄办理海防营务处”[⑪]。

· 齐鲁三任知县 皆有政声

光绪十八年（1892年），萨承钰代理山东邹平县知县。任上尊师重教，十分重视县学建设，“每正课外必加课诗、古文、词，有可造就者，亲为点窜，剀切陶成”[⑫]。“权邹平，民苦河患。君至，以为枝水畅，干水当不苦溢，乃疏小清河以枝其流，水平。”[⑬]“开宽落深，以利水运，邹人世食其德焉。”[⑭]“邹人大悦”[⑮]。

光绪二十二年（1896年），萨承钰署理山东邱县（1949年划归河北）知县，其间出资为当地兴建了义塾，次年署理峄县时适逢饥荒，邻县灾民大量涌入峄境，他亲往宣谕并拨粮赈济，避免了动乱的发生。

光绪二十六年（1900年）义和团运动期间，萨承钰奉山东巡抚袁世凯之命，负责探查武定府所辖九县平定义和团和训练保甲团练的情况，以防止州县官员瞒报实情。从《筹笔偶存》中保存的文件来看，萨承钰在八月十七日至八月三十日的十几天里就对蒲台县、利津县、乐陵县和惠民县做了调查并发回报告，使袁世凯及时获得了可与当地官员汇报相比较的情报，并酌情采取相应的措施。[⑯] 八月二十九日，袁世凯因平度州知州吴丙南办事不力，将其卸职记过，改任萨承钰为署理平度州知州。任上，敬业有加。

光绪二十八年（1902年），经山东巡抚周馥奏请，萨承钰被任命为武城县知县，一直任至光绪三十四年初（1908 年 2 月）。上任后不久，清政府开始颁行新政，萨承钰推行了兴建新式学堂、设立巡警、鼓励种植经济作物、发展工商业等各项新策，收到了比较好的成效，连年考核均为优等。他在任内主持编修了《武城县乡土志略》，武城县地理图为其亲手绘制。

清《福建通志》《闽侯县志》和《山东邹平县志》都为萨承钰立传。

萨承钰好藏书、刻书，在担任山东武城县知县期间，空余时间将家藏的萨玉衡《白华楼诗钞》《白华楼焚余稿》等诗文集刊刻成书。萨承钰仍对当年的海防考察念念不忘，公余将炮台图说文稿工楷誊抄，以为纪念。

光绪三十四年（1908 年）初春，萨承钰致仕回乡，居住在福州东牙巷，当年九月十二日病逝。据《雁门萨氏族谱》载：萨承钰曾任“平度州知州、钦加知府衔，赏戴花翎。覃恩加一级，议叙加三级，诰授通议大夫，诰封中宪大夫”[17]。

第三代

船政学堂的兴办，成就了萨家的海军门风，自第三代海军起，萨家走出的海军名杰多为科班出身，中国近现代海军名将萨镇冰即是萨家第一位受过高等海军教育者。萨家第三代海军，见证了中国新旧水师的接轨。

萨多仁：造舰少监 设计制造多舰

萨多仁（1853—1914），谱名萨镕，字多仁，号静斋，以字行，海军军官，清朝时曾任船政轮机厂绘图员、技术员、监工；民国时曾任海军总司令处军需员。

萨多仁是萨怀振长子，萨镇冰堂兄，生于福州，自幼好学上进，及长，进入船政绘事院。毕业后，萨多仁分配到船政轮机厂，曾任绘图员、技术员，他不但参与设计、制造了多艘军舰，还经常利用工余时间指导工人学习如何看图、如何加工器件。据萨家人介绍，萨多仁后曾被授予海军造船少监。

1914 年春，萨多仁任海军总司令处军需员，同年 9 月去世。

萨胪芳：福建水师参将 积功两岸

萨胪芳（1857—1906），号銮波，水师军官，曾任福建水师台湾镇嘉义斗六门营都司、福建水师铜山营游击、福建水师福宁镇左营游击、福建水师中营参将。

萨胪芳是萨剑南儿子、萨镇冰堂兄。萨剑南，谱名积，字怀欧，号子冶。清道光二十六年（1846年）中举，曾任安徽省灵璧县知县。清咸丰九年（1859年）办理安庆转运局，在与太平天国部队作战中牺牲，奉旨入祀昭忠祠，赏给云骑尉世职，恩骑尉罔替。钦赐祭葬。

萨胪芳为萨剑南独子，承袭云骑尉世职。及长从军，投身福建水师，数次赴台歼击海盗、平定乱事，不断积功获升，曾任福建水师台湾镇嘉义斗六门营都司、福建水师铜山营游击、福宁镇左营游击、福建水师中营参将。

萨胪芳独子萨伯森，曾任福建全省烟酒事务局课长、财政部福建印花烟酒税局课长、闽侯印花税务局局长。萨镇冰募资兴办佛教医院（今福州市人民医院）时，他任秘书。晚年，萨镇冰曾与之生活在一起。中华人民共和国成立后，萨伯森任福建文史研究馆馆员。能诗，曾编写《萨鼎铭先生年谱》。

萨镇冰：晚清重建海军功臣 曾代民国总理

萨镇冰（1859—1952），字鼎铭，海军名将，清朝时曾任“威远”舰管带、“康济”舰管带、吴淞炮台总台官、自强军帮统、“通济”舰管带、“海容”舰管带、北洋海军帮统兼“海圻”舰管带、广东水师南澳镇总兵、广东水师提督、总理南北洋海军统领兼海军江南船坞督办、筹办海军副大臣、海军提督、海军提督兼查勘军港大臣、海军统制部统制、海军正都统衔副都统；民国时曾任交通部吴淞商船学校校长、陆海军大元帅统率办事处办事员、总统府参政院参政、闽粤巡阅使、海军临时司令、海疆巡阅使、海军部总长、海军部总长兼代理国务总理、福建省省长；中华人民共和国成立后曾任全国政协委员、中央人民政府人民革命军事委员会委员、中央人民政府华侨事务委员会委员、福建省人民政府委员。

·船政学堂高才生 天津水师学堂正教习

萨镇冰于咸丰九年二月二十六（1859 年 3 月 30 日）出生于福州。父亲萨怡臣，字怀良，号纳吉，中秀才后以教书为生。萨镇冰 7 岁开始读私塾，好学上进。清同治八年（1869 年），考入船政后学堂第二届驾驶班。同治十一年（1872 年），以第一名成绩完成堂课，被派往“扬武”等舰见习。

同治十三年（1874 年），萨镇冰充任“海东云”舰二副，随船政大臣赴台驱日。同年因剿击海盗有功，记大功一次。次年，萨镇冰奉派“扬武”舰实习，远航外海，曾游历新加坡、马来西亚、菲律宾等地，同年调任船政学堂教习。

光绪三年（1877 年）二月十七日，萨镇冰作为船政第一批留学生，赴英留学，先被安排在英国南安普敦考察船厂、船坞、炮台等海防设施。后经过严格考试，进入英国格林尼茨皇家海军学院学习，专攻行船理法。

光绪四年（1878 年）末，萨镇冰被派往英国军舰实习。次年初，萨镇冰登上英国“们那次”舰实习，其间“周历地中海、大西洋、美利坚、阿非利加、印度洋各处，于行军布阵一切战守之法，无不精习”[18]。

光绪六年（1880 年）三月初，萨镇冰留学期满回国。九月，被分拨到南洋水师，担任“澄庆”舰大副。

光绪八年（1882 年）三月初，萨镇冰受严复的邀请，调任天津水师学堂的管轮学堂正教习，后来当过民国总统的黎元洪曾是其学生。

光绪十二年（1886 年），萨镇冰以参将衔补用都司，擢升北洋海军“威远”舰管带，次年二月调署“康济”舰管带。

光绪十四年（1888 年）十一月，北洋海军舰队组建成军，萨镇冰晋升为参将。

光绪十五年（1889 年）正月二十一日，萨镇冰以参将衔升署精练左营游击。

光绪十八年（1892 年），萨镇冰实授精练左营游击，委带“康济”舰。四月，晋升副将，仍实授精练左营游击。

·甲午海战 战到炮台被毁

光绪二十年（1894 年）八月十八日，中日两国海军主力在鸭绿江口大东沟附近海面遭遇，甲午海战中的黄海海战爆发。“康济”舰奉命担任后方运粮运兵任务，没有直接与日舰接战。

黄海海战之后，李鸿章为保住作为洋务重要成果的北洋海军，避战保船，令北洋海军幸存各舰艇迁避于威海卫港。萨镇冰奉提督丁汝昌之命率“康济”舰的30名水手，守卫威海卫港南口屏障——日岛炮台，保卫威海卫港。

青年萨镇冰

光绪二十一年（1895年）正月十三日，日军从水陆两路重兵进攻威海卫港。日军以18艘舰艇分4批轮番进攻日岛，并从已被日军占领的威海卫南北炮台以猛烈的炮火狂轰日岛。面对强敌，萨镇冰毫不畏惧，他冒着敌人猛烈的炮火，把守速射炮，沉着指挥反击，英勇抵抗了11天，直至炮台全部被日军炸毁，才在接到丁汝昌命令后撤回刘公岛。

威海卫之战，丁汝昌因弹尽兵缺，又无援兵，回天无力，服毒自杀。

四月初四，北洋海军建制被撤销，萨镇冰与北洋海军幸存的所有官兵一起，惨遭清廷革职，被遣返家乡。萨镇冰回到福州，囊空如洗，家计维艰。不久，夫人陈氏去世。萨镇冰就城内缙绅之聘，登门施教，讲授西学。

· 临危受命 出任海军统制

随着北洋海军在中日甲午海战中惨败，中国战斗力最强的海军舰队便不复存在。随后，在内忧外患、综合国力积贫积弱的困境下，更在张之洞、刘坤一等大臣和一批有识之士的多方努力下，加上光绪皇帝为了挽救清朝危局而主张变法，拒绝变法的慈禧太后也深感时局不稳，所以在大学士王文韶奏“海军失事各员皆出万死一生，非他偾军者比”[19]后，清廷于战败后的次年，即光绪二十二年（1896年）又开始了艰难的重建海军之路。也是在这年初，应南洋大臣、两江总督张之洞之聘，萨镇冰出任吴淞炮台总台官，同年秋天升为自强军帮统。此时，清政府为重建海军，先后向德国、英国购买若干艘新舰。

光绪二十三年（1897年），萨镇冰调署“通济”舰管带。

光绪二十四年（1898 年）六月初九，萨镇冰调署“海容”舰管带。

光绪二十五年三月初八（1899 年 4 月 17 日），光绪皇帝召见前北洋海军副将叶祖珪和萨镇冰，着开复革职处分，分别赏加提督衔、总兵衔。同年，萨镇冰调任北洋海军帮统。自此，协力叶祖珪重建海军。

光绪二十六年（1900 年）四月，萨镇冰以北洋海军帮统身份兼任“海圻”舰管带。八国联军侵华，萨镇冰奉命率舰驻守登州，守疆备战。五月下旬，清政府对八国联军宣战，清军一再溃败。六月上旬，慈禧太后改任两广总督李鸿章为直隶总督兼北洋大臣，命其从速来京，全权与各国协商议和。七月十三日（1900 年 8 月 7 日），八国联军逼近北京，清政府正式任命李鸿章为全权议和大臣，与列强谈判。二十一日，北京沦陷。慈禧太后在逃跑途中命荣禄、徐桐、崇绮留京乞和。八月初三，再派庆亲王奕劻与李鸿章共同协商议和事宜。

光绪二十七年七月二十五日（1901 年 9 月 7 日），奕劻、李鸿章代表清政府在北京与英、美、法、德、俄、日、意、奥、西、荷、比 11 国公使在《最后议定书》（《辛丑条约》）上签字，共 12 款、19 个附件。当时，议和大臣中有人提出将“海天”“海圻”等 5 艘大型主力军舰出售，撤销一切防务，以表示中国绝无对外备战之意，以此讨好外国人。此提议一出，立即遭到叶祖珪、萨镇冰等爱国将领的强烈反对，清廷只好作罢。

光绪二十九年（1903 年）六月初五，萨镇冰出任南澳镇总兵，不久升任北洋海军统领。任上，组建中国海军第一所正规培养海军士兵的学校——烟台海军练营，之后又组建了烟台海军学堂，填补因天津水师学堂毁于八国联军炮火而造成的北洋海军教育空白，为北洋海军和中国海军培养了大量骨干。

光绪三十一年（1905 年）四月，萨镇冰升任广东水师提督、总理南北洋海军统领，同时兼任江南船坞督办，担当起复兴海军重任。任上力主输送优秀海军人员留学海外，次年即派遣海军学生赴日留学，又派出海军精英赴美深造。

当时，列强为争夺中国利益分成数派。英国历来把俄国看作同它争夺中国的对手，企图假手日本阻止俄国南下同它争夺中国长江流域。因此，英日互相勾结，于 1902 年 1 月 30 日在伦敦签订《英日同盟条约》，矛头针对俄国。光绪三十三年（1907 年），两艘俄舰驶入上海黄浦江，日舰也尾随而至，欲强行闯入搜捕。上海道尹惊慌失措，担心两国在黄浦江上打起来，伤及上海。此时，萨镇冰正率舰驻防吴淞口，他根据国际公约，严拒日舰侵犯我主权，下令将俄舰扣留，并解除其武装，最终使俄日两国海军无视我领海主权的企图破灭。

光绪三十四年（1908 年），萨镇冰奏请政府今后每年派舰访问华侨较集中的南洋各地，抚慰侨胞。清政府立即采纳他的建议并令其率“海圻”“海容”两舰前往新加坡、印度尼西亚、越南等地抚慰侨胞，开近代中国政府要员宣慰华侨之始，也为后来华侨支持祖国建设发挥了积极作用。

宣统元年（1909 年）五月二十八日，清廷正式下令萨镇冰为筹办海军副大臣。六月二十九日，萨镇冰升任海军提督。七月初九，萨镇冰兼任查勘军港大臣。载洵、萨镇冰等人从北京出发，巡视了广东、福建、浙江、江苏、山东、直隶、江西、湖北、安徽等 9 个省份的海防情况，考察了海军学堂、船坞，并参加了象山港开港典礼。同年七月，萨镇冰在筹备海军副大臣和海军提督任上，合并了过去分裂的南北洋水师，建立起统一的指挥系统，将南北洋海军大小 40 多艘战舰，统一编为巡洋、长江两舰队，在两舰队之上设统制部，萨镇冰兼署统制部统制官，并将统制部设在上海高昌庙。萨镇冰在任上统一了官制、旗式、军服、号令，这是中国近代海军第一次实行的科学管理，成为中国第一位实际意义上的全国海军总指挥。与之同时，萨镇冰力倡向海军强国学习。同年九月初三，萨镇冰与筹办海军大臣载洵一起率队赴欧洲考察海军，并选送一批优秀海军赴英国留学，还分别向英国、意大利、德国、奥地利订购了 9 艘新式军舰。

宣统二年（1910 年）七月，萨镇冰与载洵率队前往美国、日本考察海军，参观了船厂及其他海军机购，并向美国订购巡洋舰 1 艘，向日本订购炮舰 2 艘。

宣统三年（1911 年）三月十四日，清政府开始对海军军官授衔。海军大臣载洵，简授海军正都统，即海军上将，格同总督，正一品；副大臣谭学衡，简授海军副都统，即海军中将，格同巡抚，正二品；萨镇冰任巡洋长江舰队统制，

萨镇冰（二排左二）与载洵在欧洲考察海军

简授海军副都统加正都统衔。

萨镇冰在清末重建海军中厥功甚伟。不但力主办校兴教、订购新舰，还参与制定了海军官制，勘定并开辟浙江象山军港，促成清廷赏给海军留学人员科甲出身等。特别值得一提的是，他参与主政海军期间，成功从日本人手中收回东沙岛，海军还勘查西沙，并将各岛重新命名，竖旗立碑，宣示主权，向中外重申西沙群岛为中国之领土。

萨镇冰是甲午战败后清政府重建海军的一面旗帜，许多建设和发展大计由之而倡、由之而实施，是公认的清末海军中流砥柱。

· 武昌起义 支持官兵易帜

宣统三年八月十九日（1911 年 10 月 10 日），武昌起义爆发，革命军成立了湖北军政府。八月二十一日，清廷急令萨镇冰率领巡洋、长江两舰队驰赴武汉，准备与陆军携手，以合力歼灭革命军。八月二十三日，萨镇冰率舰队抵达汉口，驻泊刘家庙及武汉、九江之间江面。萨镇冰明知舰队多数官兵已拥护革命，商量举事起义，他不追究，无形中支持了官兵串联起义。九月二十一日夜，萨镇冰假托身体有病必须赴沪就医，自行引退，选择了“离舰出走”的中间道路。临行前将长江、巡洋两舰队的指挥权交给一直在串联易帜的“海筹”舰舰长黄钟瑛，指定他为舰队长。下舰后，萨镇冰先在英国一艘军舰上避难，并在英国驻九江领事馆过夜。之后，化装成商人离开九江，转道上海，再取道香港，避归福州。

同年九月二十六日，清王朝为挽将倾大厦，让袁世凯出面组建责任内阁，萨镇冰被任命为海军大臣。为支持革命，萨镇冰未就任。

· 民国海军总长 代理国务总理

1912 年 1 月中华民国成立，孙中山出任民国临时大总统。3 月 10 日，萨镇冰被任命为民国交通部吴淞商船学校校长。同年 12 月 8 日，萨镇冰被北京政府授予海军上将军衔。次年 8 月 14 日，萨镇冰奉命督办淞沪水陆警察事宜。

1914 年 5 月 9 日，萨镇冰被任命为陆海军大元帅统筹办事处办事员。5 月 26 日，任总统府参政院参政。7 月 16 日，获颁“二等嘉禾勋章”“一等文虎勋章”。8 月，萨镇冰兼任上海兵工厂总办。

1915 年 2 月 25 日，民国总统袁世凯委派萨镇冰到上海等地负责防务事宜。

同年，萨镇冰辞去吴淞商船学校校长一职，并建议将该校改为吴淞海军学校。

1916年1月3日，萨镇冰辞去总统府参政一职。同年8月11日，被北京政府任命为闽粤巡阅使、海军临时总司令。10月9日，时任民国总统的黎元洪授予萨镇冰“二等宝光嘉禾勋章”。

1917年7月15日，总统冯国璋任命萨镇冰为海疆巡阅使。

1919年2月24日，北京政府任命萨镇冰为巴黎和会海军代表，远赴法国参会。此后，内阁多次改组，萨镇冰屡任海军部总长，其间曾代理国务总理。

1922年5月25日，北京政府授萨镇冰“肃威上将军”。9月2日，又被委任为禁烟专员。10月25日，北京政府任命萨镇冰为福建省省长，不久兼任北京政府福建讨逆军副司令。11月底，萨镇冰辞去福建省省长一职。

萨镇冰任职北京政府期间，为中国海军建设和国家发展贡献良多：先后组建了海军鱼雷枪炮学校、大沽海军管轮学校，扩建福州海军学校、烟台海军学校；支持创立中国最早的飞机制造厂——飞机工程处和海军飞潜学校，协力奠基中国航空制造业和航空教育业；参与复兴江南造船厂，支持兴建新厂、船坞；支持收复外蒙古，使蒙古全境和唐努乌梁海重归祖国，并协力促成中国政府随即在外蒙古开始实施如引种蔬菜、修建公路、开办银行、创刊日报、加强中华文化教育等一系列有益于当地的事业；支持收复黑龙江航权，协力促成中国军舰进入黑龙江内河，开始执行对北方界河的巡逻和保卫任务。

1927年，国民政府成立，定都南京。1929年4月12日，南京国民政府海军部成立，萨镇冰被聘为海军部高级顾问。

· 支援“闽变” 坚持抗日

1931年“九一八”事变后，李济深、陈铭枢、蒋光鼐、蔡廷锴等人由于他们的抗日要求和行动得不到蒋介石政府的支持，与蒋介石的矛盾日益激化。

1932年，国民革命军第十九路军在“一·二八”淞沪抗战中浴血拼杀，触犯了南京政府的对日不抵抗政策。在《淞沪停战协定》签订的第二天，蒋介石对“违令”抗日的十九路军进行“整肃”，下令将该军3个师分别派到皖、鄂、赣三省“剿共”前线参加内战。6月，十九路军陆续入闽后，蒋介石整肃、收编了陈国辉、张贞等杂牌部队，并举兵进占闽西苏区和闽南游击区，在军内外进行反共活动。年底，蒋介石改组福建省政府，任命十九路军总指挥蒋光鼐为省主席、军长蔡廷锴为驻闽绥靖公署主任兼十九路军总指挥。

1933 年 6 月 1 日，《塘沽协定》签字后第二天，蒋、蔡在福州发表通电，反对蒋介石对日妥协、出卖华北。接着又在中国共产党抗日主张的影响下和“剿共”军事失败的刺激下，放弃了抗日与“剿共”并行的方针，十九路军代表陈公培和红军代表彭德怀在南平王台签订停战协定，划分“国界”，并于 10 月 26 日派代表至江西瑞金与中国工农红军签订《反日反蒋的初步协定》，为事变的发动创造了有利条件。11 月 20 日，李济深等在福州召开中国人民临时代表大会，发表《人民权利宣言》，“福建事变”爆发。11 月 21 日，李济深等通电脱离国民党，随后联合第三党和神州国光社成员发起成立生产人民党，以陈铭枢为总书记。11 月 22 日，萨镇冰应邀参加中华共和国人民革命政府就职典礼。他发表演说，支持反蒋抗日，号召人们起来抵抗日本侵略者。在萨镇冰的影响下，驻马尾海军各机关由十九路军顺利接收。12 月 11 日，中华共和国人民革命政府将福建分为延建、兴泉、闽海、龙汀等 4 个省。萨镇冰被委任为延建省省长。

1934 年 1 月，“福建事变”很快被蒋介石扼杀。十九路军撤退时，萨镇冰驰赴马尾，利用自己在海军界的影响，成功安排十九路军安全撤退。

随后，萨镇冰经人介绍避居连江县江南乡（今江南镇）梅洋西溪，捐资兴办西溪林场，雇请潘渡贵安的村民植树造林 200 多亩，并饲养家畜家禽。

1935年初，萨镇冰蛰居福州，与族人合修《雁门萨氏家谱》。同年8月1日，福州海军艺术学校（原船政艺圃）停办，改制为私立勤工初级机械科职业学校，萨镇冰被聘为名誉董事长。

1937 年 7 月，全面抗战爆发。10 月，萨镇冰不顾年迈到东南亚宣传抗日，利用自己的声望募款。他奔走于新加坡、菲律宾等多地，宣传抗日，筹募义款，募集到大量资金、物资，支援抗日大业。

1938 年 1 月，萨镇冰任海军总司令部高级顾问。

自东南亚回国后，萨镇冰曾辗转千里至湖南大山深处的中国海军水雷工厂，亲力亲为，鼓舞将士加班生产水雷，输送给中国海军抗日布雷队。萨镇冰不顾年事已高，还奔波于川、鄂、湘、黔、陕、甘、滇多地，宣传抗日。

· 肃威将军　为建设新中国身兼四职

1945 年 8 月，日本投降，萨镇冰从重庆飞抵上海。

1946年7月，萨镇冰回到福州定居，从事慈善事业。同年11月，国民党政府授萨镇冰海军上将军衔。

萨镇冰对中国共产党的态度是从不了解到了解再到追随。抗日战争时期，萨镇冰对坚持抗战的中国共产党甚是钦佩。1940年，在西安宣传抗战的萨镇冰启程访问延安，中途被蒋介石派人拦截。解放战争后期，中共福建武工队政委陈光（陈长光）被捕，萨镇冰奔走营救。

福州解放前夕，萨镇冰不顾蒋介石威逼利诱，拒不赴台，留下来参加新中国建设，走上与中国共产党合作的道路。为了中国共产党建设人民海军，在萨镇冰主动作为之下，大量海军才俊留在福州，后都成为人民海军宝贵人才。

为迎接人民解放军进入福州，萨镇冰做了不少有益之事。他和6位福州贤达一起，联名贴出拥护共产党和人民解放军解放福州的告示，这对福州的社会稳定发挥了重要作用。解放次日，福州绝大多数店铺就照常开门营业，社会秩序井然。

福州解放后，福建省人民政府主席张鼎丞代表中央人民政府，登门看望萨镇冰并邀他参加新政府工作，他立即出山，奋力工作。9月，毛泽东、周恩来特邀萨镇冰进京参加开国大典并共商国是。

中华人民共和国成立后，萨镇冰当选第一届全国政协委员、中央人民政府人民革命军事委员会委员、中央华侨事务委员会委员以及福建省人民政府委员。

1952年4月10日，萨镇冰病逝。毛泽东、周恩来等党和国家领导人发来唁电，组成了以华东军区司令员兼上海市市长陈毅领衔的治丧委员会，中央人民政府给费治丧，福建人民政府为其举行公祭。

萨镇冰在福州民众中威望极高，他曾住过的朱紫坊萨家大院至今仍成为旅游景点。因他曾被授予“肃威将军”之衔，以此命名的“肃威路”路名沿用至今。鼓楼区冶山上的萨镇冰故居——仁寿堂，现已开辟成萨镇冰生平事迹展览馆。

萨多义：新婚参战 马江殉国

萨多义（？—1884），字佛星，海军士兵，曾任“振威”舰水兵。

萨多义是萨长源独子、萨镇冰堂弟，虽是家中独子，但毅然投军，成为福建船政轮船水师一员，为“振威”舰水兵。马江海战爆发前，萨多义刚刚结婚，正在休婚假，本可以不归队。但他觉得身为军人当为国御敌，立即辞别新婚的夫人，驰赴马尾。

马江海战打响后，萨多义英勇无畏，血战法寇，壮烈牺牲。身后无子嗣。

萨多歌：名舰轮机官 转任检察官

萨多歌（？—？），字彦京，海军军官，政府官员，曾任“海琛”舰轮机副、福建省水上警察厅科员、最高法院检察署主任书记官。

萨多歌是萨怀智儿子、萨镇冰堂弟，生于福州，少年时考入福州海军艺术学校。入校后，学习非常刻苦，成绩优异，在校期间还参与多艘军舰的制造。毕业后，登舰服务，曾任一代名舰“海琛”号轮机副。

退役之后，萨多歌曾任福建省水上警察厅科员、最高法院检察署主任书记官。后事不详。

萨鋆：中医名家 军舰医官

萨鋆（1862—1942），谱名多鼐，号耐庵，政府官员、海军军医，曾任福建省罗源县盐务局局长、福建省平潭县盐务局局长、“建威”舰军医。

萨鋆是萨怀植次子、萨镇冰堂弟，自幼苦读举业。正当备考之时，父亲病逝，他挑起养家重担，只能在工余习举业。光绪末年废科举，萨鋆长期在盐务系统工作，后曾任福建省罗源县盐务局局长、平潭县盐务局局长。

萨鋆对中医中药甚有兴趣，研读过大量医典和名医方剂，工余常为人把脉开方，药到病除，渐有名气。后又粗学西医，略知一二。曾以悬壶为生，后入海军任职军医，曾为“建威”舰军医。

萨鋆工诗，著有《客中吟草》《还我斋诗录》。

第四代

作为海军名门的萨家，在第四代涌现出一批优秀海军，以曾任海军陆战队参谋长的萨君豫和后来转行任中国银行总裁、上海造币厂厂长的萨福桝最著名。

萨福桝：海军出身 中国银行任总裁

萨福桝（1873—1948），字桐孙，政府官员，清朝时曾任河南道铁路代理总办、广州电报局总办；民国时曾任广东外交特派员、中国银行总裁、上海造币厂厂长、劝办实业专使驻沪劝业分公所所长。

萨福桝是萨永浚三子、萨镇冰侄儿。萨福桝父亲萨永浚（1841—1875），河南分缺先补用典史，后署济源县典史，因此萨福桝生于河南省济源县。少时家贫失怙，随寡母投奔寄居天津母舅处。光绪十六年（1890 年），考入天津水师学堂，师从华洋教习，勉力求知，英语成绩尤佳。光绪二十一年（1895 年），毕业于天津水师学堂第五届驾驶班。光绪二十五年（1899 年），调赴奉天，随办华俄铁路、煤矿。光绪三十年（1904 年），办理河南道清铁路。光绪三十二年（1906 年），办理阜新县新丘煤矿；同年，代理道清铁路总办。宣统元年（1909 年），调任广州电报局总办，后于广东交涉局、粤海关等处奉职。宣统三年（1911 年）冬，赴欧美各国游历。

萨福桝

1912 年秋，萨福桝回国，受交通部委派赴日，会商吴淞至东京海底电线合同。同年，受任外交部广东外交特派员。不久，任中国银行总裁。1917 年，任外交部特派江苏交涉员及交通部派充租船监督。1922 年，任上海造币厂厂长及劝办实业专使驻沪劝业分公所所长。翌年，去职蛰居沪上，投资上海、江苏等地的民族资本企业。抗日战争前夕，举家迁居北平（北京）。

全面抗战爆发后，萨福楙生活拮据。1943 年，日伪“华北政务委员会委员长”王克敏遣人以华北伪政府“航运部长”之职诱说，被萨福楙严词拒绝。1948 年病殁北平。

萨君谦：资深轮机长 南下广州护法

萨君谦（1878—1933），谱名福谦，号撝，海军军官，曾任“海圻”舰轮机长、海军第一舰队轮机长、海军漳厦警备司令部轮机课课长、海军厦门要港司令部轮机课课长。

萨君谦是萨多荣六子、萨镇冰侄儿。自小立志投身海军护卫祖国海疆，及长，考入江南水师学堂第四届管轮班，以优异成绩毕业后，被选赴英国留学。

萨君谦学成归国，服务于多艘军舰，历三管轮、二管轮等。还曾任监造官，出国监造军舰。光绪二十九年（1903 年）至光绪三十四年（1908 年），萨君谦奉命赴日本，负责监造清政府订造的“江元”“江贞”“江利”“江亨”四舰。

1916 年 4 月，萨君谦出任“海圻”舰轮机长。次年 7 月，随“海圻”舰南下参加护法，“海圻”舰为护法舰队中的主力战舰。在这之后，萨君谦曾任海军第一舰队轮机长。

1926 年 11 月，隶于北京政府海军部的驻闽海军第一舰队首先倒戈成功，萨君谦随部投身国民革命。驻闽海军协助国民革命军取得福建战场胜利。1927 年 3 月 14 日，杨树庄正式率领全体海军官兵发出通电，宣布归附国民革命军，随即海军在其辖区设立闽厦警备司令部，并于同年 9 月分别在马尾、厦门两地设立海军警备司令部，后改为海军宁福警备司令部、海军漳厦警备司令部。萨君谦出任海军漳厦警备司令部轮机课课长。1928 年 4 月，海军漳厦警备司令部改编为海军厦门要港司令部，萨君谦仍任轮机课课长。1933 年 12 月 12 日病逝。

萨君泰：辛亥志士 海军陆战队营长

萨君泰（1879—1943），谱名福泰，号升平，陆军军官、海军军官，清朝时曾任暂编陆军第九镇队官、管带、教练官；民国时曾任江苏军政府陆军编练处处长，福州海军飞潜学校正操练官，海军陆战队第一营第二连连长，驻闽海军陆战队统带部第二营营长，海军陆战队第一混成旅第一团第一营营长、第一独立营营长，国民革命军海军陆战队第二团参谋。

萨君泰是萨多荣第七子、萨镇冰侄儿，福建武备学堂首届正科班毕业生，光绪三十一年（1905 年）赴日留学。

萨君泰学成归国，即进入新编陆军第九镇当队官，队官相当于今天部队的连长。在新编陆军第九镇，萨君泰积极进取，表现优异，先升任营管带，相当于今日陆军营长，后再升任第九镇下辖一个标的教练官。每标（相当于今日陆军团这一级）统制一人，从三品，副参领充。萨君泰掌平时督理本标教练工作，战时参画军机。在战友们的影响下，萨君泰开始有了反清革命思想。

1911 年 10 月 10 日，武昌首义的枪响传来，驻防南京的新军第九镇立即随之响应，统制徐绍桢果断支持革命，亲率第九镇官兵攻占南京，萨君泰随部参战，江苏随之独立，革命党人齐聚南京，在这里成立了中华民国临时中央政府，徐绍桢和他的第九镇为革命立了大功。孙中山盛赞徐绍桢，称他是中华民国开国元勋之一。

中华民国成立后，萨君泰出任中华民国江苏军政府编练处处长。后转向海军工作。1914 年，萨君泰出任福州海军制造学校操练官。

1918 年 2 月，萨君泰调任海军陆战队第一营第二连连长。

1923 年 1 月 19 日，萨君泰任驻闽海军陆战队统带部第二营营长。同年春，海军陆战队第一混成旅成立，萨君泰先后任第一团第一营营长、第一独立营少校营长、第二团参谋。

1926 年 12 月，萨君泰任国民革命军海军陆战队第一团参谋。据《雁门萨氏族谱》记载，萨君泰还曾任海军闽厦警备司令部参谋、顺昌县保卫指挥部副指挥。1943 年病逝。

萨福锵：海校播火　辛亥英烈

萨福锵（1887—1912），字蒲智，号国昌，海军学校学生，辛亥革命烈士。

萨福锵是萨谦斋三子、萨镇冰侄儿，自小立志当海军，及长，考入烟台海军学堂。当时，烟台海军学堂监督（校长）是冰心的父亲谢葆璋。在他的治理下，学校管理较为开放、民主，订阅了许多进步报刊，萨福锵在进步思想影响下，投入了反清斗争，加入了同盟会，还在学校里传播反清革命思想。

冰心在其自传里曾记载了清廷派人要抓萨福锵一事：

1910年，海军学校发生了风潮！大概在这一年之前，那时的海军大臣载洵，到烟台海军学校视察过一次，回到北京，便从北京贵胄学堂派来了20名满族学生，到海军学校学习。在1911年的春季运动会上，为着争夺一项锦标，一两年中蕴积的满汉学生之间的矛盾表面化了！这一场风潮闹得很凶，北京就派来了一个调查员郑汝成，来查办这个案件。他也是父亲的同学。他背地里告诉父亲，说是这几年来一直有人在北京告我父亲是“乱党”，并举海校学生中有许多同盟会员——其中就有萨镇冰老先生的侄子萨福昌（应指萨福锵）[20]……而且学校图书室订阅的，都是《民呼报》之类替同盟会宣传的报纸为证等等，他劝我父亲立即辞职，免得落个“撤职查办”。父亲同意了，他的几位同事也和他一起递了辞呈。就在这一年的秋天，父亲恋恋不舍地告别了他所创办的海军学校[21]。

在烟台海军学堂读书期间，萨福锵参加了革命党人的暗杀活动。1911年10月10日武昌起义爆发。为镇压武昌起义，清廷被迫请出于1908年被“开缺回籍养疴”的袁世凯，并授予其内阁总理大臣之要职。复出的袁世凯率部攻克汉口后，回京组阁，并疯狂镇压革命党人，帮助清廷苟延残喘。这令同盟会的同志们非常气愤，决定在京津分会设暗杀部，锄杀袁世凯。萨福锵参加了锄袁行动。他在奉命从天津往北京运送军火时被捕，于1912年2月8日在秦皇岛英勇就义。1927年，国民政府定都南京后，授予萨福锵革命烈士称号。

萨福锵独子萨本道后来成为一名空军，在抗日战争中壮烈牺牲，英名镌刻于南京紫金山中国抗日航空烈士纪念碑和福州抗日志士纪念墙上。

萨福基：行舟护疆 “甘雨”艇轮机长

萨福基（？—？），号建宇，海军军官，曾任“同安”舰轮机官、“胜武”舰轮机副长、“甘雨”艇轮机长。

萨福基是萨多荣八子、萨镇冰侄儿，少年时期理想即是仗剑卫国、行舟护疆，为之勤于学习，准备报考海军学校。

光绪二十八年（1902年），清政府在江阴创设水雷、旱雷两队。次年由海军提督萨镇冰电请扩建为南洋海军雷电学堂，附设在水雷营内。萨福基考入南洋海军雷电学堂，光绪三十二年（1906年）春毕业，留营队见习。完成见习之后，萨福基登舰服务，曾任“同安”舰轮机官，后曾任“胜武”舰轮机副长、海岸巡防处“甘雨”艇轮机长、海军部候补员。

萨福韶：战舰书记官 编外士兵教员

萨福韶（？—1936），字琴轩，海军军官，曾任军舰书记官。

萨福韶是萨春波之子、萨镇冰侄儿，幼承庭训师诲，研读经史子集，颇具文才，且写得一手好字。后进入海军界，曾长期在多艘军舰当书记官。任上，兢兢业业，恪尽职守。同时坚持业余为士兵代写家信，教士兵识字。萨福韶很爱兵士，教得很认真，有“编外士兵教员”之誉。

1936年8月18日，萨福韶病逝。

萨君豫：陆军教育家 海军陆战队参谋长

萨君豫（1889—1973），谱名福豫，号贞豫，陆军军官、海军军官，曾任陆军部参战军官教导团教官、参战军第二师第三营营长、边防军第二师第五团团长、海军陆战队第一独立旅参谋长、海军陆战队讲武堂教育长、海军陆战队军官研究班教育长、厦门市市长、国务院屯垦委员会委员、福建省第五行政区龙溪专署专员、福建省水上警察厅厅长。

晚年萨君豫幸福地抱着孙儿

萨君豫是萨多荣第十子、萨镇冰侄儿，先后毕业于保定陆军军官学校和陆军大学，为陆军大学第四期毕业生。毕业后，在陆军部工作。

第一次世界大战爆发，中国对德、奥宣战后，段祺瑞为了进一步扩充自己的势力，建立自己的嫡系武装，排斥和消灭异己势力，便以参战为名，筹建参战军。1918 年 3 月 1 日成立了参战督办处，7 月开始各项筹备工作，8 月成立了参战军训练处。该处下设两个教导团：军官教导团，由陈文运任团长，为参战军培训初级军官；军士教导团，由曲同丰任团长，负责培训军士。萨君豫担任军官教导团教官。他与众教官合力，经过3个月的短期集训后，即分赴安徽、山东、河南 3 个省招兵，很快招募了 3 万人，组建了 3 个师，命名为参战军第一、第二、第三师。萨君豫转任参战军第二师第三营营长。1919 年 8 月，在第一次世界大战已经结束 9 个多月后，参战军改名边防军，督办边防而非驻节边防，萨君豫任边防军第二师第五团团长，驻节山东济南。1926 年 8 月，授陆军少将加中将衔。

1927 年 4 月 18 日，国民政府定都南京。不久，萨君豫转往海军工作。

1928 年 11 月，萨君豫任海军陆战队第一独立旅上校参谋长，连任 4 年。

1936 年 2 月 18 日，海军马尾要港司令兼海军陆战队第二独立旅旅长李世甲，为提升海军陆战队官兵素质，在北京政府时期设于闽江口长门炮台的海军陆战队讲武学校旧址上，设立海军陆战队讲武堂，萨君豫任上校教育长。1937 年，海军陆战队讲武堂改为海军陆战队军官研究班，萨君豫仍担任教育长。

抗战全面爆发后，厦门沦陷，萨君豫于 1939 年 1 月 25 日在漳州就职厦门流亡政府市长，1942 年 11 月 1 日卸职。

在这之后，萨君豫担任宁属（旧宁远府辖区，包括今四川西昌、盐源、冕宁、会理、越西等地）屯垦委员会中将委员，参与领导以今西昌为中心的宁属地区社会、经济建设。萨君豫在西昌尽心工作，与同人们协力发展宁属。据悉，至抗战胜利时，宁属屯垦委员会各项治理工作已全面展开，各项治理措施颇有成效。萨君豫还曾任福建省第五行政区龙溪专署专员、福建省水上警察厅厅长、海军总司令部军事参议官、海军陆战队司令部参谋长。

萨夷：名舰舰长 厦门造船所所长

萨夷（1891—？），字福袠，号子箕，海军军官，清朝时曾任“镜清”舰枪炮大副、“江贞”舰驾驶大副、“江贞”舰帮带；民国时曾任“海琛”舰航海长、“张”字艇艇长、“江犀”舰舰长、“江利”舰舰长、“建威”舰舰长、海军部军衡司典制科科长、厦门海军造船所所长。

萨夷是萨多飏之子、萨镇冰侄儿。受家族影响，萨夷从小志在从军，渴望像前辈一样建功沙场，扬威海疆。少年时期考入船政后学堂第十七届驾驶班。入学后，萨夷学习十分刻苦，成为仅有的闯过层层考试顺利毕业的7名毕业生之一，成绩列第四名。光绪三十一年（1905年）冬，萨夷一毕业即登舰服务。

光绪三十三年（1907年），萨夷任“镜清”练习舰枪炮大副。次年，调“江贞”舰任驾驶大副。宣统三年（1911年），升任“江贞”舰帮带。

中华民国成立后，萨夷继续在海军界服务。1912年1月，以海军上尉衔，出任“海琛”巡洋舰航海长。次年，调充“张”字鱼雷艇艇长。

1918年4月14日，萨夷晋升海军中校，27日升任“江犀”舰舰长。

1922年6月27日，萨夷出任“江利”舰舰长。

1925年7月25日，萨夷任“建威”舰舰长，同年12月4日晋升海军上校。在“建威”舰舰长任上，一直工作至“建威”舰停役报废。

1930年2月20日，萨夷以海军上校衔，调任海军部军衡司典制科科长。

1933年，萨夷调任厦门造船所所长。一直工作至1937年12月。

萨夷先后获得“六等文虎勋章”“五等文虎勋章”等。后事不详。

萨福年：弃文从武 海军部里办军需

萨福年（？—？），海军军官，曾任海军部军需司办事员、总务科书记。

萨福年是萨镇冰侄儿，自小渴望仗剑卫国，虽学业优良，但最终决定弃文从军，进入海军界。长期在海军部军需司工作，1918 年前任办事员，后升任军需司总务科中尉书记官。

1919 年 5 月 19 日，萨福年获授二等军需官。后事不详。

萨福畴：海军上校 抗战投敌被毙

萨福畴（1891—1943），字鹤孙，海军军官，清朝时曾任海军部军学司训练科科员；民国时曾任“江贞”舰舰长、“应瑞”舰舰长、闽厦海军警备司令部司令、福建省政府参议、江阴电雷学校教育长。抗战时投敌，曾任汪伪政府海军部常务次长、海军广州要港司令，被国民政府枪决。

萨福畴是萨多仁儿子、萨镇冰侄儿。光绪三十四年（1908 年），萨福畴毕业于烟台海军学堂第二届驾驶班，毕业后登舰服务。

宣统二年（1910 年）年底，萨福畴任海军部军学司训练科科员。

1912 年 1 月，中华民国南京临时政府成立，萨福畴继续服务于海军，于同年出任“永翔”炮舰副舰长。次年 2 月 27 日，获授海军上尉军衔。

1914 年，萨福畴于 5 月 25 日晋升海军少校，9 月 28 日获授“七等嘉禾勋章”。

1916 年 1 月 3 日，萨福畴获“五等文虎勋章”。2 月 2 日，获“五等嘉禾勋章”。

1921 年 9 月 19 日，萨福畴获授“四等文虎勋章”。次年 9 月 27 日，升任“江犀”炮舰舰长。

1923 年 4 月 10 日，萨福畴获授“四等嘉禾勋章”。次年 3 月 13 日，调任“江贞”炮舰舰长。

1925 年 8 月，萨福畴晋升海军中校。次年 7 月，升任“应瑞”巡洋舰舰长。

1927 年 2 月 10 日，萨福畴晋升海军上校。3 月，海军易帜，率舰投身国民革命，继续担任“应瑞”巡洋舰舰长。

1929 年 6 月，萨福畴任闽厦海军警备司令部司令。次年，任福建省政府参议。

1932 年 1 月，爆发了日军进攻上海的淞沪事变，第一次淞沪抗战打响。蒋介石以抗击日军进犯长江为名，决定创办电雷学校。1933 年，江阴电雷学校正式开学，萨福畴出任教育长。1936 年 3 月被免职。之后，回福州居住。

1941 年 4 月 21 日，福州第一次沦陷，萨福畴立即投日，于当天出任伪福州水上警察局局长。同年 10 月 21 日，任汪伪政府海军部常务次长。

1942 年 10 月 2 日，萨福畴调任汪伪政府海军广州要港司令。次年 3 月 17 日，萨福畴乘舰出巡，座舰触水雷爆炸沉没，被抗日游击队俘获，旋解送重庆。9 月 26 日在重庆伏法。

这一辈还有三兄弟是海军

萨君铣（？—？），萨镇冰侄儿，自小渴望仗剑卫国，及长进入陆军军官学校，以优异成绩毕业后，曾在陆军多部队服务。后进入海军部经理处工作，曾任办事员、科员。

萨福郊（？—？），萨镇冰侄儿，曾供职海军沿海保安总局。

萨兆元（1903—1975），萨镇冰侄儿，又名君亶，字贻曾，海军陆战队测量讲习所毕业，曾服务于海军陆战队。

第五代

萨家第五代船政人，以“中山”舰舰长萨师俊为代表，其为抗日战争期间海军在战场上牺牲的最高官阶军官。

萨师同：轮机专家 第一舰队轮机长

萨师同（？—1941），谱名本新，号澍农，海军军官，清朝时曾任“江利”舰大管轮；民国时曾任“肇和”舰轮机副、“同安”舰轮机副、“江亨”舰轮机长、“同安”舰轮机长、海军马尾要港司令部轮机课课长、闽厦海军警备司令部轮机处处长、海军第一舰队轮机长。

萨师同是萨福乾长子、萨镇冰侄孙。他从小立志当海军，为此发愤努力，少年时期以优异成绩考入江南水师学堂第五届管轮班，宣统元年（1909 年）以全届第五名成绩毕业。

萨师同毕业后直接登上“江利”浅水炮舰，任大管轮。1912 年 6 月 1 日，以海军中尉军衔，担任“肇和”舰轮机副，次年升任德国造的“同安”舰轮机副。

1915 年，萨师同以海军上尉军衔，升任“江亨”舰轮机长。之后，曾任海军马尾要港司令部轮机课课长。

1925 年 6 月，萨师同调任闽厦海军警备司令部轮机处处长。同年 12 月 4 日，晋升海军轮机少校。在同一份命令上，他的胞弟萨师俊任副官处处长。

1930 年 5 月 13 日，萨师同以海军中校军衔，出任海军第一舰队轮机长，一任就是 6 年。他在此任职期间，胞弟萨师俊也曾任舰队参谋。

萨师同多次获奖。1916 年 10 月 12 日获“一等金色奖章”。1921 年 4 月 23 日获授“三等文虎勋章”。

萨师俊：“中山”舰舰长 壮烈殉国

萨师俊（1895—1938），谱名本俊，字翼仲，海军军官，曾任“江贞”舰副舰长、“江安”舰副舰长、“公胜”艇艇长、“青天”舰舰长、“顺胜”艇艇长、“威胜”艇艇长、海军闽厦警备司令部副官处处长、海军第一舰队司令部参谋、“楚泰”舰舰长、“中山”舰舰长。

“中山”舰舰长萨师俊

· 治舰有方 连任六舰舰长

萨师俊是萨福乾次子、萨镇冰侄孙、萨师同大弟，自幼便以雪甲午海战之耻为奋斗目标。及长，考入烟台海军学堂第八届驾驶班，1913 年 7 月以优等生成绩毕业，随即进入海军练习舰队实习 6 个月，之后补任为初级军官，不久又升为“通济”练习舰三副。在这之后，他又相继担任“江贞”“江安”两舰副舰长，再任“公胜”炮艇艇长、“青天”测量舰舰长、“顺胜”炮艇艇长。在“顺胜”艇艇长任上，他曾率内河炮艇完成由上海至福建的海疆巡弋，创中国内河炮舰海巡先例。后又任“威胜”炮艇艇长、海军闽厦警备司令部副官处处长、海军第一舰队司令部参谋等职。

1932年7月16日，萨师俊任“楚泰”炮舰舰长，并升为二等海军中校。

在1933年12月至1934年1月，萨师俊奉命率舰攻占长门、马尾、福州等地。之后，调任“中山”舰舰长。所历六舰舰长，治舰有方，官兵敬重，战斗力颇强。

· 血战金口 壮烈殉国

1937年7月，抗战全面爆发。萨师俊率舰投身抗战，屡屡出色完成任务。

日军占领南京后，以为乘胜进军便可以很快拿下武汉，控制全中国。1938年6月，日军占领安庆，武汉告急，武汉会战全面打响。

同月，侵华日军调动近百万兵力，陆海空协同作战，联合进攻国民政府临时所在地——武汉，“中山”舰奉命投入保卫武汉战斗。由于在海军方面敌众我寡，又无空中力量，我方舰只只能一面与敌周旋，一面采用袭击战术，在极其困难情况下，靠着大智大勇，共炸沉、击毁日舰19艘。萨师俊率“中山”舰担任施放水雷及运输工作，均出色完成任务。8月初，武汉形势日趋危急，国民政府决定撤离武汉。“中山”舰奉命从武汉上游的岳阳开往武汉外围，参加军民安全转移的任务，安全地护送一批又一批的军民及物资，向长江上游撤离。

到了10月，为支援武汉地面防空，海军总司令部令“中山”舰撤下三门大炮支援武汉外围防空火力，萨师俊不得不同意，紧接着“中山”舰被派负责警戒金口至嘉鱼、新堤沿江一带。当时，武汉会战已接近尾声，日军则派飞机猛烈轰炸金口至城陵矶一带。

10月23日，“中山”舰在金口至新堤一带巡防。金口，两面大山夹着一江水，因紧扼江汉平原“大粮仓”的咽喉，而成为兵家必争之地。“中山”舰一到金口，日机相继飞来侦察。

10月24日，萨师俊率“中山”舰在金口镇赤矶山江面巡防。上午9时10分，飞来一架敌侦察机，萨师俊命全舰5门火炮和3挺高射机枪对日机射击，日机退去。11时，又飞来了9架敌机，但未投弹。午后2时30分，“中山”舰开往湖北监利。3时15分，6架敌机呈鱼贯阵式飞来，炸弹像雨一样投来，金口海空战拉开了，战况极为激烈。在萨师俊的指挥下，全舰官兵英勇还击，敌机看水平轰炸效果不佳，改由舰艄方向轮番向“中山”舰俯冲投弹兼以机枪扫射，因“中山”舰炮对俯冲敌机运用不灵活，虽奋勇还击，但终未能重创敌机。日机继续对“中山”舰进行狂轰滥炸。一弹落舰艉左舷，致舵机转动不灵；一弹落右舷，造成舱底漏水；一弹落左舷，使锅炉轮漏水，无气，舱左倾；一弹落舰艄，萨师俊的双腿被炸断，血涌如注。他忍住剧痛，坚持站着指挥战斗，发炮还击。疼得实在没有办法，他抱住驾驶台护梯，仍坚持站着指挥。据“中山”舰幸存者魏振基回忆：当时舰上官兵见舰长伤势严重，想用舢板载他去岸上医治，萨师俊坚决不肯，他大声呼喊：“诸人员可离舰就医，但我身为舰长，职责所在，应与舰共存亡，万难离此一步。”他整了整军服，继续紧握手枪，向着飞来的敌机瞄准。

敌机知“中山”舰无法有效还击，飞得越来越低，且用机枪不停扫射。见状，萨师俊果断地下达了全舰官兵撤离舰艇的命令，全舰官兵都因舰长在船上，而不肯离去。萨师俊深情地对官兵们说：“不有死者，何以见大汉民族之忠义；不有生者，何以杀倭寇，争胜利，卫国家；尔等当为国家报仇，为‘中山’舰报仇，为我报仇，义之至义，共死奚为。”

这时江水已涌入舱内，眼看军舰就要沉没，副舰长吕叔奋当机立断，下令放下一号及三号舢板，强行将萨舰长和受伤官兵送至舢板。敌机竟不顾国际公法，对我满载受伤官兵的2艘舢板进行密集扫射，舢板立即沉没，萨舰长喉间被弹片击中，壮烈牺牲。日机继续在“中山”舰上空来回扫射4次，吕叔奋代理舰长继续指挥作战，因舰身已倾斜40余度，动力全部丧失，随水漂流至赤矶山前，眼看就要完全沉没，吕叔奋不得不下令全体官兵弃船。笔者采访幸存水兵程乃祥时，他说，当时他刚刚跳离船，大船就沉没了。先是舰艉下沉，然后突然舰艄稍举，旋即下沉。午后4时30分（一说3时50分），一代名舰沉没在金口北岸赤矶山前江底。

笔者采访幸存人员魏振基时，他流着泪说：“只听得一声巨响，全舰沉入江底，我舰幸存的官兵们泪流满面，含着泪在寻找舰长，小舢板内几乎血水难分，都是断膊断腿和被炸得血肉横飞的战友，几位重伤的战友含着泪说，我们的舰长被炸死后落入江中，我们潜入江中一直找到天黑，也没有找到舰长。我们活着的人中，凑了些钱，为找到的战友遗体买棺收殓，第二天把棺木移藏在金口凤凰山上。当我们含泪离开武汉时，我们对着那片用鲜血染红的长江行了个军礼，我们知道我们的舰长与我们的战舰一起沉入江底，壮烈殉国了。舰长践行了他为国战斗到最后一分钟、誓与战舰共存亡的誓言。在那个漂着血水的江边，我们发誓一定要为舰长、为我们的‘中山’舰及我们中国人报这个仇！”

·战前抱赴死之心　身后哀荣备至

实际上，抗战一开始，萨师俊就已下定拼死报国的决心。萨师俊结发妻子蒋振坤死于难产，而后萨师俊再未结婚，将大哥的长子萨支源过继给自己做儿子。萨支源从福州海军学校毕业后，进入沪江大学读书。随校迁入西南时，他专程来看望萨师俊。萨师俊是军人，很少流露感性一面，而此次儿子告别时，他追到门口，再一次叮嘱："快点走，到后方好好读书，中国不会亡，将来的中国一定会强盛，需要有知识的中国人来建设！”萨支源是萨家最后一位见到萨师俊的人。"中山”舰金口血战之前，萨师俊深知此役的严峻，他曾对一位好友说："国难至此，生死已置之度外，我的遗嘱已立好，余下的只有一腔热血与暴敌相周旋。”萨师俊实践了自己誓死报国的誓言，壮烈牺牲时年仅 43 岁。

萨师俊牺牲后，被国民政府追认为烈士，同时追授为海军上校并奉祀忠烈祠。他死后，萨家就在萨家大院二进大厅摆起祭堂，福建党政官员和百姓络绎不绝前来悼念。听萨师俊的侄儿萨本雄说："二叔走了后，萨家老老少少都做好拼死抗日的准备，孩子们组织了抗日宣传队，上街宣传抗日，女眷们将自己的金银首饰卖了，买来布、棉花，给前线将士做棉衣。”

萨本炘：造船泰斗　为国制舰建丰功

萨本炘（1898—1966），号揖让，海军军官、造船专家，曾任“江元”舰轮机官、“海容”舰轮机副、海军江南造船所设计师、海军马尾造船所工务主任、海军部舰政司修造科科员、武汉大学教授、海军马尾造船所工务长、海军马尾造船所工务长兼私立勤工工业职业学校校长、海军江南造船所工务处处长、重庆中国兴业公司工程师、重庆中国兴业公司工程师兼柳州西江造船厂副处长和主任工程师、重庆中国兴业公司主任工程师兼工作竞赛委员会工业组副组长、四川机械公司总工程师、民生公司机器厂代理总工程师、台湾机械制造公司总经理协理兼总工程师和基隆造船厂厂长、中山大学教授、武汉江汉船舶机械公司总工程师；中华人民共和国成立后曾任武汉江汉船舶机械公司总工程师兼武昌造船厂基本建设处第一副处长、武昌造船厂副厂长兼总工程师、第一机械工业部船舶产品设计院总工程师、国防科工委第七设计院（舰艇设计院）副院长兼总工程师。

· 船政学堂高才生 留学英国获硕士

造船专家萨本炘

萨本炘是萨福乾第三子，萨镇冰侄孙，萨师同、萨师俊胞弟。他自幼一心向学，光绪三十三年（1907 年）进入福州市明伦小学，1913 年考入船政学堂第十二届管轮班。后来，船政学堂改名为福州海军学校，管轮班改名为第一届轮机班。

1920 年 9 月，萨本炘毕业，首先派到“江贞”炮舰实习。一年后，实习期满，分派到第二舰队“江元”舰当轮机官，后升任第一舰队“海容”舰轮机副。

1923 年 5 月，萨本炘奉海军总司令部指派，考入英国格拉斯哥大学造船系，留学 4 年，以优异成绩获造船硕士学位。1927 年 5 月毕业后，进入英国维克斯（VICKERS）造船厂见习。

· 两国多地穿梭 为国造军舰

1929 年 5 月，萨本炘回国，进入海军江南造船所造船科担任设计师。

1930 年 1 月，萨本炘负责“建安”舰改造。3 月，萨本炘调回海军福州船政局遣用。4 月 5 日，福州船政局改称海军马尾造船所，萨本炘担任工务主任。同年 12 月，萨本炘调任海军部舰政司修造科中校科员。

1931 年 1 月 7 日，中国海军向日本订造“宁海”号轻巡洋舰，同时设立驻日新舰监造所。9 月，萨本炘受海军部委派为监造官，叙为海军二等中校。前往日本石岛播磨造船厂，参与“宁海”舰监造工作，主要负责舰体设计监造。

1933 年 9 月，“宁海”舰竣工验收后，萨本炘随舰回国。次年初，萨本炘到武汉大学担任教授，教授“应用力学”和“热力学”两门课。萨本炘学识渊博，讲授认真，深入浅出，十分得体。是年末，被海军总部召到南京，委为海军马尾造船所上校工务长，全面主持生产技术工作。

1935 年，时值福州海军艺术学校（原船政艺圃）因经费短绌停办，当时海军界人士自愿赞助筹措，成立私立勤工工业职业学校，聘请萨本炘兼任校长。

在担任海军马尾造船所工务长期间，萨本炘主持翻修改造了废弃数十年的马尾二号船坞。改造后的二号船坞可承修 3000 吨级的舰船，当年就承修了“江宁”“正宁”等舰船 27 艘，创造了海军马尾造船所年修船量新纪录。

1936 年 12 月，萨本炘调任海军江南造船所工务处上校处长。

· 辗转数千里 助力西南战时工业

1939 年初，为帮助发展战时工业，为持久抗战助力，萨本炘辗转数千里，有车的地方乘车，有船的地方乘船，无车的地方雇马车，连马车也没有的地方就徒步，历尽艰辛，于 7 月抵达四川乐山，进入迁至乐山的武汉大学任教，讲授“应用力学”和“热力学”等专业课程。其后，又到重庆中国兴业公司担任工程师，曾为香国寺钢铁厂设计制造鼓风炉冶炼设备，开拓后方工业。

1942 年，应交通部聘请，萨本炘兼任柳州西江造船厂副处长、主任工程师，同时在重庆兼任工作竞赛委员会工业组副组长等职。10 月，应四川省建设厅厅长、原兴业公司协理胡子昂相邀到成都，组建四川机械公司，并担任总工程师。由此，结识了民生实业公司董事长卢作孚和副经理方崇森等人。

· 抗战胜利 两岸奔波忙造船

抗日战争胜利后，内河交通运输航轮亟待修整补充，萨本炘受卢作孚聘请，在民生公司机器厂代理总工程师，主持修复了一些内河船只。

抗战胜利后，台湾光复。国民政府着手在台恢复造船业。1946 年 9 月，经资源委员会主任委员钱昌照举荐，萨本炘出任台湾机械制造公司总经理协理、总工程师兼基隆造船厂厂长。其时，产业恢复相当缓慢，1948 年实行改组，分别成立台湾机械公司和台湾造船公司。造船公司系以基隆造船厂为基础进行扩展，改派周茂柏出任公司总经理，仍属海军造船基地。

· 首任总工 助力创建武汉造船厂

1948 年，萨本炘离开台湾，来到广州，应中山大学工学院陆风书院长之聘，担任该院教授。

1948年底，萨本炘由广州回福州故里。7月，与叶在馥、朱天秉等造船界旧友相约到上海，研讨从事修造船的途径，恰逢武汉江汉船舶机械公司（武汉造船厂）经理吴裕煜抵沪，介绍了该公司系由武昌原湖北机械厂与汉阳船舶修造厂、汉口海军工厂等合并组成的情况，职工近千人，独缺工程技术人员，拟请他到公司出任总工程师，萨本炘欣然应允。

1950年，中原临时人民政府工业部正式任命萨本炘为武汉江汉船舶机械公司总工程师。同年，武汉江汉船舶机械公司接到抢修3艘护航驱逐舰的任务。萨本炘主持制订抢修方案，带领技术专家和工人日夜加班加点，按时完成了抢修任务。

1951年，萨本炘亲自主持设计、建成了我国第一艘绞吸式挖泥船“洞庭”号。在制造过程中，他不断创新，首次采用空球形接头装置，突破了技术难关，并为武昌造船厂后来连续制造抓头式、蟹钳式和链斗式等各种挖泥船奠定了基础。

1951年3月，国家确定在鄂南兴建荆江分洪区，江汉船舶机械公司负责设计、制造并安装大型闸门40座、起闭绞车50部，且要求必须在汛期到来之前安装。萨本炘临危受命，主持设计，组织生产，仅两个月就高质量完成了任务。

1953年1月，萨本炘兼任武昌造船厂基本建设处第一副处长，领导船舶产品的生产技术工作。上任后，他立即主持制定了武昌造船厂的发展规划，并启动在长江岸边修建一条长367米的纵向机械化滑道。他通过科研攻关，于次年3月建成我国第一项用机械化方式解决舰船下水或起坡的重大设施，为之后武昌造船厂建成5000吨级舰船奠定了基础。

1953年4月，中央人民政府第一机械工业部船舶工业局正式晋升萨本炘为武昌造船厂副厂长兼总工程师，全面负责工厂的生产技术工作。

· 组建船舶设计院 为造船事业领航

从1954年起，萨本炘连续当选为第一届、第二届、第三届全国人民代表大会代表。

1958年4月，萨本炘出席在武汉召开的中国科学技术人员代表大会，受到毛泽东主席接见。8月，国家为开拓和发展舰船工业，调他到上海。萨本炘在上海，参与组建成立第一机械工业部船舶产品设计院，并担任总工程师。此时，他已年过花甲，但仍为发展舰船工业而孜孜不倦地工作。

1961 年 6 月，中央军委为加速中国国防科学技术研究工作，增强武装力量的威力，决定组建国防科工委第七设计院（舰艇设计院），萨本炘先后担任副院长兼总工程师、技术顾问、一级工程师，为建造基地扫雷舰和常规动力潜艇做出了卓越贡献，在建造常规动力潜艇的生产基地方面贡献重大。

1966 年 3 月 1 日，萨本炘病逝于上海。

萨本根：海军陆战队连长 工兵团团长

萨本根（1907—1960），字澹曾，海军军官，曾任海军陆战队第一独立旅第一团机枪连连附、第四连连长，国民革命军工兵独立营营长，国民革命军工兵团团长；中华人民共和国成立后曾任解放军工兵十一团副团长。

萨本根是萨福熙长子、萨镇冰侄孙。从小受到良好新式教育，成绩突出，家人曾有意让其读大学。但他自幼心仪立功疆场，渴望从军，从福州格致中学毕业后，投笔从戎，考入中央陆军军官学校第八期步兵科。

萨本根在 1933 年毕业后，进入海军陆战队第一独立旅第一团机枪连。不久，升任连附。1936 年 2 月 27 日，出任第四连上尉连长。

1937 年 7 月抗战全面爆发后，随海军陆战队第一独立旅离闽北上，参加了数次重要对日作战。后随部辗转进入大西南，在湖南、广西、云南、贵州一带随部护路、筑路，以保住西南重要通道。

抗战烽火中，有“国民革命军工兵之父”美誉的林柏森主持建立 6 个工兵独立团和 35 个工兵独立营。萨本根因受过完整的高中教育，对力学又有研究基础，被调任工兵独立营营长。

萨本根带领官兵在西南大山深处修筑工事和筑路，曾率部参与修建滇缅公路。滇缅公路起于昆明，止于缅甸腊戍，全长 1146.1 千米，云南段全长 959.4 千米，其中昆明至下关段已于 1935 年修通；缅甸段 186.7 千米。经与缅英当局商定：中国在原来已筑成的昆明至下关公路的基础上，负责修筑下关到畹町中国境内的路段，全长 547.8 千米；缅方负责修筑腊戍至畹町的缅境段，以一年为限。1937 年 11 月 2 日，国民政府正式下令开修：用一年时间修通滇缅公路，打通国际交通线。1937 年 12 月，滇缅公路工程正式开工。陆军独立工兵团一部及拥有当时最高级筑路工程技术水准和施工技术力量的交通部直属施工队伍，被紧急抽调前来云南，负责咽喉部位及重要路桥的关键工程。萨本根正是在此时率部驰往滇缅公路建设工地，他和战友们风餐露宿，经过9个月的艰苦奋斗，完成了所承担的任务。1938年8月底，滇缅公路终于提前竣工通车。

萨本根因表现优异，屡获晋升，至解放战争时期，已升任工兵团上校团长。

解放战争后期，萨本根率部起义，参加解放军。中华人民共和国成立后，萨本根出任中国人民解放军工兵十一团副团长，继续在云南修路筑桥。

萨本根原配张氏，继娶云南省建水县才女陆瑞莲。陆瑞莲是昆明女子中学高中毕业生，抗战投军，曾任玉溪敬玉小学校长、昆明空军机场机要员。

萨师洪：抗日英雄 航海教育家

萨师洪（1917—2005），字孟文，海军军官，曾任海军布雷队布雷官，海军长江中游布雷游击队分队长、中队长，青岛中央海军训练团计划课课员，青岛中央海军军官学校计划课课长；台湾地区海军机械学校教官组组长、本科训练班副主任，台湾地区海军军官学校教务副主任、教务处处长，台湾地区海上防务部门第五署副署长、指挥参谋大学教育长、海道测量局局长，台湾省立海洋学院（今海洋大学）教授、航海系主任。

萨师洪是萨君谦次子、萨镇冰侄孙。1930年4月16日，萨师洪初中毕业。随即考入位于马尾的福州海军学校第五届航海班，1934年12月以优异成绩完成堂课。1935年1月，被送往南京海军水鱼雷营学习，之后充见习鱼雷副。同年6月1日，参加海军部组织的留学生选拔考试，再次以优异成绩胜出，赴英国留学。先考入英国格林尼茨皇家海军学院学习，旋入英国国防研究院学习。

1937年“七七”事变爆发，中国进入全面抗战时期，萨师洪毅然回国参战，表现英勇。1939年2月28日，萨师洪辗转来到抗日前线，任海军布雷队少尉布雷官。

1940年4月1日，因在前线布雷屡炸日舰，萨师洪被国民政府授予七等宝鼎勋章。次年，萨师洪因在布雷前线建功获晋升，先后担任海军长江中游布雷游击队分队长、中队长。在前线一直坚持战斗到日本侵略者投降。

1945年9月，萨师洪任北巡舰队副官。次年2月，任海军舰队指挥部少校参谋。3月，调任少校副舰长。12月，调任青岛中央海军训练团计划课少校课员。

萨师洪夫妇

1947年6月17日，萨师洪出任青岛中央海军军官学校计划课少校课长。次年11月，萨师洪随青岛中央海军军官学校南迁到厦门，后又随学校迁至台湾。

1950年，萨师洪被台湾当局派赴英国留学，进入英国海军枪炮班深造。

1951年，学成回台的萨师洪，出任台湾地区海军机械学校教官组组长。

1952年4月，萨师洪任台湾地区海军机械学校本科训练班副主任，被台湾当局授予“海军上校”军衔。次年2月，任台湾地区海军军官学校教务副主任。

1954年，萨师洪升任台湾地区海军军官学校教务处处长。

1955年，萨师洪升任台湾地区海上防务部门第五署副署长。

1958年6月，萨师洪升任台湾地区海军指挥参谋大学教育长。

1960年，萨师洪被台湾当局授予“海军少将”军衔。

1962年，萨师洪任台湾地区海上防务部门海道测量局局长。

1965年8月1日，萨师洪退役，进入台湾省立海洋学院（今海洋大学）当教授。1973年10月，升任台湾省立海洋学院航海系主任。1979年7月正式退休。

2005年，萨师洪病逝。著有《航海学》《地文航海学》等，译著有《海洋探测仪表学》等。

萨本茂：海军化工专家 功勋卓著

萨本茂（1924—　），海军科学家，曾任海军航标工厂技术员，海军4805工厂工程师、高级工程师、教授级高级工程师。

·填补空白 中国海疆亮起来

萨本茂

萨本茂是萨君雄次女、萨镇冰侄孙女，1924年出生于一个工程师家庭。父亲萨君雄（1892—1962），自福州工业学校毕业后，曾任胶济铁路工务员、福建省公路局工程师。1950年，萨本茂从福州华南女子文理学院化学系本科毕业后，任福建省科学馆化学实验室指导员和福州一中教师。1952年从福州走进上海化工厂，之后调海军航标工厂，1959年再调海军4805工厂，从事海军装备维修工作，历任技术员、工程师、高级工程师、教授级高级工程师。

中华人民共和国成立之前，我国18000千米的大陆海岸线、14000千米岛屿海岸线和辽阔海疆航道上，数以亿计的航标灯全靠上海的一家法国公司供应乙炔气点亮。20世纪50年代初，帝国主义一方面在朝鲜半岛发动了侵朝战争，另一方面又联合起来对新中国实行经济封锁和禁运，想让中国的海疆变成一片黑暗。由于航标灯需要清洁的乙炔气点燃，而这种清洁的乙炔气是用美国的电石制造，并经法国的清洁剂净化的。当时这些东西都在禁运之列。中国电石制造的乙炔气含硫、磷等杂质太多，点不了一会儿，油烟就会把航标灯的灯嘴堵塞。乙炔气要靠乙炔清净剂（黄粉）来清除杂质，而乙炔清净剂（黄粉）却要靠进口。在中华人民共和国刚刚诞生的那个年代，西方国家对我国实行重重封锁，不肯将乙炔清净剂（黄粉）售给中国。如果不尽快自己研制出乙炔清净剂（黄粉）的话，中国的外海、内河将一片黑暗。面对国家需要，萨本茂勇敢地接下了这个担子。通过艰苦努力，成功研制出乙炔清净剂（黄粉），而且它的效率比一直领先世界的法国乙炔清净剂（黄粉）高出12倍，还能够重复使用7次以上。后来，萨本茂又投入乙炔瓶填料新工艺的实验，并获得了成功，使我国从此有了自行生产乙炔填料的工艺方法，并在使用质量、安全性等方面媲美先进国家的产品。1959年，萨本茂研究出舰船尾轴包覆玻璃钢新技术。1986年，她带领研究组研制成功H型电刷镀铟溶液。

·海军英模 屡立功勋

萨本茂从事舰船应用化学研究，完成了67项重大科研成果和技术革新，其中 2 项填补我国空白；“乙炔清净剂（黄粉）”、“快速涂镀铟溶液”、舰船尾轴“防腐涂料”等 3 项获得了全国科学大会重大科技成果奖；特别是“舰船尾轴包覆玻璃钢”技术，创造出世界先进水平。

萨本茂因科研成果突出，获得众多荣誉称号。1977 年，获记二等功。1978 年，在全国第一次科学大会上，萨本茂一人获得了“乙炔清净剂（黄粉）”、“舰船尾轴包覆玻璃钢”和“乙炔瓶活性碳填料”三项国家重大科技成果奖，并被评为全国先进科技工作者。1979 年、1983 年，两次获全国三八红旗手称号。1985 年，获上海市巾帼一等奖。1986 年，获中国人民解放军二级英模奖章，并被海军授予“热爱海军事业的模范党员”称号，还被总后勤部授予全军劳动模范称号。另外，连续 9 年被评为上海市船舶工业公司先进生产者，4 次被评为上海市劳动模范。

萨本述：军舰轮机长 海校教育长

萨本述（？—1985），号克传，海军军官，曾任“永绩”舰轮机副、“中海”舰轮机长；台湾地区海军军官学校教育长。

萨本述是萨福祉之子、萨镇冰侄孙。自幼习西学，数理化成绩优异，少年时期考入福州海军学校，勤学苦练。1935 年前，任“永绩”舰中尉轮机副。

抗战全面爆发后，萨本述随部参加对日作战。之后，投身海军抗日布雷队，浴血杀敌，晋升上尉。抗日战争胜利后，萨本述入选海军赴美接舰队，远赴美国接舰。1947 年 2 月 10 日，以海军少校军衔出任“中海”大型坦克登陆舰轮机长。

1949 年，萨本述随部迁往中国台湾，继续服务于海军。曾长期执教台湾地区海军教育机构，主教轮机课程，官至台湾地区海军军官学校上校教育长。

萨本锵：三等军医 服务海军

萨本锵（1915—1974），海军军医，曾任福建省第五行政督察区保安司令部军医、军政部江西军人监狱医务所所长、海军湖口水中武器厂三等军医。

萨本锵是萨君泰长子，萨镇冰侄孙。承继家学，自幼上进，1930 年进入海军部海军马尾医院学习，后考入日本帝国大学攻读医学，抗日战争全面爆发前归国，进入福建省卫训班第一期医师组，进修临床医学。

1937年，萨本锵毕业后即赴漳州，担任福建省第五行政督察区保安司令部少校军医。之后北上，担任军政部江西军人监狱医务所少校所长、三等军医。

抗日战争胜利后，担任海军湖口水中武器厂三等军医。

1950年3月，经萨镇冰介绍，到福建省卫生厅报到，后被安排到闽东工作。曾在福安、周宁、霞浦乡镇医院和县医院工作，医道好，受病家好评。

萨本锵夫人孙坤桢（1917—2006），亦是闽东颇有名气的医生。她毕业于上海市伯特利医院（今上海交通大学医学院附属第九人民医院前身）附属学校。抗日战争和解放战争期间，曾在明溪、福安、光泽、江山、铅山县医院担任助产士。1950年3月后，与丈夫一起服务于闽东多家医院。

萨本政：海军士官 随舰起义

萨本政（1930—2002），海军士兵，曾任“长治”舰水兵；中华人民共和国成立后曾任“八一”舰水兵、“南昌”舰水兵。

萨本政是萨福基长子，萨镇冰侄孙，因文化程度不高，没有考入海军学校。

1945年，萨本政考入马尾海军练营。毕业后，服务于“长治”舰。

1949年9月，萨本政随舰参加起义，后参加人民解放军海军。

“长治”舰起义后，蒋介石于9月22日、23日派8架飞机来轰炸。为保护军舰，保护起义官兵，在将舰上的火炮、仪器、电台等主要装备卸下后，“长治”舰于9月24日晚开至燕子矶以东江面，官兵们将底舱阀门打开，舰休缓缓自沉长江。

中华人民共和国成立后，“长治”舰被重新打捞出来，随即拖往江南造船厂进行大修，不久被命名为“八一”号。1950年4月23日，在人民海军成立一周年时，“八一”舰被重新命名为“南昌”舰，舷号210。担任人民海军第一支舰队——第六舰队（后改名为护卫舰六支队）的旗舰。

萨本政随“南昌”舰在护渔护航和解放东南沿海的斗争中表现英勇。在1954年5月11日至22日解放东矶列岛的战斗，“南昌”等四舰两面夹击了一艘台湾地区“太”字号军舰。在1955年1月18日解放一江山岛战斗中，第六舰队担任登陆作战中海上掩护和火力支援任务，“南昌”舰为四舰编队的指挥舰。

战斗打响后，“南昌”舰进至离岸仅 26 链（航海术语，1 链 =27.5 米），连岸上的碉堡工事肉眼都可辨了，炮火直接瞄准射击，有效摧毁了岛上目标，掩护陆军仅用 20 分钟就攻占 203 高地。因作战勇敢，萨本政荣立三等功。萨本政后退伍回福州，就居于朱紫坊萨家大院。

萨本通：导弹专家 上校研究员

萨本通（1931—1992），字辉祖，海军军官，曾任台湾地区“中山科学研究院”研究员。

萨本通是萨承钰曾孙、萨兆琛之子，萨镇冰侄孙。1949 年，萨本通迁往中国台湾，毕业于台湾地区海军机械学校机械系，曾登舰服务。后被派往日本留学，专攻鱼雷技术。回台湾后，一边继续服务于海军界，一边考入成功大学机械研究所深造，以优异成绩获得硕士学位。后因表现优异，公派留学美国，进入纽约大学，再取得航空工程硕士及应用数学硕士两个学位。学成回到台湾后，参与筹设“中山科学研究院”。

“中山科学研究院”是中国台湾最高的军事科研机构，于 1969 年 7 月成立，位于距离台北市西南 40 多千米的桃园市龙潭区，现有 6 大研究所和 4 个中心。分别是航空研究所、飞弹（导弹）火箭研究所、资讯（信息）通信研究所、化学研究所、材料光电研究所和电子系统研究所，以及系统发展中心、系统维护中心、系统制造中心和资讯（信息）管理中心。萨本通在飞弹（导弹）火箭研究所担任研究员，参与导弹推进器火药研发。后以上校军衔正研究员退役。退役后，萨本通任教于多所大学。

萨家在这一代还出了 2 位造船专家：萨本兴，萨君豫长子，萨镇冰侄孙，1923 年生，大学毕业，造船工程师；萨本杰，萨镇冰侄孙，上海交通大学毕业，上海汽轮机厂研究所副所长。

第六代

萨家船政缘绵延至第六代，其中的代表人物是台湾海上防务部门副领导人萨晓云，他是发端于船政学堂的台湾地区海军军官学校培养出的海军军官。

萨支源：少年进海校 参加“两航起义”

萨支源（1915—1993），字澧泉，海军学子、航空人才，曾任中国航空公司上海机场主任。

萨支源是萨师同长子、萨镇冰侄重孙。少年时期，考入位于马尾的福州海军学校，后攻读上海沪江大学政治经济系。

抗战爆发，萨支源西去云南继续学业。1943年毕业于云南大学，1944年考入中国航空公司。曾先后在中国航空公司的昆明、北京、上海等地的机场，担任主任。1949年，萨支源在香港参加了“两航起义”，毅然回来参加新中国航空事业。1952年转业至云南，担任昆明第三中学数学、英语教师，直至退休。

萨晓云：生于台湾 任海上防务部门副领导人

萨晓云（1952— ），海军军官，曾任台湾地区海上防务部门“辽阳”舰舰长、131舰队舰队长、督察长、舰队指挥部副指挥官、教育训练暨准则发展部指挥官、副领导人。

萨晓云是萨师洪次子、萨镇冰侄曾孙，1952年生于中国台湾高雄左营海军基地，萨晓云高中毕业后，考入位于高雄的台湾地区海军军官学校，毕业后进入台湾地区海上防务部门服务，不断晋升，曾任“辽阳”舰舰长。

萨晓云在台湾地区海上防务部门中成长迅速。2002年9月1日，台湾当局授予他“海军少将”军衔。2008年12月26日，台湾当局授予他“海军中将”军衔。萨晓云曾相继担任台湾地区海上防务部门131舰队舰队长、督察长、舰队指挥部副指挥官、教育训练暨准则发展部指挥官、副领导人。

萨家海军姻亲多

萨家女儿有不少嫁给海军，男儿也娶了不少海军世家千金。

萨家与海军名门的姻缘关系

· 与胪雷海军陈家是亲家

萨镇冰有一儿一女，女儿萨淑端嫁给了福州城门胪雷海军陈家子弟。

胪雷陈家最著名的海军将军是民国海军部部长、海军总司令陈绍宽上将。陈绍宽父亲陈兆雄、叔叔陈兆汉都是海军。萨淑端嫁给了陈兆汉，而且红娘是父亲萨镇冰，这说起来有一段故事：萨镇冰某日午后在旗舰小睡，管旗兵陈兆汉前来送旗语，见萨镇冰正睡着，不敢惊醒他，就将椅子上的毡毯轻轻盖在他身上，以免着凉。萨镇冰醒后问何人为他盖的毡毯，经勤务兵告知后，他即召来管旗兵，对他说："你心田很好。"他当时就把女儿许与陈兆汉为妻，并给学费、生活零用费等，推荐到上海梵王渡英国人所办学校读书。数年后，又推荐到上海海关投考，录取后，即让女儿与陈兆汉结婚单住。

· 与宫巷海军沈家联姻

福州宫巷沈家是中国著名海军家族，满门海军，代有名杰，代表人物即是首任船政大臣沈葆桢。绘制了第一套完整的中国沿海炮台图的萨承钰，将小女儿萨嘉玙嫁给了沈葆桢曾孙沈觐笏。沈觐笏是海军学校科班出身，专攻轮机，曾任军舰轮机副，可惜英年早逝。

· 与阳岐海军严家结亲

阳岐村位于今福州市仓山区盖山镇。阳岐严家是中国颇为著名的海军家族，代表人物即是启蒙思想家、教育家严复。严复是船政学堂第一届毕业生、中国海军第一批留学生，参与创办天津水师学堂并长期执掌该校，培养了大批海军精英。严复的侄孙严步随，娶了萨君谦之女萨孟瑛（本瑛），当时婚宴设在福州最著名的“聚春园”酒楼，萨镇冰出席并做证婚人。

· 与南营海军罗家亲上作亲

因为船政学堂，福州曾被称为海军摇篮，也因此孕育了不少海军家族。与萨家有最多姻亲关系的海军家族，就是南营的罗丰禄家族。

南营位于今福州市鼓楼区，是条古老的坊巷。居于此巷的罗丰禄是船政后学堂第一届学生，清廷选派第一届船政留学生时，他以候选主事、翻译身份远赴欧洲，在英国学习化学、哲学，归国后曾任天津水师学堂会办，并成长为中国近代著名外交家，曾任驻英公使兼驻意大利、比利时公使，驻俄公使，成为李鸿章重要的外交助手。罗丰禄在任使臣时，一等秘书就是他的侄儿罗忠彤。罗忠彤在异邦与一位美丽的英国姑娘相识、相恋，罗忠彤归国时将她带回福州，两人生有一子。这名中英混血儿子就是著名的桥梁专家罗孝斌，他曾协助茅以升修建了著名的钱塘江大桥。罗孝斌娶了萨承钰次子萨嘉榘的长女萨兆珂为妻。萨兆珂的同族姑母萨多浔，嫁给了罗忠彤的弟弟罗忠铭，两人的儿子罗孝登是福州大学著名的土木工程教授。

罗家不但娶了两个萨家女儿媳妇，又将4位千金小姐嫁到朱紫坊萨家，且成为婆媳、妯娌。萨镇冰的侄儿萨福乾娶了罗丰禄二哥罗雍禄次女罗忠如，生了萨师同、萨师俊、萨本炘、萨本棫。他们所生的长子萨师同又亲上作亲，娶了罗丰禄的孙女罗伯莯。罗伯莯在生二子萨支国时，难产而死。罗家又将罗伯莯的胞妹罗伯申嫁给萨师同。萨师同的弟弟萨本炘，也娶了罗伯申的堂姐罗仲连。

· 与雅亮里海军叶家联姻

雅亮里位于今福州市鼓楼区，与当年杨桥巷（今杨桥路）相通，历史悠久，清末担负重建海军重任的叶祖珪故居位于此巷。叶祖珪是船政学堂第一届毕业生、中国海军第一批留学生，曾任北洋海军统领、广东水师提督、南北洋海军统领。

萨镇冰与叶祖珪二人为至交。1899年为了挽救危局，在众多有识之士的多方奔走之下，清政府决定重建海军，慈禧特地召见叶祖珪与萨镇冰，分别赏加提督衔、总兵衔。据传，此时叶祖珪力荐萨镇冰为主，而萨镇冰则坚决推举叶祖珪为帅，一时传为佳话。叶祖珪将自己的宝贝女儿叶朗辉许配给萨镇冰侄儿萨君豫，并将军机大臣、太傅翁同龢书赠的“雅歌投壶，提戈奋骊”一副珍贵的洒金对联，转送给萨家。萨镇冰晚年，曾与萨君豫、叶朗辉一起生活。

· 与长乐横岭海军谢家是亲戚

福州市长乐区金峰镇横岭村，因清末民初海军名将谢葆璋，而连接成一个海军家族，谢葆璋是冰心之父。冰心的母亲和曾任厦门大学校长的萨镇冰侄孙萨本栋的母亲为亲姐妹。杨家将自己两个女儿杨鹤岭、杨福慈分别许配给萨福绥和谢葆璋。当年，冰心和吴文藻举行婚礼时，当男傧相的即表弟萨本栋。

· 与文儒坊海军陈家成姻亲

文儒坊位于今福州市鼓楼区，是三坊七巷中的一条著名坊巷。世居文儒坊的陈家，亦是林则徐母亲的娘家。

居于此的陈季良，毕业于江南水师学堂，曾任海军第一舰队司令兼闽厦海军警备司令、海军部政务次长兼第一舰队司令，在江阴海空战中身负重伤，1945 年在重庆因旧伤不治。萨承钰的三子萨嘉征，娶了陈季良的堂妹陈世贞。

· 与鼓西路海军陈家联姻

居于福州市鼓西路的陈季同是船政学堂第一届毕业生，他以翻译身份随官派留欧生入法国政治学堂学习法律，后任驻德、法参赞，代理驻法公使并兼比利时、奥地利、丹麦和荷兰四国参赞。陈季同还是中西文化交流大家，不但将法国的文学介绍到中国，而且把中国传统文学名著，用法文介绍到法国，并被译成英、德、意、西、丹麦等多种文字，在欧洲产生广泛影响。陈季同儿子陈承俊是京张铁路段首任段长，他娶萨家姑娘为妻。

萨家甥婿海军精英辈出

萨家六代海军，其甥婿辈也出了不少海军精英，其中以娶了萨家谊女萨闺琛的王助最为有名。

萨闺琛本是萨师俊的夫人蒋振坤的谊女，蒋振坤嫁入萨家时将之带到萨家。她原名春花，随蒋振坤来到萨家后，萨家人叫她蒋春花。当时萨家视春花如自家女儿，出嫁时让她改随萨姓，易名闺琛。王助，1893 年 6 月 10 日生于北京，为避“庚子之乱”全家迁回原籍河北省南宫县（今南宫市）普济桥村。1905 年 12 岁考入烟台海军学堂。1909 年 16 岁时，以优异成绩被选赴英国留学。1913 年考入阿姆士庄学院。1915 年取得机械学士学位后，担任中国向英订购“应瑞”与“肇和”两军舰的监造官。同年与巴玉藻等 12 人赴美深造。在美期间，王助与巴玉藻对飞机制造极感兴趣，凑钱做了一次飞行，后两人一起进入寇蒂斯航空学校学习飞行，不久又一起考入了麻省理工学院，研究飞机制造。1916 年，王助取得了航空工程硕士学位，并被选举为美国自动机工程学会会员。

毕业后，王助立即被新创办的太平洋飞机公司（波音公司前身）聘为总工程师。1916 年，王助为该公司设计、监造了第一架飞机，奠定了该公司的经济与技术基础。1991 年，波音公司为了纪念这位中国人对公司的开创性贡献，特颁发奖状并宣布将在王助任教过的中国台湾成功大学设立讲座，每年由波音公司选派专家到成功大学航空所演讲。1917 年 11 月，王助和同学们回国，着手开创中国航空业。王助与巴玉藻一起，在福州马尾创建了中国第一家正规的飞机制造厂，自行设计、选料、制造了中国首批达到国际水平的飞机；创办了中国第一所飞潜学校，培养了中国第一批航空工程师；自行设计、制造了中国第一座飞机水上浮台。

王助在西雅图

1929 年，中美联合创办了中国第一家航空公司——中国航空公司，王助出任总工程师；1934 年，中美合作创办了中央杭州飞机制造厂，王助出任中方代表、总监理，主持授权制造了诺斯罗普 -2EC 轻型轰炸机，为抗战初期打击日寇做出了贡献。

王助后赴中国台湾，接任中国航空公司总经理。1949年底结束了在中国航空公司的工作，隐居台南。1955年应台南成功大学礼聘，出任航空工程教授，1965年3月4日，因肝炎去世。其与萨闺琛没有生子，过继好友巴玉藻之子钟英为子，王钟英长期在中国台湾的航空部门任职。

“八闽菩萨”萨镇冰

福州是海军的摇篮，出过众多的海军名将，唯萨镇冰在福州名气最大，至今仍家喻户晓。但榕城几代百姓称呼这位叱咤风云的海军将领时，更多用了“萨菩萨”之名。此名的得来与萨镇冰长期热衷于慈善事业有关。

萨镇冰幼时家道贫寒，父亲教私塾所得常常不够维持全家生活，每月房屋租金都无法按时交纳，曾经一度全家还住在西门湖头街破损的萨家祠堂里，后来还是做脱胎漆器的亲戚怜其无屋居住，叫他们来同住。儿时的苦日子既激励了萨镇冰奋发图强，又使他养就了扶危济困的热心肠。

1922年，萨镇冰任福建省省长时，向他求助的穷亲戚非常多，致使他每月收入根本入不敷出，只得自己节衣缩食，以便能更多地资助一些穷亲戚。他的独子萨福均当时任交通部路政司司长，听人说到父亲生活极其节俭，时常以咸橄榄佐餐，儿子心疼父亲，每月专门寄回100元，特别叮嘱只能作他改善生活之用。但萨镇冰每月一收到此项汇票，即交给当时省长公署庶务李仲杰，嘱他向邮局支款后即送到西门街水陆轩京果店，交给萨家族长萨怀卿先生，托其代为分配给族中生活困难的人。

萨镇冰将军

萨镇冰不但一有钱就拿出来帮助穷人，而且身边稍微值点钱的东西也都变卖换钱，赠给穷人。

1919年冬天，北京奇冷。当时萨镇冰担任海军部总长，北洋政府当局见他在如此严寒季节，只穿一件旧棉袍在风雪中奔忙，就特购了价值千金的貂裘大衣赠送给他。貂裘大衣自然比棉袍暖和，还很轻巧，可萨镇冰只让自己舒服了几天。那一日，他到京郊，见到灾民遍地，饥寒交迫，许多灾民冻毙街头，他回到城里便将貂裘大衣卖了，用这笔钱买回了80多件棉衣，送给灾民过冬。

1924年，萨镇冰海军旧同事陈恩焘的儿子从海外回来，送给萨镇冰一套高档细绒毛衣。但萨镇冰上午收到毛衣，下午就转送给穷得没衣穿的人。省长公署庶务李仲杰对他说："这种毛衣国内是买不到的，而且很贵，为什么不留着自己穿呢？"他则回答："女儿养大都要出嫁，男孩子养大也是国家的，而自己死后只剩有一副棺材，还有什么东西舍不得的。"他还时常对人说："人最宝贵的是良心，对良心上过不去的事情，是丝毫不能轻易放过的。""凭良心做事情非常愉快，多做一件好事情，比多积一件好东西还要愉快得多。"

1920年萨镇冰任海军部总长时，河北旱灾严重，灾民流离失所。他除将自己全部薪金拿出来赈灾之外，还募集了一笔款，交给一位胡姓福建同乡前往灾区赈济。他将自己住屋后进整出三间房给无家可归的灾民栖身，这些灾民所有食宿都由他出钱细心安排。一直等到灾情过后，他发给路费、食粮，送他们回乡。

1921年5月，萨镇冰辞去海军部总长一职。他没有积蓄，辞职后经济上捉襟见肘。为了安顿原来在北京靠他接济生活的孙国镇、赵海等几个人，他就将家中所有的床铺被帐及椅桌等家具拿去，在北京魏家胡同开设一个青年公寓，把公寓的经营收入作为维持孙国镇、赵海等几个人长期生活的费用。萨镇冰自己为了节省开支，也准备由原住的黑芝麻胡同7号大院迁往东池子60号小屋。但搬家需要预缴一笔租金，为此，没有积蓄的他就将自己那块英国人赠给他的钢表交人拿到当铺去典当，作为缴租之用。当时，这块表值数百元，但典当铺老板心特黑，只当8元。这与需要缴付的租金额相差很远。于是萨镇冰不得不打消了搬家的念头，准备搬到曾受他救济过的京郊农民家中住，帮助他们劳作，借以糊口，并买了斗笠、草鞋等，做好了当农民的准备。此时，他的儿子萨福均刚好出差回家，坚决不同意自己这位海军上将父亲成为农民，他掏腰包替父亲付了租金准备搬家。当时萨镇冰身体不好，原本常吃面食，他认为面食较贵，于是改吃高粱、玉米面，为的是能多省一点钱支援灾民。

萨镇冰在福建当省长期间，将沿街乞讨的麻风病人、盲人、手足残疾人全部收容起来，首次建立了政府收容制度，设立官营的麻风病院和残疾人收容所。经费不够，他就将卖字所得用来贴补这些机构投入不够的缺口。

萨镇冰后来长期从事施赈救灾。1926 年，军阀张毅部队由闽南窜到闽侯县南港，所到之处焚屋杀人、奸淫掳掠，青山绿水的南港一下子哀鸿遍地，惨状难言。萨镇冰在当年 12 月 4 日卸任福建省省长后，就立即赴南港各乡办理赈济。他夜以继日择地建村，捐资筑舍，收容失所灾民，并指导灾民修坝造桥，开辟新路。他自己夜宿夹板小船，日则与灾民同劳作。当时英国有艘海军军舰来华访问，停泊在马尾港，慕名要见萨镇冰。于是，接待人员将他们带往闽侯南港。当这些外国海军军官见到萨镇冰时，所有人都惊呆了，因为海军上将萨镇冰身着旧衣与灾民一起劳作，正在帮着灾民建房。萨镇冰在南港赈灾一干就是两年，在他不知疲倦的劳作下，被军阀糟蹋成地狱的南港已旧貌换新颜。

南港九十三乡农民为感谢萨镇冰的盛德，特在萨镇冰所建造的苏州桥北桥头，盖一“萨公长寿亭”，并作记以纪念。每年萨镇冰生日，这里还要举行“省长节”，焚香膜拜，祝萨镇冰长寿。萨镇冰除了在福州四周赈灾，还曾往闽东、闽西、闽北施赈。在闽北崇安也建有一座“萨公堡”，在龙岩则有一条“肃威路”，并立“肃威上将军纪念碑”。

萨镇冰扶危济困不遗余力。1937 年，萨镇冰已近 80 岁，还是寄居在他人家里。儿子萨福均觉得心里很过意不去，当时他在南京交通部工作，听说福州汤门街有一幢房子要出让，价格 3000 元，觉得不错，就先寄来了 1300 元，请父亲先与房主接洽，把此屋买来作为父亲晚年栖身之地，而且交代余款将随后寄来。哪里想到，一心只想着多帮穷人的萨镇冰，根本没有问舍置业打算。他收到儿子汇来的 1300 元钱后，随手就分给穷人用，搞得儿子萨福均也不敢再将余款寄来。过了一段时间，他的侄儿萨君豫见叔叔年纪这么大住在别人家很不方便，就拿出 3000 元，把这套房子买下给萨镇冰住。可萨镇冰只住了年把时间就离开福州。福州第一次沦陷后，大多数人生活非常困难，萨君豫就去信与萨镇冰商量，决定将此屋变卖，所得之款除自己留用一部分外，其余汇给萨镇冰。萨镇冰回信时开了一份名单，告诉侄儿，将准备寄给他的那份钱，按此名单分配给各有困难的亲戚朋友。

朱紫坊萨家大院

中华人民共和国成立后，党和政府对萨镇冰特别关心。中华人民共和国成立之初，人民政府每月发给他 630 斤大米，作为萨老先生的生活费用，没过几个月又增加几百斤，而萨镇冰除每月提出米额数十斤交给家人代为料理，作为他日常伙食费用以外，其余都分给了穷苦亲友和孤儿。萨镇冰自己生活很节约，听黄钟瑛将军的孙子黄信仿说："20 世纪 50 年代初，我奶奶因我哥哥读中学的事，去找萨镇冰，是早上去的，去时刚好碰到萨镇冰在吃早餐，奶奶一看就是稀饭配咸橄榄、大头菜。但当看到我奶奶来，萨镇冰马上问：'家里日子过得怎么样，需不需要帮助？'"

名妓与名舰舰长的生死恋

萨师俊，一代名舰——"中山"舰舰长，抗日战争中为国壮烈牺牲。自 1996 年开始，笔者四处收集、整理萨师俊事迹，采访了近百位萨师俊亲人、战友和部属，每每谈到萨师俊壮烈牺牲后其妻子的下落，人们总是三缄其口。

这是为什么？一直到2004年春天，笔者与沈葆桢玄孙女沈苏有机会长时间细谈，才知人们缄口原因。原来，萨师俊最后一位妻子曾经是位福州当红名妓。

碧珠姑娘误入娼门

碧珠这名，是嫁给萨师俊前，由赎她从良的海军前辈给起的。碧珠本无名，也不知爹娘在何处，只知祖籍在福州郊县连江，姓林。碧珠误入娼门与穷有关系。

旧时，福州妓院分三等。上等妓院，俗称“白面厝”；二等妓院，指的是水上妓院，称“乌面”；三等妓院，叫作“半开门”。一等妓院均设在台江洲边街，一共有13家，其中最有名的妓院有“杏花天”“新玉记”等。一等妓院每家均有老板，老板皆为女性且必自蓄雏妓，多余的房间则租给人家自行营业。因此，在同一个堂里，可以有好多个独立营业、互无关系但又互相照顾的搭堂户。这里妓女有两种情况：一种是自由身份的妓女，即身体所有权属于自己，营业独立自主，接客随自己的意愿，行动不受约束，老板无从干涉；另一种是不自由的妓女，她们原先是被买来作为养女。她们的卖身契握在人家手里，对她们持有人身长久所有权的这个人，叫“伊大”，也就是鸨母。当时，就有不少人贩子专门从事到福州附近郊县低价购买模样漂亮小女孩，高价倒卖给“伊大”的营生。碧珠就是这样被人贩子卖进妓院的。

她家在连江大山深处，非常穷。5岁那年，有一人贩子来到碧珠所在村里，在村口见这小女孩眉清目秀，就相跟着来到林家，使出如簧巧舌，骗说福州城里有一富户，没有子女，想在城里抱个女儿，但又怕长大了被人认走，所以托他到农村找个女儿抱回去。碧珠上有二姐二哥，下有二弟，当年她出生时，奶奶曾想按当地风俗，将多余的女儿浸死在马桶里，是母亲和小哥哥苦苦哀求，才使碧珠活了下来。如今，听说城里有富户愿买，虽然只给一块银圆，但父母已一百个满意。当下，为女儿洗了把脸，梳了下两根小辫子，就让她跟着人贩子走了。碧珠被这人贩子以10块银圆，卖给了“杏花天”妓院的一位“伊大”做养女。家乡给碧珠留下的全部记忆只有三个词汇：连江人，姓林，小时人家叫自己细细妹。

应当承认，人贩子好眼力。碧珠越长越漂亮，“伊大”为她请了两个老妈子，还请乐师教她弹古筝、唱小曲，请老师教她识字、读古诗，使她在美丽之外还添了点书香气。不知谁最先将其比作《红楼梦》里才情过人的林妹妹，很快全城都知“杏花天”有个“林妹妹”。

碧珠遇上真心爱人

碧珠这一辈子接的第二个“客”，就是萨师俊。

萨师俊的夫人是福州巨富“蒋半街”的女儿。“蒋半街”，指的是蒋家商号、钱庄在福州最繁华的商业街占了半条。萨师俊的婚礼在当时的福州城很轰动，至今在他的故居——朱紫坊萨家大院，还保留着当时大婚时特别定制的家具。两人婚后生有一子，但儿子一岁多时就因肺病而死，没过多久，孩子的母亲也被肺病夺去了生命。

失去了爱子爱妻，福州成了萨师俊的伤心地，有好几年不曾回来。那一年回乡休假，睹物思儿思妻，萨师俊整日饭茶不思，痛苦异常。就是在这时，萨师俊被几位好友拖到了“杏花天”散心。

满面愁云的萨师俊与愁锁双目的碧珠见面了。他问及碧珠为何卖笑者难展笑容，碧珠直言相告自己刚刚失去了儿子，又上了一个负心男人的当。她的泪也勾起了萨师俊的泪，他向眼前这位第一次见到的姑娘细说起了自己的不幸……两个伤心人越说心贴得越近。

萨师俊走了，碧珠为爱坚守贞节，坚决不肯再接客。“伊大”动起了“家法”。

碧珠为萨师俊不肯再接客快被打死的消息，很快在福州传开。以曾任海军福州船政局局长陈兆锵中将为首的一批海军前辈，有的是萨家世交，有的与萨家沾亲，有的很疼爱萨师俊，他们有感于碧珠对萨师俊的一腔深情，也想为萨师俊留住这个痴情女子，于是，就捐资赎出了碧珠。

那时结婚讲究门当户对。为了让出身娼门的碧珠有点儿身份，与豪门萨家距离能缩短一些，乃至萨家老少不至于太看不起她，陈兆锵就摆了酒席，请来一些福州有名望的长者做证，正式认碧珠为干女儿。自此，碧珠认陈家为娘家，叫陈兆锵为干爹，住进了陈家法海路大宅院，吃饭时与陈家女儿同桌。“碧珠”这个名就是陈兆锵给起的。

细心的陈兆锵还让自己的女儿教碧珠打毛衣、做女红和烹调各种菜肴，自己还亲自教碧珠读“四书”“五经”和写诗作画。陈家掏钱为碧珠置办了全套嫁妆，陈兆锵外孙女沈苏当年就曾几次陪着碧珠去试婚纱。

相爱共守的日子太短暂

婚礼是利用萨师俊回家休假的日子举行的，洞房就设在萨家大院。蜜月里，小两口白日游山嬉水览胜，夜里吟诗作画下棋，碧珠还经常下厨做丈夫爱吃的福州芋泥、八宝饭和马蹄糕。两人都非常喜欢张恨水的小说，碧珠认字不是太多，通常都是萨师俊读给碧珠听。这也是1997年“中山”舰打捞出水后，在舰长室找到了许多张恨水小说的原因。

只可惜团聚的日子太短。身为海军的萨师俊每年能回福州的日子不过一个月，听曾长期在萨家做勤务兵的邱奕殿老人说，萨舰长很爱碧珠，每回探亲都给碧珠带礼物，碧珠的玉镯、苏绣小扇、镶钻项链和耳环都是萨师俊给的。碧珠知丈夫爱喝威士忌，还将萨师俊平常给的钱攒起来，为丈夫买了一套玉石做的酒器，在结婚两周年纪念日时送给丈夫做礼物。1998年9月，笔者组织海峡两岸“中山”舰幸存者重返“中山”舰活动，带着邱奕殿等“中山”舰幸存者一起到武汉，专程去看了随“中山”舰打捞上来的物品。在众多瓢盆杯碗中，邱奕殿一眼看见这套玉质酒器，大叫着“这是舰长的”就扑了上去。后来听武汉文物工作者说，打捞时，这套玉质酒器就在舰长室里。

萨师俊纪念邮票

两人婚后很想有个孩子。1934年岁末，萨师俊接到了担任“中山”舰舰长的任命。第二年回榕休假快结束时，知妻子仍未有孕，专门陪碧珠去找妇科医生看病。原来，是碧珠当年大冬天被“伊大”雇的打手暴打后扔在冰冷的天井里，那几天她正好来月经，落下了病根子，要想得子，得先治疗。碧珠知丈夫非常想要孩子，不住地伤心地落泪。萨师俊还安慰妻子来日方长，慢慢治病，治好了病再生孩子也不晚。萨师俊归队分手时，还笑着对正在落泪的碧珠说："以后我们有孩子了，我走时就有人陪你了！"

哪里想到，1935 年一别，这对相爱的人再未见面。

千里祭亡夫触雷而死

萨师俊在 1938 年 10 月武汉保卫战中壮烈殉国，他牺牲的消息传到了当时尚未沦陷的福州，碧珠是萨家第一个哭昏过去的人。萨家就在朱紫坊萨家大院二进大厅摆起祭奠台，设了灵堂，醒来后碧珠跪在祭奠台前，发誓要为夫君报仇。听萨师俊的侄儿萨本雄说，萨师俊走了后，萨家老老少少都做好拼死抗日的准备，孩子们组织了抗日宣传队，上街宣传抗日，女眷们将自己的金银首饰卖了，买来布、棉花，给前线将士做棉衣。碧珠除了留下萨师俊送的那把苏绣小扇，将其余值钱的东西一件件卖了，买来布、棉花做战衣。当时，朱紫坊邻里有些大妈劝她："你丈夫也走了，你又没儿没女没兄没弟，年纪也不小了，把东西都卖了，以后你靠什么生活？"碧珠说："只要能多打几个日本仔，我饿死都可以。"

位于三山人文纪念园内的"中山舰福州籍抗日将士之碑"

那段日子，萨家大院里数碧珠屋里的灯亮到最迟，有时早上老妈子起来做早饭，发现她还没睡。她没昼没夜缝制战衣，一对秀目熬得通红。萨家几位长者都劝她别累坏了，她摇摇头，说：“我睡不着，一闲下来就觉得最爱我的人走了，我也没啥活头了，只有缝着军衣，我才觉得我要活下去。”

1945 年 8 月 15 日日本投降，碧珠兴奋极了，立即收拾行李要到武汉祭奠亡夫。家里人劝她，抗战刚胜利，街面上还很乱，等安定一点再走。碧珠不答应，她说要立即去看看师俊。家里人说：“你也知道师俊的遗体都还没有找到，还在江里，你去看什么？”

“反正我不能等了，我一定要马上去！”碧珠不顾所有人的劝阻，1945 年 8 月 30 日登上了去武汉的轮船。临行前，她专门买了福州的肉燕、光饼、礼饼、线面、切面、老酒，还买了福州的茉莉花茶，说：“师俊好久没有吃到这些家乡味了！我要到武汉金口江边摆给师俊吃。”她知道师俊爱吃芋泥，还四处托人去买槟榔芋，说用槟榔芋做的芋泥味道最好，她要亲自动手做芋泥。家里人说天气热芋泥容易坏，恐怕还不到武汉就坏了。她告诉说：“师俊就是能闻闻芋泥的味道，也能解馋。”几位老者说：“快让她去吧，不然她会得精神病的。”

但这位女性没能走到武汉金口，没能走到丈夫长眠的武汉金口长江边。轮船在上海附近的长江上遇到了日本鬼子当年布下的鱼雷，船毁人亡。消息传到福州，萨家人唏嘘不已，唯一让他们心里能够稍微好受些的是，碧珠毕竟到了长江，能够与萨师俊团聚在长江碧波之下，也算遂了相爱的人永久厮守的愿望。[22]

注释：

①② 萨本敦 . 雁门萨氏族谱 [M]. 福州：雁门萨氏族谱编委会，2007：33.

③ 萨本敦 . 雁门萨氏族谱 [M]. 福州：雁门萨氏族谱编委会，2007：19.

④⑤ 萨本敦 . 雁门萨氏族谱 [M]. 福州：雁门萨氏族谱编委会，2007：336-342.

⑥ 萨本敦 . 雁门萨氏族谱 [M]. 福州：雁门萨氏族谱编委会，2007：9.

⑦⑪⑬⑮ 林纾 . 清诰授通议大夫知府衔山东武城县知县萨君墓志铭 [M]// 萨本敦 . 雁门萨氏族谱 . 福州：雁门萨氏族谱编委会，2007：357.

⑧⑨ 萨承钰 . 上山东巡抚张曜南北洋各炮台情形书 [M]// 张侠，杨志本，罗澍伟，王苏波，张利民 . 清末海军史料 . 北京：海洋出版社，1982：271-272.

⑩ 张曜．札候补知县萨令承钰[M]// 张侠，杨志本，罗澍伟，王苏波，张利民．清末海军史料．北京：海洋出版社，1982：272.

⑫⑭ 山东邹平县志[M]// 萨本敦．雁门萨氏族谱．福州：雁门萨氏族谱编委会，2007：358.

⑯ 中国社会科学院近代史研究所，中国第一历史档案馆．筹笔偶存[M]. 北京：中国社会科学出版社，1983：475-516.

⑰ 萨本敦．雁门萨氏族谱[M]. 福州：雁门萨氏族谱编委会，2007：255.

⑱ 吴赞诚．出洋限满，生徒学成并华、洋各员襄办肄业事宜出力，分别请奖折[M]// 张作兴．船政文化研究——船政奏议汇编点校辑．福州：海潮摄影艺术出版社，2006：181.

⑲ 皇清诰授振威将军广东水师提督钦赐祭葬国史有传桐侯叶公墓志铭。

⑳ 此处应为萨福锵，"昌"与"锵"在福州方言和传统福州人说普通话中极接近，另萨福锵号"国昌"，易混。

㉑ 冰心．冰心自传[M]. 南京：江苏文艺出版社，1995：33.

㉒ 刘琳，史玄之．船政新发现[M]. 福州：福建省音像出版社，2006：3-12.

陈恩焘家族

陈恩焘（1860—1956），字泽钦，号幼庸、敏庸，福建省闽县（今福州市仓山区）人，海军名将、教育家，船政后学堂第五届驾驶班毕业生，清朝时曾任北洋海军副官长、“飞鹰”舰管带、驻英参赞、山东大学堂管理总办、山东高等学堂监督、直隶大学堂监督兼师范学堂监督、考察政治大臣参赞官、北洋译学官监督、海防营务处会办兼北洋洋务处会办、闽江要塞统领；民国时曾任福建都督府外交司司长兼闽江要塞总司令、厦门海关监督、厦门海关监督兼外交部特派厦门交涉员、海军部参事、海军部军法司司长、海军部军务司司长兼海军海道测量局局长。海军中将。

世居福州市仓山区螺洲镇店前村的陈家，繁衍出以陈恩焘为代表的一个海军家族，家族祖孙三代海军官兵同在抗日战争中建功。

家族源流

陈家属“螺江陈”一支

陈姓列福建十大姓之首，也为福州大姓之首。陈姓的郡望主要有颍川、吴兴、宜都、江州、固始等。福州陈姓主要为“颍川陈”。已知的是，“颍川陈”于西晋末为避“永嘉之乱”，衣冠南渡，进入福建。目前，在福州地区影响最大的有“古灵陈”“大义陈”“漈上陈”“胪雷陈”“螺江陈”“连江龙西陈”。

据考，居于长乐陈店的一位叫陈巨源的男儿，在明代洪武年间（1368—1398）从长乐迁至螺洲，其即为螺江陈氏始祖。螺江陈氏家族从始祖陈巨源迁至螺洲，三传举于乡，五传成进士。传至十三世孙陈若霖后，更是科第蝉联，功名显赫。陈恩焘家族即是著名的“螺江陈”中的一支。2005年9月，笔者专程采访了陈恩焘的侄孙陈念祖先生，88周岁的陈老先生久居福州鼓楼，他介绍道：现在螺洲还有老宅，过年过节都会回去看看。

船政家谱

第一代

陈恩焘是陈家这一支第一代船政人中最具代表性的一位，他的堂兄弟们多为造船工匠，有的成长为造船管理人员。

陈恩焘：海军中将 收回海道测量主权第一人

陈恩焘（1860—1956），字泽钦，号幼庸、敏庸，海军名将、教育家，清朝时曾任北洋海军副官长、“飞鹰”舰管带、驻英参赞、山东大学堂管理总办、山东高等学堂监督、直隶大学堂监督兼师范学堂监督、考察政治大臣参赞官、北洋译学官监督、海防营务处会办兼北洋洋务处会办、闽江要塞统领；民国时曾任福建都督府外交司司长兼闽江要塞总司令、厦门海关监督、厦门海关监督兼外交部特派厦门交涉员、海军部参事、海军部军法司司长、海军部军务司司长兼海军海道测量局局长。

· 被李鸿章选中 加入北洋海军

陈恩焘生于咸丰十年十一月初一（1860年12月12日），光绪二年（1876年）

考入船政后学堂第五届驾驶班，光绪七年（1881 年）完成堂课，奉派“扬武”舰见习。因品学兼优，立即被正在筹办北洋海防事务的直隶总督、北洋大臣李鸿章选中，调往北洋海军。次年，被保奖千总，任“超武”舰二副。

光绪十一年（1885 年）初，陈恩焘积功累迁至旗舰“定远”舰驾驶大副。

光绪十二年（1886 年）二月，清廷选派第三批留学生出国留学，因表现优异，陈恩焘被选中，赴英国留学。留学期间，刚好清政府在英国订造的“致远”“靖远”等新式巡洋舰完工，急需管理和驾驶人才，驾舰驶回国内。北洋海军总教习、英国人琅威理曾建议调陈恩焘回国担任管带，李鸿章爱才惜才，认为未完成学业即归，会前功尽弃，未免可惜，陈恩焘得以在英国继续留学。次年，被派往英国东非舰队的“依及利亚”舰，随舰前往印度洋实习，历练铁甲舰驾驶、测量、绘图等技术。

陈恩焘

留学生监督周懋琦曾这样向上汇报：“学习测量海图、巡海练船兼铁甲兵船者三员，陈恩焘、贾凝禧文武兼资，最为出色。”①

· 留学归来 北洋海军立新功

光绪十四年（1888 年）三月，陈恩焘提前返国仍回北洋水师，任海标测绘教官。八月二十八日（1888 年 10 月 3 日），经过海军衙门大臣醇亲王奕譞、直隶总督李鸿章等的努力，清政府批准颁行《北洋海军章程》，这是中国历史上第一部近代化的军规。刚刚回国的陈恩焘受李鸿章亲自提名，被任命为副官长，总管全军军械，授游击衔，直属北洋海军提督丁汝昌提标，负责考核、稽查北洋海军的军械、弹药等事项。

陈恩焘因为通晓英文、法文，在英国期间对法律又颇有研究。所以，后来曾以中国代表的身份，与英、美等 28 国商定航海公法。归国后，负责测量锦州海口，担任订定旅顺船坞章程委员。

· 浴血甲午 身负重伤

光绪二十年（1894 年），日本借朝鲜问题，挑起了蓄谋已久的侵华战争，史称“甲午战争”。同年八月十八日（1894 年 9 月 17 日），陈恩焘随北洋海军提督丁汝昌乘旗舰“定远”号参加了黄海海战。海战中，他浴血奋战，身受重伤，仍不下火线。

北洋海军“广甲”舰管轮卢毓英在回忆录中记载：在刘公岛外援断绝的最后日子里，陈恩焘曾受提督丁汝昌之命，起草英文降书。光绪二十一年正月“十八日（1895 年 2 月 12 日）丁统领命候补直隶州借补游击海军军械委员陈恩焘作英文情愿输服之书，并请释海军士卒，命‘广丙’管带都司程璧光乘‘镇北’蚊船悬白旗献于倭舰统领陆奥。先是海军仅剩‘镇’‘平’‘济’及‘康济’‘广丙’五艘并蚊船六艘，盖以军火已罄，军粮已绝，无可如何，乃问计于陈恩焘。陈曰，外国有情愿输服之例，遂引某国某人有行之者，丁意遂决，命陈书而献之”②。

甲午战争后，清政府下令撤销海军衙门，取消北洋海军的编制，所有海军将领一并革职，听候查办。陈恩焘和幸存的大批北洋海军官兵一起被革职遣散。

·重建海军 殚精竭虑

被革职后，陈恩焘很快就因人才难得，又获起用。光绪二十一年（1895 年）五月，受命前往德国，接收在伏尔铿造船厂订造的“飞鹰”巡洋舰，于八月三十日安全驾驶回华，抵达大沽交舰。九月，陈恩焘任“飞霆”巡洋舰管带。光绪二十二年（1896 年）夏天，陈恩焘赴德国监造“海容”“海筹”“海琛”三艘巡洋舰，后来又被派往英国监造“海天”“海圻”两舰。同年底，奉调回国，复任“飞霆”舰管带，不久即调任清政府驻英国公使馆参赞。任上，曾考察欧洲多国及美国的海军建设，特别注意学习、研究各国海道测绘等。

光绪二十六年（1900 年），“庚子事变”发生。在这之后，清政府议和。顽固派认为海军靡费无用，提出撤售“海天”等 5 艘主力舰的方案，经叶祖珪与陈恩焘等将领力谏，争辩始寝，五舰保存。

光绪二十八年（1902 年），陈恩焘奉调回国。回国后，目睹时艰，遂萌生退意，想离开。

·转行教育 为山东大学首任校长

受山东地方政府力请，陈恩焘后改往教育界工作。光绪二十七年初秋（1901

年 9 月)，政府创立山东大学堂成立，周学熙任管理总办（校长）。次年，陈恩焘前往山东济南，接任山东大学堂管理总办，主持山东大学堂（今山东大学）校务。山东大学堂于光绪三十年（1904 年）易名山东高等学堂，学堂管理总办改称监督，第一任监督由原管理总办陈恩焘继任，山东高等学堂的第一任校长即陈恩焘。任上，陈恩焘在推进山东高等学堂近代化建设、创设山东首所师范学堂、派遣留学人员等方面积极作为，为中国高等教育发展做出重要努力。

光绪二十九年（1903 年），陈恩焘在山东巡抚周馥的支持下，锐意改革，依照《奏定学堂章程》的具体要求，山东大学堂扩大办学规模、改善办学条件、重新设置课程。光绪三十年（1904 年)，他在济南杆石桥西路北购地 140 多亩，建设新校园。在他主持下，学校很快修建了 2700 多平方米的校舍、930 多平方米的操场，增设发电房，安装了自来水，增设了浴室、理发室、天文台。同年冬天，山东大学堂迁入新校区，正式更名为山东高等学堂。陈恩焘还四处奔走，争取到办学经费，山东省巡抚答应在藩库税契项下拨款白银 8 万两，作为常年经费，夯实了山东高等学堂物质基础。

由于当时山东小学堂、中学堂没有正常建立，陈恩焘在任山东大学堂管理总办时，发现山东大学堂生源难以正常保证。于是他启动山东教育体系建设，将山东大学堂内分为三个层次教育：第一层次为备斋，相当于县府的小学堂；第二层次为正斋，相当于州府的中学堂；第三层次为专斋，相当于大学堂。大学堂先从备斋和正斋入手，暂时不设立专斋。

光绪三十一年（1905 年)，山东大学堂已更名山东高等学堂，此时专斋设立，开始招收高等正科，这是严格意义上山东高等教育的肇始。按照新学制的规定，高等正科相当于大学的预科，学制三年。在教师聘用上，陈恩焘也是举贤不避亲，广纳人才。当时，学堂的教师主要来自三部分：教授经学、史学、国文的多是本省有名望的进士、举人；教授数、理、化等科的本国教师多为船政学堂毕业者；学校还聘用美、德、英、日等国的教师教授外文。

陈恩焘认为，欲兴办新式学堂，必先造就新式教师，必先创办师范教育。光绪二十九年秋（1903 年 10 月)，他多方奔走，争取山东巡抚拨库银 1 万两作为开办经费，并将附设于山东大学堂的师范馆分出成立，地址位于济南贡院，改名为山东全省师范学堂，是今山东师范大学的前身和全国最早的师范学府之一，也是山东师范教育的开端。学堂第一期招收学生 80 名，学制三年，称长期班。光绪三十年春（1904年5月），该班分为长期与速成两班，速成班修业两年。

经甲午之战，一向被“天朝大国”所鄙视的日本显示了整体国力优势，思想解放的陈恩焘主张借鉴日本复兴之路，教育兴国，引进日本的文化与教育制度。师范馆所设图画、地理、算术等课本已经基本与日本学校所用教材内容一致。同年秋，留过洋、见过世面的陈恩焘精心选派50名学生赴日本弘文书院学习，成为山东近代历史上很早的一批留学生，其中徐镜心、张伯言等人在日本参加同盟会，被孙中山委任为山东同盟会负责人，并被派回山东发展会员，为反清革命在山东的发展蓄积了火种。

光绪三十年（1904年），陈恩焘调任直隶大学堂监督兼师范学堂监督、总教习。

光绪三十一年（1905年），陈恩焘出任清廷考察政治大臣参赞官。

光绪三十二年（1906年），陈恩焘调任北洋译学馆监督。

宣统元年（1909年）初，陈恩焘调任海防营务处会办兼北洋洋务处会办，随萨镇冰等考察各国海军。年底，陈恩焘被免去海防营务处会办兼北洋洋务处会办之职，以预备役海军协都统在野。次年底，陈恩焘出任闽江要塞统领，即闽江口炮台总台长，统辖闽江口一带炮台。

·辛亥革命中为福州光复定乾坤

陈恩焘出任闽江要塞统领，统兵驻扎于福建省连江县长门炮台。

清末，福州革命力量不断发展，清新军第十镇统制孙道仁、第二十协统制许崇智等高级军官先后参加同盟会，并同意参加反清起义，驻福州新军第十镇和巡警已全部为革命党所掌握。

1911年11月8日，同盟会福建支会在仓前山的桥南公益社发出命令：光复福州。进攻的目标首先是城内的于山。激战一日，起义的许崇智率队占领了于山阵地，设指挥部于观音阁。次日拂晓，起义军在于山的炮兵阵地首先开炮，第一炮轰向水部水关闸，第二炮命中将军署（位于今省立医院）。起义的新军第十镇炮兵营管带萧奇斌所率炮队上于山后，也向旗下街将军前一带（今仙塔街一带旗界）猛烈轰击。井楼门、狮桥头大路口、安奶庙、旗汛口、津门楼等处的清兵，齐向起义军反攻，水部城楼革命军和城下看守的清军旗兵也在激战。于山脚下鳌峰坊法政学堂三楼顶的清军旗兵也不断向于山起义军阵地射击。下午，津门路、秀冶里、高节里一带重新发生激烈巷战。福州将军朴寿派放火队到旗汛口、高节里、鳌峰坊一带，四处放火烧屋，桥南公益社急调消防队驰赴各处灭火。旗兵佐领、“杀汉团”头子文楷率200多人的敢死队向九曲亭进击，蜂拥攻上于山。占据鳌峰坊法政学堂最高洋楼的清军捷战营官兵，用密集枪火向于山起义军阵地扫射。

为防止长乐洋屿三江口水师旗营官兵到省城助力朴寿，起义的新军第十镇统制孙道仁，以中华民国军政府闽都督名义，恳请陈恩焘派兵增援。夜色降临，陈恩焘冒着生命危险，率炮兵400人，随带大炮4尊，乘轮船2艘、拖驳1艘，于当晚9时到达于山，使面临绝境的起义军士气大振。陈恩焘与起义军会合后，立即提出要联络驻守马尾的海军官兵参战，以保证对清军的绝对优势，赢得胜利。他联络马尾海军官兵中向往革命者，动员他们带兵带武器弹药参加光复福州之战。与之同时，陈恩焘与同样心向革命的留洋同学、船政提调杨廉臣商议，派海军舰艇在闽江下游巡逻，防止三江口水师旗营进城。在杨廉臣晓以大义之后，三江口水师旗营管带吴少岩率200名旗营官兵起义，带着大部分库存弹药，抵福州参加对清军作战，从而保证了革命军以压倒的优势，打败清军。

11月9日，八旗都统胜恩率领八旗兵1300余人，到福州南校场指定地点投降。陈恩焘率部起义，响应革命。清闽浙总督兼船政大臣松寿自尽。福州光复。

· 收回中国海道测量主权第一人

福州光复后，组建福建军政府，众人推孙道仁为福建都督，陈恩焘任福建都督府外交司司长兼闽江口要塞总司令。

1912年12月，陈恩焘任闽厦要塞司令。次年1月，任厦门海关监督。

1914年6月20日，陈恩焘以厦门海关监督身份兼外交部特派厦门交涉员。6月28日，获授海军少将军衔。1916年9月15日，调任海军部参事。

1918年1月7日，陈恩焘获授“四等文虎勋章”。10月，出任海军部海政司少将司长。11月7日，获授“二等瑞宝勋章”。次年10月14日，获授“三等文虎勋章”。

1920年1月1日，陈恩焘获授“三等嘉禾勋章”。

1921年1月7日，陈恩焘获授“二等文虎勋章”。1月12日，陈恩焘与日本海军代表商洽，取消北京政府因第一次世界大战与日本签订的《共同防敌之海军军事协议》及一切办法，双方互换照会。4月23日，陈恩焘获授“二等嘉禾勋章”。

陈恩焘为中国收回海道测量权立下了不可磨灭的功勋。

当时中国的海道测量业务为外国人所把持，中国海关主管航行标志和海道测量的都是外国人。海军和商船所有的本国海区海图都是由外国人绘制的，沿海地形、水深、潮汐、气象等相关数据、文献资料都采用外文。为收回海道主权，加强对中国领海及岛屿主权的捍卫，陈恩焘向海军部建议筹办海界讨论会，商讨收回海道测量权。

1921年7月，海界讨论会举行，时任海军部军法司司长陈恩焘、咨议许继祥主持会议。陈恩焘认为，领海划界事关重大，应先设立海道测量局，培养自己的测量人才，自行丈量经纬度及测绘外海、内江图，以便收回被帝国主义控制的海关所窃取的测量制图主权。海军部接受了陈恩焘的建议，并委其筹办海军海道测量机构。为便于海道测量局设置及测量设备的购置，陈恩焘在上海建立办公机关，派海军部咨议许继祥与上海海关税务局、海政司、巡工司，请求给予经费支持、代海军训练测量人才。陈恩焘从海关收入中争取到一笔钱款，用于开办海道测量局，添购测量设备和培训海道测量人才。10月，海道测量局成立，曾经在英国专门学习测绘海图的陈恩焘，成为中国第一任的海道测量局局长。中国海军海道测量局一成立，就照会各国驻华使团：以后未经我国政府许可，各国不得自由测绘中国领海。

陈恩焘十分重视人才培养，向海军总长提议选拔海军优秀军官到海关巡船和巡工司学习，海军军官陈志、刘德浦、邵钟、谢为良、陈有根等先后去海关巡船和巡工司学习测量及制图技术。

1922年2月12日，北京政府海军部正式公布《海道测量局编制》，海道测量局设局长、副局长各一员，下设测量、推算、潮汐、制图、总务各课，分工办理有关测绘和划界事务。陈恩焘仍被任命为海军部军务司司长兼海道测量局局长。18日，海军部派陈恩焘出席中国海界讨论会，确定公海、领海及岛屿周围公海、领海的界线，进一步重申了中国主权，第一次实现中国海军的自审权。

1922年4月，陈恩焘辞去海军海道测量局局长一职，仍任海军部军务司司长一职。他在此任上，继续为海道测量局建设做出颇多贡献。他将海防团所辖的“海鹰”“海鹏”两艘炮艇调归海道测量局，并筹款进行改造，设置测量装置，分别易名“庆云”“景星”，后又向英国购买了一艘测量专用舰，即“甘露”舰。

· 中国海岸巡防机关创始人

1922 年 7 月 22 日，陈恩焘获得“二等宝光嘉禾勋章”。

1924 年 4 月，北京政府海军双桥无线电台建设完成，海军部派军务司司长陈恩焘为勘验电台委员长，并成立委员会，下设各股，分头司职，前往该台检查各项工作。

为加强海军建设、维护沿海治安，须提供海上情报和及时通报气象消息等，同年 5 月，陈恩焘积极建议创设海军岸防机关。海军部接受了陈恩焘的建议，决定筹设海军岸防处，并派陈恩焘、许继祥负责与交通部接洽。

交通部原计划将海岸巡防机关命名为“海防工务处”，附设于海道测量局内。陈恩焘认为海岸巡防机关的任务是办理领海保安，建议用“海岸巡防处”之名，他的建议得到海军部和交通部的认同。同年 6 月 1 日，全国海岸巡防处成立，开始在沿海主要岛屿及一些海岸设立观象台和无线电报警台，传播气象及风警，以利船只航行。陈恩焘力主培养海军岸防通讯人才，建议在全国海岸巡防处内附设无线电报警传习所。他倾力筹资，终使无线电报警传习所如期开办，先后招收两批学生，毕业后派往海军各观象台、报警台、巡防队服务。

1925 年 6 月，北京政府外交部组织中苏划界会议，海军部派陈恩焘出席。

1926 年 7 月 6 日，陈恩焘辞去海军部军务司司长之职。次年，任海军署军学司司长。此时，国民革命军北伐一路高歌，陈恩焘随即卸职南下，投身国民革命。1928 年 7 月 3 日，陈恩焘任国民政府海军总司令部参议。1929 年 8 月 2 日，陈恩焘任国民政府海军部中将候补员。

1937 年 7 月，抗战全面爆发。为因应战时需要，海军部改组为海军总司令部，陈恩焘任中将候补员。

1946 年 6 月 1 日，陈恩焘任海军总司令部顾问。1947 年，坚决反对内战的陈恩焘以年迈请退，蛰居北京。1956 年 11 月 7 日，陈恩焘在北京因病去世。

第二代

陈恩焘家族第二代船政人，有水兵，亦有造船工匠，最著名的要数曾任海军部、海军马尾要港司令部、海军台澎要港司令部中校秘书的陈吉庐。

陈吉庐：儒士校官 五旬再披抗敌战袍

陈吉庐（1890—1961），海军军官，曾任海军部秘书、海军部秘书兼南京海军水鱼雷营附设无线电训练班教师、海军马尾要港司令部秘书、海军马尾要港司令部秘书长、海军接收台澎区秘书长、海军台澎要港司令部秘书、福建省立林森高级航空机械商船职业学校教师；中华人民共和国成立后曾任福建闽侯县南屿中学教师、福州商业中学教师。

·一介书生 连续参加抗日五大海战

陈吉庐

陈吉庐是陈恩焘的亲侄儿，学问很好，但就是科举屡试不中。因为与清末内阁学士礼部侍郎陈宝琛是同族，所以陈宝琛曾介绍他到台湾做事。后来，海军总司令陈绍宽需要一个秘书，翰林院编修出身的福建省政府代理主席陈培锟曾做过陈吉庐的老师，陈培锟的弟弟陈培源当时在海军部做秘书长，他做“红娘”将陈吉庐推荐给了陈绍宽。陈绍宽很满意这个秘书，陈吉庐也非常敬业，1931年10月31日就升任中校秘书了。

陈吉庐一边做秘书，一边还兼任南京海军水鱼雷营附设无线电训练班的国文教师，在教授国文课的同时，主动为学生讲授国史，鼓励学生继承精忠报国、不怕牺牲的中国军人优秀传统。

1937年7月，抗日战争全面爆发。陈吉庐随部构筑江阴阻塞线，投身江阴海空战、湖口海空战、鄱阳湖之战、田家镇之战、葛店之战。在海军部撤至岳阳后，年近五十的陈吉庐因病退休回榕。

·抗击日寇 退休老兵请缨再披战袍

陈吉庐回到福州不久，正遇上日寇飞机疯狂轰炸闽江口，意欲攻占福州。情形十分危急，陈吉庐主动找到海军马尾要港司令李世甲将军，要求归队参战。

但马尾要港司令按规定只能配备少校秘书，李世甲只能给陈吉庐支付少校饷。陈吉庐说："能继续打日本，我不在乎其他的。"在有军人贪生怕死从前线当逃兵时，这位文官出身的老兵再次走上了前线。

1941 年 4 月，日寇在飞机、航空母舰的配合下，狂攻闽江口主炮台——长门炮台，李世甲率部与日寇激战长门、马尾，陈吉庐也奋勇参战，驻福州海军官兵团结一心，连续作战，敌人始终未能突破长门炮台，无法从长门登陆。后来，敌人从长乐、连江登陆，包围了长门炮台。在李世甲率领下，陈吉庐与战友们一起与敌激战，后突围至南平。

1944 年 9 月，日军再度侵占福州，李世甲率部与日军作战七昼夜，陈吉庐也与部同战，战至最后，不顾年老体弱，与部队一起长途跋涉，转移至闽侯桐口、白沙一带。次年 5 月，随部收复福州及马尾、长门。

· 抗战胜利　跨海执行收复台湾任务

陈吉庐一直坚持到抗战胜利。1945 年 10 月中旬，时任海军马尾要港司令部中校秘书长的陈吉庐，于次年 11 月被任命为海军接收台澎区秘书长，随李世甲将军跨海赴台湾，接受日本侵略者投降，参加了 10 月 25 日在台北公会堂举行的受降仪式。之后，出任海军台澎要港司令部秘书。内战爆发，陈吉庐愤而退役回榕，执教福建省立林森高级航空机械商船职业学校。

中华人民共和国成立后，陈吉庐先在闽侯南屿中学当语文教师，后到福州商业中学当教师，直到退休。③

第三代

陈恩焘家族第三代投身船政的较多，既有优秀航海官，又有出色的造船技术人才，还出过海军航空兵。

陈念祖：抗日布雷　人民海军优秀教官

陈念祖（1918—2006），原名寿鎏，海军军官，曾任海军第二布雷总队第五布雷大队布雷官、上海舰队指挥部参谋、海军总司令部副官、国防部第二厅第四处参谋；中华人民共和国成立后曾任第四海军学校教官、福州市格致中学教师。

· 陈恩焘保荐侄孙进海校

陈家在抗日前线与敌拼杀的，不仅有陈吉庐，还有他的长子陈念祖。陈念祖原名陈寿鎏，参加海军学校考试报名时改名陈念祖。

当年海军学校招收新生有两条路，第一条是通过全国招考，第二条是海军中校以上武官，可以保荐自己的直系亲人。陈吉庐虽有中校军衔，但是文官，不具备保送子弟入军校资格，好在他的叔祖是堂堂的海军中将。1934 年，陈恩焘亲笔写了保荐信，将侄孙陈念祖送入了位于马尾的海军学校第七届航海班。

1937 年“七七”事变之后，日本侵略者为实现占领福建全省之罪恶目的，加紧了对福建著名军事要塞——马尾军港的狂轰滥炸。位于福州马尾的海军学校只好搬至大山深处的鼓山涌泉寺，继续授课育人。陈念祖学习非常刻苦。他很清瘦，为练就健壮体魄，他每天沿着登山道上下几个来回。他对同学们说：“与日本侵略军拼战，没有好身体不行。”国难中，这所古老的海军学校也惨遭蒙难，学校先迁鼓山，再迁湖南湘潭，1938 年 10 月落户于贵州省桐梓县金家楼。陈念祖随校千里大迁移，长途行军中只要有片刻时间，都拿出书本抓紧学习。

· 一毕业就奔赴抗战前线

1941 年 6 月，陈念祖从海军学校毕业，被分配到海军布雷队。他与好友、浙江人朱星庄一起，到了海军第二布雷总队第五大队当布雷官，林遵是他们的大队长，第五大队位于皖南贵池县梅村，离长江边有百多里路。

笔者与陈念祖女儿陈援是好友，曾多次访问过陈念祖。忆起那段日子，陈念祖眼里有泪光闪过：“当地老百姓太好了，真是军民齐心打日寇。”部队驻扎在梅村，附近有新四军，也有游击队队员，布雷队队员与新四军、游击队和当地群众配合得很好。布雷队中有专门的谍报人员，负责到长江边和日军集中驻扎地收集情报，当获悉日舰准确航行时间后，布雷队就出发布雷。听陈念祖说，当时，日军对布雷队扫荡极紧，将布雷所需的小船或拖走或烧毁或砸烂。当地老百姓对布雷队非常支持，常常冒着生命危险从敌人手里抢回小船，或将家里

陈念祖（右）与父亲

密藏的小船献出，给布雷队运雷用。实在找不到小船，老百姓就帮着布雷队队员一起肩扛手抬水雷，步行一二百里，到长江边布雷。每次出发，布雷队队员都要化装成农民，老百姓争着将自己的衣服借给布雷队队员。陈念祖说，自己就是在那时穿过“百家衣”的。

布雷非常危险，因为长江边已全部被日寇控制，岗哨密集，在一些重点地区还专门设了探照灯，以阻截我布雷队布雷。好几次布雷归来，陈念祖和战友们都被日军重兵围追堵截。与他一起分到第五大队布雷的朱星庄，就是在 1941 年 9 月 28 日的布雷中壮烈牺牲。当时，朱星庄被打得血肉模糊，等战友们找到他的遗体时，已认不出具体是谁了，陈念祖是凭着遗体上系着的皮带，认出这就是朱星庄。说到这里，陈念祖沉默了，良久，才喷出一句话：“我的这些战友要是能亲眼看到日本向我们投降，那该有多好啊！”

· 反对内战 离队回乡

抗战胜利后，陈念祖先到海军上海舰队指挥部当参谋，6 个月后又调南京海军总司令部做副官。没多久，他就请调，不愿继续在海军总部做事。采访中，笔者得知，陈念祖请调的主要原因有二。一是对当时的海军总司令部很失望，蒋介石将中国唯一一个海军四星上将、忠义正直的海军总司令陈绍宽解职，派自己的嫡系桂永清出掌海军。桂永清一上台，就疯狂地排挤闽籍将校，陈念祖觉得抗战刚结束，需要的是同心同德复兴海军，而不是拉山头结帮派，他对此愤而失望。二是对蒋介石挑起内战不满，但退职又怕找不到工作，因此一心只想出国，所以就请调到有权任命驻外使馆海军武官的国防部第二厅第四处（外国情报处）当参谋。1949 年 1 月，见蒋介石政府分崩离析，陈念祖决心宁愿失去任何生活来源，也要与蒋介石政府分道扬镳，于是，请假回到福州。“国防部”撤至中国台湾，一道又一道命令叫其归队，他置之不理。

· 新中国第一代海军教官与“教育世家”

中华人民共和国成立后，陈念祖参加了人民海军建设，成为新中国人民海军第一代教官，在第四海军学校教授“船艺”课，一批后来成为人民海军的将军都曾是他的学生。

1954 年，陈念祖转业回福州，进入福州格致中学当数学教师。陈念祖夫人是小学老师。儿子陈济平在福建师大文学院当教授，是博士生导师；大女婿曾在三明师专教地理，二女儿陈援曾在福州八中教历史，小女儿长期在福州二中工作。陈家因此被福州市评为“教育世家”。④

2006 年 8 月 31 日，陈念祖病逝于福州。

陈寿元：志在蓝天 航空训练所教练官

陈寿元（？—？），海军军官，曾任福州海军飞潜学校航空训练所教练官、试飞员。

陈寿元是陈念祖的堂兄。笔者在访问陈念祖时得知，陈寿元是谱名，参加海军时陈寿元自己又改了名字，但具体叫什么陈念祖已不记得了，他说家族里的人还是习惯叫他“寿元”。

福州马尾不仅是中国近代造船工业与近代海军的发源地，而且是中国近代航空工业的摇篮。中国最早的飞机制造厂就设在马尾，隶属于海军福州船政局。

1918 年，福州海军飞潜学校创立，这是我国最早培养制造飞机、潜艇专业人才和飞行员的综合性学校。听陈念祖说，陈寿元自福州海军飞潜学校毕业后，还辗转多地学习飞行。1923 年 6 月，福州海军飞潜学校设立航空训练所，既训练飞行员，也试飞海军马尾飞机制造处研制成功的飞机，陈寿元进入航空训练所，既当飞行训练教官，又当试飞员。

1924 年 6 月，海军马尾飞机制造处制成了中国第一架海岸巡逻机“海鹰一号”，飞机马力达到 200 匹，在此之前，中国自制的四架飞机马力皆为 100 匹。

陈寿元参加了“海鹰一号”试飞，没想到试飞时，飞机失事坠水，陈寿元脑部受伤，留下了终身痼疾。

陈寿宁：海校高才生 人民海军鱼雷官

陈寿宁（？—？），海军军官，曾任人民海军鱼雷官。

陈寿宁是陈念祖弟弟，毕业于福建省立林森高级航空机械商船职业学校。

1949 年 8 月 17 日，福州解放，陈寿宁报名参军，加入人民海军，并被选拔赴大连，进入人民解放军海军学校学习鱼雷。海军学校是 1949 年 11 月经毛泽东主席亲自批准成立的新中国第一所正规海军高等学府。1952 年，学校更名为“第一海军学校”。1957 年，学校更名为“海军指挥学校”。1986 年，定名为“海军大连舰艇学院”。1999 年 6 月，根据中央军委命令，原中国人民解放军海军政治学院并入该院，组建政治系。陈寿宁在校时，刻苦学习，成绩优异。毕业后，登舰服务，成为一名出色的鱼雷官。

1954 年，陈寿宁转业至福州市晋安区前屿中学当教师。

陈念祖的二姐夫程世俊是海军文官，民国时曾任厦门海军巡防处书记官，1949 年随部撤往中国台湾。

家族传奇

陈念祖岳家多海军才俊

陈念祖的夫人也出身海军世家。岳父陈兆俊与其胞弟陈兆棻，皆为民国时期海军技术专家。

陈兆俊（1897—？），船政后学堂第十二届管轮班毕业生，曾赴荷兰留学，参与监造“宁海”舰。后曾任海军部军械司兵器科科员、海军部军械司兵器科中校科长、军械处检验课中校课长、海军修械所检验课上校课长。抗战中，参与创办水雷制造所，先后参与试制成功了大型电发水雷“海甲式”、触发固定水雷“海丁式”、漂雷“海庚式”、中型固定雷“海戊式”、小型固定雷“海己式”，为海军抗日布雷游击战提供了源源不断的武器。抗战胜利后，任海军工厂上校厂长、海军江南造船所生产处工程师室上校工程师、海军江南造船所生产处第十四工场上校工程师。

陈念祖结婚照

陈兆俊三弟陈兆楷也是海军军官，长期在海军海道测量局工作。

陈兆俊四弟陈兆棻是福州海军学校第三届航海班毕业生，毕业后留校任舰课班教官。曾赴意大利、德国留学，学习潜艇驾驶与作战。1937 年 8 月，陈兆棻回国投身抗战。不久，出任海军工厂管理委员会委员。1946 年 12 月 11 日，陈兆棻曾任中国驻意大利海军代表处海军武官。

抗战全面爆发前，陈兆俊将自己的次子陈孟熥送进了海军学校航海班。后来，三子高中毕业后，他坚决让三子学习造军舰，三子遵父命考入同济大学学习造船，一辈子都在为国家造船，也算子承父业。

陈兆俊不但让自己儿子学海军、学造船，还将自己最漂亮的女儿嫁给了陈念祖，将自己大哥的女儿嫁给了毕业于海军学校航海班的高才生庄家滨。

在海军学校航海班，庄家滨比

晚年庄家滨

陈念祖低两届，抗战时也走上了布雷前线，在浙江金华一带布雷，抗战结束后出任“永济”舰上尉大副，曾代理副舰长。1948 年，因得肺病回榕疗养。蒋介石发动内战，民不聊生，庄家滨每月的薪金不够买几斤糙米，决计离开国民党军队。病愈后，他考取了世界通用的商船大副执照，不久被台湾的航运公司聘为大副，离开福州到台湾。1949 年 8 月中旬庄父病逝，8 月 16 日庄家滨从台北飞回福州奔丧，从此留在福州担任教师。[⑤]

注释：

① 薛福成 . 出使英法义比四国日记 [M]// 中国史学会 . 洋务运动（八）. 上海：上海人民出版社，1961：307.

② 卢毓英海军生涯忆旧 [M]// 卢毓英等著，孙建军整理校注 . 北洋海军官兵回忆辑录 . 济南：山东画报出版社，2017：39.

③ 刘琳，史玄之 . 船政新发现 [M]. 福州：福建省音像出版社，2006：105-107.

④⑤ 刘琳，史玄之 . 船政新发现 [M]. 福州：福建省音像出版社，2006：107-113.

贾凝禧家族

贾凝禧（1860—1913），字紫庭，福建省长乐县（今福州市长乐区）人，海军军官，船政后学堂第五届驾驶班毕业生，清朝时曾任船政学堂练习舰教练、“福龙”艇管带、天津水师学堂教习、船政学堂教习、署山东荣成县知县、河南开封府知府兼法政大学校长、海军部军学司训练科科长；民国时曾任海军部军学司教育科科长、航海科科长。

贾家自清雍正七年（1729 年）开始，世居今福州市长乐区航城街道琴江满族自治村，这里原是清朝第一批六大水师旗营之一，也是清朝在南方设立的第一个水师旗营，是目前全国唯一保存完整的清代水师旗营旧址。贾家即这个水师旗营中诞生的海军世家，绵延九代，代代皆有英才，代表人物即与严复并称天津水师学堂“二妙”的贾凝禧。贾家是目前中国绵延代数最多的海军家族。

家族源流

贾姓来源有四

贾姓主要来源有二：一是出自姬姓，以国为姓。周康王在位时（公元前 1020 年—公元前 996 年），封唐叔虞的少子公明于贾（今山西襄汾西南），建立贾国。春秋时，贾国为晋国所灭，贾国贵族因以国为姓，称贾氏。二是出自狐姓，以封地为姓。据《姓氏考略》等所载，春秋时，晋襄公将贾地赏给曾辅佐其父晋文公称霸的狐偃之子狐射，射字季他，又称贾季、贾他。襄公去世后，在立襄公的哪个弟弟为君问题上发生了争斗。贾季为避祸便逃亡翟国，其子孙便以贾为姓，称贾氏。

贾姓还来源于少数民族的汉姓，一是近代裕固族贾鲁各氏改汉姓简作“贾”；二是满族嘉佳氏改汉姓简作“贾”。此外，彝、苗、土家、蒙古等民族也有贾姓。

琴江贾氏祖籍辽东

琴江贾家原住辽东，祖先跟着努尔哈赤起兵，南征北战，是有名的“老四旗”，后被编入“汉八旗”，清初随顺治皇帝进入北京。何时来闽？著名海军史专家陈贞寿在《福州三江口水师旗营》一书“清兵驻防福州”一节中这样记载：

顺治十四年（1657 年）五月，清政府为了加强对福建的统治，派固山额真朗赛及梅勒章京赛英达理、王国诏、吴学礼、吴拜等统兵镇守。《榕城纪闻》载：“其兵正披甲三千，家眷、买卖、亲戚人共四五万，亦分八旗，皆辽东、山、陕籍，号汉军。彼语曰乌金超哈。”这是清政府正式开始在福州设八旗驻防。但仅历时 4 年，即顺治十八年（1661 年），靖南王耿继茂从广东移藩福建接防，镇闽都统朗赛等撤回浙江。耿部系绿营，名天祐军。康熙二年（1663 年）耿继茂卒，子耿精忠袭爵。康熙十三年（1674 年）耿精忠起兵反清，旗兵复进入福州……康熙十九年（1680 年）九月，康熙帝命驻防杭州的汉军八旗副都统胡启元率……官兵合计 1049 名驻扎福州。①

胡启元领命率驻防杭州汉军八旗中左翼的镶黄、镶白、正白、正蓝四旗南下福州。雍正七年（1729 年）组建三江口水师旗营的官兵来自这四旗。

船政家谱

第一代

贾家世代从军，在马背上征战南北，与水师结缘起于清朝雍正年间，第一位水师战将是贾凝禧的高祖贾永咸。

贾永咸：任左佐领 水师旗营二把手

贾永咸（？—？），水师军官，曾任三江口水师旗营把总、千总、骁骑校、防御、左佐领。

· 雍正皇帝是贾家与海军结缘“红娘”

雍正六年（1728年）初，清朝雍正皇帝在紫禁城里召见上京入觐的福州驻防军副都统阿尔赛，问道：“尔等福建旗兵习水务，懂行船吗？”[②]阿尔赛不敢隐瞒，如实相奏：“只知骑马射箭，不识水务行船。”雍正皇帝听了龙颜大怒，斥责道：“福建离海甚近，驻防兵丁若不谙水务，乃欠缺之处；倘遇用船行走之时，风浪之中头晕畏怯，如何行得？尔处乌龙江甚是宽大，应设立船只教练兵丁方好。”[③]对此，清《福州驻防志》卷十四有详尽记录。

其实，雍正皇帝在召见阿尔赛之前已经接到福州将军蔡良的奏疏。蔡良在奏疏里提到，为了监视和牵制驻防闽江口要塞的绿营——福建水师闽安协，为了缉查台湾和福建民间走私大米和土特产，必须在闽江建立一支信得过的旗人水师。

应当承认，对于自满人入主中原之后，由汉人投降武装改建的绿营，清朝历代皇帝都不放心，尤以对福建的绿营为甚，原因是康熙年间（1662—1722）的耿精忠叛乱，更让清帝们觉得还是旗人可靠。至于沿海的走私活动日渐猖獗，使清廷的赋税收入锐减，也是皇帝的一大心病。

因此，雍正皇帝很赞成蔡良的建议，但是为了维护皇帝的脸面和更好地实施，雍正皇帝在召见阿尔赛时，还是把蔡良的建议说成自己的发现，要阿尔赛回闽时口传他的旨意，让福建的将军、总督迅速拿出建立旗人水师的计划。

阿尔赛一回到福建，即展开工作。闽浙总督高其倬听了阿尔赛的汇报，立即带了阿尔赛和一批官员，从台江乘船一路而上，看地形、测江面、量水文，一致认为上洞江、乌龙江、琴江三江口交汇处下方南岸15里处的洋屿，是建立水师旗营的最好地方。

雍正六年（1728年）六月，一个在福州长乐洋屿琴江建立三江口水师旗营的奏折，标以“十万火急”的字样，从福州传到了北京。雍正皇帝亲自主持了议政大臣会议商议，复奏照准。据清《重纂福建通志》卷八十六载，当年九月，雍正帝下诏在乌龙江下游三江口添设旗下④水师。

雍正七年（1729年）春，三江口水师旗营开始建筑。同年闰七月初五，已造竣624间，其余697间尚未完工，因此官兵分两队入驻三江口水师旗营。第一队于同年同月十八日由协领何君玉，率佐领1人、防御1人、骁骑校3人，教习千总3人、把总3人、教习功加6人及兵丁300名，先行进驻水师旗营，这中间就有贾家第一位海军——贾永咸。

这年十月二十一日和二十五日，所余300名兵丁以及所有官兵的眷属，分两次由兵船运到洋屿。

·贾家落户琴江旗营首里街

自此，一个城堡式的军营集镇在洋屿的沼泽地上诞生。初建时，临江一面建有城墙，其余三面未建。乾隆二年（1737年），时任福州将军的阿尔赛奏准添筑围墙二里零三分。围墙，一防汉人突袭，二防旗人汉化。围墙内有四巷八街十二路，建置划一，相互交错迂回，利于巷战，外人入其境如进迷宫，很难找到出口，俗称"旗人八卦城"。又因临琴江，习称"琴江水师旗营"，也简称"琴江旗营"。

12条街分列为左右两翼。左翼为东门口街、阳春街、协府口街、帅正街、太平里、淳朴里；右翼为北门口街、大街、泗洲街、首里街、承惠街、真武街。

贾永咸作为三江口水师旗营的第一批水兵，入住在首里街。

·表现优异升到左佐领

三江口水师旗营的规制是完全按满族八旗制度建立的，是一种兵民合一的社会组织，即出则为兵，入则为民，耕战二事，未尝偏废。三江口水师旗营采行八旗兵制，直接隶属福州将军，下设协领衙门，协领下设左翼佐领和右翼佐领，左翼和右翼佐领下面各设左翼、右翼防御，左翼、右翼防御下面各设三个骁骑校。

三江口水师旗营最高官阶是协领，从三品官；其次是佐领，佐领是八旗中基层组织的父母官，既管军事，又管户籍等民事，军事上类似于今天的营长，民事上与保甲长相似，是正四品官；防御是正五品官，骁骑校是正六品官。

贾永咸进入三江口水师旗营时仅是把总，因为工作积极，特别是水务熟悉很快，逐级获升，最后升任三江口水师旗营第四任左翼佐领，简称“左佐领”。

第二代

贾永咸有二子，长子贾遴，次子贾遂，两人长大后皆承父业，也在水师旗营中当兵，因表现优异，次子升任左佐领，长子也当上骁骑校。

贾遴：贾永咸长子　水师旗营骁骑校

贾遴（？—？），水师军官，曾任三江口水师旗营领催、骁骑校、署防御。

贾遴是贾永咸长子，成长于三江口水师旗营，及长，从军于此。

三江口水师旗营衙门

贾遴在站岗放哨缉私之外，还要参加各种训练。三江口水师旗营平时训练很紧张，要求也很严格。每年十一月要在琴江之西的大鲤鱼山洗炮一次。每年春季的二月十五日至三月初一、秋季的七月十五日至八月初一要两次演吹海螺。贾遴还要参加春秋二操。春操日期为每年二、三、四、五月共4个月，秋操则为每年八、九、十、十一月亦4个月。按月分外八班，轮流训练。届时，派协领1名，防御、骁骑校4名，领催兵、炮手等200名，在洋屿江面上进行训练，将军、副都统轮充检查巡视。因为表现优异，贾遴被提升为骁骑校，再累功署防御。

贾遂：贾永咸次子 积军功官升左佐领

贾遂（？—？），水师军官，曾任三江口水师旗营骁骑校、防御、左佐领。

贾遂是贾永咸次子，在三江口水师旗营长大，及长，也在此从军。贾永咸不识满文，到贾遂时已粗通满文。据史书载，作为汉八旗，三江口水师旗营第一批官兵并不识满文，也不会满语。

雍正五年（1727年），福州驻防军副都统阿尔赛借上京“轮班”之机，奏请建立福州“四旗清书官学”。雍正下旨：“尔福建汉军原是旗下，若不晓满文，即昧根本。尔回去时必教他们学满洲话、满洲书方好。”[⑤]雍正六年（1728年）二月，阿尔赛回福州后，即同福州将军蔡良在福州板平巷设立清书官学，并派专员管教。到了雍正八年（1730年），四旗各建立学房一所，在各旗官兵子弟内挑取教习。然后派遣他们到水师旗营担任专职的清书满语教习——清字外郎。

贾遂始学满文时正当少年，所以学习效果甚好。他从小就在清书官学三江口水师旗营学房里学习满文满语，因为刻苦好学，且勤于操练，成绩不错。在三江口水师旗营从军时，又发愤学习操舟行船、水中发炮射枪技能，作战本领不断提升，加上工作认真、缉私勇猛，在营中不断晋升，曾任领催、骁骑校、防御，后升至左佐领。

第三代

贾家船政族谱上的第三代，依旧服务于三江口水师旗营，有3位男儿都在旗营当防御。防御是清朝的军队官职。清代，各省驻防军、驻京之健锐营及各陵寝亦设“防御”一职，相当于绿营兵中“守备”一职，正五品。

贾必贵：文武并重 从军之余苦学文化

贾必贵（？—？），水师军官，曾任三江口水师旗营领催、骁骑校、防御。

贾必贵是贾永咸之孙，生于三江口水师旗营，长大后就在三江口水师旗营当兵，并升至军官。贾家到他这一代，不但箭、铳、炮皆通，且已能熟练操满语、书满文。因为，在当时若没有很好的满文水平，就等于为自己仕途设了障碍。为了升迁，为了出选入缺，三江口水师旗营中官兵弃汉文汉语而学用满书满语。久而久之，他们及其后代都成为讲满语、写满文的汉人了。在长期的八旗组织生活中，他们与满八旗无论在政治、经济上还是在语言、习俗等方面趋于一致。

贾家到贾必贵这一代已完全融入满族。此时旗营教育已从单纯的军事训练转向文化与军事教育并重。贾必贵不但学习满文，也刻苦学习儒家文化。

贾必贵在认真学习的同时，工作兢兢业业，训练、巡江、演习、缉私，样样不落人后，不断获升，曾任三江口水师旗营领催、骁骑校、防御。

贾开森：江中蛟龙 水中射箭百发百中

贾开森（？—？），水师官兵，曾任三江口水师旗营领催、骁骑校、防御。

贾开森是贾永咸之孙，生长于三江口水师旗营，从小崇拜岳飞，立志从军护国，及长从伍于三江口水师旗营后，苦练水战之功，因水战武功了得，有“江中蛟龙”之称，不但能使枪放箭，还练得江中踩水射箭射枪百发百中的神功，因武艺高超获逐级提升，最后升任三江口水师旗营防御。

贾开极：尤善驾船 胆大心细屡获提拔

贾开极（？—？），水师军官，曾任三江口水师旗营领催、骁骑校、署防御。

贾开极是贾永咸之孙，生长于三江口水师旗营，从小立志行伍，最推崇岳飞、文天祥，以精忠报国为人生理想。在三江口水师旗营当兵后，训练刻苦，尤长于驾船。他工作认真，遇事沉着，无论是站岗放哨，还是巡船缉私，均出色完成各项任务，不断积功，屡获提拔，曾任三江口水师旗营领催、骁骑校、署防御。

第四代

琴江贾家船政家谱上的第四代，见证了旧水师向新式水师的转变，也成为催生新式水师的助力者。

贾汙：水师老兵 送子学习新式海军

贾汙（？—？），水师水兵，曾任三江口水师旗营水兵。

贾汙是贾永咸曾孙，生于三江口水师旗营，长于三江口水师旗营，成年后即入三江口水师旗营当水兵。他与自己曾祖、祖父、父亲不同的是，从小即接受正规科举教育。

从清朝中期开始，福州旗人的习文渐成时尚，受福州汉族书院文化的影响，旗人中也开始接受私塾与书院教育。道光年间（1821—1850），三江口水师旗营设立了官学，由官兵俸饷中摊扣若干以供开支，贫寒子弟均可入学，请旗营内有学问者任教，每月薪水 6 两银子。后改聘满汉先生各一位，每月每人 3 两银子。由于琴江汉军旗人的地位和待遇不如福州城内的满八旗高，他们更加刻苦学习，至光绪三十一年（1905 年）清政府废除科举止，中秀才、举人、进士者不下百人。

贾汙一面在水师旗营当兵，一面参加科举考试。虽未获得什么功名，但正是他意识到旧水师难以保卫中国海疆，应让后人进入正规军事学校接受完整的新式教育，所以他毅然将次子贾凝禧送入与三江口水师旗营隔江相望的船政学堂。

贾钜：皇后塾师 本是水师旗营军官

贾钜（？—？），号允杰，水师军官，曾任三江口水师旗营领催、山东陵县（今德州陵城区）知县。

贾钜是贾永咸曾孙，生于三江口水师旗营，从小边学满文边习汉文，立志走科举之途。未得功名之前，从军于三江口水师旗营，从水兵做起，升任领催。

贾钜无论工作多么辛苦，都坚持读书，边从军边走科举之路，中举后获授山东陵县知县。贾钜认为吏不能以钱虏自居，每届岁暮，他都将自己一年攒下的钱款分给戚族及乡里中无依穷民。贾钜后来积劳成疾，病逝任所，陵县百姓扶老携幼，泣送者达数千人之多。据《琴江志》介绍，贾钜曾当过同治皇帝的皇后阿鲁特氏的塾师。

第五代

贾永咸共有10位玄孙，全部投身海防事业，以贾凝禧、贾长禧最为著名，文字记录较多的有5位。

贾长禧：能诗会文 水师营五品骁骑校

贾长禧（？—？），水师军官，曾任三江口水师旗营领催、骁骑校。

贾长禧是贾永咸玄孙，在同代中排行第一，生长于三江口水师旗营，从小曾有志于科举正途，边练武边读书，曾发愤攻读儒学经典。18岁那年，见科场难有发展，即入三江口水师旗营当水兵。

贾长禧在军中苦练杀敌之功，驾船、水战技能颇高，因悉心研读兵书，颇有谋略。由于工作认真，有勇有谋，不断得到提拔，先后升任领催、防御。

贾年禧：及壮投军 戎马一生苦读一世

贾年禧（？—？），水师水兵，曾任三江口水师旗营水兵。

贾年禧是贾永咸玄孙，贾汙长子，少小习文，及壮投军，工余发愤苦读，期待科举有成。但刻苦攻读一世，屡试不第，所幸巡防缉匪甚是勤勉，一直在水师旗营做兵勇。

贾凝禧：学富五车 曾与严复并称“二妙”

贾凝禧（1860—1913），字紫庭，海军军官，清朝时曾任船政学堂练习舰教练、“福龙”艇管带、天津水师学堂教习、船政学堂教习、署山东荣成县知县、河南开封府知府兼法政大学校长、海军部军学司训练科科长；民国时曾任海军部军学司教育科科长、航海科科长。

· 父亲坚定送子进船政学堂

贾凝禧是贾永咸玄孙，贾汙次子。作为旧水师中的一员，鸦片战争中西方侵略者的坚船利炮给了贾汙极大的震撼，他不止一次对战友们说：国外已经有这样的大铁船了，我们如果继续用现在这种小木船、小土炮，看来很难再保住我们的海上大门了。

琴江对面的马尾一办起船政学堂，贾汙就开始多方打听，了解到船政学堂学的是如何驾驶现代大型铁壳舰和造大军舰时，他就想把儿子送去读书。他的两个儿子中，次子贾凝禧自小就聪慧过人，学习很好，不少亲族耆宿都认为他走科举之路能有大出息，但贾汙还是将贾凝禧送去考船政学堂。

· 有考必第一　赴英国留学

贾凝禧，生于清咸丰十年（1860 年），因为在水师旗营官学中打下扎实基础，清光绪七年（1881 年），以优异成绩考入船政后学堂第九届驾驶班。在校期间，无论是校课还是舰课，次次考试都是第一名，老师经常以他为标杆，要求同学们向他学习。光绪十一年（1885 年），贾凝禧以年级第一名的成绩毕业，登“建威”舰见习。

光绪十二年（1886 年）三月，贾凝禧作为清政府选派的第三批海军留学生，与后来曾任民国北京政府海军部总长的刘冠雄等一起，赴英国留学。十月，进入格林尼茨（格林威治）皇家海军学院深造，专攻测绘海图、巡海练船、驾驶等学。毕业后登上英海军部巡海练船——“罗福尔”舰实习，后改登英国地中海舰队旗舰“何莱三登”号及海军部“苏丹”雷铁甲兵船，学习测绘海图，驾驶铁甲船和施放水鱼雷。在英国学习期间，贾凝禧依旧保持着学习尖子的风范，考试屡列前茅。

· 与严复并称天津水师学堂“二妙”

光绪十四年（1888 年），贾凝禧学成归国。同年五月，担任船政学堂练习舰教习、驾驶大副，主要指导驾驶班学生驾舰。

光绪十六年（1890 年）十一月，北洋海军鱼雷艇队建立，贾凝禧调任北洋海军鱼雷艇队“福龙”鱼雷艇管带，并赏戴花翎。

光绪十九年（1893 年），贾凝禧调任天津水师学堂教习，并由千总晋升守备衔。当时严复任该校总教习。贾凝禧学富五车，依《琴江志》介绍：其教学，“无需图籍，徒口指导，侃侃而谈如贯珠，词旨无不修畅，诸生皆纫佩。若教授易于他人，则屡至哄堂”[6]。在天津水师学堂，贾凝禧与严复齐名，时称“二妙”[7]。

琴江贾家大院大门

光绪二十五年（1899 年），贾凝禧任船政后学堂驾驶教习，授课仍获满堂喝彩。

·知县·大学校长·翻译家

光绪二十八年（1902年），贾凝禧参加科举乡试，中举人，充署山东荣成县知县。据张熙、林茂玉所著《图说琴江新志》介绍：光绪三十一年（1905年），贾凝禧曾任开封府知府兼法政大学监督（校长）。

贾凝禧不但是清末船政学堂培养出的海军教育家，也是晚清出色的翻译家。

贾凝禧曾作为清政府赴美签订“国际航海协定”的代表，参与签订了这一国际协定。光绪二十五年（1899年），贾凝禧随船政提调沈翊清赴日考察陆军，并任英文翻译。著有《天文》一书。改革开放后，国内出版社还重印了由陈恩焘（海军中将，福州人）著、贾凝禧翻译的《赴美会议航海公法详细翻译缮具请折》。

宣统三年（1911年）三月二十四日，贾凝禧调任海军部军学司训练科科长。

辛亥革命后，贾凝禧先后出任海军部军学司教育科科长、航海科科长。1913年1月被授海军中校。3月，病逝北京。

贾汇禧：从军旗营 琴江水师五品军功

贾汇禧（？—？），水师军官，曾任三江口水师旗营领催。

贾汇禧是贾永咸玄孙，与父辈一样，少小习文，壮龄从军。屡次报考船政学堂均未考中。因此长期在琴江水师旗营从军，积功升领催，后因表现优异，获赏五品军功。

贾陆禧：戍守闽江 乡试不中水师为官

贾陆禧（？—？），水师军官，曾任三江口水师旗营领催。

贾陆禧是贾永咸玄孙，从小在三江口水师旗营的学校读书，志在科举正途。因生活所需，成年后在三江口水师旗营当兵，他一边从军一边苦读，常常废寝忘食，但多次参加科举考试皆铩羽而归。后安心从军，苦练水战技能，工作认真负责，遇事全力以赴，升为三江口水师旗营领催。

第六代

贾凝禧和兄弟的儿子中，出了10位船政精英。

贾勷：马尾育才 海军部一等造舰官

贾勷（1885—？），字赞臣，海军军官，曾任海军部造舰官、福州海军艺术学校教习、海军部技正室技士。

贾勷是贾凝禧长子，光绪三十一年（1905年），贾勷毕业于船政前学堂第六届制造班。1913年7月，贾勷在海军部做技术工作，军衔二等造舰官。

1918年7月22日，贾勷任海军部技正室技士。

1922年夏天，贾勷南调马尾，出任福州海军艺术学校（原船政艺圃）教习。任上，精心备课，倾力教学。两年后，晋升海军一等造舰官。

1926年，贾勷调回北京，任海军部技正室科员。次年任海军署技正室科员。

1928年6月1日，国民政府海军部成立。贾勷服务于国民政府海军部。

1929年6月29日，贾勷转为海军部候补员。

1938年1月，海军部缩编为海军总司令部，贾勷任海军总司令部候补员。

贾勷始终热心公益，特别重视家乡教育事业。1931年，贾勷捐资，参与扩建琴江小学，并个人出资延聘名师，扩大琴江小学优质师资。后事不详。

贾劼：爱舰如命 历任两舰轮机长

贾劼（1890—？），字懋臣，海军军官，曾任“永健”舰轮机长、“江宁”艇轮机长。

贾劼是贾凝禧次子，自小在父亲课读下，博览群书，勤奋学习，立志考上船政学堂。在他的努力之下，少年时期以优异成绩如愿以偿，成为船政学堂学生。1920年6月，贾劼毕业于船政后学堂第十二届管轮班，即福州海军学校第一届

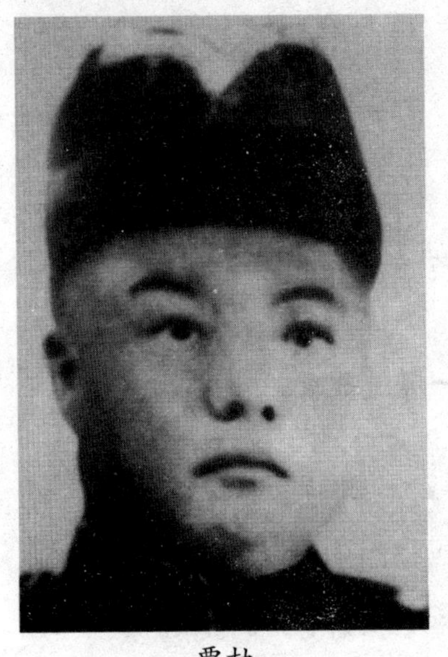
贾劼

毕业生。1926年初，任“建康”舰轮机副。1930年，任“永健”舰轮机长。次年1月4日，任“江宁”舰轮机长。

1936年，贾劼任“江宁”艇中尉轮机长时，第一位妻子从病重到去世，他都没有告假，一直含泪坚守岗位。曾任“永健”舰舰长的陈永钦，兄弟三人全是海军，家族有着非常浓厚的“海军情结”，他看上了这位对海军也是一往情深的轮机长，将自己妹妹嫁给贾劼做续弦。在一次巡视海疆中，这位贾凝禧的二公子突发恶疾，病逝舰上。当时他的次子贾承福才3岁，幼子贾承褆还在妻子腹中。之后，陈永钦将贾劼这两个孩子抚养成人。笔者后来多次采访过贾承福，听他说起过不少父亲的故事。

贾璋：精于航务 黄埔海校毕业才子

贾璋（？—？），海军军官，曾任第二舰队航海官。

贾璋是贾凝禧三子，自小受到很好的新式教育，少年时期考入广东黄埔海军学校，专攻航海，成绩优异。毕业后登舰服务，曾任海军第二舰队航海官，还曾在马尾海军要港司令部工作过。贾璋颇有乃父之风，能文善言。后事不详。

贾珂：上校舰长 抗日前线连升三级

贾珂（1896—？），字良臣，海军军官，曾任“辰”字艇艇长、“咸宁”艇副艇长、“仁胜”艇代理艇长、“湖鹰”艇艇长、“仁胜”艇艇长、海军巴万区第三总台总台长、海军宜巴区第一总台总台长、“江元”舰舰长。

贾珂

贾珂是贾凝禧四子，受父亲影响，立志投考海军学校，为此勤于学习、强体，做好各种报考准备。

1915 年，贾珂考入烟台海军学校第十二届驾驶班学习。三年后，转入吴淞海军学校。1920 年 6 月毕业，奉派“定安”舰见习。

1924 年 9 月 24 日，贾珂任“辰”字艇副艇长。

1927 年 4 月 14 日，贾珂升任“辰”字艇艇长。

1938 年 1 月 1 日，贾珂任“咸宁”炮艇副艇长，派驻“仁胜”炮艇代理艇长。

抗战中，贾珂作战英勇。

1938 年 8 月，时任“湖鹰”炮艇艇长的贾珂率“湖鹰”舰在长江上布雷。在浙江兰溪，被一违章商轮碰撞，舰艄破裂进水，贾珂沉着指挥破损的战舰驶入浅滩抢修，准备再战。就在此时，敌机向“湖鹰”艇袭来，将一枚枚炸弹投向“湖鹰”艇，战舰被炸得百孔千疮，最后沉毁。

在战艇殉国后，贾珂转任“仁胜”炮艇艇长。1938 年 11 月，“仁胜”艇在护运水雷时，于生藕池口被敌机炸沉。此时，抗战到了最艰苦时，但贾珂多次请战上前线，说：“战舰没有了，我愿意参加陆军，拿起冲锋枪上前线杀敌。”

1939 年 1 月，为阻挡日军由长江进攻陪都重庆，海军总司令部设立川江炮台。同年 10 月，海军组建巴万（渝万）区第三总台，贾珂任第八台中校台长。

1941 年 5 月，贾珂火线升任宜巴区第一总台上校总台长。

1946 年，贾珂出任“江元”舰上校舰长。后事不详。

贾勤：少将司长 最早倡造航空母舰

贾勤（1882—1948），字襄臣，海军名将，曾任“海容”舰副舰长、“江鲲”舰舰长、“江元”舰舰长、“华安”舰舰长、“永健”舰舰长、军政部海军署军务司司长、“定安”舰代理舰长、“通济”舰舰长、“海筹”舰舰长、海军部军务司代理司长、海军部军衡司司长。

贾勤是贾凝禧之侄。光绪八年（1882年）六月七日，贾勤生于长乐琴江三江口水师旗营。光绪二十六年（1900年），自小立志当海军的贾勤，考入船政后学堂第十六届驾驶班。光绪三十年（1904年），贾勤毕业，登“通济”练习舰见习。

贾勤

光绪三十三年（1907年），贾勤任“海容”舰三副。两年后，任“海容”舰二副。

武昌起义爆发后，贾勤随“海容”舰起义，投入革命阵营。

1912年3月，贾勤出任“海容”舰鱼雷长。次年授予海军上尉军衔。

1914年5月25日，贾勤晋升海军少校。次年4月27日，任“海容”舰少校副舰长。

1917年初，贾勤任“江鲲”舰少校舰长。8月28日，调任“江元”舰少校舰长。

1918年4月14日，贾勤获得“四等文虎勋章”。11月20日，被授予海军中校军衔。

1921年9月5日，贾勤获得“四等宝光嘉禾勋章”。

1923年，海军练习舰队司令杨树庄奉命在东南沿海扩张海军势力。贾勤督“江元”舰随杨树庄进攻闽南，夺下厦门、金门、东山等地。次年5月5日，贾勤因战功被授予海军上校军衔。10月1日，调任“华安”运输舰舰长。

1927年4月18日，国民政府成立，定都南京。7月4日，贾勤任“永健”舰上校舰长。次年12月26日，贾勤任军政部海军署军务司司长。

1929年4月12日，国民政府海军部成立，贾勤调任海军部上校参事。

1930年5月13日，贾勤调任“华安”舰舰长。次年调任“定安”舰代理舰长。

1932年1月19日，贾勤调任“通济”舰舰长。5月3日，代理“海筹”舰舰长。6月16月，正式出任“海筹” 舰上校舰长。

1934年3月1日，贾勤调任海军部军务司代理司长，被授予海军少将军衔。次年6月，海军体育促进会成立，贾勤兼任理事。12月，获“二等一级国花奖章”。

1937年8月1日，贾勤出任海军部军衡司少将司长。1938年1月1日，海军部改组为海军总司令部，贾勤转为海军总司令部少将候补员。

1938年至1945年，贾勤因病滞留上海，拒绝日伪高官厚禄之诱，不惧威逼，保住黄花晚节。与之同时，冒着生命危险为抗战做了不少后勤联络工作。

1945年8月15日，日本投降。贾勤奉命归队，转为海军部少将附员。因受桂永清的排挤和对蒋介石发动内战不满，告老还乡。解甲回榕后，目睹国民党一意与人民为敌，抑郁成疾，于1948年6月14日病逝琴江老家。临终前，嘱儿女待中国海军强大之日灵前告慰。

贾勤与萨镇冰、陈绍宽是至交。贾勤50岁生日时，萨镇冰写下“众志成城”四个大字相送；陈绍宽也亲题“海权至要”四字，并装裱后送来。琴江贾家墓园落成后，陈绍宽再题“佳城兆域”四字，并请工匠打制成石碑后送到贾家。

贾勤逝世后，也告老还乡在福州城门胪雷老家种橘的陈绍宽，挥泪写下“琴江之声”四字托人送来。据说，因痛失良友，陈绍宽好几天茶饭不思，暗暗垂泪。

贾勤为人正直，与冯玉祥也是好友，曾冒死救过冯将军一命，冯玉祥还专门打制了一块银盾牌，上题“同舟共济”4个大字，送给贾勤。

贾勤很有远见。他在《海军部建立七周年感言》中，曾对海军建设提了许多极富远见的设想，比如要制造巡洋舰、驱逐舰、航空母舰，建造象山军港等。贾勤是中国第一个提出要尽早建造航空母舰的海军将军。

贾理：军舰大副 船政毕业服务多舰

贾理（？—？），海军军官，曾任海军第二舰队航海官。

贾理是贾凝禧之侄、贾勤胞弟，生于三江口水师旗营，童年时就立下考海校、当海军、保国家理想，并为之努力。少年时期，贾理以优异成绩考入船政后学堂第十七届驾驶班，他学习刻苦，在船政学堂严格的考选之下，成为第十七届驾驶班 7 位毕业生之一。光绪三十二年（1906 年）冬，贾理自船政学堂毕业后，登舰服务，曾任第二舰队航海官，还当过多艘军舰大副。

贾理自小好学，博览群书。退役后在多所中学当教师，曾任金门中学校长。

贾瑶：旗营领催 积功署骁骑校

贾瑶（？—？），水师军官，曾任三江口水师旗营领催、署骁骑校。

贾瑶是贾凝禧之侄，为贾勤、贾理胞弟。贾瑶虽也曾想进入海军学校学习，无奈屡考未中。成年后承续父业，在三江口水师旗营当兵，后靠着训练刻苦，做事认真，升任水师旗营领催，积功再署骁骑校。后事不详。

贾勋：海军出身 乌龙江常关任总办

贾勋（？—？），字清臣，海军军官，曾任南洋水师三副，闽海关乌龙江常关办事员、总办。

贾勋是贾年禧长子、贾凝禧之侄。贾勋自幼受到很好教育，少年时期考上船政后学堂，学得一口好英语，对法语也粗通一二，这为他后来到海关工作打下了基础。贾勋离开船政后学堂后，曾在南洋水师当过三副，后转入闽海关工作，曾任闽海关乌龙江常关办事员、总办。

贾班：机智舵手 毛泽东视察他驾舰

贾班（？—？），海军士兵，曾任“民权”舰舵工；中华人民共和国成立后曾任人民海军“长江”舰操舵手、班长。

贾班是贾凝禧之侄，贾班从马尾海军练营毕业后曾在舰上服役，抗战中出生入死布雷，抗战胜利后在“民权”舰当舵工，后随舰起义，加入人民海军。

中华人民共和国成立后，贾班在“长江”舰上任操舵手，后升任班长。在

贾班

一次航行中，由于他采取紧急措施，避免了两舰相撞的重大事故，因而立功受奖。1953 年，毛泽东首次视察人民海军，便是登上“长江”舰，当时贾班就是操舵手。

现生活在福州的贾展云，称贾班为曾叔公，他向笔者介绍说贾班在人民海军立功的原因：“我的曾叔公贾班担任人民海军‘长江’舰操舵手。1951 年大练兵时候，‘长江’舰刚驶离码头，突然一艘军舰从侧面开来，这时已经来不及停舰。驾舵的是曾叔公的徒弟，见状慌了手脚。曾叔公一把推开徒弟，下令加大马力转舵。身边的一个士兵以为曾叔公要叛变，端起枪对准他的头。舰长很相信我的曾叔公，他上前把枪口推开，命令按照我曾叔公的要求操作。在曾叔公的稳当操纵下，‘长江’舰加大马力，来了个 180 度大转弯，跟侧面而来的友舰擦身而过，避免了两舰相撞的惨剧。为此立了功。”

贾琳：善战水兵 抗日布雷炸毁敌舰

贾琳（？—？），海军士兵，曾任海军第二布雷总队第五大队布雷兵。

贾琳是贾凝禧之侄，18 岁从军。从马尾海军练营毕业后，便在各个军舰上当水兵。抗战中，贾琳在战舰殉国后，参加海军布雷队，曾任海军第二布雷总队第五大队布雷兵，冒着生命危险在敌后布雷炸舰。抗战胜利后情况不详。

第七代

也许因为是在海军家庭长大，也许因为从小接受的就是当海军保卫祖国海疆的人生理想，贾凝禧兄弟的孙辈也多为海军。与上一辈有所不同，贾家这一代的海军多数是海军技术专才，没有再出过舰长。

贾承植：英文翻译 投笔从戎保家卫国

贾承植（？—？），海军军官，曾任“楚谦”舰书记员。

贾承植是贾凝禧长孙，自幼受到良好的新式教育，在完成了小学、中学教育后，赴英国留学。学成归国，因为英语极棒，在英商木厂做翻译，薪水丰厚。

1937年7月，抗战全面爆发，贾承植放弃安逸、舒适生活，毅然从军，走上战场，报效国家。1938年1月，贾承植任海军第一舰队“楚谦”舰一等少尉书记员，随部参战。后事不详。

贾承平：上校总工 任职江南造船所

贾承平（1902—1960），字又钧，造船专家，曾任海军江南造船所绘图员，民生机器厂技术员，中国海军造船服务团团员，海军江南造船所工程师、船坞工场主任、主任工程师；中华人民共和国成立后曾任中央重工业部上海船舶工业管理局设计处工程师、民生公司工程师。

贾承平是贾凝禧次孙，少年时期进入船政艺圃，在老师指点下学问日进。毕业后，分配到海军江南造船所绘图室任绘图员。之后，升任海军江南造船所造机课绘图司事。

贾承平

1937年8月13日，日本侵略军进犯上海。当天，日本飞机轰炸了海军江南造船所，全所被迫停工。在这之后，该所成为日军轰炸的重灾区。时任所长的马德骥奉命组织撤退西迁，他让所内造船课主任叶在馥、造机课主任郭锡汾、飞机制造处处长曾贻经等30名技术人员先带上一批重要设备，撤往大后方，贾承平即在30名西撤队伍里，一路上他和同事们一起，护卫设备，战胜百难，成功抵达重庆。

带队入川的江南造船所造船课课长叶在馥，被民生公司总经理卢作孚聘为民生机器厂总工程师，贾承平等与他同来的资深工程师也都成为厂里的技术骨干。在“一切为了抗战”的旗帜下，民生机器厂还聚集了一大批优秀的造船、轮机和锅炉的专业人才，是当时大后方最具实力的造船修船中心。在这里，时任民生机器厂技术员的贾承平在叶在馥带领下，参与建造了部分“民”字号和“山”字号川江轮。可以说，这批川江轮代表了抗战时期中国造船业的最高水平。

1941 年 8 月，贾承平参加中国海军造船服务团，赴美国波士顿海军工厂进修造船技术。1946 年 6 月，学成回国，任海军江南造船所船坞室上尉工程师。1947 年 6 月 1 日，晋升海军少校工程师，依旧服务于江南造船所，任船坞工场主任。之后，再晋升海军中校衔。1949 年初，晋升上校主任工程师。

上海解放前夕，贾承平拒绝执行国民党特务的“炸毁工厂”命令，动员厂里的技术工人留下来，为新中国建设服务。

中华人民共和国成立后，贾承平任中央重工业部上海船舶工业管理局设计处工程师。之后，长期担任民生实业股份有限公司工程师。

贾承虞：海军电官 转往空军维修战鹰

贾承虞（？—？），又名承恩，海军军官，空军军官，曾任海军电信官、空军飞机维修厂股长、空军后勤部计划科计划官。

贾承虞是贾凝禧三孙，毕业于南京海军学校无线电专业，之后相继在军舰和海军岸防部队电台任电信官多年。后来，中国有了自己的空军，他又转到空军。曾任空军飞机维修厂股长、技术员，空军后勤部计划科计划官。之后情况不详。

贾承尧：电台台长 海军舰艇通讯专家

贾承尧（？—？），海军军官，曾任海军厦门电台副电官、“勇胜”舰电信员、海军电台台长。

贾承尧是贾凝禧四孙，毕业于福州海军艺术学校。1930年，因表现优异被选送到海军南京水鱼雷营附设第一届无线电训练班深造。

1935年，贾承尧任海军厦门电台少尉副电官。

1938年1月，贾承尧任“勇胜”舰电信员，军衔为三等电信佐。之后，相继任海军电台电信官、海军电台台长。

贾承尧

贾承谟：船政学子 抗日勇做青年军

贾承谟（1924—2017），船政学子，曾任青年军士兵、台湾某学院教授。

贾承谟是贾凝禧第八位孙子、贾珂之子。少年时期，考入前身是福州海军艺术学校的福建省马江私立勤工初级机械科职业学校。毕业后，正值国家为了补充驻印军的特种兵（如汽车团、炮兵团等技术性要求较高的兵种），急招拥有专业技能的知识青年，贾承谟成为青年军一员，走上抗日前线。

1949年，贾承谟迁往中国台湾，考入台湾大学政治系，毕业后留学美国。学成回台湾，长期担任大学教授。

贾承谟是琴江村在台乡亲联谊会第二任会长，在中国台湾创办会刊《琴江》，介绍了大量琴江籍海军精英情况，积极宣传保护水师旗营遗址。他还与琴江在台乡亲张长卿一同出资，在琴江村面江山坡上修建了马江海战烈士陵园，并出资维修琴江将军行辕等，以让后代永远发扬琴江海

晚年贾承谟

军爱国传统。

贾承业：练营毕业 多艘军舰任军士长

贾承业（？—？），海军士兵，曾任海军军舰军士长。

贾承业是贾年禧四孙、贾理之子。自马尾海军练营毕业后，先在军舰上当水兵，后曾任军舰军士长。1949 年，随舰撤往中国台湾，退役后在当地从事盐务工作。

第八代

贾年禧、贾凝禧兄弟们的曾孙辈，也出了不少船政英才，其中以造舰官、通讯官最多。

贾寅生：通讯专才 海军资深电台台长

贾寅生（？—？），名伟，字寅生，以字行，海军军官，曾任第二舰队电信官、海岸巡防队电台台长。

贾寅生是贾年禧长曾孙、贾永咸八世孙。在福州完成小学、初中教育后，北上考入南京海军水鱼雷营附设无线电训练班，钻研刻苦，学业优异。毕业后，曾任海军第二舰队电信官。后来，调入海岸巡防队，先后担任电台报务官、台长。

贾子生：于马尾学艺 在台湾造船

贾子生（？—？），名杰，字子生，以字行，海军军官，曾任海军江南造船所技术员、台湾地区海上防务部门高雄左营造船厂科长、台湾中国造船公司课长。

贾子生是贾年禧二曾孙，少年时期考入福建省马江私立勤工初级机械科职业学校，专攻造船，成绩优秀。毕业后，北上进入海军江南造船所当技术员。

中华人民共和国成立前，贾子生随部撤往中国台湾，长期在台湾地区海上防卫部门高雄左营造船厂工作，先后任中校科长、主任。退役后，到台湾中国造船公司任课长。一辈子与船打交道，中国台湾自造的不少船舶皆有他做出的贡献。

贾犁生：专攻制舰 江南造船所技术员

贾犁生（1925—1983），名伸，字犁生，以字行，海军军官，曾任江南造船所技术员。

贾犁生是贾年禧的三曾孙，少年时期考入福建省马江私立勤工初级机械科职业学校，学习十分努力。抗战期间，学校迁入闽北山区，在十分困难的情况下，贾犁生坚持学习，成绩优异。毕业后，进入海军江南造船所当技术员，参与多艘军舰、商船的维修。

贾少寅：报务高手 供职海军服务多舰

贾少寅（？—？），海军军官，曾任海军陆战队第一独立旅第一团无线电第二台副官、海岸巡防队报务员。

贾少寅是贾凝禧侄曾孙。他在完成小学和初中学业后，考入南京海军水鱼雷营附设无线电训练班，学习努力，成绩突出，毕业后供职于海军，长期当报务员。1936年2月27日，任海军陆战队第一独立旅第一团无线电第二台少尉副官，随部参加抗日战争。后曾任海岸巡防队报务官。

中华人民共和国成立前夕，贾少寅拒绝随部撤往台湾。而后，贾少寅响应政府号召，支援大西北建设，后一直在甘肃工作。

第九代

贾凝禧的玄孙辈，也有多人继续从事船政。

赵端：科班毕业 东海舰队屡获提升

赵端（？— ），海军军官，曾任人民海军东海舰队福建三都澳海军基地舰艇政治教导员。

赵端是贾承平外孙，贾寿贞之子。赵端的母亲贾寿贞是贾承平最疼爱的女儿，赵端从小就从母亲那里听到过不少家族守卫海疆的故事，立志当海军。高中毕业时，第一志愿即是海军院校，最后以优异成绩考入大连海军舰艇学院。

作为高才生，赵端毕业后曾在海军上海基地护卫艇、情报中心站、海军登陆舰供职，后曾任东海舰队福建三都澳基地舰艇政治教导员。

王晓凌：海归硕士 海商法研究者

王晓凌（1972— ），海商法研究者，曾任大连海事大学法学院讲师。

王晓凌是贾勤重外孙女，大连海运学院高才生，后跟随琴江人、中国海商法奠基人黄廷枢，专攻海商法。毕业后，考入英国南安普敦大学。取得海商法法学硕士学位，归来回母校任教，担任大连海事大学法学院海商法系讲师。

王晓凌科研成果颇丰。先后获得大连市科学论文奖二等奖、中国海商法优秀论文二等奖，出版专著多部，现为国内知名海商法专家。

贾家能成为连续九代皆出海军的著名世家，与这个家族讲究气节的门风有关。闽剧《六离门》的剧情早为福州观众熟悉，它讲的是明朝蓟辽总督、福建南安人洪承畴兵败降清，投降后虽被委予高官，但当他衣锦还乡时，其母因耻其失节降清，不准他进屋相见，只让他在屋前的矮门外隔门听训诀别的故事。

让人惊奇的是，1996 年笔者在琴江满族自治村采访，见到旗人家家户户也都有一扇六离门。贾凝禧孙子贾承福对笔者说：“我们家里和村里每一户人一样，有儿子出门当海军，家中长者必在六离门前郑重嘱咐：‘若投降或当逃兵，就不要回来！’我家在抗战中没有出过一个汉奸，没有一人当逃兵。”

家族传奇

六代女儿嫁海军

翻开贾家的族谱可发现，女儿多是嫁入海军家庭，已连续六代如此。如贾家第五代海军贾凝禧的长女贾筱恒，就嫁给了贾凝禧亲自挑选的一位海军文书。

贾家第六代海军贾勤有 4 个女儿，全部嫁入海军世家。长女贾素铭，嫁给了出身海军世家的“长治”舰无线电官张瑞弧。抗日战争中，张瑞弧任长江中游布雷游击队第五中队电信官。次女贾素璋，嫁入海军世家。三女贾素玉，嫁入了绵延七代的海军世家——琴江黄家，丈夫黄廷枢也是贾勤女婿中最有名的。

青年张嵩龄

贾家女婿中出的海军名人还有很多。比如，贾凝禧曾孙女、贾承植之女贾玉贞的丈夫张嵩龄（1913—2001），先毕业于福州海军艺术学校，后又毕业于南京海军水鱼雷营附设无线电训练班，为第一届学生中佼佼者。毕业后，在“中山”舰上当副电官。1938 年 10 月，张嵩龄随“中山”舰一起参加了武汉保卫战，冒着敌人的炮火一直战斗到“中山”舰殉国沉江的最后一刹那才跳水。获救后，继续到海军炮台战斗，阻击日寇向我大西南进犯。后来，张嵩龄应云南省建设厅之请，到云南参与昆明巫加坝机场建设，充任电信官兼中央空军军官学校高级班中尉电信教官。抗战胜利后，张嵩龄转入中央航空公司工作，充任电信课少校课长。1949 年，随单位迁往香港。同年 11 月 9 日，香港的中国航空公司、中央航空公司 2000 多名员工通电起义，史称“两航起义”。张嵩龄成为“两航起义”一员。次年，复员到云南昆明机场工作。20 世纪 60 年代他曾 3 次为周恩来总理专机导航，受到中央军委通报嘉奖和周恩来总理的亲切接见。贾家另一位女婿李瑞，海军学校毕业，曾任炮艇艇长。

注释：

① 陈贞寿 . 福州三江口水师旗营 [M]. 北京：中国大百科全书出版社，2007：26.

②③ 刘琳，史玄之 . 福州海军世家 [M] 福州：海风出版社，2003：217.

④ 在清代凡编入旗丁档、拥有独立户籍者，均称“旗下”。“旗下人”是拥有独立户籍的正身旗人（涵盖满、汉、蒙八旗）。

⑤ 罗桂林，王敏 . 清代驻防旗人的生活与认同——以福州洋屿赖氏为中心 [J]. 清史研究，2014（2）：114.

⑥⑦ 刘琳 . 中国长乐海军世家 [M]. 福州：海潮摄影艺术出版社，2009：326.

刘冠雄家族

刘冠雄（1861—1927），名敦诚，字子英，号资颖，福建省闽县（今福州市鼓楼区）人，海军名将，船政后学堂第四届驾驶班毕业生，清朝时曾任“飞鹰”舰管带、“海天”舰管带、北洋海防营务处会办、广东水师营务处总办；民国时曾任沪军都督府海军高等顾问、南京临时政府海军部顾问、北京政府海军部总长、海军部总长兼代理交通部总长、海军部总长兼参谋长、海军部总长兼教育部总长、海军部总长兼海军总司令。海军上将。中国航空工业重要奠基人。

刘冠雄家族名气最大的是刘冠雄和他的三位哥哥：大哥刘敦禧，中国第一批海军留学生，曾任海军福州船政局副局长兼工程长，海军造舰大监；二哥刘敦本，曾任福州海军艺术学校校长，海军造舰大监；三哥刘冠南，曾任海军江南造船所所长，海军中将。刘冠雄兄弟开启了刘家船政门风，连绵四代，成为中国著名海军世家、船政名门。

家族源流

宫巷刘家是刘邦之后

宫巷刘家最早的祖宗是黄帝。距今4000多年前的圣君帝尧是上古五帝之一帝喾之后，乃是黄帝的姬姓子孙。帝尧姓伊祁（一说尹祁），他的子孙有一支以祁为姓，被封在刘国（今河北省保定市唐县），后代称刘氏。

虽然司马迁在《史记·高祖本纪》中没有提到刘邦的远祖为帝尧，东汉史学家班固在中国第一部纪传体断代史——《汉书》中，却郑重记载刘邦是帝尧之苗裔。刘冠雄家族的各种族谱与支谱中，都记载汉高祖刘邦即出生于帝尧后代裔孙中的一支。据考证，这一支刘氏，初期繁衍于现在的陕西、甘肃一带，到了东周最后一位君主姬延（公元前 336 年—公元前 256 年）在位时期，开始向河南及江苏播迁。其中，辗转迁移到江苏丰、沛之地的子孙当中，有一位叫作刘煓的人，刘煓生了 4 个儿子，依次为伯、仲、邦、交。老三刘邦，就是后来白手起家登上皇帝宝座的汉朝开国之主。宫巷刘家即是刘邦第三十九世裔孙刘文静的后人。

福州宫巷刘冠雄故居大门

宫巷刘家入闽始祖是刘存

据马来西亚刘冠雄族人所纂的《砂罗越刘氏源流考》（砂罗越今译砂拉越）记载，刘存和刘在同是晋朝水部都尉刘衍和唐朝开国元勋刘文静的后代。其传递世系如下：刘文静—刘稚—刘蕃—刘君复—刘庄—刘昱—刘璇—刘荆—刘德明—刘籥—刘致道—刘于—刘滂—刘存。

据福建《凤岗刘氏族谱》和《长乐刘氏族谱》记载，刘存，字一心，号淮叟，原籍河南光州固始县丛亭里，唐中和元年（881 年），寿州（今安徽省寿县）变民首领王绪任命王潮为军正。中和五年（885 年），王潮与弟弟王审邽、王审知随王绪转战福建，刘存带着子侄跟着王潮兄弟一路南下。因王绪多疑猜忌，王潮兄弟遂发动兵变，囚王绪。次年（886 年），王潮统兵攻占泉州（今福建省泉州市），随即被福建观察使陈岩任命为泉州刺史。王审知兄弟进据泉州后，招怀离散，均赋缮兵。唐景福元年（892 年）二月，王审知趁福州内乱之际攻打福州，随之征战的队伍中就有刘存与其子侄。经过一年三个月的苦战，终于在景福二年（893 年）五月二十一日攻下福州，全闽统一后，刘存与子侄居于福州。之后又与侄儿刘昌祖一同迁居福建侯官县凤岗（位于今福建省福州市仓山区金山街道），后裔繁衍兴旺，形成著名的福州凤岗刘氏。据说刘存享年 120 岁，生了 8 个儿子。其中，长子刘昌龄，又名行全；次子刘昌嗣，迁居湖南；三子刘昌祚，又名贻水。刘在，刘存胞弟，居光州，所生三子均随伯父入闽：长子刘昌茂，字贻本，入赘侯官县水西灵凤里（今闽侯县南屿镇水西林），后裔为今南屿刘氏；次子刘昌荣，字贻仁，居闽县君竹山（今福州市马尾区罗星街道君竹村），后又迁闽县刘岐乡（今福州市马尾区琅岐岛）；三子刘昌祖，又名刘贻孙，字守仁，曾任唐司马参军，唐中和年间（881—885）与伯父刘存一同佐王潮入闽，后居侯官县凤岗，刘昌祖在平乱时阵亡，追赠抚闽将军，赐祭葬莲花峰，从祀城隍庙东庑。

宫巷刘家奉刘存为入闽始祖。

宫巷刘家先辈再迁闽侯橘乡

清朝初年，宫巷刘家的先辈从凤岗迁至闽县七里乡积善里与归义里交界处，肇基于此的刘家先人，见此地溪水潺潺，两岸遍种橘树，林枝叠翠，为此处起名“橘浦乡”，延为世系。橘浦乡，即今天闽侯县青口镇前洋村透头自然村。

透头村传说是风水宝地，有一条清澈如玉的溪水环绕着村子，人称“玉带缠腰”，且村子倒映在清波中，看去有点像官袍，寓意着可以官场发达。刘冠雄祖上确实颇为兴旺，出过近十位进士。但是在他曾祖那辈就没落了，祖父是一介农民，靠耕种租来的山地为生，日子过得很艰难。

刘冠雄祖父有三兄弟，但因为穷，只有刘冠雄祖父一人娶了妻子，其他两位终身打光棍。刘冠雄父亲叫刘克甡，很聪明。刘克甡小时候，看到父亲与兄弟拼死拼活在地里劳作一年，还吃不上一碗干饭，一年中起码有半年吃地瓜叶和野菜，就琢磨着要学点手艺。透头村溪边有一片竹林，村里有人靠编织竹筐为生，他就想跟着人家学，但人家不愿教，怕教会徒弟饿死师傅。一日，刘克甡跟着父亲到青口乡（今闽侯县青口镇）的集市去，看到有人在箍桶。福州因为三面环山，山多林密，人们用的盆子、水桶都是木制的，将木头按着盆形、桶形刨成片，中间用竹片绑住。福州百姓普遍用木桶、木盆的历史一直持续到20世纪90年代。刘克甡心想，人人用木盆、木桶，学会这门手艺应当也不错。这个聪明的孩子就围着箍桶师傅看他箍桶，他汲取上次想学竹编被人拒绝的教训，这次也不提跟人家学箍桶，而是每到田里活儿不多时，就砍几根竹子，扛去送给人家，换得人家让他在旁边看一会儿。三来二去，与师傅混熟了，师傅也发现这孩子聪明，就隔三岔五教他几手。没多久，刘克甡学会了箍桶。

透头村只住着20多户人家，且都是拐弯抹角的亲戚，没啥生意可做，即使有生意，也只能象征性收点钱；到青口做生意，又怕愧对师傅。为此，清咸丰三年（1853年），刘克甡挑着一担箍桶家什，从透头村一路走到福州城，在当时还属于福州城郊区的水部一带租了人家一个床铺位大的地方住了下来，每天挑着箍桶担子，吆喝着“箍桶哟”，走街串巷找生意做。吆喝中，有人叫“箍桶师傅，我这里有活做”，他就立马在人家家门口摆下箍桶摊……

因为刘冠雄对于中国海军的贡献，父凭子贵，刘克甡被敕封为“振威将军”。

船政家谱

第一代

刘克甡就是靠着箍桶的手艺，娶了位能干的媳妇，而他的两位兄弟没钱娶亲，后来又相继被疾病夺去生命。刘克甡婚后，妻子一口气为他生了8个儿子，4个不幸早夭，剩下的4个，一个比一个长得壮，个个聪明。

刘克甡很想让儿子进学堂读书，谋个比自己有出息的活法，但箍桶的收入仅能维持一家的粗茶淡饭，而且4个儿子还要放牛贴补家用。

刘克甡手艺好，嘴巴甜，每次都边为人家箍桶边与人家闲聊，正是一次在宫巷里替人家箍桶时，一位好心的大官母亲告诉他，眼下福州马尾办了一个新式学堂，不但不要学费，还管饭，还给点钱，学习好还能拿到奖金。贵妇的话，让刘克甡眼前一亮，他马上问道："我们这样箍桶匠的儿子也能去？"对方说："那当然。"他又问:"去学什么？"贵妇说:"反正学手艺，有学开船的手艺，还有学修船、造船的手艺，反正学好了都可以吃官饭。"

想到自己就是因为有箍桶的手艺，才没有成为光棍，又想到修船、造船的手艺肯定比箍桶更难，也就更有前途，而且还能吃公家饭。刘克甡喜出望外，打定主意要让儿子去读马尾的新学堂。那是清同治五年（1866 年），长子 15 岁，次子 13 岁。

连着两天，刘克甡四处打探马尾新式学堂招生情况。但打听回来的消息让他心凉了半截：进新式学堂要考试，而自己的孩子没进过一天学堂，连提笔都不会。

船政学堂是与马尾造船厂同时创办的，都属船政。当船政初创的时候，船政大臣沈葆桢发现所雇工匠，多数都是中年上下的人，体力较差，文盲较多，学习技术不易领会。于是，同治七年初（1868 年 2 月）设立船政艺圃，招收 15 岁至 18 岁有膂力、悟性好的青年，取较易教导，名曰"艺徒"。艺圃的目的是使青年工人能够看图作图，能够计算蒸汽机各种部件的体积、重量，并使他们达到在各自所在车间应具有的技术水平。课程有算术、几何作图、代数、设计和蒸汽机构造课。艺徒班艺徒白天学一个半小时的法语，其余时间入厂学手艺。晚上 7 点半到 9 点上课。知道这个消息的当天，刘克甡叫回正在放牛的长子、次子，让他们洗了把脸，换上过年才舍得穿的新点的衣服，就送去报考。当时报考主要考两项，一是考臂力，要提起一个叫"考工石"的大石块，这对刘克甡的两个儿子来说一点问题也没有，从小与父亲一起进山砍竹、砍树的两人一个比一个力气大；二是考机灵，考官随便提几个问题，看孩子们回答得是否巧妙，刘家老大老二都很灵光，也像父亲那般口齿伶俐，能算会道，自然也顺利过关。

刘敦禧：造舰大监 殚精制造十三舰

刘敦禧（1851—1938），又名懋勋，一作茂勋，字放甫，造舰专家，清朝时曾任船政铸铁厂监工、船政轮机厂监工、船政锅炉厂监工、京汉铁路工程师、北洋机器制造局监督、福建劝业道工科科长兼矿科科长；民国时曾任福州船政局总监工、海军福州船政局副局长兼工程长。

·放牛娃成海军首批留学生

刘敦禧是刘克甡第四子，他之前还有三个哥哥，皆早夭。

刘敦禧人很聪明，同治七年初（1868 年 2 月）进了艺圃后，一直是学习尖子。100 多名学生经过一次又一次理论与实践的考试，不断淘汰，有 87 名掌握了本专业主要的实际知识，能够根据图纸施工，其中 53 人具有监工能力。据当时船政洋监督日益格报告，刘敦禧等已经达到工程师水平。日益格就曾向船政大臣沈葆桢建议：如果把这些人送到欧洲去工作三四年，他们中一些人不仅能够锻炼成能按图施工的工头，还能成为车间一级负责人，能根据动力学计算各种蒸汽机零部件。尽管不能设计完整的蒸汽机或全套工厂设备，但完全可以对不完整的设计图做些增补，并可以组织、管理各部门的基层生产。

同治十二年（1873 年）岁末，沈葆桢建议“以中国已成之技，求外国益精之学”[①]，上奏选送一些“天资颖异，学有根柢者”[②]出国深造，得到朝廷批准。当时，除了从船政前学堂、后学堂毕业生中选拔尖子生出国留学，还接受了日意格的建议，从艺圃中选拔了刘敦禧等 9 位优秀艺徒分两批赴法国学习制造。

光绪三年春（1877 年 5 月），刘敦禧等 4 人抵达法国。他先进白海士登官学学习造船理论，后入马赛木模厂学习先进制模技术。刘敦禧发愤学习，成绩优异。在船政大臣黎兆棠的奏折里，两次提到刘敦禧：一次是说“艺徒之在白海士登官学者郭瑞珪、刘懋勋、裘国安均列优等”[③]；另一次是说毕业后考察工厂“刘懋勋又在多朗随总监工古新阅看官厂”[④]。李鸿章在光绪七年（1881 年）正月的奏折里，也为刘懋勋和留学的艺圃同学请功，“各照官学定章程，专门洋师按年甄别，给执官凭，并酌量游历英、法、比、德各国新式机器船械各厂，以资考订。凡有传习，各生徒俱已竟功……按章督课，实与诸官学卒业之洋员无所轩轾”[⑤]。

光绪六年（1880 年）底，刘敦禧学成回国。

·参与制造 13 艘战舰

刘敦禧回国的最初 5 年，先后出任过船政铸铁、轮机、锅炉 3 个厂的监工。

参与制造成功了“开济”铁胁木壳快碰兵船、“横海”铁胁木壳兵船、“镜清”铁胁双重木壳撞击巡洋舰、“寰泰”铁胁木壳巡洋舰。其中，规模最大的数“开济”快碰兵船，可载人183人，装有8个炮位；“镜清”巡洋舰是中国最早使用电灯的地方之一，光绪十一年（1885年）船政在建造“镜清”时，首次安装了电灯，瞭望台上还配置了双灯式探照灯，由发电机提供电源。而刘敦禧赴海外留学前参与制造的还有“万年青”木壳商船、“湄云”木壳兵船、“福星”木壳兵船、“伏波”木壳兵船、“安澜”木壳兵船、“镜海”木壳兵船、“扬武”木壳兵船、“飞云”木壳兵船、“靖远”木壳兵船。总之，刘敦禧为13艘战舰踏上保家卫国之路竭尽全力。

·修建中国第一条贯通南北铁路大动脉

刘敦禧不仅成为中国第一代造舰专家，还成为中国第一代铁路工程师，他参与修建了中国第一条贯通南北铁路大动脉——京汉铁路，并参与修建了中国历史上第一座横跨黄河的铁路桥——黄河大桥。

马江海战中，法国侵略者在撤出前，对马尾的船政十三厂进行了狂轰滥炸，战后一时无法恢复生产。光绪十一年（1885年），刘敦禧奉调赴旅顺担任船坞建设副工程师，参与修建了当时远东第一流的海军大船坞。光绪十三年（1887年）春天，奉调赴山东测量黄河，筹备浚河工程。光绪二十六年（1900年），刘敦禧出任京汉铁路工程师。

参与修建京汉铁路，给予刘敦禧的同样是辛酸。作为中国铁路工程师，刘敦禧在修建京汉铁路中受尽了外国公司的欺侮。光绪二十九年（1903年），开始建造京汉铁路的黄河大桥。在建桥过程中，比利时公司不顾工程质量，偷工减料，基桩深度不够。刘敦禧多次指出：“这样质量难保，桥塌随时可能发生。”但比利时公司的老板极其傲慢，耸耸肩膀，摊开两只手，仰着脸对刘敦

晚年刘敦禧

禧说："你们中国人知道什么？"拒绝接受刘敦禧基桩要打得更深一点的建议，致使得黄河大桥施工期间，就有 8 个桥墩被洪水冲毁。大桥建成后，保固期只有 15 年，桥梁载重也只有 E–35 级，行车时速仅为 10~15 千米。刘敦禧对此非常愤怒，多次指责比利时公司的不负责任，比利时公司工程技术人员居然说："你们政府都没有意见，你还提什么意见？"甚至有比方技术人员蔑视地对刘敦禧说："你们中国人有这样的铁路已经不错了！"

光绪三十二年（1906 年）春，京汉铁路通车。刘敦禧转任闽厦铁路工程师。同年六月，他赴山东，担任德州北洋机器制造局监督。

宣统二年（1910 年），刘敦禧任福建劝业道工科、矿科两科科长。

· 民国时为船政中兴立大功

1912 年，停办数年的船政改称福州船政局。当时船政已连续 10 年不曾造过一艘军舰，船坞积泥，机毁房塌，员工四散，刘敦禧临危受命任船政总监工。

刘敦禧一到任，就组织员工清积泥、修船坞、整机器，将摇摇欲坠的厂房、工棚整修、加固，紧接着就组织人员制订振兴计划。

1913 年，刘敦禧升任海军福州船政局副局长兼工程长，授海军造舰大监。他上任伊始，就收购了马限山莲花潭边的天裕船坞，并立即派工翻修，紧接着就开始接修军舰。之后，他根据海军福州船政局现况，提出发展计划：先制造小型浅水艇、浅水炮舰，积蓄财力和技术力量，再造大型巡洋舰。上任第二年，他就制造完成了 2000 吨的"宁绍"艇，以后每年都造一批小炮艇。刘敦禧为振兴船政可说劳怨不辞，殚精竭虑。为此，叠奖七等嘉禾勋章和四等文虎勋章。

· 创办福州第一家民办免费医院

在父亲刘克甡年迈时，刘敦禧想到自己身为长子，常年奔走大江南北，难以精心侍奉父亲，决定辞职归乡，全心照顾父亲。三年后，父亲仙逝。当时，刘敦禧两位弟弟身居高位，难以照顾老家，希望长兄能暂时息肩，主持家政。

刘敦禧居家期间，常引贫民疾苦为己忧，成为福州慈善界名流。他目睹福州大量贫民有病无钱就医，有的只能熬着等死，有的传染病患者因无钱就医而蔓延成为福州区域瘟疫。于是，他捐出巨资为倡，不少慈善人士也慷慨捐资，他在南门兜节孝祠里，创办了心社施诊局，专门为看不起病的贫困者免费诊治并无偿送药。心社施诊局分外科、内科、痘科、瘤科，他利用刘家威望，以高薪聘请各科医生，专心为贫民看病，并分送药品，活人无数。心社施诊局是福州市第一家民办综合性免费医院。

1916年，刘敦禧年近古稀，呈请海军部辞职还乡养老，回到了宫巷刘家大院。刘敦禧做了大半辈子高官，薪资颇丰，加上他秉承了父亲节俭度日的传统，又不舍得再择良地盖大宅院，到退休时确实积蓄了一大笔钱。退休后，他将这笔积蓄全部投入心社施诊局。他将心社施诊局移至福州南门夏醴井，并拿出巨额经费作为办施诊局经费。

那个年代，福州城靠近江边的南台岛瘟疫连连。每遇疫情暴发，刘敦禧就派出心社施诊局医生到疫区为贫民看病，定时送药到病患家，善名远播。与此同时，刘敦禧积攒的银子也像流水一样地花掉了，刘家有亲人建议他省一点，再盖一幢大宅院，让家里人能住得宽敞一点。当时刘敦禧兄弟的不少子孙都聚居宫巷，结婚生子，四代同堂，原来的二进大院已经显得很拥挤了，连花厅上都搭盖了房子住人，确实有再起新宅之需，但刘敦禧还是坚持不起新宅，将心社施诊局继续办下去。

日军侵华，刘敦禧悲愤难抑，身体每况愈下，1938年病逝于福州。

临终前，刘敦禧留下遗嘱：不起新宅，将积蓄全部用于心社施诊局。后来，他的儿子刘孝征接着管家，在积蓄用完之后，还卖家藏名画来维持心社施诊局。2006年2月18日上午，笔者在宫巷刘家大院采访了刘敦禧的孙子刘友墀，他记得小时候梅雨期一过，遇到太阳天，父亲就在花园里翻晒字画。他当时很小，曾一幅幅去数字画，发现一年比一年少，长大后才听家人说都卖了，用于维持心社施诊局。据1920年刘家族谱记载，刘敦禧按日到心社视察，神采焕发，身体硬朗。

刘敦本：造舰大监 海军艺术学校校长

刘敦本（1853—1934），又名栋臣、冠同，字瓒侯，造舰专家，清朝时曾任船政船厂监工、船政锅炉厂监督；民国时曾任海军福州船政局锅炉厂厂长、福州海军艺术学校校长。

·15 岁开始造军舰

刘敦本是刘克甡所生第五子，后过继给父亲弟弟刘克凑为嗣。同治七年初（1868 年 2 月），与哥哥一起考进船政艺圃，因学业优良，转入船政前学堂制造班学习。同治十三年（1874 年），刘敦本以优异成绩毕业于船政前学堂第四届制造班。一毕业，刘敦本就在船政十三厂当监工，参与制造了 40 艘军舰。

光绪十三年（1887 年）十二月，刘敦本因造船有功，获得光绪皇帝谕旨嘉奖。

光绪二十六年（1900 年），刘敦本奉调北洋海军工作。光绪末年辞职回福州。

宣统三年（1911 年），刘敦本到船政十三厂的锅炉厂任监督。

刘敦本，可以说是中国军舰制造业诞生与成长的见证人。他参与制造了中国第一艘铁胁木壳军舰“威远”号，结束了中国只能造木质军舰的历史；参与制造了中国第一艘巡洋舰“开济”号，提升了中国军舰的速度；参与制造了中国第一艘钢甲舰“龙威”号（后易名“平远”），这是中国独立自主设计、制造出的第一艘全钢甲军舰，代表了当时中国造船工业的最高水平；参与制造了中国第一艘钢甲鱼雷舰“广乙”号，此舰被誉为“南天之鹰”，后殉国于甲午海战中丰岛之战；参与制造了中国第一艘铁胁穹式炮舰“广庚”号，甲午海战中，该舰自广东驰援北洋水师；参与制造了中国第一艘练船“通济”号，此舰曾有“将军摇篮”之称。

1912 年，船政归福建都督节制，改称“福州船政局”，后改为海军福州船政局，归海军部管辖。刘敦本先后任福州船政局锅炉厂厂长、海军福州船政局锅炉厂厂长。民国海军部于 1914 年派员考察船政各厂，刘敦本考核成绩最优秀，被授为造舰少监。9 月 20 日，刘敦本被授予“七等嘉禾勋章”。

·教出中国第一批海军飞行员

1916 年，刘敦本升任福州海军艺术学校校长。海军艺术学校的前身即是船政艺圃，也就是刘敦本的母校，学制仍是以学为主，以工副之，工学结合，是专门培养海军造舰技术工人的半工半读的职业学校。开办初期，夜间上堂课，白天几乎全是厂课，1917 年添招的学生每周厂课必须两个白天。

刘敦本是海军艺术学校第三任校长，任上治学极严，教导学生之言皆出肺腑，语重心长。学生虽畏其风厉，而敬爱不衰。1917 年海军部议设飞潜学校，这是我国最早培养制造飞机、潜艇专业人才和飞行员的综合性学校，当时将海

晚年刘敦本

军艺术学校法文甲、乙两班学生各50人编为飞潜学校甲、乙两班，另招50名编为丙班，后又添丁、戊两班各50名。不久，将丁、戊两班归并于福州海军学校。但如何将海军艺术学校学生改充飞潜学生？刘敦本详陈办法，条条中肯，皆被海军部所采纳，从而保证1919年3月飞潜学校顺利成立和飞潜学校办学的高质量，为中国培养出了第一批飞机制造工程师、海军飞行员和飞机维修师。当时人称之“公之功不可没也”[⑥]。

海军飞潜学校成立后，当时海军部有意请刘敦本出任校长。刘敦本深知飞机与潜艇制造都是先进科学，自己没有系统学习过，且也未曾出国深造，应当请技术权威来出任校长。后来，改由新到任的海军福州船政局局长陈兆锵中将兼任校长。

海军飞潜学校成立之初，海军部议论改定各校学制，有意将位于马尾的福州海军学校改为轮机中学，不设航海班，不招新生。刘敦本闻悉，上书力争，海军部最后终止了这项动议，所以福州海军学校仍然保有航海专业，继续招生。刘敦本以自己的努力，在1919年10月升任造舰大监，并奉奖“四等文虎勋章”。

1934年，刘敦本以82岁高龄谢世。

刘冠南：轮机中将 江南造船所复兴功臣

刘冠南（1856—1938），又名敦浚，字冕轩，海军名将，清朝时曾任“超勇”舰三管轮、海军刘公岛机器厂帮办、“镇远”舰大管轮、“通济”舰大管轮、“海圻”舰总管轮；民国时曾任海军总司令处轮机课课长、海军江南造船所所长。

·学业优秀 从艺圃升入学堂

刘冠南是刘克甡所生第六子，后过继给父亲兄弟刘克美为嗣。同治十年（1871年），在大哥、二哥进入艺圃三年后，刘冠南也考入船政艺圃。

同治十年（1871 年）船政学堂又招生，刘克甡原想让粗通点文墨的刘冠南去考船政学堂，但考船政学堂需要有身份的亲属担保，一介箍桶匠，何来有地位的亲属？刘克甡万般无奈之下，最后还是让三子进了船政艺圃。

刘冠南与大哥一样，极聪明，学习又非常刻苦，成绩优异，很快就在新招的艺徒里冒了尖。光绪元年（1875 年）夏天，刘冠南被优选进入船政后学堂第二届管轮专业学习轮机。光绪六年（1880 年）夏，刘冠南堂课结束，被派往“永保”“琛航”等舰见习。光绪九年（1883 年）夏天，刘冠南毕业后，被派往“扬武”舰见习，练习运用轮机诸法，他殚精竭虑，研究精详，以技艺优长荣获奖励。

· 海军刘公岛机器厂第一任帮办

当时，福建船政轮船水师不少精英被调往北洋海军，刘冠南也在此列。光绪十年（1884 年），刘冠南被保奖千总，派充北洋海军“超勇”舰三管轮。

同年春，海军刘公岛机器厂成立，刘冠南因为有艺圃和水师学堂的学习经历，既懂轮机，又懂造船、修船的各个环节，他被调往刘公岛机器厂担任帮办，即副厂长。光绪十八年（1892 年）三月三十日，刘冠南升署北洋海军左翼中营守备，充“镇远”舰二管轮。

在北洋海军，刘冠南有两点非常受上司称道。一是他的舰上各种机器保养得非常好，每次检查总是获得好评；二是他非常肯教士兵学习轮机保养、维修技术，这也使他当过管轮的舰上，轮机兵的技术都非常好。

· 甲午海战中的神奇大管轮

光绪二十年（1894 年），在甲午海战一触即发之时，刘冠南升任“镇远”舰大管轮。同年，七月初一，中日两国政府同时向对方宣战，甲午海战正式爆发。刘冠南随“镇远”舰护送援兵入朝。

“镇远”舰为德国所制，与“定远”舰一起，成为当时中国最大的两艘战舰，管带是左翼总兵、林则徐侄孙林泰曾。

甲午海战按时间顺序，分成丰岛、黄海、威海三大海战。八月十八日，刘冠南与“镇远”舰一起先参加了黄海海战。

黄海海战打响后，在日本侵略者强大的炮火下，刘冠南沉着应战，尽最大力量创造发炮攻击敌机的机会；在舰艇受伤的情况下，他仍靠着自己过硬的技术，让“镇远”舰能继续投入战斗，“镇远”舰也正是在受伤的情况下，继续发炮，击中日本旗舰“松岛”号，致敌死伤113人，敌舰长志摩清直大尉被击毙，“镇远”舰击中“松岛”舰的炮弹，还引爆了“松岛”舰储存的大炮炸药，使之火灾大作……“镇远”舰在黄海海战中创造了一大奇迹，被日舰击中千余弹，但仍未失去战斗力，仍能在战斗结束之后成功返回旅顺，刘冠南功不可没。黄海海战后一个月，日军兵分两路向辽东半岛推进。十月，大连、旅顺相继失陷。

光绪二十年十二月三十日（1895年1月25日），日军兵分两路向威海卫入侵，右纵队直扑南帮炮台，左纵队沿荣成至烟台大道，绕击南帮炮台，切断清军退路。

光绪二十一年正月初五（1895年1月30日），日军攻打摩天岭炮台，“定远”“镇远”等舰在港内发炮助战，击毙敌旅团长大寺安纯少将，但终因寡不敌众，摩天岭等陆路炮台相继失守，日军遂轻取南帮海岸炮台，北洋水师剩余舰船遂全部控制在日军可炮击范围内。

光绪二十一年正月初九（1895年2月3日），日本联合舰队和日军占领的南帮炮台向威海港内的北洋舰艇发起攻击，我北洋海军开炮还击，激战竟日，刘公岛清军伤亡甚大。当天晚上，日军以2艘鱼雷艇悄悄切断威海港南口铁索木栏。5日早晨，日军8艘鱼雷艇突入港内，“定远”舰发炮击中敌一艇。当夜，敌第一艇队“小鹰”等5艘鱼雷艇突入港内偷袭，北洋海军“来远”舰、“威远”舰、“宝筏”布雷船被敌击沉，我伤亡官兵达200余人，“定远”舰也被击中……

中国海军第一批两位轮机中将之一刘冠南

“镇远”舰意识到，继续待在港内，只能束手待毙，只有冲出港，才能换得战机。于是，刘冠南积极配合，以迅雷不及掩耳之势，快速发动军舰，使“镇远”舰冲出了被日军火力封锁的港口……当时，冲出港的大舰只有“镇远”舰与“定远”舰，而“镇远”舰在黄海海战中被击中千弹，修理后的航速比原来慢了一半多，只有7节，所以更算奇迹。当然，全舰官兵再英勇，再机智，技术再神奇，但时不我予，加上敌强我弱，受伤的“镇远”还是难逃被俘之命……在惨烈的威海保卫战中，北洋海军在弹尽援绝、外援无望的情况下，最终于光绪二十一年正月二十日（1895年2月14日）与日军签订《威海降约》，宣告北洋海军全军覆没。“镇远”舰和当时残存在港内的其他中国舰船一起，于同年正月二十三日（1895年2月17日）被进入威海湾的日本军队掳走，变成了屈辱的日军战利品。

光绪二十一年（1895年）八月，刘冠南调补“通济”舰大管轮。

光绪二十五年（1899年）夏天，刘冠南奉派赴欧洲接带“海圻”“海天”两艘巡洋舰。十月，刘冠南调任“海圻”舰总管轮，授游击军衔。

光绪三十一年（1905年），刘冠南获得清廷授予的“三等宝星勋章”。

· 随舰参加英皇加冕 归途中起义

宣统三年（1911年）三月，刘冠南晋升海军协参领衔。

同年三月二十三日，刘冠南随“海圻”舰自上海出发赴英国。当年，英皇乔治五世举行加冕典礼，清廷派遣专使载振、副使程璧光参加。程璧光率“海圻”舰赴英国参加在朴茨茅斯港举行的英皇军舰检阅。九月，墨西哥发生华侨受摧残之事，驻美公使请派军舰前往保护，“海圻”舰立即驶过美国，迫使墨西哥当局认罪赔偿。这是中国历史上军舰第一次远航参加国事活动，也是中国第一次派出军舰远航宣慰华侨，还是中国军舰第一次环球航行。“海圻”舰这次蓝色征程，横穿三大洋，途经四大洲，历时400多天，进出8个国家14个港口。刘冠南是作为轮机长参加了这一次被海内外称作“壮举”的破冰之旅，并以自己精湛的轮机技术，保证了“海圻”舰一路顺畅。

但对于刘冠南来说，最感兴奋的是，在这次远航中，他积极参与劝说，并促使舰长下定反清起义决心，“海圻”舰降下了清朝的“龙旗”，毅然起义。

· 造出中国首艘万吨远洋轮

1912年6月14日，“海圻”舰回国。随后，刘冠南调任海军总司令处，出任轮机课课长，成为民国后第一任海军总轮机长，负责各舰轮机事务兼监察舰队轮机的教育训练。紧接着，他与船政后学堂管轮专业同班同学陈兆锵一起，成为中国历史上最早的两位轮机少将。次年，刘冠南因再立新功，获授“二等文虎勋章”。同年，派员考核全军各舰艇轮机官兵能力。

刘冠南做事公正、认真，1915年春获“三等嘉禾勋章”。

1916年1月，刘冠南出任海军江南造船所所长，并获“二等嘉禾勋章”。

江南造船所正是在刘冠南的手上实现中兴。

刘冠南到任后，励精图治。大力推行厂务改革，采取“获有余利，酌提花红奖赏”的办法，调动了全厂员工的积极性。又呈请政府立案：凡海关及招商局应修之船，均由江南造船所修理，保证了生产业务。

刘冠南深知，造船离不开良好的硬件。到任不久，就动工拓展船坞，划出余地，将坞身拓长560英尺，从而保证大型军舰，如“海圻”舰等，都可以进坞修理，同时还可以建造大型舰船，成为当时中国自办的最大船坞。这个船坞建成之后，连续制造了31艘较大的舰、船和200多艘小轮船。同年，刘冠南获“二等嘉禾勋章”。

1917年10月，刘冠南被授予轮机中将军衔。次年1月，获授“三等宝光嘉禾勋章”。10月，再获“二等大绶嘉禾勋章”。10月，总统徐世昌明令嘉奖刘冠南。

1919年，江南造船所在刘冠雄的主持下，相继建成了新造船铁工厂、新打铜厂、新电力剪机厂，并扩充了铸铁厂；1920年，建成了新的模具厂；1921年，又建成了干船坞。刘冠南还延揽了一批中外技术人才，放手让他们发挥才干。同时，采取了一系列奖惩措施，调动员工积极性，创造了江南造船所第二个春天。

刘冠南在江南造船所当了10年所长，其制造成功的大型军舰较多，其中，为中国海军特制的主要军舰有：“海枭”炮艇（1917年）、“海鸿”炮艇（1917年）、“海鹰”巡逻艇（1917年）、“亨储”巡逻艇（1917年）、“威胜”炮舰（1922年）、“德胜”炮舰（1927年）。

刘冠南任上创造了4项中国第一：开中国为美国政府制造大型货轮先河、创中国为美国海军制造军舰历史、建成中国第一艘万吨远洋轮、制造中国第一台与万吨轮配套的蒸汽机。

刘冠南在江南造船所任上吸纳了大量技术人才，带动了制造水平的提升，在世界上有了一定的名气。1918年至1919年，美国政府派人先后多次找到江南造船所，要求定制4艘同一类型的万吨远洋轮，要求是全遮蔽甲板、蒸汽机型的货船。接到订货后，刘冠雄先组织科研人员，研制成功了与万吨轮匹配的蒸汽机。1920年6月3日，第一艘万吨远洋轮“官府”号成功下水，船长135米，宽16.7米，深11.6米，排水量14750吨，成为当时远东所造的最大的轮船，打破了“中国不能造大船”的说法。因建造“官府”号有功，刘冠南获时任总统徐世昌嘉奖。1919年10月10日，刘冠南获授“二等宝光嘉禾勋章”。

1921年，其余3艘万吨远洋轮“天朝”号、“东方”号、“震旦”号也都制成。这4艘万吨轮经美国运输部验收，被认定为工程坚固，配置精良，震惊了世界造船业。中外报刊一时惊叹：中国工业史，乃开一新纪元。这笔大订单，使江南造船所当年的营业额高达1800万银圆，年盈余有200万银圆，改变了以往负债经营的格局。值得一提的是，直至1963年，中国才又造出万吨远洋轮“跃进”号。也是在1921年5月10日，刘冠南等因向北京政府提“参战案”，论功特授勋五位，即男爵。

1922年7月24日，北京政府总统黎元洪明令特授刘冠南以勋四位，即子爵。

由于美国政府对这4艘万吨轮的建造质量非常满意，美国海军要订购新舰，政府马上推荐了中国海军江南造船所。1923年底，美国海军向江南造船所订购6艘2048~3800吨的炮舰，造成后陆续交付使用。

1925年3月，已至古稀之年的刘冠南卸任江南造船所所长，来接任的是他的老同学陈兆锵中将。7月，刘冠南告老还乡闲居。1938年，刘冠南因病逝世。

刘冠雄：海军上将 当了17任海军总长

刘冠雄（1861—1927），名敦诚，字子英，号资颖，海军名将，清朝时曾任“飞鹰”舰管带、“海天”舰管带、北洋海防营务处会办、广东水师营务处总办；民国时曾任沪军都督府海军高等顾问、南京临时政府海军部顾问、海军部总长、海军部总长兼代理交通部总长、海军部总长兼参谋长、海军部总长兼教育部总长、海军部总长兼海军总司令。中国航空工业重要奠基人。

·高才生一毕业就青云直上

刘冠雄是刘克甡所生第八子，而排行第一、第二、第三、第七这四个哥哥均早夭。

光绪元年（1875年）春，父亲刘克甡就送刘冠雄去马尾的船政学堂参加入学考试，结果考取船政后学堂驾驶班，成为第四届学生。严复是他的老师。4年后校课毕业，被派往“扬武”舰上见习枪炮、驾驶诸战术；第二年舰课毕业后，又入校学习高等课程。正式毕业后，被派往“镇南”炮舰任驾驶官。

刘冠雄个子不高，人极壮实，一脸的质朴，属于那种憨于形而智于心的人，按当时海军前辈的话说，刘冠雄有文才，善交际，足智多谋，人称其有大将风度，又肯尽忠效力。这使得他毕业后升迁极快，很快就升任“镇南”舰帮带。

光绪九年（1883年），刘冠雄调补“扬威”舰帮带。十一月（1883年12月），中法战争爆发。光绪十年（1884年），随着中法战争的逐步升级，九月初二（1884年10月20日），法国远东舰队司令孤拔发出公告，宣布对台湾港口实行封锁。为打破法军对台湾岛的封锁，增强台湾守军的防御能力，九月十四日（1884年11月1日），朝廷批准钦差大臣督办福建军务的左宗棠所奏，下令："南洋派兵轮五艘，北洋派兵轮四五艘，在上海会齐……相机援剿。"[⑦]南北洋七舰在上海会师后，正准备援台之时，十月十七日（1884年12月4日），日本政府趁中法战争之机，在朝鲜发起了“甲申政变”，将朝鲜国王李熙软禁于景祐宫。李鸿章闻讯，电调“超勇”“扬威”两舰速回北师，改赴朝鲜，事平后刘冠雄升候补把总。

光绪十一年（1885年）秋，刘冠雄任“定远”铁甲舰大副。

刘冠雄

·“大治水师”中送出洋的留学生

中法马江之战，苦心经营的福建船政轮船水师全军覆没，清政府进一步认识到加强海军建设的重要性。所以，战争刚刚结束，清政府就做出“大治水师”的决策。光绪十一年（1885年）底，清政府决定选派第三批海军留学生前往英国、法国学习。这次留学，共派出33人，其中驾驶专业17名、管轮专业2名、制造专业14名。驾驶专业是从船政学堂和天津水师学堂驾驶班的毕业生中挑选的，能文能武的刘冠雄自然成为其中一员。

光绪十二年（1886 年），刘冠雄和其他 16 名驾驶专业和 2 名管轮专业的学生前往英国留学。抵达英国后，19 名留学生被分配学习不同的科目。刘冠雄等 8 人奉派“学习操放大炮、枪队、阵图、大副等学，兼驾驶铁甲兵船”[⑧]。当年 10 月，刘冠雄与黄鸣球、邱志范三人被派到英国军舰“额格士塞兰德”号上学习炮术。第二年 6 月，他们转入武力士（今译伍尔维奇）炮厂，学习制造枪炮和火药等。

留学英国期间，刘冠雄很快崭露头角，在驻英公使薛福成的日记中有记：中国海军留学生“习操放大炮、枪队阵图、大副等学，兼驾驶铁甲兵船者八员，刘冠雄、黄鸣球、邱志范、王学廉、郑汝成、陈杜衡、沈寿堃、郑文英考度皆屡列高等”[⑨]。船政大臣裴荫森曾就刘冠雄留学成就，向朝廷上折说：“先将学习驾驶三年期满者，咨送回华。臣等公同考验该生等，所学莫不尽探奥妙，各具等长，较之前届学生亦学业较邃，创获实多。当此倡练海军之时，得此有用之才，洵足仰备国家器使。”[⑩]

· 穿越大西洋　驶回四巨舰

光绪十三年（1887 年），清政府决定派员前往英国、德国接收订购的“致远”“靖远”“经远”“来远”4 艘新式巡洋舰，为节省数十万元的经费，此次接舰没有另加保险。所以，安全驾驶至关重要，北洋海军派出最优秀的官兵参加这次接舰行动。四舰都配备管驾官 1 人、大副 1 人、学生 2 人。四舰的管驾官都是当时北洋海军的栋梁之材，分别是邓世昌、叶祖珪、林永升、邱宝仁。这 4 人都是船政后学堂驾驶专业第一届毕业生，其中叶祖珪、林永升还是第一批赴英国留学的海军，双双以优异成绩考入格林尼茨皇家海军学院，并以出色成绩毕业。

正在留学的刘冠雄，因为才智过人，也被特召参加了接舰工作。他是 17 名在英国学习驾驶的留学生中唯一一位被特召参加接舰任务的，被安排在“靖远”号巡洋舰上担任大副。

光绪十三年秋（1887 年 9 月），“致远”“靖远”“经远”“来远”4 艘战舰与在英国订造的“左队一号”鱼雷艇一起，从英国朴茨茅斯港出发回国。经过两个多月的艰苦航行，他们穿越了大西洋、地中海、红海和印度洋，于年底顺利回国。

当时，负责指挥这次接舰行动的北洋海军外籍顾问、英国人琅威理一路上就在刘冠雄当大副的“靖远”舰上，他对这位热情朴实、指挥得当、技术精湛的中国小伙儿称赞有加。

·赴台平叛　维护祖国统一

光绪十四年春（1888 年 4 月），四艘“远”字号巡洋舰和“左队一号”鱼雷艇驶抵天津大沽口，加入了北洋海军阵列。刘冠雄一直留在“靖远”舰这艘当时北洋水师中速度最快的巨舰上，北洋海军成军时被任命为“靖远”舰帮带大副，擢千总。

光绪十四年六月二十五日（1888 年 8 月 3 日），台湾后山发生番社起事。六月二十八日（1888 年 8 月 6 日），台湾吕家望番社围攻设在卑南（今台湾省台东县卑南乡）的清军大营，旬日之间，驻台清军不能平息，形势紧急。台湾巡抚刘铭传电请李鸿章派北洋海军助剿，李鸿章致电北洋海军提督丁汝昌，令之率“致远”“靖远”两舰速去。七月二十五日（1888 年 9 月 1 日），丁汝昌督两舰抵台，在基隆与刘铭传相会，两位安徽老乡商量了平叛方案，决定海陆夹攻。八月十四日（1888 年 9 月 19 日），丁汝昌率舰驰至卑南后，从“致远”舰上卸两尊舰炮上岸，并指示海军全力襄助刘铭传部的陆军攻剿。刘冠雄与“致远”舰帮带大副陈金揆奉命率 60 位官兵登陆，携带 2 门六磅舰炮，配合陆军作战。作战中，刘冠雄英勇无畏，冒着飞来的梭镖、尖刀和土药弹，指挥官兵扛着舰炮翻山越岭，发炮击敌……八月十六日（1888 年 9 月 21 日），叛乱主要据点吕家望被攻破。

此役大捷后，刘铭传奏请赏给丁汝昌头品顶戴，刘冠雄也因为在平定台湾起事的战斗中表现出色，经李鸿章上报朝廷，提前晋升为守备。

在这之后，刘冠雄多次随“靖远”舰前往朝鲜、日本、俄国及南洋等地执行海上巡弋、对外交涉、迎送贵宾、保护侨民等任务，增长了见识，积累了经验，为他日后长期主持中国海军打下了基础。

光绪十七年（1891 年），刘冠雄积功升北洋海军中营都司，不久再升游击。

·甲午海战立奇功

光绪二十年夏（1894 年 7 月），中日甲午战争爆发。

光绪二十年八月十七日（1894 年 9 月 16 日），清政府派出陆军 4000 人，增援驻守朝鲜的部队。援军由北洋海军护送，从海上运至中朝边境的大东沟登陆，然后从陆路抵达朝鲜。为了完成这次护航任务，北洋海军的主力战舰全数出动，2 艘亚洲最大的铁甲舰、10 艘巡洋舰、2 艘炮舰和 4 艘鱼雷艇，组成了一支庞大的护航舰队。

光绪二十年八月十八日（1894 年 9 月 17 日）早晨，增援朝鲜的部队在大东沟顺利登陆，北洋海军完成了护航任务。上午 10 时，准备返航的北洋海军，发现了来袭的日本舰队。正在大东沟口外 10 海里处担任警戒任务的 10 艘北洋海军战舰，立即列队迎敌。12 时 50 分，北洋海军的旗舰“定远”号率先开炮，黄海海战爆发。这是世界海战史上首次装甲舰队的大会战，亦称“大东沟海战”。时任“靖远”舰帮带的刘冠雄随舰参加了这场著名的海战。

血战中，刘冠雄英勇无畏。在黄海海战中，“靖远”舰中弹数十处，前后三次火起，死伤 18 人。为扑灭大火、修补漏洞并牵制敌人，刘冠雄协助叶祖珪驾驶“靖远”舰且战且移，转至大东沟西南的大鹿岛附近，背靠海滩，占领有利地形，以夺得抢修时间。敌舰尾随而来，刘冠雄指挥舰艏重炮轰击敌舰，使得敌舰不敢逼近，既为“靖远”舰赢得扑灭大火及修补漏洞时间，又拖住敌舰队部分力量，减轻了敌舰对“定远”等舰的压力。下午 5 时，“靖远”舰抢修完成，立即带伤归队，继续与敌拼杀。

电影《甲午风云》中有这样一个情节：在日寇猛烈的炮火中，北洋海军旗舰“定远”号上的指挥装置被击毁，整个舰队没了指挥调度。万分危急之时，“致远”舰管带邓世昌毅然下令在自己的舰上升起令旗，代替“定远”舰指挥作战。而历史并非如此，在那个讲究文学创作“三突出”的年代，电影的创作者为了突出邓世昌的高大形象，将刘冠雄等人的英雄壮举，移花接木至邓世昌身上。

历史的真相是：那天下午 5 时，“靖远”舰带伤重归战场。刘冠雄立即发现旗舰“定远”舰的船桅断了，无旗宣令变阵。我舰队也因为无旗宣令，指挥失灵，战场混乱，无法聚合起力量给予敌人更有力打击，而且有利于敌人对我舰各个击破，形势极为危急。刘冠雄当机立断，急请管带叶祖珪悬旗，统率余舰变阵，绕击日舰，并号召港内诸舰出港助战。我舰队在“靖远”舰升起的令旗指挥下，给予敌人狠狠打击。此时，日舰受伤不少，又见到我舰队散而复整，害怕有雷艇暗袭，遂向东南退去……

黄海海战，北洋海军损失惨重，但中国官兵英勇战斗，粉碎了敌人“聚歼清舰于黄海中”的狂妄计划。袁世凯后来在“奏萨镇冰请破格擢用折”中写道：“我国自甲午一役海军歼焉，然大东沟一战，胜负相当，以视陆路诸军犹有生色。”[11]折中对刘冠雄评价甚高。

光绪二十年十二月（1895年1月），日军继续大举进犯威海卫，水陆并进，清陆军且战且退，“靖远”及4艘舰艇没有退缩，而是勇敢地迎击敌舰。光绪二十一年正月十五日（1895年2月9日），“靖远”被敌炮击中下沉，刘冠雄等获救脱险。次日，为避免“靖远”舰为日军利用，丁汝昌下令自沉。族谱对此记载，“公位偏裨，虽瞠视心伤无能为力也”[12]。

威海战败，清政府将北洋海军官兵全部罢遣，唯刘冠雄因在黄海海战中建议“靖远”舰升帅旗，得以号召各舰继续再战，扭转战局，以此功获留营效力。当年7月，刘冠雄奉命赴德接带“飞鹰”猎舰返华，同年底回国。

·冒险保全康有为

甲午海战之后，北洋海军只剩下5艘军舰，刘冠雄从德国接回的“飞鹰”舰，成为整个北洋海军中最大的一艘军舰，刘冠雄出任该舰管带。

刘冠雄在任“飞鹰”舰管带时，做了一件至今仍受到人们赞扬的好事。

慈禧镇压“戊戌变法”前夕，光绪皇帝已感到形势严峻，让杨锐和林旭分别带出两道密诏，一是要康有为设法救他；二是他要救康有为，让康有为迅速离开北京到上海。康有为在北京为营救光绪帝经过一番活动之后，于9月20日早晨化装离开北京，傍晚抵达天津塘沽。第二天早晨，乘英国的“重庆”号轮离津赴沪。慈禧正是在这个时间发动了政变。

政变启动，慈禧立即下令逮捕康有为。300名兵士包围了康有为的住处——南海会馆，没有抓到康有为，便把康有为的弟弟康广仁抓了去。当得知康有为乘“重庆”轮去了上海，荣禄急电烟台道和上海道，要他们搜捕缉拿，同时命天津派出军舰追赶“重庆”轮。为免发生意外，慈禧太后下令，一旦将康有为抓获，立即就地正法。此时任“飞鹰”舰管带的刘冠雄，奉命率舰从海上追捕康有为。“飞鹰”舰的航速几乎比“重庆”轮快一倍，如果开足马力，要追上“重庆”轮并不难，更何况康有为此时还不知道北京已发生政变，慈禧正在下令追捕他。过烟台时，他还登岸游览。“飞鹰”舰要截住他，可以说是易如反掌。但是，“飞鹰”舰追至中途，刘冠雄却突然下令停止追赶，以煤炭不够为由，折回天津装煤，6小时后重新驶向烟台。当刘冠雄“飞鹰”舰到了烟台港时，“重庆”轮早已一路南下……

上海道蔡钧接到朝廷搜捕康有为的密电后，决定当“重庆”轮一到上海，便立即登船抓人。他还找到英国驻上海代理总领事白利南，送上一张康有为的照片，要求他协助捉拿康有为，并表示事成之后送酬金两千万。英国领事得知后，决定营救康有为。他派一位精通汉语的英人濮兰德提前登上“重庆”轮，濮兰德借助照片，很快找到康有为，说明情况后，康有为大吃一惊，即随濮兰德转到英船“琶理瑞”号上。“重庆”轮开进吴淞口，上海道蔡钧派人上船缉拿康有为时，方知康有为已被英国人转到“琶理瑞”号上，他要求英国人交出康有为遭拒。随后，康有为在英船保护下去了香港，成功脱险。

刘冠雄为何要放康有为一条生路呢？不少研究刘冠雄的历史学家认为，这与刘冠雄认同变法有关，刘冠雄留学英国多年，后来又多次前往英国、德国，接受了西方进步思想，同时对清朝的腐败无能也深恶痛绝，赞成康有为的维新思想，支持康有为发起的变法活动，因此才在危难时刻出手救了康有为一命。

· 粉碎意大利租借“三门湾”企图

光绪二十五年（1899 年），因为甲午海战战败被革职的刘冠雄老上司叶祖珪重出江湖，并加提督衔，统领南北洋海军。也是在这一年，中国向英国订购的“海天”“海圻”两艘巡洋舰建成来华，这两艘军舰是当时中国海军最大的军舰，刘冠雄被任命为“海天”舰管带。

在那个多事之秋，刘冠雄刚上任就遇到危急之事——

甲午战败后，西方列强掀起了新一轮瓜分中国的狂潮：光绪二十四年二月十四日（1898 年 3 月 6 日），清政府被迫与德国签订《胶澳租界条约》，德国强占胶州湾。三月初六（1898 年 3 月 27 日），清政府被迫与俄国签订《旅大租地条约》；又于闰三月十七日（1898 年 5 月 7 日），被迫与俄国再签《续订旅大租地条约》，俄国强行租借旅顺口、大连一带。四月二十一日（1898 年 6 月 9 日），清政府被迫与英国签订《展拓香港界址专条》，英国强行将九龙半岛周围水面和岛屿划为英国的租界地。五月十三日（1898 年 7 月 1 日），清政府被迫与英国签订《订租威海卫专条》，英国强行租借威海卫及附近水面和全湾沿岸 10 英里以内（1 英里约等于 1.609344 公里）的地方。光绪二十五年十月十四日（1899 年 11 月 16 日），清政府被迫与法国签订《广州湾租界条约》，将广州湾（今广东湛江市）划为法国租界，纳入了法属印度支那联邦范围。

光绪二十五年初春（1899 年 3 月），亚平宁半岛上的意大利也加入了瓜分中国之列，提出租借中国三门湾，意在变中国东海良港为自己的海外殖民地。三门湾位于东海，在宁波与温州之间，战略地位非常重要。为了迫使清政府屈服，意大利还派出了6艘军舰来华恫吓，并向清政府发出最后通牒：不允，即开炮！清廷十分恐慌，征求海军意见。

刘冠雄的老上司叶祖珪问计诸将。刘冠雄进言："意军舰远涉重洋，主客异势，劳逸殊形；况我军'海天''海容''海圻''海筹''海琛'等主力舰，尚可一战。"⑬那天晚上，他回到家，还难抑心中之愤，他对相濡以沫的妻子说："一退再退，我东南沿海诸港还会剩下多少不是洋人的！再退让，我们颜面何在？生不如死！"叶祖珪接受了爱将们的建议，并上报清廷，同时向清廷保证，海军愿力拼意舰，捍疆卫海。

清廷得到海军的答复，气壮了许多，拒绝了意大利的最后通牒。意大利本就意在恫吓，见没有吓倒中国方面，也只好放弃了租借三门湾的无理要求。

三门湾未被列强所占，刘冠雄当有一功。

刘家家族合影。后排左二为刘冠雄，左三为刘敦本，左四为刘敦禧，左五为刘冠南

·因"海天"舰触礁离舰

光绪三十年正月十一月（1904年2月8日），日俄战争爆发，日军进攻沙俄并占领旅顺口。清廷无力制止这场发生在本国领土上的战争，只得宣布"中立"，但也暗地里加强战备。同年三月初八（1904年4月23日），刘冠雄奉命率"海天"舰南下，赶往江阴装运军火。次日，军舰在海上遇到大雾，三月初

十（1904 年 4 月 25 日）于长江口外舟山岛附近的鼎星岛触礁，舰艉部分渐渐沉入水中。

刘冠雄铸成大错，按律当斩，时任直隶总督兼北洋大臣的袁世凯救了刘冠雄一命。他在奏折中为刘冠雄开脱，说刘冠雄是为了迎提军火，深恐延误，才不得不冒雾前行，失误是因任务在身，奋勇直前，虽然罪可诛，但其才可录，建议即行革职并留舰协助萨镇冰组织打捞工作，以戴罪立功，朝廷准奏。非闽籍出身的清末民初海军将领朱天森在《辛亥革命回忆录》中，曾记有此事："因遇雾触礁，'海天'沉没，照例应处死刑。时袁世凯为直隶总督、北洋大臣，力为援救，刘得不死，因此对袁世凯极为感恩。"[14] 民国海军部部长、海军总司令陈绍宽晚年也曾对此事做了介绍："1904 年（光绪三十年三月），'海天'管带刘冠雄奉命率舰由北方南航，赶赴江阴接运军械。沿途遇雾，行至吴淞口洋面，触碰鼎星岛，经救援无效，旋则拆废，管带及有关舰员分别处分。"[15]

同年末，刘冠雄被两江总督周馥咨留江南筹备海军，紧接着派往日本接收炮舰。次年春回国办洋务。

光绪二十六年六月十七日（1900 年 7 月 13 日），八国联军攻陷天津，北洋机器制造局几乎全部毁于战火，无法恢复。袁世凯继任直隶总督兼北洋大臣后，认为练兵必先制械，于是在德州兴建新址，厂名仍沿用总理北洋机器制造局，亦称"陆军部德州兵工厂""德州机械制造局"。

光绪三十二年（1906 年），刘冠雄出任北洋机器制造局总办。上任后，刘冠雄频推新政，重用人才，惩治腐败，清理整顿材料资产。三年后，机器制造局面貌为之一新，呈欣欣向荣之势。在此期间，刘冠雄还编写了多部弹药制造手册，作为技术规范和新人培训教材。

光绪三十四年（1908 年），清廷下诏，让各省推举科学人才给予出身。时任护理江西巡抚的沈瑜庆以刘冠雄应诏，学部复奏，刘冠雄被授予"工科举人"。

宣统元年（1909 年）夏，刘冠雄调充会办北洋海防营务处。

宣统二年（1910 年）冬，清廷创设海军部，刘冠雄被调海军部工作，出任海军部军制司航海科科长。次年秋天，调充广东水师营务处总办。

· 有为的总长

1911 年辛亥革命爆发，刘冠雄由粤赴沪。

1912 年 1 月 3 日，中华民国临时政府在南京成立。5 日，临时大总统孙中山任命黄钟瑛为海军部总长，执掌民国海军。黄钟瑛向临时大总统孙中山推荐刘冠雄为顾问，刘冠雄助其颁布军纪 12 条，对维护海军稳定发挥了作用。同月 27 日，黄钟瑛致函孙中山，请辞海军部总长职务，要求改任海军总司令。黄钟瑛在函中大力称赞刘冠雄资望才学可做海军表率，深孚众望。因此，他向孙中山建议，由刘冠雄任海军部总长一职。同年 2 月 15 日，临时参议院选举袁世凯为临时大总统。3 月 30 日，临时参议院选举刘冠雄为海军部总长，继黄钟瑛后成为民国第二任海军总长。4 月 6 日，海军部正式成立。刘冠雄上任后，立即着手整顿海军事务，建章立制，并下令接收各地海军机构，集海军大权于中央海军部。刘冠雄还着手整顿海军教育，制定海军学生考选章程、海军留学生管理规则等。6 月 27 日，刘冠雄兼代交通部总长。7 月 16 日，海军部增设参谋厅，由时任海军部总长的刘冠雄兼参谋长。10 月 9 日，刘冠雄获授“二等嘉禾勋章”。11 月，刘冠雄被授予海军上将军衔，成为民国的第一位海军上将。

刘冠雄在辛亥革命前重返海军界时仅是一个科长，未过几年就一跃成为中国海军第一掌门人。为稳定军心，集合更多力量建设海军，刘冠雄几乎将所有清末的著名将领都聘任为海军部顾问，同时着手组织整理编撰清末海军史，征集甲申、甲午战争阵亡将士名单，并出台政策，将这些英烈将士子弟大量吸收进海军。此举深受好评。

1913 年 1 月 28 日，教育部总长范源濂辞职，时任海军部总长的刘冠雄兼代教育部总长。9 月 20 日，刘冠雄获授勋二位，即侯爵。10 月 10 日，获授“一等嘉禾勋章”。10 月 14 日，时任总统的袁世凯派刘冠雄为南洋巡阅使，赴闽督办裁兵。也是在此次南下中，刘冠雄经过三都澳时，停留巡勘，认为宁德三都澳岗峦环合，港道回曲，外有群岛拱卫，可建炮台扼守，认定是天然军港。回京时陈请建设三都澳军港。12 月 12 日，刘冠雄致电袁世凯及国务院，请款复办船政。

从 1912 年到 1919 年，在前 11 届内阁中，刘冠雄出任了 9 届内阁的海军部总长。如果算上临时内阁，他共担任过 17 届政府的海军部总长。

应当承认，刘冠雄在海军部总长的任上，对中国海军建设还是贡献颇多。

1912 年 3 月，出任海军部总长之后，刘冠雄在细研了欧美列强海军建设的基础上，制定了民国海军部体制、官制以及海军司令处、舰队司令和地方调用军舰等各种条例，还着手整顿海军教育，制定海军学生考选章程、海军留学生管理规章等等，为中国海军正规化建设做出了重要贡献。

作为甲午海战的亲历者，刘冠雄深知装备对于海军的重要性。任上，他着力改变海防力量薄弱的现状，增添海军装备，并先后接管了各地与海军有关的造船机构，以更新和维修海军装备。他曾制订出“置舰计划”，每遇内阁会议，必疾呼发展海军重要性，他认为中国是陆海交错之国，要护国必先强海军。他对海军建设规模的设想是，首先必须与最近最强的邻国同等，这样才能并列于强国之林。他发展中国海军的总体思路是：攻守兼营，但鉴于财力、人力之两难，目前着重做好巡弋防御与守卫防御二端。依此思路，刘冠雄还详尽制订了中国海军 10 年发展计划，第一期 5 年为“守防计划”，第二期 5 年为“巡防计划”。前者，总计配置舰、艇、船 219 艘，营、库、厂、坞 66 所；后者拟设巡防舰队 3 支，总计配置战斗巡舰（每艘 2.6 万吨）、装甲巡舰（每艘 1 万吨）、穹甲巡舰（每艘 5000 吨或 3500 吨）共 54 艘。军舰由现有 50 艘增至 323 艘，总吨位由 4.5 万吨增加到 40.48 万吨，并公开提出以日本为假想敌。

但是，一腔热血无处洒。民国初期，北京政府忙于打内战，并无意海防建设。刘冠雄呕心沥血所做的“置舰计划”连同后来做的“理想扩张案”，都变成一纸空文。刘冠雄还将海军部卫队改编为海军陆战队，可以说，他是中国海军陆战队的创立者。

晚年的刘冠雄是悲怆的、孤独的。在列强的航空母舰称霸世界之时，他只能在天津卫购数亩土地，将自己的新宅中一幢洋楼外形建成航空母舰状。笔者有幸从他的后人处获得数十张刘冠雄入住新居后合家拍的系列照片，每一幅照片上都有满头白发的刘冠雄，但不曾在任何一幅照片上见到他的笑容，即使是那张他背着孙儿在花园嬉戏的照片，刘冠雄也一脸苦痛，脸上写着的是“壮志未酬人已老”的不甘，是“出师未捷身先死”的悲情。

· 抵御外侮　维护本国主权和利益

1912 年，中国政府决定在浙江象山开设军港，时任海军总长的刘冠雄了解到在象山洋面上有日本兵舰往来测量或在彼处驻泊，马上意识到：该港系中国领土，自宜加意防范，立刻电饬驻沪海军司令部迅即选调兵舰数艘，往象山港驻泊严防，将各国兵舰往来停泊情形随时报告。

1914 年 7 月，第一次世界大战爆发，由于各交战国军舰或早已经撤回或依保和会条约卸去武装，为保卫中外商民财产安全，刘冠雄不但派出军舰保护中外商民，而且自己也驰赴长江一带巡视，督促落实。

1915 年，袁世凯加封刘冠雄为二等公爵位，这是海军人员得到的最高爵位。

1916 年，黎元洪继任总统，段祺瑞任国务总理，组成新内阁。黎元洪推荐自己在海军中任职时的老上司程璧光出任海军部总长，刘冠雄改任总统府顾问。随即，刘冠雄赴天津养病。

1917 年 7 月 15 日，时任总统的冯国璋明令特任刘冠雄为海军部总长。7 月 23 日，程璧光海军总司令一职被免，刘冠雄兼任海军总司令。10 月 9 日，冯国璋授予刘冠雄“一等大绶宝光嘉禾勋章”。11 月 7 日，总统徐世昌授海军部总长刘冠雄“一等旭日大绶勋章”。

1917 年 8 月 14 日，北京政府对德国和奥地利宣战，海军正式参加第一次世界大战的军事行动，没收德、奥在华舰船 13 艘，包括炮舰 2 艘、拖船 1 艘、商船 10 艘。1918 年 4 月，派出巡洋舰“海容”及陆军 1 个团进驻海参崴。

1918 年，日、美以及其他协约国列强，对苏联进行共同干涉。中国政府也派海军代将林建章率“海容”舰及陆军宋焕章团，随干涉军进驻海参崴。当时，旧沙俄势力以高尔察克为首的叛乱分子在鄂木斯克建立了帝俄政权，控制了西伯利亚地区。在这样的国际背景之下，中国作为干涉国之一，依据条约收回了黑、乌两江航权，重建了东北江防。

1919 年 4 月 3 日，北京政府国防讨论会通过了东北江防办法，交海军部和海军总司令部具体办理。1919 年 7 月，北京政府海军部特设吉黑江防筹备处，归海军总司令部节制，并抽派“靖安”“江亨”“利捷”“利绥”等舰，赴哈尔滨附近同江驻防，维护了东北的江防安全。

· 中国航空工业的奠基人

因为刘冠雄与袁世凯的特殊关系，新中国成立以来，人们对袁世凯的恨累及刘冠雄，对刘冠雄一生所做的于国于民有利的事鲜少提及。但客观地说，刘冠雄任内不但对中国海军建设有一番作为，也可称得上中国航空工业的开创者。正是在他任海军部总长时，中国海军创建了中国历史上第一个飞机制造厂——海军飞机工程处，办起了中国第一个培养飞机制造、维修等技术人才和驾驶人才的综合性航空学校——海军飞潜学校，制造成功了中国第一架飞机——甲型一号。

中国第一个飞机制造厂和第一个综合性航空学校的诞生，是刘冠雄提议并在他的任上完成的。

刘冠雄留学海外多年，他一直很注意追踪国外舰艇技术进步，留心海外飞机制造业的飞速发展，清醒地意识到飞机将在未来战争中所发挥的重要作用。他走马上任海军总长之后，对国外的飞机制造业更为关注。有一件事，使他坚定了要发展中国航空业的决心。

宣统元年（1909 年），清朝筹办海军事务处从全国各水师学堂毕业生中选择了巴玉藻、王助、曾贻经等 20 名优秀学生赴英国留学，学习制造军舰。巴玉藻、王助、王孝丰、曾贻经在英国阿姆士庄工学院学习机械时，对航空发生了兴趣。他们在课余时间，对国外飞机制造业、航空业做了非常细致的考察，之后联名上书给海军总长刘冠雄，建议祖国尽快发展航空业，报告中提出：中国应主张飞潜政策，巩固国防。到了 1914 年，飞机的性能与驾驶技术有了很大的提高，在欧战中更是锋芒毕露。1915 年春，刘冠雄派魏瀚率团赴美考察、学习航空，以发展中国航空业。海军部在全国范围内挑选了魏子浩、韩玉衡等 14 位毕业于水师学堂且在海军界服务多年的精英，让造舰专家魏瀚带队赴美国学习飞机制造业。但当时缺留学经费，一时无法成行。

刘冠雄没有因为缺经费而搁浅派员出国学习航空的计划。刚好，清朝曾向意大利订购“飞鸿”舰，造好后就碰上第一次世界大战爆发，海面受德国潜水艇封锁不能驶回中国。刘冠雄决定将此军舰就地售与协约国，将得款 30 余万元作为这个赴美航空学习考察团的费用。1915 年，魏瀚带着中国第一个学习航空的考察团，正式出国考察、学习航空制造等。

与之同时，刘冠雄决定派正在英国留学的海军学校毕业生直接赴美国学习航空。中国第一代飞机制造专家曾贻经，后来专门撰写了题为《海军制造飞机处》一文，其中明确指出海军航空工业为刘冠雄所倡办，“1915 年，海军总长刘冠雄倡议仿办海军航空工业，为培养海军飞机人才，把留学英国的巴玉藻、王助、王孝丰、曾贻经等人派往美国学习。巴玉藻、王助、王孝丰入麻省理工学院学习航空工程，曾贻经入寇蒂斯工厂实习航空发动机”[16]。

1916 年 10 月，魏瀚率团结束在美国学习考察回国，随即向刘冠雄报告了飞机在第一次世界大战中发挥的重要作用，刘冠雄更加感觉到发展中国航空业的迫切性。1917 年秋，向北京政府提出：飞机、潜艇为当今急务，非自制不足以助军威，非设专校不足以育人才而收效果。但北京政府认为百废待兴，一时无力建飞机和潜艇，没有发展航空业计划。刘冠雄就决定以海军之力发展航空业。

刘冠雄坚持要创办航空业的消息传到大洋彼岸的美国后，当时已是美国通用飞机公司总工程师的巴玉藻，认为归国自制飞机的条件已经成熟，不顾美方的苦苦挽留，邀已是美国太平洋飞机公司（波音公司前身）总工程师，并为此公司设计、监造了第一架飞机的王助及同学王孝丰、曾贻经4人，辞去美国高薪工作，毅然回到祖国。

1917年11月，巴玉藻等4人回到北京，立即找到海军部，向刘冠雄请命建厂自制飞机。他们的请求得到刘冠雄和海军部的赞许。刘冠雄立即派人与他们一同择地建厂。因为福州的马尾已是海军的造舰基地，集中了大量技术人员和技术工人，且有一定的制造业基础，加上海军福州船政局尚有足够的余地可办厂，设备也多，便选定在马尾造船厂内建飞机制造厂，拨款5万元作办厂经费，命巴玉藻负责筹建飞机制造厂。1918年2月，海军部正式任命巴玉藻为主任，王孝丰、王助、曾贻经为副主任，成立海军飞机工程处，暂隶海军福州船政局。同年，海军部在马尾成立了福州海军飞潜学校，设飞机制造、潜艇制造、轮机制造3个专业。

海军飞机工程处是我国创建的第一个正规飞机制造厂。最为可贵的是，这个中国第一家飞机制造厂一上马，就制定了尽可能以国产材料制造飞机的战略。巴玉藻等人花了大半年时间从事调查、收集、试验国产材料的工作，以期尽量多用国产材料制造飞机。1919年8月，终于制造成功我国第一架自制的水上飞机“甲型一号”。是年冬，孙中山先生的侍从武官、广州护法军政府航空局局长杨仙逸来到福州马尾的海军飞机工程处，亲自驾驶这架飞机飞上蓝天。

这架飞上蓝天的飞机，成为刘冠雄44年海军生涯的句号。1919年岁末，他辞去了海军总长职位。

在这之后，刘冠雄还出任过一些临时性官职并获得奖励：1920年1月1日，刘冠雄获授勋一枚。1921年6月25日，时任总统的徐世昌派刘冠雄为福建查勘烟禁大员，刘冠雄因病请辞。同年11月，刘冠雄又被任命为福建镇抚使，11月23日，乘“通济”舰抵达马江，设临时性镇抚使署。1923年4月3日，刘冠雄任闽粤海疆防御使。10月16日，总统曹锟特授予刘冠雄为“熙威上将军”。11月26日，刘冠雄请辞闽粤海疆防御使一职。从此，在天津安度晚年。

晚年刘冠雄夫妇

·“寓”情打造舰队式宅院

刘冠雄一生最割舍不了的就是海军，他至死都为任上没有为国家建立起一支强大的海军而难过，以致退休后他借款建了一座舰队式的大院子。

笔者曾在刘冠雄曾孙、建筑大师、天津建筑设计院院长刘景樑的带领下，踏访刘冠雄亲手营建的“海军味”大宅。

这座舰队式豪宅，位于天津旧德租界推广界六号地，现为马场道123号，属天津河西区，对面为和平区。寓所占地9.19亩，地是用其子名义从外商手里买下的。1922年，建起西式砖木结构楼房共三幢。中楼为航空母舰式，西楼为巡洋舰式，北楼是望远镜式的。

现在，中楼、西楼已拆除，唯剩下北楼，也就是望远镜式洋楼还完整保存。这座楼，从正面看，一眼就能看出像个立放的望远镜造型。望远镜式洋楼，地面三层并带地下室，墙身为红机砖清水墙，点缀砂石罩面，整体呈立面对称形状，挑出大屋檐，对称檐口，中部相接，大筒瓦顶。室内硬木地板和护墙，菲律宾木双槽窗，室内暖气卫生设备齐全，装潢讲究。全楼共有房屋81间，建筑面积3325平方米。主楼地下室有厨房、锅炉房和杂物间。楼的背面为阳面，有两个八磴台阶及80多平方米的凉台。一楼门厅宽敞明亮，四根方柱顶部有花饰，天花板上花纹雍容素雅。一楼为大厅、饭厅、书房和会客厅，二三楼为生活起居室。整幢大楼欧陆风格浓郁，罗曼式建筑风格的大屋顶、长长的大阳台，以及阳台下的牛腿支撑、阳台上花瓶状的栏杆，都给人许多遐思和美感。望远镜式洋楼的西侧与配楼之间有过楼，将主楼和配楼衔接起来。望远镜式洋楼在中华人民共和国成立前由私立志达中学使用，现为天津财经大学分院等单位使用。配楼建筑结构紧凑别致，装修高级，专供子女居住和活动，现为天津市房管局幼儿园校区。

听刘景樑说，刘冠雄退休后，海上强国之梦仍萦绕在他心头，因此才把房屋建成航空母舰、巡洋舰和望远镜样式，以此书写此生难了之梦。

天津财经大学对刘冠雄十分敬重，将望远镜式北楼一楼腾出来，作为刘冠雄纪念馆。这是目前海峡两岸唯一一座纪念刘冠雄的设施。

· 逝后六十年再行海葬

1927 年，刘冠雄患上了肠病，只能饮流质食物。后因饮食不慎，导致肠大量出血。刘冠雄的家人从北京请来了西医，常住家中为其诊病，但终未能挽救他的生命。同年 6 月 24 日，刘冠雄在天津家中病逝。

在刘冠雄后人家，笔者看到了一组刘冠雄病逝后出葬的照片，可说哀荣备至。听他侄孙刘友墀说，这些照片原来保存在刘冠雄在中国台湾的女儿家，后来由外孙王世铣先生从海峡对岸带回来。

照片由两部分组成，一部分是家中灵堂，另一部分是出殡的队伍。从照片中可以看出，在天津那幢像航空母舰的豪华大楼的西侧与南侧全部搭起了灵棚。南侧的灵棚从南门口平台上一直搭到荷花池南边。从灵棚东西口望出去，对面的墙上也都挂满了挽联。照片中有好多张是表现灵棚的，从照片上看，灵棚内设有两张供桌、灵台。据刘景樑介绍，当年刘冠雄健在的 4 个女儿，整日在这里整本整本地诵经。照片中还有相当部分表现的是出殡队伍。出殡队伍中，既有西洋军乐队，也有传统的花罗伞盖，还有马队、军队、花圈队、挽联队，中西合璧，极其隆重。

刘家后人说，曾听父辈讲过，当年刘冠雄丧事花了 6 万银圆，其中很多靠的是借贷。刘家人本不想如此奢侈，但刘冠雄地位显赫，只能大办，不能小办。

刘冠雄最初下葬在天津海口路公墓，那里葬着许多外国人，用今天的话说，是个比较高档的墓地，刘冠雄夫人施肃英病逝后，也葬于此。20 世纪 50 年代，刘冠雄墓被迁到北仓。“文革”结束后，墓地已被荒草淹没。

20 世纪 90 年代，刘冠雄在海外的后人有不少回来扫墓，其曾孙辈们曾提议到天津郊区的南马集买一块大一点的墓地，将先人们葬在一起，但被他们的父辈们否决。几代人商量到最后，决定海葬，原因是刘冠雄一生献给了海军，大海是其至死眷恋之所，回归大海，当是其最想去的地方。

1998 年清明节，刘冠雄在天津的后人们参加了天津市第五批海葬，刘冠雄的骨灰被撒到了渤海……

刘冠雄的后人还说，开棺起坟时，那具埋葬了60年的金丝楠木寿材发出了浓浓的暗香……

第二代

如同刘克甡为自己的儿子定下船政新学的人生大方向，刘冠雄为自己的子孙规划了非常明确的人生道路。笔者多次访问过刘冠雄的曾孙、建筑大师刘景樑，他说："曾祖父给我们传下的祖训，就是成为科技、教育和经济专门人才。"据他介绍，刘冠雄晚年常常对后辈说：今世实业为第一要着，宦海羁身非计之得。吾受袁项城（袁世凯）知遇，辞不获已，责任綦重，梦寐常不自安。甚愿汝曹勿入此途，但能于实业上占一优胜，自不患无吃饭地。

刘冠雄嫡系后人自此绝少涉入政、军二界，而多成为科学、教育、经济方面的专业型人才。刘冠雄的4个儿子可以说是完全践行了刘冠雄的家训。

刘冠雄长子刘学坚（1890—1952），又名孝坚，毕业于上海美国圣约翰书院，每年成绩均获第一，曾执教五成学堂。五成学堂，即今北京师范大学附属中学的前身，创立于光绪二十六年（1901年），当时就制定了勤学分、学习分、体操分"三分并举"的办学方针，为当时名校。光绪三十二年（1906年）起，刘学坚曾在清政府度支部通阜司供职。后度支部成立财政学堂，刘学坚先进入学堂当英文教习，后在校系统学习经济学，先是边工边读，后辞去教职，专心学习。辛亥革命之后，刘学坚曾任泰来洋行经理、

刘冠雄儿女

东方汇理银行簿记员、信富银号总稽核、东方实业建筑公司总经理等职。

刘冠雄次子刘学鑫（1892—1982），又名孝鑫，先后就读于上海的美国圣约翰书院和北京的五成学堂、财政学堂。21 岁自费留学英国，就读于伦敦大学。第一次世界大战爆发后，中断伦敦大学学业，随在英留学的中国海军留学生，游学于多地。1915 年 10 月乘船归国，曾与兄一起经营东方实业建筑公司。之后，相继在上海江海关、上海财政管理委员会、上海邮政储蓄局、北京信托管理局、天津开滦煤矿管理局工作。1952 年，开滦煤矿管理局搬迁至唐山，刘学鑫退职。1982 年，在开津家高寿而终。

刘冠雄三子刘学滐（1898—1981），又名孝滐，先后就读于上海南洋中学、北京汇文中学，16 岁就读于英国伦敦大学。因第一次世界大战爆发，提前回国。20 岁考入清华学校，后留学美国，毕业于麻省理工学院土木工程系。刘学滐曾在天津北宁铁路局、水利水电建设总局、海河整理委员会、北京平绥铁路局、建设总署保定工程局、北京工程局、葫芦岛港务局等单位做技术工作。中华人民共和国成立后，在农业部、水利部水利勘测设计院和水利电力学院研究生部工作。1959 年曾在国家水利水电建设总局副局长的任上，代表国家参加了由保加利亚科学院在索菲亚召开的关于“灌溉系统有效利用系数及提高有效利用系数的措施问题”的国际科学会议，刘学滐为北京第三届政协委员，1981 年病逝于北京。

刘冠雄四子刘学淞（1909—1968），又名孝淞，早年曾就读于天津南开中学，后相继就读于东北大学、北洋大学机械制造专业，曾长期担任亚洲最大的化工企业——永利碱厂设计部门主任工程师，先后参与国内外多个制碱化工企业的设计建设。刘学淞爱好广泛，多才多艺，网球、棒球、足球、滑冰都有较高水平。

刘冠雄的侄辈也多是“海归派”，在海外学建筑、机械、经济学，以回来后在技术部门工作的最多，少数经商，读海军学堂的屈指可数。

刘孝楫：科班毕业 曾任民国海军副舰长

刘孝楫（？—？），又名长敏，海军军官，清朝时曾任“建威”舰煤饷二副；民国时曾任“建威”舰军需长、“楚谦”舰副舰长。

刘孝楫是刘冠雄族侄，少年时期考入江南水师学堂，学习努力，成绩不俗。

光绪三十二年（1906年），毕业于江南水师学堂第五届驾驶班。之后，登舰工作。

宣统元年（1909年），刘孝楫任“建威”舰煤饷二副，辛亥革命时随舰易帜。

1912年元旦，中华民国南京临时政府成立。同年，刘孝楫被任命为“建威”舰军需长。1913年，刘孝楫升任“楚谦”舰副舰长，1915年调任。之后，曾服务于海军岸上部队。后事不详。

刘孝祚：清末高官 民国海军部秘书

刘孝祚（？—？），字莲舫，政府官员、海军军官，清朝时曾任四川省云阳县知县、云南劝业道道员；民国时曾任海军部总务厅秘书处秘书、福建盐务使。

·赴京会试 公车上书吁变法

刘孝祚为刘冠雄族侄，天资聪颖，自幼致力举业，博学多识，能文工诗，写得一笔好字。至今收录了他的书法、诗词的刻本和题写书名的图书，仍活跃于拍卖市场。

在研读经史子集、备战科场的同时，刘孝祚注意观察、研究国内外大势和西方国家政治经济制度，学习新学，探索中国改革之路。这也是他成为“公车上书”举人之一的原因。

光绪二十一年（1895年）春，已是举人的刘孝祚在京参加完乙未科进士会试，等待发榜。这时，《马关条约》割让台湾及辽东和赔款白银2亿两的消息突然传至，刘孝祚和在北京参加会试的举人们群情激愤。台籍举人更是痛哭流涕。

同年三月二十八日（1895年4月22日），康有为写成18000字的“上今上皇帝书”，十八省举人响应，1200多人连署。四月初八（1895年5月2日），刘孝祚和十八省举人以及数千市民集“都察院”门前请代奏，反对签订《马关条约》。提出“拒和、迁都、练兵、变法”等主张。

虽然上书被清政府拒绝，但在社会上产生了巨大影响。之后，康有为等人以“变法图强”为号召，在北京、上海等地发行报纸，宣传维新思想。严复与北京“公车上书”相呼应，在天津《直报》发表了《论世变之亟》等重要文章，全面提出了救亡图存、变法维新的主张。之后，光绪帝起用康有为等人，展开一系列未成功的变法，史称“戊戌变法”“百日维新”。

· 历官川滇 推行新政办实业

刘孝祚历官多处，兴新学，办实业，力践维新思想。光绪二十八年（1902年），时任四川省云阳县（今属重庆市）知县的刘孝祚执着举办新学，他四处筹资，建立至今在全国仍赫赫有名的重庆云阳高级中学。光绪二十九年初（1905年2月），学校建成，初立高等小学，名曰“云阳县立中高合校”。中华人民共和国成立后，这所学校曾是四川省重点中学，后成为重庆市首批重点中学、首批示范高中创建学校。

刘孝祚在云南省劝业道道员任上，又想方设法创建了中国最早的水力发电公司——耀龙电灯公司，还创建了云南第一座戏院。

· 文采飞扬 海军部里当秘书

中华民国成立之后，刘孝祚在短暂地赋闲后，投身海军。这一方面是因为他的族叔刘冠雄为海军部总长，另一方面是因他既文采飞扬又精明能干。1914年5月4日，刘孝祚任海军部总务厅秘书处秘书，在此工作了2年。1916年5月7日因有新职离任，同年8月28日调任福建盐务使。

在福建盐务使任上，刘孝祚对福建经济发展颇有贡献。如参与创办了福州最早的公共汽车。1918年，在刘孝祚的积极建议之下，为实现福州市区通行汽车，福建省督军兼省长李厚基发起创办“官商合办福建延福泉汽车路股份有限公司”，刘孝祚与林则徐曾孙、省财政厅厅长林炳章等4人为董事，张遵旭担任总经理。公司定股1000股，股金银圆10万元，每股银圆100元。公司的初期经营路线是从水部门到台江汛长约6千米的道路。全线共通过14座桥梁，设站点3个，每小时对开一班。当时的客车车厢是木制的，车门设在车厢后部，结构比较简单，乘坐也不方便。但毕竟是福州创办最早的公共汽车，人们都感到极为稀奇，争相乘坐。

刘学枢：抗战浴血 布雷屡炸日舰

刘学枢（？—？），海军军官，曾任“暾日”舰副舰长、海军游击漂雷队第四队队长、海军第三布雷总队第四大队大队长。

刘学枢是刘冠雄侄儿，少年时期考入烟台海军学校第十二届驾驶班，专攻航海。他学习十分努力，成绩优异。在烟台海军学校读了三年普通科后，转入吴淞海军学校学习了二年专业科。1920年夏毕业。刘学枢毕业后曾专门学习过测量，1936年前曾以一等上尉衔任“皦日”测量舰副舰长。

抗战全面爆发后，刘学枢与敌展开血战。1939年12月，他以海军少校之衔，出任海军游击漂雷队第四队队长，驻防湖北沙洋的砖桥村，督部在荆河流域布雷作战。

1940年3月16日，刘学枢和海军游击漂雷队其他各队一起，在湖南岳阳二洲子布雷30枚。同年4月间，在洪湖朱家河附近的梅家台、高湾布雷70枚。5月2日，又在观音洲上游布雷10枚。6月间，日军以重兵西犯宜昌。我海军游击漂雷队立即在砖桥水中布放漂雷。随后，又在石首、藕池、郝穴、太平口、江口、百里洲、董市、松滋、白洋、宜都、红花套等处抢布定（锚）雷1900枚，并在红花套布放漂雷50枚。日军虽从陆路攻陷了宜昌，但对水路的雷区无可奈何。6月28日，宜昌之敌在五龙渡江。荆河布雷队在紫阳布放漂雷40枚，袭击日军渡船，使敌深感惊恐。在宜昌沦陷期间，松滋至洪水港之间的荆河雷区始终有中国海军布雷兵护守，使宜昌之敌未能利用这段长江航道进行补给。

1941年4月，刘学枢和海军游击漂雷队战友们在洪水港布下定（锚）雷20枚。同年6月，又分别在洪水港、石首、藕池、横堤市、陡湖堤、太平口等处加布定（锚）雷180枚。10月1日起，为了配合陆军部队反攻宜昌，荆河布雷队在黄公庙附近先后布放漂雷44枚。

1941年9月1日，海军总司令部重组海军布雷总队，重组了4个布雷总队。战斗在荆河区域的海军游击漂雷队奉海军总司令部命令改编成海军第三布雷总队，薛家声任总队长。总队下辖7个大队，刘学枢任第四布雷大队大队长。同年12月31日，刘学枢与海军第三布雷总队各队在湖南岳阳广兴洲布放漂雷10枚。次年1月6日，又在三只角一带布放漂雷5枚，以阻挡进犯荆河的敌舰。后来，日军派人在水中设置了防雷网。刘学枢督部和兄弟布雷大队一起，潜水将其破除。9月，又在洪水港加布50枚水雷。10月，在石首下游的碾子湾、窑埠头、太平口、三只角等处水中共布雷143枚。当年12月，敌军舰船在沙市江面聚集，第三布雷总队立即在横堤市布雷30枚，防止敌军进犯。后事不详。

刘孝鋆：屡建战功 国共两党皆敬重

刘孝鋆（1893—1975），字息冥，海军名将，曾任“建康”舰舰长、“江元”舰舰长、海军巴万区要塞第三总台第五台台长、海防第二舰队司令；中华人民共和国成立后曾任华东军区海军研究委员会委员、海军司令部研究委员会委员。

刘孝鋆是刘冠雄族侄，1916年毕业于烟台海军学校第十届驾驶班。1928年，刘孝鋆任马尾海军练营副营长。两年后任“应瑞”舰副舰长。1932年9月24日，刘孝鋆任海军鱼雷游击队参谋。次年任“建康”舰舰长。1935年3月16日，刘孝鋆以海军中校衔，任海军练习舰队参谋。

1936年11月9日，刘孝鋆任“江元”舰舰长。任上，率舰参加对日作战，表现英勇。在武汉保卫战中，刘孝鋆率舰驻守岳州，屡创佳绩。1938年10月21日，日军派出12架飞机，对“江元”舰狂轰滥炸。刘孝鋆一面指挥舰炮攻击敌机，一面指挥战舰灵活摆动，以摆脱敌机轰炸，以一敌十二，“江元”舰居然机械无恙，还能航行脱险，刘孝鋆的指挥艺术不能不令人赞叹。

1939年3月，刘孝鋆任海军巴万区炮台第三总台第六台台长。同年10月，第六台改为第二台，刘孝鋆续任台长。

着人民海军军服的刘孝鋆

笔者曾采访了刘孝鋆在东南大学任教的儿子和在福建师范大学任职的女儿，这姐弟俩都清楚地记得，父亲的这个炮台在四川巴东，对外的通信代号是“裕记米铺”，母亲给父亲寄信，信封上写着：“巴东·万流·楠木园·裕记米铺”。姐弟俩还回忆起，父亲后来将百孔千疮的“江元”舰驶往重庆，泊于重庆唐家沱，对外的通信代号是：“重庆·唐家沱·元记茶庄”。

1946年5月26日，刘孝鋆署理海军战后舰队指挥部指挥官，同时兼任巡洋舰队上校舰队长。同年8月1日，出任海军海防舰队上校舰队长。1947年6月23日，刘孝鋆调任海防第二舰队司令。衔至少将。解放战争后期，刘孝鋆因不满国民党的腐败统治，愤而起义。

中华人民共和国成立后，刘孝鋆曾任华东军区海军研究委员会委员、海军司令部研究委员会委员。离休后回闽。1975年，刘孝鋆病逝福州。

在刘冠雄子侄这一代，还有一些投身海军的族侄，多是在海军机关做文官。如曾任南京国民政府海军总司令部总务处司书的刘孝元、抗战胜利后曾任海军第一舰队司令部书记的刘学诗。刘冠雄的二女婿王锐，留学法国专攻无线电，回国后任海军部军务司电政科科长。刘冠雄的内侄施廷干，学轮机出身。1912年1月后，曾任“江元”炮舰轮机副、海军部庶务科科长。

第三代

刘冠雄家族的船政家谱中的第三代，多为海军技术兵士，也有不少造船技术专才，但毕业于海军学校的仅刘友信一人。

刘友信（？—？），刘冠雄侄孙，1926年毕业于福州海军学校第一届轮机专业。后长期服务于海军，成为著名的轮机专家。后事不详。

第四代

刘冠雄家族船政缘绵延至第四代仍出精英，武以护法舰队的刘景篁为代表，文以设计出现代高速客船的刘景祥领衔。

刘景篁：跨海受降 见证台湾光复一刻

刘景篁（？—？），海军军官，曾任“飞鹰”舰军需副、海军厦门要港司令部副官处副官、海军马尾要港司令部副官处副官、海军台澎要港司令部舰械处主任。

刘景篁是刘冠雄曾侄孙，少年时期考入黄埔水师学堂。1913 年冬，刘景篁毕业于黄埔水师学堂第十四届驾驶班，成绩在48名毕业生中列第18位。毕业后，分配至海军第一舰队的“飞鹰”舰，后升任军需副。

1917 年 9 月 23 日，刘景篁随舰南下广州，参加护法。1922 年 4 月 27 日，在“夺舰事件”后，刘景篁回到北洋政府海军部。

1934 年 7 月 21 日，刘景篁任海军厦门要港司令部副官处少校副官。

1936 年 10 月 15 日，刘景篁调任海军马尾要港司令部副官处少校副官。

日本投降后，刘景篁于 1945 年 8 月被任命为海军接收厦门军港专员副官，参加了接受厦门军港。随即，跨海赴台参加受降仪式，见证了台湾光复的胜利一刻。之后被任命为海军台澎要港司令部舰械处主任，为战后台湾重建海防做出了贡献。后事不详。

刘景祥：造船专家 长航深圳奠基人

刘景祥（？— ），造船专家，曾任交通部长江航运总公司武汉船舶配件厂副厂长、党委书记、总经理，交通部长江航运总公司蛇口分公司总工程师、总经理、董事长，中国长航集团蛇口公司总经理。

刘景祥是刘冠雄曾孙，为刘冠雄长子刘学坚第三子刘友淦的长子，毕业于武汉水运工程学院（现已并入武汉理工大学）。毕业后，进入交通部长江航运公司工作，从技术员做起，凭借科研能力，成长为长江航运武汉船舶配件厂副厂长，又依托于主政工厂时创新成果不断，晋升为总经理、党委书记。

改革开放后，刘景祥作为长于管理的科技人才，南调深圳，参与创办长江航运总公司蛇口分公司，出任总工程师。在改革开放的前沿地带，他依托于锐意进取精神，得改革开放之利，使公司发展甚快。他也相继出任长江航运总公司蛇口分公司总经理、董事长，中国长航集团蛇口公司总经理。

退休后的刘景祥，退而不休，进入深圳蓝正海洋工程有限公司当副总经理，这是一家专业从事游艇码头项目开发、游艇码头设计及施工、海洋工程材料生产及出口的企业。刘景祥利用自己的专业技术优势和管理才能，为这家企业的不断发展做出了重要贡献。

造船专家出身的刘景祥，获得各级表彰的科研成果颇多，他设计的“高速客船——双体气垫船”，曾获国家科技进步三等奖。刘景祥曾长期担任香港高速船咨询委员会委员。

刘家在这一代，还出了曾任海军部总务厅办事员的刘景笙等一批海军文官。

家族传奇

刘家姻亲多民国风云人物

刘冠雄兄弟的姻亲多数是海军学堂出身，刘冠雄自己的儿女亲家不少是民国时期风云人物。

与民国总统黎元洪结亲

民国总统黎元洪的次子黎绍业，娶了刘冠雄女儿刘孝琛。

黎元洪（1864—1928），原名秉经，字宋卿，湖北黄陂人，光绪十四年春（1888 年 3 月）毕业于天津水师学堂第一届管轮班。最赏识刘冠雄的老上司叶祖珪也是黎元洪的老师。黎元洪毕业后在北洋海军服务，与刘冠雄颇有交情，一起参加甲午海战。战后，黎元洪转入陆军，辛亥革命前为新军第二十一混成旅协统。武昌起义后，革命党人推举黎元洪为都督。他利用自己毕业于水师学堂并在海军界朋友众多的优势，先后写信给萨镇冰和“楚同”“楚有”“楚泰”“建威”“建安”“江利”等舰，策反他们起义，他的信对海军主力易帜起到了一定的作用。中华民国成立后，黎元洪曾两次任中华民国大总统，三次担任中华民国副总统等。

黎元洪次子黎绍业是位极有风骨与气节的爱国者，生于 1911 年。1928 年和 1930 年，黎元洪和夫人相继病逝，让方及弱冠之年的黎绍业极度悲伤。他协助兄长黎绍基共同经营实业，曾任河北磁县怡立煤矿公司监察人。由于黎绍业的勤俭敬业，到1936年，黎家还清了黎元洪晚年因兴办民族工业而欠银行的巨额贷款。1935年3月3日，黎绍业与刘冠雄的女儿刘孝琛（又名珪卿）结为伉俪。1937年7月抗日战争全面爆发，平、津相继沦陷。黎家所投资的各矿厂也都先后被日本侵略军侵占，黎绍业回到英租界避祸。1941年，日伪军强派黎绍业为伪保甲牌长，他冒着生命危险坚决不肯接受。其间，他巨资支持由夫人外甥王文诚参加的抗日杀奸团，为之购枪杀敌。抗日战争胜利之后，黎绍业重新投入实业经营活动之中。先后当选久大盐业公司监察人、青岛永裕盐业公司董事、焦作中原煤矿公司监察人，1950年又出任天津鼎中盐业公司专员。1955年，任公私合营后的天津永利碱厂、久大化学工业公司董事。1965年8月，与黎绍业相濡以沫半生的贤妻刘孝琛病逝。

2006年2月底，笔者曾就黎刘联姻一事，采访了刘冠雄的外孙女王文铮，这位厦门大学老校长汪德耀的夫人当时已90岁高龄。她自小生活在天津刘冠雄的航空母舰式大楼里，证实了黎元洪儿子娶了自己的姨姨，但她说姨姨大婚是在外公去世后，只是刘冠雄在世时与黎元洪家常走动，为姨姨和姨父埋下了爱情红线。

刘冠雄儿女婿媳

与民国总理杜锡珪联姻

刘冠雄的次子刘学鑫娶了杜锡珪的女儿杜丽英。

杜锡珪（1874—1933），字慎丞、慎臣，号石钟，福建闽县（今福州市鼓楼区）人，光绪二十八年（1902 年）春毕业于江南水师学堂第三届驾驶班。因辛亥革命中功绩卓著，连升两级。后曾任海军第二舰队司令、海军总司令、海军部总长。担任海军部总长期间，曾代理国务总理，并摄行大总统职。

笔者有幸得到了两幅刘学鑫夫妇的照片，一幅是刘学鑫与杜丽英的结婚照，刘学鑫长得极像母亲，面部线条坚硬，与曾经红遍中国的著名影星濮存昕有几分相似，杜丽英则有着旺夫相，面如满月，很富态；另一幅是 1924 年冬，刘学鑫夫妇带着 5 个儿女拍的全家福，背景就是刘冠雄盖的那幢望远镜楼。

刘冠雄次女嫁给大翻译家次子

刘冠雄的二女儿刘瑞卿，又名韵卿，嫁给了民国大翻译家王福昌的二儿子王锐。

王福昌（？—？），字幼石，福建省闽县（今福州市鼓楼区）人，船政前学堂第二届毕业生。光绪七年（1881 年）作为中国海军派出的第二批留学生，前往法国学习制造硝药，光绪十二年（1886 年）回国。回国后曾任福建船政局翻译，后被派往旅顺修铁路。

王福昌的名气不如弟弟王寿昌大。王寿昌比哥哥低一届，光绪十二年春（1885 年 4 月），作为海军第三批留学生，也被派往法国留学，进入法学部律例大书院，学习万国公法和法语，一学六年。与他同船离开祖国前往欧洲留学的就有刘冠雄，只不过王寿昌到了法国先下船读书了，刘冠雄又继续航行了一段才到英国。王寿昌学成归来后，先回母校船政前学堂任法文教习，后曾在天津洋务局、奉天军署当翻译。光绪二十四年（1898 年），清政府筹建京汉铁路，借款法国。王寿昌调任会办并任总翻译，在与法国借款交涉中，他全力维护主权，利用近代国际外交知识以减少利权的损失。路成，调任湖北交涉使、汉阳兵工厂总办，后充经理各国事务衙门章京及三省铁路学校校长。1912 年春，王寿昌回福州，任福建省交涉司司长，负责对外交涉事务。因被权势者排挤，在任三年后到福州海军学校教授法文。王寿昌与好友林琴南合译《茶花女》，他口述茶花女的故事，不懂外文的林琴南执笔，这使他成为最早把外国小说介绍到中国的翻译家。

笔者采访过的王文铮，即王锐的大女儿。听王文铮介绍说，大伯王景岐也继承了王家的翻译天才。王景岐是王福昌的长子，光绪二十六年（1900 年）曾赴法国研习政治，三年后回国任京汉铁路秘书。光绪三十四年（1908 年）再赴法国进入巴黎政治大学并兼驻法国使馆翻译。宣统二年（1910 年）毕业后，又入英国牛津大学，专攻《国际法》。1912 年，王景岐回国后，长期在外交部门工作，曾连任三届中国驻国际联盟全权代表，后曾任驻瑞典兼挪威全权公使，为一代外交家。王景岐精于诗、书和法语、英语，曾为林琴南口译《离恨天》和《鱼雁抉微》二书。王文铮姑姑王颖是黄花岗英烈方声洞之妻，早年留学日本，参加孙中山组织的中国同盟会，是辛亥革命时期反清斗争的志士。方声洞牺牲后，王颖挑起家庭重担，含辛茹苦地把儿子方贤旭培养成人，方贤旭后成为外交学院著名的法语教授。民国初年，王颖在北平宣武门外开了一家长善医院，挂牌行医，曾为创建方声洞纪念医院筹集资金而辛劳奔走。

郑孝胥家两代女儿嫁入刘家

郑孝胥（1860—1938），字苏戡，又作苏龛、苏堪、苏勘，一字太夷，号海藏，福建省闽县（今福州市区）人，清代曾任广西边防大臣、安徽按察使、广东按察使、湖南布政使等。

郑孝胥在中国历史上的名声很是不好。1928 年，由溥仪的老师、福州老乡陈宝琛引荐入故宫，任“懋勤殿行走”，为清室复辟出谋献策，被破格授为“总理内务府大臣”。第二年，溥仪取消帝号，迁出故宫，郑孝胥与日本人密谋，帮助溥仪辗转入日本使馆，再入天津日租界。“九一八”事变后，溥仪正式向日本求援，以期复辟。不久，郑孝胥随溥仪赴东北，投入日军怀抱。1932 年 3 月，任伪满洲国国务总理，先后兼任“军政部总长”“文教部总长”等伪职。同年 9 月，郑孝胥与日本驻伪满洲国大使武藤信义签订了《日满议定书》，确认关东军对伪满的实际统治及日本在东北的一切权益。继之，又与日本签订“委托经营合同”，将东北全部铁路及铁路所属财产交给“南满铁道株式会社”。1934 年 3 月，溥仪即“皇帝”位，郑孝胥仍任首辅，加伪“国务总理大臣”。后日方见郑孝胥难以驾驭，以其年高“倦勤思退”为名，于1935年5月换上张景惠。1938年，郑孝胥暴死于长春。

刘冠雄的三儿子刘学溁娶了郑孝胥的女儿郑友璋，她后来又把自己哥哥的女儿介绍给了刘冠雄的四儿子刘学淞。这样，郑家姑侄俩成了刘家的两个儿媳，做了妯娌。

这里应当指出的是，刘家迎娶郑家两代女儿都是在郑孝胥做汉奸前。当时，郑孝胥以“前清遗老”自命，蛰居上海，诗酒自娱。郑友璋是在民国成立后不久嫁入刘家的，而她的侄女嫁给小叔，则是在20世纪20年代后期，当时刘冠雄已经病逝。

刘冠雄后人代代皆出技术专家

或许是感叹一生宦海沉浮太过不易，加上晚年经商失败，刘冠雄临终前留下遗嘱，嘱托后人：不从政，不经商，专注于技术。刘家四兄弟的儿子们都受过高等教育，其中不少留学海外，家族里仅较有名气的教授就出了百余人。女儿们也都通书法、精绘画。因此，有人曾经戏称，刘冠雄的女儿没钱了，靠卖画卖字的钱就能过上富足日子。

刘家四兄弟儿辈中出的较有名气的专家教授就有一批。刘学溁，刘敦禧三子，清华大学毕业后，考入麻省理工学院土木建筑系。中华人民共和国成立前，曾在天津北宁铁路局、海河整治委员会任工程师。1949年后，曾在水利部水利勘测设计院当工程师，后任水利电力学院研究生院教授，为北京市第三届政协委员。

刘家四兄弟的孙辈出了更多科技名家。刘友滢，刘孝征四子，北京农业大学毕业，农业学家；刘友钧，刘冠雄长子刘学坚的次子，南开大学机械工程系毕业，天津大学教授，国务院特殊津贴获得者，1985年他和他的课题组承担的国防科技“六五”攻关课题《汽油机稀薄混合气煅烧系统的研究》，获五国发明奖，1986年获布鲁塞尔尤里卡世界发明博览会银奖，之后获中、美、英、意等多国发明专利，被国防科工委确定为全国重点推广科技项目，还曾被评为天津市特等劳模、全国先进科技工作者、全国“五一劳动奖章”；刘友渔，刘冠雄三子刘学滐的二儿子，天津大学建筑系毕业，著名建筑家，曾参与设计、建造人民大会堂、北京展览馆、毛主席纪念堂，是北京市劳动模范，为享受国务院特殊津贴专家；刘友樵，刘学滐三子，北京辅仁大学生物系毕业生，中国科学院动物研究所研究员，博士生导师，国务院特殊津贴获得者；刘友津，刘学滐四子，中国人民大学教授，硕士生导师；刘友鎏，刘冠雄孙，毕业于天津大学建筑系，北京建筑设计院著名建筑师，曾设计钓鱼台国宾馆。刘冠雄亲外孙王文修，美国康奈尔大学水利工程专业毕业，河海大学名教授；刘冠雄亲外孙王文鉴，清华大学物理系名教授。

刘冠雄曾孙辈也出了众多专家。如刘景园，刘友渔长子，北京工业大学土木建筑系毕业，为建筑工程学院教授。刘冠雄曾孙辈出了位长期活跃在中国建筑界的建筑大师——刘景樑。刘景樑是刘冠雄的嫡曾孙，1941 年 1 月 10 日生于天津，天津大学建筑系高才生，后成长为天津市建筑设计院院长、国家级勘察设计大师、国务院特殊津贴专家，国家一级注册建筑师。

刘家女儿也不让男儿专美，出了不少专家。刘学坚长女刘友锵，生于 1916 年，自幼学习成绩优异，是清华大学高才生、陈岱孙高徒，抗战期间，随校长途跋涉，毕业于西南联大，长期在国家重工业部、冶金部工作，她的丈夫是后来的北京大学校长张龙翔。刘瑞卿女儿王文铮，品学兼优，嫁给了福建省研究院第一任院长、长期担任厦门大学校长的汪德耀。汪德耀仙逝后，美洲校友感念其对厦门大学发展做出的积极贡献，发起倡议，希望成立以他名字命名的专项基金以作纪念。全球校友纷纷响应，并捐资成立“汪德耀王文铮生命科学基金”，以传承汪德耀先生爱国爱教爱生的精神。基金下设“汪德耀奖学金”，每年奖励家境困难且品学兼优的本科生 6 名，每生奖励人民币 2500 元整。自 2004 年至 2018 年，已累计奖励资助本科生 84 名，共计 21 万元。刘友渔长女刘景艾，清华大学自动控制系毕业后赴美留学，获俄克拉荷马大学物理系博士，曾任北京协和医院教授、PET 中心副主任，后任美国芝加哥 PUSH 医学中心核心医学物理研究员。

注释：

① 沈葆桢．同治十一年四月初一沈葆桢折[M]//中华史学会．洋务运动（五）．上海：上海人民出版社，1961：117.

② 沈葆桢．船工将竣，谨筹善后事宜折[M]//朱华．沈葆桢文集．福州：福州市社科院、福州市社科联、中共福州市马尾区委宣传部、福州市船政文化研究会编印，2008：204.

③④ 黎兆棠．出洋限满，生徒学成并华、洋各员襄办肄业事宜出力，分别请奖折[M]//张作兴．船政文化研究——船政奏议汇编点校辑．福州：海潮摄影艺术出版社，2006：182.

⑤ 李鸿章．奏出洋肄业在事各员请奖折[M]//张侠，杨志本，罗澍伟，王苏波，张利民．清末海军史料．北京：海洋出版社，1982：390.

⑥ 刘琳，史玄之．船政新发现[M]．福州：福建音像出版社，2006：143.

⑦ 邵循正，聂崇岐．中法战争（六）[M]．上海：上海人民出版社，1957：79.

⑧⑨ 薛福成．出使英法义比四国日记[M]//中国史学会．洋务运动（八）．上海：上海人民出版社，1961：307.

⑩ 裴荫森．三届出洋学生学成并襄办肄业各员出力，分别奖励折[M]//张作兴．船政文化研究——船政奏议汇编点校辑．福州：海潮摄影艺术出版社，2006：403.

⑪ 袁世凯．奏萨镇冰请破格擢用折[M]//张侠，杨志本，罗澍伟，王苏波，张利民．清末海军史料．北京：海洋出版社，1982：585.

⑫ 刘敦禧嫡孙刘友墀保存的刘冠雄手书复印件。

⑬⑮ 陈绍宽．海军史实几则[M]//张侠，杨志本，罗澍伟，王苏波，张利民．清末海军史料．北京：海洋出版社，1982：851.

⑭ 朱天森．记辛亥革命起义与闽籍海军人物[M]//张侠，杨志本，罗澍伟，王苏波，张利民．清末海军史料．北京：海洋出版社，1982：741.

⑯ 曾贻经．海军制造飞机处[M]//杨志本．中华民国海军史料．北京:海洋出版社:1986：936-937.

林葆怿家族

林葆怿（1863—1930），字悦卿，福建省闽县（今福州市鼓楼区）人，海军名将，船政后学堂第九届驾驶班毕业生，清朝时曾任“海容”舰管带、海军部军务司司长；民国时曾任海军部参事、海军部造舰总监、练习舰队司令、第一舰队司令、广州护法军政府海军总司令兼舰队司令、广州护法军政府海军部总长、广州护法军政府海军政务总裁兼海军总司令。海军中将。

林葆怿家族世居福州市鼓楼区南后街水流湾酒库弄。自林葆怿起，连续三代出了不少船政英才，代表人物即林葆怿。

家族源流

酒库弄林姓尊比干为始祖

酒库弄林家尊比干为始祖。

比干（约公元前1110年—公元前1047年），牧野（今河南卫辉）人，因封于比地，故称比干，也称“王子比干”，商王文丁庶子，商王帝乙之弟，商纣王帝辛之叔，殷商王室重臣。

比干正直公义，理政有方，获授少师，辅佐商王帝乙。接受托孤之重，辅佐商纣王帝辛，历经两朝，忠君爱国，为民请命，敢于直言劝谏。从政40多年，主张鼓励发展农牧业生产，提倡冶炼铸造，富国强兵，成为一代忠臣。

因商纣王残暴无道，国势危殆，比干多次犯颜强谏，劝修善行仁，纣王愤恨，将之剖腹验心，残忍杀害。当时，比干正妃妫氏身怀六甲，恐祸及，带着4个侍女逃到牧野，避难于长林石室之中，生子，名泉，字长思。至周武王灭纣，妫氏携子归周，拜见武王。武王以泉生于长林石室，赐姓为林，改名坚，爵封为大夫，食邑博陵，成为林氏肇姓始祖。另一说林坚诞生于比干殉难之前。比干为纣所杀，其子坚逃难长林山，遂姓林。武王伐纣取胜，封坚为清河公。有关林坚诞生于比干殉难之前的论述，至今被越来越多的人接受。

福建的林姓多是在西晋时迁入。明何乔远的《闽书》载："永嘉二年（308年），中原板荡，衣冠始入闽者八：所谓林、黄、陈、郑、詹、丘、何、胡是也。"[①]入闽的始祖是林坚的八十一世孙林颖，林颖的次子林禄任晋安（今福州）太守，后被晋明帝封为晋安郡王，其后代称"闽林晋安世系"。

酒库弄林姓属凤池林

中原林姓南渡入闽，形成了福州"陶江林""控鹤林""濂江林""后安林""上街六桥林""阳泰林""元祯林"等宗脉。

凤池林是福州控鹤林氏中一支，是五代控鹤都指挥使林延皓（870—936）后裔。林延皓，字仁寿，原籍河南寿州县，唐广明元年（880年）迁固始县。唐光启（885—888）初年，林延皓率弟林仁翰等人投靠王潮、王审邽、王审知兄弟部队。据《控鹤林氏族谱》序："广明（880—881）中，黄巢据亳，抵安丰，一苇可航。州民惊鼠窜。吾祖延皓与固始县王潮弟审知有旧，遂往家焉。"[②]林延皓与王审知兄弟一起，随王绪部队渡江南下，经过江西南昌、赣州，进入福建，连陷长汀、漳州等地，有部众数万人。但是王绪为人多疑，凡有才能的部将，都找借口杀掉，王潮十分害怕。后来，林延皓随王潮、王审知发动兵变，执残暴的王绪，代领其军。应泉州人之请，除掉贪暴的御史王彦若。福建观察使陈岩奏请王潮为泉州刺史。陈岩病重，曾派使者到泉州，请王潮代己。陈岩死后，其妻弟范晖（一说女婿）自称留后，抗拒王潮。王潮派王审知发兵攻打福州。林延皓督兵血战，助王审知攻下福州城。唐景福元年（892年），朝廷命王潮为福建观察使，王审知为副使。唐乾宁三年（896 年）九月，改福州为威武军，以王潮为节度使。王潮病逝后，王审知为节度使。朱温篡唐，建立后梁。梁太祖于开平三年（909 年），加授王审知为中书令并封为闽王。林延皓因协助王审知之功，被任命为“拱宸、控鹤都指挥使”，此职相当于闽王禁卫军及中央直属部队的最高指挥官。在这之后，林延皓与王审知一起打拼的元从功臣各自找居住之地，林延皓选中了乌龙江边的吴山，在此定居下来。吴山林氏因名人辈出，而林延皓又有控鹤都指挥使的头衔，吴山林姓这一族被称为“控鹤林”。

南后街水流湾

居于鼓楼区南后街水流湾酒库弄的林葆怿家族，属“控鹤林”中“凤池林”这一支。林觉民、林徽因也属于这一支。

船政家谱

第一代

林家第一个因海军而闻名的是林葆怿兄弟的叔父林绍年。

林绍年（1845—1916），字赞虞，福建闽县人。清同治十三年（1874 年）进士，授翰林院编修。光绪十四年（1888 年）任御史，因极谏慈禧动用海军经费修颐和园，名噪四海。光绪二十六年（1900 年）迁云南布政使，又擢巡抚，兼署云贵总督。光绪三十年（1904年）上奏朝廷，呼吁实行立宪改革。光绪三十一年（1905年）移广西。光绪三十二年（1906年）奉召，以侍郎充军机大臣，兼署邮传部尚书，授度支部侍郎任上，全力支持改革。光绪三十三年（1907年），因御史赵启霖劾段芝贵案，林绍年替言官赵启霖抱不平，跟庆亲王奕劻闹翻，称病退出军机，外任河南巡抚。宣统二年（1910年），调回中央任学部侍郎，后改任弼德院顾问大臣，随即告病回乡，1916年病逝于福州故里。

林葆怿：护法举义 孙中山麾下海军部长

林葆怿（1863—1930），字悦卿，海军名将，清朝时曾任“海容”舰管带、海军部军务司司长；民国时曾任海军部参事、海军部造舰总监、海军练习舰队司令、海军第一舰队司令、广州护法军政府海军总司令兼舰队司令、广州护法军政府海军部部长、广州护法军政府海军政务总裁兼海军总司令。

·甲午血战 战后重建海军骨干

林葆怿

林葆怿出生于福州南后街酒库弄，光绪六年（1880年），考入船政后学堂第九届驾驶班，学习驾驶。光绪十一年（1885年）完成堂课，奉派登“建威”舰见习，随舰航行于南北各洋，不久赏千总衔，派充北洋海军兵船二副。因表现优异，被选为第三批海军留学生，奉派赴英国学习海军。回国后继续服务于北洋海军，曾任“镇东”炮舰帮带等职。

光绪二十年（1894年），中日甲午海战打响，林葆怿随舰队参战。甲午战争失败后，中国海军名舰尽失，原北洋海军官兵被全部遣散，清政府中的顽固派认为是办海军而招来了灾祸，主张韬光养晦，彻底停办海军，否则会欲御侮反而适以招侮。但在直隶总督王文韶等人的全力坚持下，清政府于光绪二十二年（1896 年）下令重建北洋海军，并准备聘用原北洋海军总顾问琅威理回华教练。光绪二十四年（1898 年）“戊戌变法”时，光绪帝更是提出“非添设海军、筹造兵轮无以为自强之计”[③]。也是在这一年，林葆怿被重新召回，参与重建北洋海军。同年六月初九，林葆怿等奉派赴英国，接受订造的“海容”“海筹”“海琛”等舰回国，并升任“海容”舰二副。经过数年努力，至光绪二十五年（1899 年），重建后的北洋海军粗具规模，也是在这一年的三月初八，林葆怿升任“海容”舰帮带大副。

光绪二十六年（1900 年），八国联军入侵中国，北洋海军再受重创。林葆怿再次参加了振兴海军。宣统二年（1910 年）二月二十九日，林葆怿升任“海容”舰管带。同年夏天，清政府向英国订购“肇和”号巡洋舰，林葆怿为监造员，赴英负责监造“肇和”巡洋舰。十一月初三，清廷改筹办海军事务处为海军部，林葆怿充海军部军法司司长。十一月十三日，林葆怿被授予海军正参领。宣统三年（1911 年）五月，英皇乔治五世行加冕礼，清政府派统领巡洋舰队的程璧光为副使，率“海圻”舰赴英国致贺，林葆怿奉召随贺，再度赴英。九月二十三日，清政府宣布解散皇族内阁，任命袁世凯为内阁总理大臣。袁世凯筹组“责任内阁”，远在海外未归的林葆怿仍被任命为海军部军法司司长。

1912 年 1 月 1 日，中华民国成立。2 月，因清政府向英国订造的几艘军舰尚未造好，孙中山作为临时大总统的南京临时政府委任林葆怿为造舰总监。9 月 5 日，北京政府临时大总统袁世凯任命林葆怿为海军部参事。9 月 27 日，林葆怿被授予海军造舰总监职务。12 月 30 日，袁世凯颁令授予林葆怿海军少将军衔。1913 年 7 月 21 日，林葆怿任海军练习舰队少将司令。8 月 15 日，林葆怿被任命为署海军第一舰队司令。1914 年 5 月 9 日、25 日，袁世凯分别明令授予林葆怿“二等嘉禾勋章”和“二等文虎勋章”，晋升海军中将。11 月 1 日，林葆怿任海军第一舰队司令。

· 护国举义　率舰队加入护国军

1916 年 6 月 6 日，袁世凯病死，黎元洪继任总统，直系军阀冯国璋任副总统，皖系军阀段祺瑞任国务总理。黎元洪以及直、奉、皖各系军阀之间矛盾重重。外国列强也插手其间。段祺瑞想独揽大权，拒绝恢复国会和《临时约法》。而孙中山等资产阶级民主革命派则是将国会与《临时约法》视为民主共和国的象征。坚持民主主义革命的孙中山便站出来号召保护《临时约法》，召集旧国会。他南下广州准备组织军政府。6月25日，林葆怿亲率第一舰队至吴淞口外，与时任海军总司令的李鼎新和练习舰队司令曾兆麟通电全国，宣布海军独立，以铁血共和。在联合发表的宣言中特别指出："今率海军将士，于6月25日加入护国军，以拥护今大总统，保障共和为目的。非俟恪遵元年约法、国会开会、正式内阁成立后，北京海军部之命令概不承受。誓为一劳永逸之图，勿贻姑息养奸之祸，庶几海内一家，相接以诚，相守以法，共循正规，而臻法治。"④并致电黎元洪，表示海军将士维护《临时约法》的坚定意志与反对专制独裁统治的强硬态度："自公继任，日月重光，天下所仰望者，咸以尽反前人所为为惟（唯）一途径。而恢复元年约法，尤为当急之先务，绝无讨论之余地。"⑤

林葆怿率海军第一舰队宣布独立并加入护国军，有力地支援了护国运动，在全国激起了一片欢呼声。段祺瑞深感震惊，他深知若海军舰队北上，护国军便可直捣津沽，威逼北京。权衡利弊，他不得不暂避锋芒，采取让步。29日北京政府由黎元洪下令定期召集国会，以示遵守民元《临时约法》。因而，护国战争中西南护国军于1916年5月8日在广东肇庆组织的临时政府性质的机构——中华民国军务院，于同年7月14日撤销。中华革命党通告停止一切军事行动，护国战争宣告结束。7月15日，海军取消独立，林葆怿等率舰回军。1916年10月9日，北京政府总统黎元洪明令授予林葆怿"三等宝光嘉禾勋章"。

·护法有功 出任护法军政府海军部总长

黎元洪担任总统后，就任国务总理的段祺瑞，以北洋正统派首领自居，依附日本军阀，掌握军政大权，与黎元洪分庭抗礼。1917年5月21日，黎元洪瞅准时机下令撤销了段祺瑞的总理职务，段祺瑞离京去津，不承认黎元洪的免职令。因一方为总统府，另一方为国务院，所以它们间的争斗被称为"府院之争"。

时在广州的孙中山先生曾发表护法演说，他说："欲争回真共和以求福利者，必须有二大伟力，其一为陆军，其二为海军……非得强大之海陆军，为国民争回真共和，无以贯彻吾人救国救民之宗旨。"⑥他希望各界"即日联电，请海军全体舰队来粤，然后即在粤召集国会，请黎大总统来粤执行职务"⑦。

6月9日，林葆怿召集"海容"舰舰长杜锡珪、"海筹"舰舰长林颂庄等，举行舰长会议，商讨对待时局方针。会上，林葆怿表示应以行动响应西南各省“拥护共和”，并秘密派“海圻”舰大副饶鸣銮等，四处策动海军，准备举义南下。6月12日，黎元洪下令解散国会。随即孙中山在上海组织“护法运动”，联络林葆怿参加护法。6月24日，林葆怿与“海圻”舰舰长汤廷光等通电海军，表示将与西南采取同一态度，反对北京非法政府，宣布独立。

7月1日，张勋复辟，总统黎元洪逃入日本使馆。林葆怿闻讯立即派出“海容”“海筹”等舰北上，准备迎黎元洪南下。此时，孙中山在上海号召全国护法讨逆，并决心南下成立护法军政府。林葆怿派“应瑞”舰等护送孙中山等人顺利抵达广州。7月14日，张勋复辟失败，段祺瑞重任国务总理，公开宣布不要《临时约法》、不要国会、不要旧总统，推行独裁政治。同时，他任命刘冠雄为海军部总长。刘冠雄本拟以第二舰队司令饶怀文任海军总司令（海军总司令程璧光已随孙中山南下护法），事为林葆怿所知，遂决心南下护法。刘冠雄改荐海军元老萨镇冰为海疆巡阅使兼海军总司令，想通过萨镇冰与林葆怿的关系，使海军不致分裂。萨镇冰也婉劝林葆怿，但未被接受。7月21日，程璧光、林葆怿通电否认国会解散后的政府，提出拥护《临时约法》、恢复国会、惩办复辟祸首三项主张。7月22日，林葆怿借舰队赴象山港演习鱼雷之名，率原属第二舰队的“海圻”等5艘舰只及第一舰队的“飞鹰”“豫章”等舰赴广东护法，受到广州军民的热烈欢迎。孙中山在随后举行的欢迎会上高度评价了林葆怿等人：“向来革命之成败，视海军之向背。此次率海军主力舰队南来，已操制海权矣。”⑧林葆怿率舰南下护法，壮大了护法运动的声势，被视为护法革命之重臂。

8月25日，南下国会议员在广州召开非常会议。

9月10日，中华民国护法军政府宣告成立，简称“护法军政府”，也称“广州军政府”。9月11日，选举孙中山为护法军政府大元帅。孙中山以程璧光为护法军政府海军部部长，林葆怿为海军总司令。

11月，林葆怿被护法军政府任命为福建省督军，但未赴任。11月27日，护法军政府海军部部长程璧光主持召开军事会议，筹议征闽方略，令海军总司令林葆怿统率海军、陈炯明为征闽粤军总司令，林虎为桂军总司令，方声涛为滇军总司令，分四路进兵福建。

12月7日，林葆怿派“海圻”“永丰”“同安”“豫章”“福安”等5艘主力舰艇由广州向潮汕挺进。12月11日，被段祺瑞收买的军阀龙济光趁粤防空虚之际，派兵在阳江、海安分别登陆，很快占领了雷州半岛及沿海数县，势头甚猛。12 月 14 日，护法军政府急调战舰抗敌，林葆怿奉命令“海圻”等舰暂停北伐，移师回广州协同讨伐龙济光。

1918 年 2 月 26 日，程璧光遇刺身亡，林葆怿继任海军部总长。林葆怿还运动北洋海军“肇和”舰舰长林永谟率舰赴粤，并任命其为舰队司令。5 月 4 日，广州非常国会在桂系军阀支持下，通过《修正军政府组织法案》，改大元帅制为七总裁制，孙中山被迫辞去大元帅职务。接着，选举唐绍仪、伍廷芳、孙中山、岑春煊、陆荣廷、唐继尧、林葆怿 7 人为总裁，组成政务会议，行使权力，并推举岑春煊为主席总裁，林葆怿为海军部总长。

· 反对内战 坚持南北海军统一

1918 年初夏，孙中山见护法军政府被军阀控制，便离粤赴沪。此后，以林葆怿为首的海军倒向桂系军阀，林葆怿兼任海军总司令，以便掌握实权。桂系军阀拨给林葆怿三营“民军”，编成海军陆战队，并派给海军司令部卫队一营。

1919 年 2 月，护法军政府和北京政府在上海召开和平会议。4 月 9 日，林葆怿与广东督军莫荣新领衔代表西南将领发表“军人不干政”的通电，促进南北和谈。7 月，林葆怿与北京政府海军部代表李鼎新商谈南、北海军统一问题。

1920年4月11日，林葆怿辞去护法军政府海军政务总裁和海军总司令职务。5 月 4 日，广州国会选举林葆怿为护法军政府海军部部长。8 月，桂系军阀陆荣廷为争夺广东地盘，以讨伐福州北洋军为名进攻驻闽粤军。要林葆怿率领海军前往福建诏安，协同桂系军队作战。在战争中，粤军节节取胜。林葆怿率海军到达汕头时，桂系军队的汕头守将逃走。林葆怿忙把舰队撤回铜山（今福建省东山县），自己逃回广州。10 月，林葆怿与北京政府海军总司令蓝建枢联合致电北京政府与护法军政府，宣布南、北海军统一。10 月 24 日，粤军逼近广州，护法军政府总裁岑春煊、陆荣廷、林葆怿、温宗尧等通电宣布撤销军政府。10月 28 日，粤军攻克广州，桂军退回广西。11 月 25 日，孙中山回广州重建军政府，以汤廷光为海军部部长。11 月 30 日，北京政府授予林葆怿海军中将加上将衔。12 月，北京政府派人南下，劝说林葆怿率舰北返。因遭各舰反对，林葆怿只得弃职。

1921 年 1 月，广州非常国会和护法军政府将岑春煊、陆荣廷、林葆怿等革职。7 月 29 日，北京政府授林葆怿为“葆威将军”。10 月 10 日，广州军政府举行纪念辛亥革命十周年活动，林葆怿等出席活动。10月13日，林葆怿自广州北返福州，后长期居于上海。次年10月13日，林葆怿获得“一等文虎勋章”。

1930年9月14日，林葆怿因突发脑出血去世。

1931年1月9日，南京国民政府明令照海军上将例给予林葆怿优恤。

林葆纶：重建海军 积功累升中将

林葆纶（1870—1933），字仲怡，海军名将，清朝时曾任京师兵马司指挥、陆军部主事、保定陆军军官学堂教习、陆军部海军处第三司（运筹司）司长、陆军部海军处筹备司司长、筹办海军事务处第三司司长、筹办海军事务处运筹军储司司长、筹办海军事务处运筹军储司司长兼参赞厅二等参赞、海军部军储司司长；民国时曾任海军部军衡司赏赉科科长、海军部军需司司长、海军部军衡司司长、军事部海军署军衡司司长、海军总司令部参议。

林葆纶是林葆怿胞弟。光绪十年（1884年），父母双双病逝后，林葆纶离闽北上，投奔叔父林绍年，在京求学。

林葆纶

林葆纶自幼有志护海，少年时期考入天津水师学堂第六届驾驶班。光绪二十四年秋（1898年10月）毕业。毕业后，因北洋水师尚未重建，清廷规定海军军官充入陆军。林葆纶历任清廷京师兵马司指挥，陆军部主事。光绪二十八年（1902年）至光绪三十二年夏（1906年6月），任保定陆军军官学堂教习。

光绪三十三年四月二十七日（1907年6月7日），清廷批准陆军部核议官制的奏折，依议暂不设海军部，而在陆军部内设海军处，处内设六司以理庶政。六月十二日，林葆纶作为首任第三司（运筹司）司长走马上任。光绪三十四年（1908年）第三司改作筹备司，林葆纶继续担任司长。

宣统元年五月二十八日（1909年7月15日），君王衔贝勒载洵和海军提督萨镇冰被任命为筹办海军大臣，筹办海军事务处成立。六月十二日（1909年7

月 28 日），林葆纶被任命为第三司司长，十二月十四日（1910 年 2 月 24 日）兼任筹办海军事务处参赞厅二等参赞。次年二月二十九日（1910 年 4 月 8 日），第三司改为运筹军储司，林葆纶仍任司长。

宣统二年十一月三日（1910 年 12 月 4 日），筹办海军事务处改为海军部，林葆纶为首任军储司司长，被授正参领衔。

清朝覆灭后，林葆纶继续服务海军，并长期在海军部工作。1912 年 9 月 8 日，任海军部军衡司赏赉科科长。1913 年 1 月 31 日，获授海军少校军衔。同年 10 月 3 日，署理海军部军需司司长。次年，5 月 25 日晋升海军中校并获授“四等文虎勋章”，10 月 3 日正式出任海军部军需司司长，10 月 9 日获授“四等嘉禾勋章”。1917 年 11 月 27 日，晋升海军上校。1918 年 1 月 7 日，获授“三等文虎勋章”。10 月 18 日，获授“三等嘉禾勋章”。次年 11 月 25 日，晋升海军少将。1920 年元旦，获授“二等嘉禾勋章”。次年 4 月，获授“三等宝光嘉禾勋章”。1924 年 9 月 4 日，任海军部参事、一等参谋。1926 年 11 月 13 日，调任海军部军衡司司长。1927 年 6 月 16 日，任安国军政府军事部海军署军衡司司长。1928 年 6 月 3 日，安国军政府瓦解。同年 7 月 3 日，林葆纶任南京国民政府海军总司令部参议。次年 8 月，任国民政府海军部中将候补员。1933 年，林葆纶病逝。

林葆炘：能文工诗 海军陆战队书记官

林葆炘（1879—1946），字谦轩，号息园，政府官员、海军军官，清朝时曾任广东徐闻县知县、江西石城县知县；民国时曾任广东广州地方审判厅厅长、奉天辽阳地方审判厅厅长、湖南长沙地方检察厅检察长、福建第一高等审判分厅监督推事、海军陆战队第一混成旅书记官长、海军陆战队第一独立旅书记官长。

· 负笈扶桑 粤赣两地任知县

林葆炘少时熟读经史，谙习作诗，曾与堂兄、林绍年之子林葆恒鸡窗共读，互相切磋诗艺，未弱冠，积稿已盈尺。及长，东渡扶桑，负笈游学，专攻法律，毕业于日本法政大学。

林葆炘学成归国，正赶上清政府重视使用留学归来人员之时。当时，政府对回国留学生实行考试后给予文凭和官职。林葆炘通过考试，以同知衔分发广东补用知县，之后曾任广东徐闻县知县、江西石城县知县。

·回翔司法界 南国北疆任厅长

辛亥革命后，清朝被推翻。林葆恒在为《中隐斋诗稿》所作的序中言：林葆炘辛亥后，因于衣食，乃“回翔于司法界以日活”。林葆炘曾任广东省广州地方审判厅厅长、奉天省（今辽宁省）辽阳地方审判厅厅长、湖南省长沙地方检察厅检察长、福建第一高等审判分厅监督推事。

·投身海军 随陆战队易帜北伐

1925年4月9日，林葆炘族侄林忠代理海军陆战队第一混成旅旅长。同年6月，林葆炘任海军陆战队第一混成旅书记官长（秘书长）。同年10月，海军陆战队第一混成旅编为海军陆战大队，大队长由海军总司令杨树庄兼任，林忠任第一支队支队长，林葆炘任海军陆战大队书记官长。1926年1月，又恢复海军陆战队第一混成旅编制，林葆炘继续担任旅书记官长。林葆炘随林忠先后在海军陆战队步兵第一旅、海军陆战队第一独立旅任书记官长直至1930年7月。任上，林葆炘曾随部易帜并参加北伐。

1946年林葆炘病逝后，堂兄林葆恒四处收集他的诗作，编订成帙，即《中隐斋诗稿》，并亲自作序。

林植夫：国民党海军高官 新四军敌工部长

林植夫（1891—1965），原名葆骙，号翁康，海军军官、陆军军官、政府官员，曾任福建都督府警察局行政科科长、哈尔滨《国际协报》主笔、国民革命军总司令部政治部宣传处股员、海军陆战队第一独立旅政治部主任、国民党广东省党部书记长、国民政府军事委员会政训处设计委员、福建学院院长、中华共和国人民革命政府文化委员会委员兼闽海省公路局局长、中华民族革命同盟政治委员会书记、新四军军部秘书、新四军政治部敌工部部长、中国民主同盟福建省支部负责人；中华人民共和国成立后，曾任福建省农林厅厅长、福建省政协副主席。

·留学日本 加入同盟会

林植夫是林葆怿堂弟，其父亲林绍荣曾在四川多地当知县，伯父林绍年曾任云南巡抚。林植夫 9 岁时随父到四川读书，15 岁时到云南投奔伯父。伯父林绍年对他督学甚严，不但在工余教他读“四书”“五经”，讲解“大道之行也，天下为公”的道理，还请名儒林次薇做他的家庭教师。林次薇拥有极强维新思想，曾指导林植夫阅读《扬州十日记》和《嘉定三屠记》等禁书，培养了林植夫变法图强思想。

光绪三十二年（1906 年），林绍年送林植夫东渡日本留学。他先入日本成城中学读书，宣统二年（1910 年）考入第一高等学校预科。经林觉民介绍，林植夫参加同盟会，自此，维新、变法、反清的梦想成为理想。宣统三年（1911 年），林植夫转学至熊本第五高等学校，学习工科。

·束装回国 参加辛亥革命

宣统三年（1911 年）八月，武昌起义爆发，林植夫兴奋无比，立即束装回国。

福州光复后，林植夫任福建都督府警察局行政科科长，时年 21 岁。第二年他同何公敢一起赴北京，直接向孙中山、宋教仁汇报福建革命不够彻底的问题。孙中山十分信任他，委任他为同盟会福建特派员。他在福州发起成立品学砥砺会，提倡同盟会会员应从自身做起，廉政勤政，反对贪污腐化。

·再赴日本 创立丙辰学社

1912 年秋，林植夫又到日本熊本第五高等学校复学。1916 年毕业，考入东京帝国大学农林部攻读林业正科。林植夫进入东京帝国大学时，时在日本留学，后来成为中国共产党创始人之一的李大钊筹划组建留学生团体。李大钊回国后，林植夫与其他留日同学发起成立丙辰学社，提倡科学救国、教育救国。1923 年，丙辰学社改为中华学艺社，林植夫曾为中华学艺社主要干部。

1920 年，林植夫在东京帝国大学农林部林学正科毕业，获林学学士学位。

·回国办报 参与创立独立青年党

林植夫学成回国后，先在黑龙江铁嫩森林公司任技师，又转往北京农业专科学校任教，不久赴哈尔滨担任《国际协报》主笔。《国际协报》是 20 世纪初叶哈尔滨一家历史悠久的报纸。该报发行量当时居哈埠中文报纸之首。办报宗旨是扶持正义，促进和平。

1923年，林植夫赴上海，从事社会科学书籍的翻译，其间又到商务印书馆任编辑。1925年，协助福州老乡、社会活动家何公敢组织独立青年党，负责编辑《独立青年》杂志。林植夫奔走宣传“铲除国贼，恢复国权，确立民治，保障民生”的主张和“打倒南北军阀”的口号，走“第三条路线”。当时何公敢等人在上海创办《孤军》杂志，意在促进国民全体的联合，与破坏国民联合的人对垒。这很合林植夫的主张，因此他积极地参加《孤军》杂志的采编和发行工作。同年春，为了纪念1915年5月9日袁世凯政府同日本帝国主义者签订《二十一条》中十二条的“国耻日”，《孤军》杂志要出版特刊，可是到了5月6日，稿件还没有着落。林植夫赶到编辑部，发动同人们分头赶稿，接着是没日没夜地忙着编辑、排版、校对，甚至同工人们一起印刷和装订。仅用3天，刊物如期出版，赶在纪念“国耻日”集会上售卖，当日刊物即告罄，产生较大的影响。

1925年“五卅惨案”发生的当天，学生杂志社主编杨贤江正在征求文化界签名向全国呼吁罢工、罢市。林植夫代表《孤军》杂志义无反顾地首先签了名，同时又代表中华学艺社签名。

在上海期间，林植夫曾为《孤军》《醒狮》《创造》等进步刊物创作了大量小说，还撰写了不少揭露时弊的杂文，同时编著和翻译了《林业浅说》《林业大意》《马尔萨斯人口论》等。

· 进入海军 任陆战队第一混成旅政治部主任

1927年，陈铭枢出任国民革命军总司令部政治部副主任，林植夫应邀到南京任政治部宣传处少校股员，同时他宣布解散独立青年党，参加国民党。同年，林植夫回到福州，出任海军陆战队第一混成旅政治部主任。

1929年，陈铭枢任广东省政府主席，林植夫则任国民党广东省党部书记长。

1931年，经陈铭枢提名，林植夫以广东农界代表身份到南京参加国民会议，会后被委为广东省党部特派员。当时广东省主席陈济棠闹独立，林植夫很难开展工作。于是，林植夫又到陈铭枢担任总司令的“剿共”军右翼集团军总司令部任宣传队队长。而正是任此职期间，他通过研读毛泽东写的文章，开始接受社会主义思想。同年12月，林植夫在参加国民党第四届全国代表会议时，联合杨杰等 80 多名代表，提出近于共产党主张的《收复失地案》，并把提案当面交给蒋介石。他对蒋介石说："你接受这个提案，收复失地，我就拥护你，否则我就不拥护你。"

·沪上抗日 "闽变"当先

1932 年 1 月，日军进犯上海，林植夫怒火填膺，奔走沪上宣传抗日，发动民众支持英勇杀敌的十九路军，他还参加上海各团体救国联合会，亲自奔赴前线参加救护和救济工作。

在这之后，林植夫出任国民政府军事委员会政训处上校设计委员，任上对促进各党各派力量联合抗日救国，做了许多有价值的工作。同年底，蔡廷锴等人率十九路军入闽，林植夫也回福州，继何公敢之后出任私立福建学院院长。

1933 年，"福建事变"（简称"闽变"）爆发，十九路军在福州成立中华共和国人民革命政府，他积极参与酝酿和组织工作，就任文化委员会委员兼闽海省公路局局长，竖起反蒋抗日的大旗，遭到蒋介石的通缉。

·"闽变"失败 香江组建抗日同盟

"闽变"失败后，林植夫不得不避居香港，同李济深、陈铭枢、蒋光鼐、蔡廷锴等人一起，商议成立抗日组织，参与创立了中华民族革命同盟，担任政治委员会书记，发表《全面抗战从今开始》等文章，提出"联合抗战、武装抗战"的新口号，继续从事"反蒋抗日"的事业。

随着抗战全面爆发，林植夫从香港回到南京宣传抗日，同时发动民众捐款出力，支援抗战。南京沦陷后，他又撤退到武汉，继续奔走宣传抗日。

·参加新四军 任敌工部部长

1938 年，在中国共产党抗日民族统一战线政策的感召下，林植夫解散了中华民族革命同盟，参加新四军，先在新四军军部任秘书，后任政治部敌工部部长，为瓦解敌军、建立皖南抗日统一战线做出了重要贡献。

1941 年 1 月，林植夫在"皖南事变"中被俘，作为"死囚"，被关进上饶集中营里。在上饶集中营里，林植夫遭受到非人折磨，但他信仰坚定，气节凛然。特务头子张超曾亲自传达蒋介石对他的劝降口谕，要他写悔过书，但他说："抗日无过，我没有什么可以悔过的。"被关押在集中营里达 5 年之久。相反，他还以老同盟会会员的身份，协助狱中的中共党组织做了许多联系难友的工作。他的努力，鼓励了众多难友坚守气节。一直到抗战胜利后，经组织营救，林植夫才走出牢狱。

·掌闽省民盟 进中共解放区

1947年，经何公敢介绍，林植夫参加了中国民主同盟。1948年3月，民盟福建省支部筹委会成立，林植夫任负责人。同年10月，国民党反动当局宣布民盟为非法组织，林植夫领导福建盟员转入地下，同中共并肩战斗。据老盟员赵家欣回忆，当时林植夫指定周问苍同他单线联系，有时还亲自到开元路他的寓所里布置任务。1948年冬天，福建省主席换人，林植夫装作到街上散步，拐到赵家欣的家里串门，布置说："省政府人事更迭，要趁机把《福建日报》掌握过来。"他还亲自布置英华中学学生会负责人何方生等人组织"反饥饿、反内战、反迫害"的斗争，以及组织英华中学发动"民主墙运动"，抗议国民党当局的黑暗统治，策动民众起来一起推翻反动统治。林植夫因此被列入黑名单，日夜受到国民党特务的监视，不得不避居香港。

1949年1月，林植夫由香港转道解放区，中共中央副主席周恩来亲自接见他。同年8月17日福州解放，9月，上海市市长陈毅指示他回福建主持民盟组织，在党外发挥作用。随即，林植夫回到福州，成立民盟福建省临时工作委员会，11月被推选为主任委员。1950年后，林植夫曾任福建省农林厅厅长、福建省人民代表大会代表、全国政协委员、福建省政协副主席、民盟中央委员、民盟福建省委会主任委员等。

林植夫（后排左一）与战友们

1965年10月28日，林植夫病逝于福州，临终前嘱咐子女："要听毛主席的话，跟共产党走，做好社会主义建设。""我死之后，如果医学上有需要，就拿去解剖，解剖后拿去化灰当肥料。"

第二代

酒库弄林家第二代船政人，因林忠的关系，不少在海军陆战队工作，其中以当过海军陆战队营长、团长、旅长的林忠最为知名。

林忠：禁卫军出身 海军陆战队重要领导人

林忠（1881—1960），字桎藩，海军军官，清朝时曾任禁卫军排长；民国时曾任福建陆军小学区队长，海军陆战队第一营第一连连长，驻闽海军陆战队统带部第一营营长、第四营营长、第三营营长，海军陆战队第一混成旅第一团第三营营长、第二团团长、旅长，海军陆战大队第一支队支队长，海军陆战队步兵第一旅旅长兼福建省防司令，海军陆战队第一独立旅旅长，中国国民党直属台湾党部执行委员兼书记长、代主任委员。

· 陆军学堂高才生 毕业进入禁卫军

林忠是林葆怿侄儿，陆军出身。光绪三十一年（1905 年），北洋陆军速成学堂招收三品以上文武官员子弟，专门编成一班，林忠因叔祖林绍年是御史，得以进入此班。两年后毕业，因表现优异，各科学业突出，被派在禁卫军当排长。

辛亥革命之后，禁卫军解散，林忠与所在的部队一起，被编入北洋军。很快，林忠辗转回到福州，在福建陆军小学担任区队长。

· 转入海军 陆战队重要领导人

因为林葆怿、林葆纶两位叔叔在海军界的人脉关系，林忠转入海军从伍。

1913 年，林忠任北京政府海军总司令部差遣员。

1914 年 12 月，北京政府撤裁海军部卫队，将之改编为海军陆战队。1921 年初，林忠任海军陆战队第一营第一连连长。1922 年 1 月 5 日，林忠升任海军陆战队第二营营长。9 月 15 日，任驻闽海军陆战队统带部第一营营长。1923 年

1月，林忠调任第四营营长，同年春又调任第三营营长，6月2日任海军陆战队第一混成旅第一团第三营营长，10月9日任海军陆战队第一混成旅第二团团长。1925年，4月9日代理海军陆战队第一混成旅旅长，10月任海军陆战大队第一支队支队长。1926年1月8日，海军陆战大队恢复第一混成旅规制，林忠正式出任海军陆战队第一混成旅旅长。

·响应中共号召 率部归附国民革命军

1926年7月，国民革命军誓师北伐。同年秋，中共早期领导人王荷波回到阔别多年的故乡福州，肩负着中共中央赋予的两项重大使命，一是领导海军中党的工作，策动隶属北京政府的闽系海军倒戈，参加国民革命；二是指导福建党建工作，策应北伐军入闽。

根据中央指示，王荷波从两方面入手开展对海军的工作。一方面，他多次前往马尾海军联欢社，通过林植夫做北京政府海军第一舰队司令陈季良的工作，取得了成效。另一方面，王荷波还利用四弟王大华、五弟王凯身为海军军人的有利条件，广泛联系普通水兵和马尾造船厂工人，启发他们的觉悟，吸收先进分子入党，并进而建立了地下党组织，推动下层士兵参加北伐军。

10月，北伐军东路军入闽作战，北洋军阀张毅所部第一军从漳州向福州方向溃退。11月26日，张毅部队到达乌龙江南岸，准备过江进入福州组织顽抗，形势万分危急。

11月30日，王荷波以中共中央特派员的身份，同国民党代表林寿昌、海军代表林知渊和林忠在马尾潮江楼旅社召开紧急会议，达成了海军倒戈配合北伐军拦截张毅部的作战方案。

海军第一舰队司令陈季良立即下令驻闽江舰艇升火待命。随后，“江元”舰在拂晓前驶入乌龙江，趁张毅军前卫教导团渡江之际予以截击。张毅的后续部队见状只得改向南港流窜。林忠命海军陆战队第一混成旅第三团在南台岛鳌头、下洋两处登陆，围歼到达南台岛的敌军。海军陆战队第一混成旅第二团协同北伐军独立第四师张贞部，向逃至瓜山的张毅部主力发动猛攻。“楚同”舰也奉命赶来参战，予敌造成重大伤亡。张毅部在粮弹将尽时，接受北伐军的改编。在海军的配合下，北伐军顺利进入福州城，很快占领福建全省。

同年12月26日，原属北京政府的厦门海军警备司令林知渊及驻闽海军陆战队混成第一旅旅长林忠在厦门起义，率部归附国民革命军。

1927 年 3 月 14 日，北京政府海军总司令杨树庄正式率领各舰队司令及全体海军官兵公开发出通电，宣告归附国民革命军，参加国民革命。林忠先任国民革命军北伐军海军陆战队第一支队支队长，随即出任国民革命军海军陆战队旅长。8 月，海军陆战队第一混成旅步兵第三团扩编为海军陆战队步兵第一旅，林忠代理首任旅长，三个月后正式出任旅长并兼福建省防司令。

1928 年 11 月，国民政府为减轻军费负担，重新编遣部队，海军陆战队奉命裁遣兵额，缩编为两个独立旅。1929 年 11 月，海军陆战队步兵第一旅编遣后改编为第一独立旅，林忠任旅长，1930 年 7 月被免。

· 转入军统 抗战对日展开情报战

抗战期间，林忠脱离海军界，曾任“中统”在福建境内情报组织负责人。1941 年 2 月任中国国民党直属台湾党部筹备处重庆联络站负责人，4 月率部参加福州保卫战。1943 年 4 月，任中国国民党直属台湾党部执行委员兼书记长，11 月兼代主任委员。1944 年 3 月，将中国国民党直属台湾党部迁至福建永安（福建临时省会）文龙乡复兴堡后，辞去执行委员兼书记长、代主任委员职务，前往重庆。1945 年春，被军统福建头目王调勋派驻福州，潜伏在伪“福州市政委员会”内任福州警察局长。

福州解放前夕，林忠拒赴台湾，坚持留在福州。1949 年 9 月，林忠接受旧海军人员登记。著有《台湾光复前后史料概述》。

林经荃：海军陆战队混成旅军需长

林经荃（？ — ？），海军军官，曾任海军陆战队第一混成旅军需长、海军陆战大队第一支队军需长。

林经荃是林葆怿侄儿、林忠之弟，自小受到较好文化教育，饱读诗书，因家族关系进入海军界。1925 年 6 月，林经荃出任海军陆战队第一混成旅军需长。任上建章立制，积极筹措粮草、钱款，确保海军陆战队第一混成旅训练、作战需要。10 月，海军陆战队第一混成旅改编为海军陆战大队第一支队，林经荃转任海军陆战大队军需长。次年1月8日海军陆战大队第一支队又改编为海军陆战队第一混成旅，林经荃继续担任军需长。后事不详。

林廷酉：毅然起义 参加人民海军建设

林廷酉（？—？），海军军官，曾任海军第二舰队航海官；中华人民共和国成立后曾任人民海军安东海军学校教员。

林廷酉是林葆怿侄儿，少时即胸怀从军护国理想，曾就读于福州海军学校，之后登舰服务，随部参加了抗日战争。抗战胜利后，林廷酉在海军第二舰队服务，当过航海官。后随海军第二舰队司令林遵将军起义。起义后，投身新中国人民海军建设，曾任安东海军学校教员。后来一直在学校教授航海课程。

林家第三代，有一些曾在海军界供职，还有一些跑商船，或在学校教授造船、航海课程。

家族传奇

新四军敌工战线掌门人

娶状元家千金 留日高才生

林植夫是林葆怿的堂弟。他是一位极具传奇色彩的人物。2003年11月，笔者在福州采访了其次子林志圻。

林植夫夫人是王仁堪的侄女。王仁堪（1849—1893），字可庄，福州市人，故居在东街孝义巷。祖父王庆云，进士出身，曾任四川总督、工部尚书。父亲王传灿为秀才，能文工诗。王仁堪勤奋好学，同治九年（1870年）中举人，光绪三年（1877年）殿试状元。林植夫有二子三女，长子之后是三个女儿，1931年又生了次子林志圻，两兄弟相差19岁。

林植夫到海军陆战队工作是在1927年。那一年，国民党决定无论陆海军及地方部队，都应成立政治部。海军总政治部遴选林植夫为海军陆战队第一混成旅政治部主任，授少校衔。其侄儿林忠正是此旅旅长。林植夫受任之始，抱了很大的决心，力图好好替侄儿整顿一番。但因主任只是少校衔，他的属下最高也只能是上尉。在当时，这种待遇聘不到较优秀且有名望的人。林植夫特与林忠商量，加拨了一些经费，聘请同少校待遇且较知名学者二三位来部里工作，并训练一批学员，预备做基层骨干。

反蒋抗日 遭国民党开除

林植夫后来因反对蒋介石的独裁统治，被蒋介石开除出国民党。林植夫参与发起了“福建事变”。

“九一八”事变后，国民革命军十九路军开始对蒋介石“消极抗日、积极反共”的政策不满。在1932年的“一·二八”淞沪抗战中，十九路军英勇作战，威震全国，却得不到蒋介石的支持，以致3月初被迫从前线撤退。5月21日，蒋介石又下令十九路军开进福建。蒋介石意在既除去京沪肘腋之患，又利用他们去围剿闽西苏区，同时消灭势力越来越大的福建海军和地方势力，牵制广东陈济棠。而十九路军的方针则是以福建为基地，保全并发展自己的力量，以对抗蒋介石排除异己政策。十九路军入闽后，隐蔽在军中的中共党员也随军来闽，与福州中共地下党组织取得联系，并号召士兵反对内战，掉转枪口。1933年5月，陈铭枢结束出国考察，取道香港，转至福州，召集十九路军将领密商，确定反蒋的三条策略。

林植夫与陈铭枢交往颇深，两人早在1932年“一·二八”淞沪抗战后，就曾商量过反蒋抗日。所以，陈铭枢一到福州，便与林植夫取得了联系。陈铭枢在福州三桥俱乐部和蒋光鼐、蔡廷锴签订了联共抗日反蒋密约后，就立即拿来给林植夫看，并让林植夫去侦察一下蓝衣社在福建的活动。就在此时，蒋介石先后以50万和100万大军对红军进行第四次、第五次围剿，十九路军被迫参加“剿共”，在连城一战损失了不少部队。十九路军向蒋介石要枪要钱，蒋介石口头答应，但就是不给。蒋介石明显想借红军的手吃掉十九路军，陈铭枢对此非常着急。

当时他已回到香港，立刻让人到福州与十九路军将领商量，并秘密潜往前线与彭德怀会谈。这期间，林植夫还专门到香港与陈铭枢商谈。

1933 年 10 月 26 日，中华苏维埃共和国临时政府及工农红军与福建省政府及十九路军签订了《反日反蒋初步宣言》。11 月，中共中央派潘汉年来榕专门与十九路军联系。同月 20 日，林植夫参加了在福州南校场举行的中国人民临时代表大会。22 日，林植夫出席了中华共和国人民革命政府成立典礼，林植夫被任命为闽海省公路局局长。在蒋介石的血腥镇压下，“福建事变”很快失败，林植夫随陈铭枢、蒋光鼐、蔡廷锴等退到闽西。在闽西，他坚持到最后，才避去香港。

参与筹建新四军 执掌敌工部

林植夫与叶挺志同道合，结谊颇深。

1937 年 8 月，国共双方达成共识，将南方八省红军游击队改编为国民革命军陆军新编第四军。1938 年 1 月，周子昆率中共中央派往新四军的干部 30 余人抵达江西南昌，新四军军部在江西南昌成立，叶挺出任新四军军长。在中国共产党抗日民族统一战线旗帜下，林植夫看到了中国的希望，前往江西南昌参加新四军，初任叶挺秘书，协助叶挺做了许多新四军组建等早期工作。

不久，新四军建制确立，编制为 4 个支队，军部设立司令部、政治部。政治部组织序列为组织部、宣传部、民运部、敌工部、行政管理处、保卫部和随军书记，林植夫出任政治部敌工部部长。

林植夫精心规划，具体组建了新四军敌军工作机构。在军这一级敌工部内设立一科、二科、三科并任命了科长，前线各支队也都相应设立敌工科。

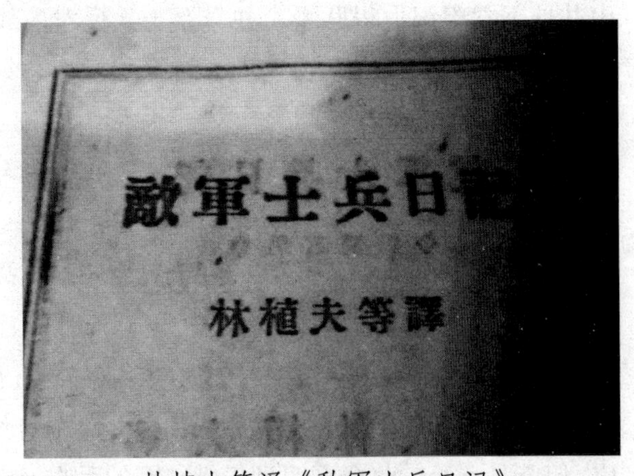

林植夫等译《敌军士兵日记》

林植夫从全军范围内先后物色了一批在日本留过学或者懂日语的干部，组织大家翻译前方战场缴获的日军文件、情报、士兵日记、来往家书、信件，为军部提供有关情报，并研究分析日军士兵思想动态。通过研究、归纳和总结，他们发现虽然日本军官告诉士兵到中国是为“东亚永久和平而圣战”，但是日本士兵在家信中表达的几乎都是“想家”“想妻”“被迫来华作战”，林植夫带着大家很快分析出瓦解敌军的突破口：日本士兵悲观懈怠的情绪及产生原因和怕做异乡鬼的心理。林植夫还着手研究制定《新四军敌军工作纲要》，研究“瓦解敌军和优待俘虏”政治工作，提出通过打政治进攻战，削敌锐气、动敌军心、攻敌心理、突破敌薄弱环节。1938 年 7 月，林植夫任敌工部部长期间，新四军政治部印发了《敌军工作纲要》，确定了新四军应把对敌宣传工作作为“对敌军工作的进攻战”，制定了宣传方针。

卓越的政治作战指挥者

为了新四军各支队开赴敌后建立抗日根据地战斗需要，林植夫又组织大家拟定了日语口号，如“缴枪不杀”“优待俘虏”“不搜俘虏腰包”“我们是共产党领导的新四军”“打倒日本帝国主义”等等，先到各团，在连队中教战士呼喊，以便在火线上使用。为了打破日军不可战胜的神话，林植夫深入连队，讲解有关日本的情况，极大地鼓舞了我军士气。他还将敌工部的干部陆续派往各支队、各团任敌工科长、股长。

当时，新四军政治部借住在农民家里，日军战俘的住房紧挨着林植夫的房间。林植夫抓住一切时间做工作，他还筹集到大量的日语书，包括日文版的《资本论》和一些苏联、法国的文学名著，如高尔基的《母亲》等。一批日军战俘经过教育，转变了战争立场，开始了他们的新生。为配合敌工部宣传，日军俘虏香河正男、田畑作造分别以日军陆军第三师团辎重兵和陆军军属名义联合署名，写了一份日文传单《告诉我们兄弟们》，以新四军“官兵平等”和“享受到人间的温暖”现身说法，号召日本士兵“反对这场战争！把枪口对准军阀和他们的走狗”。这是新四军敌工部第一张由日本军人写的日文反战传单。

1940 年 2 月，香河正男、田畑作造、后藤勇、滨中政志、冈本进等 5 位日本人在云岭新四军军部正式宣誓参加新四军，从此他们由“国际友人”转为“同志”。

新四军在前方常缴获到敌军军官和士兵的家书、照片和作战计划，林植夫为此夜以继日地进行翻译。有一次缴获到一名日军的家书，里面写着他在南京与人开展杀人比赛，他杀了101人，另一个杀了102人，同时还附了一张摆在地上的一串长长的人头的照片。看到这些反映日军惨无人道罪行的铁证，林植夫当即决定编成小册子向前后方散发。

1939年，新四军政治部敌工部部长林植夫（右一）与新四军政治部副主任邓子恢（左二）等在新四军军部合影

林植夫经常废寝忘食地编写对日军的宣传材料。冬天皖南甚冷，夜间又没有火盆取暖，林植夫常常工作到深夜，右臂和腰得了风寒症，到了无法举动的地步；眼睛也大为受伤，不得不住院治疗。尽管如此，他仍念念不忘对敌宣传工作，常把同事叫到医院去，在他的大通铺床旁记录他的口述稿。

林植夫不断创新敌工方式。对日伪的宣传，内容更人性化，如“家里热望着诸君回国”“不要为军部财阀而牺牲”“家里希望的不是勋章而是你们的笑脸”等等。林植夫还运用日军战俘的自述作对日宣传。同时制定更完整的俘虏政策：不杀俘虏，不侮辱俘虏，生活上优待俘虏。在新四军中，日军战俘每月可以领到5元津贴，比新四军军长还多1元。外国记者贝尔登在新四军军部采访战俘后说：“真的，新四军是他们最好的保护人，战俘们每天也忙着帮助新四军向日本士兵写书信和小册子。”另外，林植夫制定了释放俘虏政策：凡俘虏愿意回去者即让其回去，将新四军中所见所闻带回去，等于向敌军派去了一支很好的宣传队。新四军敌工工作很细致，对战死之日本士兵埋葬后建立墓标。林植夫指挥的这些更人性的政治进攻战，打得日军人心惶惶，一些日军士兵身上偷偷藏着新四军宣传品，有的还携枪投诚。

林夫人进集中营陪夫君

“皖南事变”发生，林植夫没有突围出去，被关进了上饶集中营。在集中营极其恶劣的情况下，他继续坚持宣传抗日。听林志圻说，他 1931 年出生后，只见过父亲一两次，与父亲相处最长的时间是在 1944 年。当时，林植夫被辗转关在崇安监狱里，因已 50 多岁，长期在监狱过着非人的生活，身体极度虚弱。林植夫的妻子学习张学良夫人于凤至和赵四小姐陪夫坐监的做法，于 1944 年春天，带着 13 岁的小儿子林志圻走进崇安监狱，在荷枪实弹的敌人监视下照顾丈夫。直到抗战胜利后，林植夫才被释放，回到福州。

1949 年福州一解放，林志圻就参加了人民解放军，一直在驻同安某部工作，1982 年转业到福州公安局工作。

林家酒库弄大宅院现已全部拆除。酒库弄位于南后街水流湾，林家祖居原来只有三进，后来林忠发达了，又买了一进；林廷西父亲又买了一进，成为五进大宅院。虽然因为旧城改造，此地已拆了许久，但笔者到当地访问，附近不少人还记得林家当年的气派，记得这家曾出了不少海军。

注释：

① 何乔远．闽书（第五册）[M]. 福州：福建人民出版社，1994：4487.

② 曾意丹，徐鹤苹．福州世家 [M]. 福州：福建人民出版社，2001：105.

③ 海军大事记 [M]// 张侠，杨志本，罗澍伟，王苏波，张利民．清末海军史料．北京：海洋出版社，1982：933.

④⑤ 汤锐祥．孙中山与海军护法研究 [M]. 北京：学苑出版社，2006：8.

⑥⑦ 广东省政协文史资料委员会．粤军史实纪要 [M]. 广州：广东人民出版社，1990：4.

⑧ 孙中山全集（第四卷）[M]. 北京：中华书局，1981：132.

饶怀文家族

饶怀文（1865—1918），字质瑾，福建省闽县（今福州市鼓楼区）人，海军名将，天津水师学堂第二届驾驶班毕业生，清朝时曾任“策电”舰帮带大副、江南水师学堂监督兼驾驶教习、“辰”字鱼雷艇管带、“宿”字鱼雷艇管带、烟台海军学堂正教习、“江元”舰管带、“江贞”舰管带；民国时曾任“建安”舰舰长、海军部总务厅视察、海军部军衡司司长、南京海军军官学校校长、海军练习舰队司令、海军第二舰队司令、署海军临时司令部总司令。海军中将。

饶怀文家族世居福州市鼓楼区虎节路，三代海军，两代海军名将，代表人物即饶怀文。

家族源流

饶姓是尧帝之后

饶姓，出自尧姓，为尧帝之后裔。

尧，名放勋，帝喾之子。帝喾乃黄帝曾孙，生有四子，其中，封尧帝在唐（今山西翼城）。尧的母亲是黄帝部落的，父亲也是黄帝部落的，所以是正宗黄帝子孙。《史记·五帝本纪》记载：帝喾死后，以其年龄最大的儿子挚继承帝位，为帝挚。尧好学而能干，13 岁时就受命辅佐帝挚。帝挚才干平庸，未能妥善管理国家，而尧仁慈爱民，明于察人，治理有方，盛德闻名天下，于是各部族首领纷纷背离帝挚，而归附于尧。帝挚也自觉不如尧之圣明，终于在即位 9 年以后，将帝位禅让于尧。相传尧登帝位时 21 岁（一说 16 岁），以平阳（今山西临汾）为都城，以火德为帝，人称赤帝。他性格仁慈，年轻有为，当上天下共主，也不因而骄横傲慢。他勤于政事，生活俭朴，例如他只吃用陶簋盛的粗饭淡汤，只求能饱。后来尧把帝位传给舜。尧死后，谥号为“尧”，史称唐尧（后人多以其谥号称之，本名“放勋”则少被提起）。

公元前 1046 年（夏商周断代工程确定），周武王灭商，分封诸侯，追思元圣，周武王封地给帝尧二十三世孙京在蓟（今北京附近）。京子名理，迁移到山西平阳，其子孙后代以祖上谥号为姓，称平阳尧氏。至秦灭六国，尧姓家族为逃战祸，子孙散迁天下，大量南迁。五十四世尧萱自平阳徙居江西鄱阳（古饶州，今属江西东北部），后再迁临川（今江西抚州市临川区）。

到五十六世尧溦时，汉宣帝刘询即位，刘询本名“刘病已”，即位后改名“询”，下诏全国要避帝名之讳，如刘询把“荀”姓改为“孙”姓。尧溦任当朝京兆尉，同朝御史大夫魏相上奏皇上，说尧溦虽是上古唐尧的嫡系后代，但帝尧乃上古五帝之一，百圣至圣，尧溦也应当避讳，于是汉宣帝就在“尧”（繁体为“堯”）的左边加一个“食”旁，就变成了“饶”（繁体为“饒”），这就是“益食为饶”的来历，益是增加的意思。汉宣帝赐尧溦改姓“饶”，尧溦为饶姓始祖。汉宣帝极赏识尧溦，升之为太傅，并下诏全国，要求天下凡姓“尧”的均改姓“饶”。至今仍有人将饶读成尧，这就是饶姓的来历。

先辈救沈葆桢成就饶氏海军家族

饶氏从江西迁闽北，其中饶怀文祖上这一支，迁入福州，先住福州水部门外状元境，后迁城内虎节路。饶家之所以成为船政世家，与饶怀文祖父有关。

饶怀文祖父饶廷选为清朝名将，曾任浙江玉山镇总兵。清咸丰六年（1856 年）初，沈葆桢任江西省九江知府。此时，九江已被太平军攻占，兵部侍郎曾国藩正奉命督办江西军务，策划反攻九江，沈葆桢无法到九江就任知府，就留在曾国藩军中参赞营务。当年四月调署广信府知府。

沈葆桢赴广信府上任时，正是太平军最鼎盛时期，控制了江西大部地区并建立政权，当时武昌以南，直到江西梅岭，都归太平天国，曾国藩湘军所有军需物质只剩广信饶州一路可通。广信府即今日江西省上饶地区，地处信江上游，为浙赣两省间之水陆通衢。当时清军江南大营已破，若广信再失，必然波及江西湘军和江南大片经济核心地区，从根本上动摇清朝政权。太平军势如破竹，很快连克贵溪、弋阳，进逼广信。此时，沈葆桢还在河口（今江西省上饶市铅山县河口镇）筹饷。广信城里居民铺户迁徙一空，兵勇、胥役、仆从亦尽散去，广信成了空城。沈葆桢夫人林普晴怀印持剑，坐在井边，以井依命，刺手血书，向浙江玉山镇总兵饶廷选求助。饶廷选曾得到林则徐提拔，沈葆桢是林则徐的外甥，而林普晴是林则徐的女儿。林普晴知道此时饶廷选前来，在他人看来有飞蛾扑火之危，但她深信饶廷选定能冒死相救。果然，沈葆桢返广信城的第二天，即接到饶廷选回书，信上说现在河流干涸舟不得下，但会设法相救。

当时，整个官署中仅剩沈葆桢和林普晴两人，形影相对，夫人以剑授沈，自坐井畔，做好了一旦城破，救兵未到，两人尽忠殉国的准备。没想到就在这天，开始降暴雨，到第二天仍大雨不停，信江涨了 2 丈多。这一天，紧挨着广信府的河口镇被太平军攻克，铅山县各官员弃城潜逃。广信府危在旦夕，就在此时，沈葆桢接报饶廷选带数千援兵已到广信城下，沈葆桢甚为感动，徒步出城迎接。

饶廷选到援的第二天一早，太平军攻克铅山，派先遣部队进攻广信府。次日更是分四面合攻广信府，饶廷选分别派兵出东门及西门迎战。激战三天后，大批太平军赶到，对广信城进行合围，架梯攻城，饶廷选与沈葆桢登城垛指挥作战，先破了西门太平军兵营，太平军又自毁东门军营奔玉山，企图截广信后路，饶廷选派兵绕道，突然跃出太平军前，重创太平军。当天夜里，太平军撤。

这一段生死之交，使沈葆桢与饶廷选感情深厚。后来，饶廷选战死沙场，沈葆桢一直对他家人关怀甚多。沈葆桢创办船政后，饶廷选的孙辈、曾孙辈相继投效海军。于是，饶家成了船政名门。

船政家谱

第一代

虎节路饶家与海军结缘，起于船政。第一代海军，出得最多的是沈葆桢一手缔造的福建船政轮船水师士兵及船政十三厂的工人、匠首，较为著名的是四位科班出身的海军军官。

饶怀文：一代名将 署任海军总司令

饶怀文（1865—1918），字质瑾，海军名将，清朝时曾任“策电”舰帮带大副、江南水师学堂监督兼驾驶教习、“辰”字鱼雷艇管带、“宿”字鱼雷艇管带、烟台海军学堂正教习、“江元”舰管带、“江贞”舰管带；民国时曾任“建安”舰舰长、海军部总务厅视察、海军部军衡司司长、南京海军学校校长、海军练习舰队司令、海军第二舰队司令、署海军临时司令部总司令。

饶怀文是饶廷选嫡孙。光绪十三年（1887年）十月，自天津水师学堂毕业后，南下归闽，任船政（马尾）海军练营教习。光绪十八年（1892年），任“策电”舰帮带大副。光绪二十一年（1895年），被任命为江南水师学堂监督兼驾驶教习。同年岁末，转任“辰”字鱼雷艇管带。光绪二十三年（1897年），调任“宿”字鱼雷艇管带。光绪二十九年（1903年），奉命前往日本，与萨君谦一起，负责监造了“江元”“江贞”“江利”“江亨”四舰，之后，又在日本监造了“楚泰”“楚同”“楚豫”“楚有”“楚观”“楚谦”六舰。光绪三十年（1904年）九月，调任烟台海军学堂正教习，教授驾驶之技。光绪三十二年（1906年），任“江元”舰管带。次年十二月（1908年1月），调

青年饶怀文

任“江贞”舰管带。宣统二年十一月初三（1910年12月4日），清政府首次为海军军官授衔，饶怀文被授予海军副参领，相当于海军中校。不久，出任“建安”舰管带。武昌起义爆发后，饶怀文率“建安”舰起义。

1912年1月，中华民国南京临时政府成立，饶怀文被任命为“建安”舰舰长，9月7日任海军部总务厅视察，12月27日调任海军部军衡司司长，12月30日获授海军上校军衔。1913年5月16日出任南京海军军官学校校长，8月15日署理练习舰队司令。1914年5月25日晋升海军少将军衔，11月1日实任练习舰队司令。1915年7月3日调任海军第二舰队少将司令，12月23日获授一等男。1916年9月1日，以海军少将加授海军中将衔。1917年，晋升海军中将，并于7日署任海军临时司令部总司令。1918年3月23日饶怀文突病，28日病逝。民国政府给以海军上将例恤。

饶怀文在海军生涯中多次获勋。曾获得“四等嘉禾勋章”“三等嘉禾勋章”“二等文虎勋章”“二等大绶嘉禾勋章”“二等大绶宝光嘉禾勋章”。

饶鸣衢：甲午激战 津门再战外寇殉国

饶鸣衢（1870—1900），海军军官，曾任“镇远”舰鱼雷二副、北洋海军提督副官、“海华”艇管带。

饶鸣衢是饶廷选嫡孙、饶怀文弟弟。光绪十三年（1887年）十月，毕业于天津水师学堂第二届驾驶班。毕业后，奉调北洋海军。曾任“镇远”舰鱼雷二副，北洋海军守备、提督丁汝昌副官，随部参加中日甲午海战。光绪二十一年（1895年），甲午海战后被免职。虽被革职，饶鸣衢仍深刻反思甲午战败深层次原因，进行总结、研究，他在与“镇远”舰枪炮官曹嘉祥合写的一份条陈中这样说：“我们地广人众，沿海甚多，不能不设海军护卫，既设海军，必全按西法，庶足以御外侮。西人创立海军多年，其中利弊，著书立说，无微不至。我国海军章程，与泰西不同，缘为我朝制所限，所以难而尽仿，所以难而操胜算也。”①

重整北洋海军时，饶鸣衢任“海华”鱼雷快艇管带，驻防天津大沽口。光绪二十六年（1900年），八国联军进攻天津。我大沽炮台守军，在守将罗荣光的率领下英勇抵抗，击伤敌舰6艘，但炮台失陷，守军伤亡千余。饶鸣衢率舰欲与敌血战，寡不敌众，被入侵之敌包围。八国联军要饶鸣衢率部离舰，饶鸣衢坚决不允，督率全舰官兵坚守岗位。德国海军逞强夺舰，以武力逼饶鸣衢率部离舰。饶鸣衢临危不惧，按国际法严词拒绝。后被德军杀害，弃尸海中。清廷以其忠于职守，为国捐躯，给予褒封抚恤。

饶秉钧：轮机少将 练习舰队轮机长

饶秉钧（1872— ？），海军军官，清朝时曾任“海容”舰大管轮；民国时曾任“应瑞”舰轮机长、练习舰队轮机长。

饶秉钧是饶怀文堂弟，光绪二十五年（1899 年）毕业于江南水师学堂第二届管轮班。宣统元年（1909 年），升任“海容”舰大管轮。宣统三年八月十九日（1911 年 10 月 10 日），武昌起义爆发后，饶秉钧在舰上参与策动起义，后随舰易帜。

中华民国成立后，饶秉钧继续服务于海军。1913 年 1 月 31 日获授海军少校军衔，7 月 13 日署任“应瑞”舰轮机长。1914 年 5 月 25 日晋升海军轮机中校，9 月 28 日获授“七等嘉禾勋章”。1915 年 7 月 13 日，正式出任“应瑞”舰轮机长。1918 年，积功获授“五等文虎勋章”。1920 年 1 月 8 日，又获授“四等文虎勋章”。1921 年 9 月 19 日获授“三等文虎勋章”，11 月 7 日晋升海军轮机上校。1925 年 7 月 15 日，晋升海军轮机少将。次年 1 月 11 日，升任练习舰队轮机长。

1927 年 3 月 14 日，海军总司令杨树庄正式率领海军各舰队司令及全体海军官兵，归附国民革命军。饶秉钧随部参加国民革命，继续担任练习舰队轮机长。1927 年 4 月 18 日，南京国民政府成立。饶秉钧依旧担任海军练习舰队轮机长。

1937 年 4 月 1 日，饶秉钧退休回闽，居于虎节路饶宅。病逝时间不详。

饶鸣焯：军需中监 海军部办军需十年

饶鸣焯（1875— ？），字隽三，海军军官，曾任海军部军法司法学科办事员、海军部军需司科员、海军部军需司稽核科科长。

饶鸣焯是饶怀文胞弟，在清政府废举业后，转读西学。民国后，依托于兄长关系，进入海军部工作。他为人精明，处事周全，工作认真，先在海军部军法司法学科当办事员，曾被派往福建办事。

1915 年，饶鸣焯调往海军部军需司。他十分注意学习，很快从外行成为内行。任职海军部军需司期间，饶鸣焯曾多次派赴福建办事，主要任务是为驻闽海军筹措军饷。1925 年 2 月 12 日，饶鸣焯升任海军部军需司稽核科科长。同年 6 月 17 日，获授海军军需中监军衔。后事不详。

饶鸣銮：护法有功 抗战失节

饶鸣銮（1886—1961），字子和，海军军官，清朝时曾任烟台海军学堂教习、“海圻”舰鱼雷大副；民国时曾任“海圻”舰鱼雷长、枪炮长、大副，第一舰队参谋长，护法军政府大元帅府参军、“同安”舰舰长、护法军政府海军总司令部参谋长、护法军政府海军总司令部参谋长兼海军陆战队统领。

·辛亥易帜 第一舰队参谋长

饶鸣銮是饶怀文胞弟。光绪三十一年秋（1905 年 10 月），毕业于烟台海军学堂第一届驾驶班。光绪三十二年春（1906 年 5 月），作为中国第一批赴日留学海军，赴日本深造。光绪三十四年（1908 年），任烟台海军学堂教习。宣统元年（1910 年），任“海圻”巡洋舰鱼雷大副。宣统三年（1911 年），武昌起义爆发，饶鸣銮随正在海外慰侨的“海圻”舰易帜，降下清朝的黄色青龙旗，升起中华民国的五色旗。

1912 年 5 月饶鸣銮出任“海圻”舰鱼雷长，9 月转任枪炮长。1913 年 2 月 27 日获授海军上尉，3 月 28 日被授予“陆海空军二等银色奖章”，5 月 9 日又获“五等文虎勋章”，10 月升任“海圻”舰大副。1914 年 5 月 25 日，晋升海军少校，并获授“四等文虎勋章”。1916 年元旦，获授“三等文虎勋章”。

·南下护法 深得孙中山器重

1915 年 12 月，袁世凯在北京宣布接受帝制，南方将领唐继尧、蔡锷、李烈钧等在云南宣布独立，并且出兵讨袁，要求取消帝制、恢复《临时约法》和已解散的国会。饶鸣銮投身护国运动和孙中山领导的护法运动。

1916年4月间，袁世凯特派海军总长刘冠雄乘“海圻”舰督师入闽镇慑。据严寿华等所撰写的《海军南下护法和“夺舰事件”》载：“当‘海圻’舰驻泊厦门时，大副饶鸣銮常到鼓浪屿与厦门道循（常）关监督史家麟[②]晤谈，意欲与（国）民党联系，参加护法。”[③]袁世凯“后因帝制失败死去，北京政府名义上由黎元洪继任总统，政府实权操在国务总理段祺瑞手中。段继承了袁世凯的政策，不肯恢复《临时约法》和国会。这时，在饶鸣銮等活动下，海军总司令李鼎新、第一舰队司令林葆怿、练习舰队司令曾兆麟等，因拥护《临时约法》而参加护国军，向北京政府宣告独立。在各方面压力下，段不得不暂时让步，北京政府于是年6月29日下令恢复约法，召开国会”[④]。林葆怿等率舰回到北京政府海军行列。

1917年7月，以孙中山为首的资产阶级革命党人为维护《临时约法》、恢复国会，联合西南力量共同进行反对北洋军阀独裁统治的斗争，轰轰烈烈的护法运动拉开大幕。孙中山号召群众护法讨逆，决心以海陆军之力量，为国民争回真正共和。时任海军第一舰队参谋长的饶鸣銮，积极策动海军南下护法。同月，程璧光、林葆怿等海军将领宣布共和，“复以饶鸣銮、王仲文[⑤]和当时在沪的海军部军需司司长许继祥等协力奔走活动。孙中山先生即拨款10万元送给饶等为活动费，以设法使各舰南下”[⑥]。在这之后，饶鸣銮还曾当过信使，将海军的一些报告转呈孙中山，并曾亲自护送孙中山南下，“孙中山先生在沪急欲先行赴粤，以促西南护法之进行。7月8日，由林葆怿令驻泊吴淞口之‘应瑞’舰升火待发。事前未说明去处，临时由饶鸣銮携带密函，护送孙中山先生、陈炯明、章太炎、朱执信、胡汉民等人”[⑦]南下。

饶鸣銮因促使海军南下有功，被孙中山任命为大元帅府参军。1918年5月18日出任中华民国护法军政府海军部“同安”炮舰舰长，20日任护法军政府海军总司令部参谋长，海军陆战队成立后再兼任海军陆战队统领。1919年，饶鸣銮代表护法军政府出席南北议和会议，5月25日授为海军中校，7月7日给予“三等文虎勋章”。1920年1月5日晋升海军上校，8月16日给予“二等嘉禾勋章”，11月8日，由于护法舰队矛盾日深，被免职。翌年，护法舰队解体，他退居上海。1922年5月11日，任海军部军务司候补员。1925年10月，任海军部厦门海岸巡防分处上校筹备员。

在这之后，饶鸣銮退役返回到福州，转入地方工作，历任福建省电政管理局局长，福建省船舶总队总队长及福安、华安等县县长。

1940年3月20日，饶鸣銮任汪伪政府海军部作战处处长。1942年1月7日，任汪伪政府军事参议院参议。1944年3月30日，被汪伪政府授为海军少将。

抗战胜利后，饶鸣銮回故里定居。1961年病卒于福州，享年75岁。

第二代

虎节路饶家第二代船政人，仍以海军士兵为多，亦有部分成为海军江南造船所、海军福州船政局技术专才，较为出色者是3位海军学校毕业的海军军官，其中两位为饶怀文儿子。

饶涵昌：辛亥起义 少将舰长

饶涵昌（1886—1925），海军军官，清朝时曾任“建安”舰驾驶大副，“海容”舰鱼雷大副、驾驶大副、代理帮带；民国时曾任“海容”舰航海长，海军部军衡司任官科科长，“楚泰”舰舰长，“通济”舰舰长，“海筹”舰副舰长、舰长。

饶涵昌是饶怀文侄儿，光绪三十一年初（1905年2月）毕业于江南水师学堂第四届驾驶班之后，进入南洋海军雷电学校第二届雷电班学习。毕业后，因工作努力，累功获升。同年，饶涵昌升任“建安”舰驾驶大副。光绪三十四年（1908年），调任“海容”舰鱼雷大副。宣统三年（1911年）初，出任“海容”舰驾驶大副。八月十九日（1911年10月10日），武昌起义爆发。之后，饶涵昌随舰赴武汉，积极在舰上宣传反清思想，参与策动起义。九月初三（1911年10月24日），饶涵昌代理“海容”舰帮带。九月二十三日（1911年11月13日），正式升任帮带。

1912年元旦，中华民国临时政府成立。同月，饶涵昌被任命为“海容”舰航海长。1913年1月31日，获授海军少校。同年，任“海容”舰副舰长。1914年5月25日晋升海军中校，9月28日获授七等嘉禾勋章，10月25日任“楚泰”舰舰长。1916年7月24日，获授“三等文虎勋章”。1920年元旦，获“四等嘉禾勋章”。1921年三次获勋：8月27日获“三等嘉禾勋章”，9月5日获“四等宝光嘉禾勋章”，12月3日获“二等文虎勋章”。1922年6月27日，调任“建安”舰舰长。1924年3月13日任“通济”舰舰长，5月5日晋升海军上校，10月1日任“海筹”舰副舰长。1925年2月11日升任“海筹”舰舰长，7月15日晋升海军少将。同年，还曾任海军部军衡司任官科科长。10月，病逝任上。

饶琪昌：舍生忘死 闽江口保卫战功臣

饶琪昌（1895— ？），字肖瑾，海军军官，曾任海军马尾要港司令部副官、副官处副官长，闽江江防司令部参谋、海军总司令部军官队中校参谋。

饶琪昌是饶怀文儿子，1916年毕业于烟台海军学校第十届驾驶班。毕业后，登舰服务，后任海军马尾要港司令部少校副官、副官处副官长。

饶琪昌

“七七”事变之后，时任海军马尾要港司令部副官处少校副官长的饶琪昌，参与闽江口阻塞线、闽江口保卫战等重要计划制订。为发动福州青年从军和战时保卫家园，饶琪昌还参与制订中学校园军事训练计划，海军马尾要港司令部派员到福州一些中学对学生进行军事训练。

1941年4月，闽江口保卫战打响，饶琪昌随部血战入侵之敌，坚守至最后，在弹尽粮绝之时撤入鼓山，一路翻山越岭北行。在鼓山大山间，饶琪昌参加与中共抗日组织联系，联合成立了福建第一支国共合作的海军抗日游击队——海军鼓山抗日游击队。同年，升任中校，出任闽江江防司令部参谋。

1946年，饶琪昌任海军总司令部军官队海军中校参谋。后事不详。

饶毓昌：子承父业 供职海军

饶毓昌（？—？），海军军官，曾任“永健”舰航海官。

饶毓昌是饶怀文儿子，烟台海军学校第十二届驾驶班学生。在父亲病逝两年后，以优异成绩毕业。毕业后，饶毓昌本分配到海军第二舰队所辖军舰上任航海官，但其不满北京政府的倒行逆施，闻知孙中山在广东高举护法大旗，成立了护法军政府时，坚持共和的饶毓昌决定前往，他婉拒在别人看来极好的差事，南下广州，想跟着孙中山参加铁血共和。当饶毓昌赶到广东后，才知孙中山已离开广州，因此失望而归。之后，曾任“永健”舰航海官。后事不详。

第三代

虎节路饶家第三代船政人，有造舰工匠、海军士兵，还有航海教授，相对出名的则是海军学校科班出身的海军军官饶翟。

饶翟：留学海外 烽火中归国抗日

饶翟（？—？），海军军官，曾任海军长江中游布雷游击队第五中队布雷官、海军第二布雷总队第五大队布雷官、“楚观”舰航海副、“营口”舰舰务官。

饶翟是饶怀文嫡孙。1931年，考入福州海军学校第六届航海班，后以毕业时间统一改称（民国）26年（1937年）一月班。1937年4月，赴德国学习潜艇驾驶，之后又转往英国学习驾驶。抗战进入最艰苦时期，毅然回国抗敌。

饶翟返回国门后，辗转多地，到重庆海军总司令部报到，之后深入敌人重兵围困之地，相继在海军长江中游布雷游击队第五中队、海军第二布雷总队第五大队任布雷官。冒着生命危险在前线布雷，屡炸敌舰。每次要穿过日军层层封锁线，抬着水雷，到敌占区布雷，为保证战友们流血牺牲运往前线的水雷能少受损失，饶翟白天经常化装成小商贩，到敌占区侦察，安排运雷、布雷路线。晚上，带着布雷兵去布雷，为赶在敌人发现前完成布雷，饶翟每次都身先士卒，潜入江中布雷。他曾在大冬天，跳入冰冷的江水里，潜水将水雷推入江中心。甚至曾一夜十余次跃入江中布雷。

第二次世界大战期间，饶翟作为第二批赴英国参战受训的中国海军军官，于1944年11月赴英。1945年1月15日，饶翟和战友们抵达英国，他参训的主要科目是潜艇航海专业。根据战时需要，饶翟曾到英国现役大型军舰实习参战，平时到驾驶台参加值更，战时到舰艏第二主炮塔作战，参加了对德国法西斯的海上作战。战后，饶翟以海军上尉军衔，继续在英国学习。

自英国归来，饶翟调任“楚观”舰航海副。1947年11月15日，调任“营口”舰舰务官。后事不详。

饶翟（第一排右三）在英国受训时与同学、教官合影

家族传奇

饶家姻亲也有海军名将

三代海军的饶家与福州不少海军世家有姻亲关系。姻亲中的林永谟，家族出了多位海军名杰。林永谟，福州人，家住福州外九彩园。光绪二十四年秋（1898年10月），林永谟毕业于天津水师学堂第六届驾驶班。武昌起义时，为“海琛”舰帮带，响应革命，与黄钟瑛等一起共举义旗，宣布起义。后升任管带。

1917年，林永谟任“肇和”舰舰长，响应孙中山铁血共和号召，跟随程璧光、林葆怿，南下护法。曾任护法军政府海军总司令。1929 年 4 月，国民政府海军部成立，林永谟出任参事，后转顾问。1936 年 12 月 25 日，突发脑出血，病逝南京。

饶家与林葆怿家族也是姻亲。两家人住得很近，仅隔一条杨桥巷（今名杨桥路）。饶廷选的孙女、饶怀文堂姐饶曲瑛嫁给了林葆怿叔父林绍年。饶曲瑛年二十嫁入林家，生葆慎、葆恒、葆愃 3 人。饶曲瑛性甘淡泊，为人仗义，处事颇有祖父之风，诰赠一品夫人。林葆恒为著名诗人。

注释：

① 曹嘉祥、饶鸣衢呈文 [M]// 卢毓英等著，孙建军整理校注 . 北洋海军官兵回忆辑录 . 济南：山东画报社，2013：54.

② 史家麟（1882—1953），福建闽县（今福州市市区）人，宣统元年（1909 年）由宋教仁介绍参加中国同盟会，他参与组织商团武装，进行军事训练，准备武装起义。宣统三年（1911 年），中国同盟会中部总会在上海成立，史家麟从事联络海陆军中革命志士工作。武昌起义爆发后，上海的同盟会和光复会联合响应起义。11 月 3 日，同盟会首领陈其美率商团攻打上海江南制造局，不幸被捕。革命党人急忙发动抚标沪军营、巡警、商团等漏夜围攻制造局。史家麟率部分商团逾墙进入制造局，在制造局工人内应下，解救了陈其美。第二天早晨，革命军攻占江南制造局，上海起义成功。在福州起义成功后，史家麟回家乡任福州海关（常关）关长，并协助军政府筹集粮饷，整顿财政。1912 年以后，他历任涵江、铜山、泉州海关（常关）关长、厦门常关关长兼交涉署科长等。1914 年，他愤于袁世凯反动专权而加入国民党，联络海军参加反袁救国斗争。

③④⑥⑦ 严寿华等 . 海军南下护法和“夺舰事件”[M]// 杨志本 . 中华民国海军史料 . 北京：海洋出版社，1986：942-943.

⑤ 王仲文（？—？），海军军官，先后任“海筹”舰书记官、海军第一舰队司令处秘书、海军部总务厅秘书。护法运动时任林葆怿秘书。

谢葆璋家族

谢葆璋（1866—1940），字镜如，福建省长乐县（今福州市长乐区）人，海军名将、海军教育家，天津水师学堂第一届驾驶班毕业生，清朝时曾任“来远”舰二副、“海圻”舰大副、烟台海军练营管带、烟台海军学堂监督；民国时曾任海军部军学司司长、署海军部次长、海军海道测量局局长、海军海道测量局局长兼全国海岸巡防处处长、海军部顾问。海军少将。

谢葆璋为福州名门——长乐区金峰镇横岭村谢氏家族子弟。谢家最著名的海军成员即冰心之父谢葆璋。

家族源流

谢姓为炎黄裔孙

谢姓的组成主要有两大来源：任姓、姜姓。

一为出自任姓。《史记·五帝本纪》载：“黄帝二十五子，其得姓者十四人。”① 在黄帝得姓的 14 个儿子中，任姓排在第七位。任姓建有十个小国，其中第一个为谢国。夏朝时，谢国处在今河南唐河西北，虽为伯爵诸侯，但国小势弱，历经夏、商、周三朝，至春秋时为周宣王所灭，子孙以国为氏。此为任姓谢氏。

一为出自姜姓。伯夷之父孤竹君，为炎帝后裔，本姓姜。伯夷和其弟叔齐在商末，一齐投奔到周。到周后，反对周武王进军讨伐商王朝，武王灭商后，他们又逃避于首阳山，不食周粟而死，但其后裔仍留在周朝，到成王时，将伯夷的后裔封于申（今河南省南阳），称申伯。周厉王娶申伯之妹为妃，生子为宣王。周宣王灭谢后，让召公重建谢城，封给母舅申伯，谢城成了申国的都城。公元前688年楚文王发兵攻申，灭掉申国，吞并谢城。申伯子孙遂以邑为氏。

另外，谢姓中还有少量的外族改姓，主要有南北朝时匈奴高车部人的直勒氏族、清朝满族八旗的谢姓。这些外族与汉族长期混居后也逐渐同化成汉族。

横岭谢家为谢安之后

谢安，陈郡阳夏（今河南省太康县）人，东晋宰相、太傅，他与弟弟谢石和侄子谢玄通力合作，在淝水打败了号称拥有百万人马的苻坚所部，创造了以少胜多的著名战例。横岭谢家为谢安之后。晚年冰心在自传中写道：

我的祖父谢子修（銮恩）老先生是个教书匠，在城内的道南祠授徒为业。他是我们谢家第一个读书识字的人。我记得在我11岁那年（1911年），从山东烟台回到福州的时候，在祖父的书架上，看到薄薄的一本套红印的家谱。第一位祖先是昌武公，以下是顺云公、以达公，然后就是我的祖父。上面仿佛还讲我们谢家是从江西迁来的，是晋朝谢安的后裔。但是在一个清静的冬夜，祖父和我独对的时候，他忽然摸着我的头说："你是我们谢家第一个正式上学读书的女孩子，你一定要好好地读呵。"说到这里，他就原原本本地讲起了我们贫寒的家世！原来我的曾祖父以达公是福建长乐县横岭乡的一个贫农，因为天灾，逃到了福州城里学做裁缝。②

据考证，申伯六十二世孙谢汝兴定居福州西门，申伯六十五世孙谢伯俭迁长乐安家立业。谢伯俭生二子，分别是谢录和谢铨。谢铨长期居住横岭，下传到申伯八十五世孙谢以达迁往福州。谢以达即是冰心的曾祖父，因为属谢安之后，长乐金锋横岭谢家堂号为"宝树堂"。

"宝树堂"得名与谢安有关。相传东晋孝武帝驾临谢安官邸，见其庭园中有一棵大树，长得青翠茂盛，当时孝武帝指着大树对谢安说："此乃谢家之宝树。"③谢氏以"宝树"为堂号，以此为源。另有一说，出自《晋书·谢玄传》：

"与从兄朗俱为叔父安所器重，安尝戒约子侄，因曰：子弟亦何豫人事而正欲使其佳？玄曰：譬如，芝兰玉树，欲使其生于庭阶耳。"[4]后来唐代文人王勃撰《滕王阁序》，文中就有"非谢家之宝树"[5]句子。

冰心还记得家中"正房大厅的柱子上有红纸写的很长的对联，我只记得上联的末一句，是'江左风流推谢傅'，这又是对晋朝谢太傅攀龙附凤之作，我就不屑于记它"[6]。

船政家谱

第一代

长乐金峰横岭谢家，会成为一个在中国历史上有一定地位的海军世家，与海军出身的中国近现代伟大思想家严复有关。严复促成谢家有了第一位海军军官——谢葆璋。

谢葆璋：海军少将 连办两所海军学堂

谢葆璋（1866—1940），字镜如，海军名将、海军教育家，清朝时曾任"来远"舰二副、"海圻"舰大副、烟台海军练营管带、烟台海军学堂监督；民国时曾任海军部军学司司长、署海军部次长、海军海道测量局局长、海军海道测量局局长兼全国海岸巡防处处长、海军部顾问。

·严复来闽招了谢葆璋

长乐金峰横岭谢以达，因为天灾，务农难以维生，就从长乐乡间来到省城，学做裁缝。因为不识字，屡受人骗。对此，冰心在自传中这样记载：

那时做裁缝的是一年三节，即春节、端午节、中秋节，才可以到人家中去要账。这一年的春节，曾祖父到人家中要钱的时候，因为不认得字，被人家赖了账，他两手空空垂头丧气地回到家里，等米下锅的曾祖母听到这不幸的消息，沉默了一会，就含泪走了出去，半天没有进来。曾祖父出去看时，原来她已在墙角的树上自缢了！他连忙把她解救了下来，两人抱头大哭；这一对年轻的农民，在寒风中跪下对天立誓：将来如蒙天赐一个儿子，拼死拼活，也要让他读书识字，好替父亲记账、要账。但是从那以后我的曾祖母却一连生了四个女儿，第五胎才来了一个男的，还是难产。这个难得出生的男孩，就是我的祖父谢子修先生，乳名“大德”。⑦

谢子修（銮恩）出生后，父母挤出钱来供他读书。谢子修不负父望中了举人，在福州光禄坊道南祠办学，广收闽县、闽清、侯官学生，得意门生有萨镇冰、黄乃裳等。也因此，谢子修与严复相识，并成了好朋友。

谢葆璋为谢子修第三子。谢葆璋两个哥哥继承父业，做了教书先生，而谢葆璋能入海军，得益于严复于清光绪六年（1880 年）底回闽招生。

当年秋天，天津水师学堂开始招生工作。但在天津的招生工作开展得并不顺利，当地子弟报名很不积极，在长期以科举为正途的社会里，当时许多学子多以猎取功名为目标，多半不肯报名应试。招生名额没有招满，李鸿章在当年十月派天津水师学堂总教习严复回福建招生。因为福建船政学堂已开办 14 年，闽省百姓对进学堂学海军颇为认同。

光绪六年底，严复回闽招生，到次年 1 月，严复已在闽招到学生 24 人。这年 1 月 30 日是春节，严复在福州过年，过完年在 2 月又招 3 人，共 27 人。在招生过程中，从出题考核到录取都由严复一人决定。在福州期间，有一天严复与谢子修相见，遇到在一旁的谢葆璋，粗谈几句，觉得这个少年是块当海军的料，严复就问谢子修是否愿意让儿子跟着自己学习航海驾船，谢子修满口答应。于是，严复出两道题给谢葆璋做，算是考试。一道是诗题，题目是“月到中秋分外明”；另一道是八股题。谢葆璋做完后，严复很满意，决定收下这名学生。冰心曾在自传中记载了这件事：

在一个穷教书匠的家里，能够有一个孩子去当“兵”领饷，也还是一件好事，于是我的父亲就穿上一件用伯父们的两件长衫和半斤棉花缝成的棉袍，跟着严老先生到天津紫竹林的水师学堂，去当了一名驾驶生。⑧

这里的“严老先生”非指严复，而是严复的堂哥。当年严复来闽招生，后来因为天津有急事要他立即赶回，临走时，他就托自己的堂兄，将谢葆璋等被录取的闽省新生护送到天津。由此，谢葆璋走进天津水师学堂，成为该校的第一届驾驶班学生，谢家也因此逐渐结成一个庞大的海军家族。

· 水师营中顺风顺水

谢葆璋成为天津水师学堂第一届驾驶班学生，光绪十年（1884 年）完成堂课，进入舰课，被派往“威远”舰实习。实习期满，进入北洋海军服役。

光绪十三年（1887 年）初，清政府在英、德两国订购的“致远”“靖远”“经远”“来远”四艘巡洋舰竣工，直隶总督兼北洋大臣李鸿章派员出洋接带。谢葆璋随管带邱宝仁（福州人，船政学堂第一届驾驶班毕业生）赴德国接带“来远”舰，翌年春顺利驶抵天津大沽港。谢葆璋因接舰有功，获清廷奖赏，留在“来远”舰任二副。光绪十四年（1888 年），代理“来远”舰枪炮大副。光绪十五年（1889 年）初，升署右翼左营守备。光绪十八年（1892 年），实任“来远”舰枪炮大副。任上，随舰参加甲午海战。

· 甲午海战蒙冤革职

光绪二十年（1894 年），中日甲午战争爆发。同年八月十八日（1894 年 9 月 17 日），黄海海战打响，北洋海军主力与日本联合舰队在黄海浪涛中展开激战。开战不久，日舰“赤城”被击成重伤，转舵驶逃。谢葆璋协助管带督率“来远”舰，立即尾追攻击，进一步重创敌“赤城”舰，迫使其逃离作战海域。战至下午 3 时 20 分，日本第一游击队“吉野”等 4 舰集中火力进攻“来远”“靖远”。我两舰以寡敌众，苦战多时，均受重伤。谢葆璋激励官兵血战到底，史载：“‘来远’受炮累百，船艉发火，烈焰飞腾，延及小弹子舱，枪弹四射，机舱为浓烟所蒙……帮带大副张哲溁、枪炮官谢葆璋，策励兵士救火渐息，复得归队”[⑨]。他和战友们“以血肉之躯，舍命争持”[⑩]。海战结束后，谢葆璋和战友协助将已受重伤的“来远”舰安全驶归旅顺基地。

光绪二十一年（1895 年）正月初九，日军水陆夹击威海卫港内的北洋舰艇。正月十二日凌晨，日本鱼雷艇潜入港内偷袭，“来远”舰中雷翻转，露出红色舰底，顷刻沉没。谢葆璋落入冰冷海水中，拼命游上刘公岛，得以死里逃生。北洋海军全军覆没后，清政府将幸存官兵全部革职遣散。冰心曾在自传中写道：

甲午海战爆发后，因为海军里福州人很多，阵亡的也不少，因此我们住的这条街上，今天是这家糊上了白纸的门联，明天又是那家糊上白纸门联。母亲感到这副白纸门联，总有一天会糊到我们家的门上！她悄悄地买了一盒鸦片烟膏，藏在身上，准备一旦得到父亲阵亡的消息，她就服毒自尽。祖父看到了母亲沉默而悲哀的神情，就让我的两个堂姐姐，日夜守在母亲身旁。家里有人还到庙里去替我母亲求签，签上的话是：筵已散，堂中寂寞恐难堪，若要重欢，除是一轮月上。

母亲半信半疑地把签纸收了起来。过了些日子，果然在一个明月当空的夜晚，听到有人敲门，母亲急忙去开门，月光下看见了辗转归来的父亲！母亲说："那时你父亲的脸，才有两个指头那么宽！"[11]

·重获起用 创办海军学堂

光绪二十五年（1899年），清政府命令叶祖珪（福州人，船政学堂第一届毕业生）统领新建北洋海军，以萨镇冰为帮统，兼任"海圻"巡洋舰管带，并命他们"选择朴实勇敢、熟悉驾驶之员，督同认真操练，以为整顿海军始基"[12]。经萨镇冰推荐，谢葆璋被重新起用，于光绪二十六年四月（1900年5月），出任"海圻"舰帮带。对此事，冰心在《我的故乡》一文中也有记载：

从那时起，这一对年轻夫妻，在会少离多的六七年之后，才厮守了几个月。那时母亲和她的三个妯娌，每人十天替大家庭轮流做饭，父亲便帮母亲劈柴、生火、打水，做个下手。不久，海军名宿萨鼎铭（镇冰）将军，就来了一封电报，把我父亲召出去了。[13]

在晚清重建北洋海军过程中，谢葆璋功在海军教育，为中国培育了不少海军人才。光绪二十八年（1902年），清政府在山东烟台设立海军练营，调谢葆璋任管带。任上，他从战时出发，建章立制，严把教学关，颇有作为，展现出办学能力。次年冬，清政府又在海军练营内附设海军学堂，海军提督萨镇冰兼筹办，谢葆璋兼学堂督办。光绪三十二年（1906年），经直隶总督袁世凯核准，又在烟台兴建校舍，并于光绪三十四年（1908年）完工，改称"海军学堂"。谢葆桢成为首任监督。

当时，革命浪潮风起云涌。谢葆璋是位有进步思想的爱国军人，冰心的舅舅杨子玉是同盟会会员，他经常与谢葆璋一起作诗谈文，借抒情怀。谢葆璋治下的烟台海军学堂思想上很宽松，学生受进步思想的影响，对清政府的腐朽统治日益不满。他们订阅不少清政府明令禁止的进步报刊，开始逐步同情和支持孙中山领导的资产阶级革命，个别学生甚至与同盟会建立秘密联系。

谢葆璋

清宣统元年（1909年），筹办海军大臣载洵视察烟台水师学堂，认为学堂办得有成绩，质量较高。于是，清政府决定选派20名满族贵胄学生来校学习，提前毕业，以加强满族人对海军的控制。满族贵胄学生的到来，激起汉族学生强烈的反抗情绪，双方摩擦不断。宣统二年（1910年）的春季运动会上，为争夺一项锦标，互相仇视的满汉学生爆发激烈冲突。事件发生后，地方官员秉承朝廷旨意，要求校方严惩汉族学生。谢葆璋不肯偏袒，据理力争。

宣统三年（1911年）春，清政府命海军部官员郑汝成来校查办此事。郑汝成一来就告诉谢葆璋，近几年来一直有人到北京密告谢葆璋是乱党，劝他立即辞职，免得落个撤职查办下场。谢葆璋同意了，他的几位同事也一起递上辞呈。这样，在宣统三年（1911年）的初秋，谢葆璋便恋恋不舍地告别了他所创办的烟台海军学堂，领着全家南下回乡。

话说谢葆璋离任，郑汝成留任学堂监督，并兼海军部一等参谋官，同年授海军协都统衔。武昌起义后，郑汝成被学堂的进步学生驱逐出校。

· 民国时期 署理海军次长

1912年元旦，中华民国临时政府在南京成立。谢葆璋的同乡好友黄钟瑛，被临时大总统孙中山任命为民国首任海军部总长兼海军总司令。黄钟瑛上任不久，电请在福州的谢葆璋回海军任职。

谢葆璋再次重返海军后，被任命为海军总司令部二等参谋官。1913年7月4日，谢葆璋补授海军上校军衔。8月20日，晋升海军少将军衔。10月，以“才具开展，办事热心”[14]，被任命为海军部军学司司长，负责整个海军教育工作。此后 13 年间，谢葆璋一直在海军部任职。

谢葆璋升任军学司司长后，积极改革海军教育，恢复遭严重破坏的海军学校，多方筹措资金，改善办学条件，在极端困难的条件下，推动海军教育的发展。

1915 年 5 月 7 日，密谋称帝的袁世凯接受日本提出灭亡中国的“二十一条”，借以换取日本对他复辟帝制的支持。这一卖国行径，激起全国人民的愤慨和反对。谢葆璋闻此，满怀悲愤地用岳飞笔体写下“五月七日之事”[15]六个大字张贴在书房里。

1926 年 6 月，杜锡珪出任海军部总长，任命谢葆璋署理海军部次长。不久，国内形势急剧变化。这年 7 月，国民革命军誓师北伐。北洋政府军在北伐军的打击下，节节败退。海军部总长杜锡珪与海军总司令杨树庄决定倒戈。

1927 年 3 月，杨树庄正式易帜，宣布就任国民革命军海军总司令，率舰队加入北伐军。杜锡珪、谢葆璋等高级将领则仍留在海军部，应付北京政府。6 月，北京政府改组，取消海军部。杜锡珪、谢葆璋去职。

不久，谢葆璋被任命为国民革命军海军海道测量局少将局长。他携家眷离开北京，前往上海任职，后又奉命兼任全国海岸巡防处处长。1929 年 4 月，国民政府在南京成立海军部。是时，谢葆璋已卸去本兼各职，寓居沪上。因为是海军前辈，资历较深，经验丰富。所以，海军部聘请他担任顾问。

1930 年，谢葆璋妻子去世。不久，谢葆璋随女儿冰心离开上海又到北平定居。此后，谢葆璋因年事已高，退出公职，闲居在家。

生命的最后，是谢葆璋最悲痛的日子。抗日战争爆发后，北平沦陷，1938 年冰心一家南迁昆明，年迈体弱的谢葆璋留居北平，由长子谢为涵负责照料。目睹国破家亡，谢葆璋为自己无力杀敌保国悲痛、气愤，终于身染重疴，一病不起。1940 年 8 月 4 日在北京去世，享年 75 岁。

第二代

谢家船政家谱上的第二代里，既有商船船长，又有英勇抗敌的英雄舰长、二副。目前能从史料上查到，谢葆璋有 5 位侄辈参加海军，其中 4 位都参加了抗日战争，两位壮烈殉国，一位在抗日战争最艰苦时，动摇了必胜信心，做了汉奸，成了汪伪海军部司长。

谢为楫：冰心三弟 从作家走到船长

谢为楫（1910—1984），笔名冰季，航海专家，曾任山东烟台海关缉私船二副、九龙海关缉私船大副、雷州海关缉私船大副、上海海关缉私船船长、青岛海关缉私船船长、南京海关缉私船船长；中华人民共和国成立后曾任上海海关海事学校教授、上海港务局船舶检验科验船师、甘肃省张掖师范专科学校图书馆管理员、甘肃省武威市第一中学教师。

·少年成名 12岁发表诗作

冰心无姐无妹，只有三位弟弟，依次为为涵、为杰、为楫。宣统二年深秋（1910年10月22日），谢为楫出生于烟台海军学堂。宣统三年（1911年），谢为楫随家从烟台回福州居住。1913年秋，随家迁往北京。

1916年，谢为楫进入小学，很小即展露文学才华，小学时便向儿童刊物投稿，发表童话《绿宝石》。12岁时，以“冰季”作笔名，所写的诗作《我的姐姐》于1922年1月27日在《晨报副刊》发表。由于爱好文学，喜交文艺界朋友，丁玲、沈从文、胡也频等都是他介绍给冰心的。谢为楫在崇实中学读书时，与萧乾情谊至深，并积极向校刊投稿，后参加由鲁迅倡议成立的未名社。18岁时，谢为楫出版短篇小说集《温柔》，第二年又出版《幻醉及其他》。1927年，谢家迁居

谢葆璋与冰心姐弟摄于烟台

上海。这时冰心已从美国留学回来，执教于燕京大学。谢为楫也进入燕京大学读预科，并和几个同学集资办一份刊物，但只出了一期就停刊。

·青年作家出洋学航海

谢为楫是20世纪20年代末活跃于文坛的青年作家。正值创作盛年，遇到了一件改变了他命运的大事：1929年英国利物浦技术学院招收新生，曾任海军海道测量局少将局长的谢葆璋有资格保送一名学员。谢为楫得到这一消息，就要求父亲让他去学航海。谢葆璋深知航海之苦，他严肃地对自己的小儿子说："航海课程难得很，工作也极辛苦。我不是舍不得你去，是怕你吃不了苦，中途辍学，丢我的脸。"谢为楫恳切地请姐姐冰心和二哥替他求情，让父亲准许他到英国学习。

·缉私船长 追击日本走私船

1931年"九一八"事变爆发后，日本帝国主义为了实现其侵略扩张政策，加紧鼓动、怂恿、唆使日本浪人对我国进行明目张胆的、疯狂的、大规模的武装走私活动，破坏中国海关行政，以达到他们攫夺中国海关、抢劫中国资源的目的。中国海关加紧了打击日本走私活动。1934年6月，谢为楫学成回国，被派到山东烟台海关的缉私船上担任驾驶二副。1936年4月，谢为楫从烟台调到九龙海关，仍驾驶缉私船在海上巡航。全面抗战爆发后，谢为楫的缉私船，更加机警地追击日本走私船。1940年12月，谢为楫被调往雷州海关缉私船，举家南下。翌年9月，雷州海关撤销，谢为楫被调去做海关内勤工作。1943年春，谢为楫被调往已迁到广西桂林的长沙海关工作。长沙海关于1940年10月，在桂林市丽汉门外租楼成立了长沙海关驻桂林办事处，谢为楫在此工作，恪尽职守。之后，他又奉调重庆海关总署工作，因是科班出身的航海专家，被借调到全国引水管理委员会做技术工作。

1945年7月，谢为楫考取交通部派赴美国实习航海技术资格，远赴美国深造，经15个月的实际操作训练，各方面能力都得到提高。旅美期间，《美国之音》华语部特邀他进行广播，介绍航海知识及实习情况，广播讲话被印成材料。

1946年秋天，谢为楫从美国进修回来，到上海海关海务处工作。先后在上海、青岛、南京等地的海关，担任缉私船船长。

位于福州市杨桥路的冰心故居

· 夫妻携手 送爱国学生到解放区

解放战争期间，爱国学生在反饥饿、反迫害、反内战斗争中，受到当局的残酷压制和迫害，上了警察追捕的黑名单，他们想投奔解放区。谢为楫夫妇一起帮助他们化装，并送他们上“太古”轮，到天津转张家口，再赴解放区。

中华人民共和国成立前夕，谢为楫任船长，船员因待遇不公，组织罢工，按过去常规，船长是不参加罢工的。谢为楫和船员一起罢工，得到海关内部进步人士的支持。那时，海关总署通知为国民党募捐“党费”，谢为楫拒绝支付。那时大部分船员，特别是船长，被航商以高价雇去运输物资到台湾，谢为楫和少数人却没有去。为了不让国民党利用他的船，他把船上电机主件拆了，藏到岸上，以致长江南岸所有的船只都被征用了，唯有他的船没有被征用。

· 冒险护船 “宁丢命也要保住船！”

1949 年 5 月 25 日上海解放了，6 月谢为楫被任命为上海海关海事学校教授。1950 年，国民党派机轰炸上海，他所住的灯标工厂中弹起火，死伤一些人，泊在一旁的船只也起火了。在敌机仍在轰炸的危险时刻，谢为楫跑去找来一些学生，带头就往水塔上攀，以取水扑火。当时，不少人高喊："谢老师，危险！"他一边回答"宁丢命也要保住船"，一边登上水塔，打开水龙头，扑灭了大火。

敌机一来，船舶要疏散，没有引水员。军管会深夜找谢为楫当临时引水员。他说："领导上信任我，我就把两船领走。"他冒着生命危险，丢下还没安置好的家人，夜里不点灯开船，白天找地方躲避，完成了疏散任务。

1951 年国庆节，谢为楫和妻子刘纪华、二哥谢为杰，因为在各自的岗位上都为国家做出了突出贡献，同时应邀参加国庆观礼。三个人同在一个观礼台上，亲友们都感到非常自豪。次年 7 月，因上海港务局工作需要，谢为楫被调到船舶检验科任验船师。

1957 年，谢为楫到甘肃工作，从此离开航海界。1958 年 10 月，时任上海育儿院院长的谢为楫夫人刘纪华，响应党的号召，带队支持西北建设，一家迁往大西北，谢为楫先在张掖师范专科学校图书馆当管理员。1960 年 11 月又调到武威，担任武威第一中学历史教师。

1976年10月，十年动乱结束。已经退休的谢为楫发挥自己精通英语的特长，帮助医务人员学外语，还为兰州市红古区文教局录制全国统一的英语教材，为兰州第二十六中学所需的省编英语课本第二、第三册全部录音。同时，他还到重庆大女儿谢宗慈任职的科研机构，给脱产的科技干部轮训英语，给中级进修班编写讲义，教授口语。1979 年初，谢为楫应聘到兰州大学教授英语，深受学生尊敬和爱戴。

谢为良：测量舰长 变节投敌

谢为良（？—？），海军军官，曾任"楚同"舰航海副、海军测量队副队长、海军海道测量局总务课课长、海军海道测量局测量课课长、"皦日"测量舰舰长、"甘露"测量舰舰长。

谢为良为谢葆璋侄儿、冰心堂兄，宣统三年春（1911 年 5 月）毕业于烟台海军学堂，登舰服务。1917 年，任"楚同"舰航海副。1921 年 7 月，为夺回一直由外国人把持的中国海道测量业务，海军部设立海道测量局，挑选了一批优秀青年海军军官学习海道测量业务，谢为良为其中之一。1922 年 7 月，谢为良出任海军测量队副队长。1925 年 2 月奉命率队考察测量山东新港，筹备改良，7 月 24 日任海军海道测量局总务课课长。1926 年 3 月，奉派筹备海道测务。次年 3 月 26 日，任海军海道测量局测量课课长。1930 年 11 月，海军部将“联鲸”炮舰改为“瞰日”测量舰，拨归海军测量队。次年 4 月 23 日，谢为良任“瞰日”测量舰舰长。1932 年 5 月，海军部派时任“瞰日”测量舰舰长的谢为良，率官兵乘“同大”号汽艇前往杭州湾乍浦开测东方大港。1933 年 10 月 7 日，谢为良任“甘露”测量舰中校舰长。1935 年 10 月 18 日，复任“瞰日”舰舰长。1936 年 6 月 24 日，复任“甘露”测量舰舰长。

1937 年 7 月抗战全面爆发后，谢为良率“甘露”测量舰参加对日作战。同年 8 月 11 日，上海情势险恶，吴淞口集结敌舰甚多，有开入长江可能。我海军为使敌舰失去航行目标，开始实施清除航标任务，将江阴下游各航路标志，如灯塔、灯标、灯桩、灯船、测量标杆等，一律破除。谢为良率“甘露”舰，与友舰一起承担此任，他们夜以继日加班加点，用最快速度将江阴下游所有航路标志次第毁除，以使入侵日军失去导航标志。“八一三”淞沪抗战爆发后，5 艘测量舰相继殉国，仅剩谢为良所率“甘露”一舰，编入第一舰队。

在抗日战争最艰难之时，谢为良动摇了抗战必胜的信心，禁不住几位汉奸同学的拉拢、引诱，变节投敌，当了汪伪汉奸政府海军部军学司司长，令家族蒙羞。后事不详。

谢为仪：练营营长 海道测量局任课长

谢为仪（？—？），又名予藻，一作雨藻，海军军官，曾任福州海军练营营长、海军海道测量局总务课课长。

谢为仪是谢葆璋侄儿、冰心堂兄，毕业于烟台海军学堂第二届驾驶班，毕业时成绩列全班第二名。毕业后，登舰服务，历练驾驶、枪炮、鱼雷等多个岗位。1922 年秋，出任福州海军练营营长。任上，建章立制规范教学标准，采取多种措施提升教学质量，使福州海军练营教学水平不断提升。

1926 年 8 月，烟台海军练营南调马尾，与福州海军练营合并，易名马尾海军练营，谢为仪主持了合并工作，使南北两练营合并后教学很快走向正轨。1930年4月21日，谢为仪任海军海道测量局总务课课长。后事不详。

谢为森：血战来敌 川江抗日布雷队长

谢为森（？—？），海军军官，曾任“海筹”舰军需副、“湖鹰”艇副艇长、海军太湖区炮队小队长、海军川江漂雷队第五队队长、海军第四布雷总队第十二中队中队长。

谢为森是冰心堂弟，少年时期以优异成绩考入烟台海军学校第十八届驾驶班。毕业后，登舰服务。1935年，出任“海筹”舰中尉军需副。

1937年7月“卢沟桥事变”后，日军加快侵华步伐，为阻截日军沿长江南侵，海军部提出构筑江阴阻塞线的建议。1937年8月6日，在国民政府行政院召开的国防会议上，蒋介石迫于当时的严重局势，批准了海军部的提议，制定了用老旧沉船沉舰堵塞江阴江面、构筑江阴水下阻塞线的计划。

“海筹”舰因船老机旧，沉入长江，用作构建江阴阻塞线。同年10月，谢为森带着和战友们从“海筹”舰上拆下的枪炮，参加了海军太湖区炮队，担任小队长，率部配合江阴炮台进行江上对日阻击作战。

日军占领上海后，上海派遣军司令官松井石根分兵三路，向南京进犯。日海军溯江西犯南京，必须突破江阴要塞。此时的江阴要塞，是海军炮队与陆军共同防守。在日海军舰队到达江阴时，我海军炮台有舰炮4门，配备炮队官兵77人，与日舰展开激烈炮战。谢为森甚是英勇，不断鼓舞官兵对日血战。他与海军、陆军战友一起，首战即击伤日舰1艘。我炮台3号炮位被敌击毁。日本海军失利后，即派陆军从陆地迂回攻击江阴。江阴炮台遭到两面夹击。国民政府决定撤防。海军炮台掩护陆军先撤离后，才于12月5日将炮台全部摧毁以免为敌所用，然后突围到达南京。谢为森不畏生死，与敌血战至最后才撤离。

1938年1月1日，刚刚经过血战的谢为森以一等中尉衔，升任“湖鹰”鱼雷艇副艇长。8月9日，“湖鹰”艇被日机炸沉。谢为森坚决不离前线，带着一批官兵徒步寻找部队。1940年9月，出任海军川江漂雷队第五队少校队长，督兵布雷炸敌舰。1941年11月3日，海军川江漂雷队改组为海军第四布雷总队，归第一舰队指挥，谢为森任第十二中队中队长，率领官兵一次次布雷阻击日舰沿江进犯重庆，战斗至抗战胜利。

抗战胜利后，谢为森继续在海军服务。1947 年 4 月 19 日，奉命南去台湾高雄，担任海军第三补给站少校副站长。后事不详。

谢如坤：练营毕业 战舰枪炮军士长

谢如坤（？—？），海军军官，曾任“应瑞”舰枪炮副军士长、海军马尾要港司令部枪炮副军士长、海军军士学校第二新兵大队分队长。

谢如坤是冰心族兄。光绪二十八年（1902 年），冰心父亲谢葆璋出任烟台海军练营管带，随后又出任烟台海军学堂首任监督。谢如坤北上投奔，后经谢葆璋悉心教导，考入烟台海军练营，专攻枪炮专业。毕业后登舰服务。谢如坤毕业后，服务于练习舰队，曾任“应瑞”舰枪炮副军士长，海军准尉军衔。1935 年调往海军马尾要港司令部任枪炮副军士长。

1947 年 5 月，海军筹建军士学校，以训练新兵和培养军士。1948 年 3 月，海军军士学校在吴淞成立。分别设在台湾高雄左营、马尾、江阴，在马尾的是海军军士学校第二新兵大队，谢如坤任准尉分队长。后事不详。

谢如藻：五旬老兵 抗日战死沙场

谢如藻（1881—1937），海军士兵，曾任“应瑞”舰军士长。

谢如藻是冰心族兄，因冰心父亲的关系，刚满十八岁的谢如藻即参加了海军，先在“通济”舰上做练兵，靠着勤于学习和训练，在舰上不断获升，历充三等兵、二等兵、一等兵、帆缆下士、帆缆中士、帆缆上士、帆缆副军士长，牺牲时任“应瑞”舰帆缆军士长。

抗战打响后，中国海军因为没有空军支持，牺牲者众多，有些人因贪生怕死，以年老、多病为由告辞。谢如藻当时已 56 岁了，作为士官他的年龄算很老了，但是他说：“国难当头，军人只有战死沙场的份，没有告老退休之理由。”

坚决不离战舰。1937 年 10 月 23 日，谢如藻在采石矶与日作战中壮烈牺牲。

谢家船政家谱上第三代，以水兵为最多，还有一些从事造船技术工作。

注释：

① 司马迁.史记·本纪[M].西安：三秦出版社，2008：3.

②⑥⑦⑧⑪⑬ 冰心自传[M].南京：江苏文艺出版社，1995：5-11.

③④⑤ 蔡干豪，林庚.闽台百家姓[M].福州：海风出版社，2011：174.

⑨ 池仲祐.甲午战事纪[M]//张侠，杨志本，罗澍伟，王苏波，张利民.清末海军史料.北京：海洋出版社，1982：321.

⑩ 池仲祐.甲午战事纪[M]//张侠，杨志本，罗澍伟，王苏波，张利民.清末海军史料.北京：海洋出版社，1982：323.

⑫ 光绪.派叶祖珪等统领北洋新购船只谕[M]//张侠，杨志本，罗澍伟，王苏波，张利民.清末海军史料.北京：海洋出版社，1982：584.

⑭ 海军部请任命谢葆璋为军学司司长呈文[M]//杨志本.中华民国海军史料.北京：海洋出版社，1986：756.

⑮ 冰心自传[M].南京：江苏文艺出版社，1995：84.

郑祖彝家族

郑祖彝（1866—1921），字聪传，福建省闽县（今福州市鼓楼区）人，海军名将、海军教育家，天津水师学堂第二届驾驶班毕业生，清朝时曾任“靖远”舰三副、海军巡洋舰队统制处一等参谋官；民国时曾任海军部视察、烟台海军学校校长、吴淞海军学校校长。海军少将。

郑家世居今福州市鼓楼区东大路，郑祖彝当上海军军官，存钱购地扩建，后其孙女婿林继柏也在郑宅旁购地营宅。郑家因郑祖彝而与海军结缘，三代海军，四代船政人，两代将军，父子孙三代都曾与日本侵略者血战，代表人物是郑祖彝。

家族源流

受姓始祖是西周末年郑桓公

郑姓最早的血缘先祖是黄帝，而受姓始祖则是西周末年的郑桓公。

郑桓公治国有方，深得郑国百姓爱戴。周幽王八年（公元前 774 年），郑桓公被任命为周朝的王室司徒。司徒是王室六卿之一，掌管国家的土地和民事。郑桓公在司徒任上，对人民尽力安抚，赢得国民信任。据说《诗经》中的《缁衣》，即为歌颂郑桓公而作。但周幽王宠爱王妃褒姒，对于国政昏庸腐败，以致天下动荡不安。郑桓公看出西周王朝前途不保，便思退路，遂问计于太史伯。

太史伯又称史伯，名颖，为周幽王太史，掌管起草文书，策命诸侯，编写史书，兼管祭祀等事。太史伯劝郑桓公将郑国迁到洛邑（今河南洛阳）以东，黄河、济河之南地区。郑桓公听从太史伯的建议，在请示了周幽王以后，于周幽王九年（公元前 773 年），在商人的协助下，将妻、子和财产寄存到洛邑以东的东虢国和郐国之间，为以后迁国打下基础。周幽王十一年（公元前 771 年），西北部族犬戎攻破镐京，将周幽王杀死于骊山之下，西周灭亡，郑桓公也同时同地遇难。郑国人立桓公之子为国君，即郑武公。郑武公拥立周幽王之子周平王，从镐京（今西安西）迁到洛邑，建立了东周。郑国也于周平王二年（公元前 769 年）全部迁到郑桓公生前安排好的洛邑以东地区，都新郑（今河南新郑县）。郑国至此东迁，离开了曾立国 37 年的古郑，即今华县一带。

公元前 806 年建立郑国，到公元前 375 年韩国灭郑，郑国前后立国 432 年，共 13 世。亡国后的郑人奔于陈、宋间，为纪念故国，以郑名氏，遂得郑姓。

东街郑氏先祖西晋入闽

西晋永嘉元年（307 年），中原板荡，荥阳郑氏三十九世郑庠南渡，其次子郑昭为晋龙骧将军，先任泉州刺史，居泉州；后为晋安郡太守，封开国侯，之后迁居福建长乐（今福州市长乐区），卒葬长乐白田（今福州市长乐区玉田镇）龟山。其子孙“庐于墓侧”。郑昭长子郑衡，官骠骑大将军，生六子：郑琰、郑璜、郑球、郑玱、郑玑、郑瓘。郑琰，字世莹，官威武大将军，子孙迁居福州城门（今属福州市仓山区城门镇）。郑璜，字文昌，官骠骑大将军。子孙分迁长乐白桥、洪屿、湖里。郑球，字子玉，官大中大夫，子孙分居福州、长乐南乡等地。郑玱，字希之，在福州净土寺为僧。郑玑，字仲瑢，官大中大夫，子孙迁徙福清。郑瓘，字子康，官大中大夫、建安太守。郑瓘生五子：兰芝、蕙芝、恽芝、忻芝、琳芝，分迁福州、长乐、南安等地。郑恽芝，官平原太守，其子孙居福州钓龙台（今属福州市台江区）；郑忻芝，官长水校尉，子孙分居侯官苦竹（今属闽侯县上街镇）、横屿（今属闽侯县甘蔗镇）和长乐东山（今属福州市长乐区文武砂镇）等地。

东街郑氏即郑昭后人。

第一代

东大路郑家第一代船政人，以水兵和船政工匠居多，最著名的即为海军少将郑祖彝。

郑祖彝：海战英雄 烟台海军学校复兴功臣

郑祖彝（1866—1921），字聪传，海军名将、海军教育家，清朝时曾任“靖远”舰三副、海军巡洋舰队统制处一等参谋官；民国时曾任海军部视察、烟台海军学校校长、吴淞海军学校校长。

· 海战英雄 甲午战后反思深刻

郑祖彝生于福州，幼年凄苦，8岁丧母，11岁失父，成了孤儿，生活靠族中亲戚接济。非常好学，宁愿挨饿也要读书，后考入免学费的天津水师学堂第二届驾驶班，于光绪十三年（1887年）毕业。毕业后进入北洋海军，表现优异，积功升千总。光绪十八年（1892年），郑祖彝署任“靖远”舰船械三副。次年（1893年）三月，正式出任“靖远”舰船械三副。之后，随舰参加甲午海战，浴血作战。

光绪二十年八月十八日（1894年9月17日），中日黄海大战爆发，中午12时50分战斗打响，叶祖珪管带的“靖远”舰，紧依旗舰“定远”奋勇作战，郑祖彝沉着冷静，坚守岗位。午后3时余，“靖远”舰遭到日本游击队“吉野”等四舰的围攻，中弹十余处，郑祖彝参与组织抢修，保证枪炮正常使用。水线为弹所伤，进水甚多。郑祖彝参与主持堵漏工作。战至下午5时，“靖远”舰终于将漏洞堵住。叶祖珪下令升起令旗，代替桅楼被毁无从指挥的“定远”舰指挥全队，于是诸舰随之，北洋海军声势复振，日本舰队因天色已晚，怕威海港内的北洋海军其他舰只赶来增援，于是向西遁去。

光绪二十年十二月（1895年1月），日军在荣成湾龙须岛登陆，并占领荣成，

郑祖彝

进而分兵进犯威海。紧接着，日军进攻威海南帮炮台，并水陆两路夹击威海港内的北洋水师，由于“镇远”“定远”舰相继受损，丁汝昌以“靖远”舰为临时旗舰，率“镇南”“镇北”“镇西”“镇边”四艘炮舰支援南帮炮台的守军。叶祖珪下令发炮轰击来犯的日军，郑祖彝瞄准敌舰，指挥炮手发炮，诸炮舰也积极配合，日军左翼队司令、陆军少将大寺安纯中炮丧命。此后日军对北洋舰队发起多次进攻。“靖远”舰拼搏于前，中弹甚多，伤亡40余人，郑祖彝多次被弹片击伤，血流满面，仍坚持战斗。光绪二十一年正月十五日（1895年2月9日），日军大小舰艇40余艘，全部驶近威海卫南口海面列队，以炮舰在前开炮，势将冲入南口。丁汝昌亲登“靖远”舰，“靖远”舰勇敢驶近南口与敌拼战。中午前后，“靖远”舰被敌炮击中要害，郑祖彝脸部嵌入弹片，仍忍痛再战，以致后来终身面颊近耳处留有一大疤。郑祖彝带伤勇战，坚持至“靖远”舰搁浅。为免资敌，“靖远”舰于次日自沉。

郑祖彝对甲午海战失败做了深刻反思，写了不少反思文章，呈送给政府，在其中一份条陈中说：“海军所有章程，除衣冠语言外，均当仿照西法，万不得采择与中国合宜者用之，不合宜者去之，盖去一不合宜，则生一私弊。”[①] 这是他从出生入死的经验中得来的，发人深省。

· 海军少将 重振烟台海校功臣

宣统三年初春（1911年3月），郑祖彝出任清朝海军巡洋舰队统制处一等参谋官，军衔为海军副参领。

清朝被推翻后，郑祖彝满腔热情地服务于民国海军。1912年9月，出任海军部视察。同年12月，获授海军上校军衔。1913年5月16日，调任烟台海军学校校长。1914 年 7 月 5 日，晋升海军少将。

郑祖彝对烟台海军学校颇有贡献。宣统三年（1911 年）秋之后，该校曾三个月校务无人维持，有少数人还主张解散，另谋生路。民国成立后派来的校长也多不安心，使得学校一直处于勉强维持中。郑祖彝出任校长后，采取稳健办法，逐步整顿、改革校务。从此，校务才逐渐走上正轨。郑祖彝认为学生虽习洋文，但不宜忽略国文，经呈准海军部增设国文一科，并以重金相聘国学优良者为国文教员，还设置首席教员。以后，又将海军人员调任教员者，改称教官。国文课本采用古文《左传》《孙子兵法》等。每逢星期日，从各名臣言行录中选出嘉言懿行，由国文教员轮流对学生讲解，以提升学生的人文素养。郑祖彝又呈准提高教职员工待遇。这些改革，使教职员工精神振作，为事勤奋，校务气象焕然一新。

1914 年冬，海军部在吴淞接管了原来交通部的吴淞商船学校，改名为吴淞海军学校，1914 年底结束的南京海军军官学校也归并吴淞海军学校。郑祖彝因整顿烟台海军学校有功，1915 年 12 月，调任吴淞海军学校校长。1920 年 5 月 10 日因身体欠佳被免职，次年 4 月病逝。

郑祖彝的五儿子，过继给也是满门海军的福州甘家，改名甘亨孙。有一回，甘亨孙见到陈绍宽，陈绍宽极为动情地对他说："令尊大人道德文章甚为后人所敬仰。"甘亨孙长期从事教育，1955 年曾与英千里等，在中国台湾创办道明高级中学。1964 年，参与在中国台湾高雄创办文藻外语专校（今文藻外语大学）。

1914 年 5 月，郑祖彝获"四等文虎勋章"。1916 年 1 月，获"三等文虎勋章"。1918 年 1 月，获"三等嘉禾勋章"。1918 年 10 月，获"二等文虎勋章"。

第二代

郑祖彝生有七子三女。大儿子早夭，二儿子郑耀枢、三儿子郑耀恭，同时考入烟台海军学堂第六届驾驶班，同于宣统三年（1911 年）五月毕业。笔者在采访郑耀枢女儿时，听她说："当时很多老海军都将儿子送去学科技，但爷爷说：'甲午海战我打输了，这是中国军人的奇耻大辱，我要让我儿子接着去打日本仔，要让儿子为我报仇，为我们这一代老军人雪耻。'"这是他同时把两个儿子送进烟台海军学堂的主要原因。两个儿子进校学习时，身为父亲的他，叮嘱儿子的只有一句话："不要怕死，为国捐躯是军人的天职。老父不要你们孝顺，不求你们高官厚禄光耀门庭，只要你们在任何时候不要当逃兵，不要当汉奸！"

郑耀枢：武汉血战 官升少将

郑耀枢（？—？），海军军官，曾任"民权"舰舰长、驻英海军武官、第二舰队参谋长、"江贞"舰舰长、海军总司令部军械处处长、海军修械所所长、台湾地区陆军军官学校教官。

郑耀枢是郑祖彝次子，宣统三年（1911年）毕业于烟台海军学堂第六届驾驶班。毕业后，登舰服务。1918年10月，郑耀枢与郑世璋、任光海等6人一起赴英国留学。1921年，还在英国留学的郑耀枢等6人，又被派往美国费城学习鱼雷等科，同年6月回国。在历任"海筹"舰枪炮官等多职后，于1926年10月16日任北京政府海军第一舰队参谋长。1927年3月14日，北京政府海军总司令杨树庄正式率领各舰队司令及全体海军官兵公开发出通电，宣告海军归附国民革命军，改挂青天白日旗。随即，蒋介石将起义海军编成国民革命军第一、第二舰队和练习舰队，郑耀枢被任命为第一舰队参谋。1930年5月13日，郑耀枢出任"民权"炮舰舰长。

1932年，郑耀枢任驻英使馆海军正武官。1935年，中国著名艺术家梅兰芳和胡蝶出访欧洲，郑耀枢的大女儿郑秀珊做胡蝶英国之行翻译。1936年1月1日，郑耀枢回国任海军第二舰队参谋长。同年7月13日调任"江贞"炮舰舰长。

1937年7月全面抗战爆发，时任"江贞"舰舰长的郑耀枢，率舰投身抗战。

武汉会战打响，郑耀枢督部参战。当武汉会战最为激烈之时，我海军舰队即集结于武汉上游之岳阳、金口、新堤及长沙水域。郑耀枢率舰与"民生"舰、"江元"舰一起，防守岳阳。

日军一面加紧进攻武汉，一面派飞机向我武汉后方的舰队进攻。1938年7月20日，敌机27架空袭岳阳，郑耀枢指挥战舰与敌血战，炮击日机，日机瞄准"江贞"舰，弹如雨下，舰身被炸出多个弹孔，郑耀枢一面指挥炮击敌舰，一面指挥堵塞弹孔。炮弹用完后，他组织高射机枪与低空盘旋的日机激战，机枪手牺牲，他接过机枪继续瞄准敌机射击，“民生”舰与“江贞”舰并肩作战，相互支持击敌，敌机受伤不支，逐一飞去。此战“江贞”舰牺牲官兵 4 人，受伤 17 人，军舰也因伤势过重，搁浅岳阳江面。10 月 24 日岳阳驻军后撤时，郑耀枢拆下舰上大炮，与敌展开炮台战。

1938 年 1 月，海军军械处缩编为海军修械所，先迁湘江西岸的靖港古镇（今湖南省长沙市望城区），再迁四川万县木洞镇（今属重庆市）。1941 年 12 月，郑耀枢来到木洞镇，赴任海军修械所中校所长。他在极其困难的情况下，排除万难，继续为海军炮队修理和配发炮械。每逢节假日，他还带着官兵上街宣传抗战。

郑耀枢

1945 年 8 月 21 日，海军修械所升格为海军总司令部军械处，郑耀枢转任军械处处长。1947 年 5 月 13 日，已升至海军上校的郑耀枢赴青岛，进入中央海军军官学校补充军官训练班学习。

1949 年，郑耀枢随部赴中国台湾，任台湾地区陆军军官学校教官，台湾当局授予他“海军少将”军衔。退役后定居美国。卒年不详。

郑耀恭：激战江阴 抗日殉国

郑耀恭（？—1943），海军军官，曾任海军部驻海参崴海军代将处副官兼英文秘书、“民生”舰舰长、“楚有”舰舰长、海军学校教官。

郑耀恭是郑祖彝三子，宣统三年（1911 年）五月毕业于烟台海军学堂第六届驾驶班。1912 年 1 月，郑耀恭任“海容”舰鱼雷副。1915 年春，他随领队魏瀚，与魏子浩、韩玉衡等一起赴美国考察学习，学习飞机、潜艇，第二年 10 月回国。1918 年 6 月，郑耀恭从“海容”舰调任北京政府海军部驻海参崴海军代将处

郑耀恭

副官兼英文秘书。1926 年 10 月，郑耀恭任海军练习舰队参谋长。1930 年 5 月，郑耀恭任“咸宁”炮艇中校艇长。1931 年 10 月，郑耀恭任“民生”炮舰中校舰长。1934 年 3 月，郑耀恭任“楚有”炮舰中校舰长。

1937 年 7 月，抗战全面爆发，郑耀恭率舰参加著名的“江阴海空战”。9 月，在江阴海空战最激烈时，第二舰队司令曾以鼎率郑耀恭当舰长的“楚有”舰于 25 日自南京抵江阴。28 日晨 8 时，敌机 4 架，分批来袭，该舰开炮御敌，敌机低飞，“楚有”舰高射炮抓住时机连放两炮命中敌机。敌机更猛烈轰炸，舰被炸穿了洞，舱底进水，舰身开始猛烈震荡。相持至 10 时半，敌机始去。舰长郑耀恭率官兵进行抽水与堵塞工作，但终无效，29 日战舰下沉于江阴六圩港，舰上有 18 名官兵负伤。战舰殉国后，郑耀恭率幸存官兵继续投入抗战。

1938 年 1 月 1 日，郑耀恭任海军总司令部军衡处铨叙科中校科员。1942 年 3 月，郑耀恭以海军上校之军衔，代理海军总司令部军衡处铨叙科科长。不久，调往已迁入贵州桐梓县的海军学校当上校教练官。他带学生登船，手把手教学生操舵驾驶、观测天象等。1943 年 6 月，他带海军学校第九届毕业生卢振乾等 8 人赴重庆，路经贵阳附近，因汽车发生故障翻车，郑耀恭殉职。

郑耀恭独子长居上海，是位大学教授，其在接受笔者采访时谈道 :“抗战开始，父亲未曾回过家，曾来信告知 :‘国家养兵千日用于一旦，如我为国牺牲重于泰山，望勿悲伤。’当时我母亲一面看信一面泪流满面。参加抗战，我父亲是做好了死的准备。但我们没有想到，他真的没有再回来，我们等来的是父亲殉国的消息。”

第三代

东大路郑家走出的第三代海军，既有优秀水兵，亦有浴血抗日的英勇军官，他们中有郑祖彝的侄孙、孙女婿，最著名的是郑耀枢女儿郑秀珊的丈夫林继柏。

林继柏：参谋总部中校海军参谋

林继柏（1912—1970），福建省长乐县（今福州市长乐区）人，海军军官，曾任"宁海"舰枪炮副、"应瑞"舰枪炮副、"宁海"舰枪炮员、福州海军学校教官兼学生队队长、海军第一舰队代理副官、中央航空学校教官兼防空情报参谋、参谋总长办公室参谋及副官；中华人民共和国成立后曾任南京航务工程专科学校教师。

1924年，林继柏考入福州海军艺术学校。因学业优良，1926年转入福州海军学校第二届航海班，1929年完成堂课，后转入舰课学习。1930年10月29日，林继柏等10人被海军部选中赴英留学。1931年2月21日，林继柏等进入英国格林尼茨皇家海军学院深造。1932年8月23日，远在英国深造的林继柏被授予海军少尉军衔。1935年，林继柏学成回国。2月5日充任"海容"舰鱼雷副，4月16日任"宁海"舰二等中尉枪炮副。1936年1月林继柏出任"宁海"舰一等中尉枪炮副，4月调任"应瑞"舰一等中尉枪炮副，5月调任"宁海"舰二等上尉枪炮员，6月调任"应瑞"舰二等上尉枪炮员，12月转为海军部候补员，并被派往福州海军学校任上尉教官兼学生队长。1937年3月林继柏调任海军第一舰队司令部代理二等上尉副官，12月出任杭州笕桥中央航空学校教官兼防空情报参谋。之后，他在多舰任枪炮官。1943年，林继柏任参谋总长何应钦办公室海军中校参谋、副官等职。

林继柏与夫人郑秀珊

1944年下半年，为加速日本投降，中美两国商定，由美方出船，中方出人，赴美受训，以加强西太平洋战场的对日作战。林继柏也在赴美接船行列，他率部接收美国援华"中山"轮，1945年随"中山"轮回国。

1946年，坚决反对内战的林继柏，因拒绝就任海军部委任的"楚观"舰舰长而被撤职，离开海军。在联合国救济总署上海物资供应局船舶处任专员。

1949 年 5 月初，因不满蒋介石统治，林继柏拒绝随联合国救济总署上海物资供应局迁往台湾而被撤职。后去香港跑商轮，曾任“北光”号商船船长。

1950 年，响应中华人民共和国人民政府“南船北归”号召，林继柏驾驶“北光”轮回国，参加抗美援朝战略物资运输。1956 年，林继柏从上海海运局调往南京航务工程专科学校，任驾驶专业教师，教授航海学。他于 1970 年 1 月病逝。2006 年 6 月，郑秀珊病逝于上海，享年 90 岁。

郑耀枢的三女婿也是毕业于海军学校的海军军官。1949 年，他携妻随岳父赴中国台湾。退役后，他到香港，在港开船务公司，也与船运打了一辈子交道。后人也做船运工作。

第四代

郑祖彝的曾孙辈，无论内、外曾孙还是侄曾孙，都有一些继续从事造船与海运事业，在中国大陆较为活跃的要数长期在上海江南造船厂［今江南造船（集团）有限责任公司］工作的曾外孙林培和曾外孙媳妇严彩凤。

林培（1947—2008），曾任上海海运管理局狄港修船厂技师，上海江南造船厂［今江南造船（集团）有限责任公司］技师、供应科科员。

林培是林继柏独子，1947 年 11 月 28 日生于上海，1964 年自上海徐汇区共青中学初中毕业。1964 年至 1966 年，就读于上海整流器厂半工半读中等技术学校机电专业，边工作边读书。1966 年 7 月 9 日，响应国家号召，奔赴新疆生产建设兵团，分配到农八师第一四二团第一分场，先后在第一连、第九连工作。1971 年 6 月，调到新疆生产建设兵团后勤部石河子联合加工厂机电车间当技工。

1971 年 2 月，上海海运管理局为解决修船能力不足问题，选定 1949 年曾经作为人民解放军渡江第一船登岸处的安徽省繁昌县（今芜湖市繁昌区）荻港镇板子矶，作为战略后方修船基地。4 月，交通部批准筹建荻港修船厂，拟定工程代号为“711”。1977 年底，林培南调安徽，到繁昌荻港修船厂做技工，参与“711 工程”建设，表现积极。1979 年 11 月，“711 工程”竣工，正式交付国家验收，所有项目一次交验合格，正式命名为“上海海运管理局获港修船厂”。获港修船厂能够同时并修10条船舶，可承接15000吨级以下各类型船舶的修理工程，年可修船60～70艘。林培在工作岗位上刻苦钻研技术，积累了不少轮船机电设备维修的技术，晋升技师。

林培与严彩凤结婚照，摄于1978年5月

1983年，林培调任上海江南造船厂供应科科员。1996年，江南造船厂改制为江南造船（集团）有限责任公司，林培依旧在供应科工作。当时，集团为开展多种经营，在供应科设立了一个车间，利用企业的技术力量为上海机关企事业单位和住宅安装、维修电梯，林培任主任。他工作十分出色，两次被评为集团级先进工作者。

林培工余时间坚持收集、整理家族海军史料，奔走宣传船政文化，并将收集的部分史料捐赠给中国船政文化博物馆，他还多次受邀来榕参加笔者组织的一些船政文化学术研究活动。

2008年1月8日，林培因胰腺癌医治无效，病逝于上海。

严彩凤，1951年生于上海，1968年9月进入上海江南造船厂当学徒工，1970年抽调进厂职工医院化验室工作，1978年考入上海电视大学医疗系，边工作边学习，后长期在厂职工医院内科当医生，拥有中级技术职称。

注释：

① 郑祖彝呈文[M]// 卢毓英等著，孙建军整理校注．北洋海军官兵回忆辑录．济南：山东画报出版社，2017：71-73.

黄钟瑛家族

黄钟瑛（1869—1912），原名良铿，又名鎏，字赞侯，号建勋，福建省长乐县（今福州市长乐区）人，海军名将，船政后学堂第十一届驾驶班毕业生，清朝时曾任“镜清”舰管带兼清政府海军部参谋官、“飞鹰”舰管带、“海筹”舰管带；辛亥革命时期曾任中华民国军政府海军司令部部长兼“海筹”舰舰长、海军司令部部长兼第一舰队司令、海军副总司令；民国时曾任海军部总长、海军部总长兼海军总司令、海军总司令。海军中将。

黄钟瑛出生于福州名门望族——青山黄家，祖居今福州市长乐区古槐镇青山村。青山黄家因黄钟瑛，而形成了一个连绵三代的船政世家。

家族源流

黄氏得姓于黄国

根据《通志·氏族略》《元和姓纂》《古今姓氏书辨证》《东夷源流史》等记载，黄姓主要源于黄国，分别源自伯益、少昊、陆终。

一说源自伯益。黄姓相传系黄帝之孙颛顼高阳氏苗裔，为伯益之后。伯益佐舜调训鸟兽有功，舜赐姓“嬴”；佐禹治水有功，得封范围在今河南省光州的光山、固始、商城、息四县的黄国，原承赐“嬴”姓的子孙遂改以国名“黄”为姓。

对此，还有一说：伯益因治水有功，被帝舜赐姓嬴氏。其后裔中有黄氏者，约于商末周初在今河南潢川建立黄国。春秋时期，楚国称霸，只有黄国和随国敢于抗衡。公元前648年，黄国被楚国所灭。亡国后的黄国子孙，以国名为氏。

一说源自少昊。五帝时代金天氏少昊有后裔台骀，为水官之长，颛顼时受封于汾川。春秋时，台骀的后人曾建立沈、姒、蓐、黄诸国，后来都被晋国灭掉了。其中，黄国公族子孙以国为姓。

一说源自陆终。远古掌火之官吴回（祝融）生子陆终。陆终次子名南陆，字惠连，号黄云。周代时，南陆被封于黄地，建立了黄国。黄国后来被楚国所灭，其后代子孙分散到了各地，他们以国名为氏，称黄姓。

长乐青山黄家属“江夏黄”

在黄姓的历史长河中，影响最大、地位最显赫、族姓最发达的宗族，首推汉魏之时的“江夏黄”。这支黄氏宗族世居江夏安陆（今湖北云梦东南），代为冠族。江夏黄氏因黄香而名闻天下。黄香（约68—122），字文强（一作文疆），江夏安陆人，东汉时期官员，以孝闻名，为“二十四孝”主人翁之一，他扇枕温席的故事，千百年来被华夏儿女传为佳话。黄香才学极高，以儒学入仕，先后官拜尚书郎、左丞相、尚书令。汉章帝对黄香极为器重，称其学识“天下无双”，曾书“江夏黄香、忠孝两全、天下无双”[①]十二个大字，赏赐给黄氏家族。

江夏黄氏以黄香闻名，但繁荣昌盛于东汉，又与黄香长子黄琼和黄香曾孙黄琬有关。黄琼，早年辞官，后应征拜议郎，先后出任尚书仆射、尚书令、司空、太仆、司徒太尉、大司农等，被封为邟乡（今河南省汝州市东北）侯，食邑千户。至此，江夏黄氏封侯食土，位列三公，成为东汉时中国最显赫的家族之一。黄琬，先后出任五官中郎将、青州刺史、侍中、豫州牧、司徒、太尉等显职，先封关内侯，进封为阳泉（在今安徽省霍邱县西北）侯。江夏黄氏由此更为显赫，如日中天。

长乐青山黄家入闽始祖为膺公

从目前能见到的记载，黄姓入闽最早始于西晋末东晋初，那时“永嘉南渡”的八大姓中，就包含黄姓。由于入闽时间和入闽始祖的不同，福建黄氏有“紫云派”“岸公派”“居正公派”“膺公派”等分支派系。青山黄家属膺公派，始祖为唐昭宗景福二年（893 年）自光州固始入闽居邵武的黄膺。黄膺孙子黄宾曾任福建长乐县（今福州市长乐区）知县，黄宾长子黄昶随父落籍长乐青山村，在此繁衍生息，后世称“青山黄”。因后裔黄瑀官升监察御史，又称“监察房”，是黄膺族裔六大房系（监察房、少师房、秘书房、仆射房、鸣凤房、胪峰房）中最显要的一支。

福州长乐区古槐镇青山村黄氏祠堂

青山黄氏出了位宋代大儒

黄膺第十四世孙、黄瑀之子黄榦为宋代大儒。

黄榦（1152—1221），字直卿，号勉斋，长乐青山人，后徙居福州东门外，其有三兄一弟，行四。据《宋史》记载，淳熙二年（1175 年），黄榦受学于江西清江学者刘清之。次年春，在刘清之引荐下，拜于朱熹门下。淳熙九年（1182 年），朱熹以次女嫁黄榦。绍熙三年（1192 年），朱熹卜居建阳考亭，黄榦就近买地建房，居家以随。在此期间，朱熹将所编《礼书》(《仪礼经传通解》) 中的“丧”“祭”二礼交给黄榦编撰，结果令朱熹非常满意。庆元六年（1200年），朱熹病重，将深衣（儒服）和所著《礼书》底本托付黄榦，嘱其继续完成未竟部分，并努力阐扬朱子理学。绍熙五年（1194年），黄榦开始从政，曾任江西临川县令、江西新淦县令、安徽安庆知府、广东潮州知府。嘉定十一年（1218年）十二月奉旨主管亳州明道宫，第二年四月到达建阳，十月回福州，此后专事讲学直至终老。身后葬于今福州北峰山间长箕岭。

船政家谱

第一代

长乐青山黄家第一代海军，出在黄榦二十三世孙辈。在这一代，青山黄家共有20余位兄弟参加了海军，之中有海军一线指挥员，也有海军教育家、医生，但最多的还是普通的水兵。其中，以民国第一任海军总长兼海军总司令黄钟瑛和福州海军艺术学校首任校长黄聚华最为著名。

黄钟瑛：海军名将 孙中山坚实臂膀

黄钟瑛（1869—1912），原名良铿，又名鎏，字赞侯，号建勋，海军名将，清朝时曾任“镜清”舰管带兼海军部参谋官、“飞鹰”舰管带、“海筹”舰管带；辛亥革命时期曾任中华民国军政府海军司令部部长兼“海筹”舰舰长、海军司令部部长兼第一舰队司令、海军副总司令；民国时曾任海军部总长、海军部总长兼海军总司令、海军总司令。

在很多与孙中山、与中国海军有关的纪念馆里，都挂有一幅巨照，中间是气宇轩昂的孙中山，一边为高大威猛的黄兴，另一边即精悍炯烁的黄钟瑛，簇拥着3人的是一群一身戎装的军人。

这幅照片，也表明了黄钟瑛在孙中山心目中的位置。黄钟瑛英年早逝后，孙中山泪撰挽联："尽力民国最多，缔造艰难，回首思南都俦侣；屈指将才有几，老成凋谢，伤心问东亚海权。"[②]

·13 岁离家 考入船政学堂

黄钟瑛为南宋大理学家、朱熹女婿黄榦二十三世裔孙。祖居今福州市长乐区古槐镇青山村，其六世祖黄德章于清乾隆四年（1739 年）迁居闽县南关外茶亭街（今福州市台江区茶亭街），专做绣品生意。黄钟瑛祖父黄景鼎，经营牛骨制品，生意有成。黄钟瑛父亲黄河澄，同治二年（1863 年），由闽浙总督左宗棠保荐举办乡团练，因办团练有功，获赏五品同知衔。

黄河澄生六男二女，黄钟瑛居第五。黄钟瑛 7 岁时丧母，由长兄黄钟沣及长嫂协助父亲抚育成人。黄钟瑛六七岁时，进私塾读书。

清光绪八年（1882 年），黄钟瑛考入船政后学堂第十一届驾驶班，史载"苦心读，寒暑弗辍，志向尤远大"[③]。光绪十一年（1885 年），黄钟瑛结束堂课，开始舰课学习，先后登"靖远""威远""康济"等舰实习。之后，又入刘公岛枪炮学堂学习枪炮半年。完成学业后，黄钟瑛奉派"济远"舰。光绪十五年（1889 年），黄钟瑛任"济远"舰三副，后随舰参加了甲午海战。

·甲午血战 临阵献妙计

光绪二十年（1894 年），当时还是中国藩属国的朝鲜爆发"东学党起义"，起义军如燎原之势，发展极快。于是，朝鲜政府向清廷乞援，清政府即派兵赴朝，进驻牙山。日本借机也出兵朝鲜。不久，朝鲜政府同东学党达成妥协。清政府命入朝军队集结牙山，准备撤回，同时要求日本撤军。日本拒不接受，随后挑起武装冲突，企图以武力控制朝鲜。清政府为增援牙山孤军，派黄钟瑛服务的北洋海军巡洋舰"济远"和"广乙""威远""操江"等，由"济远"舰管带方伯谦率领，护送运载援兵的"爱仁""飞鲸""高升"三轮赴朝。当三艘运兵轮船赴朝之际，日本军方早已得到了情报。"高升"号起碇当天，日本大本营即下达了袭击中国护航舰的密令。

六月二十三日（1894 年 7 月 25 日）晨，"济远""广乙"两舰也自牙山回航，接应正向牙山驶来的"高升"载兵船和"操江"运输舰。在返航归途中与日方舰队相遇。日军不宣而战。日本海军在朝鲜牙山湾口丰岛西南海域向中国海军舰船发起突袭，甲午战争打响，并因此清朝与日本正式宣战。激战中，"济远"舰遭日舰围攻，不幸中炮，人员伤亡惨重，大副沈寿昌、三副柯建章等人相继牺牲，北洋海军两舰困于港内。形势相当危急，黄钟瑛主动协助管带连发 40 余炮，击中日舰"浪速"号，重创日旗舰"吉野"号，也使"济远"舰得以保存。

之后，黄钟瑛随舰又参加了黄海海战和威海卫保卫战，表现英勇。但战后，黄钟瑛还是与北洋海军幸存的官兵一起，被革职回乡。

· 重振海军 升任副参领

后来，清政府决定重建北洋海军，黄钟瑛奉召北上，回归北洋海军。光绪二十二年（1896 年），任"福靖"炮舰枪炮二副。光绪二十四年（1898 年），调任"飞鹰"驱逐舰枪炮大副。光绪二十五年（1899 年），调任"海琛"巡洋舰驾驶二副。光绪二十六年（1900 年），调任"福靖"炮舰枪炮大副。光绪二十七年（1901 年），调任"海天"巡洋舰船械二副，次年调任驾驶二副。光绪二十九年（1903 年），升任"海筹"巡洋舰帮带大副。光绪三十年（1904 年），调任"海琛"巡洋舰帮带大副。光绪三十三年（1907 年）冬，升任"镜清"舰管带兼海军部参谋官。光绪三十四年（1908 年），调任"飞鹰"舰管带。宣统元年（1909 年）十二月十四日，调任"海筹"舰管带。宣统二年（1910 年），任海军参赞厅三等参谋官。宣统三年（1911 年）初，重回"海筹"舰，继续担任管带，授海军副参领。

· 辛亥首义 率海军主力易帜

宣统三年八月十九日（1911 年 10 月 10 日），武昌起义爆发。中华民国军政府鄂军都督府随即成立，推黎元洪为都督。

中华民国军政府鄂军都督府是辛亥革命时期建立的第一个省级革命政权。同年 11 月 15 日各省都督府代表联合会成立后，议决在临时中央政府成立前，以鄂军都督府代行中央军政府职权。清海军统制萨镇冰奉命率海军主力战舰在武汉江面上，与清陆军合攻革命军。萨镇冰是蒙古族人，见广大民众及官兵倾向革命，选择自行引退，临行前指定时任"海筹"舰舰长的黄钟瑛为舰队队长。黄钟瑛赞成革命。再经福州同乡、革命党人林森以及李烈钧等人联络动员，他召集下属，鼓励士卒效忠革命。

同年九月二十一日，萨镇冰离舰。黄钟瑛随即下令“海筹”“海容”“海琛”三舰开赴九江。九月二十二日，黄钟瑛率领“海筹”“海容”“海琛”三舰到达九江，召集“海筹”“海容”“海琛”“江贞”“江利”“楚同”“楚豫”“湖隼”“湖鹗”“湖鹰”等舰艇管带会议，决定“各行所愿”。九月二十三日，“海琛”舰首先起义，黄钟瑛也冒着株连九族的危险，毅然易帜，宣布起义。很快，在他的策动下同行各舰亦相继反正，增长了革命军声威。

黄钟瑛

· 力挫清军 保辛亥革命成功

同年，海军主力在九江、镇江、上海相继起义后，公推黄钟瑛为临时舰队司令。紧接着，中华民国军政府鄂军都督府委任黄钟瑛为海军司令部部长兼“海筹”舰管带。接着，又将起义各舰编为两个舰队，黄钟瑛兼任第一舰队司令，率诸舰驻泊九江。

十月初七，清军攻入汉阳，武昌危在旦夕。黎元洪急电黄钟瑛：“汉阳受敌，旦暮且陷，急于赴援。”黄钟瑛立即率舰队兼程溯江北上驰援，力挫清军。之后，闻安庆叛乱，黄钟瑛立刻指挥舰队协同九江革命军司令李烈钧率队东下，支援安徽革命军。平敌后，又速往镇抚安徽铜陵。十一日，黄钟瑛又率第一舰队，攻击盘踞在南京的张勋所率清军，攻势甚猛，终使张勋所部惧于“海筹”等舰炮威力，弃城北窜，南京光复。十四日，南北各派代表在上海集会，黄钟瑛率“海筹”“海容”“海琛”三舰东下，舰舶高昌庙。十六日，各地海军起义部队代表在上海集会，商讨建立统一的海军指挥机关。会上，公推程璧光为海军总司令，黄钟瑛为海军副总司令。因程璧光在英国未回，由黄钟瑛代理海军总司令。二十二日，黄钟瑛亲率“海筹”舰运送炮弹 1400 发、子弹 50 万发至武昌，及时补充了革命军武装力量。

· 民国成立 担纲首任海军总长

1912 年元旦，中华民国临时政府成立，孙中山就任临时大总统。1 月 3 日，孙中山任命黄钟瑛为海军部总长兼海军总司令。1月6日，黄钟瑛就任海军部总长兼海军总司令。为巩固共和政体，黄钟瑛决心整顿海军。他发表通告，要求海军将士共守军法，革除以往“权利思想”[④]，“必使国民心理陷于旧社会之习惯渐染者，莫不扫除更新”[⑤]。

孙中山（中）与黄钟瑛（右）

民国初创，南北协议未定，军务繁重，黄钟瑛废寝忘食，不久即积劳成疾，当时有人劝其休息一阵，黄钟瑛言“孙总统手谕，公而后私”[⑥]，仍坚持工作。

孙中山就任临时总统后，袁世凯向南方发出战争威胁。孙中山决定北伐，以彻底推翻清朝封建统治。1月11日，孙中山亲自担任北伐总指挥，黄钟瑛调拨“海容”“海筹”“海琛”“南琛”“通济”等舰组成北伐舰队，从上海出发，驰往山东烟台港。1月17日，黄钟瑛在上海高昌庙设立临时性质的海军司令部。2月13日，南北和谈，袁世凯通电赞成共和，孙中山随即通电辞去中华民国临时大总统之职，南京临时政府海军部也宣布裁撤。

· 抱病建军 英年病逝任上

1912年3月10日，在袁世凯书信承诺永不使君主政体再行于中国后，孙中山辞去临时大总统一职。4月3日，黄钟瑛辞去海军部总长之职。4月6日，北京政府临时大总统任命汤芗铭为海军部次长，并一再慰留黄钟瑛。面对挽留，黄钟瑛只答应留任海军总司令，留在上海，统辖各舰队及学堂、练营、水雷营、医院、造船所等。百废待兴，黄钟瑛夜以继日工作，终因操劳过度，身体日渐衰弱。

2003年4月，笔者在福州采访黄钟瑛嫡孙黄信仿。黄信仿说：“祖父的大哥曾在祖父身体不好时，专程到祖父处，劝祖父引退回乡疗养，并告知是专门来接他回乡的，但空手而归。”回乡后，这位长兄写信劝黄钟瑛保重身体，不要过度劳累，但为弟者回信："鞠躬尽瘁，死而后已。除辞职方休，否则食人之禄，忠人之事。一日在公，就要负责一日。若欲整顿海军，非再加十倍精神不可。"⑦

1912年6月黄钟瑛病发，再次请求辞职，仍未获准。10月28日黄钟瑛突然吐血，一吐就是一大盆，被立即送入上海红十字医院治疗。11月6日，民国政府授予黄钟瑛海军中将军衔。由于诸症并发，同年12月4日黄钟瑛逝世。临死前还对身边工作人员"交代一切公事，目始瞑"⑧。北京政府按海军上将例优恤。

黄聚华：造船专家 海军艺校首任校长

黄聚华（1881—1960），字良辅，号竹溪，海军军官，清朝时曾任船政绘事院图算所监督兼船政前学堂法语教习、船政铸币厂厂长；民国时曾任船政艺圃学堂监督、福州海军艺术学校校长兼总教官、福州海军制造学校教官、海军马尾造船所船坞工务员、海军厦门要港司令部轮机课课员兼代理课长；中华人民共和国成立后曾任福建省立高级工业职业学校教师。

黄聚华是黄钟瑛堂弟。黄聚华父亲黄贤藩早年在福州经商，收入颇丰，在福州寸土寸金的南后街水流湾置有房产。但黄聚华对经商没有多少兴趣，而是受堂兄黄钟瑛富国强兵爱国进步思想影响，从小立志造出一流军舰保卫祖国海疆。光绪二十三年（1897年），黄聚华考入船政绘事院，毕业后留在福建船政船厂担任造船设计师。之后，曾任船政绘事院图算所监督兼船政前学堂法语教习。光绪二十九年（1903年）九月，清廷下旨由船政局开厂铸铜币，船政选派黄聚华担任铸币厂厂长，铜币式样由他设计。

黄聚华

1912年8月，黄聚华任船政艺圃学堂监督。次年11月，海军福州船政局将艺圃学堂改组为福州海军艺术学校，黄聚华出任校长兼总教官。学校采用英、法两国原版教材，聘请部分外国教师任教，黄聚华亲自上课，用法语讲授造船设计与制造课。

1917年孙中山先生在他的《建国方略》中，拟定民国政府制造10艘军舰，原定全部由马尾的海军福州船政局承造，但由于设备、资金等问题，船政局只承担了“海鸿”“海鹄”两舰制造任务，黄聚华参与设计并监造这2艘军舰。

1920年8月，黄聚华任海军造舰少监。两年后，任福州海军制造学校图画教官。1926年，黄聚华参与设计监造马尾造船厂法式大钟楼。1927年5月，黄聚华成为海军制造社的成员。1928年2月，黄聚华任海军马尾造船所船坞工务员。

1935年，海军马尾造船所翻修船坞，黄聚华任总监工，次年3月完工，4月9日举行开坞典礼。为有别于青洲船坞，命名为二号船坞。

1936年8月29日，黄聚华调署海军厦门要港司令部轮机课课员。10月15日，正式出任轮机课课员。次年1月1日，黄聚华升任轮机课少校课员、代理课长。

中华人民共和国成立前夕，黄聚华留在福州迎接解放。中华人民共和国成立后，福建省立高级工业职业学校极缺机械教师，登门请黄聚华出山。黄聚华不顾自己已70岁高龄，欣然答应，再执教鞭。1960年，黄聚华病逝于福州。

黄秉星：船舶设计师 参造多舰

黄秉星（？—？），船舶设计师，曾任船政绘事院图算员。

黄秉星是黄聚华四弟。黄聚华二弟黄秉清，子承父业，经商有成。三弟黄秉衡，毕业于日本陆军士官学校，历任福建陆军小学堂队长、山东陆军第五师司令部副官等职。抗日战争时期，任中央陆军军官学校教官。

黄秉星少年时期考入船政绘事院，专攻船舶设计，他与哥哥黄聚华一样，对数学、物理极有兴趣，为他的船舶设计打下了很好的基础。自船政绘事院毕业后，黄秉星留在绘事院当图算员，即设计师。他很快成长为一名出色的船舶设计师，参与了多艘军舰的设计，并深入车间，指导工人看图制造。后事不详。

黄良安：中西医兼通 海军要港当医生

黄良安（？—？），海军军医，曾任海军马尾要港司令部医生。

黄良安是黄钟瑛族弟。他从小受新式教育，课余特别喜读医书，不但自学了许多中医中药经典，还常请教居家附近的郎中，收集了不少偏方秘方。之后，曾进医院随西医学习，成长为中西医兼通的军医，后曾长期在海军马尾要港司令部当军医。退休后，黄良安坚持为乡亲义诊，对青山黄氏源流考证和族谱编纂有颇多贡献。后事不详。

黄良勋：文才有名 福州海军学校书记官

黄良勋（？—？），海军军官，曾任福州海军学校书记官、海军马尾要港司令部秘书处秘书。

黄良勋是黄钟瑛族弟，幼起学习“四书”“五经”，本欲举业有成，清末取消科举，改习新学。黄良勋文字功底深厚，书法颇有造诣，加上为人机警，成年之后进入海军界当文官，做过司书、录事等。

民国之后，黄良勋长期在福州海军学校当书记。1919 年前，升任福州海军学校书记官。1919 年 10 月 14 日，因表现优异获授“六等文虎勋章”。1931 年 5 月 1 日，由二等少校晋升一等少校。1936 年，任海军马尾要港司令部秘书处秘书，参与制订海军马尾要港和海军陆战队第二独立旅整军备战计划。后事不详。

黄良观：化学专才 海军军械部门中校官

黄良观（？—？），海军军官，曾任海军部军械处修造课技士、海军总司令部第六署设计组技正、海军总司令部研究室技正。

黄良观少年时期考入福州海军学校附设的军用化学班，学习检验军械及化验火药。严格的考试，使此班淘汰率甚高。1928 年毕业时仅有 10 名学生通过毕业考试，黄良观成绩位列第二。黄良观毕业后，长期在海军军械部门工作，曾在海军马尾修械所和兵器库做技术工作，还曾被派往长门炮台弹药库短暂工作过。1935 年，黄良观任海军军械处修造课中尉技士，1936 年调任，不久再复任。抗战时期，曾在海军水雷制造所研发水雷等。

1947 年 5 月 13 日，黄良观任海军总司令部第六署设计组技正。1948 年 10 月，第六署设计组易名研究室，黄良观继续担任研究室技正。后事不详。

第二代

黄钟瑛只有一子，名忠琨，黄钟瑛去世时还年幼。黄钟瑛临终托孤于自己的李秘书："帮我照顾妻儿，带大儿子。"李秘书是福州人，信守诺言，一直照顾黄钟瑛留下的妻儿，还将自己带大的长兄女儿嫁给黄钟瑛之子。黄忠琨自幼多病，不到 30 岁就病故。黄钟瑛有 2 个孙子，长孙黄汉锵，毕业于清华大学，曾在江西省当建筑工程师，后定居澳大利亚；次孙黄信仿，毕业于上海专科学校，初于大专学校任职，为物理教师，后调往福州海关，从事缉私工作。

黄家第二代还是出了不少优秀船政人，史料上能找到的有 30 多位，其中最为著名的是参加中国海军首次环球大航行的"海圻"舰二副黄忠瑄。

黄忠瑄：同盟会员 辛亥革命建立功勋

黄忠瑄（1888—1950），海军军官，清朝时曾任"海圻"舰三副；民国时曾任"海圻"舰枪炮长，"同安"舰副舰长，海军厦门要港司令部参谋、参谋长。

黄忠瑄是黄钟瑛大哥黄钟沣次子。幼年在福州受初等教育，后考入烟台海军学堂第二届驾驶班。在校时，黄忠瑄目睹清政府腐败，对清廷不断签订丧权辱国条约深感义愤，联络校内志同道合同学，秘密参加了同盟会。

1911 年"海圻"舰军官合影，三排左一为黄忠瑄

· 参与中国海军首次环球大航行

光绪三十四年（1908 年），黄忠瑄从烟台海军学堂第二届驾驶班毕业后，被分配到当时全国最大的巡洋舰“海圻”号任三副。

宣统三年（1911 年）英王乔治五世登基加冕，清政府除派专使前往祝贺，还派海军巡洋舰队统领程璧光率“海圻”舰参加多国舰队海上校阅仪式。

宣统三年春（1911 年 4 月 21 日），黄忠瑄随“海圻”舰自上海起航，开始了中国有史以来海军首次环球大航行。在这连跨三大洋的逾万海里航行中，“海圻”舰顺访了新加坡、科伦坡、亚丁、塞得港和直布罗陀五大海港，于 6 月 20 日驶抵庆贺英皇加冕盛典的目的地——朴次茅斯军港。6 月 22 日，参加了英皇加冕庆典。6 月 24 日，参加了隆重的海上多国舰队校阅仪式。在外交使命结束后，“海圻”舰到德国进船坞维修，然后由西门子公司更换全部电线。随后，前往美国、墨西哥、古巴，慰问当地华侨。9 月离开古巴，驶往英国巴罗因弗内斯港。

· 战舰英伦起义策动者

武昌起义消息传来，黄忠瑄和“海圻”舰官兵非常振奋。尤其了解到叔叔黄钟瑛已率舰起义后，黄忠瑄立即在舰上展开活动，争取“海圻”舰在海外易帜，扩大国际影响。他首先秘密串联官厅同僚、巡查、总头、总炮手、见习生等 20 多人，然后分头到兵舱和二官厅展开发动和组织工作，获得了舰上官兵的支持。

当武昌起义胜利喜讯传来时，黄忠瑄立即率舰上巡查、总头、总炮手等 20 多名骨干，公开吁请清朝海军巡洋舰队统领程璧光率全舰官兵易帜 。程璧光等与清驻英国公使刘玉麟会商后，终于同意起义。

1912 年 1 月 1 日，为中华民国元年元旦，“海圻”舰官兵在英国的巴罗因弗内斯港举行易帜仪式，卸下了代表清廷的黄色青龙旗，升起代表民国的五色旗。5 月底，“海圻”舰抵达上海杨树浦码头，受到人民热烈欢迎。因策动起义有功，黄忠瑄被授予“四等文虎勋章”。也是在同月，黄忠瑄被民国政府海军部任命为“海圻”舰舢板三副。次年，1 月调任该舰上尉枪炮官，6 月升任枪炮长。在这之后，曾任“同安”舰副舰长、海军厦门要港司令部港务课课员。

1934 年 7 月 21 日，黄忠瑄被任命为海军厦门要港司令部参谋，同年同月 23 日晋升海军二等少校。次年 5 月 1 日，晋升一等少校。1938 年 2 月，升任海军厦门要港司令部参谋长。

1946年，因不满蒋介石发动内战，黄忠瑄愤而退休回福州老家，次年中风。

1949年8月17日，福州解放。为建设强大的海军，福州组织老海军登记参加新海军，黄忠瑄不顾身体抱恙，毅然前往登记。他说："建设强大海军保卫国防，是我家几代人的心愿。"但因中风后遗症，行动不便，黄忠瑄无法参加新中国人民海军建设。华东军区海军曾专门派人来黄家慰问。1950年，黄忠瑄病故。

黄忠璟：资深上校 深受蒋家父子倚重

黄忠璟（1892—1966），海军军官，曾任"海筹"舰枪炮官，"海圻"舰枪炮官、枪炮长、航海长，"建安"舰副舰长，"宿"字艇艇长，"湖鹰"艇艇长，"江犀"舰舰长，海军部经理处稽核科科员，海军总司令部第四署第八科科长。

黄忠璟是黄钟瑛大哥黄钟沣第三子，少年时期考入烟台海军学堂第四届驾驶班。宣统二年（1910年）一毕业，即登战舰。1913年1月，任"海筹"巡洋舰中尉枪炮官，5月获"六等文虎勋章",6月转任"海圻"舰枪炮官。1918年，升任"海圻"舰枪炮长，随舰南下护法。1920年12月，转任"海圻"舰航海长。1922年4月，"夺舰事件"离任。1923年1月赴任"建安"舰副舰长，2月获授"四等文虎勋章"。1927年4月，出任"宿"字鱼雷艇艇长。次年11月，以海军上尉军衔，任"湖鹰"鱼雷艇艇长。1932年，9月任"江犀"浅水炮舰舰长，10月晋升二等少校。1935年4月24日，黄忠璟晋升二等中校，并转任海军部经理处稽核科科员。

黄忠璟戎装照

抗日战争期间，黄忠璟一直在海军总司令部工作。1940年10月，黄忠璟任海军总司令部军需处储备科中校科员。

1947年5月9日，黄忠璟以海军上校军衔，出任海军总司令部第四署第八科科长。1949年，黄忠璟随部撤到中国台湾，不久退出现役。20世纪60年代，黄忠璟赴美定居，与小女儿住在一起，后病故美国。棺木运回中国台湾时，蒋介石派儿子蒋经国前往码头迎接，蒋家父子都亲自为黄忠璟写了挽联。

黄忠元：子承父业 海军造船有为技师

黄忠元（？—？），造船工程师，曾任海军马尾造船工程师，马尾造船厂工程师、翻译。

黄忠元是黄聚华儿子、黄钟瑛堂侄，毕业于福州海军艺术学校，专攻造舰。毕业后，在海军马尾造船所当工程师。抗战胜利后，因精通英文，而在马尾造船厂翻译造船资料。

黄聚华女儿黄腾虞也嫁给了海军军官。黄腾虞丈夫杨弼早年就读于马尾海军艺术学校。中华人民共和国成立后，杨弼先后在南宁、上海航运部门做工程师。

黄忠诠：舰艇会计 为战舰精打细算

黄忠诠（？—？），海军军官，曾任“飞鹰”舰会计、“海筹”舰会计。

黄忠诠是黄钟瑛侄儿，长期在舰艇当会计，曾任“飞鹰”舰会计、“海筹”舰会计。在黄钟瑛大哥黄钟沣所作的《民国海军上将赞侯公行述》中，记述了黄钟瑛对这位侄儿的帮助：“侄忠诠，随船理会计，多侍侧，常以立身制行当副任重之资格。”[9] 黄忠诠善于理财，精打细算，节省下大量开支维修战舰，使所在舰船始终拥有较强战斗力。

第三代

黄家第三代出了不少海军人才，其中最为著名的，是新中国空军第一个轰炸团副团长黄汉基和台湾地区海上防务部门高级军官黄汉翔。

黄汉基：海校骄子 人民空军创建功臣

黄汉基（1920—2014），海军学校学生，曾任中国人民抗日军政大学训练部编译科翻译，八路军一一五师司令部情报参谋，八路军山东军区情报处参谋、股长、科长，东北民主联军第一纵队作战科科长，解放军第三十八军一一二师第三三四团副团长兼参谋长，空军第二航空学校参谋长，航空兵第四混成旅第十二团副团长，空军轰炸师副参谋长，空军第十师副参谋长，空军第一航空学校副校长、代理校长，空军第十六航空学校校长，空军气象学校校长。

黄汉基是黄忠璟第三子，生于1921年4月4日，1934年考入位于福州的海军学校，学业优异。1937年末，对蒋介石失望与愤怒的黄汉基，与10余位同学一起退学，从福州长途跋涉到延安参加八路军。

到达延安后，黄汉基进入中国人民抗日军政大学（简称“抗大”），为抗大第四期学生。从抗大毕业后，被分配到学校训练部编译科，从事英语翻译工作。1938年底，黄汉基调至八路军一一五师，担任司令部情报参谋。后又随罗荣桓、陈光到山东开辟抗日根据地，曾任八路军山东军区情报处参谋、股长、科长。

抗战胜利后，黄汉基随部开赴东北。进入东北的部队和东北人民自卫军统一组成东北人民自治军，黄汉基在东北人民自治军司令部任情报参谋。1946年1月，东北人民自治军改为东北民主联军，黄汉基在司令部当

黄汉基（第一排左一）在海军学校

参谋。同年6月，他调任东北民主联军第一纵队司令部作战科科长。在这之后，曾调东北民主联军第二纵队工作。1948年8月14日，中国人民解放军东北野战军成立。第一纵队改称中国人民解放军第三十八军，黄汉基任第三十八军一一二师第三三四团副团长兼参谋长。在辽沈战役中率部参加了四平战役、锦州战役、辽西会战和解放沈阳之战等。

东北野战军于1949年3月11日改称中国人民解放军第四野战军，黄汉基所在的第三十八军隶属第十二兵团，萧劲光任司令员兼政治委员。东北解放后，黄汉基随部入关，参加了平津战役，在解放天津战役中表现英勇。

1949年7月6日，中央军委决定设立中国人民解放军空军。首任空军司令刘亚楼指名要黄汉基到空军工作。12月，人民空军第二航空学校在长春成立，黄汉基出任参谋长。1951年4月，航空兵第四混成旅成立，下辖第十、第十一、第十二团。黄汉基任第十二团副团长，主管训练和作战。5月，新中国第一个空军轰炸师成立，黄汉基任轰炸师副参谋长。6月，黄汉基任空军第十师副参谋长。10月，随师入朝作战。曾指挥部队成功炸毁美军在朝鲜的集中驻地大和岛，且战机无一受伤、人员无一伤亡。

1952年2月28日，黄汉基自朝鲜归国，任华东空军轰炸师党委委员。1953年，调任空军第一航空学校副校长、代理校长。1955年，被授予空军上校军衔。1958年，调任空军第十六航空学校校长。1959年11月，调任空军气象学校校长。2014年12月21日，黄汉基病逝于江苏南京。

黄汉翔：海军将军 “沱江”舰首任舰长

黄汉翔（？—？），海军军官，曾任台湾地区海上防务部门“沱江”舰舰长。

黄汉翔是黄忠璟第五子、黄汉基胞弟。抗战时毅然投笔从戎，考入海军学校。随校辗转西进，艰难完成学业。1949年，黄汉翔毕业于海军学校第十三期航海班，学习成绩优秀。毕业后，先后任台湾地区海上防务部门副舰长、舰长等职，台湾地区海上防务部门授予其“海军少将”军衔。退役后到巴拿马运河当引港员。

黄汉翔在中国台湾，曾任名舰“沱江”号首任舰长。“沱江”舰，原为美国海军的驱逐舰。1959 年 7 月初，由时为海军少校的黄汉翔率队赴美国接舰。同年 7 月 14 日，“沱江”舰抵达中国台湾，黄汉翔担纲首任舰长。卒年不详。

黄刚龄：轮机专家 才干饮誉台湾海军

黄刚龄（？—？），海军军官，曾任“重庆”舰轮机官。

黄刚龄是黄忠瑄次子。1948 年，黄刚龄毕业于海军学校第六届轮机班，分配到南京海军部。不久，接到调往“重庆”舰任轮机官的调令。但是，当他从南京到上海欲往“重庆”舰报到时，“重庆”舰已起义驶往北方解放区。黄刚龄只好再回到南京，后随国民党海军撤到中国台湾，长期在台湾海上防务部做轮机方面工作，成为颇有名气的轮机专家。卒年不详。

黄怀勋：汽艇优才 新中国舰艇设计师

黄怀勋（1935— ），船舶设计师，曾任海军芜湖造舰厂舰艇设计工程师。

黄怀勋是黄忠瑄三子，初中毕业后考入福建省立高级航空机械商船职业学校造船科。

晚年黄怀勋与夫人在福州家中

随着 1952 年、1953 年全国院系调整，黄怀勋就读学校造船专业并入上海船舶工业学校。黄怀勋赴上海读书，毕业后在海军芜湖造船厂做舰艇设计工程师。

笔者在中共芜湖造船厂党委《关于 150 马力汽艇由铝壳改为钢壳的经济效益说明》一文中，看到这样的记录：

1963 年 9 月，黄怀勋对“62 型汽艇”提出技术改进建议，建议将铝壳改为钢壳，这个建议得到当时国务院六机部和解放军工程兵后勤部批准，于 1964 年成立了以黄怀勋为主的三人船体设计小组进行设计。在生产研制过程中，黄怀勋在六机部、工程兵后勤部和芜湖造船厂等各级组织和同志的支持配合下，动脑筋想办法，积极攻关，终于使该艇的研制工作获得成功。1965 年 11 月由工程兵司令部批准定型，命名为“65 型汽艇”，随即投入成批生产。该艇生产单位在 20 世纪 70 年代中期扩展为蚌埠船厂，与我厂同时生产，其中我厂批产总计 1030 艘，生产成本由 1965 年的 5.8 万元 / 艘降至 3.6 万元 / 艘。该艇对加速提升解放军工程兵架桥部队装备现代化水平做出了积极的贡献。[10]

作为汽艇方面的专家，黄怀勋参与编写了《中国海洋机动渔船图集》《中国钢质海洋渔船图集》，参与编写了中国木质渔船第一本检验规程《木质渔船监督检验暂行规定》、中国钢质渔船第一本检验规程《营运钢质海洋渔船检验规程》和《船舶焊工基本知识考试题集》等。

家族传奇

新中国首任海空军司令争抢的宝贝

在黄家第三代海军中最具传奇色彩的，莫过于黄忠璟三子黄汉基。2003 年夏天，笔者专赴南京解放军理工大学干休所，采访了这位从国民党海军学校高才生到共产党第一个空军轰炸师参谋长的传奇英雄。

为投身抗日 设计“申请”退学

在海军学校读书期间，黄汉基渴望走上前线杀日寇，曾数次请求奔赴前线抗日，但都未获同意。他和学校进步学生一起，组织了突击读书会，阅读了大量进步书籍，对蒋介石采取的“不抵抗主义”深为愤恨，坚信只有中国共产党才能领导中国人民打败日寇。于是，与几位好友商议，准备投奔延安。

当时，因日军轰炸马尾海军基地，位于福州马尾的海军学校已搬至鼓山。

为适应延安比福州冷的天气，黄汉基天天穿着单衣去爬鼓山强壮身体，还在观日峰上进行风浴。根据国民党军事院校规定，战时退学要受军法惩处。黄汉基和同学们发现，海军学校有一条校规可利用，即学校规定：只要学生有一门功课一次考试不及格，立即开除。于是，在 1937 年岁末那次考试中，平常次次考试名列前茅的黄汉基，有意每 5 道考题只做 1 道，从而保证了自己考试不及格，顺利被开除。[11]

八路军王牌师情报科长

1937 年末，黄汉基和几位同学一起踏上远行延安之路，他们基本上是靠着自己的双脚走到宝塔山下的。

黄汉基一直到进了延安抗大后，才给自己的父亲去了一封信，说自己已到延安，决心跟着共产党抗日。同样渴望尽快赶跑日寇的父亲支持儿子的行动，知延安生活艰难，这位爱子情切的父亲，因为当时无法寄钱，就常常在给儿子写信时夹寄邮票，当时一张 2 角钱的邮票，可以在延安换一碗红烧肉吃。所以一见黄汉基父亲有信来，战友立即欢呼雀跃起来，因为又可以有肉吃了。在延安期间，黄父共寄了 100 多张邮票，都被黄汉基换成了红烧肉，与战友们一起打了牙祭。1940 年后因战事越来越紧，黄父再未寄邮票来。[12]

抗日战争中的黄汉基

黄汉基是抗大四期学生。因在海军学校除国文课外全部课程皆用英语讲授，黄汉基打下坚实的英语基础，从抗大毕业后因英语出众被分配到抗大训练部编译科。日寇轰炸延安第二天，八路军王牌师——一一五师需要一位会英语的情报参谋，黄汉基被调至一一五师。后又跟着罗荣桓、陈光到山东开辟抗日根据地，当过八路军山东军区情报处参谋、股长、科长。

林彪麾下情报参谋

抗战胜利后，黄汉基随部进军东北。先后在林彪任总司令的东北人民自治军、东北民主联军司令部任情报参谋，天天就在林彪的眼皮底下工作，编译了大量重要情报。蒋介石给东北国民党军的指示，不少经黄汉基的手，交给了林彪。

由于黄汉基文化高且机警过人，加上英语又好，很快被东北民主联军第一纵队要去，在纵队司令部当作战科科长。之后，又短暂调往东北民主联军第二纵队第四师工作。1948 年 11 月，东北民主联军第一纵队改称中国人民解放军第三十八军，黄汉基任第三十八军第一一二师三三四团副团长兼参谋长。

黄汉基参与了解放四平、锦州、沈阳、辽西、天津等辽沈战役、平津战役的主要大战，跟着部队一路打到湖南。

萧劲光、刘亚楼争抢的宝贝

1949 年 8 月，长沙和平解放，萧劲光兼湖南军区司令员、湖南军政委员会代主任。10 月，黄汉基随部参加了衡宝战役。萧劲光指挥部队围歼国民党军4 个精锐师，解放湖南大部地区。同年 12 月，萧劲光出任中国人民解放军海军第一任司令，奉命组建海军，他知道跟着自己打沈阳、围北平、越华北、渡长江、占武汉、进长沙的黄汉基是海军学校高才生，就立即要调他参与筹建海军。⑬

人民空军大校黄汉基

黄汉基正准备上任，被党中央任命为空军第一任司令的刘亚楼知道了，无论如何要让黄汉基到空军。因为黄汉基在东北民主联军做情报参谋时，身为东北民主联军参谋长的刘亚楼非常欣赏这位机智且很有学识的年轻人，所以正在筹建空军的刘亚楼，将黄汉基要到了空军。⑭

人民解放军空军在长春组建第一所航空学校——第二航校时，黄汉基出任参谋长。

1950 年，年轻的中国空军组建了第一个空军轰炸团，精干的黄汉基被调往担任副团长，主管训练和作战。

新中国第一个空军轰炸师成立后，黄汉基出任师参谋长。抗美援朝开始，黄汉基率部参战，指挥部队成功地炸毁了美军在朝鲜的集中驻地——大和岛，还保证了战机无一受伤、作战人员无一伤亡。

1953 年，黄汉基调任空军第一航空学校副校长并代理校长。1958 年，黄汉基又调到空军第十六航空学校当校长。在黄汉基家中，笔者见到了由周恩来总理亲笔签名的任命书，上面写着任命黄汉基为第十六航空学校校长。1959 年底，黄汉基调到解放军南京理工大学前身——空军气象学校当校长。

因媒人牵连入狱

“文化大革命”初期，黄汉基因曾在国民党海军学校读书，叔父、父亲以及众多亲戚又为国民党海军军官，且父亲带着一家到了中国台湾，因此被扣上“特务”帽子关了起来。审查几年后又放出来，给的结论是：事出有因，查无实据。

1971 年，“九一三”事件发生，叛党叛国的林彪摔死在蒙古。刚出牢狱的黄汉基又开始被审查，原因之一是曾在林彪的东北民主联军总部工作过，且林彪对其工作能力颇满意，表扬过他。还有一个更重要原因是，林彪叛党集团骨干分子李作鹏及其妻子董其采，当年是黄汉基夫妇的媒人。⑮

黄汉基与夫人

黄汉基的妻子叫荆学秀，山东人。1943 年，刚满 17 岁就在老家参加抗日活动，后到山东军区滨海支队文工队当演员，又随部队赴东北，在东北民主联军第一纵队文工团当演员。在我军攻打四平时，因果敢能干，荆学秀被调到第一纵队兵站当站长，在往前线运输弹药时，遭敌袭击，马车受惊翻车，荆学秀被压在车底下，受重伤。伤愈后，她被转到第一纵队后勤卫生部工作。此时，李作鹏妻子董其采就在卫生部当科长。李作鹏偶尔在战斗间隙，到卫生部会妻子，认识荆学秀。妻子就托他给荆学秀介绍对象，李作鹏立刻想到聪明、俊朗的黄汉基。[16]

李作鹏原在东北民主联军总部工作，后调往第一纵队当副司令，他到第一纵队报到时，黄汉基也刚好从东北民主联军总部司令部情报处调赴第一纵队当作战科科长，两人是一起去第一纵队报到的，因此很熟。有回，李作鹏去卫生部会妻子，特意给了黄汉基一点任务，让其与自己一起去。去了后，黄汉基才知李作鹏夫妇是要为自己当红娘，把荆学秀介绍给自己当妻子。1948 年，黄汉基和荆学秀在东北双城结婚。[17]

由于这段历史，黄汉基被怀疑是林彪亲信，审查了许久。一直到党的十一届三中全会后，才推倒了加在他身上的一切不实之词。[18]

一家两岸大团圆

改革开放后，黄汉基的日子一天比一天好，但对父母和家人的思念，也一日甚过一日。自 14 岁考进海军学校后，黄汉基再未见过父母和兄弟姐妹，还是在“文化大革命”中受审查时，从专案人员嘴里了解到，父亲带着一家到了中国台湾。

黄汉基父母

也许亲人之心是互相感应的。海峡对岸的家人也在寻找黄汉基，虽然自 1940 年后黄家再没了黄汉基的音讯，但是黄母坚信儿子还活着，一直催促海外的儿女寻找黄汉基。20 世纪 80 年代初，两岸还处于隔绝状态，黄汉基在美国当大学教授的小妹就成了寻找哥哥的“急先锋”。家人起初以为黄汉基在海军工作，所以先在解放军海军找，没找到。妹妹就写信给解放军总政治部领导，总政治部领导非常重视，派人寻查，了解到黄汉基在空军工作，空军政治部立即将这消息告诉了黄汉基。[19]

采访中，黄老告诉笔者：“那天我一会儿泪流满面一会儿独自笑，小时的事全想起来了。当兄妹通过电波相会时，一声‘三哥’一声‘小妹’之后，就是长久的哭声……[20]”

黄汉基这才知道父亲早在20世纪60年代就去世了。弥留之际，老人环顾四周，留在人间最后一句完整的话就是：“我的汉基也不知道是否还活着。”他久久不肯闭眼，一直到旁边的小妹说“我三哥一定活着，我们一定能找到他！”时，父亲才长长舒了口气，安详地闭上了眼睛……[21]

三儿子找到了。黄母逼着在美国的小女儿赶快去大陆，还让小女儿回大陆前先到中国台湾一趟。原来90多岁的母亲录了一个多小时的讲话，要让小女儿带给三儿子听。细心的母亲，担心少小离家的儿子已听不懂福州话，还让小女儿将自己的话翻译了一遍。1985年，黄汉基与小妹在南京团圆。[22]

笔者的采访是在黄家客厅里进行的。说到这里，黄汉基突然离座，一会儿从隔壁自己卧室里提出了个大录音机，说：“你会福州话，你听听我母亲的录音。”录音长达一个多小时，笔者在听录音时，见坐在一旁的黄汉基时而流泪时而抿嘴轻笑，轻问：“你不是听不懂福州话吗？”他笑了：“我对照小妹的翻译听了几百遍了，这些话都会背了。”原来，这个大录音机天天摆在黄汉基的床头，几乎每天他都要从头到尾听一遍母亲的话。他说：“我母亲叫魏韶琴，福州五年制师范毕业，会弹钢琴会画国画，是当时福州有名的才女。”采访中，黄汉基忽地站起，说：“我再给你看两件宝贝。”不多久，颤颤巍巍地从卧室里捧出两样东西，首先展开一张红色纸，有四分之一张报纸那么大，黄汉基说：“找到妈妈

晚年黄汉基

后，我问妈妈我是1920年几月几日生的，母亲就寄来了这张她早年托大仙给我祈祷平安时大仙留下的平安表，上面有母亲向人家讨平安时报出的儿子出生时辰。”黄汉基说，“你看我妈连我几点几分落地都记得这样清楚。”紧接着，他又从一个装满雨花石的乳白色小盒里，拿出一枚晶莹剔透的印章，说：“我让母亲给我寄点父亲生前用过的东西做念想，想父亲时就拿出看看，母亲就将父亲最喜欢的水晶印章寄给了我。”

1990年11月，就要过百岁生日的母亲突然病危。黄汉基急赴中国台湾，辗转赶到病榻前时，母亲已在弥留之际。但是，当大哥扑在母亲耳边大声说“汉基回来了”后，奇迹出现了，母亲睁开了眼，死死地盯着三儿子，眼睛越来越亮，虽然不能说话，但两行热泪流出……

没多久，母亲奇迹般地出院了。黄汉基在台湾两个月时间里，母亲的身体越来越好……后来又活了一年，在101岁时才走了。

是亲情，是亲人团聚的喜悦，给了黄母起死回生的力量。[23]

注释：

①②③④⑤⑥⑦⑧⑨⑩⑪⑫⑬⑭⑮⑯⑰⑱⑲⑳㉑㉒㉓ 刘琳．中国长乐海军世家[M]．福州：海潮摄影艺术出版社，2009：3-32.

任兆贵家族

任兆贵（1869—1952），字庆仁，福州市闽县（今福州市马尾区）人，造船专家，船政艺圃毕业生，清朝曾任船政工程处技工、技师、匠首；民国时曾任海军福州船政局船厂监工兼福州海军艺术学校见习教官，海军马尾造船所轮机厂厂长兼合拢厂厂长、发电厂厂长、福州海军艺术学校教官，福建省马江私立勤工初级机械科职业学校教师，福建省马江私立勤工高级工业职业学校教师。海军一等造舰官。

任兆贵家族世居今福州市马尾区罗星街道君竹村。任兆贵在船政船厂任官后，一家居于船政官员和专家宿舍区——十五间排房。四代海军，三代皆出造船技术专家，成为著名的船政军工世家。代表人物即任兆贵。

家族源流

姓出黄帝之子　宋“十贤”之后

任家得姓始祖是轩辕黄帝儿子禺阳。禺阳又名太禺，以德封于山东任国，得任姓之赐。

禺阳六十四世裔孙任不齐，是孔子七十二贤弟子之一，后被唐朝皇帝追封为任城伯，宋朝天子加封为当阳侯。

马尾十五间排房任姓家族，属马尾君山任姓。君山任姓是任伯雨之后。任伯雨（1047—1119），字德翁，四川眉山人，任不齐五十七世裔孙。北宋元丰五年（1082年）进士，曾任施州清江（今湖北施恩）主簿，后来又任雍丘县（今河南杞县）知县。因为施政有方，被朝廷召回京师任大宗正丞，后升任左正言，专门负责规谏。接着，又调任虢州知州。后来，因为“崇宁党禁”受到怀疑，被削籍贬官到通州（今达县），后被蔡京加害，调到昌化（今浙江临安县西境）。蔡京还匿名诬陷逮捕了任伯雨的二儿子任申先，并关入大狱。宣和元年（1119年），任伯雨去世。任伯雨与苏轼、苏辙和寇準等并称“十贤”。

祖上自湖南岳阳迁来马尾

马尾十五间排房任家的入闽始祖是任献文。南宋末年，任伯雨之后裔任献文，为躲避元兵追杀，与堂兄任文明（一说为胞弟）一起，自湖南岳阳一路东移，行至马尾今日君竹村一带，见当地有山有水，风景奇美，颇似湖南岳阳老家君山，故决定长居于山下，并把老家君山作为新迁地的名称，“君竹”的村名也由此而来。任家兄弟在此不断繁衍，播迁多地。任兆贵家族即任文献子孙中的一支。

有详细文献记载湖南岳阳君山任氏为宋朝任伯雨的后代。《宋史》载：任希夷是任伯雨的曾孙。湖南岳阳任氏族谱的记录与之相吻合。再者，浙江海盐《任氏族谱》亦载明马尾君竹的始祖任献文和任文明为宋朝任伯雨的后代。

船政家谱

第一代

马尾十五间排房任家第一代投身船政者有多位，其中多是普通工人，以任兆贵与族兄任照成就最大。

任兆贵：一等造船官 造船制机青史留名

任兆贵（1869—1952），字庆仁，造船专家，清朝时曾任船政工程处技工、技师、匠首；民国时曾任海军福州船政局船厂监工兼福州海军艺术学校见习教官，海军马尾造船所轮机厂厂长兼合拢厂厂长、发电厂厂长、福州海军艺术学校教官，福建省马江私立勤工初级机械科职业学校教师，福建省马江私立勤工高级工业职业学校教师。

清同治五年底（1867 年 1 月），船政学堂正式开学。不久，又设立绘事院，专门培养绘制船图和机器图的绘图员。紧接着又开办了船政艺圃，专门培养技术工人。任兆贵即船政艺圃毕业生。毕业后，任兆贵从一个普通学徒工，很快成长为技工，而后又提拔成匠首、监工。清朝时就参与了“开济”“镜清”“寰泰”“龙威”等舰船的建造。

1912 年 3 月，船政归福建地方管辖，改称福州船政局，后又重归海军部管辖，先后改称海军福州船政局、海军马尾造船所。1912 年春，任兆贵充任福州船政局船厂监工。1913 年 10 月，船政艺圃改为福州海军艺术学校，任兆贵出任母校的见习教官。1915 年，任兆贵升任海军福州船政局轮机厂厂长兼合拢厂厂长。同时，兼任福州海军艺术学校教官。1918 年 1 月 22 日，任兆贵被授予海军二等造舰官。1926 年 7 月 26 日，任兆贵补授海军一等造舰官。

笔者在采访任兆贵嫡孙任锦炎时，他十分肯定地说：祖父任兆贵在担任海军马尾造船所轮机厂厂长期间，不但兼任合拢厂厂长，还一度兼任发电厂厂长，军舰制造最重要的几个环节都在他的具体领导之下。

晚年任兆贵

在海军马尾造船所任职的任兆贵，还曾先后兼任脱胎于福州海军艺术学校的福建省马江私立勤工初级中学、福建省马江私立勤工初级机械科职业学校、福建省马江私立勤工高级工业职业学校、福建省立林森高级商船职业学校、福建省立高级航空机械商船职业学校教师。

1926年7月，任兆贵升职为海军一等造舰官。只是因为当时海军有明确规定，非正规海军学校科班出身者皆不能授到校级以上，任兆贵虽为出色的制造军舰专家，终身最高军衔仅为上尉。但当时海军福州造船所还是给予任兆贵很高的经济与生活待遇。

2005年9月，笔者采访任兆贵二子任国潮时，他介绍说："当年我父亲每月工资120银圆。父亲升职为海军一等造舰官后，家里从马尾海军大院后十五间排房迁至前十五间排房，前十五间排房算是当时马尾海军最好的住宅区，海军马尾要港司令李世甲中将也住在这一排，每一套房有厅堂、卧室、书斋、饭厅、厨房共11间，左前方是海军联欢社，有网球场、跑马场，右前方就是马尾造船厂。"

任兆贵自光绪八年（1882年）起，参加了在这之后马尾造船厂所有军舰的制造，中国第一批飞机诞生于马尾，在发动机制造及总体安装上，他都提了不少好建议，还按照设计图纸，组织工人制作。①

任照：法国留学 冶铁炼钢献其所学

任照（1854—1921），冶炼专家，曾任船政工程处铁厂监工兼船厂兼工。

任照

任照是任兆贵族兄。同治六年（1867年）十一月，任照考入福建船政当艺徒。同治七年（1868年）正月，任照因聪明好学，进入船政艺圃学习。船政艺圃是中国第一个中专学校，以培养造船所需各个环节技师为办学目标，半工半读。在校期间，任照刻苦学习，成绩优异。

光绪三年（1877年），任照作为船政艺圃选拔的9位首届留学生中第二批出国艺徒之一，与张启正、王桂芳、吴学锵、叶殿铄4位同学一起，远赴法国学习。

任照留学法国期间，先后在法国的腊孙船厂、马赛铸铁厂、马赛木模厂、白代果德铁厂、夏龙工艺学校、布雷斯特下士官学校、圣夏蒙矿业公司等地分别学习船舶制造。光绪四年（1878 年）春，任照进入汕萨穆铁拉铁厂学习一年，专攻炼铁、炼钢。光绪六年（1880 年）九月，任照学成回国，充任船政工程处铁厂监工兼船厂监工，专门负责为造船冶铁。他将在国外学习的知识、技能，活学活用于船厂冶铁，多有贡献。

1912 年 1 月后，任照先后任福州船政局工务员、海军福州船政局工务员，军衔造船少监。1921 年 9 月，任照卒于任上，为中国造船事业鞠躬尽瘁。

第二代

任兆贵第一位妻子给他留下了大儿子后就病逝了，后来又娶了一位妻子，连着为他生了三个儿子。任兆贵长子比次子大了近 30 岁。4 个儿子皆在船政系列学校读书，后来都成为优秀技术人员。

任国澜：军舰设计师　服务船政 35 年

任国澜（1900—1979），造船专家，曾任海军福州船政局图算所绘图员、海军江南造船所技术员；中华人民共和国成立后曾任福州机械厂技术员。

任国澜

任国澜是任兆贵长子，由其第一位夫人所生，曾进塾馆和新式小学就读。1913 年进入海军福州船政局图算所，图算所主要培养军舰、船坞设计人员。任国澜毕业后，成为船政图算所准尉绘图员，参与设计了不少军舰，还协助设计了马尾二号船坞的闸门。

抗日战争期间，马尾沦陷，造船厂被炸

毁。任国澜决计以技术报国，他知道与日决战需要枪炮，因此翻山越岭，辗转步行数百里，到尚未沦陷的南平铁工厂做技术员，还利用业余时间给工人上技术课。

抗战胜利后，南平铁工厂停办，任国澜返回家乡。临别时，铁工厂工人致赠鸳鸯铁火锅留念，这个火锅至今保存在任国澜次子处。1945 年 9 月，任国澜在海军马尾造船所工作。1946 年，任国澜奉调到海军江南造船所，担任少尉技术员，参与修造了不少军舰。1949 年 3 月，海军江南造船所要迁往台湾基隆，任国澜回到福州。

中华人民共和国成立后，任国澜在福州机械厂做技术员，1963 年退休，1979 年底去世。②

任国潮：航海学子 成为渔船管理专家

任国潮（1929— ），渔船管理专家，曾任福建省航务局技术员、福建省航运局干部、福建省水产厅干部。

任国潮是任兆贵次子，比哥哥小了近 30 岁，为任兆贵第二位夫人生的第一个儿子。因有志于航海，1944 年考入福建省立林森高级商船职业学校六年制航海班，学校在他就读期间改名为“福建省立林森高级航空机械商船职业学校”，1949 年 6 月毕业，同年 8 月福州一解放即进入了福建革命大学。

从福建革命大学毕业后，任国潮进入福建省支前司令部，为解放台湾做准备。后相继在福建省航务局、福建省航运管理局、福建省水产厅工作，参与筹建福建沿海渔业船舶安全监督技术管理机构，参与制定福建省一系列渔船管理规定，成为福建省渔船管理方面的技术专家，《福建渔船管理机构发展史》为其编著。③

任国光：船政学子 金门炮战英雄

任国光（1931— ），炮兵军官，曾任福州军区炮兵部队军官。

任国光是任兆贵三儿子，本欲学航海，后父亲有感于抗日战争时期中国海军因为没有空军的支持，在全面抗战爆发后就几乎被炸尽，希望儿子能成为一名出色的飞机制造技术人员。

1946年2月，任国光听从父亲建议，考入福建省立林森高级航空机械商船职业学校六年制航空机械专业，专攻飞机制造与维修。

1951年，为参加抗美援朝，任国光报名参军，想当志愿军保家卫国，因为懂机械维修，任国光被选送当炮兵。1952年由于表现优异被保送到解放军锦州炮兵学校深造。毕业后，分配到福州军区炮兵部队当军官。1958年8月，参加了著名的“八二三”金门炮战，在部队多次立功受奖。

任国强：“渔政一号”首任船长　建功南海

任国强（1933—　），著名船长，曾任中国“渔政一号”渔政指挥船船长、广东省水产厅渔轮船队队长、广州渔轮厂监造师。

任国强是任兆贵四儿子，1948年考入福建省立林森高级航空机械商船职业学校六年制航海科，学习努力，成绩优秀。1952年8月，全国院系调整。任国强随学校专业并入福建航海专科学校航海科，成了第29组乙班学生。1954年毕业，分配到广东省水产厅工作，很快成为一艘渔船的船长。

1961年，国家水产部决定由湛江专署水产局筹备并建立我国第一艘保护合法海洋权益的渔政指挥船，将之命名为“渔政一号”。广东省对设立“渔政一号”指挥船高度重视，在广东全省海洋渔业系统船长中进行反复选拔和严格考核，任国强以驾驶技术过硬、工作7年无任何大小安全责任事故、工作敬业、政策水平高且精通英语被选中，被国家任命为“渔政一号”渔政指挥船船长。

“渔政一号”指挥船是一艘铁壳、300吨的船，船上设备非常简陋，除了装有一部3000瓦大型电台供收听远距离气象报告，只有苏式鱼探仪、六分仪和天文钟各一部，没有雷达等任何先进设备。“渔政一号”承担的任务重大，不但要巡航南海西沙海域，宣示我国领海主权，还要调查水产资源，保护海域正常的渔业生产秩序，保护渔民的生命财产安全等。

正常情况下，在渔场作业的渔船都在千艘之上。每年6月至10月的南海热带风暴多发期，还有冬季的东北季风期间，最大风力有时达12级以上，伴随着经常出现浪高 4~6 米的巨浪、狂浪区和持续倾盆暴雨。每遇强风时节，任国强要指挥“渔政一号”船及时通知渔民停止作业和督促他们提早返港避风。经常到他们完成组织渔民返回避风港任务时，热带风暴已来临，“渔政一号”船已身临危险之中。

每到危急关头，任国强总是亲自指挥“渔政一号”闯过排山倒海般的狂风暴雨。此刻，他总是走上驾驶台，亲自驾驶指挥船。因为巨浪滔天，指挥船时而被浪推到高处，时而被浪掀到谷底，一会儿如在山巅，一会儿如跌入深渊，船员们无法站立，只能蜷缩在地上，厨工无法做饭，所有人饿着，任国强以过人的毅力和精湛的技术驾驶指挥船，有时驾船七八个小时才能闯过风浪。风停后，任国强又立即指挥抢修受损的船只部件，有时一整天都无法吃上一餐饭、喝上一口热水。

每遇渔场有渔船发生技术故障，任国强就指挥“渔政一号”救助渔民，把他们的渔船拖回到附近海南岛八所或白马井港口，使渔民脱离危险。

因工作出色，任国强曾多次获奖，还被广东省水产厅授予“水产系统先进生产者”的称号。

从1961年至1967年，任国强担任了7年“渔政一号”指挥船船长，积累了大量经验，为后来的海上渔政管理奠定了基础。

任国强后升任广东省水产厅渔轮船队队长、广州渔轮厂监造师。在广州渔轮厂任监造师期间，参与研发和制造了大量钢壳渔轮，销售多国，为国家创造了大量外汇。

晚年任国强

任国霖：边学边干 船政船厂做技师

任国霖（？—？），造船技师，清朝时曾任船政工程处技工；民国时曾任福州船政局技工、海军福州船政局技师、海军马尾造船所技师、福州盐务局盐船二管轮。

任国霖是任兆贵大哥任庆棠独子。从船政艺圃毕业后，任国霖进入船政合拢厂当技工。中华民国成立后，船政先后易名福州船政局、海军福州船政局、海军马尾造船所，任国霖先在福州船政局当技工，后相继在海军福州船政局、海军马尾造船所当技师，参与了不少舰船的制造与修理。

20 世纪 30 年代初，任国霖到福州盐务局盐船当二管轮。抗战后，任国霖失业，回到老家君竹乡，在殿佑祠堂边开了一家小店维持生计，终老家乡。④

任国炳：保定陆校毕业 海军陆战队团附

任国炳（？—？），海军军官，曾任海军陆战队第一混成旅排长、连长，海军陆战队第二独立旅营长，海军陆战队第一独立旅第一团团附。

任国炳是任兆贵的侄儿，自小尚武，渴望驰骋疆场杀敌，及长，投考保定陆军军官学校，毕业后到海军陆战队第一混成旅当军官，历任排长、副连长、连长，表现突出。1921 年 4 月 23 日，被授予“九等文虎勋章”。在这之后，任国炳随部易帜，参加国民革命。之后曾任海军陆战队第二独立旅营长。1934 年 12 月，海军陆战队第一独立旅与第二独立旅互换番号。1936 年 2 月 27 日，任国炳升任海军陆战队第一独立旅第一团少校团附。

1937 年 7 月，抗战全面爆发。任国炳随部调往赣湘鄂一带参加抗战。1945 年 6 月，随部改编为陆军。后事不详。

任国泰：海军科班毕业 历岗多舰守海疆

任国泰（？—？），一名国鉴，海军军官，曾任“应瑞”舰正电官、海军部舰政司修造科科员。

任国泰是任兆贵的侄儿、任国炳胞弟。宣统三年（1911 年）六月，毕业于黄埔水师学堂，曾服务于多艘军舰。1935 年，曾任“应瑞”舰上尉正电官。1936 年 1 月 6 日，转任海军部舰政司修造科少校科员。后事不详。

任家在这一代还有一些造船人员和水兵。如任兆贵女儿任葵英长期在福建省上游造船厂工作，为新中国造船事业服务。

第三代

马尾十五间排房任家第三代，在任兆贵的影响下，都选择投身船政，并成为技术人才。

任锦炎：海军出身 厦门东渡建港者

任锦炎（1922— ？），船政学子，空军军官，曾任成都第三飞机修理厂绘图员、空军第四地勤司令部机械官、空军汉口机场分队长、空军沈阳北陵机场机械官、空军广州天河机场机械官、空军福州机场机械官；中华人民共和国成立后曾任空军福州航空办事处机械师、厦门东渡建港指挥部工程师。

任锦炎是任兆贵长孙、任国澜长子。1933年，任锦炎考入福州海军艺术学校，学习机械与造船。1935年2月，福州海军艺术学校正式停办，一批海军名将创办福建省马江私立勤工初级机械科职业学校。任锦炎转入福建省马江私立勤工初级机械科职业学校，继续学习。

青年任锦炎

1937年7月7日，抗战全面爆发，日机轰炸马尾。9月3日，福建省马江私立勤工初级机械科职业学校迁鼓山下院上课。当时学校没有电灯，他就早起到厨房，蹲在灶台前，借着灶火的亮光读书。1938年6月10日，学校内迁闽北尤溪县。任锦炎随校迁移，坚持苦读。

1940年，任锦炎以优异成绩毕业。他没有回福州，而是排除万难西行，或徒步或乘船或坐车，历尽艰辛，奔赴重庆，先进入重庆钢铁厂当技术员，后进入成都第三飞机修理厂当制图员，以自己的专业技术为抗战出力。

抗战胜利后，任锦炎调往空军第四地勤司令部工作，曾在空军汉口机场接受日军官兵投降，后升任为分队长，负责为过往飞机修理、加油工作。不久，任锦炎再调往空军沈阳北陵机场，任中尉机械官。1948 年底，任锦炎再调至广州，在空军天河机场任机械官。1949 年 3 月，在连襟揭成栋（福州海军飞潜学校毕业生，第一代海军飞行员）帮助下，又调回空军福州机场，任修护分队机械官。

福州解放前夕，任锦炎拒绝赴台湾，留下来参加新中国建设。1949 年 8 月 17 日福州解放，不久任锦炎到空军接管组报到，随即加入中国人民解放军空军。

1950 年 3 月，任锦炎进入空军福州航空办事处技术训练队学习。1951 年，任锦炎出任空军福州航空办事处机械师，在抢修福州义序机场时立四等功一次。1952 年，任锦炎转业进入福建省交通厅运输局工作，后长期在厦门东渡建港指挥部任工程师。⑤

任锦泓：航海教育专家 桃李满天下

任锦泓（1928— ），航海教育专家，曾任南京海运学校教师、科长、副校长、校长，广州海运学校校长兼党委书记。

任锦泓是任兆贵次孙、任国澜次子，1945 年春任锦泓考入当时已迁至闽北将乐县高滩的福建省马江私立勤工工业职业学校的电机科。同年 9 月，学校迁回马尾，与他校合并，组成了福建省立林森高级航空机械商船职业学校。任锦泓学习非常刻苦，还与几位同学一起，仿学古人，组织读书会，取名“不了斋”，早起晚读，成绩提高很快。

青年任锦泓

1948 年，任锦泓毕业后，进入上海中兴轮船公司，先到“永兴”轮当轮机练习生。之后，调往“景兴”轮当轮机员。当时，他没有工资，每月的收入是靠轮机长等从自己薪资中拿出一部分作他的报酬。任锦泓做事肯动脑筋，不断改进操作技术，节省燃料，博得好评，受到器重。

1951 年 1 月，任锦泓响应中国共产党和新中国的召唤，随“景兴”轮从香港北归上海，任锦泓担任机匠，之后代理三管轮。

1952 年，任锦泓进入交通部和中国海员总工会在南京举办的海员训练班学习。次年 1 月，海员训练班改建为海员干部学校，刚完成训练班学习的任锦泓，成为海员干部学校教员。之后，海员干部学校相继易名南京初级航海学校、南京海运工人技术学校、南京海运学校、南京海运技工学校、南京远洋海洋学校，1990 年又复名南京海运学校，任锦泓一直在此任教。任锦泓因表现优异，1956 年光荣加入了中国共产党，之后曾任教育科科长、副校长。后南调广东，出任广州海运学校（今广州航海学院）党委书记兼校长，并担任全国交通中等专业教育研究会副理事长。退休时为南京海运学校校长，该校 2003 年与南京航运学校合并，组建为江苏海事职业技术学院。任锦泓工作积极，表现优异，1960 年被授予“江苏省先进工作者”称号。任锦泓曾主编了教科书《船舶辅机》，与人合编了《轮机基础》等。

1989 年，任锦泓退休。之后，又被中国远洋公司和全国交通中等专业教育研究会聘为顾问，还被教育部推荐为联合国教科文组织中国中等专业教育 10 名专家之一。[⑥]

任锦瀚：船政出身 剿匪英雄

青年任锦瀚

任锦瀚（？—1952），船政学子、中共官员，曾任福建省德化县公安局股长兼共青团德化县委书记。

任锦瀚是任兆贵第三位孙子、任国澜第三子，1947 年考入福建省立林森高级航空机械商船职业学校航空机械科。他学习十分努力，积极参加进步学生运动。

1949 年 8 月 17 日福州解放，任锦瀚进入福建革命大学读书，毕业后分到福建省德化县公安局任股长，同时兼任共青团德化县委书记。当时，躲藏在福建南部一些山区的土匪和国民党残余部队，在中国台湾的国民党敌特分子的组织下，依托于德化深山，不断侵害德化县及周边地区，十分猖狂，任锦瀚率部参加剿匪战斗，多次立功受奖。

1952年6月，任锦瀚因患感冒，被德化县卫生院一名叫何秋余的男护士打了一针，当时任锦泓打了一个喷嚏，即告倒地，抢救无效死亡。后来查出何秋余为俘虏兵，是其一手造成了何锦瀚的英年早逝，其被判刑，押去苏北劳改。

任锦瀚剿匪勇敢，屡立战功，民众甚是爱戴，开追悼会那天，全县停止办公一天，万人空巷送任锦瀚远去。听任国潮说，侄儿钟爱技术工作，曾对他说，等天下太平后，他将再进入大学深造，做一名出色的航空机械师。

任锦松：轮机人才 津门电机高工

任锦松（？—？），电机专家，曾任天津卷烟厂技术员、天津电梯厂工作组组长、天津电梯专业技校工作组组长、天津卷烟厂高级工程师。

青年任锦松

任锦松是任兆贵第四个孙子、任国澜第四子。1950年考入福建省立高级航空机械商船学校轮机科。1952年8月，全国院系调整，福建省立高级航空机械商船学校停办，学校航空机械科、轮机科、造船科并入福建省福州工业学校。任锦松转往福州工业学校电机科学习，毕业后分配到天津电机企业当技术员，他勤奋钻研，锐意革新，成果颇多。

“文革”期间，时任天津卷烟厂电机技术员的任锦松，因为技术好，工作肯干，临危受命，被中共天津市委派往天津电梯厂当工作组组长，负责抓生产，组织电梯生产。之后，又被派往天津电梯技工学校当工作组组长，排除当时社会各种干扰，培养电梯制造和维修人才。改革开放后，曾任天津卷烟厂工程师、高级工程师。

任锦源：海军练营生 军舰士官长

任锦源（？—？），海军士兵，曾任军舰轮机兵、士官长。

任锦源是任兆贵侄孙、任国霖之子，毕业于马尾海军练营机舱专业。任锦源专攻轮机，毕业后曾在多艘军舰上当过轮机兵，技术甚好。后随部撤到中国台湾，曾任舰上士官长。后事不详。

任锦陶：征战一江山 海军六支队航海长

任锦陶（？—？），海军军官，曾任人民海军“济南”舰副航海长，人民海军护卫舰第六支队航海参谋、航海业务长。

任锦陶是任兆贵的侄孙，福建省立林森高级航空机械商船学校第六届航海专业毕业生，于中华人民共和国成立后投身人民海军。1955 年 1 月 18 日，时任“济南”舰副航海长的任锦陶，与战舰一起参加了解放一江山岛，他沉着勇敢，指挥驾舰，与兄弟舰艇一起，取得大胜。后调往人民海军护卫舰第六支队，任航海参谋，在为舰艇定调校正磁罗经自差和系统测定舰艇性能方面做了许多工作，为安全航行奠定基础。后来，他又奉命为朝鲜留学生讲授磁罗经校正理论和指导海上作业，皆受到好评。

1963 年 5 月 1 日，交通部“跃进”轮沉没，周恩来总理命令海军立即派军舰前往营救。时任六支队航海业务长的任锦陶随部出征，他用最快的速度找到沉船位置，为此荣立三等功，并及时总结经验，所撰写的论文《航行潮汐流对推算舰位的影响和作图方法》《定向仪舰位可靠性分析》，在海军训练部会议上作专题介绍，得到很高评价。

任家在这一代，从事造船、航运的还有多人。

任国潮长子任聪、长媳叶敬兰、长女任华长期在福建省闽江航运总公司工作。福建省闽江航运总公司曾是全省最大的航运公司，主营货运及船舶修理等，任聪夫妇和任华将自己的青春年华奉献给了水上运输业，多次被评为先进工作者。

任国潮次子任群、长婿张格佳，曾长期服务于福建省海洋渔业公司。该总公司下设渔捞公司、远洋公司、船厂等，是全省最具规模的国有渔业企业。

任国强长女任学真，为造船技术能手，曾长期任职广州渔轮厂机械车间。

任兆贵外孙，三女任葵英长子林荫刚、次子林荫东曾长期在福建省上游造船厂工作，参与了不少客轮、商轮的制造与维修。

第四代

任家船政缘连绵至第四代，有海军官兵，还有造船人才，更有驾船能手。

任兆贵曾孙、任锦泓次子任辉，一直做远洋运输工作，长期服务于江苏海运公司。任锦泓三子任煌，改革开放后参加人民海军，因表现优异不断获升，后调入人民海军司令部，曾多次立功受奖。任煌转业后，进入位于南京的国家机电部第五十五研究所（今中国电子科技集团公司第五十五研究所）工作。

任兆贵曾外孙、长女任梅英的孙子周健，长期服务于长江轮船公司，亦为技术骨干。

任兆贵哥哥任庆棠之女任淑英的孙子周孙良，长期在福建上游造船厂工作。

家族传奇

与海军世家三代结亲

任兆贵长子任国澜娶了近代思想家、教育家、严复家族的女儿严钟藩。抗战中福州两次沦陷，当时任国澜与大儿子都在抗日军工企业。马尾当地有汉奸知此情况，所以严钟藩为避日寇，曾带着几个小儿子躲回娘家。

任兆贵长孙、任国澜长子任锦炎娶的也是海军世家的女儿。

任锦炎夫人陈淑琴的父亲陈炎官、二弟陈晶、大外甥陈伯奇、二外甥陈伯钧，或为船政系列学校毕业生，或曾在船政系列学校、海军部门服务过。陈伯钧与任锦炎还是同班同学。陈家姐妹极多，陈淑琴居末，其中有3位嫁给了海军。

陈淑琴的二姐嫁给了海军著名造舰专家马德建。马德建于1920年毕业于福州海军学校第十二届管轮班，1932年任海军江南造船所所长。抗战时，他出任成都第八飞机修理厂厂长。抗战胜利后任接收海军江南造船所专员、海军署修造司副司长、海军总司令部第六（技术）署技正、海军江南造船所所长。1947年作为国家代表在日参加盟军分配日本降舰抽签仪式。1949年赴中国台湾，曾任台湾地区海上防务部门“兵工署”署长等职。退役后赴美国居住，1973年偕家人辗转归国，定居河北省唐山市。1976年唐山大地震，马德建及其家人不幸遇难。

陈淑琴的三姐嫁给了船政培养的第一批飞行员揭成栋。1923年，揭成栋毕业于福州海军飞潜学校，为该校第一届毕业生。

任锦炎的大女儿任君秀，嫁入出了不少英勇水兵的郑家。马江海战中，郑家男儿与入侵的法寇浴血拼杀，多位血洒疆场壮烈牺牲。任君秀爱人郑树民的叔公就是一位马江海战烈士。

任锦炎小女儿任君萍，则是嫁入满门海军的叶家。叶家出过不少海军名人。叶大俊，船政后学堂第三届毕业生，辛亥革命时，正任“策电”舰舰长，率舰起义。任君萍的丈夫即是他的侄儿。⑦

揭成栋（前排左二）、陈晶（前排左三）

注释：

①②③④⑤⑥⑦ 刘琳，史玄之．船政新发现[M]．福州：福建省音像出版社，2006：80-88.

王崇文家族

王崇文（1871—1935），字子翰，福建省闽县（今福州市马尾区）人，海军名将，天津水师学堂第五届驾驶班毕业生，清朝时曾任哈尔滨邮局总办；民国时曾任海军部视察、海军部军需司司长、驻英海军留学生监督处监督、海军部参事、吉黑江防司令公署司令兼吉黑江防舰队司令、军事部海军署高级顾问。海军少将。

王崇文先祖自清朝康乾年间肇基马尾中岐之后，先是耕读传家，后是亦商亦读，成为马尾望族。中岐王家自王崇文与两位哥哥从军之后，两代男儿投身海军，享有“海军之家”美誉。代表人物即王崇文。

家族源流

马尾中岐王家为周朝太子之后

王崇文家族是周朝姬姓天子之后裔，始祖是东周第十一代国王周灵王的长子太子晋。太子晋又名王子乔，因直谏被周灵王贬为庶人，隐居太原龙山之晋居观修炼，17 岁时传说驾鹤升天。其嗣宗敬，当地人见是王族，称曰“王家”，沿用成姓。王姓族人尊王子乔为王姓受姓始祖。其后代多聚居山东琅琊（今胶南一带）和山西太原，形成琅琊王、太原王两大王姓望族。

王子乔之后代王褒的后人王晔为河南光州固始县令，此后在固始繁衍生息，成为王氏固始肇基始祖。王崇文家族即王晔后人。

王崇文家族入闽始祖为王审知

王晔（？—？），字德明，唐朝官员，琅琊王氏开姓鼻祖王宗敬第三十八代孙王林之子，唐德宗贞元年间（785—804）官固始县令。任上，王晔频施善政，颇得民心。任期结束，本欲归家，但固始百姓爱其仁义，留之不忍其去。王晔遂家于固始，后裔形成著名的固始王氏。王晔生子友，王友接连获赠左仆射、光禄寺卿。王友生子玉。王玉，字蕴玉，先后获赠秘书少监、司空。王玉生子恁。王恁，字以识，相继赠光州刺史、太尉、太师。王恁便是开闽王王审知的生父。

固始王氏自王晔以后，最初数代未见显贵，王恁仅是农夫。但固始王氏长于理财，渐成当地富豪，传到王恁儿子这一辈，财富已十分丰厚。唐末乱世，固始王氏迅速崛起，跻身新豪族之列。王恁生王潮、王审邽、王审知三子。

王审知（862—925），字信通，号详卿，光州固始（今河南固始）人，威武军节度使王潮之弟，闽国开国国君。

唐末黄巢起义，江淮之地义军也纷纷响应。王审知与两位兄长一起加入王绪的农民军，随之转战福建。光启二年（886 年）八月，王潮、王审邽、王审知三兄弟带兵攻打泉州，以泉州为根据地，为统一福建、鼎建闽国打基础。王审知兄弟进据泉州后，招怀离散，均赋缮兵。景福元年（892 年），王潮派从弟彦复为都统，三弟审知为都监，攻打福州，经一年三个月的血战，终于在景福二年（893 年）五月二十一日攻下福州，后统一全闽。唐昭宗任命王潮为福建观察使，王审知为副使。至乾宁时期（894—897），朝廷升福州为威武军，任命王潮为威武军节度使，后王审知继任节度使，被朝廷封为琅琊郡王。唐王朝灭亡，朱温建立梁朝，后梁开平三年（909 年）四月，梁太祖朱全忠加封王审知为中书令，封为闽王。王审知在位时，选贤任能，减省刑罚，减轻徭役，降低税收，鼓励百业，发展儒学，促进海上贸易，让百姓得以休养生息，使福建的经济和文化得到很大发展。为尽量避免战争，保持与中原王朝的朝贡关系。

后唐同光三年（925 年），王审知去世，谥号“忠懿”。次子王延钧称帝后，追谥王审知为“昭武孝皇帝”，庙号太祖。因对福建发展贡献很大，被尊称为“开闽尊王”“开闽圣王”“忠惠尊王”。

王审知儿子众多，有“十子”“十一子”“十二子”之说，其后裔主要分布在福州地区，也有留居闽南的。

王审知长子延翰、次子延钧等后人中一支，在今福州市长乐区三溪、青山及松下大址村一带开枝散叶。

清朝康雍乾年间，居于长乐松下大址村的王延翰、王延钧后人中的一位名王胤达的男孩，在母亲携带下渡过闽江，迁居马尾垦荒，在此繁衍生息。也有一说，是清顺治十八年（1661年）朝廷“海禁”政策，迫使长邑（今称长乐）凤庄周氏与松下王氏迁居此地。周、王两姓繁衍成了中岐村最大的家族。聚居在中岐山万富里一带（现马尾实验幼儿园至汇海公司一带）的王家人，称为“里王”；聚居在大王宫一带（原马尾后街，现教堂至水厂取水口一带）王家人，称为“外王”。

王崇文家族属“里王”。凭着聪明能干和诚实守信，“里王”家族生意越做越大，开了钱庄、煤厂、锯木厂，马尾有名的“聚山店”就是“里王”家族开设的。

聚山店曾经在马尾享有盛名。民国初年，马尾一带最热闹的地方要数马尾街。谈起马尾街，方圆百里有句人人耳熟能详的俗语——“金聚山，银成泰”，意思是马尾街数“聚山”和“成泰”两家商号生意最为兴隆。在马尾成为中国造船和海军培训基地初期，居于中岐故道尾的“里王”子弟王发惠创办“聚山”水菜行，为停泊于马尾港的轮船提供补给，如烟煤燃料、大米、蔬菜、荷兰水（汽水）等等，以后该行扩大生意，开始经营当铺、钱庄。王崇文家族后来还盖起了著名的“意园”大别墅。一直到20世纪60年代，马尾中岐山的豪猪山、鸡头山等地还能见到刻有“王界”的短石桩，佐证了王家人曾经的发家有方。

王胤达第十六世孙王发惠，开启了王家由业商世家成为船政名门的历史。

船政家谱

第一代

王发惠育有五子，其中四子投身海军。其中，次子王兼知、四子王崇文均获授海军少将衔，三子王肇岐曾任海军福州船政局图算所所长，获授造舰大监。

王兼知：甲午血战 积功升任海军司长

王兼知（1868—1948），字子谦，海军军官，清朝时曾任烟台水师学堂正教习、庶务长；民国时曾任烟台海军学校庶务长，海军部视察、军衡司司长，军事部海军署技正，海军部参议、候补员。

王兼知是王发惠次子。光绪十六年（1890 年）夏天，毕业于天津水师学堂第三届驾驶班，奉派北洋海军服务。笔者在采访曾任船政文化博物馆馆长的王家亲戚吴登峰时，她介绍说王兼知曾任北洋海军大副、帮带大副，光绪十七年（1891 年）曾随舰访问日本多地，光绪二十年（1894 年）随舰参加黄海海战，负伤坠海获救，战后与多数北洋海军军官一样被清政府革职遣返。

光绪二十九年（1903 年）初春，经直隶总督兼北洋大臣袁世凯保奏，王兼知重获起用，留山东补用。三年后，任烟台海军学堂庶务长。

1912 年后，烟台海军学堂易名为“烟台海军学校”。同年 2 月，王兼知成为学校首任庶务长。1913 年 4 月，任北京政府海军部视察。1917 年 10 月，任海军部军衡司司长。1919 年 11 月，获授海军少将。1922 年 2 月，获授“二等嘉禾勋章”。

笔者在采访吴登峰时，听她介绍说，中华民国成立后，王兼知曾任海军第二舰队参谋、司令部军需长和福州海军学校高级教官。

1927 年 3 月 12 日，原属北京政府海军部的第一、第二舰队及附设机构易帜，参加国民革命，北京政府海军部已成空壳。同年 6 月，北京政府实施官制改革，将海军部、陆军部合并为军事部，内设海军署，温树德出任军事部次长兼海军署署长，王兼知任技正。

1930 年，王兼知充任国民政府海军部参议。1933 年，王兼知转任国民政府海军部少将候补员。1938 年夏，王兼知回马尾老家休养。1941 年 4 月，福州第一次沦陷，王兼知曾任马尾维持会会长。维持会是抗日战争时期日本侵略者在中国沦陷区内、利用汉奸建立的一种临时性的地方傀儡政权，为日本侵略者实现“以华治华”“分而治之”服务。1948 年，王兼知在上海去世。

王肇岐：造舰人才 船政图算所任所长

王肇岐（1870—1938），字子禧，海军军官，清朝曾任卢汉铁路工程师、漳厦铁路副总工程师，民国曾任海军部技正室技士、海军福州船政局图算所所长。

王肇岐是王发惠三子。光绪十一年（1885年），王肇岐考入船政前学堂第五届制造班。光绪十七年（1891年），王肇岐自费赴法国工部大书院留学。留学归来，因国家急缺铁路建设人才，转往铁路建设部门工作。光绪二十七年（1901年），任卢汉铁路工程师。光绪三十二年（1906年），转往漳厦铁路，担任副总工程师，参与修建从厦门嵩屿至漳州的闽省首条铁路。

清朝被推翻后，王肇岐重回海军界。1912年9月，王肇岐任海军部技正室技士。次年2月，获授造舰少监。1914年5月，王肇岐晋授造舰中监，同年7月派往海军福州船政局，任船政图算所所长，负责船舶设计制图和培养设计制图专业人才。1916年，图算所因经费紧张停办，最后一届的16名学生转入福州海军学校续读，王肇岐调回海军部技正室。1917年7月，参与建造江阴长山弹药库。同年11月，授造舰大监。1927年，参与创办海军制造研究社。

1934年，王肇岐转为海军部候补员。1938年，王肇岐在马尾家中病逝。

王崇文：收回黑龙江航权 奠基东北海军

王崇文（1871—1935），字子翰，海军名将，清朝时曾任哈尔滨邮局总办；民国时曾任海军部视察、海军部军需司司长、驻英海军留学生监督处监督、海军部参事、吉黑江防筹备处处长、吉黑江防司令公署司令兼吉黑江防舰队司令、军事部海军署高级顾问、海军部候补员。

王崇文为王发惠四子。光绪二十一年（1895年），王崇文毕业于天津水师学堂第五届驾驶班。清末曾任候补道员。据吴登峰介绍，王崇文还曾服务于哈尔滨邮船局，并出任过总办。

中华民国成立后，王崇文服务于北京政府海军部。1912 年 9 月，任海军部视察。1913 年 5 月任海军部军需司司长，10 月复任海军部视察，12 月曾选为政治会议议员。次年 5 月，晋升海军上校。1915 年 10 月，任驻英海军留学生监督处监督。1916 年 6 月，任海军部参事。同年，先后获授“二等文虎勋章”“三等嘉禾勋章”。次年 10 月，积功获授“二等嘉禾勋章”。

1918 年 5 月，海军部派王崇文前往黑龙江勘察松、黑两江情况。王崇文在深入调查后，向海军部汇报了规划江防办法，建议在哈尔滨设立江防司令部，先派军舰数艘前往，再图发展。此案海军部呈请国务会议定夺，同年 12 月国务会议议决，由海军部负责筹办。海军总司令公署从第二舰队抽调“江亨”“利捷”“利绥”3 艘炮舰及“利川”武装拖轮组成北上舰队。

1919 年 6 月，王崇文晋授海军少将军衔。7 月 2 日，海军部特设吉黑江防筹备处，以王崇文为处长，他先期率员赴哈尔滨进行江防筹备工作。北上舰队随后出发。10 月，获授“三等宝光嘉禾勋章”。

1920 年 4 月，北上舰队开始在松花江上执行护航等任务。同年 5 月，海军部将吉黑江防筹备处改称“吉黑江防司令公署”，直属海军部，王崇文奉命出任少将司令。在吉黑江防舰队成立后，王崇文兼任舰队司令。自吉黑江防舰队成立伊始，就得不到北京政府、海军部的有力领导和经费支持，成立三年就欠饷 10 个月，舰队上下因此人心浮动，对海军部十分不满，要求摆脱困境，王崇文产生了改隶东北的动机。

1921 年 2 月，因收回吉黑航权有功，王崇文被授予“勋五位”（男爵）。同年 4 月，因处理日军炮击我国帆船事件有功，王崇文再获授“二等大绶嘉禾勋章”。

1922 年 4 月，奉军在第一次直奉战争中失败，败退关外。奉军统领张作霖，宣布东三省实行联省自治，割据东北。吉黑江防舰队投奔奉军，王崇文继续任司令。次年 5 月 17 日，奉军以江防舰队军费不符合东北当局新规章为由，给王崇文扣上“报销不实”之名，将之撤职。

1927 年 3 月 12 日，随着原属北京政府的海军第一舰队、第二舰队及附属机构集体易帜参加国民革命，北京政府海军部改组为军事部海军署，王崇文任高级顾问。1929 年，王崇文任海军部少将候补员。1935 年，王崇文病逝于马尾家中。

第二代

王家兄弟的儿子辈，有不少考入海军学校，且学有所专。如王肇岐有七子八女，其中有 5 个儿子学习海军和造船。

王大焜：历职多舰 两任科长

王大焜（1890—1946），海军军官，曾任“肇和”舰军需长、鱼雷长，吉黑江防司令公署参谋，海军马尾要港司令部参谋处参谋，海军部军械司兵器科科员、代理科长，海军海岸巡防处巡缉课课长。

王大焜是王肇岐长子。宣统元年（1909 年），王大焜毕业于烟台海军学堂第三届航海班。1912 年 6 月，出任“肇和”舰中尉军需长。1915 年 12 月，转任“肇和”舰鱼雷长。1920 年 7 月，北上加入吉黑江防司令公署，任参谋。1931 年 5 月，任海军马尾要港司令部参谋处中校参谋。1933 年 4 月，任海军部军械司兵器科中校科员，次年代理科长。1936 年 10 月，任海军海岸巡防处巡缉课中校课长。1938 年，任海军总司令部中校候补员。1946 年，病卒于福州。

王大焜（左一）全家福

王大恭：毅然起义 人民海军舰长

王大恭（1902—1952），字叔怡，海军军官，曾任“豫章”舰鱼雷副、“逸仙”舰枪炮副、“永绥”舰航海副、“海筹”舰枪炮员、“公胜”艇副艇长、“应瑞”舰枪炮员、“江宁”艇副艇长、海军马尾练营副官、海军第一基地司令部军务课少校课员、“英德”舰舰长；中华人民共和国成立后曾任人民海军“汾河”舰舰长。

王大恭是王肇岐三子，1927年12月，以优异成绩毕业于福州海军学校第一届航海班。1930年5月，派往“通济”舰见习，12月充任“通济”舰代理军需副。1931年7月，任“豫章”炮舰鱼雷副，8月被授予海军少尉军衔。1932年2月，调任“逸仙”舰代理枪炮副，3月任“逸仙”舰枪炮副，5月调任“永绥”炮舰航海副，6月叙为一等中尉。1936年1月，任“海筹”舰枪炮员，2月调任“公胜”炮艇副艇长，3月调任海军部候补员并派“海筹”舰服务，5月调任“应瑞”舰枪炮员，7月调任“江宁”炮艇副艇长。

王家部分成员合影（坐着的3人从左至右依次为王子聪、王兼知、王肇岐，最后一排4位男性从右至左依次为王大恭、王世湘、王大昌、王大焜）

1937年7月，时任海军第一舰队枪炮官的王大恭随部参加抗战，12月任海军布雷队布雷官。1938年2月，王大恭任海军马尾练营中尉副官。

1945年12月，王大恭奉派进入青岛中央海军训练团受训。1947年4月，任海军第一基地司令部军务课少校课员。1949年4月，调任“英德”炮舰少校舰长，11月率舰参加国民党海军江防舰队起义。起义后，曾任人民海军“汾河”舰舰长。1952年，王大恭在上海去世。

王经：资深舰长 长于海道测量

王经（？—？），又名大具，海军军官，曾任“湖隼”艇副艇长、海军厦门要港司令部军法处军法官、海军海道测量局总务课课员、“青天”测量艇艇长。

王发惠长子王文纲，曾任职海军，后因家族生意需要，提前退役，与父亲和小弟王崇颖一起，负责打理家族生意。王经为王文纲之子。1920年夏天，毕业于烟台海军学校第十二届驾驶班。毕业后历任多舰，其间曾奉派海军海道测量局，学习海道测量，成长为这方面的专家。1927年4月，任“湖隼”鱼雷艇副艇长。1934年12月，任海军厦门要港司令部军法处少校军法官。

抗战爆发，王经随部参战。抗战胜利后，继续服务海军。1946年6月，任海军海道测量局总务课少校课员。在这之后，曾任“青天”测量艇中校艇长。之后，工作、生活状况不详。

王经还有三位堂弟，都曾与船政有过交集。

王肇岐四子王世湘，曾就读于福州海军学校，后因身体原因退学，转入家门口的福建协和大学就读，之后又就读于厦门大学。

王世湘弟弟、王肇岐五子王世端，1933年考入福州海军艺术学校。1935年2月海军艺术学校停办，之后，相继就读于福建省马江私立勤工初级机械科职业学校、福建省马江私立勤工工业职业学校。1938年2月，王世端再入三年制机械科学习，1941年毕业。

王肇基七子王世敬毕业于福建省立林森高级航空机械商船学校造船专业。中华人民共和国成立后，长期在东北重型机械厂任工程师。王家船政谱上第三代，以造船、制船技术人员为多。

王家女婿海军英才多

王崇文兄弟自己爱当海军，还喜欢将自己的宝贝千金嫁给海军军官，女婿中以袁晋、林舜藩、吴际贤最为有名。

袁晋：造舰专家 海军福州船政局局长

袁晋（1889—？），福建省侯官县（今福州市鼓楼区）人，海军军官，曾任海军福州船政局工务员、福州海军飞潜学校教官、吉黑江防司令公署轮机课课员、海军福州船政局工务主任、海军福州船政局局长、海军福州造船所所长。

王崇文有一子四女，三女儿王碧珍嫁给了著名造舰专家袁晋。光绪三十一年（1905年），袁晋考入江南水师学堂第五届轮机班。宣统元年（1909年）十二月，袁晋毕业，登“海琛”舰实习。宣统二年（1910年）九月初三，选派赴英国留学，学习海军及制造舰炮技术。1915年夏，袁晋转往美国麻省理工学院攻读舰船制造，并在美国海军兵工厂实习，学习潜艇制造。1916年12月，袁晋毕业回国，充任海军福州船政局工务员。1917年2月，袁晋任福州海军飞潜学校轮机、船体制造专业教官。1918年7月获授造船少监军衔，10月获授“五等文虎勋章”。1920年6月，任吉黑江防司令公署轮机课课员，7月任吉黑江防司令公署轮机课少校课长。1921年4月，获授“四等文虎勋章”，8月晋升海军造舰中监。1923年底，任海军福州船政局船体建造工程师。1926年10月，被授予海军造舰大监衔。1927年9月，任海军福州船政局工务长。1928年3月，升任海军福州船政局局长。1930年4月，任海军马尾造船所所长。

1933年，袁晋自请辞职，在未获批准情况下自行离职。次年2月21日，南京国民政府以其擅离职守，免去其本职。抗战期间，袁晋至民营造船厂工作。

1945年，日本无条件投降。袁晋作为接收台湾造船业的技术人员，于10月19日晚抵达基隆，并于11月6日开始参加接收高雄地区日军造船所。

1946年初，袁晋任台湾澎湖马公造船所工程师，负责主持舰艇修理。6月1日，返回福州。9月，转赴上海，在上海海关总税务司供职。著有《燃料油及其使用方法》等。卒年不详。

周兆雄：海军部军衡司当副官

周兆雄（？—？），福建省福州市人，海军军官，曾任海军部军衡司副官。

周兆雄是王肇岐大女婿，青年时期投身海军，因文化程度高且做人、处事周全，又长于交际，一直在海军机关做秘书、副官之类的文官，曾任海军司令部军衡司副官。因负责打理家族生意的王文纲过世，周兆雄被家族看好，临危受命，他退役回家负责家族企业管理。后事不详。

吴际贤：驾舰高手 连任四艇艇长

吴际贤（？—？），福建省福州市人，海军军官，曾任“公胜”艇艇长、“湖鹰”艇艇长、“诚胜”艇艇长、“江宁”艇艇长。

吴际贤是王肇岐二女婿，1917年毕业于烟台海军学校第十一届驾驶班。1919年，吴际贤任“江犀”浅水炮舰航海长。1927年4月，吴际贤升任“江犀”浅水炮舰副舰长。之后，相继担任“公胜”炮艇艇长、“湖鹰”鱼雷艇艇长、“诚胜”炮艇艇长、“江宁”炮艇艇长。1947年6月，吴际贤代理海军湖口巡防处港务课课长。1949年，吴际贤晋升为海军中校。后事不详。

林舜藩：辛亥功臣 升起易帜第一旗

林舜藩（1888—1965），字其南，号振波，福建省闽县（今福建省闽侯县）人，海军军官，清朝时曾任“策电”舰驾驶大副；民国时曾任“肇和”舰航海长、“靖安”舰副舰长、“利绥”舰舰长、海军吉黑江防司令公署副官长、东山海军总指挥部参谋主任、漳州海军总指挥部参谋长兼漳龙公路局局长、第二舰队司令部参谋主任、湖南省印花税处处长。

林舜藩是王发惠五子王崇颖的女婿，毕业于船政后学堂第十九届驾驶班。

宣统二年（1910年）十一月，林舜藩被派任长江舰队“策电”炮舰大副，主要承担督操、海巡之任。次年六月，林舜藩奉派南京学习施放鱼雷。八月初，短训结束后，再回驻泊上海的“策电”舰，就任原职。

宣统三年八月十九日（1911年10月10日），武昌起义爆发，林舜藩在“策电”舰首倡起义并发动与组织。九月十一日凌晨，他参与督舰起义，并以餐桌白布代替义旗，升上“策电”舰旗杆，正式宣告易帜，成为清朝海军在辛亥革命中起义的第一艘军舰，建功上海举义。“策电”舰起义后，管带叶大俊离舰，将舰务交由林舜藩负责。

1912年1月，中华民国南京临时政府成立，林舜藩任“海琛”舰少尉候补员，4月任“江犀”舰大副并代舰长，6月任“肇和”巡洋舰鱼雷长。1915年12月，任“肇和”舰航海长。1917年7月，任“靖安”运输舰副舰长，12月晋升少校衔。1919年7月，任吉黑江防舰队旗下的“利绥”炮舰舰长。1920年1月，获授“四等嘉禾勋章”，12月代理“江亨”舰舰长并获授“七等文虎勋章”。次年，再获“六等文虎勋章”。1922年4月，晋升海军中校衔,7月获授“五等文虎勋章”。1923年3月，任吉黑江防司令公署副官长，10月回闽投靠练习舰队司令杨树庄。1924年2月，林舜藩随杨树庄进军闽南，攻占厦门、漳州、东山岛等地。随即，任东山海军总指挥部参谋主任。1926年12月，东山海军总指挥部移设漳州，易名“漳州海军总指挥部”，林舜藩任参谋长兼漳龙公路局局长。1927年3月，随部易帜，投身国民革命，任国民革命军第二舰队司令部参谋主任，授衔海军轮机中校，获得“三等文虎勋章”。在这之后，林舜藩转业地方，曾任湖南省印花税处处长。

1946年9月14日，林舜藩退休还乡。

中华人民共和国成立后，林舜藩曾任福州市第一、第二、第三届政协委员和福建省政协委员。

王家女婿中当海军军官的还有一些。如王兼知育有一子五女，大女儿王碧金嫁给毕业于烟台海军学校第六届驾驶班的海军军官陈先敢，二女儿王碧珪嫁给毕业于烟台海军学校第二届驾驶班的叶鹏超，他们在海军中历任多岗。

林建章家族

林建章（1874—1940），字增荣，谱名述瑞，福建省长乐县（今福州市长乐区）人，海军名将，江南水师学堂第一届驾驶班毕业生，清朝时曾任“列”字艇管带、“南琛”舰帮带、“张”字艇管带、“宿”字艇管带、“飞鹰”舰管带、“通济”舰管带、“南琛”舰管带；民国时曾任“海容”舰舰长、“海筹”舰舰长、海军第一舰队司令、海军部总长、海军部顾问。海军上将。

林建章家族世居今福州市长乐区航城街道泮野村，四代海军。令家族成员颇为自豪的是，这个家族诞生了两代中国海军导弹精英。

家族源流

泮野林氏属“九牧林”

泮野林家，属“九牧林”一支。福建的林姓多是在西晋时迁入。《闽书》中载：“永嘉二年，中原板荡，衣冠始入闽者八族，所谓林、黄、陈、郑、詹、丘、何、胡是也。”[①]入闽始祖是林坚的第八十一世孙林颖，林颖次子林禄任晋安太守，后被晋明帝封为晋安郡王，其后代称“闽林晋安世系”。

林禄八世孙林玉珍又传六世有林韬、林披、林昌。据《中华林氏》记载：“林披，字茂则，福建莆田人，唐天宝十一载（752年）明经擢第，任将乐令，迁漳州刺史、沣州司马、康州刺史。”[②]林披生九子，据福建省第一部省志《八闽通志》

林可发：官至校长 培养全台海军士官

林可发（？—1995），海军军官，曾任海军长江中游布雷游击队第三中队第四分队布雷兵、海军第二布雷总队第三大队第五中队布雷兵、台湾地区海军士官学校校长。

林可发是林建章侄儿，小时家境不裕，只读过几年书，但他始终坚持自学。长大后进入海军部当通信员。抗战爆发，林可发主动请战到一线杀敌，被调往海军抗日布雷队当布雷员，先后在海军长江中游布雷游击队第三中队第四分队、海军第二布雷总队第三大队第五中队当布雷兵，坚持在长江布雷，曾在零下10摄氏度的天气里，潜入长江中布雷，炸毁了不少敌舰。

林可发

抗战胜利后，林可发被调往青岛中央海军训练团接舰班当分队长。之后，随国民党海军赴中国台湾。之后，曾任台湾地区海军士官学校教官、枪炮试验所中校所长、海军士官学校上校校长，1995年病逝。笔者曾赴中国台湾采访过林可发夫人郑珠英。丈夫病逝后，郑珠英将丈夫戎装照赠送给居于福州的抗日战友。

林浚之：战术教官 曾任黄埔军校课长

林浚之（？—？），又名天元，海军军官、陆军军官，曾任中央陆军军官学校教官、总务课课长。

林浚之是林建章长子，自幼喜武，期待能守土卫国，在完成小学、初中教育后，东渡扶桑，考入日本陆军士官学校。学成归国，投军从伍，后进入中央陆军军官学校高等教育班深造。毕业留校任教，任战术教官。执教的同时，潜心研究日本军事史。积功获升，曾任中央陆军军官学校少校总务课课长。抗战中，参与在昆明创办的中央陆军军官学校第五分校、在南宁创办的第六分校，在极其困难的情况下，培养了大批军事人才。后随部赴中国台湾。曾在台湾地区海上防务部门服务过。

林建章长子从武，次子从文。次子林道培，上海圣约翰大学毕业生，曾任四川重庆市银行行长。

第三代

洋野林家第三代海军，与前两代有所不同，不再以当水手为多，出了不少技术型和政工型海军人才，其中代表人物是新中国海军导弹专家林立崭。

中华人民共和国成立后，洋野人当海军热情不减，1961 年、1968 年村中部分年轻人都穿上海蓝色的军装，成为人民海军一员。

林立华：海军秘书 参与起草海军章程

林立华（？—？），又名监明，海军军官，曾任海军部秘书。

林立华是洋野林家第二十二世孙、林建章侄孙。林立华自幼好学，研读经史子集，写得一手好文章，后考入全闽师范大学堂，学业优异。毕业后，进入民国海军部，长期担任海军部秘书，参与起草了民国海军的不少章程。后事不详。

林立崭：海军高工 导弹仪器专家

林立崭（1937—　），又名樵生，海军武器专家，曾任国防部第七研究院七一六所计划处处长。

林立崭是洋野林家第二十二世孙、林建章侄孙。1937 年生于洋野村老家，从小到大一直是学校的学习尖子。1961年大学毕业后，因品学兼优，选拔进入专门研究海军武器装备的国防部第七研究院。第七研究院，又称中国舰船研究院，是集顶层设计、系统集成、军民融合的创新型国家重点军工科研机构。

林立崭分配到第七研究院的七一六研究所，专攻导弹数学指挥仪。他从助理工程师做起，随着科研成果不断增多，逐步晋升为工程师、高级工程师、教授级高级工程师，为海军导弹部队建设做出重要贡献。

林立曦：舟山从戎 东海舰队任教导员

林立曦（1948—　），又名进远，海军军官，曾任东海舰队舟山基地政治指导员、政治干事、政治教导员。

林立曦是泮野林家第二十二世孙、林建章侄孙，1948生于泮野村老家。在长乐读完高中，因向往当海军，于1968年参军来到海军东海舰队当水兵。

入伍后，林立曦积极要求进步，时时处处以海军英雄安业民、麦贤得为标杆来要求自己，训练刻苦，学习努力，表现积极，多次立功受奖，不但很快加入了中国共产党，还被提升为人民海军军官。林立曦曾长期在东海舰队舟山基地从事政治工作，曾任政治指导员、政治干事、政治教导员。

第四代

泮野林家第四代海军，与上溯两代一样，依旧是海峡两岸皆有英才。代表人物分别是在中国台湾的林丕熙和在大陆的林丕建。

林丕熙：台湾政工 与蒋经国是好友

林丕熙（？—？），又名寿生、绍嘉，海军军官，曾任国民党海军部特别党部组织科科长。

林丕熙是洋野林家第二十三世孙、林建章曾侄孙。他青年时期加入国民党，长期在海军部当党工人员，为蒋经国好友。1944 年，调任国民党海军部特别党部组织科科长。后随部赴中国台湾，一直在台湾地区海上防务部门做政治工作，曾与蒋经国是好友。后事不详。

林丕建：建功海南 海军导弹制导专才

林丕建（1965— ），海军军官，曾任海军三亚某部导弹技术队高级工程师。

林丕建是洋野林家第二十三世孙、林建章曾侄孙，从小学习成绩优异，1985 年考入海军航空工程学院电子工程系导弹制导雷达专业。毕业后一直在海南三亚海军某部导弹技术队工作，曾多次因科研成果和工作积极获表彰。

家族传奇

林建章率部国际维和

第一次世界大战中，中国曾经有一次鲜为人知的军事行动，而这一行动与林建章有关。

1917 年，第一次世界大战期间，中国加入协约国。第一次世界大战之后，俄国一片混乱。十月革命后，红军节节胜利，俄国远东领土落入无政府状态。海参崴原是中国的领土，19 世纪末被沙俄吞并。中国政府利用这个有利时机，于 1918 年决定出兵俄国西伯利亚，参加联合干涉军，屏护三江，并进一步设法收复东北失地。

1919 年 10 月，中国海陆军开始挺进西伯利亚。陆军宋焕章支队 2000 余人于岁末陆续抵达，分驻于海参崴、伯力、庙街等地，保护当地华侨，维护社会秩序，并清剿白俄溃军形成的土匪，中国驻西伯利亚部队的司令部设在海参崴。

出征西伯利亚的海军，民国北京政府原派海军第一舰队司令蓝建枢率舰队前往，但因为蓝建枢另有任务，段祺瑞便升林建章为代将，命其率舰队前往，同时指挥海陆边防部队。

中国军队在西伯利亚的作用，接近于现在的联合国维持和平部队，只不过那时候国际社会的安全体系还没有那样健全。林建章率舰队抵达海参崴后，设立中国海军代将处。当美、英、日、法四个协约国从远东对新生的红色苏联进行武装干涉，计划围攻海参崴时，林建章处变不惊，在各协约国列强中斡旋，不亢不卑，维护中国政府的尊严，同时他严肃军纪，不许士兵趁火打劫，维护当地的治安与交通，受到老百姓称赞，历时一年多。归来不久，林建章暂代第一舰队司令。1922 年 4 月，北洋政府海军部给林建章授勋，赞扬他“调度有方，勋勤足录”[④]。

史载，当年共有 14 个国家派出了类似的部队，当时国际舆论对各国军队的评价是：军纪最差者——日军；供应最好者——美军；军容最整者——华军；战绩最好者——华军。

注释：

① 何乔远．闽书（第五册）[M]. 福州：福建人民出版社，1994：4487.

②③ 刘琳．中国长乐海军世家 [M]. 福州：海潮摄影艺术出版社，2009：80-81.

④ 蔡鸿干．林建章事略 [M]// 中国人民政治协商会议福建省委员会文史资料研究委员会编．福建文史资料（第八辑）．福州：福建人民出版社，1984：165.

杜锡珪家族

杜锡珪（1874—1933），幼名鸿睿，字慎臣，晚号石钟居士，福建闽县（今福州市鼓楼区）人，海军名将，江南水师学堂第三届驾驶班毕业生，清朝时曾任海军副参领兼“江贞”舰管带；辛亥革命时期曾任“海容”舰管带；民国时曾任“海容”舰舰长兼闽江要塞司令、福建省防军代理司令、第二舰队司令、海军总司令，海军部总长，海军部总长兼代国务总理并兼摄行大总统。海军上将。

杜锡珪家族世居今福州市鼓楼区朱紫坊观音桥旁，1995 年因故居大部倾颓，即将仅存正座两进，迁移到福州市鼓楼区道山路二营巷原杜公家庙旧址上。家族三代海军，代表人物为杜锡珪。

家族源流

杜姓源于帝尧之后

杜姓源于祁姓，出自帝尧裔孙刘累之后裔的封地，属于以国名为氏。黄帝的二十五子中有个叫祁的，尧姓伊祁，杜氏源于祁姓，是帝尧的后代。尧除承继祖辈姬姓外，又因其母庆都（居于今河南淮阳的有锋氏族部落之女）在伊祁山（今河北保定顺平县）伊祁氏部落首领伊长孺家生下他，故又以地名“祁”为姓。

中国古史传说的“帝”都有氏号，尧的氏族部落善于农耕和烧制陶器，又曾以唐（今河北唐县）、陶（今山东定陶）地为部落居住地，遂被人们尊称为陶唐氏，故有帝尧陶唐氏之称号，亦单称为“唐尧”。陶唐氏的后裔曾建国于刘。当时夏后氏的六世孙孔甲为夏王，他好方鬼神。传说天降雌、雄二龙，孔甲不会养，陶唐氏的裔孙刘累就向豢龙氏学习驯养龙。豢龙氏畜龙以事帝舜，因而被赐姓。而刘累因为学扰龙（驯龙）而事孔甲，也被赐姓为御龙氏。

西周时，刘累后代建唐国，人称唐杜氏。后周成王把唐国灭了，把自己的弟弟虞封在唐，把唐国国君迁到杜，称为杜伯。周宣王时，杜国又被灭，作为周大夫的杜伯也无罪被杀害。杜伯的子孙多投奔其他诸侯，而那些留在杜城的杜伯子孙就用杜作为姓氏了。当时，杜伯之子隰叔逃奔晋国，后仕晋为士师之官。其子孙遂为士氏，后食邑于范，又为范氏。杜氏、士氏、范氏三氏因此同宗同源。

春秋初年，唐杜国为秦所灭。周庄王十年（公元前687年），秦武公置杜县，治所在今西安东南。西汉元康元年（公元前65年）汉宣帝筑陵于此，遂改名为杜陵。

《新唐书》中的“宰相世系表”一节对此有详细记载：“帝尧裔孙刘累之后，在周为唐杜氏。周成王灭唐，以该地封己弟叔虞，改封唐氏子孙于杜城，即京兆杜陵县（今陕西长安东南），其后因以为氏。”①

杜姓源流还有若干说法：

出自神龙氏说。杜本是一种树木的名，是神农氏中一支氏族的神树。这支氏族崇拜杜梨树并以此为氏族原始图腾，建立国家后称杜城，最终形成国和姓。

出自熊艰说。春秋时期，楚国君主熊艰，号称杜敖。其后人以“杜”为姓。

出自官职说。杜蒯是春秋时期晋、秦、卫诸国掌管膳食和祭祀牺牲的官吏，是官职称谓，在杜蒯的后裔子孙中，有以先祖官职称谓为姓氏者，称“杜”氏。

出自杜康说。酿酒鼻祖杜康出生年代，一种说法是在5000年前的黄帝时期，另一种说法认为他就是夏朝第六代国王少康。杜康的故乡在今河南省汝阳县杜康村。明万历年间修撰的《直隶汝州全志·伊阳古迹》等书中，介绍杜康造酒于伊阳杜水。今汝阳县以前称伊阳县，清代以前属直隶汝州管辖，所以说杜康是今汝阳县人，河南也被视为杜姓的发祥地。

出自外姓和外族改姓说。融入杜姓的外族主要有——秦汉之际板楯蛮首领杜濩，杜姓（度姓）是巴族人中的大姓；南北朝北魏鲜卑族独孤浑氏（吐斤氏）改为杜姓；北宋金国女真族徒单氏族改为杜姓；清朝满洲八旗都善氏、图克坦氏等氏族均集体改为杜姓，其后族人多数同化为东北杜姓汉族，今东北多杜姓与满族的改姓有直接关系。

但杜锡珪家族认定自己是帝尧裔孙刘累之后。

杜家人为唐宋名相裔孙

东周初期，周平王东迁，居于京兆杜陵的杜氏族人随之徙居今河南南阳。到了秦朝，这一支有位后人叫杜赫，是秦大将军，食采于南阳衍邑，其后世繁衍成当地望族。

杜赫子杜秉，任上党（今山西省长治）太守；杜秉子杜札，任南阳太守；杜札子杜周，任御史大夫，于汉武帝时以豪门望族被朝廷强迫迁徙茂陵（今陕西省兴平东北），后形成杜姓历史上最大的一个郡望——京兆郡。

杜锡珪故居

唐初，这一支后人中出了一代名相杜如晦。杜如晦（585—630），字克明，参与策划“玄武门之变”，位居首功，拜太子左庶子，册封蔡国公。唐太宗即位后，历任兵部尚书、检校侍中、吏部尚书，迁右仆射，配合房玄龄同心辅政，负责选拔人才、制定法度等，并称“房谋杜断”。贞观四年（630年）病逝，追赠司空、莱国公，谥号“为成”。杜如诲叔父杜淹也为唐初宰相。晚唐，杜家再出名相。杜淹七世孙杜审权及其子杜让能皆当过宰相。

杜让能儿子杜光义、杜晓，后定居越州山阴（今绍兴）。

杜家的族谱保存尚好，并附有杜锡珪长兄杜逢时与山东省兖州市东平县老家族亲的来往书信。从族谱中可以清楚看到，杜锡珪家族是宋朝祁国公杜衍后人中的一支。杜衍（978—1057），字世昌，越州山阴人，北宋大臣，大中祥符元年（1008 年）登进士。历仕州郡，以善辨狱闻。宋仁宗特召为御史中丞，兼判吏部流内铨。改知审官院。庆历三年（1043 年），任枢密使，次年拜同平章事，为相百日而罢，出知兖州。以太子少师致仕，封祁国公，谥“正献”。

越州山阴杜氏北宋时传到杜衍，另立为一世祖，《宋史》上不但有祁国公的传记，他的后人见于《宋史》的也不少，其中有宋朝右丞相杜范及杜范之子杜浒。杜范（1182—1245），字成之，号立斋，台州黄岩（今属浙江）杜家村人，南宋宰相。曾任吏部侍郎兼中书舍人、兵部尚书、礼部尚书、同佥枢密院事、同知枢密院事。淳祐四年（1244 年）十二月，杜范任右丞相兼枢密使，整肃朝纲，选拔贤才，理宗书“开诚心，布公道，集众思，广忠益”赐之。杜范上疏五事：正治本，肃宫闱，择人才，惜名器，节财用。再上十二事定国本系人心，以挽宋室。蒙古军大举入侵，杜范命淮扬、鄂渚两军东西夹攻，合肥、寿春解围。卒赠少傅，谥“清献”。南宋末年，杜范之子杜浒与侄儿率兵勤王，进入福建。

祖辈曾为宋明两朝皇帝护驾

杜家成为武将正是从入闽始祖杜浒开始。

根据《宋史》记载，杜浒少时就英气逼人，识得不少游侠好汉。当时，南宋朝廷正处于风雨飘摇中，德祐元年（1275 年），元兵逼近临安，文天祥号召百姓拿起武器保护朝廷南迁，但许多人不敢去。杜浒集合起四千勇士，保护益王、广王借海道南迁入闽。益王在福州即位后，杜浒被授司农卿广东提举、招讨副使、督府参谋。临危受命，杜浒恪尽职守，见南宋兵力枯竭，杜浒冒着生命危险往浙江温州、台州招兵买马。设在福州的小朝廷被攻陷后，杜浒又拼力保护着小朝廷渡海到广东。一路上，杜浒率部与敌血战，直至崖山兵败被俘。狱中，杜浒铁骨铮铮，坚持不降元，最后忧愤而死。

福州杜姓有两大支，都是杜衍的后人。一支是杜浒的后人，元末为避天下大乱，由浙江迁入现属福州市管辖的福清市大让乡。另一支入闽与杜衍公的玄孙杜盛、杜咸有关。杜盛与弟弟杜咸后来迁居山东东平州三王社，连传八世。杜咸八世孙，即杜衍十二世孙杜保，其子杜支曾是朱元璋手下的一员悍将，明洪武三十一年（1398 年）授试百户。朱元璋病逝后，朱允炆继任皇帝，其叔叔朱棣不服，为争皇位与侄儿兵戎相见。杜支奉朱棣之命，征讨广昌、蔚州、大同、白沟河、沧州、济南、东昌及藁城，大破保定府，后又连战东阿、东平，转而征讨齐眉山、灵璧，紧接着又强渡淮河，克镇淮扬，攻下金川门，为朱棣坐定江山立下了赫赫战功。朱棣后升其为陕西都司、秦州卫中所副千户，永乐十五年（1417 年）随驾回北京。

明成祖亲赐铁券 杜家人世袭高官

宣德二年（1426 年）七月十二日杜支奉诏入闽，镇守福州，并获授世袭左卫左所副千户，明成祖朱棣还赐铁券，上刻有："开国辅运，推诚宣力"[②]。后来满门海军的杜锡珪家族即这位能征善战名将的嫡传后人。

在明朝，仰仗杜支的战功，杜家人自明成祖至明思宗，220 多年间杜家世袭左卫左所副千户。特别值得一提的是，明朝间杜家战功也连绵百余年。

杜支长子杜忠，宣德四年（1428 年）九月领到任命书，驻守福州。天顺元年（1457 年）三月，同指挥使刘宽督兵剿灭了福建上杭巨寇，亲手擒下贼首张成。杜忠在任 40 年，累积战功。杜忠六世孙杜凤墀，以科举入仕，后世袭左卫左所副千户，明万历三十五年（1607 年）以功升任总兵，负责镇守南澳。任中，招降海寇刘香，为当地百姓除却了匪患，百姓勒碑记功，上书："只身赶海万命甦"[③]。

明亡清兴，杜家在短暂的没落后，又有子孙或以军功或通过科举获得功名。杜衍二十八世孙杜振声，五品衔候选知县。二十九世孙中，杜有才以军功议叙六品衔候选知府，杜有榕被授奉直大夫并以军功议叙五品衔，杜有麒军功议叙六品衔，杜锡珪的父亲杜有略也是五品衔候选同知。

船政家谱

第一代

杜锡珪可算是出身名门，其父亲世系自宋朝开始近千年官运不断，其母亲也是豪门出身，外祖父是在贵州任知府的王少槐。杜锡珪父亲名杜有略，字吉甫，母亲叫王招弟，两人生有四子，即杜鸿国、杜逢时、杜锡珪、杜鸿玖。其中，杜鸿玖少时夭折。而杜家能成为中国近代史上颇有名气的海军家族，与杜有略的选择有关。杜锡珪病逝后，海军元老萨镇冰曾撰《慎臣杜公行实》，其中有这样的记载："甲申法舰犯闽，我师毁焉。吉甫先生慨国威不振，悉遣子侄研习海军。"④

杜家因此成为中国旧水师茁壮为近代海军的见证人和实践者。

杜逢镇：海军咨议 北岛筹措粮饷

杜逢镇（1868—1929），字镇藩，号鸿曦，海军军官，曾任福建省长公署咨议、海军总司令公署咨议、海军福建北岛渔捐处处长。

杜逢镇是杜锡珪堂哥，在家族同辈兄弟中排行第九。杜逢镇原致举业，长于诗文。晚清废除科举，转攻西学。因颇通法律且能文，民国后进入福建省长公署任职。随着杜锡珪在军界、政界影响力不断攀升，杜逢镇曾任福建省长公署咨议和海军总司令公署咨议。

杜锡珪执掌海军大权后，为解决海军官兵欠饷和舰船维修费用不够等困难，选择走自力更生之路，在福建多地广辟财源，设立多种特别税、捐项目，为此，在闽东三都澳设立了北岛渔捐处，杜逢镇出任处长。任上，多管齐下，为海军筹得大量钱财。1929 年 7 月 11 日，杜逢镇病逝福州。

杜鸿国：投笔从军 闽浙督标水师守备

杜鸿国（1869—1914），幼名逢栋，字梓芬，又字柱臣，海军军官，清朝曾任闽浙督标水师营千总、守备，民国曾任张家口居庸关税局局长。

杜鸿国是杜有略长子、杜锡珪长兄，在家族同辈兄弟中行十，是杜家第一位水师军官。他幼承庭训，饱读诗书，在晚清内忧外患之时，立志学习先辈杜浒，精忠报国，守卫海疆。及长投笔从军，进入闽浙督标水师营。闽浙督标水师营属旧水师。杜鸿国从军后，刻苦训练，水战技能不断提升，特别爱读兵书，加上不惧生死，查验外国走私船，打击海盗，打击外国鸦片船，次次作战告捷。因此，累功不断获升，升把总，再升千总、守备。

辛亥革命后，闽浙督标水师营解散。杜鸿国曾任张家口居庸关税局局长。

杜鸿图：名舰舰长 辛亥起义有功

杜鸿图（1869—1954），又名宗凯，海军军官，清朝时曾任“海琛”舰三副、“通济”舰枪炮大副、“建安”舰帮带、“湖鹰”舰管带；民国时曾任“江犀”舰舰长、“江贞”舰舰长、“楚观”舰舰长、“建安”舰舰长、海军总司令部参谋。

自中法马江海战后，全国各地只要有培养海军的水师学堂，杜家男儿不管路有多远，也要驰赴投考，表现出极强的守卫祖国海疆的使命感。

杜鸿图即是其中之一。他是杜锡珪堂兄，在家族同辈兄弟中排行十一，比杜鸿国小了不到3个月。光绪二十一年（1895年）秋天，以优异成绩毕业于天津水师学堂第五届驾驶班。因学业优良，毕业后优先补用千总，登上“海琛”舰。

杜鸿图（杜宗凯）

凭着机智勇敢和做事认真，杜鸿图不断得到提拔。光绪二十八年（1902年），杜鸿图任“通济”舰煤饷大副。光绪三十年（1904年），转任同舰枪炮大副。宣统二年（1910年），杜鸿图调任“建安”舰帮带。宣统三年（1911年）初，杜鸿图调任“湖鹰”艇管带。正是在此任上，杜鸿图率舰易帜，投身反清革命。

武昌起义爆发后，杜鸿图率“湖鹰”艇起义，指挥战舰掉转炮口攻击清军，同时施放鱼雷，助新军打清军。

1912年1月，中华民国成立，杜鸿图继续服务于海军。1912年1月，任“楚泰”炮舰轮机长。1913年1月，获授海军少校，8月晋升海军中校。1914年10月，任“江犀”舰舰长。1917年8月，调任“江贞”舰舰长。1918年4月，晋升海军上校。1924年3月，转任“建安”炮舰舰长。

杜鸿图曾被授予“三等文虎勋章”“三等嘉禾勋章”“四等宝光嘉禾勋章”“一等金色奖章”。1954年，杜鸿图病逝上海。

杜逢时：名舰舰长 海军部一等参谋

杜逢时（1870— ？），幼名继兴，字绶臣，晚号惟吾，海军军官，清朝时曾任海军鱼雷营操练委员、“列”字艇管带、雷艇队队长、“登瀛洲”舰管带；民国时曾任参谋署第六（海军）司科长、海军部租船监督处副监督、海军总司令部军事参议、海军部军事参议。

杜逢时在家族同辈兄弟中排行十三，为江南水师学堂鱼雷班第一届毕业生中的第一名，毕业时赏戴蓝领五品衔，先补用千总，之后相继补用守备、都司。

杜逢时为人机敏，处事果敢，毕业后提升甚快。曾任海军鱼雷营操练官、“列”字鱼雷艇管带，还曾任雷艇队队长，主管“辰”字、“宿”字、“列”字、“张”字4艘鱼雷艇，到武昌起义爆发时，已任“登瀛洲”舰管带，获授协领。

辛亥革命后，建立了中华民国南京临时政府。随即，杜逢时于1912年1月8日任参谋署第六（海军）司科长。1913年6月任海军总司令处二等参谋，7月获授海军中校，8月晋升海军上校。1918年10月，任海军总司令公署参谋处参谋。1923年3月，晋升海军少将。

杜逢时一生官运不错，还曾任海军部租船监督处副监督、两湖巡阅使公署顾问、直鲁豫巡阅使公署高等顾问、直隶省长公署高等顾问、交通部驻沪电料局局长、海军总司令部军事参议、海军部军事委员会委员、江苏苏州税所所长、江苏大胜关税所所长。1938年1月任海军总司令部少将候补员。

杜逢时经历多次立功授勋，曾被授予“二等文虎勋章”“三等嘉禾勋章”“四等宝光嘉禾勋章”。交通部也曾授予杜逢时一等奖章。

杜逢时56岁时留影

杜家族谱保存完好，杜逢时功不可没。1932年，退休在家的杜逢时出钱出力增修族谱，并亲自将收集到的杜氏福清、连江、同安、福州城区四支的族谱，经过考证、编辑，收进杜氏族谱，并于1935年冬编辑完成。杜逢时对族中大事都很关切，不计钱财。1933年，出资并主持营建祖父杜振声家庙。杜振声家庙，位于今天的道山路中段，与杜家祖宅距离仅有300步左右。这个家庙一直保持到20世纪70年代初，才因修路拆除。杜逢时卒年不详。

杜绍棠：轮机专家 多艘军舰任轮机长

杜绍棠（1871—1927），原名鸿桢，字幼心，海军军官，清朝时曾任“通济”舰副管轮、“江贞”舰副管轮、“楚泰”舰正管轮；民国时曾任“福安”舰轮机长。

杜绍棠在家族同辈兄弟中排行十四，为杜锡珪堂哥。虽家境优裕，学业优良，族人劝其尽力举业，但他期待与前辈一样沙场立功、保家卫国。于是考入江南水师学堂第四届管轮班。光绪三十一年（1905年），杜绍棠以优异成绩毕业，立即上舰服务。清末，杜绍棠曾任“通济”舰副管轮、“江贞”舰副管轮、“豫章”舰副管轮、“楚泰”舰正管轮。民国后曾任“福安”舰轮机长。海军轮机少校。

杜绍棠在退役之后，转往湖北富池口任税局局长。

杜逢堉：法政学堂毕业 民国海军中校

杜逢堉（1872— ？），又名鸿毓，海军军官，曾任第二舰队司令处书记官、海军总司令公署书记官、海军总司令部咨议。

杜逢堉是杜锡珪堂哥，在家族同辈兄弟中排行十五。小时，家中长辈为其请名儒教授经史子集，拥有广博的知识面和深厚的文字功底，完成小学和初中教育后，考入福建法政学堂，毕业后到闽浙总督署当吏员，曾获授五品顶戴。

辛亥革命爆发后，杜逢堉心向革命。清朝被推翻后，曾任福建都督府书记员，新政府的许多文案出自他的笔下。

在这之后，杜逢堉投身海军界，多在堂弟杜锡珪身边工作。1917 年 7 月 24 日，杜锡珪任第二舰队司令，杜逢堉任第二舰队书记官，1922 年 6 月 29 日，杜锡珪离任，杜逢堉也同时离去。1924 年 4 月 14 日，杜逢堉任北京政府海军总司令公署书记官处书记官，此时他的堂弟杜锡珪正任海军总司令。此外，杜逢堉还曾任海军总司令部咨议。退役之后，曾任福建省福清县海口镇公安局局长。

杜逢堉先后获得“四等文虎勋章”“五等嘉禾勋章”“一等金色奖章”。后事不详。

杜锡珪：海军总长 摄行民国大总统

杜锡珪（1874—1933），幼名鸿睿，字慎臣，晚号石钟居士，海军名将，清朝时曾任“建安”舰代理管带、“辰”字艇管带、海军部警卫队管带、“江贞”舰管带；辛亥革命时期曾任“海容”舰管带；民国时曾任“海容”舰管带兼闽江要塞司令和福建省防军代理司令、第二舰队司令、海军总司令、海军部总长、海军部总长代国务总理并摄行总统、海军学校校长。

杜锡珪在家族同辈中排行十七。光绪二十八年初春（1902 年 3 月），杜锡珪以全班第四名成绩毕业于江南水师学堂第三届驾驶班。先在“海圻”巡洋舰当哨官，后历任三副、二副、枪炮大副及“建安”舰代理管带。光绪三十四年（1908 年），任“辰”字鱼雷艇管带。次年，升至海军部警卫队管带。宣统三年夏（1911

年7月），杜锡珪以海军副参领充“江贞”舰管带。

杜锡珪在辛亥革命中功绩卓著，连升二级，被公举为“海容”巡洋舰管带。

1912年1月，中华民国临时政府在南京成立后，立即采纳了杜锡珪等人的建议，组成海军北伐舰队，协助光复沿海。同年12月30日被授海军上校，率“海容”舰驻泊马尾，兼任闽江要塞司令和福建省防军代理司令。1917年8月，升任海军第二舰队司令，获授海军少将。次年，晋升海军中将。1922年6月，升任海军总司令，并被授“瀛威将军”。1924年，段祺瑞上台，杜锡珪辞职。1925年12月，北京政府改组，杜锡珪在直系的支持下东山再起，升为海军部总长。1926年，杜锡珪以海军部总长代国务总理，并兼摄行大总统职。同年10月，辞去国务总理职。

1927年6月，杜锡珪辞去海军部总长职，宣布归隐，寓居天津，终日以读书、下围棋、玩古董自娱。1929年10月，杜锡珪接受南京国民政府委派，以“考察日本及欧美各国海军专员”身份，出国考察，历时年余，后写出有30万字之巨的《考察欧美、日本海军报告书》，对海军的整顿与发展提出了许多建设性意见。此后，以海军上将衔出任海军学校校长兼海军部高等顾问。1932年2月，杜锡珪被聘为“国难会议”委员。次年12月28日，杜锡珪病逝于上海。

杜锡珪

杜锡珪对于中国海军的发展与壮大是立有功勋的。他病逝后，国民政府主席林森所作的《慎臣杜氏像赞》，可说是对他一生的总结：“觥觥上将，海军耆宿；学擅韬钤，志宏乐育；暐曜勋名，垂光简牍；遗像载瞻，英风未沫。”⑤

杜鸿钧：海军秘书 渔捐处任副处长

杜鸿钧（1875— ？），又名宗唐，字希伯，海军军官，曾任海军福建北岛渔捐处副处长。

杜鸿钧是杜锡珪堂弟，在家族同辈中排行十八，自幼受到良好教育。凭借杜锡珪在海军的关系，杜鸿钧进入海军界工作。民国初年，一方面军阀混战，致国家经济发展受到严重影响；另一方面国家建设百废待兴，海军经费严重不足。为筹措海军发展经费，海军自力更生，在一些港口征收渔捐即是其中一种。

杜鸿钧先是在海军部机关工作，也曾在海军闽口要塞司令部做书记官。后调任海军福建北岛渔捐处副处长，为海军建设筹措经费。

杜鸿翔："江元"舰书记官 英年早逝

杜鸿翔（1877—1906），字锡禧，海军军官，曾任"江元"舰书记官。

杜鸿翔在家族同辈兄弟中排行第十九，是杜锡珪堂弟，进入海军界也是因这位堂哥帮忙。民国时期，海军军官收入颇高，且工作相对稳定。饱读诗书的杜鸿翔进入海军界，到"江元"舰上当书记官。

颇有意思的是，笔者到北京图书馆查阅旧时海军资料，发现在民国初年的"临时大总统令"中，有时一张任命书上就有杜家多位兄弟的名字，如 1913 年 8 月 20 日的《临时大总统令》是一份任命书，写着："海军总长刘冠雄呈请授林建章、魏子浩、李景曦、杜逢时、任光宇为海军上校，沈继芳、吴赛仁、杜宗凯为海军中校，应照准。此令。"⑥

第二代

抗日烽火中，杜锡珪家族第二代海军多在战场上与敌厮杀，传承了家族忠义与英勇之风，亦彰显了中国军人的血气与不屈的意志。

杜功伟：练营毕业 “肇和”舰军士长

杜功伟（1885—？），字大章，号炳均，海军士兵，曾任“肇和”舰军士长。

杜功伟是杜锡珪侄儿，家族同辈兄弟中排行第六。少年时期考入烟台海军练营，在校时克服各种困难苦练水兵诸技，专业为轮机，成绩甚好。毕业后登舰服务。一边完成各项任务，一边潜心研究轮机保养和维修技术，成为轮机技术兵中的佼佼者。因为勤学苦练，对专业技术精益求精，杜功伟不断获升，曾任“肇和”舰轮机军士长，获授海军准尉。后长期在海军工作。卒年不详。

杜功新：炮台台长 鏖战日军

杜功新（1890—？），字克远，海军军官，曾任“永健”舰副舰长、“海枭”艇艇长、“江元”舰副舰长、黄鄂区海军炮台第一总台第一分台台长、海军川江临时炮台第四台台长。

杜功新是杜锡珪侄儿，在家族同辈兄弟中行八。1911 年 5 月毕业于烟台海军学堂第六届驾驶班，历岗多舰。曾任“肇和”舰副航海长、鱼雷长、枪炮教官，“海枭”艇艇长等。1917 年 11 月，任“肇和”舰航海长。1927 年 4 月，任“永健”舰副舰长。1935 年，任“江元”舰副舰长。1938 年 1 月，任第二舰队附额上尉官佐。

杜功新

抗战中，杜功新曾任黄鄂区海军炮台第一总台第一分台台长，率部血战日军。在 1938 年武汉保卫战未打响前，日军派飞机多次到第一总台驻地侦察并派暗探到防区附近侦察，有时在我雷区附近切断水雷区观察所电线。杜功新总是及时发现，给予敌人痛击。日军在攻陷田家镇时，迫近葛店外围，绕道进攻武汉。

1938年10月17日、18日两天，三艘日舰驶至谌家矶下，离杜功新与战友们布下水雷的雷区有5000米，离我炮台万余米处，日机飞来轰炸，掩护日舰进攻。日舰不断开炮袭击杜功新所在的炮台与友台，两天发炮数百发，杜功新沉着指挥，加上炮台伪装甚好，敌人看不清炮位，无一发落入炮台，我军官兵毫发未损。19日，日军迫近炮台，升起一个气球作炮击指挥，先后向我炮台发炮百余发，但无一命中。当时，中国陆军布了五道防线。19日，日步兵向我陆军所布的五道防线进逼，陆军在敌人炮击前数小时已全部向西撤退。22日，日军未发一枪一弹即越过我陆军五道防线，冲向炮台。杜功新临危不惧，组织官兵沉着应战，待敌人进入我们枪炮射程内后，即开始炮击，并用机枪和手榴弹猛攻，打死打伤敌人数十人，迫使日军向后撤退。

在武汉弃守后，为保卫陪都，海军设立川江炮台，杜功新出任第四台台长，率部以布雷炸敌舰和岸炮锁江的形式，阻击日军沿长江进犯重庆。后事不详。

杜功懋："江贞"军士长 对日血战

杜功懋（1892—？），又名炳桂、汉民，海军士兵，曾任"江贞"舰电机副军士长、军士长。

杜功懋在家族同辈兄弟中排行第九，为杜锡珪侄儿，毕业于海军练营轮机专业，曾任"江贞"舰电机副军士长、军士长，还被晋升为海军准尉。

抗战军兴，杜功懋随"江贞"舰投身与日血战。1938年参加武汉会战。当武汉会战最为激烈之时，我海军舰队即集结于武汉上游之岳阳、金口、新堤及长沙水域。日军一面加紧进攻武汉，一面派飞机飞临我武汉后方，以我舰队为目标，大肆轰炸。1938年7月20日，日军为报复中国海军鱼雷艇，对江上日军舰艇的袭击，发动空袭，派27架飞机向我岳阳狂轰滥炸，杜功懋与战友们合力炮击，敌不支退去，"江贞"与"民生"两舰不幸中弹，两舰伤亡官兵34人。"江贞"舰因伤势太重，修缮困难，在10月26日岳阳我军撤退时，海军被迫焚毁。

在战舰殉国后，杜功懋参加海军布雷队，继续打击侵略者。后事不详。

杜功谨：海军专业士官 荣升准尉

杜功谨（1894—1932），字履锦，海军士兵，曾任“靖安”舰轮机下士、“海筹”舰电机上士、“楚泰”舰电机副军士长。

杜功谨是杜锡珪侄儿，在家族同辈兄弟中排行第十，自马尾海军练营轮机专业毕业后，登“靖安”舰服务，任轮机下士。之后，调往“海筹”舰，任轮机上士。后升为“楚泰”舰轮机副军士长，并被授海军准尉军衔。

1932 年 9 月 21 日，杜功谨不幸逝世，留下聿玉、聿清、聿贞三女，夫人余氏抚孤守节。后胞兄杜功新将自己儿子聿贤过继到杜功谨名下承嗣。

杜功迈：海军少校 英年殉难

杜功迈（1898—1930），字德涧，海军军官，曾任“江贞”舰副枪炮长、“德胜”舰航海长。

杜功迈是杜鸿国三子、杜锡珪侄儿，在家族同辈兄弟中排行十一。1920 年夏天，毕业于烟台海军学校第十二届驾驶班。曾任“江贞”舰副枪炮长、“德胜”舰航海长，上尉军衔。1930 年 9 月 10 日，英国军舰到访，杜功迈奉命坐小轮前往英舰洽谈具体访问事件，小轮在长江湖北沙堤段遇大浪倾翻，杜功迈殉难，遗体未寻获。海军部从优恤，照少校例给恤。

杜功擎：大学学士 江南造船

杜功擎（1905— ？），字秉铨，号植孙，海军军官，曾任海军江南造船所缮核课司事、簿记课司事、会计课会计。

杜功擎是杜鸿图次子、杜锡珪侄儿，在家族同辈兄弟中行十三。从小学至高中，杜功擎一路名校，成绩优秀。高中毕业后，考上了上海光华大学商科。鉴于家族原因，毕业后得以进入海军江南造船所。1918年前，杜功擎任海军江南造船所缮核科司事。之后，调任所内簿记科司事，再转任会计课课员。后事不详。

杜功擎左一，杜功梁右二，前排抱孙者为杜鸿图

杜功治：炮台台长　布雷队长

杜功治（1908—1971），字平卿，海军军官，曾任“仁胜”艇副艇长、“永健”舰枪炮官、“江元”舰枪炮官、海军游击漂雷队第七队队长、海军第三布雷总队第七大队大队长、第二舰队参谋、海军定海巡防处港务课课长，海军第一军区参谋、台湾地区海上防务部门情报处参谋。

杜功治是杜逢镇长子，在家族同辈兄弟中排行十四，为杜锡珪侄儿。1921年夏天，杜功治考入福州海军制造学校。1924年，北京政府海军部派杜功治等一批福州海军制造学校学生北上，进入烟台海军学校学习驾驶，列为烟台海军学校第十八届航海班。1927年5月，烟台海军学校停办，杜功治等人并入福州海军学校。同年10月，杜功治在福州参加毕业考试。1928年9月，杜功治等仍作为烟台海军学校第十八届航海班毕业生。1930年5月，被派上“威胜”舰见习。1931年5月任“永绥”舰航海副，8月被授予海军少尉军衔。1932年，调任第二舰队炮艇中尉副艇长。1935年1月奉派进入南京水鱼雷营第四期炮术研究班学习，4月任“永健”炮舰一等中尉航海官。1937年3月，调任“仁胜”炮艇副艇长。

抗日战争全面爆发后，杜功治改任“永健”炮舰上尉枪炮官。1937年9月，杜功治任海军太湖炮队小队长，率部开赴所分配的口岸登陆作战。但是，安装炮座、建设炮台等工程，必须使用钢筋和水泥等材料。当时交通不便，运输困难，导致材料不全，杜功治想方设法建好简易炮台，立即督兵阻击日军。1938年1月，杜功治调任第一舰队“江元”舰枪炮官，叙海军二等上尉。1939年1月，转任海军总司令部上尉附员。同年，出任海军游击漂雷队第七队队长，在湖北荆州松滋一带江中布设漂雷，炸毁日军舰艇多艘。1941年11月，出任海军第三布雷总队第七大队大队长，继续率部布雷炸舰。1944年，调任第二舰队少校参谋。1947年，出任海军定海巡防处港务课少校代理课长。1948年，升任海军定海巡防处港务课中校课长。1949年，国民党海军第一舰队从长江撤到舟山，6月海军定海巡防处并入海军第一军区，杜功治任海军第一军区中校参谋。

1950年，杜功治随部撤退至中国台湾，曾任台湾地区海上防务部门情报处上校参谋等职。

1971年，杜功治病逝。

杜功梁：海校才子 航海专家

杜功梁（1908—？），字秉钦，号良珂，海军军官，曾任第二舰队参谋。

杜功梁在家族同辈兄弟中排行十五，与杜功治同年同月生，只是小了12天。为杜鸿钧次子、杜锡珪侄儿。他幼承庭训，颇通儒学。及长，考进吴淞海军学校，专攻航海，学业优良，人称才子。毕业后，长期在海军做技术工作，曾任第二舰队参谋，成长为一名航海专家。后事不详。

杜功安：就读海校 服务海军

杜功安（1914—？），又名履端，海军军官。

杜功安是杜功治胞弟、杜锡珪侄儿，在家族同辈兄弟中排行十七。与堂兄弟们一样，他也从小怀抱当海军守海疆理想，少年时期即报考了福州海军学校，后长期在海军服务。退役后，转往船务企业工作。卒年不详。

王道斌：留学英伦 海军上校

王道斌（？—？），福建省闽县（今福州市鼓楼区）人，海军军官，曾任海军部舰政司机务科科员、海军水鱼雷营副营长。

王道斌是杜鸿国次女杜小玉的丈夫。宣统三年（1911年）冬，王道斌毕业于船政后学堂第十一届管轮班，成绩列毕业生的第三名。毕业后，考入英国莱斯特大学，获电气工程学士。学成归国，长期在海军从事技术工作。1931年1月27日，王道斌以海军中校衔，出任海军部舰政司机务科科员。之后，出任海军水鱼雷营副营长。1938年1月，王道斌任海军总司令部附额中校，继续为海军服务。衔至海军上校。后事不详。

多少有些意外的是，除了大哥杜鸿国的子女与海军结缘，杜逢时与杜锡珪兄弟俩的儿子多为留学海外的专才，女儿们多嫁给了学成归国的技术精英，无人再与海军工作有交集。杜锡珪有两个儿子，大儿子杜功远，留学美国，获得美国勃特大学商学学士，曾任开滦矿务局局长，小儿子后也经商。杜锡珪有5个女儿，其中，大女儿杜丽英嫁给了英国伦敦大学商学学士刘学鑫，二女儿杜德英嫁给了美国康奈尔大学土木工程学士汤震龙，三女儿杜淑英嫁给了美国普渡大学电气工程学士孙家琦，四女儿杜玉英嫁给了唐山大学土木工程学士陈万恭。杜逢时有两个女儿，大女儿杜凤英嫁给了美国密歇根大学经济学硕士沈孝光，二女儿杜静英嫁给了美国西北大学商学硕士孙昌恒。

杜锡珪家族第三代船政人，以造船工匠、水兵居多，目前没有发现太知名的。

家族传奇

杜锡珪：海军辛亥起义大功臣

海军元老萨镇冰论及杜锡珪在辛亥革命海军起义中的作用时，有这样一句话："辛亥国变，公以'江贞'舰长移任'海容'，师次浔阳，与故海军总长黄公钟英等密图举义。武昌易帜，公实首谋长江底定，复率队北伐，之罘之役，功冠一时。南京政府成立，欲升以重任，而公成功不居，仍掌'海容''肇和'两舰者六年。"⑦

策动起义 冒死联络各舰长

清宣统三年八月十九日（1911 年 10 月 10 日），武昌起义爆发，清廷令陆军大臣荫昌率军南下攻打武汉，并电令海军统制萨镇冰率海军主力协助陆军夹攻。杜锡珪驾"江贞"舰至汉口刘家庙附近江面停泊，负责给养。清军在攻占汉口后，放火焚烧，滥杀无辜。

杜锡珪对此暴行极为愤慨，加上早就不满清政府腐败统治，转而同情革命，并与海军中有识之士加强联络，决定分途进行活动，开展策反工作。杜锡珪利用"江贞"舰代各舰艇收发邮件和采买日用品、食品的便利，逐一登舰联络，试探各舰官兵对武昌起义及清军在武昌、汉阳暴行的反应，对与自己平日交情较深且又同情革命的管带则进一步进行策反。

萨镇冰当年与杜锡珪私交甚好，杜锡珪就利用这层关系，不断动员萨镇冰出面率舰队易帜起义。杜锡珪与萨镇冰的副官汤芗铭是好朋友，汤芗铭的哥哥汤化龙在中华民国军政府鄂军都督府中任政事部长，杜锡珪借此与革命军取得联系。

萨镇冰是蒙古族人，与清政府有深厚关系，他既不愿率部起义做背叛清廷的逆臣，在杜锡珪和汤芗铭的鼓动下，又不愿成为抵制革命的罪人。于是，决定以年老有病需到上海医治为由请辞。九月二十一（1911 年 11 月 11 日）晚，刚好有英国"太古"号轮船路过，萨镇冰命杜锡珪的"江贞"舰打灯号令其停轮，然后用长袍马褂换下一袭戎装，在杜锡珪护送下登上"太古"号，先驶往九江，在九江的英领事署住一宿后，乔装成商人再出发，先抵上海，又转道香港，最后避归福州。

萨镇冰离开舰队后，杜锡珪立即与毗邻停泊的“楚豫”“江利”“湖鹏”等舰艇管带聚会，商议行动方略，并确定起义各行所愿的原则。杜锡珪率先把“江贞”舰上的龙旗降下，宣布起义，开赴九江。

杜锡珪在辛亥革命海军起义中功绩卓著，被公举为当时中国海军最大的军舰之一——“海容”舰管带，连升二级。

向清政府开第一炮的舰长

为配合革命军收复汉口，截断清军向南的运兵线，新上任的“海容”舰管带杜锡珪，积极主张挥师溯江而上，协助革命军保卫武汉。

宣统三年九月二十九日（1911年11月19日）的黎明，杜锡珪与“海琛”舰管带林永谟率领“海容”“海琛”两舰率先驰援武汉革命军，打响了易帜海军直接参加保卫武汉的战斗。两舰到达武汉下游的青山后，泊在阳逻、谌家矶一带，截击清军增运援兵，每天炮击京汉铁路刘家庙的第一、第二、第三道桥梁或车辆，使清军无法增援武汉地区。

当时正值深秋枯水期，上游水位下降，“海容”与“海琛”两舰无法驶进武汉助战，杜锡珪着急万分。此时长江上游突降初冬罕见的大雨，使得长江水位涨了些。望着不断上涨的水位，杜锡珪从驾驶室走上前甲板，仰天大吼：“天遂我愿！”他立即下令军舰全速向武汉前进，帮带和大副提醒他：水位还是太浅，冒险突

1927年时的杜锡珪

进，若雨骤停，即有可能搁浅，清军必围而攻之，舰不能动，炮弹又有限，只有挨打毙命的份儿。杜锡珪敛起脸上所有笑容，坚定地说："武汉起义将士不惜命，我们也只有不唯死一条路。只有向前，只能向前！"

别舰不敢贸然前行，唯杜锡珪不顾生命危险率舰孤军突入，一边炮轰江岸清军炮台，一边缓缓驶进武昌鲇鱼套，直抵黄鹤楼下，将舰上的机枪等武器用舰上的舢板运入武昌，以援助城内的革命军。

在杜锡珪不畏死精神感召下，"湖鹏"号鱼雷艇随后而来，被江岸上清军炮击中弹，舰身起火。危急之时，杜锡珪亲自驾驶"海容"舰，冒着清军弹雨，立即下驶驰援"湖鹏"舰。当时，部属仍是提醒他：此行是去送死！杜锡珪说："湖鹏"若沉，好不容易鼓动起来易帜，就有可能断送，我们也只有死路一条。

部属的提醒，很快被证明言之有理。"海容"舰还未靠近"湖鹏"舰，立刻成了清军炮火集中攻击点，更密集炮火向"海容"舰击来……因水浅船低，弹雨密集，舰上大炮不起作用，前后桅上的机枪因桅杆受弹震动也不灵了……杜锡珪临危不惧，下令军舰快速冲破清军火力网。到了阳逻已是深夜，"海容"舰上牺牲了1名二等兵，还有11名士兵重伤和部分官兵轻伤。他的见义勇为，使"湖鹏"舰得以撤至安全地带灭火。

宣统三年十月初七（1911年11月27日），清军攻入汉阳后，革命军仍在坚持抵抗，杜锡珪再次不顾个人生死安危，亲驾"海容"舰配合革命军分数路袭击清军左翼、后路，用舰上炮火猛轰清军阵地。战斗中，"海容"舰被击得遍体鳞伤，官兵牺牲多人，不少勇士身负重伤，甲板上溅满了勇士鲜血……危难中，杜锡珪再显英雄本色。他大声告诉官兵："坚持到生命的最后一刻才是真英雄。"沉着地带领战士英勇作战。

后来，长江水位下降，南北酝酿议和，战事暂停，"海容"等舰征得中华民国军政府鄂军都督府同意，除留"江贞"舰在武昌附近江面担任警戒外，其余开往上海待命，杜锡珪的"海容"舰则进入上海高昌庙修理。

率队北伐　功冠一时

是就此息鼓，还是乘胜北伐？杜锡珪力主北进光复各地。这就是萨镇冰在纪念杜锡珪文章中所言的"公实首谋长江底定，复率队北伐，之罘之役，功冠一时”[8]史实。

1912年1月，中华民国临时政府在南京成立后，立即采纳杜锡珪等人的主张，组成海军北伐舰队，以协助光复沿海各地。汤芗铭为北伐舰队司令，杜锡珪的“海容”舰为北伐舰队旗舰，还有“海筹”“南琛”“通济”三舰。很快，北伐舰队由南京下关誓师出发，经上海开赴烟台。抵达时，烟台已宣布光复，杜锡珪等奉命督舰北上登州、大沽口、秦皇岛、营口、鸭绿江口，游弋示威，截击由海外运来接济清军的军火给养等，并协助光复了登州等沿海许多地方。

国史唯一：海军将领摄行大总统

在中国历史上，由海军部总长代理国务总理的有两位，一位是萨镇冰，另一位就是杜锡珪。在中国历史上由海军将领摄行大总统的只有一位，这就是杜锡珪。一介武夫何以会行使大总统职呢？这与杜锡珪所依附的直系军阀有关。

1926年，杜锡珪任海军部总长兼代国务总理并摄行大总统事时期祭孔留影

在中华民国初创的那段军阀混战的日子里，每一位海军将领能登上海军部总长的高位，都与他依附的派系沉浮有关。刘冠雄能登上海军部总长的高位，靠的是袁世凯，袁倒刘冠雄即去职；林建章能当上海军部总长靠的是以段祺瑞为首的皖系，

皖系败则林建章倒；杜锡珪能登上海军部总长并代国务总理，还摄行大总统职，靠的都是以吴佩孚为首的直系。

探寻杜锡珪走上权力之巅的路，反复证明了这样一个圈：直系得势，杜锡珪则大红大紫；直系落魄，杜锡珪则走下权力高位。1921年7月，杜锡珪帮助吴佩孚在川湘鄂之战中冲锋陷阵有功，8月即因战功被授勋，10月被授海军中将。1922年，杜锡珪在直奉战争中帮助直系打败了奉系，当年6月就因战功升任海军总司令。1924年9月，第二次直奉战争打响，直系大败，皖系的段祺瑞以临时执政的名义组阁北京政府，林建章出任海军部总长，杨树庄出任海军总司令，杜锡珪便只剩下辞职一条路。1925年，北京政府改组，直系又得势，力挺杜锡珪，他得以出任海军部总长。1926年6月，直系再起，杜锡珪以海军部总长代国务总理，并兼摄行大总统职。1927年6月，奉系的张作霖在北京就任海陆军大元帅，另组军政府，杜锡珪也随直系下台。

注释：

① 欧阳修，宋祁．新唐书（第八册）[M]. 北京：中华书局，1975：2418.

② 杜逢时．晋安杜氏族谱（世系）[M]. 福州：杜氏宗亲会，1935：481.

③ 杜功璧，杜聿骏．晋安杜氏族谱 [M]. 台北：台湾杜氏族人，1974：16.

④⑦ 萨镇冰．慎臣杜公行实 [M]// 杜逢时等．晋安杜氏族谱（行实）．福州：杜氏宗亲会，1935：58.

⑤⑧ 杜逢时．晋安杜氏族谱（像赞）[M]. 福州：杜氏宗亲会，1935：61.

⑥ 海军部请补授海军校尉各官衔呈文及授衔令 [M]// 杨志本．中华民国海军史料．北京：海洋出版社，1986：772.

高鲁家族

高鲁（1877—1947），谱名孔浩，字曙青，号叔钦，福建省长乐县（今福州市长乐区）人，著名天文学家、社会活动家，船政前学堂第六届制造班毕业生，曾任中华民国南京临时政府秘书兼内务部疆理司司长，教育部编纂，中央观象台台长，中国留欧学生监督、国民政府教育行政委员会秘书兼大学院秘书，中央研究院天文研究所所长，驻法国公使，教育部部长，监察院监察委员，闽浙监察使，监察院监察委员兼军事委员会军风纪第一巡察团委员。中国现代天文学奠基人，中国现代天文气象教育奠基人。

高鲁为福州著名的龙门高家子弟，家族自唐代开始世居今福州市长乐区航城街道龙门村，五代海军。与其他著名海军家族有所不同的是，这个家族的海军精英，后来有不少成为文坛大家、技术专家或是国之名宦。

家族源流

龙门高氏为姜太公后人

高氏得姓有七源，其中之一是出自炎帝神农。神农居姜水，为姜姓，后传至商末，有姜尚（姜子牙）助武王灭商有功，被封于齐，为齐太公，亦称姜太公。

姜子牙，号飞熊，也称吕尚，商朝末年人，其始祖佐大禹治水有功而被封于吕地，因此得吕姓。姜子牙是齐国的缔造者、西周的开国元勋、齐文化的创始人，亦是中国古代一位影响久远的韬略家、军事家与政治家。齐太公的七世孙食采于高，称“公子高”，他的子孙就以邑为姓。福州市长乐区龙门村高家，就是公子高的后人。

入闽始祖为高肇

东周时，公子高的后人高柴，字子羔，居于卫，即今天河南辉县市。到了东汉，又出了一位后人叫高洪，他做到渤海太守，居于渤海修县，即今天河北景县。高洪家族渐渐发展成为当地望族，于是高氏即以渤海为郡望。而居辉县的一支子孙迁入吴地，历晋、隋、唐，传至高肇，自吴地的苏州、常熟一带迁入福州。

高肇是龙门高氏入闽始祖。高肇生高阁，高阁生高良器、高良材二子。高良器在唐贞元十八年（802年），相中了长乐龙门一带山川形胜，便举家迁往龙门。龙门村高姓船政家族，就是这位高良器的后代。

报国家风代代相传

清朝中叶，龙门高氏出了位高文骐，从事盐业，饶有资财。他虽富，却不吝财，对公益事业热心捐助，在福州捐资帮助建了文昌宫、武圣庙、贡院、义仓、台江书院、万寿桥、洋中亭、流憩亭、第一亭等，还出资为省城铺了六柱洋、龙岭、安民崎、上杭街、留饭铺、汤房巷等七条路。同时，三天两头献金参与育婴、施棺等公益事业，善名远播。政府要修省城城墙，但苦于没有银两，向百姓征收，又怕引起百姓反抗，很是着急，高文骐知道后立即捐制钱一万缗。竣工后，他因此事获授知府衔候补同知。鸦片战争打响，国库空虚，捉襟见肘，高文骐又慷慨捐出白金2000两，以充抗英军需。笔者多次前往龙门村采访，听高家人说起这事。他们说，曾听祖上说，这2000两白金，当时已让高家财富伤筋动骨，曾有人建议少捐一点。但高文骐坚决不肯，他说得很清楚：“国之不保，何有家安？”后来，朝廷又下旨给他加二级。为保国家江山，他立刻又捐出洲田200亩，供作万岁寺灯油，保国家平安。这位高家老太爷在经商的同时，分出大量精力督导诸子读书，四个儿子高彬、高腾、高璧、高铣皆登举人，官县儒学训导，从事教育事业。

长乐龙门高氏宗祠大门

高家有护国不惧牺牲的家风。清朝，高家先人高连捷，官福建闽清营千总。清乾隆五十一年（1786年），原籍福建漳州平和的台湾彰化大里杙庄人林爽文，以“安民心、保家业”为旗号，率天地会成员攻克了彰化，并在彰化建立了政权，打出了“大顺”旗号，立年号“顺天”，在彰化称王作帝，连克诸县。清政府紧急调集与台湾一水之隔的福建守军。高连捷率队随部跨海平乱。一年多的血战，前去平乱的福建将士不少永远地留在了海峡那边。高连捷在乾隆五十二年底（1787年12月）攻打林爽文老巢——彰化大里杙庄时，身中三剑，毅然率部冲锋，最后战死沙场。政府不但给予军功，还恩准他的后人世袭千总之职。

船政家谱

第一代

高家第一位海军军官、高家第一位船政学堂学生，应算商务印书馆功臣——高梦旦的二哥高而谦，但按辈分排起来，高家第一代海军则是他的叔祖父高大同，即高良器第三十八世孙。

高大同（？—？），海军军官，曾任多艘军舰三副、二副、大副、副舰长，后任“楚材”舰舰长。后事不详。

第二代

高家第二代船政精英，是高良器第三十九世孙，其中最具代表性的是高耩、高稔、高秸。

高耩：造舰专家 船政学堂高才生

高耩（？—？），一作高讲，海军军官，曾任船政轮机厂工程师、海军福州船政局工程师、海军江南造船所工程师。

高耩是高良器第三十九世孙，自小进入塾馆读书，在名儒指导下备战科举，后中断举业，矢志学习投身海军，考入船政前学堂第六届制造班。在校期间，高耩怀揣报国之心，用悬梁刺股之精神勤学苦读。当时船政学堂淘汰率甚高，高耩一次次闯关成功，顺利毕业。从船政学堂毕业后，高耩留在船政十三厂中的轮机厂当监工。民国后，高耩先在海军福州船政局当工程师，后调往上海，进入海军江南造船所做工程师，参加制造了一批军舰。后事不详。

高稔：热心公益 海军司令部秘书长

高稔（？—？），字耕愚，又字耕畲，海军军官，曾任海军部秘书、副秘书长、秘书长。

高稔是高良器三十九世孙，自幼胸怀大志，用心举业，学问日进，渐得文名。他能文工诗，书法也颇具造诣。清光绪二十三年（1897年）拔贡，光绪二十四年（1898年），高稔参加考试，夺得首名，签分吏部文选司。

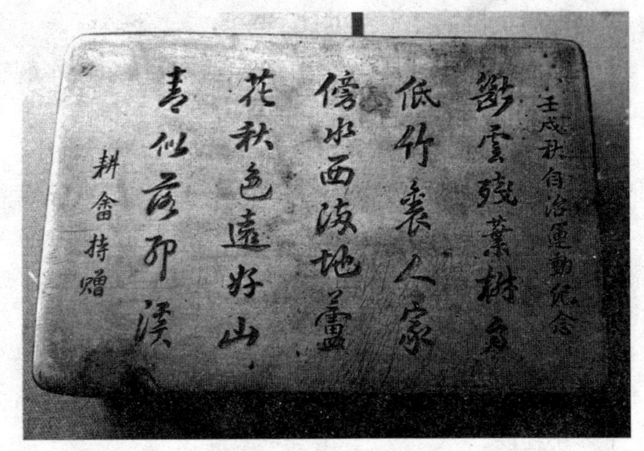

刻着高稔诗作手迹的墨盒

辛亥革命后，高稔先在民国北京政府做文案工作。1914 年，时任总统的袁世凯定文官分九秩，中大夫为第五秩，高稔升为中大夫。高稔后投身海军，曾长期担任海军部秘书、副秘书长、秘书长。

高稔工作尽心尽责，不断获勋。1914 年 5 月 25 日，获授“四等文虎勋章”。1918 年 1 月 7 日，获授“三等文虎勋章”，同年 10 月 18 日再获“四等嘉禾勋章”。1920 年 1 月 1 日，获授“二等文虎勋章”。1921 年 4 月 23 日，获授“三等宝光嘉禾勋章”。

高稔任海军部秘书长时，曾资助修建奉祀马江海战、甲午海战烈士的昭忠祠，捐助款名列碑首。后事不详。

高穰：饱学之士 海军部连任两科长

高穰（？—？），海军军官，曾任海军部总务厅秘书处秘书，海军部总务厅秘书处庶务科科员、科长，海军部军需司军储科科长。

高穰是高良器三十九世孙，自小研读经史，谙习作文吟诗，属饱学之士。

1912 年 9 月，精明能干的高穰出任海军部总务厅秘书兼军衡司赏赉科科员。1913 年，高穰凭借自己出色的协调能力和沟通能力，以海军部秘书之职，派驻国务院办事。1916 年 7 月，调任海军部总务厅庶务科科员。1917 年 7 月，升任海军部总务厅庶务科科长，11 月被授予海军军需少监军衔。1921 年 7 月，出任海军部军需司军储科科长，8 月晋升海军军需中监军衔。1922 年 3 月，回任总务厅秘书。1923 年 2 月，获授“四等嘉禾勋章”。次年 12 月，高穰自请辞职。卒年不详。

高穗：历官多岗 海军部二等军需官

高穗（？—？），海军军官，曾任海军部军需司科员。

高穗是高良器三十九世孙，从小勤于读书，潜心治学。青年时期进入海军界，多在军需部门工作。1922年前，曾在海军部军需司做科员，历官多岗，皆与军需后勤工作有关。1924年2月，高穗获授海军二等军需官军衔。后事不详。

高秸：航海专家 海军基地港务课长

高秸（？—？），海军军官，曾任“民权”舰枪炮正、“江鲲”舰副舰长、海军第四基地司令部港务课课长。

高秸是高良器第三十九世孙，1920年毕业于烟台海军学校第十二届驾驶班。毕业后，高秸登舰服务。他为人朴实，做事勤勉，稳步晋升。1935年前，曾任“民权”炮舰上尉枪炮正。

高秸

抗战军兴，高秸随部走上前线，与敌血战。1938年1月1日，以二等上尉军衔，任“江鲲”炮舰副舰长，与敌经年累战，直至战舰1941年8月16日殉国于巴东附近台子湾。全面抗战打了八年，高秸一直战斗在最前线。

抗战胜利后，高秸任海军第四基地（榆林）司令部港务课课长。后事不详。

第三代

龙门高家第三代船政人，辈分属于高良器第四十世孙，这一代的船政精英很多，最杰出者要数高而谦、高光佑、高光渠、高光暄、高庄凯、高尊辉。其中，除了海军医院院长高尊辉的文献记载较少，其他几位皆青史留名。

高而谦：外交次长 出自船政留学法国

高而谦（1863—1919），字子益，海军军官、外交家，清朝时曾任船政学堂教习、宪政编查馆一等咨议官、外务部右参、云南交涉使、汴洛铁路总监督、外务部右丞、四川布政使；民国时曾任中国驻意大利公使、外交部次长。

高凤岐、高而谦、高梦旦是同胞兄弟，高凤岐居长，高而谦居中，为高良器第四十世孙，高凤岐之弟。光绪八年（1882 年），高而谦考入船政前学堂第三届制造班，学习法语和造舰。光绪十一年（1885 年）毕业，第二年被选派留学法国，成为中国海军第三届留学生之一。光绪十二年（1886 年）三月，到法国巴黎。先进桑·巴利博私立中等学校补习法语和普通科。光绪十三年（1887 年）秋，进入巴黎大学法学部律例大书院，学习《万国公法》。光绪十六年（1890 年），高而谦学成回国，被授予律科举人，任船政学堂教习。次年获授候补道员。

高而谦后来又赴法国考察时政，深感须用新法改革才可救中国，曾致函上海《时务报》主编汪康年，主张先从陆军着手，造洋枪、洋炮，练洋操，“一面竭力删除弊政，如纳捐、保举、俸禄、刑法、科举、保甲等项，一一以天下更始，以解西人蔑视之心，然后相时度势，有利须兴，有弊必除，庶几可以恢复中国本有之利权，洗雪从未有之耻辱”①。他在船政学堂当教习时，经常向学生灌输改革时政兴国利邦思想，影响了一代又一代船政学子。

因为能说一口流利的英语、法语，且熟悉国际法，在海外留学、考察较长时间，高而谦成为清末民初著名的外交家。

光绪三十一年（1905 年）七月，清政府决定派出以载泽为首的王公大臣出洋考察政治，高而谦任随员。光绪三十三年（1907 年）七月，清政府考察政治馆改为宪政编查馆，高而谦充任宪政编查馆一等咨议官。不久，高而谦调任清政府外务部右参、云南交涉使。同年，高而谦任汴洛铁路总监督。宣统元年（1909 年）五月，中葡双方于香港开始了澳门勘界谈判，高而谦任划界大臣，作为中方代表。宣统二年（1910），高而谦任外务部右丞。宣统三年（1911 年），出任四川布政使。

辛亥革命后，高而谦寓居上海。1913 年 12 月，被北洋政府任命为驻意大利公使。1915 年 2 月高而谦被袁世凯政府授予“少卿”，9 月辞去意大利公使，回国。1917 年 3 月高而谦出任北京政府外交部次长，7 月张勋复辟时，高而谦被任命为外交部右侍郎，但他未到任。1918 年 5 月，高而谦辞去外交部次长之职。1919 年 10 月，高而谦病逝于上海。

高光佑：留学归来 “中权”舰长抗战建功

高光佑（1901—1982），字孚民，海军军官、航海教授，曾任“民生”舰副舰长、福州海军学校学监、第二舰队正副官、海军总司令部正副官、“英德”舰舰长、海军总司令部参谋、“中权”舰舰长；中华人民共和国成立后曾任福建集美航海专科学校教授、大连海运学院教授。

高光佑是高良器第四十世孙。1924 年冬天，高光佑毕业于烟台海军学校第十六届驾驶班，在 26 名毕业生中成绩列第四名。1929 年 11 月，高光佑作为优秀毕业生被选送到英国格林尼茨皇家海军学院和朴茨茅斯海军学校学习。学习结束后，到英国海军大西洋舰队实训，主要学习海军枪炮、水中武器、通讯、航海等，1932 年，高光佑回国，出任“豫章”舰二副。之后，相继担任“民生”炮舰上尉副舰长、福州海军学校代理学监。

高光佑

1938 年 1 月初，高光佑再次赴欧洲留学，与林祥光、李孔荣等到德国学习潜艇。同年回国，服务于海军第二舰队，随部与日寇鏖战。在三斗坪战斗中，所在军舰被敌机炸毁，同舰战友均遇难，唯高光佑被炸伤，昏迷于水中，凭一杖而浮于水，遇救，一小时后方醒，死里逃生。伤未痊愈，即再赴战斗岗位。之后，高光佑出任海军第二舰队正副官，在长江的宜昌、巫峡间布雷抗击日军。在这之后，高光佑相继担任海军炮台少校总台附、海军总司令部少校正副官、“英德”炮舰中校舰长、海军总司令部中校参谋。抗战胜利后任“中权”大型坦克登陆舰中校舰长。

中华人民共和国成立前夕，高光佑不顾国民党海军部威逼利诱，坚决留在福州迎接解放。1950 年，到集美航海专科学校任教。1954 年，到大连海运学院担任航海教授，为中华人民共和国培养了大批航海人才。1982 年，高光佑病逝。

高光暄：留学英伦 归国抗日血洒重庆

高光暄（1914—1940），海军军官，曾任贵阳航空教官。

高光暄是高良器第四十世孙，高光佑之弟、高光渠之兄，与高光渠为双胞胎兄弟。1934 年冬天，高光暄毕业于海军学校第五届航海班，学业优良，所以一毕业即被选派赴英国格林尼茨皇家海军学院留学。

抗战全面爆发后，高光暄一再请战回国。但是，当他于 1939 年 1 月排除万难辗转回国时，中国海军舰艇多已殉国，高光暄奉命到贵阳任防空教官，经常率学生入重庆实习。不幸的是，1940 年在一次带学生到重庆实习时，遇敌机大轰炸，殉难于海棠溪。最后，仅寻得一条腿与一只胳膊。

高光渠：奋勇杀寇 用头开炮捐躯江阴

高光渠（1914—1937），又名昌衢，海军军官，曾任“宁海”舰航海见习官。

高光渠是高良器第四十世孙，高光佑、高光暄之弟。1930 年，高光渠与高光暄是同班同学。1934 年 12 月，高光渠堂课结束，奉派“宁海”舰见习。1937 年 4 月 24 日，高光渠在“宁海”舰任少尉航海见习官。抗战全面爆发后，随舰参加了著名的江阴海空战。9 月 22 日，江阴海空战对空激战中，高光渠见炮位枪炮兵全部负伤，当即上阵替补，操炮射击，中弹负伤，坚持战斗至壮烈牺牲。

高光渠

高光渠牺牲时年仅 23 岁，但他为中国海军史留下了壮烈的一笔：高光渠耳朵被震聋出血，脖子、胸前被鲜血染红，当看到又有一位炮手牺牲倒下，他冲上前当起了炮手……敌机就在他头顶徘徊，子弹射穿了他的腿、他的胳膊、他的肩膀、他的胸口，浑身是血……他向敌人开的最后一炮，是用自己的头将炮弹顶进膛的。

高玉辉：练营出身 湖口战日为国捐躯

高玉辉（1904—1938），海军士兵，曾任“咸宁”舰二等兵。

高玉辉是高良器第四十世孙、高光佑堂弟。1931 年，高玉辉毕业于海军练营。高玉辉由雷兵不断积功获升，至 1937 年 7 月抗日战争全面爆发时已升为“咸宁”炮舰二等兵。

高玉辉

江阴海空战后，中国海军的几艘大舰已消耗殆尽，剩下的 10 余艘中小型军舰，自身防空火力很弱，又没有空军支持，缺少制空权，无法与日本海、空军正面对战，只能使用水雷进行水中阻击战。中国军队在九江至武汉江面上，布设了 4 个水雷区，布雷 1500 余枚。日军不断扫雷，中国军队就用残余军舰不断补设，而日军就不断派飞机炸舰。“咸宁”舰就承担着布雷重任。

1938 年 6 月 24 日，“咸宁”舰被日军飞机炸伤，仍坚持在江中布设水雷，阻止日本军舰。次日，在前一日布雷中被炸伤的高玉辉继续随舰出发布雷，遇日机再次轰炸，壮烈殉国。

高华泉：一等水兵 马当对日作战牺牲

高华泉（1913—1938），海军士兵，曾任“威宁”艇一等兵。

高华泉

高华泉是高良器第四十世孙、高光佑堂弟，1936年毕业于海军练营，分配至“威宁”炮艇，表现优异，累功由练兵历升“威宁”炮艇一等兵。

1937年，进入全面抗战时期，高华泉随艇与日军血战。1938年6月24日，“威宁”艇正在马当附近执行任务，敌机9架突然顺江飞来，轮番轰炸。艇体多处中弹，烈焰腾空。艇长李孟元以下所有官兵，在烈火中仍顽强作战，直至与炮艇一起沉没于江水之中。高华泉为国捐躯。

高庄凯：浙江上任 造船专家改走仕途

高庄凯（1864—？），字子勋，海军军官，政府官员，清朝时曾任船政学堂教习、山东莘县知县、浙江定海县知县、浙江石门县知县、浙江象山县知县、浙江平湖县知县、浙江定海厅同知、浙江新城县知县；民国时曾任上海税务署署长、外交部福建厦门交涉员、福建南路观察使、福建漳州代理知事。

高庄凯是高良器第四十世孙。光绪二十一年（1895年），毕业于船政前学堂第四制造班。同年，以试用县丞身份，随李鸿章赴日乞和，参与了《马关条约》的签订工作。之后，回到海军界服务。光绪二十六年（1900年），高庄凯出任船政前学堂教习。宣统二年（1910年），高庄凯任浙江省杭州府新城县知县。

辛亥革命之后，高庄凯继续在江浙一带做官。1912年7月，任江苏省高邮县亩厘局局长，后改任上海税务署署长。1913年4月，高庄凯回闽，先后任外交部福建厦门交涉员、福建南路观察使、福建漳州代理知事。卒年不详。

第四代

龙门高家第四代船政人，是高良器第四十一世孙，其中最优秀的要数高鲁、高声忠、高孔瀛、高孔勋、高孔荣。他们之中既有海军名杰，也有从海军军官成长为科学家、外交家、发明家、优秀教师者，最具代表性的是集天文学家、外交家、发明家于一身的高鲁。

高鲁：船政英杰 现代天文学奠基人

高鲁（1877—1947），谱名孔浩，字曙青，号叔钦，著名天文学家、社会活动家，曾任中华民国南京临时政府秘书兼内务部疆理司司长、教育部编纂，中国观象台台长，中国留欧学生监督，中央研究院天文研究所所长，驻法国公使，教育部部长，监察院监察委员，闽浙监察使，监察院监察委员兼军事委员会军风纪第一巡察团委员。

·船政高才生 比利时工科博士

高鲁是高良器第四十一世孙。高鲁父亲为饱学之士，曾任教谕，别号霁云，书房名“霁云楼”，家中藏书甚多，这使高鲁自小养成了读书、习文、藏书之习惯，爱好篆刻，小小年纪即自刻“霁云楼小主人”的石章，作为藏书图章。家境本是小康，因父亲早逝，家境日渐贫困，与母亲相依为命，靠母亲辛苦养大。

中年高鲁

光绪二十四年（1898 年），高鲁考入船政前学堂第六届制造班，学业优良。光绪三十年（1904 年），高鲁被选派赴欧洲留学。光绪三十一年（1905 年），高鲁抵达欧洲，进入比利时布鲁塞尔大学攻读工科。留学期间，研究中国古代天文学，编制了以立春为岁首的《长春历书》。宣统元年（1909 年），高鲁获得布鲁塞尔大学工科博士学位。完成学业后，奉命赴德国、法国等欧洲国家工厂学习、考察。

·孙中山挚友 欧洲组织同盟会分会

在欧洲留学期间，高鲁开始从事反清革命，于宣统元年（1909 年）在法国巴黎加入中国同盟会，并与孙中山成为至交。高鲁在欧洲奔走宣传同盟会主张，联络与发动比利时的留学生参加同盟会，并在比利时组织分会，以集合更多力量参与推翻腐朽的清朝统治。

宣统三年（1911 年），高鲁准备回国参加黄花岗起义，已收拾好行装，临时因事未能成行，终身引以为憾。武昌起义爆发后，高鲁随孙中山回国。

1912 年 1 月 1 日，中华民国临时政府在南京成立，这是中华民国成立以来第一个中央政府机构。孙中山宣誓就任中华民国临时大总统，并改用民国纪年。高鲁出任中华民国临时政府秘书兼内务部疆理司司长、教育部编纂。

· 首任中央观象台台长 为中国现代天文学奠基

1912 年，高鲁驰赴北京，出任中央观象台台长。任上，他打破中国气象事业由外国人把持的局面，创办了气象训练班，培养中国本土的气象人才。从这个意义上说，高鲁是中国现代天文气象教育的奠基人。

1913 年，高鲁赴日本考察天文、气象事业。10 月，日本在东京召开亚洲各国观象台台长会议，身为中国中央观象台台长的高鲁竟未被邀请，反倒是上海徐家汇观象台的台长、法国传教士劳积勋被邀请代表中国出席会议。高鲁深感这是中国人的耻辱。次年，高鲁创办《气象月刊》，后改为《观象丛报》。高鲁亲自提笔撰写天文气象科普文章，刊于《晓窗随笔》专栏。

1915 年，高鲁提出要在北京创建大型天文台的计划，并将设计图样、文字说明和预算送交当局审批。然而，当时中国面临内忧外患，他精心所做的计划如石沉大海。但他仍做着建台的准备。高鲁曾多次分别与天文学家常福元和蒋丙然到北京西郊山区进行台址勘测。蒋丙然后来在回忆文章中说：与高鲁先生同往选测建台地址，寒天冷夜，同宿于三家店旅舍。在北京筹建大型天文台的同时，高鲁主持测定北京的经纬度；在库伦（今蒙古国乌兰巴托）附设测候所，为中国现代天文气象研究打下基础。

1915 年，袁世凯窃国称帝，筹安会骨干分子企图以天象名义，既向袁世凯"劝进"，又有意以此作为"天意"蒙骗百姓，派来一拨又一拨说客来做高鲁的工作。高鲁不畏强权相拒，并严词拒绝在历书卷首印"洪宪帝像"。

1918 年，高鲁出席在巴黎举行的时辰统一会议。会后，高鲁出任中国留欧学生监督。1921 年，高鲁回国，仍任中央观象台台长。次年，高鲁发起成立中国天文学会，并被选为第一任会长和总秘书。

· 筹建紫金山天文台 中研院天文所首任所长

1925 年 7 月 1 日，中华民国第一届国民政府在广州成立，当时正是第一次国共合作时期，次年，高鲁南下投奔广州国民政府。1927 年 4 月 18 日，南京国民政府成立，高鲁任教育行政委员会秘书。同年，国民政府设大学院，蔡元培任院长，高鲁任秘书。他开始积极筹划在南京建大型天文台。经过多方调查，他决定在紫金山第一峰——北高峰上建台。

1928 年 4 月，中央研究院成立，蔡元培任院长，高鲁被任命为天文研究所首任所长。他组织设计天文台建筑图。8 月，高鲁和他的助手陈遵妫、陈展云到紫金山第一峰测定该地的经纬度，结果为“东经 118 度 49 分，北纬 32 度 02 分”。

· 驻法公使 公余坚持研究天文学

正当高鲁全力以赴筹建天文台之际，国民政府任命高鲁为中国驻法国公使。高鲁婉推不成，只得从命。曾与王宠惠、蒋作宾、伍朝枢等外交干才一起，共赴日内瓦，出席海牙法庭，运动撤废在华领事裁判权，获得原则通过。在法国期间，高鲁依旧在公余从事天文学研究，他关心国际天文界最新研究成果，对日食做进一步观察，证明了广义相对论，得到相对论创始者爱因斯坦的积极评价。1929 年，高鲁发明天璇式中文打字机，送巴拿马国际博览会展出并获得奖项。1931 年 7 月高鲁奉召回国任教育部部长，8 月出任监察院监察委员。

· 拒不事伪 烽火中坚持科研

1937 年，高鲁受托主持《世界百科全书》中《天文学全书》编辑工作，负责编写《中国天文学史》，书稿在抗日战争中散失。

1940 年 3 月，汪精卫降日投敌，建立傀儡政权之后，企图拉拢高鲁到南京任职，遭到高鲁的严词痛斥和坚决拒绝。此后，高鲁不顾年迈体弱，辗转数千里，抵达重庆，继续从事天文学研究。

1941 年 9 月 12 日，发生日食，高鲁赶到甘肃临洮观测日全食，测定了日全食的天空亮度等。也是在抗战最艰难之时，高鲁与张钰哲等共同研究商定，提出整理古天文学的四原则十七条大纲，对现代天文学史研究至今仍有参考价值。

·忠实履职尽责 清白一生

1941 年 4 月 21 日，福州第一次沦陷，至同年 9 月 3 日光复，历时 4 个月零 13 天。1942 年，高鲁由国民政府监察委员改任闽浙监察使，回闽居住于福州文儒坊 12 号。1943 年元旦，在福州各界人士纪念上海第一次淞沪抗战 11 周年大会上，高鲁不顾曾患过脑出血症，登台做了《誓与日寇血战到底》的演说，说者慷慨激昂，听者热血沸腾，全场群情激愤，就在演说快结束时，高鲁晕倒在讲台上。

1944 年 10 月 4 日，福州第二次沦陷。高鲁撤离福州，他不忘使命，出巡闽省，得知日军犯闽时沿海驻军多不战而退，于是向监察院提出弹劾当时第三战区司令长官顾祝同抗战不力，结果当局反而免去高鲁职务，社会愤怒，舆论汹汹，政府不得不又任命高鲁为监察院监察委员兼军事委员会军风纪第一巡察团委员。1945 年 5 月 18 日，福州光复。6 月，高鲁返回福州。7 月，再度中风并感染肺炎。1947 年 6 月 26 日，高鲁因肺炎并发症去世。因为官清廉一生，死时家境贫困。据中央社报道，高鲁身故后，家中无钱入殓。中国天文学会在南京紫金山天文台举行隆重的追悼大会，《宇宙》杂志出版了纪念专刊。福州也举行了追悼大会。国民政府决定将高鲁事迹递交国史馆。

高鲁著有《中国观象台之过去与未来》《空中航行术》《图解天文学》《最近欧洲外交史》《世界联邦论》《相对论原理》《星象统笺》等。

高孔瀛：海军园丁 黄埔水师学堂教育长

高孔瀛（？—？），又名孔良，海军军官，曾任黄埔水师学堂教习、教育主任、教育长。

高孔瀛是高良器第四十一世孙，六岁开蒙，学习“四书”“五经”。壮年时，高孔瀛为饱学之士，且精明能干，曾任广州时务学堂教习，后到广东黄埔水师学堂任教习，一路升迁至黄埔水师学堂教育主任。他与黄埔水师学堂结缘，与曾长期担任黄埔水师学堂总办的魏瀚有关系。魏瀚是高梦旦的表哥，算起来是高孔瀛的表叔。凭着魏瀚的关系，高孔瀛进入黄埔水师学堂，又凭着自己的能力和魏瀚的提携，升任黄埔水师学堂教育长。

因为魏瀚和高孔瀛的这层关系，龙门高家子弟不少进入黄埔水师学堂。比如，高孔瀛的弟弟高乃超是扬州“惜余春”主人，他的长子高宪顺，就是由高孔瀛带到广州，进入黄埔水师学堂读书，从而走上海军之路。高孔瀛在黄埔水师学堂教育长任上，提携了很多龙门高家子弟和长乐乡亲，为中国海军培养了众多优秀人才。后事不详。

高声忠：回国抗日 布雷队长令敌丧胆

高声忠（1913—1990），字秋民，海军军官、航海教育家，曾任海军武汉区炮队分队长、海军第二布雷总队第二大队第四中队中队长、海军练营营长、海军学兵大队副大队长、上海海军军官学校教育主任、海军总司令部第三署第一处第二科代理科长、海军总司令部副官处第二科科长；中华人民共和国成立后曾任大连海运学院教授。

高声忠是高良器第四十一世孙，自幼聪慧好学，胸有大志。1934 年 5 月，高声忠自位于福州马尾的海军学校第四届航海班毕业，登“应瑞”舰见习。7 月，因表现优异，高声忠与刘荣霖、周仲山、林葆恪、游伯宜、郑天杰等一起，被选派赴英国留学。9 月，高声忠登上英国海军“福乐必赐”舰接受为期一年的舰训，后进入英国格林尼茨皇家海军学院学习，学业优良。

高声忠

1937 年 7 月，正留学海外的高声忠再三要求回国参战，10 月回国，12 月任福州马尾海军练营教官。1938 年 1 月，调任军舰中尉枪炮官，投入对敌作战。在战舰殉国后，出任海军武汉区炮队二等中尉分队长。1941 年 10 月，原海军长江中游布雷游击队改编为海军第二布雷总队，其作战编组设总队部 1 个、大队 7 个、中队 14 个，高声忠任第二大队第四中队上尉中队长，带队在长江中下游布雷作战。1942 年 1 月，调任海军练营营长、学兵大队副大队长。1944 年 10 月，海军长江中游布雷队改编为海军第二布雷队，高声忠任第四中队少校队长。

1946年2月，马尾海军练营复办，高声忠调任马尾海军练营副营长。1947年3月，升任上海海军军官学校教育主任，组织领导上海海军军官学校迁青岛工作；同年6月，出任海军总司令部第三署第一处第二科少校代理科长。1948年2月，调任海军总司令部副官处第二科少校科长。

1949年初，高声忠辞职回福州。8月17日，福州解放，高声忠随即参加革命工作。1950年，高声忠担任大连海运学院教授。1990年，高声忠病逝于大连。

高孔勋：除奸团长 马尾海军抗日中坚

高孔勋（？—？），海军军官，曾任海军马尾造船所干事、马尾海军要港司令部抗日除奸团团长、海军总司令部军需处会计科科员。

高孔勋是高良器第四十一世孙，高中毕业后，入伍参加海军。抗战前，在海军马尾造船所任干事。

抗战爆发后，高孔勋不畏强敌，多次请命上前线。当时，日军反复轰炸马尾海军要塞，并派出了不少特务和日本浪人潜入要港，侦察军情，策反我方人员。马尾海军要港司令部成立了抗日除奸团，高孔勋出任团长，主要是在各单位人员和各地群众中发展团员，防止敌人派间谍渗入港区。高孔勋工作非常积极，有效地阻截了敌特在港区发动内乱，提升了军民抗日到底的士气。1940年10月，高孔勋调任海军总司令部军需处会计科中尉科员，1942年升上尉。后事不详。

高孔荣：弃暗投明 人民海军首批舰长

高孔荣（1926—2010），海军军官，曾任“永修”舰航海官；中华人民共和国成立后曾任“沈阳”舰副舰长、海军航海训练大队教员、南京军事学院海军系教员、福建省永泰县第一中学教师、福建省永泰县葛岭中学教师、福建省航运技工学校教务处主任、福建商船学校校长助理、福州市马尾区人大副主任。

· 参加地下党 被列入“黑名单”

高孔荣是高良器第四十一世孙。1948 年，毕业于海军学校第十二届航海班。毕业后，出任“永修”舰航海官。1949 年，随舰撤往厦门。

高孔荣在海军学校读书时的枪炮教官兼队长郭成森，曾奉中共地下党的指示，将自己教过的十一届、十二届航海班中分配到军舰上的学生，都请到上海家中“吃饭”，动员大家抓住时机起义，奔向解放区。在此之后，郭成森的学生，也是高孔荣的同班同学、“永兴”舰航海官陈万邦组织起义，起义失败，陈万邦牺牲。国民党特务从陈万邦的通信录及笔记本中，了解到郭成森在上海的行动，下令缉捕郭成森，郭成森在中共地下党的掩护下成功撤离。于是，海军部下令：凡是海军学校航海十一届、航海十二届的学生，只要是在舰艇上工作的，一律抓起来。1949 年春天，这两届学生中在舰艇上工作的人陆续被捕。

· 在特务逮捕前机智逃出

当时，高孔荣所在的“永修”舰正泊在厦门，他哥哥在厦门的一位同事是中共地下党党员，高孔荣很快与他联系上。有一天，他突然告诉高孔荣：“你把自己的行李全部放到我这里来。”当天，他紧急通知高孔荣：“你的舰长已接到命令，要把你送到第三监狱关起来。”高孔荣刚开始还不太相信，刚回到舰艇上，舰长即通知他：“上峰让你带着文干到马公岛（澎湖）独立师报到。”高孔荣立即明白了哥哥那位共产党同事的话是千真万确的。

文干是高孔荣海校同班同学，毕业后留在海军学校任教。当时海军学校已撤往厦门，正在等船撤到台湾。于是，当天晚上高孔荣即到海军学校，找到文干。两人商量后，决定赶快撤出厦门到福州，高孔荣说：“福州是我老家，总归那里熟人多，好隐蔽。”

高孔荣先到海军学校附近的一艘军舰上偷了两本士兵证。第二天早上不到 4 时，两人就先坐小船到对岸，而后徒步往北跑。在厦门郊区，他俩碰到军警检查，就用偷来的士兵证蒙混过关。

· 步行 13 天弃暗投明

走到惠安，高孔荣和文干觉得士兵证不好用了，军警到处抓逃兵，中共游击队和百姓也在抓国民党兵，两人就决定做两本假学生证。

文干是广东人，他记得广东有所新大学，叫广东珠海大学，但他也不知道校长叫什么。左思右想，文干突然一拍脑袋，“有了！”他记起，1941年他报考海军学校时，当时广东省教育厅厅长叫黄麟书，就说：“算了，我们就假冒是广东珠海大学的学生吧，就让黄麟书当我们校长好了！”

两人决定各做一本广东珠海大学学生的毕业证。两人从附近买了好的纸，文干对高孔荣说：“你字好，你来写毕业证，我负责刻章。”文干用肥皂先刻了一个大学公章，再刻了一个校长黄麟书的章子，很快两人就制作好了两本广东珠海大学的学生毕业证，高孔荣成了广东珠海大学雷达专业毕业生，文干成了该大学电子专业毕业生。

这两本毕业证，还真帮了他俩不少忙。在返回福州的路上，先是遇上了土匪，他俩用假毕业证过了关，文干还摘下了自己腕上的手表做“润滑剂”。后来又碰到了国民党败兵，以为两人是共产党游击队，看了他俩的毕业证后才放行。

走了整整13天，两人才走到福州。1949年6月，高孔荣在福州参加了中共地下党外围组织——海军联谊会。文干后成为新中国著名航海专家，曾任大连水产学院院长。

·人民海军第一批副舰长

笔者在1949年10月的新华社稿件中，找到了一份旧稿，记载的是9月30日萨镇冰率在闽旧海军参加的一次座谈会，这中间就记下了高孔荣在此会上的发言：“上月三十日福州市军管会，在前省参议会旧址，举行前国民党海军在乡人员座谈会。到会者有前海军上将萨镇冰及曾任国民党海军军舰舰长、副舰长、海军中将以迄少尉等军官170人。大家以无比欢欣的心情，于中华人民共和国成立之际，座谈新中国的海军建设问题。省府张鼎丞主席、军管会韦国清主任等均出席参加。……军舰航海官高孔荣说：‘我们愿献身人民海军，向解放军看齐，彻底消灭海上残余匪帮。’”②

这次会后不久，高孔荣就北上参加人民海军，出任“沈阳”舰副舰长。

·为新中国培养出多位将军

抗美援朝战争打响后，海军组建了航海训练大队，高孔荣被调来当教员，他的学生中就有后来曾任海军指挥学院副院长的徐世平将军、曾任北海舰队司令的苏军将军。1953 年，高孔荣调往南京军事学院海军系任教。同年，高孔荣被送往旅顺基地，接受苏联海军驾驶潜艇的培训。高孔荣在南京军事学院整整当了 13 年教官，从上尉升至大尉，1966 年 10 月转业回闽。

高孔荣在人民海军留影

转业回闽后，高孔荣先到永泰一中教书，“文革”时被调到永泰葛岭中学任教，一人教语文、数学、地理、英语等课程，还兼做当地的乡村医生，课余时间翻山越岭采草药，为穷苦百姓免费看病，深受葛岭群众敬重。

1978 年 10 月，高孔荣从永泰调入福建省航运技工学校，担任英语、驾驶课程教师。由于教学业绩突出，多次被评为省级先进工作者。1980 年，担任福建省航运技工学校教务处主任。1983 年，马尾商船学校与福建省航运技工学校合并为福建商船学校，校长兼书记是陈绍宽将军侄孙陈庆福，高孔荣担任校长助理。1985 年，高孔荣到福建省航海学会工作，曾任副秘书长兼办公室主任、秘书长。1984 年起，高孔荣连续担任两届共 8 年的福州市马尾区人大副主任。

第五代

龙门高家第五代海军，是高良器第四十二世孙，代表人物是高宪申、高宪乾、高宪顺、高宪英、高宪辰、高宪参、高宪龄、高鹏举。高家这一代海军的特点是：大忠、大义、大勇。

高宪辰：海校教官 南国海军反袁斗士

高宪辰（？—？），又作宪宸、世宸，海军军官，清朝时曾任黄埔水师学堂教习；民国时曾任黄埔海军学校教员、广东（黄埔）海军学校教官、海军部总务厅秘书处秘书。

高宪辰是高良器第四十二世孙，光绪三十二年（1906年）冬天，高宪辰毕业于黄埔水师学堂第九届驾驶班，学业成绩为同届毕业生中第一名。毕业后，留校任教。

宣统元年（1909年），海军大臣载洵、海军副大臣萨镇冰到欧洲考察海军，挑选一批优秀海军学校毕业生带往英国留学，高宪辰榜上有名。留学归来，高宪辰再回黄埔水师学堂当教习。1912年，黄埔水师学堂易名“黄埔海军学校”，高宪辰继续留在学校当驾驶专业教员。

袁世凯窃取了辛亥革命成果之后，对革命党人进行了疯狂的镇压。1914年10月25日，中华革命党人发布告全国同胞书，号召全国人民扫除独夫民贼，重建共和。高宪辰毅然参加革命党人组织的广州大东山敢死队。冒着生命危险，高宪辰多次参加了刺杀袁世凯爪牙行动。他还在广东海军和黄埔海军学校中发展反袁、铁血共和力量，组织海军劫舰敢死队，炮击督军署。高宪辰数次被袁世凯爪牙通缉，但一次次都凭着自己的机智勇敢脱离险境，集合起力量再战袁贼，成为威震广东的反袁斗士。

1917年之前，高宪辰长期担任黄埔海军学校教员。1917年学校改为“广东海军学校”，高宪辰任广东海军学校教官。1926年7月8日，高宪辰任北京政府海军部总务厅秘书处秘书。同年10月1日，获授海军轮机少校军衔。高宪辰曾多次获奖。如1917年5月29日获授“六等文虎勋章”。后事不详。

高宪申：一代猛将 每逢大战必获重用

高宪申（1888—1948），字佑之，海军名将，曾任“永绩”舰舰长、“通济”舰舰长、“海容”舰舰长、海军引水传习所所长、“平海”舰舰长、海军厦门要港司令、海军学校校长、海军总司令部第二署署长兼法制委员会委员。

高家这一代海军中，最著名的当数高宪申，他是高良器第四十二世孙。光绪三十三年（1907年），高宪申以优异成绩毕业于黄埔水师学堂第十届驾驶班，学业成绩列同届第二名。清朝时，历任枪炮副、航海副等职。辛亥革命中，毅然易帜。1912 年开始，历任“应瑞”舰航海正、军需正、副舰长。

高宪申坚定地追随孙中山先生，参加了护法斗争。还曾任广州国民政府海军总司令公署副官、参谋，“永绩”舰舰长。

高宪申凭借作战英勇，快速提升。1927 年 5 月，高宪申率舰加入北伐军，负责筹备海军给养，参与攻克南京、龙潭以及西征武汉、岳州等重要作战，战功卓著。1931 年，调任“通济”舰舰长。1932 年，升任“海容”舰上校舰长。1935 年 2 月，改任海军引水传习所所长。

抗日战争爆发前，高宪申出任“平海”舰舰长，率舰参加了著名的江阴海空战，指挥官兵英勇抗击日军，击落击伤日机多架。9 月 22 日在对日激战中，高宪申腰部被敌人炸弹击中，仍坚持战斗，直至舰队司令下令将他抬下战舰送往医院急救。江阴陷落，日寇占领南京，制造了震惊世界的“南京大屠杀”。在得知消息那一刻，正在医院疗伤的高宪申久久沉默，素以铁汉著称的他，竟当着众人流下了两行热泪。连着几天，他茶饭不思，医院方面捧到他病床边的饭菜，经常到下一顿，又原封不动地被端回去……医院的医生护士知道他在为自己没有守住江阴、没有为南京守住大门而自责，安慰他：你已尽职了！不说还好，一说，让他更是心如刀绞，他说：“军人连自己的首都都没有保住，还能算尽职？”1938 年初春，高宪申伤未愈即请求出院，调任海军厦门要港司令，晋升海军少将。任上，率驻厦门海军官兵重创入侵日军。12 月，调任已迁至贵州铜梓县的海军学校校长，在艰苦卓绝的条件下，为中国海军培养人才。1939 年，高宪申以江阴海空战之功，被授予“华胄荣誉奖章”，记功一次。

高宪申

抗战胜利后，高宪申调往海军机关工作。1946 年，调任海军总司令部第二署署长兼法制委员会委员。

1948年，高宪申病逝。据他身边人介绍，自江阴之役后，高将军的脸上难见笑容，积忧成疾，致使他的身体每况愈下，加上旧伤复发，导致英年早逝。

高宪顺：孙文赏识 亲自提任“江贞”舰长

高宪顺（？—？），字向瞬，海军军官，清朝时曾任“通济”舰驾驶三副；民国时曾任“通济”舰大副、“江贞”舰副舰长、“江贞”舰舰长。

高宪顺是高良器第四十二世孙、高孔瀛弟弟高乃超长子，毕业于黄埔水师学堂第八届驾驶班。光绪三十二年（1906年），任“通济”舰驾驶三副。

1912年1月，高宪顺赴“通济”舰任航海官。之后，曾任“江贞”舰副舰长、舰长。1933年，高宪顺任南京国民政府海军部候补员。之后，高宪顺因体弱退休，赋闲扬州，直至终老。高宪顺子文光、文华、文炳，女文芝，史载“均学有所长，能维其家风于不坠”[③]。

高鹏举：年轻有为 历任四艇艇长

高鹏举（？—？），海军军官，曾任“湖鹰”艇副艇长、“宿”字艇艇长、“湖鹏”艇艇长、“湖阜”艇艇长。

高鹏举

高鹏举是高良器第四十二世孙，1920年6月毕业于烟台海军学校第十二届驾驶班，毕业后进入第二舰队。1927年4月，任“湖鹰”鱼雷艇中尉副艇长。1928年11月，任“宿”字鱼雷艇艇长。之后，任“湖鹏”艇上尉艇长。1936年冬，高鹏举任“湖阜”艇艇长。后事不详。

高宪乾：执掌多舰 巡防处科长

高宪乾（？—？），海军军官，清朝时曾任“海筹”舰枪炮二副、枪炮大副；民国时曾任“海筹”舰枪炮长、“列”字鱼雷艇艇长、“拱辰”舰舰长、“德胜”炮艇艇长、海军海岸巡防处航警课课长。

高宪乾是高良器第四十二世孙。光绪三十二年（1906 年）冬天，高宪乾毕业于黄埔水师学堂第九届驾驶班。宣统二年（1910 年）初，任“海筹”舰枪炮二副，次年初升任枪炮大副。

中华民国成立后，高宪乾继续服务于海军。1913 年，任“海筹”舰上尉枪炮长。次年任“列”字艇艇长。1925 年 7 月，任“拱辰”舰舰长。1930 年 5 月，任“德胜”炮艇艇长。1931 年 7 月，以海军上校衔出任海军海岸巡防处航警课课长。1938 年 1 月，海军部缩编为海军总司令部，高宪乾被委为中校候补员。

高宪乾积功累绩，曾两次获勋：1914 年 10 月 16 日，获“六等文虎勋章”。1923 年 4 月 10 日，获“四等嘉禾勋章”。后事不详。

高宪龄：军舰舰长 北伐西征屡建军功

高宪龄（？—？），海军军官，曾任“拱辰”舰舰长。

高宪龄是高良器第四十二世孙，自海军学校毕业后服务于多舰，不断升迁，由三副、二副、大副而升副舰长。民国北京政府时期，高宪龄任第二舰队“拱辰”舰舰长。当时舰队司令即后来的海军部部长、海军总司令陈绍宽上将。在陈绍宽麾下，高宪龄参加了北伐战争的西征作战，立有军功。后事不详。

高宪参：轮机军官 船政学堂毕业

高宪参（？—？），海军军官，曾任“通济”舰轮机三副、二副，“克安”舰轮机副、轮机员，海军福州造船所工程师。

高宪参是高良器第四十二世孙，1924 年冬毕业于船政学堂第十四届管轮班。历任多舰轮机岗位，曾任“通济”舰轮机副。抗战全面爆发之后，高宪参曾任“克安”运输舰轮机副。1938 年 1 月，以二等轮机中尉衔，任“克安”舰轮机员。

抗战胜利后，高宪参曾经在海军福州造船所做技术工作。后事不详。

高宪英：留法精英 海军育出铁路专家

高宪英（？—？），海军军官，曾任海军福州船政局工程师、正太铁路工程师。

高宪英是高良器第四十二世孙，少年时期考入海军学校，后留学法国，专攻机械技术。学成归国后，进入海军福州造船所当工程师，参与维修海军军舰。后被重金聘为正太铁路工程师，成为铁路机修方面专家。后事不详。

高鹏飞：战舰殉国 转任抗日炮队队员

高鹏飞（？—？），海军军官，曾任“大同”舰枪炮长、太湖区炮队小队长、海军洞庭区炮队小队长。

高鹏飞是高良器第四十二世孙，1913年冬天毕业于黄埔水师学堂第十四届驾驶班。毕业后在多舰服务过，曾任“中山”舰枪炮正、“大同”舰枪炮长。

1937年7月，为保卫南京，中国海军需要竭尽全力把日本舰队阻挡在长江口岸，高鹏飞曾服务过的“大同”舰沉入江阴，参与构筑江阴阻塞线。失去战舰的高鹏飞，参加了炮队，和战友们一起扛着从舰上拆卸下的枪炮，加入了海军太湖炮队，高鹏飞被任命为小队长，参与构成保卫江阴封锁线的第二道防御阵地。参加江阴保卫战之后，高鹏飞又奉命参加洞庭湖区炮队。此时，武汉保卫战激战正酣，为加强武汉上游荆河防务，以阻止日军继续西上。海军总司令部把城陵矶作为荆湘之门户，划为要塞区，并下令组成洞庭湖区炮队，高鹏飞仍任小队长。也是在这个位置上，高鹏飞留下了人生最大的憾事：在洞庭湖区炮队，面对强敌，他本该如家中其他兄弟一样奋不顾身，但他听从吸鸦片成瘾的队长罗致通的命令，向后撤退，也因此于1939年1月受军法审判，令家族蒙羞。后事不详。

家族传奇

三兄弟合力创办浙江大学

浙江大学诞生，与高凤岐三兄弟有关。从某种意义上说：没有龙门高氏三兄弟，就没有今日浙江大学。

立于杭州的林启铜像

高氏三兄弟中的大哥高凤岐，建议杭州知府林启创办浙江大学。林启（1839—1900），字迪臣，光绪二年（1876年）中进士，曾任监察御史。他对慈禧太后挪用海军经费修颐和园不满，上疏力谏，得罪了“老佛爷”，被贬到浙江衢州任知府，后又调任杭州知府。光绪二十二年（1896年），高凤岐应林启之请，赴杭州辅佐林启。毕竟家中多位兄弟留学海外，让他能有更宽阔的视野探索中华民族复兴之路，深知中华要复兴必须发展现代科学技术，而原来的科举之路无补于中华崛起，他建议林启兴办蚕学馆、求是书院，鼓励百姓学习近代科学知识。

高孟旦

林启接受了高凤岐的建议，请来了高凤岐大弟高而谦、小弟高梦旦和高徒林白水前来筹办新学。高孟旦（1870—1936），名凤谦，字梦旦，以字行，梦旦上有胞兄二人，长兄凤岐以桐城派古文学知名，次兄而谦船政学堂毕业后留学法国巴黎大学，梦旦取两兄之名上下各一字，自名凤谦，曾任商务印书馆编译所所长、出版部部长。林白水（1874—1926），闽侯人，著名报人，新闻工作者。

林启在高家兄弟和林白水的协助下，在浙江巡抚廖寿丰的支持下，于光绪二十三年（1897年）办起求是书院，林启任总办（校长）。光绪二十八年（1902

年），求是书院改为浙江大学堂。浙江大学堂比盛宣怀于光绪二十一年（1895 年）办的天津中西学堂（天津大学前身）晚两年，和盛宣怀在上海创设的南洋公学（上海交通大学前身）同年，比京师大学堂早一年，是全国最早开办的四所大学之一。

光绪二十四年（1898 年），高家兄弟又协助林启办起了中国最早的蚕桑学校——蚕学馆，揭开了我国近代纺织和农业教育帷幕。蚕学馆发展很快，各地纷纷前来购买蚕种，并仿办蚕桑局或蚕业学堂。蚕学馆即为今天浙江理工大学的前身。后来，高凤岐还协助林启于光绪二十五年（1899 年）创办了养正书塾，后改为杭州府中学堂，即今赫赫有名的杭州四中和杭州高级中学前身。

光绪二十六年（1900 年），林启逝世。高凤岐仍留在浙江，辅佐方家澍治理桐乡、秀水等县。光绪二十八年（1902 年），高凤岐执教浙江大学堂。浙江人感其功德，将其配享于孤山“林社”，即林启祠堂。

勘界澳门，高而谦力保主权

高而谦当过船政学堂讲习，是清末民初知名外交家。

高而谦

《中葡和好通商条约》签订后，葡萄牙殖民者利用“澳属之地”界址未定的机会，肆意进行扩界活动，企图使“永驻管理澳门”的地区扩至南北 25 千米、东西 10 千米的地域。鉴于澳葡不断扩张管理澳门范围的情况，中国人民和清朝的一些开明官绅，纷纷呼吁和咨请清政府早日与澳葡进行划界谈判，拟定界址。

于是，宣统元年五月二十八日（1909 年 7 月 15 日），中国派出曾任中法云南交涉使的高而谦为勘界大臣，与葡萄牙谈判代表马查多在香港举行勘界谈判。马查多在会上提出“葡国永驻管理澳门以及澳属之地”的勘界方案，具体是：包括由关闸起至妈阁庙的整个澳门半岛、青洲、氹仔、路环、大横琴、小横琴、对面山以及附近一切岛屿和水域；自关闸以北到北岭为局外中立区，共计地域达 326 多平方千米，比原来葡萄牙的租居地大 30 倍。马查多还声称“久占之地，即有主权”④“澳门全岛所有附属地，全系得自海盗之手，原始即有占据管理之实”⑤。

谈判中，高而谦坚持“中国领土一寸不能让人”⑥的原则，据理力争，使得“葡国永驻管理澳门以及澳属之地”⑦的界址始终没有获得法律的确认。因此，葡萄牙不拥有澳门主权，澳门仅仅是“葡萄牙管治下的中国领土”⑧。为日后中国政府收回澳门打下了基础。

注释：

①②③ 刘琳．中国长乐海军世家[M]．福州：海潮摄影艺术出版社，2009：261-275.

④⑤⑥⑦⑧ 刘琳．中国长乐海军世家[M]．福州：海潮摄影艺术出版社，2009：291-292.

毛仲方家族

毛仲方（1882—1936），又名仲芳，字汉新，福建省闽清县人，海军名将，黄埔水师学堂第八届驾驶班毕业生，辛亥革命时期曾任沪军都督府海军部部长兼沪江舰队司令、沪军都督府海军课课长、海军司令部参谋次长；民国时曾任海军总司令处一等参谋、“应瑞”舰舰长，南京海军雷电学校教习、护法军政府海军部参谋长、护法军政府陆海军大元帅府（大本营）第三（海军）局局长、护法军政府参谋部第三（海军）局局长兼“永丰”舰舰长、淞厦海岸巡防分处处长、国民政府参军处参军长、国民政府参军处参军长兼代理典礼局局长。海军上将。

毛仲方世居福建省闽清县下祝乡杉村。大山深处这个杉树掩映下的古村孕育了中国历史上颇有名气的一个海军家族。代表人物是毛仲方、毛钟才、毛镇才三兄弟，分别为海军上将、中将和少将，在中国海军历史上，唯闽清毛家三兄弟分别是海军上将、中将和少将。

家族源流

毛氏始祖是黄帝曾孙之后

根据司马迁的《史记》记述，汉民族的祖先、五帝之首的黄帝，其曾孙中有一个叫帝喾（高辛）。相传帝喾与元妃姜嫄“野合”而生下一子，认为不吉祥，于是姜嫄就将婴儿丢弃在狭窄的巷道里，哪知牛马走过而不践踏他；欲置于林中，因逢行人而未果；放在冰河上，又为一群鸟儿用羽毛相护而没有冻死。姜嫄感到这是个神孩，便抱回家中自己抚养。因为弃之再三，所以取名叫弃。

弃在少儿时即爱农耕游戏，到了成人时期对农耕更是情有独钟，于是被尧召为农官，专职领导农业生产。舜帝时，封弃于邰地（今陕西扶风、武功一带），号称后稷，另姓姬氏。后人尊后稷为农神。后稷裔孙建立了周。在西周大分封中，周文王第六子郑，被封于毛国。后人以国为氏，称郑为毛郑。因为毛郑是公、侯、伯、子、男中的第三等诸侯，享受世袭特权，所以又称为毛伯郑，被毛氏奉为鼻祖。

毛仲方家族与毛泽东同祖宗

闽清县下祝乡杉村现住 4000 多人，全姓毛，与毛泽东同祖宗，且祖上与毛泽东的先辈一样，都是从江西吉水毛家湾迁往他乡的。

据《韶山毛氏五修族谱》记载，毛泽东的祖宗毛太华和族人，于元末因避战乱从江西吉州龙城，举家迁往云南澜沧卫，就是现在的云南省永胜县。红巾军进驻云南后，毛太华投奔朱元璋，守边疆。在天下平定后，毛太华以边地为家，娶妻生子。毛太华死后，其子毛清一和毛清四便迁到湖南湘潭的七都七甲定居，这便是后来名扬天下的韶山冲。韶山毛氏一直尊毛太华为始祖，毛泽东是毛太华的第二十世孙。

闽清县下祝乡杉村的毛家先祖，是明朝时从江西吉水来到闽清的。明永乐二年（1404 年），世居江西吉安府吉水县八角井里的毛显，以校骑尉之职，驻镇福建延平府（今南平市），不久，奉命率部调防闽清摩天岭。在闽清安营扎寨后，他就接来了老婆孩子。但妻儿来了不久，毛显就得急病去世了。年轻的夫人带着大儿子保藩、二儿子保衍，沿官道返回江西吉水老家。闽清境内多山，毛夫人带着儿子步行走到今天下祝乡杉村一带时，就累得再也走不动了，只好在此住下来。经过 500 年，两个儿子现在已繁衍了 24 代，海内外有 8000 多人。毛仲方兄弟仨，即毛显第十八世孙。

毛氏宗亲与毛观岱（后排右一）在毛仲方故居合影

毛仲方故居，占地有500多平方米，初建于明代，在民国初年维修了一次，至今保存完好。一进门，是一个高大的厅堂，左右各是两间有后门的大卧房，通往二楼的楼梯设在厅堂里，可活动。村中老人说，这梯子用处很大，因为村中屋子多挖山而建，屋与山形成一条沟壑，若前面有风险，可将此楼梯作临时桥梁，往深山里撤退。看来军人的后代，思维总爱围着进攻与防守转。村中最气派的要数杉村小学旁的一座四方宅，宅里套宅，建在山坡上，远远看过去，有点皇宫的感觉。

船政家谱

第一代

毛家第一代船政名杰即毛仲方与他的胞兄毛钟才、胞弟毛镇才，他们分别官至海军上将、中将、少将，在中国海军史上留下浓墨重彩的一笔。

毛钟才：海军中将　东北海军奠基人之一

毛钟才（1880—1936），字伯举，海军名将，清朝时曾任“海圻”舰候补副；民国时曾任海军总司令处副官、“利绥”舰舰长、第二舰队司令部参谋长、“江犀”舰舰长、“利绥”舰舰长、“江亨”舰舰长、“江亨”舰舰长兼吉黑江防舰队参谋长、吉黑江防舰队司令、东北江海防总指挥部顾问、汉口江汉关监督。

· 建功北国 东北江防舰队任司令

光绪二十九年（1903年），毛钟才以优异成绩毕业于黄埔水师学堂第八届驾驶班。毕业后，一直得到重用。光绪三十二年（1906年），任“海圻”舰候补副。宣统元年（1909年）派赴英国留学，进入格林尼茨皇家海军学院学习航海。1913年1月，已学成归来的毛钟才被授予海军少校，4月出任北京政府海军总司令处副官。1914年5月，毛钟才晋升海军中校。1915年9月，升任第二舰队司令部参谋长。1917年8月，毛钟才调任“江犀”舰舰长。

1917年，俄国十月革命爆发，以英国为首的14个协约国共同出兵干涉俄国革命，其中以日本派兵最多。因黑龙江航权长期为帝俄所夺，中国政府决定收回黑龙江航权。为此，1918年5月，海军部派视察王崇文等前往黑龙江勘察松花江、黑龙江。王崇文在深入调查之后，向海军部汇报了东北江防的设想，建议在哈尔滨设立江防司令部，先派军舰数艘前往，再图发展。1918年12月，国务会议议决海军部编写的东北江防计划。随即，海军从第二舰队抽调“江亨”“利捷”“利绥”“利川”四舰，组成北上舰队。

毛钟才

1919年7月2日，海军部特设吉黑江防司令公署筹备处，以王崇文为处长，先期率员赴哈尔滨进行筹备工作。北上舰队临行前，毛钟才因精明能干，被紧急调往“利绥”舰任舰长。同年7月21日，北上舰队从吴淞口出发，十余天后抵达海参崴。9月中旬，“靖安”舰完成拖带任务，南下往沪。舰队长由“江亨”舰舰长陈世英（后改名“陈季良”）担任。

·炮借红军 收回黑龙江航权

在中国近代史上一系列不平等条约中有一个《瑷珲条约》，根据《瑷珲条约》，黑龙江、乌苏里江、松花江只准中俄行船，但三江航权早为沙俄所独占。1907年中国购置了一艘轮船，但也只限在松、黑二江的交叉口同江航行。十月革命后，白俄船主廉价出卖船只，中国商人集资购买经营，成立了42家公司，买了106艘轮船，但受到帝俄军舰干涉。鉴于此，海军部决定：中国三江航权为帝俄所侵夺，乘此协约国共同出兵干涉之时，将黑龙江航权收回。

北上舰队驶至鞑靼海峡西北端的尼古拉耶夫斯克，此处也称尼港，又称庙街，是俄国在远东的要塞。当时，要进黑龙江，须取道海参崴，经过鞑靼岛、庙街、伯力，才能进入黑龙江。

中国舰队航行至海参崴，靠岸筹足供给。继续航行时，沿途竟被日本干涉军多次拦阻，毛钟才等舰长几经交涉，才得以继续前行。追驶到庙街，日本干涉军又炮击我舰，强行阻止我舰前行，毛钟才等冒着生命危险屡向其交涉，对方都蛮横无理。因为贻误了时机，加之当时河流开始封冻，中国北上舰队不能继续航行，被迫困于庙街达两年之久。

甲午旧仇又添沿途日军频频阻击新恨，在被困庙街期间，毛钟才等在陈世英领导下，帮助苏联红军游击队打日本兵，还从舰艇上拆下大炮借给苏联红军游击队，并赠送了大量炮弹，帮助苏联红军拔掉了日军在庙街的最后一个据点。1920年，苏维埃政权扩展至西伯利亚东部时，将黑龙江航权归还中国。

在收回黑龙江航权后，毛钟才留在东北，参与建设东北海军。

1920年4月，拥有北上舰队的吉黑江防司令公署筹备处，向中东铁路局拨借巡船一艘，改名“利济”，又向戊通公司购下商船3艘，分别改名为“江平”“江安”“江通”，各配有小炮和重机枪，改作军舰。同年7月，吉黑江防舰队正式成立，吉黑江防公署筹备处改称“吉黑江防司令公署”，直属海军部，王崇文任少将司令。次年1月，毛钟才调任“江亨”舰舰长，4月获授“五等宝光嘉禾勋章”。

1922年4月，随着第一次直奉战争结束，奉军惨败，退往关外，有“东北王”之称的奉军统领张作霖随即宣布东三省自治，割据东北。而此时吉黑江防司令公署及吉黑江防舰队得不到北京政府和海军部的有力领导和经费支持，3年内积欠粮饷达10个月。在张作霖派员游说之下，吉黑江防司令公署和吉黑江防舰队投向张作霖的奉系，接受张作霖的收编，成为建立东北海军的基础。同年5月19日，毛钟才以“江亨”舰舰长兼吉黑江防舰队参谋长。1923年5月17日，王崇文因吉黑江防舰队军费不符合东北当局新规章，被扣上“报销不实”之名，撤职离去，毛钟才升任舰队司令。

1925年冬天，毛钟才因被东北当局怀疑参与了郭松龄集团反张作霖活动，而被调任东北江海防总指挥部中将顾问。东北江海防总指挥部后改名“东北海军司令部”。不久，毛钟才被东北军阀排挤出关，转任汉口江汉关监督。1936年，正值盛年的毛钟才突患重病，不久不治。

毛仲方：海军上将 民国海军首任参谋次长

毛仲方（1882—1936），又名仲芳，字汉新，海军名将，辛亥革命时期曾任沪军都督府海军部部长兼沪江舰队司令、沪军都督府海军课课长、海军司令部参谋次长；民国时曾任海军部参谋次长、护法军政府海军部参谋长、护法军政府陆海军大元帅府（大本营）第三（海军）局局长、护法军政府参谋部第三（海军）局局长兼“永丰”舰舰长、淞厦海岸巡防分处处长、国民政府参军处参军长、国民政府参军处参军长兼代理典礼局局长。

·辛亥功臣 任海军参谋次长

光绪二十九年（1903年），毛仲方毕业于黄埔水师学堂第八届驾驶班。光绪三十一年春（1905年），毛仲方被派往英国军舰上实训。光绪三十二年（1906年）刚回国，12月又被派往英国海军大学留学，毕业后转赴奥地利留学。

毛仲方

毛仲方是老同盟会会员。光绪二十九年（1903年），毛仲方刚从黄埔水师学堂毕业分到位于上海高昌庙的海军司令部工作，就参加了林森在上海组建的旅沪福建省学生会，并很快成为会中骨干，后加入同盟会。

辛亥革命时，毛仲方一马当先，先与设在上海的同盟会中部总会商议决定，组织江浙联军会攻南京，推举率部起义的原新军第九镇统制徐绍祯为联军总司令，指挥光复军各部。同时，自己也参加了光复上海之役，上海光复之后，成立了沪军都督府，毛仲方于1911年11月5日，任沪军都督府海军部部长兼沪江舰队司令。同年11月13日任沪军都督府海军课课长。

1911年12月初，黎元洪派朱孝先、郑礼庆邀集各处海军代表在上海开会，酝酿成立新的海军指挥机关。同月5日，在高昌庙成立海军司令部，毛仲方被公举为参谋次长。

·铁血共和 护国护法运动再缔功绩

1911年12月29日，各省代表在南京举行临时大总统选举，选举孙中山为中华民国临时大总统，1912年1月1日就任。临时政府设海军部，这标志着清王朝海军覆亡和民国海军正式成立，全国海军实现统一，毛仲方出任参谋次长。

1912年4月毛仲方被任命为北京政府海军总司令处一等参谋，7月13日转任“应瑞”巡洋舰舰长，8月兼任南京海军军官学校协教官。1914年，5月获授三等文虎勋章，7月任北京政府海军部总务厅视察，居于北京。

袁世凯在窃取了中央政权后，倒行逆施，对外卖国，对内独裁，1915年12月12日竟然宣布复辟封建帝制。孙中山领导发动反对袁世凯复辟帝制的护国运动，南方将领唐继尧、蔡锷、李烈钧等在云南、江西宣布独立，并且出兵讨袁。毛仲方决意参加护国运动，他化装潜出北京，投身讨袁护国运动，也因此被海军部解职。

1917年7月张勋复辟被粉碎后，段祺瑞以“再造民国”元勋再次出任国务总理，掌握北京政府实权。段祺瑞一方面拒绝恢复被解散的国会和《中华民国临时约法》，制造了安福国会；另一方面积极推行“武力统一”政策，力主对南方用兵。孙中山南下护法，同年9月在广州成立护法军政府。时任南京海军雷电学校教习的毛仲方紧跟孙中山，坚定地自南京南下广州，参加护法运动。当月，毛仲方任护法军政府海军部参谋长。11月任护法军政府陆海军大元帅府（大本营）第三（海军）局局长。1918年5月20日，调任护法军政府参谋部第三（海军）局局长并兼“永丰”炮舰舰长。1920年11月，复任护法军政府海军部参谋长。1922年4月，因“夺舰事件”被捕。脱险后，辗转北上，抵达上海。1926年1月，毛仲方任海军海岸巡防处下辖的淞厦海岸巡防分处处长。

1932年初秋，毛仲方出任国民政府参军处中将参军长，辅助时任国府主席的好友林森。毛仲方恪尽职守，周旋百僚之间，恭慎廉洁，夙夜匪懈。1935年夏天，毛仲方代理国民政府参军处典礼局局长。

1936年6月，毛仲方因积劳成疾而引发胆疾，经名医沈克非进行手术，本已有起色，不幸又染上疟疾，病逝于上海。同年，国民政府追授其为海军上将。[①]

毛钟才与毛仲方这对将军兄弟在1936年双双英年早逝，消息传到闽清下祝杉村，乡亲扼腕长叹。

毛镇才：海军少将　闽口要塞司令

毛镇才（1892—1957），海军名将，曾任“应瑞”舰鱼雷长、海军部驻海参崴代将处副官、闽厦海军警备司令部马尾查验处处长、海军闽口要塞司令部司令兼长门礼台台长、海军闽口要塞总台长、海军马尾要港司令部参谋长。

· 抗战率部浴血闽江口

毛镇才是毛钟才、毛仲方胞弟，宣统元年秋（1909年10月）毕业于烟台海军学堂第三届驾驶班。毕业后，登舰服务。1912年7月，出任“应瑞”巡洋舰中尉鱼雷长。1917年11月，调任上尉候补员。1918年6月，任北京政府海军部驻海参崴代将处上尉副官。1919年1月，获授“八等嘉禾勋章”，9月调任海军总司令部差遣员。1925年6月，任闽厦海军警备司令部马尾查验处处长。

毛镇才

1928年3月，毛镇才出任闽口要塞司令部司令兼长门炮台台长。下辖长门礼台、电光山炮台、划鳅炮台、烟台山炮台、金牌山炮台、北岸炮台、崖石炮台和一个鱼雷台，配有37门要塞炮及2个鱼雷发射管，官兵724名。1930年7月，闽口要塞司令部改为海军闽口要塞总台部，毛镇才任上校总台长。

1937年7月抗战全面爆发后，毛镇才在李世甲将军的指挥下，参与组织增设红山、东岐、牛道山、獭山等临时炮台，并积极投身构筑闽江阻塞线。在进行火力部署的同时，毛镇才还抓紧时间对官兵进行爱国主义和英雄主义教育。在抗战中，闽江口炮台官兵多与敌人血战到生命的最后一刻。

以主炮台——长门炮台为例。日寇水上进攻福州三年多，都无法突破毛镇才率部守护的炮台。1941年4月21日福州沦陷，日寇是从连江筱埕和长乐漳港登陆，进而占领福州城的。

1941年4月，日寇在闽江口外海面上集结了2艘航空母舰、20多艘军舰、110多艘汽艇和战船，准备从水上进攻福州。4月18日，20余架敌机对闽江口炮台群进行狂炸，但毛镇才守护的长门炮台依然挺立。19日清晨，日军第48师团、18师团，与海军陆战队一起，在飞机轰炸配合下，向闽江口发起了更猛烈的进攻，在马尾海军要港司令李世甲将军的指挥下，毛镇才率炮台官兵浴血奋战，至19日深夜敌人仍无法突破炮台。久攻不下长门炮台，敌人转而在连江筱埕和长乐漳港登陆，而后从陆路包围我长门炮台。这致使毛镇才和战友们的情形更加危急，但没有一个退缩！在他鼓励下，不少身负重伤的士兵从血泊中站起，又端起了枪……水上、陆路和空中的敌人，对长门炮台进行了立体的包围……此时，守护马尾的我陆军已撤退，长门炮弹所用的供给中断。但毛镇才仍继续率部与日血战，甚至与冲上炮台的敌人肉搏，血战至20日弹尽粮绝之后，带着剩下不多的官兵突围，沿鼓岭山间走了十多天后撤至南平。

毛镇才率部参加了福州第一次光复之战，表现英勇。1944年9月28日，日寇第二次向福州发起进攻，毛镇才在李世甲率领下，奉命率部迎击。后来，参与组织海军游击队，坚持在鼓岭等地开展游击战，消灭了不少日寇。

1945年5月，毛镇才率部参加第二次光复福州之战。

· 前海军总司令夫人为毛镇才殉国

毛镇才娶萨镇冰将军一位堂弟的长女萨楠惠为妻。萨楠惠有个妹妹叫萨楠芷，嫁给了曾任民国海军总司令的蓝建枢将军三公子蓝道墀。

福州沦陷后，毛镇才从炮台直接突围至闽北，妻儿皆滞留福州。日寇从汉奸处得知毛家住所后，前去扑杀毛镇才妻儿，毛夫人带着孩子躲进妹妹嫁入的蓝家，但所有值钱的东西都顾不上带，被日寇抢的抢烧的烧，啥也没留下。蓝家当时的日子也过得艰难，蓝建枢此时已逝世，家中进项锐减，加上战乱物价飞涨，又一下子多了毛镇才妻儿，蓝家只好卖掉三坊七巷中的吉庇巷里的老宅院，租几间僻静小屋歇身。战乱期间，卖这个有天井、大厅、正房、厢房、花园的宅院，还不够买一个月的粮食。到后来，蓝家只好一天吃一餐糠。沦陷期间，毛镇才曾因重病，化装潜入福州，也住在蓝家。蓝家人深知抗战持久要仰仗军人浴血奋战，搞到点米面，就留给病中的毛镇才吃，希望他能早日康复再上前线。蓝建枢夫人当时年纪已很大，且体弱多病。她也坚持把细粮留给毛镇才吃，她说："反正我也拼不过日本仔了。"但是，这位曾经享尽荣华富贵的高官夫人，毕竟缺少吃糠咽菜的经验。一次，又吃地瓜叶煮糠，因其中一些糠没有碾碎，蓝老太太食用时卡住了喉咙，不幸被噎死了。蓝老夫人为福州城留下了一个精忠报国勇士的背影。

抗日战争胜利后，毛镇才曾任海军马尾要港司令部参谋长。1949 年夏天，迁往中国台湾。官至海军少将。1957 年，病逝于台北。

第二代

毛家三兄弟的儿子们多数经商。毛钟才长子毛立羽、次子毛滨生，大学毕业后分别在美国和上海经商；毛仲方长子毛腾霄、次子毛龙、三子毛昭宇，虽然都是大学工学士，但后来都成为成功生意人，在美国和香港有一定的名气；毛镇才长子毛家华虽有过短暂做官史，但后来与弟弟毛佑华一样也走上了商场。

日军侵华，毛家三兄弟的儿子以自己特殊方式，助国抗战。其中正在美国攻读硕士学位的毛仲方次子毛龙，中断学业，走上特殊的抗战之路。

毛龙：抗战投笔 在美培训中国空军

毛龙（1915—1982），中国空军美国高级飞行员培训班教官。

毛龙

· 美国硕士 为回国抗日改学飞行

毛龙生于上海，为家中次子。幼承庭训师诲，国学功底深厚，稍长，中西兼修，先后以优异成绩毕业于沪江初中、光华高中，之后考入北京燕京大学。毕业后负笈美国，之后获芝加哥大学硕士学位。

1937 年 7 月 7 日，“卢沟桥事变”爆发，毛龙在美国参与华侨发起的抗日救亡活动，声讨日军侵华罪行，动员华侨、留学生和美国人民慷慨捐款，支援中国的正义自卫之战。他还与当地华侨、华人、留学生一起，吁请美国政府支持中国抗战。此时，国内又传出新生的中国空军在对日空战中损失惨重的消息。原来，在“卢沟桥事变”爆发后的第 11 天，日军即开始向中国平民狂轰滥炸，虽然中国空军殊死搏杀，毕竟实力悬殊，敌强我弱。短短 3 个月，中国空军大部分飞行员战死沙场，国民政府迁都重庆，1937 年 12 月 11 日南京沦陷。这一消息使毛龙决定在美国学习飞行，毕业后回国与侵略者血战蓝天。他办好休学手续，改学飞行。

· 担任教官 培养中国飞行员

在中国抗日战争最困难时刻，国民政府紧急向各国求援，但只有苏联答应援助中国，并派数百架飞机和飞行员飞赴中国，参加抗日空战。为配合苏军抗日，中国空军最后一批飞行员多半战死。1938 年 10 月美国空军退役上校克莱尔 · 李 · 陈纳德受蒋介石和宋美龄的委托，雇用了 9 名外国飞行员和 6 名中国飞行员组成国际中队，帮助中国抗战。由于国际中队的外国飞行员外出喝酒泄露了秘密，被日军间谍侦得，日军派出的飞机在夜色的掩护下，将停在跑道上的飞机全部炸毁。

1940 年，随着欧洲战场局势艰危，苏联空军因此全部撤回国内，与入侵的德军血战。中国的天空成了日本人独步的天下，为了迫使中国政府投降，日本飞机对重庆开始频繁大轰炸，大量平民被炸死，建筑物被炸毁。中国抗战进入了最困难时期，就在这时国民政府和美国签署合约，在物资和人员上得到美国的援助——购买飞机，训练飞行员。

也因此，中国空军军官学校第十六期学生，先被选拔赴美国在印度腊河（今巴基斯坦拉哈尔）创办的初级飞行员培训班，绩优者赴美进入高级飞行员培训班训练，而毛龙就任高级飞行员培训班教官。据当时参加训练的学员们回忆，他们到美国后，首先学习英文和进行体能、搏斗、射击、侦察等训练，之后练习飞行。初级飞行训练完成后，经过考试优秀者进入中级飞行训练。中级飞行训练结束后，绩优者再升入高级飞行，此时再进行分组。凡飞行技术佳、反应灵敏者编入轰炸组，其次驱逐组，再次进入侦察组，而被淘汰者多学习机械。进入高级飞行阶段，教官尤其严格，条件更多，要求达到的水准与目标亦更加复杂，能顺利毕业的仅占一半。

为帮助中国飞行员过语言关，毛龙经常放弃休息时间进行辅导，帮助他们解决各种困难。当时赴美国接受飞行训练的中国飞行员共有五批，他们学成回国，加强了中国空军力量，使中国空军逐步取得制空权，至 1944 年，完全取得主动。

抗日战争胜利后，毛龙进入美国的中国供应中心担任人事管理主管，负责选择人才，深获上司赏识。1974 年，毛龙由美国到香港，担任美国照南公司香港分公司经理。之后，又受美国新美公司之聘，任该公司台湾分公司经理，在此公司服务终身。1982 年 1 月 9 日，毛龙病逝于中国台湾。

第三代

毛仲方兄弟三人的孙辈，多经商和从事科教工作，但毛仲方长孙还是承继了家族的海军传统，只不过当的是美国的海军。

毛观海：美国海军学院高才生 海事专家

毛观海（1937—　），海军军官、海事保险专家。

毛仲方的长孙、毛腾霄长子毛观海，是毛仲方三兄弟中唯一做过海军的孙辈。他是毕业于美国海军学院的美国海军工程技术专家。1936 年，毛仲方与毛钟才相继病逝，毛仲方长子毛腾霄承担起养家重任。1949年秋，毛腾霄与母亲带着一家人先到香港小住，后定居美国。毛观海在美国读完高中后，毅然报考了美国海军学院。毕业后，虽然因高度近视，无法在大海上驾驶军舰，但仍在美国海军部队做技术服务工作。退役后，他不愿离开与大海有关的工作，选择从事海事保险工作，成为美国著名的海事保险专家和海事保险商。20世纪60年代末至70年代初，他曾多次肩负特殊使命辗转乘机到北京，为中美两国打破坚冰做出了贡献。

毛观岱：往返中美 助力船政博物馆

毛观岱（1942— ），商人，船政文化推广者。

毛观岱是毛仲方长子毛腾霄的次子。毛观岱虽没有当成海军，但始终有着挥之不去的海军情结，考大学填报的专业都与造船制舰有关。他在美国康奈尔大学获得了工学学士和工学硕士学位后开始经商，他特意为自己的公司取名“海琛”，是因为“海琛”舰为其曾外祖父魏瀚向英国所订造，后来他的舅公魏子浩又出任此舰舰长。他从网上看到了笔者介绍的毛仲方、毛钟才的经历，有很多他是第一次知道。为此，他特意跑到香港小叔叔毛昭宇家，想向这位已89岁高龄的长辈了解家族的更多故事，在小叔叔家，他看到了笔者2003年写的《福州海军世家》一书，知道了笔者的工作单位，辗转联系上笔者。在电话中，他听笔者说到福州马尾要拓建中国船政文化博物馆，准备为他外曾祖父专门建一个展室。2004年11月，他带着外曾祖父、伯祖父、祖父和舅公们的照片，从美国飞到福州，向中国船政文化博物馆捐赠了5幅老照片，填补了馆藏空白。之后，多次回乡。毛观岱的生意做得很大，在法国、南非、比利时和中国北京都有自己的分公司。他在各地的公司都用祖父当过舰长的舰名作为公司名。

毛观岱

毛观岱后来带着自己在美国、加拿大、日本、新加坡的亲戚依次回福州，参观马尾的船政博物馆，带动更多人向船政文化博物馆捐赠老照片、历史文献等。

毛观岱还为修缮闽清下祝杉村毛氏祠堂、毛家先辈古墓和重修毛氏族谱等一次次捐助巨款，曾赴江西吉水考察祖籍地并对接族谱。他还一次次带着儿孙回乡祭祖，船政文化博物馆、长门炮台是必去参访之处。

毛观岱带着儿孙辈在马尾造船厂魏瀚雕像前合影

家族传奇

毛仲方大脚夫人两次惊险救夫

大脚夫人生于马江海战之时

毛钟才和毛仲方兄弟俩都是曾任中国船政大臣的魏瀚将军的女婿。

魏瀚是船政学堂第一届毕业生，也是中国海军第一批留学生，是中国第一代海军造舰专家，出任黄埔水师学堂总办后，就开始从自己得意门生中挑选女婿。毛钟才和毛仲方兄弟被他一眼看中，他将二女儿嫁给了毛钟才，又将三女儿嫁给了毛仲方。毛仲方后来官至海军将军，不知魏瀚是否有助过一臂之力，但魏瀚的三女儿魏淑媜两次在丈夫生命攸关之时冒死相救，却是真真切切的事，这在当年海军界传为佳话。

毛魏两家都传说毛仲方夫人魏淑媜生来就有救人命之能耐。

魏淑媜出生于 1884 年 8 月马江海战即将打响之时。当时，法国侵略者的军舰进逼闽江口，为避免战火，在船政船厂内正在制造军舰的魏瀚和战友们做着最后的努力。他因为在法国留学过，曾获法国的法学博士，精法语，在马江海战即将打响之际，他请命驾着小舢板到闽江口劝说法舰收兵，但就在他回来的途中，法国侵略者不宣而战，炮弹像密集的雨点落在魏瀚驾的小舢板的前后左右，魏瀚历尽艰险捡回了一条命。到家后，知妻子为自己又生一女，赴床前细瞅，发现此女长得与自己几乎一样，宽面、高额、脸部线条极其坚硬，欣喜异常。后来，有友人对魏瀚笑称 :“此女有救人之能。”不知是否因此缘故，魏瀚对此女疼爱有加。魏淑媜第一次缠足就嫌痛放声大哭，魏瀚听了立即对全家人宣布 : 媜妹不要裹足。从此，再也没人敢提让魏淑媜裹脚一事，这使她生就当时大家闺秀难得一见的大脚板，这副大脚板最后确实为毛家立了大功。

第一次 : 从袁世凯手下救夫出京讨袁

辛亥革命后，以袁世凯为首的北洋军阀篡夺了胜利果实，中国从此进入了北洋军阀统治的北京政府时期。毛仲方在北京政府海军部当参谋。

1915 年夏天，各省袁世凯党羽及一些无耻政客公开鼓吹复辟帝制。作为老同盟会会员的毛仲方有意出京策动海军反袁，老谋深算的袁世凯知道毛仲方在海军界的影响力，派了大量便衣军警，将毛仲方软禁在寓所里。情形有点像蔡锷将军身陷京华。魏淑媜知京中局势之险恶，劝说丈夫应早日出京，拉起海军队伍，全力反袁，以维护志士们用鲜血与生命换来的共和国。

魏淑媜几番侦察，发现只要自己与夫君走出寓所，立刻有层层叠叠的便衣尾随而来，极难甩掉。最后决定利用月黑风高的晚上，自己先化装成男人带着大包小箱与至交出门，引开袁世凯便衣特务，毛仲方再化装出门，什么也不带。

晚年魏淑娡

毛仲方担心夫人这样做有生命危险，坚持不肯，但魏淑媜镇定自若，危急时还能开玩笑，她轻松地笑着对丈夫说："你放心，我这人命硬，没人敢来碰我。"

毛仲方依夫人之计，微服出京，入天津租界，而后转赴上海。丈夫走后，袁世凯手下的便衣特务一次次上门来纠缠，终被足智多谋的魏淑媜一一化解。后来，魏淑媜寻机潜出北京。海军部以毛仲方未经请假擅自离京为由，将之撤职。

袁世凯去世后，段祺瑞、张勋之流掀起了复辟热潮，以孙中山为首的革命派号召护法讨逆，决心"以海陆军之力量，为国民争回真正共和"[②]。毛仲方与好友程璧光、林葆怿率海军第一舰队，于1917年7月22日南下广东，跟随孙中山护法讨逆。不久，魏淑媜也携带儿女南下，与夫团圆，把家安在广州。

第二次：从广州狱中救出丈夫赴沪革命

1917年8月25日，孙中山在广州召集国会非常会议，议决成立中华民国军政府。9月1日，孙中山当选为大元帅。9月10日，与北方相对立的南方政权——护法军政府宣告成立，这标志着护法运动的正式开始。中国出现了南北两个对峙政府、南北两个海军部。毛仲方出任护法军政府大元帅府参军、海军舰队参谋长，与护法军政府海军总长程璧光一起，率部投入护法战争，直至1919年2月第一次护法战争终结。其间，护法军政府曾改大元帅制为总裁合议职，毛仲方出任参谋部第三局（海军局）局长，孙中山辞职赴沪。1920年11月，孙中山重返广州恢复军政府，宣言继续护法，毛仲方出任海军参谋长。1921年5月5日，孙中山宣誓就任临时大总统，毛仲芳在孙中山麾下开始了第二次护法作战。

魏淑媜又一次的英勇救夫就发生在第二次护法作战期间。

1922年春天，陈炯明开始与北洋军阀勾结，倡议"联省自治"，无意北伐，企图背叛孙中山，实现自己做“广东王”的美梦，毛仲方心急如焚，加上因为广州军政府财政困难，发饷不准时以及其他原因，广州军政府中的海军也因此发生了内讧。1922 年 4 月 27 日，非闽籍海军官兵突然发动了“夺舰运动”，毛仲方及闽籍海军 1100 多人被关押。有消息传出毛仲方将被枪毙。

危难中，魏淑娗知道要救丈夫，就要先改善丈夫的狱中生活，争取不被折磨而死。她得知温树德出任护法军政府海军司令，知此人与丈夫私人感情尚厚，一次又一次前去拜访，终于说动温树德给公安局打电话，要求特别优待毛仲方。继而又说动温树德让自己能常往探监。她沉着地将家中金银细软全部找出，计算好用度，一方面在上层找关系疏通，争取声援，另一方面则直接做狱守的工作。每次探监，她以财开路，并与每一位狱守攀谈，从中发现可以进一步发展的狱守。正是在与狱守的深入交谈中，她明白要让丈夫脱险，就必须让丈夫从刀阵枪丛中的监狱转出去。她得知广东籍的“海圻”舰现任舰长李国堂，与闽籍海军较接近，态度中立，于是就托他进言说毛仲方病重。李国堂很帮忙，找了不少人疏通，终使毛仲方获准移住于广州医院。但是要派两个看守跟随监视。

毛仲方住进医院而且只有两个看守监视，这让魏淑娗大喜过望。她先是每次去看丈夫，都给两位看守送点小礼物，且礼物越送越重，让他们觉得这毛太太人仗义，为她做事很上算。魏淑娗觉得时机成熟，直接向两位看守摊牌，让他俩帮着毛仲方逃出医院。当时毛家已被人监视，她将两看守邀至僻静处的菜馆，晓之以义，动之以理，诱之以金，终于说动他们全力帮忙，并请他们与毛一同逃走，她给每人 2000 银圆。尔后，魏淑娗又再次利用探望丈夫机会，观察地形，为丈夫设计出逃线路……那夜，丈夫与这两位狱守一起，按照妻子设计的出逃路线，成功逃出医院，与在外面接应的妻子会合，潜往上海。

魏淑娗身板硬朗，一直活到 96 岁时才安然离世。

注释：

① 刘琳，史玄之．福州海军世家[M]．福州：海风出版社，2003：69-71．

② 军事科学院《中国近代战争史》编写组．中国近代战争史（第三册）[M]．北京：军事科学出版社，1987：204．

常朝干家族

常朝干（1882—1955），号竹波，汉军正白旗人，生于福建省侯官县（今福州市鼓楼区），海军军官，船政后学堂第八届管轮班毕业生，清朝时曾任“通济”舰三管轮、“海容”舰二管轮、南洋鱼雷分局教习、南京鱼雷营管带；民国时曾任海军部技正室技正、驻德公使馆海军武官、南京海军鱼雷营营长、南京海军水鱼雷营营长。

在福州鼓楼区渡街口与北大路交界处，20世纪70年代前，有一处三排三进大院，这就是老福州人都知道的常家大院。常家在晚清至2000年间，走出了中国历史上一个著名的海军家族，三世海军，两代中将。代表人物即海军鱼雷专家常朝干。

家族源流

常姓主要源于姬姓

常姓，是一个多民族、多源流的姓氏群体。主要源于姬姓，为周武王姬发的同母少弟卫康叔之后，以封邑名为氏。

据《元和姓纂》及《通志·氏族略》等所载，周武王姬发灭商后，封其同母弟、周文王幼子姬封于康邑，世称康叔封。周公（武王之弟）后又将原来商都周围地区和殷民七族封给康叔封，建立了卫国。康叔封因是卫国的始祖，又称卫康叔。《新唐书·宰相世系》说:“常氏出自姬姓。卫康叔支孙食采常邑，因以为氏。”[①]周初，周公大肆分封诸侯，诸侯又分封采邑。康叔封把他的一个儿子封邑在常（今山东滕州东南）。卫国于公元前254年成为魏的附庸，又于公元前209年为秦所灭。卫国灭亡后，其后裔有以国为氏姓卫，也有以邑为氏姓常的。

常姓中还有一部分为春秋时吴王之后，以封邑名为氏。据《姓氏考略》所载，春秋时吴王封其支庶于常（今江苏省常州一带），其后以封邑名为氏。还有一支“常”姓出自战国时吴国公族之后裔，也源于姬姓，因为吴国始祖是周文王姬昌的伯父太伯。常姓有一些是以官职名为姓的。如黄帝大臣常仪和大司空常先之后。常姓还有一些来自少数民族改姓的。如裕固族常曼氏、柯尔克孜族额齐克氏、蒙古族漕丹氏、蒙古族常佳氏、蒙古族瑚佳氏等，汉姓为常。

常遇春之后 辗转入旗籍

常姓，是福州的小姓。祖自何来？2006年4月，笔者曾专门访问了常朝干外甥、福州大学土木建筑系教授叶荣华。这位72岁的老人长期与父母生活在一起，母亲告诉他，自己是旗人，但是祖上是汉人，从老远的东北迁往闽江之畔。据查，常家是汉军八旗中的正白旗，祖籍安徽亳州，明朝开国重臣常遇春之后裔。明末，常遇春九世孙常朗，移镇辽阳，清初常氏家族分散，常朝干祖上这一支入关，辗转到了福州。

常遇春后人何以会成为旗人？笔者赴吉林省吉林市昌邑区土城子满族朝鲜族乡聂司马村做调查，此村常氏后人皆自报满族。从当地常氏老者口述与族谱史料看，他们是常遇春九世孙常朗的后代，明朝末年常朗至辽东辽阳府任职。明天启元年（1621年），后金攻占辽阳城，辽东大小70余城皆降。此时常氏的状况家谱中没有记载，不过从常氏第十三世祖名阿虎达、十四世祖名勒彬的记载看，满语化的名字似乎说明了他们被划归八旗之下的经历。据《常氏宗谱志》记载：常氏十八世祖常邦国，于顺治年间编入吉林打牲乌拉，隶属正白旗，自此以后常邦国一支成为正白旗人。此记载与常朝干家族的代代口传相吻合。常朝干家族是当时这一支的后人。

常家是福州著名丝绸商

常朝干家族因何原因迁入福州，目前没有找到详细的资料。

顺治三年（1646年）秋，清军进占福州。福州将军之设置，与清初平定“三藩之乱”有关。康熙十三年（1674年），拥兵守闽的靖南王耿精忠反清，清廷命驻防杭州的副都统胡启元率汉军八旗中镶黄、镶白、正白、正蓝四旗千余名官兵由浙入闽，平定叛乱后移驻福州。乾隆年间，八旗汉军裁撤，陆续出旗为民，福州驻防官兵改由京师拨派满洲八旗接防。福州将军为福建八旗驻防兵最高长官。由于台湾是郑成功反清复明的重要基地之一，加上统一台湾后，台湾不断闹民变，嘉庆朝开始，沿海海盗成患，清朝曾一次次派重兵赴闽，福州是清军重兵驻扎之地，旗人或随军入闽，或因商机南来，或投奔亲戚而至。与常家人多方讨论分析，常家肇基福州始祖极可能是胡启元率军前来平定耿精忠之乱的汉军四旗中的军人，并在乾隆年间常家人出旗为民的。

访问常家人得知，常家在福州以贩卖丝绸立足，后来生意越做越大，在渡街口有一家很大的丝绸行，在福州南台、台江还有若干丝绸铺。叶荣华听母亲说过，当年福州都是木房子，一家失火殃及一条街，常家渡街口的丝绸行三次因他人失火累及烧毁，但也三次立即再建。

船政家谱

第一代

多代业商的常家与海军结缘，是与福建船政轮船水师兵败马江、北洋海军毁于甲午有关，常家第一位海军就是为报马江仇雪甲午耻而进入船政学堂的。

常朝干：鱼雷专家 创办中国新式水鱼雷学校

常朝干（1882—1955），号竹波，汉军正白旗人，生于福建省侯官县（今福州市鼓楼区），海军军官，清朝时曾任“通济”舰三管轮、“海容”舰二管轮、南洋鱼雷分局教习、南京鱼雷营管带；民国时曾任海军部技正室技正、驻德公使馆海军武官、南京海军鱼雷营营长、南京海军水鱼雷营营长。

·留学德国 成中国鱼雷专家

光绪二十一年（1895年），13岁的常朝干执意要读福建船政学堂，并以不错的成绩考入船政后学堂第八届管轮班。八年学生生涯，无论是校课，还是舰课，次次考试，天资聪颖的常朝干总是第一名。光绪二十九年（1903年）冬，以全班第一名的成绩毕业。光绪三十年（1904年），充任“通济”练习舰三管轮。光绪三十一年（1905年），升任“海容”舰二管轮。次年，常朝干因表现优异，被派往德国留学，入柏林高等工业大学留学深造，专攻枪炮制造和鱼雷技术。常朝干学成归国，派充南洋鱼雷分局教习。宣统三年（1911年），南洋鱼雷分局改称南京鱼雷营，常朝干出任管带官，武昌起义爆发后，全国各地纷纷响应。当时，常朝干正在“镜清”舰上实习，参加策动南京鱼雷营易帜。

常朝干与夫人沈玉瑞

1912年1月，中华民国临时政府成立，黄钟瑛出任海军部总长。南北政府和谈成功后，孙中山于2月13日通电辞去中华民国临时大总统职务。随即，海军部随中华民国临时政府迁往北京后，袁世凯任命刘冠雄为海军部总长。3月，北京政府海军部正式建立。9月，常朝干出任海军部技正室第一批技正。1913 年 1 月，常朝干被授予海军造械中监。时任海军部总长的刘冠雄为中国海军长远发展计，决计全力发展海军教育，对水雷鱼雷技术教育十分重视，决定让常朝干带学生去奥地利学习新式水雷。5 月，常朝干与后来成为他姻亲的林献炘一起，赴奥地利研习新式水雷鱼雷，两人还作为领队带着学员一同前去。留学期间，常朝干兼任驻德使馆海军武官。1914 年夏天，第一次世界大战爆发，常朝干与林献炘一起，带着全体学员回国。1915 年 6 月，常朝干出任海军鱼雷营营长，11 月获授“四等文虎勋章”。1917 年 1 月，获授“五等嘉禾勋章”。1918 年 1 月，获授“四等嘉禾勋章”。1919 年 5 月，被授予海军中校军衔，10 月获授“三等文虎勋章”。

· 创建中国新式水鱼雷学校

作为中国著名水鱼雷专家，常朝干对中国海军的最大贡献，在于创建了中国海军新式水鱼雷学校。

1927 年 3 月，海军总司令杨树庄正式宣布归附国民革命军，率领第一、第二和练习舰队所属 44 艘舰艇易帜 。常朝干率领海军鱼雷营加入国民革命军。同年 4 月，南京国民政府成立。1930 年 5 月，海军部正式任命常朝干为海军水鱼雷营营长，军衔上校。从起草水鱼雷营教学、管理条例，到制订具体的授课、训练计划，到教师聘请、营房建设，再到考试方式、实习方式、考纲和毕业标准的制定，皆由常朝干组织指挥展开，他还亲自撰写了中国水鱼雷营第一本教材。常朝干不但亲编教材，还亲自授课，亲自指导学生实习。1933 年 12 月，常朝干因办南京海军水鱼雷营之功，被授予“陆海空军甲种二等奖章”。

· 抗战转移 顾军营舍小家

更为可贵的是，南京沦陷前，中国海军决定将水鱼雷营迁往湖南辰溪（古称辰阳、辰谿）的大山深处。因为南京岌岌可危，命令下得很急，为了能抢时间将更多的教学设施转移走，以保证中国海军还能继续培养出水鱼雷人才。接到转移命令后，常朝干没能顾得上回家，日夜组织水鱼雷营转移，离开南京时不及返家看一眼自己的儿女们，当时他最小的女儿才 2 岁多。常朝干夫人，因伤寒症不治，已于 1936 年 10 月病逝于南京中央医院，家中只剩孩子们。看到南京党政机关纷纷转移，几个孩子知道境况危急，但又不知父亲去了何方。后来还是大姐多智，带着弟妹们在南京沦陷前仓皇撤往重庆，只带了一点随身用的东西，全部家当后来都毁于日寇的南京大屠杀中……

2006年3月31日，笔者访问了当时被哥哥背着逃出南京的常朝干小女儿。她叫常慧珍，当时72岁的她是位出色的内科主任医生。她说自己对当年是如何逃出南京的已记不清了，听哥哥姐姐说，当年在南京时，看到路上都是哭着逃难的人群，自己也吓得大声哭着喊妈妈，哥哥姐姐们想起妈妈的远去，又不知父亲是死是活，也都边跑边哭。当笔者问常慧珍是否恨父亲当年不带着孩子转移，这位军人家属听了哈哈大笑："要打仗了，顾自己小家的人哪算什么中国军人。我觉得我爸爸做得没错。"

在培养水鱼雷人才的同时，常朝干还在水鱼雷营附设了一个无线电训练班。因为，1929年国民政府海军部在南京成立后，添造了一些舰艇，又在各地设立观象台、报警台，急需无线电人才。于是，1930年8月，南京海军水鱼雷营设立了无线电训练班，从福州海军艺术学校的学生中择优录取，先后办了两届，第二届于1934年冬天毕业。

常朝干因为一直在水鱼雷营任营长，水雷营的最高军衔仅是上校。但常朝干曾被授予技正，这个技术职务可做至少将。抗战结束后，常朝干不满蒋介石发动内战和排斥闽系海军，愤而申请退役，转赴长江航务局宜昌办事处工作，1948年退休回福州定居，1955病逝于福州，享年73岁。②

常书诚：海军上校 任海军部多科科长

常书诚（1886—1924），海军军官，清朝时曾任烟台海军学堂教习；民国时曾任烟台海军学校庶务长、海军部军需司储备科科长、海军部军需司稽核科科长。

常书诚是常朝干堂弟，光绪三十年（1904年）十二月毕业于船政后学堂第十六届驾驶班，北上担任烟台海军学堂教习。任上，诲人不倦，颇受欢迎。

1912年，中华民国南京临时政府成立，烟台海军学堂易名"烟台海军学校"，常书诚代理学校庶务长，7月22日正式出任庶务长。1913年5月，常书诚调任海军部军需司储备科代理科长，自此常书诚一直在海军部机关工作。毕竟出身于名商家族，常书诚长于理财理物，在军需司工作得心应手。1915 年 1 月，常书诚任海军部军需司储备科科长。1916 年 10 月，获得“一等金色奖章”。1918 年 7 月，常书诚任海军部军需司稽核科科长。1919 年 5 月晋升海军中校军衔，10 月获得“五等文虎勋章”。常书诚在海军部军需司工作如鱼得水，很快晋升上校军衔。1921 年 1 月转任军需司储备科科长，工作深受好评。1924 年 11 月，常书诚病逝于岗。③

第二代

常家自常朝干与船政学堂结缘之后，开启海军门风。在船政第二代族谱上，出过能征善战的士兵，出过心灵手巧的造舰技工，还出了 2 位科班出身的海军军官：一位在军校几乎执教一生，另一位闯过抗日枪林弹雨，因反对打内战，与常朝干一起转业到地方航运部门工作。

常香圻：海军教育家 两岸育才众多

常香圻（1915—2003），海军军官、海军教育家，曾任海军湖南沅江布雷队队长，福州（桐梓）海军学校教官，中央海军军官学校教官、新生训练处处长兼航海教官、学生总队教育处处长，台湾地区海军军官学校教官组组长、教育处副处长、教育长，台湾地区海上防务部门海道测量局局长，台湾地区“三军大学”教育长。

常香圻为常朝干侄儿。1930 年，在常朝干保荐之下，考入福州海军学校第五届航海班。因学业优良，提前两年毕业，于 1935 年 6 月 1 日被选送到英国格林尼茨皇家海军学院深造。

1937 年 7 月，中国进入全面抗战时期。远在英国留学的常香圻再三请求回国参战。1938 年冬，辗转回到战火中的祖国。1939 年 2 月，被任命为湖南沅江布雷队上尉队长，冒死督部布雷炸舰。

1943 年，常香圻开始其军校执教生涯。当时，位于福州的海军学校已迁至

常香圻

贵州省桐梓县，常香圻被任命为上尉教官，讲授静力学、动力学和水力学概论。抗战胜利后，常香圻随校迁入上海。1946年1月，学校再迁青岛，并改称“中央海军军官学校”，下辖校本部、军官训练队、学生总队，人们习惯称此校为“青岛海军军官学校”。常香圻在校内担任少校航海教官。1948年1月1日，常香圻任学校新生训练处处长兼航海教官。同年12月，随校迁到厦门，常香圻担任学校学生总队教育处处长。

1949年9月，常香圻随校迁到台湾省高雄左营，担任台湾地区海军军官学校教官组组长。1952年10月，升任学校教育处中校副处长。1955年10月，升任学校上校教育长。1957年3月，常香圻调往台湾地区外务部门出任上校联络官。1963年1月，被派驻美国工作。1968年9月，常香圻担任台湾地区海上防务部门海道测量局局长，被台湾当局授予“海军少将”军衔。1970年10月，常香圻调任台湾地区防务部门“三军大学”教育长，被台湾当局授予“海军中将”军衔。

常香圻一生对台湾地区海军教育体制改革贡献良多，为海军培养了大批精英，很受学生敬重，台湾当局多位“海军总司令”都是常香圻的高足。

2003年，常香圻病逝于高雄海军军官学校的宿舍中。④

常幼波：抗战英雄 巴东炮台杀敌建功

常幼波（？—？），又名常旭，海军军官，曾任海军巴万要塞巴东炮台台长、“民权”舰舰长。

常幼波是常朝干侄儿，1921年春毕业于烟台海军学校第十三届驾驶班。毕业后，常幼波在多艘舰艇当过航海副、航海官，1937年前曾任海军厦门要港司令部副官处副官，后任副舰长。

抗战军兴，常幼波随舰先参加了江阴海空战和武汉保卫战，在战舰殉国后，出任巴万要塞巴东炮台台长。他率部与友军一起通过布水雷等多种形式，给予进犯日本海军以打击，还配合陆军粉碎了敌人多次进犯。策应友军，取得了石牌要塞保卫战等战役的胜利。1944 年，常幼波转任“民权”舰舰长，拱卫重庆。

抗战胜利后，常幼波坚决不愿参加内战，申请退役，转入航运部门工作。中华人民共和国成立后，常幼波到湖北省航运管理局工作，1958 年退休。⑤ 卒年不详。

赵景忍：水鱼雷轰炸机教官 青岛育才

赵景忍（1935— ），福建省福州市人，海军军官，曾任人民海军北海舰队教官、海军青岛第二航空学校主任教员。

赵景忍是常朝干四女儿常慧珍的丈夫，生于福州赵氏望族，父亲赵修颐毕业于日本冈山医科大学，早早就是福建省立医院主任医师，为八闽颇负盛名的皮肤科专家；五叔赵修复是美国马萨诸塞州立大学博士，中国著名昆虫学家，曾长期担任福建省政协副主席。赵家为书香世家，家学深厚，赵景忍深受熏陶，自小学业优良，高中时为福州第一中学高才生，被称作“非进北大即入清华”，而且积极要求进步，早早就成了共青团团员。

1950 年，美国打着联合国军的旗号侵略朝鲜，把战火推向我国边境，中国抗美援朝。赵景忍热血沸腾，毅然中断学业，于 1951 年 7 月报名参军，而且一次次申请上前线。因为当时人民海军还在初创之期，需要大量有文化的年轻人。部队看到赵景

常慧珍与赵景忍结婚照

忍优异的学习成绩，把他送到青岛海军第二航空学校学习。

青岛海军第二航空学校，组建于1950年9月，是为中国人民解放军海军培养航空兵的学校。主要任务是：培养海军轰炸机和歼击机干部、士兵和航材、航空“四站”、航空导航技术干部。赵景忍入校后，专攻水鱼雷轰炸机，每次考试都名列前茅。由于当时急缺教官，赵景忍因为学业突出，1956年光荣加入了中国共产党并提前毕业，成了水鱼雷轰炸机的教官，长期在人民海军北海舰队工作，负责带训干部战士，后进入母校——青岛海军第二航空学校担任教官。赵景忍业务精通，教学有方，深受学生敬重，很快成为教学骨干，多次受奖。1961年由海军航空兵司令部授予主任教员职称，并晋升上尉军衔。

1970年2月，赵景忍随青岛海军第二航空学校迁往山西省太原市。同年，赵景忍因胞弟被错误打成“反革命分子”，不得不离开挚爱的部队，转业回闽，到福州自行车厂做技术工作。之后，曾任福州农业机械厂党支部书记、福州市机械局宣教科科长、福州市机械局宣教科科长兼福州动力机厂党支部书记，因表现突出，多次被评为先进工作者，曾被授予“福建省先进工作者”荣誉称号。

常慧珍与赵景忍是福州第一中学同学，后考入山东医学院。毕业时，因已与赵景忍热恋，特意请求分配到离青岛较近的山东省胶县中心医院当医生。1970年南调福州市第二医院，为中共党员、主任医师。因美丽端庄、医德医术皆佳，还因福州市第二医院位于福州南台岛，有“南台岛最美女医生”之称。[⑥]

叶进勤：海军舰长 海军学校当学监

叶进勤（？—？），福建省福州市人，海军军官，曾任福州海军学校学监。

叶进勤是常朝干侄女婿，1915年9月毕业于烟台海军学校第九届驾驶班。毕业后，登舰服务，历岗多舰，曾任海军炮艇艇长、副舰长。1928年2月，任福州海军学校学监。1934年，叶进勤任海军部军学司航海科少校科员，次年12月，任海军部经理处总务科少校科员。1938年，任海军总司令部少校候补员。

抗战中期，叶进勤调任缜缅公路建设指挥部顾问，参与修筑缜缅公路。抗战胜利后，转往交通部长江区长江航政局工作。[⑦]后事不详。

黄道培：测量专家 执教海军学校

黄道培（？—？），一作道炳，福建省福州市人，海军军官，曾任“庆云”测量艇测量正、艇长，海军学校教官。

黄道培是福州人，常朝干侄女婿，他与叶建勤是烟台海军学校第九届驾驶班的同班同学，两人关系甚好。

黄道培

黄道培从烟台海军学校毕业后，登舰服务。后专门学习海道测量，他用心钻研技术，水平提升很快，1935年前，曾任海军海道测量局测量艇队“庆云”测量艇上尉测量正。“庆云”测量艇的前身是“海鹰”号炮艇，1925年改为测量艇，命名“庆云”。

1935年4月，“庆云”艇报废，黄道培调任位于福州的海军学校教官。他有理论有实践，既懂驾驶又精于海道测量，讲课深入浅出，深受学生好评。⑧ 后事不详。

第三代

常家船政族谱上的第三代，比较出名的只有3位，且都在海峡对岸，都先后被台湾当局授予将军军衔。

常志骅：眷村长大 为保钓制“捍疆计划”

常志骅（1944— ），海军军官，曾任台湾地区海上防务部门作战署署长、舰队训练指挥部指挥官、副领导人，台湾地区防务部门“参谋次长”。

常志骅是常香圻的儿子，孩童时代随父母撤往中国台湾，当时父亲执教于高雄左营的台湾地区海军军官学校，常志骅自小就生活在左营海军眷村里，高中毕业后考入父亲执教的学校。1965 年毕业，后留学英国海军大学。

常志骅在台湾地区海上防务部门中稳步获升。曾任台湾地区海上防务部门驱逐第二舰队司令部参谋长。1990 年 9 月，任台湾地区海上防务部门作战署副署长。1993 年，升为该署署长。次年 12 月，调任台湾地区防务部门总务局局长。1995 年 7 月，调任台湾地区海上防务部门舰队训练指挥部指挥官。次年 10 月，调任台湾地区海上防务部门联训部（督察部）副主任。1998 年 5 月，常志骅调任台湾海上防务部门副领导人，同年被台湾当局授予“海军中将”军衔。2002 年 3 月，常志骅升任台湾地区防务部门“参谋次长”。

1989 年，台湾地区渔船在钓鱼台附近海域作业，遭日本海上保安厅强力驱逐，引发第二波保钓运动，在守土有责的强烈认知下，台湾地区军方开始研拟各种因应方案，其中包括派遣精锐兵力，登上钓鱼台宣示主权之计划。这项代号为“捍疆演习”的极机密任务，就是由时任台湾地区防务部门“参谋次长”的常志骅亲自规划、亲自制定的。

谭明：童年赴台 海军督察将军

谭明（1942— ），海军军官，曾任台湾地区海上防务部门教育训练与准则发展司令部司令、舰队训练指挥部指挥官、督察室督察长。

谭明是湖南省茶陵县界首镇白沙人，童年随父去中国台湾，后考入台湾地区高雄左营海军军官学校，是常香圻的高足，后来成为他的二女婿。谭明与常志骅是左营海军军官学校的同班同学。毕业后，又先后进入海军兵器学校高级班、海军学院、台湾地区防务部门“战争学院”兵学研究所深造。

谭明聪明能干，又有桃李满台湾的岳父助一臂之力。在台湾地区海军中发展一帆风顺，曾任台湾地区海上防务部门舰队训练指挥部指挥官、督察室副督察长、教育训练与准则发展司令部司令、督察室督察长等职务。1997 年，台湾当局授之“海军中将”军衔。他是常家第三位“海军中将”。

黄端先：少年英雄 执掌台湾海军陆战队

黄端先（？— ），海军军官，曾任台湾地区海军陆战队司令。

黄端先是黄道培之子，自幼果敢勇猛。由于家境甚好，黄端先一路名校，学习成绩一直很出色。抗战中，他毅然中断学业，辗转步行到重庆投考海军学校。没考上海军学校后，矢志从军杀敌，考入中央陆军军官学校。为此，人称“少年英雄”。

黄端先从中央陆军军官学校毕业后，进入陆军部队。1949 年，黄端先随部退往台湾。因家族关系，转往海军工作，长期在台湾地区的海军陆战队任职，不断获升。1985 年 3 月至 1988 年 5 月，出任台湾地区海军陆战队司令。台湾当局曾授之“海军中将”军衔。⑨

家族传奇

女嫁入海军世家 男结亲水师名门

从常朝干开始，常家基本上是女儿或嫁海军或入海军世家门，儿子多娶海军世家的闺女。

常朝干的夫人沈玉瑞是沈葆桢胞弟沈辉宗的曾孙女，沈家满门海军。常朝干娶到沈家女儿，是因为与沈玉瑞叔叔沈秉锴是同班同学。船政学堂考试极严，一次不及格就被淘汰，所以每一届考进的学生很多，但能毕业的非常少。船政后学堂第八届管轮班一共就毕业了 6 个学生，常朝干第一名，沈秉锴第五名。两人同窗八年，交情极深，沈秉锴很佩服常朝干的才学，加上常朝干长相英俊，身高一米八，沈秉锴觉得肥水不能流到外人田，就想将自己大哥的大女儿介绍给常朝干，他与也是海军的二哥沈秉焯商量。光绪二十一年初秋（1895 年 9 月），沈秉焯毕业于天津水师学堂第三届驾驶班，毕业后任职北洋水师，曾任“复济”

练船二副、三副，后任炮艇管带。沈秉焯也闻知常朝干才学。沈秉错与二哥一拍即合，大哥一听也认可。常朝干留学德国回来后，就娶了比自己小一轮的沈玉瑞。

常朝干生有两子，常朝干与海军部次长陈季良将军的关系很好，两人就商量着做亲家。陈季良自己没有合适的女儿可嫁常朝干的儿子，就将堂妹陈德容的女儿林淮卿许给了常朝干的二儿子常香通。常香通，又名常骏，北京建筑工程学院毕业，曾任渤海石油公司设计院基地室主任，高级工程师。林淮卿，也受过高等教育，上海立信会计专科学校毕业。曾任职于邮政局储金汇业局、福建邮政管理局、北京工业建筑设计院、渤海石油医院。

常家三代女儿多数不是嫁给海军就是嫁入海军世家。

第一代：常朝干的妹妹嫁入满门海军的福州翁家，儿子从海军学校毕业后，长期在福州海军学校当教官。

第二代：常朝干的大女儿常柏青嫁入民国海军中将次长陈季良家族，嫁给了陈季良堂妹陈德容之子林咸秘，成了陈季良上将的外甥媳妇。常朝干的二女儿常仪凤，嫁给了民国厦门海军要港少将司令林国赓的儿子林家栋，常朝干与林国赓哥哥林献炘同赴德国留学，很投缘，就决定做姻亲。常朝干的四女儿嫁给了新中国人民海军军官赵景忍。常朝干对三女儿颇有怨气，因为她找的对象不是海军。抗战中，三女儿常慧秋带着四妹辗转从重庆找到湖南辰溪，在父亲身边生活。当时，日寇频频轰炸湖南，常慧秋在防空洞躲轰炸时，与一浙江富商子弟一见钟情，开始了“防空洞爱情”，抗战胜利

青年常骏与夫人林淮卿

后与这位富商子弟一起回到浙江。

常朝干兄弟的女儿也多嫁给了海军军官，一个侄女嫁给了上面提到的叶进勤，还有一个侄女嫁给了叶进勤的海军学校同学黄道培。[⑩]

第三代：常朝干侄儿常香圻，他的女儿嫁给了台湾地区海军军官学校毕业生，后来衔至“海军中将”的谭明。

豪门“姑换嫂”

前些年，听惯了尚未脱贫致富的农家人，因为儿子老大了还娶不上老婆，就将自家的女儿嫁给人家的儿子，换得人家姑娘来做自家的儿媳妇，俗称“姑换嫂”。原以为，“姑换嫂”的故事只流行于穷苦人家。而笔者在常家采访时，却听到了一个豪门“姑换嫂”的故事。

常朝干与民国海军名将陈季良是好友。陈家是福州大家族，是林则徐母亲的娘家，在福州大宅门林立的三坊七巷——文儒坊里有一个占地数千平方米的大宅院。陈季良先将自己堂妹的儿子林咸秘介绍给常朝干的大女儿常柏青，两位老海军还觉不过瘾，又把林咸秘的妹妹林淮卿与常柏青的弟弟常香遹撮合成一对。两对新人同时举办婚礼，一边是姐弟同进陈家，另一边是兄妹同到常家。

注释：

① 欧阳修，宋祁．新唐书（第一一册）[M]．北京：中华书局，1975：3377.

②③④⑤⑥⑦⑧⑨⑩ 刘琳，史玄之．船政新发现[M]．福州：福建省音像出版社，2006：99-103.

林献炘家族

林献炘（1883—1960），字向欣，福建省侯官县（今福州市鼓楼区）人，海军名将，黄埔水师学堂第八届驾驶班毕业生，曾任南京海军鱼雷枪炮学校总教官、海军总司令公署参谋处参谋、海军总司令公署军械课课长、国民革命军海军总司令部军械处处长、军政部海军署舰械司司长、海军部军械司司长、海军总司令部候补员、海军总司令部军械处处长、军政部海军处参事。海军少将。

林献炘家族世居福州市鼓楼区东街厂巷，三代海军，代表人物即是林献炘和他同是海军少将的胞弟林国赓。

林国赓（1886—1942）[①]，字向京、向今，海军名将，黄埔水师学堂第八届驾驶班毕业生，曾任海军总司令公署参谋长兼闽厦海军司令部参谋长、厦门海军警备司令部司令，闽厦海军警备司令部参谋长兼"通济"练习舰舰长、厦门海军警备司令部司令，漳厦海军警备司令部司令兼厦门市政督办公署督办，国民革命军海军总司令部参谋长兼海军厦门要港司令部司令，海军总司令部军衡处处长兼海军作战训练研究室研究员、海军总司令部舰械处处长。海军少将。

家族源流

厂巷林家郡望西河

林姓郡望西河。西河即现在的河南省安阳市汤阴县，战国时属魏地。那时黄河流经汤阴县境域。西河即黄河的西面。据《闽林开族千年谱》载：林氏出自子姓，殷比干之后。比干系太乙之子，帝乙之庶弟，纣之叔父。见纣无道，直谏而死。夫人妫氏有遗腹子三月，惧纣之祸，与婢四人避难于长林石室之中，生子名坚。周武王克纣，表比干墓，征其后嗣，令以林为姓，封公爵食邑博陵。所以说，林姓源于商王族的子孙，形成于西周初年。林姓始祖林坚下传第六代，徙迁至山东莒县。后又徙迁山东曲阜。那时林氏后裔都还围绕着齐鲁之地播迁繁衍，直至西晋。

西晋虽有短暂统一，但社会混乱，人民仍生活在水深火热之中。“八王之乱”，致使百姓更加凄苦。对此，历史学家尚钺在《中国历史纲要》中有过这样一段记载：“怀帝永嘉年间（307—312），北方又普遍发生了严重饥荒，致使骨肉相卖，甚至互相啖食。但统治阶级仍赋敛如故。在此情况下，中国的经济受到严重的摧残。惠帝以来，北方人民大量地离弃乡土，逃亡四方——主要的是向南迁徙。特别是在山西，情形最为严重，存留本乡的汉人，不满二万户。北方人口大为减少，顿呈虚弱现象。”② 加之，北方少数民族武装的崛起，掠扰边境日重一日，迫使西晋王朝的政治、经济、文化中心不断南移。这就是中原汉人持续渡江南下的原因。

入闽始祖为林禄

中原板荡之时，林姓在西晋已传到第四十五世林礼。林礼，字元副，西晋时为主簿，后授太子太傅，跟随西晋政权的南移，从山东济南，徙迁至下邳（今江苏省下邳县）梓桐乡。林礼只有一个儿子林颖。西晋建兴三年（315 年），林颖为徐州别驾，后迁任黄门侍郎。建兴四年（316 年）愍帝司马邺投降刘曜后，林颖随东晋元帝南渡，寓居江左。林姓完成了第一次南迁。

林姓第二次南迁是在东晋太宁三年（325 年）。林颖有两个儿子，长子林懋，授官为散骑常侍、殿中侍御史，后为下邳太守。林懋有六个儿子，当时都十分显贵，号称“林氏六龙”。林颖次子林禄，字世荫，生于晋太康十年（289 年）。东晋太宁三年（325 年），晋明帝命林禄镇守晋安郡（治所在今福州市）。据《福建省志》载：西晋太康三年（282 年），分建安郡设晋安郡。原属扬州，后改隶江州。

晋安郡统县八：原丰、新罗、宛平、同安、侯官、罗江、晋安、温麻。林禄举家迁居晋安，完成了林姓第二次南迁。因此，林禄成为林氏入闽的开宗始祖。东晋永和十二年（356 年），林禄病逝。死后，东晋王朝追封林禄为晋安郡王，墓葬于温陵九龙岗。

厂巷林家即是林禄的后裔。

船政家谱

厂巷林氏为书香世家，代代皆非常重视子女教育。林献炘、林国赓兄弟的父亲，是位靠教书为生的教书匠，家里开了私塾馆，因教书兢兢业业，附近不少人家都很乐意把孩子送来读书。林父生三子，都好学进取。林父十分开明，虽自己饱读诗书，但认定科举无用，应让儿子读经世之学，学西学。因此，在完成蒙学教育之后，他把 3 个孩子送往位于南台岛的教会办的鹤龄英华书院读书。

尽管林父兢兢业业，克勤克俭，但送三子读书还是捉襟见肘。得知福州有船政学堂，不但不花钱就可以读书，毕业就能有一份收入颇高的工作，还能将子女送往海外留学。他经常打听同类学堂的招生信息。那年，与船政学堂十分类似的天津水师学堂来福州招生，林父将 3 个孩子全部送去考试。结果老二、老三考上了，老大则因身体原因名落孙山。厂巷林氏船政世家也因此开启。

第一代

厂巷林家绵延数代的书香味中有了军人的英武之气，源于林献炘、林国赓兄弟当了海军，也源于这对兄弟在辛亥革命、抗日战争中所展现出的凛然之风。

林献炘：鱼雷专家 海军军械领域掌门人

林献炘（1883—1960），字向欣，海军名将，曾任南京海军雷电学校总教官兼鱼雷营总操练官、南京海军鱼雷枪炮学校总教官、南京海军鱼雷枪炮学校总教官兼鱼雷正教官、国民革命军海军总司令部军械处处长、军政部海军署舰械司司长、海军部军械司司长、海军总司令部军械处处长。

林献炘

光绪二十五年（1899 年），林献炘考入天津水师学堂。因八国联军入侵，学校被毁。光绪二十七年（1901 年）夏，转入位于广东广州的黄埔水师学堂第八期驾驶班。光绪二十九年（1903 年）冬，林献炘以全班第一名的优异成绩毕业。因学习成绩优异，后奉派德国留学，专攻鱼雷。学成归国，林献炘进入海军部工作。

1912 年 9 月，林献炘出任中华民国北京政府海军部技正室技正。1913 年 1 月，被授予造械中监，5 月奉派奥地利学习。1915 年 10 月，出任南京海军雷电学校总教官兼鱼雷总操练官。1917 年 10 月，烟台海军枪炮练习所停办，归并于南京海军雷电学校，改称南京海军鱼雷枪炮学校，曾留德、奥学习鱼雷的林献炘出任总教官，直到 1927 年停办，培养了 400 多名海军精英。1917 年 11 月，调任南京海军鱼雷枪炮学校总教官兼鱼雷正教官。1918 年 1 月，获授“五等嘉禾勋章”，7 月改授海军中校，10 月再次获授“三等文虎勋章”。1920 年 1 月，获授“四等嘉禾勋章”。1923 年 2 月获授“三等嘉禾勋章”，7 月晋升海军上校。1925 年 9 月，调任海军总司令公署参谋处参谋。1926 年 7 月，升任海军总司令公署军械课课长。1927 年 3 月，国民革命军海军总司令部成立，林献炘任军械处处长；4 月，蒋介石领导的国民政府正式成立，定都南京。1928 年，国民政府在行政院军政部之下设立海军署，8 月林献炘出任军政部海军署军械处处长，12 月出任军政部海军署舰械司司长。1929 年 4 月，海军署扩充为海军部，6 月海军部正式成立。1930 年 2 月，林献炘出任海军部军械司司长，晋升海军少将。之后，长期执掌军械司，建章立制，克服百难，为提升海军军械装备正规化、现代化做出积极努力。

1936 年 11 月 12 日，林献炘获颁“国民革命军誓师十周年纪念勋章”。1937 年 1 月，获颁“四等云麾勋章”，11 月海军部机关从南京西迁武汉。1938 年 1 月，西迁后的国民政府撤销海军部，改设海军总司令部，陈绍宽任总司令。林献炘任海军总司令部少将候补员。

1945 年 8 月，林献炘调任海军总司令部军械处少将处长，12 月国民政府撤销海军总司令部，在军政部之下设立海军处，由陈诚任处长。1946 年 2 月林献炘调任军政部海军处少将参事，6 月国民党不顾全国人民的强烈反对，以围攻中原解放区为起点，相继向解放区展开大规模的进攻。全面内战爆发。因坚决反对内战，林献炘多次请求退役。1947 年 11 月退伍，居于上海。

上海解放前夕，林献炘坚决不去台湾并策动一些部属一同留下来迎接解放。中华人民共和国成立后，林献炘任福建省政协委员。1960 年在上海去世。

林国赓：海军少将 开启厦门“国赓时代”

林国赓（1886—1942），字向今，海军名将，清朝时曾任“海容”舰枪炮大副、“建安”艇管带；民国时曾任“建安”舰舰长，海军部军法司审检科科长兼练习舰队参谋长，驻英国公使馆海军武官，驻日本公使馆海军武官，厦门海军警备司令部司令，海军总司令公署参谋长兼闽厦海军司令部参谋长、厦门海军警备司令部司令，闽厦海军警备司令部参谋长兼“通济”练习舰舰长、厦门海军警备司令部司令，漳厦海军警备司令部司令兼厦门市政督办公署督办，国民革命军海军总司令部参谋长兼海军厦门要港司令部司令，海军厦门要港司令，海军总司令部军衡处处长兼海军作战训练研究室研究员，海军总司令部舰械处处长。

· 留学英伦 29 岁任舰队参谋长

光绪二十五年（1899 年），林国赓考入天津水师学堂。不久，因八国联军入侵，天津水师学堂被毁，学校停办，学生只能转往他校读书。光绪二十七年（1901 年）夏，转入广东黄埔水师学堂第八期驾驶班。光绪三十一年（1905 年），林国赓被派往驻沪的英国军舰学习。光绪三十二年（1906 年）底，林国赓被派往英国格林尼茨皇家海军学院学习，后又再赴鲍特司密夫海军学堂学习，主要学习驾驶、天文、战术、水雷、鱼雷。学习期间，他利用课余时间研究西方法律和军队、城市管理。

宣统元年（1909年），林国赓回国后，出任当时中国最大的军舰之一——“海容”巡洋舰枪炮大副。宣统二年（1910年），调任“建安”鱼雷快艇管带。

1909年，林献炘（中）、林国赓（右）在欧洲留学时于柏林与同学毛仲方合影

1912年，林国赓出任“建安”炮舰舰长。1913年1月17日，授海军中校。1914年10月，任海军部军法司审检科科长兼练习舰队参谋长。1915年9月，卸任练习舰队参谋长兼职。1916年1月，林国赓获授“五等嘉禾勋章”。

第一次世界大战期间，北京政府海军部于1917年7月派遣林国赓、徐祖善等2人，赴英国考察海军战术、器械。当年秋天，林国赓被任命为驻英国海军正武官。在担任驻英公使馆海军正武官期间，他于履职的同时，抓住一切时间，考察、研究英国海军建设和城市建设，对海军建设提了许多建设性意见，也为日后治理厦门奠定了基础。之后，再任驻日公使馆海军武官。1918年1月，林国赓因功获授“四等文虎勋章”。1920年元旦，获授“四等嘉禾勋章”。1921年1月，获授“三等文虎勋章”。1922年卸任回国，8月8日晋升海军上校。

· 主政厦门 开启“国赓时代”

1924年春，林国赓派任厦门海军警备司令部司令。由此，开始主政厦门14年。1925年2月林国赓任海军总司令公署参谋长，6月兼任闽厦海军司令部参谋长、厦门海军警备司令部司令，7月晋升海军少将。1926年7月，出任闽厦海军警备司令部参谋长兼“通济”练习舰舰长、厦门海军警备司令部司令。

1927年3月林国赓率部参加国民革命，4月专任“通济”练习舰舰长，8月调任漳厦海军警备司令部司令兼厦门市政督办公署督办。1928年3月林国赓升任国民革命军海军总司令部参谋长，4月兼任海军厦门要港司令部司令。两年后的4月21日，林国赓专任海军厦门要港司令。1935年6月获“陆海空军甲种一等奖章”，9月叙任海军少将。1936年11月，获颁“四等云麾勋章”及“国民革命军誓师十周年纪念勋章”。

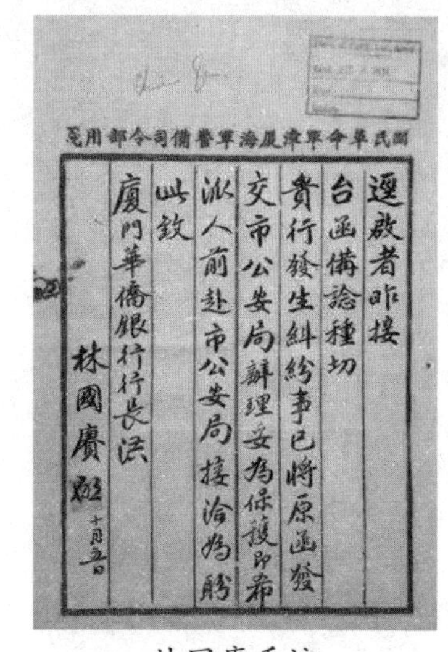
國民革命軍漳厦海軍警備司令部用箋

逕啟者昨接
台函備諗種切
貴行發生糾紛事已將原函發
交市公安局辦理妥為保護即希
派人前赴市公安局接洽為盼
此致
厦門華僑銀行行長洪
林國賡啟 十月五日

林国赓手迹

特别值得一提的是，林国赓于1924年至1938年主政厦门长达14年，奠定了厦门现代化城市建设的基础：鹭江道、海边堤岸、中山路、大同路、思明南北路、中山公园……这些如今厦门人耳熟能详的道路、公园，都是林国赓主政厦门时建成的，至今仍在发挥作用，被称为开启了厦门建设的“国赓时代”。

民国版《厦门市志》，对林国赓主政厦门有浓墨重彩记录，其中卷五“建置志”就在“序言”中点明林国赓的贡献：

闽光复后，各县破坏多，建设少。惟海军驻厦，改革市区，不遗余力。筑马路，辟新区，建公墓，设农场，其见益者大。其最大工程有二：一曰公园，园址扩亭台、篛榭，因地区处，惟备惟宜，实为东南数省冠。一曰堤岸，岸线长，施工匪易，第二段旋筑旋陷，出重金雇荷（兰）人修筑，卒底于成。当局毅力，有足多焉。至昔时官署、城寨、祠庙、街市等，虽或存或废，仍据《厦志》辑录，不忘先民之功也。

厦市市区改革，在海军驻厦之日起，民国十五年讫（迄）民国二十二年，突飞猛进，市区规模于焉具备。当时市政机关，警备司令部总其成，市政督办公署专其责，路政处主辟路，堤工处主筑堤。公园、新区、公墓、农事试验场等，由堤、路二处兼办。市政会则由地方人士组成，司令林国赓、会办周醒南、会长林尔嘉、黄奕住、洪晓春等，不避劳怨，不辞艰巨，对外界之非议，籍民之梗阻，领馆之威胁，从容应付，达最终之蕲向，是岂幸致哉。③

民国版的《厦门市志》设“良吏传”一卷，载入最值得厦门人世代铭记的

29人，其中即有林国赓，详述了他对厦门城的贡献：

……厦门军阀久据，奸匪横行，夙称难治。国赓莅厦后，先巩固治安，令海上军舰、陆上团营，分巡全岛；设武装警察、水上警察暨侦探队，以军警督察处综其成。前后获盗魁十余，绳以军法，宵小绝迹。惟不法台民，素以日籍为护符，聚党诈财，无恶不作，久为厦腹心之患。国赓饬军警破其巢穴，并向日领事交涉，押解回籍。平时对外交案件，力顾主权，不畏强御。鼓浪屿自辟作万国公地后，国军不得履其域，"五卅"惨案，学生欲渡鼓游行演说，各领事请禁阻。国赓以民气不可遏婉拒之，一面派兵渡鼓，以保护侨民为辞，国军入公地，盖自此始。其最大有造于厦者，对改革市区一事，积极进行。筑路设路政处，筑堤设堤工处，以市政会为讨论机关，以督办公署为监督机关，而以警备司令部总其成，官绅努力，步骤协调。建设经费，由开山填海而来，不支国帑，不派民间。筑马路，造堤岸，辟新区，建公墓，设市场，昔日湫溢嚣尘，顿臻整齐清洁。复辟中山公园、虎溪公园、延平公园，供市民游览。十余年间，殚精竭虑，任劳任怨，始有此规模。以故侨胞闻风来归，中外人士咸深赞叹，皆曰："厦市之有今日，非林司令不为功。"其得力处在延揽长于建设之周醒南为会办，始终倚畀，虽经多方反对，屹不为动，知人善任，尤为成功因素云。④

林国赓主政厦门时主持建设的中山公园

改革开放之后出版的《厦门市志》这样评价林国赓：林国赓对厦门旧市区的建设亦有所贡献，任内筑路设路政处，以市政会为咨议机关，以督办公署为监督机关，而以警备司令部总其成，官绅努力，步骤协调。建设经费由开山填海而来，不支国库，不派民工；筑马路，造堤岸，建公墓，设市场，同时又开辟中山公园、虎溪公园供市民游览。1936 年，国民政府授予他“四等宝鼎勋章”一枚。

· 抗战中鞠躬尽瘁　殉职重庆

1938 年 1 月，林国赓离开厦门，出任海军总司令部军衡处少将处长，不久再兼任海军作战训练研究室研究员。1941 年 10 月，调任舰械处少将处长。

抗战中，林国赓身体不是太好，但工作极为繁重。1941 年底得了肺炎，当时重庆药品非常紧张，因为无法取得盘尼西林（青霉素），病情无法控制，不断恶化，1942 年 8 月，林国赓被肺炎夺去了生命，这位海军将领最后倒在工作岗位上。林国赓年轻时感叹于海军宿将邓世昌甲午海战中以身殉国的壮举，为其书写一副挽联：“彼肉食者作甚，沧海横流，太息江河空逝水；问如公兮有几，将军一往，残遭风雨赋招魂。”也许，这副挽联用在他自己身上也十分贴切。

林国赓主持修建的厦门中山路，图为夜色中的中山路

笔者曾采访过林国赓的孙子林樾。林樾是位从事地铁工程建设的高级工程师，生于1935年，毕业于浙江大学土木工程系，曾在上海地铁公司任职。1990年移居美国。后来，受上海地铁总公司和香港地铁公司之聘，回上海协助地铁建设。2003年10月，林樾曾专程来到厦门，在厦门鼓浪屿漳州路28号找到了祖父当年在厦的寓所。当地老人都知道那里曾经住过一位海军将军，称其为厦门建设功臣、抗日名将，这让林樾很感动。

第二代

厂巷林家第二代做海军的不少，多为林献炘、林国赓兄弟的亲侄辈与族侄辈，有的为海军军官，有的为水兵，有的为造船工程师，有的做造船工人。

笔者在访问林献炘孙女林蓝时获知，林献炘生有三子，皆受过高等教育。长子长期在上海松江县（今松江区）当中学教师，曾在县第二中学、第三中学教过英语、俄语。次子是上海自来水公司高级工程师。三子毕业于上海交通大学，先后在上海化工研究院、上海合成树脂研究所当研究员，为颇负名气的高分子化学研究专家。林蓝即林献炘三子之女。

林国赓生有二子一女，也皆受过高等教育，唯有长子曾从事过造船工作。

林国赓长子林家栋毕业于上海大厦大学（后改名大夏大学，1950年并入复旦大学、华东师范大学）经济系，曾在海军江南造船所工作。之后长期服务于银行业，先后在上海海关、上海中南银行、香港中南银行及中国人民银行任职，是位金融专家。1977年12月病逝。

林家姐妹多嫁入海军名门，子女多从事海军。如林献炘哥哥林向秋的女儿林炜钗嫁给了海军少将曾万里，曾万里是中共早期优秀党员，曾跟随周恩来参加上海工人武装起义，后一直奉党之命潜伏于国民党海军军中，抗日战争期间表现英勇。

第三代

林家孙辈出过非常出色的造船专家。

林国赓孙女林萱，生于1943年，20世纪60年代初考入大连海运学院（今大连海事大学）造船专业，学业甚佳。1963年，大连海运学院的造船专业、船机专业并入武汉水运工程学院，林萱随系南下武汉，后以优异成绩毕业于武汉水运工程学院。因成绩突出，林萱毕业后进入上海船舶研究院，成长为一名出色的轮船设计师，为高级工程师，曾为母校大连海事大学设计教学实习船“育鲲”轮。另外，还撰写了大量学术论文，科研成果颇丰。林萱丈夫毕业于大连海运学院，后任上海远洋轮船公司船长，足迹遍及欧美各国。

林家姐妹多嫁给了海军，子女也有不少从事海军和造船、航运工作。如林献炘哥哥林向秋的外孙曾国祺毕业于海军学校，抗日战争胜利后曾随舰收复南海西沙诸岛，后随部赴台湾，曾任副舰长。

注释：

① 林国赓逝世时间，不少史书载为“1943年9月”。2006年3月17日，林国赓嫡孙林樾在修改笔者所作“林国赓小传”时，亲笔将林国赓去世时间“1943年9月”订正为“1942年8月”。笔者在北京图书馆查到1943年3月海军总司令部职员表，表上舰械处处长已为陈宏泰，这也从一个侧面印证了林国赓在1943年3月前已病逝。

② 尚钺.中国历史纲要[M].北京：人民出版社，1980：92-93.

③ 厦门市修志局.厦门市志（卷五）[M].厦门：陈玉琮誊抄本，1956：1-2.

④ 厦门市修志局.厦门市志（卷三十）[M].厦门：陈玉琮誊抄本，1956：13-15.

林元铨家族

林元铨（1888—1950），字长铨，号山佐，福建省闽县（今福建省闽侯县）人，海军名将，船政后学堂第十八届驾驶班毕业生，曾任“楚有”舰舰长、“应瑞”舰舰长、海军部军械处处长、海军修械所所长、海军特务队总队长、国民政府参军处参军、国府主席保健委员会委员兼办事处主任。海军中将。

林元铨家族世居今福建省闽侯县尚干镇凤港村（今凤港村划入祥谦镇）。凤港林氏家族孕育出一个在中国近代史和现代史上极有声名的船政家族，五代船政精英，代表人物除林元铨外还有2位：一位是清朝武探花林培基，马江海战时他自备粮饷，组织341位乡勇开赴前线；另一位是中国共产党早期优秀工人领袖林祥谦。这个家族还出了个比上述3位英雄更出名的大人物，这就是曾当过中华民国国民政府主席的林森。

家族源流

林家属福建“陶江林”

福建林姓多，主要有“闽林”“固始林”两大支。在这两支之内，又依家族分作“忠义林”“青圃西井林”“文峰林”“南屿水西林”“陶江林”等多个小支。

凤港村有一副对联：“临闽江白浪滔滔，听龙吟于东海；枕方山长风浩浩，闻虎啸在翠峦。”凤港村的东南面有一条称为“淘江”的闽江支流，如玉带环腰一般紧紧地拥抱着村庄，然后汇入乌龙江，出峡门入海。因村中有淘江水环抱，聚族在此居住的林姓人家，就被称作“淘江林”。后来，末代帝师陈宝琛建议，改“淘”为“陶”，因而称“陶江林”。

尚干镇林氏祠堂内有一副对联，道出了“陶江林”源流：“受氏姓周家，历秦汉晋唐以迄明清，看累代称帝称王，庙祀不如林县远；发祥由淘江，从鲁齐河洛追迁闽越，溯上世自南自北，族居传到干官兴。”

这副对联记叙了陶江林氏形成的过程：陶江林氏的远祖是殷商时的少师比干。比干因忠言进谏，被纣王剖心而死，其妻避祸长林石室，生遗腹子坚。周武王克商，赐姓氏为林。这是林氏得姓的渊源。“陶江林”这一支的先世是赵国宰相林皋之后，秦灭赵国后，迁徙邹郡，林皋传四世至林挚。汉宣帝时，林挚曾孙林尊官至太子太傅，从此成为济南名门望族；林尊十三世孙昙，昙生五子，长子希旦，其后裔迁河南光州，后在唐末五代时，跟着王潮、王审知入闽。入闽始祖是林穆，在随王审知进入福州后，官左朝奉大夫，以后卜居闽县归义里枕峰。据林森亲自主持修撰的《陶江林氏族谱》载，林穆第十四孙林稼翁，迁往永庆里。林稼翁父亲林津龙，南宋宝祐二年（1254 年）登进士，授迪功郎，为尚书干官。林稼翁为纪念父亲，以父官职名乡，改“永庆里”为尚干乡。

“陶江林”是闽省名门

现在福州还流传出不少关于陶江林氏的顺口溜，无一不是称颂此家族人才辈出的，最著名的有：“十八进士三拜相，三千举子五封侯”“父子同察院，兄弟布政司”。

陶江林氏从十二世开始，因为有哥儿俩一个中了状元，一个成了进士，而渐成世家大族。这哥儿俩，哥哥叫林禹臣，南宋绍定二年（1229 年）进士；弟弟林壮行，绍定四年（1231 年）获辛卯神童科钦赐御射状元。从宋至清，“陶江林”科第蝉联，共出了 18 个进士，以明代最盛。

从清朝至今，陶江林氏的辈序为：用守是道，长发其祥，善继人志。

船政家谱

第一代

陶江林氏第一代船政人出自“道”字辈，即林穆的第三十一世孙，他们也是福建船政的第一批建设者。他们之中有的参与了船政学堂校舍、造船厂厂房建造，并参与了长门炮台、金牌炮台的修整与拓建；还有人参加马江海战和甲午海战，奋勇杀敌，立有战功。陶江林氏第一代船政人，以船政军工为最多，他们多是船政第一批建设者，后来因为表现优异，留任船政十三厂。陶江林氏中第一代船政人，以林世贵、林淑宜这对兄弟档最为有名。

林世贵：帆缆厂总匠首 重修炮台功臣

林世贵（1847—1929），字道崧，船政造船管理人员，曾任船政帆缆厂委员、总匠首。

林世贵是林元铨父亲，陶江林氏会形成一个庞大的船政家族与他有直接关系。他生于凤港村老家。早年务农，生计艰难，马尾船政一动工建造船厂，林世贵就从同乡处获悉。那天，他侍弄好家里的那一块薄田，顾不上回去告诉家里人一声，就径直坐着小船到江对岸荐工去了。考工员指着一旁的大石头，问：“你能搬动那块石头吗？”那石头有200多斤重，不是常人能轻易搬动的，但林世贵不费啥力，就将这块石头高高地举过了头顶，考工员立即让他上工。就这样，林世贵成为船政第一批造船工人，他参与了船政学堂校舍、造船厂厂房的建设，后进入船政帆缆厂。因为心灵手巧，且工作踏实，技术掌握得很好，根据《陶江林氏族谱》记载，林世贵升任船政帆缆厂总匠首。

马江海战打响，炮弹横飞，随时有生命危险，林世贵坚守在造船厂护厂。海战中，法国侵略者摧毁了长门炮台、金牌炮台。马江海战后，作为总匠首的林世贵，负责整修、重新安装炮台上的各种大炮，构建新防御工事。后来，清廷赏他五品军功。1929 年，林世贵病逝。

林世贵对林家的最大贡献，就是把家搬到了马尾，为日后家中海军辈出打下了基础。笔者与林世贵玄孙林键相识，听他说：“高祖生活俭朴，为节省路费，夏天从马尾回闽侯老家和到马尾上班时，他经常舍不得坐船，而是游泳横渡闽江，可见身体极棒，水性更是了得。到马尾不久，他便因为勤勉而相继升任船政帆缆厂委员、总匠首。总匠首就是帆缆厂所有工匠的直接领导人。升任船政帆缆厂总匠首那天，萨镇冰请高祖到他家做客，萨镇冰一见到我高祖，就对他那长长的白胡须赞不绝口，‘胡须很漂亮，很有福相！’。萨镇冰给高祖取名‘世贵’，说：‘你要叫世贵这个名字，家里以后世世代代都会有不俗之人。’”

林淑宜：投身北洋海军　“扬威”舰任帮带

林淑宜（？—？），字道珈，号笄六，海军军官，曾任北洋海军“扬威”舰帮带大副。

林淑宜是林元铨的叔叔。他读过几年私塾，后进入福建水师，一方面坚持学习文化，另一方面苦练基本功，靠着机灵、勤快和做事果敢，不断得到提拔。在中国第一支近代海军舰队——福建船政轮船水师里当过水手正头目、正炮弁、船械三副。

光绪十四年（1888 年），清政府组建北洋海军，林淑宜奉调北上，曾任北洋海军驾驶二副，光绪十七年（1891 年），调任“扬威”舰帮带大副。在“扬威”舰帮带大副任上，林淑宜极为敬业，他协助管带督训官兵、保修舰械。他为人和善，与兵士关系不错，很受拥戴。次年，调离“扬威”舰。后事不详。

第二代

陶江林氏的船政缘在林元铨这一代手中得到了扩大，出了不少非常优秀的船政英杰。其中，林世贵的 3 个儿子都十分出色。

林元钊：造舰专家 转往铁路部门工作

林元钊（1883—1923），造舰专才，曾任船政船厂监工，京汉铁路核算师。

林元钊是林世贵长子、林元铨胞兄，少年时期考入船政前学堂，专攻造舰，后进入船政造船厂，参与修造了多艘军舰。

因中国铁路初起，需要大量专才，林元钊奉调铁路部门，转行做铁路工作，长期担任京汉铁路核算师。正当林元钊准备大展宏图时，不幸于1923年早逝。

林元铨：海军中将 国民革命立功

林元铨（1888—1950），字长铨，号山佐，海军名将，船政后学堂第十八届驾驶班毕业生，清朝时曾任“通济”舰帮带大副、“建威”舰枪炮大副；民国时曾任“楚有”舰舰长、“应瑞”舰舰长、海军部军械处处长、海军修械所所长、海军特务队总队长、国民政府参军处参军、国民政府参军处参军兼典礼科科长、国民政府主席保健委员会委员兼办事处主任、国民政府参军处参军。

· 辛亥易帜 连获勋章

林元铨是林世贵次子，父亲在船政局十三厂中帆缆厂工作时，林元铨随家人过江迁居马尾，入马尾塾馆读书。光绪三十一年（1905年），考入船政后学堂第十八届驾驶班。光绪三十三年（1907年），以全年级第三名成绩毕业，登“通济”舰当见习官。光绪三十四年（1908年），任“海琛”巡洋舰候补副，同年秋天升驾驶二副。清宣统元年（1909年），任“通济”舰帮带大副。宣统二年（1910年），任“建威”舰枪炮大副。宣统三年（1911年），武昌起义爆发，林元铨积极奔走策动，参与督驾“建威”舰易帜。

1912年元旦，中华民国成立。林元铨被中华民国南京临时政府海军部任命为“建威”舰枪炮副。次年2月25日，被授予海军上尉军衔。1914年7月，调任“江贞”炮舰副舰长，10月获得“二等银色奖章”。1915年2月，获得“四等文虎勋章”。1916年10月，又获“一等金色奖章”。1917年12月，晋升海军少校。1918年5月，出任“应瑞”巡洋舰副舰长。1919年1月，获总统黎元洪明令嘉奖，10月获“四等嘉禾勋章”。1921年，再获“三等文虎勋章”。1924年4月，调任“楚有”炮舰舰长。1925年8月，晋升海军中校军衔。

·北伐立功 龙潭之战英雄

1926年7月9日，北伐军誓师出发。10月，北伐军经激战攻克了武昌，但海军还受制于北洋军阀控制的北京政府。陈绍宽时任海军第二舰队少将司令，驻“楚有”旗舰，泊在南京下关，游弋在长江中下游。当时苏、浙、皖三省处在军阀孙传芳的控制下，因此陈绍宽的态度对北伐举足轻重。关键时刻，陈绍宽明辨是非，与孙传芳虚与委蛇，静观事态发展，志在投向革命。

1927年3月6日，驻防武昌江面的“楚有”舰舰长林元铨不受北洋军阀吴佩孚许以高官厚禄的利诱，心向国民革命，为北伐军入城创造有利条件。他率“楚有”舰，与“楚谦”“楚同”二舰一起，驰向九江，于3月13日成功到达目的地。他并代表海军总司令杨树庄，与北伐军司令部商谈参加国民革命军有关事宜。次日，驻沪海军正式宣告易帜，加入国民革命军，杨树庄任国民革命军海军总司令，司令部设在上海高昌庙。北伐军攻克南京后，林元铨奉命率“楚有”与“楚同”“通济”等舰合作，担任镇江至南通通州巡防任务和参加收复周边地区的战斗。林元铨北伐建功，“楚有”舰独获“悬灯申祝”的殊荣。7月12日，国民革命军海军重新布防长江防线，林元铨奉命率领“楚有”舰进驻南京下关，负责南京至镇江的防务。其间，曾督率“楚有”舰攻击驻守湖北沙市的北洋军。告捷后，林元铨率部过沙市，百姓赠“威赠南疆”的银牌以纪念其战功。

林元铨

林元铨在著名的龙潭之战中建立殊功。8月17日，林元铨率“楚有”舰巡防至南京栖霞山下游，与北洋军阀孙传芳部遭遇，北洋官兵以帆船向江南抢渡，陈绍宽果断下令“楚有”舰开炮，林元铨沉着指挥轰击北洋军。龙潭战役随即爆发。8 月 25 日拂晓，孙传芳的主力大军渡江，主渡点在南京附近的龙潭，孙传芳也亲自过江坐镇指挥，还学项羽破釜沉舟，把船只悉数运回北岸交大刀队看管。他扬言要彻底消灭北伐军，“我要回南京、上海过中秋节”。此役，孙传芳主力 6 万余人倾巢而出，志在必得。孙传芳指挥部队攻击前进，一度逼近南京城。而当时的南京国民政府正处于严峻时刻：受武汉汪精卫政权东征讨伐，蒋介石所率的北伐军在徐州遭遇惨败，南京长江以北地区尽被孙传芳、张宗昌占有，蒋介石被迫宣布下野……孙传芳督部进逼，南京城大乱，不少人准备合家逃难。但此时留守南京的李宗仁、白崇禧、何应钦等人临危不乱，率军抵抗。国民革命军海军全线出击，林元铨所率“楚有”舰为第二舰队旗舰，在大河口、龙潭等地截击北洋官兵，炮轰孙传芳部陆军阵地，截断其退路，迫使大量已南渡的北洋官兵缴械投降。史载：龙潭周围数十里地，炮火蔽天，血肉模糊，战斗至为惨烈。国民革命军虽挫不退，愈战愈勇，尤其是海军的加入，更使战局向好。战至 31 日，孙部已被逼入长江边的狭长地带，进入了白刃战。眼看大势已去，孙传芳只能带少数将领，乘小火轮撤到江北。此役，孙传芳 6 万余精锐，战死和淹死 4 万余人，被俘 2 万余人，孙传芳主力消耗殆尽，再无力南侵。龙潭战役是孙传芳与北伐的国民革命军之间进行的一场著名战役，也是北伐战争中最激烈、最具决定性的一场战役，龙潭战役奠定了南京国民政府的基业，在东南一带再无真正对手。林元铨因龙潭战役之功，被国民政府授予“甲种二等干城奖章”。

1928 年 2 月，林元铨积功升任“应瑞”舰舰长。1929 年，晋升海军上校。1930 年，2 月任海军招考委员会审查股股员，4 月奉命率“应瑞”舰驻防马尾。1931 年，获授“五等宝鼎勋章”。

· 抗战英勇 再建战功

1932 年 1 月 28 日，第一次淞沪抗战爆发。林元铨奉命率“应瑞”舰北上，至南通警戒，日舰因此不敢溯江而上。1935 年 3 月林元铨调署海军部军械处处长，4 月任海军部军械处处长，晋升海军上校。1936 年 11 月 12 日叙勋，林元铨获得国民革命誓师 10 周年纪念勋章。次年，又获国民政府军事委员会传令嘉奖。1937 年 7 月，中国进入全面抗战时期。日军加快南进，上海形势紧张，日本舰艇云集黄浦江，林元铨受上级电令：一是阻塞日舰西入江阴；二是对南码头、高昌庙、江南造船所及海军所属机关加强防空措施；三是确保军火弹药库安全，并提供制造水雷。不久军械处改名修械所，林元铨任所长。

1938 年 12 月，林元铨任海军特务队总队长，首先负责抢运军械弹药至重庆。沿途舟车十分不便，运弹药又很危险，林元铨不辞劳苦，经湖口、马当、武汉、宜昌、三峡，把所有的轻重军械弹药，安全运抵重庆木洞镇，并派员沿江检查沿川各要塞炮台，加强防守。

1939 年 2 月 28 日，林元铨调任国民政府参军处少将参军。7 月 7 日，国民政府任命林元铨为国民政府参军处典礼科科长。日机频繁轰炸重庆，他用尽全力，保护国府人员安全。

1943 年林森病重，林元铨任国民政府主席保健委员会委员，并兼办事处主任，朝夕随侍林森。同年 8 月 1 日林森逝世，他参加丧殓事务，尽职尽责。此后仍在参军处任职。次年 6 月 27 日，林元铨获得“四等宝鼎勋章”。

· 升任海军中将　拒赴中国台湾

1945 年 8 月 15 日，日军投降。10 月 10 日，林元铨获忠勤勋章。1946 年 1 月 1 日，再获胜利勋章。抗战胜利后，林元铨仍在国民政府参军处工作，随国民政府还都南京。1948 年 5 月 3 日，林元铨晋升海军中将。

1949 年 1 月，国民政府代总统李宗仁请他出任海军总司令，他以高血压病加重而婉辞，不久便自宁返沪，闭门不出。4 月 23 日，中国人民解放军解放南京前，国民政府参军处派专轮运总统府人员去台，船泊黄浦江码头，屡次电催林元铨登轮去台，林元铨皆以“病重难行”坚辞。他将船位让给族人林希岳，并委托他带林森遗物一箱交国民党中央党史委员会，其中有大量林森墨宝，后来林希岳编有《青芝老人遗墨集》。

上海解放，林元铨非常高兴，急切想参加人民海军建设。1950 年 11 月，他在上海家中与海军起义将领林遵、方莹等同乡战友相谈，表示虽年逾花甲，仍想去北京参加人民海军工作。中央拟授他海军部顾问，正要启程，忽呼头痛，随即昏迷不醒，海军医官姚瑟若赶来，诊断为脑出血，随即急救，当晚 11 时逝世。

林元铨生活俭朴，热心公益。曾协同林森多次筹措资金修缮闽侯县尚干的陶南书院（今闽侯县第二中学）。同时，捐资培育人才，让穷人子女一律免费入学。

林元鉴：北大才子 戍守东沙岛功臣

林元鉴（1892— ？），海军军官，曾任海军东沙岛电台台长、海军浙江坎门电台台长、海军观象养成所教官。

林元鉴是林世贵三子，林元铨胞弟，自幼聪慧过人，矢志向学，以优异成绩考入北京大学，后又以总分第一名的成绩毕业于北京大学无线电技术专业。毕业后，加入海军，曾长期戍守东沙岛。

自古就是中国神圣领土的东沙岛，光绪二十七年（1901 年）夏被日本强占。宣统元年（1909 年），清政府始派南洋水师军舰巡弋，付款赎回。1917 年，日本再度强占。直至 1925 年我军进驻将其驱离，日本人对东沙岛的非法霸占才告平息。1925 年，当时中国政府令海军部海岸巡防处江宝容中校率兵登陆东沙岛，驱离日本浪人，并兴筑双层气象大楼、无线电台及淡水制造厂房，更重修被日本人捣毁的中国先民建的天后庙，东沙岛重返中国怀抱。

1926 年 3 月 19 日，东沙岛气象台及电台竣工，加入中国海军东南沿海的气象预报及舰岸通联，以确保舰船航行安全。林元鉴任海军东沙岛电台台长。为防止外国人登岛盗采磷矿、骚扰中国渔民作业，中国海军于 1928 年北伐完成后即派兵长驻东沙。后来，林元鉴转任海军浙江坎门电台台长、海军观象养成所教官。后事不详。

林亨豫：科班出身 登舰守卫南疆

林亨豫（？—？），海军军官，曾任广东水师“广庚”舰轮机长。

林亨豫是林元铨堂兄，船政后学堂第四届管轮班毕业生。毕业后到广东水师工作，历任多岗，曾任“广庚”舰轮机长。在轮机长任上，他事必躬亲，竭忠尽智。后事不详。

林声康：闽安水师哨官 题补把总

林声康（？—？），海军军官，曾任闽安水师协哨官。

林声康是林元铨堂兄，比他年长许多。与林元铨兄弟不同的是，他走的是另一条道路，但殊途同归，也投身于海防事业。他没有进海军新式学堂，而是走科举之路，目标是考个武状元，他顺利成为武庠生，后任闽安水师协哨官，题补把总。后事不详。

第三代

陶江林氏的第三代船政人，出了不少船政学堂毕业的优秀海军军官。但是，这一代陶江林氏船政人中最著名是武探花林培基。

林培基：武探花 督率乡勇激战法寇

林培基（1849—1893），字发夔，号植斋，武官，曾任清朝御前侍卫、广西郁林协副将。

林培基比林元铨年长许多，但论辈分为林元铨族侄。他从小膂力过人。清同治年间，尚干兴林寺（俗称“帝爷寺”）设有练武馆，林培基很想习武，但因家贫交不起学费而无法入馆。不久，武馆教习慧眼识珠，认为他很有培养前途，特许他在劳动之余到武馆为武童烧茶，以换得免费学习武术的机会。很快，林培基就在武馆中学得一身好武艺，在方圆百里越来越有名气。

光绪元年（1875 年），清政府为光绪皇帝登基庆典特诏举行恩科，27 岁的林培基在亲友与同乡鼓励下，参加乡试，获武举人第二名。次年，在亲朋资助下进京会试。他路过山东的时候，病倒在客栈，耽误会试日期，所带盘缠也将用尽。幸得山东一位武举人慷慨仗义，邀他到家中养病并切磋武艺。在山东武举人的指导下，林培基加强对开弓射箭的训练。经过一段时间的共同研习和刻苦锻炼，两人武艺都有很大长进。光绪三年（1877 年）又是会试之年，两人偕同赴京应试，双双高中。林培基得中进士第二名。殿试时，钦赐第一甲第三名（武探花），授御前侍卫，后升二等侍卫。

光绪十年（1884年）夏天，法国侵略军派5艘军舰入侵马江时，正丁忧在尚干的林培基通过多方侦察，制定了歼敌方案，并向福建当局报告，但未被腐败的当局理睬。于是，他就发动乡民签名，以“万民折”的形式向闽浙总督何璟请战，却遭到斥责和威胁。此时法舰已增至12艘，他再次向会办福建海疆事宜的张佩纶请战，先后苦苦登门请战5次，才获准让他组织341名乡勇以备万一，但规定“无旨不得先行开炮，违者虽胜亦斩”[①]。林培基亲自带队驻扎于马尾海潮寺一带。开战后，林培基率乡勇投入战斗。

马江海战中与林培基并肩作战的还有他的亲人们。341位乡勇中，多数是他的堂兄弟、族兄弟和侄辈、叔伯辈亲戚，其中以战至流尽最后一滴血的林狮狮最为著名。

马江海战，让林培基感受到清廷的腐败无能，不想仕进，留居福州，时常教乡间子弟武术。光绪十九年（1893年），朝廷一再下诏宣召，林培基只身进京供职，侍卫慈禧太后，恩宠有加，选授广西郁林（今玉林）协副将，并被授予总兵衔。同年病殁于京师任上，享年45岁。诰赠荣禄大夫。身后寡妻幼子，家道贫寒。

林秉诚：甲午血战 重建海军再创新绩

林秉诚（1869— ？），又名秉成，海军军官，清朝时曾任“济远”舰驾驶三副；民国时曾任海军部军学司航海科科长。

林秉诚是林元铨族侄，光绪十三年（1887年），毕业于船政后学堂第十一届驾驶班，分配到北洋海军“济远”舰，担任驾驶三副。任上，随舰参加了于光绪二十年（1894年）六月爆发的甲午海战，表现英勇。甲午战败，英勇血战的林秉诚与幸存官兵一起被革职还乡。光绪二十二年（1896年），又开始了艰难的重建海军之路。林秉诚应召回海军服务，先后任多舰的枪炮正、驾驶大副。

辛亥革命中，林秉诚随部易帜。1912年1月，中华民国南京临时政府成立，林秉诚任海军部科员，3月被授予海军上尉军衔。1916年11月，被授予海军少校军衔。1919年1月，获授七等文虎勋章。1921年9月，晋升海军中校军衔。1925年8月，任海军部军学司航海科中校科长。1926年10月，被授予海军上校军衔。1938年，林秉诚任海军总司令部上校候补员。后事不详。

林秉衡：海军舰长 积功累获勋章

林秉衡（1889— ？），海军军官，曾任“同安”舰副舰长，“楚泰”舰舰长，海军总司令部参谋，海军部军务司军事科科员，海军部舰政司材料科科员、署科长、科长，台湾省气象局兰屿测候所所长。

林秉衡

林秉衡是林元铨侄儿。光绪三十三年（1907年）六月，毕业于船政后学堂第十八届驾驶班。毕业后，奉派到“通济”舰见习，次年任候补副。

1912年1月，中华民国成立，林秉衡任“南琛”炮舰航海长，9月调任“同安”炮舰上尉副舰长。1914年7月，调署“通济”舰少校副舰长，10月获“六等文虎勋章”和“二等银色奖章”。两年后的元旦，再获“五等文虎勋章”。1917年9月，任“同安”炮舰少校副舰长，1918年10月，再获“四等文虎勋章”。1921年9月，获“三等文虎勋章”。1922年6月，升任“楚泰”炮舰舰长。1923年3月，晋升海军中校。1926年7月，调任海军总司令部中校参谋。

1928年12月1日，国民政府在行政院军政部之下设立海军署，任命陈绍宽为署长。该署下置总务处和军衡、军务、舰械、教育、海政五司。1929年1月，林秉衡出任海军署海政司警备科科员，4月，国民政府明令将海军署扩充为海军部，6月，林秉衡任海军部军务司军事科中校科员。1930年2月，林秉衡任海军部舰政司材料科中校科员，12月署海军部舰政司材料科科长。1931年，晋升海军上校。1936年3月，调任“楚泰”舰舰长，9月，担任海军部材料科上校科长。

1938年，海军部缩编成海军总司令部，林秉衡任海军总司令部上校候补员。

1946年9月，林秉衡调任海军总司令部驻广州专员办公处副官室上校附员。

10月，出任台湾省气象局兰屿测候所首任所长。卒年不详。

林秉来：少校大队长 督兵布雷抗日

林秉来（1895—？），字韶卿，海军军官，曾任“江宁”艇副艇长、“楚观”舰副舰长、海军水雷制造所股长、海军水鱼雷营副营长、海军第三布雷总队第五大队大队长、海军第三布雷总队队附、“定海”舰舰长。

林秉来是林元铨族侄，1921年3月毕业于烟台海军学校第十三届驾驶班。毕业后在海军多岗位工作过，曾任“普安”运输舰军需副长、“江宁”炮艇副艇长、“楚观”炮舰副舰长。

抗战全面爆发，林秉来于1939年4月12日，任海军水雷制造所材料课课长。次年1月，海军水雷制造所改编为海军工厂，林秉来任海军工厂材料课一等上尉课长，率部在湖南辰溪制造水雷，他多次冒着生命危险深入敌占区筹措火药等制造水雷材料。1940年9月，林秉来任海军水鱼雷营上尉副营长。1941年11月，海军游击漂雷队改编成海军第三布雷总队，林秉来调任总队附，曾兼任第三布雷总队第五大队大队长。他出生入死，督兵布雷，数次身历险境，靠着英勇拼杀，夺得生路，所部不断告捷。

抗战胜利后，林秉来曾任“定海”炮舰少校舰长等职。后事不详。

林元铨还有两位族侄也是海军军官。一是林秉枢，船政前学堂第十三届毕业生，学习造船，曾在海军福州船政局、海军福州造船所、海军江南造船所工作过。二是林秉钧，海军少校。

林修灏：学造船出身 获药学博士

林修灏（1908—1991），字发浩，船政学子，药学家，曾任上海红十字伤兵医院药剂部主任，上海医学院创校筹委会委员、讲师、副教授，中法大学副教授、教授，中央大学教授、化工系主任，国防医学院教授、检验系主任兼上海药物食品检验局主任技师；上海解放后曾任上海药物食品检验所代理所长；中华人民共和国成立后曾任上海药物食品检验所代理所长兼中国人民解放军第二军医大学筹备委员、上海医学院筹备委员，中央药物食品检验所第一副所长，贵州省中医研究所教授、药物研究室主任。

· 法国博士 回国杀敌

林修灏是林元铨长子。因为家族之缘，林元铨希望儿子能学习造舰，林修灏刚满 9 岁，就进入位于马尾的海军艺术学校学习造船。12 岁那年，父亲见他对数理化有着浓厚兴趣，就将他送入教会办的福州鹤岭英华书院。之后，林修灏随父赴上海，就读于法国教会办的震旦大学预科博物科。受父辈影响，林修灏思想进步，曾投身收回教育权运动，并成为学生运动领袖，后被校方除名。1926 年在族伯林森资助下，赴欧留学。

林修灏到欧洲后，先入比利时鲁汶大学，后因矢志学习临床医学，转往法国斯特拉斯堡大学学习临床医学。因生活艰苦及学习紧张，致胃出血，经两次手术抢救挽回生命，但因体力不济，恐日后无法坚持长时间做外科手术，因此改学药学。1932 年“一·二八”淞沪抗战爆发，林修灏在欧洲闻知，不顾自己刚刚做了胃溃疡切除手术，毅然办理了休学手续，回国参加抗战。回到上海后，任上海红十字伤兵医院药剂部主任。因他曾长期学习外科，争取到直接上前线为伤员做简易手术。他冒着枪林弹雨一次又一次冲到最前线抢救受伤官兵，多次累昏在前线战地。后因国民党不抵抗派作祟，淞沪抗战停战。之后，林修灏留在上海参与创办国立上海医学院，任创校筹委会委员，参与将国立中央大学医学院独立出来，创建为国立上海医学院，这是当时全国第一所国立医学院，林修灏主要负责药学系建设。

1933 年，因愤于国民政府与日本签订《塘沽停战协定》，林修灏再度去国离乡，回到法国斯特拉斯堡大学继续学业。1936 年，修完生物化学、食品分析与微生物学两个专业后，得到专业证书并获得药学博士学位，成为中国第一位药学博士。同年，发表《何首乌之研究——中药何首乌的植物学、化学与药理力学》长篇论文，次年该论文被美国化学学刊载于《科学文摘》。

林修灏拿到博士学位后，法国不少医院、大学和研究机构向林修灏伸出了橄榄枝，高薪相聘。

· 再度回国 投身抗战

1937 年 7 月 7 日，“卢沟桥事变”爆发。抗日救国心切的林修灏，再度回到烽火中的祖国。他翻山越岭辗转来到已内迁到云南昆明白龙潭的国立上海医学院，先任讲师，不久晋升副教授。他一边教书育人，一边参加抢救前线伤病官兵，经常带队深入抗日前线。抗战中，为扑灭日军发起的惨无人道的细菌战、生化战做出了贡献。1939 年，林修灏转入中法大学执教，先后出任副教授、教授。之后，又到中央大学担任教授、化工系主任。

· 抗战胜利 填补空白

1947 年，军医学校在上海江湾改组为国防医学院，院长由军医署署长林可胜兼任。林修灏出任国防医学院检验系教授、主任。在担任国防医学院检验系教授、主任期间，林修灏于 1947 年深春与马基华、雷兴翰等知名专家一道，参与筹建上海药物食品检验局。这是我国第一个按照当时最为先进的美国模式建立的药物和食品检验机构，仪器设备和图书由美援提供，检测技术与管理水平先进，林修灏兼任主任技师。

1948 年，中共上海地下党通过上海生化制药厂总经理，带给林修灏一份中共党组织写给他的信，信中诚挚地希望他留在大陆，不要随国民党政府去台湾，并设法将上海药物食品检验局的技术人员、设备、图书保存下来，为即将诞生的新中国服务。此时，国民党政府即将撤离大陆，上海药物食品检验局和国防医学院也在撤离名单上，并被要求技术人才、设备、图书全部都要搬到台湾。

林修灏接受中共地下党的指示，设法阻止药物食品检验局迁往台湾。他把家搬到检验局宿舍内，并兼任局工会主席，以近距离指挥阻止搬迁工作。他组织员工成立应变委员会，冒着生命危险，说服了一位又一位学有所长的技术人员，留下来参加新中国建设。在黎明前最黑暗时期，林修灏不顾杀头风险，制订了周密的保护所有仪器设备、图书资料的计划，使之全部留在新生的上海。局里技术人员，除局长等几人外，也全部留沪。林修灏还说服所有直系亲属留在大陆。

· 北任南调 屡立新功

1949 年 5 月 27 日，上海解放。林修灏出任上海药物食品检验所代理所长，并兼任中国人民解放军第二军医大学筹备委员、上海医学院筹备委员等职。

1950年夏天，中央决定将上海药物食品检验所搬迁至北京，组建中央药物食品检验所。林修灏坚决执行中央决定，周密部署，将上海药物食品检验所大部分人员、设备移往北京，并完成了组建中央药物食品检验所任务，出任第一副所长、总工程师兼技术室主任、生药科科长。在担任中央药物食品检验所第一副所长期间，对中华人民共和国药物食品检验工作有奠基之功，为中央领导和广大人民群众药品、食品安全做出重要贡献。特别值得一提的是，林修灏为各地培养了一批检验人才，还为朝鲜、越南等国培养了不少优秀检验人才。

1958年，林修灏调任贵州省中医研究所教授、药物研究室主任，并先后任中国科学院贵州分院特邀研究员，贵州省卫生厅学术委员、医药卫生委员会常委，贵州省药学会主任委员、顾问。

林修灏先后参与创办了《中华药刊》《上海药讯》《中国药讯》《中华药学杂志》等刊物。1991年10月15日，林修灏在贵州省贵阳市逝世。

第四代

陶江林氏第四代船政人，出了不少科班出身的海军军官，其中以"海军五虎"最为著名。

林舜藩：辛亥首举义旗 第二舰队参谋主任

林舜藩（1888—1965），字其南，号振波，海军军官，清朝时曾任"策电"舰驾驶大副；辛亥革命时期任"策电"舰代理管带；民国时曾任"肇和"舰航海长、"靖安"舰副舰长、"利绥"舰舰长、海军吉黑江防司令公署副官长、海军吉黑江防司令办公处副官长、东山海军总指挥部参谋主任、漳州海军总指挥部参谋长兼漳龙公路局局长、第二舰队司令部参谋主任、湖南省印花税处处长。

· 辛亥首举义旗 累功升少校

林舜藩

论辈分，林舜藩是林元铨族侄孙这一代。光绪三十四年（1908 年）十一月，林舜藩毕业于船政后学堂第十九届驾驶班。宣统二年（1910 年）十一月，派赴长江舰队所辖的“策电”炮舰任驾驶大副，负责督操、出海巡洋。宣统三年（1911 年）六月，林舜藩奉派南京海军鱼雷营专习鱼雷应用技术。八月初，林舜藩结业回“策电”炮舰，仍任驾驶大副。八月十九日武昌起义爆发，林舜藩决定投身革命。九月十一日凌晨，林舜藩参与发动、组织“策电”舰起义，以餐桌白布代替义旗，升上“策电”舰旗杆，正式宣告易帜，使“策电”舰成为海军在辛亥革命中起义的第一艘军舰，为上海举义立下首功。“策电”舰起义成功后，管带叶大俊离舰，临行前将军舰交给林舜藩，由其负责主持舰务。十月十六日，林舜藩出席吴淞光复后的海军首次会议，并在会上报告“策电”舰起义经过。会上，与会代表公举程璧光为海军总司令、黄钟瑛为副总司令、黄裳治为参谋长、毛仲方为参谋次长。十一月四日，林舜藩任“策电”舰代理管带。

1912 年，林舜藩先任“海容”舰少尉候补员，南北议和后调任“江犀”舰大副并代舰长，6 月调任“肇和”巡洋舰鱼雷长。1913 年 4 月晋升海军中尉，7 月积功获“三等文虎勋章”。1915 年 12 月，出任“肇和”舰航海长。1917 年 7 月任“靖安”运输舰副舰长，12 月晋升海军少校衔。

· 东北收航权 积绩四授勋

1918 年 11 月 11 日，第一次世界大战结束，中国决定收回被沙皇俄国侵占许久的黑龙江、乌苏里江、松花江航权。

1919 年 6 月，海军部视察王崇文奉命率员前往黑龙江、松花江调查，建议在东北建立一支水上力量，驻扎东北，守卫海疆。7 月，吉黑江防舰队建立，林舜藩调任吉黑江防舰队“利绥”舰舰长并率“利绥”舰，与“利捷”“江亨”“靖安”等舰一起组成北上舰队，自吴淞口出发，一路北上，于8月25日抵达庙街。

庙街，今名尼古拉耶夫斯克，是位于中国黑龙江出海口的一座港口城市，现在隶属于俄罗斯。尼古拉耶夫斯克自唐代纳入我国统治，之后相继隶属于辽、金、元、明、清。元朝及明朝时期称为奴儿干，元朝时期为征东元帅府治所，明朝时期为其在东北的行政机构奴儿干都司的驻地。清朝时期，此地被称为“庙街”，属于吉林将军辖地。

清道光三十年（1850年），沙俄军队到达庙街，宣布庙街为沙俄皇帝的属地并建立哨所，以当时沙皇尼古拉一世的名字命名，称为“尼古拉耶夫斯克”哨所。清咸丰六年（1856年），沙俄在远东地区成立滨海边疆州，尼古拉耶夫斯克为其行政中心。庙街当时尽管实际上已经被沙俄占领，但并没有得到清政府的认可，直到第二次鸦片战争后，根据咸丰八年（1858年）所签订的《瑷珲条约》及咸丰十年（1860年）所签订的中俄《北京条约》而割让给俄国。

1919年10月22日，“利绥”等舰自庙街起航沿黑龙江上驶，要前往哈尔滨，次日行至伯力。伯力，位于黑龙江、乌苏里江汇合口东岸，现名“哈巴罗夫斯克”。曾为中国领土，咸丰十年（1860年）被沙皇俄国割占。“利绥”等舰过伯力大桥时，遭到日军炮击，舰队决定先回庙街过冬，待来年开春黑龙江解冻后再从长计议。

在庙街期间，北上舰队借给追击日军的苏联红军数尊大炮和数十发炮弹，苏联红军用这些大炮和炮弹，一举攻克日军在庙街的最后据点——领事馆，击毙日军数十人，俘虏日军官兵130多人，史称“庙街事件”。

1920年1月，林舜藩以“北上护航”之功获授“四等嘉禾勋章”，7月调吉黑江防司令公署任副官长，12月任“江亨”炮舰代理舰长并获授“七等文虎勋章”。1921年，再获“六等文虎勋章”。1922年4月晋升海军中校，5月任吉黑江防舰队副官长，7月因收回吉黑航权有功，获“五等文虎勋章”。1923年，海军吉黑江防司令公署易名为“海军吉黑江防司令办公处”，林舜藩任办公处副官长，10月因受排挤回闽。

·舰队参谋主任 再获勋章

1924年2月，林舜藩随练习舰队司令杨树庄出征闽南，先后占领厦门、金门、东山岛等地。之后，林舜藩出任东山海军总指挥部参谋主任。1926年12月，东山海军总指挥部移至漳州，改名“漳州海军总指挥部”，林舜藩任参谋长兼漳龙公路局局长。1927 年 3 月，原属北京政府的海军易帜国民革命军，参加北伐。林舜藩任国民革命军海军第二舰队司令部参谋主任，军衔为海军轮机中校，因北伐之功获授“三等文虎勋章”。

北伐战争胜利后，林舜藩转往地方工作，曾任湖南省印花税处处长。1946 年秋天，因不满内战，林舜藩告老回乡，闲居福州。

中华人民共和国成立后，林舜藩曾任第一、第二、第三届福州市政协委员和福建省政协委员。1965 年，林舜藩病逝于福州。

林濂藩：布雷英雄 官至台湾“海军中将”

林濂藩（1918—2013），字晓帆，海军军官，曾任“川江”艇枪炮官，长江布雷游击队布雷官，北巡舰队参谋，青岛中央陆军军官学校军官团正教官，台湾地区海军术科训练班教官、主任，台湾海上防务部门后勤舰队参谋长、两栖部队参谋长、政战部副主任、第三军区司令兼基隆港守备区指挥官、作战计划委员会副主任，台湾地区防务部门金门防卫司令部副司令，台湾省台中市港务局副局长。

林濂藩是林元铨族侄孙。1937 年 1 月，林濂藩毕业于海军学校第六届航海班，随即担任见习队队长，4 月海军部派林濂藩等 10 位海军优秀青年军官，赴德国学习潜艇驾驶，8 月林濂藩入德国海军军官学校学习。

1939 年 9 月，德国入侵波兰。与之同时，日军侵华步伐加快，林濂藩和留德同学一起强烈要求回国杀寇。随即，他和留学他国的战友们一起，历尽艰辛，回到祖国，出任“川江”炮艇枪炮官，参加川江要塞保卫战，作战英勇。之后，到长江布雷游击队当布雷官，出生入死，袭击日军舰艇。1943 年，林濂藩调任海军布雷总队副官，继续战斗在一线。

1945 年 8 月 15 日，日本投降。9 月，国民政府重建海军舰队，林濂藩任北巡舰队参谋。1947 年 6 月，林濂藩任青岛中央海军军官学校军官团少校正教官。

1949 年，林濂藩随部撤往中国台湾。之后，他曾长期做海军教育工作。1952 年 4 月，担任台湾地区海军术科训练班中校教官。1954 年 5 月，升任台湾地区海军术科训练班主任，晋升海军上校。1955 年 4 月，任海军机械学校海军术科训练班主任，10 月任海军机械学校委员会副主任委员，筹划建校。1956 年 6 月，任台湾地区海上防务部门后勤舰队司令，同年秋调任台湾地区海上防务部门两栖部队参谋长。1961 年 11 月，晋升“海军少将”。1962 年 11 月，任台湾地区海上防务部门政战部副主任。1970 年，任台湾地区海上防务部门第三军区司令兼基隆港守备区指挥官。1973 年，任台湾地区防务部门金门防卫司令部副司令，晋升“海军中将”。1975 年，任台湾地区海上防务部门作战计划委员会副主任委员。1976 年，林濂藩退役，出任台中港务局副局长，负责港澳航线营运等。退休后，定居美国洛杉矶。2013 年 1 月 4 日，林濂藩病逝于洛杉矶。

林振璋：海军出身 铁路专家

林振璋（？—？），字其绥，海军军官，铁路专家，曾任萍安铁路工程师。

林振璋按家族辈分，比林元铨低两辈。少年时期考入船政后学堂学习，曾在海军多艘军舰上任职。因当时中国初办铁路，急需大量人才，林振璋转往铁路界。光绪二十五年（1899 年），江西要建萍乡至安源的萍安铁路，林振璋调往江西，参与建设萍安铁路，任工程师。同年，萍安铁路延展至湖南省醴陵的铁路开始勘探和施工，林振璋继续参与建设。光绪二十七年（1901 年），萍醴铁路开通后，林振璋留在江西做工程师。后事不详。

林振镛：战艇艇长 为国监造十舰艇

林振镛（？—？），一作振墉，字其渊，海军军官，清朝时曾任“镜清”舰二副、枪炮大副；民国时曾任“湖隼”艇艇长、“湖鹰”艇艇长、“拱辰”舰舰长。

在陶江林氏家族辈分排序中，林振镛比林元铨低两辈。他少年时期曾考入天津水师学堂，后进入海军。光绪二十五年（1899 年），林振镛任“镜清”铁胁双层木壳快船二副，次年升任枪炮大副。光绪三十二年（1906 年），调“镇边”舰任管带，不久“镇边”舰报废。光绪三十三年（1907 年），任“湖鹰”鱼雷艇管带。宣统元年（1909年），任“湖隼”鱼雷艇管带。

1912年1月，中华民国南京临时政府成立，林振镛任“湖隼”艇艇长。1915年1月，任“拱辰”舰少校舰长。

林振镛在海军中的工作轨迹，主要有两条线：第一条线是登舰服务，沿着三副、二副、大副，一路升至舰长；第二条线就是担任军舰监造官，他担任过艇长的“湖隼”“湖鹰”两艘鱼雷艇都是他监造的，他做事极为负责，连续监造了10艘舰艇，这些舰艇在辛亥革命、北伐战争、抗日战争中都发挥了积极作用。

林振镛在清末至民国海军界稳步晋升，官至海军上校。其间多次获勋，如1916年7月24日获授“三等文虎勋章”。后事不详。

林其柽：海军文案　一笔华章书记官

林其柽（？—？），海军军官，曾任海军福州船政局文案、海军马尾造船所书记官、福州海军学校书记官。

林其柽幼承庭训，饱读诗书，致力举业。光绪三十二年（1906年），清政府取消科举，所有乡会试一律停止，各省岁科考试亦即停止。及长，林其柽弃文在福州经商，饶有余资。一心渴望保家护国的林其柽，在衣食无忧之后毅然投军，在海军做文官，曾在海军多艘军舰上做书记官。后转为在陆地工作，曾在海军福州船政局做文案工作，后曾任海军马尾造船所、福州海军学校书记官。据林家人介绍，林其柽持续在海军做文官40年。

陶江林氏家族第四代船政人中，还出了不少优秀船政军工和海军技术专才。如曾任海军陆战队第二独立旅第四团电信员的林其榕，工运领袖林祥谦父亲林其庄也是船政十三厂老资格锅炉工。

第五代

陶江林氏家族第五代船政人中出得最多的还是船政军工，其次是海军军官。

其中，一位叫林志棠的海军陆战队团长在历史上极有名气，衔至少将。

林志棠：海战陆战队团长 辛亥功臣

林志棠（1878—1951），字祥登，号明犀、翰西，雅号“戆马三”，陆军军官，海军军官，政府官员，清朝时曾任保定通国陆军速成武备学堂见习教官、福建陆军小学堂监督；民国时曾任福建省水上警察厅厅长、保定陆军军官学校教官、广州护法军政府海军陆战队混成旅第一团团长、漳厦海军警备司令部军务处处长、福建省第二区行政督察专员兼保安司令、福建省政府参议。

林志棠

林志棠生于进士之家。父亲林履端，字是敏，寿102岁。光绪十二年（1886年）登进士，曾任署江西抚州金溪县知县、东乡县知县，还曾任江西乡试同考官、抚州府发审委员。林志棠幼承家学，为乡秀才，后弃文习武，为福建武备学堂正科第一期毕业生。他目睹清廷腐败，投身反清革命，光绪二十九年（1903年）春，林森组织福建学生会，林志棠立即加入。同盟会于光绪三十一年（1905年）成立，福建学生会全体加盟，林志棠从此成为同盟会员。他以优异的成绩毕业于福建武备学堂后，到保定通国陆军速成武备学堂任见习教官。返闽后任福建陆军小学堂监督，暗中积极参加同盟会活动，训练革命党人。

随着武昌起义枪声响起，福建各地革命力量纷纷举义，新军统领孙道仁、许崇智加盟同盟会，新军完全归革命党掌握，起义时机成熟。革命党人决定农历九月二十二日起义，占领于山放火为号，后因消息走漏，决定提前至十八日起义。林志棠参加了敢死队。

于山在榕城南面，靠近南门，周围地形开阔，居高临下，夺取于山占领制高点，可炮轰将军署，至关重要。当时有大量的清军踞守于山，革命党兵分两路，一路冒着枪林弹雨前进，一路运炮上山。战斗没多久，清军竖起白旗投降，革命党人停止了战斗。没想到刚投降的清军蜂拥而上，企图夺炮，原来清军是诈降。清军又关闭了南门城门，形势危急。革命党人放火为号，城外的革命党人同时行动，彭寿松带领炸弹队从水部攻打，参加敢死队的林志棠带领民众和福建陆军小学堂学生从南门进攻，冒死用木头撞击城门。他一马当先，身先士卒，带领学生和民众冲上于山，里应外合，清军腹背受敌，溃不成军。革命党占领了于山制高点，清军失去了有利位置，成困守一隅之局。十九日拂晓，革命军开始进攻，占领于山的炮兵首先开火命中将军署，剩下的清军军心动摇，纷纷投降，福州一举胜利光复。有说林志棠是用自己的铁头功，撞开城门，"戆马三"之名由此而来。

福州光复后，林志棠出任福建省水上警察厅厅长，不久去职北上，出任保定陆军军官学校教官，后来在抗日战场上屡立战功的国民党名将朱绍良、陈长捷、吴石、吴仲禧等皆出其门下。

1917年，孙中山先生南下护法，在广州成立护法军政府。当年冬天，因不满北洋军阀统治，林志棠南下广州，出任护法军政府海军部海军陆战队混成旅第一团步兵二营营长，不久又升任海军陆战队混成旅第一团团长。在铁血护法中，补授陆军步兵上校。后出任漳厦海军警备司令部军务处处长。

1936年6月9日，林志棠派任福建省第二区行政督察专员兼保安司令，晋升少将军衔。1938年9月9日，林志棠转任福建省第一区行政督察专员兼保安司令。不久，以年老退休，专任福建省政府参议。1951年，林志棠病逝于福州。

林祥谦：船政技工 中国工运领袖

林祥谦（1892—1923），工人运动领袖，曾任船政船厂钳工、江岸京汉铁路工会分工会委员长。

·加入中共 出任工会委员长

林祥谦生于凤港村。光绪三十二年（1906年），14岁进入船政造船厂当钳工学徒。生性倔强的林祥谦，血气方刚，好打抱不平，因此小小年纪的他，在工友中很有号召力。在马尾船政造船厂的近6年里，他团结工人，与欺压工人的洋匠首和工头作斗争，开始了他的工人运动生涯。

因为第一代铁路领导人多出自船政学堂，很多都有海军经历，因此大多是福州人。1912 年初，在乡亲的介绍下，林祥谦通过技工考试，进入江岸铁路工厂当钳工，正式加入铁路工人队伍。

1921 年中国共产党诞生后，武汉党组织负责人陈潭秋、林育南等经常深入到江岸铁路工人当中，宣传革命道理。林祥谦开始在党的领导下更积极地从事工人运动，参与筹组江岸工人俱乐部，并当选为干事。他协助开办工人夜校，领导工人进行了一系列斗争，于 1922 年夏天加入了中国共产党。同年 10 月，江岸工人俱乐部改名为“江岸京汉铁路工会”。林祥谦被推选为江岸分工会的领导成员。不久，又当选为江岸京汉铁路工会分工会委员长。

林祥谦

1922 年，我党领导的第一次工人运动出现了高潮。京汉铁路沿线各站，在一年内相继成立了 16 个分工会。

· 参与领导京汉铁路全线大罢工

为了加强对工人运动的领导，实现京汉铁路工人要求成立京汉铁路总工会的迫切愿望，京汉铁路总工会筹委会决定于 1923 年 2 月 1 日在郑州举行京汉铁路总工会成立大会。曾通电“保护劳工”的军阀吴佩孚闻讯立即翻下脸来，下令郑州警察局局长黄殿辰武力制止开会。当天清晨，黄殿辰派出大批荷枪实弹的军警，三步一岗，五步一哨，在郑州全城实行戒严。工人代表和来宾们毫不畏惧，整队向成立大会会场——普乐园戏院前进。他们在林祥谦、项德隆（项英）、施洋等共产党员的带领下，冲破敌人的封锁线，拥入会场，高呼“京汉铁路总工会万岁！”等口号，宣布京汉铁路总工会正式诞生。

当晚，京汉铁路总工会在郑州召开秘密会议，一致决定向反动当局提出撤掉京汉铁路管理局局长赵继贤、郑州警察局局长黄殿辰等五项要求，如 48 小时内不答应，将实行全路总罢工。林祥谦被指定为江岸地区罢工总领导。

2 月 4 日上午 9 时，林祥谦接到总工会开始罢工的指示后，立即下达罢工令。江岸铁路工人，在林祥谦等的指挥下，高举铁棍、木棒，拥出各厂、段、站，一场在中国共产党领导下的政治大罢工，从江岸开始，沿着全长2400多华里的京汉铁路向北迅速蔓延，在不到3小时内，胜利地实现了全路总罢工。

· 领导二七大罢工 英勇就义

林祥谦和江岸全体工人决心战斗到底的斗争精神，得到了武汉工人和各群众团体大力声援。2月6日上午，湖北全省工团联合会组织2000多名代表来到江岸亲切慰问罢工工人，江岸1万多名群众参加慰问大会。林祥谦在会上感谢各界群众的声援，揭露帝国主义和封建军阀的破坏阴谋，号召工人们加强团结，坚持罢工。会后，林祥谦和著名律师施洋带领工人群众举行声势浩大的示威游行，沿途3000多名群众自动加入游行队伍。当队伍经过沿江的帝国主义租界时，群众不断高呼“打倒帝国主义”“打倒军阀”“争自由、争人权”等口号，情绪极为高昂。示威游行历经2小时才结束。

2月7日下午5时多，放哨的工人又报告：一批全副武装的军警正从江岸火车站、三道街、福建街向工会包抄过来。情况已十分危急，林祥谦果断地命令纠察团副团长曾玉良带领纠察团迎敌。军警向工人进行疯狂的射击，开始了骇人听闻的“二七大屠杀”。30多名铁路工人壮烈牺牲，200多人受伤，林祥谦和60余名工人在同围捕的敌人搏斗中不幸被捕。

敌人把60多名被捕工人捆绑在江岸车站站台上，林祥谦被绑在站台东侧的灯柱上。敌人威逼利诱，逼林祥谦下令复工。林祥谦威武不屈，斩钉截铁地回答：“上工要总工会下命令，我头可断，血可流，工不可复！”英勇就义。

林祥光：“海军少将” 原是烟台共青团领导人

林祥光（1908—1992），字用宾，海军名将，曾任南京海军水鱼雷营副营长，海军长江中游布雷游击总队队长，海军浔鄂区布雷游击队第一队队长，军事委员会侍从室海军参谋、委员长侍从室参谋，驻美使馆海军武官，青岛中央海军训练团主任，海军总司令部训练处处长、第四署代署长，台湾地区防务部门二厅副厅长，台湾地区海上防务部门第一军区司令，中国文化大学教授。

· 大革命时期投身革命 不幸被捕

青年林祥光

1922 年夏天，林祥光考入福州海军制造学校，专攻军舰制造。1924 年 4 月，海军部将林祥光等 31 名福州海军制造学校优秀生调入烟台海军学校，转学航海，列为第十八届航海班。

在烟台海军学校，林祥光与曾万里等来往甚密。他非常关心国家大事，积极探索民族命运。经常阅读《新青年》《每周评论》《资本论入门》等进步书刊，并加入了中国社会主义青年团（1925 年易名“中国共产主义青年团”）和马克思主义研究小组。之后，负责烟台共产主义青年团工作。[②]1925 年秋，林祥光曾任共青团烟台支部的负责人，直至 1927 年被捕。[③]中共党史对此有清晰记载：1925 年“下半年，因烟台海军学校发生学潮，叶守桢被海军学校反动当局开除学籍，离烟去沪后与郭寿生一起，在中共中央直接领导下，继续从事海军军运工作。烟台团的工作改由林祥光负责”[④]。1927 年 3 月，“山东督军兼东北海军司令张宗昌、副司令沈鸿烈，以烟台海校的师生有‘通敌（指北伐军）’嫌疑为由，指定东北海军舰队长袁方乔和烟台海军办公处长陈文会查办有关人员，将有嫌疑的林祥光、陈训莹等 4 名学生和 1 名校医逮捕审讯（翌年获释）。此事后烟台海校南迁并入福建马尾海校。烟台党团活动暂时停息”[⑤]。

林祥光在烟台海军学校读书时的同学魏应麟，晚年曾著文忆及林祥光被捕一事：“某日拂晓，张宗昌派兵包围烟台海校，将全体学生集中在宿舍内，学生行动受监视，俨若囚犯。数日后，林祥光等 8 名受诬嫌的学生被解往济南，交军法处审问，后补押入济南第一模范监狱，至国民革命军攻克济南时才从监狱里出来。”[⑥]

1928 年 5 月 3 日，日本在山东制造了震惊中外的“济南惨案”。因战事发展，张宗昌勒令解散烟台海军学校，据魏应麟回忆说：除林祥光等学生被捕后，“其余学生被勒令解散，经学校当局再三请求，才准发给旅费。师生们搭船到沪。老师们住在上海旅社，学生们则分住高昌庙‘建威’‘建安’两艘废舰上等候安排。后杨树庄将全部学生接回福州，集中于马尾海军学校继续上课。因他们是烟台海校第十八期学生，且行将毕业，便称为烟台海校寄闽班”[⑦]。在闽系海军元老的运作下，林祥光等被捕学生不但被释放，而且被允许参加毕业考试。

· 赴英德留学 抗战回国杀敌

1928 年 9 月，林祥光毕业，北上进入南京鱼雷枪炮训练班学习。1929 年，林祥光先是在年初被任命为海军候补副，8 月出任烟台海军学校副教官。9 月赴英留学，首先进入特默斯海军军营进行实地学习。1930 年，林祥光转入英国海军大学通信学校学习，之后进入英国国防研究院进修，后再被派到英国战列舰实习，参加了英国海军地中海舰队的巡航和战斗演习。1931 年 7 月，尚在英国留学的林祥光，被授予海军少尉军衔；11 月踏上归程，赴任位于福州的海军学校副教官兼马尾海军练营教官。1932 年，调任“海容”巡洋舰二等中尉航海副。1933 年 12 月，升补“应瑞”舰一等中尉枪炮副。1934 年 9 月，晋升为海军上尉。1935 年 6 月，获得“陆海空军乙种二等奖章”并被派往海军练营服务，8 月出任“宁海”轻型巡洋舰代理鱼雷正，仍在海军练营服务。1936 年 1 月，任“宁海”舰鱼雷官，6 月调任南京海军水鱼雷营一等上尉副营长。

1938 年 1 月 6 日，林祥光奉命赴德国学习潜艇驾驶技术。因第二次世界大战全面爆发，且中国抗战进入最艰难时刻，林祥光毅然于当年10月，历尽艰辛，辗转回国，任海军总司令部参谋。

1940 年 1 月，海军长江中游布雷游击总队成立，林祥光任少校队长，率部布雷炸敌。4 月 10 日，海军在洞庭湖的浔鄂区增设四支布雷游击队，林祥光任第一队队长。6 月 23 日晚上，林祥光率队穿过敌人层层防线，到江边布雷。6 月 24 日，在龙坪镇附近江面炸沉日寇汽艇一艘及满载军用品的拖驳船一艘，汽艇与驳船日本官兵全部毙命。6 月 17 日，林祥光又率部突破敌人严密封锁，布雷于巢湖附近江面，炸毁日海军汽艇、驳船各一艘。12 月 29 日，国民政府军事委员会授予林祥光“陆海空军甲种二等奖章”。

1941 年 3 月，林祥光出任已迁至贵州桐梓的海军学校教官。1942 年，调往国民政府军事委员会侍从室任海军参谋。1943 年 1 月，转为海军总司令部少校候补员，3 月出任军事委员会委员长侍从室少校参谋。1944 年，任海军水鱼雷营少校副营长。

· 先任驻美武官 再当训练团主任

林祥光

1945年2月林祥光调任驻美国大使馆海军中校武官，7月代表中国政府签署美赠华首批军舰移交文件并主持接收工作，11月晋升海军上校军衔，12月获得“六等云麾勋章”。同年11月初，美国以援华赠舰名义派海军顾问团驻青岛，负责训练中国海军人员，于12月18日在莱阳路8号正式成立中央海军训练团，直属军事委员会。林祥光回国出任青岛中央海军训练团主任。训练团采取美舰长教中国舰长、美副舰长教中国副舰长、美轮机长教中国轮机长的方式，即“一对一”的办法训练。12月28日，林祥光再接新命令，兼任海军西沙南沙接收指挥。后由于训练团筹备事务难以脱身，委派林遵出任海军西沙南沙接收指挥之职。

1946年1月1日，林祥光兼任军政部海军处军务组上校组长。1月25日，晋升海军代将。2月1日，林祥光抽调留英同学、马尾海军练营副营长陈赞汤接替邓兆祥青岛海军训练团副主任一职。林祥光还通过军事委员会、海军署，从全国多地调集海军官兵五六百人，于三四月间陆续来青岛受训。

· “反蒋倒桂” 遭莫须有罪名判刑

1946年9月14日，蒋介石亲信桂永清出任海军代理总司令，疯狂排挤闽籍海军军官。林祥光与周宪章、高如峰等闽系海军实力派暗中联络，奔走收集桂永清材料，发起“翻箱倒柜”（福州方言与“反蒋倒桂”近音）活动。

1947年2月，林祥光以为闽籍海军名宿陈宏泰祝寿为名，在青岛饭店设宴，邀约督舰驻泊青岛的刘孝鋆等十几位舰长以及训练团的参谋、副官赴宴。会上商定要推倒桂永清，拥护李世甲当海军总司令。林祥光等人的“倒柜”秘密活动被桂永清安插在青岛中央海军训练团政治处的陶涤亚发现，密报桂永清。3 月 1 日，林祥光奉命赴南京，刚下飞机，就被扣押，交军事法庭审讯。

1948 年 8 月 30 日，林祥光被控“贪污渎职浮报名额冒领经费属实”，被判处有期徒刑一年。林祥光提出上诉，后被宣布无罪释放。11 月，林祥光任海军总司令部训练处上校处长。

· 随部赴台 官至海军少将

1949 年 8 月 1 日，林祥光任海军总司令部第四署代署长，并随蒋介石集团去台湾。1950 年，任台湾地区防务部门二厅副厅长。1953 年，任台湾地区海上防务部门第一军区司令，被台湾当局授予“海军少将”军衔。1961 年，被台湾当局国防研究院聘为讲座教授。

林祥光与中国地理学家、历史学家张其昀关系不错。1969 年，张其昀聘任林祥光为其创办的中国文化大学教授。林祥光笔译不辍，有《纳尔逊传》《钟斯传》《冷战致胜之道》等出版。1992 年 2 月 11 日，林祥光病逝。

注释：

① 陈贞寿 . 中法马江海战 [M]. 北京：中国大百科全书出版社，2007：64.

②③④⑤ 中共烟台市委党史研究室，烟台市档案局 . 中共烟台历史大事记（第一卷）[M]. 北京：中共党史出版社，2003：16-17.

⑥⑦ 中国人民政治协商会议福建省委员会文史资料研究委员会 . 福建文史资料（第八辑）[M]. 福州：福建人民出版社，1984：146.

周葆燊家族

周葆燊（1891—1950），字庸民，福建省闽县（今福州市鼓楼区）人，海军教育家，船政前学堂第七届制造班毕业生，清朝时曾任船政学堂教习；民国时曾任福州海军制造学校教官、福州海军学校教官兼学监。

周葆燊家族世居今福州市鼓楼区大斗彩巷内横巷二号，三代海军，四代船政精英，代表人物除了周葆燊，还有抗战中一对智勇双全同为海军布雷队队长的兄弟：周伯焘与周仲山。这个海军世家有一个鲜明特点：三代海军皆有出色教官，为海军园丁世家。这个家族还创造了两项中国纪录：第一个拥有欧美船政执照的中国人；驾驶世界上第一艘46万吨巨轮的航海家。

家族源流

黄帝嫡裔 先祖以《爱莲说》传世

周伯焘之子周文藻，即是驾驶世界第一艘46万吨巨轮的人。他在晚年，续编了周家族谱。2005年10月，笔者在访问周文藻堂弟周文恭时，看到了周文藻续编的《濂溪周氏家乘》，扉页上印着宋代大理学家周敦颐所作的《爱莲说》，内有那句著名的“出淤泥而不染，濯清涟而不妖”。一旁的周文恭笑着说：“周敦颐是我们的老祖宗，我们族中称他为亢公，但学者们都称他濂溪先生，我们也称他‘濂溪公’。”周敦颐（1017—1073），字茂叔，号濂溪，曾任虔州通判、永州通判、虞部郎中、提点刑狱、南康州知军事等。宋熙宁六年（1073 年）去世。周敦颐子孙以其号为堂号，统称“濂溪周”。

大斗彩巷周家是轩辕黄帝的嫡裔，周家族谱中第一世即为轩辕黄帝，传到周敦颐即为一百世，传到周文藻、周文恭们是第一百三十世。周家族谱上还特别记载：周恩来与鲁迅都是周敦裔的后人。周文恭介绍说，祖上靠着“濂溪周”这个堂号，找到了散居在浙江、江苏、湖南、江西的族人和他们的族谱。“世界各地‘濂溪周’人，皆是我家亲戚。”周文恭说起这些时，显得很自豪。

周敦颐玄孙辈入闽

根据周家族谱，周家是在周敦颐玄孙辈迁入福建的。

周敦颐玄孙周大同，生卒年月不详，字治文，在宋淳熙年间（1174—1189），出任福建南剑州（今福建南平市）知州，举家入闽。

周大同为周家入闽始祖。至于周家何时迁入福州，祖谱上没有记载。但有记载周大同十二世孙周世源，死后葬于福州梅柳山之阳（位于今福州市鼓楼区五凤街道），其子葬于福州苔井山之阳（位于今福州市晋安区），因此可以断定，此时大斗彩巷周家已迁入福州。

船政家谱

第一代

大斗彩巷周家第一位船政人即周敦颐的第二十七世孙周肇昌。

周肇昌：生于水师 船政学堂久任文官

周肇昌（1856—1923），字维侯，海军军官，曾任船政绘事院录事员，船政前学堂录事员、核算员、秘书。

周肇昌出生时父亲在浙江黄岩水师镇做文案兼水师镇总兵幕僚，一家人生活在黄岩。周肇昌幼承庭学，饱读诗书，在当地书院随名师苦读，一心期待金榜题名。太平天国事起，父亲只好带着一家老小返回福州，不久家道中落。

56岁时的周肇昌

光绪元年（1875年），周肇昌难以再安心读书，弃举子业，到马尾船政绘事院任录事员。之后，转任船政前学堂录事员，不久专任核算（统计）员。他工作勤奋，成绩显著，不久升任秘书，协助学堂领导管理校务，参与政务，工作有条不紊、兢兢业业、克己奉公，连续服务40年，于1915年退休。

周肇昌办事利索，为人机智，深受长官器重。当时考入船政学堂的多是少年，周肇昌国学底子颇厚，他认为应当对他们进行爱国、气节教育，让学生在掌握先进科技知识、战术思想的同时，也能铭记中华民族优秀传统，所以常利用课余时间，向学生讲述岳飞、文天祥、戚继光等民族英雄的故事，很受学生们喜欢。听周文恭介绍说，曾祖父肇昌公不但能文工诗，绘画、书法造诣也颇高，登门求字者颇多。

第二代

大斗彩巷周家第二代船政人，包括了造船技工、福建船政轮船水师水兵，最突出的代表是周肇昌的独子周葆燊——船政学堂优秀教官，民国后升任福州海军学校学监（训育长）。

周葆燊：船政名师 海校学监

周葆燊（1891—1950），字庸民，海军军官，清朝时曾任船政前学堂教习；民国时曾任福州海军学校教官、福州海军学校学监、海军部少校候补员。

· 放弃留学 船政学堂执教鞭

周葆燊是周肇昌之子。光绪二十八年（1902 年），考入船政前学堂，攻读舰船与轮机制造专业。他天资聪慧，当时前学堂学习法文，专业技术课程均用法文课本，周葆燊在极短的时间里掌握了法文，法语之流利名冠全班。周葆燊对数学尤感兴趣，每次考试数学成绩都是全班第一。光绪三十四年（1908 年）十一月，周葆燊以全班第一名成绩毕业。当时，船政学堂的法国老师特别欣赏周葆燊在数学上的才华，主动要求保送周葆燊到法国留学。但是，当时船政学堂急需教师，根据学校传统，只有第一名才有资格留校任教，周葆燊忍痛放弃了留学深造机会，他说："我是船政学堂培养的，所有的学费都是公家出的，中国海军急需教官，我责无旁贷。"坚持留在学校执教。

1913 年 10 月，船政前学堂改称福州海军制造学校，周葆燊被任命为格致（理科）教官，专教数学。1914 年 7 月，获授二等造舰官。1918 年 7 月，晋升一等造舰官，10 月获授"六等文虎勋章"。1919 年，转任福州海军制造学校制造教官。教授舰船设计与制造。1923 年，晋升造舰少监。1924 年，周葆燊被调入福州海军制造学校任正教官兼学监，一面讲授数学等课程，一面协助主任管理学生，教学之外负责学生日常训导、操行考察、生活管理、早晚督察等工作。他很受学生喜爱，以致去世半个多世纪后，学生们还专门撰写了题为《缅怀尊敬的周葆燊老师》的文章，在报刊上刊出，以纪念恩师。1926 年，福州海军制造学校并入福州海军学校后，周葆燊依旧执教于此。1930 年 3 月，周葆燊因身体不好，以海军候补员身份半退休在家，此后 20 年未曾补上正缺。但他坚持在海军学校

60 岁的周葆燊

义务为学生补习法文、数学，从不收半分钱。

·坚守气节 宁死不做汉奸

1937 年“七七”事变后，日军对中国海军马尾要港、造船厂和海军学校反复进行轰炸，学校迁入鼓山的涌泉寺，周葆燊吃住在僧人房舍，坚持教书育人，后来日军轰炸日甚一日，福州沦陷在即，福州海军学校从鼓山出发，一路西撤，最后撤到了贵州桐梓县。直到海军学校西撤时，旧疾复发的周葆燊才放下了教鞭。1938 年 1 月 1 日，国民政府海军部将周葆燊转为海军少校候补员。

1941 年 4 月福州沦陷时，周葆燊因病滞留福州。此消息很快被日寇所获，当得知周葆燊长期在海军学校教书，中国海军不少中坚力量皆为他的学生后，认定他若能为日军服务，必能动摇海军官兵抗战意志。日军数次前往大斗彩巷周家，许以重金，利诱周葆燊参加维持会，皆被严词拒绝。当时，福州物价飞涨，周葆燊领的那点候补员薪金，本就买不了几斤大米，又因沦陷，无法领到薪金，家中很快坐吃山空，加上家中又添孙辈，日子十分艰难。周葆燊对家人说：“我们宁可一家饿死，也不能去维持会做一天事。”

日寇见利诱不成，就以死相逼周葆燊就范。有一天，日军派了几十位官兵荷枪实弹窜入周家，再次威逼周葆燊参加维持会，周葆燊誓死不从，凶残的日本兵就要抓周葆燊的两个儿媳妇去做“花姑娘”。好在周葆燊有所防备，听见日本兵皮靴声停在自家门口，赶紧叫两位儿媳妇藏到邻近院子后门的厕所里。当时福州都用旱厕，蓄粪坑就在院子里，若掀开畜粪坑板，极臭。因此，日本兵搜尽全院，独未敢去厕所搜，就用枪刺去捅周葆燊 7 岁的孙女周锦芳，孙女被吓得哇哇大叫“妈妈”，日本兵意识到周葆燊两个儿媳妇还在院子里，开始重新搜索。

周葆燊的两个儿媳妇都出身海军世家，见过大世面，临危不乱，从厕所里一步跨出，三步两步就跑出后门。周家大院后门直通庆城寺，庆城寺里有一座观音堂，周家俩儿媳妇一头钻进了观音堂尼姑的床底下……躲过一劫。

第二天，周葆燊让两位美丽的儿媳妇脸上涂抹上绿菜汁，头发上洒上草木灰，装扮成病入膏肓的丑老太，将两位儿媳妇和孙辈送过闽江，藏在闽侯县上街镇的一个相熟的农户家里。他独自一人回到福州家中，临别时，他对两个儿媳妇说：“你们都安全了，我就没有任何好担心的。如果回家时，看到我死了，只要告诉我两个儿子在前线狠狠打日本仔给我报仇就行了。”

后来，曾担任海军学校校长的李孟斌附逆，以老上峰和老战友的身份，又来劝周葆燊参加维持会，第一次上门就被周葆燊给顶了回去："我这人一不想当官二不想发财三不怕死，反正我不去，要杀要剐随便啦！"

抗战中，周葆燊的凛然气节，深受好评，后来蒋介石还专门为周葆燊已故的太太题写了"懿德昭日"牌匾。1950 年，周葆燊病逝于福州。

周葆燊原配夫人邓正端

· 至诚至孝 为人广受好评

周葆燊为人宽厚。父亲在世时，他每回领了工薪，立即一分不剩地双手捧给父亲，而后再向父亲要几块钱作零花用。他对亲朋生活非常照料。伯父遗孀、大嫂、侄媳，一门三寡，长期由他负责生活费。

福州第一次光复后，周葆燊受聘到黄花岗中学任教，后转到福州市立中学（中华人民共和国成立后改称福州一中，现改称福州三中）任教，终生奋斗在教育战线上，治学严谨、教导有方、爱护学生，深受后人好评。

周葆燊虽生于前清，但思想进步，反对人身买卖。其父在世时，家中曾有一位买来的男仆，父亲一去世，他就给了这位男仆一笔钱，让他回老家做点小生意。周葆燊次子周仲山结婚，娶的是福州名门望族石家千金，石家想购一婢女作陪嫁，周葆燊坚决不允，石家只好作罢。周葆燊对中医中药研究颇深，邻里若有小恙，他皆精心诊断，开出药方，不收分厘。遇有贫者还奉上购药钱。

现在福州市交通职业技术学院里，有一座以周葆燊名字命名的"葆燊楼"，1996 年由其长子周伯焘、长孙周文藻捐资建成；之后，周葆燊在海内外的弟子又捐资扩建数层。

第三代

周葆燊只有两个儿子，两个儿子都是福州海军学校的高才生，抗战中都在前线浴血拼杀，屡立奇功。周葆燊的两个儿子在抗战中的经历惊人地相似：都是福州海军学校航海班优秀毕业生，都是中国名舰军官，都率部血战日寇，都出任抗日布雷队队长，都获抗战勋章。

周伯焘：名舰舰长·布雷队长·海校学监

周伯焘（1912—1987），字桐甫，海军军官、航海家，曾任“宁海”舰航海副，“平海”舰航海员，“逸仙”舰枪炮员，“平海”舰枪炮官，“楚同”舰枪炮官、副舰长，“楚观”舰副舰长，海军游击漂雷队第五队队长，海军学校学监，海军第三布雷总队第五大队大队长，海军第二布雷总队第五大队大队长，海军学校学监兼教官，海军总司令部第四署第二科科长，“天龙”轮二副、大副，“沪胜”轮副船长，“海帆”轮船长，“海山”轮船长，“莎兴”轮船长，“素珊”轮船长，“贝克”轮船长。

·留英归来 名舰制造功臣

周伯焘是周葆燊长子。1929年12月16日，以第一名成绩毕业于福州海军学校第二届航海班，随即登“应瑞”练习舰学习枪炮。1930年10月，入选海军部选派赴英留学名单。1931年2月赴英留学，先后在英国练习舰、炮舰、驱逐舰上受训一年多。1932年8月23日，远在英国留学的周伯焘被授予海军少尉军衔。1933年秋，周伯焘考入英国皇家海军学校深造一年，之后再入通讯、枪炮、鱼雷、航海各专科学校继续攻读。

1935年7月，周伯焘留学期满回国，充海军部候补员，随即被派往上海江南造船所监造“平海”舰。后来，他带着“平海”舰赴日装炮。12月，任“宁海”炮舰二等中尉航海副。带着“平海”舰从日本装炮归来不久，周伯焘出任“平海”舰二等中尉航海员。当时中国最大、最先进、战斗力最强的2艘军舰——“平海”舰、“宁海”舰皆与他有关系。

1936年6月周伯焘升任“逸仙”炮舰一等中尉枪炮员，9月调任海军部候补员并派海军新舰监造室办事。1937年3月，调任“平海”舰中尉枪炮官。

·名舰枪炮官 血战江阴再战武汉

1937年7月7日，“卢沟桥事变”爆发。8月，周伯焘随部参加了著名的江阴海空战，与日机作战直至“平海”舰壮烈殉国为止。此役，他身负重伤，炮弹削去了他身上多片皮肉。养伤未愈，他即溯江西上，请缨杀敌。经过江阴之战，中国军舰已损失大半，他又申请登舰再战，很难找到相对应的职位，要继续参战，只能屈就比原来低的职务，他对海军部领导说：“我不在乎给我的职位比过去低多少，只要能让我继续登舰杀敌即可。”随即，周伯焘出任“永绩”舰枪炮官。之后，又任“楚同”舰枪炮官。

1938年1月1日，周伯焘升任“楚同”舰上尉副舰长，督舰与日寇激战，参加了著名的武汉保卫战，在岳阳、金口诸战中表现英勇。

1939年，周伯焘调任“楚观”舰副舰长，继续率部激战。因为在江阴海空战中负重伤且伤未痊愈即上前线，在连续血战中，周伯焘伤口恶化，海军部让其休假治病，但其坚决不允，再三请战：“国家正被敌人奴役，军人岂有休息之理。”

· 千里赴任 海校学监育才有方

1939年12月，海军游击漂雷队成立，周伯焘调任海军游击漂雷队第五队少校队长。不久，旧伤复发，难以继续在前线与敌作战。1940年，海军部调周伯焘出任已迁至贵州桐梓的海军学校学监，边养伤边当学监，同时还兼任英文、航海多门专业课程教官。周伯焘抱伤辗转赴任。周伯焘当年就是海军学校“学霸”，又留学英国，且多次率舰与敌血战，被海军部认定是最合适的学监。周伯焘督学督训甚严，且事事躬身践行，深受学生敬爱。他的学生林章骐后来曾用八个字形容他：“威而不猛，肃而不杀”。虽然有伤在身，但在完成学监任务的同时，周伯焘主动承担了大量教学任务。他说：“无法上前线杀敌，我恨不得把每一分钟时间、每一丝力气，都用到培养学生上。”

· 布雷大队长 荆江布雷屡炸日舰

在海军学校担任学监一年，周伯焘旧伤基本痊愈，他立即请缨再上前线。

1941年11月，周伯焘任海军第三布雷总队第五大队少校大队长兼第九中队中队长。次年1月，周伯焘出任海军第二布雷总队第五大队大队长。他率部在湖北荆江一带水域布雷。当时第五大队大队部，驻在湖南华容塔市驿，与日军相距仅30余华里。白天，周伯焘派人出去侦察，了解到敌舰行动路线，晚上就在当地百姓配合之下，将水雷运至敌舰必经之处，待敌舰行至此处，雷炸舰飞……周伯焘率部屡炸敌舰，令日军惊恐万分，派重兵围剿布雷队。周伯焘率部与敌周旋，不断转换驻地，坚持布雷炸舰。因布雷有功，多次获奖。

·再调海校 重执教鞭

1942年秋季，因海军学校急需学监与教官，二者皆能的周伯焘，被海军总部紧急调往海军学校，出任学监，兼任教官，一人教授驾驶、罗经、枪炮、英文等课。当时正值抗战最艰苦时期，书本缺乏，周伯焘自写讲义，编著教材，有时还亲自刻蜡版，印制教材，每天工作都在16小时以上，有时甚至是通宵达旦。

周伯焘在海军学校担任学监兼教官三年，对学生要求颇高，除讲授课程及管理操行之外，其他方面，上自国防战斗，下至体制仪式，均有所阐明。当时，海军学校照墙上，大书有"国防第一防线是敌人的海岸线"[①]。他每与学生谈及此事，都深有感触地说："制敌于未发方能保境安民，正如《老子》所谓'夫惟病病，是以不病，圣人不病，以其病病'。"[②]他对政府一向轻视海防，使海军经费不足，以致须向日本购舰，而终于全毁于日本之手，深感愤怒与痛惜。他深知战后重建海军时，必须有一批优秀干部，因此废寝忘食，夜以继日。听他儿子周文藻介绍，父亲深感安慰的是，他带的长平队（航海第十一届）、定远队（轮机第九届）、伏波队（航海第十二届）中均有杰出人才，其中出了不少海军将军。

·反对内战 托弟走老蒋后门退伍

周伯焘在海军界颇有善名。抗战中，在第三布雷总队第五布雷大队大队长任上，常常率部江中布雷，每遇中国人尸浮江中，他都下令捞回埋葬。他对队中官兵说："这些人都是我们兄弟姐妹，应让他们入土为安，这样还能保持江水清洁。"

抗战胜利后，周伯焘调任海军总司令部。1946年7月，周伯焘任海军总司令部第四署电工处第二科代理科长，次年，升一等少校并实任科长。

一心期待着战后重振中国海军的周伯焘，不久就希望破灭。蒋介石发动内战，扶持嫡系海军，从排斥闽系海军到迫害闽系海军，不少闽籍海军精英以"莫须有"罪名下狱。周伯焘心生退意，但当时他是海军界正值壮年的技术精英，屡次辞职皆不被批准。当看到蒋介石要调派海军军舰参加内战后，这位在抗日战场上出生入死在所不惜的军人，只好找门路请病假。当时，他的胞弟周仲山在蒋介石侍从室当海军副官，深得蒋介石与宋美龄喜欢，周伯焘托弟弟向蒋介石请病假，不久获蒋介石亲自准假，周伯焘得以返闽养病。

周伯焘

·国际航运界名船长 屡创纪录

1946年末，周伯焘提前退休，正式离开海军界。1947年，周伯焘转入地方航运界，持有甲种（远洋）船长证书，初任中国航运公司远洋轮“天龙”号二副，后升大副。次年转入复兴航业公司，担任“沪胜”号万吨轮副船长。

周伯焘航海业务精湛，加上为人厚道本分，很得香港船王董浩云赏识。1948年周伯焘在纽约为复兴航业公司修船时，董浩云刚好也在纽约，周伯焘代董浩云作中、英文谢函数十封，无一雷同，被董浩云称作“福州才子”。

周伯焘是中国第一位被外国船务公司租用的中国船长，在此之前，只有中国商船公司租用外籍船长的记录。1951年，周伯焘进入外商里马氏公司，先在“海帆”轮任船长，后连续出任“海山”“莎兴”“素珊”等轮的船长。因为他的出色，使得外商开始赏识华人航海人才，委托周伯焘到香港招聘华人航海精英，其中一家外国航运公司5艘巨轮的船员多为华人。

1957年，周伯焘进入史格拉航运公司，为“贝克”轮船长。当时史格拉公司所辖的所有轮船中，只有周伯焘一位华人，正是因为他的聪明能干，开史格拉公司更多使用华人之风，后来公司的七八艘货轮均开始使用华人，在此公司服务的华人多达300多位。周伯焘一直到1976年才退休离开史格拉公司，他离去后，这家公司至今还在使用华人。周伯焘曾说过：“我担任国际航运公司的船长27年，我虽没有做到扬国威于绝域，但使世界各国人士得华人航海技能，能改变他们对华人的歧视，我也感觉到欣慰。”③

1981年，周伯焘回到阔别多年的祖国。令他没想到的是，作为抗日志士，他在北京受到人民海军总部的热烈欢迎。回到福州，省、市领导也像欢迎英雄凯旋一样款待了他。海军世家出身的他，念念不忘哺育他家四代男儿的船政学堂。此次返乡，周伯焘向当时的中共福建省委书记项南建议：“复办船政精英创立的马尾商船学校。”他的建议被福建省政府采纳，马尾船政学堂的血脉得以延续。

1987 年 11 月 27 日，周伯焘病逝于美国加利福尼亚州。

周仲山 ：“中山”舰英雄 · 布雷队奇兵 · 蒋介石副官

周仲山（1914—？），字宗甫，海军军官，曾任“应瑞”舰航海副、“中山”舰枪炮官、海军布雷别动队副队长、海军布雷队第四分队分队长、海军浔鄂区（洞庭湖）布雷游击队第三队队长、海军第一布雷总队第四中队中队长、青岛中央海军训练团联络参谋、蒋介石侍从室海军副官、驻美使馆海军武官、美国依沙伯兰孙轮船公司船务处设计师。

· 闽省围棋高手 留学英伦

周仲山是周葆桑次子。笔者访问周仲山次子周文恭时，其介绍说 ：“我父亲很迟才开口说话，一直言语不清，只有祖父祖母才能听清他说了什么。5 岁时，我祖母去世，只剩祖父能解其意。因此每天要等到祖父下班回家后，才开始与祖父对话。”这可能养成了他沉默寡言的习惯。周仲山 11 岁时考入也设在马尾的福州海军艺术学校学习，专攻军舰维修与制造，3 年后转入福州海军学校第四届航海班，1934 年 5 月毕业。

周文恭介绍说 ：“我父亲对体育活动特别感兴趣，读海军学校时多次在游泳等体育比赛中夺冠，平时喜欢下棋，围棋、象棋都下得很好。”当时福州围棋高手邵叔焕，曾多次与周仲山博弈，对周仲山棋艺给以极高赞赏。

周仲山从海军学校毕业后，被派往“宁海”“应瑞”各舰见习，曾任“应瑞”舰航海副。1935 年被海军部派往英国留学。

· 中断学业 回国浴血抗战

1937 年 7 月 7 日，全面抗战爆发。此时，周仲山正在英国皇家海军学校留学，他多次给海军部拍电报，希望回国参战。同年岁末，周仲山踏上回国杀敌之路。临近祖国时，上海、南京已陷落，客船只能停靠香港。周仲山和在英美留学的中国军人一起，先到香港，然后转入广州。同行者皆先从广州辗转回家省亲，然后再到老家附近的海军单位报到，唯周仲山从香港一到广州，即向广州海军司令部报到。他对广州海军司令部接待人员说："能早一分钟上前线杀敌，是我最大的心愿。"周仲山立即被分至一代名舰——"中山"舰任上尉枪炮官。

1938年10月24日，在"中山"舰舰长萨师俊的率领下，周仲山参加了著名的武汉保卫战，一直战斗至"中山"舰壮烈殉国即将沉没时，才跳离战舰，冒着敌机密集炮火，泅水至岸边。泅水上岸后，周仲山辗转步行找到部队，立即被派往海军布雷队，先任布雷官，后任海军布雷别动队副队长，率布雷兵冒着生命危险，在敌人严密把守的长江布雷。

· 布雷队长 智勇过人屡炸日舰

1939年1月，时任海军布雷别动队中尉副队长的周仲山布雷有功，获华胄荣誉奖章。因有智有勇，同年6月即升任海军布雷队第四分队少校队长。次年4月，出任海军第一布雷总队浔鄂区布雷游击队第三队少校队长。

1941年9月1日，海军浔鄂区（洞庭湖）布雷游击队扩编为海军第一布雷总队，周仲山被任命海军第一布雷总队第四中队少校中队长。周仲山先后率部在长江、湘江、鄂江沦陷区布雷。周仲山还率部参加了湘北会战，与友军携手前后三次共布下1971具水雷封锁湘江，使日舰不敢沿江而上，对湘北会战的胜利做出了突出贡献。

2005年9月，笔者第七次访问了周仲山当年布雷队的布雷官庄家滨，周家二杰都曾当过他的领导，他说："周伯焘是我的老师，周仲山是我的队长。这兄弟俩都非常聪明和勇敢，相比起来，周仲山的点子比哥哥要多，他是一个智勇双全的人，日寇一次又一次想捉他，想灭了布雷队。他大智大勇，敢独闯日寇重兵驻扎的县城侦察，连续炸舰。"笔者还访问了不少周仲山麾下的布雷队官兵，他们说起了不少周仲山在布雷队里的传奇故事——

周仲山

战时水雷是在湖南辰溪所造，要运往沦陷区难度较大，周仲山希望每一颗水雷都能发挥作用。于是，他决心自己化装潜入敌人重兵占领的县城侦察。当时，日寇对海军抗日布雷队恨之入骨，正在四处捕杀布雷队官兵，这时潜入县城，无异于自入虎口，战友们提醒周仲山要慎重，周仲山笑着说："不入虎穴，焉得虎子，我做好了死的准备，还怕什么？"

于是，周仲山化装成相士，潜入县城，在城关闹市区摆了个占卜算命台，上挂一大布条"善观气色"，利用为人看相的机会，搜集敌舰行驶路线情报。他还叫一些队员化装成小买卖人进城，他将得到情报和自己根据情报拟定的作战部署，告诉装作前来"占卜"的队员，让他们提前回队做准备。

暮色之中，周仲山收起占卜台，潜出城门，赶到布雷队所在地做战前准备。

夜深人静之时，周仲山率队员闯过敌人一道道封锁线，潜赴江边布雷，黎明前敌舰行至此，雷爆敌舰横飞。周仲山屡炸敌舰，令日军恼羞成怒，发誓欲以铲灭，他们派出重兵一次又一次包围布雷队所在地，但是足智多谋的周仲山总是能化险为夷，率众成功脱险。这令日寇气急败坏，派出大量侦察人员在汉奸的配合下，四处侦察海军布雷队所在地。

一日，日军突获密报，得知周仲山所率布雷队的住址，派重兵突袭，敌众我寡，周仲山率部转入附近桃花山，敌军则增兵包围，誓言荡平桃花山。

危急之时，聪明的周仲山使出"疑兵计"，让队员到处点火，做炊烟状。敌兵见状，不知有多少抗日游击队员在山中，不敢贸然上山进攻，就改用封山术，将桃花山包围得水泄不通，任何人不能进入，想把抗日队伍活活饿死。周仲山带着战友们在山中搭竹棚住，靠吃野菜、竹笋度日，坚持了数月。当时已是隆冬，大雪封山，日寇见山中已不飘炊烟，以为布雷队队员们都冻死了，又上不了山，就撤退了。哪知，这又是周仲山见机所用的"疑兵计"，他让战士们咬起牙关，不烧火取暖，生吃野菜，制造山中已无生存者的假象。敌人撤走后，周仲山率队转往安全地区，继续布雷炸舰。当江中又一艘日舰在轰鸣中粉身碎骨后，日军方知山中布雷队队员都活着，直叹："这些中国人是钢打的。"

抗战后期，周仲山被调往浙江桐庐一带布雷，阻截日军往太平洋战争增兵。

·任蒋介石侍从官 深获信任

抗战胜利后，周仲山先被派往青岛中央海军训练团任少校联络参谋，第二年被调往蒋介石侍从室担任海军副官。

周仲山为人机警又话语不多，蒋介石夫妇极为喜欢这位南方小伙子，周仲山与宋美龄的关系特别好。有一次，周仲山奉命到青岛监运一批公产，临走时蒋介石交代:“山东胶东苹果好，夫人爱吃，你回来时带一筐来。”没想到归来时，飞机装满了公家的东西，塞不下一筐苹果。周仲山既不好撤下公物装苹果，又不能不执行蒋介石的命令，灵机一动，将自己身上的挎包拿下，掏出里面的牙杯牙刷牙膏扔了，用这挎包装了十几个苹果回来。蒋介石夫妇知道过程后非常高兴，连声夸:“这真是一个聪明的孩子。”有一回，蒋介石设宴请陆军将领餐叙，其他的人都到了，唯陈诚未到，问后得知是正在前线商量军事要事，宋美龄立即说:“不能让位置空了，这位置让周副官来坐吧。”蒋介石亲自招呼周仲山坐下。

· 宋美龄之助 任驻美武官

当时海军官兵对蒋介石发动内战非常反感，许多海军青年精英将到驻外使馆当海军武官作为最佳岗位，为的是眼不见为净，不要看见中国人打中国人。而到中国驻美使馆当海军武官，更是最热门的位置。周仲山正是通过宋美龄的帮忙，活动到了出任驻美海军武官这一美差。

1949年元旦，周仲山离沪赴美履新。他离开蒋介石侍从室时，蒋介石将自己的照片送给周仲山留念，并在照片的后面题字“仲山弟留存，蒋中正赠”。

周仲山走后不久，祖国大陆大江南北相继解放。周仲山在美国获知赴中国台湾的闽籍海军军官不少下狱，有的甚至莫名其妙失踪了，而年轻进步的军官有不少已被国民党政府枪毙，周仲山极为气愤，去意已定，开始为去官留美做准备。这位聪明人利用在驻美使馆任海军武官的便利，考入美国马里兰大学，在职攻读商业硕士学位。

周仲山业务精通，又深得宋庆龄喜欢，所以连任两届驻美海军武官。

在两任驻美使馆工作任期满后，周仲山没有再回台湾，含泪与自己心爱的海军事业挥手告别，进入美国依沙伯兰孙轮船公司财务处工作。不久，公司得知周仲山有航海背景，就将其调往船务处专门设计集装箱，他设计的集装箱及制定的集装箱船运相关规定，沿用至今。当今世界集装箱运输业，周仲山仍有名气，可以说其为推动这个产业发展立有功勋。

第四代

大斗彩巷周家第四代船政人，有船政工匠、舰上轮机兵，但周葆燊嫡系后裔中的船政人以商船船员为多，最著名的是他的嫡孙周文藻。

周文藻：航海大家 名扬世界

周文藻（1929— ），航海家，曾任“贝克”轮大副、船长，“金凤”轮船长，“西方勇士”轮船长，“大西洋”轮船长。

周文藻是周伯焘的长子，是周家船政的第四代传人。

世界级名船长周文藻

在抗日烽火中周文藻走上船政之路。1944年初，周文藻考入福建省立林森高级商船职业学校第一届三年制航海班。当时，校方为躲避日寇炮火，把学校从马尾迁至闽北大山深处的小镇——顺昌县高滩，学校的教室、礼堂、餐厅，全部都设在当地的祠堂和神庙里，航海专业多由因年龄较大、从抗日前线撤下来的海军军官讲授。抗战胜利后学校才移回马尾。周文藻毕业后，到青岛长记轮船公司“亨春”轮实习。

1948年夏，周文藻考得三副证书，到中国航运信托公司工作，开始了自己远洋航海生涯。1949年，任“天平”轮三副。1950年，任复兴航业公司“沪胜”轮三副。1952年，转入外商里马氏公司任“海山”轮二副，1954年任大副。1957年，转入美国史格拉船务公司任“贝克”轮大副。1959年，考得英国远洋船长证书，开始在国际远洋业声名鹊起。1960年接任“贝克”轮船长。1978年又考得美国船长证书，并迅速成为美国远洋船长中的佼佼者。

1980年，周文藻担任美国40万吨大型油轮“大西洋”号船长。46万吨级的“大西洋”号，是美国最大的船只。1996年，他写了一篇题为《航行海洋半世纪》的回忆录寄回家乡，他在文中写到自己担任世界上最大轮船船长的体会——

我能管带此船，感到荣幸，因为它是美国最大船只，每到一港口，都受到人们的重视，尤其是当他们知道船长是华裔，对中国船员也起了崇敬心……

带这样一艘庞然大物，有好多不同的现象，例如开了车五分钟，船还未动，停了车十分钟，船还一直向前冲。依船厂的资料，如果满载全速航行，在无风无浪的状况下，若停了车，它会向前冲25海里才停下来……海上遇到他船，避碰也是一件麻烦事。有一夜在阿拉伯海，一艘万吨货轮，要从我的前桅灯与后桅灯之间穿过！我用极高周（VHF）无线电话警告他数次，他才明白只有一船在他前方，而非他原来认为的是有两艘船。一夜，在南大西洋，一艘法国船在极高周无线电话中问：“你们是一艘船还是一个岛？”因为在他们的雷达中，“大西洋”号不像是船，而大得像一个岛。④

与父辈的出生入死不同，航海技术同样精湛的周文藻未参加过任何海战。但是，美国海军却惦记上了这位中国海军世家子弟。

1982年，英国与阿根廷发生马尔维纳斯群岛战争。英国出动了好多商船，组成海军辅助队，对运输补给大有帮助。美国见到后，开始研究如何动用商船应对未来可能发生的战事，策划了两年多，才决定先召集一艘商船船员来演习。1985年2月，周文藻刚刚返家度假，就接到公司通知，参加海军演习。周文藻以度假相辞。可过了15分钟，美国船员工会又来电话，请其参加军事演习。周文藻仍以度假相辞，并请工会另派他人。过了三天，船员工会再来电话，说送了三个船长名单去海军，海军挑中的仍是周文藻。于是，周文藻奉命参加了这次大规模的军事演习，出色的航海技术和丰富的航海经验，使他受到了美国海军总部的高度评价。演习结束后，美国海军发来了贺电，美国的航政署还专门给周文藻发来了表扬信。

周文藻前后担任船长30多年，包括担任12.8万吨的美国最大散装货轮“金风”轮和“西方勇士”轮船长等，成为当代世界最著名航海家之一。1984年，获美国加尔维斯顿港荣誉港长称号。1985年，应邀加入欧洲战士协会，获武士大十字勋章、联军十字勋章、欧洲勋章、斯劳克十字勋章、艾森豪威尔将军纪念章。他多次返回已更名为福建交通职业技术学院的母校参观考察，曾为师生讲述航海知识与经验。

周文藻1996年退休，但周家的船政缘并没有因他而终结。周仲山最小一位儿子、周文藻的堂弟周文亮，仍在香港从事航运工作。

家族传奇

周家三代姻亲多出海军名门

第一代 三位千金嫁入海军门

周家第一代海军周肇昌生有三女一子，三位女儿都嫁入海军世家。

大女儿周敬庄（1885—1973），19岁嫁入海军世家——福州石井巷石家。周敬庄丈夫石钟麟（1880—1946），字邃庵，前清秀才，民国后曾任福州邮政局局长多年。二女儿周恭庄（1888—1920），19岁嫁给福州籍海军军官林传钰（1874—1931）。林传钰，字镕，号梅坡，船政后学堂第十五届驾驶班毕业生，长期在多舰担任航海长、副舰长等职，后调到海军岸上部队工作。他们俩的儿子林家希，为福州海军学校毕业生，抗战时是海军布雷队布雷官，官至海军大校。三女儿的芳名，今日周家人已记不清了。生于光绪二十年（1894年），后嫁于海军陶家。出嫁后发现夫君有精神病，不久随夫君一家迁居天津，病逝津门，无子女。

周葆燊夫人吴征卿

周肇昌独子周葆燊在原配夫人早逝后，继娶的夫人吴征卿也出身福州海军世家，吴征卿父亲吴子舟，长期任福建船政局高官，与周肇昌为同事、好友。吴征卿弟弟吴征椿（1900—1941），字幼舟，1925年毕业于烟台海军学校第十七届航海班，历任“湖鹏”炮艇上尉副艇长，“永健”舰上尉航海副、枪炮正。1937年7月全面抗战爆发后，随“永健”炮舰参加对

周葆鋆内弟吴征椿

日作战。后任第二舰队“江犀”炮舰副舰长，海军瓯江布雷队中队长、队长，海军长江中游布雷游击队第六中队第十三分队少校分队长，负责浙江沿海港口的布雷任务。1941 年 4 月 6 日，日军从浙江三江城登陆，围攻绍兴。吴征椿率领布雷队到椒江、瓯江水道及飞云江水道抢布水雷，阻敌前进。当布雷队进至老鼠屿时，敌舰发炮，弹如雨下，吴征椿不惧生死，率部冒着生命危险，圆满完成了布雷任务。返回驻地途中在岩峙与敌遭遇，寡众悬殊，吴征椿不幸被俘，敌人逼他说出海军布雷队在各地的驻处，吴征椿宁死不屈，从容就义。数月后，中国军队收复此地，海军长江中游布雷游击队第十三分队副队长找到了吴征椿的遗体，只见吴征椿胸前有十几个刺刀孔，这位布雷英雄是被日本鬼子一刀一刀刺死的。

第二代　兄弟皆娶海军世家女

林冰若 44 岁时

周肇昌长孙、周葆鋆长子周伯焘，娶了福州闽侯县尚干镇海军世家女林冰若，林冰若（？—1957），字莹玉。其父林其桯在福州船政局服务 40 年。林冰若的三叔也是海军军官。林冰若是福州有名的大美人，少时坚决不缠足，17 岁时考入福州女子职业学校读书。嫁入周家后，每日必抽出时间练字，诵读先秦散文、唐诗宋词，尤喜《左传》。抗战时，周伯焘在前线布雷队当队长，她克服重重困难，赴前线与夫并肩作战，还在前线学会了骑马，且马术甚精。

周肇昌次孙、周葆燊次子周仲山，娶了海军世家石家女儿——石绣璧，石绣璧是周仲山大姑夫的侄女。石绣璧的叔叔石鸣球是福州海军学校教官，其子石美琰是福州海军学校毕业生，抗战时担任海军布雷队布雷官，率领布雷兵在前线布雷炸舰。1947 年，他不满蒋介石发动内战，愤然离开军界，到后来成为香港首任特区行政长官的董建华之父——董浩云的船务公司工作。当时董家的船务公司很小，石美琰的聪明能干，为董家船务公司不断壮大立了功，后来出任董家船务公司的总经理。石美琰还有一功，他热情、仗义，好助人，将不少离开军界的海军学校同学介绍到董家船务公司工作，因此在同学中口碑极好。

第三代 娶了海军总司令家千金

周肇昌曾孙、周仲山次子周文恭，娶了曾任民国海军总司令的杜锡珪外侄曾孙女的女儿廖清映。杜锡珪侄孙女杜秉涵，嫁给了国民政府陆军一位廖姓高官，所生女儿叫廖清映。国民党政府迁赴中国台湾后，廖姓高官也随部撤迁，杜秉涵将家中所有值钱的东西全部卖掉换成金条，利用当时厦门尚未解放，从厦门雇了艘小舢板，一手抱一个儿子上船，一路颠簸先到金门，再到台北，独留女儿廖清映在福州老家。一直到改革开放后，杜秉涵才得以与在福州的女儿团聚。

注释：

①② 2003—2014 年多次访问周伯焘学生林章骐、陈宗孟、李作健笔记。

③④ 2006 年 10 月 8 日、13 日、17 日访问周仲山之子周文恭时，其借阅的复印材料。

李世甲家族

李世甲（1894—1970），原名世英，福建省长乐县（今福州市长乐区）人，海军名将，烟台海军学堂第六届驾驶班毕业生，曾任“通济”舰舰长、海军部总务司司长兼海军江南造船所监造官、海军部总务司司长兼代理常务次长、海军马尾要港司令兼海军陆战队第二独立旅旅长、闽江江防司令部司令兼海军陆战队第二独立旅旅长、海军第二舰队司令、海军台澎要港司令。海军中将。

李世甲世居今福州市长乐区鹤上镇沙京村，这是一个盛产硬汉的村庄。当年日本侵略者占领长乐，派兵进入沙京村抢粮，全村男女老幼拿起锄头、镰刀、扁担与敌血战，吓得侵略者再也不敢踏进村里。这个孕育硬汉的村庄，诞生了一个两代海军的李家。抗战时，李家两代海军官兵在前线与敌拼杀，没有一位退缩。代表人物即李世甲中将。

家族源流

沙京李氏有老子血脉

据《新唐书·宰相世系表》所载，李姓出自嬴姓，皋陶之后，世为大理（掌管刑罚的狱官之长），以官命族为理氏。商朝末期，纣王无道，皋陶后裔理征因直言规劝，惨遭纣王杀害。其妻陈国契和氏携子利贞逃难于伊侯之墟，食木子保全性命，为感谢木子的保命之功及躲避纣王的追缉，又因理、李同音且通用之故，自利贞起改理氏为李氏，故皋陶为李姓血缘始祖，利贞为得姓始祖。

李姓从形成时起，长达几百年默默无闻，直到春秋时期才闻名于世。原因是李耳（约公元前 571 年—公元前 471 年），字伯阳，谥“聃”，一说字聃，世称老子，为周朝守藏室之史，春秋时期思想家、哲学家，道家始祖，著《道德经》，流芳百世。

李耳九世孙李昙生四子：崇、辨、昭、玑。李崇仕秦陇西守，封南郑公，即陇西房始祖；李玑定居赵郡（今河北赵县），为赵郡房始祖。后来陇西房又分为三十九房，赵郡房分为六大房。陇西李氏自此繁衍生息，建功立业，根深叶茂。

祖缘溯至飞将军李广

沙京李氏堂号为“陇西堂”。陇西，泛指陇山以西今甘肃省东部地区。位于陇山以西、渭水河畔的古陇西郡是华夏古老文明的发祥地之一，也是中华李氏的重要发祥地。

陇西李氏是李姓中最显要的一支。秦汉时期设置陇西郡，是李姓的郡望之一。秦代陇西郡最早的郡守是李崇，后人尊他为陇西李氏的始祖。李氏成为陇西郡的名门望族，是由李崇祖孙三代人创基的：李崇的次子李瑶为南郡守，封狄道侯；其孙李信为大将军，封陇西侯。汉朝时，陇西李氏出了两位重要人物：飞将军李广和族弟李蔡。李广之孙李陵战败被俘降于匈奴，使陇西李氏在郡中名望下降。魏晋时期，陇西李氏在乱世中兴起，西凉王李暠是李氏第一位皇帝。到了隋朝，陇西李氏已经是权倾朝野的望族。陇西李氏李渊灭隋，建立唐朝，奉李姓为国姓。在唐朝，陇西李氏的声望超过了赵郡李氏。唐太宗修《氏族志》，将李置于诸士族姓氏之首，更将有功之臣赐姓李，从此陇西李氏由一个血缘系统的宗族，演变成为一个“多元一体”的庞大世族。但沙京李氏确实为陇西李氏，且有李广血脉。沙京李氏，即为顿丘李氏这一支，始祖为李广之孙李忠。

家族有尚武传统

沙京李氏唐末入闽，家族尚武，这与陇西李家传统有关。

陇西一带处于黄土高原腹地，民风强悍，陇西人身体健壮，骑马射箭，挥刀舞剑，习武成风，所以陇西人又逐渐形成济人所困、扶弱锄强文化的性格，具有侠肝义胆民风。附近有座崆峒山是习武学剑的道教名山，武学名人辈出。山中古刹道观里武师众多，各处前来习武者常数以百计。所以自秦汉以来，历代王朝都常在这里选拔武士。也正因此，陇西李氏名将连绵不绝，飞将军李广正是其中代表。

据司马迁《史记》之《李将军列传》记载：李广是将门之后，英雄世家，习武学射是代代相传。其五世祖李信在灭燕国之战中立有大功。李信之孙李仲翔（李广曾祖）曾任西汉王朝的河东太守、征西将军，后来讨叛羌战死，朝廷赠太尉，葬于陇西狄道东川（今甘肃临洮东峪 20 里铺台地）。李仲翔儿子李伯考（李广祖父），奔父丧来到狄道，继任陇西、河东二郡太守，李伯考有一子名尚（李广父亲），后任成纪令（今甘肃秦安北 30 里许，在秦汉之际属陇西郡）。李广有 3 个儿子，分别是李当户、李椒和李敢，都曾为郎官。小儿子李敢作战很勇敢，为校尉时曾夺得匈奴左贤王的旗鼓，被封为关内侯，代其父为郎中令。李广孙子、李当户的遗腹子李陵，也是一代名将，汉武帝曾封他为骑都尉，让他带领五千荆楚勇士和奇才剑客，在酒泉、张掖一带教练骑射，以防匈奴。

沙京李氏能成为海军世家，与家族尚武传统有一定关系。

船政家谱

第一代

沙京李家，第一代出了 4 位船政英才，其中李世甲最为著名，开家族船政门风。

李世甲：海军名将 抗日建功

李世甲（1894—1970），原名世英，海军名将，曾任“通济”舰舰长、海军部总务司司长兼海军江南造船所监造官、海军部总务司司长兼代理常务次长、海军马尾要港司令兼海军陆战队第二独立旅旅长、闽江江防司令部司令兼海军陆战队第二独立旅旅长、海军第二舰队司令、海军台澎要港司令。

·笔店老板 千里送儿习海军

李世甲生于福建省长乐县（今福州市长乐区）鹤上镇沙京村路北自然村。沙京靠海，自古民风剽悍，村民有尚武习勇的传统。抗日战争期间，日寇进村抢劫，血气方刚的村民不甘受辱，以锄头、镰刀、扁担与荷枪实弹的日本鬼子血拼，连老迈妇人都挥着菜刀、锅铲向敌人的头上砍去，惊得日本侵略者鬼哭狼嚎，连说这里的人太可怕了，抱头逃去。再派重兵血洗，全村人毫不畏惧，夺过敌人的枪炮，与敌血战，将侵略者赶出村去。此后，日本侵略者再也不敢踏入沙京村半步。

李世甲 7 岁进入村里族中私塾。当时，日本浪人在福州等地开赌馆、烟馆、妓馆多处，赌徒身陷其中，赌债、烟债均可以赌徒书写之文书、衣服、鞋袜、房屋、田地作抵押，甚至妻子儿女亦作当押。地方官吏怕其凶焰，莫敢吱声，民众虽然极其痛恨，但亦无可奈何。李世甲自幼以岳飞、戚继光自命，每听乡里长辈对日本浪人咬牙切齿痛骂时，他都以臂做挥刀状，对长辈说要砍死日本仔。每每此时，塾师总是循循善诱，以至到了暮年，李世甲还念念不忘塾师教导，他说，当年先生再三告之“作忠臣不难，只要读书有成谋得官爵，方可抑制日寇。否则一介平民，手无缚鸡之权，欲制恶人，终成虚话。岂有不学无术之人，可以成为忠臣乎”。由是，李世甲更加发愤攻读，逾于常儿。

李世甲先辈到福州城区谋生，辗转在福州城内南门兜来魁里开起了笔店。李世甲父亲名叫李复礼，以制笔为业，创出了有名的“生花堂”笔店名牌。李世甲有一弟弟，叫李世申。此时，逢光绪变法图强，兴起新学。在省城开店的李复礼，遂让李世甲进学堂读新学。光绪三十一年（1905 年），11 岁的李世甲进入长乐县城私立自治学堂学习欧洲新学。光绪三十三年（1907 年），李复礼决定带儿子到上海投考烟台海军学堂。谈起这次考试，李世甲后来有一段这样的回忆——

1907 年春天，烟台水师学堂在上海水师提督衙门招生，我父亲带我前往上海投考。报名后，立即进入考场参加考试，主试官是时任水师提督的萨镇冰。考试只考汉文，试题为《孙子兵法》里的“勿恃其不攻，恃吾有所不可攻也”。

我看到题目感到莫名其妙，不知从何作答，由是递交白卷。离开考场，当我走到衙门的门房，中军（笔者注：等于后来民国海军部的副官长）蒋拯（笔者注：长乐屿头人，后任民国海军总司令）追出来问我道："你想到海军学校读书吗？"我答："我特地从福州来此投考，不想何干？"蒋拯再问："考得如何？"我答："递了白卷。"蒋拯又说："明日再来，给你再试，好吗？"我问："果有此事吗？"蒋拯说："明日来吧。"第二天我又到了上海水师提督衙门，看见任光海（笔者注：福州马尾人，后任"楚观"舰舰长）等一些福州人和我一样同在考场外徘徊，等到点名入场，果然有我的份。这一天萨镇冰改以"射人先射马"为试题，我写了一百多字就交卷，过了几天，我就被录取了。①

李世甲以"李世英"之名进入烟台海军学堂驾驶班，当时他的同班同学中有人叫王世英，校方征求两人意见，李世英就主动提出改用谱名"李世甲"。李世甲与弟弟世申、堂弟世庚，均以出生年份取名。在烟台海军学堂第六届驾驶班中，李世甲虽然年纪最小，但考试成绩却屡屡获得第一名。

· 参与辛亥起义 远赴俄国保侨民

李世甲校课毕业后，奉派到"通济"练习舰续读舰课。同年，武昌起义爆发，"通济"舰响应起义，他随舰易帜，参加了光复金陵等战役。

1912 年 1 月，中华民国创立，1913 年在南京江南水师学堂原址成立海军军官学校。李世甲奉派进入海军军官学校学习，专攻海战战略战术等，以补足海军学业 8 年零 4 个月的期限。后来，因为在国外定制的"应瑞""永丰""肇和""永翔""同安""豫章""建康"等舰竣工归国，各舰急需配备人员，李世甲于 1913 年 7 月提前结业，实授海军少尉，派充"海容"舰候补附员。

1915 年春，与同班同学陈宏泰（福州人，曾任国民党海军第一舰队司令，后起义。中华人民共和国成立后曾任人民海军研究会研究员、福建省政协委员）一起赴美国学习，在新伦敦电船制造厂专攻飞机、潜艇制造与驾驶技术。留美期间，正值潜艇兴起，李世甲抓紧课余一分一秒时间钻研潜艇驾驶。星期天除随班到军中教堂做礼拜外，余下时间全部用于研究潜艇水下驾驶技术，寒暑假也从不外出逛街或游览山水。美国同学曾好奇地问："李，你为何一点情趣也没有？难道你就不想去跳跳舞、喝喝酒？"李世甲答："国家支出金元培养我等，我只能全力读书，掌握好最先进的技术，不负国家重托。"②

1916年10月，李世甲回国，任海军第一舰队司令部差遣员，补海军中尉，旋充“海容”舰鱼雷副。1917年春，李世甲升任海军第一舰队中尉副官，在该舰队上海办事处工作，参与接管停泊在扬子江和上海港的德、奥舰和商船，补授海军上尉。随后，任海军总司令部上尉副官。1918年2月，中国派“海容”舰及边防军一个团，由海军代将林建章率领，到海参崴设立海军代将处，李世甲以少校随办委员身份随往。同年10月，协约国干涉军组织参谋团随军西进，李世甲以少校参谋身份随参谋团行动。1919年11月，德国投降，中国海陆军撤回国内，海军代将处以“保护侨民”为由，仍留驻海参崴，李世甲继续担任该处随办委员。

李世甲

·北伐战争立功 掉转炮口打军阀

1920年1月，李世甲奉调回国任海军练习舰队教练官，驻“通济”练习舰。1922年，李世甲在北京政府海军部中校副官任上，回闽调查马尾海军扣留闽督军李厚基事件。事后，留在马尾海军警备司令部任参谋，兼警备队队长。1923年，李世甲升任海军练习舰队司令部中校参谋，参与海军争夺闽厦地盘行动。

1924年3月，李世甲奉命率海军警备队和闽江口要塞官兵，乘“吉云”轮到乌龙江峡兜截击军阀王永泉部队，缴获山炮4门，俘其炮营官兵200余人。是年9月初，苏浙战争爆发，他随练习舰队司令杨树庄率领舰队到上海，击败皖系浙江督军卢永祥。10月，李世甲升任“楚同”舰舰长，驻防福建东山。

1926年10月，国民革命军东路军由广东向福建进军，北洋军阀控制的福建陆军第一师师长张毅率部由漳州向福州节节败退。李世甲率“楚同”舰星夜兼程，开进乌龙江，配合国民革命军将张毅部围歼于福州闽侯南港瓜山。他将“楚同”舰驶至福州万寿桥下，将炮口朝向市内，迫使福宁镇守使兼省防司令李生春投降。这是闽系海军倾向革命的第一次武装行动。

·率舰支持易帜 深获蒋介石青睐

1927年2月，李世甲率“楚同”舰由闽驶沪。3月，参加了吴淞口军事会议，赞成海军正式易帜归附国民革命军。会后，他奉命率“楚同”舰，会同“楚谦”“楚有”两舰，由吴淞口溯江而上，在江西新建县乐化晤见蒋介石，并把蒋介石护送至上海，短短数天，便获得蒋介石的青睐。4月，李世甲调往国民革命军总司令部，任联络参谋，专门为蒋介石联络海军，蒋介石还委他为总司令部参议。5月，李世甲加入国民党。8月，蒋介石下野，李世甲回任“楚同”舰舰长，参加攻打军阀孙传芳的龙潭战役和西征湘军唐生智之役，表现英勇。

1928年2月，李世甲升任“通济”舰舰长，补授海军上校。4月，被选为海军国民党特别党部执行委员。1929年4月，南京国民政府成立海军部，李世甲任海军部总务司少将司长，兼任海军江南造船所监造官。此时，他刚满35岁。1932年1月，李世甲兼代海军部常务次长。在“一·二八”淞沪抗战期间，李世甲奉行蒋介石不抵抗政策，竟与日军司令野村中将同乘一辆汽车参观各处战壕。2月初，海军江南造船所士兵奋起自卫，开枪击毙闯进江防警戒线的日本商船船长福田。日方蛮横要求惩凶、道歉、赔偿，并限24小时内答复。李世甲奉命密晤日本海军武官北岗大佐，委曲求全，满足日方要求，受到当时社会舆论的强烈谴责。

1934年2月，李世甲调任海军马尾要港司令兼福建省政府委员及海军陆战队第二独立旅旅长。任上，李世甲兼任海军大学教育长。海军大学是海军部部长陈绍宽于1933年倡办的，主要任务是培训以舰长为主的海军中、高级军官，初拟开设两门课程，一是海军战术学，二是海战公法。海军部聘请了2名日本人担任教官，一位是讲授海军战略战术的日本海军大佐寺冈，另一位是讲海战公法的日本海军法律顾问、法学博士信夫。时值日本帝国主义对中国步步加紧侵略，全国军民反日情绪高涨，被选送进校培训的舰长以聘请日本教官为由，拒绝入学，此事再次引起舆论抨击，身为教育长的李世甲也受到指责，却受到南京政府的抚慰，于同年9月升补为海军中将。这两件事，成为李世甲人生中最昏暗的一页，也是这位一代名将最不愿回首的往事。

·奋勇抗击日寇 难言之耻得昭雪

李世甲备受社会诟病的这两件事，多少有点当了蒋介石不抵抗主义替罪羊的味道。所以，1936年11月，蒋介石以其“努力国民革命勋绩”[③]，给予表扬并向其颁发“四等云麾勋章”，被海军界认为是补偿。

抗战全面爆发，李世甲心里十分清楚，只有在抗战中奋战至死才能一洗自己难言之耻。抗战全面打响后，时任海军马尾要港司令兼海军陆战队第二独立旅旅长的李世甲，立即着手构筑闽江阻塞线，以阻遏敌舰深入。1939 年 6 月，日军侵占闽江口外的川石岛，与长门要塞相对峙。李世甲加紧在重要航道布雷，增设辅助封锁线，严加戒备。

1941 年 4 月 18 日，日本海陆空军大举进犯福州，日舰以数十倍于我的兵力，在飞机狂轰滥炸的配合下，猛攻长门要塞。李世甲率驻闽海军在马尾、长门地区与敌血战，始终未让日本侵略者从长门登陆。日寇只好转攻他地，之后对长门要塞形成合攻，致长门、马尾相继失守。21 日福州市沦陷，李世甲率部转移至鼓岭地区，被围困两昼夜。突围后，移驻古田水口。是年 5 月，任闽江江防司令部司令兼海军陆战队第二独立旅旅长。7 月 25 日，李世甲获授“甲种一等干城奖章”。9 月 1 日，福州的日军开始撤退，李世甲率队随即收复马尾、长门。

1944 年 9 月，日军再度进犯福州，李世甲率部奋勇抵抗，在长门至岭头之间作战七昼夜，后因大北岭陆军主阵地被攻破，乃奉命撤退，布防于桐口、白沙一带，先后与敌作战数十次。

1945 年 5 月，日本准备撤退，李世甲率海军陆战队第二独立旅与陆军八十师一起，分三路进军福州，接连收复福州城区、马尾、长门。6 月，李世甲调任海军第二舰队司令。8 月，日本无条件投降，李世甲作为接收专员，负责接收厦门和台湾的日伪海军，后出任台湾光复后中国海军第一任台澎要港司令。是年冬，蒋介石裁撤海军总司令部，设立海军处，由军政部部长陈诚兼处长，海军总司令陈绍宽被迫去职。李世甲深感海军处境窘困，同时也对蒋介石发动内战不满，1946 年 5 月辞职离台返榕。不久，转上海休养。

· 辞去海军本职 代行福建省主席

李世甲辞去海军本职后，只挂名福建省政府委员。1948 年，李世甲出任福州粮食配购审核委员会主任、福建省戡乱建国动员委员会委员、福建省经济管制督导委员会秘书长。在福建省主席刘建绪申请辞职去厦门的短期内，李世甲曾代行福建省主席职务。

1949 年 8 月初，李世甲携妻儿到厦门，准备去台湾。后闻海军前辈萨镇冰、陈绍宽等拒绝去台湾，李世甲又于 8 月 15 日返回福州。

福州解放后，李世甲于 1956 年被选为福建省政协委员，担任省政协台湾工作组组员兼秘书，并参加中国国民党革命委员会，撰写了《我在旧海军亲历记》等回忆录。1970 年 4 月 11 日，李世甲在福建省古田县逝世。

李世亨：电务专家 随舰抗日血战

李世亨（？—？），海军军官，曾任“楚泰”舰正电官、电信官，海军总司令部第三区电台电信官。

李世亨是李世甲堂弟。1927 年，李世亨以优异成绩毕业于南京海军无线电学校，是该校第一届毕业生。毕业后，登舰任电务官。1934 年，任“楚泰”舰中尉正电官。后调往他职。

1938 年 1 月 1 日，李世亨升任二等电信佐，复任“楚泰”舰电信官，参加对日作战。6 月，“楚泰”舰被日寇炸伤搁浅，李世亨到海军马尾要港司令部工作，随部参加了闽江口保卫战和两次光复福州之战。

1947 年 5 月，李世亨调海军总司令部无线电台第三区电台，驻守海南三亚，担任电信官。李世亨长期在海军担任电务官，成长为颇有名气的电务专家。

中华人民共和国成立前夕，随舰赴中国台湾。李世亨以海军中校退役。因赴台时妻儿都在福州，在台期间坚决不再娶妻，独自一人生活，在思念留在福州的妻儿中苦挨时日。20 世纪 80 年代末期，台湾当局解禁，允许大陆老兵回乡探亲，李世亨第一批回福州定居，直到病逝。

李世锐：海军上尉 马尾要港军械官

李世锐（？—？），海军军官，曾任“通济”舰枪炮副、海军马尾要港司令部军械课课员。

李世锐是李世甲族弟，青年时期投军，十分敬业。曾在“通济”舰当过枪炮副，后转海军部总务司当课员。1934 年，李世锐任海军马尾要港司令部副官处上尉副官。1936 年，任海军马尾要港司令部军械课课员。后事不详。

李世庚：文才见长 海军军中笔杆子

李世庚（？—？），海军军官，曾任海军第二舰队司书、海军马尾要港司令部秘书。

李世庚是李世甲堂弟，能文工诗，写得一手好文章。在完成高中教育后，凭借李世甲的关系，进入海军第二舰队当司书，后长期担任海军马尾要港司令部秘书。任职期间，参与起草第二舰队和马尾要港司令部的公文。后事不详。

李应梧：老兵出身 军舰轮机军士长

李应梧（？—？），海军军官，曾任“顺胜”艇轮机副军士长、轮机军士长。

李应梧是李世甲族弟，他参加海军，全仰仗李世甲父亲。2010 年 12 月，李世甲长子李作健从上海给笔者来信，专门介绍了李应梧。据他介绍，李应梧生于沙京村路北自然村，幼年父母双亡，生活无着，即来福州投靠李世甲父亲李复礼，在生花堂笔店当学徒。后来，李世甲当了舰长，就让李应梧补了舰上兵员的缺额，当军舰的轮机兵，因为勤学苦练，成长为专业水平较高的轮机兵。

1933 年，李应梧以一等准尉衔任“顺胜”炮艇轮机副军士长。1937 年全面抗战爆发后，李应梧随舰对日作战。在战舰受伤之后，为构筑阻塞线抵挡日军而自沉。在这之后，他和战友们一起拆下舰炮，开展炮台战，表现英勇。

抗战胜利后，李应梧以轮机准尉军士长退役，居于福州。卒年不详。

李应梧的弟弟李应荃，小名依荃，见哥哥在生花堂笔店解决了温饱问题，也从沙京老家来福州投靠李复礼，在生花堂笔店当学徒。也是在李世甲当舰长时，让李应荃补了舰上兵员的缺额，到舰上当了水兵。据李作健在给笔者的信中说，李应荃在他幼年时就病故了。

第二代

沙京李家第二代船政人，以水兵居多，最有名是李世甲长子李作健、李世甲侄儿李国华。

李作健：国民党舰长 红色潜伏者

李作健（1919—2011），又名一民、益民，字也民，曾改名陈益民，海军军官，曾任“中海”舰枪炮官、“中海”舰副舰长、海军第二炮艇队代理副队长、“太和”舰副舰长；中华人民共和国成立后曾任浙江省轮船公司总船长。

·国民党舰长成了中共上海局功臣

李作健是李世甲长子，1936年3月考入位于福州的海军学校第九届航海班。抗战中福州惨遭日机轰炸，李作健随学校辗转迁往贵州桐梓县。在随校千里大迁徙途中，李作健曾与父亲不期而遇，分手时父亲送给儿子一句话：“国难当头，军人没有私利。”

青年李作健

1941年6月16日，李作健以优异成绩结束堂课。10天后奉派到重庆巴南的木洞镇学习枪炮。同年11月，从海军学校毕业。当时，他完全可以通过父亲的关系分配到重庆海军部工作，但他在父亲的支持下毅然前往海军布雷队报到。在每分钟都有牺牲危险的布雷前线，李作健冒着生命危险，在九江段江面布雷，与战友合作炸掉敌舰多艘，屡立战功。

抗战胜利后，李作健先任“长治”舰枪炮官，又调“中海”坦克登陆舰当枪炮官，不久代理副舰长。1946年10月，任“联荣”舰代理中尉副舰长。1947年1月调任海军第二炮艇队中尉代理副队长，2月出任“太和”舰副舰长，同年冬到青岛受训，考得第一名，前去美国接收“太和”舰。1949年1月李作健协助舰长何乃诚督驾“太和”舰回国，4月“太和”舰抵达上海，编入海军海防第一舰队。李作健因督驾之功，被授予“海绩勋章”。

1949年4月，李作健投身革命。当时，他的海军学校同班同学、中共党员何友恪，担任海军总司令部人事署参谋。他俩来往甚密，李作健积极要求进步，表达了强烈为中国共产党事业奋斗的决心。在何友恪的介绍下，李作健加入中共上海局策反委员会，并在中共上海局领导下做情报和策反工作。

·为新中国引回众多海外技术专家

1949年4月25日，李作健与何友恪策动“太和”舰起义失败，李作健为避搜捕潜回老家，后在父亲帮助下，成功避往香港，化名“陈益民”，继续为党工作。不久，他奉命秘密回到广州，策动海军起义。

李作健胆大心细，机智勇敢，成功策反了国民党“联荣”舰和第四艇队起义。在策动“联荣”舰起义后，李作健回到香港奉命继续做情报和策反工作。1950年，他在香港，动员海军学校同学、正在英国皇家海军学院攻读舰艇制造专业的吴本湘回国，参加新中国海军建设。吴本湘后来一直在人民海军装备部工作，成为中国著名的造舰专家，参与研制出多种新式战舰。同年，李作健还动员了海军学校同学、正在英国皇家海军学院攻读舰艇制造专业的林金铨回国。林金铨先在同济大学任教，后任上海交通大学船舶制造系主任。1953年，李作健调赴中共上海联络局工作，后成为中共上海市委调查部一员。其间，动员了海军学校同学、正在海外留学的王绶绾回国，王绶绾后来成为著名天文学家、中国科学院院士。

新中国进入大建设时期，李作健希望回到航海老本行，他转业至上海海运局，后调浙江省航运局，出任浙江省远洋公司总船长。离休前在杭州航运局工作。

李作健夫人林默可是海军军官的女儿，其父林志钰，家住福州三坊七巷中的水流湾。抗战时，林志钰任海军总司令部军械处官员，后转到西南公路局工作。

2011年12月6日，李作健病逝于上海。

李国华：海军陆战队军官 血战日军

李国华（1922—2009），谱名作麻，又名国云，曾任海军陆战队第二独立旅第四团第三营第八连连附、台湾地区海上防务部门第一军区警卫连连长、台湾地区海军陆战队第一旅参谋、台湾地区海军陆战队两栖部队科长、台湾地区海上防务部门第一军区作战科科长、台湾地区海军军官学校行政处处长。

李国华为李世甲侄儿、李作健堂弟。1939年投笔从戎。记者从他外甥女陈子文处，看到他珍藏至生命最后的《在营服役证明书》，从中得知，李国华是在1939年12月1日，来到军事委员会军训部入伍第五团第三营第十一连。1940年4月15日，考入中央陆军军官学校第十七期二十一总队。

在李国华儿子转送笔者的《李国华自传补述》中，有这样的记录：

我于民国30年（1941年）十二月二十九日自中央陆军军官学校毕业后，派陆军三十九师任职，先后驻防浙江省奉化县、嵊县，福建省长乐县。民国31年（1942年）六月间，日军大举进攻浙江金华、江西南城等浙东我三战区地区，日军以飞机大炮封锁，我军奋勇抗敌，利用晚间突围，本师于义乌青云岭与日军遭遇，日军先期到达，我军英勇奋战伤亡较重，但日军伤亡更重，我军退守山地后日军又发动拂晓攻击时，我受伤送福建建阳医院就医。当时参战的沙京乡战友共六人，唯我一人幸存。④

晚年李国华

1943年，伤尚未痊愈的李国华转任海军陆战队第二独立旅第四团第三营第八连中尉连附，驻扎在马尾昭忠祠，次年又驻防琅岐岛，与占领白犬列岛的日军隔江对峙。1944 年 9 月 28 日，日军自白犬列岛、南杆岛向福州进逼，再犯古城。李国华和战友们一起，与登陆日军展开血战。

1945 年 8 月，日本投降后，李国华随海军陆战队跨海来台，接收在台日军，后留在高雄的海军左营军区工作。

1949 年，李国华奉调位于高雄左营的台湾地区海上防务部门第一军区警卫连任连长。之后，历任台湾地区海军陆战队第一旅参谋、海军陆战队两栖部队科长、台湾地区海上防务部门第一军区作战科科长、台湾地区海军军官学校上校行政处处长。1959 年，李国华更名为李国云。1969 年，李国华以海军陆战队上校军衔退役。2009 年 7 月 20 日，李国华病逝于台湾。

家族传奇

李家父子智破敌人魔网

李作健在任“太和”舰副舰长时，参加了中共地下党，成为中共上海局上海策反委员会一员，专门从事情报与策反工作。

不幸的是，国民党很快发现了李作健在为中共地下党服务，就在毛人凤部署要对其采取逮捕措施时，因为李家在海军界有很多老关系，有人将此消息透露给李作健。李作健立即以“请病假”形式撤离，舰长当时还不知情，就准了他的假，他立即跑回福州。

位于福州市鼓楼区鳌峰坊李世甲故居

2003 年夏天，笔者在上海采访

李作健时，听他谈起那段日子——

李作健突回福州，李世甲问："你怎么突然回来？"

李作健说："回来看看你和妈妈。"

老辣的父亲意味深长地笑了笑，说："可能不全是为了看家人吧！"

事情很快得到了印证。

李世甲戎装照

1949年8月6日，福州特务头子王调勋突然给李世甲打了个电话，问："你家有个叫李作健的吗？"李世甲说："有，是我大儿子。"然后接着问，"找他什么事？"王调勋说："桂永清来电，叫他马上到海军部去报到。"这话，让机警的李世甲觉得有些纳闷：海军部要我儿子去海军部报到，为何海军的人不通知，要让一个特务头子来通知？李世甲觉得不妙，立即问："为什么让你来通知？"王调勋电话里迟疑了一下，而后说："电话里说不方便，能否见面详谈？"

王调勋是个极狡猾的特务头子，曾与闽东红军主要缔造者，后任人民解放军第十兵团司令、福州军区司令员、人民海军总司令的叶飞一起，参与创建了闽东红军，但在革命处于低潮时，投敌叛变。

放下电话，李世甲立即驱车找到王调勋。王调勋拿出桂永清的电报给李世甲看，只见上面写着：据查李作健已于1946年加入中共，此次又在上海阴谋叛变，请立即扣押送往台湾。

李世甲当时并不知道自己的长子已开始为中共工作，但他从儿子没提前打招呼就从上海突然归来的迹象看，知道儿子可能已开始为共产党做事。舐犊之情和对蒋介石反动内战的不满，使他迅速对王调勋说："你准备怎么办？"王调

解放军军官李作健

勋素来敬佩李世甲，再加上这个“老狐狸”看国民党大势已去，也开始接近中共福州地下党，想为自己留一条后路。他思考了一会儿，郑重地对李世甲说：“我会晚一天批逮捕令。”临出门，王调勋叮嘱：“一切要做得周全些，毛人凤在福州布了很厚的网。”⑤

李世甲心领神会，说了声“谢谢”就起身回府。一回到家就马上做了安排，他让李作健那位在银行工作的表哥出面去买到香港的机票。第二天，李世甲就通过李家在福州的深厚人脉关系，让李作健顺利躲过登机检查，成功登机飞往香港。此番一别，李作健再也没有见到父亲和母亲。

一到香港，李作健就通过海军学校第五届轮机班校友伍桂荣的介绍，找到了中共驻香港地下组织，住进华侨俱乐部，归中共秘密战线英雄刘朝缙（福建省闽侯县人）领导。不久，接命候船回沪，继续策动海军舰艇起义。9月底，正在候船的李作健，通过关系得知“联荣”舰在广州担任第四巡防艇队指挥舰，而舰长张孟敭正是李作健的同学。同时，又得知第四巡防艇队艇队长柳炳溶也是自己海军学校校友，柳炳溶为国民党新疆省政府主席、新疆警备总司令、西北行政长官公署副长官陶峙岳的女婿，此时陶峙岳已率驻新疆的10万名国民党军官兵通电起义。李作健主动请缨，赴广州策动“联荣”舰和第四巡防艇队起义。

9月27日，李作健以香港某工厂高级职员的身份，乘飞机到了广州，并根据中共党组织的安排，住进了一个掩护关系家里。当日，李作健通过一位朋友约见张、柳二人，并让朋友转告柳炳溶：“你岳父陶峙岳已在新疆起义，因此你不可能再获得海军总司令桂永清信任了，为了前途着想，只有向人民靠拢，才有出路。”但此时桂永清亲赴广州，正在开会布置撤退事宜，柳、张两人无法脱身，都没能赴约。不久，中共上海策反委员会的林诚（先后毕业于福州三一学校、福建医学院，以国民党中校医官的身份，打入国民党空军）、何友恪来到香港。香港中共秘密组织就让李作健继续回到林诚、何友恪的领导下工作。

“联荣”舰是美国赠送给国民党海军的步兵登陆舰，原名“632”号，排水量450吨，广州解放后此舰撤到澳门海面锚泊，准备驶往台湾。

为策动起义，李作健多次赴澳门进行具体联络、策划和指导。到澳门后，李作健通过第四巡防艇队艇队长柳炳溶牵线，找来“联荣”舰上自己过去的老部下、老熟人刘景龙、曲振华、李振华等，亲自帮助拟订起义计划，突击指导他们组织起义。

晚年李作健与他美丽的孙女

1949年10月26日，“联荣”舰在由澳门海面驶向广州途中，宣布起义。随同“联荣”舰起义的还有第四巡防艇队的“25”号炮艇，“联荣”舰起义后改名“勇敢”号，加入解放海南岛的行列，为海南岛解放立下战功。

注释：

① 刘琳，史玄之 . 福州海军世家[M]. 福州：海风出版社，2003：129.

② 刘琳 . 中国长乐海军世家[M]. 福州：海潮摄影出版社，2009：144.

③ 刘琳 . 中国长乐海军世家[M]. 福州：海潮摄影出版社，2009：146.

④ 李国华之子通过微信发来的《李国华自传补述》。

⑤ 刘琳，史玄之 . 福州海军世家[M]. 福州：海风出版社，2003：131-132.

沈彝懋家族

沈彝懋（1896—1949），海军军官，福建省侯官县（今福州市鼓楼区）人，烟台海军学堂第六届驾驶班毕业生，曾任“湖隼”艇副艇长、艇长，海军练营代理副营长，“美原”舰舰长，“英豪”舰舰长，“昆仑”舰舰长。解放战争末期，在中国共产党的领导下，参与策划、组织“昆仑”舰起义，起义失败后被捕，在中国台湾壮烈牺牲。中华人民共和国民政部授之“革命烈士”称号。

沈彝懋家族世居福州市鼓楼区灵响路，属福州“杨桥沈”，亦称“漆艺沈”，家族三代海军，代表人物除为中国人民解放事业英勇献身的沈彝懋及儿子沈勋、沈白3位烈士外，还有海军出身的中国空军名将沈德燮将军。

家族源流

“杨桥沈”为周文王第十子之后

福州杨桥沈氏人家，属周文王之后。据《新唐书·宰相世系表》《元和姓纂》记载，沈本是上古国名，最早是夏禹子孙的封国。西周初年，武王死后，年幼的成王继位，周公旦摄政，但三监不服，武庚勾结三监联合东夷反叛，但终为周公所平定。周文王的第十个儿子季载，即聃季载，或作“冉季载”，因平叛三监之乱有功，周公把其举为周天子的司空，后成王又将这位叔叔封于沈，沈国故地在今河南省平舆县境。周简王三年（公元前583年），沈国被晋国灭掉，沈国国君的儿子沈逞逃到楚国，就以国名沈作为姓。汉初，沈逞曾孙沈保，封竹邑侯。竹邑侯之子沈遵，汉代为齐王太傅，后来迁徙定居在九江寿春，即今天安徽寿县。东汉初年，竹邑侯之后沈戎，任九江从事，因说降“巨贼”尹良有功，被光武帝封为海昏侯，其坚决不受，举家迁往会稽乌程吴兴，即今天的浙江湖州市。沈戎后代在江南繁衍发展，遂成望族。也因此沈姓后人多以“吴兴”为堂号，以便认祖归宗。

“杨桥沈”来历与流播

灵响沈家属福州的“杨桥沈”，宫巷沈葆桢家族属“武林沈”，两家祖上一样，都是清初从浙江绍兴迁入福州的。乾隆年间（1736—1795），杨桥沈氏子弟沈绍安成为福州脱胎漆器的创始人，“漆艺沈”渐渐名扬海内外。

沈绍安独子沈初朱，在继承父业后，根据当时福州辟为五口通商口岸的情况，模仿西方器物造型，生产烟具、咖啡具、茶具、花瓶等新品种脱胎漆器，并改一次烧灰磨为二次，增强了脱胎漆器的坚固性，打开了通往欧美的销路。

沈绍安孙子沈作霖生有六子，除将技艺全面传授长子沈允中外，也传授次子沈允济、三子沈允钦、四子沈允华，一人一技，各有专长。

沈绍安曾孙沈允中继续创新，除制售脱胎漆器外，还专心研究和搜集各种木材，在坯胎上下功夫，分别应用楠木、紫心木、山榉木等制作细木坯和车旋坯，并聘请刻工制作木刻制品。他的 3 个弟弟也各有所长。

沈绍安玄孙沈正镐、沈正恂、沈正恺、沈正愉、沈正僖各立门户，相继开店。他们兄弟各自网罗名工巧匠，分任泥塑、木坯、锯花、雕刻、漆画等专项工序。集众人之长，使沈绍安的漆器有了飞跃发展。

灵响路沈彝懋是沈绍安胞弟沈绍九的后人。

船政家谱

沈家祖上以做漆器闻名远近。但沈彝懋这一支从其上一辈便开始做海军。

漆艺沈家成为船政名门，与首任船政大臣、中国近代海军之父沈葆桢有关。沈绍九（1818—？），字仲经、桐士，咸丰九年（1859年）登进士。他与沈葆桢关系非常好。沈葆桢曾积极推荐沈绍九在同治四年（1865年）至同治五年（1866年）任台湾府学教授。光绪十年（1884年），在沈葆桢建议下，台湾增设台北府。沈绍九再度赴台，担纲第一任台北府学教授。他在台湾工作十年之久，日本强占台湾后，他含泪离台回榕，继续从事教育工作。沈绍九曾作诗《部落曲》："匈奴未灭莫思家，置酒军门树戟牙；各宰羱羊祀天狗，誓驱胡马踏胡沙。"表达了深厚的爱国情怀。沈绍九后升任江西崇仁县知县。沈初九家原在省城小鼓楼兰荷里，后买下鼓楼区道山路道三营（三兰尾）旧灵响路106号三进带花厅的大宅院。

灵响沈家自沈绍九孙辈开始投身海军。

第一代

杨桥沈家第一代船政人以做水兵为多，其中两位是水师学堂科班出身的海军精英。

沈作谋：登多舰护海疆 终身做海军

沈作谋（？—？），海军军官。

沈作谋是沈绍九第四位孙子、沈彝懋四叔，他是灵响路沈家最早当海军的。沈作谋幼承庭学，功课甚好，但受父亲及沈葆桢影响，中断举业，考入天津水师学堂第五届管轮班，学业优良。光绪二十三年（1897年）十月，沈作谋毕业于天津水师学堂第五届管轮班，曾在多舰上供职，后长期供职于海军部。

沈作人：收回黑龙江航权 见证台湾光复

沈作人（？—1951），海军军官，曾任"楚同"舰枪炮副、"江亨"舰秘书、闽厦海军军警备司令部副官、海军马尾要港司令部副官、海军部候补员、海军台澎要港司令部台北办事处参谋。

沈作人是沈绍九第九位孙子、沈彝懋九叔。宣统元年（1909年），毕业于烟台海军学堂第三届驾驶班。毕业后，曾任“楚同”炮舰枪炮副、“江亨”舰舰长秘书。在“江亨”舰服务期间，随“江亨”舰舰长兼北上舰队队长陈季良，远赴北疆，收复黑龙江航权。

依据《瑷珲条约》，黑龙江、乌苏里江、松花江只准中、俄行船，但三江航权早为沙俄独占。光绪三十三年（1907年），中国购置一艘轮船，但只限定在松、黑二江的交叉口同江航行。十月革命后，白俄船主廉价出卖船只，中国商人集资购买经营，成立了42家公司，买了106艘轮船，航行却受到俄国舰队干涉。

1919年7月，中国海军部为保护航权，特设吉黑江防筹备处，并由上海海军总司令公署派出“江亨”“利绥”等4舰赴东北屯防。沈作人作为“江亨”舰舰长陈季良的秘书，于当年7月随舰从上海高昌庙港出发，开向俄国远东要塞尼港，也称庙街。此行的任务就是收回我国的航权。经过多方努力，沈作人和战友们一起出色完成了收回航权任务。他们还拆下舰上的大炮，将大炮和炮弹借给苏联红军，攻打来犯日军。

1920年1月，沈作人获授“六等文虎勋章”。1923年，闽厦海军警备司令部成立。1925年2月，陈季良兼任司令，沈作人任陈季良副官。之后，沈作人长期在海军马尾要港司令部任副官。1938年1月，任海军部候补员。

1941年4月福州沦陷，沈作人因病未随海军马尾要港司令部突围北上，留榕养病。当时日军和汉奸政府到处找他，想让其出任伪职。坚决不当汉奸的沈作人有家不敢回，一会儿隐蔽到仓山，一会儿隐蔽到鼓山脚下。当时女儿

沈作人女儿沈耀庭与女婿王强

沈耀庭的学校迁往永泰山区，沈作人即躲往永泰大山深处女儿学校。笔者多次访问沈耀庭，听她说，当时家里非常艰难，多次被日军抄家，但父亲宁愿饿死也决不当汉奸。沈家的房子，就是在沈作人一家四处躲藏中，被家中一亲戚偷偷卖了。

抗战胜利后，沈作人随李世甲前往台湾接收，任海军台澎要港司令部台北海军办事处参谋。因不满蒋介石发动内战，1948 年沈作人申请退役获准，但因病无法回福州，1951 年孤身一人病逝于台湾。

沈作梅：书生出身 进入海军当文官

沈作梅（？—？），海军军官，曾任“湖鹰”艇书记官、海军部经理处科员。

沈作梅是沈作人堂弟、沈彝懋堂叔，幼读圣贤之书，稍长后，进入新式学校，不但能文，后且会些簿记核算，后进入海军界做文官。沈作梅做事勤勉，年纪尚轻时多在舰艇上掌文案。1916 年，任“湖鹰”艇书记官。年纪稍大后，在海军机关做军需工作。1920 年 3 月 15 日，获授三等军需官。1933 年至 1937 年，任海军部经理处总务科上尉科员。后事不详。

第二代

杨桥沈家第二代船政人中，有军舰上的普通水兵，有海军陆战队士兵，也有海军军官，最突出的当数为建立中华人民共和国而壮烈牺牲的英雄舰长沈彝懋。

沈彝懋：英雄舰长 献身革命

沈彝懋（1896—1949），海军军官，曾任“湖隼”艇副艇长、艇长，海军练营代理副营长，“美原”舰舰长，“英豪”舰舰长，“昆仑”舰舰长。

“昆仑”舰舰长沈彝懋

沈彝懋是沈绍九曾孙，年少丧父，寡母含辛茹苦将之养大，并送其进私塾读书，后再送进新式小学堂就学。宣统三年（1911年），沈彝懋以优异成绩从烟台海军学堂第六届驾驶班毕业。之后，曾进入南京第一届海军雷电班学习新式鱼雷技术，于1916年3月毕业。1917年，沈彝懋任“湖隼”艇副艇长。1919年10月，获“六等文虎勋章”。1922年6月，任“海鸥”炮艇艇长。之后，调任“湖隼”鱼雷艇艇长。

1938年2月1日，沈彝懋以海军（岳州）特务队上尉之衔，派驻海军练营代理副营长。1942年3月，海军接收了美国滞留川江的江河登陆舰“图图伊拉 TUTUILA”，改名“美原”炮舰，沈彝懋出任舰长。

1945年7月1日，沈彝懋任“英豪”炮舰少校舰长。抗战胜利后，“英豪”舰于1945年冬停役，沈彝懋转任“昆仑”运输舰中校舰长。

1949年，沈彝懋因发动“昆仑”舰起义失败，壮烈牺牲。

沈彝懋堂兄弟中有多人当海军，2003年笔者曾访问他最小的堂弟，即海军练营毕业的沈孝湘，他曾在多舰上做过军士长，晚年与女儿一起住在福州市。

第三代

杨桥沈家船政第三代中，既有沈绍安胞弟后人投身海军，也有沈绍安六世孙报考海军学校，这一代既出海军英杰，又出空军将领、飞机设计专家。

沈勋：海校园丁 策动起义

沈勋（？—1949），海军军官，曾任“昆仑”舰书记官、海军士官学校教官。

沈勋

沈彝懋生有5个儿子，除三儿子早夭外，其他4个儿子全部是海军，只不过有的参加了国民党海军，有的参加了新中国人民海军，其中2个儿子为建立中华人民共和国壮烈牺牲。

沈勋为沈彝懋长子，中学毕业后，以优异成绩考入上海交通大学。在校时，不但学业优异，而且积极参加进步学生运动，毕业后在上海当中学教师。

解放战争期间，沈勋投身革命，在上海做学生工作。中国共产党为建立人民海军，在解放战争后期加紧了对国民党海军的策反工作，组织上要求沈勋必须打进国民党海军，他说服父亲同意他到舰上当书记官。刚开始，父亲十分纳闷，儿子在上海当中学教师收入稳定，生活安逸，为何要辞职登舰，父亲坚持不肯。禁不起儿子再三请求，父亲最后让沈勋登舰，并成功运作其出任书记官。在这之后不久，为配合解放台湾，党组织又令沈勋打入已迁至台湾的海军士官学校。在家族关系运作之下，沈勋很快谋得海军士官学校教官一职。赴任前，中共地下党又给沈勋下令，让他安排一位中共党员接替自己在“昆仑”舰上的工作，接替者是沈勋在福州上中学时的老同学陈健藩。陈健藩是马来西亚归侨，在上海读大学期间加入中国共产党，解放战争后期奉命做海军策反工作。

沈勋通过做父亲工作，成功将陈健藩安排到“昆仑”舰上当文书，沈彝懋通过积极运作，很快将陈健藩提拔成中尉书记官。之后，沈勋又根据中共上海地下党的要求，说服父亲将陈健藩腾出的文书岗位留给上海地下党的另一位党员，以便壮大“昆仑”舰上党的力量。在奉命筹备“昆仑”舰起义关键时刻，中共党组织又命令沈勋回“昆仑”舰参与领导起义。沈勋以母病为由，请假回大陆，辗转北上南京，登上“昆仑”舰，与陈健藩一起组织领导起义。

1949年4月，“昆仑”舰起义失败，沈勋与父亲先后被捕，同时被押往台湾，同年11月在高雄左营滨海刑场壮烈牺牲。

沈友鑫：大学毕业　投身海军

沈友鑫（？—？），华东军区海军军官。

沈友鑫是沈彝懋次子，在上海完成中学学业后，考入上海税务专门学校海事班。海事班，主要学习航海技术，学制三年。沈友鑫学习刻苦，成绩甚好。毕业时，本可以选择到工作舒适度和待遇都相对较好的海关工作。但是，当时人民海军刚刚创建，急需航海人才，特别是在得知父亲与哥哥、弟弟牺牲消息后，立志从军报国。他告别繁华的大上海，参加人民海军，成为华东军区海军军官，后长期供职海军。转业后做教育工作。

沈友銮（？—？），沈彝懋五子，中华人民共和国成立后，也继承父亲之志，参加人民海军。

沈白：心向光明　惨遭活埋

沈白（？—1949），海军军官学校学生，中华人民共和国成立前夕牺牲。

沈白是沈彝懋四子，抗日战争时期，考入已迁至贵州桐梓的海军学校，后随校先后迁往重庆和青岛。他在辗转迁徙中坚持学习，成绩优异。

1949年，沈白随校迁往厦门。在厦门时被国民党当局活埋。笔者在采访了沈白居于中国台湾的7位同学后得知，沈白牺牲的主要原因有：父亲与兄长发动“昆仑”舰起义，国民党当局恼羞成怒，将之逮捕；曾往厦门监狱探望表兄，表兄是中共党员且长期在厦门大学做地下工作；海军学校撤至厦门后，沈白与当地的地下党组织取得联系，不慎暴露被捕；平日言谈中表现出对国民党当局不满。沈白堂姑沈耀庭的丈夫王强，曾任国民党中将吴石副官。吴石将军为我党潜伏在国民党内部官阶最高者之一，后在中国台湾壮烈牺牲。王强长期担任福建省黄埔军校同学会会长。笔者访问王强、沈耀庭夫妇时，他们告知沈白当年通过福州乡亲确实与党组织有过联系。

关于沈白牺牲还有一说：笔者在采访曾任台湾地区海上防务部门高官的沈

白同学时得知，沈白是被当局装入麻袋，与大石头绑在一起沉入厦门海中的。

沈德燮：海军出身 空军名将

沈德燮（1896—1983），海军军官，空军名将，曾任保定中央航空教练所教育长、所长，保定航空学校校长，国民军第三军航空司令，海军上海航空处处长兼教官，空军第八队队长，军政部航空署军务处处长兼航空署上海航空工厂厂长，中央航空委员会技术厅厅长、参谋处处长、第一处处长，空军第一（南京）军区司令，空军兰州军区司令，空军兰州军区司令兼中央航空委员会训练总监，中央航空委员会副主任兼中国驻美空军代表，中国航空股份有限公司总经理。

·沈绍安六世孙 烟台海校才子

沈德燮是沈绍安六世孙。脱胎漆器之父沈绍安只生一子名初朱，沈初朱继续单传，仅生一子名作霖。沈作霖生六子，分别是沈允中、沈允济、沈允钦、沈允华、沈允浓、沈允铿。沈德燮是沈允钦孙子。父亲沈正悦，承祖业，为脱胎漆器艺人。母亲林枞是福州著名进士世家濂浦林氏的千金，为明代尚书林瀚后裔。

沈德燮幼年时，父亲早逝，随母亲回到今福州市仓山区林浦村外公家生活，居于石狮里，石狮里为林瀚尚书第。林家世代诗书传家，沈德燮从小受到良好教育，特别是举人出身的舅舅林赞墀亲自课读，为沈德燮打下良好基础。

受福州加入海军风气影响，沈德燮自小志在从军。少年时期北上烟台，考入烟台海军学堂。1913 年夏天，毕业于烟台海军学校第八届驾驶班，在全班 32 名毕业生中，他的成绩位列第九。

·转行学习空军 出任航校校长

1913 年夏天，沈德燮刚从烟台海军学校毕业，就闻知民国政府要在北京南苑创建航空学校，他立即前去报考，成绩优异，顺利录取。同年 9 月，成为中国第一所培养航空人才的学校——北京南苑航空学校学生。在校一如既往，勤学苦练，保持“学霸”风范。毕业时，成绩列同届第二名。1917 年，沈德燮从北京南苑航空学校一毕业，即被保送到英国皇家空军学院深造。

1921年8月，直系军阀曹锟成立直鲁豫航空处。次年，又成立航空教练所，留学归来的沈德燮出任教育长，招生25人进行飞行训练。1923年4月，中央航空教练所改名“保定航空学校”，已升任所长的沈德燮，担任保定航空学校校长。

1924年9月，第二次直奉战争再起，双方投入的兵力达40多万人，参战飞机近100架。参战的直系空军下辖3个航空队，沈德燮任第二航空队队长，协同第一路军总司令彭寿莘作战。参战的奉系空军以张学良任航空总办，下辖3个航空队。两方飞机在榆关附近展开激战，这是我国军阀混战史上飞机参战规模最大的一次战争。10月23日，直系第三路军总司令冯玉祥由热河前线回师北京，发动“北京政变”，囚禁曹锟，致使直奉战争形势急转直下。11月5日，曹锟下停战令，第二次直奉战争至此告终。当时，直系空军部分飞机从前线飞回天津，为冯玉祥部队缴获；部分在昌黎、秦皇岛的飞机被奉军缴获；在保定的航空教练所由国民军第三军孙岳部队接收。

1925年1月，沈德燮任国民军第三军航空司令。12月晋升陆军少将。

· 投身国民革命 致力航空教育

在军阀混战年代，盘踞在长江流域的直系势力如齐燮元、孙传芳等也有他们自己的航空队。1924年，孙传芳接收了齐燮元的航空队，并扩大编制成立航空司令部，下辖两个航空队和7架飞机。1927年初，国民革命军东路总指挥白崇禧攻入上海，收编了孙传芳遗留在上海虹桥机场的飞机，直系军阀的空军组织即告结束。本就对年年混战的北洋军阀极为不满的沈德燮，随即前往上海。

1928年，南京国民政府在上海设立了海军航空处，辖有虹桥机场，编制有飞行教官、学员、机械长等。沈德燮任上校处长兼飞行教官、上海虹桥机场场长。

蒋介石为尽快建立空军学校，命沈德燮等人进行筹备。一番运作之后于1928年10月，中央陆军军官学校正式成立航空队，作为未来空军飞行员主要摇篮。1929年2月18日，从中央陆军军官学校第五、第六期学员中挑选70人组成航空队学员班，编成甲、乙两班，进行一年半的训练。5月又在中央陆军军官学校学员中招收25人。后来，赫赫有名的杭州笕桥空军学校正是由此奠基。1931年4月，中央陆军军官学校航空班迁至杭州笕桥，航空班扩编制为中央航空学校。笔者在访问沈德燮外甥林资治时，听他说沈德燮曾任中央航空学校副校长，当时蒋介石兼任校长。抗战全面爆发后，中央航空学校迁至云南昆明，并于 1938 年正式定名为“空军军官学校”。

·飞行技术精湛 战将抗日立功

沈德燮享有空军抗日名将美誉，这既与他指挥兰州空战有关，也与他在“一·二八”淞沪抗战中下令迎击入侵之敌有关。

1932 年 1 月 28 日，第一次淞沪抗战打响。2 月 5 日，日寇飞机不断飞来俯冲轰炸。为支援陆军作战，时任空军第八队队长的沈德燮，以临时指挥官身份下达作战命令：“我机专任高昌庙、闸北、吴淞一带天空警戒。如敌机至我阵地区域内，即行抵抗。租界及兵舰等处，不令飞往。并视察及散发传单。”接令后，第八队所辖各战机迅速起飞，正面截击逃窜的敌机，英勇无畏，勇敢击敌，击落敌机一架，击伤两架，残余敌机遁去。

1932 年晚些时候，沈德燮任军政部航空署技术厅厅长。1933 年 7 月 17 日，沈德燮任军政部航空署军务处处长兼航空署上海航空工厂厂长。

1934 年，军政部航空署改组为中央航空委员会，主要负责空军建设，由杭州迁到南昌。同年 5 月，沈德燮任中央航空委员会参谋处处长。次年 9 月 4 日，沈德燮与毛邦初等被叙任空军上校。

1936 年春，军事委员会和航空委员会都迁到南京，军事委员会委员长蒋介石兼任航空委员会委员长，宋美龄为航空委员会秘书长，沈德燮任第一处处长。

沈德燮对飞行技术精益求精，在上海时坚持每天日出前空腹飞行半小时，这使得沈德燮一直以飞行技术高超著称。当时，飞机性能差，仪表少，全凭飞行员熟练的驾驶技术作安全保障。因为技术好加上心理素质过硬，在飞机发生故障的危急情况下，沈德燮向来冷静自若，果断采取措施，多次化险为夷，从未发生意外，人称“常胜将军”。为此宋子文曾聘沈德燮负责专机驾驶工作。

沈德燮

1936 年 12 月，“西安事变”发生，南京时局一时陷入混乱，周恩来亲率中共代表团抵达西安，沈德燮驾机护送宋美龄、宋子文等一行从南京飞往西安，为“西安事变”和平解决和国共两党合作抗日做出了努力。

1937 年 1 月 1 日，沈德燮获颁“五等云麾勋章”。同年，国家正式制定空军军旗样式，原直属于陆军总司令部的空军自此成为独立军种。5 月，沈德燮以中国空军代表身份参加孔祥熙为特使的中国代表团，前往英国参加英皇加冕典礼。8 月中旬，又奉蒋介石之命，前往苏联莫斯科洽谈购买飞机事宜。在沈德燮还在国外公干期间，为因应战事，国民政府着眼于指挥高效，设立了空军前敌指挥部，周至柔任总指挥，毛邦初任副总指挥。8 月，又增设第一军区司令部，沈德燮出任司令，统领三个轰炸机大队。完成国外诸项任务后，沈德燮驰回国内。不久，为坚持抗战，国民政府着力经营兰州空军基地，沈德燮奉命西去兰州，出任空军兰州军区司令。任上，指挥了数场对日空战，均获胜利。由于战时兰州成为中国空军重要的训练中心之一，1939 年 1 月，沈德燮兼任航空委员会训练总监。1940 年 5 月，晋升空军少将。

1941 年 3 月 26 日，沈德燮接任航空委员会副主任、驻美空军代表，负责在美培训我空军高级飞行员。1943 年，中、美、英三国政府首脑在埃及首都开罗举行会议，沈德燮作为中国空军代表参加会议。同年 10 月 10 日，晋颁“三等云麾勋章”，获颁“二等空军复兴荣誉勋章”。1944 年 8 月 13 日，沈德燮以抗战之功，获颁“四等宝鼎勋章”。

· 奉命退出军界 转任“中航”高层

1945 年初春，沈德燮奉命离开军界，担任中美合资的中国航空股份有限公司（简称“中航”）第十任总经理。同年 10 月 15 日至 18 日，代表中国航空股份公司，参加国际航空运输协会在蒙特利尔举办的第一届年会。

1946 年 5 月上旬，中国航空股份有限公司机航组华籍职工罢工 3 天，要求调整工资待遇，沈德燮与职工几经谈判方告平息。但其时法币贬值甚速，机航组华籍职工再次与沈德燮谈判，双方意见相左，职工于 5 月 23 日宣布自次日起实行罢工。沈德燮态度强硬，并采取高压措施制止罢工。7 月 2 日罢工虽然结束，但员工心中不服。是年 12 月 25 日，中国航空股份有限公司两架飞机同一天坠毁，引起社会极大关注。次年 5 月，刘敬宜出任中国航空股份有限公司总经理，沈德燮受聘任中国航空股份有限公司高级顾问。

在中国共产党的领导之下，1949 年 11 月 9 日，中国航空股份有限公司与中央航空运输股份有限公司在香港起义，史称“两航起义”。“两航起义”后，当月 15 日台湾地区“交通部”委任沈德燮为“中航”总经理，去香港办理接管“中航”在港资产。

1950 年 3 月，沈德燮退出公职，在港经营珠宝店一年有余。后定居中国台湾。据沈德燮外甥林资治说，20 世纪 60 年代，沈德燮辗转托人带给他在上海的表弟、著名造舰专家林惠平一封信，信中表达了他渴望回大陆与亲人团聚的期待，但咫尺天涯，只能抱憾终身。1983 年 2 月 1 日，沈德燮在中国台湾病逝。

沈德镛：军舰枪炮官 布雷战日军

沈德镛（1908— ？），字筱如，海军军官，曾任“楚有”舰航海副，“宁海”舰枪炮副，“海筹”舰鱼雷副，“永绩”舰枪炮副，“顺胜”艇副艇长，“咸宁”舰枪炮官，海军瓯江布雷队第二分队分队长，海军第二布雷总队第八中队中队长、大队长，军政部海军处课长，海军巡防艇队队长，海军第三基地司令部参谋。

沈德镛为沈绍安六世孙，是沈绍安的曾孙沈允中之孙。沈允中有六子，依次是沈正镐、沈正增、沈正松、沈正恂、沈正恺、沈正愉。沈正愉生三子，沈德镛为次子。1921 年夏，沈德镛考入福州海军制造学校。1924 年，北京政府海军部指令沈德镛等 31 名海军制造学校学习造船的学生，北上进入烟台海军学校，改习航海，列为烟台海军学校第十八届航海班。1928 年 9 月，沈德镛和同学们一起奉命回福州参加毕业考试。他和同学们住在位于马尾的海军学校，复习备课并参加毕业考试，但仍作为烟台海军学校第十八届航海班毕业生。

1930 年 5 月沈德镛接令登“海筹”舰见习，7 月充任“应瑞”舰鱼雷副，11 月改任“应瑞”舰航海副。1932 年，先转任“楚有”舰航海副，8 月调任“宁海”舰二等中尉枪炮副。1933 年，任“海筹”舰鱼雷副。1935 年 5 月，调任“永顺”炮舰枪炮副。1936 年 3 月调任“顺胜”炮艇副艇长，6 月叙为一等中尉。1937 年 7 月，抗战全面爆发，沈德镛参加对日作战。

1938 年 1 月 1 日，沈德镛调任“咸宁”炮舰一等上尉枪炮官，随舰参加武汉保卫战。他与战友们血战侵略者，指挥舰炮、高射机枪与敌机对战。同年7月1日，他在战舰与敌血战受伤即将沉没之时，跳离战舰，泅水上岸。随即，奉命出任海军瓯江布雷队第二分队上尉分队长，率部布雷屡炸敌舰。1940年1月，沈德镛任海军长江中游布雷游击队第四中队第八分队分队长。1941年9月1日，海军第二布雷总队成立，沈德镛充任第八中队上尉中队长，冒着生命危险战斗在布雷前线，布雷击敌。1943年秋，沈德镛任海军第二布雷总队少校大队长，继续战斗在布雷前线，直至日本投降。全面抗战打了八年，沈德镛全部在抗敌最前线。

1945年9月，沈德镛奉命随李世甲由龙溪渡海入厦，参加接收厦门日伪海军装备。随后，沈德镛率领海军布雷队押运回海军马尾要港司令部点收。12月沈德镛调任军政部海军处中校课长。1946年6月，沈德镛调任海军巡防艇队中校队长。1947年4月，沈德镛调任海军第三基地司令部中校参谋。后事不详。

沈德熊：飞机制造专家 民航优秀管理者

沈德熊（？—？），海军军官、飞机制造专家、航运管理者，曾任海军上海航空处课员、海军厦门航空处机械课课员、中央飞机制造厂总检验师、交通部民用航空局上海龙华航站副主任。

沈德熊是沈绍安六世孙，为沈绍安孙子沈作霖之孙。沈作霖次子沈允济生二子，沈德熊是沈允济次子沈正忱的独子。沈德熊少年时期考入福州海军艺术学校，学习造舰。为培养专门的飞机制造与维修人才，北京政府于1918年在福州马尾设立海军飞潜学校，从福州海军艺术学校选拔了部分学生进入海军飞潜学校，沈德熊因品学兼优被选中，分入甲班。沈德熊进入海军飞潜学校后，先进行了三年高中文化学习，之后学习飞机制造技能，由留学欧美的中国第一代飞机研发制造领袖巴玉藻、王助、王孝丰、曾诒经等亲自教授相关学科。1923年春，沈德熊从海军飞潜学校毕业，进入海军马尾飞机制造处工作。同年6月，海军在马尾设立航空教练所，聘请苏联籍飞行师为教官，训练海军飞行人员，沈德熊到航空教练所工作。

1927年10月，国民政府军政部海军署成立海军上海航空处，辖有虹桥机场等，沈德熊堂哥沈德燮任处长，沈德熊到海军上海航空处任课员。

1929 年 6 月，国民政府海军部又筹设海军厦门航空处，兴建水上机场及储机场、修理厂、动力厂、码头等。1933 年 2 月，海军上海航空处与海军厦门航空处合并改编，由上海移驻厦门，直属海军部，负责掌管海军航空飞行训练，监督、指挥所属航空队、航空工厂及航空教育。1935 年，沈德熊调入海军厦门航空处，任机械课少校课员。

1938 年 2 月，海军厦门航空处撤销停办。沈德熊调入中央飞机制造厂任总检验师。随着日寇铁蹄踏破中国更多山河，为保住战时中国飞机制造能力，沈德熊参与将飞机制造厂迁到云南瑞丽雷允一带。后来，雷允地区鼠疫横行，接着又遭日军飞机狂轰滥炸。沈德熊参与将飞机厂迁往印度，在极其艰难的情况下，坚持在生产第一线制造本国战斗机，曾参与为飞虎队组装第一批 99 架 P–40 战斗机，并为飞虎队战机提供日常维护和修理。

抗日战争胜利后，沈德熊参与筹建上海龙华航站。1947 年 1 月，国民政府交通部民航局成立，随即开始上海龙华航站的筹建工作。是年 7 月 1 日，上海龙华航站正式成立，隶属民航局。沈德熊被任命为副主任。沈德熊工作极敬业，他建章立制，对机场内的道路修建、跑道养护、水电安装等制定规章，并组织实施形成规范。任上，沈德熊为龙华机场的上海电信总台、上海航用电信区台、飞航咨询室、上海空中交通管制站、技术人员训练所等的建立做出了重要贡献，工作之余他亲自编写技术人员训练所教材，还曾亲自授课。其间，沈德熊还曾参与组织设立航空警察所，为中国民航业的正规化发展做出重要贡献。

家族传奇

为“昆仑”舰起义牺牲的沈家父子

长子奉命策划“昆仑”舰起义

“昆仑”舰是一艘由美国货轮改装的运输舰。抗战胜利后不久，沈彝懋登此舰任舰长。他的长子沈勋，毕业于上海交通大学，由初中同学陈健藩介绍加入中国共产党，后受党指派，在上海以中学教员的身份从事地下工作。

1948 年 9 月，由于父亲沈彝懋任国民党“昆仑”舰舰长，中共上海局外县工委派沈勋打入“昆仑”舰，在舰上发展党的力量，并为策动起义做准备。为尽快发展“昆仑”舰上的党组织，沈勋奉党之命，在自己打入国民党海军士官学校前，将中共党员陈健藩引荐给父亲，希望当舰长的父亲能在舰上给陈健藩安排个职务。沈彝懋接触陈健藩后，认为他确实是个人才，就把他安排在“昆仑”舰上任上士文书。3 个月后，沈彝懋即通过海军总部的关系，在 1948 年 12 月，把陈健藩提拔成中尉书记官。为壮大“昆仑”舰上革命力量，沈勋通过父亲又安排了一位中共党员登舰。陈健藩腾出的文书一职，由上海中共地下党联络员王保猷（化名李旭）来接替。此后，受中共党组织指派，沈勋驰赴台湾左营，到海军士官学校任教，任务是长期潜伏，配合解放台湾。

1949 年初，淮海战役胜利后，解放军准备渡江解放上海，国民党海军军心不稳，中下级人员各寻出路，中共上海局外县工委先后组织策动“昆仑”“长治”等舰起义北上。春节前夕，“昆仑”舰赴台湾执行任务返回上海。

在此期间，陈健藩争取了舰上军需上士何礼汶等 5 人准备起义。1949 年 3 月下旬，中共上海局策反委员会的王锡珍来找陈健藩。王锡珍是湖北均县（今丹江口市）人，1936 年加入中共，1947 年任中共上海局外地工作委员会和策反工委委员。此时他已参与成功策反了“重庆”舰起义。他对陈健藩和沈勋说：“重庆”舰起义后，国民党监视很严。海军军区把没有任务的军舰都抽干了油，只有“昆仑”号是运输舰，还未被敌人注意，又有自己的同志在上边，所以上级党委决定组织“昆仑”舰立即起义。为此，中共党组织把打进台湾左营海军士官学校任教的沈勋召回“昆仑”舰，协助陈健藩组织“昆仑”舰立即发动起义。

沈勋登舰后，加快策反官兵起义速度，至 1949 年 4 月初已动员了 10 位士兵同意参加起义。4 月初，“昆仑”舰执行装载上海海军机械学校的师生员工 200 多人撤往福州的任务，同时秘密装载了 500 万两黄金运往台湾，还装载了原第一舰队司令陈季良的棺椁，运回福州安葬。因此，起锚之前舰上临时加派了海军总司令桂永清指派的陆战队警卫排约 40 人，随舰南行。

中共上海局外县工委周克给沈勋和陈健藩传来党的最新指示：要求与沈彝懋舰长直接摊牌，讲明自己和他的儿子沈勋都是共产党员，并阐明自己是解放军野战军派来的，目的是争取他参与开展海军工作。

父亲毅然同意“昆仑”舰起义

沈勋与陈健藩找到沈彝懋，两人公开身份，同时表明：眼下有三条路摆在沈彝懋面前，一是死跟蒋介石，与共产党为敌，顽抗到底；二是参加共产党，打倒蒋介石；三是做民主人士，暗地里掩护陈健藩做地下工作，不当叛徒不泄密。沈彝懋当即表态选择走第三条路，但还是同意立即起义。

1949 年 4 月 4 日，“昆仑”舰奉命南下，陈健藩和沈勋决定驶出长江口后即起义北上。起航后，舰长宣布起义，但因开航前除运载上海海军机械学校 200 余名师生外，又上来了荷枪实弹的海军陆战队官兵 40 名，一些同意起义的官兵由于原本思想准备不足，害怕打不过这些带着武器的陆战队队员和众多海军学校学生，产生了动摇，其中一位同意起义的武器管理员躲了起来。加之舰上还有一些福州籍海军军官家眷回家心切，当时沈作人的女儿沈耀庭从南京结婚归来，也在舰上。因此沈彝懋决定先将这批家眷送往马尾港后才返至苏北。快到马尾时，起义行动暴露，情急下，陈健藩跳水逃离，临走前他劝沈彝懋一起走，但沈彝懋觉得福州是老家，好隐蔽，就与儿子一起回到福州。

沈勋军装照

陈健藩上岸后即往永泰乡下跑，与那里的地下党取得了联系，顺利脱险，中华人民共和国成立后一直生活在上海。2001 年至 2003 年期间，笔者采访沈耀庭时，老人说记得当年在舰上见过这个机灵的年轻人，伯伯一直夸这位小伙子，看来很喜欢。1949 年 9 月 19 日，陈健藩又参与成功策反了“长治”舰起义。[①]

吃醋的二太太坏了事 父子被捕

沈家父子一回福州，敌人就四处搜捕。沈勋为保护父亲，主动站出来，说起义是自己一人策划的，与父亲无关。孝顺的儿子以为敌人抓走自己后就会放过他的父亲，但敌人知道，没有舰长首肯，起义很难进行，而且沈舰长还让中共党员在舰上任职，一定与中共有着深厚的关系。于是，仍派出大批人马四处抓沈彝懋。沈家亲戚多，沈彝懋东家藏几天就转到西家躲几天，亲戚们全力保护他。[②]

最后是爱吃醋的二太太坏了事。二太太原是沈夫人娘家亲戚，沈夫人爱打牌，孩子又多，就找来这亲戚管家。没想到这个亲戚看上了沈家气派的大院和做军官的沈彝懋。一次宴客，沈彝懋醉酒，与这位夫人娘家亲戚发生了性关系，只好将其娶回家。二太太特爱吃醋，天天与大太太争风，最后闹得没办法，只好分宅而居。此次她风闻丈夫回来，但见一直没回自己处，就怀疑丈夫又跑到大太太家，气急败坏。狡猾的敌人利用她这一弱点，一个劲儿煽风点火，弄得这女人醋浪滔天，就带着敌人搜遍沈家所有在榕亲戚家，致使丈夫最终落入敌手。[③]

父子三人从容就义

沈彝懋、沈勋父子被押往中国台湾，受尽严刑拷打，1949 年 11 月 16 日在高雄左营海滨刑场同时就义。就义前，沈勋走到父亲跟前跪下，深情地对父亲说：“儿子为理想而死，至死无悔。只是拖累了老父，心中难过。”沈勋对父亲叩了三个响头，父子双双从容就义。

“昆仑”舰起义时，沈彝懋四儿子沈白是（青岛）海军军官学校毕业班学生，随海校撤到厦门，准备再往台湾撤，国民党军警得知沈白父兄就是“昆仑”舰起义领导人时，特别是侦知沈白抵厦后与中共厦门党组织有联系，即在厦门将其活埋。[④]一说被身缚重石沉于厦门海中。

沈家姻亲海军将领多

沈家几代人都有娶海军世家女或嫁给海军世家郎经历，姻亲中有不少海军将领。

沈彝懋的夫人叫邓淑珍，其叔父即海军将军邓家骅。光绪二十年（1894），邓家骅毕业于北洋威海水师学堂第一届驾驶班，曾任“海筹”舰舰长，授少将衔。邓家也是海军世家，出了不少知名海军人员。

邓淑珍的胞弟邓则勋，宣统三年（1911年）五月，与沈彝懋一起毕业于烟台海军学堂第六届驾驶班，曾任海军舰长。在抗战中英勇杀敌，后相继出任海军特务总队副总队长、海军川江要塞第一总台副台长，一直战斗在抗日前线。邓淑珍的另一个弟弟邓则鎏，1926年毕业于福州海军学校轮机班，后一直在海军做轮机工作。

沈作人娶的是汪家女儿，汪家也是海军世家，出过多位海军舰长。沈作人的妻弟汪子臻，长期担任福州海军学校教师。

沈作人的女儿沈耀庭也嫁到了满门海军的王家。沈耀庭公公的哥哥王宜汉，光绪三十一年（1905年）十二月，毕业于船政前学堂第六届制造班，曾任海军军官，后任国民党立法院立法委员，新中国成立后是福建省文史馆馆员。沈耀庭婆婆的舅舅即民国海军上将杜锡珪。

注释：

①②③④ 刘琳，史玄之．福州海军世家［M］．福州：海风出版社，2003：244-246.

曾国晟家族

曾国晟（1899—1979），字拱北，福建省长乐县（今福州市长乐区）人，海军名将，烟台海军学校第十三届驾驶班毕业生，曾任“江鲲”舰舰长，海军新舰监造处处长，海军水雷制造所所长兼布雷游击队第一、第三、第四、第五分队总指挥，海军工厂管理委员会主任兼海军学校水雷训练班主任，海军水雷制造所所长兼海军汉浔区布雷游击队总指挥，海军总司令部第四署署长兼上海日本战后赔偿物资委员会海军组组长，海军总司令部第六署署长；中华人民共和国成立后，曾任华东军区海军修造处处长兼江南造船所所长、华东军区海军后勤部副司令员兼技术部部长、人民海军司令部海军研究委员会委员。海军少将。

曾国晟生长于福州名门望族——九落里曾家，家族世居长乐区古槐镇感恩村，家族三代海军三代将军，是中国近代史上著名的海军世家，代表人物除了曾国晟，还有中国第一位拥有海军少将军衔的翻译家、藏书家曾宗巩，中共烟台党组织创始人之一、海军少将曾万里，学习海军制舰出身、曾任空军总司令部第四署署长曾桐，台湾地区海军舰艇检验室主任曾耀华。

家族源流

曾氏是轩辕黄帝之后

曾氏是轩辕黄帝的后代。

黄帝之子昌意为曾姓之祖，昌意生颛顼，颛顼生鲧，鲧生禹。尧命禹父亲鲧治理水患，而鲧治水 9 年无效。舜继承尧位后仍命鲧治水，结果劳民伤财而没有消除水患，于是便杀鲧于羽山，并命鲧子禹继续治水。禹受命后，为了治理水患，从 20 岁开始，历时 13 年，三过家门而不入，采用疏导的方法，终于消除了水患。因获得重大的历史功绩，舜让禹继位成为部落联盟首领。后世尊称为大禹。禹继承舜位后，制定了刑法并严格惩罚违令者，因而势力日益强大。时过多年后他因年老力衰，按当时禅让制应让东夷部落联盟首领皋陶的儿子伯益担任继位人，因皋陶父子都帮助禹治水。但禹死后，众多部落联盟的首领反对伯益而归顺禹的儿子——启。启联合各部落首领的势力，杀掉伯益而建立了我国历史上第一个奴隶制国家——夏朝。其建都于阳城，即今河南登封县的东南部。启生仲康，仲康生帝相，帝相生少康，少康封其次子曲烈为甑子爵，在甑（一作鄫，在今山东临沂市兰陵县向城镇）建立鄫国，为鄫国之始。古以封地为姓，曲烈便从此姓鄫。少康的这一房子孙所建的鄫国历经夏、商、周三代，大约相袭了近 2000 年，一直到春秋时代，即公元前 567 年才被莒国所灭。这时候，怀着亡国之痛的太子巫出奔到邻近的鲁国，并在鲁国做了官。其后代用原国名“鄫”为氏，后去邑旁，表示离开故城，称曾氏，此为曾氏得姓之始。后人尊曾国太子巫为曾氏第一世祖。从曲烈至太子巫改为曾姓经历五十四代，太子巫玄孙即曾参。

感恩村曾氏是曾子裔孙

曾参即曾子（公元前 505 年—公元前 435 年），字子舆，鲁国南武城人。16 岁拜孔子为师，一生积极实践和推行以仁孝为核心的儒家主张。他的修齐治平的政治观，省身、慎独的修养观，以孝为本的孝道观影响中国两千多年，至今仍具有极其宝贵的社会意义和实用价值。曾子编《论语》，著《大学》，写《孝经》，传《曾子十篇》，是配享孔庙的四配之一。曾子是儒家正统思想的正宗传人，他把孔子的思想和学问授给弟子，又将孔子的言行整理成《论语》，上承孔子之道，下开思孟学派，对孔子的思想一以贯之。曾子在儒学发展史乃至中华文化史上均占有重要的地位。周考王六年（公元前435年），曾子辞世，终年70岁。曾姓后裔把曾参作为自己的开派祖。感恩村曾氏即曾子之后。

西汉末年王莽之乱，山东曾氏后人曾据率家人自山东南迁庐陵之吉阳（今吉安之吉水），江西之有曾姓自此始。据传，曾据生曾阐和曾玚二子。曾阐的五世孙曾丞（沯），官至唐朝的司空兼尚书令，生有三子，即曾珪、曾旧、曾略。曾珪居江西吉阳，曾旧居江西乐安，其第三子曾略任抚州节度使，因此迁居于抚州，成为抚州之祖。曾略玄孙曾洪立兄弟再由南城甘山迁居于南丰。因此，曾巩抚州之祖，经历了从临川西城到南城甘山，再到南丰的迁居过程。

感恩村曾家为曾巩后人

福州曾氏主要有“南丰曾”与“鸮里曾”两大支，曾国晟家族属“南丰曾”。

“南丰曾”是唐宋古文八大家之一曾巩的后人，入闽始祖即是曾巩。曾巩（1019—1083），字子固，江西南丰人，散文成就卓越，被列为“唐宋八大家”之一。熙宁十年（1077年），曾巩调任福州知州，兼福建兵马钤辖。他到任的前一年，福建人民因不堪沉重的赋税和徭役，起来暴动。曾巩到任后，采取一系列缓和阶级矛盾的措施，使混乱局面很快地平定下来。他还扭转社会上的贪污风气，惩办企图逃脱的奸官和不法僧侣，废除了太守与民争利的相关规制，因而得到人民好评。后人在福州乌石山西麓建立了南丰祠，纪念他的政绩。

曾国晟即曾巩后人。他祖上这一支在元代搬至长乐，以耕读传家。

但《福州姓氏志》的记载与感恩曾家族谱及福州众多史籍的记载有所不同：

唐大中年间（847—859），光州刺史曾高从固始县经江西南丰入闽，生三子：长子曾李谦、次子曾李信分别迁泉州和漳州，三子曾李言留居福州，唐咸通年间（860—873）授宣义郎、翰林院医官。传八世至曾李复迁长乐感恩村，生二子，长子曾李寅留居感恩村，今传三十三世。①

关于九落里的美妙传说

种田为生的曾家为何能盖起当地赫赫有名的九间排三进大宅院“九落里”？曾国晟定居在安徽省阜阳市的二儿子曾兆瑞，在接受笔者访问时介绍了关于“九落里”的传说：

曾国晟一位叫曾承仁的先祖，在长乐感恩村种地之余，还开了个小饭店。有一天，一对赶着一头母猪的男女，路过此地就进店用餐。好心的曾家人不但端出好酒好菜给这对夫妻吃喝，还给猪喂了食。饭毕，这对男女要离店，可母猪死活都不肯再跟着这对男女走，曾承仁只好掏钱买下了这头母猪。后来，这头母猪生了许多小猪。有一天，母猪带着小猪崽们外出刨食。天黑了，小猪回来，但母猪没回家。曾承仁由小猪带路，在山间找到了母猪。母猪见曾承仁来，就用嘴和四个蹄子死命刨地……不一会儿就刨出了一个坑，坑里有个坛子，装的全是金元宝。曾家人就用这一坛子金元宝盖起了气势宏伟的“九落里”。[②]

感恩村九落里曾承仁大宅

第一代

感恩曾家第一代船政人，出自曾国晟父亲辈。曾父兄弟五人及两位堂兄都进了海军学堂，他们在清末民初海军界各领风骚。

曾光时：轮机专家 九落里首位海军

曾光时（1860—1924），原名齐刘，字伯津，海军军官，曾任海军部总务厅副官科科长。

曾光时是九落里曾家第一位海军，为曾国晟伯父。他又入私塾，后为邑庠生。光绪八年（1882 年），曾光时以优异成绩毕业于船政后学堂第二届管轮班。光绪九年（1883 年）初，以轮机见习生派“扬武”舰见习。后曾任福建船政轮船水师二管轮、大管轮和北洋海军二管轮、大管轮等职。

1913 年 1 月，曾光时被授予海军轮机少校衔。1915 年 1 月，调任北京政府海军部总务厅副官科中校科长。1922 年，改行做盐务工作。1924 年，病逝。蔡元培为其亲撰墓碑，现墓碑完好保留在感恩村内。著有《霖苍山馆诗存》五卷。

曾光世：轮机专家 海军制造学校育人才

曾光世（？—？），字仲周，海军军官，曾任福州海军制造学校佐理官。

曾光世为九落里曾家第二位海军，曾光时胞弟，行二，曾国晟父亲。与大哥曾光时一样，也是少小考入船政后学堂，为第五届管轮班学生，专攻军舰轮机。曾光世学习刻苦，而且动手能力很强，对轮机的许多机械故障，他往往是看两眼，俯下身子听听，就能知道机器的毛病出在哪里。曾光世从船政后学堂第五届管轮班毕业后，长期在海军做轮机工作，成为出色的海军轮机专家。

1917年9月，曾光世任福州海军制造学校佐理官，一等造舰官。后事不详。

曾宗巩：军中文豪 烟台海校少将校长

曾宗巩（1866—1940），原名光运，字幼固，又作又固，海军名将，清朝时曾任“扬威”舰三副、大副，海军部军学司侦测科科员；民国时曾任海军部军务司测绘科科长，海军部军学司士兵科科长、司务科科长，福州海军制造学校校长，烟台海军学校佐理官、校长，海军署编译处编译委员，海军部军学司航海科科长，海军部军学司航海科科长兼海军部招考学生委员会委员，海军部编译处处长，海军部军学司司长。

曾宗巩为九落里曾家第三位海军，行三，为曾光时、曾光世胞弟，也是曾家第一代海军中官阶最高者。

晚年曾宗巩

曾宗巩幼读诗书，本欲科场求仕，后立志学习经世之学，决意投身海军。光绪十八年（1892年）十月，又以全班第一名成绩毕业于天津水师学堂第四届驾驶班。毕业后派赴北洋海军，曾任“扬威”舰船械三副、枪炮大副等。

甲午海战爆发，曾宗巩随“扬威”舰出征，参加了甲午海战中的黄海海战，表现英勇。光绪二十年八月十八日（1894年9月17日），中日海军主力在黄海遭遇，展开激战。“扬威”舰是北洋海军中舰龄较老、作战和防卫能力较弱的老舰，又处于右翼阵脚最外侧。由于北洋海军阵列跨度较大，“定远”“镇远”两舰的炮火不能支援到两侧阵脚的战舰，于是“扬威”和“超勇”两舰便遭到日本“吉野”等四舰的猛攻。在战舰被日舰围攻的关键之时，曾宗巩冒着日舰密集炮火，坚守岗位。“超勇”“扬威”两舰先后中弹起火。史载：正在此时，“济远”舰突然转舵撤，“撞‘扬威’舰舵叶，‘扬威’舰前行愈滞，敌弹入机舱”，舱内弹炸火起，“渐不能支”。在此危急时刻，管带林履中亲率曾宗巩等发炮攻敌不止。但“扬威”舰艏艉各炮已不能转动，而敌炮纷至，舰身渐沉于海。曾宗巩战至战舰沉没的最后一刻。“扬威”舰沉没于东经123° 40′ 9″、北纬39° 39′ 3″的海面，阵亡57人。曾宗巩沉海，后被鱼雷艇所救。

曾宗巩参与北洋海军重建。宣统三年（1911年），任海军部军学司调查科科员。

曾宗巩在辛亥革命中立功，民国后继续在海军服务。1912年9月至1916年3月，先后担任民国海军部军学司测绘科科长、军学司帮办司务科科长，协助司长办理公务。1913年1月，获授海军少校。1918年1月，获授“四等嘉禾勋章”，4月获授海军中校。

1919年，福州海军制造学校甲班学生因不满学校管理与教学计划，发动了离校罢课运动，海军部将校长等校领导全部撤换，曾宗巩临危受命，派任福州海军制造学校校长。6月，曾宗巩走马上任，他大刀阔斧，整顿学制和校务。10月，获授“四等文虎勋章”。1923年2月获授“三等文虎勋章”，10月晋升海军上校。1926年，担任烟台海军学校佐理官。1927年2月，担任烟台海军学校校长。1928年5月，任海军署编译处编译委员。1932年，任海军部军学司航海科上校科长。1934年7月，任海军部军学司航海科上校科长兼海军部招考学生委员会委员。后任海军部编译处上校处长、军学司少将司长。

抗战军兴，曾宗巩随部西进，1938年派海军部编译处工作。1940年病逝。

曾宗巩极富文采，诗、文、画俱佳，是当时海军界有名的儒将。曾巩文章以气势纵横、波澜起伏、跌宕多姿见长，曾宗巩的散文也颇有先祖雄浑之风。

曾宗巩是颇负盛名的翻译家。在海军部服务期间，曾任京师大学堂译书局分校、学部编译图书局编译。他从军之余还翻译了大量外国名著，著名的《鲁滨孙漂流记》就出自他的笔下，他还与林纾合译了《三千年艳尸记》（二卷，1910年10月上海商务印书馆出版）、《金风铁雨录》（1907年7月上海商务印书馆出版）、《新天方夜谭》、《蛮荒志异》等，还翻译了《世界航海家与探险家》《英美海军将官南北极探险小史》《世界大战英国海军秘密航队作战小史》等，同时还是中国第一部官定化学教材——《质学课本》的译者。

曾宗巩家有明清刻本藏书10余箱。中华人民共和国成立后，由曾国晟捐赠给福建省图书馆。曾宗巩是中国第一个拥有海军少将军衔的翻译家、藏书家。

曾光亨：上校科长 倾心科技研究

曾光亨（？—？），海军军官，曾任海军部军学司司务科科员、海军部军学司轮机科代理科长、海军部编译处编辑。

曾光亨是九落里曾家第四位海军，曾光时、曾光世、曾宗巩胞弟，行四。光绪二十四年（1898年）初冬，毕业于天津水师学堂第六届驾驶班。毕业后，曾服务于多艘军舰，因长于追踪前沿科学技术，并进行探讨与研究，又能文，民国时长期在海军机关工作。1917年8月，任海军部军学司司务科科员。1919年10月，获颁“六等文虎勋章”。1926年，代理海军部军学司轮机科科长，1927年3月实任。20世纪30年代初期开始，曾光亨长期担任海军编译处少校编辑。1938年，任海军总司令部少校候补员。

曾光亨留下不少与军事技术、科技相关的学术文章，在目前保存的一些20世纪30年代《海军期刊》上，还能看到不少他写的学术文章，如《月球之新研究》《地球之新研究》《星光之新研究》《长途飞行之研究》《新陨石之研究》等。

1920年，曾光亨捐款，支持重修马尾的昭忠祠。后事不详。

曾光松：海军军医 服务兵民

曾光松（？—？），海军军医，曾任海军陆战队第二独立旅军医、马尾海军医院军医。

曾光松是曾光世、曾光时、曾宗巩、曾光亨胞弟，行五。在完成了新式小学、初中和高中教育后，曾光松考入天津海军军医学校。曾光松不像兄长那般有名气，但在马尾、连江、长乐等地颇有佳誉，因为他常为民义诊。

曾光松长期在海军医院和军舰上做医生，曾任马尾海军医院军医、海军陆战队第二独立旅军医。曾光松在军舰服务时，曾为渔民治病，并参与抢救商船急症病人。后事不详。

曾万里：海军少将 抗战英勇殉职印度

曾万里（1902—1944），字鹏飞，号玉生，海军军官，曾任闽厦海军警备司令部副官，“永绩”舰航海二副，“建康”舰鱼雷副，“民权”舰监造官，“咸宁”舰枪炮正，“应瑞”舰教练官兼航海正，“宁海”舰航海正，“自强”舰副舰长，“通济”舰教练官兼航海官，“宁海”舰枪炮官，武汉卫戍总司令部工程处参谋兼第九战区湘、资、沅、澧四江封锁委员会设计股股长，海军水雷制造所运输课课长兼海军学校舰课训练班主任、舰课教练官，海军浔鄂区布雷游击队第一队队长，国防研究院研究员，总统府侍从室参谋，中国海军总司令部驻东南亚盟军统帅部海军联络官。中共烟台党组织创始人之一[③]。

曾万里兄妹3人，行二。父亲在盐务局做职员，家境本是小康，曾万里受到良好教育。但是因为1915年秋父亲病逝，家道中落，学费难筹。此时，刚好福州海军制造学校招生，不收学费且管食宿，曾万里决定报考并顺利考进制造学校制造专业，专攻造舰。在校期间，他依学校安排，先学法文系制造，再学德文系制造。1920年11月，曾万里、叶可钰等23名学生奉派进入烟台海军学校，转习驾驶，列为烟台海军学校第十七届航海班。当时海军学校航海驾驶专业教学语言是英语，因此曾万里英、法、德三语俱佳。曾万里在烟台海军学校发愤学习，成绩优异，每次考试成绩均名列前茅。

曾万里

烟台海军学校当时校风开放，曾万里阅读了大量进步书刊。1921年冬天，曾万里与郭寿生联手创办了中国海军第一份进步杂志《新海军》月刊[④]。该刊不仅发行到烟台海军学校，还发行到福州海军学校、海军飞潜学校、南京海军鱼雷营、第一舰队、第二舰队、鱼雷游击队及广州护法军政府海军舰队等，影响与日俱增，不少青年海军官兵都开始投入海军“兴革问题”的讨论，引发新海军运动的蓬勃发展。发行 4 期后，因遭到北京政府及海军当局的查禁而停刊。

1923 年下半年，根据中国共产党的指示，郭寿生、曾万里商量建立组织。当年夏秋间，他们建立了新海军社，并制定了《新海军社章程》⑤。11 月，经郭寿生介绍，曾万里加入了中国社会主义青年团（中国共产主义青年团前身）。随后，根据中国共产党建立各民主阶级统一战线的指示，曾万里以社会主义青年团团员的身份加入国民党组织，并参与烟台海军学校中的国民党烟台市党部第八区分部活动⑥。

1924 年 3 月经中共上海地方兼区执行委员会批准，曾万里转为中共正式党员。随后，曾万里参与创立了烟台第一个中共党小组⑦。

1925 年 4 月，曾万里以第一名成绩毕业于烟台海军学校第十七届航海班，毕业后先在“永绩”舰见习。1925 年 6 月调任闽厦海军警备司令部副官，8 月调任“永绩”舰航海二副。1927 年春，任“建康”舰鱼雷副。1928 年，充任“民权”舰监造官。1929 年 8 月，调任“咸宁”舰枪炮正。1930 年 9 月，被授予海军上尉军衔。1931 年 3 月，赴英国格林尼茨皇家海军学院留学。1932 年，进入英国朴茨茅斯枪炮学校学习枪炮。1933 年 4 月，登英国军舰实习。1934 年 4 月曾万里学成归国并出任“应瑞”舰上尉教练官兼航海正，5 月调任“宁海”舰上尉航海正。1935 年 7 月任练习舰队教官并派“通济”练习舰，8 月出任“自强”舰上尉副舰长。1936 年 1 月任“通济”练习舰上尉教练官兼航海官，11 月升任“宁海”巡洋舰枪炮官，12 月晋升海军少校军衔。

1937 年，曾万里随“宁海”舰参加江阴海空战，表现英勇。9 月 23 日上午，日军飞机对“宁海”舰进行狂轰滥炸，曾万里冒着敌人密集的炸弹，沉着指挥“宁海”舰枪炮兵还击。战斗中，曾万里膝盖被横飞的弹片击伤，坚持战斗到舰沉之时才离舰泅水渡江，被救起送入医院。11 月，因伤口感染回闽养伤。

1938 年 5 月，曾万里未等伤痊愈就归队，担任海军总司令部少校候补员。不久，担任武汉卫戍总司令部工程处中校参谋。11 月，日军占领岳阳后，逼近长沙，曾万里此时兼任第九战区湘、资、沅、澧四江封锁委员会设计股股长，他督兵深入湘江的磊石山、芦江的杨柳湖以及湘阴以北芦林潭一带水面布雷，致敌汽艇屡屡被炸，给养断绝，首尾难顾，为湘北会战立下大功。

1939 年 4 月 12 日，海军水雷制造处改为海军水雷制造所，曾万里任运输课课长兼海军学校舰课班班主任、舰课教练官，并负责该驻地海军布雷队官兵的训练。1941年3月，曾万里调任海军浔鄂区布雷游击队第一队队长。1942年7月，曾万里调任重庆国防研究院研究员。行前，海军宿将萨镇冰赠诗饯行。到重庆后，曾任总统府侍从室海军参谋。1943年因积劳成疾吐血，一度病危，稍愈后继续工作。

1944年1月，英国蒙巴顿将军在印度的新德里，组建东南亚盟军统帅部，曾万里出任中国海军总司令部驻东南亚盟军统帅部海军联络官。4月14日，曾万里等抵达孟买船坞考察，刚下车，一艘停泊在船坞内、装满火药的大型货船突然起火爆炸。曾万里受伤，急送医院抢救，因伤势太重，当夜去世。8月25日，海军总司令部追授曾万里为海军少将。东南亚盟军总司令蒙巴顿勋爵向其家属发出慰电。1947年6月，当时国民党海军主办的《中国海军》杂志曾以专辑《悼念曾万里同志》，详述曾万里生平，以示纪念，文中称赞曾万里是国民革命军中革命的海军先锋，还介绍曾万里在殉难之前正在努力与盟军沟通，试图为中国海军的战后重建争取更多条件。他的努力为战后英国海军赠送“重庆”等舰船给中国打下基础。从其生平也可以看出他在国民党海军中的工作堪称呕心沥血。

曾万青：“海筹”舰官 陆战队教官

曾万青（？—1932），海军军官，曾任“海筹”舰鱼雷副、海军陆战队教官。

曾万青是曾万里胞兄、曾国晟堂叔，少年时期独上胶东，考入烟台海军学校。虽身体不是十分强壮，但学习训练十分刻苦，通过了学校组织的一次又一次考试，于1920年毕业于烟台海军学校第十二驾驶班，在60名毕业生中成绩列第九名。毕业后，登舰服务，曾任“海筹”舰鱼雷副、海军陆战队教官。

曾万青工作勤勉，做事认真负责，上司皆赞年轻有为。“九一八”事变爆发，曾万青抓紧时间训练海军陆战队官兵，常常废寝忘食，积劳成疾，一病未起。

曾万洛：陆战队连长 与日血战闽江

曾万洛（？—？），海军军官，曾任海军陆战队第二独立旅第四团第一连第一排排长、第二连连长。

曾万洛是曾万青堂弟，本安心读书，想走知识报国之路。“九一八”事变爆发，曾万洛就有意投军，但年岁太小无从当兵。长城抗战爆发，曾万洛铁了心投笔从戎。1934 年，李世甲调任海军马尾要港司令并兼海军陆战队第二独立旅旅长。6 月，李世甲在位于闽江口的长门炮台下设立海军陆战队讲武堂，曾万洛成为首批海军陆战队讲武堂学生，学习成绩优异。

全面抗战爆发后，曾万洛随队参加了闽江口保卫战和福州第一次、第二次光复之战。曾万洛在与敌寇作战中不断成长，凭着作战勇敢，曾任海军陆战队第二独立旅第四团第一连第一排排长、第二连连长。后事不详。

第二代

感恩曾家第二代海军，即出在曾国晟这一辈。在这一代，曾家出了 2 位国民党军的署长，一位是曾国晟，另一位是曾国晟堂兄、海军出身的飞机设计专家、中国航空教育家曾桐。

曾仰贤：自视甚高 变节投敌当伪军

曾仰贤（？— ？），海军军官，抗战时期投敌，曾任汪伪政府海军部军衡司第一科科员。

曾仰贤是曾国晟堂兄，曾就读于海军学校，后在多艘军舰服务过，当过电官、枪炮官等，也曾在海军岸防部门工作。自视甚高，但在海军发展一般。

抗日战争最艰难之时，一直感觉怀才不遇的曾仰贤，对持久抗战准备不足，思想甚是苦闷。汪精卫筹组伪政府时，要设立海军部，派汉奸四处利用同学、老乡、上下级关系，动员国民政府海军中一些意志薄弱者变节，曾仰贤在长乐老乡许建廷、蒋弼庄和堂兄曾国奇等的策反之下，投敌当汉奸，做了汪伪海军部军衡司第一科科员，令家族蒙羞。后事不详。

曾国奇：炮艇艇长 受诱参加汪伪海军

曾国奇（？—？），海军军官，曾任“勇胜”艇艇长、“仁胜”艇艇长。抗战时期变节投敌，曾任汪伪政府海军部舰政司司长。

1921年初春，曾国奇毕业于烟台海军学校第十三届驾驶班，毕业后登舰服务，历岗多职。1933年，任“勇胜”炮艇上尉艇长。1936年冬，奉调“仁胜”炮艇，任上尉艇长。在“仁胜”炮艇艇长任上，曾国奇率部参加对日作战。1938年11月，督舰与日军激战于荆州藕池镇时，战舰被日军炸毁。战舰被毁后，曾国奇被委为海军总司令部上尉候补员。

1940年3月20日，因抗战必胜信心不足，曾国奇变节之心渐生，在得知汪伪政府将给予司长之高位后，将名利置于气节和国家、民族利益之上，投敌做汉奸，出任汪伪海军部舰政司第一任司长，为家族所不齿。后事不详。

曾国晟：海军少将 为中国海军建奇功

曾国晟（1899—1979），字拱北，海军名将，曾任“江鲲”舰舰长，海军新舰监造处处长，海军水雷制造处处长，海军水雷制造所所长，海军水雷制造所所长兼布雷游击队第一、第三、第四、第五分队总指挥，海军工厂管理委员会主任兼海军学校水雷训练班主任，海军工厂管理委员会主任兼海军汉浔区布雷游击队总指挥，海军总司令部第四署署长兼上海日本战后赔偿物资委员会海军组组长，海军总司令部第六署署长；中华人民共和国成立后，曾任华东军区海军司令部研究委员会委员、华东军区海军舰艇调查修装委员会主任、华东军区海军修造处处长兼江南造船所所长、华东军区海军后勤部副司令员兼技术部部长、人民海军司令部海军研究委员会委员。

·一代名舰任舰长

曾国晟在家族大排行中排在第三。光绪三十三年（1907年），进入江西安源矿务附小读书。宣统三年（1911年），转到北京豫章学校学习。1913年3月，曾国晟考入福州海军学校第二届航海班。

1917年，曾国晟奉命转入烟台海军学校，编入烟台海军学校第十三届航海班。1918年，转入吴淞海军学校学习。同年又转入南京海军学校，专攻水鱼雷及枪炮制造。1919年，登“通济”练习舰见习。1921年3月，曾国晟毕业于烟台海军学校第十三届航海班。

曾国晟毕业后，因表现优异不断获升。不久，升任“楚同”舰中尉枪炮官。1925年，调任海军陆战队步兵第二独立团团附，被授予陆军中尉军衔。1926年10月，晋升陆军上尉军衔。1927年10月，调任“楚有”炮舰中尉副舰长，11月获授海军上尉。1930年7月，被借调到福州海军学校舰课训练班当主任并兼军舰监造员，8月任“建安”炮舰监造员并驻上海江南造船所新舰监造室，12月“建安”舰改造完工，曾国晟任“大同”舰副舰长，同月调任第二舰队司令部正副官。1931年5月，任“逸仙”舰代理副舰长，7月任“逸仙”舰上尉副舰长，任上还肩负着监造军舰任务，同月叙为二等少校。1932年1月，奉派海军江南造船所任“平海”舰兼“江宁”“海宁”炮艇监造员，5月任“湖隼”艇代理艇长，6月暂代“诚胜”炮艇艇长，7月重回江南造船所新舰监造室。1934年4月，任“海筹”巡洋舰代理副舰长。1936年9月，调任海军部新舰监造处舰装设计监造官，10月任“海筹”舰一等少校副舰长，11月任“江鲲”炮舰少校舰长。

·首倡海军水雷战 首用水雷击日寇

1937年3月15日，曾国晟被海军部新舰监造处派往江南造船所新舰监造室。

1937年8月13日，第二次淞沪抗战爆发，曾国晟建议研制水雷以炸日舰。22日，海军部采纳了此建议，并指派他负责研制工作。曾国晟根据海军部安排，从海军江南造船所和海军军械处选调了一部分优秀技术人员参加研制水雷。10月1日，曾国晟升任海军新舰监造处处长。任上，他组织水雷工厂搬迁，并在搬迁过程中坚持生产水雷。水雷工厂先搬至南京，再迁至汉口，并在此设置水雷监造办公处；紧接着又迁至武昌，并在武昌彭公祠修建制雷工厂。

1938年1月1日，曾国晟任海军总司令部军衡处铨叙科中校科员。4月，水雷制造处迁至湖南西部辰溪，曾国晟改任水雷制造处处长。10月25日，武汉沦陷。曾国晟在此之前，周密部署，成功将位于武昌的海军水雷监造办公处全体人员、技术资料和主要原料，分成两部分撤出，一部分撤到湖南长沙，一部分撤到湖南常德。在常德，曾国晟负责构筑湘阴阻塞线，同时组织海军常德水雷制造所。在极其艰难的情况下，不但生产“海丁式”固定水雷，还研制成功“海庚式”漂雷、“海戊式”中型固定雷和“海乙式”小型固定雷。在常德研制和生产的水雷，主要布放在洞庭湖、鄱阳湖及湖南的湘江、资江、沅江、澧水，用于封锁敌舰艇航道。

1939年6月，海军总司令部批准将海军水雷监造办公处与水雷制造处合并，统称“海军水雷制造所”，曾国晟任中校所长兼海军布雷游击队第一、第三、第四、第五分队总指挥，专司制雷与布雷。11月，国民政府授予曾国晟“华胄荣誉奖章”。

1940年1月，海军总司令部因应战时武器装备需要，筹设海军工厂，曾国晟任海军工厂管理委员会主任兼海军学校水雷训练班主任，共培养了200多名优秀海军布雷英才，分赴抗日战场。4月，海军水雷制造所由常德迁到辰溪。同年，海军汉浔区布雷游击队成立，曾国晟兼任总指挥，配合第九战区作战。7月8日，曾国晟因在辗转西迁不断研制、生产水雷并布雷屡炸日舰，被誉为抗日“制雷英雄”，获授“五等云麾勋章”并记大功一次。1941年1月，兼代海军总司令部船械处雷务科科长。两年后，晋升海军上校。

· 海军第六署少将署长

1945年8月15日，日本投降，8月18日曾国晟受命担任海军接收日伪海军专员及接收日本三菱造船所专员。同年9月16日兼任上海海军工厂厂长，奉命接收长江沿岸城市和青岛等地日伪财产，晋升海军少将。次年10月10日，曾国晟出任海军总司令部第四署署长兼上海日本战后赔偿物资委员会海军组组长。

1947年，因为不满蒋介石发动内战和打击闽系海军，曾国晟与进步海军军官秘密组织“仁社”，并与中共地下党取得联系。同年5月，曾国晟任海军总司令部第六署署长，分管海军技术与工厂，晋升少将。

· 参与组建新中国第一支海军

1948年初，曾国晟通过郭寿生联系中共地下党。之后，人民解放军第三野战军派孙克骥负责与之联络。曾国晟在一次国民党军江防会议上取得江防图，

曾国晟（前排右一）

由孙克骥派人送往解放区。12 月 31 日，曾国晟被国民政府国防部免职。

1949 年 7 月，曾国晟参加起义，加入中国人民解放军。8 月，与起义的国民党第二舰队少将司令林遵等一起，受到毛泽东、朱德、周恩来等的接见。

曾国晟参与组建新中国第一支海军——华东军区海军。1950 年 2 月 6 日，曾国晟任华东军区海军司令部研究委员会副主任、舰艇调查修装委员会主任、华东军区海军修造处处长兼江南造船所所长，负责华东海军所有舰船的修理和改装。1952 年，曾国晟出任华东军区海军后勤部副司令员兼技术部部长。任上组织修复、改制了不少舰艇，为一江山岛、舟山群岛的解放立下大功。1957 年 11 月，曾国晟调往北京，任人民海军司令部海军研究委员会委员，主持了《近代海军史参考资料》编纂和出版工作。

1963 年 7 月，海军研究委员会被撤销，曾国晟退休回闽。次年 6 月，曾国晟被增补为政协第三届福建省委员会常务委员。1979 年 8 月 31 日，曾国晟病逝。

曾桐：飞机制造专家 抗战建立殊功

曾桐（？—1976），字震东，原名国桐，飞机制造专家，曾任美国海军马丁飞机制造公司飞机设计师，中国航空公司工程师，中央陆军军官学校航空队教官，上海交通大学教授，中央飞机制造厂工程师、工务处处长、设计课课长、副总经理兼副厂长、总经理兼厂长，空军总司令部第四署署长。

曾桐

·精熟航空工程 钱学森引路人

曾桐是曾宗巩长子。少年时期曾入海军飞潜学校。1921年，考取上海南洋大学（上海交通大学前身）铁路机械科。1925年，获上海交通大学机械工程学士学位。1927年，获美国密歇根大学航空工程硕士学位。曾桐毕业后，进入美国海军所辖的马丁飞机制造公司，担任飞机设计师。

1929年，曾桐回国，担任中国航空公司工程师。同年，他受聘中央陆军军官学校航空队，任航空工程专业教官。

1930年，曾桐受聘上海交通大学，任航空工程专业教授，讲授“简单的空气动力学和飞机”课程。正是在上海交通大学，他成为“两弹”元勋钱学森进入航空航天领域的引路人。钱学森在四年级的两个学期里都选修了“航空知识”课，每周三课时，授课教师就是曾桐。所用的教科书是Motieth（莫蒂艾斯）的*Simple Aerodynamics and the Airplane*（《简单的空气动力学和飞机》）。钱学森对这门课程学得很认真，两学期考试平均分为90分，名列14名同学之首。1934年10月2日，清华大学留美考试委员会经过详慎审核，录取了包括钱学森在内的20名优秀学子，以庚子赔款奖学金公派美国各大学深造，并于当天揭晓通告，钱学森赴美学习的专业是航空门（机架组）。

·抗战军兴 放下教鞭造飞机

1934年，抗战军兴，本着“学以致用，报效国家”理念，曾桐放弃安静的教书生活，出任中国航空公司工程师，曾负责过重庆珊瑚坝飞机场的承修工程。

1932年“一·二八”淞沪抗战后，当时中日空军首度交锋后，中国就已认识到两国军事航空领域上的巨大差距。为此，曾任美国波音飞机公司第一任总工程师的王助等一批航空志士，积极提议国民政府大力发展军事航空工业。因此，1933年12月，孔祥熙代表国民政府与美国联洲航空公司代表威廉·道格拉斯·鲍利在南京签订了成立中央飞机制造厂的合同，决定在杭州笕桥飞机场北面建造一处占地5574平方米的工厂，以从事飞机部件、设备制造和对飞机进行组装、修理等。抗战中，中央飞机制造厂不断迁徙。从1934年开始，曾桐先后任职中央飞机制造厂的杭州厂、汉口厂、垒允（雷允）厂，相继担任工程师、工务处处长、设计课课长、副总经理兼副厂长、总经理兼厂长。

在抗日战争中，曾桐以自己独特奉献，为打击侵略者做出了卓越贡献。从1934年8月到1937年8月的3年间，曾桐在中央飞机制造厂共参与组织和制造完成各类战斗机、教练机、轰炸机、攻击机等235架。1937年8月14日14时，日本海军航空队18架96式陆上攻击机由台北松山机场起飞，其中9架飞临杭州上空，准备轰炸位于杭州的笕桥空军基地。中国空军第四大队在大队长高志航的率领下，驾驶霍克-3型战斗机腾空迎战，共击落日机3架、击伤1架，首创中国空军3比0的光辉战绩，极大地鼓舞了中国人民的抗战信心。因此，8月14日被国民政府定为“空军节”。多架参与“八一四”任务的霍克-3型战斗机，是由我国自己的企业——中央杭州飞机制造厂制造的，曾桐为之做出努力和贡献。随着日寇铁蹄踏破中国更多山河，中央飞机制造厂不断西进。曾桐曾临危受命出任中国最大的飞机厂——垒允中央飞机制造厂总经理兼厂长，主持为飞虎队组装了第一批99架P-40战斗机，并为其提供日常维护和修理。

· 抗战有功 空军第四署任署长

1945年8月15日，日本投降。1946年8月，曾桐出任空军总司令部第四署署长，11月叙任空军一等机械正。

1949年，曾桐随部赴中国台湾。1950年4月，曾桐离开航空界，担任台湾公营凤梨分公司总经理。1955年7月，担任民营台湾凤梨公司总经理兼董事。1961年9月，出任台湾省检验局局长。1964年9月，任财团法人台湾食品工业发展研究所筹备处处长。1967年11月至1975年，任台湾食品工业发展研究所所长。

1976年，曾桐病逝台湾，他的家人遵循他的遗志，捐赠新台币20万元，作台湾食品工业发展研究所图书购置之用，后以此建成曾桐纪念图书室。曾桐家人还将所收入奠仪4万元，捐赠给台湾食品科学技术学会作为奖学金基金，并成立曾桐先生纪念奖学金。另外，曾家出资专门设立曾桐先生纪念专利发明奖。

曾国暹：鱼雷专家 疑遭日谍毒害

曾国暹（？—1933），海军军官。

曾国暹是曾国晟胞弟，1924年冬毕业于烟台海军学校第十六届驾驶班。毕业后，在军舰上任枪炮官，对鱼雷战术有较多研究。1930年9月，曾国暹赴日本留学，主要学习鱼雷、海军军需等。1932年12月学成回国。在日学习期间，非常用功，其对鱼雷技术与战术的研究能力，引起日本方面的注意。当时，日本全面侵华已拉开大幕，对中国海军很重视。所以，当曾国暹学成刚回国即莫名其妙地病倒，有不少海军同人认为有可能是日寇对其施了慢性毒药。

1933年，曾国暹经多方诊治，终因治疗无效，英年早逝。

曾国振：技术骨干 制雷造舰建有功勋

曾国振（？—？），海军军官，曾任海军江南造船所技术员、海军水雷制造所工程师。

曾国振是曾国晟堂弟。少年时期投身海军，考入福州海军艺术学校，专攻造船。毕业后，先在海军江南造船所当技术员。抗战时，随海军制雷工场千里辗转西迁，在海军水雷制造所当工程师。抗战胜利后，在海军工厂做技术工作。

曾国骐：抗战投军 南海宣示主权

曾国骐（1928—2002），海军军官，曾任"太平"舰见习航海员、"峨嵋"舰见习航海员、"永兴"舰航海员。

·抗战艰难时 13岁投笔从戎

曾万里有三女一子，大女儿曾国珍，二女儿曾国芷，三女儿曾国平；唯一的儿子行三，名曾国骐。曾国骐长于福州，学业优异，曾立志当科学家。

曾万里有一兄一妹，胞兄曾万青英年早逝，没有留下一男半女，曾国骐成了感恩村曾家这一支单传男丁，因为母亲又是独女，他成为祖父家和外祖父家共同的心肝宝贝。在1941年抗战最艰难时刻，曾国骐毅然决定投军。他原以为家人会阻挡，但家中长辈十分支持。母子分别时，母亲说："国总是要有人保的，日本仔总是要有人打的，总是要有人家的儿子为国尽忠的。你走后，做母亲的会天天请佛祖保佑你的。"

中年曾国骐

13岁的曾国骐，考上已迁至贵州桐梓的海军学校第十一届航海班。他天资聪颖，加上学习刻苦，成绩优异。抗战胜利后，随校迁入青岛，此时学校改名为"海军军官学校"。1947年5月毕业时，他与毕业的同学一起，既是海军学校第十一届航海班毕业生，也是（青岛）海军军官学校第一届航海班毕业生。

· 随舰远航 南海彰显主权

1944年，中国海军援引美国租借法案，与美国海军洽商租舰参加盟国对日作战事宜。1945年，根据"战时租借法案"，美国把271艘各类舰只及其他必要器材拨让给中国。当年8月，第一批军舰在美国编队，国民政府派驻美使馆海军副武官林遵接收，1946年7月，这批军舰由美国远航到中国，共8艘，其中两艘最大的是护航驱逐舰"太平"号和"太康"号。梁序昭为"太平"舰首任舰长，驾舰于同年7月19日驶抵吴淞口。梁序昭与曾万里是拜把兄弟，生死相依，当年在烟台海军学校共同加入中国共产党，并肩从事革命工作。[8]曾万里殉国后，梁序昭对曾家多有相助，对老友的儿子更是视如己出。在梁序昭协助下，曾国骐登“太平”舰实训。

为收复西沙、南沙群岛，海军总司令部着手组建前进舰队。装备最新的“太平”舰在稍做休整后，即被编入前进舰队作为旗舰，率领“中业”“永兴”“中建”等3艘军舰前往南海执行接收任务。1946年11月29日晚，“太平”“中业”“永兴”“中建”等舰分别出港，在长江口完成集结，随即编队南下。曾国骐首次随舰远航。先到海南岛榆林港，稍作停留后深入南海。第一次出航因天气恶劣而中途折返后，12月9日再次从榆林港出航，驶向南沙群岛。12日上午，曾国骐和战友们一起登上黄山马峙岛，他和战友们走遍全岛搜索，未发现岛上有人。随即，在林遵指挥下，曾国骐和战友们抢卸物资，进行接收和考察工作，最后竖立纪念碑，广东省接收专员及驻岛官兵并在碑侧举行接收仪式，并用“太平”舰舰名命名，改黄山马峙岛名为太平岛。任务完成后，曾国骐随舰于17日返航，20日到达榆林港，稍事休整，即与接收西沙群岛的舰队一同回航广州。后来，曾国骐曾著文介绍南海之行。

· 未反对起义 被捕关押马公岛

1947年5月，曾国骐分配至“太康”舰，任见习航海员。次年，任“永兴”舰航海员。如果说父亲的不幸殉国是他遇到的人生第一次挫折，那么在“永兴”舰服务，则是他遇到的第二次挫折。

“永兴”舰是国民党海军第一舰队的一艘猎潜舰。1949年初春，曾国骐的海军学校同学、“永兴”舰航海官陈万邦在中共上海地下党的策动下，暗中发展了一批官兵，准备伺机举行起义，起义骨干有书记官、医官、枪炮中士、轮机下士、电讯兵和枪炮兵等，他们成立了起义领导小组并做了具体分工：陈万邦负责航海，轮机下士负责轮机，枪炮中士负责舱面。

1949年4月底，“永兴”舰奉命从上海吴淞口沿长江上行去江阴一带巡逻警戒。5月1日凌晨，“永兴”舰航行至江苏太仓浏河口外白茆沙时，陈万邦认为起义时机已到，毅然发动起义。枪炮中士将武器分发给起义骨干，多余的武器锁进了枪房。起义人员很快控制了指挥台、驾驶室、电讯室、前后轮机舱，并将其他官兵集中到舰艉舱临时拘禁起来，派起义人员持枪看管，军舰继续航行。陈万邦果断击毙了坚决不同意起义的舰长陆维源。胜利在望之际，轮机下士发生了动摇，杀死了起义骨干枪炮中士，打开了枪房，武装了反对起义的官兵，杀害了舰艉舱看守士兵，放出了被关押的官兵，形势逆转，不少起义官兵牺牲，陈万邦负伤后跳入江中，被反对起义的官兵乱枪打死。牺牲前他在水里高呼："舰上的官兵还有我的同志""你们杀死不了全中国人"。

曾国骐没有参加起义，但因为陈万邦那句"舰上的官兵还有我的同志"，加上他没有拿起枪来射杀起义的官兵，被怀疑通共，押到台湾澎湖，关在马公岛，受尽非人折磨，在他身上刺了多条反共标语。

笔者多次采访曾国骐的妹妹曾国平，她说："母亲从父亲故旧和亲戚那里听说哥哥被抓，关在中国台湾，日日以泪洗面。父亲殉难，母亲没有告诉奶奶，因为奶奶生了两子一女，姑姑15岁病逝，伯伯30多岁也撒手人寰，奶奶到死都只知道父亲去了中国台湾。所以哥哥被抓，命悬一线，母亲哪里敢告诉奶奶，只有独自承受苦难，奶奶到死都不知道儿子是死是活。"

· 官至中校退役 在台孤老终生

后来，在梁序昭的奔走努力下，曾国骐出狱并重回海军界。在中国台湾，他一直在舰上服务，下了舰就居住在梁序昭家中，梁序昭视其为子，始终对曾国骐十分照顾，曾一直鼓励他追求自己的宝贝千金梁琪辉。

曾国骐是大帅哥，与中国著名影星王心刚有点像，不但梁序昭要将自己的女儿嫁给他，还有不少同学、战友也多次要将自己的妹妹介绍给他。曾国骐始终不允，因为他在青岛时曾与一位长自己几岁的知性美女热恋，至死深爱着自己叫"七姐"的初恋爱人。也因此梁序昭送之雅号"情圣"。晚年，曾国骐在给好友的信中还多次谈起自己这位初恋爱人，以表达依旧爱意绵绵。

曾国骐作为资深航海官，曾随舰参加一江山岛之战。他在驾驶台上，许多人怕死躲进舱内，最后中鱼雷全死了。随着人民海军取得一江山岛之战大胜，台湾海上防务部门领导人梁序昭失势，曾国骐萌生退意。1966年，曾国骐以中校副舰长一职退役。表兄严孝章介绍他到公路局当建设监理。在军中，曾国骐住在梁家。退役后，严孝章给他安排了一间职工宿舍。台湾当局开放老兵回大陆探亲后，曾国骐一则因为身上被刺反共标语，二则因为他深爱的"七姐"已死，怕故地重游引起无边伤感，所以至死都未回乡。

听曾国平说，曾任台湾地区防务部门"参谋总长"的刘和谦与哥哥关系很好。曾国骐退休后，刘和谦每年都给老友几万台币，以解他生活之困。曾国骐退休后独居，上午骑自行车到附近餐馆用餐，吃到中午，下午约老友打打麻将或看看电影。

2002 年一天，曾国骐骑自行车外出，不慎摔倒，引发心脏病去世。

曾国权：政工干部 北海舰队后勤部纪委书记

曾国权（？—？），海军军官，曾任人民海军北海舰队后勤部纪委书记。

曾国权是曾国晟堂弟。自幼一心向学，小学、中学、高中成绩优异，本欲报考大学。时值抗美援朝爆发，为保家卫国，中断高中学业，于 1950 年 12 月报名入伍。后一直服役于北海舰队，曾长期在北海舰队旗下的海军青岛基地从事政治工作，曾任中共北海舰队后勤部纪委书记。

第三代

感恩曾家第三代海军仍出将军，其中最著名的当数曾耀华。

曾耀华：抗战英豪 台湾海军少将

曾耀华（1918—？），海军军官，曾任田家镇炮台炮官、“川江”舰舰务官、赴美接舰参战军官队军官、海军江南造船所技术员、“永宁”舰副舰长、“中训”舰舰长、“太湖”舰舰长、“咸阳”舰舰长、台湾地区海上防务部门舰队司令部副司令、台湾地区海上防务部门驱逐部队副司令、台湾地区海上防务部门舰艇检验室主任。

曾耀华是曾国晟堂任，1937 年 1 月 26 日，曾耀华毕业于海军学校第六届航海班。毕业后，充任候补副。

1938 年 1 月 1 日，曾耀华任航海副。不久调往田家镇炮台，参加了艰苦卓绝的田家镇炮战。

当时，曾耀华在田家镇炮台当炮官。1938 年 8 月，战事由江西溯江进入了湖北。海军以田家镇为第一道防线，协助陆军展开了武汉保卫战。当初从“海琛”舰上卸下的 8 门炮，全部安装在田家镇炮台。应当承认，抗战初期，中国军队中最有效的火炮，大多是从老迈军舰上卸下来的。曾耀华和战友们就用这些火炮，击落了一架又一架敌机。他在接受采访时曾回忆道 :“有一天，20 多架日本飞机一起来轰炸，海军好几条战舰都被打沉了。我们就向头顶盘旋的日机开炮，一架飞机一头栽到稻田的泥巴浆里。当天战斗结束后，我跟同学上岸去看，看到了被我们打下来的飞机，这个飞机上有 7 具日本军人尸体，我看到机翼上有一块牌子，上面有标志，这是架 96 式的攻击机。”8 月 22 日，日军开始进袭武汉。曾耀华所在的海军炮队坚守田家镇炮台，狙击日军。在日军进攻田家镇的一个多月时间里，平均每天敌人舰炮向田家镇炮台发射炮弹 500 多发，敌机投弹在 1000 枚以上，炮台的所有掩体、工事全部被炸毁。炮台的弹药得不到补充，缺少食物，没有饮用水。就是在这样残酷、恶劣的条件下，不足 200 人的中国海军炮队官兵与数倍于己的日军鏖战了 38 天，直到打完最后一发弹药为止，曾耀华才和剩下的 30 多位战友一起，奉命撤离田家镇。

曾耀华（右）

1944 年，曾耀华入选赴美接舰参战军官队，并于次年进入迈阿密海军训练团学习，编入轮机班，主要学习内燃机、电机、各种副机、电气、损害管制、机舱管理、船体结构等。1946 年 7 月，曾耀华随美国赠舰回国并调任海军江南造船所技术员，9 月出任“永宁”扫雷舰副舰长。1947 年底，调任“中训”舰代理舰长。1948 年 3 月，任“中训”舰舰长，叙为海军二等少校。

1949 年 2 月 25 日，“重庆”舰起义，因舰长邓兆祥曾任海军学校训育主任，海军学校第三十六、第三十七、第三十八班等班次的毕业生都是他的学生，当时海军总司令桂永清认定这三届毕业生“忠诚有问题”，下令彻查，并指派情报人员至各舰艇诱捕。同年8月初，曾耀华被海军总司令桂永清当作共产党抓捕，关在台湾高雄“凤山招待所”。1950年5月17日，被正式逮捕。1952年，曾耀华获得释放。后曾任“太湖”舰舰长、“咸阳”舰舰长、台湾地区海上防务部门舰队训练司令部副司令、台湾地区海上防务部门驱逐部队副司令、台湾地区海上防务部门舰艇检验室主任，台湾当局授予其“海军少将”军衔。

1967年，曾耀华退役，担任商船船长，后移居加拿大。卒年不详。

祖国大陆改革开放之后，曾耀华的儿子曾赴广东投资。

曾兆钰：海校毕业 大连海运学院教授

曾兆钰（？— ），船舶电气专家，曾任上海电力公司工程师、大连海运学院教授。

曾兆钰是曾国晟儿子。抗战进入最艰难时期，曾国晟将大儿子曾兆钰送进了海军学校。1948年4月，曾兆钰从海军学校第六届轮机班（青岛海军军官学校第一届轮机班）毕业。因反对蒋介石发动内战，迅速退役，到上海电力公司当工程师。

中华人民共和国成立后，曾兆钰一直在大连海运学院执教，教授电工学、材料力学，是颇有名气的船舶电气教授。1995年，曾兆钰曾发明离子源控制器，获得国家专利。

家族传奇

曾国晟夫人出自海军世家

曾国晟夫人陈锦英，出身著名海军世家，家中四代海军，出了2位民国海军总司令。

陈锦英舅舅是民国海军总司令蒋拯。陈锦英的母亲是清朝布政使蒋诰的女儿，民国海军总司令蒋拯的妹妹。陈锦英三舅蒋拯（1865—1931），光绪十三年（1887 年）毕业于天津水师学堂第二届驾驶班，曾任烟台海军学校校长、海军部军衡司司长、海军练习舰队司令、代海军第一舰队司令、海军总司令兼第一舰队司令。1922 年 6 月，授“咸威将军”。衔至海军上将。

陈锦英表姐夫是民国海军总司令杨树庄。陈锦英另一个舅舅的女儿，嫁给了海军名将杨树庄（1882—1934）。光绪二十九年（1903 年），杨树庄毕业于黄埔水师学堂第八届驾驶班，曾任海军总司令、海军总司令兼福建省政府主席、海军部部长。

陈锦英另一表姐嫁给海军陆战队团长唐岱鋆。唐岱鋆（？—1926），福建闽侯县人，长期在海军陆战队工作。曾任海军陆战队第一混成旅第四营营长、海军陆战队第一混成旅第五营营长。1925 年 4 月 19 日，升任海军陆战队第一混成旅第二团团长。1926 年冬天，原驻福建漳州的北洋军阀张毅部因受到从潮汕方面入闽北伐的国民革命军所迫，企图向福州方面退缩，海军陆战队前往截击。唐岱鋆率部在与北洋军阀部队作战时，于同年 12 月 5 日阵亡。杨树庄与唐岱鋆是连襟，两人的夫人为亲姐妹。

陈锦英胞弟是海军文官。陈锦英的弟弟陈继煌，长期在海军部做文官。

陈锦英有 10 余位表兄弟参加海军，其中以蒋菁最为传奇。蒋菁，1936 年毕业于海军学校航海班，抗战中在海军布雷队出生入死，屡立战功。中华人民共和国成立后，长期在大连海运学院任教。

曾国晟妹妹多嫁给海军

曾国晟大妹嫁给海军资深校官池汉明。1930 年 2 月，池汉明任海军部舰政司材料科少校科员。1938 年 1 月，海军部为应对战事，缩编为海军总司令部，池汉明任海军总司令部舰械处兵器科科员，派参谋处文书科办事。1944 年 2 月，池汉明任海军总司令部参谋处材料科少校科员。后事不详。池家也是海军名门，家族最有名的海军人员是池贞铨。池贞铨，为船政前学堂第一届毕业生，后留

薛奎光

法专攻矿冶，成为中国著名矿冶专家。

曾国晟二妹嫁给海军艇长梁聿麟。梁聿麟与曾国晟是烟台海军学校第十三届驾驶班同学，1921年同时毕业。1936年6月，梁聿麟转任“公胜”炮艇艇长。任上，率艇参加对日血战，表现英勇。1938年1月，任“湖隼”艇艇长。1947年6月，以海军上尉军衔代理第三炮艇队队长。后事不详。

曾国晟五妹嫁给海军教官薛奎光。1933年8月，薛奎光（1911—1984）毕业于海军学校第三届航海班。因为学习成绩突出，1934年3月，奉派出国深造，到意大利学习快艇制造。1938年，转赴德国学习潜艇技术。薛奎光在抗战烽火中回到祖国，立即奔赴抗日前线。武汉失守后的1939年3月，海军部建立川江炮台，川江炮台下设宜巴区第二总台，薛奎光任第二总台所辖的第九分台分台长。在此，带领官兵以雷击敌，阻击敌人溯江而上。1940年，薛奎光奉命出任福州马尾海军练营水鱼雷班教官。1942年，薛奎光任海军总司令部上尉候补员，不久派任已迁入贵州桐梓县的海军学校水雷训练班任上尉教官，培训布雷队队员。中华人民共和国成立后，薛奎光成为电力专家，曾任上海电力局总工程师。

曾国晟十一妹嫁给海军“抗日敢死队”队长郑天杰。1925年，郑天杰（1911—1994）考入福州海军学校，毕业后在“应瑞”舰服役，曾任枪炮官。1934年，郑天杰赴英国参加训练，翌年进入英国皇家海军学院深造。1937年7月抗战全面爆发后，郑天杰中断学习，回国杀敌。同年冬天，被任命为“顺胜”炮艇副艇长。1938年9月，海军九江布雷队成立，郑天杰为首任队长，带队督兵布雷，阻击日军。1940年初，海军长江中游布雷游击队正式成立，郑天杰就任第二中队第四分队上尉分队长，因表现英勇，升任第二中队中队长。1941年9月，出任海军第二布雷总队第三大队少校大队长兼第五中队中队长。抗战期间，郑天杰表现神勇，组织“抗日敢死队”并出任队长，率部出没皖南赣北地区，在敌后开展布雷游击战，屡炸敌舰。1943年，任美国海军顾问之联络官。1945年4月任海军工厂管理委员会总务课第一股股长，9月任海军汉口办事处处长，接收

郑天杰

敌伪海军机构，后任海军练营营长。1946年6月，国民政府军事委员会成立赴英接舰参战学兵总队，下设2个大队，郑天杰任第一大队大队附。1947年，郑天杰率部到英国，接收英国给中国的驱逐舰——“灵甫”舰，并于11月1日正式出任中校舰长。1949年5月至6月期间，“灵甫”舰在香港到天津航行中起义。舰行至香港，被英方在港扣下收回，舰上77名官兵起义归来，郑天杰赴台湾。之后，他陆续出任台湾地区海上防务部门“汾阳”舰舰长，海军指挥参谋大学教育长，台湾地区防务部门第五厅副厅长，台湾地区海上防务部门督察长、人事署署长等职。他曾掌理台湾地区防务部门教育、训练、军事书刊编译工作，提出海军教育革新方案。1966年，郑天杰退伍。1994年2月，郑天杰因患癌症，医治无效逝世，享年83岁。曾著《历法丛谈》等学术专著。

曾国晟：红色情报站功臣

曾国晟一生以护国、强国为己任。抗日战争胜利后，蒋介石发动内战，致使国之更弱，民之更穷，这令曾国晟痛恨不已。再加上，蒋介石将不愿打内战的海军总司令陈绍宽解职，扶桂永清执掌海军大权。桂永清上台后，疯狂地排斥陈绍宽麾下的正直海军军官，弄得海军内部乌烟瘴气，更让曾国晟失望至极。

曾国晟与田汉是好朋友，抗战中曾结下患难之交。在蒋介石下令枪杀闻一多后，曾国晟下定决心：再也不为蒋介石卖命了。

曾国晟与一批正直的闽籍海军军官一起，在上海成立“仁社”，取“反蒋倒桂”之意，开展“翻箱倒柜”活动。在秘密参加“仁社”的同时，曾国晟还于1948年初通过郭寿生联系到中共党组织。之后，人民解放军第三野战军派孙克骥负责与之联络。由此，曾国晟奉中共地下党之命，在海军内部发展进步力量，组织海军起义，在上海建立了一条国民党海军通往中共上海地下党的管道。他曾将国民党江防图通过这一管道传给孙克骥，由孙克骥派人送往解放区。

孙克骥（1917—2005），中华人民共和国开国少将，福建崇安县（今武夷山市）人，长期在福州读书、生活，并在福州投身革命。曾任苏浙军区第四纵队第十支队政委，华中野战军第十纵队兼苏北军区政治部主任，华东野战军第十二纵队兼苏北军区政治部主任、第十一纵队第三十一旅政委。1949年2月，华东野战军改编为中国人民解放军第三野战军。华东军区海军组建后，孙克骥任政治部办公厅主任。中华人民共和国成立后，孙克骥曾任云南省军区政委、军事科学院政治部主任、南京军区政治部主任、南京军区副政委等。

当时，曾国晟是海军分管技术、工厂的第六署少将署长，一方面，蒋介石和桂永清不得不倚重他；另一方面也担心他与共产党有联系，而在他周边安插了不少特务。

一次，曾国晟手下一个人对曾国晟说：“署长，我看你近来很不开心，知道你心情不好，我带你去一个地方，你或许心情能好些。”曾国晟跟着他七拐八弯，进了一幢楼的小屋里，进去一看，见一伙人正在大骂蒋介石。向来机敏的他，意识到这是蒋介石、桂永清所设考验他的“局”，立即眉头一皱，装作非常生气地大声对带他来的人说：“我们回去！”

曾国晟根据中共地下党的指示，认真地为中共工作。中共中央社会部准备在福州设一个秘密的红色情报站，将中共打入国民党内部高级情报人员搜集到的绝密情报传递到中共中央。同时，动员更多的国民党海军精英起义。为此，中共中央社会部需从上海运送一部电台到福州，以在国民党海军上校叶可钰家中设一个红色情报站。

但是，电台如何运到福州？曾国晟与叶可钰等商量后决定，中共地下党先将电台送到曾国晟上海家中，曾国晟再设法送到舰艇上。

那天晚上，曾国晟穿着便衣，带着电台，坐着三轮车到了码头，但接应的叶可钰尚未到，曾国晟只好坐在三轮车上等。这时，附近几位哨兵看到一位壮年人坐着三轮车到码头，既不下车又不离开，觉得奇怪，正准备上前询问。机智的曾国晟灵机一动，拿出一张大面额钞票付车钱，三轮车车夫说：“没那么多零钱找你。”曾国晟说：“你再找找，我没零钱了！”两人争论起来，就在此时，叶可钰到了……曾国晟顺利地将装着中共地下党红色情报站专用电台的大皮箱，传到了叶可钰手上。

1949年7月，曾国晟毅然起义，加入中国人民解放军，倾力参与建设中国人民解放军第一支海军部队——华东军区海军。⑨

曾国晟：造出新中国第一批军舰

张爱萍登门请出山

1949年4月23日，新中国第一支人民海军部队——华东军区海军诞生了，可到哪里去弄军舰呢？当时，从苏、沪、浙、鲁等地接收了一批破旧的国民党海军舰船，但国民党为了阻挠中国共产党建立自己的海军，连续出动飞机轰炸，使接收的国民党海军舰船又蒙受了重大损失。为了使舰船尽快用于训练和作战，就必须对大批陈旧的和受损的舰船进行修复。在华东军区海军司令张爱萍的倡议下，华东军区海军成立了舰艇调查修装委员会。请谁来当这个主任呢？张爱萍突然想到一个人，一个能助他一臂之力的人，一个能堪此大任的人，这个人就是曾国晟。同年7月，曾国晟来到上海，住在上海四川北路自己的一位亲戚家。一天，张爱萍坐着一辆吉普车，在酷热的大太阳下，左弯右拐，好不容易找到曾国晟的住处。当他爬上阁楼，敲开曾国晟的门时，曾国晟感动了，他根本没有想到，自己刚到上海，中共华东军区海军司令就会主动上门看望，他很激动，连声说：“有劳司令大驾光临，不胜感激。”哪里想到，张爱萍上前一步，紧紧握着他的双手，笑着说：“你一腔爱国热忱，弃旧投新，愿为建设新海军做贡献，我代表人民海军全体官兵热烈欢迎你的到来！”

对张爱萍，当时，曾国晟已从熟人嘴里有所了解，知道他是位有名的儒将，待人热情，爱才如命。但无论如何没有想到，自己刚到上海，中共华东军区海军司令就亲自登门拜访。

张爱萍开门见山："听说你回来了，今天来看看你，冒昧了。大家都欢迎你到海军工作，给我们当老师啊！"

曾国晟客气地请张爱萍坐下，然后说："老师不敢当，工作尽量做。张司令如此诚恳，我一定尽职尽责。明天我就可以上班。"

张爱萍高兴地拍了一下手："好，就这么定了！"谈到最后，张爱萍坦率地提出："为了尽快解决装备问题，准备成立一个舰艇调查修装委员会，请你当主任，希望你不要推辞。"

"曾氏炮舰"问世

在接受任命的当天，曾国晟就立即与张爱萍一起讨论如何修舰修船。曾国晟建议：修理舰艇离不开造船厂，可眼下的上海船厂，包括江南造船所和浦东修船厂，都被国民党在逃离前破坏了，要集中力量先抓好抢修工作。同时，他建议购置一些商船、民船，改装成军舰。他告诉张爱萍，只要先把商船的船舱按比例隔小，以便作战损伤后堵漏进水。再装上火炮，就能用于作战了。这令张爱萍非常高兴。很快，华东军区海军购置到各种船只 77 艘，同时在船厂技术专家和工人的努力下，被国民党军队破坏了的造船厂相继恢复了生产能力。

曾国晟具体领导了修舰、改装舰工作。改装舰工作遇到了许多技术困难，比如，本来舰艇上安装的火炮，都是根据各型舰艇吨位、速度和担负任务而特制的专用舰炮。可是，要在商船上装炮就有难度。没有专用炮，只好安装陆军用的加农炮或榴弹炮。曾国晟亲自组织科研攻关，对火炮的技术参数一一进行具体增删改动，试炮后效果很好，水兵昵称之为"水陆两用炮"，说曾国晟是这种"水陆两用炮之父"，因此有人将之称作"曾氏炮舰"。在改装商船的同时，曾国晟又组织抢修出了一批军舰，并在 134 艘舰艇上装了 799 门火炮，解决了"有舰缺炮""有船没炮"的难题。在这个过程中，曾国晟还培养了新中国人民海军一批造舰造炮技术人员。

这批"曾氏炮舰"在解放舟山群岛和一江山岛的战斗中发挥了重要作用。

曾万里：周恩来麾下传奇英雄

参与创建烟台第一个中共党小组

曾万里是中国共产党早期优秀党员。

1919 年 5 月，“五四运动”爆发，正在烟台海军学校读书的曾万里参加罢课。后来，经校友郭寿生介绍加入读书会。

1921 年冬天，曾万里在烟台海军学校与同学郭寿生一起创办了《新海军》月刊。[10] 1923 年下半年，奉中国共产党之命，曾万里与郭寿生创立中共在海军的第一个秘密外围组织——新海军社。很快发展到上海、南京、马尾等海军重要基地，一时声威大震，成为当时海军中非常有影响力的进步组织，曾万里在创立和推动新海军社发展中，展现了非凡的组织协调能力。[11] 11 月，经郭寿生介绍，曾万里加入了中国社会主义青年团，并参与组建烟台地区第一个团组织。[12]

1924 年 1 月，第一次国共合作形成，曾万里以社会主义青年团团员的身份加入国民党组织。[13] 其间，曾万里经常到山东的先志学校、益文学校、水产学校等处宣传革命，发现并培养进步学生，参与组建马克思主义研究会，秘密发展社会主义青年团团员和新海军社社员，成为新海军社重要的领导人之一。[14] 同年加入中国共产党。[15] 根据陈

曾万里（前排左）因江阴海空战受伤回闽养伤

独秀、王荷波的来信，曾万里与郭寿生等人秘密调查烟台的政界、教育界、工商界、新闻界、外交界等多方面情况，并于1924年2月9日，向中央局递交了1万余字的《最近烟台报告》。之后，这份报告被中央认为“极有价值”。5月，即以《烟台调查》为题，在中共中央机关报《向导》上分4期全文刊载。[16]12月，根据中共中央局的指示，郭寿生、叶守桢、曾万里等成立了中共烟台党小组，郭寿生任组长。这是胶东地区最早的党组织。[17]在中共地下党领导下，曾万里做了许多工作。

1925年4月，曾万里毕业，将烟台的党团工作移交给了叶守桢。[18]

参加上海工人武装起义

1925年8月，曾万里调任“永绩”炮舰二副。上舰后，曾万里着手发展新海军社成员，在不到两年里，“永绩”舰中下层官兵几乎全部加入新海军社。

1926年7月，国民革命军北伐，新海军社总部从烟台迁往上海，响应北伐。10月，新海军社成立宁、沪两队，曾万里指挥宁队，还负责南京支社工作，帮助“永绩”“海筹”“华安”等10多艘舰艇和上海海军江南造船所、南京鱼雷营组建新海军社分社。曾万里参与上海工人武装起义。

1926年10月24日凌晨，中共中央和中共上海区委发动组织上海工人举行了第一次武装起义。当时原计划以海军开炮为信号，上海工人纠察队和国民党钮永建掌握的军队联合攻打高昌庙兵工厂和龙华司令部，但舰炮因故未能打响。起义失败后，中共中央和上海区委总结第一次起义失败的教训，制订下一步起义计划。会上，曾赴苏联学习过的罗亦农、汪寿华、王若飞、赵世炎等人很重视十月革命中俄国海军“阿芙乐尔”号巡洋舰炮轰冬宫的经验，提出策反海军，并加强党的领导，在区委领导下建立海军支部。[19]会后，中共在海军驻

曾万里女儿曾国平在接受笔者访问后，在笔者采访本上题词

沪部队和工厂中开展工作，发展党员，建立组织，秘密发行《灯塔》月刊等。11月下旬，周恩来到上海后，曾万里等中共“秘密党员”与周恩来直接联系。[20]

1927年2月22日，黄浦江上的“建康”“建威”号军舰率先开炮，炮击高昌庙兵工厂，全市为之震动。揭开了上海工人第二次武装起义的大幕。此时，曾万里等在南京“永绩”炮舰上，立即要求舰长高宪申开炮攻击由津浦路南下援沪的奉军，策应驻上海的舰艇行动。虽然这次起义又失败了，但海军官兵的行动得到了高度评价，如上海总工会在复工命令中说：“革命的海军，开炮对敌人轰击，表示革命的工人与兵士联合的伟大征兆。”[21]罗亦农也在中共上海区委活动分子会议上说：“海军开炮……在历史上有很大意义……钮惕生（钮永建）说海军开炮，是C·P（中国共产党）命令，这是不错的。可以表现我们的力量。”[22]此后，当局惩办参加起义的海军官兵，郭寿生等被迫离舰隐蔽。

大革命失败 奉命在海军隐蔽

1927年4月12日，蒋介石在上海发动“四一二”反革命政变。中共中央指令海军中的中共党员配合国民革命讨伐蒋介石。为此，曾万里协助郭寿生将新海军社总社从上海移设汉口，拟再策动驻南京、上海舰艇中的中共党员及新海军社成员讨伐蒋介石反革命集团。7月15日，汪精卫在武汉发动“七一五”反革命政变。在大革命失败后的白色恐怖中，曾万里再三要求参加红军。周恩来派人来与他联系，告诉他：“你是宝贵的海军人才，共产党一定会有自己的军舰，保护好自己，以后有更重要的事等着你做。”[23]于

曾万里学生何友恪（陈志远）随“重庆”舰自英回国，航行至孟买时，到曾万里墓前祭扫后留影

是他遵照中共中央命令，继续隐蔽在海军部。

1943年，曾万里被委派为中国政府驻东南亚盟军统帅部海军联络官，行前将妻小送回福州。此时他已与中共地下党组织恢复联系，与党内战友相约回国后继续在海军内开展革命工作。那天，一位大革命时期与其并肩战斗的中共老党员找到他，对他说："周恩来让你归队。"[24]

曾万里克制住欣喜，轻声说："为这一天，我已等了很久。"[25] 临出国前，曾万里曾依来人介绍的联络办法，在重庆山城，与八路军办事处的同志在茶楼见面，表达了急切为党工作之心，相约归国后即归队。未承想1944年4月14日，时任中国驻东南亚盟军统帅部海军联络官的曾万里，竟在印度孟买殉职。

注释：

① 福州市地方志编纂委员会编．福州姓氏志[M]．福州：海潮摄影出版社，2005：619.

② 刘琳．唐宋"散文八大家"后代出了个海军世家[N]．福州晚报，2006-03-06(24).

③⑥⑦⑫⑬⑭⑰ 中共烟台市委党史研究室，烟台市档案局．中共烟台历史大事记（第一卷）[M]．北京：中共党史出版社，2003：14.

④⑤⑩⑪ 中共烟台市委党史研究室，烟台市档案局．中共烟台历史大事记（第一卷）[M]．北京：中共党史出版社，2003：12.

⑧ 刘琳．中国长乐海军世家[M]．福州：海潮摄影出版社，2005：124-126.

⑨ 刘琳．中国长乐海军世家[M]．福州：海潮摄影出版社，2005：243-245.

⑮⑯ 中共烟台市委党史研究室，烟台市档案局．中共烟台历史大事记（第一卷）[M]．北京：中共党史出版社，2003：13.

⑱ 中共烟台市委党史研究室，烟台市档案局．中共烟台历史大事记（第一卷）[M]．北京：中共党史出版社，2003：15.

⑲⑳㉑㉒㉓㉔㉕ 刘琳．中国长乐海军世家[M]．福州：海潮摄影出版社，2005：251-254.

黄廷枢家族

黄廷枢（1909—1995），字民夫，号启予，福建省长乐县（今福州市长乐区）人，海军军官，海军学校第二届航海班毕业生，曾任“通济”舰航海副，“大同”舰航海副，“湖鹏”艇副艇长、代理艇长，海军长江中游布雷游击队第三中队第六分队分队长，海军第二布雷总队第三大队第六中队中队长、第三大队大队长，“建康”舰舰长；中华人民共和国成立后，曾任大连海运学院教授、院务委员、驾驶系主任，大连海运学院教授兼外交部法律顾问。中国海商法奠基人。

黄廷枢家族自清朝乾隆二十八年（1763 年）开始，世居今福州市长乐区航城街道琴江满族自治村，在此繁衍了一个连绵八代的著名海防、造船家族。家族中走出的七代海军名杰，先后在鸦片战争、中法战争、中日甲午战争、抗日战争中与侵略者血战。

家族源流

黄姓本为黄帝之后

黄姓相传系黄帝之孙颛顼高阳氏苗裔，伯益之后。伯益佐舜调训鸟兽有功，舜赐姓“嬴”；佐禹治水有功，得封范围在今河南省光州、固始、商城、息四县的黄国，原承赐“嬴”姓的子孙遂改以国名“黄”为姓，这是黄姓得姓肇始。

黄国自公元前 21 世纪夏代初年受封建国，历夏、商、周三个王朝，一直顽强地生存了1400余年，至公元前7世纪中叶才告终结。

古老的黄国被楚国吞并，黄姓子孙就散居到长江、淮河流域一带，并在江夏衍为望族，史称“江夏黄”。

但是，在历史长河中，也有一些别姓改作黄姓，如王改黄、巫改黄、丁改黄、吴改黄、金改黄、范改黄、廖改黄等。

另外，中华民族是一个多民族的大家庭，各大姓往往也有多种民族成分。黄姓就是一个多民族的姓氏，这些民族的姓氏，有的是黄姓融入其他民族中去，有的则是其他民族加入黄姓中来。

从北京郑家庄直接入闽

琴江不少黄氏墓上，写着祖籍地“辽东”。据琴江黄氏宗亲介绍，他们的老家在辽东铁岭，后随皇太极入关，驻防北京。

至于这支黄氏是如何迁徙到辽东的，目前没有发现史料。

琴江黄氏，于乾隆二十八年（1763年）直接从北京郑家庄奉调入闽。

郑家庄曾是康熙朝废太子胤礽终老之地。胤礽是康熙帝的二儿子，生他时，皇后大出血死了。也许因为过于喜爱这位早逝的皇后，康熙早早就封胤礽为皇太子，这也是大清朝被封的唯一一位太子。但胤礽想当皇帝心切，过早暴露了黄袍加身、取康熙而代之的心迹，因此失去康熙的信任而被废，后复立、再废。第二次废黜后，胤礽被禁于咸安宫，直到康熙逝世。雍正继位后，出于对皇位安全的考虑，继续对废太子胤礽实行软禁，但并不想让其住在宫里。于是雍正元年（1723年），他下诏于郑家庄修盖房屋，驻扎兵丁，让胤礽迁居那里。第二年，胤礽在郑家庄去世。

郑家庄有如此多的驻兵与胤礽的儿子弘皙有关。雍正元年（1723年），弘皙被封为理郡王，府邸在北新桥。但雍正二年（1724年），皇帝便让他去郑家庄陪伴父亲胤礽。胤礽死后，弘皙仍居住在这里。雍正六年（1728年），弘皙被晋封为理亲王。乾隆继位后，并未将这个堂兄放在眼里。弘皙很快扩张了自己的政治势力。据说，他仿照国制，设立会计、掌仪等只有皇帝才能有的机构，在郑家庄建起了自己的小朝廷。乾隆发现后才意识到，弘皙是康熙与赫舍里皇后的孙子，血统比自己还高贵，大大威胁到了自己，遂将弘晳以谋反论处。乾隆四年（1739 年），乾隆削了弘晳的封爵，“弘晳逆案”成了清朝大案。后来，胤礽第十子承袭了理郡王，搬回了北新桥的理郡王府。弘晳获罪后数年，驻兵调走，郑家庄的王府也被内务府拆除了。

乾隆年间，清朝大战越来越少，人丁繁衍速度加快，旗人人口剧增，造成旗兵及其家属生活困难，这个矛盾是全国性的，北京驻防军更为严重。虽然在乾隆十九年（1754 年）把北京满洲八旗的壮丁调来福州，把福州的汉军四旗换掉，但这是暂时性的补救措施，只能解决一时困难。而北京的汉军八旗人丁也过剩，因此把三江口水师旗营全部释放出旗为民，或调往绿营，成了切实可行的办法。据《皇朝政典类纂》介绍，乾隆二十八年（1763 年）朝廷下令：“福州驻防水师营汉军，悉陆续出旗，分别改补绿营”[①]，然后由北京调郑家庄兵 611 名充额，如果不敷数，再于八旗满洲兵内发往。但是，据一些史料介绍，因为当时郑家庄不少人认为福建属蛮荒之地，路途既遥远又难行，有相当部分人不愿南来福州，这也使得三江口水师旗营中原来的汉军，并未“悉陆续出旗”[②]，还保留了不少人。

乾隆二十八年（1763 年），黄家从北京郑家庄一路南行，来到琴江。

船政家谱

第一代

黄家第一位海军是黄中极，他就是乾隆二十八年（1763 年）带着一家老小从北京郑家庄迁入三江口水师旗营的琴江黄氏始祖。

黄中极：肇基琴江　水师旗营佐领

黄中极（？—？），字紫垣，正黄旗人，水师军官，曾任三江口水师旗营佐领。

乾隆五十一年（1786年）十一月，台湾天地会首领林爽文起事，打出“大顺”旗号，连克数县，三江口水师旗营由佐领黄中极率领174名水兵，奉命跨海前往台湾平乱。战斗进行得非常惨烈，在黄中极率领下，水师旗兵奋勇杀敌，终于完成平乱任务，率军班师回营。黄中极为此获一等军功。

黄中极玄孙所撰的《琴江志》，对此有详细记录——

乾隆五十一年，林爽文之乱……满汉旗兵，乘上“为”字赶缯船赴台。台地林深箐密，烟瘴殊甚，前有劲敌，后无援兵，死者无数。而大将军福康安屡促进兵，遂贾勇直前，士皆奋斗，大憝就戮。我太高祖长子和珍，成之高伯祖也，当征林爽文时，任骁骑校之职，随父赴台，充当哨官，以军功升二佐领。③

第二代

黄家第二代男儿全在三江口水师旗营从军，以黄中极长子黄怀仁为代表。

黄怀仁：先平台乱 再与海盗激战数年

黄中极、黄怀仁故居

黄怀仁（？—？），号和珍，水师军官，曾任三江口水师旗营骁骑校、右翼佐领。

黄怀仁是黄中极长子，投军之后苦练杀敌本领，行舟、放炮、射箭皆为高手，不断获升。乾隆五十一年（1786年），时任三江口水师旗营骁骑校的黄怀仁，随父亲赴台参加平定林爽文之役，以军功由骁骑校升右翼佐领。

清嘉庆三年（1798年），蔡牵海盗武装集团横行台湾海峡，商民皆苦，甚至几次攻占台湾淡水、凤山（今名高雄），清军累年不克。嘉庆六年（1801年），清廷派浙江水师提督李长庚调动闽浙两省水师合力围剿。黄怀仁率领三江口水师旗营旗兵和邱良功、王得禄等率领的绿营水师一起，与蔡牵大战东南沿海，终于在嘉庆十二年（1807年）取得黑水洋决战的胜利。紧接着，嘉庆十四年（1809年）八月，蔡牵败死于浙江洋面，东南沿海恢复了安宁。

《琴江志》载：黄怀仁“至嘉庆六年，亦带旗兵往剿海盗蔡牵，李忠毅（李长庚）公阵亡，后贼势益炽，遂与邱良功、王得禄努力清剿。黑水洋之捷，和珍殊为尽力焉”④。

黄暄：海上炮兵 台湾平乱深山发威

黄暄（？—？），水师军官，曾任三江口水师旗营炮兵、外委把总。

黄暄是黄中极侄儿，生长于琴江，长大后投身于三江口水师旗营，专司放炮。他注意钻研放炮技能，练得发炮十分精准。

乾隆五十一年（1786年）十一月，台湾林爽文起事，连克数县，全台俱乱，黄暄跟随黄中极赴台平定台湾林爽文之乱。黄中极率三江口水师旗营，于乾隆五十二年（1787年）正月到达台湾。在攻取诸罗（今名嘉义）时，又被围攻于深山。水兵本不擅长山地作战，加上当时声援隔绝，处境非常危急。眼看包围的敌人就要扑上来了，黄暄绝境中非常冷静，沉着发炮，使得三次发炮均准确地击中林部，敌人四散，我军绝处逢生。战后，黄暄获赏外委把总。

第三代

琴江黄家第三代男丁长大后不少在三江口水师旗营当水兵，以黄禹门提拔最快。

黄禹门：警卫福州 闽江口筑“海疆长城”

黄禹门（？—？），别名震鳞，水师军官，曾任三江口水师旗营佐领、三江口水师旗营佐领兼署协领、保题营统领。

黄禹门是黄中极孙子、黄怀仁侄儿，及长，服务于三江口水师旗营，曾任三江口水师旗营佐领、佐领兼署协领，保题营统领，奉旨以游击用。官至三品。《琴江志》对黄禹门作这样记载："少失怙，事兄如父。历官至副协领，皆奉兄嫂同署而居，治家亦听兄而行，且视犹子如己子。"⑤"在署协领任内，创官学，由是人文蔚起。皆得为政之大体。此其大略也。"⑥

道光二十年（1840年），鸦片战争爆发。英军见广州防守严密，不敢造次。转攻厦门，闽浙总督邓廷桢驻厦门防卫，率军击退进犯的英军。英军又北上转攻福州，时福州驻防军调官兵组建保题营驻守闽江口，保题营统领由黄禹门担任。他一上任即整修炮台，组织加修工事，调兵遣将，做了严密部署，还不分昼夜巡视各哨。因为与士兵同甘共苦，所以士卒都无不乐为尽力。黄禹门带兵刚柔相济。有一回，某军官违反军规，他引典重罚，整顿了军纪，也增强了军队战斗力。当时英军沿江北上寻觅我防卫薄弱环节下手，原准备从闽江口进攻福州，转至闽江口，见我戒备森严，严阵以待，便不敢造次，转而进犯浙江定海，福州因此免受战争不幸。史书上谓其为"海疆长城"。⑦

黄禹门在担任三江口水师旗营佐领、佐领兼署协领期间，在三江口水师旗营里创办鲤岗书院。据《琴江志》载，自三江口水师旗营设立以来，共走出2位进士、105位举人、200多位秀才。因科举入仕，担任知府、知县等职者，有数十人。

第四代

琴江黄家在第四代，出了不少亦文亦武的水师杰出人才，其中以黄恩禄、黄恩浩、黄恩深等最为著名。

黄恩禄：领捷胜营 马江海战屡创法舰

黄恩禄（？—？），字彝卿，水师军官，曾任三江口水师旗营佐领、佐营兼署协领、协领，厦门海关委员，捷胜营统带。

黄恩禄

黄恩禄是黄中极曾孙。清同治年间（1862—1874），台湾闹粮荒，黄恩禄负责采办津米相济有功，蒙福州将军保奏，奉准赏戴蓝翎。黄恩禄积功不断获升，同治末年已升三江口水师旗营佐领。清光绪三年（1877年），三江口水师旗营协领荣贵病逝后，黄恩禄升署协领，即暂代协领事务。黄恩禄还曾两次出任厦门海关委员。

光绪九年（1883年），福州将军视察三江口水师旗营，给予黄恩禄领导的三江口水师旗营极高评价："往三江口洋屿地方查阅水师旗营官兵，马步射骑均属中平，枪炮中靶者多，排列阵式跳舞刀牌及水操爬桅中对械亦尚敏捷。"[⑧]当时，黄恩禄虽然年逾65岁，但是福州将军还是希望他留任。福州将军在给光绪皇帝的奏折中写道："黄恩禄年逾六十五岁，经奴才等详加考验，其步射均属可观，办事当差各皆勤慎，实系年龄虽老精力未衰堪留任。"[⑨]

光绪十年（1884年）马江海战前，福州将军穆图善驻守闽安，调三江口水师旗营右翼100余人与其他旗兵组成捷胜营，以黄恩禄为统带，驻守长门下塘寨。战前，钦差大臣张佩纶不准先行开炮，否则"虽胜亦斩"[⑩]。光绪十年七月初三（1884年8月23日），马江海战打响。黄恩禄以"将在外君命有所不受"[⑪]，说动穆图善同意"见敌舰即尽力攻击"[⑫]。七月初九（1884年8月29日），法舰攻打下塘寨时，黄恩禄督率官兵尽力攻击，用简陋的武器与敌人做殊死的战斗。战后，黄恩禄以军功赏戴花翎并加协领衔，升为从三品。[⑬]

黄恩深：熟悉海务 水师旗营右翼佐领

黄恩深（？—？），号锡庶，水师军官，曾任三江口水师旗营炮兵、哨官、骁骑校、右翼佐领。

黄恩深是黄恩禄胞弟，及长进入三江口水师旗营当兵，训练刻苦，武艺高强，尤长于船上发炮，百发百中，不断积功获升，曾升哨官、骁骑校，官至右翼佐领，最后原品休致。

黄恩隆：积功获升 从水兵到延平协都司

黄恩隆（？—？），水师军官，曾任三江口水师旗营水兵，延平协都司。

黄恩隆是黄恩禄的堂兄，生长在三江口水师旗营，成年后在三江口水师旗营当水兵，驾船、发炮本领颇高。在当兵训练的同时，坚持文化学习，道光二十九年（1849年）中武举人。后曾任清军延平协右翼守备、都司，官至四品。

黄家在"恩"字辈，出了不少举人，除了黄恩浩、黄恩隆，还出了3位举人：黄恩贵，字锡勋，道光十七年（1837年）举人；黄恩荣，字锡尊，道光二十三年（1843年）举人；黄恩眷，武举人。黄家举人多，与黄中极、黄禹门文化水准高且一有空就亲自课读子侄有直接关系。据《琴江志》介绍：黄中极、黄禹门"俱由佐领外郎出身。佐领外郎者，非素娴珠算及优于清文者不能胜任"[14]。黄家家学渊源深厚。

黄恩泽：勤勉旗勇 护江有功升骁骑校

黄恩泽（？—？），水师军官，曾任三江口水师旗营骁骑校。

黄恩泽是黄恩禄堂弟，生在三江口水师旗营，从幼年开始边读书边习武，及长，进入三江口水师旗营当兵，依旧在从军守江的同时，坚持学习文化，多次参加科举考试无果。但因表现优异，在军中逐级获升，后任三江口水师旗营骁骑校，率部在闽江上缉私捕盗，保卫商民。骁骑校为正六品。

第五代

琴江黄家在第五代依旧出了不少海军人才。其中，有一大特点，即一边当兵一边读书赶考，过的是“兵读”生活，也正是因此，这一代黄家出了六位水兵举人。

黄运昭，字子融，黄恩禄儿子，三江口水师营水兵。后一边当水兵，一边走科举之路，终于同治十二年（1873 年）中举人，以知府衔署永春州；黄运恒，字愫开，同治九年（1870 年）中举人；黄运乾，字子宜，光绪二年（1876 年）中举人；黄运亨，字子英，光绪五年（1879 年）中举人；黄运韶，字子美，光绪二十年（1894 年）中举人。中武举的还有黄运晖。

第六代

琴江黄家第六代海军，既有高中进士的旧式水师水兵，又有船政学堂毕业的技术英才。在这一代，黄家连出多位升到闽省其他地方当官的水兵，如黄启泰本是三江口水师旗营水兵，后升到闽安水师协当把总。还出了多位水兵举人，如光绪十一年（1885 年），黄家的黄曾冕、黄曾益双双中举。这一代有黄家子弟和亲戚参加了甲午海战。

黄曾源：旗营水兵 高中进士当知府

黄曾源（1857—1935），字石荪，号立午，晚号槐瘿，水师水兵、政府官员，曾任三江口水师旗营水兵、监察御史、徽州知府、青州知府、济南知府。

黄曾源祖父黄恩贵原是三江口水师旗营水兵，从军之余致力举业，道光十七年（1837 年）中举，曾任湖南新宁县知县。父亲黄运昌曾任福建云霄抚民厅同知。

黄曾源生于三江口水师旗营，从小遵父命习举业，及长投军，在三江口水师旗营当水兵，戎马之余抓紧分秒时间苦读儒书，备战科考。光绪十四年（1888 年）中举，光绪十六年（1890 年）登进士。在登进士后，曾任翰林院编修、监察御史，耿直敢谏，遭受权贵排挤，外放徽州知府，后调至山东，任青州知府，之后两任济南知府，居官颇有政声。任职十余年，两袖清风，生活简朴，为寒士所不堪。

黄曾源为人耿直，林纾送其出守徽州，有句云：“石荪不因人之曲而曲之，因人之直而直之。且其事人也，不以生死盛衰易其操，阿谀党顺变其言，诚君子也。”[15]清帝退位后，黄曾源居青岛，拒绝袁世凯征召，杜门不出，望门投刺者皆拒而不纳。著有《石孙诗稿》一卷。

黄曾同：逐级升迁 智勇双全任防御

黄曾同（？—？），水师军官，曾任三江口水师旗营哨官、骁骑校、防御。

黄曾同是黄中极六世孙，生于三江口水师旗营，在长辈鼓励下边习武边学文化，曾就读于村中鲤岗书院，长大后进入三江口水师旗营当兵。他训练刻苦，值勤认真，业余时间还研读兵书。黄曾同是黄家在这一代留在三江口水师旗营从军者中，官当得最大的。他从水兵做起，一步一个脚印，逐级升迁，从领催升骁骑校，再升防御。防御为正五品。后事不详。

黄曾溶：摒弃科举 攻读船政经世之学

黄曾溶（？—？），海军军官，曾任海军福州船政局工务员。

黄曾溶是中国旧水师向近代海军发展的见证人，是琴江黄家第一位海军科班学校毕业的海军军官，标志着黄家开始放弃科举而致力于通过学习经世学问报效国家。黄曾溶少年时期考入船政学堂，在校期间克服了各种困难勤奋学习，通过了一次次严苛的考试，于光绪三十一年（1905年）冬，毕业于船政前学堂第六届制造班。毕业后，黄曾溶在船政造船厂做技术工作。

中华民国成立后，黄曾溶曾任海军福州船政局工务员。后事不详。

第七代

琴江黄家在第七代，投身担任新式军舰水兵者极多。主要是因为清朝被推翻了，旗营也裁撤了，没有官粮供给。当时旗营有官兵800人，连同家眷2000余人，顿失生活来源。多亏当时还有一些琴江子弟在军舰上任舰长、副舰长，于是旗营青壮年纷纷投奔这些琴江老乡。例如，时任舰长的琴江人许建廷一次就收了十几个无业老乡，让他们在舰上当水兵、炮手、缆兵和炊事兵。

黄家这一代的海军人员，最著名的当数黄廷枢。

黄廷枢：英雄舰长 中国《海商法》奠基人

黄廷枢（1909—1995），字民夫，号启予，海军军官，中国海商法奠基人，曾任“通济”舰航海副，“大同”舰航海副，“湖鹏”艇副艇长、代理艇长，海军长江中游布雷游击队第三中队第六分队分队长，海军第二布雷总队第三大队第六中队中队长、第三大队大队长，“建康”舰舰长；中华人民共和国成立后，曾任大连海运学院教授、院务委员、驾驶系主任。

黄廷枢是黄中极第七代孙、黄恩禄曾孙。1931年2月，黄廷枢自位于福州马尾的海军学校第二届航海班毕业。同年底，任“应瑞”舰代理鱼雷副。1932年2月，任“逸仙”舰代理航海副，5月任“通济”舰二等中尉航海副。1933年9月，调任“大同”炮舰二等中尉航海副。1935年12月，任“湖鹏”鱼雷艇一等中尉副艇长。1936年2月，代理“湖鹏”艇艇长，5月任海军部中尉候补员，7月与周仲山等5位同学一起赴英国皇家海军学院留学。1937年7月，由英国转赴德国潜艇制造厂深造。

黄廷枢

1939年7月黄廷枢回国参加抗战。次年1月，任海军长江中游布雷游击队第三中队第六分队分队长。1941年初秋，海军长江中游布雷游击队改编为第二布雷总队，黄廷枢为第三大队第六中队上尉中队长。在抗日前线，黄廷枢带领布雷队官兵冒着生命危险布雷，炸掉了不少日寇军舰。在布雷游击战中，他还和当时在新四军当军长的陈毅结下了深厚友情。离别时，陈毅将自己心爱的一把左轮

黄廷枢在大连海运学院实习船上

手枪和佩剑送给黄廷枢。1945年，黄廷枢任海军第二布雷总队第三大队少校大队长。

1946年1月，黄廷枢任“建康”舰少校舰长。1947年6月，进入位于青岛的海军军官学校受训，为军官队少校队员。1948年，晋升海军中校。12月，参与反对海军总司令桂永清地下活动，拒绝参加内战，获罪入狱，被囚于南京。1949年5月，黄廷枢被保释出狱。不久，再次以生病请辞，终去军职。

1953年，黄廷枢受聘于大连海运学院（今大连海事大学）教授，任院务委员、驾驶系主任，之后任海商法硕士生导师，是我国海商法学科创立的重要奠基人与发展的重要推手，为新中国第一位海商法教授、新中国第一部海商法教材著作者、中国海商法教学模式创立者，1963年撰写、出版了中国第一部海商法著作《海法》。他还是中国《海商法》起草委员会委员、外交部法律顾问、交通部高校与海军院校高级职称评委，曾长期担任中国海运界高级职称评审委员会主任、辽宁省政协委员、大连市政协常委、民盟大连市委秘书长等职。为享受国务院特殊津贴的著名专家。1995年1月6日，黄廷枢病逝于大连。

第八代

黄廷枢家族的船政谱系已延续至第八代，这一代出得最多的为水兵，较有名气的船政人员是黄廷枢之子黄海。

黄海：延续门风 海事大学实训名师

黄海（1951— ），海事教师，曾任大连海事大学航海训练与研究中心教师。

黄海

黄廷枢生有六女一子，黄海是黄廷枢唯一的儿子。儿子出生时，夫人请黄廷枢给儿子起名，他想都没想，脱口就说“叫‘海’吧”，长大了要么当海军，要么做跟航海有关的事。改革开放后，黄海进入当时还叫“大连海运学院”的大连海事大学学习，毕业后留校，进入学校的航海训练与工程实践中心当教师。

黄海工作认真，一直十分注意钻研专业理论，教学极为认真，循循善诱，诲人不倦，是深受学生欢迎的实训教师。身为家族第二代航海教师的黄海，持续传承着家族船政门风。

家族传奇

黄廷枢与陈毅元帅的生死之交

曾经担任陈毅部属

布雷游击战要顺利进行，必须海陆军协同作战：由陆军负责侦察，提供情报，确定出击路线，并担任掩护；海军负责运送、敷设布雷。

黄廷枢所在的海军长江中游布雷游击队第三中队，布雷区在皖南、苏南一带，而这一带正是新四军的防区。长江布雷战要打得好，必须与新四军合作。

1940年春，当时正值国共合作，海军长江中游布雷游击队第三中队拨归新四军指挥，直接接受新四军第一支队司令陈毅的领导。国民党海军总司令部先后准备委派第三中队队部两位军官赴新四军做接洽工作，但是他们由于受内战期间负面宣传影响，怕与共产党接触会有不测，不敢去报到。黄廷枢得知布雷战因此无法展开，很是焦急。他想，如果能早一天与新四军合作，就能早一天布雷杀敌，拖一日就使日寇多一日嚣张。于是，主动要求到新四军部队去联系安排布雷。

国民党海军总司令部一见有人自告奋勇，难题迎刃而解，欣然委派黄廷枢作为海军长江中游布雷游击队第三中队与新四军联络的全权代表。

那天，黄廷枢只身前往江苏溧水县（今南京市溧水区）水西村新四军第一支队队部，向陈毅司令员报到，汇报海军部的布雷计划，请示与新四军联合行动，商谈该布雷中队接受陈毅指挥等具体事宜。在新四军第一支队队部，黄廷枢第一次见到陈毅。两位都怀揣着杀寇决心的军人见面了，用黄廷枢的话说是“一见如故”。在去新四军第一支队的路上，黄廷枢还在担心怕得不到信任，怕共产党军队会给他这个国民党军官难堪。没想到，陈毅司令员一见到他，便热情地迎上前去，与他握手，连说了几声“欢迎你！”陈毅的真诚，立马让黄廷枢疑虑全消。当他说明来意后，陈毅非常赞赏国共合作布雷，大声说：“一定全力合作，打好水上布雷这一仗，给日本鬼子以重创！”⑯

黄廷枢（中）与战友在皖南

当了陈毅的副官

黄廷枢二女儿黄仲吾在一篇回忆父亲的文章中这样写道：

陈毅雷厉风行，当即与黄廷枢研究作战方案。陈司令员对苏南一带的敌我形势和地形地貌了如指掌，他打开作战地图，向黄廷枢指明两条可行的布雷出击路线，一条往南京附近的栖霞山布雷，路远，但对日军的震慑力大；另一条往扬中布雷，路近，但震慑力小些。他对军情的掌握、战略上的思考和果断的决策，让黄廷枢立即心生敬佩之情。[17]

为了确保沿途运送水雷的安全，使出击行动更稳妥，陈毅安排黄廷枢以副官的身份，会同他的作战参谋及两名新四军战士，就拟订的从竹箦桥至南京栖霞山布雷出击路线做一次实地侦察。他要求黄副官一定要根据游击布雷的特点和实战的需要，在细节上多加注意，与作战参谋一起当好他的左右手，以便帮助他最后确定最佳作战方案。

发现黄廷枢说话带有福建口音，陈毅悉心关照他：“此行往返至少要花 20 多天，全部都在敌占区活动，要化装得完全像一个老百姓……你是福建人，家乡口音重，要尽量避免与当地人交谈，以免露出破绽。有事让作战参谋出面应付。”

陈毅特意安排人，为黄廷枢准备老百姓着的便装。临出发前，他亲自检查黄廷枢的装束，发现黄廷枢未备手枪，立即将自己的手枪别到黄廷枢的腰间，并细心地替他藏好，还退后几步，左看右看，看是否能看出黄廷枢别着枪。他对有些困惑的黄廷枢说：“不带枪固然不宜暴露身份，但一旦遇到敌人纠缠，难以脱身时，还得有武器，还得先下手为强，而且出手一定要快，要果断。你不要为他们（指三位新四军指战员）担忧，他们会保护你的。”他又嘱咐黄廷枢许多话，亲切、和蔼、耐心、周到，令黄廷枢非常感动。[18]

黄仲吾告诉笔者，这些细节，父亲曾向她说过多遍，每每说起，父亲的脸上都溢满了幸福的笑容。

陈毅杀开血路　掩护黄廷枢脱险

采访中，黄仲吾还说起了父亲向儿女们说过的许多与陈毅有关的故事——

黄廷枢作为陈毅的副官，与新四军军官并肩侦察敌情一个月。他和新四军的官兵一起战斗、一起生活，共同越过敌人一个又一个据点，与一批又一批荷枪实弹的日本兵周旋过，也碰到敌我双方的遭遇战；他亲眼看到新四军官兵一致，上下平等，也亲身感受到新四军与沦陷区地下工作者、当地老百姓亲如一家的军民鱼水情，这都是他在国统区闻所未闻、见所未见的。多少年过去了，他对儿女们说起这一切时，还感动地说："正是那段时间，让我第一次了解了中国共产党，了解了新四军，让我对抗战胜利有了足够的信心，因为我深信有了这样的军队，这样的人民，抗战一定会胜利！"

在沦陷区侦察的日子里，有一天黄廷枢和新四军的战友们，歇脚在新四军第二支队副官处，恰巧碰到了敌我遭遇战。我侦察人员与副官处官兵一起迅速占据附近一座山头，敌人从四面八方疯狂涌来，战斗十分激烈。

陈毅闻讯后立即率司令部人员赶来救援，他特意把自己的勤务兵派给黄廷枢，要勤务兵"绝对保证黄副官的安全"。黄廷枢说："你是司令员，身份比我重要，我不能要你的勤务兵。"但陈毅说："你是国民党派来的客人，我是这里的主人，主人保护客人，天经地义。"

黄廷枢仍不忍接受，陈毅毫不客气地命令道："现在我是你的上司，军人下级服从上级，你比我清楚。"说完便命令勤务兵将黄廷枢架到山上一处较隐蔽的地方，他率部杀开一条血路，掩护黄廷枢安全转移。

部队安全转移后，陈毅从一位通信员飞马传来的密信中得知，是这次为黄廷枢等带路的向导向敌伪军告的密，便当场处决了这一汉奸。[19]

患难与共，生死之交，黄廷枢永远不会忘记陈毅对他的救命之恩。

国民党海军布雷战 由陈毅指挥

侦察回来后，陈毅司令员详细听取了黄廷枢等的汇报。他分析说："通往栖霞山的线路河道多，公路多，敌人戒备森严，部队轻装尚可通过，运输笨重的水雷要通过道道封锁线就很难了。"陈毅决定改变计划，在扬中布放漂雷，并决定首次布雷 40 具，由新四军担任掩护与运输，由海军担任布放。陈毅还就一些战术细节做了安排，并指示尽快将漂雷运抵前方，在最短时间内出击。[20]

黄廷枢把陈司令员的命令带回海军长江中游布雷游击队第三中队，讲述了新四军积极配合布雷工作，讲述了新四军上下对他的真诚关照，使布雷游击队中曾对新四军怀有畏惧心理的官兵都放下了思想包袱，接受了陈毅的命令，和新四军一起开始了战前准备——准备水雷、部署兵力、寻觅船只。不久，由海军、新四军和运雷民工组成的一二百人的布雷队伍自深山向江边快速行进。就在先期运抵的漂雷已经在水下布放时，国民党反共顽固派抛弃民族利益，违背中国人民的抗日意愿，不顾国民党广大爱国官兵的民族感情，发动了惨绝人寰的“皖南事变”，也使国共合作首次长江游击布雷功败垂成，成了永远的历史遗憾。

陈毅率领支队紧急转移，临行前，他将自己的佩剑送给了黄廷枢，作为这一段真诚合作的纪念。

注释：

①②③④⑤⑥⑦⑧⑨ 刘琳．中国长乐海军世家[M]．福州：海潮摄影艺术出版社，2009：369-374.

⑩ 陈贞寿．福州三江口水师旗营[M]．北京：中国大百科全书出版社，2007：88.

⑪⑬ 刘琳．中国长乐海军世家[M]．福州：海潮摄影艺术出版社，2009：374.

⑫ 陈贞寿．福州三江口水师旗营[M]．北京：中国大百科全书出版社，2007：129.

⑬ 刘琳．中国长乐海军世家[M]．福州：海潮摄影艺术出版社，2009：374.

⑭ 刘琳．中国长乐海军世家[M]．福州：海潮摄影艺术出版社，2009：376.

⑮ 许国昌后人、福州市长乐区航城街道琴江满族自治村许辉老人所藏。

⑯⑰⑱⑲⑳ 刘琳．中国长乐海军世家[M]．福州：海潮摄影艺术出版社，2009：389-392.

池孟彬家族

池孟彬（1918—2007），字敬超，又字盟冰，福建省闽侯县人[①]，海军名将，海军学校第六届航海班毕业生，曾任“楚谦”舰枪炮副，“克定”舰代理副航海长，海军布雷队第六分队布雷官，海军水雷制造所制雷官，海军第二布雷总队第三大队布雷官，“灵甫”舰副舰长兼枪炮官，台湾地区海上防务部门联络室主任、人事署署长、情报署署长、海军军官学校校长、海军指挥参谋大学校长、副领导人，台湾地区防务部门联络局局长、“参谋本部次长”。台湾当局授予“海军中将”。

池孟彬家族世居闽侯县洋里乡仙门村，这个家族走出了一个三代男儿在甲午海战、抗日战争中浴血拼杀的海军世家，三代海军，两代烈士，代表人物除池孟彬外，还有中国著名海军史专家池仲祐。

池仲祐（1861—？），又作仲佑，字滋铿，曾任海军部总务厅秘书处编纂科科长、海军部军学司编译科科长。

家族源流

先祖居于渑池而得姓

闽侯洋里乡仙门村池姓，先祖发源于黄土高原之东、黄河中下游洛水之北、熊耳山之际的渑池。

西周时期，黄帝之胄第四十一世、殷商第二十三世之裔，殷姓，讳民，因辅佐周穆王有功，王封民食采于渑池（今河南省三门峡市渑池县），遂以池为姓。这是池姓起源最早的一位先祖，距今已有 2900 多年。

先祖在渑池居住有 300 多年，到周惠王姬阆二十二年（公元前 655 年），转居西河（今河南安阳），繁衍昌盛。后裔有一支从西河迁徙西平（今河南省西平县）。西河、西平两地先祖，一代又一代向外播迁，但都以西平、西河作为自己的郡望。无论望出西平或是望出西河的池姓后裔，都以渑池肇姓的殷民公为鼻祖。

开闽一世祖为法灵公

据《池孟彬口述历史》载："远祖世居河南孟津，法灵公携家眷南迁至闽，为开闽一世祖。至祖父时已是第十五世。先祖最初居于闽省闽侯县洋里乡仙门村，该村位于山腰间……该村旧称池家村，全为同祖子嗣……在村子附近山上，有池家的 3 座祖坟，一座为一世祖法灵公墓，另一座为其夫人，第三座则是十一世祖孙武公的墓，较新。至于法灵公为何未与夫人合葬，据闻因法灵公在外经商，逝于外地，遗体运回乡时，家人怕不是他的真尸，故将之另葬一墓。我们还有祠堂，此为先祖父任翰林时回乡修建，并将祖先墓茔重新修葺。祠堂在'文化大革命'时，惨遭'破四旧'波及，祠牌、供桌和家谱都被烧毁，故现今池家谱系仅存一世祖、先祖父、父亲这几世系谱，其他皆已散佚不清。祠堂中现存有两样东西，一件是先父写的对联：花拥山城红杏子，月登贝阁紫萝蓝；另一件是红缎制的供桌围裙，上面绣有祖父和叔祖父的名字，大概是他们二人去考进士时特地敬献的。"②

船政家谱

第一代

闽侯洋里池家第一代海军，是两位文采飞扬的文官，皆能文工诗，以一手好文章名满晚清和民国海军，其中池仲祐留下了大量极其重要的海军史料。

池仲祐：海军史家 官至上校

池仲祐（1861—？），又作仲佑，字滋铿，曾任海军部总务厅秘书处编纂科科长、海军部军学司编译科科长。

池孟彬祖父池伯炜，字子膺，幼承庭学，学富五车，清光绪十八年（1892年）登进士，授翰林院庶吉士，曾任广东惠来县知县、揭阳县知县、海阳县知县。池伯炜书法尤佳，写得一手好字，考科举时的试卷原由其长子保留。日本人侵占福州市，长子将之交给自己女儿悉心保存，没承想女儿出门时忘了带在身上，被家里的小孩翻出来用作字帖临摹，最后弄丢了。1995 年，池孟彬赴美国探亲，偶然在美国哈佛大学的燕京图书馆，看到祖父池伯炜中进士的名册及当时的状元科举试卷。

闽侯洋里乡仙门村池家第一位海军，即是池伯炜唯一的胞弟、池孟彬的叔祖父池仲祐。池仲祐幼年起专注经史，沉迷于吟咏诗词。及长习儒业，志节高迈，学问宏博，青年时即以文名，但屡试难中，转入海军做文案，以谋生计。

光绪六年秋（1880 年 10 月 14 日），清政府向英国纽卡斯尔的阿姆斯特朗公司订购的两艘巡洋舰中的一艘建成下水，随后不久第二艘也下水。两舰当时在英国分别被称为“伊奥塔”（Iauta）号和“卡帕”（Kapa）号。同年 12 月 27 日被李鸿章命名为“超勇”“扬威”。当两艘军舰建造接近尾声时，中国组成赴英接舰部队，池仲祐任接舰部队文案。正是在此次西行接舰时，池仲祐完成了那部有名的《西行日记》。该书以日记形式，通过细致的观察，记述了他眼中所见的西方世界风俗习惯、科技成果以及学理、事理，试图为并未完全开放的清帝国提供一幅新颖的异国画卷。其中，由于池仲祐在纽卡斯尔住的时间相对较长，因此书中记录了与众多纽卡斯尔当地人，特别是年轻女性结下的深厚情谊。此书还记述了他借鉴西方海军之长短而为中国海军建设提出的“十策”。

光绪七年初冬（1881 年 11 月 22 日），池仲祐随“超勇”“扬威”两舰抵达大沽口，加入创建中的北洋海军，北洋大臣李鸿章亲赴大沽口登舰验收，并乘舰往旅顺视察口岸形势，筹划旅顺炮台的修建。清廷对接舰有功人员进行了褒奖，并分任林泰曾、邓世昌为两舰管带。池仲祐留在北洋参与筹建北洋海军，继续当文案。北洋海军成军后，池仲祐专任文案，他边工作边抓紧时间备战科举。

光绪二十年（1894 年），池仲祐中举。之后曾短暂当过广东一个小县知县。

1912 年 9 月，池仲祐出任海军部总务厅秘书处编纂科科长。1913 年 5 月，任海军部秘书，8 月任海军部总务厅副官处副官。1917 年，复以海军部副官兼办理编纂事。1918 年，任海军部军学司编译科科长。池仲祐在北京政府海军部工作至 1927 年国民政府定都南京。

池仲祐工作认真，这从他的获奖经历中可以看出：1914 年 5 月 25 日，获“三等文虎勋章”。同年 9 月 20 日，获“七等嘉禾勋章”。1919 年 1 月 4 日，获“六等嘉禾勋章”。1923 年 2 月 18 日，获“四等嘉禾勋章”。

池孟彬曾在自己的回忆文章中这样介绍过池仲祐：叔祖池仲祐“后来升任上校文官。国民政府定都南京，叔祖因年迈去职”[③]。

池仲祐为清末民初海军部史官，留下了大量具有较高存史价值的著述，著有《西行日记》（清光绪三十四年，商务印书馆铅印本）、《甲午战事记》（1926 年刊行）、《海军实纪》（1926 年刊行）、《海军大事记》、《甲申、甲午海战海军阵亡死难群公事略》等。池孟彬在《池孟彬口述历史》中说：叔祖“在海军部供职期间所编的《海军大事记》，使用者众，我认为这本书，因皆使用当时内部所存档案编纂而成，故真实性很高”[④]。

池寿光：军舰文案 殉国北疆

池寿光（？—1894），海军军官，曾任“靖远”舰文案。

池寿光为池仲祐堂兄，考中秀才，工诗能文，曾做过教师，后进入北洋海军，担任“靖远”舰文案。池寿光工作十分敬业，不顾人过五十，在完成本职工作的同时，还积极辅导士兵学习文化，并坚持参加军事训练。池寿光病重期间，仍抱病起草文稿，制订训练计划。光绪二十年五月（1894 年 6 月），病逝于军中。

第二代

闽侯洋里池家第二代海军，仍以文官居多，但出了第一位横阵海上的武官。

池兆瑸："镇远"三副 甲午牺牲

池兆瑸（1866—1894），原名兆琛，字钰夫，海军军官，曾任北洋海军"镇远"舰船械三副。

池兆瑸是池寿光之子、池孟彬堂伯，为天津水师学堂肄业生。光绪九年（1883年），池兆瑸进入北洋海军，派登"操江"舰练习驾驶。他勤学好问，各门技能掌握甚快，副都督衔的北洋海军总查、英国人琅威理对其颇为赏识。光绪十一年（1885年），北洋在德订购的铁甲舰"定远""镇远"及巡洋舰"济远"回国，池兆瑸调赴"镇远"舰供职，奖授把总。因表现优异，光绪十三年（1887年），池兆瑸充"镇远"船械三副。光绪十五年（1889年）初，直隶总督、北洋大臣李鸿章为北洋海军拣员补署官缺，请准以池兆瑸升补左翼中营千总。

光绪二十年（1894年），中日甲午战争爆发。八月十八日，中日海军主力在鸭绿江口大东沟附近海面展开激战。海战中，"定远""镇远"二舰遭到日本舰队集中攻击，池兆瑸舍生忘死，坚持立于桅盘，冒着敌人的炮火测量敌舰距离，随时报给炮手，敌弹飞至，壮烈牺牲。海战结束后，"镇远"舰帮带大副杨用霖收殓池兆瑸尸体，运回威海。而在此数月前，池兆瑸的父亲亦病故于威海。池兆瑸胞弟池兆琚闻讯赶至威海，由"镇远"舰管带林泰曾和"定远"舰管带刘步蟾出资，购得两副棺材，并获赠盘缠，池兆瑸胞弟扶两柩南返原籍。同年九月二十五日，清廷以池兆瑸死事惨烈，着照都司例从优议恤。

战后，为池兆瑸等牺牲烈士作传，完成《甲申、甲午海战海军阵亡死难群公事略》《甲午战事记》等的，正是他的堂叔池仲祐。

池仲祐含泪为侄儿池兆瑸作《池都戎钰夫事略》：

池都戎兆瑸，原名兆琛，字钰夫，福建闽县人。清光绪六年，天津建设水师学堂，严几道先生为总教习。逾年，到闽招生，都戎从之北上，到津考入，为肄业生。九年，赴"操江"军舰练习航行各技。时"操江"为全军旗舰，海军总查英员琅威理驻焉。一见考其行诣，特加赏识，询知为严氏弟子，益器重之。十一年，改赴"镇远"铁甲船，给奖把总。十三年，派充"镇远"三副。十五年，海军衙门设官，补授左翼中营千总。二十年，中日大东沟之战，"镇远"受炮最伙，舱面械具被炮冲扫一空，时都戎立于桅盘，测敌队距离，适有敌弹飞至，穿其胸而颠，血肉飞坠，死时年二十有九。“镇远”副管驾杨公用霖为之收殓。其胞弟兆琚由闽得电，赶赴威海，赖“定远”管带刘公步蟾、“镇远”管带林公泰曾集资，俾其扶柩南下。先是都戎父寿光充“靖远”军舰文案，前数月，故于威海。至是兆琚掖两柩同行。越数日，而威海屯柩之区，已成灰烬。死事上闻，得旨照都司例从优议恤。世袭云驱尉，袭次完时，给恩骑尉世袭罔替。以弟兆莹子敬湜为嗣。敬湜海军制造学校学生，后服务于电报局。⑤

池兆清：海军中校 举人出身

池兆清（？—？），海军军官，曾任海军部秘书。

池兆清是池孟彬大伯。因父母相继病逝，池孟彬曾随池兆清生活。池孟彬在《池孟彬口述历史》中提道：“祖父治家严谨，以‘读书报国’四字为庭训，因此父亲昆季四人，书都念得不错，可说是书香世家。”⑥

池兆清自幼好学有加，能文工诗，清末中举人。1912年后，因写得一手好文章，且办事精明能干，考入民国海军部，担任秘书，参与起草海军部的相关章程，官至海军中校。后事不详。

池兆仪：秀才出身 海军学校当教习

池兆仪（？—？），海军军官，曾任福州海军学校教习。

池兆仪是池孟彬二伯。幼时即开始投入举业，遍读经史子集，有很深的国文功底，写得一手好文章，用池孟彬的话说，是“文章也佳”⑦，前清时中过秀才，民国后在福州海军学校当教习。

池兆修（？—？），池孟彬父亲，行三，接受新式教育，毕业于林徽因父亲林长民参与创办的福建法政学堂，后在山西、吉林等地法院当法官。在山西当法官时，还曾兼过山西法政学院教师。

池兆佳（？—？），池孟彬四叔。因池仲祐无子，池兆佳过继给其承香火。

池兆佳接受的也是新式教育。1915年考入北京大学法科，主修经济法，

1919年毕业，曾长期在西北盐务局工作，历任会计员、收税官、科长。1947年蒋介石发动内战，池兆佳拖家带口南下，在上海短住后，定居无锡。中华人民共和国成立后，在苏南人民银行总行工作。

第三代

池家第三代做海军的有多位，以曾任台湾地区海上防务部门副领导人的抗日英雄池孟彬将军和人民海军“果敢”舰舰长池敬樟烈士最为出色。

池敬樟：国共海军任舰长　人民英雄

池敬樟（1911—1950），海军军官，曾任“楚观”舰副舰长，“同心”舰舰长，广东省立海事专科学校教授、总务长兼教授；中华人民共和国成立后任人民海军“果敢”舰舰长。

·国民党舰长　进校执教鞭

池敬樟是池兆佳长子、池孟彬堂兄，先后毕业于东北商船学校、葫芦岛海军学校。毕业后登舰服务，积功不断获升，曾任“楚观”舰副舰长、“同心”舰舰长。

青年池敬樟

因不满蒋介石发动内战，池敬樟愤而辞职，进入刚刚创办的广东省立海事专科学校任教。这所学校创办于1945年秋，是当时全国唯一的既培训商船驾驶、轮机管理、造船、港务和管理，又培训水产捕捞、养殖、加工制造等各方面专门人才的综合性大专学校。池敬樟既有理论基础，又有实践经验，且参加过抗日战争，还有管理能力，很快被任命为学校的总务长兼航海系教授。

1949年10月广东解放前，国民党海军部再三要梁敬樟赴中国台湾，派出军警逼迫，他拒绝执行撤往中国台湾的命令，留在广州隐蔽，迎来羊城新生。

· 再度返舰 人民海军当舰长

1949 年 12 月，中国人民解放军广东军区江防司令部成立。

为解放万山群岛，广东军区江防部队领导得知池敬樟曾长期在国民党海军工作，当过舰长，于是紧急请他出山，担任人民海军“果敢”炮舰舰长。

“果敢”舰，在国民党统治时期原名“美龄”号。本来是民生公司省港游轮，美国制造。国民政府南逃至广州，将它定名“美龄”号，以备蒋介石宋美龄夫妇专用。人民解放军挥师南下，神速推进，解放广州。设在清代平南王尚可喜王府的国民政府，在仓皇逃往台湾前夕，蒋介石下令将“美龄”号自沉。后来在民生公司创始人、中国船王卢作孚的帮助下，打捞起已沉的“美龄”号，并维修完好，船便停泊于香港。

1950 年初，人民解放军开进雷州半岛，解放海南岛的战役即将打响。白崇禧派手下两位处长来到香港，准备强制将停泊在香港的“美龄”“桂海”2 艘大型海轮驶往广西北海，用于运送军用物资和兵败时转移官兵。此时担任广西省银行总经理兼香港广西银行经理的赵可任，响应周恩来总理号召，毅然率广西香港银行职工通电起义，将驻泊香港的 2 艘舰船驶回广州，其中一艘即“美龄”舰。赵可任将两舰船交给当时广州市军管会主任叶剑英，受到中央人民政府的表彰。“美龄”舰加入共产党军队后，命名为“果敢”号，成为广东军区江防司令部的主要舰艇之一，属步兵登陆舰。

有了舰艇，但没有舰长，所以请池敬樟出任舰长。中国共产党以民族复兴为使命的高度责任感，激起了池敬樟极大的二次投军热情，组织上希望他重新入伍，担任“果敢”舰舰长，他欣然接受。他知道如果接受“果敢”舰舰长任命，需要立即上前线，需要面临生死考验。他说：“假如上级要我和反动派作战，我将毫无顾虑与之决斗。”

中年池敬樟

1950 年 1 月，第四野战军兼华中军区改称第四野战军兼中南军区。

1950年2月，池敬樟参加了中国人民解放军，出任广东军区江防部队“果敢”舰舰长，而且动员了一批优秀学生与之同时投军。他极具经验，上任后一方面抓官兵训练，一方面抓建章立制，另一方面抓战前动员和准备，用他的战士们的话说，“在他的领导下，依靠同志们协力一致，很快把舰上一切都整理好”，准备参加战斗。

· 血战垃圾尾 壮烈牺牲

1950年5月1日，海南岛解放了，国民党海军第三舰队退守到万山群岛。该舰队有大小舰艇30余艘，总吨位1万余吨，岛上还有1个陆战团和陆军部队3000余人。企图控制进出香港、澳门的主要航线，封锁珠江入海口，阻止人民解放军解放万山群岛。

万山群岛有48个岛屿，位于广东省珠江口外，居香港与澳门之间，扼广州门户。主要岛屿有垃圾尾（今名桂山）、外伶仃、东澳、三门、大小万山岛等。

我第十五兵团根据中央军委和中南军区关于解放万山群岛的指示，决定力求早打快打，集结部队，乘守军立足未稳，奔袭泊地，逐岛攻击，累歼守军。我参战部队有第四十四军第一三一师2个团、广东军区江防部队（中南军区海军前身）、珠江军分区炮兵团、第一三二师炮兵营、中南军区炮兵100毫米加农炮连、第五十军无坐力炮连、第一三〇师步炮连，总兵力1万余人。拥有2支船队，其中火力船队由5艘炮艇、1艘炮舰组成；登陆船队由9艘登陆艇、8艘运输船组成。“果敢”舰便是其中一艘重要舰艇。参战部队成立了联合指挥所，由兵团副司令员兼广东军区江防部队司令员洪学智领导。5月8日参战部队在中山县（今中山市）沿海集结。

1950年5月25日，为打破盘踞在万山群岛的国民党军封锁广州出海大门的图谋，人民解放军发起解放万山群岛的陆海军联合作战。

当天凌晨，我江防部队的火力船队悄悄地驶离了唐家湾码头。1小时后，登陆船队也从唐家湾码头起航。经过2个多小时夜航，火力船队抵达垃圾尾岛海域。可是，火力船队的舰艇失去了联系，只能各自为战。池敬樟指挥“果敢”舰，冒着敌军炮火突入垃圾尾岛港湾，近距离对敌发起攻击，打乱了敌军舰队。

我“解放”号炮艇攻入了垃圾尾岛湾内，发现停泊着一二十艘敌舰，国民党海军第三舰队的主力舰艇停泊在那里。“解放”艇勇敢地向敌舰冲去，集中所有火力攻击。敌人从睡梦中被惊醒，海湾内敌舰乱成一团，纷纷起锚外逃。此时，火力船队中的“果敢”舰正驶近垃圾尾湾。见到外逃的敌舰，立即开炮。这样，“解放”艇从湾内向外打，而“果敢”舰从湾口外向内打，经过1个多小时激战，4艘敌舰中弹起火，1艘敌炮艇沉没。敌舰疯狂反扑，“解放”艇多处中弹。“果敢”舰在敌人集中攻击之下，甲板多处起火，但在池敬樟沉着指挥下，“果敢”舰像座山一样，死死挡在了湾口，堵住了敌舰冲击，为后续部队争取到宝贵时间。就在此时，敌人的一发炮弹在指挥室爆炸，池敬樟壮烈牺牲。

在人民解放军的持续攻击之下，国民党部队在万山群岛待不下去了，只得撤到中国台湾，万山群岛解放。由于万山群岛旧时属香山县，而香山县有五桂山，为了让舰艇带有地域特点，“果敢”舰最终定名“桂山”。垃圾尾岛更名“桂山”。

池敬樟从穿上人民解放军军装那一天，就做好了牺牲的准备。1950年8月22日，《南方日报》刊发了池敬樟夫人所写的悼念文章《你为人民牺牲是光荣、伟大的》，其中写道：

我记起在你走的那天，你说：“请了两个钟头的假，回来看看你，料理一切。下午马上就要上船，开往前线。十几天就回来，你可要好好带着孩子，可多看点新书，将思想改造。”

我送你到门口时，你又说：“有舰，我就责任重大，家里的事我管不了。有困难，你可写信给张、傅两先生，转呈江防首长，他们会照顾你的。”⑧

池孟彬：抗日英雄 台湾地区海军副领导人

池孟彬（1918—2007），字敬超，又字盟冰，海军名将，曾任“楚谦”舰枪炮副，“克定”舰代理副航海长，海军布雷队第六分队布雷官，海军水雷制造所制雷官，海军第二布雷总队第三大队布雷官，“灵甫”舰副舰长兼枪炮官，海军士官学校教育长，台湾地区海上防务部门联络室主任、人事署署长、情报署署长、海军军官学校校长、海军指挥参谋大学校长、副领导人，台湾地区防务部门联络局局长、“参谋本部次长”。

1924年，池孟彬（左一）与父亲池兆修（右二）、继母张氏（左二）及两位弟弟，在父亲任职的吉林省省城合影

·一路名校 以烈士之后考入海校

1931年6月，因堂伯池兆瑸是甲午海战烈士，池孟彬以烈士后裔身份，考入位于福州马尾的海军学校航海班。在海军学校读书不收学费、书本费、服装费、膳食费、住宿费，但牙膏、牙刷、肥皂之类日用品要自费。当时，池孟彬的父母已去世，头一年家里还寄一些钱供他零用，后来再未寄钱，池孟彬后利用自己的游泳技术，赚取零用钱，完成了在海军学校的学业。当时，海军学校为鼓励

1936年冬，池孟彬（左）与时任陆军少校电信官的哥哥合影

学生刻苦练习游泳技能，专门设立了游泳奖金，游3000米为满分，每加游400米发奖金1块钱，每学期考试，限定4小时，随便你游，游得越长领的奖金越多，每次考试，池孟彬拼命游，赚钱给自己购买生活日用品。到第四年考试时，他一口气游了11000多米，拿到了20多块钱的奖金。池孟彬还是海军学校足球名脚，从班队队长，一直当到校队队长。海军学校足球队因球技了得，在当时福建体育圈子内很有名气。

1937年初，池孟彬在完成了堂课、舰课后，到南京海军水鱼雷营训练半年，专门学习水雷、鱼雷和无线电收发技术。之后，又到福州鼓山接受枪炮专科训练约一年，于1938年6月正式毕业。

·甫一毕业 便立即投身抗日血战

1938年7月，池孟彬登上“永绩”舰见习，不久任枪炮副，随舰参加武汉保卫战。

日军占领南京后，以为乘胜进军便可很快拿下武汉，控制整个中国，遂调兵遣将，先沿平汉路（京汉线）南犯，后改为溯长江西犯，分兵三路，一路从大别山南下，两路沿长江两岸西进，海陆合攻武汉。当武汉会战最为激烈时，我海军舰队即集结于武汉上游的岳阳、金口、新堤及长沙水域，日军一面加紧进攻武汉，一面派飞机至我后方，以我海军舰队为目标进行狂轰滥炸。池孟彬随“永绩”舰与敌作战，他表现勇敢，参与炮击敌机和用机枪射击低飞的日机，“永绩”舰多次中弹，官兵仍坚持血战，10月21日“永绩”舰被炸至重伤搁浅于新堤，28日再被日机炸沉。11月20日，池孟彬奉调“楚谦”舰，继续参加对日作战。两个多月后，“楚谦”舰在新堤、监利之间的城陵矶附近遭日袭击，亦未直接命中，人员损伤不大，搁浅在江边，池孟彬上岸无处投宿，暂住“楚观”舰上。

1939年2月，池孟彬奉派“克定”运输舰，代理副航海长，升中尉。同年6月，奉调宜昌海军布雷队第六分队布设定雷，出色完成了封锁航线任务。

1940年4月，池孟彬调往湖南辰溪海军水雷制造所，担任中尉制雷官。之后，再调往湖南常德，执行长江中游布雷工作。当时，海军第二布雷总队的总队长是刘德浦上校，池孟彬配属于海军第二布雷总队第三大队，跟随大队长郑天杰少校，出生入死在前线布雷，炸伤众多敌舰艇。

· 连获提升 出任台湾地区防务高层

1943 年秋，池孟彬前往重庆，参加海军赴英留学考试。第二年 11 月抵达英国，先后在英国皇家海军学院和枪炮、航海、通讯、鱼雷等专科学校，进行为期四年的训练课程，其间多次在英海军航空母舰与驱逐舰上见习，为接收“灵甫”舰做准备。

1947 年 10 月，池孟彬出任“灵甫”舰枪炮官兼副舰长。1948 年 5 月，中国正式接收“重庆”舰和“灵甫”舰，两舰随即启程离开英国，踏上回国之路，于同年 8 月抵达上海。池孟彬刚抵上海就接到调令，出任位于台湾高雄左营的海军士官学校中校教育长。

1954 年 1 月，池孟彬出任台湾地区海上防务部门“太康”舰舰长。1956 年，出任台湾地区海上防务部门人事署署长。1965 年，接任台湾地区防务部门联络局局长。1969 年，任台湾地区海军指挥参谋大学校长。1970 年，出任海军军官学校中将校长。1972 年，升任台湾地区防务部门“参谋本部次长”。1974 年，出任台湾地区海上防务部门副领导人。

1976 年，池孟彬军职停役，外调台湾航业公司总经理。1978 年，出任台湾阳明海运公司暨招商局总经理。1981 年，任台湾阳明海运公司董事长。1988 年，届龄退休，仍兼台湾海运研究发展协会理事长。 任上，1992 年组团跨海前来参加海峡两岸海上通航学术研讨会。1994 年，在中国台湾续办了海峡两岸海上通航学术研讨会，邀请大陆专家学者赴台参加研讨，为两岸通航和海运业交流、合作做了许多带“破冰”性质的开创性工作。1994 年 3 月，池孟彬正式退休。

池孟彬

池孟彬大哥池孟雄，青年时期投身陆军，抗日战争爆发时已升至中校营长，在对日作战中壮烈牺牲。

池敬湜：造舰专家 服务船政局

池敬湜（？—？），海军军官，曾任海军福州船政局工务员。

池敬湜是池兆莹儿子、池兆瑸继子。池兆瑸在甲午海战中壮烈牺牲时，膝下无子，过继弟弟池兆莹之子承继香火。池敬湜自小受到家族爱国卫海家风影响，立志从军。后以烈士遗孤身份，保送进入福州海军制造学校，学习造舰。毕业后，长期服务海军福州船政局，曾任海军福州船政局工务员。之后，长期在电报局工作。

注释：

① 池孟彬世居闽县洋里乡。民国2年（1913年）3月，闽县、侯官县合并为闽侯县。因池孟彬生于1918年，故为闽侯县人。

②③④⑥⑦ 张力，曾金兰．池孟彬先生口述历史[M].北京：九州出版社，2013：3-4.

⑤ 池仲祐．甲申、甲午阵亡死难群公事略[M]//张侠，杨志本，罗澍伟，王苏波，张利民．清末海军史料．北京：海洋出版社，1982：365.

⑧ 池孟彬收藏的剪报。

主要参考文献

[汉]司马迁著《史记·本传》，三秦出版社，2008年。

[宋]欧阳修、宋祁《新唐书》(全二十册)，中华书局，1975年。

[明]黄仲昭《八闽通志》(全二册)，福建人民出版社，2006年。

[明]何乔远《闽书》(第二册)，福建人民出版社，1994年。

[明]何乔远《闽书》(第三册)，福建人民出版社，1994年。

[明]何乔远《闽书》(第四册)，福建人民出版社，1995年。

[明]何乔远《闽书》(第五册)，福建人民出版社，1995年。

[清]《清史列传》(全二十册)，中华书局，1987年。

[清]《德宗实录》(卷三)，中华书局，1987年。

[清]陆心源《唐文拾遗》，中华书局，1983。

[清]《筹办夷务始末(同治朝)》(全十册)，中华书局，2008年。

中国史学会主编《洋务运动》(全八册)，上海人民出版社，1961年。

台湾银行经济研究室编印《台湾海防档·福州船厂》，中华书局(台北)，1961年。

尚钺主编《中国历史纲要》，人民出版社，1980年。

许焕玉、周兴春、王玉顺主编《中国历史人物大辞典》(增订本)，黄河出版社，1994年。

《中国人名大词典(历史人物卷)》，上海辞书出版社，1990年。

徐友春主编《民国人物大辞典》(增订本)，河北人民出版社，2007年。

郑剑顺《福建船政局史事纪要编年》，厦门大学出版社，1993年。

林庆元《福建船政局史稿》，福建人民出版社，1999年。

李宗庆《福建船政学校校志》，鹭江出版社，1996 年。

沈觐宸《船政编年史》，香港大学报社出版局，2010 年。

张作兴主编《船政文化研究——船政奏议汇编点校》，海潮摄影艺术出版社，2006 年。

刘传标《近代中国船政大事编年与资料选编》，九州出版社，2011 年。

张作兴主编《船政文化研究》，中国社会出版社，2003 年。

张作兴主编《船政文化研究》（第二辑），中国社会出版社，2004 年。

张作兴主编《船政文化研究》（第三辑），海潮摄影艺术出版社，2006 年。

张作兴主编《船政文化研究》（第四辑），海潮摄影艺术出版社，2006 年。

朱华主编《船政文化研究》（第五辑），海潮摄影艺术出版社，2008 年。

刘琳、史玄之《船政新发现》，福建省音像出版社，2006 年。

席龙飞《中国造船史》，湖北教育出版社，2000 年。

史玄之《晚清双语教育政策与实践研究》，科学出版社，2021 年。

张侠、杨志本、罗澍伟、王苏波、张利民编《清末海军史料》，海洋出版社，1982 年。

杨志本主编《中华民国海军史料》，海洋出版社，1987 年。

台湾地区海军军官学校编《海军军官教育一百四十年（1866—2006）》，台湾“海军总部”，2011 年。

《中国近代海军史参考资料》第一集，内部编印，1960 年。

军事科学院《中国近代战争史》编写组《中国近代战争史》（第三册），军事科学出版社，1987 年。

海军司令部《近代中国海军》编辑部编著《近代中国海军》，海潮出版社，1994 年。

陈贞寿《图说中国海军史》（全三卷），福建教育出版社，2002 年。

包遵彭《中国海军史》，台北中华丛书编审委员会，1970 年。

吴杰章、苏小东、程志发主编《中国近代海军史》，解放军出版社，1989 年。

左立平《中国海军史》（晚清民国卷），华中科技大学出版社，2015 年。

海军总司令部编译处《中华民国史料丛编·海军抗战事迹》，润华印书馆，1944 年。

刘传标《近代中国海军大事编年》，海风出版社，2008 年。

徐学海《1943—1984 海军典故纵横谈》(上、下册),徐学海印,2011 年。

刘传标《中国近代海军职官表》,福建人民出版社,2004 年。

刘琳、史玄之《福州海军世家》,海风出版社,2003 年。

刘琳《中国长乐海军世家》,海潮摄影出版社,2009 年。

林萱治主编《福州马尾港图志》,福建省地图出版社,1999 年。

陈天锡《西沙岛东沙岛成案汇编》,广东省实业厅,1928 年。

刘佐成《中国航空沿革纪略》,飞行杂志社,1930 年。

梁又铭编绘《中国空军抗战史画》,正气出版社,1947 年。

《航空工业史料》(近代史专辑)第 1 辑,北京航空工业部中国航空工业史编辑办公室,1984 年。

《航空工业史料》(近代史专辑)第 2 辑,北京航空工业部中国航空工业史编辑办公室,1985 年。

《航空工业史料》(近代史专辑)第 9 辑,北京航空工业部中国航空工业史编辑办公室,1989 年。

陈学恂、田正平编《中国近代教育史资料汇编——留学教育》,上海教育出版社,1991 年。

中国社会科学院近代史研究所、中国第一历史档案馆编《筹笔偶存》,中国社会科学出版社,1983 年。

朱有瓛《中国近代学制史料》,华东师范大学出版社,1983 年。

舒新城《中国近代留学史》,上海文化出版社,1989 年。

王彦威辑《清季外交史料选辑》,《台湾文献丛刊》第 4 辑,大通书局,1975 年。

程道德、郑月明、饶戈平《中华民国外交史资料选编(1919—1931)》,北京大学出版社,1985 年。

世界知识出版社编《国际条约集(1934—1944)》,世界知识出版社,1961 年。

世界知识出版社编《国际条约集(1945—1947)》,世界知识出版社,1959 年。

中国社会科学院近代史料研究所、中国第二历史档案馆编《五四爱国运动档案资料》,中国社会科学出版社,1980 年。

陈贞寿《中法马江海战》,中国大百科全书出版社,2007 年。

陈道章《中法马江海战日志》,中共福州市委宣传部、福州社会科学院、福州市社会科学联合会编印,2004 年。

中国近代经济史资料丛刊编辑委员会主编《中国海关与中法战争》，中华书局，1983年。

陈锡璋《细说北洋》，台北传记文学出版社，1982年。

戚俊杰、刘玉明主编《北洋海军研究》(第二辑)，天津古籍出版社，2001年。

戚其章《北洋舰队》，中国社会科学出版社，2015年。

戚其章主编《中日战争》(一)，中华书局，1989年。

戚其章主编《中日战争》(三)，中华书局，1991年。

戚其章主编《中日战争》(六)，中华书局，1993年。

卢毓英等著，孙建军整理校注《北洋海军官兵回忆辑录》，山东画报出版社，2017年。

戚其章《甲午战争史》，上海人民出版社，2005年。

苏小东《大洋沉思——甲午海战全景透视》，海风出版社，2014年。

郑天杰、赵梅卿《中日甲午海战与李鸿章》，台北华欣书局，1978年。

孙克复、关捷《甲午中日战争人物传》，黑龙江人民出版社，1984年。

全国政协文史资料研究委员会《文史资料选辑》编辑部编《文史资料选辑》(第十辑)，中国文史出版社，1987年。

福建省政协文史资料研究委员会编《福建文史资料》(第八辑)，福建人民出版社，1984年。

福州市政协文史资料工作委员会编《福州文史资料选辑》(第七辑)，1987年。

《中国共产党历史大辞典》(人物分册·第一卷)，中共中央党校出版社，1988年。

中共烟台市委党史研究室，烟台市档案局编著《中共烟台历史大事记》，中共党史出版社，2003年。

《海军巡弋南沙海疆经过》，台湾学生书局，1984年6月。

刘琳《福建戍台名将列传》(上、下卷)，福建美术出版社，2010年。

刘琳《福建在台历代名人列传》，海峡书局，2012年。

刘琳、史玄之《仓山梁厝历史文化概览》，福建海峡文艺出版社，2019年。

刘琳《坊巷课堂读本》，福建省文化经济交流中心编印，2020年。

陈宗仁编撰《晚清台湾番俗图》，台湾“中央研究院”台湾史研究所，2013年。

中山大学历史系中国近代现代史教研组、研究室编《林则徐集》，中华书局，1965 年。

杨国桢编《林则徐书简》，福建人民出版社，1985 年。

邵勇、王海鹏《一本书读懂中国近代史》，中华书局，2011 年。

[清] 沈葆桢《沈文肃公牍》，福建人民出版社，2008 年。

[清] 沈葆桢《沈文肃公政书》，朝华出版社，2017 年。

沈瑜庆《涛园集》，福建人民出版社，2010 年。

卢美松主编《沈葆桢研究》，海风出版社，2000 年。

沈来秋《莺唤轩剩稿选》，沈氏家族印本，1999 年。

《郭嵩焘日记》，湖南人民出版社，1982 年。

王蘧常《严几道年谱》，商务印书馆，1936 年。

孙应祥《严复年谱》，福建人民出版社，2003 年。

罗耀九主编《严复年谱新编》，鹭江出版社，2004 年。

王栻主编《严复集》（第一册、第二册、第三册、第五册），中华书局，1986 年。

福州市郊区政协文史资料工作委员会编《严复与家乡》，1989 年。

孙应祥、皮后锋编《严复集补编》，福建人民出版社，2004。

贾长华主编《严复与天津》，百花文艺出版社，2008 年。

《华严短文集》，台北跃升文化事业有限公司，2004 年。

钟晓毅主编《霭霭停云——华严文学创作学术研讨会论文集》，花城出版社，2007 年。

李建平主编《严复与中国近代社会》，海风出版社，2006 年。

《孙中山全集》，中华书局，1982 年。

陈贞寿《福州三江口水师旗营》，中国大百科全书出版社，2007 年。

汤锐祥《孙中山与海军护法研究》，学苑出版社，2006 年。

《冰心自传》，江苏文艺出版社，1995 年。

林伟功、黄国盛主编《中日甲午海战中方伯谦问题研讨集》，知识出版社，1993 年。

王宜林《甲午海战方伯谦》，海潮出版社，1997 年。

邓克雄等《叶昌桐上将访问纪录》，台北“国防部”史政编译室编译，2010 年。

张力等《池孟斌先生口述历史》，九州出版社，2013 年。

张力等《海校学生口述历史》，台湾“中央研究院”近代史研究所，1998 年。

《曾耀华回忆录》，台湾生命记忆与叙事资料库（III），曾耀华赠本。

蔡干豪主编《闽台百家姓》，海风出版社，2011 年。

福建省开闽姓氏文化研究院编《闽台寻根大典》，中国华侨出版社，2017 年。

曾意丹、徐鹤苹《福州世家》，福建人民出版社，2001 年。

[清] 徐景熹主修《福州府志》，海风出版社，2001 年。

[清] 朱景星修《闽县乡土志》，郑祖庚纂《侯官县乡土志》，海风出版社，2001 年。

厦门市修志局《厦门市志》，陈玉琮誊抄本，1956 年。

福建省闽侯县志（民国 22 年刊本影印），台北成文出版社，2006 年。

福州市地方志编纂委员会编《福州姓氏志》，海潮摄影出版社，2005 年。

长乐县地方志编纂委员会编《长乐县六里志》，福建省地图出版社，1989 年。

福建省江夏黄氏源流研究会编《福建黄氏世谱·源流世系编》，中国文史出版社，2007 年。

刘懋勋等修《风岗忠贤刘氏族谱》，《北京图书馆藏家谱丛刊》，北京图书出版社，2000 年。

《濂溪周氏族谱》，美国周氏家族编印，1990 年。

《蒋氏族谱》，长乐屿头蒋氏家族编印，2010 年。

蒋冠庄主修《乐安蒋氏玉筍堂宗谱》，台湾蒋氏玉筍堂宗亲编印，1988 年。

《钜鹿魏氏支谱》，魏氏家族编印，1933 年。

沈覹清、沈珂、沈觐宸等《武林沈氏迁闽本支家谱》，沈氏家族刻印，1933 年。

沈棣先主修《致远堂沈氏福州八角楼本支家传》，台湾致远堂沈氏宗亲编印，1997 年。

沈吕宁、林师光等《武林沈氏迁闽本支家谱续谱·闽侯沈氏翊清公支下家谱》，沈氏家族印制，2019 年。

梁守金主编《梁氏族谱》（第一卷、第二卷、第三卷），福州永盛梁氏族谱编纂理事会编印，2003 年。

萨本敦主编《雁门萨氏族谱》，雁门萨氏族谱编委会编印，2007 年。

罗孝逵主编《豫章福州罗氏族谱》，豫章罗氏新梅公福州南营罗氏宗亲编印，1998 年。

罗孝逵主编《豫章罗氏新梅公福州南营族谱续修》，豫章罗氏新梅公福州南营罗氏宗亲编印，2017 年。

杜逢时《晋安杜氏族谱》，杜氏宗亲会，1935 年。

杜功壁、杜聿骏《晋安杜氏族谱》，台湾杜氏族人印制，1974 年。

刘琳《福清古厝里的红色传奇》，中共福清市委宣传部编印，2021 年。

广东省政协文史资料委员会编《广州文史资料》(第四十辑)，1989 年。

《曾君万里事略》《曾万里遇难经过》，《中央日报》，1935 年 9 月 24 日。

刘琳《船政名媛的抗日烽火爱情》，《福州晚报》，2005 年 9 月 1 日。

刘琳、史玄之《一代名妓与中山舰舰长的生死恋情》，《福州晚报》，2005 年 5 月 28 日。

刘琳《飞将军李广后人赴台受日寇投降》，《福州晚报》，2005 年 8 月 15 日。

刘琳《鼓楼宫巷沈家：参加了近代史上所有抗日之战》，《福州晚报》，2005 年 9 月 1 日。

刘琳《鼓楼朱紫坊方家：建功抗日百场大战的一家人》，《福州晚报》，2005 年 8 月 15 日。

刘琳《鼓楼雅亮里叶家：抗日多兵种之家的爱恨情仇》，《福州晚报》，2005 年 8 月 29 日。

刘琳《唐宋“散文八大家”后代出了个海军世家》，《福州晚报》，2006 年 3 月 6 日。

刘琳《五代工程师：“海军刘”创下十项“中国第一”》，《福州晚报》，2006 年 4 月 3 日。

刘琳《鼓楼渡鸡口常家：绸商世家走出两代抗日志士》，《福州晚报》，2006 年 4 月 17 日。

刘琳《仓山螺洲陈家：抗日战场上的祖孙三代》，《福州晚报》，2005 年 10 月 25 日。

刘琳《鼓楼朱紫坊陈家：传奇父子的别样风流》，《福州晚报》，2007 年 1 月 15 日。

刘琳《陈长光生命的最后日子》，《福州晚报》，2007 年 2 月 24 日。

刘琳《黄汉基：从八路军情报高手到空军教育家》，《福州晚报》，2003 年 9 月 14 日。

刘琳《密战夫妻：抗战中坚守烟台山的盟军情报官》,《福州晚报》, 2013年1月7日。

刘琳《罗园主人百年悲喜见证中国外交崛起》,《福州晚报》, 2013年1月17日。

刘琳《烟台山走出的福州“白求恩”》,《福州晚报》, 2012年12月27日。

刘琳、凌波《金门炮战与一对亲兄弟的故事》,《福州晚报》, 2010年10月26日。

刘琳《潘汉年麾下金童玉女的特工岁月》,《福州晚报》, 2017年8月29日。

刘琳《郭寿生：周恩来亲自领导的潜伏英雄》,《福州晚报》, 2012年7月1日。

刘琳《叶可钰：国民党海军中的余则成》,《福州晚报》, 2011年8月17日。

刘琳《曾万里:周恩来向他发出归队令》,《福州晚报》, 2017年12月11日。

刘琳《有四位福州人参加诺曼底登陆》,《福州晚报》, 2002年12月20日。

刘琳《南海诸岛大名与中国海军有关》,《福州晚报》, 2003年1月2日。

刘琳《波音公司首架飞机为马尾工程师设计》,《福州晚报》, 2003年1月15日。

刘琳《方伯谦冤死之谜》,《福州晚报》, 2003年3月16日。

刘琳《是谁的功劳错记到邓世昌头上？》,《福州晚报》, 2003年3月30日。

刘琳《日本军魂“雪风”号向谁投降》,《福州晚报》, 2005年8月15日。

长城《神秘手稿背后的冰心遗愿》,《中老年时报》, 2013年3月29日。